浏阳年鉴2022

LIUYANG YEARBOOK

浏阳市地方志编纂室 编

方志出版社
Publishing House of Local Records

图书在版编目（CIP）数据

浏阳年鉴. 2022 / 浏阳市地方志编纂室编. —北京：方志出版社，2022.12

ISBN 978-7-5144-5619-6

Ⅰ. ①浏… Ⅱ. ①浏… Ⅲ. ①浏阳－2022－年鉴
Ⅳ. ①Z526.44

中国版本图书馆 CIP 数据核字(2022)第 252509 号

责任编辑：齐笑
责任校对：刘玉霞
责任印制：梅中英
出 版 者：方志出版社
地　　址：北京市朝阳区潘家园东里 9 号（国家方志馆 4 层）
邮　　编：100021
网　　址：http://www.zgfzcb.cn
发　　行：方志出版社图书营销中心（010-67110500）
印　　刷：湖南省美如画彩色印刷有限公司
开　　本：889 毫米×1194 毫米　1/16
印　　张：29.75
字　　数：1201 千字
版　　次：2022 年 12 月第 1 版
印　　次：2022 年 12 月第 1 次印刷
定　　价：268.00 元

《浏阳年鉴》编纂委员会

顾　问　朱东铁

主　任　王雄文

副主任　戴武明　唐安石　王坤球

　　　　冯赛军　刘来宏

委　员　周森源　唐文华　杨　钢　曾云峰

　　　　寻　江　朱姿丰　曾　义

《浏阳年鉴》编辑部

主　　编　杨　钢

副主编　李　异　罗　柱　陈洁璐

编　　辑　唐继武　王江英　王运松　邱文彬

《浏阳年鉴（2022）》组稿人员

（按篇目顺序排列）

杨科　谭倩云　周正阳　黄文良　崔月龙　曾孝喜　陈霆　黄凤兰　梁宁　鄢梁
罗腊英　李振　罗从叔　肖圣林　丁洁琼　毛芊芊　陈畅　邱双喜　李义　刘婷
王钧　周永奇　邹涛　李双月　肖雪　刘朝朋　李瑶瑶　易守珍　陈纯清　刘星靓
戴四辉　罗永昌　兰词贵　张素勤　王娜　杨思　张华强　谭玉芳　陈梓娴　梁振
汤德法　李鹏飞　汤永　陈敏　杨丽　刘强　李佳蔚　张丽　张辉珍　谢学鹏
陈昱　廖旭　彭燕　瞿希　张漾波　尹舒　刘芳林　林娟娟　潘艳纯　张家榕
袁利平　李凤姣　石慧琼　周慧　邱思维　唐蛟麟　周溆　李芝　程牧野　刘金辉
康红　邹雨玲　谭建　吴伟　谢晖　张晓晗　罗建国　涂影　彭琦　肖千
余旋　熊飞平　谢乃辰　李婵　王颖　蒋慧　李立　肖吉贤　张建如　周阳
李荣珍　曾煦　傅琳慧　黄菲　刘利香　熊慧　张宏　胡婷　唐文波　罗梦荣
张金莲　蔺万雄　黄艳平　王星星　林丹　唐芃书　彭志敏　鲁伯稳　王玉枝　刘晓
袁甜　詹娟　谭润秋　张胤儒　兰娟　万宇田　潘志强　柳包华　张继极　李武
钟浪　李耀成　付苹　沈完乐　唐继武　王江英　黎亮　王金红　张星　杨丹
刘苏　王科明　邓徐徐　朱明　高明果　邱正春　潘升根　刘亚玲　周逢丽　黎亮
王金红　唐莉　张芳芳　刘学　黄振兴　甘享明　方艳华　曹湘黔　黎奇志　刘晓阳
刘俊康　杨萍　彭玲玲　黄丽洪　曾金平　胡智鹏　龚加强　张丽　邱娇娇　苏婷
张树林　陈碧倩　徐备　郑雅妮　卓乐　朱宏鹏　李杨逸云　杨姝桢　邓婧姝　李婕妤
袁攀攀　陈剑　成豪　喻乐　王献　唐昕　于莎莎　朱柳　张健　谢加伟
张欢　龚枳宇　贺书保　李军辉　张通　沈汝潇　朱石虎　彭放　周奕廷　石颖
丁锦屏　刘梦晓　陈腾飞　戴晓宇　张可欣　沈旸　喻乐

编辑说明

一、《浏阳年鉴》以马克思列宁主义、毛泽东思想、邓小平理论、“三个代表”重要思想、科学发展观、习近平新时代中国特色社会主义思想为指导，坚持辩证唯物主义和历史唯物主义的立场、观点和方法，围绕中共浏阳市委、浏阳市人民政府的决策部署，记载浏阳市自然、政治、经济、文化、社会等方面概貌和发展情况。

二、本年鉴采用分类编辑法，设类目、分目、条目 3 个层次，部分分目下设子目，条目为记述基本层次。全书包括图照和正文共设 36 个类目，正文体例有概况、条目、附录、图表等，书中插排彩色专版。

三、本年鉴记述断限为 2021 年 1 月 1 日至 12 月 31 日，鉴于某些工作的特殊性，部分记述适当上溯至 2020 年或下延至 2022 年。

四、本年鉴所列各机构负责人由各单位报送，主要包括机关、事业单位副科级以上（含副科级）实职领导干部，部分单位内设（二级）机构负责人，民主党派、学会、行业协会负责人，凡未注明任免时间均以 2021年 12 月 31 日在职者为准。

五、本年鉴所载资料均由全市各单位、各部门专人撰写（条目后括注撰写姓名），由于统计数据的来源、口径、时间的不同可能有差异，请读者以统计局提供的统计资料为准。

- 花炮之乡
- 将军之乡
- 诗词之乡
- 千年古县
- 全国县域综合改革十佳城市
- 优秀旅游城市
- 中国全面小康十大示范市（县）
- 美丽中国典范城市
- 中国生态魅力城市
- 国家卫生城市
- 全国无障碍环境示范县（市）
- 国家县城新型城镇化建设示范县（市）
- 中国城市创新百佳示范县（市）
- 全国农村生活污水治理示范县（市）
- 全国“书香城市”
- 国际化营商环境建设示范县（市、区）
- 中国社会保障百佳县（市）
- 全国十佳生态文明城市
- 中国人居环境范例奖
- 湖南省文明城市

浏阳城区

- 县域经济与县域综合发展全国排名第8名
- 县域经济基本竞争力全国百强县排名第10名
- 中国千亿县GDP排名第11名
- 全国工业百强县（市）排名第14名
- 中国高质量发展百强县排名18名
- 中国农产品电商百强县排名18名
- 全国县域旅游综合实力百强县排名第7名
- 国际化高质量发展环境建设标杆县（市、区）
- 2021优质投资环境城市
- 国家创建农业现代化示范区
- “四好农村路”全国示范县
- 科技创新百强县（市）
- 全国科普示范县（市）
- 全国“两山”实践创新基地
- 全国休闲农业重点县
- 全国县域现代化发展质量基本指数A+优等级县（市）

（彭红霞　摄）

- ✦ 总面积：5007平方千米
- ✦ 森林面积：3269平方千米
- ✦ 森林覆盖率：66.2%
- ✦ 耕地保有量：772.4平方千米

- ✦ 年末公安户籍户数：41.3万户
- ✦ 总人口：1479323万人
- ✦ 城镇人口：75.8万人
- ✦ 乡村人口：72.2万人

- ✦ 地区生产总值：1616.6亿元
- ✦ 第一产业增加值：130.2亿元
- ✦ 第二产业增加值：840.9亿元
- ✦ 第三产业增加值：645.5亿元

- ✦ 一般公共预算收入：145.36亿元
- ✦ 地方一般公共预算收入：104.26亿元
- ✦ 地方一般公共预算支出：163.75亿元

- ✦ 金融机构年末各项存款余额：1094.29亿元
- ✦ 住户存款余额：732.26亿元
- ✦ 贷款余额：1011.42亿元

- ✦ 社会消费品零售总额：442.0亿元
- ✦ 批发业零售额：34.5亿元
- ✦ 零售业零售额：357.0亿元
- ✦ 住宿业零售额：4.2亿元
- ✦ 餐饮业零售额：46.3亿元
- ✦ 市场主体总数：129131户

- ✦ 城乡居民人均可支配收入：49503元
- ✦ 农村居民人均可支配收入：40758元
- ✦ 城镇居民人均可支配收入：56507元
- ✦ 城乡居民人均生活消费支出：28666元
- ✦ 农村居民人均消费支出：24302元
- ✦ 城镇居民人均生活消费支出：32161元

浏阳西北环线

- 城镇职工基本养老保险参保人数：18.85万人
- 城镇职工基本医疗保险参保人数：20.73万人
- 失业保险参保人数：15.33万人
- 城乡居民基本养老保险参保人数：82.26万人
- 城乡居民基本医疗保险参保人数：119.34万人
- 新增城镇就业人员：15435人
- 发放城乡居民最低生活保障经费：15736万元
- 城乡居民最低生活保障人数：26930人

- 高新技术企业和生产高新技术产品企业：414家
- 高新技术增加值：364亿元
- 专利授权量：2954件
- 发明专利授权：233件
- 实用新型专利授权：2259件
- 外观设计专利授权：462件

- 普通小学：305所（含教学点），在校学生：112071人，毕业：17299人；普通初中：55所，在校学生：53177人，毕业：16328人
- 普通高中：17所，在校学生：30498人，毕业：9530人
- 中等职业学校：6所，在校学生：13062人，毕业：3814人
- 特殊教育学校：1所，在校学生：218人，毕业：23人

- A级景区：15个
- 国家AAAA级旅游景区：3个
- 国家AAA级旅游景区：11个
- 国家地质公园：1个
- 国家森林公园：1个
- 全国红色旅游经典景区：2个
- 湖南省文旅特色小镇：1个
- 全年接待游客人数：2908万人次
- 旅游收入：303.66亿元

（彭红霞　摄）

2021年，浏阳市对全市农村脱贫人口开展住房安全鉴定，共排查农村房屋29.5万户，将动态新增符合危房改造政策的245户低收入群体全部纳入危房改造计划，新建房屋150户，修缮加固92户、长期租赁3户　　（刘建国 摄）

2021年，浏阳市继续落实“两免一补”等义务教育阶段资助政策，让困难学生“有学上、上好学”　　（雷奇 摄）

2021年，浏阳市合理开发公益性岗位，促进脱贫群众就业增收。截至11月25日，共设置脱贫群众公益性岗位747个，脱贫人口务工人数21506人　　（人社局 供图）

2021年，浏阳市深入推进“一村一业、一户一策”，带动群众稳定增收

沿溪镇沙龙蔬菜基地　　（沿溪镇 供图）

淳口镇银峰茶场　　（贝月霞 摄）

截至2021年年末，浏阳市改建农村公路363.5公里。11月18日，交通运输部发布《关于2021年“四好农村路”全国示范创建结果的公示》，浏阳市成功入选。图为荷文公路澄潭江荆坪段　（彭红霞 摄）

3月25日，浏阳市召开城乡公交一体化工作动员会，城乡公交一体化改革全面启动。12月30日，浏阳326个建制村全部实现“村村通公交”

截至2021年年末，浏阳市建成农村居家养老服务中心（农村幸福院）241家，覆盖171个村（社区），农村互助养老服务设施覆盖率达56.6%　（唐继武 摄）

（杨广泉 摄）

2021年，浏阳市全域推进美丽宜居村庄建设，实施“十百千万”工程，打造10条精品线路、100个示范村庄、1000个幸福屋场、10000户美丽庭院

金刚镇何家屋场　（金刚镇 供图）

古港镇梅田湖村松山屋场　（古港镇 供图）

沿溪镇沙龙村蝴蝶花园小区　（沿溪镇 供图）

5月21日，中南大学乡村振兴研究中心与社港镇人民政府签署乡村振兴实践基地合作协议，并为乡村振兴研究中心实践基地揭牌　　（社港镇供图）

11月11日，全省抓党建促乡村振兴会议在浏阳召开。出席会议的省委常委、省委组织部部长王成率第一考察组到柏加镇渡头村考察　　（柏加镇供图）

柏加镇渡头村党支部发展“支部+庭院经济”把苗木基地与家庭庭院合二为一，实现“一院一景”，既产生经济效益，又实现环境美化升级　　（柏加镇供图）

10月14日，长沙市乡村振兴暨美丽宜居村庄建设现场观摩推进会在浏阳举办，省委常委、长沙市委书记吴桂英出席会议并到柏加镇现场观摩美丽乡村建设　　（柏加镇供图）

（罗豪正　摄）

浏阳市博物馆新馆建成开馆

2021年6月25日，浏阳市博物馆建成正式对外开放。浏阳市博物馆位于集里街道道吾山西路和南泥湾路交会处，2017年8月动工建设，建筑面积约8000平方米，共三层，整个展览以《浏阳河之歌》为总展标，按一、二层分为两个展厅，一层是《浏阳古代历史文化陈列》，二层是《浏阳近现代杰出人物陈列》，展陈总面积3500平方米，共展出珍贵文物1600多件（套）

浏阳市博物馆　　（唐继武 摄）

博物馆开馆活动现场　　（博物馆 供图）

浏阳文庙祭孔乐器　　（彭红霞摄）

《浏阳近现代杰出人物陈列》展厅　　（彭红霞摄）

龚家桥小区 （唐继武 摄）

浏阳市城区老旧小区改造

2021年6月22日，浏阳市城区老旧小区改造集中开工，这是浏阳老旧小区改造工作第一次大规模集中开工，至2021年年末浏阳市城区83个旧城改造项目全面完成

恒宜新村小区 （唐继武 摄）

湘赣边（浏阳）文化艺术交流中心 （彭红霞 摄）

浏阳经开区（高新区）入选国家“十四五”重点支持县城产业转型升级示范园区

6月21日，国家发改委下发《关于产业转型升级示范区建设2020年度评估结果及下一步重点工作的通知》浏阳经开区（高新区）入选国家“十四五”重点支持的县城产业转型升级示范园区名单，是湖南省唯一上榜的园区。截至2021年年末，园区引进培育有蓝思科技、惠科光电、尔康制药等1700多家企业，形成以电子信息、生物医药、智能装备制造为主导，以健康产业、再制造为特色的“三主两特”产业格局，同时是长沙市显示功能器件、生物医药（含基因技术）、环境治理技术及应用三条产业链的牵头园区。园区先后获评国家新型工业化产业示范基地（电子信息类）、国家生物产业基地、国家医药出口基地、长江经济带国家级转型升级示范开发区、国家外贸转型升级基地等

长沙惠科第8.6代超高清新型显示器件生产线项目主厂房（经开区 供图）

蓝思科技　　（经开区 供图）

盐津铺子　　（经开区 供图）

尔康制药　　（经开区 供图）

浏阳经开区　　（经开区 供图）

目 录

特 载

大事记

浏阳概貌

中国共产党浏阳市委员会

浏阳市人民代表大会

浏阳市人民政府

中国人民政治协商会议浏阳市委员会

中国共产党浏阳市纪律检查委员会
浏阳市监察委员会

民主党派

群众团体

法　治

军 事

经济管理

农 业

水 利

工业和信息化

鞭炮烟花业

商 务

金 融

旅 游

开发区与园区建设

交通运输

邮政·通信

城乡建设与管理

生态环境

科学技术

教　育

文化·体育

卫 生

社会生活

街道·镇·乡

人物与荣誉

文献选编

附　录

浏阳河文化广场夜景　　（陈伏明　摄）

特　载

浏阳市 2021 年乡村振兴工作纪实

2021 年，浏阳市坚持以习近平新时代中国特色社会主义思想为指导，深入学习贯彻习近平总书记考察湖南重要讲话指示精神，全面落实长沙市第十四次党代会精神，把巩固拓展脱贫攻坚成果和实施乡村振兴战略作为增强“四个意识”、坚定“四个自信”、践行“两个维护”的现实检验和具体体现，持续发扬脱贫攻坚精神，以“争当乡村振兴样板”为总目标，以全域推进乡村振兴示范县（市）创建为总揽，担当担责、攻坚克难，扎实推进乡村全面振兴，取得积极成效。

稳定“基本盘”，持续巩固脱贫成果

牢牢守住不发生规模性返贫的底线，持续聚集“两不愁三保障”基本需求，积极落实各项帮扶惠民政策，着力巩固脱贫攻坚成果，促进农民持续稳定增收，让脱贫基础更加稳固、成效更可持续。

全力防止返贫致贫。坚持把防止返贫致贫作为底线工作抓好抓实，制定《关于健全防止返贫动态监测和帮扶机制的实施意见》，健全监测对象快速发现和响应机制，严格按照程序进行核实、评议、公示和风险消除。截至 11 月 25 日，全市共纳入监测 1658 户 3443 人。全年开展 2 轮脱贫质量问题集中排查整改行动，为所有监测对象安排结对帮扶干部，深入落实帮扶责任，做到应纳尽纳、分类施策、精准帮扶。10 月，投入 380 万元，为所有防返贫监测对象购买“返贫综合保”，防止因大病、意外等不可抗力因素造成返贫致贫。

全力巩固脱贫成果。切实增强风险意识，认真摸排，逐户过筛，持续巩固拓展“两不愁三保障”脱贫成果。义务教育方面，严格落实“雨露计划”，2021 年上学期投入 180.45 万元资助 1203 名贫困学生接受职业教育，下学期各镇、村按要求将补助学生名单进行公示。进一步完善控辍保学动态监测机制，深入推进“三帮一”劝返复学，确保“五类”家庭经济困难学生应返尽返。健全家庭经济困难学生资助体系，继续落实“两免一补”等义务教育阶段资助政策，让困难学生“有学上、上好学”。基本医疗方面，成立 254 个“3+X”家庭医生服务团队，推行网络电子化签约服务，针对慢性病患者签订个性化健康管理协议，实现慢性病管理签约率、履约率 100%。安排 270 万元资金，继续为所有已脱贫对象购买“防贫保”（原扶贫特惠保），确保政策稳定。住房保障方面，在全市开展农村房屋安全隐患排查，共排查农村房屋 29.5 万户。对脱贫人口和监测户全面开展住房安全鉴定，将动态新增符合危房改造政策的 245 户低收入群体全部纳入危房改造计划（新建房屋 150 户，修缮加固 92 户、长期租赁 3 户），确保住房安全。截至 2021 年年末，已全部完成改造和资金拨付。饮水安全方面，严格按照饮水安全标准，多次组织对全市脱贫户及监测对象的饮水安全保障情况进行排查，农村饮水安全率为 100%。在全省率先出台《浏阳市农村自来水工程建设运营管理办法》《浏阳市单村供水工程建设运营管理办法》和《浏阳市农村自来水运行维护经费补助办法》等文件，进一步加强供水后续管护，保障全市农村饮水工程的安全长效运行。

全力确保稳定增收。坚持把脱贫人口、监测对象以及其他低收入人口的增收情况作为巩固拓展脱贫攻坚成果的重要内容，建立健全更加稳定、常态化的帮扶机制，确保家庭收入稳定增长。产业帮扶方面，统筹中央和省市资金，安排衔接资金 3005 万元，持续实施“个十百千”产业发展工程，深入推进“一村一业、一户一策”，带动群众稳定增收。充分发挥小额贷款的作用，对有条件和意愿的脱贫人口和监测对象提供扶贫小额信贷。截至11月24日，全市共发放脱贫人口（含监测对象）小额贷款2331.34万元。就业帮扶方面，坚持把脱贫群众和监测对象稳岗就业作为工作重心，采取送岗上门的方式，促进农村人口就近就业，定期核查家庭就业情况，确保情况真实；加大就业车间（基地）开发力度，合理开发公益性岗位，努力拓展脱贫群众就业增收渠道。截至11月25日，共设置脱贫群众公益性岗位747个，脱贫人口务工人数21506人。低收入人口帮扶方面，制定出台《浏阳市社会救助申请家庭收入计算评估实施细则》，建立社会救助数据核对一体化平台，对低保、特困救助对象实行动态管理，实现救助对象“凡进必核”，并逐年加大低保救助保障力度。2021年，浏阳市低保标准提高至750元/月·人，农村低保人均救助水平达到421元/月·人。易地搬迁对象增收方面，全面完善易地扶贫搬迁安置区基础配套和公共服务设施，积极开展搬迁对象后续扶持，确保易地搬迁对象搬得出、稳得住、能致富。截至2021年年末，有条件和意愿的易地扶贫搬迁户，全部实现产业就业帮扶全覆盖，符合兜底政策的对象全部纳入兜底保障。

打好“组合拳”，全面推进乡村振兴

坚持全域推进、重点示范，以点带面、整体提升，一张蓝图绘到底，全域推进乡村振兴示范创建，全力打造“四个标杆”（在巩固脱贫攻坚成果上当标杆、在壮大乡村产业上当标杆、在深化农村改革上当标杆、在湘赣边区域合作上当标杆），争创“六个示范”（有效衔接的示范、产业发展的示范、人居环境的示范、农村改革的示范、区域合作的示范、乡村治理的示范）。

靓化人居环境。全域推进美丽宜居村庄建设，实施“十百千万”工程，打造10条精品线路、100个示范村庄、1000个幸福屋场、10000户美丽庭院。出台《浏阳市全域美丽宜居村庄建设操作办法》，明确专项配套资金9600万元，全市建成美丽宜居村庄275个。以“一拆二改三清四化”及“三清理三整治四提升”为重点，广泛动员党员干部、保洁员、志愿者、群众开展村庄清洁行动，着力提升农村人居环境，让良好生态环境成为乡村振兴的支撑点。全年累计清理垃圾1540余吨，清除“牛皮癣”废弃广告6200余处，整理各类乱堆乱放7200余处。创新实施“首厕过关制”，率先引入改厕商业保险机制，有效解决厕所质量保修和后续运维问题。截至2021年年末，已全面完成2021年改厕1万座目标任务，全市无害化厕所普及率达到97.5%。10月14日，长沙市乡村振兴暨美丽宜居村庄建设现场观摩推进会在浏阳举办，浏阳的工作成效得到中共湖南省委常委、长沙市委书记吴桂英、长沙市委副书记、市人民政府市长郑建新的高度评价和充分认可。

优化基础配套。坚持以人民满意为根本出发点和落脚点，以提质增效为核心，着力提升基础设施的发展质量、系统效率和效益水平。乡村小规模学校建设方面，截至2021年年末，全市有中小学校387所，其中100人以下乡村小规模学校95所。年内，制定《浏阳市乡村小规模学校优化提质工作方案》，提质改造石牛教学点、龙家学校等7所学校，均按计划完成年度任务。农村互助养老服务设施方面，通过整合闲置社会资源，广泛建设小规模、多功能的服务场所，推广志愿服务，积极推进基层养老。截至2021年年末，浏阳市农村居家养老服务中心（农村幸福院）完成建设241家，覆盖171个村（社区），农村互助养老服务设施覆盖率达56.6%。

强化乡村治理。坚持把培育和践行社会主义核心价值观贯穿农村文明创建活动的全过程，着力推行移风易俗“五微”（微喇叭、微课堂、微网格、微服务、微创新）模式，建立完善激励约束、开放时限、业务培训等制度，让“文明种子”遍撒农村大地。2021年年末，全市共有32个乡镇（街道）综合文化站，326个村（社区）综合文化服务中心，实现全覆盖。建立“一乡镇一儿童督导员，一村居一儿童主任”工作队伍，全市680名农村留守儿童均签订委托照护协议，并落实照护责任。扎实推进乡村治理体系和治理能力现代化，依法依规为基层群众性自治组织明责、赋能、减负、增效，落实基层群众自治组织“三个清单”，梳理村（社区）依法履行职责事项27项，依法协助政府工作事项43项。全面加强村（社区）应急能力建设，实现有场地设施、有装备物资、有工作制度“三有”标准化建设。古港镇梅田湖村被评为“省级乡村治理示范村”。

拧紧“责任链”，不断夯实组织保障

坚定不移加强党对农村工作的全面领导，全面落实“五级书记抓乡村振兴”要求，坚持把乡村振兴作为“一把手”工程，层层压实责任，强化工作举措，建立明责、履责、考责、问责“四位一体”全链条、闭合式责任体系，推动乡村振兴各项工作任务落地落实。

压紧压实工作责任。根据形势和任务要求，及时调整全市实施乡村振兴战略领导小组成员名单，由市委书记任组长，市长任第一副组长，涉及与乡村振兴工作有关的市直部门为成员单位。通过市委常委会议、市委月工作碰头会议、政府常务会议、领导小组会议、全市性专题会议等，就巩固拓展脱贫攻坚成果和乡村振兴工作进行专题研究部署。制定实施《关于全域推进乡村振兴示范创建　加快农业农村现代化的实施方案》《浏阳市创建乡村振兴示范县（市）实施方案》《浏阳市乡村振兴示范县（市）创建规划（2021—2025）》等文件，切实做好顶层设计，确保全市“一盘棋”有力有序推进。各工作部门认真对照工作标准和上级要求，对政策进行全面梳理和调优，形成一级抓一级、一级带一级、一级促一级“三级联动”工作格局。

夯实夯牢党建基础。加强农村基层党组织建设，为全面实施乡村振兴战略提供坚强的政治保证。扎实开展软弱涣散基层党组织整顿工作，排查确定5个软弱涣散村党组织，其中3个因村党组织带富能力不足纳入整顿。严格按照“一村一策”要求，落实“1名县级领导班子成员联村、1名乡镇领导班子成员包村、1名第一书记和1支工作队驻村、1个县以上机关单位结对”的“五个一”措施，确保整顿实效。建好管好用好党群服务中心，2017年开始至2021年年末，共投资1612万元，在全市325个村(社区)部署试点，改扩建党群服务中心综合服务平台面积18.77万平方米、“一站式”服务平台1.62万平方米，为全市党员干部群众提供开放的共享空间和服务平台。11月11日，全省最高规格、最大规模的抓党建促乡村振兴现场会在浏阳召开，会议重点推介党建引领乡村振兴的“浏阳经验”。

严抓严管项目资金。全面加强对扶贫项目资产的后续管理，组织相关行业部门、镇、村做好2013年至2021年年末的扶贫资产确权登记、信息录入等工作，建立健全扶贫资产后续管理制度，确保每个扶贫项目都有专门的管护单位和责任人。进一步明晰产权，建立管理台账，规范收益分配使用，确保资产可盘点、可追溯、可核查，实现资金效益最大化。严格按照中央、省市相关要求，根据“村申报、乡审核、县审定”的程序，扎实做好2021年巩固拓展脱贫攻坚成果和乡村振兴项目储备及入库管理等工作，全年储备项目672个，总投资约8.6亿元，确保衔接资金和整合资金项目原则上都来源于项目库。认真做好2022年项目储备入库工作，截至2021年年末，2022年储备入库项目623个，总投资约10.2亿元。

用心用情驻村帮扶。对全市153个重点村全部派驻乡村振兴工作队，派出驻村干部339名，其中长沙市派驻59人、浏阳本级派驻280人(市直单位115人、乡镇街道165人)，实现脱贫村、乡村振兴重点帮扶村、易地扶贫搬迁集中安置村、软弱涣散村驻村帮扶工作全覆盖。注重严管厚爱驻村干部，在保障伙食、通信费、交通费补助的同时，继续为驻村干部购买意外保险，积极帮助解决驻村干部工作、生活方面的困难，确保能够真正沉下来、蹲下去。进一步加强对驻村干部的管理和业务指导，切实提升驻村干部的群众工作能力和素质。严格对驻村干部的督查考核，助推各项政策措施落实到位，全力提升群众的满意度和认可度。

(浏阳市农业农村局)

浏阳市推行极简政务服务工作纪实

近年来，中共浏阳市委、市人民政府认真落实中央和省、长沙市决策部署，全市上下深入践行“三高四新”战略，奋力担当湘赣边区域合作示范区建设“领头羊”，深度融入长株潭营商环境优化一体化，把优化营商环境当作高质量发展的“生命线”，大胆改革创新，推进“一件事一次办”，建设“五零城市”，创新“三集”审批机制，率先启动“跨省通办”，全力打造全国机制最活、审批最少、流程最短、成本最低、服务最优、诚信最好县市。浏阳市连续两年被评为“国际化营商环境建设示范县(市区)”，“2020 十大最具投资吸引力县(市)”、“2021 优质投资环境城市”，“三集”审批长效机制被评为“中国营商环境特色评选 50 强创新案例奖”。

着力全覆盖，深化“一件事一次办”，服务能力再提升

深化“三集中三到位”。2016 年，浏阳市建成湖南省首个“市民之家”，1670 个政务服务事项全部进驻且授权到位。所有依申请类事项均纳入长沙市一网通办平台办理，并实行电子监察。扩充服务套餐。截至 2021 年 7 月，浏阳市实现“一件事一次办”事项 330 项，上半年办理相关业务 100 余万件。设立复工复产政策兑现专窗，69 项复工复产政策兑现实现“一件事一次办”，2020 年总办件 9 万余件，惠及企业 1.2 万家，为企业减免各类费用金额超过 5 亿元。2021 年 4 月 20 日，市场监管局依托企业登记全程电子化系统，开展“政银全域通”合作，实行企业开办“银行帮办”，办理企业登记业务 107 户，将企业登记延伸至“最后一公里”。拓展服务内涵。不动产抵押登记实现全流程“无纸化办”、“不见面办”。设立企业注销综合窗口，企业的税务、营业执照、社保登记注销全流程业务“一窗一次”办结。水、电、气联动过户与二手房转移登记实现“一次办”，办理时限压缩至 3 个工作日以内。长沙惠科第 8.6 代超高清新型显示器件生产线项目实现实地踏勘、权籍调查、发证 1 个工作日内办结。推进跨域通办。在政务大厅设立“跨省通办”窗口，与湘赣边区域合作示范区 23 个县(市、区)，苏、粤、桂、闽、鄂、赣、浙、皖 9 省 18 县(市、区)共 41 个县(区、市)全面签订跨省通办合作协议。按照“高频优先、应上尽上”“线上优先、线下补充”“实现一批、公布一批”原则梳理“跨省通办”事项目录清单，实现浏阳市第一批与江西省 5 个县第一批共 56 项“跨省通办”事项、与株洲两地“跨域通办”事项 48 项，覆盖社保医疗、居住出行、企业注册登记等高频事项。规范事项标准。持续做好政务服务事项“四级九统”工作，梳理公布事项目录和实施清单 43283 项，权责清单 12344 项。实行进行动态管理，共调整 116 项，其中取消 75 项，新增 16 项，变更 25 项。公布村(社区)“一门式” 政务服务事项 44 项，2020 年办理业务 16 万余件，“个人办事不出村(社区)”实现全覆盖。

着力强基础，聚集重点精准施策，行政审批再精简

深化简政放权。赋予经开区(高新区)经济社会管理权限 251 项，永安镇 50 项，向其他乡镇(街道)赋权 41 项，让更多“一件事”在乡镇(街道)、园区“一次办”。永安镇政务服务事项推行“一枚公章管审批”改革，通过政府权力的“减法”换取市场活力的“加法”。试点公开标准化。顺利通过政务公开与政务服务标准化试点工作国家评估验收，创造可复制可推广的“浏阳标准”。全面推进基层政务公开标准化规范化，梳理形成本级 26 个试点领域基层政务公开目录 1365 项，填报公开内容 1570 条。提质乡镇政务服务中心标准化建设，推进工商登记、国土、公安户籍等业务入驻乡镇政务大厅办理。打造帮代办体系。制定湖南省《审批服务“一件事一次办”帮代办服务规范》，构建三级全覆盖帮代办服务体系。积极推广“岗岗通”、365 预约、上门代办、证件快递免费送达等服务新模式，打通服务群众“最后一步路”，2020 年镇、村免费提供帮代办 12 万余件。强化效能监管。设立市场监管领域“双随机、一公开”工作联席会议，明确 70 项“双随机”抽查内容。对烟花爆竹重点领域实行重点监管，建立市级领导定期带队安全检查机制，实行 24 小时在线监管。完善包容审慎监管，在长沙市 9 区(县)率先完成“信用浏阳”平台建设。启动浏阳市“信用直播”工程，完成信用示范商区的创建工作。推进信用分级分类监管，规范市场主体信用“红黑名单”认定机制。全面实施政务服务“好差评”，对政务大厅已纳入“好差评”评价的窗口，每月进行数据的统计、分析，统计结果纳入窗口及工作人员的平时考核，确保政务服务事项、评价对象、服务渠道全覆盖，窗口工作人员满意度评价均为100%，有效提升市场主体和办事群众评价体验。畅通诉求渠道。创新建立“特事特办”“榜样激励”“流水线作业”热线工单办理工作机制，2020年浏阳市累计签收长沙市交办的“12345”政务热线工单31253件，按时签收率100%、按时办结率100%，回访满意率98.56%，超考核指标2.56个百分点。浏阳市市长信箱共收到有效信件505件，办结505件，及时回复率达100%。

着力优服务，推行“三集”长效机制，行政效能再提速

完善“三集”审批模式。积极推动工程建设项目“一件事一次办”，设立“三集”审批服务区，将全市重大项目纳入“三集”审批，实施“集中办公、集合查验、集成审批”模式，社会投资小型项目建设总审批时限由34个工作日压减至19个工作日。将183个市重大项目纳入“三集”审批，其中对40个市领导联系重大项目实行挂图作战，每周定期督办项目审批进度。分类建立“审批模型”。从建设项目实施角度，建立各类型项目审批通用模型。以此为指导，为每一个新立项（备案）的项目提供“一对一”全流程模拟审批方案。公布试行“正面清单”。推出工程建设项目审批59项“容缺清单”和63项“豁免清单”，26条“告知承诺清单”，设立工程建设项目帮代办服务中心，安排专人负责工程建设项目的全程帮代办工作，提速工程建设项目“一件事一次办”，2021年上半年共帮助企业办件1050件。推陈出新服务方式。推行问题归集法，将审批过程中难点、堵点问题进行归集，定期调度。推行现场审批法，对同类成批的项目，采取“移动公章”一线集中审批。推行“管家”驻企法，对重大招商引资项目，派驻“专业管家”，提前介入，靠前审批。扩面提级“三集”审批内涵。探索企业生命周期的管理服务，从企业开办、建筑许可、财产登记、获得用电用气用水、税费缴纳、金融服务、知识产权创造保护和运用、劳动力市场监管和服务、执行合同、办理破产、惠企政策服务、帮扶（办）服务、纠纷化解、政企沟通等15个方面着手，制定提升企业生命周期管理服务行动方案。

着力求创新，建设“五零城市”，促营商环境再优化

开办企业“零成本”。继续实施新开办企业公章刻制、打印复印、证照寄递全免费服务措施，2020年共发放5329套免费公章。设立企业开办服务中心，2021年上半年，为545家注册资本500万元以上新办企业提供营业执照、公章刻制、税务登记、银行开户、人社保险、公积金等6个环节“一次办”全流程免费代办服务。截至2021年6月30日，全市各类市场主体总数达122152户，较2020年同期增加18962户，同比增长18.38%。其中，新设立各类市场主体中，以企业增长幅度最高。新增总数为3213户，同比增幅达24.15%。办理事项“零证明”。公布保留证明事项清单34项，全面推行证明事项告知承诺制。对于暂时保留的证明材料，推行电子证照、证明信息数据互享等方式，逐步实现事项办理零证明。如地名地址变更审批直接采用市民政局的地名数据进行核验，浏阳城区范围内的不动产地名地址变更登记业务不用再提供证明材料。审批服务“零见面”。浏阳市依托长沙市“互联网+政务服务”一体化平台，实现省—市—县—乡镇—村五级联通，事项接入率100%，平台办件总量达72万多件。设立24小时“不打烊”政务服务自助服务区，市民可自助办理不动产信息、燃气缴费、个人征信报告等常用便民业务。园区政务“零收费”。公布收费减免清单，经开区（高新区）以政府购买服务或直接免除的方式，从行政审批收费和其他服务性收费两个方面对企业费用进行代缴或减免，平均每年为企业减免费用2000多万元。企业发展“零干扰”。印发《浏阳市优化企业服务十二条措施》，建立企业全生命周期管理服务体系，落实“不叫不到、随叫随到、服务周到、说到做到”要求，严守纪律红线，减少干预企业行为，规范执法检查，做到“无事不扰、无处不在、无微不至”。

（浏阳市行政审批服务局）

浏阳市推进制造业高质量发展调研报告

浏阳现有工业企业3600家，其中规模以上工业企业928家，涉及电子信息、生物医药、装备制造、烟花爆竹、绿色食品、家居建材、新材料及环保6大产业集群15条工业新兴及优势产业链。制造业实力不断攀升，成功跻身全国工业百强县第一梯队，从2015年的28位攀升至2021年的第10位。2019年浏阳市被工业与信息化部批准为消费品工业“三品”战略示范城市。2017—2021年连续5年被评为湖南省人民政府真抓实干成效明显地区获得表扬激励。为分析浏阳发展的主攻方向、实施路径和发力领域，经过2个月全面深入研究，形成制造业高质量发展调研报告。

浏阳推动制造业发展的做法和成效

规模工业持续增长，县域实力更强。浏阳市深入贯彻“兴工强市”战略方针，落实服务企业、服务产业、服务工业措施，连续3年被评为“省工信系统运行监测协调工作先进单位”、连续5年被评为“省工信系统规范行政执法示范单位”。2016—2020年，全市规模工业总产值增速分别为13.9%、13.5%、17.5%、11.6%、5.8%；规模工业增加值增速分别为13.5%、13.0%、10.8%、11.4%、6.3%；年度新增入规企业数分别为53家、69家、92家、142家、50家。2019年，浏阳市被批准为财政支持深化民营和小微企业金融服务综合改革试点城市，2020年，浏阳市被纳入全国8个工业经济运行调度重点县。

结构调整稳步推进，产业质效更好。认真贯彻国家“产业结构调整指导目录”，推进产业转型升级。水泥行业：引导淘汰退出高坪水泥厂、龙洞水泥厂、浏阳市水泥厂和长沙古港化工等4家企业，共计淘汰落后产能27.6万吨，截至2021年8月，浏阳市仅有1家国有水泥企业。造纸行业：邀请专家对纸机机型进行全面鉴定，淘汰拆除58台落后纸机，截至2021年8月，保留纸机全部符合产业政策。煤炭行业：全市关闭煤矿15家，共计淘汰落后产能99万吨，浏阳市煤矿生产企业全部退出。黏土砖行业：引导7家企业转型，20家企业关闭取缔，并完成厂房、设备、烟囱、窑体拆除和土地平整并实施复垦复绿。石灰行业：封停6家企业12个石灰土窑，淘汰落后产能7.7万吨，全面完成石灰土窑淘汰工作。

主导产业强势推进，发展动能更足。现代产业体系初步成型，建成15条工业新兴及优势产业链。2020年，15条产业链实现规模工业总产值1822.7亿元，同比增长7.0%。其中，显示功能器件、5G应用、智能装备、医疗器械、环境治理技术及应用产业链规模工业总产值分别增长85.2%、41.3%、22.7%、15.9%、15.3%，新兴产业的拉动作用不断增强。围绕“入规、升高、上市、扩面”精准梯度培育。截至2020年年末，全市培育智能制造示范企业249家（长沙九区县第一），高新技术企业300家，省、长沙市首台套重大技术装备产品奖励企业40家，省知识产权运用标杆企业2家，省品牌培育示范企业4家，百项专利转化3家，“小巨人”企业国家级2家、省级32家、长沙市级63家，上市（过会）企业9家，全省区县第一，纳入长沙市上市（挂牌）后备企业资源库38家。

企业服务精准发力，营商环境更优。聚焦需求导向、问题导向、目标导向开展企业服务。2016—2020年，组织企业培训30余次，培训超1万人次；在省内连续组织9届“揽万名英才·助浏阳腾飞”工业企业人才招聘会，共为477家企业引进外地到浏阳务工人员超1万人，有效缓解蓝思科技等重点企业招工难问题；共举办银企对接会4次，120余家企业融资60余亿元，为企业发展壮大提供有力信贷支持。引导创新发展，从2018年开始，每年举办“创客中国”浏阳创新创业大赛，2019年、2020年均被省工信厅评为“创客中国”湖南省中小微企业创新创业大赛优秀组织单位。鼓励企业服务市场化，本级认定核心服务机构10家，拥有省级企业技术中心10个、省级工业设计中心2个、省核心服务机构8家、省创新创业示范基地3家。

电力通信加速攻坚，基建保障更强。“十三五”期间，信息通信基础设施不断完善，通信网络覆盖水平明显提升。争取3批次105处国家电信普遍服务试点4G基站建设，实现全市行政村光纤宽带和4G网络覆盖率

100%。同时,5G、物联网、工业互联网等新型基础设施建设也正加快推进,累计投入5G建设10亿元,新建及改扩建机房61个、光交360个,新建主干光纤990千米,开通5G基站1778个,初步实现主城区和园区5G网络广覆盖。通信管网环境治理卓有成效。组建管线整治专门队伍,出动管线整治人员近万余人次,更换维修缺失、破损井盖500多个,紧急处理通信线缆、杆路等较大安全隐患30余处,整治主次干道、背街小巷、老旧小区等300余处,集中捆绑规整凌乱线缆超过1000千米。完成电网"630攻坚"目标,2018至2020年,累计投资25.88亿元,完成主、配网项目27个。新建全省第一个县级专供500千伏变电站,浏阳电网进入500千伏超高压行列,供电能力提升至120万千瓦,提升41.2%。

两化融合持续深化,信息化水平更高。累计组织3200家企业注册使用各类云平台,12家企业被评为省级"上云上平台"标杆企业,14家企业入选省级两化融合管理体系贯标试点企业,28家企业通过国家两化融合管理体系贯标认定并获取证书,蓝思科技自研工业互联网云平台入选省级工业互联网平台,博大机械、湖大艾盛通过"上云"加快智能制造的典型案例入选国家工信部《中小企业智能制造实战100例(2018)》,金丰林"基于物联网的智能包装研发及云服务平台设计"被评为工信部工业互联网发展重点任务"关于互联网标识解析二级节点包装行业应用服务平台"项目。加快移动支付推进信息消费,发展和包用户68.7万户、和包商户1.43万户,实现党费、团费、工会会费三费收取,水费、电费、商超移动支付等各类场景的和包深度应用。李白烈士故居被省工信厅授予"湖南省无线电宣传教育基地",是湖南省首个、全国唯一一个无线电宣传教育基地。

引导绿色安全发展,行业体质更佳。2016年至2020年,浏阳市深入推进工业企业绿色制造,被批准为国家级绿色工厂5家、国家级绿色产品2个、国家级绿色园区2个,省绿色工厂12家、省两型企业2家,通过省、长沙市自愿性清洁生产审核企业135家。指导工业企业安全工作,本质安全水平持续提升,2016年至2020年,共检查工业企业571家次,开展电力、通信行业企业安全监管、指导检查120家次,组织开展集中整治32次,共发现隐患1400条并督促整改到位,全部实行闭环管理。高度重视信访工作,扎实开展矛盾纠纷排查化解活动,共办理信访事项235件,主要信访件15件。

浏阳制造业发展面临的挑战

产城融合程度与产业结构调整有待突围突破。作为浏阳市经济主战场的浏阳经开区缺乏母城依托,基础设施配套严重不足,极大影响人才引进及产业聚集。产业结构还有待优化,先进制造业规模偏小、传统制造业附加值偏低,智能装备、医疗器械、碳基材料等产业链产值均未突破百亿元,烟花爆竹、食品、家居建材等传统制造产业仍处于劳动密集程度较高、科技含量较低、利润空间较小的阶段,面临生产成本高、自动化程度低、产品品类单一、同质化严重等问题。此外,金融、信息咨询、会展、创意设计等生产性服务业对制造业转型升级支撑不足。制造业与生产性服务业融合、工业化与信息化融合、工业与农业融合和"互联网+"等新业态新模式有待加快发展。

龙头企业增量与中小企业纾困有待聚力加力。截至2021年8月,浏阳除蓝思科技和长沙惠科外,其他规模大、效益好、带动力强的龙头企业并不多。全市近3000家工业企业中,上市企业仅9家,产值100亿元以上的企业只有1家,难以对中小企业形成明显的带动作用。全市规上企业虽有922家,但大部分企业贡献率较低,中小企业本地配套能力较弱,发展活力亟待增强。同时,受新冠疫情和市场波动影响,部分中小企业在出口、运营成本和融资等方面面临较大困难。如浏阳市官渡烟花集团有限公司出口订单2020年较2019年同比减少20%;如生物医药产业,受两票制、仿制药一致性评价影响,企业成本增加,销售额、利润下降,部分企业呈现负增长;如绿色食品产业原料供应不稳定、价位不断攀高,后续投入乏力,新品开发、质量升级、核心产品打造困难重重。此外,中小企业融资难问题仍然存在,以新材料产业为例,其科研投入大、产品测试周期长,因缺乏抵押物,很难获得银行融资,资金缺乏情况普遍存在。

企业研发投入与科创平台建设有待提速提效。科技研发平台数量较少,企业申报研发中心困难。比如,普济生物科技公司与中国日用化学工业研究院及江南大学进行科研项目合作,准备申请氨基酸表面活性剂国家标准,申报条件要求企业年产值达到5000万元,虽然企业具有较强科研实力和行业增长性,但年内无法达到该标准。企业自主研发投入较低。受企业规模小、科研人员数量少等客观因素的制约,多依靠仿制、逆向拆解,导致企业产品档次不高、附加值低、缺少市场话语权。以机械制造产业为例,机械装备所用数控系统、集成芯片等关键技术和功能部件依赖进口。科技创新基础较弱。浏阳部分企业为生产基地,按照总部指派订单,极少参与研发设计,涉及先进制造与自动化、生物医药、新材料、电子信息等领域的科技支撑力明显不足。全市具有独立科研机构的企业占比不到10%,科研投入及产出提升空间较大,科技驱动产业发展的态势尚未形成。

推进浏阳制造业高质量发展的对策与建议

对标"三高四新"战略要求,聚焦智能制造、绿色制造、服务型制造,全面落实"制造强市、数字兴市、亲清立市"举措,致力打造1个千亿级、2个500亿级产业集群,成为国家重要先进制造业高地的核心组团和关键一极。具体来说,实施制造业高质量发展"四大工程":

实施智能制造赋能工程。以国际智能制造先进水平为标杆,努力将浏阳建设成为长沙智能制造核心基地。加快智能化扩面升级。鼓励企业积极应用先进技术装备,优化改进工艺流程和组织方式,实现关键工序、核心装备升级换代。加快一体化服务供给。建设浏阳市智能制造研究院,加快推行智能制造新模式。鼓励系统方案解决供应商采用自主研制装备和软件为企业装备升级提供总集成、总承包服务。加快数字化转型发展。引导企业数字化改造、网络化协同、智能化升级,加快推进5G、工业互联网等新基建建设,力争到2023年实现5G网络基本覆盖。规划建设长兴湖移动互联网产业集聚区,引进和培育大数据、云计算、人工智能、区块链等新一代信息技术企业,发展壮大5G应用产业链。

实施产业智造倍增工程。打造"芯屏器合"产业高地。以"强玻引屏补端"行动,聚力打造国家级新型显示产业集聚核心区,推动电子信息产业建成千亿级产业集群。升级国家生物医药基地。巩固药用原辅料、通用名化学药、现代中药特色优势,不断提升综合竞争力。构建智能装备发展体系。围绕"三智一芯"产业导向,依托世界工程机械产业集群和汽车产业链配套,打造省级智能装备示范区。推进烟花爆竹转型升级。围绕减数量、提质量、增效益目标,加快"机械化换人、自动化减人、智能化管理"进程,鼓励生产企业探索依托互联网平台加快转型升级,巩固烟花爆竹全球领军地位。推进绿色食品"三品"示范。把绿色食品作为打响全国消费品工业"三品"战略示范城市的主打品牌,提升品种丰富度、品质满意度、品牌认可度。

实施企业主体培优工程。聚焦"个转企""小升规""规上市""普登高""智扩面""专夺冠",促进大中小企业融通发展,全面提升浏阳企业竞争力。实施头部企业"龙腾"计划。跟踪服务好上市企业的总部建设与募投项目建设,遴选上市后备企业并提供重点上市辅导。引进一批具有明显行业优势和核心竞争力的领军企业。实施专精企业"瞪羚"计划。打造一批主营业务突出、竞争力强、成长性好、创新能力强、专注于细分市场的制造业企业;联合高校院所、行业协会、投融资机构重点为"小巨人"企业提供技术创新、成果转化与应用、工业设计等深度服务。实施中小企业"雏鹰"计划。深入开展中小企业技术创新"破零倍增"行动,建立企业主体、市场主导、产学研深度融合的中小企业技术创新体系,开展"湖湘精品"中小企业品牌能力提升行动,鼓励和支持中小企业差异化、标准化、创品牌化发展。

实施工业载体强基工程。提质产业园区。抢抓湖南自贸区、中非经贸合作促进创新示范园、长沙临空经济示范区发展契机,积极推进两型产业园升级省级园区,扶持省级工业特色小镇和工业优先类乡镇发展。抓实产业项目。围绕园区主特产业,做好"强链、补链、延链、育链"招商工作。加强产业链重大项目管理,推动项目早投建、早竣工、早达产。打造创新平台。加强浏阳市与高校合作,引导和支持重点骨干企业创建国家、省级研发中心、技术中心、检测中心。加强产业合作。开展产销对接,用足用好"长沙市工业企业采购本地配套产品奖励办法";搭建制造业与金融资本互助的桥梁,以产融合作破解、缓解民营中小微企业融资难、融资贵、融资慢难题。

(浏阳市人民政府研究室)

浏阳市城市建设"四精五有"工作调研报告

近年来，浏阳深入贯彻落实中央城市工作会议精神和习近平总书记关于城市工作的重要讲话精神，对标"四精五有"(精准规划、精美建设、精致管理、精明增长，有颜值、有气质、有格调、有品位)要求，全面提升浏阳城市规划、建设、管理水平，提升城市建设工作的系统性和科学性，推动城市高质量发展，着力加快建成省会副中心和湘赣边区域性中心城市，打造享誉三湘、鼎立中部的现代化山水名城。

浏阳城市建设工作现状

规划体系日趋健全。浏阳国土空间规划体系加快构建，浏阳主城与金阳新城建设同步推进，"一体两翼"格局基本形成。严格按照《城乡规划法》《浏阳市城乡规划管理技术规定》等相关法律法规进行科学审批，严格把控其建设风貌、高度等关键要素。出台《浏阳市城市建设品质管控导则(试行)》《浏阳市提升居住建筑品质设计管理导则》文件，进一步完善浏阳市的城市规划，提升建筑设计品质，对建筑的形态、风格、高度、色彩、立面、材质等进行管控，注重建筑特色塑造，避免出现"贪大、媚洋、求怪"等建筑乱象。加强建筑高度管控，居住建筑高度应符合《城市居住区规划设计标准》，原则上不得超过80米，同一"街坊"内避免高度悬殊的"高低配"。注重打造浏阳城市天际轮廓线，临浏阳河及长兴湖等主要水体、大型公园绿地、重要自然山体的高层建筑，应按照"远建筑""矮建筑""瘦建筑""美建筑"的标准进行控制，形成高低错落、层次丰富、进退有序的天际轮廓线。

承载功能日臻完善。2016年至2020年，浏阳市先后拉通西北环线延伸线、胡家路等城市道路32条，天马山新隧道竣工通车。高起点规划建设浏阳河"一河两岸"城区段，道吾、长兴湖等片区加速崛起，新增城市停车位5.5万个，新建公园3个，提质提档社区18个，改造老旧小区24个、棚户区1.8万户，新图书馆、博物馆建成开放，道吾学校、新屋岭学校建成，人民医院搬迁、中医院和集里医院扩建，一大批文体等基础设施不断完善，城市综合承载能力明显增强。以"三分法"推进城区雨污分流改造，完成百宜河主管网、长兴湖片区雨污分流和净溪河截污工程。城市规模不断扩大，城市建成区面积达到75平方千米，城镇化率达66.2%，入选国家县城新型城镇化建设示范县(市)，浏阳城市的影响力、吸纳力、带动力极大增强。

城市面貌日新月异。从严管理市容秩序，保持对流动摊担、店外经营、户外广告等违规行为的整治力度。持续开展"城管进社区、服务零距离"活动，加大城区主次干道、农贸市场周边等重点区域的巡查力度，确保不出现临街占道经营、贩卖活禽野生动物等现象。强力推进生态治理，立案查处渣土运输、垃圾焚烧、鞭炮燃放、露天烧烤、扬尘污染等环保案件，主城区实现裸露黄土"清零"。建筑工地严格落实"8个100%"扬尘防控要求，全市空气质量优良率为93%以上。完成城区100家规模以上餐饮门店油烟在线监测平台建设，实现城区470家餐饮门店油烟净化设施安装率100%。创新推行公厕"所长制"管理。全面建设"人文城管"，践行"721"工作法(70%的问题用服务解决、20%的问题用管理解决、10%的问题以执法解决)。成功创建国家卫生城市，国家园林城市创建顺利通过省住建厅验收。

城市经济日益增长。房地产市场平稳发展，呈现"量升价稳"态势。2020年，房地产开发投资57.7亿元、同比增长33.75%，新建商品房销售154.97万平方米，全市普通商品住宅均价为5383元/平方米，房地产入库税收17.25亿元。截至2021年10月底，房地产开发在建在售项目89个，房地产开发投资67.4亿元、同比增长21.8%，销售新建商品房128.97万平方米、同比增长1.27%。全市商品住宅均价为5769元/平方米、同比增长0.51%。出台了《关于助力“三间”经济的十条措施》，助力浏阳夜间、乡间、网间“三间经济”发展。致力打造集购物、餐饮、休闲、娱乐、旅游等于一体的特色街区，吸引全国知名的酒吧、影院、剧场、高端餐饮旗舰店入驻，开辟“创客空间”，催生一批新兴业态。第三产业增加值占GDP比重达40%。

浏阳城市建设存在的短板及原因分析

城市规划不够精准。浏阳的城市规划总体上比较完善，但城市规划的引领作用没有得到充分发挥，高起点、新理念谋划城市规划和发展做得还不够。以前规划部门不审建筑风格、建筑造型，只审容积率和建筑高度，造成一些建筑千篇一律、档次不高，“先规划后建设、无规划不建设”的规划引领理念没有深入贯彻落实。城市交通、市政设施、公共设施、资源保护利用、城市安全等专项规划还存在不完善、不全面、不科学等问题。在具体执行规划时，导致规划执行不到位、越位过位等问题时有发生。

城市建设不够精致。城市规划建设管理一体化统筹不够，城市道路重复开挖、重复建设的“马路拉链”现象依然存在，政出多门、建设主体各行其事，缺乏全市统一的协调和管理。一些建设项目的人性化不够，影响行人行走的安全性和舒适性。城市更新、老旧小区改造简单强调整体风格的一致性，忽视居民对居住环境的需求。有些项目建设精心雕琢不够、品质有待提升。一些区域市政配套设施和公共配套设施还不够完善，5G、充电桩等新基建配套滞后，停车场、停车位配套不够，老百姓停车难，有的社区“水、路、电、气、消防、垃圾”等日常公用设施配套不完善，居民生活基本需求难以满足。

城市管理不够精细。随着城市化发展进程的进一步加快，城市规模不断扩大，人口数量日趋增多，违章建设有待进一步整治，违建别墅、公共用地乱搭乱建等现象依然不同程度存在，个别小区违建甚至已处于失管边缘，违建舆情及群众诉求反映依然强烈。市容秩序有待提升，背街小巷、开放式小区各类车辆乱停乱放问题突出，停车秩序管控效果不佳。户外广告招牌设置凌乱、用材用料低质、设计缺乏品位，大型发光字影响天际线、影响亮化效果，部分沿街建筑立面老旧破损、管线杂乱、违规搭建等现象普遍存在。主次干道部分“城市家具”的“六位一体”管控标准不强。垃圾分类有待加强，城市数字化水平有待提升。

城市商贸不够繁荣。现有商业街区分布不均匀，街区多、串联少。没有将资源进行有效整合，加之缺乏展现地域特色的整体结构，导致难以形成集聚化、规模化效应。经营业态单一，缺乏配套性、特色型消费场点，难以形成高质量发展格局。随着城市发展重心转移和人民医院搬迁，豪兴街片区、人民路、八角亭路人气下降明显，截至2021年10月，周边已有百余家门店关停或转让。伴随着城市开发建设，许多历史文化古迹逐渐消失，商业街区没有很好地发掘本土特色文化资源，人文环境的塑造缺乏文化内涵，建筑风格、规模、功能设计与其他地方趋同，文化主题不够突出，文化氛围不浓厚。

浏阳城市建设“四精五有”工作的对策建议

远近结合抓精准规划。转变规划设计理念。要更加注重顶层设计，统筹协调道路、基础配套设施布局，在功能完善的前提下更加注重景观设计和场景营造，让城市的功能配套、历史传承在规划里精准落地。加强建筑风貌管控。优化建筑设计评审制度，统筹协调城市风貌和单体建筑风格，构建高低错落、层次丰富、进退有序的城市天际线景观。加强街道风貌管控，推动道路红线与建筑前区总体规划、整体设计、统筹实施，实现街道市政设施、景观环境、沿街建筑、历史风貌等全要素的有机整合。强化规划执法工作。探索规划、建设、管理一体化工作机制，督促建设单位严格按照经审批的规划方案进行建设，加强对建设工程竣工验收前建设监管，坚决依法拆除易造成加建部分，避免私搭乱建现象。

内外并举抓精美建设。把握建设内涵。围绕精美建筑、精美街道、精美社区、精美环境、精美生活五大目标聚力发力。实现从“穿衣戴帽”到“内外兼修”转变，打造建筑精品工程。从保障机动车通行向慢行优先、步行有道、骑行顺畅、过街安全转变，实现街道的功能复合、活动舒适、空间宜人和视觉丰富。统筹考虑“水、电、气、路、消防、休闲”等日常设施建设，提供方便、宜居的生活配套。从城市“只做加法”到“加减结合”转变，全面建成环境友好型城市。实现从“腾笼换鸟”到“筑巢引凤”转变，构建充满活力、邻里和睦、文化多元的生活环境。完善建设标准。将“适用、经济、绿色、美观”的方针落实到城市建设全过程，针对城市建筑高度和质量、街道风貌和空间，细化具体建设方案，明确技术标准。大力推广绿色建筑、装配式建筑，打造一批功能完善、结构合理、消防安全、绿色节能、智慧宜居的高品质建筑。打造示范项目。以工匠精神、绣花功夫雕刻城市面貌、勾勒城市肌理，着力打造一批精美示范项目。立足市民需求，全面提质既有小区，改造老旧小区，提升城镇小区公共基础设施、公共服务设施空间环境及智慧化建设品质。持续推进无障碍设施建设和改造，完善智慧交通顶层设计，提升数据信息资源交换共享能力，建设交通基础数据库。

建管并重抓精致管理。完善城市管理标准。围绕建设文明、和谐、宜居城市环境的目标，既要从宏观层面上建立健全城市管理的法律法规体系，完善城市执法体系和执法标准，又要聚焦园林绿化、市容秩序、市政设施、数字化管理等具体工作，制定完善统一可行的标准，提升城市管理和行政执法质效。整治市容环境秩序。深化“三清”举措（道路街巷全时段清扫、路面立面高频次清洗、公共设施和绿化深度化清洁），高标准推进环卫保洁“全覆盖、见本色、常态化”。强化主次干道、重点部位“全时段”管理，推进乱停乱行、乱贴乱挂、乱摆乱设、乱搭乱建、露天焚烧及市场综合整治。推进物业管理和服务标准化，实现全市住宅小区物业管理和服务标准化建设“一年示范推广、二年全面覆盖”目标。加强施工围挡整治，推广装配式围挡，鼓励社会化项目开展特色围挡提质。提升城市管理品质。大力推进城市主次干道、快速路空间品质提升工程、道路平坦行动、“一点三线”品质提升工程、“一河两岸”城市照明提质、户外广告品质提升工程5类项目。突出历史文化名城特色，完善提升“一河两岸”、嗣同路、天虹、大润发等重点区域景观亮化效果，将夜景亮化打造为浏阳文化旅游名片，助力城市“夜经济”发展。

量质齐升抓精明增长。高站位谋划。要以更加开阔的视野，找准城市发展在全局中的地位。一方面作为长沙地区人口和地域面积最大的区县，要强化与长沙的功能对接互动，积极承接非省会功能疏解，勇当“强省会”战略开路先锋。另一方面要充分把握湘赣边区域合作走深走实的契机，利用自身先发优势，引导湘赣边县市区在教育医疗、文化体育、烟花爆竹、食品安全等领域抱团发展、互利合作，进一步推动经济发展、民生改善。集约化布局。以国土空间规划为引领，严格做到“多规合一”，坚持一张蓝图管到底。统筹“地、水、绿、文、美、产、居”多种要素功能，按照生产空间集约高效、生活空间宜居适度、生态空间山清水秀的总体要求，推动高铁新城、溪江火车站、道吾山、长兴湖、荷花、老城六大组团特色发展、错位发展、个性发展。融合式发展。突出做优片区，举全市之力将金阳新城打造成为湖南高质量发展的示范地区、高品质现代化的郊区新城。金阳新城主城和核心区集中铺排金融商贸、商务展览、信息服务、医疗服务、文体娱乐、教育科研等业态，周边则以各龙头企业为依托，布局智能装备与临空产业、创新区核心、生物医药产业、电子信息产业和家具医药健康五大组团。通过“城城融合”“产城融合”打造城市增长新引擎。

（浏阳市人民政府研究室）

体育中心　　　　（浏阳电视台　供图）

大事记

1月

1 日　省委书记许达哲到大围山镇锦绶堂、楚东山大屋等红色景点考察。

3 日　北盛至经开区（高新区）L3 路公交线路正式开始运行。该线路于 2020 年 12 月 31 日开始试运行。

6 日　苍坊旅游区创建国家 AAAAA 级旅游景区工作调度会召开。

14 日　湘赣边乡村振兴合作事项推进会在浏阳召开，围绕“湘赣红”品牌共建、“初心源”文旅一卡通发行推广、渌水流域综合治理、组建湘赣边烟花爆竹产业协会、S326 与昌栗高速连接线建设、教育合作、医疗合作七大方面进行商议。

15 日　学习强国“浏阳市融媒体中心”县级融媒号上线。

18 日　浏阳“一河两岸”的核心区域——水佳片区江山印超高层综合项目正式奠基。

19 日　浏阳市体育总会举行第八届换届选举大会，会议听取并审议通过《体育总会章程》，选举产生市体育总会新一届理事会、监事会。

20 日　省委宣传部联合调研组到浏阳寻怀洲故居、李白烈士故居、湖南省苏维埃政府旧址（锦绶堂）、中共湘鄂赣第一次代表大会旧址（楚东山大屋），专题调研浏阳市红色文化和红色资源现状及利用开发情况。

29 日　浏阳市 2021 年一季度重大项目线上线下集中签约活动举行，13 个项目通过“线上+线下”的形式成功签约，引资 158.9 亿元，涉及电子信息、生物医药、智能制造、碳基材料、文旅商贸等领域。

是日　永和镇影视拍摄基地揭牌。

是日　浏阳市第四水厂建设项目正式开工。

是月　由市总工会、市融媒体中心、市文化产业园管委会等单位联合开展的第二届“浏阳工匠”评选活动启动，活动持续到 4 月下旬。

2月

2 日　镇头镇政府和长沙市霖湘玻璃有限公司举行签约仪式。

3 日　长沙浏阳市烟草专卖局查获一起无证运输案，案值 20.34 万元。

4 日　长沙市岳麓区人民法院对长沙浏阳市烟草专卖局“2019·9·22”网络案依法作出一审判决，洪某、郑某、陈某、朱某 4 人因犯非法经营罪被依法判处有期徒刑。

5 日　由浏发集团负责建设的 6 条城市道路集中通车。6 条道路分别为胡家路（禧和路—道吾山路）、燎原路（道吾山路—予倩路）、菊花石路（南泥湾路—石霜路）、集里路（西湖山防火林道入口—集里桥）、道吾山路（李畋路—水佳路）、水佳路（锦城大道—道吾山路），均于 2020 年 3 月开工。

6 日　省退役军人事务厅厅长唐勇率队到浏阳，走访慰问湖南省模范退役军人甘厚美。

7 日　市人武部与市退役军人事务局走访慰问部分边海防现役军人家属。

9 日　浏阳市被评为“2020 年农业农村部农情基点县工作考评优秀单位”。

22—23 日　政协浏阳市第十届委员会第七次会议在浏阳城区召开。

3月

1—2 日　2021 年新形势下湖南公路工作座谈会在浏阳召开。

12 日　2021 年浏阳融媒资源推介暨业务交流会召开。

13 日　省委副书记、省长毛伟明到秋收起义文家市会师纪念馆考察调研。

14 日　湘赣边乡村振兴协作座谈会在浏阳召开。

16 日　浏阳市召开专题会议听取苍坊旅游区创建国家 AAAAA 级旅游景区工作情况汇报。

25 日　浏阳市全面启动城乡公交一体化改革。

28 日　雅士林长沙（国际）蚕桑丝绸智造产业项目在浏阳经开区（高新区）开工。该项目用地面积约 40.867 公顷，总投资 70 亿元，建筑面积约 90 万平方米。

30 日　秋收起义党性教育培训联盟成立暨精品课程展演活动筹备会在文家市会师纪念馆召开。

31 日　共青团浏阳市第十八届委员会第三次全体（扩大）会议召开。

是日　浏阳市召开推进“深耕行动”“护航行动”暨安全生产、信访积案化解工作调度会，对安全生产工作和信访积案化解工作进行再部署、再调度、再动员。

是月　全面完成第十一次村民委员会、第十次居民委员会换届选举。

是月　浏阳市主城区雨污分流工程正式开工建设。

4月

1 日　湘赣边烟花爆竹产业发展委员会成立大会在浏阳举行。

是日　苍坊旅游区创建国家 AAAAA 级旅游景区工作推进会召开。

2 日　S326 浏阳市普迹至雨花区跳马公路（原南横线路段）开工建设，建设工期为 18 个月，分 3 个标段施工，涉及官桥、普迹、镇头、柏加 4 个乡镇。第一标段普迹至镇头，长约 6.6 千米，第二标段在镇头域内，长约 5.6

千米，第三标段镇头至柏加，长约5.5千米。

3日　20时50分，椒花水库大坝枢纽工程导流洞贯通。

是日　大型青少年系列影视剧《童说古今》之《少年谭嗣同》开机仪式在浏阳举行。

7日　经过37轮激烈竞价争夺，地处浏阳长兴湖滨水新城一线临湖居住用地的CX-0308地块成功出让。CX-0308地块起始价2.177亿元，最终由浏阳市创恒房地产开发有限公司以3.287亿元竞得，溢价1.11亿元，每亩土地达到362.4万元，刷新近年浏阳出让地块楼面地价纪录。

是日　应急管理部党委委员、副部长刘伟到浏阳调研烟花爆竹安全生产工作。

是日　电影《李贞》签约仪式在永和镇举行。该片由湖南潇湘文化产业投资有限公司、浏发集团文旅公司、浏阳市七宝山铜锌矿业有限责任公司、永和镇人民政府联合出品。

8日　由《人民日报》《科技日报》《中国能源报》和澎湃新闻、红网等中央、省、市主流媒体组成的采访团到浏阳张坊镇洪沙电站、大围山镇龙须漕电站、沿溪镇富岭电站和高坪镇株树桥电站进行采访，推介小水电，清理整改“浏阳经验”。

是日　由湖南省文化和旅游厅、湖北省文化和旅游厅、江西省文化和旅游厅、长沙市人民政府指导，浏阳市人民政府主办的“春满湘鄂赣·美好新生活”2021文旅消费季启动暨初心源·湘鄂赣文旅一卡通首发仪式在长沙举行。

13日　市市场监督管理局浏阳经开区（高新区）为园区企业长沙贺福记食品有限公司颁发食品生产许可证，该证为浏阳经开区（高新区）自主颁发的首张食品生产许可证。

13—15日　湖南省第十届老年人运动会门球比赛在浏阳举行。

16日　由市教育局、市融媒体中心联合主办的“我向将军敬个礼　将军故里学党史”湘赣边青少年红色教育活动在文家市镇举行。

17日　省委决定朱东铁任长沙市委常委、浏阳市委书记。

19日　全国政协民族和宗教委员会副主任全哲洙率调研组到浏阳沙市镇开展民间信仰管理工作专题调研。

20日—5月20日　第十三届长沙（浏阳）大围山杜鹃花节举办。

21日　以“全面加强知识产权保护，推动构建新发展格局”为主题，浏阳启动2021年知识产权宣传周活动。

23日　湖南省村镇银行“支农支小”经验交流会在浏阳举行。

是日　以“百年风华·红动浏阳”为主题的文献展在市图书馆举行，展期持续到5月23日。

24日至5月5日　浏阳采茶暨风筝文化旅游节在淳口镇举行。

29日　浏阳市工商联（总商会）第十六次会员代表大会召开，会议选举产生浏阳市工商联（总商会）第十六届执委、常委和领导班子，陈静任浏阳市工商联（总商会）第十六届执行委员会主席（会长）。

是日　中国共产党浏阳市第十二届纪律检查委员会第六次全体会议召开。

5月

10日　浏阳市乡村振兴局挂牌成立。

是日　浏阳“学史达人”党史故事会分享会决赛举行，比赛通过网络视频同步直播，包括全市机关党员干部在内，共有64.8万人次聆听“学史达人”讲述红色故事。

11日　G319浏阳天马山隧道改扩建工程项目隧道正式贯通。

12日　浏阳中共党史专家智库第一次研讨会召开。

是日　浏阳举行“百年奋进医路为民”——浏阳市庆祝“5·12”国际护士节暨首届“最美白衣天使”发布活动，向广大医务工作者致敬。

是日　湖南省国有林场协会森林康养专业委员会成立大会在浏阳举行。

是日　湖南省文化和旅游厅在第五届鄂湘赣皖非物质文化遗产联展上发布10条“非遗”主题（研学）旅游线路，浏阳“千里湘江·‘非遗’探源之旅”线路、“湘风新韵·‘非遗’体验之旅”线路入选。

19日　浏阳市泰平人防救援队正式成立。

20日　浏阳中蓝燃气东区次高压管线正式通气。

21日　浏阳市第一批城乡公交客运试运营，投入试运营线路45条。

是日　湖南省产业工人定向培养基地服务重点企业劳务对接座谈会在浏阳经开区（高新区）金阳艺术中心召开。

是日　湘鄂赣城市广播电视联盟第七届年会在浏阳召开。

21—22日　湘鄂赣城市广播电视联盟第七届年会暨“红歌唱响湘鄂赣”活动在浏阳举行。

22日　长沙市2021年国际生物多样性日宣传周活动周在大围山启动。

是日　浏阳出台《浏阳市制造业产融合作促进方案（2021—2023年）》《促进制造业产融合作实施方案（2021—2023年）》，助推制造业高质量发展。

26日　长沙职业技术学院浏阳校区划拨协议签订仪式在长沙举行，该院浏阳校区将分三批次整体移交给浏阳市人民政府。

27日　“湘赣红”品牌共建第一次联席会议观摩活动在浏阳举行，浏阳市、醴陵市、平江县、上栗县、铜鼓县、万载县、袁州区、莲花县8个县（市、区）农业农村部门相关负责人参加。

27—28日　“湘赣红”品牌共建第一次联席会议在浏阳召开，8县（市、区）农业农村局负责人参加，并签订《“湘赣红”品牌共建行动合作框架协议》。

30日　“党史忆峥嵘　初心话湘赣”第二届湘赣边革命文物讲解大赛总决赛在浏阳举行，胡耀邦同志纪念馆一名选手获成人组一等奖，浏阳市奎文实验小学两名学生获少儿组一等奖。

6月

2日　退役军人事务部党组成员、副部长常正国到浏阳调研退役军人事务工作。

是日　浏阳河环境资源保护法庭在沿溪人民法庭挂牌成立。

5日　“山水名城·精美浏阳”——“六五”世界环境日暨浏阳市第七届环保文化节启动。

6日　革命题材花鼓小戏《北上·北上》在社港中学上演。

7日　浏阳市第五届“体彩杯”七人制足球赛开赛。

8日　浏阳市天马山新隧道试通车。

11日　浏阳市2021年“河畔季风”消费节暨夏风·关口南湖消费嘉年华启动，活动由浏阳市人民政府主办，市商务局、关口街道办事处承办，市融媒体中心执行，“河畔季风”消费节系列活动贯穿全年。

是日　“我们的节日·端午”暨官渡镇第21届龙舟唆螺文化节举行。

17日　由新华网主办的第七届绿色发展论坛暨点赞·中国绿色影响力典范（2021）活动在北京举行，浏阳被评为“2021优质投资环境城市”。

18日　湖南省烟花爆竹产品安全质量检验中心揭牌。

20—21日　秋收起义党性教育培训联盟成立暨精品课程展演活动在浏阳举行。

22—28日　长沙市第十届运动会篮球（区县市组）比赛在浏阳开赛，浏阳市代表队夺冠。

23日　省委副书记、省长毛伟明到浏阳调研乡村振兴示范创建工作。

25日　浏阳市博物馆开馆。

是日　“奋斗百年路　红色湘赣边”湘赣边革命文物联展在浏阳市博物馆二楼开展。

是日　浏阳市城乡公交一体化正式运营启动仪式在道吾山公交站场举行。

是日　由中共浏阳市委、浏阳市人民政府主办，胡耀邦故里管理局、中和镇人民政府承办的“没有共产党就没有新中国”党史主题音乐会在耀邦广场举行，特邀北京开国将军后代合唱团演出。

27日　易荡平烈士故居正式对外开放。

28日　“永远跟党走”浏阳市庆祝中国共产党成立100周年文艺会演在欧阳予倩大剧院举行。

是日　浏阳市举行优秀共产党员、优秀党务工作者和先进基层党组织表彰大会。

29日　红十八军组建地小河革命历史陈列室开馆。

是日　市集里医院新建门诊综合大楼正式投入使用。

是日　天地恒一博士后科研工作站正式授牌。

7月

5日　长沙（国际）健康生态科技产业园暨中康信达全球医疗科技展示交易中心长沙馆项目正式开工建设。

6日　浏阳市银行业自律机制正式成立。

12—13日　2021年长沙市“十行状元、百优工匠”竞赛农机操作技能决赛在龙伏镇举行，长沙县、望城区、浏阳市、宁乡市的4个代表队、共20余人参赛。

13日　湖南华纳大药厂股份有限公司在上交所科创板上市，成为浏阳第9家A股上市企业。

同日　国内权威信用评级机构中诚信国际信用评级有限责任公司授予浏发集团二级子公司鸿达投资有限公司主体信用等级AA评级，评级展望为稳定。

15日　浏阳市第七届三对三篮球联赛开幕式在永和镇李贞广场举行，赛期为期11天。

16—18日　浏阳永和通航产业基地项目参展2021湖南（国际）通用航空产业博览会。

20日　退役军人健康服务站正式揭牌。

21日　浏阳市第十七届人民代表大会常务委员会第四十五次会议召开，会议决定任命王雄文为浏阳市人民政府副市长、代理市长，同时接受吴新伟辞去浏阳市人民政府市长职务的请求。

24日　由环球时报社主办的“中国城市高质量发展与国际合作大会”在北京举行。会上发布《2021中国高质量发展评估报告》榜单，浏阳获评“国际化高质量发展环境建设标杆县（市、区）”。

28日　中国共产党浏阳市第十二届委员会第二十二次全体会议召开。

29日　浏阳经开区（高新区）获批开展相对集中行政许可权改革试点。

31日—8月2日　中国共产党浏阳市第十三次代表大会召开。

是月　第三届全国县域旅游研究成果《全国县域旅游研究报告2021》暨“2021年全国县域旅游综合实力百强县”“2021年全国县域旅游发展潜力百佳县”名单，浏阳市跻身县域旅游综合实力位居全省第一、全国第七，是湖南唯一入选前10位的县（市）。

8月

13日　湖南农业大学党委书记陈弘，湖南农业大学校长、中国工程院院士邹学校一行到浏阳开展全国农业科技现代化先行县共建活动。

18日　长沙市人民代表大会常务委员会公布《长沙市烟花爆竹安全生产与产业引导条例》。该条例由长沙市第十五届人民代表大会常务委员会第四十一次会议于2021年6月23日通过，湖南省第十三届人民代表大会成务委员会第二十五次会议于2021年7月30日批准。

23日　浏阳市举行市、乡两级人大代表换届选举投票，投票产生市人大代表438名，乡镇人大代表2104名。

26日　椒花水库项目建设誓师大会举行。

是日　第十届长沙金融服务节——金融助力乡村振兴浏阳行启动仪式在永安镇举行。

27日　浏阳召开推进全国烟花爆竹转型省级集中区建设动员部署会。

是日　即日起，浏阳市施行共享电单车使用管理举措：市民在使用共享电单车时，如出现未戴头盔、违规载人等行为，都将被运营企业纳入“黑名单”，“黑名单”将在各运营企业间实时同步。

是月　应急管理部批复同意湖南省、江西省依托浏阳、醴陵、上栗、万载4县(市)建设全国烟花爆竹转型升级集中区。

是月　浏阳市2018—2020年电网“630攻坚”圆满完成。

是月　“浏阳豆豉”国家地理标志注册成功。

9月

1日　市人民医院互联网医院正式上线。

4日　生态环境部专家组到浏阳官渡镇、柏加镇，核查“绿水青山就是金山银山”实践创新基地创建工作。

6日　由浏发集团负责建设的予倩路（南泥湾路—浏阳大道）建设项目正式开工。

8日　2021“味道湖南”美食节启动仪式暨长沙味道·浏阳美食周开幕式在浏阳河广场举行。副省长何报翔出席并宣布活动正式启动。

是日　浏阳市总商会商事调解中心基层工作站集中授牌仪式举行。

8日　竞争力智库、中国经济导报社和北京中新城市规划设计研究院等机构8日在京联合发布《中国乡镇综合竞争力报告2020》，永安镇入围2020年全国百强镇榜单，排名全国百强镇第88位，中部百强镇第2位，是湖南省第一个和唯一一个入围全国百强镇的乡镇。

9日　浏阳市美丽宜居村庄建设现场观摩推进会举行。长沙市委常委、浏阳市委书记朱东铁，浏阳市委副书记、代市长王雄文分别带队，与各园区、乡镇(街道)、市直部门相关负责人到全市10余个美丽宜居村庄实地观摩。

是日　由浏阳吉腾烟花集团承担实施的塔吉克斯坦独立30周年庆典活动焰火燃放在塔吉克斯坦首都杜尚别举行。

10日　湘赣边中小学生红色故事讲演大赛浏阳赛区决赛暨浏阳市青少年党史学习教育宣讲活动举行。

12日　“引老乡、回故乡、建家乡”长沙市浏商公益促进会浏阳行活动举行，100余名浏阳籍在外企业家集体回乡考察。

13日　第十三届浏阳市委启动第一轮巡察工作，对24个单位党组织开展为期2个月的巡察。

14日　浏阳市启动道路交通安全“百日攻坚”专项整治行动，活动持续到2021年12月31日。

是日　浏阳江淮村镇银行社港支行开业。

17日　浏阳市举行低碳园区建设战略合作框架协议签约活动，浏阳经开区管委会与国网湖南省电力有限公司长沙供电公司、国网湖南综合能源服务有限公司、国网湖南电动汽车服务有限公司签订关于低碳园区建设战略合作框架协议。

是日　湖南省农村基础保险服务“村村通”试点宣传活动暨“长沙惠民保”捐赠仪式在永安镇举行。

21日　浏阳烟花绽放央视2021中秋晚会。

22日　湖南省苏维埃政府旧址(锦绶堂)挂牌湖南省爱国主义教育基地。省委宣传部副部长胡代松、长沙市委宣传部副部长唐曙光，浏阳市市委常委、宣传部部长李爱民参加揭牌仪式。

是日　以“百年再出发，迈向高水平科技自立自强”为主题，2021年浏阳市全国科普日活动启动仪式暨科普讲解大赛决赛举行。省科协副主席张辉学，中国工程院院士、中南大学冶金与环境学院院长柴立元，市领导刘仙娥、彭邵锋参加。

是日　以“赓续红色血脉　奋进统计未来”为主题，湖南省第十二届“中国统计开放日”活动在浏阳市秋收起义文家市会师纪念馆举行。

23日　科技部调研组到浏阳调研创新驱动县域高质量发展工作。

23—24日　湖南省基层知识产权调解现场研讨示范活动在浏阳举行。

24日　“锦绣潇湘　遇见浏阳”第四届湖南文化旅游创新创意大赛颁奖典礼在长沙举行。

是日　浏阳市公安局联合省高速公路交通警察局长沙支队浏阳大队开展省际卡口查缉重大案件联合演习。

是日　市生态环境保护综合行政执法大队分组对集里、淮川、关口、荷花4个街道辖区的非道路移动机械进行执法检查。该检查为浏阳市首次开展非道路移动机械专项执法检查。

25日　2021中国民营企业500强峰会在长沙举行。峰会发布“2021中国民营企业500强”榜单，蓝思科技集团位居2021中国民营企业500强第79位、2021中国制造业民营企业50强第42位。

27日　长沙市2021年三季度重大项目集中开竣工活动浏阳市及浏阳经开区(高新区)分会场举行，浏阳共42个重大项目集中开竣工，总投资97.6亿元。

28日　2021中国美丽乡村休闲旅游行(秋季)推介活动在浏阳举行。该活动以“秋采摘”为主题，现场发布全国各地52条旅游精品线路和198个精品景点。

是日　浏阳举行辛丑年秋季祭孔大典。

29日　中非民间商会到浏阳考察。

是月　浏阳第一高楼南崇九颂江山印超高层综合体项目正式动工。

10月

9日　X016官桥至杨眉公路(全长4.55千米)路面改善工程项目启动施工。

是日　科技部中国农村技术开发中心到浏阳考察。

11日　由浏阳市河长办、永和镇人民政府联合主办的“浏阳河小青建功新征程”保护母亲河志愿服务活动在永和镇11个村全面铺开,310余名党员、镇村干部、青年学生等志愿者参与。

14日　《生物多样性公约》第十五次缔约方大会(COP15)生态文明论坛在昆明开幕,生态环境部对第五批100个国家生态文明建设示范区、49个“绿水青山就是金山银山”实践创新基地进行命名授牌,其中浏阳市被生态环境部命名为“绿水青山就是金山银山”实践创新基地。

是日　长沙市乡村振兴暨美丽宜居村庄建设现场观摩推进会在浏阳召开。

是日　长沙市市级离退休干部座谈会在浏阳召开。

15日　“锦绣潇湘·诗画浏阳”2021年湖南省(秋季)乡村文化旅游节暨湘鄂赣首届客家文化旅游节在浏阳市张坊镇举办。

18日　长沙浏阳市烟草专卖局联合宁乡市烟草专卖局在浏阳市普迹镇查获一起涉嫌擅自收购烟叶案件,现场查获烟叶、烟梗等烟草专卖品82.37吨,查获烟用机械4台。

是日　市妇幼保健院整体搬迁建设项目开工。

是日　工信部领军人才集成电路五班到浏阳考察。

20日　农业农村部公布首批全国休闲农业重点县名单,浏阳入选。

21—24日　浏阳市第十八届人民代表大会第一次会议召开。

25日　全市32个乡镇(街道)妇联换届选举工作完成。

28日　浏阳市举行金阳中心医院项目签约活动,浏阳经开区(高新区)与长沙市产业投资集团签订合作框架协议。

是日　220千伏沿溪变电站配套110千伏输电线路工程6条线路全面投产送电。

31日　椒花水库工程启动围堰截流。

是月　省农业农村厅组织专家对浏阳市粮食生产省级示范片晚稻进行现场测产验收,经实测,万亩粮食生产综合示范片晚稻平均产量为每亩576.4千克,该示范片早稻测产验收产量为534.6千克,双季稻平均亩产超过1100千克,实现双季稻高产目标。

11月

10日　浏阳市人民政府与长沙市国有资产经营集团有限公司签订《浏阳市永和通用航空产业基地项目战略合作协议》。

10—22日　首届湘赣边烟花爆竹产品创意大赛暨第八届湖南省烟花爆竹新产品评比大赛举行。

12日　浏阳市中医医院危急重症大楼项目主体结构封顶。

是日　以“廉脉千年‘浏’清如许”为主题的清廉浏阳建设主题活动启动仪式在高坪镇浏阳河双江口文化公园举行。

是日　长沙市区(县、市)、相关园区国企改革三年行动工作推进会在浏阳召开。

15日　浏阳市政府与湖南农业大学举行全国农业科技现代化先行县共建合作框架协议签约仪式暨共建浏阳校区研讨会。省农业厅副厅长欧阳彪,湖南农业大学党委书记陈弘,湖南农业大学校长、中国工程院院士邹学校,长沙市委常委、浏阳市委书记朱东铁,浏阳市委副书记、市长王雄文出席。

19日　浏阳上榜全国首批创建农业现代化示范区名单。

是日　浏阳市人民法院被评为“2016—2020年湖南省普法工作先进单位”。

20日　湖南工业大学电影学院永和创作基地揭牌。

23日　官桥镇九龙村被民政部办公厅确认为“全国村级议事协商创新实验试点单位”。

25日　由长沙市河长办、宜春市河长办联合举办,浏阳市河长办、文家市镇具体承办的长宜边河长制2021年跨省巡河护河活动在浏阳市文家市镇举行。

是月　《浏阳市生态环境保护工作责任规定》出台。

12月

1日　市政府印发《关于公布浏阳市“纾困增效”助企十条措施的通知》,从降低用地成本、补贴用电费用、强化稳岗就业、加大信贷支持、落实税收优惠、减免企业租金、拓宽营销渠道、促进转型升级、实行技改贴息、开展精准帮扶十个方面为企业“纾困增效”,增强企业竞争力,促进经济平稳健康发展。

1—5日　中华少年儿童慈善救助基金会2021浏阳微笑行动举行。

2日　第十三届浏阳市委启动第二轮巡察工作。对8家国有企业开展为期2个月的专项巡察。

3—4日　湖南省第七届生态文明论坛浏阳年会暨湘赣边区域生态合作共建研讨会在浏阳举行。

4日　纪念辛亥革命暨焦达峰烈士殉难110周年夜歌会在浏阳市龙伏镇举行

是日　2021湖南·浏阳第四届“乐动沙市”体育旅游节、湖南省第三届定向运动大赛(浏阳站)暨湖南省青少年定向运动队选拔赛在沙市镇东门村蒿山森林体育公园举行。

7日　2017年入驻市两型产业园的湖南湘粉情食

品有限公司正式投产。

是日　由市林业局承办的浏阳市“十佳乡村工匠”暨园艺盆景技艺师评选(竞赛)活动在浏阳市观赏植物园举行。

8日　“清廉澄潭‘护’花行动”启动仪式在澄潭江镇举行。

10日　全省城镇老旧小区改造工作现场推进会在浏阳召开。

是日　“湘赣红”品牌推进大会在浏阳市文家市镇举行。

11日　浏阳市第四届“追梦少年”篮球联赛(少年组)在市体育中心开赛。

12日　浏阳市荷花街道“南市社区居家养老服务站”开业揭牌。

14日　浏阳市政协委员苗木文旅融合实践站在华苗木云现代花木科技产业园揭牌成立。

16日　庆祝河长制实施5周年重点影片《浏阳河上》全国首映式在湖南长沙举行。

18日　浏阳市首个数字经济产业园落户淮川街道。

是日　主题为“发展果品产业,助力乡村振兴”第五届中国(长沙)果品产业博览会在长沙红星国际会展中心举行,浏阳供销系统优选9家开放办社合作单位参展,全国农产品地理标志“大围山梨”被评选为“湖南省十大果品公共区域品牌”。

19日　“薪火传承”中国健康跑暨浏阳市冬季马路赛在中和镇耀邦广场举行。

21日　浏阳市网络文明志愿服务队成立。

24日　全国烟花爆竹安全生产工作座谈会暨集中区建设年度观摩点评活动在浏阳举行。应急管理部副部长刘伟出席并讲话。

是日　《浏阳红色人物故事汇》丛书首发式暨庆祝建党百年浏阳重大党史研究成果集中发布会举行。

25日　第七届湖南艺术节新创大型舞台剧目展演第六场在欧阳予倩大剧院开演,花鼓戏《浏阳李白》登台上演。

29日　2021第十六届中国全面小康论坛暨首届中国经济社会高质量发展论坛在广州市召开浏阳凭借“建设充分就业城市”民生决策,获评“2021年度中国民生决策创新典型”。

30日　浏阳市第二批城乡公交运营线路正式开通。全市所有建制村实现“村村通公交”。

31日　浏阳市首个“诚信文化教育基地”在浏阳市唯美高级中学揭牌。

是月　浏阳印发《关于推进浏阳市“五个十大”项目的工作方案》《金阳新城“四个十大”项目计划》。浏阳市“五个十大”项目包括十个重大产业引领项目、十个重大技术攻关项目、十个重大基础设施项目、十个重大民生实事项目及十个重大文旅融合项目;金阳新城“四个十大”项目为全面铺排金阳新城建设十个重大基础设施项目、十个重大配套项目、十个重大产业聚集项目、十个重大品质提升项目。

浏阳城区　　　　（彭红霞　摄）

浏阳概貌

自然地理

【位置面积】 浏阳市位于湘赣边界，湖南省东部偏北，省会长沙市的正东方，分别与株洲市荷塘区、芦淞区、石峰区、醴陵市；长沙市长沙县、雨花区；岳阳市平江县；以及江西省宜春市袁州区、铜鼓县、万载县，萍乡市上栗县等 11 个区(县、市)交界，边界线总长 571.75 千米；域内东西长 125.8 千米，南北长 80.9 千米，全市居北纬 27°51′~28°34′，东经 113°10′~114°15′，总面积 5007.75 平方千米，占全省总面积 21 万平方千米的 2.38%。

【地质地貌】 大围山、连云山、九岭山为境内主要大山。浏阳整个地势东北高峻，向西南倾斜递降。最高峰为大围山主峰七星岭，海拔 1607.9 米，最低柏加镇渡头村塘湾，海拔 37.5 米，高差 1570.4 米。地势高低起伏大。主要山岭脉络清楚，皆呈北东至南西走向的雁行背斜山地。岭谷平行相向，形成官渡、大瑶、北盛三个较大盆地和一个浏阳河谷地。市内水系发育，地表切割强烈。河曲发育，堆积盛行，出现河漫滩和多级阶地，沿水系形成现代狭长的河谷、溪谷冲积平原。山地丘陵隆起长期处于剥蚀状态，山势陡峭，坡度较大。全县 30°以上的占 47.5%，25°~30°的占 12.5%，20°~25°的占 10.0%，15°~20°的占 7.9%，10°~15°的占 5.3%，5°~10°的占 2.4%，小于 5°的占 14.4%。在外营力作用下，现代地貌继续沿着削高填低的趋势发展。市内地质构造与岩性比较复杂，前震旦系的变质岩面积占 58.67%，第四纪冲积物占 15.48%，红岩占 9.01%，花岗岩占 8.45%，砂页岩占 4.91%，石灰岩占 2%，沙砾岩占 1.48%，在内外营力长期交互作用影响下，形成多样地貌类型。各类地貌组合分布，基本由东北向西南依次为山、丘、岗、平呈阶梯状，并大致沿着浏阳河谷地北、东、南三面呈断续性环带状分层排列递降。同时沿捞刀河、浏阳河、南川河谷地两侧逐级抬升，具有高低分层，逐步过渡的分布规律。

【自然资源】 域内已知有各类矿藏、矿点和矿化点共 190 多处，其中，大型矿床 6 处，中型矿床 12 处，小型矿床 12 处。已知矿种有金、银、铜、铁、铅、锌、钨、锡、钼、汞、锑、钴、锰、锂等 45 种。域内土壤种类多样，共有 9 个土类，18 个亚类，63 个土属，181 个土种。耕型土壤以水稻土和红壤为主，水稻土面积 7.48 万公顷，占全市总面积的 14.94%，占耕地面积 86.87%；红壤土面积 9093.33 公顷，占旱地面积 93.73%，占耕地面积 12.97%。域内野生动植物资源十分丰富，根据 1999 年野生动植物资源普查，列入保护的野生动物有 49 种，其中国家一级保护动物有云豹、黄腹角雉、白颈长尾雉、穿山甲、黑麂 5 种，国家二级保护动物有山鹧鸪等 15 种，省级保护果子狸等 29 种。有植物 47 种。其中一级保护植物有伯乐树、银杏、南方红豆杉 3 种，二级保护植物有香果树等 22 种，三级保护植物有穗花杉等 22 种。主要林业资源有松、杉、楠竹、茶、油茶等。

2021 年全市林地面积 34.47 万公顷，森林蓄积量 1558 万立方米，森林覆盖率 66.2%，封山育林 13.33 万公顷，保护湿地 1.1 万公顷，古树名木 2130 株，拥有 2 个国有林场，7 个国家、省级自然保护地。全市林业总产值超过 300 亿元。

【河流水系】 域内三大水系浏阳河、捞刀河、南川河分别汇入湘江、渌江，浏阳河、捞刀河为湘江一级支流。浏阳河由分别发源于大围山北、南麓的大溪河、小溪河汇入高坪镇双江口，流经本市 19 个乡镇(街道)至长沙市开福区入湘江，全长 222 千米，域内长 175.8 千米，流域面积 3211 平方千米，多年平均水量 27.98 亿立方米，水能蕴藏量 11.44 万千瓦，占全市的 80%；1986 年 10 月，浏阳市在浏阳河小溪河下游，石湾乡(今高坪镇)境内距浏阳市区 28 千米处株树桥开工建设株树桥水库，1992 年 10 月竣工。株树桥水库是大(2)型水库，水库集雨面积 564 平方千米，正常蓄水位 165 米，是长沙市最大的水库。2010 年 8 月，株树桥水库至长沙引水工程竣工通水。2021 年，株树桥水库实现供水 2.1 亿立方米，完成发电 3766 万千瓦时。捞刀河源于石柱峰，流经本市 7 个乡镇，至长沙市开福区入湘江，全长 144 千米，域内长 78.2 千米，流域面积 1135 平方千米，多年平均水量 9.24 亿立方米，水能蕴藏量 1.91 万千瓦。南川河源于江西省万载县金钟湖，至改江入浏阳文家市镇，流经 5 个乡镇，由金刚镇入醴陵市，经株洲市渌口入湘江，多年平均水量 5.33 亿立方米，水能蕴藏量 0.88 万千瓦。

【气候水文】 浏阳属中亚热带季风湿润气候。东北部以中低山为主，夏凉冬冷，光热偏少，降水偏多；中、南部地区，冬少严寒，夏少酷热，光热充足，雨水适中；西北部捞刀河流域属湘中丘陵盆地气候类型。从东部最高点七星岭至西部最低点浏阳河出境处高差 1570.4 米。气候受地势影响，由湘赣边界山区气候向湘中丘陵盆地气候过渡。且因河谷平原向两侧逐级抬升，平、岗、丘、山依次排列，具有高低分层，逐步过渡的分布规律，从而导致全市水热状况复杂的垂直差异。大围山、连云山两山东北至西南横亘，特别是连云山脉斜劈全市，使北方冷气受阻，因此，全市形成亚热带夏长炎热盆地谷地气候区、亚热带夏凉多雨山区台地气候区、夏凉冬冻高山气候区三大块较明显气候区。市内历年平均降水量 1400~1800 毫米，山区较多，平原较少，多雨中心在宝盖一带山区及大围山、连云山地区，年降水量 1700~1800 毫米，原宝盖乡寒婆坳高山记录曾达 2200 毫米。少雨地带在西部盆地和大瑶以南的平原地，年平均雨量在 1500 毫米以下。2021 年，浏阳市天气气候情况复杂，呈降水偏少的趋势。年平均气温 18.9℃，比历年同期(17.5℃)异常偏高 1.4℃，比 2020 年同期（18.4℃）偏高 0.5℃；年极端最高气温 38.7℃，出现在 8 月 1 日，极端最低气温-5.3℃，出现在 1 月 9 日。年降水量 1377.7 毫米，比历年同期(1551.3 毫米)正常略偏少 11.2%，较 2020 年同期(1953 毫米)异常偏少 29.5%；年内共出现 5 次暴雨过程。年日照时数 1597.2 小时，较历年同期（1594.8 小时）基本持平，比 2020 年同期(1354.5 小时)偏多 17.9%。

建　置

【置县】　《三国志·吴书·周瑜传》载，东汉建安十四年(209)浏阳置县。建安二十二年(217)，长沙郡为吴所有，浏阳属长沙郡。隋开皇九年(589)，改临湘县为长沙县。大业三年(607)废浏阳县，浏阳并入长沙县。唐景龙二年(708)复置浏阳县。元元贞元年(1295)浏阳县升为州。明洪武二年(1369)复降为县。民国元年(1912)，浏阳县属长宝道。民国 3 年(1914)所属道更名为湘江道，民国 7 年(1918)又更名为湘东道。民国 15 年(1926)起浏阳属第一行政督察区，民国 26 年(1937)成为督察专员公署治所。1949 年 7 月 19 日，浏阳解放；8 月，浏阳县属长沙专区。1952 年 9 月，长沙专区更名湘潭专区，1968 年又更名湘潭地区，浏阳县隶属关系均未变。1983 年 2 月，国务院批准撤销湘潭地区，浏阳县划归长沙市管辖，是年 7 月正式接管。1993 年 2 月，经国务院批准浏阳撤县设市(县级)。2014 年 10 月，在北京召开的中国地名文化遗产保护专家委员会第十八次“千年古县”专家会议上，浏阳市被认定为“千年古县”。

【治所】　《湖南通志·古城考》：“浏阳故城在今浏阳县东”《浏阳县志》载“县东也就是民间传说的今治东街口以外旧城隍庙一带地方”，按清嘉庆《浏阳县志》中《浏阳城池图》，即今名河鑫都小区内；隋大业三年(607)因废县而故城不存；唐景龙二年(708)复置浏阳县，在故城西面重建县城；宋末，元兵进入浏阳，县城被破坏；元代遂迁治所于居陵镇(又名居仁镇，即今官渡镇)；明初迁回今址(浏阳城区)。民国 27 年(1938)以前县政府位于西正街(今才常广场西北角)。民国 27 年(1938)11 月 10 日被日机炸毁，旋迁营盘巷迎福寺（今欧阳予倩故居附近)。民国 33 年(1944)6 月 10 日，县城被日军占领，县政府迁往七宝山凤凰岩曾广益宅。民国 34 年(1945)日本投降后迁回县城文庙礼乐局内。中华人民共和国成立后，1954 年春，迁往才常路谭烈士祠右侧曾子庙院内。1990 年 7 月，于谭烈士祠左侧才常路 93 号建成八层政府办公大楼，县人民政府、县人大常委会、政协浏阳县委员会同时迁入办公。2004 年 12 月，新建于关口街道汉塘路的行政中心落成，中共浏阳市委员会、市人大常委会、市人民政府、政协浏阳市委员会入驻行政中心。

行政区划

【明、清区划】　明嘉靖《长沙府志》载，浏阳设 4 个乡即东乡、南乡、西乡、北乡……其境域即今之东南西北乡。宋元时，全县有 75 个都。明代，110 户为一里，里一级，城区叫坊，郊区叫厢。明嘉靖十一年(1532)全县有 48 里、2坊。清康熙十九年(1680)《浏阳县志》载，全县原编都 44，外加坊厢都 6，共 50 个都，每都 10 甲，共 500 甲。清同治《浏阳县志》载，康熙三十年(1691)增加 7 个都，雍正十一年(1733)又增 6 个都，并原都共 63 个。清咸丰年间，为防御太平军，推行团练制。10 户为一牌，若干牌为一社(或称境)，设社长；若干社为一小团，若干小团为一大团。同治元年(1862)，全县共设 21 个大团，294 个小团。至民国 11 年(1922)，新选的议会召开一届一次常会作出决议，逐渐废除都甲。

【民国区划】　民国前期，主要沿用清代团的区划。民国元年(1912)就 21 个大团的范围设立城、镇、乡，计城 1(中立)、镇 7(古港、永和、张坊、枫林、振西、普安、冲和)、乡 13(其余大团其下仍称小团)。1913 年又撤城、镇、乡，恢复大团。民国 5 年(1916)，大团全部改为镇，小团全部改为乡，以镇辖乡。民国 14 年(1925)又于乡下设保甲，保甲以下设闾、邻。民国 19 年(1930)划全县为东、南、西、北、中 5 区。1931 年改为 10 个区，其具体隶属为：一区辖中立镇，二区辖古港、高坪两镇，三区辖大瑶、枫林两镇，四区辖冲和镇，五区辖蕉溪、永安、北盛三镇，六区辖沙市、全吉、莲溪、绥和四镇，七区辖永和、达浒两镇，八区辖上东、张坊两镇，九区辖文市(里仁)、金刚两镇，十区辖振西镇。此时，小乡已增至 300 多个。区以下，按“百户以上之村庄地方为乡，百户以上之街市地方为镇”的原则，划为 24 镇、134 乡，镇、乡由领属关系变为平行关系。民国 24 年(1935)，改设 5 个区镇，即中立镇和东、南、西、北 4 个区。区以下并为 89 个乡镇。民国 25 年(1936)，改为 9 个区，民国 27 年(1938)，废区，划 16 镇、24 乡，下设 390 保、6871 甲。民国 30 年(1941)，合庆康、福仁两乡为一乡，又增设新安镇，全县共辖 17 镇、23 乡。

【中华人民共和国区划】　1949 年 8 月 1 日，浏阳县人民政府成立。县下设东区、西区、南区、北区 4 个办事处，城关区 1 个区。1950 年 4 月，进行民主建政，废除旧乡保，划全县为 14 个区，辖 6 个居委会和 201 个乡，乡下设村，村下设组。1951 年 7 月，改为 27 个区、189 个乡、6 个镇、6 个居民委员会。1952 年 7 月，改城关区为镇。其余各区依旧，全县析为 570 个乡、14 个乡级镇、6 个居民委员会。1953 年 2 月调整为 22 个区(镇)、318 个乡、12 个乡级镇、4 个居民委员会。1954 年改为 21 个区，区名由序数改为驻地名称，其中原一区与城关镇合并，改称集里区，驻地迁城关；原四区改称古港区，驻地由三口迁古港；原二十一区改称社港区，驻地由泮春迁社港；其余驻地依旧。1956 年下半年，撤销区，将小乡并为大乡，全县共划为 61 个乡、3 个镇。乡以下辖高级社，社以下辖生产队。1958 年冬，实现人民公社化，撤销乡镇，成立政社合一的人民公社 17 个。下辖 211 个大队和 3060 个生产队，均为生产与行政合一的基层单位。1988 年，辖 11 个区，设城关(区级)、永和(区级)、古港、文家市、永安 5 个镇，62 个乡、1008 个村，21 个居民委员会。1995 年 6 月

28日，经省政府同意，长沙市政府办公厅下达《关于浏阳市行政区划调整的通知》，对浏阳市行政区划作以下调整：(一)撤销城郊、古港、官渡、张坊、大围山、大瑶、文家市、镇头、北盛、沙市、社港11个区。(二)保留太平桥乡、葛家乡、溪江乡、官渡镇、达浒乡、白沙乡、大瑶镇、金刚镇、杨花乡、柏加乡、官桥乡、蕉溪乡、赤马乡、山田乡、三口乡、永和镇、淮川街道、集里街道的行政区划不变。(三)将其余49个乡镇调整为22个乡、镇、街道。至2002年年末，全市辖4个街道，11个乡，25个镇。2005年，白沙乡与大围山镇合并，山田乡与淳口镇合并，赤马镇与沙市镇合并。2007年4月，撤销高坪乡，设立高坪镇。2008年12月，撤销三口乡，设立三口镇(2009年1月实施)。2009年10月，撤销官桥乡，设立官桥镇。2015年11月，浏阳出台《浏阳市人民政府关于调整部分乡镇行政区划的通知》(浏政发〔2015〕14号）并报经省民政厅批准：杨花乡和大瑶镇成建制合并设立大瑶镇；七宝山乡、永和镇成建制合并设立永和镇；三口镇、古港镇成建制合并设立古港镇；溪江乡、关口街道成建制合并设立关口街道；太平桥镇、集里街道成建制合并设立集里街道。2016年8月，葛家乡撤乡设镇。2018年6月，蕉溪乡撤乡设镇。2016年4月，浏阳市79个建制村合并。2018年11月30日，市人民政府下达关于设立翠园社区的批复，淮川街道设立翠园社区。2019年，荷花街道新设立新月社区，2020年，集里街道新设立北城社区、新屋岭社区。2021年，浏阳市辖4个街道：淮川、集里、荷花、关口；27个镇：古港、高坪、沿溪、官渡、永和、达浒、大围山、张坊、澄潭江、中和、文家市、大瑶、金刚、枨冲、镇头、普迹、官桥、柏加、洞阳、永安、北盛、沙市、淳口、龙伏、社港、葛家、蕉溪；1个乡：小河；共326个村(社区)，另设浏阳经开区(高新区)、“两型”产业园、大围山国家森林公园等园区。

历史文化

【传统文化】 1991年，长沙市考古工作者在浏阳市永安镇发现旧石器，表明距今15万年至20万年前浏阳已有人类活动；域内出土的一批商周至战国时期的青铜器反映了浏阳悠久的文明史。东汉建安十四年(209)设县。2014年10月，在中国地名文化遗产保护专家委员会第十八次“千年古县”专家会议上，浏阳市被认定为“千年古县”。2021年12月，湖南省人民政府公布第五批省级非物质文化遗产代表性项目名录，浏阳夏布织造技艺、浏阳手工竹纸制作技艺入选。截至2021年年末，浏阳市列入非物质文化遗产代表性项目总数91个，其中国家级“非遗”项目3个，省级“非遗”项目6个，长沙市级“非遗”项目21个，县级“非遗”项目61个。

浏阳花炮制作技艺　浏阳花炮包括浏阳爆竹和浏阳烟花。浏阳爆竹制作最早有文字记载的是清康熙《浏阳县志》“后人卷纸作筒，实以硝磺，名曰大爆竹……”。民国时期《中国实业志》和《湖南经济调查丛刊》载“湖南省爆竹制造，始于唐代，发达于宋末”“湖南鞭炮之生产，最初发源于浏阳……”北宋时期(960—1127)，浏阳爆竹达到第一个鼎盛时期；清雍正元年(1723)，浏阳爆竹成为朝廷贡品，清同治十一年(1872)，浏阳南乡建有鞭炮作坊300余家。清光绪元年(1875)浏阳爆竹开始出口日本、朝鲜、印度、伊朗、英国和美国、俄罗斯等国。而浏阳烟花制作文字记载见于1994年版《浏阳县志》：“清末民初，县城商人李熙雅恢复和发展先祖失传技艺……并于民国7年(1918)开办取名‘李四美’的作坊……”浏阳先后研制出玩具烟花和大型组合烟花。燃放时花木鸟兽和各类人物逐层腾空，蔚为奇观，从此，以“李四美”作坊命名的浏阳烟花开始在国内外享有声誉。中华人民共和国成立前，浏阳花炮最高年产量达14万箱，除内销外，还远销欧美和东南亚24个国家和地区，1933年，浏阳花炮获美国芝加哥万国博览会的优秀奖。中华人民共和国成立后，浏阳花炮研制得到快速发展，1986年，在摩纳哥举行的第21届世界焰火比赛上，浏阳花炮获得第一名。20世纪90年代，浏阳花炮的出口创税总额占到全县的90%以上。《浏阳市志》载：“至2002年年末，发展到4309个花色品种，分为烟花和爆竹两大系列13大类……”传统的浏阳鞭炮烟花制作工艺是纯手工制作，有装具制作、药物制作和配方、包装装潢等多道流程和工艺。20世纪60年代开始使用自动化裁纸和药物配制，至2019年年末，除封装等特殊工序外，其他制作工艺均实现自动化。2006年5月20日，经国务院批准浏阳花炮制作技艺被列入第一批国家级非物质文化遗产名录。2007年，“浏阳花炮”被认定为中国驰名商标，2008年开始浏阳花炮先后成为北京、伦敦、里约奥运会和上海世博会、南京青奥会、北京APEC峰会等众多国际重大活动所用焰火。2009年“浏阳花炮”证明商标获中国烟花爆竹行业中唯一的“2009最具竞争力地理标志商标”称号，被评为消费者最喜爱的商标。2011年“浏阳花炮”以808.62亿元地标当量与茅台酒、五粮液等一起入选全国首批地理标志综合价值指数五星级地理标志，在全国地理标志中排名第5。在第二届“中国文化品牌价值排行榜”评选活动中，“浏阳花炮”文化品牌以价值1028.17亿元位居全国第7，也是湖南唯一进入全国前十位的文化品牌。2021年3月1日，中欧地理标志协定正式生效，首批“上榜”的中欧各100个地理标志即日起受到保护，浏阳花炮等湖南7个地理标志产品入选。2021年，全市花炮产业集群总产值实现261.5亿元，其中出口产值33.3亿元，占全国花炮出口的60%；国内销售产值171.7亿元，占全国花炮内销总量的50%；原辅材料及相关产业实现56.5亿元。全市烟花爆竹生产企业443家(658个生产场所)，占长沙地区95.5%、占全省56.4%，每年吸纳从业人员约30万人，年均发放社会工资100多亿元。

浏阳菊花石雕　浏阳菊花石是浏阳独有的工艺美术原料矿产，产于永和镇大溪河底岩石层中，孕育于二亿多年前，因地质运动而自然形成于岩石中。其花形酷似异彩纷呈的秋菊，花呈乳白色，且纹理清晰、界线分明、神态逼真、玉洁晶莹、蔚为奇观。据《浏阳县志》记载，

"清乾隆十五年(1750),欧锡藩首取永和菊花石雕琢石砚,开浏阳菊花石雕工艺之端"。民国4年(1915),浏阳戴清升的菊花石雕梅菊瓶和梅、兰、竹、菊横屏在巴拿马万国博览会上展出,获"金质奖章"。中华人民共和国成立后,浏阳以戴清升为首组织石雕生产小组。1959年,浏阳将一卷巨型立体雕件"石菊森山"呈献给人民大会堂。1997年和1999年,浏阳将两件菊花石雕分别赠送给香港、澳门特区政府以此庆祝香港、澳门回归。2008年5月,经国务院批准,浏阳菊花石雕被列入第二批国家级非物质文化遗产名录。

浏阳文庙祭孔音乐　清道光九年(1829),浏阳县令杜金鉴聘请本县监生邱之稑(1781—1849)组建浏阳文庙礼乐局,邱之稑遵古法,历经多年,研制由匏、土、革、木、石、金、丝、竹8种材料制作古乐器具,有匏埙、土埙、革鼓、石磬、编钟、琴瑟、箫笛等,创作包括乐、舞、歌、礼等类似于宫廷古乐的曲目,又称"八音",曲目通过古乐器具打击、吹弹、调和音阶汇合演奏,演奏时场面盛大、音律雅淡、静穆温和,此乐用于文庙祭祀,故称为"文庙祭孔古乐"。浏阳文庙祭孔古乐冲破几千年来"非天子不议礼、不作乐"的禁忌,在发掘整理古代"韶乐"的基础上创制而成,尤以清朝末期民国初期最具盛名。民国26年(1937),湖南大学教授张民钧到浏阳观礼后撰文《国乐古礼在浏阳》。音乐家、教授杨荫浏称其为"中国古代音乐的活化石"。2014年12月,经国务院批准浏阳文庙祭孔音乐被列入第四批国家级非物质文化遗产代表性项目名录。

浏阳皮影(传统戏曲)　皮影旧称影子戏,主要表演道具是用牛皮经过绘画、裁剪、雕刻、上色、油漆、缝缀等多道工艺做成,制作考究、工艺精湛,是一种地道的工艺品。浏阳皮影剧目、曲目种类繁多,内容丰富,分为登台戏、正本戏和杂戏,其中花鼓戏曲牌和民间小调逾1000首,正本戏剧目近1000本,杂戏提纲近200个。表演时艺人在白色幕布后面,一边操纵戏曲人物道具,一边用湘剧曲调演唱,同时配以打击乐和弦乐,表演起来生趣盎然、活灵活现。皮影戏道具小,演出方便,不受场地限制,深受人民群众喜爱。史料记载:明代中叶以前,浏阳人(包括移民)已草创皮影雏形,在明代中叶至清光绪年间近400年的时间里,浏阳皮影戏渐成规模。1994年版《浏阳县志》载:"清光绪年间,县城紫薇街谢发昌组织过皮影社,并备有多副箱担,供人租用。至民国20年(1931),全县已有皮影戏班76个,皮影艺人150余人。民国29年(1940),浏北皮影艺人在永安彭家冲组建皮影戏'老郎会',入会者达百余人。"1956年至1964年,县文化部门三次对皮影艺人进行调查登记,并制定《浏阳县皮影艺人管理办法》。1978年,县文化馆选调8人组成浏阳河皮影队,并于当年参加湘潭地区调演获一等奖。1979年,浏阳河皮影队参加全省会演获二等奖。1988年,湖南省电视台拍摄专题片《浏阳皮影戏》。1996年,永安镇皮影队在全省首届乡土艺术大联展上获得金奖和铜奖。2013年,浏阳市首次召开市皮影协会会员大会,组建浏阳市第一家规范化建设、现代化设施的皮影剧团,并于当年农历九月初九重阳节举办"皮影展演"。2015年9月2日晚,由市文联、市文化馆主办的"浏阳山泉杯"浏阳市第二届皮影戏大赛在枨冲镇三元村举行,全市由皮影艺人组成的10支队伍参赛,2万余名观众观看演出。2016年5月,浏阳皮影入选湖南省非物质文化遗产名录。

浏阳客家山歌　明朝时期,广东梅州客家人迁入浏阳,带来客家文化,客家山歌就是其中的代表。浏阳客家山歌主要流传于域内张坊、大围山、官渡、文家市4个镇18个山乡的客家人群体,是使用客家语言咏唱的山歌。浏阳客家山歌是客家人民的一种口头咏唱文学。主要内容有歌头、情歌、劳动歌、生活歌、时政歌和对歌。随着江西、福建、广西等地人迁入,客家人口增多,客家山歌渗入多种歌腔特色,打破七字一句、四句一首的局限形式,形成唱词长短灵活、不受拘束、一歌多韵、生动顺口、独一无二的"浏阳客家山歌"。由于长期口头流传,每一位客家人都是歌手,大家在劳动中传唱,在生活中传唱。演唱形式主要有敲锣打鼓的伴唱和一人领唱、众人和声的唱法。浏阳搜集整理成集客家山歌3000余首,共包括10余部歌类。2016年5月,浏阳客家山歌入选湖南省非物质文化遗产。

浏阳夏布织造技艺　以苎麻为原料,捻纱织成,故又称苎布、麻布。夏布是浏阳传统产品,明、清、民国旧志和新志均有记述,与花炮、豆豉齐名,并称浏阳"三特"。域内生产夏布历史悠久,尤以织工精巧、质地细腻著称。明嘉靖十二年(1533)《长沙府志·食货纪》有"岁造四光素三色苎丝三百四十匹,浏阳四十六匹"的记载。清光绪二十一年(1895)《湖南通志·食货志》亦载:"浏阳苎布有值二三钱一尺者,工细不减湖纱。"早在明朝,浏阳夏布就被列为朝廷贡品。光绪二十七年(1901),浏阳夏布开始销往日本、朝鲜、南洋等地。当时,浏阳夏布质量居全国第一,在1910年南洋劝业会上获得优等奖。浏阳夏布品质以麻纱粗细、圆扁、毛均及色彩为标准,而以纱细、圆均、光亮鲜艳为上品。添白或染色夏布,经久耐穿,其凉爽透汗程度,非其他一般纺织品可比。浏阳夏布尤以织工精巧、质地特别细腻著称,60厘米左右宽的纬纱上,经纱排列多达1200多根,这些细小的麻纱,全出自手工创绩。清代中叶是浏阳夏布生产的兴盛时期。《中国实业志》有"浏阳夏布当时年销万筒(即18万匹)"的记载,在国内外享有盛名。谭嗣同在《浏阳麻利述》中称"自昔我浏阳麻布战天下之商务。未尝遇敌"。民国29年(1940)受日本侵华战争影响,夏布产品锐减。中华人民共和国成立后,传统夏布得到恢复,每年组织上万匹销往中国港澳地区及朝鲜、日本、东南亚等地,销量最多的是1986年外贸收购达2万多匹。20世纪90年代,全球经济萧条,日韩主要消费市场萎缩,浏阳夏布由盛转衰,至2014年全市生产制作夏布人员不足百人。2014年,市人民政府扶持夏布行业,至2018年从业人员增加至300人。2016年12月,浏阳夏布织造技艺入选长沙市第五批非物质文化遗产名录。2018年5月,浏阳夏布获批中国地理标志商标。2019年5月14日,浏阳夏布代表长沙在2019

中国—东盟媒体合作论坛上进行互动展演。2021 年 12 月，浏阳夏布织造技艺入选湖南省第五批非物质文化遗产名录。

浏阳豆豉制作技艺　豆豉既是调味佳品，又有良好的药用价值，明李时珍《本草纲目》有“豆豉能散寒解表”的记载。浏阳豆豉以其独特的风味，驰名中外，畅销不衰。历史上关于豆豉的记载，始于春秋，到汉代，《史记》《汉书》中均有有关豆豉的记载。长沙马王堆发掘的西汉古墓中有豆豉姜。传统的浏阳豆豉是以泥豆为主，经浸泡、蒸豆、摊潮、入霉、发酵、出霉、进水围子、转作、出晒、囤堆发酵等 20 多道工序制成。明初浏阳豆豉曾被列为贡品，清代大量出口日本与南洋。民国 24 年（1935）《中国实业志》载：“湖南豆豉以浏阳产为最著名。”当时浏阳曾有“无豉不成店，处处豆豉香”的誉称。浏阳农家制作豆豉的历史可以追溯到唐朝中叶。那时浏阳道吾山兴华禅寺，香火旺盛，八方僧侣来朝，挂单于此，餐席间，尝到豆豉，芳香四溢，豉味独特，食欲顿开，不禁称赞，有僧侣带走，云游四方，于是浏阳豆豉，名扬四海。曾有“吾山风光好，浏阳豆豉香，僧侣悠游处，美名传四方”之誉。浏阳豆豉的最盛期，县城和浏阳河沿岸集镇，到处有豆豉作坊，大作坊有 58 家，年产豆豉 4 万多担，经营鞭炮、豆豉的培德厚和谦达利两大巨商在天津、上海、广州、厦门、香港、南洋群岛等地都设有钱庄和货栈。辛亥革命前后，增加巨商杨福和，当时浏阳豆豉远销日本及东南亚，年出口达 1 万多担。中华人民共和国成立后，泥豆产区多改种双季稻，泥豆濒临绝迹，豆豉产量急剧下降。1981 年《湖南日报》刊登《浏阳豆豉几时香》引起广泛关注。是年，县科委组织技师陈代国、彭贤希等，首先以北方马拉扁小黑豆替代泥豆为原料，按浏阳豆豉传统工艺试制，获得成功。随后，组织“北豆南移”的试种、推广，解决原料就地供应问题。1982 年，域内有国有粉酱厂、永安豆豉厂和太平桥豆豉厂。1983 年，豆豉传统品牌“一品香豆豉”恢复生产，是年，浏阳豆豉产销达 37 万千克，豆豉生产厂家增至 30 多家。1988 年全国首届食品博览会大赛中，“乐意牌”豆豉获金奖，“天马山”牌豆豉获铜奖。2002 年，全市豆豉产量达 1000 多吨。2016 年 12 月，浏阳豆豉传统制作技艺入选长沙市非物质文化遗产。

浏阳蒸菜传统制作技艺　浏阳蒸菜起源于浏阳河的上游大围山脚下的东区乡镇，隶属于湘菜系列。浏阳蒸菜是一道湖南的传统名吃，含油脂少、热量低，易于消化吸收。蒸制过程中以水渗热、阴阳共济，清淡养胃。相传起源于明朝，历经 500 多年发展。浏阳独特的气候和地理环境蕴植出的天然食材，含有丰富的蛋白质、微量元素、维生素等营养物质。特别是氨基酸和含氮物质非常高，味道更鲜美。独有的加工技法，丰富的食材品味，使浏阳食材更具独特性。2011 年 8 月 30 日，中国烹饪协会批准授予浏阳“中国蒸菜之乡”称号。2013 年 1 月，浏阳蒸菜获得“中国地理标志集体商标”。2017 年 2 月，浏阳蒸菜传统制作技艺入选长沙市级“非遗”项目。

表 1　　浏阳市非物质文化遗产名录一览表（截至 2021 年 12 月 31 日）

国家级非物质文化遗产保护名录（国务院公布）

序号	名称	代码	项目类别	公布时间	批次	项目保护单位
1	浏阳花炮制作技艺	Ⅷ	传统技艺	2006 年 5 月	第一批	花炮协会
2	浏阳菊花石雕	Ⅶ	传统美术	2008 年 6 月	第二批	菊花石协会
3	浏阳文庙祭孔音乐	Ⅱ	传统音乐	2014 年 11 月	第四批	文化馆

省级非物质文化遗产保护名录（省人民政府公布）

序号	名称	项目类别	公布时间	批次	项目保护单位
1	长沙皮影戏（浏阳）	传统戏曲	2016 年 12 月	第四批	文化馆
2	长沙山歌（浏阳客家山歌）	传统音乐			
3	中医正骨疗法（江氏正骨术）	传统医药			浏阳骨伤科医院
4	长沙花鼓戏（浏阳）	传统戏曲			浏阳市花鼓剧团
5	夏布织造技艺（浏阳夏布）	传统技艺	2021 年 12 月	第五批	浏阳夏布制作工艺传承保护协会
6	浏阳手工竹纸制作技艺	传统技艺			浏阳市张坊镇古山造纸坊

长沙市级非物质文化遗产代表性项目名录(长沙市人民政府办公厅)

序号	名称	项目类别	公布时间	批次	项目保护单位
1	浏阳皮影	传统戏剧	2007 年 6 月	第一批	浏阳皮影协会
2	浏阳客家山歌	传统音乐			浏阳市文化馆
3	江氏正骨术	传统医药	2013 年 1 月	第三批	
4	浏阳河酒制作工艺	传统技艺			浏阳河酒厂
5	浏阳小曲古法酿造工艺		2014 年 6 月	第四批	浏阳市五福堂酒业公司
6	长沙花鼓戏(浏阳花鼓戏)	传统戏曲			浏阳花鼓剧团
7	浏阳油饼制作技艺	传统技艺	2016 年 12 月	第五批	浏阳市油饼制作技艺传承保护协会
8	浏阳夏布				浏阳夏布制作工艺传承保护协会
9	浏阳豆豉传统制作技艺				浏阳豆豉制作技艺传承保护协会
10	浏阳手工造纸制作工艺				浏阳市张坊镇古山造纸坊
11	浏阳油纸伞制作工艺				浏阳市油纸伞制作工艺协会
12	浏阳蒸菜传统制作技艺				浏阳蒸菜产业协会
13	浏阳洞阳山道教音乐	传统音乐	2018 年 12 月	第六批	浏阳市洞阳书院
14	浏阳弹词(长沙弹词拓展项目)	曲艺			浏阳市文化馆
15	浏阳青面狮表演	传统体育、游艺与杂技			浏阳悦武堂
16	浏阳王家拳				浏阳武术协会、浏阳悦武堂
17	浏阳木活字印刷术	传统技艺			浏阳小河乡益兴堂活字印刷馆
18	浏阳龙舟	传统体育、游艺与杂技	2021 年 5 月	第七批	浏阳市官渡民间文化艺术团
19	浏阳龙狮表演				浏阳强盛龙狮功夫团
20	浏阳剪纸	传统美术			浏阳市民间文艺家协会
21	官渡唆螺	传统技艺			浏阳市桂圆休闲农庄有限公司
22	浏阳卤菜制作技艺				浏阳市淮川唐氏卤味大王门市部
23	花炮始祖公祭	民俗			浏阳市大瑶镇李畋仙师庙

【史迹遗存】 截至 2021 年年末，域内登录在册的不可移动文物共有 338 处，其中，全国重点文物保护单位 13 处，湖南省级文物保护单位 28 处，长沙市级文物保护单位 27 处，浏阳县级文物保护单位 56 处，一般不可移动文物保护单位 214 处，全国重点文物保护单位(简称“国保”)省级重点文物保护单位(简称“省保”)数量居长沙地区前列；中国传统村落 2 处，文物类爱国主义教育基地 24 处(其中，全国爱国主义教育基地 2 处，省级 3 处，长沙市级 5 处，浏阳市县级 14 处)；2021 年新增珍贵文物 186 件(套)，其中一级文物 25 件(套)，截至 2021 年年末，浏阳市有国有可移动文物约 1.8 万余件(套)，其中珍贵文物 2910 件(套)。市博物馆已鉴定的藏品总数达到 9720 件(套)，其中，珍贵文物 1175 件(套)〔一级文物 11 件(套)、二级文物 64 件(套)、三级文物 1100 件(套)〕，一般文物 8130 件(套)。

浏阳文庙　始建于宋元间，其址初在县城东，明弘治十八年(1505)迁至县城西，清道光二十三年(1843)迁建于今址(圭斋中路 81 号浏阳一中校园内)。浏阳文庙坐北向南，周围筑有高墙，占地总面积 1783.3 平方米。庙南北长 147.5 米，东西宽 42.6 米。中轴线上由南向北依次为宫墙，开拱门，次石栏砌泮池，再次为棂星门，经踏梯上大成门，过甬道，再上阶梯，即大成殿，最北为“御碑亭”。主体建筑大成殿高 17.15 米，砖木结构，正面全系朱漆花雕，镂空格门，嵌入石柱之间。殿外四周为 1.6 米高的石台，内外石柱 32 根。重檐歇山屋顶，覆盖黄瓷瓦 7000 余片，屋角飞翘，凤凰尾吊小铜铃。正屋脊盖蓝花白瓷砖，中竖葫芦状宝顶，两端鳌尾爪。殿两旁围有高 1.3 米的石栏杆。殿前左右两阶分别接通东西两廊。阶下为石栏围护的石砌露台。台下东西各置舞亭一个，为祭孔时舞生演舞之所。露台下踏步台阶中有祁阳石雕“双龙戏珠”。“文化大革命”时期被破坏，后修复。下露台，即与石甬道接通，直通大成门。甬道两旁东西庑建殿相对应，各有门通大成殿后。甬道南端左右安有钟鼓亭各一个。由大成门下阶，即是棂星泮池(后改为花池)。庙后有奎文阁。谭嗣同曾在奎文阁创办中国近代第一个民间科技团体“新算学馆”。文庙建成后，屡经战乱和“文化大革命”破坏，损坏严重。湖南省文物局和浏阳市(县)分别于1986年、1990年、2002年多次维修。1982年，浏阳文庙被定为省级重点文物保护单位。2013年3月5日浏阳文庙列入第七批全国重点文物保护单位。

谭嗣同故居　又称“大夫第”，位于湖南省浏阳市淮川街道北正社区北正南路101号。始建于明朝末年，原为周姓祠宇，主体建筑占地2000多平方米。后由谭嗣同的祖父谭学琴(曾任浏阳县吏)买下作为私第，并改造成庭院式民居建筑。清咸丰九年(1859)，谭嗣同父亲谭继洵考取进士，官至湖北巡抚兼署湖广总督。任职期间，其宅奉旨命名为“大夫第官邸”。故谭嗣同故居又称“大夫第”。故居坐西南朝东北，砖木结构，覆小青瓦，三进五开间，两侧列私塾、花园、仓廒、杂物等。现存前、中、后3栋及过亭等主体建筑，大小房间计24间，面积762平方米。1996年11月，谭嗣同故居被列入全国重点文物保护单位，1998年完成修复并对外开放。

石霜寺　石霜寺位于浏阳城南30千米处金刚镇石庄村，因山而名，为湖南名寺。石霜寺又名崇胜禅林，据碑文和旧志载：寺始由唐僖宗李儇(862—888)下旨，命丞相裴休监建。寺坐北朝南，依山而建，呈参差错落之格局。鼎盛时期占地面积1万多平方米，曾管辖寺院48处，房屋5048间。唐僖宗赐香火田300石，传有骑马关山门之说。

石霜寺　　（罗永泰　摄）

1978年起，湖南省人民政府宗教事务管理局和长沙市佛教协会曾先后拨款进行维修和重建。1991年，台湾唯一法师捐资新建山门。同年，国家划定石霜寺土地使用范围计13800多平方米。1993年，新修齐堂、禅堂，增设念佛堂，并定为“比丘丛林”，每年举行“佛七法会”。2005年8月，石霜寺被命名为长沙市级文物保护单位。

文庙古乐器　系浏阳西乡邱之稑仿中国古代乐器创制而成。在学习曲阜孔庙古乐器的基础上，有所创新。他用匏瓜制作的匏埙，弥补中国古乐器八音中缺少匏的空白，在律制音阶范围内，新增吕律管12个，可旋相为宫，使之具备全排风箫的音阶。清末民国初，浏阳文庙古乐器及其演奏水平，在全国最负盛名。民国7年(1918)，军阀混战，北军占领浏阳，抢走玉质特磬一口。抗战中期，国民党省政府调浏阳古乐器去耒阳演奏，遇敌机轰炸，损失部分。日军占领浏阳前，礼乐局工作人员将古乐

浏阳文庙古乐器　　（博物馆　供图）

器深埋土中，被窃去铜质编钟8口。后来虽略有添置，但这批新制乐器，与邱之稑所定标准已有差距。中华人民共和国成立后，这批古乐器由县文化馆接收。1951年，浏阳县(今浏阳市)举办浏阳文庙古乐器展览，省政府主席王首道曾前来参观，并指出要妥为保管。1953年将其运往省博物馆。1954年，省文化局邀请原礼乐局老艺人刘蒲仙等赴长沙，组成浏阳古乐整理组，经过10个月的整修，添置两排风箫，6个埙，新铸8口编钟，修整所有破损的乐器。1956年，中央音乐研究所所长杨荫浏到长沙，邀请浏阳古乐艺人演奏。1962年，文化部指示成立浏阳古乐抢救挖掘委员会，将古乐器运回浏阳，由刘蒲仙、彭传彭、胡长秋等人进行考校，经再次添置和修缮，原古乐器获得基本恢复，并于1963年送省博物馆保存。文庙古乐器，按其制作物质不同分为金、石、土、革、丝、木、匏、竹八类，谓之8音。金类有镛钟、特钟、编钟，石类有特磬、编磬，土类有埙，革类有彭鼓、应鼓、楹鼓、搏鼓、鼗鼓，丝类有七弦琴、瑟，木类有柷、敔，匏类有笙、匏、竽，竹类有风箫、洞箫、篪、龙笛。

元代青铜器——爵(盛酒器)　1983年4月，城郊区文教办李培饮在荷花村境内掘土时偶得。重0.75千克，由二柱脚、流、尾、腹、三足及手柄等组成。腹部有饕餮纹，上刻“大德乙巳文靖书院”八字。经鉴定，系元大德九年(1305)的仿制品。制作精细，镌刻精美，花饰秀丽，是考证元代手工制品的珍贵文物。

象牙笏　据清同治县志《石霜寺记》，系唐朝宰相裴休监造石霜寺时，赠给主持僧普会的。传至清康熙年间，寺僧不慎遗失。直至同治七年(1868)，县人刘澎访到踪迹，将其购回，归还石霜寺。中华人民共和国成立后，转木平寺。1955年，县文化部门在枨冲乡珠宝冲木平寺僧唐规矩处收得。

古铜钱　1986年6月，太平桥乡太平村村民挖屋基时，挖出古铜钱100多千克，送售城关镇废品门市部。文管所从中选29种、72枚。其中，宋代26种，唐代1种，汉五铢、秦半两各1枚。

【浏阳方言】　浏阳地处湘东，与江西、湖北两省11个县(区)、市交界，域内方言素称“十里三音”。其中，有的属于几种方言之间的区别，有的属于一种方言内部的差异。

从方言分区的角度看，全市实际上含有三种方言，即客家方言、湘方言和赣方言。浏阳客家方言俗称“客姓话”，分布在东部、东北部和东南部的山区中，即大围山区、张坊区、官渡区和文家市区的部分地方。说客姓话的人大都来自广东、福建，在浏阳落户后，一般不准“打土谈”（即不准讲浏阳话）。但久而久之，为交际的需要，他们大都会说浏阳土话，而在内部仍讲客姓话。“客姓话”与客家方言有明显一致的关系，其主要语音特征是：古全浊声母的字不论平仄一律变送气清音；古喉音晓、匣二母与合口呼韵母相拼的字多变成唇齿音 f；韵母中无撮口呼。如：全、君、俊、觉、月等字，多与齐齿呼、开口呼混读。调类 6 个，平声、入声皆分阴阳，入声保留塞音韵尾。湘方言（指以长沙话为代表的新湘语）在浏阳主要分布于西乡的镇头区，城郊区的葛家乡以及北盛区的永安镇等地，俗称“西乡话”。这种话接近长沙方言，浏阳地方戏多用此腔，故又被称为“正音”或“省腔”。浏阳县接近省会长沙，为交际的需要，人们讲长沙话的风气很浓，因而长沙话对浏阳土话的影响相当大。在浏阳占优势的方言，是属于赣方言系统的浏阳土话。它包括县城话、南乡话、东乡话和北乡话，这四处土话共同具备赣方言的某些特点，如古全浊声母不论平仄一律念送气清音（与客家方言同）、古泥来二母洪音不分细音分、有撮口呼韵母，等等。浏阳方言构词现象有一个总特点，那就是双音节化。方言词汇虽然构词成分与共同语——普通话有较大差异，但词语的双音节化却是汉语各方言的一个共同趋势，这是与汉语语素的单音节化、构词灵活等特性分不开的。

旅游景区

截至 2021 年末，浏阳市有 A 级景区 16 个，其中国家 AAAA 级旅游景区 3 家，国家 AAA 级旅游景区 12 家；国家地质公园 1 个，国家森林公园 1 个，全国红色旅游经典景区 2 家，湖南省文旅特色小镇 1 个，省五星级乡村旅游区（点）9 个。五星级旅游饭店 1 家；星级乡村旅游区（点）16 家，其中五星级 9 家；旅行社（独立旅行社、分社、网点）137 家，其中，5 星级 1 家，4 星级 4 家。2021 年，浏阳市接待旅游人数 2908 万人次，旅游产业收入 303.66 亿元。

【人文景观】 秋收起义纪念园　秋收起义纪念园景区位于湖南省浏阳市文家市镇人民路 34 号，毗邻 310 省道、荷文公路，总占地 6.99 公顷。1927 年 9 月，以毛泽东为前委书记的中共湖南省委，贯彻执行党的“八七会议”精神，发动领导震惊全国的湘赣边界秋收起义。9 月 11 日，毛泽东率领的中国工农红军第一军第三团攻克浏阳白沙、东门两镇，并于当晚在白沙乡上坪村召开团以上干部会议，在起义遭受严重挫折后，毛泽东毅然主张改变攻打长沙的计划，并命令各路起义部队到浏阳文家市会合。9 月 19 日，各路部队相继会师文家市里仁学校，当晚，毛泽东在学校成德堂主持召开前委扩大会议，讨论

秋收起义文家市会师旧址　（市文旅广电体育局　供图）

起义部队会师后进军方向这个关乎中国革命前途和道路的重大问题。毛泽东分析当时敌强我弱、敌大我小的形势，主张放弃原定进攻长沙的计划，去农村深入土地革命，走以农村包围城市最后武装夺取全国政权的革命道路。9 月 20 日，会师部队 1500 多人在文家市里仁学校操场召开动员大会，毛泽东作重要讲话。9 月 21 日，毛泽东率秋收起义部队向萍乡方向进发，并于 10 月 27 日，抵达井冈山茨坪，开始创建中国第一个农村革命根据地——井冈山革命根据地。文家市会师转兵有效保存和壮大了革命队伍，开辟农村包围城市的正确革命道路，进而建立井冈山革命根据地，点燃中国革命胜利的希望之火。文家市秋收起义纪念馆主要包括秋收起义文家市会师旧址、历史陈列馆、积谷仓、秋收广场等。1961 年，会师旧址被评为首批全国重点文物保护单位。1974 年正式对国内外游客开放。2015 年，浏阳启动秋收起义纪念园改扩建工程，2017 年 9 月竣工。文家市秋收起义纪念园是全国爱国主义教育示范基地、国家 AAAA 级旅游景区、全国红色旅游经典景区、国家国防教育示范基地、湖南省十大魅力场馆。

胡耀邦故居　胡耀邦故居位于湖南省浏阳市中和镇苍坊村敏溪河畔，始建于清朝咸丰年间，房屋坐北朝南，土木结构，小青瓦顶，清末江南民宅风格建筑。故居占地 200 平方米，共 7 间。四周有围墙。1915 年 11 月 20日，胡耀邦出生在这栋老屋。他在这里度过童年和少年，1930 年 10 月，胡耀邦离开故乡。1962 年，胡耀邦任中共湖南省委书记处书记兼湘潭地委第一书记。当时，浏阳

胡耀邦故居　（市文旅广电体育局　供图）

隶属湘潭，胡耀邦利用到浏阳检查工作的机会，回到家乡，看望健在的老师和乡亲父老。此时，他的旧居已是危房，后来因未及时加固，外墙被洪水冲塌。胡耀邦担任中共中央总书记后，再三叮嘱家人不准兴土木修复故居。1995年，浏阳市启动修复胡耀邦故居，并于当年7月竣工。12月，胡耀邦故居对外开放。此后，国家和省、长沙市分别于1996年、1997年、2000年、2001年、2012年投入资金抢救维修。2012年1月，胡耀邦故里旅游景区获批国家AAAA级景区。2013年列入第七批全国重点文物保护单位。2016年12月，胡耀邦故居被列入《全国红色旅游经典景区名录》。

中国工农红军第一方面军成立旧址　中国工农红军第一方面军（简称红一方面军）成立旧址（李家大屋）位于域内永和镇石江村（今永宝村）。1930年7月27日，中国工农红军第三军团（简称红三军团）攻占长沙，给国民党湖南省政府以沉重的打击。8月5日，国民党湖南省政府主席何键集中兵力向长沙大举反扑，红三军团被迫于8月6日撤出长沙，向平江县长寿街方向转移。何键立即布置重兵追击红军。毛泽东、朱德率领中国工农红军第一军团（简称红一军团）从赣南赶往湖南支援红三军团，在文家市与敌军交战，全歼驻守在文家市的敌军，获得文家市大捷。8月23日，毛泽东、朱德率红一军团北上浏阳永和，与彭德怀、滕代远率领的由平江地区南下的红三军团会合，在永和镇石江村李家大屋召开两军团的联席会议。根据中共中央指示，决定把两个军团合编，成立中国工农红军第一方面军（简称“红一方面军”）。毛泽东任前委书记、总政委和中国工农革命委员会主席，朱德任总司令，彭德怀任副总司令，滕代远任副政委。红一方面军共计4万余人、3万支枪，是当时中国共产党领导的最强大的一支工农武装力量。现旧址墙面上仍保留“打倒帝国主义”“活捉何键”“红军不乱烧、不乱杀、土地革命”等红军标语和蒋介石与何键的漫画像等。2011年1月，红一方面军活动旧址（李家大屋）被湖南省人民政府公布为湖南省文物保护单位；2011年9月，被长沙市委宣传部公布为长沙市爱国主义教育基地。2019年10月，被国务院公布为第八批全国重点文物保护单位。

锦绶堂　位于域内大围山镇（原东门乡）楚东村巷子滩，始建于清光绪二十三年（1897），村民涂刘氏为纪念早逝的丈夫涂儒玫（字文绶）而建，取名锦绶堂。旧址坐北朝南，三进五开间，左右两侧厢房，土砖木混合结构，封火墙，硬山顶，盖小青瓦，正厅、西厢、东厢三处的藻井上分别雕刻各种图腾，具有典型的清代院落特征。总面积4400多平方米，建筑面积2200平方米。1930年6月，中国工农红军第三军团奉中共中央关于切断武长铁路进逼武汉的命令，由鄂入湘，于7月27日攻克长沙城。在长沙成立湖南省苏维埃政府，这是当时全国第一个省级苏维埃政权。后为保存革命力量，红军分两路撤出长沙。省苏维埃政府机关成员随部于8月11日入驻浏阳东门锦绶堂，15日继续迁至平江。1931年3月初，省苏维埃政府机关又随部迁回锦绶堂。11月，根据中央统一部署，湘鄂赣苏维埃政府成立，湖南省苏维埃政府随即撤销。湖南省苏维埃政府在锦绶堂办公近9个月。旧址中至今留有一些红色遗迹，如大门两旁“工农专政，男女平权”的对联；曾作过油印室的阁楼墙上仍留下油印传单和财务账单的痕迹。1960年，湖南省苏维埃政府旧址（锦绶堂）被定为省重点文物保护单位。2002年5月，被湖南省人民政府公布为湖南省文物保护单位，2013年3月，被国务院公布为全国文物保护单位。2021年，浏阳市完成湖南省苏维埃政府旧址（锦绶堂）彩绘文物的保护修复工作。2021年7月19日，省委宣传部命名湖南省苏维埃政府旧址（锦绶堂）等33个基地为第六批湖南省爱国主义教育基地。

桃树湾刘氏大屋　位于域内金刚镇丹桂村清江片桃湾组，由刘氏族人历时五年建造的一处规模宏大、具有清代建筑特点的建筑组群。据民居内现存的碑刻《桃树湾新宅记》记载：“于道光二十九年（1849）七月三十日酉时，课取己酉癸酉乙丑乙酉起首行墙安放二门，是年仅起正宅门厅四进，右旁正护屋三间；三十年（1850）造右畔护屋三层，并筑周围垣墙；咸丰元年起左畔护屋二层，二三年继造左边余屋、高仓，逐处装修，历五年而工始竣。”建筑组群原有大小房屋近400间，占地面积21000多平方米。现存文物以外围垣墙为本体边界，房屋100多间，建筑面积6600平方米，占地面积约11000平方米。桃树湾刘氏大屋距今已有170多年历史，整体布局严谨，装饰精美、丰富，汇集多种艺术表现形式于一体，较为完整地反映出清代民居的发展史。2019年10月，被国务院公布为第八批全国重点文物保护单位古建筑类。

桃树湾刘氏大屋　（彭红霞　摄）

【自然景观】　浏阳河国家湿地公园　2015年12月，浏阳河国家湿地公园经国家林业和草原局批准开展试点建设。该公园地处浏阳东部，范围以株树桥水库为主体，包括浏阳河部分河段、小溪河全段、大溪河部分河段水域、滩涂和两岸部分耕地，总面积2361公顷，其中湿地面积1423.4公顷，湿地率为60.29%。位于中亚热带常绿阔叶林地带，公园内野生动植物资源丰富，生态系统完整，是典型的南方低山丘陵森林—河流复合湿地公园。园内植物树种以马尾松、杉木、樟树、檫木、山乌桕、毛竹等为主，鸟类有包括黑鹳、海南鳽、小天鹅等国家级保护动物88种。湿地公园分为保护保育区、恢复重建区、宣教展示区、合理利用区和管理服务区。湿地有着强大的

九曲浏阳河　　（浏阳电视台　供图）

生态净化作用，因而又有“地球之肾”的美名。2020 年 12 月 25 日，国家林业和草原局下发《关于 2020 年国家湿地公园试点验收结果的通知》，公布 2020 年国家湿地公园试点验收结果，浏阳河国家湿地公园试点建设顺利通过验收。

大围山国家森林公园（大围山国家地质公园）　大围山位于湘赣边界，连云山脉的腹地，东边属江西省宜春市下辖的铜鼓县，西北方属湖南浏阳市。大围山主峰七星峰海拔 1607.9 米，是湘东第一高峰。大围山是湘江的一级支流浏阳河的发源地，景区距省会长沙 119 千米，距浏阳市城区 67 千米，总面积 193 平方千米。景区内有 23 个植物群系，3000 多种植物，60 余种野生动物。其中有国家一级、二级保护树种 17 种，国家一类二类保护动物 14 种，蝴蝶 1200 多种。1992 年经林业部批准开发建设为国家森林公园，1996 年 8 月 1 日正式开园，2007 年 6 月 8 日被评为 AAAA 级景区。2012 年 6 月大围山通过国家地质公园的评审。2016 年 6 月 23 日，经国土资源部批准命名为湖南浏阳大围山国家地质公园。大围山国家地质公园是长沙市唯一的国家级地质公园，是湖南省唯一的以第四纪冰川遗迹为主要特征的国家级地质公园，也是在中国东部继江西庐山后建立的又一个第四纪冰川遗迹国家地质公园。

道吾山　道吾山坐落在浏阳城北 8 千米西北环线处，为浏阳市城区西北屏障。西起蕉溪岭，东达宝盖，有七十一峰。主峰五老峰海拔 786.4 米，道吾山是中外驰名的佛教圣地。旧志载“沙门称道吾、石霜、宝盖、大光为四大祖庭，其盛尤推道吾。传唐代僧开山讲法曰‘道在吾矣’，遂以名其山”。开山祖师为宗智和尚，其事在唐大和年间（827—835），距今近 1200 年。道吾山是国家 AAA 级风景名胜区，环绕着兴华禅寺风景区共六大景区 43 个景点，旧志载“附廓八景”中“吾山雪霁”“屏张笏列，岩壑依稀，晴雪欲消，寒光远射”即为道吾山一景。历代游人题咏甚多。其中有谭嗣同《道吾山》：夕阳悬高树，薄暮入青峰。古寺云依鹤，空潭月照龙。尘消百尺瀑，心断一声钟。禅意渺何著，啾啾阶下蛩。

经济和社会发展

【概况】　中华人民共和国成立以前浏阳为农业经济县，在漫长的封建社会长期保持自然经济状态。清乾隆以后，以农产品为主要原料的手工业产品逐渐加强，市场交换规模有所扩大。光绪末年，岳阳、长沙相继开埠，刺激域内农产品出口销售，域内经济开始转化为有商品经济色彩的半自给性经济。民国时期，商品生产和商品交换有所扩大，但由于战乱频发，社会动荡，商品经济起落较大，至中华人民共和国成立前夕，域内经济仍维持半自给自然经济体系。中华人民共和国成立后，特别是改革开放以来，在中共浏阳市（县）委、市（县）人民政府领导下，浏阳始终坚持以马克思列宁主义、毛泽东思想、邓小平理论、“三个代表”重要思想、科学发展观、习近平新时代中国特色社会主义思想为指导，坚持稳中求进总基调，顺应经济发展新常态，坚决贯彻执行中央、省、长沙

大围山　　（梁鹏　摄）

市决策部署，开拓创新、奋勇拼搏，浏阳经济发展水平显著提升，城乡面貌焕然一新，社会事业全面进步，人民生活由基本温饱发展到全面小康。截至 2021 年年末地区生产总值从 1949 年的 6156 万元增至 2021 年的 1616.6 亿元，累计增长 2625.05 倍；人均地区生产总值从 79 元增至 109229.7 元，累计增长 1381.65 倍；农业总产值从 6805 万元增至 226.5 亿元，累计增长 331.84 倍；工业总产值从 1360 万元增至 2137 亿元，累计增长 15712.23 倍；财政收入从 190 万元增至 145.36 亿元，累计增长 7649.52 倍。经济规模不断扩大，综合实力显著增强，实现由农业大县向工业强县的转变，基本竞争力 2006 年首次进入全国百强，居第 92 位，随后位次迅速攀升，2021 年在全国县域经济与县域综合发展百强县排名中居全国第 8 位。

【产业结构调整】　中华人民共和国成立后，域内农业基础作用不断加强，工业主导地位迅速提升，服务业对经济社会的支撑效应日益突出，通过转型升级传统产业，培育壮大新型工业，大力发展商贸旅游等服务业，二、三产业比重逐年上升，产业结构不断优化，从以依赖单一产业为主转向依靠三次产业共同带动。1949 年，第一、二、三产业比重分别为 77.4%、12.6%、10%。20 世纪 50—70 年代，随着工业化建设推进，第二产业比重不断提升。1978 年，第一、二、三产业比重分别为 63.4%、21%、15.6%。改革开放以来，工业化、城镇化快速发展，农业巩固加强，工业大幅提升，服务业发展水平有所提高。中共十八大以来，践行新发展理念，推动经济高质

量发展，是浏阳经济发展的主线，2021 年，第一产业增加值 130.2 亿元，第二产业增加值 840.9 亿元，第三产业增加值 645.5 亿元，分别增长 9.6%、6.4%和 7.9%。三次产业对经济增长的贡献率依次为 11.5%、44.4%和 44.1%，分别拉动经济增长 0.8 个百分点、3.3 个百分点和 3.2 个百分点；三次产业结构为 8.1:52.0:39.9。产业结构持续优化，实现由农业为主向三次产业协同发展的转变。

【农业】 浏阳是传统的综合性农业经济区，种植业以水稻为主，粮食作物产值占农业总产值的一半左右，1986 年被列为国家商品粮生产基地。林业以用材林、竹林、油茶林为主，林业用地占域内总面积的七成左右，森林资源丰富，是全省重点产材县（市）。养殖业以猪、牛、羊、家禽和淡水鱼为主。民国时期，域内农业生产基础较为单薄，“靠天吃饭”现象明显，粮食产量较低。中华人民共和国成立后，特别是改革开放以来，农田水利设施建设不断加强，农业综合生产能力日益提升。中共十八大以来，农业机械化程度、种植科技含量持续提高，主要农产品单位面积产量有效提高，种植业内部结构不断优化，种植业走向规模化、多元化、市场化，2021 年年末播种收综合机械化水平达 67%，水稻生产综合机械化水平达 85%。粮食总产量从 1949 年的 18.9 万吨增至 2021 年的 56.2 万吨，生猪出栏数从 4.43 万头增至 130.9 万头，烤烟从 1970 年的 0.4 吨增至 5838 吨。主要农产品产量、经济作物产量稳定增长，蔬菜、油茶、烤烟、小水果、花卉苗木、生猪、黑山羊等特色产业持续巩固。天岩寨柑橘、浏阳金橘、大围山梨、葛家“鸡肠子”辣椒、浏阳黑山羊、浏阳茶油获批国家地理标志商标，被评为“中国好粮油”“国家农产品质量安全县”。

【工业】 民国以前，域内工业以个体手工业为主，主要产品为鞭炮烟花、夏布、豆豉、土纸、油纸伞等。官办工业有宋代的铜冶所、明代的铁冶所、清代的大洛铜矿，基础薄弱、规模小、生产落后、装备简陋。民国时期官办企业有发电厂、铅锌矿、石膏矿和煤棚等，民国 15 年（1926）域内农民协会组织办棉布、鞭炮、茶叶、采煤合作社，1927 年 5 月“马日事变”时均遭国民党破坏。至中华人民共和国成立前夕，域内官办工业只剩 1 家。中华人民共和国成立初期，县人民政府先后投资恢复电厂，兴办大米厂、矿山开采与食品加工业等。1975 年年末，全县工业企业达到 219 家，工业总产值 8782.18 万元。改革开放后，域内工业实现跨越式发展，1987 年实现工业总产值 53650 万元。1997 年浏阳开发建设浏阳市工业园，2012 年 3 月，被国务院批准为国家级浏阳经济技术开发区（简称经开区），园区以生物医药和电子信息为主导，形成生物医药、电子信息和健康食品三大产业集群。2003 年 3 月设立浏阳制造产业基地，2016 年获批更名浏阳高新技术产业开发区（简称高新区）。2019 年经开区与高新区合并。2021 年年末，全市实现工业增加值增长 6.7%，规模以上工业企业 935 家，实现规模以上工业增加值增长 7.1%，其中，经开区（高新区）实现规模以上工业增加值增长 16.6%。规模以上工业企业中，生物医药企业产值增长 8.1%；智能装备企业产值增长 11.2%；烟花爆竹企业产值增长 3.3%；绿色食品企业产值增长 0.6%。显示功能器件、生物医药、智能装备、鞭炮烟花产业链规模以上工业总产值分别增长 50%、12%、10%、21%。新增高新技术企业 132 家，增长 43.56%；新增百亿级规工企业 1 家、国家级专精特新小巨人企业 6 家；A 股上市企业增至 9 家；新引进项目 207 个，其中 50 亿元以上 3 个。222 个长沙在浏阳项目完成投资近 700 亿元，超过年度计划 28 个百分点。惠科光电项目 9 条生产线点亮投产；总投资 70 亿元的雅士林项目投产；南昌—长沙 1000 千伏特高压工程投产送电。6 月 3 日，全省产业园区高质量发展推进会在浏阳举办。6 月 21 日，经开区入选国家“十四五”重点支持县城产业转型升级示范园区，是全省唯一入选的园区。

【内外贸易】 中华人民共和国成立初期，生活资料严重短缺，农副产品以统购统销为主，消费品实行调拨分配，大多凭证定量供应，市场处于全面紧张状态。1978 年以来，改革开放为市场经济开辟新的广阔空间，消费需求强劲，购销活跃，消费品市场快速发展。社会消费品零售总额由 1949 年的 0.11 亿元增加到 2021 年的 442.0 亿元，累计增长 4018.18 倍。中华人民共和国成立初期，域内外贸落后失衡，进出口规模小，1966 年，出口总额仅为 343 万元。“三五”至“五五”时期，出口略有扩大，年均增长 21%。改革开放后，出口总额快速增长，1978 年出口总额为 3591 万元，1987 年出口总额突破 1 亿元。中共十八大以来，对外贸易表现强劲，2021 年，全市实现自营进出口总额 35.3 亿美元，增长 38.4%。其中进口总额 18.2 亿美元，增长 62.5%；出口总额 17.1 亿美元，增长 19.5%。全年新增市场主体 20821 户，年末市场主体总数达 129131 户。

【交通】 民国以前，域内交通多为水路，三大水系（浏阳河、捞刀河、南川河）以浏阳河流程最长，运量最大，域内鞭炮、夏布、木材、土纸以及农副产品多经浏阳河水运至各口岸。民国 20 年（1931）至民国 27 年（1938）长沙至浏阳永安、县城、大瑶和浏阳大瑶至醴陵公路建成通车，均为简易砂石路面。至中华人民共和国成立时域内公路通车里程仅为 81.34 千米。1953 年浏阳开始修建公路，1988 年末域内公路里程达 2356.71 千米。1966 年醴（陵）浏（阳）窄轨铁路建成通车，主要承担域内磷矿磷肥外运，20 世纪 80 年代磷矿开采量下降，铁路运量锐减，至 2002 年铁路停运，2003 年全线拆轨结束营运。1959 年南川河航道断航，1962 年捞刀河断航，1996 年以后仅剩浏阳河城区已停止客货运输的部分航道。1996 年 10 月 1 日浏永高等级公路建成通车。此后，域内交通网络日益完善，到 2018 年年底，全市公路总里程达 12716.6 千米，是 1949 年的 116 倍，其中高速公路达到 227.3 千米，覆盖全市 23 个乡镇街道。2019 年 9

月 28 日，途经域内 9 个乡镇（街道）50 个村（社区），域内里程 96.89 千米，并沿线设 8 个站的蒙华铁路全线通车。截至 2021 年年末，有沪昆、浩吉高速铁路，武深、浏洪、杭长、沪昆、长株、机场高速公路（名称）经过域内并在浏阳设站或互通。

【教育　文化　卫生】 科举取士时代，浏阳的启蒙教育就是私塾。清光绪二十一年（1895）至二十二年（1896）谭嗣同等在县城创办算学格致馆，为浏阳新学之开端。至清宣统三年（1911），域内已有官、私办学堂 100 余所，学生 5000 余人。民国 16 年（1937），域内有高小 25 所，初小 900 多所，在校学生 3 万余人，并开始实行男女同校。中华人民共和国成立前夕，域内在校学生 32400 人，文盲、半文盲占总人口 60%以上。中华人民共和国成立后，特别是改革开放以来，浏阳市义务教育不断完善。随着“科教兴市”战略的实施，小学及文盲、半文盲劳动年龄人口占全部劳动年龄人口的比重逐年下降。党的十八大以来，浏阳教育事业取得新进展，2021 年，全市拥有普通小学 305 所（含教学点），在校学生 112071 人；普通初中 55 所，在校学生 53177 人；普通高中 17 所，在校学生 30498 人；中等职业学校 6 所，在校学生 13062 人；特殊教育学校 1 所，在校学生 218 人。

浏阳是千年古县，传统文化源远流长，元代欧阳玄所著志怪《睽车志》比清代蒲松龄《聊斋志异》早 20 多年；清同治《浏阳县志》载：浏阳戏史可溯及宋代，距今近 1000 年；新志载“湘剧高腔源出于江西弋阳腔，在明代中叶由南昌经万载到湖南浏阳以达长沙”“长沙高腔的策源地是在湘潭和浏阳”；浏阳文庙祭孔音乐被列入第四批国家级非物质文化遗产名录。近百年来，域内湘剧、花鼓、皮影、弹词十分活跃。民国及以前域内文化设施落后，文化管理机构薄弱。中华人民共和国成立后，文化设施从无到有，覆盖城乡的公共文化体系逐步建立，文化事业实现快速发展。中共十八大以来，文化设施日益完善，实现村村有图书室、文化站。2021 年，全市拥有文化馆站 33 个、艺术表演团体 23 个。全市广播综合人口覆盖率 96%，电视综合人口覆盖率 98.8%，年末公共图书馆藏书 51.58 万册。民国 5 年（1916）创建红十字会医院，是浏阳最早的医院，设门诊、住院部，有医护人员 10 人，民国 24 年（1935）开设县卫生院门诊部，开设临时病床 4 张。民国 36 年（1947）8 月创建县公立医院，设门诊、住院两部，共 40 张病床，18 名医护人员。同年创办天主堂医院，设门诊、住院两部，共 14 名医护人员。中华人民共和国成立后，1951 年 4 月，县卫生院与天主堂医院合并为县联合医院，1952 年 12 月县联合医院更名为县人民医院。1952 年设立县妇幼保健所（妇幼保健院前身），1956 年 8 月，成立县中医医院，9 月，县卫生防疫站成立。改革开放后，公共卫生领域投入不断加大，医疗科技水平迅速提高，医疗卫生体系建立健全。中共十八大以来，医疗卫生机构服务能力进一步提升，群众的基本医疗服务需求得到进一步满足。2021 年末，全市拥有卫生机构 59 个，其中医院 57 所。卫生机构床位数 11586 张，卫生技术人员 10234 人，其中医生 5272 人。年内诊疗 703 万人次，年内治愈率为 72%。产妇住院分娩率 100%，婴儿死亡率 1.82‰，5 岁以下儿童死亡率 3.2‰。

【人口】《浏阳县志》载，1964 年，域内城关镇(今淮川街道)发现樟树潭遗址，属龙山文化，系新石器时代晚期，表明约 4000 至 1 万年前，便有先民定居。1986 年，域内发现古遗址 23 处，分布于东、南、西、北四区 17 个乡、镇，属龙山文化 10 处，商周时期 12 处，春秋战国时期 1 处，表明这段时期，人口分布面较广。1991 年 8 月，永安镇中学基建工地(芦塘)出土旧石器时代中期打制石器，表明 15 万~20 万年以前，境内已有人类活动。浏阳在东汉建安置县，是吴国周瑜四俸邑之一，也表明当时有一定的人口数量。据清光绪《浏阳乡土志》及有关资料记载，自三国时期至清代共有 175 支外地移民入境，其中三国 1，唐 1，五代 5，两宋 16，元 21，明 71，清 60。在漫长的历史时期内，本土百姓与外来移民不断融合，生息繁衍，逐渐形成人口大县。民国元年(1912)，全县总人口 30 万人；1949 年，全县总人口 775000 人；1977 年，全县总人口 1109340 人，首次记录过 1 百万；1985 年，全县总人口为 1226081 人。2021 年，全市常住人口 1430100 人，年末公安户籍户数 41.3 万户，总人口为 1479323 万人，其中，城镇人口 75.8 万人，乡村人口 72.2 万人。

表 2　　2010—2020 年年末人口统计表

人口＼年度	2010	2011	2012	2013	2014	2015	2016	2017	2018	2019	2020
户籍人口（人）	1407104	1423524	1436248	1439697	1453246	1469104	1489306	1483717	1493770	1491285	1488160
常住人口（人）	1279469	1293400	1300100	1314100	1321300	133240	1347200	1358100	1382400	1405900	1431200
城镇人口（万人）	58.41	60.10	60.65	65.61	68.50	73.13	77.67	82.11	86.36	88.26	88.73
城镇化率（%）	45.65	46.47	46.65	49.93	51.84	54.89	57.65	60.39	62.47	62.78	62.00

资料来源：2021 长沙统计年鉴“区县（市）主要经济和社会指标”

【人民生活】 1949年农村居民人均可支配收入19.5元，人均占有粮食258千克，职工人均年工资290.2元，城乡居民居民人均消费金额13.73元；1980年农村居民人均可支配收入108元，人均占有粮食510千克，职工人均年工682.2元，城乡居民储蓄存款1732万元，人均储蓄存款15.16元，城乡居民居民人均消费金额156.61元；2021年，城乡居民人均可支配收入49503元，增长8%，其中农村居民人均可支配收入40758元，增长9.7%；城镇居民人均可支配收入56507元，增长7.0%。城乡居民人均生活消费支出28666元，增长8.6%，其中农村居民人均消费支出24302元，增长13.6%，城镇居民人均消费支出32161元，增长5.7%。金融机构年末各项存款余额1094.29亿元，增长10.94%，比年初增加107.93亿元，其中住户存款余额732.26亿元，增长15.46%，比年初增加98.04亿元。各项贷款余额1011.42亿元，增长13.64%，比年初增加121.38亿元。金融机构年末存贷比为1:0.92。

组织机构与负责人

（按照组织机构的现实顺序排序）

中共浏阳市委员会

书　记　朱东铁（2021年4月任）
　　　　黎春秋（2021年4月止）
副书记　王雄文（2021年7月任）
　　　　吴新伟（2021年7月止）
　　　　戴武明（2021年8月任）
　　　　王　强（2021年5月止）
常　委　姚喜琳（女，2021年8月任）
　　　　秦跃平（2021年8月止）
　　　　李爱民　周耀辉
　　　　唐安石（2021年8月任）
　　　　周文舜（2021年8月止）
　　　　王坤球（2021年8月任）
　　　　喻　辉（2021年8月止）
　　　　冯赛军（2021年8月任）
　　　　邓阳锋（2021年8月止）
　　　　李　翔（2021年8月任）
　　　　廖　伟（2021年8月任）
　　　　尹乐平（2021年8月止）

市委办公室

主　任　王坤球（2021年7月任）
　　　　喻　辉（2021年7月止）
常务副主任　谢　庆（女，2021年10月任）
　　　　　　肖炎强（2021年10月止）
副主任　李　建（2021年10月止）
　　　　赵　理（2021年10月止）
　　　　王　超（2021年10月任）

市委督查室

主　任　周正阳（2021年5月任）
　　　　陈文金（2021年5月止）

市委政研室

主　任　赵　理（2021年10月止）
专职副主任　黄锦周（2021年10月止）

市委改革办

副主任　张　葵（2021年8月止）

市接待服务中心

主　任　谢　庆（女，2021年10月止）
副主任　周　琳（女）　李翼运

机要保密局

局　长　陈慧娜（女，2021年5月止）
副局长　刘海珍（女，2021年5月止）
　　　　庄　童（2021年8月任）

档案局

局　长　李　建（兼）（2021年10月止）

派驻纪检监察组

组　长　陈向前（2021年10月止）

市委组织部

部　长　唐安石（2021年7月任）
常务副部长、公务员局局长（兼）
　　　　曾云峰（2021年10月任）
副部长、市委基层党建工作领导小组办公室主任
　　　　李　斌
副部长、老干部局局长（兼）
　　　　杨　海（2021年10月任）
副部长（兼）、市委编办主任　戴伟平
副部长（兼）、市人社局党组书记、局长　陈国强
副部长（兼）、市绩效考核工作办公室专职副主任
　　　　胡　炀（2021年10月任）
派驻纪检监察组组长　田　蔚（女）

市委宣传部

部　长　李爱民
常务副部长、新闻出版局（版权局）局长（兼）
　　　　张之俭（2021年10月止）
常务副部长、新闻出版局（版权局）局长（兼）
　　　　赵　理（2021年11月任）
副部长　潘　立（女）
　　　　林湘国（2021年8月止）

高　志(女、2021 年 11 月任)
副部长、文明办主任(兼)　李　林
派驻纪检监察组组长　刘定良

市委统战部

部　长　周耀辉(2021 年 7 月止)
戴武明(2021 年 7 月任)
常务副部长　焦清平
副部长　陈大友(2021 年 10 月止)
周树成(兼,2021 年 10 月止)
张佳丽(兼,女,2021 年 10 月任)
副部长　民族宗教事务局局长(兼)　张　旭
工商联党组书记、常务副主席
周树成(2021 年 10 月止)
张佳丽(女,2021 年 10 月任)
侨联主席　周　斌
民族宗教事务局副局长　何继春
民族宗教事务局副局长　彭　方
统一战线团体服务中心主任
盛元芝(2021 年 10 月止)
副科职干部、三级主任科员　吴娟娟(女)

市直机关工委

工委书记　喻　辉(2021 年 8 月止)
王坤球(2021 年 8 月任)
工委常务副书记　周平波
工委副科职干部　胡　珊(女)
工委副书记　袁　江

机构编制委员会办公室

主　任　戴伟平
副主任　李仕飞　沈雁辉

中共浏阳市委党校(行政学校)

校　长　王　强(2021 年 5 月止)
戴武明(2021 年 8 月任)
常务副校长　黎星照
副校长　张安文　李晓军
教育长　黎　艳(女)

浏阳市人民代表大会

浏阳市第十七届人民代表大会常务委员会(2021 年 10 月止)

主　任　吴　震
副主任　刘　旭(女)　刘仙娥(女)　杨　智
陈　清　唐洪胜

浏阳市第十八届人民代表大会常务委员会(2021 年 10 月任)

主　任　邱山东
副主任　张葵红(女)　邓雪琴(女)　陈　清
唐洪胜　杨厚波

浏阳市第十七届人民代表大会专门委员会(2021 年 10 月止)

民族华侨外事委员会
主任委员　黄龙明(女)
副主任委员　陈世荣
监察和司法委员会(法制委员会)
主任委员　王　武
副主任委员　沈水艳(女)
财政经济委员会
主任委员　李声义
副主任委员　付　湘
教育科学文化卫生委员会
主任委员　邓　君
副主任委员　罗红艳(女)
环境与资源保护委员会
主任委员　鲁忠良
副主任委员　潘剑波
农业与农村委员会
主任委员　吕正红
副主任委员　杨　菊
社会建设委员会
主任委员　涂业清

浏阳市第十七届人民代表大会常务委员会工作机构(2021 年 10 月止)

预算工作委员会(与财政经济委员会合署办公)
主　任　李声义
副主任　付　湘
选举任免联络工作委员会
主　任　龙花明(女)
副主任　邹甘林(女)

浏阳市第十七届人民代表大会常务委员会办事机构(2021 年 10 月止)

办公室
主　任　雷　义
副主任　孔伟兴

浏阳市第十八届人民代表大会专门委员会(2021 年 10 月任)

民族华侨外事委员会
主任委员　黄龙明(女)
副主任委员　陈世荣
监察和司法委员会(法制委员会)
主任委员　孙仕定
副主任委员　沈水艳(女)
财政经济委员会
主任委员　陈傲冰
副主任委员　付　湘
教育科学文化卫生委员会
主任委员　周平波
副主任委员　罗红艳(女)
环境与资源保护委员会
主任委员　涂业清
副主任委员　潘剑波
农业与农村委员会
主任委员　吕正红

副主任委员　杨　菊
社会建设委员会
主任委员　卜　洋(女)

浏阳市第十八届人民代表大会常务委员会工作机构(2021年10月任)

预算工作委员会(与财政经济委员会合署办公)
主　任　陈傲冰
副主任　付　湘
选举任免联络工作委员会
主　任　龙花明(女)
副主任　邹甘林(女)

浏阳市第十八届人民代表大会常务委员会办事机构(2021年10月任)

办公室
主　任　周森源
副主任　孔伟兴

浏阳市人民政府

市　长　王雄文(2021年7月任代市长,10月任市长)
常务副市长　冯赛军
副市长　李　翔　刘来宏(女,2021年10月任)
　　刘一斌　彭邵峰(挂职)
　　黄　刚(2021年10月任)
　　寻　文(2021年10月任)
　　郭贺亭(2021年10月任)
　　戴圣伟(2021年10月任)
市　长　吴新伟(2021年7月止)
常务副市长　邓阳锋(2021年止)
副市长　邓雪琴(女,2021年止)
　　王坤球(2021年止)　周　明(2021年止)
二级调研员　肖　云　文建军　唐强跃　彭　琼
　　罗永垂　黄海波

政府办公室

党组书记、主任　邓科建
党组副书记、副主任　唐朝晖
党组成员、副主任　冯早成　李渔海　罗金卫
　　凌　剑(兼)　李升稳(2021年2月任)
派驻纪检监察组组长、党组成员　郑席法
党组成员、副主任　朱　蕾(2021年10月任)
　　屈强强(2021年10月任)
　　韩　昶(2021年10月止)
　　江　涵(2021年10月止)
　　张会连(2021年5月止)
综合科　万　玲
秘书科　黄星恒
文电科　陈　畅
督查室
主　任　屈强强(2021年10止)
研究室
专职副主任　朱　蕾(2021年10止)
行政科
科　长　潘小余
法规科
科　长　梁明科
征拆办
主　任　刘艳林(2021年5月任)
　　章正光(2021年5月止)
副主任　周延庆　张江武
智库建设协调服务中心
主　任　何乃
经济社会发展研究中心
主　任　曾　勇
园区办
主　任　郭启明
政府招待所
所　长　卓　勇
民兵训练基地
主　任　张运柏

行政审批服务局

党组书记、局　长　余慧佳(2021年11月止)
　　江　涵(女,2021年11月任)
党组成员、副局长　张平平(女,2021年5月任)
　　刘开义　张　剑(2021年5月止)

优化营商环境协调事务中心

党组书记　杨　辉
主　任　刘　友(2021.10止)
副主任　左志伟
党组成员、副主任　王　涛

数据资源中心

主　任　朱永建(2021年11月止)
副主任　胡立军　彭要政

信访局

党组书记、局　长　凌　剑
党组成员、副局长　胡汉民　周明科
　　宋跃新(2021年6月止)
　　李　国(2021年6月任)

应急管理局

党委副书记、局长　陈　建(2021年5月止)
　　杨品正(2021年5月任)
党委书记　李恒海
党委委员、副局长　陈鹏飞　冯　旻
党委委员、烟花爆竹安全监察大队大队长　徐志强
党委委员、政治工作办公室主任　徐　力
党委委员、副局长、总工程师　陈美江
党委委员　李兆杰

消防救援大队

政治教导员　樊哲广
大队长　李　伟

中国人民政治协商会议浏阳市委员会

中国人民政治协商会议浏阳市第十届委员会

主　席　李家喜(2021年2月止)

秦跃平(2021年2月任)
副主席 张葵红(女,2021年10月止)
谢建国(2021年10月止)
寻院豪(2021年10月止)
陈 静(女,2021年10月止)

中国人民政治协商会议浏阳市第十一届委员会

主 席 秦跃平(2021年10月任)
副主席 涂向阳(2021年10月任)
陈 静(女,2021年10月任)
邓 华(2021年10月任)
王 持(2021年10月任)
吕立生(2021年10月任)
市政协办事机构
办公室
主 任 唐文华
副主任 何胜前
市政协专门委员会
委员学习联络委员会
主 任 魏远德
副主任 唐莉莎(女)
提案委员会
主 任 邓 勍(女)
副主任 刘茂柱
经济科技和外事委员会
主 任 刘 友
副主任 汤 军
农业农村和人口资源环境委员会
主 任 陈 局
副主任 汪 东
文教卫体和文史委员会
主 任 张之俭
副主任 李永伯
社会法制和民族宗教委员
主 任 曾宪文

中共浏阳市纪律检查委员会
浏阳市监察委员会

中共浏阳市纪律检查委员会

书 记 秦跃平(2021年8月止)
姚喜琳(女,2021年8月任)
常务副书记 肖炎强(2021年10月任)
副书记 钟 斌 陈艳梅(女,2021年12月任)
常 委 陈 屹 徐昭明 张玉(女)
胡 强(2021年8月任)
彭 运(2021年12月任)

浏阳市监察委员会

主 任 姚喜琳(女)
副主任 肖炎强 钟 斌
陈艳梅(女,2021年12月任)
委 员 陈 屹 徐昭明 杨辉平
郭晓蔚(女,2021年12月提名)

中共浏阳市委巡察工作领导小组办公室

主 任 张 清
副主任 李晓龙 张祖建

中共浏阳市委巡察组

组 长 邹利明 孙家栋 饶 岚(女)
林 湘(女)
副组长 王卫民 肖 娟(女) 胡 滨
钟琼乳(女)

民主党派

民革浏阳市工作委员会

主任委员 张 晔
副主任委员 吕立生 唐文波
组织委员 谭 娟(女)
宣传委员 李瑶瑶(女)
社服委员 刘 勇
祖统委员 胡 磊

致公党浏阳工委

主任委员 邓 恩
副主任委员 李 明 孔伟兴 周 坤
工委委员 寻益人 李 凌 戴学文 龙 科
罗靖华 周志勇
一支部主委 李亚清
办公室主任 易守珍

群众团体

总工会

主 席 张葵红(女)
党组书记、副主席 傅爱华
党组副书记、副主席 周雪峰
党组成员、副主席 曾凡波
副主席 刘学文(兼)

共青团浏阳市委员会

书 记 张宇琪(女)
副书记 刘泽南
副书记 汤恁好(女,2021年5月任)
副书记(兼职) 张欢欢(女)
副书记(兼职) 陶 欢(女)

妇女联合会

党组书记、主席 熊 赛(女)
党组成员、副主席 张 平(女) 陈爱民(女)

工商业联合会

主 席(会长) 陈 静(女,2021年1月任)
党组书记、常务副主席(副会长)
周树成(2021年11月止)
张佳丽(2021年11月任)
副主席(副会长) 王朝晖
党组成员、副主席(副会长)

郑小平(2021年5月止)
党组成员、副主席(副会长)
雷建军(2021年5月任)
党组成员　刘　凯(2021年5月止)　唐效湖
吴娟娟(女,2021年12月任)
兼职副主席(2021年4月换届)　刘　勋　汤　利
李秋生　陈　彤　陈飞豹　易　跃　罗　鹏
黄亿昌　蒋剑锋　熊　然　戴泽根
总商会副会长(2021年4月换届)　王藏兵
叶长江　刘　颖　李今微　李志坚　李杏义
何明义　张　乐　张万成　周雄伟　胡自荣
钟　娟　钟志桂　晏美成　黄　成　黄　侃
黎西林　潘　登
秘书长　唐效湖

红十字会

会　长　邓雪琴(女)
刘来宏(女,2021年10月任)
常务副会长　刘　平(女,2021年2月止)
专职副会长　杨沅光(男,2021年4月任,8月止)
副会长　朱海峰(男)

残疾人事业

党组书记、理事长　周卫东(2021年11月止)
党组成员、副理事长　王柏林
党组成员、副理事长　张鲜明(2021年6月止)
党组成员、副理事长　熊　辉(2021年6月任)

法　治

中共浏阳市委政法委员会

书　记　周耀辉(2021年7月任)
戴武明(2021年7月止)
常务副书记　韩　昶(2021年10月任)
孙仕定(2021年10月止)
副书记　李志勇　陈向前(2021年10月任)
王承水　彭世明(2021年10月止)
周　翔(2021年10月止)
纪委监委驻政法委纪检监察组组长
任飞跃(2021年10月任)
林　湘(2021年10月止)
纪委监委驻政法委纪检监察组委员　刘　颖(女)
吴碧辉　周　达

公安局

公安局党委书记、局长、督察长　刘一斌
党委副书记、政委　罗湘艺
党委副书记、驻局纪检监察组组长　李汉能
党委委员、副局长　彭树红　谭建辉　吴　洵
黄先辉　刘桂贤
党委委员、政工室主任　雷　觉

森林公安局

党组书记、局　长　钟晨曦
党组副书记、政委　龙雪辉
党组成员、副局长　黎有顺　严海宏　彭　钢

检察院

党组书记、检察长　罗朝阳
党组副书记、副检察长　王全振
党组成员、副检察长　陈再光
副检察长　肖建平
党组成员、政治部主任　朱丽娥
检委会专职委员　贝承兵　陶　剑

法院

党组书记、院长　伍玉联
党组副书记、副院长　周　超
党组成员、副院长　刘罗波
副院长　肖永琳
党组成员、政治部主任　杨　舟
党组成员、审判委员会专职委员　李宏伟
党组成员、执行局局长　李　维

司法局

党组书记、局长　肖柏林
党组副书记、副局长　李红兵
党组成员、副局长　刘守成　刘向阳
党组成员、政工室主任　罗　伟(2021年5月任)

发展和改革局

党组书记、局长　谢　波
党组副书记　刘忠良
副局长(挂)、湘赣边区域合作中心主任　罗定坤
党组成员、市纪委监委驻发改局纪检监察组组长
唐润东
党组成员、副局长　游湘江　曾祥辉
党组成员、总经济师　王　彪
政府投资项目事务中心主任　刘　娟

财政局

党组书记、局长　唐洪胜(2021年8月免)
朱姿丰(2021年8月任)
党组副书记、副局长　武安磐
党组成员、副局长　彭金龙(2021年11月免)
廖亿球
总会计师　喻扩军
党组成员、副局长　张惠明(女、2021年11月任)

国家税务总局浏阳市税务局(市税务局)

党委书记、局长　傅　驰(2021年6止)
党委副书记、副局长　丁洪武
党委委员、副局长　张　驰(挂职)
郭学龙(2021年3月止)
黎茂美(2021年2月止)
彭宏辉　袁辉芳　周共平
赵　瑶(2021年2月止)
柳　韬
李　健(2021年11月止)
党委委员、纪检组长　刘　乔(2021年4月止)

自然资源局

党组副书记、局长　寻　文(2021年10月止)

党组副书记、局长
李　锋(2021年10月任副书记,12月任局长)
党组书记　张益平(2021年10月止)
党组书记、副局长　刘学辉(2021年10月任书记)
党组成员　陈树松(2021年5月止)
党组成员、副局长　李忠宏(2021年5月止)
党组成员、副局长　王艺辉(女)
黎　飞(2021年6月止)
党组成员　周　瑛(2021年5月止)　戴仲和
党组成员、副局长　尹振国
党组成员、总工程师　焦旭辉
党组成员(挂职)、土地储备中心支部书记
寻果林(2021年5月任)

审计局

党组书记、局长　邹　芳(女、2021年11月任)
党组成员、副局长　杨　旭
党组成员、副局长　蔡　华(女)
党组成员、总审计师　袁　晓

统计局

党组书记、局长　李　峰(2021年7月止)
曾　义(2021年8月任)
副局长　郑　榕(女)
党组成员、总统计师(聘)　黎　义
党组成员、副局长　夏广奎
统计普查中心主任　李小林(2021年5月止)
汤恺琦(2021年5月起)

市场监督管理局

党组书记、局长　孙玉樟
党组副书记、副局长　张良发(2021年10月止)
党组成员、副局长　余湘怀　周学群
王足明(2021年5月止)
杨凌云(女)
陈水清(2021年5月止)
沈雪岭　黎　青　武耀华
喻斌辉　陈细江　杨　辉
张存根
副局长　余　纯(女,2021年5月止)

中华人民共和国星沙海关驻浏阳办事处

主　任　管恩学

国有资产事务中心

党组书记、主任　邓　勇
党组成员、副主任　胡秋平(女)　柳立民

农业

浏阳市农业农村局(市委农村工作领导小组办公室、乡村振兴局)

党组书记、局长(主任)　李　斌
党组成员、副局长　廖上鉴　熊　伟
党组成员(专职副主任)　赵　勇
党组成员、市纪委监委驻农业农村局纪检监察组组长
危得智
党组成员、副局长　刘茂柱
总农艺师　李云峰

浏阳市农业发展事务中心

党组书记、主任　卢焕新
党组成员　罗新源　刘纲国
党组成员、副主任　肖许兵(2021年5月任)
党组成员　唐文觉　田　丰

浏阳市林业局

党组书记、局长　傅庭信
党组成员、副局长　陈桂伍
党组成员、总工程师　陈志刚
党组成员、副局长　程　敏
党组成员　寻标兵(挂职)

浏阳市烤烟生产指导中心

党组书记、主任　罗旭
党组成员、副主任　张俊贤
谢祥华(2021年8月任)

水利

浏阳市水利局

党组书记、局长　邓　华(2021年10月止)
罗拥军(2021年10月任)
党组副书记、副局长　李定平
党组副书记　卢清红(女)
党组成员、副局长　何昌全(2021年5月任　)
党组成员　彭孝健
党组成员、副局长　雷文浩(2021年5月止)
党组成员、总工程师　邹丽丽(女)
官庄水库浏阳灌区管理所所长　汤异峰

浏阳市株树桥水库管理局

党委书记　邓　华(2021年7月止)
周逢明(2021年7月任)
党委副书记、局长　黄永忠
党委委员、副局长　周孟秋(2021年5月止)
党委委员、工会联合会主席　刘柏平
党委委员、纪委书记　盛志新
党委委员、副局长　龙　游
高卫东(2021年6月任)

工业

浏阳市工业和信息化局

党组书记、局长　朱姿丰(2021年8月止)
陈治国(2021年11月任)
党组成员、副局长　彭庆辉
党组成员、派驻纪检监察组组长　黄　萍(女)
党组成员、副局长　汪建国
党组成员、总经济师　傅鹏飞
党组成员　黄　彬

国网浏阳市供电公司
党委副书记、总经理　熊厚辉(2021年11月止)
　　　　　　　　　　周　柯(2021年12月任)
党委书记、副总经理　张　敏(2021年5月任)
副总经理　曾　健　钟自力　刘曙光
纪委书记、工会主席　张　杰(2021年2月止)
　　　　　　　　　　肖雄斌(2021年3月任)

鞭炮烟花业

浏阳市鞭炮烟花产业发展中心
党组书记、主任　汤建军
党组副书记、副主任　孔祥全
党组成员、副主任　陈湘涛
湖南省烟花爆竹产品安全质量检验中心
主　任　王庆云(2021年5月任)
副主任　黄茶香(女)　朱玉平　张济水

开发区与园区

浏阳经济技术开发区
党工委第一书记(兼)　朱东铁(2021年4月任)
党工委副书记、管委会主任
　　　　　　　　喻　辉(2021年12月任)
党工委副书记、管委会主任
　　　　　　　　谈文昌(2021年12月止)
党工委副书记、管委会副主任
　　　　　　　　喻　辉(2021年7月任)
党工委委员、管委会副主任　何六生　罗其胜
管委会副主任　刘来宏(女,2021年7月止)
党工委委员、纪工委书记　肖赛男(女)
党工委委员、管委会副主任　唐建国
　　　　　　　　陈训武(2021年7月任)
　　　　　　　　张浩平(2021年7月止)

两型产业园

党组书记　刘飞舞(2021年2月止)
　　　　　刘正德(2021年2月任)
管委会主任　吕立生(2021年8月止)
党组成员、副主任　姜孟冬(2021年2月止)
　　　　　　　　　谭景祥(2021年2月任)
党组成员、纪检组长　刘　琴(女)
党组成员、副主任　李永强　龚紫昌
文化产业园
主　任　高　志(女,2021年11月止)
副主任　李丽莎(女)　何俊雄(2021年5月任)
　　　　黄国靖(2021年5月止)

交通运输

浏阳市交通运输局
党组书记、局长　曾云峰(2021年10月止)
刘　刚(2021年10月任局党组书记,12月任局长)
党组成员、副局长　唐志鹏　付建国　龚　杰
党组成员、市纪委驻局纪检监察组组长　刘作昌
党组成员、机关党委书记　魏湘江(2021年5月止)
党组成员、总工程师　胡　浩
浏阳市公路建设养护中心
党组书记、主　任　鲁常战
党组成员　黄　峰
党组成员、副主任　黎初文　高　峰
党组成员　黄　科

邮政·通信

中国邮政集团有限公司湖南省浏阳市分公司
党委书记、总经理　盛　斌
党委委员、副总经理　胡　伟　李亚敏　胡　领
中国电信股份有限公司浏阳分公司
党委书记、总经理　张龙秋
副总经理　钟　旭　范日怀
中国移动通信集团湖南有限公司长沙市浏阳市分公司
经　理　张　慧
副经理　李爱纯　钱　路　郑　毅
中国联合网络通信有限公司浏阳市分公司
党支部书记、总经理　孙跃文
副总经理、工会主席　周景龙
副总经理　戴　波(2021年1月任,2021年8月止)
　　　　　文启明(2021年8月任)

城市建设与管理

浏阳市住房和城乡建设局
党组副书记、局长(主任)　陈　旭
党　组　书　记　屈文毅(2021年10月止)
党组成员、副局长　潘润华(2021年5月止)
市纪委监委驻住建局纪检监察组组长、党组成员
　　　　　易森林(2021年5月止组长)
　　　　　张芙蓉(女,2021年5月任)
党组成员、副主任　张建新
党组成员　陈　铁
党组成员、副局长　寻　江
副局长、总工程师　金先林(2021年5月止)
党组成员、副局长　易森林(2021年5月任副局长)
党组成员、总工程师　左常达(2021年5月任)

浏阳市城乡发展集团有限责任公司

党委书记、董事长　张伯锋
党委副书记、总经理　王辉章(2021 年 10 月止)
党委副书记、总经理　熊　玮(2021 年 10 月任,
　　2021 年 10 月止城建集团总经理)
党委委员、副总经理、水建投总经理　李中秋
党委委员、副总经理、文旅公司总经理　瞿　伟
党委委员、纪委书记、监事会主席　许　智
副总经理、财务总监　陈子谦
总工程师　于永强(2021 年 1 月任)
副总经理、文旅公司副总经理
　　赵　坤(2021 年 3 月任)
副总经理、水建投副总经理
　　唐　丰(2021 年 3 月任)
副总经理、城建集团副总经理
　　叶良永(2021 年 3 月任)
副总经理、文旅公司副总经理
　　钟长亭(2021 年 3 月任)
副总经理、文旅公司副总经理
　　李　澳(女,2021 年 3 月任)
副总经理、城建集团副总经理
　　刘国雄(2021 年 3 月任)
副总经理、水建投副总经理
　　郭海斌(2021 年 3 月任)
副总经理、城建集团副总经理
　　杨恒亮(2021 年 3 月任)
副总经理、水建投副总经理
　　段小虎(2021 年 3 月任,2021 年 5 月止)
副总经理、水建投副总经理
　　贺小蛟(2021 年 3 月任)

浏阳市公共工程建设中心

党组书记、主任　黎　毅
党组成员　陈　锋
党组成员、副主任　胡录明(2021 年 5 月任)
　　傅江涛(2021 年 5 月任)

浏阳市住房保障服务中心

党组书记、主任　马超容(女)
党组成员、副主任　欧阳维　胡香文(女)

长沙住房公积金管理中心浏阳市管理部

党支部书记、主任　袁祖平
副主任　李晓萍(女)

浏阳市自来水公司

党委副书记、总经理　刘　宽
党委委员、副经理　张大勇
党委委员、纪委书记　邓丽霞　(女)
党委委员、副经理　彭　江

浏阳市城市管理和综合执法局

党组书记、局长　古长根
党组副书记、副局长　张达宗(2021 年 5 月止)
党组成员、副局长　张先锋
　　胡　湘
党组成员、工会联合会主席
　　胡忠敏(2021 年 5 月止)
副局长　戴学文(2021 年 5 月任)

·城市管理综合执法大队·

大队长　张海波(2021.10 任)　胡　舟(2021.10 止)
副大队长　张海波(2021.10 止)
　　喻晏平(2021.07 止)
　　孔志强(2021.07 任)
　　陈黎明　黎　骏(2021 年 10 任,试用期一年)

·市容环境卫生维护中心·

党总支书记　张　健
主　任　袁佳成
副主任　唐　磊(2021 年 4 月任)
　　刘　琼(2021 年 5 月任)
　　徐　伟(2021 年 5 月止)

·市政园林维护中心·

党支部书记　陈昌根
主　任　邵　锋

·燃气事务中心·

主　任　唐　勇

生态环境

长沙市生态环境局浏阳分局

党组书记、局长　谭应启
党组成员　林琼国
党组成员、副局长　钟诗勇　黄　腾
浏阳市生态环境保护综合行政执法大队副大队长
　　黄　珣
长沙市浏阳生态环境监测站站长　罗倩兰

商务

浏阳市商务局

党组书记、局长　汪万江
党组副书记、副局长　宋继红(2021 年 11 月止)
党组成员、副局长　宋　妮　(女)
　　段云鹏　杨　旭(2021 年 8 月止)

浏阳市招商引资服务中心

党组书记、主任　张佳丽(2021 年 11 止)
　　曾祥辉(2021 年 11 月任)
党组副书记、副主任　刘　平
党组成员、副主任　张　环(女)
副主任　曾　臻(女)

浏阳市供销合作社联合社

党组书记、主任　刘正再(2021 年 11 月任)
党组成员、副主任　苏小麟(2021 年 5 月任)
党组成员、监事会主任　寻树人
副主任　刘　艳(女)

浏阳市粮食和物资储备事务中心

党组书记、主任　刘忠良

副主任　寻雄光
党组成员　张高峰
党组成员、副主任　王正道　刘　瑜(2021年5月止)
浏阳市烟草专卖局(分公司)
党组书记、局长(经理)　文　礼
党组成员、纪检组组长　王建文
党组成员、副局长　张韶湘
党组成员、副经理　刘铮毅
中国石化销售股份有限公司湖南长沙浏阳石油分公司
副经理　文　涛(主持工作)
党支部书记　刘建光
副经理　邹　俊

旅游

湖南省浏阳大围山国家森林公园管理处
党组书记　熊　文
党组副书记、主任　涂向阳(2021年7月止)
党组副书记、副主任　蔡细毛
党组成员、副主任　黎　俭
党组成员、纪检组长、副主任　沈祥谋
秋收起义文家市会师纪念馆
党组书记、馆长　谢　波
党组副书记、副馆长　邓劼(女,2021年10月止)
党组成员、副馆长　苏杨辉
办公室主任　肖吉贤
宣传教育部部长　王　超(2021年11月止)
宣传教育部部长　苏一文(2021年12月任)
文物保护部部长　张成根
对外联络部部长　彭洪波
胡耀邦故里管理局
党组书记、局长　胡厚坤
党组成员、副局长　邹周超
副局长　张　凡

金融

浏阳市金融事务中心
党组书记、主任　刘双辉
副主任　陈　虎
党组成员、副主任　王余生
中国人民银行浏阳支行
行　长　徐　勇
副行长　彭亚青
纪检组长　廖金明
国家外汇管理局浏阳市支局
局　长　徐　勇
副局长　彭亚青
中国工商银行股份有限公司浏阳支行
党总支书记、行长　姜勇斌
副行长　戴朝文　秦海波
饶　洁　王艳芳
纪检委员　邹祖国
中国农业银行股份有限公司浏阳市支行
党委书记、行长　曾祥林
党委委员、副行长　丁　华　陈　佩　杨开凡
张　浩
党委委员、纪委书记　陈一柯
中国建设银行股份有限公司浏阳支行
行　长　章　卓
副行长　李世权　刘建红(女)
邹　鸣　彭宇辉(女)
中国银行股份有限公司浏阳支行
行　长　王常澍
副行长　曾文键　邓永红(女)　鲁志钢
纪检组长　易　伟
党务专委　刘启完
长沙银行股份有限公司浏阳支行
行　长　彭　洁
副行长　邱常松　张语恩
行长助理　黄　金　唐那颜　左思覃
湖南浏阳农村商业银行股份有限公司
董事长　李寿树
副董事长、行长　胡琦文
监事长　寻文欣
副行长　毛　圣　姚　斌
中国邮政储蓄银行浏阳市支行
党支部书记、行长　廖文波
副行长　罗海鸥　曹　熠
中信银行股份有限公司长沙浏阳支行
行　长　黄　统
副行长　李　卓　伍　艳(女)
中国人民财产保险股份有限公司浏阳支公司
经　理　刘云玲
副经理　陶　帅　曾玲艾　罗　磊　陶　利
中国人寿保险股份有限公司浏阳支公司
党支部书记、经理　刘　维
副经理、工会主席　吴思沙
经理助理　邹凤媛
中国平安财产保险股份有限公司浏阳支公司
总经理　曾泽明

科学技术

浏阳市科学技术局
党组书记　孙　龙
局长　邓　恩(女,2021年3月任)
党组成员、副局长　廖文晖(2021年6月任)
党组成员、市纪委驻科技局纪检组组长　许运良
党组成员、副局长　宋跃新(2021年6月任)
浏阳市科学技术协会
党组书记、主席　沈村正

党组成员、副主席　周秀星(2021 年 04 止)
李文英
周振芬(2021 年 5 月任)
副主席(兼)　白航空　杨林广　陈　彤　颜颂华

浏阳市水文局

党支部书记、局长　吴佳忠
副局长　陈家福

浏阳市气象局

党组书记、局长　李春梅(女)
党组副书记　姜翠文
党组成员、副局长、纪检员　李　立

教育

浏阳市教育局

党委书记、局长　汤显华(2021 年 10 月止)
谭应启(2021 年 10 月提名,2021年 12 月任)
党委副书记、副局长　黄　朴
党委委员、市纪委监委驻教育局纪检组组长
刘　恋(女)
党委委员、副局长、工会主席
李　武(2021 年 5 月任副局长,5 月止工会主席)
党委委员、副局长、武装部部长　苏启平
党委委员、总督学、主任督学
李筱端(2021 年 12 月任总督学,
12 月止主任督学)

浏阳市第一中学

党委副书记、校长　袁章军
党委书记　卢从发
党委委员、副校长　寻鹏飞　周晓波
校长助理　赖章武　赖　毓　王　睿(女)
校长助理、艺术学校校长　罗中平
艺术学校党总支书记　罗世良
工会主席　苏艳龙

浏阳市田家炳实验中学

党委副书记　校长　苏飞跃
党委书记　朱玉喜
党委委员　副校长　汤坤池　屈加亮　刘贤明
校长助理　工会主席　黄玉峰

浏阳市职业中专

党总支书记　赖才腾
党总支副书记、校长　陈　奎
副校长　陈中西　易贵辉
校长助理　蔡　礼　刘继荣

湖南省浏阳高级技工学校

校　长　张　健
党支部书记　王茂祥
副校长　胡兴斌　梁端林

文化·体育

浏阳市文化旅游广电体育局

党组书记、局长　陈　刚
党组成员、副局长　李运胜　陈　庆　陈炉强
许　征

浏阳市融媒体中心

党组书记、主任　江敦明(2021 年 5 月止)
林湘国(2021 年 8 月任)
党组副书记、总编辑　龙章平
党组副书记、副主任　王继斌
党组成员、副总编辑　陈　江(2021 年 7 月止)
党组成员、副主任　于承明　凌　旺　郑　霞(女)
副总编辑　沈铁军

湖南省新华书店有限责任公司浏阳市分公司

党支部书记、经　理　李玉娟(女)
党支部副书记、副经理　陈学雷
副经理、工会主席　贺杨扬(女)

浏阳市档案馆

馆　长　杨　钢
副馆长　李　异　罗　柱　陈洁璐(女)

卫生

浏阳市卫生和健康局

党委书记、局长　欧阳武
党委委员、市纪委监委驻局纪检监察组组长
李峥嵘(女)
党委委员　周才仁　王文斌
党委委员、副局长　肖　波　施海斌(5 月 13 日任职)

·浏阳市人民医院·

党委书记　张　勇
党委副书记、院长　周明亮
党委副书记、纪委书记　周　平(2021 年 7 月 9 日止)
党委委员、副院长　刘智勇　梁　鹏　李　沛
工会主席　戴　敏

·浏阳市中医医院·

党委副书记、院长　周秋涛
党委副书记、纪委书记　廖　镇
党委委员、副院长　周月红(女)
党委委员、副院长　郭　弘　何　卿　周燕飞(女)
副院长　欧阳文(挂职)

·浏阳市妇幼保健院·

党委书记　龙湘泉
党委副书记、院长　黄其美
党委委员、副院长　李　珣
党委委员、副院长、纪委书记　黄海霞
党委委员、副院长　李　宇
工会主席　黎　红

·浏阳市疾病预防控制中心·
党总支书记、主任　许　欣
党总支委员、副主任　张　浩
党总支委员、副主任、工会主席　陈建伟
党总支委员、副主任　娄平胜
·浏阳市卫生计生综合监督执法局·
党支部书记、局长　许　勇
副局长　李先义　谭　锋　罗　鹏　刘凤娥(女)

社会生活

国家统计局浏阳调查队
队　长　熊明威
副队长　张伟成
纪检员　刘　倩(女)
浏阳市民政局
党组书记、局长　姜林峰(2021年10月止)
余慧佳(2021年11月任)
党组副书记、副局长　鲁常战(2021年10月止)
党组成员、副局长　刘赋辉　熊满初
党组成员、社会救助事务中心主任
刘迪清(2021年4月止)
浏阳市退役军人事务局
党组书记、局长　刘　刚(2021年10月止)
易志坚(2021年10月任)
党组成员、副局长　黎玉立(2021年5月止)
陈　平(2021年5月止)
雷　健(2021年5月任)
陈志刚(2021年5月任)
黎洪斌(2021年1月任)
浏阳市人力资源和社会保障局
党组书记、局长　陈国强
党组成员、副局长　姜怡明　钟　伟
总会计师　李　艳(女)
社会保险中心主任　许超群(女)
人力资源服务中心主任　周水波
浏阳市医疗保障局
党组书记　李　建(2021年11月任)
局长　张　晔
党组成员、副局长　陈　全　冷长征(女)
浏阳市库区移民事务中心
党组书记、主任　卢清红(女)
党组成员、副主任　甘新辉
副主任　徐伟星(2021年5月任)

街道·镇·乡

淮川街道
中共淮川街道工作委员会
党工委书记　孙　谦(2021年5月止)
刘守德(2021年8月任)
党工委副书记　熊宜武2021年8月止)
张艳平(2021年5月止)
张　葵(2021年8月任)
张泱泱
纪工委书记、监察办主任　易显旺
党工委委员　唐青山(2021年5月止)
陈志刚(2021年5月止)
周奇志　易显旺
厉　涛(2021年6月任)
刘翔宇(2021年6月任)
陈　珍(女)
余忠国(2021年6月任)
人民代表大会工作委员会
主　任　周奇志
副主任　邱林峰
街道办事处
主　任　熊宜武2021年8月止)
张　葵(2021年8月任)
副主任　唐青山(2021年5月止)
陈志刚(2021年5月止)
厉　涛(2021年6月任)
刘翔宇(2021年6月任)
余忠国(2021年6月任)
汤晓丽(女,2021年6月任)

集里街道
中共集里街道工作委员会
工委书记　胡汉堂
副书记　张文初(2021年10止)
李艺探(女2021年10月任)
高让波　张　虎(2021年5月止)
纪工委书记　刘翔宇(2021年5月止)
周熊晏(2021年5月任)
工委委员　罗亚平　刘宗斌　周健芝(女)
寻　婷(女,2021年5月任)
古善良(2021年5月任)
人民代表大会工作委员会
主　任　罗亚平
副主任　吴高松
街道办事处
主　任　张文初(2021年10月止)
李艺探(女,2021年10月任)
副主任　寻　婷(女)　周水波　古善良
政协联络工作负责人　高让波

荷花街道
中共荷花街道工作委员会
党工委书记　刘守德(2021年8月止)
黄　武(2021年8月任)
党工委副书记　潘擎炬　张海丰
纪工委书记　张　青

党工委委员 任飞跃(2021 年 10 月止)
钟宏亮(2021 年 10 月任)
谭日红 宁志强 卢义兵
厉 昶(2021 年 5 月任) 张 青
牛春旭(2021 年 5 月止)
人民代表大会工作委员会
主 任 任飞跃(2021 年 10 月止)
钟宏亮(2021 年 10 月任)
副主任 吴光伟
街道办事处
主 任 潘擎炬
副主任 宁志强 卢义兵
牛春旭(2021 年 5 月止)
戴学文(2021 年 5 月止)
厉 昶(2021 年 5 月任)
汤凯希(2021 年 5 月任)
政协联络工作负责人
牛春旭(2021 年 5 月止)
谭日红(2021 年 6—8 月代)
张海丰(2021 年 8 月任)

关口街道

中共关口街道工作委员会
党工委书记 张新平(2021 年 11 月任)
党工委副书记 吴 兵 刘佳富
姜孟冬(2021 年 2 月任)
纪工委书记 胡 南(女,2021 年 5 月任)
党工委委员 刘 鹏 刘玉丰(女)
于焕民(2021 年 5 月任)
胡 南(女,2021 年 5 月任)
胡 舟(2021 年 11 月任)
人民代表大会工作委员会
主 任 刘 鹏(2021 年 2 月任)
副主任 汤德刚(2021 年 5 月任)
街道办事处
主 任 吴 兵
副主任 于焕民 吉红霞(女)
政协联络工作负责人 刘佳富

古港镇

中共古港镇委员会
书 记 刘飞舞
副书记 易先超 陈 勇
纪委书记 杨 璐(女)
委 员 何启成 李 胜 张 轲
汤达愉(2021 年 5 月任)
黄明铁(2021 年 5 月任)
镇人民代表大会主席团
主 席 何启成
副主席 王瑜琦(女)(2021 年 5 月任)
镇人民政府
镇 长 易先超
副镇长 汤达愉 黄明铁 余水平(2021 年 5 月任)
政协联络处工作负责人 陈 勇

高坪镇

中共高坪镇委员会
书 记 宋国辉
副书记 张义根
周雯生(2021 年 5 月止)
巫文根(2021 年 5 月任)
纪委书记 李东平
党委委员 雷建军(2021 年 5 月止)
周雯生 巫文根(2021 年 5 月止)
刘 波(2021 年 5 月止) 熊志山
刘 榴(女) 李东平
何 滔(2021 年 5 月任)
镇人民代表大会主席团
主 席 雷建军(2021 年 5 月止)
周雯生(2021 年 8 月任)
副主席 何 滔(2021 年 5 月止)
林 婷(女,2021 年 8 月任)
镇人民政府
镇 长 张义根
副镇长 巫文根(2021 年 5 月止) 刘 榴(女)
游水生 刘 刚 (2021 年 8 月任)
政协联络工作负责人 巫文根

沿溪镇

中共沿溪镇委员会
党委书记 刘正再(2021 年 10 月止)
李洪湖(2021 年 10 月任)
党委副书记 李洪湖(2021 年 10 月止)
厉 涛(2021 年 5 月止)
余 舟(2021 年 5 月任)
纪委书记 胡 强(2021 年 8 月止)
党委委员 余 舟(2021 年 5 月止)
张平平(女,2021 年 5 月止)
陈 经(2021 年 5 月任)
欧阳山 邵 波
杨传风(2021 年 1 月止)
黎岳华(2021 年 3 月任)
胡 强(2021 年 8 月止)
鲁浩杰(2021 年 5 月任)
镇人民代表大会主席团
主 席 张平平(女,2021 年 5 月止)
陈 经(2021 年 8 月任)
副主席 鲁浩杰(2021 年 5 月止)
钟馨星(女,2021 年 8 月任)
镇人民政府
镇 长 李洪湖(2021 年 10 月止)
副镇长 欧阳山 邵 波

余　舟(2021 年 5 月止)
潘剑波(2021 年 5 月止)
彭美霞(女,2021 年 8 月任)
政协工作联络负责人
欧阳山(2021 年 5 月止)
余　舟(2021 年 5 月任)
政法委员　鲁浩杰(2021 年 5 月任)
监察办公室主任　胡　强(2021 年 8 月止)

官渡镇

中共官渡镇委员会
党委书记　张文初(2021.11 任)
张新平(2021.11 止)
党委副书记　陈慧娜(女,2021 年 5 月任)
汤　波(2021 年 5 月止)
胡海英(女,2021 年 5 月任)
张　巍(2021 年 5 月止)
纪委书记　卢　义(2021 年 5 月任)
李晓龙(2021 年 5 月止)
党委委员　胡海英(女,2021 年 5 月止)
王安军　卢　义(2021 年 5 月任)
李晓龙(2021 年 5 月止)
戴明河(2021 年 5 月任)
曹剑章　袁　维(女)　谢　坚
镇人民代表大会主席团
主　席　王安军
副主席　陈达倩(女,2021 年 5 月任)
谢　坚(2021 年 5 月止)
镇人民政府
镇　长　陈慧娜(女,2021 年 5 月任)
汤　波(2021 年 5 月止)
副镇长　戴明河　曹剑章
王　成(2021 年 5 月任)
彭　靖(2021 年 5 月止)
政协联络工作负责人　曹剑章(2021 年 5 月止)
胡海英(女,2021 年 5 月任)

永和镇

中共永和镇委员会
党委书记　林申达
党委副书记　杨　旭(2021 年 8 月任)　肖志丹
祝易滔(2021 年 8 月止)
纪委书记　陈　香(女,2021 年 5 月任)
杨志前(2021 年 5 月止)
党委委员　杨　斌　刘　波(2021 年 5 月任)
汤达愉(2021 年 5 月止)　陈　香(女)
杨志前(2021 年 5 月止)
刘孝伟(2021 年 5 月任)
黎　浩(2021 年 5 月任)
古　旭(女,2021 年 5 月任)
傅江涛(2021 年 5 月止)
镇人民代表大会主席团
主　席　杨　斌
副主席　林康敏(女,2021 年 8 月任)
镇人民政府
镇　长　杨　旭(2021 年 8 月任)
祝易滔(2021 年 8 月止)
副镇长　刘　波(2021 年 8 月任)
汤达愉(2021 年 5 月止)
刘孝伟　陈力健(2021 年 8 月任)
邓　鑫(2021 年 11 月止)
政协联络负责人　肖志丹(2021 年 5 月任)
汤达愉(2021 年 5 月止)

达浒镇

中共达浒镇委员会
党委书记　黄　琦
党委副书记　卢义胜(2021.8 止)
李博涵(女)(2021.8 任)
陈　经(2021.5 止)
段小虎(2021.5 任)
纪委书记　廖　康
组织委员　李　明(女)
党委委员　吴中杰　胡　滨(2021 年 5 月止)
肖　胡(2021 年 5 月止)
毛雄伟(2021 年 5 月任)
黎善录　寻　强　廖　康
李　明(女)
镇人民代表大会主席团
主　席　吴中杰
副主席　涂　佳(女,2021 年 5 月止)
蒋璐瑶(2021 年 5 月任)
镇人民政府
镇　长　卢义胜(2021 年 8 月止)
李博涵(女,2021 年 8 月任)
副镇长　毛雄伟　黎善录(2021 年 5 月止)
寻　强　廖　康(2021 年 5 月止)
李　明(女,2021 年 5 月止)
涂　佳(女,2021 年 5 月任)
叶　进(2021 年 12 任)
政协联络工作负责人　段小虎

大围山镇

中共大围山镇委员会
书　记　黄珍敏
副书记　贺云鹏　罗　伟(2021 年 5 月止)
张宋姣(女,2021 年 5 月任)
纪委书记　卢　义(2021 年 5 月止)
黎　娟(女,2021 年 5 月任)
党委委员　易　亮　胡　亮
彭　浩(2021 年 5 月任)
周　波(2021 年 5 月任)

邵权斌(2021年5月任)
镇人民代表大会主席团
主　席　易　亮
副主席　黎　娟(女,2021年5月止)
李　海(2021年5月任)
镇人民政府
镇　长　贺云鹏
副镇长　胡　亮　陈敏林(2021年5月止)
彭　浩　周　波(2021年5月止)
朱礼锋　雷宜旭(2021年1月2任)
政协工作联络负责人　周　波

张坊镇
中共张坊镇委员会
党委书记　张贤前
党委副书记　汤　卓　黄　镇
纪委书记　康兆祯
党委委员　陈敏林　康兆祯　彭传初　李雪华(女)
林晓炜(2021年5月任)
陈泓予(2021年5月任)
镇人民代表大会主席团
主　席　陈敏林(2021年8月任)
副主席　蒋　剑(2021年8月任)
镇人民政府
镇　长　汤　卓
副镇长　李雪华(女)　陈泓予(2021年8月任)
张　果(2021年5月任)

小河乡
中共小河乡委员会
党委书记　邵　劭
党委副书记　罗　平　罗　明
纪委书记　吴　骏
党委委员　毛先知　魏兆义　周建华　吴　骏
毛雄伟(2021年5月止)
杨　林(2021年5月止)
陈　佳(2021年5月任)
刘婷远(女,2021年5月任)
乡人民代表大会主席团
主　席　毛先知
副主席　刘婷远(女,2021年5月止)
汤志海(2021年5月任)
乡人民政府
乡　长　罗　平
副乡长　陈　佳　毛雄伟(2021年5月止)
杨　林(2021年5月止)
周建华(2021年5月止)
刘婷远(女,2021年5月任)
周荣桂(2021年5月任)
政协联络工作负责人　杨　林(2021年5月止)

澄潭江镇
中共澄潭江镇委员会
党委书记　潘定一(2021年8月止)
黎　靖(2021年8月任)
党委副书记　刘　科　刘雨成(2021年5月止)
周晔虹(女,2021年5月任)
纪委书记　刘　辉(2021年5月止)
刘　康(2021年5月任)
党委委员　张　征　陶　亮　刘鸽飞
罗晓晖(2021年5月任)
易艳红(女,2021年5月任)
镇人民代表大会主席团
主　席　张　征
副主席　易艳红(女,2021年5月止)
施　宏(2021年8月任)
镇人民政府
镇　长　刘　科
副镇长　周晔虹(女,2021年5月止)
陶　亮(2021年5月止)
刘　康(2021年5月止)
罗晓晖(2021年5月任)
易艳红(2021年8月任)
喻　海(2021年8月任)
政协联络工作负责人　陶　亮(2021年5月止)
周晔虹(女,2021年5月任)

中和镇
中共中和镇委员会
党委书记　何　勇(2021年11月止)
周　曦(2021年11月任)
副书记　袁柏林　余子牛(2021年5月止)
暨喜喜(女,2021年5月任)
纪委书记　钟立柱
党委委员　董爱众(2021年5月任)　陈　涛
何　强　钟立柱
高成志(2021年5月任)
熊　斌(2021年5月任)
镇人民代表大会主席团
主　席　王立志(2021年5月止)
董爱众(2021年5月任)
副主席　李　川(女,2021年5月任)
镇人民政府
镇　长　袁柏林
副镇长　何　强　高成志(2021年5月任)
卜　敏(2021年5月任)
汤　运(2021年12月提名)
政协联络工作负责人　汤凯希(2021年5月止)
暨喜喜(女,2021年5月任)

文家市镇
中共文家市镇委员会

书　记　谢　波(2021年5月止)
江敦明(2021年5月任)
副书记　张继龙　厉　昶(2021年6月止)
余子牛(2021年6月任)
党委委员　龚　娜(女)　杨　林(2021年6月任)
周飞江　彭　伟(2021年6月止)
朱　敏(2021年6月任)
陈馨伊(女,2021年6月止)
刘艳林(2021年6月止)
刘金成(2021年6月任)
张江林(2021年6月任)
镇人民政府
镇　长　张继龙
副镇长　周飞江　刘艳林(2021年6月止)
汤德刚(2021年6月止)
朱　敏(2021年6月止)
何　侣(2021年6月任)
镇人民代表大会主席团
主　席　龚　娜(女)
副主席　张江林(2021年6月止)
李紫薇(女,2021年6月任)
政协联络工作负责人
刘艳林(2021年6月止)
余子牛(2021年6月任)

大瑶镇

中共大瑶镇委员会
党委书记　潘定一(2021年8月任)
副书记　叶绍秋(2021年4月任)
刘雨成(2021年5月任)
纪委书记　龚穗斌(2021年5月任)
党委委员　林健美(女)　刘敏中
钟　美(女,2021年5月任)
危建红(2021年5月任)
左春林(2021年5月任)
龚穗斌(2021年5月任)
镇人民代表大会主席团
主　席　林健美(女、2021年8月任)
副主席　甘梓豫(女、2021年8月任)
镇人民政府
镇　长　叶绍秋(2021年4月任)
副镇长　刘敏中　危建红　钟圣家
陈庆华(2021年8月任)
卢新明(2021年8月任)
浏阳市花炮材料制造产业基地管委会
主　任　杨　志
副主任　刘华杰　唐柱辉
大瑶镇综合行政执法局
局　长　孔爱国
教导员　喻晏平(2021年8任)

金刚镇

中共金刚镇委员会
党委书记　卢义胜(2021年8月任)
党委副书记　罗　武　吴尚水(2021年5月任)
纪委书记　罗其晏
党委委员　邹　智(2021年8月任)　罗其晏
何焱庭(2021年5月任)
钟　慧(女,2021年5月任)
王　广(女,2021年5月任)
王升华(2021年5月任)
镇人民代表大会主席团
主　席　邹　智(2021年8月任)
副主席　孙长根(2021年5月止)　姜　新(2021年5月任)
镇人民政府
镇　长　罗　武
副镇长　王　广(女,2021年5月任)
王升华(2021年5月任)
孙长根(2021年5月任)
李　炫(女,2021年12月提名)
政协联络工作负责人
吴尚水(2021年5月任)

葛家镇

中共葛家镇委员会
党委书记　陈飞虹
党委副书记　梁志明　喻　鍠(2021年5月任)
纪委书记　饶弟明(2021年5月任)
党委委员　王　成　彭　伟(2021年8月任)
江　新(2021年5月任)
饶弟明(2021年5月任)
镇人民代表大会主席团
主　席　王　成
副主席　肖宏宇(2021年8月任)
镇人民政府
镇　长　梁志明
副镇长　彭　伟　张　晓
政协联络工作负责人　喻　鍠

枨冲镇

中共枨冲镇委员会
党委书记　杨品正(2021年5月止)
邱　可(2021年5月任)
党委副书记　邱　可(2021年5月止)
张会连(2021年5月任)　余培飞
纪委书记　黎　烨(女,2021年5月止)
李　森(2021年5月任)
党委委员　周　剑(2021年5月止)　黎　烨(女)
徐红星　王　罗　赖　和
唐志纲(2021年5月止)
江　雀(女,2021年5月任)

李　森(2021 年 5 月任)
镇人民代表大会主席团
主　席　周　剑(2021 年 5 月止)
黎　烨(女,2021 年 8 月任)
副主席　江　雀(女,2021 年 5 月止)
谭傲寒(女,2021 年 8 月任)
镇人民政府
镇　长　邱　可(2021 年 5 月止)
张会连(2021 年 8 月任)
副镇长　徐红星(2021 年 5 月止)
王　罗　陈招兴　赖　和(2021 年 8 月任)
唐志纲(2021 年 5 月止)
政协联络工作负责人
王　罗(2021 年 5 月止)
余培飞(2021 年 5 月任)

镇头镇
中共镇头镇委员会
党委书记　刘国泰
党委副书记　赵舟飞　黎　志
纪委书记　晏　武
党委委员　何志刚　晏　武
蔡伟来(2021 年 5 月止)　李　银(女)
李云峰(2021 年 6 月止)　张　瑶
朱开田(2021 年 5 月任)
陈　立(2021 年 8 月任)
镇人民代表大会主席团
主　席　何志刚
副主席　黎思慧(女,2021 年 8 月任)
陈　立(2021 年 8 月免)
镇人民政府
镇　长　赵舟飞
副镇长　蔡伟来(2021 年 5 月止)
李云峰(2021 年 6 月止)
张　瑶　朱开田(2021 年 5 月止)
陈　立(2021 年 8 月任)
彭　路(2021 年 8 月任)
政协联络处负责人
蔡伟来(2021 年 5 月止)
黎　志(2021 年 5 月任)

普迹镇
中共普迹镇委员会
党委书记　唐万明
副书记　肖长春　高　优(2021 年 11 月止)
黎　涛(2021 年 12 月任)
纪委书记　刘萌春
党委委员　张　巍(2021 年 4 月任)
唐世标　刘　琼(女)
罗　超　刘帅遵(2021 年 9 月任)
镇人民代表大会主席团
主　席　张　巍(2021 年 5 月任)
副主席　邹　琴(2021 年 5 月任)
镇人民政府
镇　长　肖长春
副镇长　刘　琼(女)
刘帅遵(2021 年 9 月任)
凌向荣(2021 年 5 月任)
胡偲琦(女,2021 年 12 月提名)
政协联络工作负责人　黎　涛

官桥镇
中共官桥镇委员会
党委书记　章学良
党委副书记　李爱萍(女)　张世敦
纪委书记　彭书恒(2021 年 5 月止)
宋力强(2021 年 5 月任)
党委委员　余耀东　彭书恒　周亮明　廖冰(女)
饶弟明(2021 年 5 月止)
刘　琼(2021 年 5 月止)
宋力强(2021 年 5 月任)
唐志纲(2021 年 5 月任)
镇人民代表大会主席团
主　席　余耀东
副主席　周大祥(2021 年 5 月止)
吴宇豪(2021 年 9 月任)
镇人民政府
镇　长　李爱萍(女)
副镇长　饶弟明(2021 年 5 月止)
刘　琼(2021 年 5 月止)
周亮明(2021 年 5 月止)
李　原(2021 年 5 月止)
彭书恒(2021 年 9 月任)
钟疏影(2021 年 5 月任,9 月止)
唐志纲(2021 年 9 月任)
聂　提(2021 年 9 月任)
政协联络工作负责人　刘金勇

柏加镇
中共柏加镇委员会
党委书记　唐文华(2021 年 8 月免)
熊宜武(2021 年 8 月任)
副书记　周　曦(2021 年 11 月免)
黄锦周(2021 年 11 月任)　陈崎辉
纪委书记　郑腾飞
党委委员　袁海军　陈啸林　凌　欣　鲁彩虹(女)
郑腾飞　章朝晖
镇人民代表大会主席团
人大主席　袁海军
人大副主席　刘　明
镇人民政府
镇　长　周　曦(2021 年 11 月免)
黄锦周(2021 年 11 月任)
副镇长　凌　欣　章朝晖　张　松

政协联络处工作负责人　陈崎辉

洞阳镇

中共洞阳镇委员会
党委书记　王　海
党委副书记　陈满红　周　毅
纪委书记　孔　江
党委委员　罗建云　暨皓明(女,2021年5月任)
孔　江　胡学文
肖　胡(2021年5月任)
邱　蓓(女)　曹　广(2021年5月止)
吴尚水(2021年5月止)
镇人民代表大会主席团
主　席　罗建云
副主席　刘　永(2021年5月止)
唐振华(2021年5月任)
镇人民政府
镇　长　陈满红
副镇长　胡学文　肖　胡　张　勇
刘　永(2021年5月任)
王　瑶(2021年5月任)
曹　广(2021年5月止)
姜雨薇(女,2021年5月止)
张开成(2021年5月止)
政协联络工作负责人　周　毅

永安镇

中共永安镇委员会
党委书记　陈训武(2021年5月止)
孙　谦(2021年5月任)
副书记　周建国(2021年8月止)
祝易滔(2021年8月任)　周光义
纪委书记　周正阳(2021年5月止)
李　倩(女,2021年5月任)
组织委员　李艺琛(女,至2021年11月)
盛元芝(女,2021年11月任)
党委委员　赵　炜　曹　广(2021年8月任)
陈　琳　肖志强
镇人民代表大会主席团
主　席　赵　炜
副主席　陈泓予(2021年5月止)
鲁　芬(女,2021年5月任)
镇人民政府
镇　长　周建国(2021年8月止)
祝易滔(2021年8月任)
副镇长　曹　广(2021年8月任)
陈　琳　肖志强　任修乾
周　文　胡　鹏(2021年5月任)
政协联络工作负责人　李　倩(女,2021年5月止)
周光义(2021年5月任)

北盛镇

中共北盛镇委员会
党委书记　汤　波
党委副书记　王　锐　潘盛开
纪委书记　陈馨伊
党委委员　龙明胜　彭继有　周岳峰　黄银凤
周继光
镇人民代表大会主席团
主　席　龙明胜
副主席　陈初妍
镇人民政府
镇　长　王　锐
副镇长　周岳峰　周继光　高华杰
政协联络工作负责人　潘盛开

沙市镇

中共沙市镇委员会
党委书记　罗拥军(2021年11月止)
何　勇(2021年11月任)
党委副书记　陈　科　苏小麟(2021年5月止)
李博涵(2021年5月任,2021年8月止)
纪委书记　谢伟明(2021年5月止)
朱纯清(2021年5月任)
党委委员　彭　礼　李　双(女,2021年5月止)
邱凯章　李　晓(女)
董爱众(2021年5月止)
朱纯清(2021年5月任)
张开成(2021年5月任)
张长发(2021年5月任)
镇人民代表大会主席团
主　席　彭　礼
副主席　张长发(2021年5月止)
邓　浩(2021年8月任)
镇人民政府
镇　长　陈　科
副镇长　邱凯章　董爱众(2021年5月止)
张开成(2021年8月任)
朱纯清(2021年5月止)
张长发(2021年5月任)
周大祥(2021年8月任)
政协联络工作负责人　李　双(2021年5月止)
李博涵(2021年5月任,2021年8月止)

淳口镇

中共淳口镇委员会
党委书记　殷志民(2021年10月止)
张　竞(女,2021年10月任)
党委副书记　张　竞(女,2021年10月止)
高　优(2021年10月任)
李道江(2021年5月止)
张辉暑(2021年5月任)

纪委书记　陈　奇(2021 年 5 月止)
罗永望(2021 年 5 月任)
党委委员　付　湘(2021 年 5 月止)
张辉署(2021 年 5 月止)
陈　奇(2021 年 5 月止)
牛春旭(2021 年 5 月任)　金传芳
汤　洋　刘　辉(2021 年 5 月任)
暨诚姿(女,2021 年 5 月任)
罗永望(2021 年 5 月任)
周振芬(女,2021 年 5 月止)
镇人民代表大会主席团
主　席　付　湘(2021 年 5 月止)
牛春旭(2021 年 5 月任)
副主席　张　松(2021 年 5 月止)
吴　赛(女,2021 年 5 月任)
镇人民政府
镇　长　张　竞(女,2021 年 10 月止)
高　优(2021 年 10 月任)
副镇长　张辉署(2021 年 5 月止)
汤　洋(2021 年 5 月止)
刘　辉(2021 年 5 月任)
暨诚姿(女,2021 年 5 月任)
周振芬(女,2021 年 5 月止)
鲁　进　刘　敏(女,2021 年 11 月任)
政协联络工作负责人　汤　洋(2021 年 5 月止)
张辉署(2021 年 5 月任)

蕉溪镇
中共蕉溪镇委员会
党委书记　傅爱华
党委副书记　黄杰伟　李彩凤(女,2021 年 5 月任)
纪委书记　戴　婷(女,2021 年 5 月任)
党委委员　袁思来(2021 年 5 月任)　吴劲文
陈建敏(2021 年 5 月任)
张舜子(2021 年 5 月任)
戴　婷(女,2021 年 5 月任)
彭仕宇(2021 年 5 月任)
镇人民代表大会主席团
主　席　袁思来(2021 年 8 月任)
副主席　黎　锴(2021 年 8 月任)
镇人民政府
镇　长　黄杰伟
副镇长　陈建敏　彭仕宇(2021 年 8 月任)
姜雨薇(女,2021 年 8 月任)
戴晓宇(女,2021 年 12 月提名)
政协联络工作负责人　李彩凤(女,2021 年 5 月任)

龙伏镇
中共龙伏镇委员会
党委书记　黎　靖(2021 年 8 月止)
周建国(2021 年 8 月任)
党委副书记　暨朝佐　高积义(2021 年 5 月止)
谢伟明(2021 年 5 月任)
纪委书记　石　盼
党委委员　徐伟才(2021 年 5 月止)
曾祥浩(2021 年 5 月任)
寻瑾瑜(2021 年 5 月止)
肖许兵(2021 年 5 月止)
黎　涛　石　盼　汤志伟
陈　静(女,2021 年 5 月任)
李　文(2021 年 5 月任)
镇人民代表大会主席团
主　席　徐伟才(2021 年 5 月止)
曾祥浩(2021 年 5 月任)
副主席　张成芳(女,2021 年 5 月止)
汪良柱(2021 年 5 月任)
镇人民政府
镇　长　暨朝佐
副镇长　寻瑾瑜(2021 年 5 月止)
肖许兵(2021 年 5 月止)
黎　涛(2021 年 5 月止)
汤志伟(2021 年 5 月任)
陈　静(女,2021 年 5 月止)
李　文(2021 年 5 月任)
王　柱(2021 年 12 月提名)
政协联络工作负责人　寻瑾瑜(2021 年 5 月止)
黎　涛(2021 年 5 月任)

社港镇
中共社港镇委员会
党委书记　梁　民
党委副书记　罗定坤(2021 年 4 月止)
罗钦伟(2021 年 5 月任)　肖　斌
纪委书记　邓　磊
党委委员　周熊晏(2021 年 5 月止)
陈　奇(2021 年 5 月任)
阳　鹏　张　敏　邓　磊
欧阳意　汤晓丽(女,2021 年 5 月止)
王云湘(女,2021 年 5 月任)
暨诚姿(女,2021 年 5 月止)
镇人民代表大会主席团
主　席　周熊晏(2021 年 5 月止)
陈　奇(2021 年 5 月任)
副主席　孔琦芸(女,2021 年 5 月任)
镇人民政府
镇　长　罗钦伟(2021 年 5 月任)
副镇长　阳　鹏　欧阳意　张金辉
向兴峰(2021 年 11 月止)
暨诚姿(女,2021 年 5 月止)

秋收起义会师纪念馆　　　　　　　　　　　　　　（彭红霞　摄）

中国共产党浏阳市委员会

综　述

【概况】 2021年，中共浏阳市委面对严峻复杂的宏观形势和艰巨繁重的发展任务，坚持以习近平新时代中国特色社会主义思想为指导，从百年党史中汲取奋进力量，团结带领全市人民创新实干、开拓奋进，推动中央、省、长沙市决策部署落地见效，促进全市各项事业取得新成就、迈上新台阶。实现"十四五"良好开局。全年地区生产总值达到1616.6亿元，同比增长7.3%；地方一般公共预算收入104.26亿元，增长11.58%，其中税占比为77%；固定资产投资增长10%；规模以上工业增加值增长7.1%；社会消费品零售总额增长15.6%；金融机构存贷比为近5年最高、不良贷款率为近5年最低。县域经济与县域综合发展跃居全国第8位。全年获得国家级荣誉79项、省级奖项236项，国际化高质量发展环境建设标杆县（市、区）、2021优质投资环境城市等一批荣誉。

【产业升级发展】 2021年，中共浏阳市委加速集聚发展动能。争当"三高四新"主力，围绕打造智能制造强市、区域科创中心、内陆地区开放高地，出台实施3个"三年行动计划"。显示功能器件、生物医药、智能装备、鞭炮烟花产业链规模以上工业总产值分别增长50%、12%、10%、21%。坚持培大育强与招大引强并举，新增高新技术企业132家，增长43.56%；新增百亿级规工企业1家、国家级专精特新小巨人企业6家；A股上市企业增至9家；新引进项目207个，其中50亿元以上3个。222个长沙在浏项目完成投资近700亿元，超过年度计划28个百分点。惠科光电项目9条生产线点亮投产；总投资70亿元的雅士林项目签约到投产仅8个月；椒花水库工程即将完成围堰截流、启动主体施工；1000千伏特高压工程投产送电。抓实"五好(规划定位好、创新平台好、产业项目好、体制机制好、发展形象好)"园区创建，全省产业园区高质量发展推进会在浏举办。经开区入选全省唯一的国家"十四五"重点支持县城产业转型升级示范园区。

【城乡建设】 2021年，中共浏阳市委着力抓实城乡建设，金阳新城被纳入长沙10个重大城市片区建设"两项规划"一体推进，"四个十大"项目全面铺开，中烟永安科技园、中非经贸产业园、金阳医院等一批标志性项目加快落地建设。浏阳主城区加快更新，完成老旧小区、棚户区改造项目98个；精心打造道吾、长兴湖、"一河两岸"等城市片区，花炮观礼台全新亮相；浏阳市博物馆新馆正式开馆；万达商业广场、水佳片区198米超高层综合体启动建设；天马山新隧道竣工通车；130个项目征拆清零。争当乡村振兴样板，全域推进示范创建，建成美丽宜居村庄275个；村级集体经济收入全部超过20万元；脱贫攻坚成果持续巩固拓展；入选国家农业现代化示范区创建名单。全省抓党建促乡村振兴现场会在浏阳召开。争当文旅融合标杆，苍坊旅游区申报创建AAAAA级景区，大围山森林公园成功创建省级旅游度假区；提质改造锦绶堂、李白烈士故居、易荡平烈士故居等一批红色革命旧址；湖南卫视在小河乡拍摄的全国第一档乡村振兴电视节目《云上的小店》在全网热播。

【开放合作工作】 2021年，中共浏阳市委深化拓展开放合作。加快构建全市高速、高铁、航空"三位一体"交通格局，长赣高铁站城一体化规划设计等前期工作有力推进；永和通用航空产业基地项目签约落地；金阳大道三期全速推进，设计总长9328米道吾山特长双孔隧道开挖完成近9000米；G106、荷文公路、金城大道永安段等6条干道全面提质，被评为"四好农村路"全国示范县。争当湘赣边区域合作典范，"示范区建设"上升为国家战略。40个重点项目、37项重点任务取得丰硕成果；培育"湘赣红"区域公用品牌14个；牵头发行"初心源"文旅一卡通6万余张；跨省就医逐步实现"定点互认"；获批建设全国烟花爆竹转型升级集中区，观摩评比位列第一。加速融入长株潭一体化，在产业协作、设施共建、绿心共保、渌水共治等方面务实合作；长浏快线、浏跃高速纳入省级规划；S326(南横线)等一批融城干线加快推进。

【民生福祉建设】 2021年，中共浏阳市委从快从严从实从细抓好疫情防控工作，保证全市无阳性病例出现。深入开展"我为群众办实事"实践活动，推动解决一批群众"急难愁盼"问题，新增学位7866个、病床床位849张、停车位15713个，农村改厕1万座。推进教育优质均衡发展，新改扩建学校22所，"双减双增"同步推进。"健康浏阳"建设加力提速，妇幼保健院整体搬迁项目正式开工，中医医院危急重症大楼主体封顶，集里医院门诊综合大楼建成投入使用。推行城乡公交一体化，全市325个建制村(社区)全部实现"村村通公交"。文明创建省检测排名第一。深入打好污染防治攻坚战，率先全面推行林长制、田长制，深化河湖长制，浏阳河出境断面水质均值保持Ⅱ类，空气质量优良率达98.3%；获批创建全国"两山"实践创新基地。统筹抓好安全生产、信访维稳、县域警务等工作，生产安全事故起数同比下降19.6%；扎实推进诉源治理，保持社会大局和谐稳定。被评为全省安全生产和消防工作优秀单位、平安建设先进县市区。

【党的建设】 2021年，中共浏阳市委深入学习贯彻习近平总书记"七一"重要讲话、中共十九届六中全会精神，突出抓好党史学习教育、庆祝中国共产党成立100周年、政法队伍教育整顿等大事要事，引导广大党员干部牢记初心使命、赓续红色血脉，坚定捍卫"两个确立"，坚决做到"两个维护"。深入实施党群连心"五个到户"和"党建聚合力"工程，以大党建理念凝聚思想合力、组织合力、治理合力。圆满顺利完成市、乡、村集中换届。意识形态主阵地更坚实、主旋律更高昂。爱国统一战线不断巩固和发展。党管武装工作持续加强。配合做好落实省委巡视整改和涉粮问题2项专项巡察，开展“洞庭清波”、粮食购销、医保社保等领域专项整治，一体构建“三不”机制，“清廉浏阳”更加山清水秀、正气充盈。

（杨　科）

2021年6月1日，中国共产党浏阳市第十二届委员会第二十一次全体会议召开

（市委办　供图）

重要会议

【中国共产党浏阳市第十三次代表大会】 2021年7月31日上午，中国共产党浏阳市第十三次代表大会在欧阳予倩大剧院隆重开幕。本次大会应到代表398名，因事因病请假13名，实到代表385名。中共长沙市委常委、浏阳市委书记朱东铁代表中国共产党浏阳市第十二届委员会向大会作题为“奋进新征程　挺进前五强　为加快建成‘两个中心’全面建设现代化新浏阳而努力奋斗”的报告。报告全面总结市第十二次党代会期间（2017年7月至2021年7月）浏阳的发展成效和经验，深入分析浏阳面临的形势和机遇，明确未来五年的指导思想、奋斗目标、发展路径和战略举措。中共浏阳市第十二届纪委向大会作书面工作报告。市委副书记王雄文主持会议。浏阳市党外市（县）级领导，党外市（县）级离退休领导干部代表及不是党员的市直单位行政正职、民主党派主要负责人应邀出席大会；不是代表的党员老干部代表，党员县级领导干部，第十二届市委委员、纪委委员，市人大、市政协及市直单位、乡镇（街道）有关负责人列席大会。8月2日上午，中国共产党浏阳市第十三次代表大会在圆满完成各项议程后，在庄严的《国际歌》歌声中胜利闭幕。本次大会一致通过《中国共产党浏阳市第十三次代表大会关于中共浏阳市第十二届委员会报告的决议》；一致通过《中国共产党浏阳市第十三次代表大会关于中共浏阳市第十二届纪律检查委员会工作报告的决议》；选举产生中国共产党浏阳市第十三届委员会和中国共产党浏阳市第十三届纪律检查委员会。朱东铁在闭幕会上发表讲话，王雄文主持闭幕会。

2021年7月31日，中国共产党浏阳市第十三次代表大会在城区欧阳予倩大剧院开幕

（市委办　供图）

【市委全体会议】 6月1日，中国共产党浏阳市第十二届委员会第二十一次全体会议召开，就相关事项提请全会审议通过。全会审议通过《中国共产党浏阳市第十二届委员会第二十一次全体会议关于召开中国共产党浏阳市第十三次代表大会的决议》，拟定于2021年7月下旬召开中国共产党浏阳市第十三次代表大会。长沙市委常委、浏阳市委书记朱东铁主持。市委副书记、市长吴新伟和市领导吴震、秦跃平、邓阳锋、戴武明、尹乐平、李爱民、喻辉、周耀辉等出席会议。

市委常委、组织部部长周文舜就《关于召开中国共产党浏阳市第十三次代表大会的决议》向全会作说明。全会审议通过《中国共产党浏阳市第十二届委员会第二十一次全体会议关于召开中国共产党浏阳市第十三次代表大会的决议》，确定中国共产党浏阳市第十三次代表大会召开时间、主要议程、代表名额和结构比例、“两委”的组成及其原则、酝酿提名“两委”候选人的办法、酝酿提名出席上一级党代会代表候选人预备人选的办法等。

【市委常委会会议】 全年共召开市委常委会会议46次。

1月12日，市委常委会召开2021年第1次会议，传达学习习近平总书记发表的2021年新年贺词、在全国政协新年茶话会上的重要讲话精神，习近平总书记在中央农村工作会议上的重要讲话精神，中办有关通报精神，中央、省委、长沙市委经济工作会议精神；听取浏阳市“两会”筹备工作情况汇报；听取市委巡视整改制度性成果汇编情况汇报；研究审议《进一步完善新时代义务教育管理体制激发办学活力的方案（送审稿）》。

1月22日，市委常委会召开2021年第2次会议，传达学习习近平总书记在中央全面深化改革委员会第十七次会议上的重要讲话精神，习近平总书记在省部级主要领导干部学习贯彻党的十九届五中全会精神专题研讨班开班式上的重要讲话精神，长沙市第十五届人民代表大会第七次会议、政协长沙市第十二届委员会第五次会议精神；研究审议《浏阳市“十四五”时期经济社会发展主要目标建议》；讨论浏阳“两会”有关报告；听取2021年部门预算编制情况汇报。

3月5日，市委常委会召开2021年第5次会议，传达学习中共湖南省委常委、省人民政府副省长、长沙市委书记吴桂英到浏阳调研讲话和长沙市有关会议及文件精神，研究部署奋力实施“三高四新”战略全面推进高质量发展、建设现代化新浏阳工作；听取全市党建工作情况汇报。

3月12日，市委常委会召开2021年第6次会议，研究审议《关于开展“孺子牛、拓荒牛、老黄牛”型干部评选实施方案（送审稿）》。

3月19日，市委常委会召开2021年第7次会议，传达学习习近平总书记在贵州考察调研时的重要讲话精神，习近平总书记在中央全面深化改革委员会第十八次会议上的重要讲话精神，习近平总书记在全国脱贫攻坚总结表彰大会上的重要讲话精神，省委全面深化改革委员会第十一次会议精神；传达学习习近平总书记在党史学习教育动员大会上的重要讲话精神及中共中央有关文件精神，省、长沙市党史学习教育有关会议精神，听取浏阳市贯彻落实建议的汇报。

3月26日，市委常委会召开2021年第8次会议，传达学习习近平总书记关于统计工作的重要讲话指示批示精神和全省统计工作会议及长沙市有关会议精神，研究浏阳市贯彻落实意见。

3月26日，市委常委会召开2021年第9次会议，传达学习习近平总书记在中共中央政治局第二十八次集体学习时的重要讲话精神，习近平总书记在中央党校（国家行政学院）中青年干部培训班开班式上的重要讲话精神，习近平总书记在中央财经委员会第九次会议上的重要讲话精神，省委常委会3月12日会议精神，长沙市委常委会3月19日会议精神。

4月2日，市委常委会召开2021年第11次会议，传达学习中共十九届中央纪委五次全会、十一届省纪委六次全会、十三届长沙市纪委六次全会精神，听取全市党风廉政建设和反腐败工作汇报。

4月23日，市委常委会召开2021年第13次会议，传达学习习近平总书记在福建省考察时的重要讲话精神，习近平总书记3月30日在中共中央政治局会议上的重要讲话精神，习近平总书记在参加首都义务植树活动时的重要讲话精神，中共湖南省委常委会3月26日、4月2日会议和长沙市委常委会3月31日、4月8日会议有关精神，长沙市一季度重点工作拉练点评会精神；研究全市政法队伍教育整顿工作。

4月27日，市委常委会召开2021年第14次会议，传达学习中共中央、中共中央办公厅、长沙市委有关文件精神，中共湖南省委书记许达哲、省委副书记、省人民政府省长毛伟明在全省实施“三高四新”战略产业项目建设推进现场观摩会上的讲话精神，许达哲在长沙检查政法队伍教育整顿工作时的指示精神，许达哲在全省精神文明建设表彰会上的讲话精神，省委党建工作领导小组第一次会议精神，中共湖南省委常委会4月23日会议精神，2021年长沙市文明委全体会议精神，长沙市区县（市）委书记会议精神，长沙市委常委会4月21日会议精神，长沙市委网络安全和信息化委员会第三次会议精神，长沙市委意识形态工作专题会议精神；听取有关党组2020年工作情况汇报；分析一季度经济形势，研究部署下阶段经济工作。

5月8日，市委常委会召开2021年第15次会议，传达学习习近平总书记在广西考察时的重要讲话精神，习近平总书记在博鳌亚洲论坛2021年年会上的主旨演讲精神，习近平总书记在清华大学考察时的重要讲话精神，中共湖南省委书记许达哲在全省脱贫攻坚总结表彰大会上的讲话精神，许达哲在省委理论学习中心组党史学习教育第二次专题学习研讨会上的讲话精神，省、长沙市庆祝“五一”国际劳动节暨先进集体先进个人表彰大会精神，省、长沙市各界青年五四座谈会精神，省委常委会4月29日会议精神，长沙市委常委会4月28日会议精神；听取全市文明创建工作情况汇报；研究湘赣边区域合作有关事宜。

5月13日，市委常委会召开2021年第16次会议，传达学习习近平总书记在中共中央政治局第二十九次集体学习时的重要讲话精神，4月30日中共中央政治局会议精神，《中共中央国务院关于新时代推动中部地区高质量发展的意见》（中发〔2021〕12号）文件精神，湖南省党政代表团赴江西、上海考察学习有关精神，《中共湖南省纪委关于印发〈整治违规吃喝隐形变异“十严禁”〉的通知》（湘纪发〔2021〕1号）文件精神，长沙市委农村工作会议精神，长沙市委常委会5月12日会议精神，《中共长沙市委办公厅长沙市人民政府办公厅关于印发〈长沙市营商环境优化工程2021年行动方案〉的通知》（长办〔2021〕8号）及长沙市委有关文件精神。

5月31日，市委常委会召开2021年第18次会议，传达学习习近平总书记在推进南水北调后续工程高质量发展座谈会上的重要讲话和考察河南时的重要指示精神，习近平总书记在中央全面深化改革委员会第十九次会议上的重要讲话精神，中共中央、国务院有关文件精神，《中共中央办公厅国务院办公厅印发〈关于夯实筑牢农村基层党组织战斗堡垒防范和整治“村霸”问题的意见〉的通知》（中办发〔2021〕26号）文件精神，5月14日、5月20日省委常委会会议精神，全省县乡两级人大换届选举工作部署会议精神，省委全面依法治省委员会第四次会议精神，省委、长沙市委理论学习中心组党史学习教育第三次专题学习精神，2021年省总河长会议精神，5月18日长沙市委常委会会议精神，5月27日长沙市委理论学习中心组集体学习和长沙市委常委会会议精神；研究审议《浏阳市持续提升空气质量坚决打赢蓝天碧水保卫战三年行动计划（2021—2023年）（送审稿）》。

6月17日，市委常委会召开2021年第19次会议，传达学习习近平总书记《用好红色资源，传承好红色基因，把红色江山世世代代传下去》重要文章，习近平总书记在两院院士大会中国科协第十次全国代表大会、中共中央政治局第三十次集体学习、青海考察时的重要讲话精神，习近平总书记对湖北十堰市张湾区艳湖社区集贸市场燃气爆炸事故作出的重要指示精神和李克强总理批示要求及省、长沙市有关工作部署，中共中央政治局5月31日会议精神，省委理论学习中心组（扩大）第四十四次集体学习精神，省委常委会5月28日、6月4日、6月11日会议精神，全省民营经济统战工作会议暨民营经济高质量发展大会、全省产业园区高质量发展推进会、省委全面深化改革委员会第十二次会议精神，中共湖南省委湖南省人民政府有关文件精神，《中共湖南省委办公厅湖南省人民政府办公厅关于印发〈长株潭一体化发展五年行动计划（2021—2025年）〉的通知》（湘办发〔2021〕10号）和《长沙市推进长株潭一体化发展领导小组关于印发长沙市推进长株潭一体化发展2021年重点工作、项目清单的通知》文件精神，2021年长沙市第一总河长会议精神，长沙市委常委会6月2日、6月10日会议精神，防止干预司法“三个规定”精神；研究审议《市委常委会党史学习教育“我为群众办实事”任务清单（送审稿）》；研究审议《浏阳市打造内陆地区开放高地三年行动计划（2021—2023年）（送审稿）》。

6月25日，市委常委会召开2021年第20次会议，传达学习习近平总书记在参观“‘不忘初心、牢记使命’中国共产党历史展览”时的重要讲话精神，庆祝中国共产党成立100周年宣传工作专题电视电话会议精神，中共中央办公厅国务院办公厅有关文件精神，省委、长沙市委理论学习中心组党史学习教育第四次专题学习精神，省委常委会6月17日会议精神，湘赣边区域合作示范区建设推进大会精神，省委副书记、省长毛伟明到浏阳调研讲话精神，中共湖南省委有关文件精神，《湖南省洞庭湖保护条例》精神，中共湖南省委办公厅湖南省人民政府办公厅有关文件精神，长沙市委常委会6月17日、6月24日会议精神，省委常委、长沙市委书记吴桂英到浏阳调研讲话精神，长沙市民营经济统战工作会议暨民营经济高质量发展大会精神，长沙市园区高质量发展工作推进会精神；听取浏阳市“两优一先”表彰工作情况汇报。

6月25日，市委常委会召开2021年第21次会议，研究安全生产工作。

7月2日，召开市委常委会（扩大）会议，传达学习习近平总书记在庆祝中国共产党成立100周年大会、“七一勋章”颁授仪式上的重要讲话精神，并就学习贯彻进行安排部署。

7月9日，市委常委会召开2021年第23次会议，传达学习习近平总书记《以史为镜、以史明志，知史爱党、知史爱国》《学史明理、学史增信、学史崇德、学史力行》重要文章，习近平总书记在中共中央政治局第三十一次集体学习时的重要讲话精神，中共中央办公厅有关文件精神，省委常委会6月25日会议、湖南省庆祝中国共产党成立100周年理论研讨会、全国政法队伍教育整顿中央督导意见反馈会精神，湖南省、长沙市“两优一先”表彰大会精神，湖南省、长沙市庆祝中国共产党成立100周年座谈会精神，湖南省、长沙市学习贯彻习近平总书记“七一”重要讲话精神研讨交流会精神，长沙市科技创新大会暨国家新一代人工智能创新发展试验区建设推进会精神，长沙市政法队伍教育整顿意见反馈会和总结大会精神，《中共长沙市委长沙市人民政府关于印发〈长沙市生态环境保护工作责任规定〉〈长沙市较大生态环境问题（事件）责任追究办法〉的通知》（长发〔2021〕20号）、《中共长沙市委办公厅长沙市人民政府办公厅关于印发〈长沙市生态环境损害赔偿制度改革工作实施方案〉的通知》（长办发〔2021〕13号）精神，长沙市委常委会7月8日会议精神；听取学习贯彻《中国共产党组织工作条例》有关情况汇报；研究审议浏阳市农村宅基地管理与改革系列制度；研究审议《浏阳市打击治理电信网络新型违法犯罪工作方案（送审稿）》；听取全市食品安全、市容环境和“12345”政务热线工作情况汇报。

7月20日，市委常委会召开2021年第25次会议，研究市第十三次党代会相关事宜。

7月23日，市委常委会召开2021年第26次会议，传达学习习近平总书记在中央全面深化改革委员会第二十次会议上的重要讲话精神，习近平总书记对防汛救灾工作作出的重要指示精神，防范和惩治统计造假弄虚作假有关文件精神，省委十一届十三次全体会议精神，省委常委会7月9日、7月16日会议精神，7月20日省委常委会（扩大）会议精神，省委书记、省人大常委会主任许达哲在长沙调研时的讲话精神，《关于印发〈全省纪检监察机关加强“一把手”监督“十必严”〉的通知》（湘纪发〔2021〕2号）精神，长沙市委十三届十四次全体会议精神，长沙市委常委会7月15日、7月21日会议精神，7月21日长沙市委常委会（扩大）会议精神，长沙市防汛工作调度会精神，研究贯彻落实意见。

8月5日，市委常委会召开2021年第27次会议，传达学习习近平总书记在西藏考察时的重要讲话精神，习近平总书记在党外人士座谈会上的重要讲话精神，习近平总书记对深入推进农村厕所革命作出的重要指示精神，习近平总书记在中共中央政治局第三十二次集体学习时的重要讲话精神，中共中央政治局7月30日会议精神，省委常委会7月24日会议精神，8月1日省委书记、省人大常委会主任许达哲在检查调度疫情防控工作时的讲话精神，《中共湖南省委办公厅湖南省人民政府办公厅关于印发〈湖南省中央生态环境保护督察报告〉和许达哲同志讲话的通知》（湘办发电〔2021〕48号）精神，长沙市委常委会7月30日会议精神，传达学习全国、全省、长沙市疫情防控工作电视电话会议精神；听取近期全市新冠肺炎疫情防控工作情况汇报；分析上半年全市经济形势，研究部署下半年经济工作。

8月17日，市委常委会召开2021年第28次会议，传达学习习近平总书记《总结党的历史经验，加强党的政治建设》重要文章，省委十一届十四次全会精神，省委常委会8月6日会议精神，长沙市委常委会8月5日、8月13日会议精神；研究审议《关于全面推行林长制的实施方案（送审稿）》。

8月17日，市委常委会召开市委理论学习中心组学习暨市委常委会2021年第29次会议，观看《生命重于泰山——学习习近平总书记关于安全生产重要论述》电视专题片，听取全市安全生产工作情况汇报。

9月1日，市委常委会召开2021年第30次会议，传达学习习近平总书记在河北省承德市考察时的重要讲话精神，中央财经委员会第十次会议精神，省委书记、省人大常委会主任许达哲在全省第二批政法队伍教育整顿动员部署会议上的讲话精神，省委全面深化改革委员会第十三次会议精神，省委常委会8月20日、8月27日会议精神，全省新任县市区委书记座谈会精神，省委常委、省委政法委书记李殿勋到浏阳调研讲话精神，《中共湖南省委办公厅关于认真学习贯彻习近平总书记对档案工作重要批示的通知》（湘办发电〔2021〕52号）精神，省委常委、长沙市委书记吴桂英在长沙市乡镇党委书记培训班开班式上的讲话精神，长沙市委常委会8月19日、8月26日会议精神，长沙市产业链建设工作推进会精神；听取全市污染防治攻坚战工作情况汇报，研究审议《浏阳市生态环境保护工作责任规定（送审稿）》。

9月8日，市委常委会召开2021年第31次会议，传达学习习近平总书记在中央民族工作会议、中央党校（国家行政学院）中青年干部培训班开班式上的重要讲话精神，习近平总书记《党的伟大精神永远是党和国家的宝贵精神财富》重要文章，中央全面深化改革委员会第二十一次会议、中共中央政治局8月31日会议精神，全省市州委书记座谈会精神，省委书记、省人大常委会主任许达哲在省委党校（湖南行政学院）秋季开学典礼上的讲话精神，全省工程机械产业发展座谈会、省委常委会9月3日会议精神，长沙市委常委会9月3日会议精神；研究审议《浏阳市乡村振兴示范县创建方案（送审稿）》。

9月13日，市委常委会召开2021年第32次会议，传达学习国家统计局关于重大统计违法案件有关通报精神，省委党建工作领导小组第二次会议暨加强基层建设工作推进会、省委全面依法治省委员会第五次会议、省委常委会9月9日会议精神，长沙市委常委会9月10日会议、长沙市人工智能及传感器产业链座谈会精神；听取全市安全生产工作情况汇报。

9月25日，召开市委常委会（扩大）会议，传达学习中国共产党长沙市第十四次代表大会精神，研究部署浏阳市学习宣传贯彻落实工作。

9月28日，市委常委会召开2021年第34次会议，重温《党委会的工作方法》、习近平总书记考察湖南重要讲话精神，传达学习习近平总书记在陕西省榆林市考察时的重要讲话精神，习近平总书记重要文章《毫不动摇坚持和加强党的全面领导》，省委常委会9月18日会议、长株潭一体化发展领导小组第二次会议精神，长沙市委常委会9月15日、9月23日、9月24日会议精神；研究粮食安全工作。

10月10日，市委常委会召开2021年第35次会议，传达学习习近平总书记在中共中央政治局第三十三次集体学习时的重要讲话精神，习近平总书记重要文章《用好红色资源、赓续红色血脉，努力创造无愧于历史和人民的新业绩》，省委常委会9月28日会议精神，省委理论学习中心组（扩大）第四十八次集体学习精神，长沙市委常委会9月30日会议精神，长沙市推进长株潭一体化发展领导小组第二次会议精神；研究雅士林长沙（国际）蚕桑丝绸智造产业项目相关事宜；听取浏阳市第十八届人民代表大会第一次会议和政协浏阳市第十一届委员会第一次会议筹备工作情况汇报，讨论浏阳市“两会”报告。

10月18日，市委常委会召开2021年第36次会议，传达学习习近平总书记在纪念辛亥革命110周年大会上的重要讲话精神、对老龄工作作出的重要指示精神、在中央人大工作会议上的重要讲话精神，习近平总书记重要文章《扎实推动共同富裕》，重温习近平总书记关于统计工作的重要论述及中央关于统计工作有关文件精神，传达学习《统计督察初步反馈问题立行立改十条措施》、省委常委会10月15日会议、全省市（州）委书记视频会议、长沙市委常委会10月11日会议、长沙市乡村振兴暨美丽宜居村庄建设现场观摩推进会精神，研究浏阳市贯彻落实意见。

10月22日，召开市委常委会（扩大）会议，传达学习长沙市委常委会10月22日会议精神；听取全市疫情防控工作情况汇报。

10月29日，市委常委会召开2021年第38次会议，传达学习习近平总书记在深入推动黄河流域生态保护和高质量发展座谈会上的重要讲话精神，习近平总书记在中共中央政治局第三十四次集体学习时的重要讲话精神，中共中央政治局10月18日会议精神，全省领导干部会议精神，省委常委会10月22日会议精神，长沙市委常委会10月18日、10月28日会议及长沙市委常委会（扩大）10月20日会议精神；研究审议《中共浏阳市委常委会工作规则（送审稿）》；听取全市三季度安全生产、生态环境、信访、市容环境、12345政务热线、食品安全工作情况汇报。

11月3日，市委常委会召开

2021年第39次会议，传达学习习近平总书记在参观国家“十三五”科技创新成就展时的重要讲话精神，习近平总书记重要文章《坚定理想信念　补足精神之钙》，省委常委会10月29日会议精神，《中共长沙市委办公厅长沙市人民政府办公厅印发〈关于进一步深化作风建设　严防“四风”问题变异回潮的方案〉的通知》精神；分析前三季度全市经济形势，研究部署下阶段经济工作。

11月13日，召开市委常委会（扩大）会议，传达学习党的十九届六中全会精神、省委常委会（扩大）会议精神和长沙市委常委会（扩大）会议精神，研究审议《关于认真学习宣传贯彻党的十九届六中全会精神的通知（送审稿）》。

11月19日，市委常委会召开2021年第42次会议，传达学习《中共中央关于党的百年奋斗重大成就和历史经验的决议》精神，传达学习习近平总书记在第四届中国国际进口博览会开幕式上的主旨演讲精神，省委书记张庆伟在长沙调研时的讲话指示精神，省委常委会11月5日会议精神，省委全面深化改革委员会第十四次会议精神，长沙市委常委会11月4日、11月12日、11月17日会议精神，纪念长沙市关心下一代工作委员会成立35周年暨长沙市关心下一代工作优秀典型推介会精神，省委常委、长沙市委书记吴桂英在区县（市）领导班子成员提升履职能力培训班开班式上的讲话精神。

11月29日，市委常委会召开2021年第43次会议，传达学习省第十二次党代会、省委十二届一次全会精神，研究部署全市深入学习宣传贯彻工作。

12月3日，市委常委会召开2021年第44次会议，传达学习习近平总书记重要文章《坚持用马克思主义及其中国化创新理论武装全党》，中央全面深化改革委员会第二十二次会议精神，省委书记张庆伟署名文章《坚持以党的十九届六中全会精神为指引　加快推动现代化新湖南建设迈出新步伐》，中共湖南省委关于衡南县社保基金有关通报精神，省委常委会11月30日会议精神，省委常委、长沙市委书记吴桂英署名文章《坚持以党的十九届六中全会精神为指引　奋力在新的赶考之路上交出更加优异的“长沙答卷”》，长沙市委常委会12月2日会议精神；研究禁毒工作有关事宜；研究审议《关于推进浏阳市“五个十大”项目的工作方案（送审稿）》《金阳新城“四个十大”项目计划（送审稿）》；研究审议《关于全面推行耕地保护田长制的实施方案（送审稿）》。

12月17日，召开市委常委会2021年第45次会议，传达学习中央经济工作会议精神、中共中央政治局12月6日会议精神，习近平总书记在中共中央政治局第三十五次集体学习时的重要讲话精神，在全国宗教工作会议上的重要讲话精神，省委常委会12月6日会议、省委常委会（扩大）12月12日会议、省委民族工作会议精神，《中共湖南省委关于加强新一届省委班子建设的决定》（湘发〔2021〕26号）精神，中共湖南省委常委会关于进一步贯彻落实中央八项规定及其实施细则精神有关意见精神，省委常委、长沙市委书记吴桂英署名文章《彰显省会担当　贡献省会力量》，长沙市委常委会12月9日和12月16日会议，长沙市委党建工作领导小组会议，长沙市委全面深化改革委员会会议精神。

12月24日，市委常委会召开2021年第46次会议，传达学习习近平总书记对党内法规工作、老干部工作作出的重要指示精神，习近平总书记重要文章《深入实施新时代人才强国战略　加快建设世界重要人才中心和创新高地》，中央全面深化改革委员会第二十三次会议精神，省委经济工作会议、长沙市委经济工作会议精神，省委常委会12月17日会议、省委宣传思想工作暨意识形态工作领导小组会议精神，长沙市委常委会12月21日会议、长沙市委外事工作委员会会议、长沙市委退役军人事务工作领导小组会议精神；研究审议《市委经济工作报告（讨论稿）》。　　（谭倩云）

【金阳新城有关工作专题研究会议】

5月24日，中共长沙市委常委、浏阳市委书记、浏阳经开区（高新区）党工委第一书记朱东铁在浏阳经开区（高新区）召开专题会议，了解金阳新城建设情况，安排部署下阶段工作，动员全市上下进一步统一思想、提高认识、强化举措，以更大气魄、更强干劲、更快速度建好金阳新城。市委副书记、市长吴新伟主持会议。谈文昌、邓阳锋、喻辉、唐洪胜、李翔、冯赛军等市级领导参加会议。会议听取金阳新城战略发展规划编制以及当前建设推进情况的汇报，各相关单位就金阳新城的建设发展提出的意见和建议。朱东铁指出，金阳新城作为未来浏阳跨越发展的重大机遇、重大战略，全市上下要进一步统一思想、提升认识。建好金阳新城，不仅是长沙市委、市政府的明确要求，也是浏阳发展的迫切需求，更是助力浏阳城市能级提升的重大引擎、聚集各类发展要素和资源的重要平台。建好金阳新城，意义重大、影响深远。针对如何建好金阳新城，朱东铁要求，要加大力度、有序推进。重点要抓好以下几项工作：一是战略定位，要把金阳新城的定位想方设法纳入省级重大战略规划之中，为将来的发展争取到更好的基础条件和外部环境；二是规划引领，要加快构建“多规合一”的规划体系，为金阳新城的发展提供科学的顶层设计和建设依据，以规划为蓝图一干到底；三是产业支撑，要以产业项目的大建设来支撑“三高四新”战略的大落实，进一步招大引强，推进一二三产业融合发展；四是设施先行，做好道路交通和污水处理及配套管网等重大基础设施建设，以及医院、学校、水电气等公共服务配套设施建设；五是综合整治，金阳新城的已建成区和各出入城口的环境卫生、市容秩序等要在现有的基础上进一步加强管理、提升品质；六是宣传推介，要加大宣传力度，汇聚各方力量、各方资源，形成建好金阳新城的共识。朱东铁强调，要创新实干、狠抓落实。要加强领导，成立专班，从市级有关部门抽调专人专职负责，确保本周内到位并开展工作；要明确任务、压实责任，每一项工作都要有任务书、责任人、时间表，尽快做出2021年工作计划，列出责任清单，自我加压；要挂图作战、常态调度,从联系市领导开始,通过强化领导,责任上肩,确保每月都有新进展、新突破。会议还就重大项目用地审批等具体工作进行安排部署。

【专题研究湘赣边区域合作工作会议】 12月6日上午,浏阳市召开专题研究湘赣边区域合作工作会议,深入落实党的十九届六中全会和省第十二次党代会精神,并对下阶段湘赣边区域合作工作进行再研究、再部署、再加力。中共长沙市委常委、浏阳市委书记朱东铁主持会议并强调,要深入贯彻落实党的十九届六中全会和省第十二次党代会、长沙市第十四次党代会、浏阳市第十三次党代会精神,创造性贯彻落实《湘赣边区域合作示范区建设总体方案》(下称《总体方案》)和《浏阳市推进湘赣边区域合作示范区建设2022年度实施方案》(下称《2022年度实施方案》),把握主动权,打好主动仗,增强主动性,把湘赣边区域合作推向纵深,加快建成湘赣边区域性中心城市,全力争当湘赣边区域合作典范。市发改局向会议汇报湘赣边区域合作总体情况,并介绍《2022年度实施方案》;市文旅广体局等6大专项行动小组牵头单位分别就相关情况进行汇报。

(唐继武)

重大决策

【全域推进乡村振兴示范创建】 5月14日,市委召开农村工作会议。中共长沙市委常委、浏阳市委书记朱东铁出席会议并强调,要坚持以习近平新时代中国特色社会主义思想为指导,深入贯彻落实习近平总书记关于"三农"工作重要论述和考察湖南重要讲话精神,紧紧围绕全域推进乡村振兴示范创建,抬高坐标,创新实干,促进农业高质高效、乡村宜居宜业、农民富裕富足,为奋力实施"三高四新"战略、全面推进高质量发展和现代化新浏阳建设筑牢坚实基础。中共浏阳市委、市人民政府印发《关于全域推进乡村振兴示范创建加快农业农村现代化的实施方案》(下称《方案》),《方案》明确,2021年为浏阳乡村建设年,浏阳将紧扣"争当乡村振兴样板"目标,以创新实干的实际行动,全域推进乡村振兴示范创建,着力争创有效衔接、产业发展、人居环境、农村改革、区域合作和乡村治理六个方面的示范。通过实现巩固拓展脱贫攻坚成果同乡村振兴有效衔接、争当湘赣边乡村振兴区域合作典范、实施乡村建设行动、深化农村综合改革、加快推进农业农村现代化,全面打响"乡村振兴看浏阳"的品牌,努力在全省和长沙市乡村振兴工作大局中彰显浏阳担当。《方案》明确,将实施农业稳产保供工程、特色产业建设工程、新型主体培育工程、乡村人才振兴工程、特色小镇建设工程、金融支农服务工程、集体经济壮大工程、科技惠农强农工程等"八大工程",加快推进农业农村现代化。

【全面推行林长制】 8月18日,浏阳市召开全面推行林长制工作动员电视电话会议,在长沙市率先全面推行林长制,全面建立市、镇、村三级林长体系。根据《浏阳市全面推行林长制实施方案》(下称《方案》),市级由市委书记任市林长,市长任第一副林长,镇级林长由乡镇(街道)党(工)委书记担任,村级林长由村(社区)党组织书记担任,国家级森林公园、国有林场等管理单位主要负责人为区域林长。按照分级分块负责原则,结合资源特点和自然生态系统完整性,市、镇、村三级林长落实属地责任、分级负责,国家级森林公园、国有林场落实权属管理责任、分块负责,确保责任全覆盖。《方案》明确生态保护、实施生态提质、强化灾害防控、深化改革创新、建设智慧林业体系、强化基层治理、加速推动林产振兴7项主要任务。到2021年年末,全市将全面建立市、乡镇(街道)、村(社区)三级林长组织体系、责任体系、制度体系,全面建成"一长三员一大队(林长、护林员、监管员、执法人员、森林消防大队)"的森林湿地资源巡护监管责任体系,"天空地"一体化森林湿地资源监测监管平台上线运行,森林湿地资源源头管理落到实处,破坏森林资源现象得到基本遏制,森林督查交办问题图斑大幅下降,全市森林、湿地、野生动植物资源得到持续有效保护。为保证林长制工作各项有效落实,同时制定《浏阳市三级林长巡林工作制度》《浏阳市林长制工作考核管理办法》等8个配套方案。

【浏阳市"田长制"实施方案审议通过】 12月3日,中共浏阳市委常委会召开会议,审议通过《关于全面推行耕地保护"田长制"的实施方案(送审稿)》。会议强调,全市各级各部门要切实提高政治站位,将"田长制"工作当成一项重要政治工作来抓,牢牢守住乡村振兴的"生命线"。要紧盯优化耕地布局、强化耕地保护、推进农田建设、改进农田利用、严格耕地监管等五方面重点任务,进一步细化举措,逐一明确时间表、任务书、责任人,通过一级带一级,层层抓落实,形成全市上下齐抓共管的耕地保护大格局。要将耕地保护责任不折不扣落到实处,把耕地保护的重心下移、关口前移,充分发挥"田长"的管护作用,坚决守住耕地保护这条红线。

(唐继武)

组织工作

【概况】 2021年,市委组织部在市委的坚强领导下,大力实施"党建聚合力"工程,坚持围绕中心、服务大局,为浏阳经济社会高质量发展提供坚强组织保证。切实强化理论武装,打牢绝对忠诚思想根基:始终把学习贯彻习近平新时代中国特色社会主义思想摆在首位,健全领学、研学、述学、评学机制,依托主题党日活动、"学习强国"学习平台、干部教育网络学院和市委党校主体培训班,开展"线上+线下"全覆盖轮训,市级领导到党支部联系点、学校、社区开展宣讲,推动党的十九届五中、六中全会精神,习近平总书记"七一"重要讲话精神和考察湖南重要讲话精神,省第十二次党代会、长沙市第十四次党代会和浏阳市第十三次党代会精神走深走实；组织开展党政领导班子和领导干部政治建设考察，引导广大党员干部以绝对忠诚捍卫“两个确立”、做到“两个维护”；深化党史学习教育，精心开发秋收起义第一批11个精品党课并组织验收；充分挖掘浏阳丰富的红色资源，联合湘赣两省8县（市区）秋收起义历史发生地组织人事部门和秋收起义“一线九馆”，牵头成立秋收起义党性教育培训联盟，举行精品课程展演活动，发布“重走秋收路、追寻初心源”党性教育精品教学路线，打响具有全国影响力的秋收起义党性教育品牌。有效激活“红色引擎”，构筑基层坚强战斗堡垒：党建引领强劲有力，成功举办全省抓党建促乡村振兴会议，省委常委、组织部部长王成充分肯定浏阳抓党建促乡村振兴经验做法。创新推行“党员微网格+五个到户”，探索“三圈四制（党群邻里圈、干群亲情圈、社群发展圈，民情例会制度、群众评议制度、专业服务制度、村支微自治制度）”模式，进一步完善“市—乡镇（街道）—村（社区）—党支部—微网格”五级基层治理架构，在乡村振兴、基层治理中充分发挥基层党组织战斗堡垒作用和党员先锋模范作用，解决群众身边实际问题3.8万个，“‘五微联治’打通‘最后一步路’”获评第三批全国乡村治理典型案例，《湘组信息》第26期专条推介“五个到户（党员联系到户、民情走访到户、政策落实到户、产业对接到户、精准服务到户）”做法成效。选派乡村振兴驻村干部339人，围绕建强村党组织、推进强村富民、提升治理水平和为民办事服务等四个方面，做好“十个助推”工作。承办全省乡村振兴驻村第一书记示范培训班。制定《浏阳市2021年发展壮大村级新型集体经济实施方案》，指导高坪镇志民村等10个村成功申报2021年全省扶持壮大村级集体经济项目。大围山镇楚东村等3个中组部扶持建设红色美丽试点村通过省、长沙市评估验收。评定新型村集体经济发展示范村、进步村48个，奖励285万元。对88个符合集体经济个人奖励条件的涉农村（社区）奖励162.08万元。全市302个涉农村集体经济收入均超过20万元，总收入达10249.42万元。制订《2021年浏阳市党员教育培训计划》，培训村（社区）党组织书记、致富带头人、基层干部“导师帮带制”帮带对象、党群连心“五个到户”联户党员1800人次。开展“红心永向党　光影映初心”红色电影党课乡村行活动，放映红色电影303场次。沙市镇东门村等13个单位被评为长沙市党员教育培训示范基地。全年发展新党员2514名。认真开展农村发展党员违规违纪问题排查整顿工作。落实“三定五联”制度，全市统一开展主题党日活动12期。深入开展“平时当战时”大讨论活动。举行庆祝中国共产党成立100周年系列活动，表彰100名优秀共产党员、100名优秀党务工作者和100个先进基层党组织。5名党员、2个基层党组织被评为全省“两优一先（优秀党务工作者、优秀共产党员和先进基层党组织）”，24名党员、11个基层党组织被评为长沙“两优一先”。召开全市“两优一先”代表座谈会。发放“光荣在党50年”纪念章9212枚。统筹专项资金129.9万元，走访慰问生活困难党员、老党员、老干部和烈士遗属、因公殉职党员干部家属共1325人。持续落实省委“1+5”文件精神，财政下拨村干部各类保险资金355.7万元、村（社区）党建工作经费1300万元。全面推行村级“小微权力”清单二十条，健全村级“小微权力”公开制度，建立小微权力“监督一点通”平台，完善县（市）、镇、村三级监控体系。完善社区专职工作人员员额管理和“三岗十六级”薪酬体系，将198名社区工作者纳入员额管理范畴。圆满完成村（社区）“两委”换届，“一肩挑”比例达99.4%，平均年龄41.71岁，较上届年轻5.32岁；大专以上文化程度1182人，较上届增长53.1%，实现年龄、学历“一降一升”。扎实推进“党建引领、助力千企”行动，认真开展调研走访、法治体检、送文化进企业等活动，以党建赋能企业发展。深入实施“标杆引领”计划，创建标杆党组织15个。建强5个楼宇商圈党群服务中心，开展“两新助力　安全同行”“税法服务进商圈”等活动，助力优化营商环境，服务小微企业和商户。制定全市两新组织党建指导员选派管理实施细则，选派525名党建指导员联系1426家两新组织，实现联系指导全覆盖。成立电子信息（显示功能器件）产业链党委。积极稳妥推进190家规上企业将党建工作写入章程。开展两新党组织党史知识竞赛暨“两新心向党”红歌唱享会。学校、医院、国企、离退休等领域党建工作质量不断提升。

【干部工作】　2021年，市委组织部精心组织筹备市第十三次党代会、第十八届人大会和第十一届政协会，选举产生新一届市四大家领导班子和法、检两长，确保风清气正。严格开展乡镇换届考察，严格督导换届选举流程，完成乡镇党委、人大、政府换届工作。换届后，乡镇领导班子中35岁以下的班子成员共96人，占30.6%；35岁以下党政正职9人，占16.1%；每个乡镇至少配备1名30岁以下的班子成员，共有29人；具有2年以上乡镇工作经历的班子成员270人，占94.4%。坚持好干部标准，强化重实干、看实绩的用人导向，注重在基层一线锻炼干部、识别干部。开展“孺子牛、拓荒牛、老黄牛”型干部评选工作，评选出“三牛”型干部30名、提名人选30名，激励全市广大干部学习践行“三牛”精神，强化为民服务的宗旨意识和担当意识，中组部《组工信息》第68期予以推介。调整干部12批次，涉及干部819人次，其中，从攻坚一线提拔重用敢于担当、实绩突出的干部176人，分批次择优晋升公务员职级136人次。大力选拔使用年轻干部，以换届为契机，提拔重用“85后”干部73人，其中党政正职6人。持续推进巡视反馈问题整改，加大消化超职数配备干部力度，优化党政工作部门领导班子结构，不断推动选人用人规范化、制度化。严把公务员入口关，面向基层设置18个岗位，招录67名省考公务员，其中57名安排在乡镇，进一步充实基层队伍力量。组织开展初任培训和清华长沙公务员远程学堂网络培训。严格规范人员抽借调，严肃干部人事纪律。推动全市91家行政及参公单位开展公务员平时考核，进一步激励担当作为。组织开展2批次市内选调公务员考试，21名公务员从乡镇选调进入街道和市直机关工作。开展参公单位重新认定工作，共有38家单位纳入第一批继续实行参照管理机关（事业）单位。组织全市各单位申报参评第七届湖南省"人民满意公务员"和"人民满意的公务员集体"。经过层层推选，市司法局淳口司法所司法助理员、三级主任科员罗传美获全省"记一等功"表彰。分3批次对26个单位开展选人用人专项巡察检查，发现问题线索123条，抓好问题销号管理，切实提升选人用人监督检查实效，省委组织部"红星云"、红星网专题推介有关经验做法。开展因私出国（境）专项清理和"回头看"行动，强化证件规范化管理，全市乡科级副职以上领导干部及四级主任科员以上职级公务员共备案3015人，集中保管证件1823本，做到应备尽备、应交尽交、应审尽审。下发《履职用权主要风险提示清单》，强化对乡镇（街道）党政正职监督管理。举办各类干部主体培训班18期、联合办班8期，指导12个部门举办培训班34期，培训干部人才1万余人次。修订完善党政领导班子和领导干部绩效考核工作办法，科学拟制年度工作目标考核体系，突出分类考核、个性考核、全程考核，坚持考少考精考重点为基层减负。全力做好长沙对浏绩效考核工作，动态监测分析，进一步紧盯重点难点指标，及时调度及时预警，确保实现在长沙市浏阳市级、浏阳经开区"双第一"目标。浏阳在全国县域经济与县域综合发展排名中再进一位，位列第八。

【"一老一少"工作】 2021年10月14日（重阳节），市委组织部组织长沙、浏阳两级离退休干部召开重阳节座谈会和重点项目观摩活动。在庆祝中国共产党成立100周年期间，举办"辉煌百年　浏阳历程"文艺演出，召开"我看建党100年新成就"专题座谈会。年内，组织开展最佳"五老红"志愿服务组织和最美"五老红"志愿服务者评选推介活动；开展党史"百年百讲"活动，组建"五老"金牌讲师团，开展集中宣讲260余场次，听众达5万余人次；开展"走访革命先辈、挖掘口述党史、传承红色基因"活动，走访慰问全市53名离休干部；推动离退休干部党建工作纳入城市基础党建大格局，加强对离退休党员干部的教育管理监督；开展离退休干部基层党组织书记集中培训，着力培养一支守信念、讲奉献、有本领、重品行的离退休干部基层党组织带头人队伍；打造11个"美在金秋"老党员之家，积极推进离退休干部党支部"五化"建设，全市32个支部获评长沙市示范党组织，大瑶镇退休干部党支部入选第六批"全省示范离退休干部党支部"；全年开办38所基层老年大学，培训学员11628人次；打造109个老年教育网络站点，参与线上学习达5万人次。市关工委被评为全省关心下一代工作先进集体；12月13日，举行纪念浏阳市关工委成立35周年暨全市关心下一代优秀典型推介会，表彰10个先进集体和40位先进个人；开展"学党史　跟党走——党的光辉耀我心"主题作品征集活动，收到投稿作品4500余件，评选获奖作品150件、优秀组织奖20个；着力加强隔代教育、安全教育，呵护青少年健康成长。

【人才工作】 2021年，浏阳市先后出台《浏阳市人才"双创双兴"计划实施方案》《浏阳市柔性引进人才暂行办法》《浏阳市引才奖励暂行办法》《浏阳市专业英才购房补贴暂行办法》等系列政策，建立"揭榜挂帅"机制，柔性引进高层次人才13人，第一批已认定7人，目前全市的长沙高层次人才达110人。分批引进党政、教育及医卫人才1633人。出台《浏阳市推动乡村产业人才振兴工作实施方案》，招聘63名紧缺急需专业人才。组织各类企业招聘活动105场，引进企业人才4万余人，着力以人才链带动产业链发展。印发《乡镇（街道）党（工）委书记履行乡村振兴人才工作职责清单》，进一步压实责任，促进人才政策落地。出台《浏阳市农业科技特派员组织实施细则》，选派82名农业科技特派员，全年开展技术服务和培训200余次，引进新品种60余个，推广新技术70余项。中组部、农业农村部2021年第2期农村实用人才带头人和到村任职选调生示范培训班在沙市镇东门村开班。积极落实长沙市乡村振兴产业人才"1+13"政策体系，认定农业产业领军人才14人、新型职业农民455人、乡村工匠186人。建立"1+1+N"院县合作模式，以推动科研技术成果在浏阳落地带动培育本土人才。构建政产学研用金"六位一体"协同创新空间和公共平台，统筹规划经开区人才培养三年计划。组织10家企业参加"创客中国"2021创新创业大赛浏阳赛区决赛。举办各类职业技能培训、农业实用技术培训、创业培训、岗前培训3300余期，培训技能人才14.5万人次。组织20余位直播人才参加"魅力湘赣边、播创湘赣红"首届湘赣边直播带货创新创业大赛。举办浏阳市"十佳乡村工匠"竞赛活动，评选表彰100位乡村工匠。举办第二届"浏阳工匠"命名活动，评选10名"浏阳工匠"和10名"优秀工匠"。评选表彰医护人员、优秀教师各1000余人。创新制定领导干部直接联系服务乡村振兴产业人才制度。新建长兴湖人才公寓164套，实施"1+2+N"青年人才驿站项目，为来浏就业创业择业人才提供优质住宿条件。发放英才绿卡186张，解决400余名人才子女就学问题，协调解决配偶随调问题20余次，组织1789名人才接受免费健康体检。指导3名高层次人才成功申报获评国家、长沙市级科技创业领军人才称号。深化人才办事"一站式"服务，受理269名骨干人才在长购房资格申请，为专业英才发放在浏购房、住房和生活补贴1000余万元，发放"人才贷"659万元，办理职业技能及职称晋级奖励131人次。全年举办高层次人才座谈会、"相约浏河畔"、青年人才联谊会等各类人才主题活动30余次。

【秋收起义党性教育培训联盟成立】 2021年6月21日，秋收起义党性教育培训联盟成立暨精品课程展演活动在浏阳举行。湖南省浏阳市、江西省修水县、铜鼓县、安源区、芦溪县、莲花县、永新县和井冈山市等秋收起义历史发生地组织人事部门以及“一线九馆”负责人共商湘赣边区域合作，共谋党史学习教育合作，共同培育党性教育培训区域品牌。省委党史研究院副院长、一级巡视员王文珍，省发改委二级巡视员彭艾珍，长沙市委常委、浏阳市委书记朱东铁等出席活动。2007年，由秋收起义文家市会师纪念馆、秋收起义铜鼓纪念馆、井冈山革命博物馆等组成的一线九馆协作会成立。此后，围绕湘赣边区域合作，一线九馆协作会又开展一系列主题活动。成立秋收起义党性教育培训联盟后，8县（市、区）将携手推动机制联谋、课程联建、资源联合、培训联动。以秋收起义历史发生地的丰富红色资源为纽带，建立秋收起义党性教育培训联谋机制，定期轮流在秋收起义历史发生地举办会议，共同挖掘和弘扬秋收起义的精神；整合秋收起义历史发生地的优质师资，联合组建课程开发工作组，深入挖掘联盟区域内的红色历史故事和典型人物故事，联合开发一批主题鲜明、内容精炼、感染力强的现场教学课程；以秋收起义关联旧址为主阵地，统筹秋收起义历史发生地党性教育资源，共同构建湘赣边秋收起义精品教学路线；建立联盟成员单位党员干部培训联动机制，推动生源互送、联合办班，并定期开展交流研讨活动。活动现场，还举行精品课程展演活动，由秋收起义历史发生地选送的《三湾改编铸军魂》《秋收起义中的一担拥军水桶》《文家市的抉择》等9堂精品教学课依次上台展演。

【“两优一先”表彰大会】 6月28日，在中国共产党成立100周年之际，浏阳市举行优秀共产党员、优秀党务工作者和先进基层党组织表彰大会，热烈庆祝党的百年华诞，深情回顾党的光辉历程，进一步牢记初心使命，传承红色基因，赓续精神血脉，从百年党史中汲取砥砺奋进的精神力量。长沙市委常委、浏阳市委书记朱东铁出席大会并讲话。表彰大会上，来自全市各行各业、在工作中取得优异成绩的100名共产党员、100名党务工作者和100个基层党组织，分别被授予“浏阳市优秀共产党员”“浏阳市优秀党务工作者”“浏阳市先进基层党组织”荣誉称号。

【开展“平时当战时”大讨论】 8月18日，中共湖南省委常委、长沙市委书记吴桂英到长沙市防汛指挥部，通过视频连线紧急督战各区县（市）防汛，要求各级主要领导靠前指挥、在岗尽责，强调“没有平时，就没有战时。平时训练有素、做足了功课，战时才能冲得上、顶得住、打得赢。”浏阳市认真抓好落实，8月23日，市委组织部下发《关于在党员干部中深入开展“平时当战时”大讨论活动的通知》，通过系列举措，不断提升党员干部抵御重大风险和应对急难险重任务的能力水平。活动分三个阶段进行，第一阶段为学习讨论阶段，要求在充分学习有关理论、业务知识的基础上，党员干部结合党史学习教育、主题党日开展大学习大讨论；第二阶段结合本职工作，开展对照检查，形成问题清单；第三阶段进行整改建制，并总结形成长效机制。

2021年6月21日，秋收起义党性教育培训联盟成立暨精品课程展演活动在浏阳举行

（市委组织部　供图）

【全面完成村（社区）“两委”换届选举】 2020年10月，湖南省启动村（社区）“两委”换届工作，按照省、长沙市的统一部署，浏阳坚决扛起抓好村（社区）“两委”换届的政治责任，精心组织、扎实推进。严格落实“八个严禁”的换届纪律要求，通过报刊网络、广播电视、微信短信、户外电子屏等载体，开展多种形式的换届纪律宣传教育。累计印发《浏阳宣传》5000份，制作横幅、标语5080条；利用“村村响”喇叭，每天定时宣传换届纪律和知识；将换届纪律有关精神的学习纳入浏阳2020年12月份和2021年1月份的主题党日活动，实现全市2400余个党支部、6万余名党员全覆盖；根据“八个严禁”等内容，制作通俗易懂的漫画，在“微浏阳”“浏阳党建”等微信公众号上持续推送，点击量超过10万余次。截至2021年1月31日，全市325个村（社区）党组织、村（居）民委员会全面完成换届选举。共选举产生1940名村（社区）“两委”成员，平均年龄41.71岁，较上届年轻5.32岁；大专以上文化程度1182人，较上届增长53.1%；女性700人，较上届增长16.5%；“一肩挑”比例达99.4%。

【学习宣传贯彻党的十九届六中全会精神】 2021年11月8日至11日，中国共产党第十九届中央委员会第六次全体会议在北京召开，这是在建党百年之际、“两个一百年”奋斗目标历史交汇重要关头召开的一次重要会议，具有划时代、里程碑意义。浏阳积极抓好党的十九届六中全会精神学习、宣传、贯彻活动。中共浏阳市委下发《关于认真学习宣传贯彻党的十九届六中全会精神的通知》，并召开市委常委会（扩大）会议、市委常委会会议、市委理论学习中心组（扩大）集体学习会议等，专题研讨学习宣传贯彻全会精神，确保第一时间传达学习、第一时间安排部署、第一时间贯彻落实。市政府党组理论学习中心组举行集体（扩大）学习，通过观看学习辅导视频、交流感悟感言，深刻认识党的十九届六中全会的重大意义、精神实质和丰富内涵，努力推动全会精神在浏阳形成生动实践。领导干部带头学，原原本本学、系统深入学，各园区、乡镇（街道）、市直部门积极跟进，引导广大党员干部把思想和行动统一到全会精神上来，学出忠诚信仰，学出责任担当，学出奋进动力。全市各级各部门紧密联系浏阳实际，做好结合文章——把学习宣传贯彻全会精神与习近平总书记对湖南重要讲话重要指示批示精神、党史学习教育、省第十二次党代会精神、长沙市第十四次党代会精神、浏阳市第十三次党代会精神紧密结合起来，切实把党中央提出的战略部署转化为本部门本单位的工作任务，坚定不移沿着习近平总书记指引的方向前进，认真落实“三高四新”战略定位和使命，奋力谱写新时代坚持和发展中国特色社会主义的浏阳新篇章。

2021年11月11日，全省抓党建促乡村振兴会议在浏阳召开，与会人员到柏加镇渡头村观摩 （市委组织部　供图）

【全省抓党建促乡村振兴会议在浏阳召开】 11月11日，全省抓党建促乡村振兴会议在浏阳召开。中共湖南省委常委、省委组织部部长王成出席会议并强调，要深入学习贯彻习近平总书记关于全面推进乡村振兴的重要指示批示精神，认真落实中组部电视电话会议部署和省委要求，强化使命担当，坚持真抓实干，以高质量党建引领促进乡村振兴。省委常委、长沙市委书记吴桂英，长沙市委副书记阚保勇，长沙市委常委、市委组织部部长罗缵吉，长沙市委常委、浏阳市委书记朱东铁参加相关活动。省委组织部副部长、省委两新工委书记陈潇主持会议。省委农办、省农业农村厅、省乡村振兴局主要负责人，以及各市州委常委、组织部部长，市州组织部有关负责人，党群连心“五个到户”试点市县有关负责人出席会议。会前，与会人员组成观摩团，分成三组到柏加镇渡头村、镇头镇干口村等8个乡镇（街道）的9个观摩点，考察“支部+庭院经济”、党建引领美丽宜居村庄建设、“五个到户”工作及信息管理平台、党建引领乡村治理、研学基地、万亩蔬菜基地核心示范区、乡村产业服务中心、田园综合体项目，实地感受浏阳市抓党建促乡村振兴工作的经验做法、亮点成效。王成对浏阳市抓党建促乡村振兴的诸多做法和成效给予充分肯定，认为工作有力度、有特色、有成效，充分体现浏阳市委领导有力、谋划推进有力、组织引领有力、产业带动有力、人才支撑有力。朱东铁代表浏阳作交流发言。怀化市委组织部、江华县委、常宁市西岭镇党委、韶山市银田村党委、华菱集团驻溆浦县统溪河村工作队有关负责人作交流发言。

（崔月龙）

宣传工作

【概况】 2021年，市委宣传部在市委的坚强领导下，坚持以习近平新时代中国特色社会主义思想为指导，围绕中心，服务大局，办好大事要事，抓好难事实事。理论武装、党史学习教育、舆论引导、文明创建、文化文艺文产等各项工作取得新成效、呈现新气象。党史学习教育创新做法2次获中央《党史学习教育简报》重点推介，是长沙市上简报次数最多、篇幅最长的区县（市）。《云上的小店》全网热播，有力助推乡村振兴、提升浏阳形象。深入开展文明创建“十大提升行动（城市品质、市容秩序、文明交通、农贸市场管理、文明素养、志愿服务、公益宣传、窗口服务、物业服务、校园及周边环境提升行动）”，年度测评排名全省第一。河长制电影《浏阳河上》在全省上映。

【理论学习】 2021年，市委宣传部把深入学习宣传贯彻习近平新时代中国特色社会主义思想作为首要政治任务，围绕总书记“七一”重要讲话精神、党的十九届六中全会精神、省市党代会精神，深入开展大学习、大宣传、大贯彻行动，不断推动理论武装走深走心走实。认真落实《进一步加强和改进党委（党组）理论学习中心组学习的措施》，全体市级领导带头执行“三个一”学习制度（开展一次座谈交流、撰写一篇调研报告、组织一场知识测试），市委开展集体学习15次，各级党委（党组）开展学习1300余次。深入开展理论宣讲“六讲”活动（市级领导示范讲、党组织书记带头讲、专家宣讲团深入讲、基层党员贴近讲、微网格长常态讲、文艺小分队流动讲)，努力打造“就认这个理·理响浏阳河”品牌，全年举行宣讲报告会400余场、微宣讲3000余场。用好“学习强国”平台，全年上稿550余篇，排名长沙九区县(市)第一，浏阳融媒号成为全省首家入驻“学习强国”的县级融媒号。

【党史学习教育】 2021年，市委宣传部充分发挥牵头抓总作用，对标对表深入开展党史学习教育，深入挖掘浏阳丰富的红色资源，组建专家智库围绕6个重大党史课题深入研究、形成成果；精心编撰《浏阳红色人物故事汇》；开设《先烈志·两地红》专题专栏300余期；创排《胡子将军》《浏阳李白》《浏水忠魂》等红色剧目，用红色文化感染人、教育人、激励人。提质改造锦绶堂、易荡平故居、李白故居等红色阵地，推出4条红色精品旅游线路，引导党员干部砥砺初心使命、汲取奋进力量。5月28日，省委党史学习教育第九巡回指导组组长宋建民到浏阳调研时给予充分肯定，创新做法2次获中央《党史学习教育简报》重点推介，是长沙市上简报次数最多、篇幅最长的区县(市)。常态长效开展“我为群众办实事”实践活动，深入实施“十百千万”工程(市委市政府集中攻坚十件民生实事、参学单位突出抓好百件重点难事、支部铺排千件要事、党员实施万件微事)，解决一批群众急难愁盼的问题，得到省委宣传部重点推介。

【舆论引导】 2021年，市委宣传部坚持以主流舆论凝聚民心、振奋精神，策划推出一批有高度、有深度、有温度的主题宣传，获中央主流媒体宣传推介1350余次、省市3000余次，浏阳的知名度、辨识度、美誉度显著提升。医疗改革的浏阳经验被《人民日报》整版报道，《秋收起义·中国革命道路新起点》《挖掘红色资源，打造文旅融合特色小镇》在央视《新闻联播》刊播。全国首档乡村振兴综艺节目《云上的小店》已在小河乡拍摄12期，播放量达到5.9亿人次，取得六网第一的收视成绩，助力浏阳乡村振兴实现“名气引人气、热点成卖点、流量变销量”。坚持做强做精融媒体中心，圆满完成网络公司相关人员分流安置工作，获评“全国新闻出版广播影视系统先进集体”“全国舆情信息工作优秀单位”“全国报纸自办发行先进集体”，“掌上浏阳”App作为全省唯一被中宣部评为全国7个具有示范意义客户端之一。

【文明创建】 2021年，市委宣传部紧紧咬住创建全国文明城市目标，坚持全域全员全面全程创建，出台实施《2021—2023年深化创建全国文明城市工作三年行动方案》，以开展“十大提质行动”为抓手，抓实设施提质、环境美化、专项整治、文明养成等工作，在全省测评中排名第一。深入开展群众性精神文明创建活动，浏阳市税务局继续蝉联“全国文明单位”称号，永安镇坪头村、大瑶镇南山村获评“全国文明村”。深入推进新时代文明实践中心建设，全市有注册志愿者18万余人，集里街道集里桥社区获评“全国最美志愿服务社区”。制定实施“礼遇道德模范和身边好人十条”，“中国好人”增至20名，“湖南好人”增至35人，“新时代湖南好少年”增至3名。2021年度获得长沙市级以上文明荣誉单位102个，个人35人次。

【文化文艺】 2021年，市委宣传部围绕打造文旅融合标杆，加快推动苍坊旅游区(胡耀邦故里)创建国家5A级旅游景区，精心建设浏阳河“一河两岸”文旅项目，花炮观礼台全新亮相，段江华乡村美术馆建成开馆，道官冲“非遗+民宿”融合样板初具雏形。做精做强花炮产业，深入实施“安全提质、科技革新、质量创优、文化赋能”工程，2021年实现浏阳花炮产业集群总产值261.5亿元，增长28.9%，浏阳烟花在全国庆祝建党百年活动现场精彩绽放。开展文创“百日竞赛”活动，建成长沙市首家县级版权服务工作站和32个乡镇(街道)版权服务登记点，全年新增入规文化企业7家、版权登记10247件，均居长望浏宁第一。精心打造永和电影小镇，在长沙市委宣传部的大力支持下，首部反映河长制工作的现实题材电影《浏阳河上》在全国首映。建成标准化村(社区)综合文化服务中心25个、智慧社区健身中心6个、乡镇全民健身中心3个，总投资2亿元的浏阳市博物馆建成开馆。

【意识形态】 2021年，市委宣传部以底线思维牢牢把握维护意识形态安全的主导权，实施《浏阳市党委(党组)意识形态工作责任清单制度》《浏阳市意识形态“七大阵地”管理工作流程》等制度，强化明责履责督责问责，确保责任上肩、工作落地。盯紧看牢“七大阵地”“五类人群”常态化监管，全年下沉32个单位开展意识形态专项巡察，深入一线开展专项联合督查20余次，督促整改问题50余处，全年没有发生意识形态重大事件。严格落实网络意识形态工作责任制，实行7×24小时盯网制度，做到舆情监测全网全时全媒全覆盖，全年稳妥处置网络舆情2835起，查删重点敏感帖文视频1608条，网络综合治理工作得到中央网信办重点推介。

【创建全国文明城市工作推进会】 5月14日，浏阳市召开2021年浏阳市文明委全会暨创建全国文明城市工作推进会，长沙市委常委、浏阳市委书记、市文明委主任朱东铁出席会议并强调，要深入学习贯彻习近平总书记关于精神文明建设的重要论述，全面落实中央、省、长沙市精神文明建设有关会议精神，紧紧围绕庆祝建党100周年这条主线，紧盯全国文明城市创建这个目标，坚持守正创新，强化使命担当，大力推进物质文明和精神文明协调发展，为实施“三高四新”战略、推进高质量发展和建设现代化新浏阳凝聚强大精神动力。会议听取全市精神文明建设工作情况汇报，部署全市2021年文明创建工作要点，印发《浏阳市2021年精神文明建设及文明城市创建工作要点》《浏阳市2021—2023年创建全国文明城市三年行动方案》《浏阳市2021年文明创建全域提质年行动实施方案》《浏阳市创建全国文明城市“三联三定”工作方案》。

【电影《浏阳河上》全国首映】 12月16日，庆祝河长制实施五周年献礼影片《浏阳河上》全国首映式在长沙举行。《浏阳河上》是国内首部反映河长制工作的现实题材电影，取材于浏阳市一名河长的真实事迹，还原各级河长克服重重困难、齐心协力让浏阳河碧水长流的故事，谱写出一曲动人的新时代护水之歌。水利部副部长魏山忠，副省长陈文浩，水利部水资源管理司司长杨德瑞、河湖管理司司长祖雷鸣，省委宣传部副部长、省电影局局长刘学，省河长办常务副主任、省水利厅厅长颜学毛，长沙市委副书记、市长、湖南湘江新区党工委书记郑建新，长沙市委常委、浏阳市委书记朱东铁，湖南广播影视集团（湖南广播电视台）副总经理、潇湘电影集团董事长谷良出席首映式。浏阳市委副书记、市长王雄文等市领导以及来自全国水利系统的200余名代表参加首映式。电影《浏阳河上》由水利部河长办指导，湖南省河长办、省水利厅、省电影局、长沙市委宣传部、长沙市河长办、长沙市水利局、浏阳市委市政府和潇湘电影集团有限公司、湖南潇影第二影业有限公司联合拍摄，由青年导演赵楠执导，国家一级作家谭仲池与赵楠共同编剧，马羚、徐雷智、赵越领衔主演，电影时长95分钟。2020年10月，电影《浏阳河上》在浏阳市大围山镇开机，全程在浏阳取景。官渡镇、葛家镇、普迹镇等多个乡镇的美景被一一拍进电影，浏阳河源头、浏河第一湾、围山书院等景色也被融入影片中。浏阳河是湘江一级支流，全长224千米，其中浏阳境内179千米。2017年以来，浏阳坚定不移地践行习近平生态文明思想，在长沙地区率先实施河长制，并把浏阳河的保护作为一号重点工程来抓，多管齐下、综合施策，共设立河长（库长）600名，各级河长年度巡河累计达1.2万人次，浏阳水质逐年提升。浏阳河出境断面Ⅱ类水质达标率由2017年的8%逐渐提升至2020年以来的100%。捞刀河、南川河年平均水质达到Ⅲ类，支流基本消除Ⅴ类及以下不达标水体。

【《红色人物故事汇》丛书首发】 2021年12月24日，《浏阳红色人物故事汇》丛书首发。浏阳市举行《浏阳红色人物故事汇》丛书首发式暨庆祝建党百年浏阳重大党史研究成果集中发布会。丛书共有50余册，以口袋书的形式生动再现浏阳革命前辈的生平事迹、品格风范和精神智慧。第一期完成胡耀邦、王震等5位党和国家领导人及寻淮洲、李白等8位著名革命英烈的故事编撰，成书12册60余万字。丛书将免费捐赠给革命前辈的故居、纪念馆及所在乡镇、村的中小学校，成为对外讲好浏阳革命故事，对内传承红色基因的权威读本。

（曾孝喜）

2021年12月16日，庆祝河长制实施五周年献礼影片《浏阳河上》全国首映式在长沙举行

（市委宣传部　供图）

统战工作

【概况】 2021年，市委统战部在市委的坚强领导下，全市统一战线以开展主题活动、创建实践基地、打造工作品牌为抓手，推动统一战线各领域工作守正创新。工商联获评“全国‘五好’县级工商联”，民革浏阳市工委一支部被民革中央授予第二批示范支部，创建长沙市级同心美丽乡村4个，园区民族工作机制、商事调解中心建设等多项做法被省委统战部肯定和推介，民族工作在长沙市委民族工作会议上被作为典型推介，统战工作在长沙对浏阳绩效考核中连续十年零扣分、排一类。

【党领导下的多党合作工作】 2021年，市委统战部支持和引导民主党派、工商联和无党派人士参政议政，开展全市统一战线“学习贯彻条例开新局·聚焦三高四新汇同心”“聚焦党代会·奋进新征程”主题调研活动，举办调研课题成果交流座谈会，完成调研课题11个，向各级两会提交建议提案80余件。特约人员积极履职，围绕“助力一流营商环境”主题，28个部门聘请特约人员56名。引导党派团体和成员在乡村振兴、脱贫攻坚等中心工作中积极作为，开展“助力乡村振兴”社会服务活动近20场次，签订结对帮扶协议20余个，创建田溪村、白沙村等社会服务实践基地5个。

【党外代表人士工作】 2021年，市委统战部组织举办习近平总书记“七一”重要讲话精神、十九届六中全会精神和省、长沙市、浏阳市党代会精神等专题学习活动6场次；先后组织统一战线成员赴红旗渠干部学院、湘江战役发生地等开展“学党史·守初心·担使命”理想信念教育活动4场次；紧扣中国共产党成立100周年主题，组织开展“四史（党史、国史、改革开放史和社会主义发展史）”知识抢答赛、“话中秋叙团圆·庆国庆颂党恩”书画摄影展等形式多样的系列活动。制定印发《党员

2021 年 7 月 9 日，市委统战部举办浏阳市统一战线“葆初心·担使命”“四史”知识抢答赛，中共浏阳市委统战部机关、民革浏阳市工委等 8 支代表队参加 （市委统战部 供图）

领导干部与党外人士联谊交友工作实施方案》，推动市直单位、乡镇（街道）、园区党（工）委（党组）成员与 700 余名党外代表人士联谊交友。举办统一战线“同心讲堂”“侨海主题沙龙”等跨界交流活动 6 场次；扎实开展节日统战工作，举办“百里公益毅行”等主题联谊活动 10 余场次，统一战线成员的归属感、认同感不断增强。

【非公有制经济领域统战工作】 2021 年，市委统战部着力健全完善政企沟通机制，建立市级领导联系民营企业、商协会制度。持续开展民企大走访活动，累计收集解决企业反馈问题 500 余个。全力维护民营企业权益，深化“总商会商事调解中心”建设，打造“一心+五站”“线上+线下”“联动+联通”的商事调解新样板。聚力企业家素质提升和发展培养，推出年轻一代民营企业家培养“浏金计划”，举办“浏商大讲堂”5 期次，培训企业家 1000 余人次。大力营造浓厚重商爱商氛围，新颁发“企业家绿卡”292 张，推选出周群飞等 10 位“最美爱心企业家”。

【民族宗教事务】 2021 年，市委统战部以铸牢中华民族共同体意识为主线，扎实推进民族团结进步创建工作，开展“民族一家亲，中秋庆团圆”、民族团结进步政策学习宣讲等主题活动 11 场次，创建长沙市级民族团结进步示范社区 1 个。持续做好少数民族流动人口服务管理，建立定期调度、信息定期报告等 7 项工作制度，有效提升园区民族工作的成效。压实“三级网络两级责任制”，抓实抓牢宗教（民间信仰）活动场所疫情防控和安全管理，扎实推进“四个一”和“百日攻坚”系列行动，组织各类安全培训和演练 70 余次，建立安全橱窗 100 余个、微型消防站 50 余个。牢牢把握宗教中国化方向，不断提升宗教工作法治化水平，深入开展打击非法宗教活动、佛道教商业化问题治理等专项整治行动。着力加强宗教团体（协会）自身建设，建立场所财务监督管理专项巡察制度，深入实施“国好·法大”“五进五好”主题实践活动，场所规范化管理能力不断提升。

【新的社会阶层人士统战工作】 2021 年，市委统战部开展党史学习教育，组织新的社会阶层人士服务团部分成员赴湘江战役发生地广西全州等地开展党史学习教育专题培训；以“重温红色岁月·传承革命精神”为主题，组织参观秋收起义纪念馆、党史微党课、“红色”毅行、“我向中国共产党表白”、“光影铸魂”电影党课等系列活动，团结凝聚新的社会阶层人士服务团成员与党同心同向同行；创新社会服务实践，在大围山镇共同开展以“百人同心耀星城·浏河源头助振兴”为主题的乡村振兴活动；持续深化统一战线成员实践服务基地建设，“浏阳和·星公益”成功创建 2021 年度省级新的社会阶层人士统战工作实践创新基地精品示范点。

【海外统战工作】 2021 年，市委统战部深化海外的联络联谊，带领侨界人士、海归人士先后走进浏阳永和红一方面军成立旧址、湘江战役旧址、红旗渠等，实地触摸历史，深化理想信念教育，举办“侨心向党 同心逐梦”诗歌朗诵会。坚持在春节、中秋等传统节假日慰问海外浏阳人、关爱帮扶侨界困难家庭。组织颁发第 27 届黄彰任奖学金、第 8 届黄彰任科技奖，向优秀学子、优秀科技人才发放奖励金 5 万元。引导侨界人士、海归人士关注中心大局，积极参政议政。打造长沙市首家建设银行“侨胞之家”，并成功创建为长沙市级“侨胞之家”。

【省委统战部民宗处调研浏阳民族宗教工作】 3 月 4 日—5 日，省委统战部民宗处副处长黄昕等一行 3 人

2021 年 3 月 4—5 日，省委统战部民宗处副处长黄昕等一行 3 人到浏阳调研民族宗教工作 （市委统战部 供图）

到浏阳调研民族宗教工作，长沙市委统战部民宗处处长王昌伟，浏阳市委统战部副部长、民宗局局长张旭等陪同调研。黄昕一行实地踏看一喜科技企业，就少数民族务工人员务工情况开展调研，并从场所疫情防控、安全管理、规范管理、财务管理等方面先后察看金刚镇将军纪念馆、石霜寺、淮川街道基督教堂、集里街道天主教堂、永和镇观音寺等场所。

【中共中央统战部六局调研组到浏阳调研】 4月9日，中央统战部六局调研组到浏阳调研新的社会阶层人士统战工作，先后考察“浏阳和·星公益”、浏阳市文化创意产业协会会长单位湖南庆泰花炮集团的国际花炮博览中心，听取相关工作汇报，详细了解其管理及运营发展情况。“浏阳和·星公益”是由中共浏阳市委统战部牵头，以59家社会公益组织为活动主体，相关部门共同参与打造的跨界合作平台，2019年入选中共中央统战部新的社会阶层人士统战工作实践创新基地重点项目，培养一批优秀的新的社会阶层代表人士。调研组一行对浏阳和·星公益平台的运作模式及工作成效给予充分肯定，鼓励该平台继续引导新的社会阶层人士充分发挥优势，服务社会民生，凝聚正能量。当天，调研组一行还到湖南庆泰花炮集团，就“互联网+烟花”“文化创意+烟花”等与企业负责人交流探讨，勉励其要更加关心企业管理人员、技术人员、新媒体从业人员等新的社会阶层人士的工作、生活，引导他们健康成长。省委统战部、长沙市委统战部相关负责人，浏阳市委常委、统战部部长周耀辉参加调研。

【全哲洙到浏阳调研民间信仰管理工作】 2021年4月19日，全国政协民族和宗教委员会副主任全哲洙率调研组一行到浏阳市调研，先后到沙市镇仁寿山陈大仙人庙、赤马殿就民间信仰管理工作开展专题调研，并与浏阳市基层干部群众、场所负责人开展座谈会交流，听取工作汇报，收集意见建议。

【“学习贯彻条例开新局·聚焦三高四新汇同心”主题活动】 2021年4月30日，全市统一战线召开座谈会议，全面启动“学习贯彻条例开新局·聚焦三高四新汇同心”主题活动。本次主题活动包括“强信念·开新局”“汇同心·献良策”“汇同心·助振兴”三个部分。通过“强信念·开新局”活动，组织全市统一战线成员学《中国共产党统一战线工作条例》(下称《条例》)、学“四史”，共同推动《条例》落到实处、取得实效。通过“汇同心·献良策”和“汇同心·助振兴”两大活动，引领全市统一战线成员做好参政议政、民主监督和社会服务工作。会上，围绕“建设一流营商环境”监督主题，举行特约人员集中聘请仪式，正式启动浏阳新一轮特约人员工作。同时，与会的统战系统单位、民主党派工委、统战团体负责人分别聚焦工作谋划、作用发挥、组织建设等主题发言，民革浏阳工委、致公党浏阳工委、党外知联会、新的社会阶层人士服务团现场认领调研课题，发布“同心同行助力乡村振兴”联点共建工作项目。2020年，全市统一战线成员围绕市委、市政府中心工作和社会热点难点问题，向各级两会提交建议和提案134件，51名统一战线成员获评各级优秀人大代表、政协委员。

【浏阳统一战线支援河南抗洪救灾】 7月17日起，河南省遭遇罕见持续强降雨，全省发生严重洪涝灾害，大量群众被迫紧急转移，并造成重大财产损失。浏阳统一战线积极践行社会责任，用行动充分彰显统一战线的担当作为。民营企业捐款捐物，盐津铺子食品股份有限公司筹备2500件食品作为第一批捐赠物资，通过湖南省红十字会捐赠至河南省红十字会；蓝思科技向河南省慈善总会捐赠人民币2000万元驰援河南省抢险救灾工作。新的社会阶层人士踊跃参与防汛救灾，市公益救援队、市红十字蓝天救援队、市飞虎人防志愿服务队携带救生艇以及大量救生衣、救生圈等装备，紧急奔赴河南郑州，支援防汛救灾一线。

【全市统一战线代表人士理想信念教育培训】 2021年9月16—21日，浏阳市委统战部举办2021年统一战线代表人士理想信念教育培训，各民主党派人士、非公经济人士、无党派人士、党外知识分子、侨界人士、新的社会阶层人士、少数民族人士等代表共62人参加。本次培训在河南省安阳市林州市红旗渠干部学院举行，通过现场教学、情景教学、专题讲座等形式领悟红旗渠精神，引导统一战线成员进一步坚定理想信念，铭记初心使命。

【“话中秋叙团圆·庆国庆颂党恩”主题活动】 9月27日至10月12日，浏阳市统一战线在行政中心一楼大厅举办“话中秋叙团圆·庆国庆颂党恩”书画摄影展。本次活动征集通知发出后，共收到作品400多件，并遴选展出书法、摄影、绘画作品共100件，充分展示浏阳市统一战线成员和统战工作者深厚的文化底蕴、饱满的创作热情和扎实的艺术功底。书画摄影展共分为“花好月圆秀丽山川”“红心向党传承经典”“同心同行蒸蒸日上”三个篇章，其内容或讴歌党的光辉历程，或紧跟浏阳发展节奏，或传承经典文学作品，或聚焦统一战线同心同行，把对党和祖国的忠诚融入一幅幅画卷，把对浏阳的热爱定格在一张张照片，让大家在感受艺术的同时，凝聚起奋进奋发的最大共识，为奋进新征程、挺进前五强，加快建成“两个中心”、全面建设现代化新浏阳贡献统一战线的智慧和力量。

【“同心创建”工作】 2021年，市委统战部继续推进“同心美丽乡村”“同心宜居社区”“同心发展基地”“同心共赢项目”创建工作。共创建大围山镇白沙村、蕉溪镇蕉溪村、沙市镇河背村、龙伏镇焦桥村4个长沙市级同心美丽乡村，创建浏阳市级同心美丽乡村13个。

（陈　霆）

市直机关党建

【概况】 2021年，组织关系隶属市直机关工委的市直单位共72个(其中设党组的单位共56个)，工委下辖机关党委20个，党总支部35个，党支部298个，党员5778人。1月中下旬和6月底，开展春节和“七一”前夕困难党员慰问工作，对相关市直单位上报的困难党员进行走访慰问。3月3日，组织开展2020年度市直单位党组(党委)书记抓基层党建和落实意识形态工作责任述职评议考核会议。3月19日，长沙市机关党的工作会议召开，浏阳市直机关工委书记喻辉在会议上作为九区县唯一代表作机关党建工作典型发言。分别于4月14—16日和9月3日，在市委党校举办市直单位2021年党员发展对象培训班、入党积极分子培训班，110余名党员发展对象、120名入党积极分子参加集中培训。5月10日，举办“追寻百年初心、赓续红色血脉”为主题的浏阳“学史达人”党史故事分享会，吸引64.8万人次在线观看。围绕庆祝中国共产党成立100周年，6月份，开展“感党恩·跟党走”庆祝建党100周年机关合唱比赛、“光荣在党50年”纪念章颁发暨新党员入党集中宣誓等活动；开展四级“两优一先”对象推荐表彰工作，表彰市直机关“两优一先”优秀党员、优秀党务工作者各100名，先进基层党组织50个，推荐35个“两优一先”对象获得市委、长沙市委、省委表彰。圆满完成市直机关工委选区出席市第十三次党代会代表选举工作。9月，市直单位机关党支部与全市302个农村党支部开展结对共建，通过扎实推进“五个一”行动，帮助农村党组织和群众解决具体困难。11月23—25日，对400余名市直机关基层党组织书记开展为期3天的集中培训。

2021年6月23日，市直机关工委在浏阳文庙(中共浏阳县第一次党代会旧址)组织“光荣在党50年”纪念章颁发暨新党员入党集中宣誓等活动现场　　(市直机关工委　供图)

【思想政治建设】 2021年，市直机关工委坚持把党的政治建设摆在首位，将学习贯彻习近平新时代中国特色社会主义思想、党的十九届六中全会和省市党代会精神等内容作为重要政治任务，通过党组织书记专题培训、理论宣讲、书记讲党课等方式抓实政治理论学习。以党史学习教育和庆祝党的百年华诞为契机强化理想信念教育，高质量开展党史故事分享会、合唱比赛等机关红色活动，参与度、关注度创新高，在线观看人数超100万人次；发动指导各单位组织开展主题演讲、知识抢答、书画展览等系列红色活动200余次。深入开展“清廉机关”建设，将党风廉政教育融入日常。突出政治标准开展党员民主评议，18名党员被评为基本合格、不合格。指导督促部门党组（党委）履行党建主体责任，出台《市直单位机关党的建设工作考核实施细则（试行）》，明晰政治、思想、组织、作风、纪律等五大建设方面的考核指标和工作要求，以抓述职考评推动党建责任落地。全覆盖深入各单位开展党建督导，指导整改各类问题290个。

【基层组织建设】 2021年，市直机关工委依托“机关大讲堂”培训基层党组织书记、党务干部，邀请省市知名专家授课，提高意识形态工作、基层组织建设、党员教育管理等方面工作能力。制定《市直机关党支部“五化”建设工作指南》，指导机关基层党组织规范运行，机关党支部“五化”达标率达100%。指导47个机关基层党组织开展换届选举，届中调整党组织书记28人，发展党员119人，慰问困难党员346人，发放慰问金46.7万元。继续推行支部“堡垒指数”和党员“先锋指数”考评，以支部和党员管理的精细化夯实基层基础。深入考察比选，做好四级“两优一先”对象推荐表彰及各级党代表推选，鼓励机关党组织和党员建功立业、创先争优。

【党建引领服务】 2021年，市直机关工委坚持围绕中心抓党建、抓好党建促发展，指导各单位围绕职能

2021年5月10日，市直机关工委组织开展以“追寻百年初心、赓续红色血脉”为主题的浏阳“学史达人”党史故事分享会　　(市直机关工委　供图)

确定党建工作的目标任务、工作载体，做好党建工作规划，创建党建工作品牌。行政审批局“支部建在大厅，党建引领政务服务”品牌获全省优化政务服务“金点子”比赛一等奖；住保中心“基层党建+城镇老旧小区改造”课题成效获《中国建设报》推介。通过设立“党员先锋岗”，评选“季度标兵”等方式，引导机关党员在产业发展、项目建设等工作中实干担当、大胆作为。主动认领“党建聚合力”工程、党群连心“五个到户”等工作的职责任务，做好新一轮机关和农村党组织结对共建的安排部署和指导督促，115名机关党员被选派担任第一书记、工作队员，在职党员全员到社区报到服务、参与微网格工作，助力乡村振兴和基层治理，帮助基层解决大批困难问题，相关工作经验获得《人民日报》《湖南机关党建》等媒体推广。

（黄凤兰）

机构编制

【概况】 2021年，市机构委员会办公室为落实党中央实施新时代人才强国战略，进一步做好编制“盘活”文章，分类制定人才引进的编制保障方案。为支持乡村振兴示范县的打造，调剂64个编制借给乡镇（街道）用于引进乡村振兴专业人才，加大公务员招录力度，下达公务员招录计划88名；为确保义务教育质量，全年向上争取中小学教职工编制1098名，幼师编制83名，共下达教师用编计划1000名，实现公办中小学教职工编制全面达标；为保障公共医疗需要，下达卫健系统专业人才编制计划400名，同时，增加安全生产、社会治理、生态环境等紧缺型专业人才编制计划，助力“人才强市”战略力度进一步加大。7月8—9日，举办全市机构编制业务专题集中轮训，市直机关事业单位和乡镇（街道）机构编制工作分管负责人及业务专干200余人参加。7月，省委编办组织在全省机构编制系统内组织开展机构编制政策法规和机构编制史网上知识竞赛，两名工作人员分别获得二等奖和优胜奖。全年有52篇工作经验、创新做法在中央、省市刊物上刊载，其中，中央编办11篇，省委内刊《改革简报》1篇、省委编办7篇，长沙市政府《决策咨询》1篇、长沙市委编办21篇，长沙市级其他媒体刊物6篇，2021年浏阳市机构信息宣传工作在全省县（区、市）中排名第一，在全省编办系统信息宣传工作会议上获点名表扬、在长沙市委编办系统信息宣传会议上作经验介绍。

【园区机构清理规范】 2021年，市机构委员会办公室积极做好开发区管理机构规范清理，多次赴省、长沙市汇报对接开发区管理机构运行情况，为经开区争取领导职数；为经开区争取并获得相对集中行政许可权改革试点，增设一个正科级行政审批服务局；积极推动两型产业园管委会转变为“浏阳市省级农业科技园区管理委员会”。通过两个园区清理规范过程中的资源争取，为全市省会副中心城市建设储存能量，又为打造湘赣边区域中心城市提供机构编制保障。

【镇街机构调整优化】 2021年，市机构委员会办公室为解决部分机构职能饱和需要分设、事业单位因服务区域特色发展需要新设等问题，按照“大稳定、小调整”原则，推出“以微改革深化大改革”，指导8个乡镇（街道）将原设置的公共安全和应急管理办公室（社会治安综合治理中心）分设为公共安全和应急管理办公室、社会治安综合治理中心两个机构；10个乡镇单独设立乡村振兴事务中心或在农业农村办公室加挂乡村振兴办公室牌子；9个乡镇将政务服务中心由单设调整为在社会事业综合服务中心挂牌；根据工作和发展需要，15个乡镇（街道）在规定限额内对其他机构进行适当微调，解决乡镇（街道）存在的机构改革不适应证，管理不畅等问题。

【镇街编制结构优化】 2021年，市机构委员会办公室为解决基层的历史性超编，通过调研走访，统筹全市编制资源配置，下沉100名行政编制、100名事业编制壮大基层队伍；盘活345名事业编制用于乡镇（街道）列编外管理的人员上编；借用64名全额事业编制帮助乡镇（街道）解决多年没有引进专业人才的困境；多次协调有关部门，帮助乡镇（街道）锁定607名全额编制，“退一少一”变为“退一补一”，解决乡镇（街道）因长期超编而存在数百名退役军士只能列编外管理、乡镇（街道）无法引进专业人才的困境。

【编外合同制人员规范管理】 2021年，市机构委员会办公室联合财政、人社等部门成立专班，全面盘清全市各单位通过直接聘用、劳务派遣、劳务外包等方式聘用人员和财政支出情况，坚持“严控增量、减少存量”总原则，采取规范名称、薪酬、合同、监督等方法正本清源，修订《管理办法》，在核减2021年542名编外人员和节省财政支出3000多万元的基础上，再减2022年员额476名，财政支出再减2000多万元。

【机构编制监督检查】 2021年，市机构委员会办公室抓好机构编制常态化纳入市委巡察选人用人专项检查工作，年内，组织人员先后参加10余个单位的选人用人专项工作检查，现场督促整改问题50余个，书面提交问题6个。机构编制监督检查工作得到省委编办的高度认可和相关会议上的通报表扬。扎实开展“乱设机构、乱挂牌”专项整治、巡视巡察整改情况“回头看”、《条例》及配套法规制度落实情况“回头看”、编外合同制人员聘用管理、机构编制核查等专项工作，印发工作提示100余份，点对点印发监督检查情况通报12份，督促龙伏镇等单位规范整改问题50余个，对1个单位在绩效考核中予以扣分。通过采取宣传教育、自查自纠、监督检查等一系列措施，有效遏制条条干预行为的发生。

【事业单位登记管理】 2021年，市机构委员会办公室严格落实事登业务“三审”工作制度，确保登记程序严谨、信息真实、资料完备。通过优化办事流程、容缺办理、精准服务等一系列措施，不断提升群众办事的便利度。全年共办理事业单位设立登记37家，变更登记217家、变更事项278个，注销登记10家，清理规范应注销的、废止或冻结的事业单位法人5家。完成全市831家事业单位2020年度报告的申报、审核和公示工作。按照“双随机、一公开”要求，对22家事业单位开展公示信息实地核查和网上公告工作，进一步规范事业单位法人行为。全年共办理党政机构和群团组织统一信用代码变更30家、撤销2家。

【长沙市委编办和区县编办到浏阳调研】 6月4日，长沙市委编办组织长沙市各区（县、市）委编办主任到浏阳开展经济发达镇行政管理体制改革“回头看”和基层治理调研活动。先后参观大瑶“特色小镇”科技创新平台——花炮产业科创中心，了解运用大数据手段加强安全生产监管工作的创新方法及成效；到淮川街道调研城区街道管理体制改革工作。并召开经济发达镇行政管理体制改革调研座谈会，听取浏阳市委编办机构编制工作开展情况介绍，大瑶镇、淮川街道行政管理体制改革经验做法，澄潭江镇、金刚镇、集里街道有关情况汇报。长沙市委编办副主任周艳芳从以加强党建为抓手，注重网格平台建设；以问题为导向，注重明责赋权强职能；以整章建制为重点，注重规范管理；以民生需求为着力点，注重统筹协调四个方面肯定浏阳市乡镇街道基层治理工作。同时，她指出机构编制资源是重要的政治资源、执政资源，作为机构编制管理部门要认真学习贯彻中央、省、市有关文件精神，为加强基层治理体系和治理能力现代化提供有力支撑。本次调研是贯彻落实长沙市委“党建聚合力”工程、整治形式主义为基层减负、开展机构改革“回头看”等工作的举措，也是各区县（市）委编办相互学习、拓宽思路的有效途径，通过调研了解基层工作实际，为下一步研究制定有关工作举措奠定基础。

（梁　宁）

2021年6月4日，长沙市委编办组织长沙市各区、县（市）委编办主任到浏阳开展经济发达镇行政管理体制改革“回头看”和基层治理调研活动，参观大瑶“特色小镇”科技创新平台——花炮产业科创中心

（市委编办　供图）

党校教育

【概况】 中共浏阳市委党校（以下简称市委党校）是市委、市政府直接领导下培养党政领导干部、党员以及各类人才的学校，是学习、宣传、研究邓小平理论、“三个代表”重要思想科学发展观以及市情研究与咨询的主阵地。2021年，市委党校围绕打造“组织满意，学员点赞，全国一流”的县级党校目标，聚力主业主课，拓宽干训领域，提升办学水平，提质校园环境，奋力开创党校工作新局面。被评为湖南省党校系统“第十届科研工作先进单位”、长沙市党校系统“科研组织工作先进单位”，长沙市文明标兵单位。

【教育培训】 2021年，市委党校充分发挥党员干部培训主阵地、主渠道作用，全年完成乡科级领导干部学习贯彻党的十九届五中全会精神集中轮训示范班等主体班次10期，完成应急管理培训班等市内部门班次42期，共培训9088人次。充分发挥省综合示范性党校和全省党员教育培训示范基地作用，承接省直、长沙市直机关和企事业单位及湘鄂赣三省涟源、罗田、铜鼓等区县到浏阳办班22期1493人次。承办湖南省乡村振兴驻村第一书记示范培训班过程中，市委党校高质量的教学和后勤服务以及浏阳推进乡村振兴的成效经验，得到省委组织部、省乡村振兴局的高度肯定和275名学员的一致好评。全省各地州市纷纷组团到浏阳学习，娄底市委组织部在浏阳市委党校挂牌“娄底市抓党建促乡村振兴教育培训基地”。年内，湘赣边11个区（县）党校初步实现课程互补、师资共享、线路共建、教学互动、协同发展。

【理论宣讲】 2021年，市委党校紧扣党史学习教育，习近平总书记“七一”重要讲话，省、市党代会，党的十九届六中全会等时政热点，按“百年风华、光辉起点、热血初心、时代乐章”四个篇章开发专题课程，开展精品党课“四进”［进机关、进村（社区）、进企业、进校园］活动，全年宣讲160场，受众2万余人次。《党史学习教育简报》3次推介市委党校开展学习教育的工作成效。推出网络公开课，坚持“线上+线下”融合教学创新，在微浏阳、《浏阳日报》等平台推出《浏阳双百人物》《浏阳开国五上将》等党校公开课2期，深受党员群众欢迎。2名教师分别荣获长沙市委宣传部“最美基层宣讲人”和长沙市委党校系统红色故事宣讲“优秀讲授奖”。

【教育科研】 2021年，市委党校开展课题研究13项（其中省市级9项），编写校本教材2部，发表理论文章33篇，形成30多项教学科研咨询一体化成果，其中《实事求是——秋收起义的精髓要义》等21项理论成果获省、长沙市级奖励。发挥咨政作用，全年提交决策咨询报告5篇，4名教师被聘为市首批党史智库专家，完成《浏阳在秋收起义中的核心地位研究》等党史研究课题5项。12月2日，在全省党校（行政学院）系统第十届科研工作评奖活动中，浏阳市委党校成为长沙地区唯一被评为“湖南省党校系统第十届科研工作先进单位”的区县党校。

2021年10月10—14日，全省乡村振兴驻村第一书记示范培训班在浏阳市委党校开班授课　　（市委党校　供图）

【教育质量与教师队伍建设】 2021年，市委党校坚持目标导向、政治导向、问题导向、实践导向，科学设置课程，加大案例教学、研讨教学等互动教学方式比重，严格学员的学习、组织、生活管理，确保每一期培训班都高质量实现教学目标，2021年的学员培训测评满意率均达到95%。抓实师资库建设，落实青年人才成长“五个一”工程（上好一堂课，带好一个班，写好一篇文章，干好一项管理工作，参加一项中心工作），按照政治强、业务精、作风好的标准，动态建立近百人组成的理论类、实践类专兼结合的师资库。

【疫情防控】 2021年，市委党校坚决执行市委决策，按照市委疫情防控工作领导小组办公室安排，承担集中隔离点工作，分别于1月和7月，完成两次隔离，共接收确诊病例和疑似病例的密切接触者、中高风险地区返浏人员共计344名，累计为1328人次隔离对象和工作人员做好送餐、测量体温、环境消杀、运送生活必需品等后勤服务保障工作。

【承办全省乡村振兴驻村第一书记示范培训班】 10月10—14日，由中共湖南省委组织部、湖南省乡村振兴局联合举办的全省乡村振兴驻村第一书记示范培训班在浏阳市委党校正式开班授课。湖南省、市、州驻村办负责人和驻村第一书记、工作队队长共计260余人参训。浏阳市委党校副校长、高级讲师李晓军讲授题为“深刻领会精神实质　准备把握实践要求”的专题教学，带领参训人员深入理解习近平总书记“七一”重要讲话精神，主要对习近平总书记关于“三农”工作、乡村振兴等重要论述进行阐释和说明。湖南省干部代表立足乡村振兴特点、案例，为参训人员进行基层治理体系建设、农村人居环境整治、村级集体经济发展、文明乡风建设、返贫监测与帮扶、资金管理与使用等专题辅导。培训期间组织到永安镇“党员微网络+五个到户”社会治理服务中心、永安镇芦塘村、永安镇永和村产业基地、北盛镇卓然村等进行实地观摩考察。课后和晚间安排多个讨论环节，就乡村振兴帮扶的有效做法、存在问题、优化方向等进行深入探讨。培训期间，市委党校全力以赴，精心做好参训人员组织、现场教学、领导接待、后勤保障等各项工作，得到主办方和全体学员的高度评价。

【铜鼓县2021年青年干部培训班在市委党校开班授课】 12月13日，铜鼓县2021年青年干部培训班在浏阳市委党校开班授课，铜鼓县县直机关的中层干部及事业单位骨干共50人参加为期一周的学习培训。浏阳市委党校按照课堂教学和现场观摩方式精心设置培训课程：课堂教学涵盖浏阳县域经济发展、创意文化产业、乡村振兴发展、城区管理经验、园区招商引资等六个专题，主要讲授浏阳经济发展、城市治理和乡村振兴等方面的经验做法；同时，设置9个现场教学点，通过现场观摩的方式，让学员们实地感受浏阳发展成效。2019年开始至2021年年末，市委党校以培训互动为载体，与湘赣边区域其他县、市、地区合作开展“党建引领乡村振兴”等各种专题培训班共8期。针对不同的培训主题，安排特色课程，立体深入地向外展示浏阳经济社会面貌、宣传推介浏阳经验。

（鄢　梁）

党　史

【红色资源开发】 2021年，市委党史研究室联合文旅广体局、博物馆等相关部门对全市红色革命基地进行提质改造和展陈优化，先后筹建文家市秋收起义干部学院，6月25日浏阳市新博物馆建成开放，“星火燎原　光辉起点——湘赣边革命文物联展”同步开展。年内，分别对锦绶堂和寻淮洲、易荡平、陈昌等烈士故居进行提质改造，启动建设李白烈士故居“永不消逝的电波——中共湖南隐蔽战线英烈展陈”。修缮布展“双洞”苏区的革命遗址。苍坊旅游区（胡耀邦故里）顺利通过申报创建国家AAAAA级旅游景区景观质量评审，进入创建国家AAAAA级旅游景区预备名单。4月1日，省委宣传部、省委党史研究院研制下发《湖南省就近就地开展党史学习教育现场教学场地推荐名单》，浏阳共有10处，是全省最多的县（市、区）。2022年1月21日，中共湖南省委党史研究院下发《关于表彰2021年度全省党史宣传教育工作先进单位暨党史工作先进单位（县级）的通报》文件，浏阳市委党史研究室被评为2021年度全省党史工作先进单位。

【党史编辑】 2021年，市委党史研究室、市委宣传部联合启动编纂《浏阳红色人物故事汇》丛书成书出版，全套共50余册，以口袋书的形式生动再现革命前辈的生平事迹、品格风范和精神智慧，其中，年内完成《胡耀邦》《宋任穷》《王震》等5位党和国家领导人、8位著名革命英烈的丛书编纂。12月24日，在浏阳市融媒体中心举行《浏阳红色人物故事汇》丛书首发式暨庆祝建党百年浏阳重大党史研究成果集中发布会，人民网、新湖南、红网等上级媒体大篇幅刊载宣传。6月份，《浏阳党史大事记（2005—2020）》编印成册。

【党史研究】 2021年，市委党史研究室成立课题组，完成《浏阳党史大纲——从百年党史看浏阳的奉献与担当》《湘鄂赣革命根据地浏阳“双洞”苏区的历史价值研究》《浏阳在秋收起义中的核心地位研究》《红一方面军浏阳永和建军的历史地位研究》《湖南省苏维埃政府两次入驻浏阳的历史价值研究》《毛泽东张坊遇险脱险全过程探究》六个重大党史课题研究。并于12月24日在融媒体中心举行课题研究成果集中发布，获得中央、省、长沙市级媒体广泛关注转载。全年有8篇论文获得省级以上奖励，其中1篇论文荣获湖南省委党史研究院、湖南人民出版社《湘潮》杂志社主办的“庆祝中国共产党成立一百年”征文活动一等奖。7篇论文在中央、省、市媒体和党史刊物上发表。

【党史宣传教育】 2021年，市委党史研究室创新宣讲方式，组建专家宣讲团、“五老”宣讲团、理论微宣讲团和红色文艺宣讲团，创作推出一批党史题材，组织到各级各单位及基层党组织开展宣讲；举办红色故事“微课堂”宣讲大赛；创排《耀邦兄弟》《胡子将军》《电波声声》等红色花鼓戏在全市巡演；与湖南潇影公司联合拍摄红色题材电影《李贞》；以锦绶堂为起点、开演长沙实景交响诗系列首季《实景交响诗·锦绶堂》。开展“五进”活动，结合党史学习教育，推动党史学习进园区、进乡村，进校园、进影视作品、进网络，与市教育局联合组织开展红色经典文学读本赠阅活动，向全市500多所学校学生赠送近2万册红色文学经典书籍；举办湘赣边中小学生红色故事讲演大赛暨浏阳市青少年党史学习教育宣讲活动；14岁初二女生耿静好自费拍摄《电波忠魂》《红军桥》等系列红色宣讲视频被中宣部表彰；推出“建党百年、红色浏阳”网络系列宣传资料，多篇链接被“学习强国”等媒体采用。策划推出《先烈志·两地红》专题专栏17期。做好浏阳党史外宣工作，向中央电视台推介浏阳两位“双百”人物英雄事迹，4月7日、7月10日市委党史研究室两次在湖南卫视《新闻联播》栏目推介浏阳党史；年内，中央电视台、湖南新闻联播，《长沙晚报》等国家、省、长沙市主流媒体多次宣传推介浏阳党史。

【省委党史学习教育第九巡回指导组到浏阳指导】 2021年5月27—28日，省委党史学习教育第九巡回指导组到浏阳，检查指导浏阳党史学习教育开展情况。先后到大围山镇锦绶堂和楚东山大屋、浏阳市融媒体中心、集里街道“党建+微网格”社会治理综合服务中心、浏阳经开区（高新区）绿之韵党史学习教育阵地、北盛镇王震故居等地，通过实地考察、查阅资料、听取汇报、调研访谈等方式，深入了解浏阳市党史学习教育开展情况。5月28日，指导组到浏阳指导汇报会召开。会议听取中共长沙市委常委、浏阳市委书记朱东铁关于浏阳市党史学习教育情况汇报。省委党史学习教育第九巡回指导组组长宋建民出席会议并讲话，省委党史学习教育第九巡回指导组副组长刘柏生，长沙市委党史学习教育领导小组办公室常务副主任杨长江，浏阳市委副书记、市长吴新伟出席会议。浏阳市领导王强、周文舜、李爱民等参加会议。2021年，浏阳把党史学习教育作为重大政治任务，深入贯彻党中央、省委和长沙市委部署要求，扛牢主体责任，坚持效果导向，丰富形式载体，广泛汇聚学党史、悟思想、办实事、开新局的强大动能。为抓实抓细抓好党史学习教育，始终坚持高站位抓、高频次抓、高标准抓，推动党史学习教育落实落地；坚持市委带头、用好指定教材、丰富学习载体、激活红色资源、创新方式方法，推动党史学习教育走深走实；通过办好一批民生实事、解决一批关键小事、领办一批企业难事，推动党史学习教育惠民利民。宋建民对浏阳市党史学习教育取得的阶段性成效给予充分肯定。

（罗腊英）

2021年5月28日，省委党史学习教育第九巡回指导组到浏阳指导汇报会召开

（党史研究室　供图）

2021 年 10 月 22 日，浏阳市第十八届人民代表大会第一次会议在城区欧阳予倩大剧院开幕　（人大办公室　供图）

浏阳市人民代表大会

综　述

【概况】 2021年，市人大常委会在市委的坚强领导下，紧跟核心、紧扣中心、紧贴民心，依法高效履职，为助推浏阳市经济社会高质量发展和民主法治建设做出应有贡献。聚力服务发展大局：听取和审议预算编制、计划执行、预算调整、国有资产管理以及“十四五”规划编制工作情况报告，审查批准财政决算和预算调整方案；以常委会满意度票决的方式，对行政审批局、市场监管局预算执行和编制情况进行监督；听取和审议全市保障性安居工程支出和物业专项维修基金使用情况，对市妇幼保健院整体搬迁项目进行预算绩效评价，促进政府提高财政资金使用效率；听取国土空间规划编制情况报告，建议政府及相关部门进一步增强规划的统筹性、科学性和可持续性，使之更加符合浏阳未来发展的需求和方向。聚力增进人民福祉：专题调研社会救助、未成年人保护工作，促进政府及其相关职能部门加大投入，建立更加科学合理、公平公正的保障机制；深入调研《长沙市住房公积金管理条例》贯彻实施情况，督促相关部门采取有力措施，逐步解决住房公积金缴存基数较低等问题；听取医疗保障、文旅融合和环境保护等工作目标完成情况报告，建议政府及相关部门在医保资金管理、旅游产业扶持、环境保护监管等方面进一步加大工作力度。聚力推进依法治市：组织开展《中华人民共和国森林法》执法检查，听取《中华人民共和国禁毒法》和全面禁止非法野生动物交易相关决定的贯彻实施情况报告，督促政府及相关部门补齐工作短板、加大普法宣传和执法打击力度，有效推进相关法律法规的实施；对12名员额法官和员额检察官进行履职评议，组织190名代表参加庭审旁听评议和民商事案件见证执行活动，邀请32名代表参与公益诉讼见证和刑事案件听证，以实际行动促进了司法公开、公正司法；听取规范性文件备案审查工作报告，全年接收政府报备规范性文件6件，有效促进法制统一。

【人大代表构成】 2021年6月1日，浏阳市启动市、乡两级人大代表换届。根据湖南省第十三届人民代表大会常务委员会第二十四次会议决定，浏阳市第十八届人民代表大会代表名额为438名。7月21日浏阳市第十七届人民代表大会常务委员会发布《关于市、乡两级人民代表大会换届选举时间的决定》，确定2021年8月23日为全市市、乡两级人民代表大会代表选举日。全市共划分选举市第十八届人大代表选区184个，分配代表名额为438名。全市登记选民人数为119.66万人，实际参加选举投票的选民人数为117.15万人，参选率为97.9%。经各政党、各人民团体推荐和选民10人以上联名推荐，全市共推荐市第十八届人民代表大会代表候选人622名，通过协商、酝酿，根据较多数选民的意见，确定正式代表候选人622名。8月24日完成投票选举工作，各选区以差额选举和无记名投票的方式共选举产生市第十八届人民代表大会代表438名。在选举产生的市第十八届人民代表大会代表中，基层一线的工人、农民和专业技术人员252名，占代表总数的57.53%(其中工人45名，占代表总数的10.27%；农民149名，占代表总数的34.02%；专业技术人员48名，占代表总数的10.96%；其他基层代表10名，占代表总数的2.28%)；公务员110名，占代表总数的25.11%；非公有制经济人士72名，占代表总数的16.44%；事业单位负责人2名；其他2名。妇女154名，占代表总数的35.16%，非中共党员157名，占代表总数的35.84%；少数民族5名；大专及以上文化程度的327名，占代表总数的74.66%。本次换届选举产生乡镇人大代表2104名。

重要会议

【浏阳市第十七届人民代表大会第七次会议】 2月23日，浏阳市第十七届人民代表大会第七次会议在欧阳予倩大剧院开幕。本次大会应到代表386人，实到代表375人，符合法定人数。大会主席团常务主席黎春秋、吴新伟、王强、吴震、李家喜、秦跃平、周文舜、刘旭、刘仙娥、杨智、陈清和谈文昌、戴武明、尹乐平、李爱民、喻辉、周耀辉等市级领导以及大会主席团全体成员在主席台就座。市人大常委会副主任刘旭主持会议并宣布大会开幕。会议听取和审议市人民政府市长吴新伟所作的《关于浏阳市人民政府工作报告》；书面审查《浏阳市国民经济和社会发展第十四个五年规划和二〇三五年远景目标纲要(草案)》；书面审查市发展和改革局《关于浏阳市2020年国民经济和社会发展计划执行情况与2021年国民经济和社会发展计划(草案)的报告》；审查和批准《浏阳市2020年国民经济和社会发展计划执行情况的报告与2021年国民经济和社会发展计划》；书面审查市财政局《关于浏阳市2020年财政预算执行情况和2021年财政预算(草案)的报告》；审查和批准《浏阳市2020年财政预算执行情况的报告和2021年财政预算》；听取和审议市十七届人民代表大会常务委员会主任吴震所作的《关于浏阳市人大常委会工作报告》；听取和审议市人民法院代理院长伍玉联所作的《关于浏阳市人民法院工作报告》；听取和审议市人民检察院检察长陈芳所作的《关于浏阳市人民检察院工作报告》；补选市第十七届人民代表大会常务委员会副主任；补选市人民法院院长；补选市第十七届人民代表大会常务委员会委员；通过市第十七届人民代表大会农业与农村委员会主任委员名单。在浏阳的省、长沙市人大代表，市人武部、市人民法院、市人民检察院有关负责人，老干部代表，出席政协浏阳市第十届委员会第七次会议的全体政协委员，浏阳经开区（高新区）、市直及乡镇（街道）有关负责人列席会议。

【浏阳市第十八届人民代表大会第一次会议】 2021年10月21日至24日，浏阳市第十八届人民代表大会第一次会议在欧阳予倩大剧院召开，会议听取和审议市人民政府代理市长王雄文《关于浏阳市人民政府工作报告》；听取和审议浏阳市第十七届人民代表大会常务委员会主任吴震《关于浏阳市人大常委会工作报告》；听取和审议市人民法院院长伍玉联《关于浏阳市人民法院工作报告》；听取和审议市人民检察院代理检察长罗朝阳《关于浏阳市人民检察院工作报告》；选举浏阳市第十八届人民代表大会常务委员会主任、副主任、委员；选举浏阳市人民政府市长、副市长；选举浏阳市监察委员会主任；选举浏阳市人民法院院长；选举浏阳市人民检察院检察长；选举出席长沙市第十六届人民代表大会代表；通过浏阳市第十八届人民代表大会各专门委员会主任委员、副主任委员、委员名单。

10月21日，浏阳市第十八届人民代表大会第一次会议在欧阳予倩大剧院开幕。本次大会应到代表438人，实到代表436人，符合法定人数。大会主席团常务主席朱东铁、王雄文、戴武明、吴震、秦跃平、邱山东、姚喜琳、唐安石、刘旭、刘仙娥、杨智、陈清、唐洪胜和谈文昌、李爱民、喻辉、周耀辉、王坤球、冯赛军、李翔等市级领导以及大会主席团全体成员在主席台就座。长沙市委派驻浏阳"两会"现场督导组组长罗玉环、换届风气现场督导组组长胡维龙出席会议。浏阳市第十七届人民代表大会常务委员会主任吴震主持会议并宣布大会开幕。市人民政府代理市长王雄文代表市人民政府向大会作政府工作报告。大会以举手表决的方式通过《浏阳市第十八届人民代表大会第一次会议选举办法》。在浏阳的省人大代表，市人武部、市监察委员会、市人民法院、市人民检察院有关负责人，浏阳市已退休市级老领导代表，出席政协浏阳市第十一届委员会第一次会议的政协委员和其他有关负责人列席会议。

10月22日，浏阳市第十八届人民代表大会第一次会议举行第二次全体会议。本次大会应到代表438人，实到代表432人，符合法定人数。浏阳市第十七届人大常委会副主任刘旭主持会议。会议听取市十七届人大常委会主任吴震《关于浏阳市人大常委会工作报告》，全面回顾过去五年的主要工作，总结主要工作体会，并提出今后工作建议；会议听取市人民法院院长伍玉联所作的《浏阳市人民法院工作报告》、市人民检察院代理检察长罗朝阳所作的《浏阳市人民检察院工作报告》。会议选举产生浏阳市第十八届人民代表大会常务委员会。

10月23日，浏阳市第十八届人民代表大会第一次会议举行第三次全体会议，选举浏阳市第十八届人民代表大会常务委员会主任、副主任，市人民政府市长、副市长，市监察委员会主任，市人民法院院长，市人民检察院检察长。本次大会应到代表438名，实到代表434名，符合法定人数。大会主席团常务主席朱东铁、王雄文、戴武明、吴震、秦跃平、邱山东、姚喜琳、唐安石、刘旭、刘仙娥、杨智、陈清、唐洪胜、邓雪琴、张葵红、杨厚波在主席台前排就座。大会主席团其他成员在主席台就座。长沙市委派驻浏阳"两会"换届督查组现场指导。刘旭主持会议。根据选举工作需要，大会首先表决通过总监票人、监票人名单，宣布总计票人、计票人名单。此次大会的各项选举均以无记名投票的方式进行。投票结束后，经总计票人和选举工作人员开箱清票，发出的选票数与收回的选票数相符。根据大会通过的选举办法规定，本次选举有效。大会宣布选举结果：邱山东当选浏阳市第十八届人民代表大会常务委员会主任。王雄文当选浏阳市人民政府市长。张葵红、邓雪琴、陈清、唐洪胜、杨厚波当选浏阳市第十八届人民代表大会常务委员会副主任。冯赛军、李翔、刘来宏、刘一斌、黄刚、寻文、郭贺亭、戴圣伟当选浏阳市人民政府副市长。姚喜琳当选浏阳市监察委员会主任。伍玉联当选浏阳市人民法院院长。根据法律规定，新当选的浏阳市人民检察院检察长，须报经长沙市人民检察院检察长提请长沙市人民代表大会常务委员会批准。会议举行宪法宣誓仪式，新当选的市十八届人大常委会主任、副主任，市第十八届人民政府市长、副市长，市监察委员会主任，市人民法院院长进行宪法宣誓。新当选的市十八届人大常委会主任邱山东、市人民政府市长王雄文在会议上作表态发言。

10月24日，浏阳市第十八届人民代表大会第一次会议在圆满完成各项议程后顺利闭幕。本次大会应到代表438人，实到代表433人，符合法定人数。闭幕会由浏阳市第十八届人民代表大会常务委员会主任邱山东主持。大会以举手表决的方式，通过《关于市人民政府工作报告的决议》《关于市人大常委会工作报告的决议》《关于市人民法院工作报告的决议》《关于市人民检察院工作报告的决议》。

【第十八届人大常委会第一次会议】 11月30日，市人大常委会主任邱山东主持召开市十八届人大常委会第一次会议。会议听取和审议市国有资产事务中心主任邓勇受市人民政府委托所作的《关于浏阳市2020年度国有资产管理情况的综合报告》；听取和审议市财政局局长朱姿丰受市人民政府委托所作的《关于浏阳市2021年财政预算调整方案（草案）的报告》；表决通过《浏阳市人民代表大会常务委员会关于批准2021年财政预算调整方案的决议》；听取和审议市人民政府办公室主任邓科建受市人民政府委托所作的《关于规范性文件备案审查工作情况的报告》；听取和审议"两官"履职评议情况的报告，对"两官"履职情况进行满意度测评；会议表决通过《关于接受任飞跃等7

2021年12月27日，市人大常委会新任命人员依法进行宪法宣誓（市人大办公室供图）

名同志辞去浏阳市第十八届人民代表大会代表职务请求的决定》，同意接受任飞跃等7名同志辞去浏阳市第十八届人民代表大会代表职务的请求，并报市十八届人民代表大会第二次会议备案，根据有关规定，任飞跃、邹芳同志的浏阳市第十八届人民代表大会常务委员会委员职务相应终止。市人大常委会副主任张葵红、邓雪琴、陈清、唐洪胜、杨厚波出席会议。市人民政府副市长冯赛军、刘一斌，市人民法院院长伍玉联，市人民检察院检察长罗朝阳列席会议。

【第十八届人大常委会第二次会议】 12月27日，市人大常委会主任邱山东主持召开市十八届人大常委会第二次会议。会议通过一系列人事任免。邱山东向新任命人员颁发任命书。市委副书记、统战部部长戴武明出席并讲话。市委常委、组织部部长唐安石作人事安排说明。新任命人员依法进行宪法宣誓。会议听取和审议市政府关于《浏阳市国土空间总体规划（2020—2035年）》情况汇报。市人大常委会副主任张葵红、邓雪琴、陈清、唐洪胜、杨厚波参加会议。市监委主任姚喜琳，副市长冯赛军、刘一斌、寻文，市人民检察院检察长罗朝阳列席会议。

【第十七届人大常委会第55次主任会议】 6月28日，浏阳市第十七届人大常委会召开第55次主任会议，会议听取市人民政府关于《浏阳市贯彻实施〈长沙市住房公积金管理条例〉情况的报告》，并就有关情况进行认真讨论；会议听取市公安局副局长吴洵受市人民政府委托所作的《关于浏阳市禁毒工作情况的汇报》和市人大监察司法委（法制委）副主任委员提名人选沈水艳所作的《关于〈禁毒法〉在浏阳市贯彻实施情况的调查报告》。并就有关情况进行认真讨论。

【第十七届人大常委会第57次主任会议】 9月7日，浏阳市第十七届人大常委会主任吴震主持召开市十七届人大常委会第57次主任会议。会议听取市医疗保障局局长张晔受市人民政府委托所作的《关于全市医疗保障工作情况的报告》和市人大社会建设委员会主任委员涂业清同志所作的《关于全市医疗保障工作情况的调查报告》。会议就有关情况进行认真讨论。

专门委员会工作

·民族华侨外事委员会工作·

【宗教和民间信仰工作】 2021年4—6月，市人大民族华侨外事委员会就全市贯彻实施《国务院宗教事务条例》和《湖南省宗教事务条例》情况进行调研。先后调研青阳山道院、宝盖寺、石霜寺和沙市镇仁寿山陈大仙人庙、淮川城隍庙等宗教和民间信仰活动场所共33处，对宗教和民间信仰的引导、管理以及活动场所整治等问题与市人民政府及相关职能部门进行交流，并提出整改意见。

【民族工作】 2021年，市人大民族华侨外事委员会为促进《湖南省散居少数民族工作条例》及相关法规的贯彻实施，对全市散居少数民族情况进行调研，采取走访、视察、座谈的形式，通过深入到有关乡镇（街道）、村（社区）和市民宗局、教育局等职能部门，以及经开区蓝思科技等流动少数民族人员较多的企业，比较全面地掌握全市少数民族流动人口情况。市十七届人大常委会第48次主任会议听取少数民族流动人口服务与管理工作情况报告，在肯定成绩的同时，指出存在的“民族理论、民族政策、民族知识普及难；少数民族流动人口管理难”等问题。要求政府及其职能部门进一步加大民族工作宣传教育力度、更加重视对少数民族流动人口的服务与管理，通过完善机制、加强指导、重心下移，真心尊重、贴心服务、依法管理，促进少数民族流动人口在社区嵌入式地融合发展。3月19日，由浏阳市人大民族华侨外事委员会承办的长沙市人大民侨外委工作联席会议在浏阳召开，长沙市各区（县、市）人大民族华侨外事委员会参加会议，交流民族华侨与外事等方面的工作情况和经验，长沙市人大常委会副主任卢鸿鸣出席会议并讲话。

·监察和司法委员会(法制委员会)工作·

【宪法宣传与法律监督】 2021年，市人大监察和司法委员会聚焦法律落实，加强法律监督。深化宪法宣传教育，组织开展“12·4”宪法宣传日系列活动，组织200余名国家机关工作人员集体宣誓；开展“宪法知识随手测”有奖竞答活动，全市共1万余人次参与，在全社会形成尊崇宪法、维护宪法的浓厚氛围。围绕“六个紧盯”(紧盯发展环境优化、民本民生改善、预算编制执行、生态环境保护、社会公平正义、城乡规划建管）组织对相关法律法规贯彻实施情况进行调研，详细了解贯彻实施情况，查找存在的问题和不足，向市政府提出有针对性的意见和建议，不断推动法律法规在浏阳市得到更好的遵守和执行。全年先后对浏阳市贯彻实施《长沙市住房公积金管理条例》《中华人民共和国禁毒法》等2部法律法规的情况进行调研，并形成相关情况报告。6月28日，浏阳市第十七届人大常委会召开第55次主任会议，会议听取相关情况报告，就有关情况进行认真讨论。

【司法监督】 2021年，市人大监察和司法委员会聚焦公平正义，推动公正司法。组织开展旁听庭审评议活动，坚持监督不干扰的原则，以庭审为载体对法、检、公、司等司法机关进行司法监督。组织190名代表参加旁听庭审评议和民商事案件见证执行活动，邀请32名代表参与公益诉讼见证和刑事案件听证，开展对员额法官、员额检察官进行履职评议，年内，对12名员额法官和员额检察官进行履职评议，以实际行动促进司法公开、公正司法；督促政府开展规范性文件专项清理工作，听取规范性文件备案审查工作报告，及时废止过期失效的规范性文件，真正把好“红头文件”关，全年接收政府报备规范性文件6件，有效促进法制统一。

【配合上级人大参与地方立法调研】 2021年，市人大监察和司法委员会积极配合长沙市人大做好《长沙市烟花爆竹安全生产与产业引导条例》和《长沙市居家养老服务条例》立法调研，为使两个《条例》成为符合浏阳市实际情况的、“管用” 的法规，多次陪同省、长沙市立法调研组在浏阳实地调研，组织相关单位、专业人士、人大代表召开征求意见座谈会，广泛收集群众代表意见、建议，积极认真进行反馈，不断完善草案内容，为立好促进浏阳产业发展、保护浏阳生态环境的优法良法奠定基础。6月23日，《长沙市烟花爆竹安全生产与产业引导条例》在长沙市第十五届人民代表大会常务委员会第41次会议通过，7月30日，湖南省第十三届人民代表大会常务委员会第25次会议批准通过。3月26日，《长沙市居家养老服务条例》在长沙市第十五届人民代表大会常务委员会第39次会议上获得通过，5月27日，湖南省第十三届人民代表大会常务委员会第24次会议获得批准，并予以公布，自2022年1月1日起施行。年内，省人大就《湖南省实施〈中华人民共和国土地管理法〉办法（修订草案）》到浏阳开展立法调研。

·财政经济委员会工作·

【规划审查评估和计划执行情况监督】 2021年，市人大财政经济委员会突出经济运行质量和效益，扎实做好规划审查评估开展“十四五”规划纲要审查。围绕“十四五”时期浏阳市经济发展形势，积极开展前期调研、研讨论证和初审准备，对浏阳市“十四五”规划编制工作提出科学合理的意见和建议，为市人代会审查批准“十四五”规划纲要做好充分准备；为人代会审查计划草案及报告、常委会审议上半年计划执行情况报告做好初审工作。2021年年初，市人大财政经济委员会在认真听取市发改局的情况汇报和征求有关部门的意见后，对计划草案进行调研分析，提出修改意见和建议，使计划报告草案更加完善；注重加强对上半年计划执行情况分析和跟踪监督，提出加强经济工作的意见和建议，有效地支持全市经济发展及重点项目建设；密切关注新常态下经济运行情况。重点对非税收入、园区建设、重点工程项目等方面进行调查和跟踪监督，督促政府相关部门和园区等单位进一步增强债务风险意识，并有效促进对政府投资项目的监管；落实国有资产管理情况报告制度，依据中央、省委、长沙市委关于建立政府向本级人大常委会报告国有资产管理情况制度的要求，组织对市国有资产管理情况进行年度专题调研，并提请市人大常委会进行审议，使人大对国有资产管理的监督工作步入制度化、规范化的轨道。

【预决算审查监督】 2021年，市人大财政经济委员会坚持依法理财，加强预决算审查监督实效：做好预算草案审查工作，提前介入政府年度预算编制，对改进和完善预算草案初步方案提出要求，召开初步审查会议，对预算草案进行认真初审，细化预算编制，科学制定预算定额；加强预算执行情况监督。组织听取财政部门关于本级财政年度决算草案和上半年预算执行情况的汇报，结合审计部门对年度本级预算执行和其他财政收支情况的审计审查，及时排查问题、提出建议，跟踪督促有关部门认真抓好“同级审”发现问题的纠正和整改工作，加强预算执行监管，及时调整预算编制，协助常委会把好审议关，促进经济社会持续健康发展；强化部门预算重点监督，先后组织审计部门对市住建局等12个部门单位的本年度预算编制情况和上年度预算执行情况进行专项审计，并提请在市人大常委会上进行满意度表决，提高部门预算编制的完整性和科学性；加强对重点支出和重大投资项目执行情况的监督，依据中央《关于人大预算审查监督重点向支出预算和政策拓展的指导意见》和中央关于全面实施预算绩效管理的决策部署以及省委、省政府《关于全面实施预算绩效管理的实施意见》要求，先后组织对浏阳市2019—2020年保障性安居工程支出和物业专项维修资金使用情况、2021年上半年保障性安居工程支出预算执行情况进行专项审计，对浏阳市道吾学校建设项目、百宜河综合整治项目、妇幼保健院整体搬迁项目进行预算绩效评价，并提请在市人大常委会上进行满意度表决，发挥人大在财政重点支出中的监督职能，有效促进对政府投资项目的监管。

·教育科学文化卫生工作·

【旅游工作调研】 2021年，市人大教育科学文化卫生委员会积极开展旅游工作调研，促进浏阳市旅游工作更具特色、更有吸引力。先后深入文旅广体局、大围山国家森林公园管理处、招商引资服务中心等单位走访调研，撰写《关于浏阳市旅游工作的调查报告》，指出旅游产品结构单一且热门项目有跟风雷同现象，文旅产业资源整合不够且包装策划推介滞后，基本要素保障困难成为制约旅游产业发展的瓶颈等问题。建议进一步深化认识，抢抓旅游业发展新机遇；进一步突出重点，加快旅游业发展步伐；进一步强化保障，落实旅游发展新举措。

【科技工作调研】 2021年，市人大教育科学文化卫生委员会积极开展旅游工作调研，促进科技创新：积极开展科技创新工作调研，促进浏阳市科技创新工作更优更实发展，深入聪厨食品等15家高新技术企业进行实地调研，组织20多个乡镇（街道）的分管负责人座谈交流，了解到浏阳市科技工作队伍力量薄弱、人才严重不足、财政投入不够、考核指标与基层实际有偏差等问题，提出要进一步加强领导，进一步加大投入，进一步加强科技人才队伍建设，为企业技术创新提供人才支撑等意见建议，为常委会会议审议提供参考。

·环境与资源保护工作·

【生态环境监管】 2021年，市人大环境与资源保护委员会精心组织成员单位开展“环保世纪行”活动。根据“推进垃圾分类处理”“打赢蓝天碧水战”“守护一河碧水到湘江”“紧盯生态保护”等主题，制定“环保世纪行”详细工作方案，并责成各成员单位细化方案、加大宣传、强化措施、积极动员全社会参与环境保护；深入调研全市环境状况和环境保护目标完成情况，多次现场踏看浏阳河等市域内主要河流的水质情况，检查市污水处理厂、各类工业污染源的排污情况，现场查看城区施工防扬尘污染措施，随机抽查长沙市生态环境局浏阳分局中控室和空气自动监测站的运行情况，深入七宝山矿山周围农田和治理现场，了解土壤污染情况和治理成果等等。通过详细的调查研究，掌握长沙市生态环境局浏阳分局等部门工作动态和工作效果，撰写调查报告，为市人大常委会审议政府环保报告提供基础。创新方法，委托第三方监测公司对浏阳市环境状况进行检测，采样过程在部分市人大代表及乡镇相关负责人的见证下进行，检测数据为人大常委会听取和审议市人民政府年度环境状况和环境保护目标完成情况的报告提供专业数据和一手材料。

【执法调研】 2021年，市人大环境与资源保护委员会进一步加大关注民生民情热点，通过听取汇报、实地察看、收集意见等方式，对浏阳市贯彻执行《中华人民共和国环境保护法》、浏阳市城市地下管网现状和综合管廊建设、土地利用总体规划编制及实施、公路建设养护、《湖南省城市综合管理条例》实施、数字化城管、《住房公积金管理条例》实施、长兴湖片区开发实施等情况，以及征地拆迁、市政园林、平台公司、公共工程建设、人民防空、城市建设管理、公路建设和养护、住房保障、公共交通、自来水公司等工作开展认真扎实的调研，并对相关单位提出调研意见。此外，还积极配合参与全国、省、长沙市人大组织的有关调研和执法检查工作。

·农业与农村工作·

【农村安全饮水监督】 2019年开始，市人大农业与农村委员会持续跟踪督促做好农村安全饮水工作，继续督促“农村安全饮水”专题询问活动和“全市安全饮水”专项评议活动后期整改情况，做到评议过后工作力度不减、热度不退，确保抓出最好效果。市水利局根据督办要求，继续做好农村饮水安全“回头看”工作，截至2021年年末共投入4.68亿元，建成水厂28处、单村供水工程88处，有效保障129.42万农村人口（含4.9万贫困人口）的饮水安全。

【农产品质量监督】 2021年，市人大农业与农村委员会把“农产品质量安全行”活动作为一项重要工作来抓，科学有序推进“农产品质量安全行”活动，督促农业农村局认真扎实开展中高毒农药溯源体系建设，保证群众吃的放心。2021年8月，先后到关口办事处、沿溪镇、农业农村局等单位开展农产品质量安全工作督查，指导农产品安全检测等工作开展。在农业与农村委员会指导监督下，市财政安排资金805万元，用于日常检测、监管、执法和标准化生产等工作，安排50万元购置农药残留快速检测车，市农业农村局投入300多万元，建成农药监管电子溯源系统，重点打造古港镇、沿溪镇等8个乡镇蔬菜产业示范区。

【农村生态环境监督】 2021年，市人大农业与农村委员会持续关注生态环境，着力保护绿水青山，继续深入推进河长制工作。组织代表进行深入的调研，重点就控污减排、要素保障、日常监管、宣传引导收集意见和建议，截至2021年年末收集意见和建议16条，督促市水利局等相关部门做好河流、湖泊的治理工作。2021年，人大常委会的领导带队定期到普迹镇王家坝河、社港镇罗家坑河等河流开展巡河。通过不断督促，浏阳河出境断面Ⅱ类综合水质达标率从25%上升到100%，南川河出境断面Ⅲ类水质达标率从92%上升到100%，捞刀河年平均水质达到Ⅲ类。

【林地资源保护监督】 2021年，市人大农业与农村委员会切实做好林地保护与管理监督。对《中华人民共和国森林法》贯彻实施情况开展执法检查。执法检查工作从3月份启动，到9月份结束，期间多次召开专题会议进行研究部署，广泛听取意见，发现问题51个，提出建议22条，确保执法检查取得实效。推动落实《关于全面禁止非法野生动物交易、革除滥食野生动物陋习、切实保障人民群众生命健康安全的决定》(以下简称《决定》)。为保证《决定》在浏阳的贯彻落实，市人大农业与农村委员会深入养殖户调研，主动向上级人大常委会反映浏阳实情，呼吁退养政策支持。2021年，市人大常委会召开主任会议，听取《决定》的落实情况，会后积极督促市林业局等职能部门开展工作，全力打击各类违法行为，取得较好的成效。

·社会建设工作·

【概况】 2019年，市人大设立社会建设委员会，广泛开展调查研究和意见征集，制定出台《浏阳市人民代表大会社会建设委员会工作规则》和《浏阳市人民代表大会社会建设委员会与对口联系单位工作联系办法》，为全面履行法定职能职责奠定扎实基础。截至2021年9月，共组织全体委员议事协商会议12次，组织集体视察调研活动4次，审议重要报告3次，督办代表建议、批评和意见24件，在推动全市社会建设中发出代表声音，发挥专门委员会作用。

【民生监督】 自2019年开始，市人大社会建设委员会积极发挥监督作用，助力社会民生保障建设。截至2021年9月，浏阳市人大先后召开主任会议分别听取社会建设委员会关于《残疾人保障法》和《安全生产法》贯彻实施情况的调查报告，听取关于《全市医疗保障工作情况的调查报告》，同时，按上级人大工作安排，市人大社会建设委员会牵头开展《反家庭暴力法》执法检查。在上述活动中，市人大社会建设委员会通过深入调查，集中提出浏阳市存在的五个方面突出问题和工作短板，并通过法定程序督促政府迅速整改，取得良好的社会效果。残疾人无障碍环境建设方面：相关职能部门迅速整改，积极创建国家住建部无障碍环境建设示范县(市)，对城区无障碍环境设施建设情况开展全面普查，摸清底数，形成方案，经报政府常务会议审定同意，财政安排专项资金460万元，组织分步统筹实施，2021年，浏阳市成功创建全国无障碍环境建设示范县；残疾预防工作方面：市政府及相关职能部门迅速整改，制定工作规划，适度提升和优化优生优育服务考核体系，扩大政府免费检查项目覆盖面，提升检查检测、医疗设备服务水平；建筑施工领域安全监管方面：市政府及相关职能部门将建筑施工领域的安全检查和隐患整改工作纳入“全市安全大检查、大整治、大整改”工作范畴，制定工作方案，由主管副市长牵头组织实施，截至2021年已取得阶段性成效；特种设备(电梯)领域安全监管方面：市政府及相关职能部门迅速行动，召开专题会议，就全市电梯安全监管工作的经费保障、队伍建设、工作机制等问题进行专题研究，制定特种设备行业安全监管工作方案，2021年2月16日，经市人民政府批准，市人民政府出台《制定特种设备平安事故应急预案方案》，并认真组织实施；医疗保障工作方面：市政府及相关职能部门加大投入，推动乡村医院均衡发展，推动中医药事业进步，加快医疗人才队伍建设，建立更加科学合理、公平公正的保障机制，务实推进以支付改革为核心的“三医”联动改革，医保基金安全保障和服务水平稳步提升。

代表工作

【依法履职质效建设】 2021年，市人大持续加大代表建议办理的督办力度，市十七届人大七次会议政府承办的307件代表建议全部办结，“背靠背”测评满意率和解决率分别达91.8%和69.1%。市十八届人大一次会议的574件代表建议已基本办结。圆满完成县、乡人大换届选举，9月份，举办市十八届人大代表履职培训班，有效提升代表履职能力。进一步丰富和拓展代表履职途径，全面铺开民生实事项目代表票决制，2021年，全市28个乡镇通过人大会议票决确定79个民生项目，有效提升代表履职服务群众的实效。

【开展“人大常委会组成人员走访代表、人大代表联系群众”活动工作】 3月10日，长沙市人大启动“人大常委会组成人员走访代表、人大代表联系群众”活动月，浏阳市人大常委会迅速行动，紧紧围绕代表主体作用发挥，建立健全、深化落实常委会组成人员联系代表、代表联系选民“双联”机制，不断拓展“双联”渠道、创新“双联”方式、巩固“双联”效果，促进一系列群众最关心、最直接、最现实利益问题的解决，助推全市经济社会持续健康发展。3月16日至18日，浏阳联组三个代表小组分别召开活动月推进会，组织全体代表深入学习习近平总书记考察湖南重要讲话精神、长沙市人大常委会2021年工作要点和“人大常委会组成人员走访代表、人大代表联系群众”活动月相关文件精神。明确代表进乡镇、进选区、进代表活动室的走访要求。将1名国代表、5名省代表、75名长沙市代表和386名浏阳市代表按照选区划分、方便联络的原则，安排到各乡镇和各代表活动室，走进代表活动平台，倾听群众呼声，收集民情民意。积极开展代表小组活动。大力开展代表调研、视察等活动，三个代表小组均制定活动方案，对2021年小组活动进行详细的安排。3月18日，长沙市人大常委会主任谢卫东到浏阳走访长沙市代表彭席文，实地考察葛家镇油茶基地，倾听代表对产业发展的思路和想法；中共长沙市委常委、浏阳市委书记黎春秋，市长吴新伟、人大主任吴震等领导均认真开展走访活动，分别调研重点企业活动，上门倾听企业发展诉求，现场办公协调解决实际问题。3月19日至23日，第一小组组织代表走访慰问困难群众，征求选区代表建议意见；第二小组组织代表考察浏阳万众和怡家健康养老服务有限公司、怡家幼儿园、永和镇鲜花基地，了解企业发展中的困难和诉求，对企业发展提出有针对性的意见建议；第三小组组织代表考察调研柏建集团湖南苗木云基地和九龙悦健城两个项目，与项目负责人积极互动、深入交流。

【在浏阳的省、长沙市人大代表进行会前集中考察】 12月16日，市人大常委会组织在浏阳的省、长沙市人大代表进行会前集中考察，为出席即将召开的省、长沙市人民代表大会做好履职准备。市人大常委会主任邱山东，市级领导喻辉、唐安石、唐洪胜、黄刚、伍玉联参加活动。人大代表们先后实地视察长沙惠科光电有限公司、永安镇永和村羊角屋场、蓝思智能机器人（长沙）公司等地。每到一处，代表们都认真听取介绍，详细了解情况，亲身感受全市上下创新实干、勇争一流的浓厚氛围。下午，市人大常委会组织长沙市第十六届人大代表浏阳联组初任培训。两位授课老师分别以《认真履行职责，争当新时代合格人大代表》《如何提写高质量的建议和议案》为题，结合人大代表的工作岗位实际，为代表们进行生动翔实的授课。邱山东在培训开班仪式中作动员讲话。

（李　振）

山水浏阳城　　　　（浏阳市档案馆　供图）

浏阳市人民政府

综 述

【概况】 2021年，浏阳市人民政府全面贯彻落实习近平新时代中国特色社会主义思想，在市委的坚强领导下，在市人大、市政协的监督支持下，攻坚克难、砥砺奋进，较好地完成市十七届人大七次会议确定的目标任务，实现"十四五"的良好开局。地区生产总值实现1616.6亿元，增长7.3%(同比，下同)；地方一般公共预算收入突破百亿元大关，增长11.6%；规模工业增加值、固定资产投资、社会消费品零售总额分别增长7.1%、10%、15.6%，外贸进出口总额增长38.2%；县域经济与县域综合发展跻身全国百强第8位。制造业高质量发展、六大强农行动、农村环境综合整治、财政管理、商务等12项工作获省政府真抓实干表扬激励；优化营商环境、打造科技创新高地、做强园区等13项工作获长沙市政府创新实干激励支持；激励事项总数排名省、市第一。

【产业发展】 2021年，浏阳市规模工业总产值突破两千亿元，增长8.4%。显示功能器件、烟花爆竹、智能装备、生物医药产业链产值分别增长59.5%、28.9%、11.2%、8.1%。新增规模工业企业44家，A股上市企业增至9家，规模工业企业和上市企业总数排名全省第一。全省产业园区高质量发展推进会在浏阳召开，经开区获批国家产业转型升级示范园区，"五好"园区创建综合评价排名全省第一。农业基础更加稳固，粮食播种118.9万亩，蔬菜播种66.9万亩，生猪出栏130.9万头，建设高标准农田8万亩，农林牧渔业总产值实现226.5亿元，获评"全国休闲农业重点县"。服务业增加值增长7.9%，网络零售交易额增长20.2%。文旅热度持续攀升，跃居全国县域旅游综合实力百强县第7位。金融机构存贷款余额均突破千亿元，存贷比达92.4%。房地产市场平稳发展，商品房销售145万平方米。文化创意、节会经济、商贸物流等现代服务业加快发展。

【改革与发展工作】 2021年，浏阳市3大类32项改革全面推进，农村宅基地制度改革等8项改革经验获全国推介。湘赣边区域合作上升为国家战略，"湘赣红""初心源"品牌影响力不断扩大。企业开办实现一日办结，新增市场主体2.1万户；"千企帮扶"行动扎实推进，帮助企业争取扶持资金1.8亿元、减税降费7.3亿元，被评为国际化高质量发展环境建设标杆县(市)。新增高新技术企业135家、专精特新"小巨人"企业42家，入选科技创新百强县(市)，连续三届被评为全国科普示范县(市)。新引进项目207个，其中三类"500强"项目3个。130个项目实现征拆"清零"，222个重点建设项目完成投资691.5亿元，惠科光电10条生产线点亮投产，雅士林实现试生产，椒花水库进入主体施工，南昌—长沙1000千伏特高压交流工程投入使用。

【城乡建设】 2021年，浏阳市国土空间总体规划编制基本完成，"两级三类"国土空间规划体系不断健全。交通路网更加完善，金阳大道三期、S326南横线(柏加—普迹段)加快建设，永和通用航空产业基地项目成功签约，荷文公路提质升级，天马山新隧道竣工通车。拉通城市道路8条，新改建农村公路363.5千米，被评为"四好农村路"全国示范县。开通城乡公交线路109条，实现公共交通村村通，被评为城乡客运一体化省级示范县。承载功能持续增强，启动智慧电网项目建设，新改建雨污分流管网106公里，完成西湖山市民公园、观礼台提质改造，新增停车位1.5万个。全面完成10个既有小区品质提升，改造老旧小区和棚户区98个8162户，农村危房245户，新增保障性住房3291套，全省城镇老旧小区改造现场推进会在浏阳召开。全域推进乡村振兴示范创建，完成农村改厕1万座，垃圾分类实现全覆盖，建成美丽宜居村庄275个，入选全省"美丽宜居共同缔造"试点示范县。持续打好污染防治攻坚战，空气质量优良率达98.1%，三大河流水质稳定达标，通过第二轮中央环保督察，成功申创全国"两山"实践创新基地。

【民生福祉建设】 2021年，浏阳市新增城镇就业1.6万人，农村劳动力转移就业8600人。新改扩建学校22所、幼儿园10所，新增学位7866个，"双减"经验获全省推介。落实常态化疫情防控措施，防疫成果持续巩固。集里医院门诊大楼建成投用，中医医院危急重症大楼顺利封顶，医改经验获《人民日报》专题推介。新建市社会福利中心，城乡居家养老服务中心行政村覆盖率达78.5%。双拥优抚工作扎实开展，退役军人就业创业孵化基地被评为"全国退役军人服务保障先进单位"。市博物馆建成开放，体育中心、欧阳予倩文化艺术中心完成提质，被评为全国群众体育先进单位。烟花爆竹转型升级集中区建设获得全国观摩点评活动第一名，创新实施安全生产领域真抓实干激励，被评为全省安全生产和消防工作优秀单位。加强食药监管，实现食品安全"零事故"。妥善化解信访积案300余件，信访总量下降34.6%。新时代县域警务、禁毒和反电诈工作持续加强，社会治安呈现平稳有序的良好态势。

【政府效能建设】 2021年，浏阳市人民政府认真贯彻新时代党的建设总要求，成功举办庆祝中国共产党成立100周年系列活动，党史学习教育成果不断巩固。深入推进依法行政，受理各类审批服务事项703万件，办理法律援助案件936件。坚持重大事项向人大报告和政协通报，全年办理人大代表建议307件，满意率达91.8%；办理政协提案94件，综合满意率达94.3%。不断优化政务服务，公布证明事项清单34项，办理市长信箱、12345反映事项4.2万件。防范化解债务风险，发挥财政监管和审计监督作用，强化财政预算刚性约束，三类债务之和有序下降。全面完成省委巡视反馈意见整改任务，深入开展群众身边腐败和作风问题专项整治，营造优质高效、风清气正的干事创业环境。

（肖圣林）

重要会议

【市长办公会议】 2021年市长办公会议和主要研究事项：

1月25日，召开市长办公会议，审议《关于鼓励外省员工在浏过春节若干措施（送审稿）》。

2月26日，召开市长办公会议，研究城乡客运（公交）一体化有关工作。

4月12日，召开市长办公会议，研究浏阳至江背高速公路路线方案；研究全域土地综合整治试点工作。

8月8日，召开市长办公会议，传达学习习近平总书记关于统计工作重要讲话和指示批示精神及上级统计工作有关文件精神，全国、全省、长沙市新冠肺炎疫情防控工作电视电话会议精神，《中共湖南省委办公厅湖南省人民政府办公厅关于印发〈湖南省中央生态环境保护督察报告〉和许达哲同志讲话的通知》《中共长沙市委长沙市人民政府关于印发〈长沙市生态环境保护工作责任规定〉〈长沙市较大生态环境问题（事件）责任追究办法〉的通知》《中共长沙市委办公厅长沙市人民政府办公厅关于印发〈长沙市生态环境损害赔偿制度改革工作实施方案〉的通知》等文件精神；审议《浏阳市第一次全国自然灾害综合风险普查工作方案（送审稿）》；研究2021年“精美长沙”建设示范项目实施主体及资金来源有关事宜。

8月25日，召开市长办公会议，传达学习湖南省委副书记、省长毛伟明在省乡村振兴局调研时的讲话精神，长沙市园区高质量发展拉练点评会议精神；听取研究油茶小镇建设情况；审议《浏阳市乡村振兴示范创建方案（送审稿）》和《浏阳市全域推进美丽宜居村庄建设操作办法（送审稿）》；审议《浏阳市城镇生活污水治理提质增效两年行动方案（2021—2022年）（送审稿）》；审议《浏阳市既有多层住宅增设电梯实施方案（送审稿）》；审议《第十五届中国（浏阳）国际花炮文化节工作方案（送审稿）》；审议《浏阳市推进全国烟花爆竹转型升级集中区建设实施方案（送审稿）》。

10月18日，召开市长办公会议，传达学习省政府、长沙市政府三季度经济形势分析会议精神，长沙市乡村振兴暨美丽宜居村庄建设现场观摩推进会精神，《住房和城乡建设部关于在实施城市更新行动中防止大拆大建问题的通知》精神；审议《浏阳市自然资源服务乡村振兴试点工作方案（送审稿）》；研究全省城镇老旧小区改造现场推进会观摩示范项目有关事宜。

11月20日，召开市长办公会议，传达学习省委书记张庆伟在长沙调研时的讲话精神，省委副书记、省长毛伟明在长沙调研企业发展时的讲话精神，全省抓党建促乡村振兴会议精神，省委常委、长沙市委书记吴桂英在区县（市）领导班子成员提升履职能力培训班开班式上的讲话精神；研究“五个十大”项目有关事宜；审议《浏阳市公共卫生体系建设实施意见（送审稿）》；研究浏阳市高铁片区城市设计、控制性详细规划编制有关事宜；研究古树名木保护有关事宜。

11月29日，召开市长办公会议，研究S2（长浏快线）工程有关事宜；审议《浏阳市2021—2022年度冬春农田水利建设实施方案（送审稿）》；研究2020年度招商引资中介人奖励有关事宜；审议《浏阳市“纾困增效”助企十条措施（送审稿）》。

12月23日，召开市长办公会议，传达学习中央、省委经济工作会议精神，全省制造强省建设推进大会精神和长沙市加快建设国家重要先进制造业中心暨制造强市推进电视电话会议精神；审议《浏阳市全面推进市容环境卫生常态化精细化管理实施方案（送审稿）》；审议《浏阳市关于进一步减轻义务教育阶段学生作业负担和校外培训负担的实施方案（送审稿）》；传达学习《中共湖南省委办公厅湖南省人民政府办公厅印发〈关于切实加强社会保险基金监管工作的意见〉的通知》精神，研究浏阳市社会保险基金监管工作，审议《关于切实加强社会保险基金监管工作的实施方案（送审稿）》；审议《关于进一步加强招商引资促进经济高质量发展的若干措施（送审稿）》；审议《浏阳市招商引资中介人奖励办法（修订）（送审稿）》。

【政府常务会议】 2021年市政府常务会议和主要研究事项：

1月15日，召开市政府常务会议，传达学习习近平总书记对平安中国建设作出的重要指示精神，习近平总书记在全面推动长江经济带发展座谈会上的重要讲话精神，习近平总书记在中央农村工作会议上的重要讲话精神，中央、省委、长沙市委经济工作会议精神，《中共湖南省委关于制定湖南省国民经济和社会发展第十四个五年规划和二〇三五年远景目标的建议》精神，习近平总书记在中央全面依法治国工作会议上的重要讲话及《法治中国建设规划（2020—2025年）》精神，习近平总书记在中央政治局第二十五次集体学习时的重要讲话精神；审议《政府工作报告（送审稿）》；审议《关于浏阳市2020年国民经济和社会发展计划执行情况与2021年国民经济和社会发展计划（草案）的报告（送审稿）》；审议《浏阳市“十四五”时期经济社会发展主要目标建议（送审稿）》；审议《关于浏阳市2020年财政预算执行情况和2021年财政预算（草案）的报告（送审稿）》、听取2021年部门预算编制情况汇报；审议《长沙市烟花爆竹安全生产与产业发展条例（草案·送审稿）》；研究全域土地综合整治试点项目有关事宜。

2月2日，召开市政府常务会议，传达学习习近平总书记在中央全面深化改革委员会第十七次会议上的重要讲话精神，省、长沙市“两会”精神，《中共湖南省委办公厅湖南省人民政府办公厅印发〈关于改革完善社会救助制度的实施意见〉

的通知》精神；审议《浏阳市2021年重点建设项目计划（草案）》《浏阳市2021年政府投资项目计划（草案）》；研究城镇开发边界内1:500地形图测量与更新工作有关事宜；研究农村公路建设三年行动项目有关事宜。

3月3日，召开市政府常务会议，传达学习习近平总书记在中央全面深化改革委员会第十八次会议上的重要讲话精神，习近平总书记在全国脱贫攻坚总结表彰大会上的重要讲话精神，《中共中央　国务院关于全面推进乡村振兴加快农业农村现代化的意见》精神，湖南省委农村工作会议精神；审议《听取浏阳市污染防治攻坚战工作情况汇报；浏阳市全力打造智能制造强市三年行动计划（2021—2023年）（送审稿）》；审议《浏阳市2021年市级领导联系重大项目和重点企业实施方案（送审稿）》；审议《浏阳市全力打造区域科创中心三年行动计划（2021—2023年）（送审稿）》。

4月2日，召开市政府常务会议，传达学习习近平总书记在中共中央政治局第二十七次集体学习时的重要讲话精神，十三届全国人大四次会议和全国政协十三届四次会议及省、长沙市相关会议精神，《中共湖南省委　湖南省人民政府关于印发〈湖南省生态环境保护工作责任规定〉〈湖南省生态环境保护督察工作实施办法〉〈湖南省重大牛杰环境问题（事件）责任追究办法〉的通知》精神；听取浏阳市污染防治攻坚战工作情况汇报，研究浏阳市配合第二轮中央环保督察有关事宜，审议《浏阳市贯彻落实湖南省生态环境保护督察"回头看"及城乡环境基础设施建设专项督察反馈意见整改工作方案（送审稿）》；审议《2021年浏阳市发展壮大新型村级集体经济实施方案（送审稿）》；研究赋予和调整浏阳经开区（高新区）管委会部分市级经济社会管理权限有关事宜；研究重点民生实事有关事宜；审议《浏阳市推进"精美长沙"建设工作实施方案（送审稿）》；审议《浏阳市城市地下管线管理办法（送审稿）》；研究设立产业基金有关事宜。

4月16日，召开市政府常务会议，研究2021年土地卫片执法工作，审议《浏阳市挂牌督办涉林案件专项整治行动工作方案（送审稿）》；研究浏阳苍坊旅游区客家民俗文化展示区项目招标有关事宜。

4月30日，召开市政府常务会议，传达学习习近平总书记在3月30日中共中央政治局会议上的重要讲话精神，许达哲、毛伟明在全省实施"三高四新"战略产业项目建设推进现场观摩会上的讲话精神，长沙市一季度重点工作拉练点评会精神，长沙市国资国企高质量发展座谈会精神，长沙市审计工作会议精神，统计工作有关文件精神；安排部署市政府党风廉政建设有关工作；研究安全生产有关工作；审议《浏阳市"百日奋战　扮靓浏阳"城乡环境整治实施方案（送审稿）》；研究浏阳市城区部分路灯及景观亮化设施大修技改项目和浏阳市将军路湿地公园、文兴路、予情路道路路灯建设项目有关事宜。

5月6日，召开市政府常务会议，审议《关于全域推进乡村振兴示范创建　加快农业农村现代化的实施方案（送审稿）》；研究湘赣边区域合作有关事宜；听取全市优化营商环境工作情况汇报，审议《浏阳市营商环境优化工程2021年行动方案（送审稿）》《关于贯彻落实〈中共中央　国务院关于营造更好发展环境支持民营企业改革发展的意见〉的重点任务清单（送审稿）》；研究进一步加强政府投资项目估算和概算控制工作。

5月12日，召开市政府常务会议，传达学习许达哲同志在全省脱贫攻坚总结表彰大会、省委理论学习中心组党史学习教育第二次专题学习研讨会上的讲话精神，长沙市委农村工作会议精神，《中共长沙市委　长沙市人民政府关于建设乡村振兴示范市加快农业农村现代化的实施意见》精神；传达学习近期全省化债工作有关会议精神，研究全市债务管理工作；审议《浏阳市2021年度生态环境保护工作要点（送审稿）》《浏阳市持续提升空气质量坚决打赢蓝天保卫战三年行动计划（2021—2023年）（送审稿）》《浏阳市2021年度大气（噪声）、水、土壤污染防治和农村生态环境保护行动计划（送审稿）》；审议《浏阳市2021年水质达标提升生态补偿奖罚方案（送审稿）》。

5月28日，召开市政府常务会议，传达学习习近平总书记在中共中央政治局第二十九次集体学习时的重要讲话精神，4月30日中共中央政治局会议精神，李克强总理在经济形势部分地方政府主要负责人视频座谈会上的讲话精神，《中共中央　国务院关于新时代推动中部地区高质量发展的意见》精神，《中共长沙市委办公厅　长沙市人民政府办公厅关于印发〈深入实施"三高四新"战略　全面推进重大产业高质量发展的意见〉的通知》精神，《中共长沙市委办公厅　长沙市人民政府办公厅关于印发〈长沙市营商环境优化工程2021年行动方案〉的通知》精神；学习《国务院政府督查工作条例》，研究2021年政府督查有关工作；审议《浏阳市道吾山省级风景名胜区总体规划（2021—2035）（修订·送审稿）》；研究浏阳市大瑶杨花抽水蓄能电站合作开发有关事宜；研究非洲在华非资源性产品集散深加工园项目有关事宜；研究浏阳市行政复议体制改革工作。

6月16日，召开市政府常务会议，传达学习习近平总书记关于湖北十堰燃气爆炸事故重要指示、李克强总理批示和省市领导相关批示精神以及全国、全省、长沙市安全防范视频调度会议精神，习近平总书记在中央全面深化改革委员会第十九次会议上的重要讲话精神，《中共湖南省委湖南省人民政府关于印发〈长株潭一体化发展五年行动计划（2021—2025年）〉的通知》精神；研究浏阳市农村宅基地管理与改革系列制度有关事宜；审议《浏阳市打造内陆地区开放高地三年行动计划（2021—2023年）（送审稿）》。

8月16日，召开市政府常务会议，传达学习习近平总书记对防汛救灾工作作出的重要指示精神，省委书记许达哲、省长毛伟明在2021

年省总河长会议上的讲话精神，湘赣边区域合作示范区建设推进大会精神和省委书记、省人大常委会主任许达哲在长沙调研时的讲话精神以及湖南省委常委、长沙市委书记吴桂英来浏调研座谈会上的讲话精神；听取污染防治攻坚战工作汇报，审议《浏阳市生态环境保护工作责任规定（送审稿）》；审议《浏阳市全面推行林长制实施方案（送审稿）》；审议《浏阳市2021年上半年国民经济和社会发展计划执行情况报告（送审稿）》。

9月10日，传达学习习近平总书记在中央党校（国家行政学院）中青年干部培训班开班式上的重要讲话精神，习近平总书记在中央全面深化改革委员会第二十一次会议上的重要讲话精神，习近平总书记在河北承德市考察时的重要讲话精神，长沙市产业链建设工作推进会会议精神，新修订的《中华人民共和国土地管理法实施条例》《中华人民共和国安全生产法》精神，省委常委、市委书记吴桂英署名文章《落实安全责任　推动安全发展　为建设现代化新长沙筑牢安全根基》精神，《中共湖南省委关于推进清廉湖南建设的意见》精神，8月17日中央财经委员会第十次会议精神，省委全面深化改革委员会第十三次会议精神，《湖南省洞庭湖保护条例》精神；审议《浏阳市“十四五”教育事业发展规划（2021—2025）（送审稿）》；审议《关于浏阳市2020年财政决算草案和2021年上半年财政预算执行情况的报告（送审稿）》；研究建立浏阳市成品油流通市场监管长效机制有关事宜；研究赋予和调整乡镇（街道）部分市级经济社会管理权限有关事宜；审议《浏阳经开区相对集中行政许可权改革试点工作实施方案（送审稿）》。

10月10日，召开市政府常务会议，集中学习习近平法治思想；传达学习习近平总书记关于涉粮工作重要讲话指示批示精神及许达哲、毛伟明、吴桂英同志关于涉粮工作讲话精神，许达哲、毛伟明同志在省国土空间规划委员会第一次会议上的讲话精神，全国、全省秋冬季森林防灭火工作电视电话会议精神；审议《政府工作报告（送审稿）》。

11月8日，召开市政府常务会议，重温习近平总书记关于统计工作的重要论述及中共中央关于统计工作文件精神，学习《统计督察初步反馈问题立行立改十条措施》精神，传达学习《国家发展和改革委关于印发〈湘赣边区域合作示范区建设总体方案〉的通知》精神，10月29日省委常委会会议精神，长沙市三季度重点工作拉练讲评会议精神，《中共长沙市委办公厅　长沙市人民政府办公厅印发〈关于进一步深化作风建设严防“四风”问题变异回潮的方案〉的通知》精神；传达学习《长沙市人民政府办公厅关于印发〈长沙市财源建设工程实施方案〉的通知》精神，审议《浏阳市财源建设工程实施方案（送审稿）》；审议《浏阳市乡镇专职消防队建设管理规定（送审稿）》；审议《浏阳市招商引资项目引进事前评估及事中事后监管办法（试行）（送审稿）》。

11月24日，召开市政府常务会议，传达学习《湖南省人民政府办公厅关于印发〈深化“放管服”改革助推“五好”园区建设二十条措施〉的通知》精神，《长沙市人民政府办公厅关于进一步降低疫情影响稳定经济运行的实施意见》精神。审议《浏阳市自然资源服务乡村振兴试点工作方案（送审稿）》；研究食品安全有关事宜（听取食品安全及创建工作情况汇报，审议《浏阳市食品安全监管事权清单（送审稿）》）；审议《关于2020年度全市国有资产管理情况的综合报告（送审稿）》。

12月9日，召开市政府常务会议，传达学习中国共产党湖南省第十二次代表大会精神；专题研究安全生产工作，听取“三大专项行动”、燃气领域、建筑领域安全生产工作情况汇报；审议《浏阳市低温雨雪冰冻灾害天气应急工作方案（送审稿）》；审议《浏阳市城乡公交一体化运营补贴实施办法（试行）（送审稿）》；审议《浏阳市松材线虫病防控“十四五”攻坚行动总体方案（2021—2025年）（送审稿）》和《浏阳市松材线虫病绩效承包三年综合防控方案（2021年10月—2024年9月）（送审稿）》；听取浏阳市污染防治攻坚战工作情况汇报；审议《浏阳市深化新时代教育督导体制机制改革实施方案（送审稿）》。

【新型冠状病毒肺炎防控指挥部视频调度会】 8月11日下午，长沙市新型冠状病毒肺炎防控指挥部召开电视电话会议，调度部署疫情防控工作。浏阳市委副书记、代市长王雄文，市级领导喻辉、刘来宏在浏阳分会场参加会议。会议听取浏阳市新型冠状病毒肺炎疫情防控工作情况的汇报。8月9日，长沙市新型冠状病毒肺炎防控指挥部电视电话会议召开后，浏阳迅速召开会议进行安排部署，并以浏阳市新型冠状病毒肺炎防控指挥部的名义下发工作提示，要求把牢防疫关口，扩大核酸检测范围，统筹抓好疫情防控和经济社会发展工作。通过紧扣目标抓排查、突出重点防风险、全力接种筑屏障，实现疫情防控形势平稳，经济社会发展有序。会后，王雄文立即主持召开浏阳市新型冠状病毒肺炎防控指挥部视频调度会，就贯彻落实长沙会议精神，抓好全市疫情防控和经济社会发展工作进行再强调、再部署、再落实。王雄文指出，尽管当前疫情防控形势趋于平稳，但风险依然存在，防控意识不能有丝毫减弱。各级各部门、各乡镇（街道）倾注在疫情防控工作上的力量不能减少，要做到善始善终、善作善成；防控措施不能松懈，要坚持落实落细各项防控措施，始终保持工作韧劲；调度指挥不能迟缓，面对疫情防控工作中的突发问题、应急情况，要第一时间靠前指挥、亲力亲为、快速组织，防止舆情事件的发生。王雄文要求，要迅速贯彻落实好长沙市新型冠状病毒肺炎防控指挥部电视电话会议精神，按要求进行调度和部署，全面做好浏阳疫情防控工作。要继续加快疫苗接种，抓紧安排、有序组织12至14岁人群新冠疫苗接种工作；要有序开展核酸检测，特别对重点区域、重点场所人员要开展不间断的核酸检测；要严格管控重点人员，特别是密接、次密接、红码人员及中高风险地区来（返）浏人员；要统筹抓好疫情防控和经济社会发展，巩固好疫情防控平稳态势，为下半年经济社会发展打下坚实基础。全市上下要再接再厉，打好打赢疫情防控阻击战、攻坚战。

（丁洁琼）

行政审批服务

【概况】 2021 年，行政审批服务局政务服务大厅有 34 个窗口单位，178 个办事窗口，280 余人入驻，全年共办理审批服务事项 703.3 万件，收费（税）157.51 亿元。以“一件事一次办”改革为抓手，深化“放管服”改革，推进政务公开和政务服务标准化、规范化、便利化，畅通 12345 政务热线，优化营商环境，助推全市经济社会高质量发展。“跨省通办”工作经验得到中共湖南省委常委、长沙市委书记吴桂英的肯定和批示。“建议支部建在大厅，党建引领政务服务”获湖南省优化政务服务十大“金点子”一等奖，“建议进行适老化改造，让老年人、残疾人办事更便捷”被湖南省人民政府发展研究中心、湖南省人民政府政务服务中心评为二等奖。浏阳市被评为长沙市 2021 年“深化‘放管服’改革优化营商环境”创新实干推进高质量发展成效明显地区。

2021 年 6 月 23 日，浏阳市行政审批局参加“苏粤桂闽湘鄂赣浙皖九省十四县（市、区）政务服务跨省通办线上签约仪式”（行政审批服务局 供图）

【“放管服”改革】 2021 年，行政审批服务局加大赋权放权力度，年内赋予经开区（高新区）权限 66 项、乡镇（街道）44 项权限，截至 2021 年年末，共赋予经开区（高新区）251 项权限、乡镇（街道）85 项权限，进一步方便群众和企业办事“就近办”。开展经开区（高新区）相对集中行政许可权改革试点，梳理 81 项权限实施集中许可。对全市政务服务事项实施动态调整，共调整 132 项，其中取消 88 项，新增 17 项，变更 27 项。巩固拓展“三集”审批机制成效，为重点项目开辟绿色通道，将 183 个市重大项目纳入“三集”审批，对 40 个市领导联系重大项目实行挂图作战，每周定期督办项目审批进度。工程建设项目服务中心帮助企业办件 1784 件，签订代办协议 181 份。

【“一件事一次办”改革】 2021 年，行政审批服务局加新增第四批“一件事一次办”事项 61 项，截至 2021 年年末，共实现“一件事一次办”事项 330 项。全年共办理“一件事一次办”业务 146 万余件。年内，创建“一件事一次办”事项办事指南二维码，方便群众和企业查看申请材料、申请网上办事。加强“一件事一次办”微信小程序推广应用，全年注册量达到 28 万余人次，位居长沙九区（县、市）首位。制作 11 件“一件事一次办”一事一标准模板，为全省提供样板，推进事项标准化。推行“既有住宅增设电梯一件事”改革，明确增设电梯的申报流程、申请材料、指导价格等，采取综合窗口受理，并联审批方式，实现审批效率提升 60% 以上。

【“跨省通办”政务服务】 2021 年，行政审批服务局为解决企业和群众异地办事“多地跑”“折返跑”的问题，在长沙地区率先启动政务服务“跨省通办”，负责拟稿《湖南省政务服务管理局江西省政务服务管理办公室关于加快推进湘赣边区域合作政务服务“跨省通办”工作的通知》，围绕就业、社保、医疗、养老、居住等与群众生活和企业经营密切相关的异地办事需求，梳理湘赣边区域“跨省通办”高频事项 100 项，制作事项标准化办事指南，首批 56 项高频政务事项在湘赣边实现通办，其中 40 项可全程网办。2021 年共办理跨省通办业务 1.2 万余件，21 家医院实现跨省异地结算，异地就医结算 3700 人次，为湘赣边企业受理咨询、企业登记业务 168 户。浏阳市政务服务“跨省通办”工作经验得到中共湖南省委常委、长沙市委书记吴桂英的肯定和批示。

【政务服务“五零城市”建设】 2021年，行政审批服务局推进网上中介超市应用，共入驻中介服务机构 1095 家，中介服务事项 91 项，在网上中介超市发布采购公告 825 条，其中财政资金采购 754 条，排名长沙九区（县、市）第一位。继续实施新办企业公章刻制、打复印、证照快递全免费服务。设立企业开办服务中心，为 219 家新办企业（注册资金 500 万元以上）提供全流程免费代办服务，实现企业开办“零成本”。公布证明事项清单 34 项，推行电子证照、证明信息数据互享等方式，逐步实现办理事项“零证明”。设立 24 小时“不打烊”政务自助服务区，自助办理不动产信息、燃气缴费、个人征信报告等便民业务，实现审批服务“零见面”。公布收费减免清单，经开区(高新区)以政府购买服务或直接免除的方式，对企业费用进行代缴或减免，实行园区政务“零收费”。规范执法检查，减少干预企业行为，实施企业发展“零干扰”。

【政务公开工作】 2021年，行政审批服务局在市政府门户网站开设政务公开工作要点栏目，主动公开各类政务信息。按照“五统一”(统一标识标牌、统一公开内容、统一载体配置、统一服务功能、统一管理机制)标准，规范市本级及乡镇(街道)政务服务大厅。在市本级政务服务大厅和32个乡镇(街道)设立政务公开专窗，为企业和群众提供“一站式”政策咨询服务。全年共受理市人民政府依申请公开事项32件，督促指导各单位处理依申请公开事项145件。

【政务热线服务】 2021年，行政审批服务局规范政府官网留言、市长信箱、12345政务热线办理流程。完善“一周一调度、一月一考核、一季一总结”工作机制。全年办理12345政务热线工单41848件，回访满意率达98.79%；办理市长信箱信件834件，及时回复率达100%。市行政效能电子监察系统以及省平台共处理咨询回复件104件，办件事项监管429608件，无因行政过失而导致发“黄牌”或“红牌”现象。“好差评”全市评价总数267679条，主动评价率达99.67%，好评率100%。

【两项建议获评省优化政务服务“金点子”】 2021年7月，湖南省人民政府发展研究中心（湖南省人民政府政务服务中心）开展“我为政务服务献一策‘金点子’征集活动，聚焦当前政务服务工作的重点、难点、堵点问题，通过线上线下渠道广泛征集“互联网+政务服务”一体化平台应用、政务服务大厅日常管理、深化“一件事一次办”改革等方面建议。11月29日，“湖南省优化政务服务十大‘金点子’”正式发布。浏阳市行政审批服务局两项建议分别获评一、二等奖。“建议支部建在大厅，党建引领政务服务”获一等奖，通过将机关党员和大厅窗口党员进行深度融合，健全“1+1+1”党建工作模式[即一名党组成员(党建指导员)+一个党支部+一个大厅]，支部依托现有审批服务阵地建立在大厅，发挥党建引领作用，有力促进整体工作上台阶。“建议进行适老化改造，让老年人、残疾人办事更便捷”获二等奖，行政审批服务局秉持扶老助老理念，通过线上线下多措并举，让老年人办事体验更舒心、服务更贴心、办理更放心，切实让老年人享受智能办事的便利和红利。十大金点子在先行先试、探索总结经验后向全省推广。

（邱双喜）

优化营商环境事务协调

【概况】 2021年，浏阳市市场主体总量突破12.5万户，其中，A股上市企业增至9家，规模以上工业企业增至928家，省级以上专精特新“小巨人”57家，总数均居全省县(市)第一。4月2日，由人民日报社指导、环球时报社主办的首届环球城市招商引资推介大会暨2020中国城市投资吸引力指数发布会在京举行，浏阳市被评为“2020十大最具投资吸引力县（市）”，是湖南省唯一获奖区县。6月17日，由新华网主办的第七届绿色发展论坛暨点赞·中国绿色影响力典范（2021）活动在北京举办，浏阳市被评为“2021优质投资环境城市”；7月24日，由环球时报社主办的“中国城市高质量发展与国际合作大会”在北京召开；会上发布《2021中国高质量发展评估报告》榜单，浏阳被评为“国际化高质量发展环境建设标杆县(市、区)”；11月24日，智慧中国年会组委会发布2021营商环境高质量发展优秀案例榜单，浏阳被评为“2021年营商环境高质量发展综合‘执行力’奖”。年内，浏阳市优化营商环境所获荣誉、奖项被新华网、《湖南日报》《长沙晚报》、湖南经视新闻等十余家国家、省级和长沙市级媒体多次宣传推介报道，阅读和点击量540余万次。2021年，浏阳市优化营商环境协调事务中心依托中央、省、市、县四级媒体，在学习强国、人民网、新华网、《湖南日报》、《长沙晚报》、红网等媒体发布浏阳营商工作新闻报道1000余条，总点击量达1200万次。1月份，开展贯彻实施国务院《优化营商环境条例》一周年暨法治化营商环境浏阳在行动系列活动，参与人数13万，短视频话题点击量15万次；制作节日宣传“一张图”12期，创新推出“聚力营商，赢在浏阳”有声海报，精心策划并制作发布首个浏阳市优化营商环境宣传片，在新华网、微浏阳等点击量达30万次。

【营商环境迎省级测评】 2021年，市优化营商环境协调事务中心围绕湖南省督查激励营商环境相关内容，构建“摸底调查—对标分析—短板交办—整改提升—样本打造—经验固化”工作闭环，下沉11个指标牵头单位调研30余次，抓实44个指标短板全面提升，打造69个指标特色亮点，固化20个典型案例，统筹指导全市各单位顺利完成省评指标企业问卷、部门填报、系统取数等环节。联合工商联、发改局高质量完成省工商联到浏阳营商环境主观评价工作座谈会和150份主观评价调查问卷。

【营商环境改革创新】 2021年，市优化营商环境协调事务中心对照营商环境省级测评工作要求，紧盯全国最优水平，实施“党建+指标先锋”专项行动，责任分解、挂图作战、定期调度。在全省首创“政银全域通”“三集审批”“并联预审、即时审批”“不动产在线抵押登记”“自愿监理”；在全省首推“准入即准营、拿地即开工、交房即交证”“承诺告知、容缺受理”“信用+医疗”等改革试点。实现企业开办在浏阳农村商业银行43个网点即可就近办理，企业开办全流程4个小时“一体化集成办”，工程项目自愿监理、小型社会投资项目19个工作日办结、不动产登记抵押登记立等可取等多项改革。

【市场主体合法权益保护】 2021年，市优化营商环境协调事务中心联手市纪委监委，在全国首创“亲清盾牌”创新执法监管云平台，对执法检查行为实施实时动态跟踪，依法保障市场主体合法权益。从各行业遴选聘请28名企业家担任营商环境特约监督员，构建51个营商环境监测点，聘请6名营商环境特约评论员，及时了解处置企业问题、难点与诉求，以刀刃向内、自我革命的方式解决监督盲点、服务痛点、关注焦点，形成年度《关于营商环境常态化监测结果的分析总结》报告，及时呈报上级部门供决策参考。对照涉企问题“三个一”（“一口”受理、“一站”解答、“一网”总览）有关要求，落实“四流程两满意”投诉受理机制，深化“一事一议、有事就议、联动合议”多方联动协商机制，全力处理营商环境投诉问题。2021年，收到并处理本级投诉举报14件，走访收集意见建议35条，困难诉求56个，组织多方联动会议9次，解决企业困难诉求130余个，投诉受理满意率100%，浏阳市“一事一议、有事就议、联动合议”多方联动协商机制，上榜2021优质投资环境分享案例。

【企业帮扶服务】 2021年，市优化营商环境协调事务中心先后在全市开展“千企帮扶”“民企大走访”“政企心连心、服务促发展”“政企结对共建”“我为浏阳营商环境建言献策”等系列活动；深化“政企面对面、服务一对一、沟通零距离”“干部联企”“惠企政策就近办服务专员”等服务网格；5月份，服务长沙市显示功能器件产业链建设，截至2021年年末，制订产业链2022—2024年行动计划，组织开展链长专题调研2次；全年创新服务活动13次，完成招商19次，引进31个项目，合同引资129.55亿元。年内，开发“营商福地看浏阳”政企综合服务小程序，上线“优优”政策发布和意见建议征集服务平台，浏阳市构建“亲而有度、清而有为”新型政商关系，被省纪委刊物《清风》报道。

【法治化营商环境建设】 2021年，市优化营商环境协调事务中心以法治化营商环境为重点，组织全市44个职能单位、32个乡镇街道分管领导开展法治化营商环境专题培训班，邀请省、市发改委、优化中心负责人、省委党校、湖南大学教授专题授课，浓厚法治化营商环境氛围；组织召开全市“长沙扶持通”平台业务培训1次，100余人参加培训；组织全市企业代表、相关部门工作人员到长沙参加“办理建筑许可”“开办企业”“市场监管”等“营商环境大讲堂”培训16期，参与人数300余人次。

【被评为“2021优质投资环境城市”】 2021年6月17日，由新华网主办的第七届绿色发展论坛暨点赞·中国绿色影响力典范（2021年）活动在北京举行，浏阳市获评“2021优质投资环境城市”；同时，浏阳市“一事一议、有事就议、联动合议”多方联动协商机制上榜2021优质投资环境分享案例，两项均为全省唯一。此次上榜名单由新华网联合中国环境科学学会通过大众关注度、网络点赞和专家意见，综合对比分析产生，浏阳市与福建泉州等地一同进入榜单。近年来，浏阳市委、市政府认真落实中央和省、市决策部署，全市上下深入践行“三高四新”战略，奋力担当湘赣边区域合作示范区建设“领头羊”，深度融入长株潭营商环境优化一体化，把优化营商环境作为一把手工程、系统工程、长期工程，大胆改革创新，不断擦亮“营商福地看浏阳”金字招牌，有效激发市场主体活力。2020年3月，浏阳创新实施“三集”审批机制，在浏阳市民之家设立集中审批服务区，按照“集中办公、集合查验、集成审批”原则，项目测量时间、费用均压缩30%以上，工业建设项目施工许可审批时限压缩40%。2020年，“三集”审批机制为190余个重点项目推进提供便利，截至2021年6月，浏阳市在营商环境百强县排名从2020年全国第30位跃居全国第19位，并于2021年先后被评为全国首届十大最具投资吸引力县（市）、蝉联中部唯一中国国际化营商环境建设示范县（市），上榜《2020胡润中国最具投资潜力区域百强榜》。

【被评为“国际化高质量发展环境建设标杆县（市、区）”】 2021年7月24日，由人民日报社指导《环球时报》主办，以“十四五”远景规划为指引，围绕提升产业重组、绿色产业、科技创新、国企改革、对外开放等领域高质量发展展开探讨的“中国城市高质量发展与国际合作大会”在北京落下帷幕。会议邀请100多家知名企业、品牌的代表以及经济发展领域的专家、学者，联合多家央级媒体平台，从国际化视野出发，对标国际先进经验，助推高质量发展，促进各地区、各部门交流互鉴，进一步推动形成相竞相辅的良好局面。会议发布《2021中国高质量发展评估报告》，浏阳被评为“国际化高质量发展环境建设标杆县（市、区）”。近年来，浏阳将优化营商环境作为高质量发展的“生命线”，锐意改革创新，为推动“三高四新”战略落实、经济社会发展不断注入新动能。2021年1—6月，全市新引进项目134个，计划投资总额达345.31亿元。7月13日，华纳大药厂股份有限公司在上海证券交易所科创板上市，浏阳A股上市企业数量升至9家，在全省县（市）排名第一。《2021中国高质量发展评估报告》指数以大数据统计、市场调研等方式，把握高质量发展的深刻内涵，从绿色发展、创新发展、营商环境、开放发展以及民生保障5个方面，构建涵盖16个二级指标的评估体系，为城市持续推进高质量发展提供强大的数据支撑。《2021中国高质量发展评估报告》数据统计主要来源于政府公开的数据、国民经济数据，通过收集全球网络数据，并经过科学研判，通过海内外专家、学者以及资深媒体人的专业评估，评价结果科学客观真实。

（李　义）

数据资源管理

【概况】 2021年，市数据资源中心在浏阳市委、市政府的坚强领导下，坚持以习近平新时代中国特色社会主义思想为指导，认真学习党的十九大和十九届历次全会精神，深入贯彻习近平总书记关于网络强国、数字中国、智慧社会等重要论述精神，全面落实党中央、国务院以及省、市决策部署，着力做好新型智慧城市建设、数据资源管理、电子政务推广应用等工作，编制出台《浏阳市新型智慧城市信息化“十四五”区域规划》；完善浏阳市人民政府门户网站管理与维护；有效推进智慧政务、智慧教育等一批智慧应用等工作。4 月 26 日，长沙市人民政府办公厅发布关于 2020 年度政府网站绩效评估结果的通报，浏阳市政府门户网站被评为 2020 年度长沙市优秀政府门户网站，浏阳市数据资源中心被评为长沙市“网络安全保障优秀单位”；2021 年 7 月，国家计算机协会发布通报，浏阳市电子政务数据共享被评为“2020 年度电子政务典型案例”。

【智慧城市建设】 2021 年，市数据资源中心着力推进智慧城市建设。强化顶层规划，组织专家技术团队编制《浏阳市新型智慧城市“十四五”区域规划》，并依规报长沙市批复同意，2021 年年末进入浏阳市人民政府审核发布阶段；着力建设规范运行制度体系，科学开展调查研究，起草《浏阳市政府投资信息化项目建设管理办法》（第五稿），组织市委编办、市发改局、工信局、司法局等 12 家单位召开座谈交流会，就各单位的意见和建议，对管理办法进行修改和完善，致力解决信息化建设各自为政、资源分散、重复投资的现状，推动全市信息化建设做到“投资一本账、建设一盘棋”；规划设计新型智慧城市云底座，高效完成浏阳市新型智慧城市云底座（一期）可行性研究和初步设计专家评审，4 月 22 日移交浏发集团组织开发建设，并同步完成迁移方案初稿，该项目已成功申请省发改专项资金支持 400 万元；精心打造智慧应用场景，积极支持推动新一代信息技术与城市和社会治理深度融合，积极推进“党建+微网格”、智慧政务等应用场景建设，“党建+微网格”基层社会治理平台、“网络校联体”智慧教育平台分别获评为长沙市新型智慧城市十大典型应用和优秀应用案例。

2021 年 6 月 3 日，市数据资源中心组织召开浏阳市政务数据归集暨“我的长沙”App 浏阳专区建设工作研讨会
（市数据资源中心　供图）

【数据抗疫服务】 2021 年，市数据资源中心充分利用大数据，精准核查疫情重点数据，常态化开展数据抗疫服务。全年承接、分析、核查、反馈重点疫情人员数据 490 余批次 13 万余条，疫苗接种人员数据 43 万余人次；协助卫健局、疾控中心等部门共计开展 31 次流调工作并落实相应管控措施，充分发挥“大数据分析+网格化”排查机制的积极作用，为全市抗疫筑牢第一道防线。

【数据资源管理】 2021 年，市数据资源中心持续抓好数据归集与共享，修订编制并适时更新发布 25 个单位的 394 条政务信息资源目录和 8384 个数据项；累计归集人口、法人、政务信息事项、不动产登记等各类数据 362 万条，实现 22 家单位 63.4 万余电子证照数据汇聚到长沙市电子证照综合管理平台。累计向长沙市数据资源管理平台申请各类接口 101 个、各类接口使用总计 30 余万次。数据资源管理能力成熟度居长沙九区（县、市）前列。

【互联网＋政务服务】 2021 年，市数据资源中心全面依托长沙市“互联网+政务服务”平台，对照省级事项清单，平台事项接入率达 100%。全面深入协同推进网上办和跨域通办，全年实现平台办件总量达 41 万余件，其中基层“一门式”事项办理总量达 31 万余件，稳居长沙地区九区（县、市）之首。高效推进基础图层数据归集工作，完成浏阳基础图层数据的上传至长沙市综合网格化管理平台，科学制定浏阳市网格化建设工作方案，组织完成全市 326 个村、社区，1070 个微网格划分，为城市数字化、精准化管理提供基础数字支撑。

【移动办事平台建设】 2021 年，市数据资源中心常态化推广“我的长沙”App，完成“我的长沙”App 浏阳专区建设，在浏阳专区搭建“融媒在线”“咨询服务”“政民互动”“乡村振兴看浏阳”四大特色专区，整合电子亮证、打印参保证明、公积金查询等 85 项政务和公共服务高频事项，截至 2021 年年末，移动办事服务平台可提供便捷的“一站式”办事项达 1800 余项。

【政务网络建设】 2021 年，市数据资源中心政务统一全市政务网络进出口，共计接入 679 家单位，实现市—乡、镇（街道）—村（社区）三级“横向到边、纵向到底”全覆盖。网络承载运行市本级业务系统 56 个，承载访问国家、省、长沙市级系统 117 个，互联网出口实现 IPV6 与 IPV4 的融合访问，纵向互通出口升级至千兆；“互联网+政务服务”一体化平台事项接入率达 100%。

【电子政务服务】 2021年，市数据资源中心积极推进政府网站集约化建设，市政府门户网站全年共计审核发布各类政务信息2.3万余条，打造网站特色专题专栏5个，凸显全市重点、改革、特色亮点工作的宣传推介。市政府门户网站连续多年被评为全国政府网站信息公开精品栏目奖、长沙市优秀政府门户网站。服务网上办文办会，完成全市各类视频会议系统和党政协同办公系统的建设与运维保障工作，年内，党政办公系统共计188个单位制发、流转公文85万余份(次)，政府视频会议共计162次、参会人数共计2万余人。协同有关单位完成长沙市应急视频会议指挥系统覆盖到乡镇（街道)和村(社区)的建设任务。建立健全应急处置预案，保障安全运行。深入推进实施三级等保备案测评，对政务网络及系统开展常态化安全检测与可视化管理，2021年，全市政务网络与业务系统未发生安全事故，连续多年被评为长沙市优秀网络安全保障单位。

（刘　婷）

信　访

【概况】 2021年，市信访局在市委、市政府的坚强领导下，坚持以习近平新时代中国特色社会主义思想为指导，深入贯彻落实习近平总书记关于进一步加强和改进人民信访工作重要思想，认真履行“为民解难、为党分忧”政治责任，积极开展源头治理，全力推进积案攻坚，依法治理重复访、越级访，全市信访总量同比2019年下降34.6%，进京访量下降63.9%，历史首次实现全年进京零非访。省、长沙市对浏阳信访工作绩效考核均无扣分。2月24日，浏阳市人民来访接待中心获评2020年度全省信访系统“人民满意窗口”创建示范单位。12月27日，湖南省人力资源和社会保障厅、湖南省信访局下发《关于评选表彰全省信访工作先进集体和先进个人的通知》，浏阳市被评为全省“信访工作先进集体”。

【领导公开接访工作】 2021年，浏阳市市级领导、市直各单位领导以及各乡、镇(街道)继续落实领导公开接访制度，四大家主要领导率先垂范，全体市级领导常态坚持到市人民来访接待中心轮流坐班接访，各市直单位、乡镇(街道)班子成员在本单位定点坐班接待来访群众，全年市级领导公开接访371批832人次，乡科级领导公开接访2331批4183人次。

【信访积案化解】 2021年，市信访局认真组织开展集中治理重复信访、化解信访积案专项行动，专项工作第一批195件信访事项，办结194件，办结率99.5%，其中实体性办结113件，实体性办结率达57.95%，高于长沙平均水平，倒流复访18件，倒流率9.2%，低于长沙平均水平。专项工作第二批54件，点对点交办至责任单位，办结13件，其他访件有序办理，有力推进。长沙联席办交办的27个疑难复杂突出信访事项全部化解销号，在长沙率先实现化解率100%。

【基层基础工作】 2021年，市信访局有序推进网上信访，应用湖南省网上信访信息系统，邀请上级业务部门到浏阳现场培训，及时交办、转送群众来信587件，网上投诉784件，及时受理率、按期办结率、群众满意率分别达99.8%、98.2%、32.9%，群众满意率高于长沙平均水平。精准接待复查来访群众85批117人次。督查督办常态长效，推行分片联点督办制度，通过实地、电话、会议、发函等督办方式，推动解决疑难复杂信访问题65个。

【越级访集访处置】 2021年，市信访局充分运用信访工作联席会议机制，协调责任单位，及时处置越级访，确保进京赴省到长上访人员不滞留、不造成影响，妥善处理到浏阳集访，严格按照规定层级进行调度处理，顺利实现全国两会、庆祝建党100周年、十九届六中全会等各特护期零进京、零登记、零事故的工作目标，社会大局保持和谐稳定。

【被评为全省“信访工作先进集体”】 2021年12月27日，湖南省人力资源和社会保障厅、湖南省信访局下发《关于评选表彰全省信访工作先进集体和先进个人的通知》，浏阳市被评为全省“信访工作先进集体”。由省人力资源和社会保障厅、省信访局联合开展的全省信访工作先进集体和先进个人表彰活动为五年举办一次。近年来，市信访局深入贯彻习近平总书记关于加强和改进人民信访工作的重要思想，始终牢记“为民解难、为党分忧”使命，坚持和发展新时代“枫桥经验”，扎实落实领

2021年5月18日，中共长沙市委常委、浏阳市委书记朱东铁到蕉溪镇督导信访积案化解工作

（信访局　供图）

导公开接访制度，创新推行“党建+微网格”“三联三保（市级领导联乡镇，保属地责任压实；分管市级领导联领域，保行业问题整治；责任单位联访件，保案件处理到位）”“最多访一次”、考核讲评等举措，深入推进网上信访应用，聚力开展信访积案攻坚，全面加强“人民满意窗口”“三无县市（无重复上访、无集体上访、无信访积案）”创建和依法治访工作，实现信访总量连年下降，群众满意率逐年提升。

【《湖南日报》专题推介浏阳市信访工作】 12 月 6 日，《湖南日报》以《浏阳市创新机制抓“三量”真情为民显担当》为题专题推介浏阳市信访工作。近年来，浏阳市创新制度机制，狠抓源头治理，聚力积案攻坚，信访工作获得群众一致点赞。“三量”是指创新源头预防机制控制信访“增量”：坚持推行市、乡两级领导公开接访制度，确保群众进得了门、找得到人、说得上话、解得了难；创新“三联三保”机制减少信访积案“存量”：推行“县级领导联乡镇，保属地责任压实，分管县级领导联领域，保行业问题整治，责任单位联访件，保案件处理到位”的“三联三保”制度，推动信访积案“事心双解”“销号清仓”；创新考评压责机制防“变量”：常态实行周例会、月调度、季讲评、年考核制度，用好用活督查通报等办法，切实压紧压实信访工作责任，确保各项工作落实落地。

（王　钧　周永奇）

应急管理

【概况】 2021 年，市应急管理局扎实推进中央、省、长沙市关于安全生产的系列安排部署，以三年行动集中攻坚、“深耕”行动和“护航”行动、百日攻坚、“三大整治”等行动深化源头治理、系统治理和综合治理，着重“从根本上消除事故隐患”“从根本上解决问题”，全市安全生产基础进一步夯实，安全生产形势持续稳定好转。全年共发生生产安全事故 36 起，同比下降 16.3%，死亡 35 人，同比下降 21.7%。其中烟花爆竹行业生产安全事故 4 起，死亡 4 人，同比持平。未发生较大生产安全事故，有力有效维护人民群众生命财产安全。3 月 3 日，中共湖南省委常委、常务副省长谢建辉率省应急管理厅、公安厅、交通运输厅、市场监管局等相关部门负责人来到浏阳，督导检查安全生产工作。9 月 26 日，全国烟花爆竹转型升级集中区第一次烟花爆竹安全监管联席会议在浏阳召开。12 月 21 日，中共湖南省委办公厅　湖南省人民政府办公厅下发《关于 2021 年度安全生产和消防工作考核结果的通报》，浏阳市被评为湖南省安全生产和消防工作优秀单位。

【应急管理专题业务培训】 2021 年 10 月 16 日，市应急管理局举办的 2021 年应急管理专题业务培训第 1 期培训班在市委党校开班。此次专题培训旨在认真学习宣传贯彻《中华人民共和国安全生产法》，牢固树立“人民至上、生命至上”的安全发展理念，扎实做好岁末年初安全生产工作。此次培训是近几年来规模最大的专题培训，分 5 期进行，参训对象是应急管理系统的全体执法人员和全市 458 家烟花爆竹企业的主要负责人、安全管理人员（安全厂长）、视频监控平台值班值守人员等。5 期培训班参训人员达 1800 余人。年内，持续开展“三项岗位”人员培训工作，共培训 11941 人，举办烟花爆竹培训班 100 期，9641 人参加培训；新培训特种作业人员 3082 人、复审 4645 人。

【安全监管】 2021 年，市应急管理局坚持“强执法防事故”理念，全年应急系统立案查处 332 家次，处罚款 1292.6 万元，办理 5 起行刑衔接典型案例，刑拘 6 人，保持监管高压态势，有效打击和惩治违法违规行为。规范线上监管：出台线上监管操作手册，严格落实线上监管要求，坚决做到与企业生产同步，充分发挥线上监管效能，全年通过线上监管下发交办单 492 份，排查隐患问题 2000 余条，立案处罚 35 起。提高处罚力度：对企业违法违规行为依法采取从严、从重处罚原则，在立案处罚的基础上，追加停产整顿措施，全年共 136 家次企业受到停产停业整顿措施，通过提高违法成本，有效打击企业违法违规行为。

【安全生产行政许可】 2021 年，市应急管理局组织行政许可现场核查 392 家次，不予受理 28 家次，不予通过重新核查生产企业 6 家次，现场核查验收一次通过率 51%；开展中介机构整治行动，退回不合格评价报告 112 份，约谈公司负责人 5 次，责令书面检讨 2 次，对提供虚假资料企业立案调查 1 起，责令公司停业整改 1 起，严把设计评价关、严把整改标准关，进一步夯实安全生产基层基础。

【安全生产事故问责】 2021 年，市应急管理局坚持“四不放过（事故原因未查清不放过、责任人员未处理不放过、整改措施未落实不放过、有关人员未受到教育不放过）”原则，扎实开展事故调查统计工作，对生产安全事故实施“回头看”，年内，分别制定专门方案对 11 起事故明确人员分工，对照事故调查报告逐条检查评估防范整改措施落实情况；对 4 起烟花爆竹行业生产安全事故严肃追究相关人员责任，分别予以警告、批评、岗位调整等处理；10 月份，中共浏阳市委办公室、市人民政府办公室下发《关于采取断然措施坚决遏制生产安全事故的通知》，明确依法“打非治违”“隐患排查治理”“企业主体责任追究”“事故责任追究”，对发生生产安全事故的相关责任人员一律从重处理。

【基层应急体系建设】 2021 年，浏阳市应急管理局突出抓好全市 10 支应急救援队伍建设，夯实基层应急管理能力，全力推进“六有”（有班子、有机制、有预案、有队伍、有物资、有保障）“三有”（有检查队伍、有物资装备、有宣传教育）建设，指导 32 个乡镇（街道）均组建不少于 40 人的综合应急救援队伍，永安镇通过“四个聚焦”(聚焦安全责任抓落实、聚焦重点行业抓监管、聚焦研判会商抓防范、聚焦值班预警抓应急),构建“四大体系”(建立健全应急预案体系、科学构建应急救援体系、完善应急物资储备体系、加强灾害信息报送体系),稳步推进基层应急能力提升,成功通过湖南省应急能力建设标准化验收,被评为全省第一批乡镇应急能力建设达标乡镇,被省应急管理厅通报表彰。

【防灾减灾】 2021年,应急管理局全年共开展救援行动258次,挽回经济损失2500余万元。7月下旬,河南等地持续遭遇强降雨,郑州等城市发生严重内涝,浏阳市出动9支救援队伍,共计179人,到河南参加抗洪救灾。年内,对全市受灾困难群众开展临时生活救助,救助受灾困难家庭249户,拨付救助资金25万元,确定因灾倒房重建户34户,因灾损房维修户15户。8月中旬,应急管理局牵头开展第一次全国自然灾害综合风险普查调查工作,完成3506条数据录入,数据质量获得省、长沙市多次通报表扬。

【安全生产基层基础工作】 2021年,应急管理局利用“5·12”全国防灾减灾日、“安全生产月”、“10·13”国际减灾日等契机,组织气象、自然资源、气象、教育、公安、消防、交通等部门开展以防灾减灾为主题的宣传活动,吸引参观群众达1万余人。6月16日,浏阳市安委办组织在欧阳予倩大剧院开展“安全生产月”宣传咨询日暨安全生产集中表彰活动。此次表彰活动从5月底启动,经过前期推荐、筛选等环节,共推选表彰安全生产示范企业36家,优秀救援队伍3家,重视安全生产主要负责人37名,履职尽责安全员60名。扎实开展《刑法修正案十一》和《中华人民共和国安全生产法》宣贯活动,下发资料7000余份。推进安全宣传工作“进企业、进农村、进社区、进学校、进家庭”,制作印发应急知识挂图15000余份。

【烟花爆竹行业集中整治】 2021年,浏阳市继续推进烟花爆竹转型升级,全年实现退出转型的烟花爆竹生产企业(工区)145家,拆除1.1级工(库)房及生产设施设备企业(工区)99家。实施分批次、分层级复工审批制度,对复工企业采取分批提醒谈话方式,敲警钟、提要求,稳妥推进有序复工。进一步规范小礼花、“双响炮”等高危产品的包装作业工序,全面摸排调研烟花爆竹“假大空”产品情况,严格静电防范治理,充分发挥“线上+线下”双重预防作用,对企业未按要求穿戴防静电用品、按时湿水、定时消除静电等静电防范不到位的企业加大执法查处力度。严控黑火药包装规格,将原来包装规格为25千克/件包装箱改为了10千克/件包装箱,源头上解决企业存药洞储存黑火药超量的安全隐患。严厉打击烟花爆竹非法违法行为方面,多部门开展烟花爆竹原辅材料专项执法行动,对烟花爆竹及原辅材料产品违法行为立案104起,罚没款入库90万余元。

【道路交通安全专项整治】 2021年,浏阳市深入推进“交所合一”,作为农村交通安全管理补短板、强弱项的重要抓手,在全市新增24个农村交警中队,每个交警中队配备1名中队长、1名民警及2名以上辅警,强化人员力量。深化联合执法整治。在全市乡镇(街道、园区)成立33个勤务联合执法小分队,定期开展“两客一危一校(道路班车客运车辆、旅游包车客运车辆、危险品运输车辆、校车运输车辆)”、面包车、货运车、摩托车、拖拉机等重点车辆整治。2021年,浏阳市道路交通安全委员会办公室统筹安排61次全市联合执法集中整治行动,现场查处各类违法行为115560起,行政拘留447人,刑事拘留283人,逮捕直诉286人。深化摩托车(电动车)综合治理,全面强化“戴帽工程”专项整治,摩托车(电动车)戴帽率达到96%。加强源头监管力度,对全市88家重点运输企业5499辆重点车辆逐一建档,实施动态监管,精准防控。强化常态化巡逻防控,在重点路段、重要时段,通过喊话、提醒、劝导、惩戒、执法等多种方式,切实减少路面违法行为,有效压减事故量。

【建筑行业安全监管】 2021年,应急管理局重点对在建工程项目、农村房屋、城镇危旧房屋、起重机械设备、施工围挡、住宅小区电动自行车集中停放充电等内容进行监管履职,全年共检查建筑领域企业450余家,排查安全隐患340余处,对企业负责人行政约谈8次,立案调查120起,行政处罚金额365.4万元,记录市级不良行为59次。

【特种设备安全监管】 2021年,应急管理局重点对特种设备管理人员和作业人员持证上岗、设备注册登记、设备维修检测强化执法监管,突出涉易燃易爆、游乐设施设备、电梯等专项整治,全年共计检查各类特种设备使用单位935家,排查安全隐患362处,下达安全监察指令78个,封停特种设备112台(套),立案17起,罚款入库14万元,约谈警示重点企业12家。

【工贸企业安全监管】 2021年,应急管理局组织开展事故防范集中攻坚行动,以“全覆盖、零容忍、严执法、重实效”的工作要求,对全市工贸企业进行全面大排查、大整治。部门和乡镇(街道)执法力量下沉一线,到企业厂房、车间,现场指导企业签订安全生产承诺书、自查安全隐患,全面检查企业安全生产主体责任落实情况,全年共计检查企业1111家,下发责令改正文书991份,截至2021年年末,共计立案68起,罚款79.02余万元,全市1100余家工贸企业的整体安全水平得到进一步提升。

【燃气企业安全监管】 2021年,应急管理局持续保持对燃气企业打非治违的高压态势,强化隐患排查检查、执法检查和教育培训,年内,协同属地乡镇开展联合执法行动,取缔非法供应点2处,打击跨区域经营瓶装液化气1例,处置违规占压燃气管道5例,暂扣液化气钢瓶400余个,打击非法经营液化气“黑点”5

个，督促餐饮等生产经营单位按照新《安全生产法》要求安装可燃气体报警装置，燃气经营、储存、使用的安全得到有效提升。

【第一次全国自然灾害综合风险普查工作】 8月11日上午，浏阳市召开第一次全国自然灾害综合风险普查工作会议，贯彻落实国家、省、长沙市自然灾害综合风险普查工作会议精神，强化部门联动，形成工作合力，切实推进浏阳市自然灾害综合风险普查工作开展。市委常委、副市长李翔出席会议并讲话。全国自然灾害综合风险普查是一项重大的国情国力调查，是提升自然灾害防治能力的基础性工作。根据国务院普查办的要求，区(县、市)2021年8月15日前完成清查工作，10月15日前，全面完成风险普查调查任务。浏阳市普查涉及的自然灾害类型主要有地震灾害、地质灾害、气象灾害、水旱灾害、森林火灾。普查内容包括自然灾害致灾调查与评估；人口经济、房屋建筑、基础设施、公共服务设施、三次产业、资源和环境等承灾体调查；历史灾害调查与评估；综合减灾资源(能力)调查与评估；自然灾害重点隐患调查与评估，以及主要灾害风险评估与区划以及灾害综合风险评估与区划。市自然灾害综合风险普查办主任、应急局局长杨品正向会议通报浏阳市普查工作进度和情况。各乡、镇(街道)和相关部门负责人及专干参加会议。

【安全生产专项整治三年行动】 2020年4月，国务院安委会印发《全国安全生产专项整治三年行动计划》，按照上级统一部署，结合实际情况，浏阳市制定出台《浏阳市安全生产专项整治三年行动实施方案》，建立健全"安委会+专业委员会"双重责任机制，梳理出10个重点行业领域需要重点攻坚的29大类，集中攻坚排查安全隐患1.2万处。坚持"源头治理、系统治理、综合治理"的工作思路，对三年行动突出问题实行"清单化"攻坚，确定全市安全生产38个突出问题，明确具体攻坚举措和责任单位，着力破解市级层面共性问题，确保三年行动集中攻坚取得实效。先后部署开展"深耕"行动、"护航"行动，"百日攻坚"等专项整治，组织开展约谈、警示、教育和督查，截至2021年年末，累计约谈教育7期142人次，通报18期，警示和培训教育2000余名从业人员；编印"三年行动"工作简报专刊5期，工作简报11期；排查发现一般隐患11843处，实施整改10405处，整改率87.86%，排查重大隐患13处，整改13处，整改率100%；开展督导检查4239次，检查单位6410家，督导问题4334个，行政处罚102885次，责令停产整顿153家，暂扣吊销营业执照3家，关闭取缔1家，移送司法机关309人，约谈警示77家，联合惩戒118家。

【全国烟花爆竹转型升级集中区建设】 2021年，浏阳市深入推进全国烟花爆竹转型升级集中区建设，高标准建设浏阳烟花爆竹产业实训基地建设项目，投资1.2亿元，打造集培训、科研、推广等于一体的综合体，12月完成实训大楼（综合楼）地基梁基础工作；截至2021年年末，申报自愿退出的烟花爆竹生产企业87家、工区(分厂、生产线)58家，共计145家；完成并购(收购)重组验收企业27家(可减证30家)，共计拨付退出奖补7300余万元。

【全国烟花爆竹转型升级集中区第一次烟花爆竹安全监管联席会议在浏阳召开】 9月26日，全国烟花爆竹转型升级集中区第一次烟花爆竹安全监管联席会议在浏阳召开，应急管理部危化监管二司、湖南省、江西省应急管理厅，长沙市、株洲市、萍乡市、宜春市应急管理局，浏阳市、醴陵市、万载县、上栗县人民政府等相关领导出席会议。浏阳市、醴陵市、万载县、上栗县应急局局长向会议汇报本地区集中建设具体实施方案以及年度各项工作要点进展情况；浏阳市、醴陵市、万载县、上栗县人民政府相关负责人就推进集中区建设的政策措施进行介绍解读；长沙市、株洲市、萍乡市、宜春市应急管理局相关负责人介绍集中区建设工作推进机制和支持意见措施的制定进展情况。联席会上对《集中区烟花爆竹联合交叉执法检查机制》《集中区烟花爆竹非法违法行为协同追溯查处长效机制》《集中区烟花爆竹安全生产"黑名单"管理联合惩处机制》《集中区烟花爆竹生产企业安全风险监测预警系统管理办法》等4项制度性文件进行研究讨论。应急部危化监管二司副司长张兴林出席会议，他对各县市的亮点做法及成效表示肯定，指出此次会议的召开是为共同提升监管工作，共同促进行业发展。他强调，要高度重视烟花爆竹转型升级集中区建设工作，各省、市、县要认真谋划、有序推进，抓好示范引领工作，同时还须健全机制，强化交流学习，真正做到抓实抓细，推动烟花爆竹产业发展再上新台阶。

【烟花爆竹转型升级集中区建设观摩点评】 12月21—24日，应急管理部副部长刘伟率应急部危化监管二司，湖南省、江西省及其他烟花爆竹产区省应急管理厅、长沙市、株洲市、萍乡市、宜春市人民政府对湖南省浏阳市、醴陵市、万载县、上栗县烟花爆竹转型升级集中区建设开展观摩点评活动，先后观摩浏阳市中洲烟花集团明光分公司和颐和隆集团隆顺分公司的组合烟花自动生产线，在湖南省烟花爆竹产品安全质量监督检测中心观看浏阳市风险监测预警系统演示。12月24日，在浏阳市召开全国烟花爆竹安全生产工作点评会。

（邹　涛）

消防救援

【概况】 2021年，浏阳市共有列管消防安全重点单位581家，国家机关5家，公众聚集场所193家，医院、养老院、寄宿制学校共142家，广播、电视、邮政、通信枢纽共3家，客运车站1家，文物保护单位共42家，易燃易爆场所159家，劳动密集型生产、加工企业共8家，高层公共建

12月24日，全国烟花爆竹安全生产工作点评会在浏阳市召开　（市应急管理局　供图）

筑共7家，其他单位21家。全年共接警出动1528辆次，其中火灾559起，亡2人，伤5人，直接经济损失516.1万元，出动消防车2874辆，出动人员17557人次，抢救被困人员124人，疏散人员997人，成功处置皇超家私厂房火灾、焦溪危化品槽罐车侧翻等急难险重任务，未发生任何较大以上有影响的火灾事故，社会面火灾形势稳定。年内，浏阳市消防救援大队被长沙市评为“文明单位”，大瑶消防救援站被省消防救援总队党委评为“优秀基层党组织”，并被共青团长沙市委评为“青年文明号”，大队指战员等分别受到湖南省消防救援总队、长沙市消防救援支队及市委市政府等各级表彰奖励共36人次，7人荣立三等功，1人被长沙市评为“青年岗位能手”，6人分别被长沙市消防救援支队党委评为优秀党务工作者、优秀共产党员。2021年度，在长沙市人民政府对市（区、县）的安全生产和消防工作考核中浏阳市排名第一。

【消防安全隐患限期整改】　2021年，浏阳市着力消防应急能力、专职消防队伍等基层能力建设，强化火警应急处置能力，加强“四个能力”（检查消除火灾隐患能力、扑救初期火灾能力、组织人员疏散逃生能力、消防宣传教育培训能力）建设，开展业务知识培训和技能比武，切实加强乡镇基层专干火灾隐患排查和灭火救援的业务水平。突出冬、春火灾防控，公众聚集场所“打非治违”，消防车道专项治理、大型综合体、高层建筑、老旧小区、厂中厂、“多合一”的“六类”场所专项治理、火灾隐患排查整治和消防安全知识等专项行动。全年共检查单位2139家次，对223家存在隐患的单位予以行政处罚，罚款236.3万元，发现并督促整改火灾隐患3000余处，对火灾隐患较大的112家单位进行查封，责令“三停”（停产停业、停止施工、停止使用）单位22家，抢救、疏散被困人员935人，抢救、保护财产319万余元。全力推进重大火灾隐患限期整改销号行动，46家重大火灾隐患已销案15家。

【火灾防控】　2021年，浏阳市消防救援大队先后部署开展冬、春火灾防控、重大火灾隐患及全市消防安全隐患限期整改等12个专项行动，集中整治13类重点场所和9类突出风险，全年大队本级共检查机关单位和企业2194家，发现并督促整改火灾隐患6887处，处罚244家，查封113家，罚款200余万元。年内，修订出台《浏阳市火灾事故应急预案》，完善隧道、大型城市综合体、危化企业应急预案。组织开展全要素综合演练5次。制定出台《浏阳市乡镇专职消防队建设管理规定》，全市有23个乡、镇建立政府专职消防队。

【消防教育宣传】　2021年，浏阳市消防救援大队组织开展消防宣传“五进（进企业、进农村、进社区、进学校、进家庭）”活动，针对7类重点人群［辖区内党政领导、行业部门、行政村（居）“两委”负责人、社区（农村）消防网格员、消防安全经理人、消控室值班操作人员及微型消防站站长］开展专题培训，分四批次组织乡、镇基层专干共142人开展现场见习教学。3月，浏阳市消防救援大队消防宣教体验室建成投入使用，全年接待参加警示教育人员超过1800余人次。2021年，消防救援大队分别开展“送安全下乡”、消防宣传进社区、“5·12”防灾减灾宣传日、“安全生产月”等活动36次。

【“119”消防宣传月启动仪式暨“消防嘉年华”主题体验活动】　11月9日，浏阳市消防救援大队在城区步行街才常广场举办“119”消防宣传月启动仪式暨“消防嘉年华”主题体验活动，正式拉开持续整个11月的消防宣传活动序幕。2021年浏阳市“119”消防宣传月活动以“落实消防责任，防范安全风险”为主题。启动仪式由浏阳市人民政府办公室党组成员、副主任李升稳主持，浏阳市消防救援大队大队长李伟宣读《关于开展2021年度“119”消防宣传月活动的通知》，浏阳市人民政府副市长、公安局局长、消防安全委员会主任刘一斌作动员讲话，宣布浏阳市2021年全民消防宣传月活动正式启动。本次“消防嘉年华”主题活动主要设置非遗文化体验区、装备器材展示区、日常训练体验区、消防知识展示区和游戏区。市民可通过各自喜好选择区域进行体验，在体验中学习消防安全知识。“119”消防宣传月期间，浏阳消防救援大队先后组织开展消防站参观打卡、消防安全进校园、消防宣传进社区等活动。

（李双月）

2021 年 10 月 20 日，中国人民政治协商会议浏阳市第十一届委员会第一次会议在欧阳予倩剧院开幕

（政协办公室　供图）

中国人民政治协商会议
浏阳市委员会

综 述

【概况】 2021年是中国共产党成立100周年，是全面建设社会主义现代化国家新征程的第一年，也是政协浏阳市第十一届委员会工作起步之年。在市委的坚强领导下，市政协常委会坚持以习近平新时代中国特色社会主义思想为指导，深入学习贯彻习近平总书记关于加强和改进人民政协工作的重要思想，充分发挥专门协商机构作用，坚持党对政协工作的全面领导，坚持围绕中心服务大局，坚持建言资政与凝聚共识双向发力，推进政协工作高质量发展，为浏阳市挺进全国前五强、加快建成“两个中心”、全面建设现代化新浏阳作出应有贡献。

突出强化思想政治引领，把牢坚定正确政治方向。坚持用党的创新理论武装头脑、指导实践、推动工作，健全学习贯彻习近平新时代中国特色社会主义思想长效机制，深入学习贯彻习近平总书记在庆祝建党100周年大会上重要讲话精神和党的十九届五中、六中全会等重要会议精神，进一步增强“四个意识”、坚定“四个自信”、捍卫“两个确立”、做到“两个维护”。持续巩固团结奋进的共同思想政治基础，引导参加人民政协的各党派团体和各族各界人士，深入学习中共党史、新中国史、统一战线历史、人民政协历史，树立正确的历史观和大局观，坚定不移听党话、跟党走。坚决落实党对政协工作的全面领导，严格执行重大问题请示报告制度，确保市委决策部署和工作安排不折不扣落到实处。把市委的决策部署同经常性思想政治工作结合起来，重点贯彻落实市第十三次党代会精神，引导全体委员和社会各界深刻领会市委“咬定一个目标、建成‘两个中心’、突出三大战略、践行‘四个争当’、贯彻五大理念”发展战略意图，为建设现代化新浏阳汇集更多同心者、同行者、同力者。

突出团结民主两大主题，凝聚携手奋进强大力量。充分发挥政协重要阵地、重要平台、重要渠道作用，扎实做好凝聚共识工作。不断加强团结联谊，积极同各民主党派人士、党外知识分子、非公有制经济人士、新的社会阶层人士沟通联络，加强与工商联等人民团体合作共事，协商办理民主党派、工商联、无党派人士提案54件，邀请参加协商座谈、考察调研437人次，安排全体会议大会发言、常委会会议发言8人次，努力为其发声发力搭建平台。加强与各民族交往交流交融，支持政府依法管理宗教事务，着力促进民族团结、宗教和睦。加强与各级政协组织的联络联系，年内，省政协主席李微微带队到浏阳开展党史学习教育暨“重上井冈山，接力新征程”徒步活动，省政协黄兰香、张大方、贺安杰、易鹏飞、龚文密以及长沙市政协主席陈刚等领导先后到浏阳调研指导工作，与常德市鼎城区、河南省郑州市等27个省内外政协组织开展互动交流，在交流交往中发出政协声音，讲述浏阳故事，扩大浏阳影响。发挥存史资政作用，编纂出版《浏阳历史文化丛书》，研究发掘湘鄂赣革命根据地浏阳“双洞”苏区历史价值和精神内涵，大力弘扬浏阳本土文化、革命斗争文化和近代湖湘文化，用文化的力量凝聚共识。

【政协浏阳市第十一届委员会委员构成】 经民主推选，组织考察，并于2021年9月29日经政协浏阳市第十届委员会常务委员会第十九次会议协商决定，政协浏阳市第十一届委员会由364名委员组成。分界别为：中国共产党14人、民革和致公党派12人、无党派人士14人、共青团15人、工会15人、妇联16人、工商联57人、科协9人、侨联6人、文化体育艺术届15人、科技界12人、经济界51人、农业界37人、教育界12人、新闻出版界3人、医药卫生界12人、民族宗教界7人、社会福利和社会保障界6人、特别邀请人士51人。

【提案办理】 市政协十届七次会议（2021年2月22日）至市政协第十一届委员会第一次会议（2021年10月20日）期间，市政协提案委员会共收到政协委员、政协各参加单位提交的提案117件，经提案委员会审查，立案106件，其中集体提案5件，联名提案11件，委员提案90件，立案率90.6%，所立提案交由38个部门单位承办；未予立案的11件提案中，2件作并案处理，7件作为来信转相关单位按信访程序办理，2件转作社情民意信息处理，未予立案的提案的处理结果均发函向提案者作了说明。十届七次会议期间，书记、市长签批提案11件。提案办理期间，市长、副市长领衔办理《关于加强医疗保障基金安全管理的提案》《关于推动先进制造业与现代服务业深度融合，打造国家重要先进制造业高地的提案》《关于加强多层次资金融通体系建设，全力助推浏阳经济发展的提案》《关于尽快提升各工业集中区的专业性和打造湘赣边中小微企业基地，应对高铁开通后出现的人口虹吸效应的提案》《关于多措并举建设农村人才队伍，为乡村振兴提供基础支撑的提案》《关于推进基层综合治理，创新物业行业监管与执法进小区的提案》《关于解决城区学校周边道路交通安全隐患的提案》《关于推动民宿发展，促进乡村振兴的提案》等重点提案8件。以“提出建设性，办成经典案”为目标，推动提案办理协商工作有力有序有效开展。截至2021年9月底，所有交办提案全部办复，综合评价满意率94.3%，所提建议已采纳或问题已解决的A类提案75件，占70.8%；正在解决或列入计划解决的B类提案23件，占21.7%；因条件所限暂时难以解决留作参考的C类提案8件，占7.5%。

【协商议政】 2021年，政协浏阳市委员会突出专门协商机构特色，彰显双向发力优势作用。全面提升协商议政质量，充分发挥专门协商机构作用。协商形式更活，注重政协协商的多维特点，全年共召开2次全体会议、4次专题议政性常委会会议、3次对口协商会、4次界别协商会、2次提案办理协商会，进一步形成常态化、多层次、各方面有序参与的协商议政格局。协商质量更高，把调查研究作为协商的第一环节、第一程序，围绕党政工作要事、民生改善实事、社会治理难事等3个方面14个具体课题开展调查研究，通过全面客观精准的议政协商，提出高质量建议，避免协商形式化。协商互动更强，对重要成果落实情况开展跟踪调研，将“加强医疗保障基金安全管理”“推动基层综合治理，创新物业行业监管与执法进小区”“解决城区学校周边道路交通安全隐患”等8个提案列为重点提案，进行一对一督办，寓建言、支持、监督于协商之中，努力在协商中达成共识、完善决策、形成合力。

【建言资政】 2021年，政协浏阳市委员会突出服务党政中心大局，聚焦改革发展建言资政。坚持把贯彻新发展理念、构建新发展格局、激发新发展动能作为建言资政的主题，紧跟市委步伐，主动服务中心，为全市经济社会现代化建设、高质量发展贡献政协力量。全面贯彻新发展理念，针对“三高四新”、“双五”工程、双城互融、乡村振兴、文旅融合等发展主题，积极分析新情况、研判新矛盾、探索新对策，选择助力打造区域科创中心、推动制造业高质量发展、强化科技创新引领、加强多层次资金融通体系建设、探索乡村振兴“浏阳路径”、促进城乡共同发展、推进民宿产业提质壮大、建设历史文化老街区等课题开展调研议政、专题协商，促进有关工作更好落实。助推构建新发展格局，深入思考双循环格局下浏阳市经济社会发展的重大课题，聚焦更深层次对外开放、更广领域完善产业链、更高层次提升价值链等问题开展深入调研，就如何进一步提高对外开放水平，建设自贸区联动创新区献计献策。着力激发新发展动能，汇集更多的发展要素资源，围绕强化人才支撑、加强政策引导、加大对浏阳经开区（高新区）产业支持力度、加大基础配套设施建设投入、支持中小企业科技创新等方面提出意见建议，供市委、市政府决策参考。

【助力民生福祉建设】 2021年，政协浏阳市委员会突出人民至上发展理念，紧扣民生福祉献计出力。认真践行人民政协为人民的价值追求，在推进政协协商民主中汇集民智、助解民忧、凝聚民心。紧密联系服务界别群众，全面推进线上线下委员工作室建设，完善微建议、微协商、微监督“三微联动”工作机制，推动委员联系服务群众制度化常态化。关注文教卫体事业发展，针对高质量办好职业教育进行专题建言，促进产教融合，推动学校的培训计划与企业需求精准互动。利用市政协教育助学基金连续第17年开展助学活动，资助41名困难学子求学深造。视察职工文化活动阵地建设工作，从增加室外场地、丰富课程内容、制定长远规划等方面提出有效建议。开展“推进医疗专科建设”界别协商活动，助推医疗专科内涵发展、人才引培和硬件提升。关注人民生活品质提升，主动适应“后小康时代”民生发展的时代特征，重点关注人民群众在民主、法治、公平、正义、安全、环境等方面日益增长的福祉需求，视察科学精准治污体系建设，协商加强自然保护地管理，促进人与自然和谐共生。关注社会治理能力现代化建设，注重社会公益力量培育管理，重点协商解决志愿（公益）组织指导支持不够、造血功能不强和管理水平不高等问题，促使社会组织迸发出服务发展的应有活力。

重要会议

【政协全体委员会议】 2021年，中国人民政治协商会议浏阳市委员会共召开2次全体会议

2021年2月22日至23日，政协浏阳市第十届委员会第七次会议在浏阳城区召开。会议审议批准政协浏阳市第十届委员会主席李家喜代表政协浏阳市第十届委员会常务委员会所作工作报告；审议批准政协浏阳市第十届委员会副主席张葵红所作关于提案工作情况的报告。委员们列席浏阳市第十七届人民代表大会第七次会议，讨论并赞同政府工作报告和法院、检察院等其他报告。会议接受李家喜辞去政协浏阳市第十届委员会主席职务，选举秦跃平为政协浏阳市第十届委员会主席，寻院豪、陈静为政协浏阳市第十届委员会副主席，选举赵文兵为政协浏阳市第十届委员会常务委员。会议期间，委员们以饱满的政治热情和高度的社会责任感，紧紧围绕“十四五”开局起步和践行“三高四新”战略等重要问题，深入协商议政，广泛凝聚共识，提出许多建设性意见和建议。

2021年10月20日至23日，政协浏阳市第十一届委员会第一次会议在浏阳城区召开。会议听取并审议通过政协浏阳市第十届委员会主席秦跃平代表政协浏阳市第十届委员会常务委员会所作的工作报告，政协浏阳市第十届委员会副主席谢建国代表政协浏阳市第十届委员会常务委员会所作的关于提案工作情况的报告；列席浏阳市第十八届人民代表大会第一次会议，听取并协商市人民政府代市长王雄文代表市人民政府所作的《政府工作报告》；分组讨论协商市人民法院、市人民检察院工作报告。大会选举产生政协浏阳市第十一届委员会主席、副主席、秘书长和常务委员，讨论通过本次会议政治决议。会议期间，来自全市各条战线的300多位政协委员以分组讨论的形式，同心同德谋良策，群策群力促发展，为加快建成“两个中心”、挺进全国五强、全面建设现代化新浏阳贡献智慧力量。

【政协常委会会议】 2021年，政协浏阳市委员会共召开4次专题议政性常委会会议

2021年1月27日，市政协召开第十届委员会常务委员会第十七次会议。会议听取并协商2021年重点建设项目和政府投资项目及国有企业投资项目计划编制情况、2020年财政预算执行情况和2021年财政预算情况。政协浏阳市第十届委员会主席李家喜充分肯定市发改局项目计划编制工作和市财政局财政预算工作。他指出，市发改局要强化重点建设项目和政府投资项目管理，把

好入口关、要素关、服务关；市财政局要强化税源培育，支持产业发展，继续加强争资，增加可用财力，优化财政管理，最大限度强化民生保障。会议协商并审议通过市政协十届七次会议议程及日程（草案），协商并审议通过政协浏阳市第十届委员会常务委员会工作报告（草案）、提案工作报告（草案）及政协浏阳市委员会2021年协商工作计划（草案）。会议决定，政协浏阳市第十届委员会第七次会议于2021年2月22日至23日在浏阳城区召开。会议还对有关人事安排进行协商。

2021年4月28日，市政协召开第十届委员会常务委员会第十八次会议，专题协商科技创新工作，为科技创新助力制造业高质量发展建言献策。会议由科技局代表市政府汇报全市科技创新工作情况，4名政协委员和两家特邀企业代表围绕强化人才支撑、加强政策引导、加大对浏阳经开区（高新区）产业支持力度、完善科技服务体系、加大基础配套设施建设投入、支持中小企业科技创新等方面提出意见和建议。市政协主席，市委常委、市纪委书记、市监委主任秦跃平指出，要牢牢把握科技进步大方向，解决发展中“卡脖子”问题，引进相关技术突破发展瓶颈，再通过自主创新的手段推动企业做大做强；要牢牢把握产业革命大趋势，按下高质量发展“加速键”，要从实际出发，着眼于全球产业发展和变革大趋势，以提高科技含量、延长产业价值链、增加附加值、增加竞争力为重点，把优势尽可能地放大；要牢牢把握聚集人才大举措，努力聚天下英才而用之，要把奖补政策落实到位，搭建好人才平台，彰显留人诚意，传递“浏阳温度”。

2021年9月29日，市政协召开第十届委员会常务委员会第十九次会议。会议传达学习长沙市第十四次党代会精神，听取浏阳市人民政府2021年政协提案办理工作汇报、各承办单位重点提案办理工作情况汇报。会议协商通过政协浏阳市第十一届委员会第一次会议议程及日程（草案），协商通过政协浏阳市第十届委员会常务委员会工作报告（草案）、提案工作报告（草案），协商通过政协浏阳市第十一届委员会委员提名人选。会议决定，政协浏阳市第十一届委员会第一次会议于2021年10月20日至22日在浏阳城区召开。市政协主席秦跃平高度肯定市政协十届常委会取得的工作成绩。他表示，希望各位政协常委不论是否连任，要做到退职不退志、离岗不离心、无责不无为，一如既往地关心政协工作，一如既往地保持永不懈怠的精神状态和一往无前的奋斗姿态，为浏阳经济社会发展建言献策，持续关注万家灯火下的民生实事，坚持为大团结和大联合贡献力量。

2021年11月11日，政协浏阳市第十一届委员会常务委员会第一次会议召开。会议协商通过政协浏阳市第十一届委员会各专门委员会组成人员名单；协商通过政协浏阳市第十一届委员会各工作组组长、副组长名单；组织学习《政协浏阳市委员会常务委员会工作规则》。会议听取政协委员实践站建设有关工作的说明。市政协将以界别委员为主体开展政协委员实践站试点建设，紧紧围绕“三高四新”、“双五”工程、乡村振兴、文旅融合、科教文卫等与浏阳经济社会发展、民生福祉关系密切的主题，开展重点突出、特色鲜明的履职活动，为浏阳高质量发展积极贡献力量。政协浏阳市第十一届委员会主席秦跃平表示，新一届市政协常委会使命光荣、责任重大，各位政协常委要加强学习，理解人民政协“是什么”，当一名有素质的常委；要牢记责任，明白政协工作“干什么”，当一名有作为的常委；要履职尽责，知道政协委员“怎么干”，当一名有能力的常委，既要出色地做好常委会的工作，又要立足自身岗位争先创优，发挥模范带头作用。秦跃平要求，建设政协委员实践站方式要活，不搞形式主义，要注重实用接地气，要坚持“市委想什么，政协谋什么；政府干什么，政协帮什么”的工作定位，广泛发动群众参与，真正发挥在建言资政和凝聚共识上双向发力的作用。

专门委员会工作

【委员学习联络委员会】 2021年，委员学习联络委员会起草制订《委员履职考核工作方案》，客观公正对委员开展考核，为提名留任委员提供重要参考依据。严格程序、严格标准、严守纪律做好新一届委员提名推荐工作，积极协助配合组织部、统战部，严格按上级相关要求，保质保量完成新一届委员的推荐考察工作。年内，全面完成全市34个“委员工作室”的建设，实现“委员工作室”“三个全覆盖（所有乡镇、街道全覆盖，政协委员参与委员工作室工作全覆盖，线下委员工作室入驻政协云全覆盖）”；创新推动“委员实践站”建设，审批通过14个实践站，为委员履职搭建好新的履职平台，为委员建言献策开辟新的渠道。组织“社会公益力量培育与管理”界别协商活动，着力营造关注公益氛围。着眼提升职工文化场所的知晓度共享度，严密组织“加强职工文化阵地建设”主席视察活动。

【提案委员会】 2021年，提案委员会利用各类会议、活动以及平时的工作联系，加强与委员交流，指导委员有针对性地撰写提案，写好提案。对市政协第十届委员会一次会议（2016年11月26日）以来的所有提案进行审查，查找存在的问题，及时与委员沟通，指导修改；推动提案交办工作，将所有委员提案全部集中交办，并遴选重点提案，由市政府分管副市长领办。

【经济科技和外事委员会】 2021年，经济科技和外事委员会先后组织经济工作组、科技科协工作组的调研座谈会，开展集体学习，筹备来年工作，收集社情民意。年内，筹建“浏阳市花炮行业转型升级”委员实践站，协商科技工作，参与督办《关于推进浏阳民营企业合法权益维权平台建设的提案》《关于尽快提升各工业集中区的专业性和打造湘赣边中小微企业基地的提案》等重点提案办理工作。

【农业农村和人口资源环境委员会】 2021年，农业农村和人口资源环境委员会根据市委提出要“聚焦乡村全面振兴，加快打造乡村振兴标杆”，组织政协农业组部分委员，围绕持续巩固脱贫攻坚成果、建立健全防止返贫致贫机制、农村基础设施提质升级、扩大就业促进农民持续稳定增收等方面深入部门、乡镇街道进行调研，撰写完成《巩固脱贫成果 探索乡村振兴“浏阳路径”》调研报告。

【文教卫体和文史委员会】 2021年，文教卫体和文史委员会协助指导乡村美学、健康浏阳、主题研学课程开发、湘赣边文创交流、文旅惠民等5个政协委员实践站的创建工作；参与组织主席视察医疗保障工作暨重点提案办理协商会议，助推我市医保事业高质量发展；组织医卫界别政协委员赴福建三明、沙县等地考察医改工作，撰写调研报告1篇，完成“推进医疗专科建设”界别协商活动；组织完成《浏阳历史文化丛书》编撰工作，成功举办丛书首发式；对市域内红色遗址实地考察，拍摄遗址遗存照片，收集整理相关信息，协助完成省政协《湖南红色遗址》及长沙市政协《长沙红色遗址》图册出版征稿工作；完成2021年度市政协教育助学金发放工作，为41名家庭特别困难的大学新生发放8.2万元助学金。

【社会法制和民族宗教委员会】 2021年，社会法制和民族宗教委员会通过走访委员、调研座谈、界别活动等途径认识委员，了解委员的基本情况和关注点重点课题方向，主动对接联系部门，搭建协商监督平台；督促民革、致公党和无党派工作组撰写完成政协浏阳市十一届二次会议发言课题；上下沟通，征求意见，做好2022年社会法制和民族宗教委员会的协商计划；依托界别工作组，探索委员实践站的建立，2021年，先后挂牌成立非遗传承发展实践站和智慧养老实践站。

考察调研

【考察科学精准治污体系建设】 5月19日，政协浏阳市第十届委员会主席、市委常委、市纪委书记、市监委主任秦跃平率政协浏阳市第十届委员会主席会议成员、政协委员代表到浏阳经开区（高新区），考察科学精准治污体系建设工作。先后走进湖南省天味食品配料有限公司、湖南美可达生物资源股份有限公司，与企业相关负责人深入交流，了解环保工作落实情况，并走进企业生产车间实地察看环保设施和智慧环保在线监测设备运行情况。在经开区（高新区）智慧环保指挥中心，秦跃平一行详细了解智慧环保平台的运行情况。该平台充分利用物联网技术，在线监控整个园区生态环境实时数据并共享，以大数据赋能园区生态环境精细监管和科学决策，提高园区生态环境监控的主动性、准确性和有效性。浏阳市通过齐抓共管、整体施策、管服结合的方式，全市生态环境持续改善，空气质量优良率逐年上升，2020年达到99.7%。长沙市生态环境局浏阳分局负责人在座谈会上汇报相关工作。秦跃平对浏阳市科学精准治污体系建设工作给予充分肯定，认为环境优先的意识已经形成，齐抓共管的机制已经建立，智慧治污的手段已经破题，科学发展的曙光已经显现。秦跃平指出，环保工作使命高于天、压力重如山，要坚定做好生态环保工作的信心；要采取人防、物防、技防相结合的方式，进一步织密监管网络；要加大环境治理投入，通过加强精细化管理和人性化服务，压实企业环保主体责任，实现环境保护和经济发展有机结合。

【考察职工文化活动阵地建设】 6月18日，政协浏阳市第十届委员会主席会议成员到浏阳市工人文化宫、市自来水公司职工之家，考察“加强职工文化活动阵地建设”工作。浏阳市总工会积极开展职工文化阵地建设，2018年，浏阳市工人文化宫新址投入使用后，所有培训和活动项目均免费向工会会员开放，截至2021年年末，共培训学员3600余人，接纳开展文体活动的会员10万余人次，浏阳市形成以市工人文化宫为龙头，各乡镇（街道）、企事业单位职工文体活动阵地为骨干的职工文体活动服务网络。市自来水公司、市税务局、官渡镇等单位先后被评为全国模范职工之家。浏阳市总工会负责人在座谈会上汇报职工文化阵地建设工作，参会政协委员从增加室外场地、丰富课程内容、制定长远规划等方面提出建议。在实地考察并听取相关汇报后，政协浏阳市第十届委员会主席，市委常委、市纪委书记、市监委主任秦跃平对全市职工

2021年，5月19日，政协浏阳市第十届委员会主席会议成员、政协委员代表到浏阳经开区（高新区），考察科学精准治污体系建设工作 （市政协办公室 供图）

文化活动阵地建设工作给予充分肯定，并指出，要以市工人文化宫为样板、阵地和龙头，展示浏阳工会形象，打造职工精神文化家园，带动全市职工文化活动阵地建设。要因地制宜、推广典型，整合利用全市资源，分类分项建设活动场地。要拓展阵地、为我所用，将现有文化体育场馆利用起来，拓展文化服务阵地。要创新方式、丰富内涵，将线上线下课程结合起来，更好地满足职工群众的精神文化需求。

委员工作

【委员队伍建设】 2021年，政协浏阳市委员会全面加强委员队伍建设，按照市委统一部署，认真落实对继续提名为十一届市政协委员人选提出意见的政治责任，严把委员素质关，真正把有良好的政治、业务、身体素质，以及热爱、热心于政协工作的人员吸收到委员队伍中来，夯实政协事业发展根基。组织新任委员培训，分线开展调研座谈，注重实践养成，促进委员更好地运用协商规则、掌握沟通方法，使建言资政更有用、凝聚共识更有效。不断加强团结联谊，积极同各民主党派人士、党外知识分子、非公有制经济人士、新的社会阶层人士沟通联络，加强与工商联等人民团体合作共事，协商办理民主党派、工商联、无党派人士提案54件，邀请参加协商座谈、考察调研437人次，安排政协全体会议、政协常委会大会发言8人次，努力为其发声发力搭建平台。精心制作委员纪念牌章，切实增强委员的荣誉感和使命感。争取考察调研经费，为委员履职提供保障。加强委员服务管理和履职考核，强化"责任委员"意识，持续营造"想干事、能干事、干成事"的良好氛围。全面加强政协党组自身建设，强化把方向、管大局、保落实的领导作用，进一步增强党的组织对党员委员全覆盖、党的工作对政协委员全覆盖的力度和实效。全面加强政协机关建设，不断深化文明单位创建，严格落实中央八项规定及其实施细则精神，持续改进考察工作，坚持简约俭朴办会，切实改进文风，坚决克服重调查轻研究的现象，推动建设讲政治、守纪律、负责任、有效率的模范机关。

【协商平台建设】 2021年，政协浏阳市委员会突出协商民主探索实践，搭建高效实用协商平台。在全市范围内探索建立委员实践站，紧扣市委、市政府中心工作和经济社会发展需求，在14个方面进行推广试点，为政协工作向基层延伸搭建一个全新的履职载体，为省、市、县、乡四级政协组织联动提供平台支撑。在实施"三高四新"战略方面，以长沙惠科光电有限公司为实践点，为经济界的英才、制造业的匠人、社会上的贤达提供协商议事平台，以智慧汇集为纽带，助推制造业高质量发展。在助力乡村振兴方面，以小河乡"云上的小店"为载体，在湖南卫视汪涵团队撤离后，通过实践站这个平台的鼓与呼，聚拢各方有利发展要素，推动名气引人气、热点成卖点、流量变销量。在花炮行业转型升级方面，以金滩燃放试验场、观礼台为平台，把懂花炮、爱花炮的社会各界人士聚集起来，凝聚推动花炮行业转型升级的强大合力。在推进文旅融合、文化惠民方面，以高坪镇双江村段江华美术馆、洞阳镇洞阳村道远书院、大围山国家森林公园围山记驿电影创作基地为窗口，并在新翰高级中学进行主题研学课程开发实践，促进艺术鉴赏、美育教学、研学旅游、文艺下乡、文化服务等融合发展。在"非遗"传承、保护、利用、发展方面，以浏阳夏布文创中心、张坊镇道观冲古法造纸研究馆、达浒镇达兴工艺品厂为基地，将浏阳宝贵的历史文化遗产、民间志愿传承与保护团队和行政资源有机结合起来，让古文化"活起来"。在产业富民方面，以农业科技园为依托，支持农产品加工企业向园区聚集，实现抱团发展，培育一批产业特色明显、带动农户面广、市场竞争力强的农产品加工企业，以产业发展助推乡村振兴步伐。在健康生活方面，以市中医医院为站点，充分发挥医卫界别的优势，着力普及健康生活、优化健康服务、提升健康素养，打造为民健康"服务站"。在养老服务方面，以浏阳市12349智慧养老产业发展中心为突破口，积极开展智慧养老模式，推动解决养老产业基础薄弱现状。在人才培育方面，以浏阳中协高新技术学校为切入点，产教融合培育现代工匠。

文史编研

【"谭嗣同与维新运动"主题读书会】 2021年3月6日至7日，由石头记读书社、市政协文教卫体和文史委、浏阳市谭嗣同文化研究会共同举办的"谭嗣同与维新运动"主题读书会在浏阳举行，70多名谭嗣同文化研究爱好者一起游学浏阳，探索谭嗣同精神。其间，与会人员先后参观谭嗣同故居、谭嗣同祠、浏阳文庙、算学馆等地，并在谭嗣同墓地举行谭嗣同公祭活动。在"谭嗣同与维新运动"主题读书会上，著名湖湘学者周建刚、郑佳明、夏剑钦、谭伯牛和谭嗣同文化研究爱好者一起聚焦谭嗣同生平事迹，探讨他在维新运动史上的崇高地位，探寻他在近代思想启蒙、湖湘文化发展中的重要作用。

【浏阳历史文化丛书】 2021年7月9日，根据中共浏阳市委安排部署，由市政协牵头组织，众多文史专家学者历时三年精心编纂，岳麓书社出版发行的首套系统全面反映浏阳历史文化文献《浏阳历史文化丛书》首发。政协湖南省委员会原副主席、省文联原主席、《浏阳历史文化丛书》编委会总顾问谭仲池出席首发仪式并讲话，中共长沙市委常委、浏阳市委书记朱东铁致辞，市委副书记、市长吴新伟，市人大常委会主任吴震参加仪式，市政协党组书记、主席，市委常委、纪委书记、市监委主任秦跃平主持仪式。《浏阳历史文化丛书》全书共10册，约200万字，近千幅图片，内容包括简史、名人、名胜、非遗、文物、诗文和民俗7大类。

（肖　雪）

2021 年 4 月 29 日，浏阳市第十二届纪律检查委员会第六次全会在浏阳市会议中心召开

（市纪委办公室　供图）

中国共产党浏阳市纪律检查委员会
浏阳市监察委员会

综 述

【概况】 2021年，中共浏阳市纪律检查委员会、浏阳市监察委员会(以下简称浏阳市纪委监委)认真贯彻落实中央、省、长沙市纪委全会精神，以政治监督为统领，强化监督执纪问责，监督调查处置，充分发挥监督保障执行、促进完善发展作用，精准扎实、有力有序推动纪检监察各项工作，全市党风廉政建设和反腐败工作迈出高质量发展步伐。

忠实践行“两个维护”，政治监督不断强化。围绕习近平总书记对湖南重要讲话指示批示精神，聚焦全面落实“三高四新”战略定位和使命任务认真开展监督检查，共开展督查行动49次，提出监督建议30条。围绕市、乡、村三级开展换届风气监督，严肃查处北盛镇环园村、沙市镇秧田村共2起换届违纪案，2021年，中国共产党浏阳市第十三次代表大会、浏阳市第十八届人民代表大会第一次会议和中国人民政治协商会议浏阳市第十一届委员会第一次会议换届选举风清气正。围绕巩固拓展脱贫攻坚成果、贯彻落实乡村振兴决策部署，全年组织开展2轮脱贫质量问题集中排查整改行动。围绕常态化疫情防控，严肃问责履责不力、玩忽职守、作风懒散等现象，给予党纪处分2人，组织处理1人。围绕“洞庭清波”专项整治，对主体责任履行不力，重点部位、关键环节运行失范等问题严肃问责，给予党纪政务处分3人，组织处理7人。围绕行业安全生产监管，对12起安全生产事故调查问责，安全生产形势稳中向好。以有力监督助推市委各项决策部署落地见效。

坚持“三不(不敢腐、不能腐、不想腐)”一体推进，综合效应不断凸显。坚持惩治震慑、制度约束、提高觉悟一体发力。全市各级纪检监察组织共立案407件，结案376件，给予党纪政务处分369人。重点查处湖南省第一起粮食购销领域留置案，实现浏阳本地留置案零突破，原市粮食局党委书记、局长吴某某等4人被移送起诉。抽调70余名干部参与湖南中烟案、省检察院刘某某案、长沙经开区马某案等审查调查，为全省纪检监察高质量发展贡献浏阳力量。在逃人员成功清零，外逃近20年的2名职务犯罪嫌疑人黄某某、王某某落网。巩固深化政法队伍教育整顿成果，推进“打伞破网”常态化，受理问题线索51件，立案41人，处分处理90人。扎实做好案件查处“后半篇文章”，督促发案单位健全制度、堵塞漏洞，规范权力运行，发出纪律检查建议书、监察建议书8份。出台《关于推进清廉浏阳建设的实施意见》，成功举办第一届“清廉浏阳”建设系列活动，清廉浏阳建设积厚成势。

持之以恒正风肃纪，新风正气不断充盈。组织开展深化作风建设专项整治行动，共查处违反中央八项规定及其实施细则精神相关问题64个110人次，通报典型案例32起34人。与交警部门建立酒(醉)驾联合监督机制，党员干部酒(醉)驾问题专项整治走深走实，查处党员干部酒(醉)驾问题72件。通过大数据比对排查，推动教育系统违规吃喝专项整顿，查处问题线索51件，给予党纪处分1人，组织处理48人。着重整治形式主义、官僚主义顽瘴痼疾，发现并处理“松懒散”等违反工作纪律问题68起。聚焦“四风”共性问题，深化标本兼治，发布“十严禁”要求，规范党员干部社交圈、生活圈、朋友圈。

靶向监督整治“群腐”，群众“三感(获得感、幸福感、安全感)”不断增强。贯彻以人民为中心的发展思想，持续整治群众身边腐败问题和不正之风。开展医保、社保、“一卡通”、卫生系统设备耗材采购等民生领域腐败和作风问题专项治理，给予党纪处分7人，组织处理72人，追收缴违纪违法资金1143.8万余元，退还群众4万元。重点查处沙市镇原社保专干熊某某侵吞社保基金、集里街道党员刘某欺诈骗取医保基金等典型案例。深入开展“五位”突出问题专项整治，查纠问题26个。率先试点建设小微权力“监督一点通”服务平台，为全省提供经验遵循。出台《浏阳市村级小微工程项目提级监督办法(试行)》等规定，助力乡村振兴。严肃查处村级项目、“三资”管理中的违纪问题7件，党纪政务处分7人。推进领导干部驻点接访、带案下访，办结信访件189件，一批群众反映强烈的信访矛盾得到化解，省级以上越级信访同比下降25%，地区吸附力明显增强。

做实做细日常监督，治理效能不断提升。加强“关键少数”日常监督，采取与下级“一把手”谈话，新任领导干部廉政谈话、任前廉政考试等有效举措，推动“一把手”和领导班子监督落实落细。加强住建、国土、公安等关键部门的日常监督，重点组织对公安系统政治生态进行专题分析并对存在的问题逐项督促整改，取得实效。加强国企等关键领域日常监督，开展国企突出问题专项整治，以“清廉国企”建设引领全市国企高质量发展。精准运用“四种形态”，其中运用第一种形态1950人次，占四种形态总数的82.1%，破纪违法第一道防线得到有效加强。

【纪检监察队伍自身建设】 2021年，浏阳市纪委常委会带头加强政治建设，坚持和完善集体学习制度，全年开展市纪委常委会中心组(扩大)集体理论学习13次。加强实务培训和实践锻炼，常态化举行业务大讲堂，推进纪检监察干部、新进干部办案一线培训培养，切实提升队伍纪法意识、纪法思维、纪法素养和专业化水平。加强青年干部培养锻炼，成立青年干部读书班，有效推动青年干部成长成才。勇于刀刃向内，严防“灯下黑”，党纪政务处分1人，组织处理2人。

重要会议

【纪委全体会议】 2021年，中共浏阳市纪委监委共召开纪委全体会议2次。

4月29日，中国共产党浏阳市第十二届纪律检查委员会第六次全体会议召开。出席全会的市纪委委员18人，列席310人。长沙市委常委、浏阳市委书记朱东铁出席全会并讲话。市委副书记王强主持会议。市委常委，市人大、市政府、市政协领导出席会议。全会以习近平新时代中国特色社会主义思想为指导，深入贯彻落实党的十九大和十九届二中、三中、四中、五中全会精神，按照十九届中央纪委五次全会、十一届省纪委六次全会、十三届长沙市纪委六次全会部署和市委要求，总结2020年纪检监察工作，部署2021年任务，审议通过秦跃平代表市纪委常委会所作的《建设清廉浏阳，献礼建党百年，为实现"引领中西部、迈向现代化"目标提供坚强保障》工作报告。

8月2日，中国共产党浏阳市第十三届纪律检查委员会第一次全体会议召开，出席全会的市纪委委员19人，符合规定人数。会上选举产生中国共产党浏阳市第十三届纪律检查委员会常务委员会委员和书记、副书记。姚喜琳、肖炎强、钟斌、肖敏利、陈艳梅、陈屹、徐昭明、张玉、胡强9人当选为中国共产党浏阳市第十三届纪律检查委员会常务委员会委员，姚喜琳当选为中国共产党浏阳市第十三届纪律检查委员会书记，肖炎强、钟斌、肖敏利当选为中国共产党浏阳市第十三届纪律检查委员会副书记。

【市纪委常委会市监委委务会（节选）】 2021年，中共浏阳市纪委监委共召开市纪委常委会市监委委务会29次

1月5日，中共浏阳市委常委、市纪委书记秦跃平主持召开2021年第1次市纪委常委会市监委委务会，会议主要审议2020年度党风廉政建设责任制考核情况和有关违纪违法案件。

1月22日，中共浏阳市委常委、市纪委书记秦跃平主持召开2021年第2次市纪委常委会市监委委务会，会议主要审议纪检监察干部年度考核结果、选调公务员和招聘编外合同制工作人员考察结果、《浏阳市纪委监委公务员平时考核实施方案(征求意见稿)》。

2月5日，中共浏阳市委常委、市纪委书记秦跃平主持召开2021年第5次市纪委常委会市监委委务会，会议主要审议市管领导干部任职征求意见名单；安排部署春节期间的工作；审议关于市纪委监委谈话场所改造项目有关事项。

3月18日，中共浏阳市委常委、市纪委书记秦跃平主持召开2021年第6次市纪委常委会市监委委务会，会议主要审议浏阳市"孺子牛、拓荒牛、老黄牛"型干部推荐人选。

4月8日，中共浏阳市委常委、市纪委书记秦跃平主持召开2021年第7次市纪委常委会市监委委务会，会议主要审议在中国共产党浏阳市第十二届纪律检查委员会第六次全体会议上的工作报告、有关违纪违法案件及关于开展党史学习教育的实施方案。

5月12日，中共浏阳市委常委、市纪委书记秦跃平主持召开2021年第10次市纪委常委会市监委委务会，会议主要审议迎接长沙市委考察组对浏阳市纪委班子换届考察工作方案、来访接待点电子政务内网建设事宜及有关违纪违法案件。

5月28日，中共浏阳市委常委、市纪委书记秦跃平主持召开2021年第13次市纪委常委会市监委委务会，会议主要审议全市28个乡镇纪委换届的纪委委员候选人名单，通过杨璐等168人确定为乡镇纪委委员候选人。

7月28日，中共浏阳市委常委、市纪委书记姚喜琳主持召开2021年第17次市纪委常委会市监委委务会，会议传达学习中共长沙市委常委、市纪委书记胡卫兵在长沙市纪检监察工作会议上的讲话精神、《中共湖南省委办公厅关于印发〈全省纪检监察机关加强"一把手"监督"十必严"〉的通知》精神；组织学习习近平总书记对防汛救灾工作作出的重要指示精神、中纪委书记赵乐际在吉林省调研讲话精神、省纪委书记王双全在邵阳市调研讲话精神、2021年全国纪检监察机关审查调查安全联络员培训班有关精神及省纪委监委贯彻落实要求、浏办发〔2021〕4号文件、浏办通知〔2021〕15号和16号文件。会议审议有关违纪违法案件。

8月4日，中共浏阳市委常委、市纪委书记姚喜琳主持召开2021年第18次市纪委常委会市监委委务会，会议传达学习市第十三次党代会精神和长沙市纪委监委疫情防控"6条纪律禁令"，研究班子分工。

8月5日，中共浏阳市委常委、市纪委书记姚喜琳主持召开2021年第19次市纪委常委会市监委委务会，会议主要对市委拟提拔重用干部进行廉洁性意见审查。

9月17日，中共浏阳市委常委、市纪委书记姚喜琳主持召开2021年第22次市纪委常委会监委委务会，会议主要审议有关违纪违法案件，传达《长沙市纪委监委移动安全办公平台建设方案》的有关精神。

9月29日，中共浏阳市委常委、市纪委书记姚喜琳主持召开2021年第23次市纪委常委会监委委务会，会议传达学习习近平总书记关于涉粮工作重要讲话指示批示精神，中共湖南省委书记许达哲，省委副书记、省长毛伟明，省委常委、长沙市委书记吴桂英关于涉粮工作讲话精神；全省粮食购销领域腐败问题专项整治暨涉粮问题专项巡视巡察工作动员部署电视电话会议精神；传达学习全省审理工作培训会议有关精神；审议《关于在〈浏阳日报〉开设"清廉浏阳"专栏的策划方案（送审稿）》；审议有关违纪违法案；研究委机关有关人事工作。

10月13日，中共浏阳市委常委、市纪委书记姚喜琳主持召开2021年第24次市纪委常委会监委委务会，会议研究纪委机关有关人事工作；审议《关于开设纪检监察"业务大讲堂"的工作方案（送审稿）》《浏阳市纪委监委青年干部读书班实施方案（送审稿）》《2021年"清廉浏阳主题活动月"工作方案（送审稿）》。

10月28日，中共浏阳市委常委、市纪委书记姚喜琳主持召开2021年第25次市纪委常委会监委委务会，会议主要审议《2021年度党风廉政建设责任制考核细则（审议稿）》《市委拟调整职务（职务晋升）

干部的廉洁性审查意见(送审稿)》。

11月17日，中共浏阳市委常委、市纪委书记姚喜琳主持召开2021年第27次市纪委常委会监委委务会,会议主要审议《关于推进清廉浏阳建设的实施方案(送审稿)》《浏阳市村级小微工程项目建设管理提级监督办法(试行)(审议稿)》。

12月2日,中共浏阳市委常委、市纪委书记姚喜琳主持召开2021年第28次市纪委常委会监委委务会,会议研究长沙对浏阳党风廉政建设考核工作,审议《关于推进清廉浏阳建设的实施意见(送审稿)》及有关违纪违法案件。

12月29日，中共浏阳市委常委、市纪委书记姚喜琳主持召开2021年第29次市纪委常委会监委委务会，会议研究班子成员工作分工;审议《关于建立"室组地"联动协作工作机制的实施方案(征求意见稿)》;听取2021年度纪检监察干部考核有关情况汇报、案件监督管理工作情况汇报、纪检监察信访工作情况汇报;审议有关违纪违法案件。

重要文件

【会议公报】 中国共产党浏阳市十二届纪律检查委员会第六次全体会议公报(2021年4月29日中国共产党浏阳市第十二届纪律检查委员会第六次全体会议通过)中国共产党浏阳市第十二届纪律检查委员会第六次全体会议,于2021年4月29日在浏阳举行。出席全会的市纪委委员18人,列席310人。中共长沙市委常委、浏阳市委书记朱东铁出席全会并发表讲话。市委副书记王强主持会议。市委常委,市人大常委会、市政府、市政协领导出席会议。

全会以习近平新时代中国特色社会主义思想为指导，深入贯彻落实党的十九大和十九届二中、三中、四中、五中全会精神,按照十九届中央纪委五次全会、十一届省纪委六次全会、十三届长沙市纪委六次全会部署和市委要求，总结2020年纪检监察工作,部署2021年任务,审议通过秦跃平代表市纪委常委会所作的《建设清廉浏阳,献礼建党百年,为实现"引领中西部、迈向现代化"目标提供坚强保障》工作报告。

全会认为，在十九届中央纪委五次全会上，习近平总书记的重要讲话，充分肯定过去一年全面从严治党取得新的重大成果，深刻阐述全面从严治党新形势新任务，强调全面从严治党首先要从政治上看，不断提高政治判断力、政治领悟力、政治执行力，一刻不停推进党风廉政建设和反腐败斗争，充分发挥全面从严治党引领保障作用,确保"十四五"时期目标任务落到实处,为新时代纪检监察工作高质量发展提供行动指南。中央政治局常委,中央纪律检查委员会书记赵乐际的工作报告,全面回顾2020年纪检监察工作,部署安排2021年主要任务。在十一届湖南省纪委六次全会上，省委书记许达哲的讲话深刻总结2020年全省全面从严治党的做法和成效,深入分析湖南省全面从严治党新形势新特征，对推动全面从严治党向纵深发展,确保实施"三高四新"战略、建设现代化新湖南开好局起好步作出全面部署，对领导干部涵养清风正气、永葆忠诚干净担当政治本色提出明确要求。省纪委常务副书记、省监委副主任许忠建的工作报告,对准确把握建设现代化新湖南赋予纪检监察工作的新要求作出强调,对湖南省纪检监察工作总体要求和主要任务作出部署。在十三届长沙市纪委六次全会上,省委常委、长沙市委书记吴桂英的讲话对坚定不移深入推进全面从严治党,为实施"三高四新"战略、推进高质量发展、建设现代化新长沙提供坚强纪律保障提出明确要求。市纪委常务副书记邱俊杰的工作报告，对2021年长沙市纪检监察工作总体要求和主要任务作出部署。

全会认为，中共长沙市委常委、浏阳市委书记朱东铁的讲话全面贯彻习近平总书记重要讲话、中央纪委五次全会、省纪委六次全会、长沙市纪委六次全会精神，充分肯定浏阳全面从严治党取得的成效，对坚定不移推动全面从严治党特别是党风廉政建设和反腐败斗争向纵深发展,为实施"三高四新"战略,推进高质量发展和现代化新浏阳建设提供坚强保障提出明确要求。全市各级党组织和纪检监察组织要按照市委要求,坚定不移推进清廉浏阳建设。

全会认为,2020年,市委扛牢压实管党治党政治责任，统筹疫情防控和经济社会发展，团结带领全市人民迎难而上、接续奋斗,在大战大考中取得优异成绩。全市各级纪检监察组织聚焦主责主业，切实加强党风廉政建设和反腐败工作，推动浏阳政治生态持续向好。

全会提出,2021年是中国共产党成立100周年,是"十四五"规划开局之年。2021年纪检监察工作的总要求是：坚持以习近平新时代中国特色社会主义思想为指导，深入贯彻党的十九大和十九届二中、三中、四中、五中全会精神,坚决把习近平总书记重要指示批示精神落到实处，把全面从严治党新要求落到实处,坚持稳中求进工作总基调,聚焦高质量发展,深入践行"三高四新"战略,着力建设清廉浏阳,发挥监督保障执行、促进完善发展作用,一体推进不敢腐、不能腐、不想腐,坚定不移将全面从严治党向纵深推进,为浏阳实现"引领中西部、迈向现代化"目标提供坚强保障。

第一，把政治监督做实做细,常态化解决基础性、经常性问题,具体化解决针对性、实效性问题。自觉带头并监督推动各级党组织和广大党员干部学深悟透习近平新时代中国特色社会主义思想，全力抓好党史学习教育。围绕巩固拓展疫情防控和经济社会发展、实施"三高四新"战略等重点任务加强监督检查,深入开展"洞庭清波"专项行动,加强对农业农村现代化、改善人民生活品质、守住安全发展底线等工作的监督检查,积极构建亲而有度、清而有为的亲清政商关系。严肃换届选举纪律,对换届风气开展全过程、全环节、全方位监督检查,确保换届之年风清气正、事业有序推进。

第二，把反腐败斗争继续引向深入,一体推进不敢腐、不能腐、不想腐。持续深入加大对权力集中、资金密集、资源富集的部门、行业和领域的反腐败力度，严肃查处基础设施建设、项目审批、国企改革、公共资源交易、科研教育管理等方面的腐败问题。持续惩治国有企业腐败问题，加大对政法系统腐败惩治力度，加大对隐性腐败、变相腐败查处力度。深入开展工程招投标、金融、涉砂涉矿等领域专项整治。进一步深化标本兼治，做深查办案件“后半篇文章”，做实同级同类干部警示教育，做活清廉文化建设。

第三，把不正之风扫出去、顽瘴痼疾清除掉，推动形成求真务实、清正廉洁的新风正气。对贯彻落实上级决策部署不务实、不尽力、不到位的坚决查处纠正，瞄准“包装式”“洒水式”“一刀切”落实等突出表现精准施治，持续为基层减负松绑。坚定不移落实中央八项规定及其实施细则精神，教育引导党员干部自觉反对特权思想和特权行为，严格家风家教。严格落实“三个区分开来”，贯彻落实党员权利保障条例，为勇于担当、主动作为的干部清障开道。

第四，把人民至上理念贯彻高质量发展始终，让人民群众在全面从严治党中感受到公平正义。围绕巩固拓展脱贫攻坚成果、有效衔接乡村振兴开展过渡期专项监督，加强对惠民富民、共同富裕政策落实情况的监督检查。常态化开展纪检监察干部全员接访、带案下访、登门走访活动，用好检举举报平台，深化“互联网+监督”，大力推进清廉村居建设。持续纠治教育医疗、就业创业、养老社保、生态环保、安全生产、食品药品安全、执法司法、住房物业等领域腐败和作风问题，深化“打伞破网”和行业治理。

第五，把有形覆盖与有效覆盖统一起来，充分发挥巡察监督利剑和密切联系群众纽带作用。精准落实新时代政治巡察工作要求，紧扣中心工作开展专项巡察，对重点单位开展“回头看”，对二级机构开展延伸巡察，强化村级巡察。推动巡察监督与其他监督贯通融合，构建大监督格局。抓好整改督查后续工作，持续推进巡视巡察整改和成果运用。

第六，把监督融入日常、做在经常，促使党员干部习惯在受监督和约束的环境中工作生活。把“一把手”和领导班子作为“四项监督”重点，加强对二级机构和“一肩挑”后村党组织书记的监督。坚持守正和创新相结合，把传统监督手段做细做实。建好用好廉政档案，抓实政治生态分析研判。用足用好“四种形态”。督促党委（党组）和党员领导干部把党内监督主体责任落到实处，压紧压实党组织管党治党政治责任和书记第一责任人责任。严格执行问责条例，督促各类问责主体齐抓共管。

第七，把政治和业务、培训和培养、管理和治理有机结合起来，建设政治素质高、忠诚干净担当、专业化能力强、敢于善于斗争的纪检监察铁军。以政治建设为统领，教育引导广大纪检监察干部知责于心、担责于身、履责于行。以素质提升为基础，全面贯彻新时代党的组织路线，组织实施全员培训培养计划，强化思想淬炼、政治历练、实践锻炼、专业训练。以铁规律己为抓手，切实增强防范自身风险的意识，完善纪委监委接受各方面监督的体制机制，全面推进纪检监察系统内部“小巡察”式调研督导，持续防治“灯下黑”，锻造忠诚、善战、清廉铁军。

全会号召，要更加紧密地团结在以习近平同志为核心的党中央周围，在市委和长沙市纪委监委坚强领导下，不忘初心使命，忠诚履职尽责，奋力书写浏阳党风廉政建设和反腐败斗争新篇章，以优异成绩向建党一百周年献礼！

【出台《关于推进清廉浏阳建设的实施意见》】 12月24日，市委印发《关于推进清廉浏阳建设的实施意见》的通知。《实施意见》共分三个部分，分别为总体要求、主要任务和组织保障。总体要求主要阐述清廉浏阳建设的指导思想、工作目标和方法路径。主要任务包括着力加强党的政治建设、着力从严教育管理干部、着力推进正风肃纪反腐、着力规范公权力运行、着力加强重点领域监督、着力巩固亲清政商关系、着力推进清廉单元建设、着力营造清廉文化氛围、着力提升科技支撑保障水平等9个方面。组织保障主要提出保障清廉浏阳建设顺利推进相关工作要求。《实施意见》为清廉浏阳建设指明方向、提供遵循，旨在推动全面从严治党向纵深发展、向基层延伸，为加快建成“两个中心”、全面建设现代化新浏阳提供坚强保障。

巡察工作

【概况】 2021年，中共浏阳市委巡察工作领导小组在中共浏阳市委领导下认真落实巡视巡察上下联动要求，全力配合做好省委巡视反馈问题整改专项巡察和长沙市委涉粮系统专项巡察。持续提升巡察质效，市委换届后立即启动4家市直单位、4个乡镇、16个村（社区）第一轮巡察，发现问题695个，移交问题线索26条。配合国企突出问题专项整治工作，对域内8家国企开展第二轮巡察。扎实抓好巡察“后半篇文章”，开展2轮18家市直单位、102个村（社区）巡察整改督查，被巡察单位整改落实主体责任压紧压实。不断加强制度建设，编制出台《十三届浏阳市委巡察操作手册》，推动巡察全流程规范化标准化。

【十二届市委第十八轮巡察】 经市委巡察工作领导小组批准，市委巡察组于2021年2月22日开始，对市北盛中学、集里中学、荷花中学、大瑶中学、浏阳河中学、沿溪中学、枨冲中学、关口中学等单位开展为期两个月的巡察。

【十二届市委第十七轮巡察整改督查及第十六轮对村巡察整改督查情况核实检查】 经市委巡察工作领导小组批准，市委巡察组于2021年6月16日开始，对市交通建设投资有限公司、数据资源中心、退役军人事务局、国有资产事务中心、医疗保障局、优化营商环境协调事务中心、水利建设投资有限公司、网信办、农业发展事务中心、长沙市生态环境局浏阳分局开展巡察反馈问题整改督查，对关口街道、荷花街道、普迹镇、古港镇、高坪镇、永和镇、大围山

2021 年 9 月 13 日，十三届市委第一轮巡察工作动员会议召开

（市纪委监委办公室　供图）

镇、张坊镇、大瑶镇、澄潭江镇、沙市镇、淳口镇、龙伏镇、社港镇等乡镇（街道）和有关村级党组织开展为期一个月的整改督查情况核实检查。

【十三届市委启动第一轮巡察】 经市委巡察工作领导小组批准，市委巡察组于 2021 年 9 月 13 日开始，对市人力资源和社会保障局、农业局、森林公安局、住房保障服务中心、古港镇、永和镇、澄潭江镇、龙伏镇开展为期两个月的巡察。

【十三届市委启动第二轮巡察】 经市委巡察工作领导小组批准，市委巡察组于 2021 年 12 月 2 日开始，对市建设工程质量检测中心、市规划设计院、浏阳日报报业发展有限责任公司、市广宇建设投资开发有限责任公司、湖南浏阳经开区水务股份有限公司、浏阳汇远实业有限公司、市水利建设投资有限公司、市鸿达投资有限公司 8 家国有企业开展为期两个月的专项巡察。

【长沙市委第五巡察组对浏阳市开展落实省委巡视整改专项巡察】 2021 年 8 月 30 日，长沙市委第五巡察组对浏阳开展为期半个月的落实省委巡视整改问题专项巡察。9 月，长沙市委第五巡察组反馈 3 个方面、10 个问题和 13 项问题具体表现，已完成整改 10 个，基本完成整改 1 个，长期整改 2 个。

【长沙市委第二提级交叉巡察组对浏阳市开展涉粮问题专项巡察】 根据长沙市委的统一安排部署，2021 年 9 月 26 日至 11 月 5 日，长沙市委第二提级交叉巡察组就涉粮问题对浏阳市开展专项巡察。2022 年 1 月 12 日，长沙市委第二提级交叉巡察组向浏阳市反馈意见，并要求于 10 个工作日内向长沙市委巡察办、长沙市纪委监委相关监督检查室报送巡察整改方案。

执纪监督

【县（市）乡村三级换届监督】 2021年，浏阳市纪委监委围绕县（市）、乡、村三级党组织换届开展换届风气监督，成立浏阳市换届工作领导小组，组建市委统领、纪检监察组织齐抓共管的换届风气监督工作领导小组，承担全市换届风气监督工作的统筹总揽、组织协调和督查指导工作。各责任单位、各乡镇（街道）均成立风气监督工作领导机构和工作机构，形成全覆盖监督网络，形成一级抓一级、层层抓落实的工作格局。同时，派出 8 个换届风气巡查组，采取个别访谈、随机抽查、实地走访、查阅资料等方式，对贯彻落实中央、省、长沙市和浏阳市委有关换届风气监督工作要求进行动态式、全方位巡查。先后查处北盛环园村、沙市秧田村 2 起换届违纪案。5 月 31 日，全市 28 个乡镇顺利完成党组织换届选举工作，8 月 2 日，中国共产党浏阳市第十三次代表大会顺利闭幕，浏阳市、乡、村党组织圆满完成换届选举。

【政法队伍教育整顿】 2021 年，浏阳市纪委监委成立由市纪委书记任组长，纪委副书记（副主任）任副组长，其他委班子成员为成员的协同开展政法队伍教育整顿工作领导小组，制定《浏阳市纪委监委机关协同开展政法队伍教育整顿工作方案》《浏阳市纪委监委协同政法队伍教育整顿问题线索办结审核流程》《政法队伍教育整顿期间办理主动向组织交代问题工作流程》等文件，落实落细、规范工作流程。从案件监督管理室、信访室等部门抽调 8 名干部

2021 年 4 月 9 日，浏阳市纪委监委政法队伍教育整顿问题线索处置和案件查办会议召开

（市纪委监委办公室　供图）

加入市政法队伍教育整顿领导小组办公室执纪监督组,负责配合、衔接市教育整顿办有关线索移交、处置、数据统计等相关工作。建立委领导联系包案机制，抽调37名精干力量,组成9个问题线索核查工作组,负责教育整顿期间全市政法系统党员干部问题线索集中处置工作。全年共受理问题线索51件，立案41人，处分处理90人,"打伞破网"成果进一步得到巩固。

【查办浏阳本地留置第一案】 2021年10月31日,浏阳市纪委监委根据长沙市涉粮问题专项巡察移交的问题线索，对原浏阳市粮食局党委书记、局长吴某某、市粮食购销有限责任公司原总经理柳某某、原副总经理兼工会主席徐某某、原主办会计黄某某等6人采取留置措施，进行纪律审查和监察调查。该案以吴某某为主，国有粮食企业负责人、财务人员为辅，形成一起粮食购销领域腐败"窝案"。该案既是湖南省开展粮食购销领域腐败问题专项整治的留置"第一案",也是《中华人民共和国监察法》实施后浏阳市本地留置第一案。

廉洁教育宣传

【清廉浏阳建设主题活动】 11月12日,浏阳市纪委监委举行以"廉脉千年·'浏'清如许"为主题的清廉浏阳建设主题活动启动仪式。长沙市委常委、浏阳市委书记朱东铁出席启动仪式并宣布活动启动，长沙市纪委监委有关领导，浏阳市委副书记、代市长王雄文,戴武明、邱山东、姚喜琳、李爱民、喻辉、周耀辉、唐安石、王坤球等市级领导参加启动仪式。本次主题活动以六个清廉单元创建为切口，旨在以点带面推动清廉浏阳建设走深走实，进一步营造干部清正、政府清廉、政治清明、社会清朗的政治生态和发展环境,全力打造清廉湖南建设的浏阳样本。主题活动期间，市纪委监委和各相关单位在市委统一领导下，组织开展"百年风华·峥嵘'纪'忆"微党课竞赛、"一把手话清廉""当好廉内助·扬廉洁家风"廉政沙龙、"青年说·清廉说"演讲比赛、"清廉浏阳·你我共建"主题党日活动等多项活动,推动清廉单元创建全面铺开、清廉理念宣传全面覆盖。

【教育系统召开全面从严治党暨警示教育大会】 2021年5月7日,浏阳市教育系统全面从严治党暨警示教育大会在市教育局召开。浏阳市纪委副书记、监委副主任杨厚波,市教育局党委书记、局长汤显华出席会议并讲话。市教育局党委副书记、副局长黄朴主持会议。

会议总结2020年市教育系统全面从严治党工作的主要做法和成效,剖析存在的突出问题,对下一阶段扎实推进全面从严治党向纵深发展从抓紧"关键少数的规矩意识",压实全面从严治党责任;抓实"重点廉政风险点的防控"，强化精准监督预警;抓好"四大专项整治行动",着力规范依法治校行为;抓严"监督执纪五大举措"，坚决杜绝违法违规行为四个方面作出具体安排部署。会议组织观看浏阳市教育系统违规公款吃喝查处通报警示教育片，会议启动教育系统持续深入开展违规公款吃喝的专项治理工作。各基层单位、机关科室党政负责人在会议上向局党委递交廉政承诺书。局班子成员,机关中层干部,局直属各学校、各乡镇(街道)教育发展中心、各民办学校负责人，各中小学、幼儿园负责人，各中学班子成员共计800余人分别在主、分会场参加会议。

（刘朝朋）

2021年5月7日,浏阳市教育系统全面从严治党暨教育警示大会在市教育局召开

（市纪委监委办公室　供图）

浏阳河蒲樟港　　（朱云志　摄）

民主党派

民革浏阳市工作委员会

【概况】 2021年民革浏阳市工委下设4个支部委员会，共81名党员。工委全体党员立足本职工作，心怀为民志向，发挥先锋作用，敢于担当、勇于负责，善于作为，展现了新时代民革党员的良好风貌。唐文波获评上年度长沙市建设更高水准全国文明城市工作优秀个人，其家庭获评长沙市文明家庭。鲁益平的课例《搭船的鸟》获评国家一等奖，《智慧教育拓展语文教学空间》获评全国典型课例；谭晓琴创作的《访湘军名将故居群》获"三亚杯"全国文学大赛金奖、摄影作品《甜蜜的事业》获长沙市人大系统"翰墨光影颂华章"优秀摄影作品奖；周利和入选中国摄影家协会会员；何桂海、戴琳获评法官办案标兵；唐文波、肖迎春、张丽萍、龙飞翊、刘琳、李瑶瑶、林云、谭晓琴、邓秀丽、鲁益平等获浏阳市人民政府嘉奖。一支部成功创建民革中央示范支部、获评民革长沙市委示范支部。

【参政议政】 2021年，民革浏阳市工委参政议政，积极发声，人大政协换届，张晔、谭娟、林华根3人当选长沙市人大代表；张丽萍当选浏阳市人大代表；吕立生当选浏阳市政协副主席，徐涛、林云、雷文娟、于华明等18人当选为新一届政协委员，其中肖迎春、袁波、唐文波、徐伟星当选为政协常委；邓秀丽、袁波、唐文波、肖迎春入选聚焦"两会"委员风采宣传报道对象；一支部获评上年度民革长沙市委参政议政先进集体，吕立生、袁波、龙飞翊获评上年度民革长沙市委参政议政先进个人；2021年"两会"期间，工委牵头组织开展的《当好"领头羊"打造湘赣边区域合作示范区》调研课题，由唐文波在政协大会上代表民革发言；工委获立案的人大建议9篇、政协提案31篇，唐文波、林华根撰写的《关于推进我市民营企业合法权益维权平台建设的提案》、唐文波撰写的《关于全力推动浏阳经开区（高新区）创建湖南自贸区联动创新区，助推浏阳高质量发展的提案》、袁波撰写的《关于尽快提升各工业集中区的专业性和打造湘赣边中小企业基地，应对高铁开通后出现的人口虹吸效应的提案》获得市委、市政府主要领导批示。精选课题，科学调研，工委提出"一支部一调研"，各支部积极开展调查研究，完成《推进农产品原材料本地化建设，赋能乡村振兴》《加快特色小镇建设助推乡村振兴发展》《建设精美城市，提升城市能级》等调研报告，吕立生执笔的《支持浏阳市在湘赣边区域合作示范区建设中发挥带动作用》获评民革长沙市委上年度调研报告二等奖。传达社情，反映民意，将社情民意和统战信息有机结合，要求"一党员一建议"，肖迎春撰写的《村（社区）"两委"一肩挑后三个问题要引起重视》被民革中央采用；张晔撰写的《关于提高公立医疗机构新冠病毒核酸检测能力的建议》、唐文波撰写的《欠发达地区中小学生心理健康教育亟待重视》被民革省委采用；利用新闻媒体、"长沙民革"微信公众号及网站，围绕参政议政、社会服务及先进典型等做好宣传报道，《团结报》发表报道3篇、民革长沙市委网站发表报道23篇；超额完成《团结报》征订任务，获评民革长沙市委《团结报》订阅先进集体一等奖。

【社会服务】 2021年，民革浏阳市工委组织庆祝抗日战争胜利76周年暨"关爱抗战老兵·弘扬爱国精神"主题活动，帮助健在的浏阳籍抗战老兵相聚，实现老兵念想；继续抗战老兵健康保卫计划，为每位抗战老兵"一对一"配备专属家庭医生；为朱洪斌、罗传兴、肖敦信三位老兵送上百岁生日祝福；协助老兵朱洪斌和邓杏生参与省档案馆采访和录制抗战老兵口述历史活动；坚持做好对老兵的端午节、中秋节、春节慰问，开展"为老兵送生日祝福"和"送最后一程"等活动，没有落下任何一个老兵的任何一次慰问和祝福；为老兵邹长青送上轮椅一台；组织党员前往唐人万寿园参加抗战老兵集体安葬仪式；刘琳主动联系对接老兵之家等社会团体开展关爱抗战老兵活动，获社会各界赞誉。主动服务社会，工委号召党员捐款驰援河南抗洪救灾筹资20300元；组织党员前往张坊镇田溪村开展义诊活动，前往多个乡镇开展儿童保健科普活动；组织开展青少年模拟法庭活动；组织党员参加城区街道"小黄帽"志愿者活动；进驻沙市镇秧田村、东门村开展了送法律服务进乡村活动，为居民多次解答法律咨询；谢建国

2021年8月19日，民革湖南浏阳市工委组织开展青少年进法庭普法活动
（民革浏阳市工委　供图）

2021 年 9 月 3 日，民革浏阳市工委在浏阳市永安镇丰裕村举行"关爱抗战老兵 弘扬爱国精神"活动

（民革浏阳市工委　供图）

在浏阳河勇救溺水者；周利和义务担任美丽乡村建设点的总策划、总顾问，助力枨冲镇新南桥村打造以中医药文化为主题的示范点；肖恒松牵头组建浏阳市紧急救援协会蕉溪中队和青年志愿者协会。积极实施民主监督，于华明当选为民革长沙市监委会委员，唐文波获评市人民法院优秀人民陪审员，林华根、张绍平、于华明、谭娟、熊海燕、张卫、何桂海、林云、徐涛、鲁益平、唐文波、肖迎春、龙飞翊、李瑶瑶、魏卫红、吴海宁 16 人担任法院、检察院、医保局等 11 家单位的特约人员，履职积极，作用发挥好。

【祖统工作】 2021 年，民革浏阳市工委深入学习贯彻习近平总书记关于对台工作的重要论述，密切关注台湾岛内局势发展变化和两岸关系新动向，做好新时代涉台参政议政工作。走访台资企业湖南景泰烟花有限公司，帮助其解决困难和困惑，提出发展建议。工委原主委黄彦如联络黄彰任医学进修奖学金项目落户长沙，挂牌成立黄彰任医学进修奖学金学者团队工作室，与省肿瘤医院、湘雅医院、湘雅二医院、湘雅三医院开展科室一对一技术协作；开展第五届黄彰任医术交流活动，帮助浏阳市人民医院建立心血管神经外科；联络黄彰任基金会举办第八届"黄彰任科技奖"和"第 27 届黄彰任奖学金"，分别向 10 位优秀科技青年和高考学生发放奖学金。

（李瑶瑶）

【乡村振兴结对共建活动】 11 月 13日上午，民革长沙市委会携手民革浏阳市工委与浏阳市张坊镇田溪村举行乡村振兴结对共建活动。民革长沙市委会主委、长沙市第一医院院长刘激扬，民革长沙市委会专职副主委杨舜尧，民革长沙市委会副主委、开福区人大常委会副主任王硕，二级调研员、浏阳市人大常委会原副主任、民革浏阳市工委原主委刘仙娥，民革浏阳市工委副主委、浏阳市政协副主席吕立生，浏阳市委统战部常务副部长焦清平，民革长沙市委会副主委、民革浏阳市工委主委、浏阳市医保局局长张晔，张坊镇党委副书记、镇长汤卓，长沙民革各工委（总支部）主委、机关全体干部，民革田溪村乡村振兴委员会委员，浏阳民革党员代表参加活动。活动启动仪式上，刘激扬、张晔分别为民革长沙市委会乡村振兴共建点、民革浏阳市工委乡村振兴共建点授牌。刘激扬表示：民革长沙市委会将动员广大民革党员，共同参与田溪村的乡村建设，助力田溪村打造乡村振兴的"样板村"，让田溪村更加精美、更有内涵、更加富裕、更加幸福。田溪村、张坊镇政府代表在随后召开的座谈会上，依次介绍了近年来的乡村振兴工作情况。在签约仪式上，中共浏阳市西溪旅游公司支部与民革浏阳市一支部签署友好共建协议，田溪村向民革田溪村乡村振兴专家委员会委员发放聘书。随后，参会的民革专家们充分发挥专业特长，集中智力优势，共同为田溪村乡村治理和乡村振兴出谋划策，提出了很多建设性的意见和建议。

【被授予"民革示范支部"荣誉称号】 12 月 16 日，民革十三届五中全会在京开幕，会议集中表彰了 200 个民革示范支部、200 个优秀民革党员之家，是继 2019 年之后第二次在全党范围内评选并表彰。民革浏阳市一支部被民革中央授予"民革示范支部"荣誉称号。

致公党浏阳市工作委员会

【概况】 致公党浏阳工委成立于 2004 年，2021 年分四个支部，共有 79 名党员。致公党浏阳工委代表委员总数达到 28 人。有长沙市人大代表 3 人，长沙市政协委员 1 人，浏阳市人大代表 7 人（其中常委两名），浏阳市政协委员 17 人（其中常委 4 人）。致公党浏阳工委秉承"致力为公，参政议政"的理念助力浏阳经济社会发展大局，为挺进前五强，加快建成"两个中心"，全面建设现代化新浏阳贡献党派力量。

【参政议政】 2021 年，致公党浏阳工委围绕民生保障、产业发展、社会治理等工作，察民情、献良策、建诤言，参政议政效果显著。工委积极领办市委统战部"聚力实施乡村振兴，建设湘赣边区域乡村振兴示范区""推进湘赣边红色文化旅游与乡村振兴融合发展，打造湘赣边区域红色基因传承宝地"两个课题，带队到江西及浏阳市葛家、大瑶等地调研并撰写报告，课题质量得到好评，为 2022 年政协大会发言《建设红色文旅中心，打造湘赣边红色文旅新高地》的撰写打下了基础。代表、委员们紧扣经济发展重点、社会民生热点，积极建言献策，履行参政议政职能，共撰写议案提案和社情民意30余件。在政协浏阳市第十届委员会第七次会议上，浏阳工委《强化科技支撑，加快打造区域科创中心》的大会发言，获得一致好评。周志勇撰写了《关于推进青少年心理健康服务体系建设、促进青少年健康成长的建议》等八个提案，其中《关于推动先进制造业与现代服务业深度融合、打造国家重要先进制造业高地的建议》获市委主要领导批示，由秦跃平主席督办;社情民意《筑牢燃气安全四张网》被长沙市政协采用。换届后，新一任代表委员积极发声，李明《关于加强对青少年心理健康服务教育的建议》、孔伟兴《关于加强美丽屋场(村庄)后续管理的建议》列入全年重点建议。夏育林、易守珍、刘丽萍、潘登、罗斌、蒋文等人也纷纷就融资担保、乡村振兴、数字信息化、营商环境优化等方面撰写了建议和提案。

【民主监督】 2021年，经致公党浏阳工委推荐：戴学文、李凌、甘艳平等10名党员分别被工信局、发改局、环保局、商务局和水利局5个市直单位聘请为特约人员，开展专项民主监督。目前，10名党员已接受聘书，并就建立“亲”“清”新型政商关系等事关浏阳经济社会发展各方面积极建言。李明、孔伟兴参加法院旁听庭审工作。李亚清等人参加智慧养老服务座谈会。罗靖华多次参加法院旁听庭审工作。

【社会服务】 2021年，致公党浏阳工委矢志不移，突出重点，整合资源，持续推进助学一校、振兴一村、支持一镇、做强一基地、提升一企业、服务一社区的“六个一”社会服务品牌。工委主委带领工委成员赴葛家镇致福同心村金源村调研乡村振兴示范村创建、美丽宜居村庄建设及青新致公蓓蕾书屋建设情况，与村委进行座谈，踏看葛家鸡肠子辣椒基地，了解村级经济发展中的模式与难点，通过科技局选派湖南大学园艺学院副院长欧立军教授作为科技特派员指导辣椒种植技术，为金源村产业发展出谋划策。开展省、市、浏阳三级党员联动服务乡村振兴活动，逐步建立致公智库，组织党员赴中策生态农场有机猕猴桃种植基地，与同为致公党员的湖南农业大学博士生导师王仁才教授及省级科技特派员王琰一起，学习猕猴桃相关知识，了解基地运营模式，科技助力猕猴桃基地建设。工委始终坚持助力企业发展，围绕“三高四新”战略，为企业提供优质服务组织党员赴华辉烟花、华科生态基地、美林美食、盐津铺子、博士眼科医院等企业走访，了解企业生产运营情况，支持产业发展，企业发展欣欣向荣。经开区支部充分发挥经济主阵地一线岗位优势，指导园区企业高企申报、用地审批等，助力园区高质量发展。工委扎实推进同心社区服务，在联城社区开展同心社区敬老帮困活动，参加社区组织的重阳节活动，为社区老年人献上一份祝福。春节期间，工委主委带队慰问社区困难户，为困难群众送上一份关怀。张家界疫情发生后，浏阳工委积极响应致公党长沙市委募捐物资驰援张家界号召，组织党员第一时间募捐2.2万元，其中经开区支部捐款1.56万元，周坤个人捐款1万元。

（易守珍）

浏阳河——樟树潭湾 （浏阳市档案馆 供图）

群众团体

总工会

【概况】 2021年，全市共有工会联合会51家，其中市直工会联合会17家，乡镇工会联合会28家，园区2家，街道工会联合会4家。全市基层工会4200家，其中行政事业单位、国有企业工会275家，非公企业工会3920家，全市共有工会会员28.6万人，已建工会职工入会率达99%。

【劳模工匠表彰活动】 2021年，市总工会推荐张学武荣获2021年全国五一劳动奖章，张更姣、胡国安、喻小武获湖南省五一劳动奖章，何宗武、罗鹏、彭镇东、文来荣获长沙市五一劳动奖章，国家税务总局浏阳市税务局等7个单位和集体获长沙市五一劳动奖状和工人先锋号。举办庆祝“五一”国际劳动节暨第二届“浏阳工匠”命名活动，选树命名10位“浏阳工匠”、10位“优秀工匠”。打造伍国强劳模工匠创新工作室，并以此为依托，积极开展劳模工匠助力乡村振兴活动。发动全市各基层工会积极开展“工人阶级宣传月”活动，并通过《浏阳日报》、浏阳电视台、微信公众号等媒体对“工人阶级宣传月”活动进行多渠道宣传。

【开展劳动技能竞赛】 2021年，市总工会举办首届浏阳市农机操作技能竞赛，评选出10名优秀农机手。选派讲解员陈琼参加首届“融城杯”职工职业技能擂台赛决赛，获“融城工匠”荣誉称号。组织职工参加长沙市2021年“十行状元、百优工匠”职工职业技能竞赛，1人取得农机操作技能竞赛第一名，获评长沙市劳动技能竞赛“十行状元”称号；5人获长沙市劳动技能竞赛农机操作、园艺设计项目“百优工匠”称号。

【工会帮扶品牌建设】 2021年，市总工会认真组织“工会进万家·新就业形态劳动者温暖行动”服务月活动，慰问“八大群体”新就业形态劳动者。积极开展“四送四助”活动，元旦、春节期间，对556名“送温暖”对象发放慰问金51万元，发放大米10000公斤，食用油5000公斤。组织“送清凉”活动，慰问环卫工人、建筑工人、公交车司机、交警、医护人员等一线职工，发放慰问金及慰问物资40余万元。开展“金秋助学”活动，为113名困难职工子女发放62.2万元助学金。组织3.7万余人参与职工住院医疗互助活动，其中女职工特殊疾病保险参保人数1.6万人。对30名困难职工拨付17.2万元大病和生活救助资金，对31户建档立卡困难职工发放生活补助5.97万元。推进职工医疗互助保障工作提质扩面，职工参保总数达3.7万人，为2300余名职工报销住院医疗费用80余万元。聘请法律顾问每周二、周四在职工服务大厅坐班，为职工和农民工提供免费咨询和援助，举办4期“尊法守法·携手筑梦”服务农民工法治宣传和公益法律行动，发放普法宣传资料3000余份，化解劳资矛盾100余起。

【职工文体生活】 2021年，市总工会组织开展浏阳市职工羽毛球赛、气排球赛、健身舞蹈展示活动等系列文体活动10余场。工人文化宫所有培训和活动项目均免费向工会会员开放，开办第五、六期公益大课堂，开设了18个项目共32个培训班，培训学员2500余人，到文化宫开展文体活动的会员达2万余人次，真正做到了工人文化宫里有工人，工人文化宫里有文化。邀请国家、省、市级书法会员和文化宫书法班的学员到乡镇、社区开展“送春联”等活动，组织声乐、萨克斯班学员开展“送演出”活动。

【工会基层基础工作】 2021年，市总工会开展厂务公开和企业工资集体协商企业1764家，其中单独签订127家，选树2家工资集体协商选树典型。创建长沙市模范职工之(小)家5家、员工心理援助项目(EAP)2家、“小三级”工会工作典型2家、村级示范点工会联合会31家，建设户外劳动者服务站点9个。组织模范职工之家开展“结对共建”活动6次。开展“百优食堂·幸福企业”创建活动，申报优秀食堂12家。完成工会会员信息采集数114070人，995个基层工会组织。打造4家“八大群体”工会联合会(保安人员、家政服务人员、货车司机、商场信息员)，家政服务人员工会联合会被评为长沙市总新业态群体入会示范典型。

【朱东铁慰问一线高温作业劳动者】 2021年7月28日，长沙市委常委、浏阳市委书记朱东铁深入项目工地、城区街头等地，走访慰问一线建设者和环卫工人，为他们送去防暑消暑物资，并向奋战在高温作业一线的广大劳动者表示诚挚感谢。朱

2021年庆祝“五一”国际劳动节暨第二届“浏阳工匠”命名活动 （市总工会办公室　供图）

东铁首先来到项目建设现场，慰问坚守在高温一线的劳动者。朱东铁说，金阳大道早日建成通车，一直是浏阳人民的热切期盼，广大施工人员战高温、斗酷暑、抢进度，确保项目建设有序推进，对此表示感谢并致以敬意。朱东铁要求各参建单位要坚持底线思维，必须在确保施工安全和工程质量的前提下抢抓进度；要高度重视防暑降温工作，把高温期间各项防护措施落实到位，既要把工程建设推进好，也要把参建人员的身体健康保障好。随后，朱东铁来到占佳片区开发观礼台改造项目，详细了解工程进度、工作环境、施工时间安排等情况。朱东铁说，花炮观礼台是展示浏阳“花炮之乡”城市形象的重要窗口，也是举办国际花炮节等重大活动的重要场所，推进花炮观礼台建设非常重要。朱东铁嘱咐项目建设负责人要做好高温天气劳动保护工作，切实采取防暑降温措施，确保工人的施工安全和身体健康。接着慰问了环卫工人。

（陈纯清）

中国共产主义青年团浏阳市委员会

【概况】 2021年浏阳共有青年39.8万人，共青团员30142人，各级团组织1904个，其中机关事业单位团组织208个，村社区团组织759个，学校领域团组织850个，“两新”团组织87个。2021年共青团浏阳市委组织开展“爱心护考”学雷锋志愿服务活动，免费发放矿泉水4000余瓶，口罩、防暑药品、遮伞等物资200余件。共青团浏阳市委在市文明办牵头指导下发起成立浏阳市青年志愿者联合会，择优筛选出首届会员52个，青年志愿者联合会成立仪式6月24日在浏阳网间经济孵化器举行。共青团浏阳市委“一站两联”工作在全团会议作典型发言，连续5年被评为长沙共青团系统考核红旗单位，获评“湖南省五四红旗团委”。

【青少年思想工作】 2021年，共青团浏阳市委围绕学习宣传贯彻习近平新时代中国特色社会主义思想、党的十九大和十九届历次全会精神和省、长沙市、浏阳市党代会精神开展线下专题学习27次，组织“青年大学习”线上学习达50万人次。在“学党史、强信念、跟党走”学习教育中，深化“我为青年办实事”实践活动，帮助青年解决实际问题70余件，举办“红领巾心向党”主题队日、“青春向党，薪火浏传”青少年仪式教育等系列活动，全市1124个团支部实现党史学习教育全覆盖。开展“我在红色景点·传颂红色故事”宣讲活动，组织动员团员青年在本土爱国主义教育示范基地、红色旅游经典景区等地打卡，讲述红色故事。精心编排红色情景剧《永不消逝的电波》《党史知识我来答》等微队课作品，指导制作《电波忠魂》《秋收起义打铁歌》等红色教育短视频并推广学习，打造了一批精品“指尖课堂”；联合融媒体中心创新推出“红领巾电视台”，推动10余所学校入驻，节目阅览量近200万人次。

【助力党政大局工作】 2021年，共青团浏阳市委围绕重大项目和科创项目组建青年突击队21支，面向全市各条战线推介“向上向善”好青年“青年岗位能手”“湖湘青年英才”“青年文明号”等先进个人和集体27个，举办“浏阳市青年五四奖章”评选表彰，推树优秀青年典型20人。组建浏阳市农业创业者联合会助力乡村振兴，吸纳首届会员106名；推介1人获评“全国青年致富带头人”，梅田湖研学实践基地成为全国首个“共同致富示范点”；成立青年农创顾问团，组建农技、金融、法律、市场引导等四类专家库，常态化开展“农创聚合力　服务送到村”交流沙龙。组建浏阳市青年志愿者联合会推动基层社会治理，吸纳52个社会组织，举办“湘赣边青年志愿服务交流沙龙”；常态化开展“河小青”“情满旅途·暖冬行动”等志愿服务活动60余场次；发动青年参与疫情防控、抗洪救灾等急难险重志愿服务8万余人次；为全省产业园区高质量发展推进会等国家、省级大型活动中百余名重要嘉宾提供志愿服务。

【青年成长工作】 2021年，共青团浏阳市委开展第三届“返家乡·燕归巢”大学生社会实践活动，组织126名浏阳籍在校大学生见习锻炼搭建青年成长平台；打造浏阳市青年创新创业孵化基地，培育孵化青创企业11家，服务青年“创客”近700人次；建成浏阳“青年人才驿站”2个，为506名来浏青年人才提供了免费住宿、求职指导等精准服务。组织开展青少年防欺凌、防溺水、防性侵活动70余场次；组建浏阳市青年心理辅导志愿服务队，开展“青心呵护”计划，实施“十百千万”工程，强化青少年权益维护，青少年心理疏导服务机制不断健全。两年来，已完成“希望小屋”改造101家，惠及162名困境青少年，建立落实了常态结对联系机制；开展“关爱快递小哥·暖蜂行动”、浏阳青年单身交友联谊会等活动25场次。

【共青团基层组织改革】 2021年，共青团浏阳市委集中力量推进县域共青团基层组织改革试点工作。形成以“年度工作要点、季度成效通报、月度团务清单”的团工作落实制度；创建全省基层团建示范点1个，建立并落实了“1+4+N”（建立一个浏阳市级团代表联络站，组建4个专项小组，在基层建立若干团代表联络点）的团代表联络机制，打造团中央联点示范性“团代表联络站”。规范化开展基层团组织书记述职；将团建考核纳入全市年度绩效考核，纳入基层党组织书记抓党建述职评议考核的工作内容；探索构建“希望工程吸纳、工作项目整合、购买服务引入”的“三位一体”社会资源动员配置机制，“希望小屋”“暖冬行动”“青心呵护”等项目社会化成效显著，县域共青团改革实现突破。举办首届少先队辅导员风采大赛，明确少先队工作经费，筹建“名师工作室”，将辅导员培训纳入团、队干部培训主体班，创新“红色小喇叭”红领巾宣讲员实践教育项目，聘任200余名红领巾宣讲员，为全市 17 个红色景点充实讲解力量。

【学雷锋志愿活动】 2021 年 3 月学雷锋活动月，团市委在全市开展“爱心涌动浏阳河　关爱帮扶暖人心”志愿服务活动。2021 年 3 月 5—14日，团市委联合浏阳义工联、金芙蓉影楼开展“妈妈，你好漂亮！”活动，为百名环卫女工人拍摄精美个人写真、婚纱照、全家福，从来自各行业近 30 家单位的志愿者们在商业广场、公交车站等地开展爱心义诊、心理咨询、急救技能教学、交通劝导、家电维修、理发等学雷锋便民志愿服务活动，为居民提供贴心暖心的服务。

【共青团浏阳市第十八届三次全委（扩大）会议】 2021 年 3 月 31 日，共青团浏阳市第十八届三次全委（扩大）会议召开。市委副书记王强出席会议并讲话，团市委第十八届委员会全体委员，各镇街团组织书记、部分市直单位团青工作负责人、长沙市“两红两优”组织和个人代表参加会议。32 位乡镇（街道）团（工）委书记向大会作书面述职，其中随机抽取 5 位乡镇（街道）团（工）委书记作现场述职。

【“红领巾心向党”主题队日活动】 为了引导广大少先队员学党史、强信念、跟党走，厚植爱党、爱国、爱社会主义的情怀，6 月 1 日，浏阳市“红领巾心向党”党史学习教育主题队日活动在浏阳市教师进修学校报告厅举行。共青团长沙市委副书记金甜、浏阳市政协党组副书记、副主席张葵红、共青团浏阳市委书记张宇琪以及全市师生代表共 400 余人参加。

【“我为青年办实事”活动】 2021 年 5 月，浏阳市团代表联络站志愿服务专项小组带头参与浏阳市“圆梦小屋”青少年关爱项目，同时向广大团委委员、代表、爱心企业家等发出爱心倡议，号召大家加入“圆梦小屋”计划帮助孩子成长，目前共计 15 名委员、代表和 5 家爱心企业捐款捐物，涉及桌椅、书柜、衣柜、床上用品、台灯、文具、书籍等各类物资，以实际行动传递爱与温暖，在公益慈善领域贡献青春力量。5 月 10 日，浏阳市团代表联络站创新创业联络小组组织 22 名委员、代表及 40 家企业代表、青年求职学生、相关职能部门在浏阳经开区召开“引才聚力，助推制造业高质量发展”交流会，为求职青年、企业和政府搭建沟通桥梁。为推动党史教育成果转化，浏阳市团代表积极为青年做实事，助推浏阳经开区、浏阳城区 2 家青年人才驿站的建设，在驿站中打造综合阅览室、室内健身房，搭建入住青年交流平台。截至 2021 年 12 月，累计为 140 余名青年提供服务。

【举办湘赣边青年志愿服务交流沙龙】 2021 年 6 月 24 日，由共青团浏阳市委主办的湘赣边青年志愿服务交流沙龙在浏阳圆满举办，来自井冈山、醴陵、平江、上栗、万载、望城、莲花、浏阳 8 个县（市）的团委主要领导、青年志愿者代表近 70 人参加。浏阳团市委将以湘赣边区域合作为平台，以青年志愿服务为起点，继续探索共青团助力湘赣边区域合作示范区建设的新模式、新路径，服务工作大局，凝聚青年共识，为推进湘赣边区域发展贡献青春力量。

【100 家希望小屋完成改造】 2021年 8 月 31 日，共青团浏阳市委联合浏阳市家具行业商会、浏阳市义工联等机构的爱心人士走访普迹镇“希望小屋”受助儿童家中，为他们送去开学“大礼包”：木制床、被褥、书桌、闹钟、台灯、书籍，以让困难学子拥有一间整洁的住房、一套合适的桌椅、一张舒服的小床、一盏明亮的台灯，营造充满希望的“筑梦空间”。截至 2021 年 8 月 31 日，浏阳市改造“希望小屋”70 家，目前硬装已全部结束，软装将在开学前后陆续完成。2020 年以来，浏阳市共改造 100 家“希望小屋”，筹集爱心捐赠价值 150 万元左右。除了房间的改造，还发动志愿者提供暖心陪伴、学业辅导、心理疏导、习惯养成、微心愿实现等跟踪服务，满足每个孩子的个性化需求，让长期帮扶制度落地落实。

【农业创业者学习交流沙龙】 共青团浏阳市委深化“党建聚合力”工程，推动实现“五个到户”，2021年9月 15 日，团市委组织开展“我为青年办实事”——浏阳市农业创业者学习交流沙龙。活动组建了一支由农技、金融、法律、市场引导四类专家组成的顾问团，带领 40 余名浏阳青年农业创业者深入田间地头和山庄民宿，现场观摩望城以及浏阳本土优秀农业企业。除了实地观摩，团浏阳市委前期还向农创客们发放调查问卷，收集到农技、金融、法律、市场引导方面问题 56 个，组织专家顾问团针对这四个类别专题授课和答疑解惑。学员们通过边学、边看、边

2021 年 6 月 1 日，浏阳市“红领巾心向党”党史学习教育主题队日活动在浏阳市教师进修学校报告厅举行
（团市委办公室　供图）

2021 年 6 月 25 日，由中共浏阳市委组织部主办，共青团浏阳市委和中共集里街道工委承办，浏阳市教育局、浏阳市退役军人事务局、集里中学、道吾小学协办的“青春向党，薪火浏传”浏阳市庆祝中国共产党成立 100 周年党团队集中宣誓活动于浏阳烈士陵园纪念广场顺利举行

（团市委办公室　供图）

听、边问，从亮点中借鉴先进经验、在答疑解惑中寻找前进方向。本次活动通过组织专家顾问团面对面、手把手地为这些青年农业创业者提供技术指导、培训服务和经营规划，帮助农创企业解决面临的实际问题，提升农业劳动者职业技能水平，赋能当地产业高质量发展。

【共青团干部培训班（一）结业】 为深入学习习近平总书记关于共青团工作的重要指示精神，扎实推进基层团组织规范化建设，提升基层团干部与学校团委负责人的素质能力和业务水平。12 月 17 日，浏阳市 2021 年共青团干部培训班（第一期）顺利结业。来自全市各乡镇（街道）团（工）委书记、副书记等共青团工作骨干共 60 余人参与培训。除了理论教育、业务培训外，本次培训还特别安排了一堂体验式教学课程。学员们前往梅田湖研学基地、关口街道希望小屋、朝阳社区青年之家开展实地体验，学习了团组织建设、青年工作开展、青年助力乡村振兴等方面的优秀做法和相关经验。

【浏阳市 2021 年度青年文明号】 2021 年 12 月 22 日，各行业系统的青年文明号集体、2019 年和 2020 年长沙市级青年文明号号长、乡镇（街道）团（工）委副书记、市直单位团青工作负责人共 90 余人参加“青春心向党　号声正嘹亮”浏阳市 2021 年度青年文明号集体展示暨杰出文明号评选活动。全市共有 31 家集体申报 2021 年度浏阳市级青年文明号，经过初审和复审，共有 11 家集体入选参加本次展演。经过角逐，浏阳市人民医院乳甲科、浏阳市消防救援大队金阳消防救援站、浏阳市退役军人服务中心、浏阳市骨伤科医院脊柱科 4 个集体被授予“2021 年度浏阳市杰出青年文明号”称号。　（刘星靓）

妇女联合会

【概况】 2021 年浏阳市妇女联合会共有妇女组织 642 个，其中市级为浏阳市妇女联合会，乡镇（街道）妇联 32 个，村（社区）妇联 325 个，市直妇委会或妇女小组 88 个，园区、社会组织、农村合作组织等妇女组织 196 个。2021 年，市妇联持续打造“美家美妇”品牌，获评“2021 年度湖南省妇联系统宣传舆论阵地建设表现突出单位”，绩效考核继续获评“长沙市红旗单位”，并获评长沙市“家庭工作先进集体”荣誉，长沙市“普法工作先进集体”，另“关爱家庭·构建和谐”施暴人综合干预与教育矫治二期项目成功获评“湖南省妇联 2021 年维权创新项目”，浏阳市“反家庭暴力法”工作在长沙作典型经验发言，“美家美妇 + 微网格”赋能乡村振兴工作得到全国省市妇联典型推介。在长沙市妇联主办的“巾帼心向党　奋斗新征程”——学党史颂党恩红色故事诵读暨“5·15”国际家庭日活动中，由浏阳市妇联和胡耀邦故里管理局联合选送的参赛作品《知青福音书》荣获一等奖。浏阳市妇联推荐的罗加辉家庭等 5 户家庭被授予 2020 年度长沙市五好家庭，伍国强家庭等 4 户家庭被

2021 年 5 月 22 日“颂百年风华　传红色基因”浏阳市妇联革命诗词朗诵比赛

（市妇联办公室　供图）

授予2020年度长沙市最美家庭，浏阳市妇女联合会、浏阳市淮川街道办事处被授予2020年度长沙市家庭工作先进集体，孔绍媛等2名妇联主席被授予2020年度长沙市家庭工作先进个人称号，黄向群等5名执委被评为2021年度长沙市最美妇联执委。

【引导新时代妇女工作】 2021年，市妇联开设“浏阳巾帼学党史”学习专栏，发布10期巾帼英雄故事，开展“浏阳巾帼学党史”“献礼建党百年·致敬巾帼英雄”等网络宣传活动，举办镇（村）妇联主任党史学习教育培训班。以“巾帼心向党·逐梦新征程”为主题，开展“百千万巾帼大宣讲”主题活动3场次，妇女新闻舆论宣传多次被《中国妇女报》、中国妇运、“学习强国”、人民网等主流媒体专题推介总发稿208篇，其中省级以上媒体发稿96篇。选评“三八红旗手”6名，“三八红旗集体”6个，“最美女性”12名，推评省级“三八红旗集体”1个，开展“巾帼心向党·最美她力量”故事分享，展示新时代女性良好风貌，用榜样的力量激励动员全市广大妇女担当作为。

【服务中心大局工作】 2021年，市妇联成立浏阳市巾帼新农人发展联盟，培育创建长沙市和本级“巾帼现代农业科技示范基地”“巾帼示范休闲农庄”17个。湖南省首个乡村振兴示范性“就业帮扶车间”在浏阳揭牌，表彰巾帼建功先进集体6个、巾帼建功标兵6人、巾帼文明岗5个，推评上级荣誉5个。实施“湘女素质提升工程”，推荐16人参加长沙新型职业女农民培训班，开展女性就业技能培训5期，214名女性得到免费技能培训。实施“创业创新巾帼行动”，开展“春风送岗位·就业暖民心”暨留守儿童家长专场招聘会、“相约浏河畔”主题人才交流活动、“党建引领、助力千企”送家庭教育进企业、“网间就业她行动”“小城大爱·浏有巾帼”美家美妇公益集市等活动，全面融入浏阳经济社会发展主旋律。动员广大妇女投身“美丽家园建设”“周末大扫除”“城乡环境整治”“美丽宜居村庄建设”活动，创建60户长沙市“最美庭院”示范户，发动美家美妇、妇联执委、巾帼志愿者等参与清洁家园，以实际行动“扮靓浏阳”城市乡村。

2021年10月9日，由市妇联组织的浏阳市巾帼新农人发展联盟成立仪式在官渡镇嘉园度假山庄举行 （市妇联办公室 供图）

【家庭家教家风建设】 2021年，市妇联围绕实施科学家教、助力孩子成长、普及家庭教育理念等方面主动担责，深入学习贯彻《习近平关于注重家庭家教家风建设论述摘编》《家庭教育促进法》，开展专题宣讲活动15场次。建立家庭教育“智库—讲师团—志愿者”的立体教育人才队伍，形成“专业家庭教育教师培训—网上家长学校—父母夜话沙龙—社区楼栋科学育儿参与式交流讨论”多层次家庭教育形式，推动家庭教育“十百千万”工程落实落地。持续打造“父母夜话沙龙”“智慧母亲”公益大讲坛、“儿童之家参与式讨论”“让爱更有智慧网上家长课堂”公益品牌。立足家庭弘扬家风，开展“家家幸福安康工程”，选评“红色家庭”“五好家庭”“最美家庭”76户，评定15个单位为家庭工作先进集体，推荐25户家庭荣获全国省市级家庭荣誉。开展“学伟人精神·兴廉洁家风”与“弘扬时代新风·共建清廉家庭”2场主题活动，筑牢反腐倡廉家庭防线。

【妇女儿童权益维护】 2021年，市妇联组织开展“建设法治浏阳·巾帼在行动”活动，举办宪法、民法典、反家暴法、禁毒等普法宣传活动68场，全年受理群众来信来访168件，调处婚姻家庭纠纷案件461例，调处率达100%，有效维护家庭和谐稳定。开展平安家庭创建工作，评选表彰平安家庭示范户355户。实施“关爱家庭·构建和谐”施暴者综合干预与教育矫治项目，打造多部门联合反家暴模式。建立“星城家事”妇女儿童心理咨询示范性服务站，提供公益心理辅导和家庭关系调适等心理健康服务。建立“守望花开”一站式未成年人保护服务中心，加大对未成年人权益关爱保护力度，对儿童性侵害案件实行多机构合作“一站式”服务模式。发现侵害妇女儿童权益案件线索及时报告发声，做好线上线下维权服务，依法处理“5·14”未成年人被性侵等案件，权益保护工作实效进一步增强。

【关爱妇女儿童工作】 2021年，市妇联完成编制《浏阳市妇女发展规划（2021—2025年）》《浏阳市儿童发展规划（2021—2025年）》。抓宣教促预防，开展健康大讲堂、义诊咨询、发放健康防癌手册宣教活动，提高妇女对自身健康的重视，远离癌症危害。完成湖南省重点民生实事项目“两癌”免费检查3.6万人，任务完成率120%。开展“把爱带回家”儿童关爱服务“四送”活动、“爱心妈妈陪我过大年”“知心屋”“春蕾助学”“妇联执委齐行动·结对帮扶保安全”“暑假安全行·防溺水”、圆梦“微心愿”等巾帼志愿活动，让更多关爱惠及广大妇女儿童和家庭。广泛链接爱心资源为1200余名贫困妇女儿童提供70余万元的慰问金与各类过年慰问物资。盘活市妇女儿童互助会闲置资产，每年争资8万元。“出手吧姐姐——温暖2021”关爱困境母亲公益项目募捐爱心资金43.97万元，全省排名第一，争取上级补助资金58.7万元，救助120位“两癌”患病贫困妇女和184位困境母亲。

【“美家美妇＋微网格”建设】 2021年，浏阳市妇联持续推进“美家美妇”品牌，做好与“党建＋微网格”的结合文章，以党建带妇建、妇建促党建为根本遵循，构建市—乡镇(街道)—村(社区)—微网格长(妇女小组长)的妇联组织体系，浏阳市妇联“美家美妇＋微网格”赋能乡村振兴工作得到全国省市妇联典型推介。在2021年9月《中国妇运》杂志上刊载浏阳市妇联《“美家美妇+微网格”赋能乡村振兴》经验材料。在湖南省妇联妇女发展工作部署会上浏阳作《“美家美妇＋微网格”赋能乡村振兴》典型发言，为全省唯一一个作经验分享的县(市、区)妇联。

【成立妇女儿童工作智库】 2021年3月8日，浏阳市举行“美家美妇”推进乡村振兴动员大会暨妇女儿童工作智库成立仪式，首批聘任54名专家和指导老师成为智库成员。浏阳市妇女儿童工作智库旨在打造一个服务于浏阳妇女儿童事业发展的“思想库”“智囊团”，助力破解新形势下妇女儿童事业、家庭发展方面的重点难点问题。首批智库成员聚集了女性成长、经济发展、家庭教育、普法维权、文化艺术、卫生健康六大领域的来自国家、省、市的知名专家和指导老师。

【开展“廉内助”学习活动】 2021年3月17日，浏阳市纪委监委、市妇联联合开展学伟人精神·兴廉洁家风——“廉内助”联谊会学习活动，全市各乡镇(街道)党政正职和市直单位主要负责人配偶60余名“廉内助”参加此次活动。活动现场参观了耀邦故居、纪念馆及胡耀邦故里廉洁文化专题陈列馆等。为引导与会人员重视家庭建设，以好家风涵养好作风，浏阳市纪委副书记、市监委副主任肖敏利以“传承红色基因　倡树廉洁家风”为主题作专题讲座，胡耀邦故里管理局带来一堂《胡耀邦的廉洁家风》特色课程，让参与者们切身感受到耀邦同志一心为公、为民务实的家国情怀；公道正派、坚持原则的崇高风范和廉洁自律、艰苦朴素的优良作风。

【举办庆祝“六一”国际儿童节活动】 2021年5月27日，浏阳市委宣传部、浏阳市妇联联合举办2021年浏阳市“传承红色基因·弘扬优良家风”暨庆祝“六一”国际儿童节活动，浏阳市委副书记王强，长沙市妇联党组成员、副主席钟小珍出席活动。浏阳市人大常委会党组成员、副主任陈清，市人民政府副市长、市妇儿工委主任邓雪琴，市政协党组副书记、副主席张葵红参加活动。活动现场，对2021年浏阳市“文明家庭”“红色家庭”“五好家庭”“最美家庭”及浏阳市家庭工作先进集体进行了表彰，获奖家庭和获奖集体代表进行了分享发言。市人大常委会党组成员、副主任陈清，市政协党组副书记、副主席张葵红分别为结对共建帮扶的爱心单位和儿童之家授牌。长沙市妇联党组成员、副主席钟小珍在讲话中对浏阳市家庭儿少工作给予了高度肯定。会议还邀请了湖南省脑科医院精神科主任、酒瘾网瘾科主任周旭辉教授作《向游戏学习·作智慧父母》专题讲座，向家长们支招如何应对和预防孩子网络成瘾的现象。

【成立巾帼新农人发展联盟】 2021年10月9日，由市妇联组织的浏阳市巾帼新农人发展联盟成立仪式在官渡镇嘉园度假山庄举行。83名争做乡村振兴排头兵与农业发展主力军的巾帼新农人成为浏阳市巾帼新农人发展联盟的首批成员。成立仪式上，18名巾帼新农人通过竞职演说、与会人员投票等程序，产生联盟理事会理事长1名，副理事长11名，秘书长1名。天子湾景区的张凤当选为联盟理事会理事长。浏阳市巾帼新农人发展联盟的成立，旨在搭建平台，解决从事农业经营的女性企业家面临的信息不畅、力量薄弱等困难，促进彼此合作、共同发展。

【乡镇(街道)妇联换届】 2021年浏阳市妇联完成全市32个乡镇（街道）妇联换届选举工作。本次换届选举产生新一届乡镇（街道）妇联班子，其中主席32名，专(兼)职副主席102名，执委806名。执委中本科以上学历303人，占比37.59%，1990年以后出生95人，占比11.79%，乡镇(街道)妇联干部队伍呈现学历较往届提高、年龄较往届年轻、岗位经历更为丰富、班子搭配更加优化等特点。

【“两癌”免费检查】 2021年，浏阳市妇联、市财政局、市卫健局联合下发《2021年浏阳市适龄妇女“两癌”免费检查实施方案》。农村适龄和城镇低保适龄妇女“两癌”免费检查是湖南省委、省政府的重点民生实事项目。为逐步提高农村妇女保健意识和健康水平，浏阳市妇联在做好疫情防控工作的基础上，扎实推进项目进度。各级妇联组织充分发挥“横向到边、纵向到底”的网络优势，积极发动妇联主席、妇联执委、巾帼志愿者、美家美妇下村入户开展“面对面”宣传，广泛宣传“两癌”检查的重要意义，帮助广大妇女了解、掌握“两癌”健康知识。2021年，浏阳市35~64岁的农村和城镇低保妇女“两癌”免费检查目标任务数为30000人，全年完成“两癌”免费检查36000人，任务完成率120%。

【反家庭暴力知识专题讲座】 2021年11月26日，市妇联邀请湖南警察学院家庭暴力防治研究所所长，公安部反家暴培训教官，全国妇联、联合国妇女署、联合国儿童基金会反家暴项目专家、培训专家欧阳艳文为32个乡镇（街道）妇联主席、派出所干警和325个村（社区）妇联主席作《如何进行施暴者干预》专题讲座。培训中，欧阳艳文就家庭暴力的性质、认识施暴者，以及改变施暴者是一个什么样的过程、干预有效的表现有哪些、施暴者在什么情况下容易改变、如何把话说到他（她）心里去等问题进行了深入浅出阐述，并就施暴者的干预技能进行了讲解，让与会人员对于反对家庭暴力工作有全面的认知。浏阳市妇联党组书记、主席熊赛于培训最后就如何加强反对家庭暴力工作也提出意见与建议。

（戴四辉）

浏阳市工商业联合会（总商会）

【概况】 2021年，工商联（总商会）助推经济发展，助力优化营商环境。开展“民企大走访·持续优环境·同心促发展”活动，联合组织召开关口街道工业小区企业家座谈会、永安镇政银企三方座谈会，举办林业局“局长与企业家面对面”专题活动，帮助企业解决实际困难和问题200多个。落实“六稳”“六保”（“六稳”是稳就业、稳金融、稳外贸、稳外资、稳投资、稳预期工作；“六保”是指保居民就业、保基本民生、保市场主体、保粮食能源安全、保产业链供应链稳定、保基层运转），主动带领银行上门为企业服务，为九龙健悦城、海鸥环保等项目授信4000余万元。审核和新增“企业家绿卡”292张（累计发放770张），推选出周群飞等一批“最美爱心企业家”。开展“法律服务进商会、进民企”活动，健全多元化解机制依法组建浏阳市总商会商事调解中心，依托基层法庭成立五个基层工作站。截至2021年12月31日，商事调解中心已受理案件323起，涉及金额2152万元，调解成功122起，调解成功率43.9%，为当事人挽回经济损失1475万元，现场收回资金416万元，获得民营企业好评。《中华工商时报》以《亮点湖南—浏阳市：商事调解助力营商环境建设》报道浏阳市商事调解工作。“‘一心＋五站’，全域推进商会商事调解”获评全国工商联“创新·中国”县级工商联最佳案例奖。

举办“迎老乡 回故乡 建家乡”长沙市浏商公益促进会浏阳行活动搭建招商引资和经贸交流平台，邀请中非民间商会赴浏阳中非经贸产业园考察，推动中非产业项目有效衔接。联合商务局组织关口街道南湖消费嘉年华、淮川街道第二届美食节，共吸引线上线下1000余家商户参与，累计总人流量达50万人次。加强异地商会的走访交流，指导东莞浏阳商会完成了换届工作，支持福建省湖南浏阳商会完成登记注册工作，引导浏阳籍企业家筹建岳阳市浏阳商会和上栗县浏阳商会。在政协十一届一次全会期间，工商联组委员提交提案和社情民意40余篇，组织工商联组政协委员前往四川调研民企助力乡村振兴，指导工商联组委员刘学文成立浏阳市首个政协委员实践站——苗木文旅融合实践站，切实为乡村振兴献计献力。截至12月31日，全市新增个体工商户9986家、农民专业合作社（不含农场）164家、私营企业4300家，工商联会员223名，同比增长率分别为10.31%、2.67%、15.62%和5%。

【获得“创新·中国”最佳案例奖】 自2020年以来，浏阳市工商联开展“政企面对面 沟通零距离 服务一对一”活动。先后举办了浏阳经开区、环保局、人民法院、应急管理局、人民检察院、人社局、金融事务中心、自然资源局、住建局和市场监管局专场活动11期，解决企业反映共性问题30余个，解答个性问题115个。在日常工作中，浏阳市工商联深入商（协）会、企业听取企业家的意见心声，采取面对面座谈、主题沙龙等形式，每期确定一个主题，根据主题邀请相关市级领导和相关部门负责人与企业家面对面交流沟通，企业提出问题、部门现场解答，同时梳理企业发展过程中存在的难题与痛点，采取痛点工作法。实现政府服务与企业需求的精准对接。2021年1月19日，《中华工商时报》发布工商联（商会）工作2020年度“创新中国”优秀案例榜单，浏阳市工商联《痛点工作法畅通企业发展“快速路”》获评区（县）级工商联工作最佳案例。

【浏阳市青年企业家商会换届】 2021年1月24日，浏阳市青年企业家商会举行第二次会员大会，浏阳市青年企业家商会是以浏阳市内非公有制企业和非公有制经济人士为主体，具有统战性、经济性、民间性有机统一基本特征的商会组织。自2015年成立以来，组织不断壮大、影响日益扩大，发挥了商会应有的作用。浏阳市委统战部副部长、工商联党组书记周树成主持本次会员大会。审议通过《浏阳市青年企业家商会章程》《浏阳市青年企业家商会会费管理办法》等规章制度，并选举了商会第二届理事会、监事会等领导班子人选。浏阳市委常委、统战部部长周耀辉参加会议，并对青商会切实服务会员发展、积极参与志愿服务，引导更多企业加入“大众创业，万众创新”队伍等工作表示充分认可。

【浏阳市工商联（总商会）第十六次会员代表大会】 2021年4月29日，浏阳市工商联（总商会）第十六次会员代表大会召开，会议选举产生了浏阳市工商联（总商会）第十六届执委、常委和领导班子，陈静任浏阳市工商联（总商会）第十六届执行委员会主席（会长）。长沙市委常委、浏阳市委书记朱东铁，长沙市政协副主席、市工商联主席彭继球到会指导并讲话。浏阳市领导王强、吴震、秦跃平、周文舜、周耀辉、邓雪琴、陈静出席会议。

【举办林业局“局长与企业家面对面”活动】 2021年6月25日，市工商联携手市林业局举办2021年“政企面对面、服务一对一”座谈会。会

2021 年 6 月 25 日，市工商联携手市林业局举办 2021 年“政企面对面、服务一对一”座谈会
（市工商联办公室　供图）

议由市委统战部副部长、市工商联党组书记周树成主持，市委组织部干部效能促进中心、市工商联、市林业局、市优化营商环境中心相关同志参加会议。会上，市林业局局长傅庭信作优化营商环境工作汇报，针对企业关心关注的林业方面的问题进行政策解读。参会的 20 多家民营企业代表就林地行政审批、林业行政执法、林业产业扶持政策、林业用地政策、乡村振兴与林地红线冲突等问题进行咨询、提出相关建议。市林业局相关科室负责人和分管领导针对企业家提出的问题耐心解答、提出解决方案十余个。

【商事调解中心基层工作站集中授牌】 2021 年 9 月 8 日，浏阳市总商会商事调解中心基层工作站集中授牌仪式举行。市委副书记、统战部部长戴武明，市领导陈静、伍玉联参加授牌活动。浏阳市总商会商事调解中心依托沿溪、大瑶、镇头、沙市、园区五个基层法庭，成立五个基层工作站，将商会商事调解的触角延伸到基层，打通商事调解的神经末梢，进一步优化营商环境，促进民营企业良性发展。市工商联（总商会）还聘请 73 位特邀调解员，以帮助浏阳企业进行商事调解。当天，还对调解员进行业务培训。

【营商环境主观评价浏阳座谈会】 2021 年 11 月 19 日，省政协副主席、省工商联主席张健来浏阳调研浏阳市优化营商环境工作，与浏阳民营企业家、相关职能部门负责人进行交流探讨，8 位浏阳民营企业家代表围绕市场监管、手续办理、企业减负、涉法事务等方面作发言。长沙市委常委、统战部部长何朝晖，长沙市委常委、浏阳市委书记朱东铁出席会议。省工商联和长沙市委统战部、工商联、优化营商环境协调事务中心等相关负责同志，浏阳市领导戴武明、王坤球、陈静参加会议。张健听取浏阳市优化营商环境工作情况汇报后希望地方各级政府和相关职能部门要继续在抓环境、优服务上持续发力，更加聚焦企业关切，着力办实事、解难题。要大力开展“纾困增效”专项行动，组织“一对一、点对点”的帮扶工作组深入企业现场服务，了解企业生产经营面临的困难，倾听企业的诉求，切实摸清问题的根源症结，与企业共同研究解决的办法，高度重视缺钱、缺工、缺电、缺芯、缺地等要素制约问题，重点关注成本上涨、市场需求不足、经营管理不善、行政审批效率低等企业“急难愁盼”问题。

【被评为全国“五好”县级工商联】 2021 年 12 月 27 日，全国工商联下发《关于确认 2020—2021 年度全国“五好”县级工商联的通报》（全联发〔2021〕25 号），浏阳市工商联获评全国“五好”县级工商联荣誉称号。
（罗永昌）

【全国工商联到浏阳调研“万企兴万村”】 2021 年 5 月 20 日，全国工商联调研组来浏调研“万企兴万村”行动，深入达浒镇椒花新村扶贫车间、村卫生室等地，实地了解民营企业参与乡村振兴的情况。调研组对民营企业参与达浒镇椒花村的乡村振兴情况给予充分肯定，并希望广大

浏商大讲堂——企业劳动用工风险防范　（市工商联办公室　供图）

2021 年湖南省营商环境主观评价浏阳座谈会　（市工商联办公室　供图）

民营企业家要坚定信心、抢抓机遇，发挥自身优势，积极投身到“万企兴万村”行动中来。各级工商联组织要充分发挥职能作用，搭建沟通、交流平台，共同做好乡村振兴这篇大文章。

残疾人联合会

【概况】 截至 2021 年 12 月 31 日，全市共有持证残疾人 37815 人，其中肢体残疾 18116 人，智力残疾 4720 人，视力残疾 4573 人，听力残疾 3047 人，精神残疾 4738 人，言语残疾 674 人，多重残疾 1947 人，属一、二级（重度残疾人）的有 13186 人。2021 年，市残联全体干部主动协调税务、财政部门，征收残疾人就业保障金 2000 多万元。

【康复救助】 2021 年，浏阳市投入 940 多万元，开展“0~17”岁残疾儿童抢救性康复项目，共为 514 名残疾儿童提供了康复训练服务，实现了残疾儿童康复救助全覆盖，项目实施规范，训练效果显好率 95%以上；投入 24.8 万元，实施“光明·关爱”工程，组织专业人员深入学校、幼儿园、村（社区）免费对视力患者进行筛查，共为 242 名视力患者提供白内障手术、配发助视器，受助对象有效率 100%；依托贝尔耳鼻喉专科医院开展成人助听器适配服务，免费为听障残疾人适配普及型助听器 100 台；依托中医医院开展“义肢助残”项目，免费为 87 名下肢截肢者装配假肢 90 例；开展辅具适配进家庭项目，免费为 1390 户残疾人家庭配备坐便椅、轮椅等辅助器具 1464 件。

【扶贫帮困】 20201 年，市残联积极配合市民政局做好重度残疾人护理补贴和困难残疾人生活补贴审核工作，全年发放补贴 4156 万余元，受益对象 1.6 万余人；落实残疾人高中生、大学生和残疾人家庭子女高中生、大学生教育资助政策，共为 1869 名符合条件对象发放补助 392.26 万元；全面落实残疾人参保优惠政策，为所有持证残疾人参加城乡居民医疗保险个人部分和 1.3 万余名重度残疾人参加城乡居民养老保险实行政府代缴；落实危房改造残疾人户补贴政策，为 33 户残疾人家庭补助资金 13.2 万元。

【就业创业扶持】 2021 年，市残联依托 10 个乡镇，开展“阳光增收”脱贫项目，为 250 名残疾人提供技术培训、生产资料扶持、生产服务指导等；依托乡镇、机构开展残疾人农村实用技术与职业技能培训 300 余人次；扶持残疾人自主创业 55 户，共计发放扶持资金 55.45 万元；按时完成按比例安排残疾人就业年审工作，全市各用人单位共安置残疾人 2040 人，协助地税征收残疾人就业保障金 2000 多万元。

【权益维护】 2021 年，市残联认真开展领导信访接待日活动，全年接待来信来访残疾人 100 余人次；与司法局法律救助中心和浏河律师事务所合作开展残疾人维权服务，共为 1500 余名残疾人免费提供法律咨询和法律救助；“12345” 市民热线进一步畅通残疾人诉求反映渠道，协调解决了 16 起残疾人关注的事件；实施残疾人家庭无障碍改造项目，投入 155 万余元，对 225 户残疾人家庭的灶台、卫生间、楼道扶手、入户地面等设施和枨冲镇青草社区进行了无障碍环境改造，获评省、长沙市重点民生实事项目优秀等次；推进 3 万余人次第三代智能化残疾人证换证工作。

【扶残助残】 2021 年，市残联推介扶残助残先进典型张恒、基层残疾人工作者胡亿、残疾人自强模范彭志其、浏阳万众学雷锋志愿服务大队，获评 2021 年度长沙市新时代学雷锋扶残助残“善行四十佳”；在全市机关事业单位倡导“一日工资助残”活动，至年底已收到捐款 55 万余元。

（兰词贵）

市红十字会

【概况】 2021 年，浏阳市红十字会柏加镇渡头村博爱家园项目打造完成，枨冲镇博爱卫生站通过验收、投入使用。实施“小天使基金”项目救助白血病患儿、“博爱送万家” 项目送温暖、“浏阳和·同心基金”助贫助学、省“人道救助”、“友阿基金”无偿献血、遗体器官捐献困难家庭救助等项目，全年发放救助物资 204 万元，资金 199.3 万元。

【救护工作】 2021 年，浏阳市红十字会共举办应急救护知识培训、应急救援演练 68 场，培训 25822 人；开展“5·8”“5·12”“6·14”、世界急救日、造血干细胞等大型宣传活动 8 次。开展救护员培训班 6 期，共培训 242 名救护员，开展 CPR+AED 救护技能培训 5 期，共培训197人，举办1期救护师资复训班。

【三献工作】 2021年，长沙市下达浏阳市的无偿献血任务数为5400人次，实际完成6343人次，被长沙献血促进委员会评为“无偿献血组织工作”先进单位，全年完成遗体器官捐献志愿书签订3707人，成功捐献器官、遗体、角膜的共23例。有5人做造血干细胞高分辨检测，2人成功捐献造血干细胞。

【志愿服务】 2021年，红十字蓝天救援队参与志愿服务213次，志愿服务时间16806小时，7月21—28日，组织27名队员奔赴河南郑州一线，共计转移被洪水围困的群众3762多名，协助当地政府为被洪水围困群众送去救援物资超过5吨，总计往返转移次数424余次，搜救面积约100万平方米；红十字志愿服务队参与志愿活动520人次，志愿服务时间4400小时。

（张素勤）

2021年7月，浏阳市红十字蓝天救援队在河南抗洪救灾　　（市红十字会　供图）

2021年9月13日，浏阳市红十字会在雅礼·浏阳市第二中学组织救护培训
（市红十字会　供图）

法　治

政法委与综治

【概况】 2021年，浏阳市政法战线坚持以习近平新时代中国特色社会主义思想为指导，认真贯彻中央、省、长沙市决策部署和中共浏阳市委、市政府工作要求，聚焦建设更高水平平安浏阳、法治浏阳的总体目标，统筹推进疫情防控和经济社会发展，为全市高质量发展、现代化建设创造安全稳定的社会环境。12月21日，中共湖南省委办公厅、湖南省人民政府办公厅下发《关于2021年度全省平安建设考核评估情况的通报》，浏阳市被评为湖南省平安建设先进县(市、区)，连续九年保持省“平安县(市、区)”称号。2022年2月22日，中共长沙市委办公厅、长沙市人民政府办公厅下发《关于2021年度全市平安建设考核评估情况的通报》，浏阳市被评为长沙市平安建设红旗等次区(县、市)。

【维护社会稳定】 2021年，浏阳市委政法委严格落实社会稳定风险评估制度，对全市重大活动、重大决策事项和重大项目开展社会稳定情况评估核查，做到应评尽评。全年共评估各类投资项目100余个、重大决策事项26个，风险控制率100%，从源头上防范化解社会稳定风险。突出抓早抓小，强化预警预防，扎实开展反邪防邪、反恐防暴工作，国家安全人民防线进一步筑牢。大力推进阳光信访、责任信访、法治信访，深入开展“三联三保”和“最多访一次”，坚持领导干部公开接访、下沉督访、重点约访，全年共接访群众317批707人次，从源头减少信访问题发生。深化“三无”县(市、区)和乡镇(街道)创建活动，扎实开展“集中治理重复信访、化解信访积案”专项工作，积极推动矛盾纠纷化解与诉源治理工作深度融合，截至2021年年末，全市诉前化解矛盾成功率达64.12%。坚持依法处置、舆论引导、社会面管控“三同步”原则，围绕重大活动、重要会议、重点时段和敏感节点，全力做好各项安保维稳处突工作。全年共依法稳妥高效处置涉及征地拆迁、经济纠纷、交通事故、医患纠纷、安全事故等不稳定问题300余起，实现“五个不发生”和“三零”的工作目标。

【社会治理体系建设】 2021年，浏阳市委政法委突出党建引领，大力实施“党建聚合力”工程，深入开展“党员微网格+五个到户”，依托全市矛盾纠纷多元化解指导中心，构建起由2.9万个微网格为触角、1257个地域党支部为支撑、326个村(社区)为基础，32个乡镇(街道)为主体的“市、乡(镇、街)、村(社区)、支部、微网格”五级立体化基层社会治理体系，实现社情民意一网尽收。全年共排查录入矛盾纠纷8479件，调处矛盾纠纷8330件，调解成功率达98.24%，群众满意率达98.72%，实现“微事不出格、小事不出村、大事不出镇、矛盾不上交”。

【政法领域改革】 2021年，浏阳市委政法委认真落实上级关于深化政法领域改革的工作要求，积极稳妥推进涉法涉诉信访、诉讼制度、警务体制和司法行政体制改革，不断提升执法司法质效，增强政法工作动能。市人民法院严格落实县级法院审级职能定位，积极接受程序制约和审级监督，全年共受理各类案件26112件，结案25237件，全院司法绩效位居全省一类基层法院第一名。检察院坚持改革强检、业务兴检，推行“捕诉一体”办案模式，执法质量考评连续五年位居长沙检察机关前列。公安局全面推进执法办案管理中心建设，深化办案运行机制改革，办案效能大幅提升。

【人民群众合法权益保护】 2021年，浏阳市委政法委始终坚持以人民为中心的发展思想，实施“最多跑一次”“一件事一次办”改革，着力解决政法领域人民群众“急难愁盼”问题，人民群众对执法为民、司法为民的认同感显著增强。组织开展“五长”巡访活动，推动政法系统“我为群众办实事”实践活动走深走实。市人民法院在各乡镇(街道)建立诉源治理工作站，积极推动人民法院调解平台“三进”工作，诉源治理工作取得显著成效。检察院加强民事行政诉讼监督，办理支持起诉案件338件，为农民工等弱势群体追逃欠薪460余万元。公安局持续优化行政审批服务流程，实现行政审批服务“马上办、一次办”。司法局借助“一村一法律顾问”平台，为1.8万余名群众提供优质高效的法律服务，司法为民质效进一步提升。

【企业合法权益保护】 2021年，浏阳市委政法委全面落实“三高四新”和“强省会”战略，深入实施“企业家权益保护”专项行动，严厉打击各类危害企业家人身安全和企业财产安全的违法犯罪活动，全力护航民营经济发展。法院、检察院深入开展“送法进企”和“服务实业”行动，为全市200余家重点项目和企业量身定制长效法律服务；公安局、森林公安局围绕重点工程、重点项目开展“利剑行动”，办理涉企刑事案件300余起。

【政法队伍建设】 2021年，浏阳市委政法委强力推进政法队伍教育整顿，扎实开展政治教育、党史教育、警示教育、英模教育，通过政法大讲堂、全员大培训、理论大研讨等多种形式，抓实抓细思想政治建设。组织政法系统集中学习习近平新时代中国特色社会主义思想、中共十九大和十九届历次全会精神、《中国共产党政法工作条例》20余场次，政治轮训政法干警16批次800余人次，政法队伍高举旗帜、听党指挥、忠诚使命的思想根基进一步筑牢。注重素质强警，突出实战实用实效导向，开展专题实训课、业务培训班、能力集训营等活动30多场次，受训干警达1200余人次。组织开展庭审观摩、案例剖析、案件评查等活动，完善岗位练兵、实战演练、现场教学等制度机制，政法干警执法办案能力、复杂局面驾驭能力和风险防控能力不断提升。创新和加强新时代政法宣传舆论工作，开设“我为群众办实事”“政法队伍教育整顿进行时”“扫黑先锋”

等专栏，全年在中央、省市主流媒体刊发宣传报道1300余条、短视频作品90余个。全面从严治警，一体推进顽疾整治、问题整改和组织查处，政法队伍教育整顿期间，办结上级交办线索131条，立案41人，党纪政务处分24人，组织处理55人；大力整治顽瘴痼疾，排查案件(人)总数2411条，确认问题数183条，已整改183条，整改率100%；推进边治边建，建立健全《“五长”巡访》等制度机制26项，政法系统不敢腐、不能腐、不想腐的长效机制持续稳固。强化廉政勤政教育，力戒形式主义、官僚主义，共开展集体廉政谈心谈话12次，廉政防火墙不断筑牢。强化监督检查，实行纪检组驻点办公制度，联合纪委监委、组织部，对政法单位进行队伍建设专项巡查，政法队伍作风持续好转。

【扫黑除恶】 2021年，浏阳市委政法委持续巩固社会治安、乡村治理、金融领域、工程建设、交通运输、市场流通、自然环保、信息网络、文化旅游、教育卫生等十大重点行业领域专项整治成果，坚持常态化滚动排查整治，对治安重点地区、乱象较多的行业领域开展专项整治。全年共破获“九类”涉恶案件150起，刑事拘留339人，打掉黑社会性质组织1个，恶势力犯罪集团3个，扣押、冻结涉案资金145.12万元。全面加强新时代县域警务和禁毒工作，深入推进严打整治百日会战,社会治安呈现“两降两升”的良好态势(刑事发案同比下降8%、电诈立案下降28.6%，现行刑事破案率上升13.9%，打击电诈刑事拘留人数上升279.4%)。

【平安创建】 2021年，浏阳市委政法委深化平安创建，全力提升各行各业平安创建知晓率、参与率，以基层行业小安，促全市社会大安。积极开展“十大平安”(平安乡镇街道、平安村社区、平安小区、平安屋场、平安单位、平安企业、平安学校、平安医院、平安交通、平安市场等)创建、“平安家庭”创建等活动，对“十大平安”创建各牵头责任单位进行重点调度，推动工作落实，全年共评选市级“平安家庭示范户”424户、乡镇(街道)级“平安家庭示范户”12800余户。

【矛盾纠纷化解】 2021年，浏阳市委政法委全力整治长沙市民调反馈的突出问题（矛盾纠纷评价得分低)，依托“党建+微网格”社会治理平台，加强矛盾纠纷化解与诉源治理多元融合，深入开展“三调联动”“多调对接”，加强对医疗、物业、道路交通事故、婚姻家庭等行业性专业性人民调解委员会建设，全年共排查录入矛盾纠纷8479件，调处矛盾纠纷8330件，调解成功率达98.24%，群众满意率达98.72%。积极引导乡贤、人民陪审员、律师、法律工作者、“五老”人员等社会力量、社会组织成立志愿者调解组织300多个，打造“调解帮帮团”“乡贤理事会”等一批民间调解品牌，乡、村、组三级调解组织体系日益完善。2021年，浏阳市在长沙市综治民调工作名列前茅。

【综治基层基础工作】 2021年，浏阳市委政法委突出党建引领，大力实施“党建聚合力”工程，深入开展“党员微网格+五个到户”，依托全市矛盾纠纷多元化解指导中心，构建起由2.9万个微网格为触角、1257个地域党支部为支撑、325个村(社区)为基础，32个乡镇(街道)为主体的“市、乡(镇、街)、村(社区)、支部、微网格”五级立体化基层社会治理体系，实现了社情民意一网尽收，实现“微事不出格、小事不出村、大事不出镇、矛盾不上交”。永安镇“二化三中心”项目打造全市首家集综治中心、网格管理中心、应急指挥中心等多功能为一体的基层社会治理服务中心，智治水平得到大幅提升。

【综治中心建设】 2021年，浏阳市委政法委以信息化为引领、以基础建设为支撑，推进“雪亮工程”建设，积极推进“天网工程”四期建设，全市天网摄像头达到7601个，接入社会视频3.2万个，实现主要道路、重点场所、重点区域、重点部位等全覆盖。扎实推进智慧安防小区、智慧安防村庄、智慧安防单位、智慧平安校园建设，完成出租房屋实名认证2.5万间，安装“平安乡村”视频3.3万个、两车系统3.7万台、智能门锁2385把，二维码标准地址门牌70万块。深化“红袖章”治安巡防，持续开展“显性警务”活动，创新巡防模式，推进“互联网+群防群治”巡逻防控服务站建设，实现巡逻防控“线上+线下”有效融合，不断提升见警率、见巡率。年内，永安镇“二化三中心”项目打造全市首家集综治中心、网格管理中心、应急指挥中心等多功能为一体的基层社会治理服务中心，智治水平得到大幅提升。

【专项整治】 2021年，浏阳市委政法委以扫黑除恶专项斗争为牵引，始终保持对“黄赌毒”“盗抢骗”“黑恶霸”等违法犯罪的严打高压态势，全年共立刑事案件3055起，同比下降8%；破案1617起，同比上升16.5%；破案率52.9%，同比提升11个百分点；现行破案率46%，同比提升12个百分点；刑事拘留2179人，同比上升106%，逮捕直诉2019人，行政拘留2556人，严打整治“百日会战”专项行动成绩排长沙第1位，在长沙市公安局绩效评估1—9月份综合得分排名中浏阳排名第1。持续开展道路交通顽瘴痼疾集中整治，全市交通事故发生起数和交通事故亡人数同比分别下降10.37%、22.02%。深入推进反电信诈骗工作，破获涉案损失百万以上电诈案件7起，其中省督案件5起，挽回损失300余万元，制定《浏阳市缅北回流重点人员管控工作方案》，全市共有缅北窝点人员223人已成功核减163人，总劝返率73.9%。

（王　娜）

公　安

【概况】 2021年，浏阳市公安局以习近平新时代中国特色社会主义思想为指导，全面贯彻党的十九大和十九届历次全会精神，深入贯彻习近平总书记关于新时代公安工作的重要论述，认真落实中央、省、市政法、公安工作会议，在市委市政府的坚强领导和长沙市公安局的精心指挥下，以推动公安工作高质量发展为主题，聚焦打赢风险防控攻坚战、推进公安工作现代化“两条主线”（打赢风险防控攻坚战、推进公安工作现代化），积极构建“三项警务”（县域警务、专项警务、节点警务）工作新格局，认真落实推进“四个大抓”（大抓教育和管理、大抓主责和主业、大抓改革和科技、大抓基层和基础）警务战略，牢固坚守“五个不发生”（不发生重大群体性事件、不发生进京非访和群访、不发生重特大刑事案件、不发生安全生产和公共安全事故、不发生敏感的政治事件）工作底线，为浏阳经济社会发展创造安全稳定的政治社会环境。3月10日，省人民政府副省长、省公安厅党委书记、厅长许显辉，厅党委委员、副厅长、一级警务专员李介德等一行到浏阳督导“两会”安保维稳工作，调研浏阳反电诈、县域警务、专项警务、节点警务、重点人管控、农村派出所管交通工作。6月18日，副市长、市公安局党委书记、局长刘新良等一行到大瑶镇汇丰村警务室、集里街道道吾小学、关口派出所、市公安局危爆大队督导检查建党100周年安保维稳、调研公安工作。县域风险等级排名下降，排名全省前10的风险指标占比由43.75%下降到34.54%；一类风险乡镇（街道）由11个下降到6个，降等率45.45%。刑侦大队大队长喻小武被评为全国公安机关成绩突出个人、并获得湖南省五一劳动奖章，禁毒大队政治教导员孙承禹被评为全省禁毒先进个人，全局有64个次单位、367人次受到上级表彰奖励。

【维稳保安】 2021年，浏阳市公安局成立维稳专班，扎实做好党的十九届六中全会等45个重要敏感节点警务，圆满完成55场次警保卫。严密管控邪教人员，查处一批邪教案件和非法宗教活动。摸排核查对美反制、港澳隐蔽斗争和国保等级情报线索279条。完善工作机制，快速处置网络谣言13条，将诽谤党和国家领导人的李某某刑拘。不断健全“九大机制”，精确开展少数民族务工人员服务管理工作，守住暴恐“零发生”底线。紧盯危爆物品、道路交通、非访重点人群、严重精神障碍患者等风险源，打好打赢防范重大风险攻坚战，确保浏阳在特护期实现零滋事、零进京、零非访“三零”目标，圆满完成中国共产党成立100周年大庆活动和冬奥会开幕式焰火生产、运输、燃放企业和人员政审及产品护送任务，被长沙市公安局评为“庆祝中国共产党成立100周年安保维稳工作优胜单位”。

【疫情防控】 2021年，浏阳市公安局牢固树立“一盘棋”思想，强化全局意识、安全意识、责任意识，高度重视、积极应对8月、10月两波疫情。1600余名民警和辅警取消休假，24小时保持通信畅通，严格执行领导带班和24小时值班备勤制度，确保随时“拉得出、冲得上、打得赢”。制定专门方案，按照防控要求，安排3家酒店，对220名临时航班到浏阳人员全面做好医学观察和集中隔离。按照“扁平化、接龙式、点对点”的原则，抽调51人组成新冠肺炎疫情防控数据筛查工作专班，实行24小时运转，累计核查163批次31668条流调信息，完成率100%。局领导带队前往靠近株洲的镇头等西区四镇驻守，从城区四所、交警大队抽调107名警力支援西区四所，紧密配合当地镇政府开展设卡、盘查、协助，累计投入警力1272人次，检查车辆33127辆，劝返2049辆，协助党委政府核酸检测10万余人。加强对社会面涉疫警情工作调度，确保快速反应、精准调度，成功调度处置涉疫报警175起；密切关注网络舆情动态，删除涉疫负面信息63条，批评教育61人，行政拘留2人。

【案件侦查】 2021年，浏阳市公安局充分运用“‘一键式’通信数据智能分析系统”，创新“五集中”侦破打击模式，运用局领导深入一线调度办案、专项办有的放矢调整战术、业务大队靶向进攻破大打恶、派出所统筹兼顾齐头并进的工作方针，1月至4月，开展严打整治百日会战，打击处罚总人数1323人，排名长沙9区县第一，被长沙市公安局评为严打整治“百日会战”优胜单位。破获公安部两卡线索“1·18”专案、省督“2021-37”号毒品目标案件、涉案价值800余万元的非法经营烟草案等一批大要案件。刑侦大队、反电诈中心坚持“打、防、管、控、宣”并举，深化“断卡”行动“云剑2021”专项行动，办结“两卡”线索761条，打处涉诈犯罪嫌疑人646人，团伙48个，同比上升246%，电信诈骗立案同比下降5.8%；建立健全联席会议成员单位联络机制、快速处置和工作倒查

2021年6月8日，浏阳市公安局组织民警、辅警开展高考护学　　（公安局　供图）

2021 年 8 月，浏阳市公安局组织民警在西区疫情防控点开展疫情防控工作

（公安局　供图）

约谈机制，推动反诈工作纳入浏阳市委组织部“党建+微网格”、市委政法委“平安浏阳”建设和局积分制考核，制定《浏阳市缅北回流重点人员管控工作方案》，按照一人一策制定劝返策略，用好用足政策武器，落实包保和捆绑责任，发动多方力量，全力逼投劝返缅北窝点人员，全市共有缅北窝点人员 269 人，已成功核减 224 人，总劝返率 83.2%。污水涉毒成分检测降幅排名长沙前列，成功摘掉湖南省毒品问题重点关注地区的“帽子”。

【护航发展】 2021 年，浏阳市公安局大力践行服务“三高四新”战略，按照园区警务网格化管理和“一企一警、一企一策、一企一档”要求，大力开展“服务‘三高四新’、建设平安湖南”和“我为群众办实事”实践活动，每名局党委班子成员联系 3 家企业，派出所实现企业联系全覆盖。在经开区蓝思科技、惠科项目等处设立警务室，安排民辅警常驻开展工作，有效维护园区治安秩序和企业生产秩序。全年共调处涉企纠纷百余起，破获涉企案件 39 起，抓获犯罪嫌疑人 159 人，为企业挽回经济损失近亿元。全年走访重点企业(项目)561 家次，办实事 121 件，整治问题 48 个。安排专人参与乡村振兴、椒花水库建设、园区秩序维护等护航工作，摸排涉众经济风险主体 16 个，妥善处置“湘嘴巴”“万联创启”等受损群体稳控工作。

【道路交通安全管理】 2021 年，浏阳市公安局深刻汲取金刚“2·17”、龙伏“2·23”道路交通安全事故教训，全年共排查各类道路交通安全隐患 352 处，治理 345 处，现场查处各类交通违法行为 11.12 万余起。发挥“两站两员”“交所合一”“部门联动”机制，启动劝导站 102 个，发动劝导员 3000 人次，各派出所共开展各类勤务整治 3000 场次，开展全市联合执法整治行动 76 次。全市交通事故发生起数和交通事故亡人数同比分别下降 17.10%、11.04%，未发生较大以上道路交通事故。

【涉危涉爆管理】 2021 年，浏阳市公安局深刻汲取 2019 年“12·4”事故案件教训，加强涉危涉爆管理，严防安全事故。厘清危爆与应急、警种与派出所危爆管理职责边界，制定标准化检查执法清单，督促涉爆企业落实安全防范措施，全年共检查涉爆企业 365 家次，发现并整改隐患 392 处。邀请专家召开座谈会，制定花炮行业静电防范 9 条措施。把好危爆物品运输“准入关”，全年共备案车辆 4527 台，驾驶员 3381 人、押运员 3381 人。开展“深耕”“护航”“大宣传、大排查、大管控、大整治”等专项行动，全年共破获涉爆案件 17 起，刑事拘留 37 人，移送起诉 39 人，查处行政案件 227 起，行政拘留 260 人，危爆行业安全事故及亡人数分别下降 20%、76%。

【警务改革】 2021 年，浏阳市公安局助力社会治安防控体系立体化建设，推进“天网工程”四期建设，进入验收阶段，全市天网摄像头达到 7601 个，接入社会视频 3.2 万个。构建信息化公安队伍，落实视频调度设备保障、警务通更换、反电诈和入境窗口搬迁及弱点改造，增设三个 350 兆基站，警务网技支撑点，加速推进智慧警务建设。严格规范公正文明执法，进一步健全完善案件的证据收集、固定指引，引导民警增强程序意识、证据意识；严格审核把关，落实案件审核所队法制员、所队领导、法制民警、局领导四级审批制度；提前介入靠前服务，全程跟踪精确指导，报捕移诉协调检法，“一揽子”衔接，确保案件“诉得出、结得了”。严打整治“百日会战”专项行动中，共捕诉 1253 人，捕诉率达 94.71%。

【公安系统教育整顿】 2021 年，浏阳市公安局抽调 32 名人员，实行集中化办公、实体化运行、常态化调度，推进查纠整改。结合贯彻落实中央八项规定、反对“四风”以及顽瘴痼疾整治的要求，推出“智慧+查纠”模式，深化“十全举措”，在查纠整改上动真碰硬。多渠道宣讲“自查从宽、被查从严”政策，年内共组织 684 人开展两次自查，报告问题 1417 个。落实谈心谈话制度，按照“五个谈”要求，分层级开展普通谈 1656 人、重点谈 157 人、反复谈 28 人、提级谈 87 人，77 人主动向组织说明问题。紧盯“6+N”顽瘴痼疾，核查举报线索 47 条，倒查涉黑涉恶案件 19 条、涉黑涉恶线索 510 条，评查重点案件 242 起，清查涉法涉诉信访案件 66 起，清查“减假暂”档案 76625 本，智能化排查“经商参股”数据 2086 条、执法数据 179463 条。如期完成市委政法委队伍建设专项巡察反馈 3 个方面 9 个问题、审计指出的 6 个方面 33 个问题的整改工作，以及 135 件人大建议、政协提案和 10944 个 12345 工单办理工作。充分运用监督执纪“四种形态”，抓早抓小，防微杜渐，第一种形态处理 124 人、第二种形态处理 24 人。

【主办紫东阁华天麦浪娱乐城组织卖淫案】 2021年1月25日，长沙市公安局成立由长沙市人民政府副市长、公安局党委书记、局长刘新良任总指挥长，主管副局长任副指挥长，刑侦支队、特巡警支队、法制支队、网技支队、浏阳市公安局局长为成员，下设综合协调组等11个工作小组的“紫东阁华天麦浪娱乐城组织卖淫”专案指挥部，并指定浏阳市局主办。1月28日凌晨，在长沙市人民政府副市长、公安局党委书记、局长刘新良的亲自指挥下，浏阳市公安局联合长沙市局刑侦支队、网技支队、特巡警支队、法制支队共300余名警力，对“紫东阁华天麦浪娱乐城组织卖淫案”涉案人员实施收网抓捕。在全市30余个点位抓获涉案团伙核心成员李某、李某、袁某、李某、朱某等人，完成41人收网名单抓捕任务，并陆续抓获其他涉案人员35人。收网后，专案组严格按照专案审讯组制定的审讯工作方案，开展专案审讯工作业务培训，抽调36个单位300余名警力，分成12个组对涉案人员进行审讯，并部署物证组对电子证据进行梳理固定，资金查控组及时对涉案银行卡和支付宝账号进行冻结。截至3月25日17时，共抓获76人，冻结涉案资金600余万元，扣押220余万元，并扣押一批涉案物品。经审讯审查，初步查明以李某波(男，38岁，长沙人)为首的“紫东阁华天麦浪娱乐城组织卖淫案”基本案情，逮捕18人，取保候审4人（3人构罪不捕、1人存疑不捕)，治安拘留26人(小姐24人，嫖客2人)，行政罚款20人，教育释放8人。

【部督“1·19”危害国家重点保护植物案】 2021年1月19日，森林公安接群众报案称：大围山镇上坪村罗洞组境内下罗洞荒田垌山场内的9株野生红豆杉遭盗伐。森林公安迅速出警，在案发山场发现被盗伐疑似红豆杉伐桩10个，经鉴定均为国家一级保护植物——南方红豆杉，案情系特别重大。1月22日，浏阳市森林公安对“1·19”危害国家重点保护植物案正式立案，成立专案组专案攻坚。经专案组4个月的秘密侦查，查明一个以郑某某为首，晏某某、何某某等10余人参与，组织严密、分工协作、层级清晰的犯罪团伙，该团伙长期盘踞湘赣边界，实施危害国家重点保护植物野生南方红豆杉(国家一级)和桢楠(国家二级)的犯罪行为。5月17日，专案组分8组赴江西铜鼓和浏阳大围山、张坊、城区等地实施收网，14名犯罪嫌疑人悉数落网。10月8日，该案移送浏阳市人民检察院审查起诉，共破获相关案件11起，抓获犯罪嫌疑人19人(批准逮捕15人，取保候审4人），查明该团伙作案18次，危害国家一级保护植物南方红豆杉25株、国家二级保护植物桢楠32株，查获红豆杉原木11件、桢楠原木137件、珍贵木材家具24件，“1·19”危害国家重点保护植物案是湖南省近年来侦破的级别最高、数量最大的特大危害国家重点保护植物案件。

【省督荣发大米厂生产、销售不符合安全标准的食品案】 2021年3月2日，浏阳市市场监督管理局工作人员对大瑶镇艺海幼儿园食堂例行抽检，发现大米中重金属镉含量为0.46毫克/千克（正常镉含量为不超过0.2毫克/千克)，经湖南食品质量监督检验研究院检测，该批次大米镉含量为0.5毫克/千克。4月16日，浏阳市市场监督管理局将案件移送市公安局。浏阳市公安局受理案件后，指令食品药品和生态环境犯罪侦查大队(简称食药环大队)全力侦破此案。经多方调查，澄潭江镇荣发大米厂于2021年4月到长沙县星沙镇长沙开元弘盛科技有限公司购买检测设备，并将收据开具时间写成2020年8月。被市场监督管理局抽检后，为逃避打击、应付侦查，大米厂负责人张宾谎称自己用检测设备对2021年1月6日生产的大米进行了检测，并出具假的检测报告单，将实际未检测的大米销售给浏阳市大瑶镇艺海幼儿园供幼儿园教师、幼儿食用。经江西求实司法鉴定中心鉴定，出具该批次大米镉含量为正常大米中镉含量的2.3倍，长期食用可引起镉中毒，造成严重的食源性疾病的鉴定结论。此案刑事拘留2人，为浏阳市首例大米镉含量超标案。

【启动道路交通安全“百日攻坚”专项整治行动】 为全面压减道路交通事故，确保全市道路交通安全、畅通、有序，切实维护人民群众生命财产安全，根据浏阳市委、市政府统一部署，2021年9月14日，浏阳市启动全市道路交通安全“百日攻坚”专项整治行动。此次专项整治行动以实现“摩托车、电动车戴帽率达到90%以上，道路交通事故死亡人数明显下降、杜绝发生较大以上道路交通事故”为工作目标，从严查处涉嫌危险驾驶行为等涉嫌犯罪的行为；二次酒驾、酒后驾驶营运机动车等交通违法行为；拖拉机无牌无证、超限超载、非法载人、非法改拼装、逾期未检验、报废拖拉机运行等违法违规行为；超限超载、非法营运等违法行为；摩托车(电动车)驾乘人员不戴帽行为，农用车、工程运输车、货车等车辆非法载人，渣土车不按审批线路行驶，校车超速超员、不按规定线路行驶，摩托车(电动车)违法销售等违法行为。交通安全“百日攻坚”专项整治行动启动后，市公安局、交通运输局、城管局、农业农村局及各乡镇(街道)执法人员立即行动，在全市范围内开展路面整治，现场处置交通违法违规行为，并对过往市民开展交通安全理念宣传。

（杨 思）

【森林公安】 2021年，浏阳市森林公安局在市委市政府、市委政法委和上级公安机关的坚强领导下，深入学习贯彻习近平新时代中国特色社会主义思想，弘扬伟大建党精神，实施“四个提升”工程(抓党建提升站位，抓学训提升本领，抓规范提升质量，抓作风提升形象)，推动森林公安由“森林警察”向“生态卫士”蜕变，各项任务圆满完成：年内，先后开展“昆仑2021(全国公安机关集中开展的专项行动，依法严厉打击食品、药品、生态环境和知识产权犯罪)”“百日会战”“百日攻坚”等专项

2021 年 9 月 14 日，浏阳市启动全市道路交通安全“百日攻坚”专项整治行动

（公安局　供图）

行动 7 次，严厉打击盗伐滥伐林木、非法破坏野生动植物资源、破坏生态环境等违法犯罪行为，共查破各类案件 106 起，抓获犯罪嫌疑人 122 人，行政拘留 12 人。侦破部督、省督案件 5 起。为国家、集体和个人挽回经济损失 1400 余万元。调处涉林矛盾纠纷 50 余起，参加全市安保维稳专项行动 20 余起共 160 余人次。“昆仑 2021”专项警务长沙地区排名第一、全省名列前茅，被评为公安部“昆仑 2021”专项行动成绩突出集体，是湖南省唯一获此荣誉的县级森林公安局，被评为全省专项警务优秀单位、长沙市公安机关“昆仑 2021”专项行动打击破坏生态犯罪工作成绩突出集体，参加 2021 年年度全省县级森林公安执法质量考评案件数量、质量双第一，被评为优秀单位。全局有 15 人先后获省公安厅、省森林公安局、长沙市公安局和中共浏阳市委、市人民政府表彰奖励。

【林地资源保护】 2021 年，浏阳市森林公安局依法查处非法占用林地、毁林等破坏林地犯罪行为，全年侦破非法占用林地、毁林等破坏林地刑事案件 15 起，抓获犯罪嫌疑人 17 人。深入大围山国家森林公园、株树桥饮水保护区、耀邦故居、绿心区等重点生态区开展“洞庭清波”“两区三园”专项整治等行动，侦破刑事案件 31 起，制止涉林违法行为 10 余次，有力保护重点地域生态安全。加强林地保护法制宣传。在国家级媒体报道 3 篇，省级媒体报道 12 篇，长沙及本级媒体报道 164 篇。强化“谁执法、谁普法”“以案释法”，制作发放《宣传册》10000 余份。开展“我为浏阳添光彩，全力提升满意度”活动，深入群众宣传林地保护，累计宣传 20000 余人次，发放宣传资料 20000 余份，群众整体林地保护意识有效提升。

【野生动物保护】 2021 年，浏阳市森林公安局严厉打击非法猎捕、非法经营、销售野生动植物犯罪行为，全年共查破涉野生动物案件 6 起。疫情期间协助林业主管部门加强野生动物管控，组织 200 余人次共开展摸排行动 80 余次，摸排各类涉野生动物场所 500 余处，协助市林业局野生动物保护科开展野生动植物防控巡查 2 次。

【依法治林工作】 2021 年，浏阳市森林公安局健全制度体系，完善执法考评办法，出台《受、立案规定》《涉案财物管理规定（试行）》等 5 项制度，实行执法质量“日清、周结、月评、季通报”和“一案一评”，落实“防止干预司法‘三个规定’”、案件主办人终身负责制等制度。强化执法监管，实行法制审核“两个三审制”、典型案例指导制度，法制提前介入疑难案件 30 余起。执法工作领导小组和案审会认真履职，全年召开案件集中讨论会 9 次，讨论案件 20 余起。强化录音录像设备使用，聘请执法执纪监督员，开展案件回访 60 余人，网上公布行政处罚决定书，全过程、全环节监督执法活动，执法质量持续提升，被评为省森林公安局 2021 年度执法考评数量、质量双第一，参加长沙、浏阳市委政法委案卷评查均情况良好。强化普法宣传。落实“谁执法、谁普法”“以案释法”，开展“我为浏阳添光彩、提升公众满意度”活动，制作印发“森林公安宣传手册”，发放宣传资料 20000 余份，走访 20000 余人次，森林公安影响力、新形象全面提升，西区、张坊等派出所人大评议满意率 100%。

【森林防火】 2021 年，浏阳市森林公安局在全市开展森林防火暗访督导 207 人次，巡查巡护 2000 余人次，发放宣传资料 30000 份，森林防火工作持续安全。2 月 21 日，市森林防火指挥部及其办公室转隶至市林业局，森林公安局选派 3 名民警协助市防灭火办（市林业局）工作，确保防火职能安全平稳移交。2021 年，市森林公安局联系指导焦溪、淳口两个乡镇森林防火工作，确保全年森林无火灾事故发生。年内，先后出台《森林防火日常工作规定》《火灾现场处置工作规定》，开展森林防火“五个一”行动（一次森林防火安全培训、宣传教育、隐患排查、督导检查、案件侦破），共值班备勤 5700 余人次、出动 1200 余人次、专题培训 6 场，协同市林业局开展防火宣传 433 次、排查火灾隐患 381 次、巡护 479 余次，处罚违规用火 2 起，侦破火灾案件 1 起。

（张华强）

检　察

【概况】 2021 年，市人民检察院坚持以习近平新时代中国特色社会主义思想、习近平法治思想为指导，全面贯彻党的十九大、十九届历次全会精神和《中共中央关于加强新时代检察机关法律监督工作的意见》(以下简称《意见》),深入贯彻落实市委和上级检察机关决策部署,紧紧围绕“三高四新”战略定位和全市工作大局,忠实履行法律监督职责,“四大检察(刑事检察、民事检察、行政检察和公益诉讼检察)”全面协调充分发展,为浏阳经济发展和社会稳定提供有力的司法保障。先后被评为“全国检察宣传先进单位”“全国文明接待室”“全省打击整治枪爆违法犯罪专项行动突出集体”等11个集体荣誉,51人次获“全省检察机关未检业务标兵”等市级以上荣誉和奖励。

【人民监督】 2021年,市人民检察院认真开展公开听证、公开审查、公开答复,邀请人大代表、政协委员、人民监督员等社会力量参与化解信访案件,促进案结事了人和。全年开展案件公开听证活动8次,听证案件56件,邀请人民监督员听证案件53件,通过公开听证,拉近人民群众和检察机关的距离,保障人民群众正常表达诉求的权利,为公正处理案件、化解涉法涉诉信访矛盾提供平台、打好基础。

【刑事检察】 2021年,市人民检察院共审查提请批准逮捕案件1525件2133人,同比分别增长92.3%、81.8%,审查移送起诉案件2032件2757人,同比分别增长45.4%、40.3%。适用认罪认罚从宽2376人,占办案数的93.44%,向法院提出确定型量刑建议1522人,采纳率96.06%。积极探索创新办案模式,成立危险驾驶案件专业办案团队,办结340人,对血液酒精含量在120毫升/100毫克以下、无从重处罚情节、自愿认罪认罚,并按规定完成社会公益服务的,决定不起诉136人。加强侦查监督,追捕追诉漏犯24人,追诉漏罪26笔。深化检察官定点联系派出所工作机制,设立侦查监督与协作配合办公室,召开座谈会、案件讨论会200余次,提前介入引导公安机关侦查取证172件,书面纠正侦查活动违法30次。加强立案监督,监督公安机关立案13件13人、撤案5件5人。加强刑事审判监督,纠正定罪量刑明显不当、审判程序违法等问题7次,提出抗诉3件。

【民事行政检察】 2021年,市人民检察院办理民事行政检察案件383件。加强生效民事裁判结果监督,向法院发出再审检察建议17件,提请长沙市检察院抗诉9件,法院已改判8件;对法院民事、行政审判程序违法、执行活动违法发出检察建议164件。支持弱势群体起诉166件,为165名农民工追回劳动报酬135万余元。加强行政检察监督,针对行政机关选择性执法、村级印章管理漏洞等问题,发出检察建议25件,助力法治政府建设。

【公益诉讼案件】 2021年,市人民检察院办理公益诉讼案件162件。推进“最美浏阳公益行活动”,关注食品、药品安全,对医院、学校等自动售货机销售食品、药品存在安全问题立案60件。保护生态环境和资源,对经开区路段随意倾倒和堆放垃圾、某学校生活污水直排渭川河、某镇卫生室医疗废物处置不当等问题立案41件。加强国有土地保护,对非法占用农用地立案2件。开展“等”外领域公益诉讼,对公共停车场缺少无障碍设施立案4件,保护弱势群体合法权益;开展烈士纪念设施保护专项行动,立案并发出诉前检察建议26件,相关部门投入近400万元整修设施,让每一处英烈纪念设施都焕发荣光。

【监所检察】 2021年,市人民检察院加强刑事执行监督,开展安全防范检查和械具检查、指定居所监视居住检查、看守所专项巡回检察,发出纠正违法通知书和检察建议29份,督促整改落实;加强社区矫正监督,监督完善474名监外执行人员动态监管信息,建立暂予监外执行对象病情检查机制,防止脱管漏管。深入推进反腐败工作,健全监检合作、案件会商工作机制,共受理职务犯罪案件3件3人,起诉2件2人;开展司法工作人员职务犯罪侦查,派员参与省纪委交办的“5·25”专案侦办工作,对一派出所涉嫌非法拘禁犯罪线索开展初查后移交市纪委监委处理。

【控告申诉检察】 2021年,市人民检察院接待、受理群众来信59件次,回复率均达到了100%,来访193人次。检察长参加固定接待日接待和预约接待24次,共接待来访26人次,均已有处理结果。办理涉法信访案件55件。办理刑事申诉审查案件3件,办理立案监督案件3件。受理民事监督案件9件。办理司法救助工作10件,发放司法救助金16.5万元。办理阻碍律师行使权利案3件。

(谭玉芳)

法院

【概况】 2021年,市人民法院坚持以习近平新时代中国特色社会主义思想为指导,深入贯彻党的十九大和十九届历次全会精神,全面贯彻习近平法治思想,在市委的坚强领导和上级法院的悉心指导下,在市人大及其常委会的有力监督、市政府的大力支持、市政协的民主监督和社会各界的关心理解下,积极担当作为,奋力开拓创新,各项工作取得新成效:全年共受理案件27803件,结案27451件,员额法官人均办案381件,结案率98.73%,服判息诉率95.03%,发改率1.24%,司法绩效连续三年位居全省一类基层法院第一名。2022年2月24日,最高人民法院召开人民法院一站式建设新闻发布会,发布《人民法院一站式多元纠纷解决和诉讼服务体系建设(2019—2021)》白皮书及十大典型经验,浏阳市人民法院的诉源治理工作经验入选白皮书,并作为全省唯一一家基层法院,通过远程视频介绍相关工作经验;年内,先后被评为“全国优秀直播法院”“全省普法工作先进单位”;案例、理论研究和预算管理工作获全省先进等,全院集体受到上级表彰12次,44人次获省级以上表彰,其中,法官罗尹曈撰写的民事判决书被评为全国法院“百篇优秀裁判文书”，法官熊婧怡在全省首届审判业务（家事）技能竞赛中获得第一名。

【刑事审判】 2021年，市人民法院共受理刑事案件1318件，审结1311件，1777人，结案率98.28%。深化反邪教斗争，坚定维护国家安全，审结“5·30”重大要案。打击故意伤害、强奸、抢劫等严重暴力犯罪及毒品犯罪，262名被告人受到法律严惩。依法打击非法吸收公众存款、集资诈骗等涉众型侵财犯罪及电信网络诈骗、网络赌博等犯罪251件366人。成立浏阳河环境资源保护法庭，审结环境资源刑事案件23件。贯彻宽严相济刑事政策，对245名情节轻微的被告人判处非监禁刑或免于刑事处罚。

【民商事审判】 2021年，市人民法院共受理民商事案件15548件，结案15556件，结案率98.76%。全面实施《中华人民共和国民法典》，审结民商事案件12016件。审结医疗、教育、住房、物业等关系群众切身利益案件1323件。其中，12月6日，市人民法院通报审结的离婚后丈夫争取婚前公租房的居住权纠纷案审理是全省首例居住权案，入选最高人民法院年度案例。加大对劳动报酬案件审判执行力度，全年为劳动者追回劳动报酬7003.26万元。深化家事审判改革，妥善审理婚姻、继承等家事案件1315件，发出人身保护令22份。依照《中华人民共和国民法典》第十六条规定，在判决一起征地补偿案中依法保护胎儿的合法权益，该案例被最高法院司法案例研究院采用。加强少年法庭建设，保护青少年健康成长，审理涉未成年人案件142件。

【执行工作】 2021年，市人民法院加大执行力度，执结案件10262件，执结率98.75%，执行到位金额21.29亿元。成立东区、南区、西区、北区和园区、指挥中心、金融执行、执行裁判8个执行团队，以团队化促进规范化。开展涉民生案件专项执行行动，执结涉民生案件1745件，到位金额8413.63万元。成立特勤中队，强化执行威慑，组织凌晨、晚间执行行动366场，司法拘留、拘传1433人次。加强信用惩戒，曝光失信被执行人2439人，限制高消费2518人。进一步健全网络查控机制，有效破解查物找人难题。加强执行信访工作，开设执行案件信访窗口。完善网络司法拍卖机制，共挂网拍卖186件，成交额1.87亿元。

【护航经济发展】 2021年，市人民法院认真落实市委重大决策部署，召开专题会议，出台专门文件，服务保障园区高质量发展。开展涉金融案件专项审判执行行动，审、执结金融借款、保险等案件1917件，为金融机构追回不良贷款1.55亿元，有效防范和化解金融风险。开通服务民营企业“绿色通道”，开展暖企专项行动，走访服务蓝思科技、盐津铺子、绿之韵等重点企业。专项调研花炮企业，开展涉花炮企业专项审判执行行动，为花炮企业追回债权8052.45万元。审结民间借贷、买卖合同、融资租赁等商事案件4930件，有效维护市场经济秩序。加强破产审判，审结强制清算、企业破产案件6件。

【助力乡村振兴】 2021年，市人民法院选派精干力量驻村联点，积极协调筹措帮扶资金，对联点村的基础设施建设、特色产业等开展重点帮扶。依法审理农村土地“三权分置”等涉农地纠纷案25件，保障惠农政策落到实处。在国家法官学院指导下开展宅基地法律问题研究，助推农村宅基地制度试点改革。妥善审理休闲农业、乡村旅游等新业态纠纷，促进农村产业融合。全面加强法庭建设，启动法庭干警关爱计划，鼓励干警扎根基层，服务乡村振兴。

【保障项目建设】 2021年，市人民法院主动对接重点项目，积极与省、市法院及有关部门沟通，有效化解产业项目建设中的土地征用、补偿分配等纠纷。支持行政机关依法拆迁，保障椒花水库等重点工程有序推进。用活用足法律政策，妥善处理鸿宇城历史遗留问题，助力恒大在浏阳项目有关事项化解。稳妥处置多起涉园区企业土地使用权转让纠纷案，有效盘活闲置土地，提高资源利用效率。

【诉源治理】 2021年，市人民法院坚持系统思维，积极参与构建基层社会治理新格局，诉前化解纠纷9258件，民商事收案数连续两年实现负增长。加强调解队伍建设，公开选任16名专职调解员，在湘潭大学举办调解技能培训班。依托总商会商事调解中心，在各人民法庭成立商事调解基层工作站，化解商事纠纷317件，为当事人挽回经济损失1413.42万元。与长沙铁路运输法院共建行政案件诉源治理工作站，助推行政案件源头化解。

【现代化诉讼体系建设】 2021年，市人民法院积极创新便民举措。推进现代科技与法院工作深度融合，升级改造诉讼服务中心，让群众进一步感受到指尖上的便利。全年网上立案3781件、跨域立案31件，在线调解9063件，电子送达20564次。最高人民法院开展人民法院一站式特邀体验活动，湖南电视台著名主持人何炅体验和推介浏阳市人民法院一站式诉讼服务。加大司法救助力度，为经济困难当事人缓、减、免交诉讼费305.4万元，发放司法救助金186万元。

【普法宣传】 2021年，市人民法院落实谁执法谁普法责任制，开展“院庭长普法公开庭”活动12场次。组建志愿普法宣讲团，成立15个专题小组，针对企业、重点项目等开展靶向式普法宣讲66场。4名干警做客湖南电视台《经视说法》栏目2期，社会效果良好。通过人民网、《法治日报》、《人民法院报》等媒体向社会公开典型案例121个，让鲜活案例成为全民共享的法治“公开课”，其中2个案例被最高人民法院司法案例研究院转载。积极推进互联网普法，在全省法院首创微信公众号直播庭审+法治讲座，开展直播22场，点击观看人数超过1000万，对3万余件案件进行网络庭审直播，全面直观宣传法律，通过法院官方网站、微信、微博推送典型案例350余件，充分发挥以案释法功能。浏阳市人民法院因庭审直播工作突出被评为全国优秀直播法院。

【司法责任制改革】 2021年，市人民法院推进院、庭长办案常态化，院领导带头办理案件1079件。加强劳动争议、物业、金融、建设工程等10个专业审判团队建设，不断提升专业化审判水平。推动司法审判辅助人员管理机制改革，健全考核评价体系，从劳务派遣制人员中择优选拔法官助理15名。

【“分调裁审”机制改革】 2021年，市人民法院在立案庭原有4个速裁团队一级分流的基础上，在民庭成立3个简易审判团队，构建多层民事速裁机制。开展刑事速裁改革，实行类案集中审理，办理刑事速裁和简易案件1176件。在园区法庭探索“立审执(立案、案件审判、执行判决)”一体化改革，打通“立审执”壁垒，释放改革效能。在执行局推进“执行和解”工作，提升执行质效。

【审判监督和管理改革】 2021年，市人民法院积极开展审判流程标准化试点改革，实现对案件关键节点的精准管理、有效监督。落实专业法官会议制度，“会诊”重大、疑难复杂案件125件。推行类案检索，出台类案报备和平衡制度，规范自由裁量权，防止“同案不同判”现象发生。扎实开展案件质量评查工作，通过发改案件普查和抽查相结合，重点评查案件512件，对瑕疵案件启动追责问责，有效提升案件质量。

【司法能力与素质建设】 2021年，市人民法院重点围绕《中华人民共和国民法典》等法律和司法解释举办业务培训8期，选派40名优秀干警到西南政法大学进行专业培训。组织外出学习调研6次，接待省内外同行单位参观交流13次，通过互动交流实现取长补短。举办员额法官办案竞赛、优秀裁判文书评比、全警大练兵等活动，5篇裁判文书入选全国、全省法院“百篇优秀裁判文书”。开办“浏法夜校”，共举办夜校23场。打造精品理论研究和经典案例，5篇论文在全国法院学术讨论会获奖，2篇案例被评为全国法院优秀案例。选派3名青年法官参加全省审判业务技能竞赛，获一等奖和优胜奖各一项。

【人民监督】 2021年，市人民法院始终把自觉接受监督作为促进法院工作良性发展的重要保障。认真落实市人大及其常委会决议，主动向市人大常委会专题报告工作，积极接受视察监督。组织6名法官接受市人大常委会开展的“两官履职评议”活动，认真完成整改。优化代表委员沟通联络机制，成立全省法院首个“代表委员联络工作室”。先后邀请各级代表委员252人次旁听庭审、见证执行15场次。组织代表委员座谈会6场，认真听取代表委员意见建议。自觉接受政协民主监督，虚心听取委员、民主党派、工商联和无党派人士意见建议。积极接受检察监督，认真办理检察建议，共同维护司法公正。广泛接受社会各界监督，加大司法公开力度，召开新闻发布会2场，通过“两微一网”等平台发布信息805条，上网公布文书23362份，庭审直播9596场。

【“浏阳河环境资源保护法庭”挂牌成立】 6月2日，浏阳市人民法院在浏阳市沿溪人民法庭挂牌成立“浏阳河环境资源保护法庭”。党的十八大以后，浏阳市人民法院深入贯彻习近平生态文明思想，成立环境资源审判专业团队，创新环境资源审判机制，办理一批有影响力的环境资源保护案件，取得良好社会效果。2013年，浏阳市人民法院在湖南省内率先制定出台《常见林业刑事案件量刑规范化实施细则》，从多方面规范法官的刑罚自由裁量权，填补量刑规范化改革在审理涉林刑事案件方面的空白。2017年，浏阳市人民法院率先在湖南省基层法院设立环境资源审判合议庭。截至2021年6月，依法审结各类涉环境资源保护案件共计235件。此次成立的“浏阳河环境资源保护法庭”，将集中审理涉环境资源犯罪案件、环境侵权、资源争议类等刑事、民事案件，加大涉环境资源保护刑事案件的打击力度，尤其针对浏阳河重点水域非法捕捞行为，全力摧毁“捕、运、销”地下产业链，聚焦矿产资源开发利用保护、集体土地使用、执法查处等方面存在突出问题，做好涉自然资源案件等审判工作。“浏阳河环境资源保护法庭”成立以后，将不断健全与相关职能部门联席会商机制，定期通报有关重要情况，实现信息和资源共享，共同

2021年6月2日，浏阳市人民法院在浏阳市沿溪人民法庭挂牌成立“浏阳河环境资源保护法庭”

（浏阳市人民法院　供图）

推进环境资源保护工作。同时配强专业审判团队，实现环境资源类案件的集中统一审理新模式，打造可复制可推广的生态环境司法保护“浏阳模式”，助力打造绿色低碳、精致精美新浏阳。

（陈梓娴）

司法行政

【概况】 2021年，市司法局内设办公室、政治工作办公室、依法行政指导监督科、规范性文件与合同管理科、行政复议与应诉科、普法与法治科、基层工作指导科、社区矫正管理科、公共法律服务管理科9个内设机构，下辖市普法与依法治理中心（市法律援助中心）、市矛盾纠纷多元化解指导中心、公证处3个事业单位，33个司法所。在浏阳市委、市政府的坚强领导和上级司法行政机关的精心指导下，以党史学习教育和政法队伍教育整顿为契机，不断加强政治建设，努力提升工作水平，取得较好成效。2月7日，司法部、民政部下发《关于命名第八批“全国民主法治示范村（社区）”的决定》，沙市镇秧田村被司法部、民政部评为“全国民主法治示范村”。9月28日，全省公共法律服务体系建设推进会在长沙召开，浏阳市公共法律服务工作在会议上作典型经验发言。10月27日，司法部下发《关于表彰全国模范司法所和全国司法所模范个人的决定》永安司法所被司法部评为“全国模范司法所”。11月17日，湖南省委宣传部、湖南省司法厅下发《关于宣传表彰2016—2020年湖南省普法工作先进单位、先进个人和依法治理创建活动先进单位的通知》，浏阳市司法局被评为“全省依法治理创建活动先进单位”。12月13日，中共湖南省委、省人民政府下发《关于表彰第七届湖南省“人民满意的公务员”和“人民满意的公务员集体”的决定》，淳口司法所工作人员罗传美被中共湖南省委、省人民政府记一等功。年内，浏阳市司法行政多项工作被人民网、《湖南日报》、湖南电视台等主流媒体宣传报道。

【依法治市】 2021年，市司法局筹备召开市委全面依法治市委员会第三次会议，起草《浏阳市“十四五”法治建设规划（2021—2025年）》，为全市的法治建设描绘发展蓝图。组织召开浏阳市迎接法治政府建设督察工作部署暨依法治市工作推进会议，对各乡、镇（街道）、市直单位开展党政主要负责人履行推进法治建设第一责任人职责及法治政府建设工作督察，确保依法治市各项工作全面推进。

【法治政府建设】 2021年，市司法局全面落实行政执法“三项制度”，组织全市26家单位公布执法信息上万条，集中评查行政执法案卷56件，案卷质量稳居长沙九区（县、市）前列。严格实行执法人员资格管理和持证上岗制度，全市在册管理执法人员3363人。按期完成行政复议体制改革，从2021年6月1日开始，浏阳市人民政府统一行使本级行政复议职责。截至2021年年末，共办理各类行政复议案件116起，代表市政府出庭应诉56起。加强规范性文件和政府合同的合法性审查，出台《浏阳市政府合同管理办法》，全年审查政府常务会议议题资料162份，规范性文件13份，重大合同81份。

【普法与依法治理】 2021年，市司法局组织14个成员单位召开依法治市委员会普法守法协调小组会议，研究通过“八五”普法规划。组织开展春节期间送法下乡、“农村法治宣传教育月”、“青少年法治宣传周”、“12·4”宪法宣传周等普法宣传活动200余场次，开展“民法典进家庭”公益宣讲活动40余场次，共发放宣传资料50万余份。制作播放“普法小剧场”抖音视频6期，在“村村响”广播推出法治专栏100期，用喜闻乐见的方式为群众送上法治文化“大餐”。组织做好国家工作人员“学法考法”工作，报考率、通过率均达100%。

【法律服务】 2021年，市司法局不断扩大法律援助范围，将工资追讨、工伤事故赔偿等纳入法律援助事项，全年共办理法律援助案件916件，远超省、市重点民生实事项目指标数量。成立浏阳市楼宇商圈公共法律服务中心，为楼宇商户出具法律意见、起草审核合同文件82件，代理诉讼案件26件。组建30人的“乡村振兴法律助农志愿服务团”，组织开展为期3年的公益服务。加强公证管理，公证处办理案件2300余件。强化法律服务行业管理，开展“浏阳市十佳法律服务先锋”评选活动，发挥先进典型示范引领作用。开展行业专项治理，全年共处理投诉10起，行政处罚2名法律服务从业人员。

【矛盾纠纷多元调解】 2021年，市司法局不断完善“党员微网格+五个到户”社会治理平台建设，全市2.9万余名微网格长平台注册率达到100%，实现矛盾纠纷及时发现

2021年5月24日，市委全面依法治市委员会第三次会议召开 （市司法局 供图）

及时化解。充分运用大数据进行分析，向全市发布矛盾纠纷多元化解研判 4 期，科学预警社会矛盾风险热点。推进人民调解驻派出所工作，在 33 个派出所设立矛盾纠纷调解室。切实加强商事调解，商事调解中心全年调解商事纠纷 122 件，涉及金额 951 万元。全市各级调委会共调解各类纠纷 9179 起，调解成功率达 96.5%。

2021 年 7 月 2 日，浏阳市司法局受湖南经视《经视说法》栏目邀请，专题推介浏阳市公共法律服务工作（市司法局 供图）

【社区矫正及安置帮教】 2021 年，市司法局认真履行市平安建设领导小组重点人群组牵头单位职责，全年接收社区矫正对象 361 人，社区矫正对象管控率、衔接率、教育率、帮教率均达 100%。投入 80 余万元大力推进智慧矫正中心建设，加强信息化核查定位监管，实现“人在网上办、执法网上走、结果网上评”。根据社区矫正对象的年龄性别、心理状况、犯罪类型等，制定专门教育矫正方案 422 份。组织社区矫正对象和刑满释放人员开展集中职业技能培训 3 场，积极对接相关单位和企业，为 30 人提供就业机会。全年开展“情暖高墙”等关爱活动 3 次，为特殊人群未成年子女送去慰问金 1 万余元。

【在全省公共法律服务体系建设推进会上作典型经验发言】 9 月 28 日，省司法厅召开全省公共法律服务体系建设推进会，浏阳市司法局在全省公共法律服务体系建设推进会上代表区县作先进经验发言，并以宣传片形式在会议上展示县级公共法律服务工作的特色亮点。近年来，浏阳市司法局坚持以人民为中心的发展思想，将建设覆盖城乡、便捷高效、均等普惠的现代公共法律服务体系作为推进县域社会治理现代化的重要抓手，不断增强人民群众的获得感、幸福感、安全感，探索出一条创新推进公共法律服务体系建设的“浏阳路径”。

（梁 振）

中国工农红军第一方面军成立旧址——浏阳市永和镇永宝村(原石江村)李家大屋　　(永和镇　供图)

军　事

市人武部

【概况】 2021年，市人武部在上级军事机关和市委、市政府的坚强领导下，始终坚持新发展理念，发奋图强、锐意进取、主动作为，各项工作取得新成绩、实现新突破，被湖南省军区表彰为“先进团级单位”“正规化建设先进单位”“军事训练先进单位”，被长沙警备区表彰为“新闻报道工作先进单位”，接受军委国防动员部安全管理和“四个秩序”正规化建设综合检查，成绩位列南部战区同级别单位第一名。

【政治建设】 2021年，市人武部坚持思想统领，始终突出政治建设这个根本。始终把思想政治建设摆在首位，强化理论灌输、固本铸魂，筑牢官兵思想根基。强化政治引领。认真学习贯彻习主席强军思想和重要讲话精神，坚决做到“两个维护”，坚决贯彻落实军委主席负责制，与党中央决策部署对标对表。加强思想管控，打好意识形态领域主动仗，官兵思想防线进一步筑牢。严抓学习教育。扎实开展党史学习教育，深入学习中共中央总书记、中央军委主席习近平“七一”重要讲话精神和十九届六中全会精神，扎实开展“我为群众办实事”活动，通过看红色电影、观红色基地、行庄严仪式等方式，增强学习教育效果，官兵理论武装进一步夯实，参加警备区优秀政治教员比武获得第一名。加强队伍建设。坚持严格要求和关心关爱相统一，加强对文职人员和专武干部队伍指导帮带，努力营造干事创业的良好环境，不断提振精神状态，促进能力素质提高。扎实开展“民兵学习宣讲活动”，抓好民兵干部日常使用管理和检查考评，抓好预建党组织建设，落实思想政治教育，民兵自我认同感、荣誉感和使命感进一步提升。

搞好信息报送。全年在中央7台军事频道、《解放军报》、湖南新闻联播、《中国民兵》、《湖南军号》等省级以上媒体上稿9篇，要讯上稿9篇（军委国防动员部1篇、南部战区3篇、省军区5篇），新闻报道和要讯工作走在全市前列。

【国防动员】 2021年，市人武部坚持聚焦主业，始终扭住国防动员这个中心。按照“以战领建、抓建为战”思路，不断提升战备水平和应急应战能力。抓实战备训练。完善方案预案，落实日常战备值班，畅通军地情报信息共享机制，确保战备秩序正规有序；抓实军事训练及业务培训，落实首长机关训练和军事职业教育，完成规定课目和平时工作业务课目训练任务；推进民兵训练落实，全年共完成8期民兵年度军事训练任务，训练完成率100%；积极参与群众性练兵比武活动，参加警备区“四类人员”比武竞赛，获得1个第一、2个第二和1个第三的成绩，3人代表长沙市警备区参加全省比武竞赛，取得优异成绩。抓牢民兵建设。开发民兵整组潜力调查系统，突出挖掘新质力量资源，深入多家重点编组企业对接新质力量编兵工作，签订预征协议，预征预储各类装备，在长沙市警备区民兵整组检查中名列长沙市第二；抓好省市指出问题整改清零，对“三室两库”进行全面改造，按照“一队多用、一专多能”要求配齐应急物资器材；落实实战化要求，在浏阳河水域组织应急局、水利局、海事等部门联动开展防汛应急救援演练，有效提升应急应战水平。全年共组织600余人参加疫情防控、扑灭山火、抗洪抢险等急难险重任务。抓紧国防动员。注重发挥“桥梁”“纽带”作用，破解动员瓶颈难题，提升国防动员潜力调查质量，不断加强国防动员能力建设；推动民兵训练基地三期建设，2021年年末完成一期靶场和二期主体楼建设项目，下步将持续督导推进政治氛围营造和训练场配套设施完善。圆满完成年度兵员征集任务，无责任退兵和廉洁征兵问题。

【设施建设】 2021年，市人武部坚持一流标准，始终夯实基层建设这个基础。以正规化建设和基层星级达标建设为工作牵引，不断夯实武装工作阵地建设。营院建设更加规范。投入资金对通信机房、保密文印室、互联网和军综网学习室、图书室等场所进行信息化改造，对办公网络系统、视频监控系统全面升级，对食堂、公寓楼和车炮库等场所进行提质改造，年内，在中央军委国防动员部“正规四个秩序”综合检查中名列南部战区同级别人武部第一名。军事和地方特色品牌更加鲜明。按照“浓厚军味、突出特色”的思路，立足浏阳红色文化，精心打造强军标语展、“红色浏阳”文化墙和“星耀浏阳”国防教育长廊，展现“红色浏阳”、弘扬“浏阳精神”，发挥“李贞”女子民兵宣讲队作用，使之成为“一部一特色”正规化建设的外部宣传窗口。

【基层武装部星级达标工作】 基层人民武装部全面建设星级达标工

2021年1月30日，浏阳市人武部举办大学生见面会，邀请大学适龄应征青年及部分家长参加，面对面讲解政策，就学生和家长关心的应征程序和政策进行细致解读

（市人武部　供图）

2021 年 7 月 30 日，市人民武装部与现役军人亲属用视频方式向在边海防服役的官兵表示节日祝福　（市人武部　供图）

2021 年 8 月 29 日，浏阳市人武部组织预定新兵“红色浏阳”文化墙，了解浏阳籍开国将军事迹　（市人武部　供图）

作，此项工作是由中共湖南省委组织部、省人社厅和省军区动员局于2019 年联合下文开展的一项年度重点工作，是推动基层人民武装部全面建设的有力抓手。浏阳市人武部党委把抓好星级达标活动作为推动基层人民武装部全面建设的有力抓手，2021 年持续推进基层武装部“星级达标”建设。截至 2021 年年末，全市 32 乡、镇（街道）武装部中共有五星级达标乡镇人民武装部 6 个，四星级达标乡镇人民武装部 10 个，三星级达标乡镇人民武装部 16 个，“三星”级达标率 100%。其中，集里街道人民武装部和社港镇人民武装部为年内新增的五星级达标乡镇人民武装部。

【预定新兵学习教育活动】 未入军营，先铸军魂，为帮助预定新兵迈好军旅第一步，8 月 29 日至 9 月 3 日，浏阳市人武部组织预定新兵进行为期一个星期的集中教育训练。从一举一动规范行为、从一点一滴培育作风，不断磨砺坚强意志，尽快实现从地方青年向合格军人的转变。浏阳是全国著名的革命老区，秋收起义会师地，全国十大将军县之一，是胡耀邦、王震、宋任穷、杨勇、王首道等党和国家领导人出生地，毛泽东、朱德、彭德怀等老一辈无产阶级革命家曾在这里留下红色足迹，为了民族独立和解放事业，2 万多浏阳儿女付出了生命。在此次役前教育训练期间，浏阳市人武部紧紧依托浏阳红色文化资源，组织预定新兵开展爱国主义教育和国防教育。预定新兵先后到文家市秋收起义纪念园、中国工农红军第一方面军成立旧址（永和镇李家大屋）等地参观学习。9 月 3 日，预定新兵在浏阳烈士陵园开展纪念中国人民抗日战争暨世界反法西斯战争胜利 76 周年暨2021 年浏阳市预定新兵“缅怀先烈·建功军营”活动，继承和弘扬革命优良传统，缅怀革命先烈，弘扬爱国主义精神，10 点，全体预定新兵在浏阳烈士陵园向英雄纪念碑敬献花篮，为革命先烈默哀，在现场齐声高唱《祖国不会忘记》和《强军战歌》。

【走访慰问边海防官兵家属】 为大力弘扬拥军爱军的优良传统，增强戍边将士和后方亲人的尊崇感，“八一”建军节到来前夕，中共浏阳市委常委、浏阳市人民武装部政委，浏阳市人民武装部部长率浏阳市人民武装部和市退役军人事务局工作人员走访慰问边海防现役军人家属。每到一户，参与走访慰问的军地领导都会与边海防官兵家属们进行交流，详细了解他们身体健康情况以及官兵服役情况，同时尽力帮助解决他们在日常生活、工作中遇到的实际困难。并把慰问信和慰问金送到军属们的手中，以感谢他们长期以来对国防事业的支持和理解。交流中，工作人员通过手机视频把节日祝福和诚挚问候送给正在边海防服役的军人。尹乐平表示，边海防官兵长期驻守边疆或海岛，维护国家国土安全和社会稳定，他们“舍小家为大家”的精神值得嘉奖和宣传。军地有关部门要把对军人家属的关心、理解、支持落到实处，就近就地为他们解决实际困难。“关爱军人军属，军地双方要多措并举、竭尽所能，把军人后路、后院、后代问题统筹好解决好，要用心用情为军人家庭提供细致周到的服务，及时帮助他们解决实际困难，让军人在部队安心服役，让广大官兵和军属们更多地感受到党委、政府的温暖和关爱。”浏阳市人武部部长廖伟说。

（汤德法）

人民防空

【概况】 2021 年，市人民防空办公室（以下简称人防办）在浏阳市委、市政府和长沙市人防办的正确领导下，紧紧围绕“强化改革创新、加快融合发展”工作主线，全力推动人防事业高质量发展，各项工作均取得长足进步。依法行政，审批服务严格高效。科学布局，工程数量稳步增长。维护管理，监管责任落实到位。互联互通，指挥通信保障有力。创新模式，宣传教育亮点纷呈。9 月 22 日，湖南省人力资源和社会保障厅、湖南省人民防空办公室联合下发《关于评选表彰全省人民防空先进集体和先进个人的决定》（湘人社发〔2021〕57 号），浏阳市人民防空办公室被评为“全省人民防空先进集体”。按照以往惯例，此项荣誉评选周期为五年，长沙地区仅 4 个上榜先进集体，浏阳市人防办是其中之一。

【工程管理】 2021年，市人防办依法审批防空地下室建设项目8个，审批易地建设项目88个，征收易地建设费2375.47万元，完成竣工验收项目5个，全市防空地下室工程体量不断增大，质量不断提高，战备功能持续强化。完成全市人防工程标牌悬挂和墙体标识涂刷，提高市民对人防工程的识别度和保护意识。落实安全隐患排查“一单四制”工作机制，继续保持人防工程安全生产零事故目标。

【指挥通信】 2021年，市人防办按照“准军事化机关”建设要求，加强全办干部职工日常训练演练，提高干部职工军事素质和人防备战工作水平。加强对全市防空警报器的检查维护，进一步强化警报系统的操控演练。每周与长沙市人防办进行互联互通，移动车载通信设备状态良好、信号稳定，参加湖南省、长沙市组织的指挥通信演练任务，精准完成“11·1”防空警报试鸣，试鸣准确率和鸣响率均100%。

【宣传教育】 2021年，市人防办发挥和凸显中澳蓝鹰国防主题公园的宣传主阵地作用，持续为各系统各行业培训国防、人防知识技能。精心谋划铺排“5·12”“11·1”以及国防教育宣传月等集中宣传活动，邀请新闻媒体进行专题专版报道。结合党史学习教育，组织浏阳市34所学校一万余名小记者参与“党史国防人防知识”抢答赛，学习强国、人民网、红网、时刻等主流媒体进行报道，推动人防知识教育进校园、进家庭。组建“浏阳市飞虎人防志愿服务队”和“浏阳市泰平人防救援队”，深入街道社区开展人防知识普及、组织疏散演练、参与应急救援，打响浏阳人防应急救援队伍品牌。

【人防工程标识标牌设置】 根据《湖南省人民防空工程标识标牌设置规定》文件要求，浏阳市从2021年1月1日开始，将设置人防标识标牌作为人防工程竣工验收备案的必要条件之一。截至9月15日，浏阳市人防工程的标识标牌设置已全部完工并通过竣工验收。小区从临街道路至人防工程入口，都设置醒目的人防工程室外指引牌，为居民识别和进入人防工程指明方向；人防工程主要出入口位置，悬挂工程概况、平时使用管理制度和战时使用管理制度标牌，供群众了解工程概况和注意事项；人防工程内部按标准设置口部导引标牌及各种功能间标识牌，方便群众知晓不同房间的各种用途；墙上一圈“人防墙体　严禁破坏”的蓝底白字标识提醒人们所处区域为人防单元。人防工程标识标牌设置工程意义重大，不仅能起到广泛的宣传作用，引导广大人民群众认识人防工程、了解人防工程、利用人防工程，也能提高人防工作在社会各界的知晓率和认可度。

【人防志愿救援队到河南抗洪救灾】 7月17日至23日，河南持续遭遇强降雨，一些地方发生严重内涝，造成人员伤亡和财产损失。防汛救援，迫在眉睫。7月21日，浏阳市飞虎人防志愿服务队、浏阳市泰平人防救援队从浏阳出发，携救援器材逆“洪”北上，紧急奔赴河南。先后转战郑州、鹤壁、新乡多地参与抢险救援，帮助不少被围困在洪水中的当地群众转危为安。7月29日，市人防办召开浏阳市人防系统志愿救援队赴河南抢险救援总结座谈会。会上飞虎人防志愿服务队和泰平人防救援队分别就赴河南抢险救援情况做总结汇报，部分队员作交流发言，并分享救援经验和心得。市住建局（人防办）局长（主任）陈旭对此次救援行动给予充分肯定表示：浏阳市两支人防救援队伍在救援中坚持党的引领，志愿者党支部旗帜高高飘扬在救援现场，党旗指引救援队伍勇敢前进的方向；认真履行“战时防空、平时服务、应急支援”人防的主要职责使命；志愿者大爱无私的精神充分体现。11月2日，河南省文明委、中国志愿服务联合会公布河南省防汛救灾优秀志愿服务先进典型入选名单。其中，浏阳市飞虎人防志愿服务队李凤、浏阳市集里桥社区黄帽子志愿者工作站邢诗统、浏阳市红十字蓝天救援队何红3名个人入选“河南省防汛救灾优秀志愿者”，浏阳市紧急救援协会入选“河南省防汛救灾优秀志愿服务组织”。

（李鹏飞　汤永）

2021年7月21—26日，浏阳市飞虎人防志愿服务队先后在河南郑州、鹤壁、新乡等地参与抢险救援，这支只有23人的救援队安全转移被洪水围困群众超过1000人

（市人防办　供图）

风光桥夜景 （浏阳市档案馆 供图）

经济管理

综　述

【概况】 2021年，在市委的坚强领导下，在市人大的监督支持下，全市上下紧紧围绕浏阳市十七届人大七次会议确定的2021年年度发展目标，创新实干、奋勇争先，经济社会发展呈现稳中有进、进中提质的良好态势，实现“十四五”良好开局。县域经济实现高位再进位，居全国县域经济与县域综合发展百强县第8位。制造业高质量发展、乡村振兴、财政管理、商事制度改革、园区高质量发展、城市更新、耕地保护等12项工作获省政府真抓实干督查激励；优化营商环境、打造科技创新高地、做强园区等13项工作获长沙市政府创新实干激励支持；激励事项总数省、长沙市排名均居第一。主要指标执行情况如下：地区生产总值同比增长7.3%；规模以上工业增加值同比增长7.1%；固定资产投资同比增长10%；社会消费品零售总额同比增长15.6%；地方一般公共预算收入同比增长11.6%；研究与试验发展经费投入占GDP比重2.05%；单位地区生产总值能耗同比下降2%；城镇登记失业率1.01%，低于3%的控制目标；城乡居民人均可支配收入同比增长8%。

【宏观经济研究与管理】 2021年，市发改局编制出台2021年国民经济和社会发展计划，强化经济运行情况预测预判，全力做好经济形势分析和相关工作建议。全市经济社会发展呈现稳中有进、进中提质的良好态势，实现“十四五”良好开局。地区生产总值实现1616.6亿元，增长7.3%（同比，下同）；地方一般公共预算收入突破百亿元大关，增长11.6%；规模工业增加值、固定资产投资、社会消费品零售总额分别增长7.1%、10%、15.6%，外贸进出口总额增长38.2%；县域经济与县域综合发展跻身全国百强第8位。

【“两型”社会建设改革】 2021年，市发改局深入开展“两型”社会建设改革宣传，在村、社区、学校组织开展公益宣讲16次。文家市秋收起义纪念馆、达浒镇麻洲村、古港镇桃园社区被评为长沙市“两型”示范单位；大围山镇同幸村、张坊镇江口村、龙伏镇焦桥村被评为长沙市“两型”创建单位。安排“两型”示范创建专项资金，引导政府机关、学校、村（社区）积极参与，评选“两型”示范机关2个、“两型”创建机关1个；“两型”创建学校3所；“两型”示范村庄16个，“两型”创建村庄24个；“两型”示范社区1个，“两型”创建社区3个。全力保护生态绿心，坚持常态化巡查，按照“村周巡、镇月巡、市季巡”制度，加强生态绿心区巡查，实现零违规。按照省、长沙市统一部署，切实开展禁塑限塑工作，组织开展禁塑限塑宣传，牵头组织禁塑限塑执法检查。

【项目建设】 2021年，全市共计铺排295个重点项目，年度计划投资624.6亿元，其中纳入长沙市重大项目计划共222个，年度计划投资539.4亿元，完成投资691.5亿元，占年度投资计划的128.2%。其中，椒花水库建设项目、雅士林长沙（国际）蚕桑丝绸智造产业项目、豪恩声学智能声学总部生产基地、天地恒一配方颗粒大楼建设项目、湖南卫生健康高等专科学校等9个优质项目纳入省重点项目。惠科第8.6代超高清新型显示器件项目主体及配套工程竣工，截至2021年年末已有9条生产线投产；雅士林长沙（国际）蚕桑丝绸智造产业项目3月23日签约，3月28日开工奠基，10月完成一期工程主体封顶，12月试生产，实现当年签约、当年建设、当年投产，项目达产后可占领国际丝绸原材料市场超50%，并带动桑园种植，助力乡村振兴；方锐达拟上市总部及研发生产基地将建设全国最大氰酸钠生产线，2020年底启动建设，2021年12月份部分投产；椒花水库项目创新采用先行用地报批方式获自然资源部批复，创下国内同类型水库用地手续办理的最快速度，10月底实现围堰截流，转入主体施工阶段；南昌—长沙特高压项目，20天完成390基杆塔交地，刷新1000千伏特高压塔基交地的全国纪录，创造电网特高压建设的“浏阳速度”；G319天马山隧道扩建工程项目于7月1日实现通车，有效缓解浏阳往南区乡镇的交通瓶颈问题；6月下旬，城区91个小区共7614户居民的涉改老旧小区项目集中开工，12月底全面完成改造。12月10日，全省城镇老旧小区改造现场推进会在浏阳召开，浏阳经验获得全省肯定和推介。

【政府投资项目管理】 2021年，浏阳市贯彻落实《政府投资条例》，坚决执行化债要求，科学合理编制年度政府投资项目计划，全年安排政府投资项目559个，计划投资约20.23亿元；国有企业投资项目259个，计划投资约76.89亿元。加大项目审查力度，严把审批关，有效稳控政府投资，全年共办理项目立项审批473件，投资总额241.4亿元，概算审查106个，节约财政资金1.4亿元。

【社会投资项目管理】 2021年，浏阳市根据政务服务“三集中、三到位”改革要求，政务服务事项全部进驻政务中心办理；按照政务服务事项“三化”要求，实现目录管理，实现“清单之外无审批”。对事项流程和资料要求进一步规范精简，实现服务时限再提速。有效承接落实省市下放行政审批事项和管理权限，全部做到无缝对接，落实对位。对工程项目涉及发改部门的6项审批事项全部纳入告知承诺制审批实施范围。全年共办理固定资产投资项目核准、备案事项1240件，总投资1050亿元。

【争融资工作】 2021年，市争融资办统筹全市争融资工作，科学研判政策走向，坚持部门联动，全市共计争取上级资金争资到位资金58亿元，完成年度争资计划的114%；其中，发改局完成争资3.4亿元。有效缓解财政支出压力，强力保障全市项目建设。

【物价管理】 2021年，市发改局稳控价格水平、严格明码标价，为保供稳价保驾护航；全力做好价格收费管理工作，出台浏阳市中蓝燃气公司（古港辖区及两型产业园区）管道天然气供应临时价格、《关于浏阳市机动车停放服务收费实施细则》、《浏阳市农村公益性墓地及殡葬服务价格管理办法》和浏阳市春季中小学收费标准及公办幼儿园收费标准。全面落实省、长沙市重大价格改革部署以及成本监督工作相关要求，完成全市污水处理费成本监审、殡葬服务价格成本监审和校外培训机构成本监审工作。

【服务业发展】 2021年，全市服务业发展稳中有进，全年实现服务业增加值654.5亿元，同比增长7.9%，服务业增加值占全市国内生产总值比重达39.9%。在赛迪顾问服务业百强县（2021年）榜单中，浏阳名列全国百强第24位，中部地区第2位。同时，全年累计争取对口上级资金3768万元，较上年增长20%以上；成功争取5个对口地方政府专项债券项目12.08亿元，创历史新高。“一河两岸”文化旅游等6个项目、春天大厦等4栋楼宇入选长沙市2021年现代服务业“三百工程”项目库。

【国有投资招标投标项目】 2021年，市发改局共完成146个国有投资项目招投标全过程监管，涉及交易金额约22.28亿元，节约资金约1.52亿元。护航重点项目，浏阳市妇幼保健院整体搬迁项目、老旧小区改造项目、浏阳市占佳片区开发观礼台改造项目、浏阳市关口街道泰安小学建设项目、泰安路（浏阳河路-白沙路）建设项目、浏阳市全域土地综合整治——永安镇、洞阳镇项目设计施工总承包、浏阳市荷文公路综合提质改造工程设计施工总承包项目、予倩路（南泥湾路—浏阳大道）建设项目、禧和片区开发—丰木路（禧和路—南泥湾路）南泥湾路（金沙路—丰木路）及南泥湾路与花炮大道交叉口地下通道建设项目等市重大民生项目顺利完成招投标工作。创新工作举措，全力推进工程建设项目新技术，浏阳市妇幼保健院整体搬迁项目、予倩路（南泥湾路—浏阳大道）建设项目等14个项目采用全过程工程咨询，浏阳市艺术科技馆项目采用EPC招标和装配式建筑，共完成国有投资项目中标通知书备案146份，施工合同备案127份。规范制度建设，规范公共资源交易活动，出台《关于小额公共资源项目入场交易相关事项的通知》，起草《浏阳市村级小微工程项目建设管理办法（试行）》等文件。严打违法违规行为，净化招投标市场，坚持联合行业主管部门开展“双随机一公开”检查行动，对于破坏市场规则、影响公平竞争、违法违规的市场主体毫不手软、坚决打击。对检查中发现的各种问题一律通报，对发现的围标、串标等违法行为采取零容忍态度，2021年共查办案件11起，处罚金515387元，有效净化招投标市场环境。配合住建局对公开招标的87个房建市政类项目跟踪调研，查实7条问题，并移交上级主管部门处理，不断扩大招标投标突出问题专项整治工作成果。牵头对14个在建项目的施工现场管理、关键岗位人员履约、工程变更、工程质量安全以及公职人员履职及廉洁作风等方面开展检查，共查处相关问题线索11处，对3家公司依法立案、1家公司记录不良行为，7家公司下达整改通知书、8家公司进行约谈。联合业主单位对三起公示期间中标单位弃标现象公司进行约谈，并责令弃标公司承诺，三个月内不参与浏阳市竞标，形成强大震慑效应，建立规范有序的市场秩序。优化小额项目交易服务，招标投标事务中心共开展各类公共资源交易活动535个，交易金额6.883亿元，其中小额建设工程项目111个，交易金额2.907亿元，政府采购项目424个，交易金额3.976亿元。

【能源工作】 2021年，市发改局创作“节能降碳，绿色发展”节能宣传视频，点击量达15000余次。顺利完成“十三五”能源消费总量和强度“双控”目标责任考核。创建长沙市节能示范单位25家、长沙市生活垃圾分类示范单位2家。争取上级节能改造资金共计455万。加快供电网络建设，南昌—长沙1000千伏特高压输变电工程线路工程于12月26日投产送电，从动员部署到390座塔基交地，用时不足一个月，创造特高压建设中交地全国第一的“浏阳速度”。推进永和220千伏变电110千伏送出工程建成投产，10月28日全面带电运行。争取120万千瓦装机规模的风洞口抽水蓄能项目纳入《国家能源局抽水蓄能中长期发展规划（2021—2035年）》，启动装机规模30兆瓦公共建筑屋顶分布式光伏发电项目建设。深入推进油气长输管道和电力两大领域安全生产专项整治三年行动，制定《浏阳市发展和改革局安全生产领域“打非治违”三年行动专题实施方案》《浏阳市2021年电力行业安全生产风险隐患大排查大整治行动工作方案》《浏阳市油气输送管道风险隐患大排查大整治行动工作方案》《电力专业委员会成员单位职责》《关于开展电力设施保护百日专项行动的工作方案》，规范建立安全生产专项整治三年行动突出问题清单和制度措施清单，对行业内重点监管企业开展执法检查14次，一般监管企业开展执法检查10次。制定出台《关于有序用电督查考核工作方案》，在保民生、保安全、保重点前提下，有效保障2021年度迎峰度冬（度夏）全市用电安全稳定。

【优化营商环境】 2021年，市发改局始终将优化营商环境摆在事关发展全局的重要位置，作为推进高质量发展的“头号工程”，抓实开展行政效能、实体经济降成本、企业家权益保护、政策落地、省营商环境测评等重点工作，不断擦亮“营商福地看浏阳”品牌，2021年获评全国优质投资环境城市，连续3年获评“国际化高质量发展环境建设标杆县（市、区）”。同时，获长沙市优化营商环境督查激励、长沙市优化营商环境绩效考核一类、长沙市唯一信用建设示范单位。

【湘赣边区域开放合作】 2021年，浏阳市全力争当湘赣边区域合作典范，以实施“湘赣边区域合作示范区建设行动计划”为抓手，有力推动六大专项行动，有序完成40个重点项目、37项重点任务，在红培共抓、产业共兴、治理共促、民生共享上迈出新步伐；发挥湘赣边秘书处作用，协助召开湘赣两省湘赣边区域合作示范区建设推进大会，主办第六届湘赣边区域开放合作主题联席会，合作层级不断提升；10月，国家发改委印发《湘赣边区域合作示范区建设总体方案》，湘赣边区域合作正式上升为国家战略，迎来新的重大历史机遇。

【铁路建设】 浩吉铁路浏阳东货运站场于2020年12月初开工建设，项目总投资3723万元，计划于2022年6月30日建成运行。长赣铁路已确定浏阳段线站位方案，线路线型基本稳定，签订土地综合开发框架协议，完成线路定测、地质勘探、征拆实物量调查和总费用测算，组织浏阳站站城一体化概念规划研究，具备可研上报条件，并申请省政府向国家部委上报可研。

【长赣铁路浏阳段项目建设调度会召开】 2021年3月17日，浏阳市召开长赣铁路浏阳段项目建设调度会，专题听取长赣铁路浏阳段方案及相关情况汇报。长沙市委常委、浏阳市委书记黎春秋表示，各相关部门和乡镇(街道)要严格对照《长赣铁路建设开工前期任务清单》和《长赣铁路建设开工前期事项清单》，明确时间节点，倒排工期，挂图作战，力争项目2021年12月份开工建设。浏阳市委副书记、市长吴新伟主持会议。长沙至赣州铁路(简称“长赣铁路”)是国家《中长期铁路网规划》“八纵八横”中渝长厦通道的重要组成部分，设计速度350千米/小时，线路全长429.5千米，共设站10座。其中浏阳市境内线路长62千米，设浏阳站1座。浏阳市委、市政府高度重视长赣铁路浏阳段的规划建设工作，广泛征求各方意见，最终确定相关方案由中铁第四勘察设计院集团有限公司设计。会上，中铁第四勘察设计院集团有限公司介绍长赣铁路浏阳段线站方案及站区规划等相关情况，浏阳市发改局汇报长赣铁路浏阳段总体工作情况。与会市领导和相关部门负责人结合实际，提出建设性意见和建议。

（陈　敏）

财　政

【概况】 2021年，浏阳市累计完成地方一般公共预算收入105.93亿元，首次突破百亿，同比增长13.36%；完成地方税收收入81.98亿元，同比增长14.13%；地方一般公共预算收入中的税收收入占比为77.03%，比上年提高0.16个百分点。完成一般公共预算支出163.73亿元，同比增长8.28%，其中民生支出123.5亿元，占一般公共预算支出的75.4%。教育全年投入资金3.81亿元，新建学校4所，改扩建学校18所，新改扩建公办幼儿园10所，新增公办学位5625个。全年发放低保、特困供养和残疾人两补等补助资金3亿元，同比增长11.2%。统筹资金3亿余元，深化农村治厕、治垃圾、治水，推进“一域三区”美丽乡村重点县建设。完成上报党中央、国务院隐性债务累计化解任务达到30%的目标任务，三类债务之和较2020年底下降2.61亿元，牢牢守住隐性债务不新增的底线和关注类债务不新增的红线。聚焦平台公司主体信用等级提升，加大资产资源注入力度，整合行政事业单位经营性国有企业，组建渣土公司、城市更新公司等企业，打造“金字招牌”，实现促转型与防风险并举。2021年新增3家AA+主体信用评级国有企业，全市国有企业平均融资成本降至6%以内。深化财政改革，扎实做好预算管理一体化系统执行试运行等系列基础工作，2021年12月7日财政新系统成功上线，并同步完成国库集中支付电子化改革，实现对预算管理的动态反映和有效控制，形成覆盖全面、业务协同、上下贯通、开放共享的财政大数据应用发展格局。市财政局在全省率先完成《浏阳市财政管理改革三年行动方案》，作为范本在全省项目县市推广。世界银行乡村振兴贷款项目分配浏阳市额度2.7亿余元，在全省8个项目县中额度最大。同时积极申报世界银行2022年城市间绿色交通发展示范项目，浏阳市城乡公共交通一体化建设项目通过世界银行预审。

【政府性基金预算执行情况】 2021年，浏阳市本级政府性基金预算收入完成99.11亿元，其中国有土地使用权出让收入97.46亿元。政府性基金预算本年支出完成113.62亿元，剔除上级专项追加和上年结转项目9.07亿元，市本级政府性基金预算支出104.55亿元。

【国有资本经营预算执行情况】 2021年，浏阳市国有资本经营预算收入完成1799万元，上级补助收入35万元，2020年结转10万元，全年收入合计1844万元；国有资本经营预算支出20万元，调入一般公共预算统筹安排支出1799万元，全年支出合计1819万元。收支相抵，年终结转25万元。

【社保基金预算执行情况】 2021年，浏阳市社保基金预算收入完成80.24亿元，比2020年增加14.51亿元；社保基金预算支出完成79.89亿元，比2020年增加6.61亿元。剔除上级补助收入和上解上级支出，实际社保基金预算收入完成52.68亿元，比2020年增加8953万元；实际社保基金预算支出完成42.06亿元，比2020年增加2.40亿元。

【经批准的政府债务情况】 2021年，省财政厅下达浏阳市地方政府债券资金43.78亿元，其中：新增一般债券3.79亿元，按照上级要求主要用于义务教育“大班额”化解、农村公路、城乡社区等项目；新增专项债券32.96亿元，按照上级要求用于老旧小区改造及基础设施配套项目、浏阳河文旅产业升级配套基础工程建设项目、经开区汇远蓝郡公租房项目等；再融资债券7.03亿元，全部按规定用于置换存量政府债务。2021年年末地方政府债务限额189.11亿元，实际债务余额188.52亿元。

【财源培植】 2021年，浏阳市推进十大产业集群税收贡献提升、十大乡镇街道收入破亿、纳税前十企业税收贡献倍增、十大产业项目招引、上市企业数量破十、十大综合治税硬核行动等“六个十”行动，加力培植财源，全力提高经济发展含金量。出台《鼓励外省员工在浏阳过春节若干措施》，引导9011名外省员工在浏阳过年，为春节后企业达产满产提供保障。222个重点建设项目完成投资691.5亿元，占年度计划的128%。统筹安排招商引资经费1000万元，全力支持招大引强，全年新引进项目207个，其中50亿元以上项目1个，10亿元以上项目9个。县域经济与县域综合发展全国百强县跃居第8位，县域经济基本竞争力百强县跃居第10位，被评为“2021优质投资环境城市”“国际化高质量发展环境建设标杆县(市、区)”。推进企业转型升级，全年新增减税降费7.34亿元，兑现增值税增量留抵退税达18.06亿元，缓解企业资金压力，用“真金白银”助力企业转型升级。支持开展金企对接活动23场，共计帮助226家企业获得银行授信89.1亿元。安排市本级专项资金8140万元，兑现科技发展创新、贷款贴息、企业发展等奖励，支持民营经济健康发展，华纳药厂在上交所挂牌上市，A股上市企业达9家，上市企业数量在全省县(市)中排名第一。全市规模工业总产值增长8.4%，显示功能器件、生物医药、智能装备产业链分别增长59.5%、8.1%、11.2%。全市新增高新技术企业135家，新增智能制造试点企业42家，8家、34家企业分别入选国家、省、长沙市“小巨人”企业名单。安排经开区体制分成资金15亿元，支持园区经济高质量发展，经开区实现规模工业增加值增长16.6%，获批国家产业转型升级示范园区和外贸转型升级基地，成功申报首批国家加工贸易产业园，获评全省产业园区高质量发展奖。项目建设加速推进，争取并拨付新增债券资金36.75亿元，加快资金拨付使用进度，全力支持全市重大项目建设，助力全市经济高质量发展。支持出台浏阳市“五个十大”项目计划和金阳新城“四个十大”项目计划，围绕产业、科技、民生、文旅、基础设施等领域，推进90个重大项目建设。惠科光电项目建成点亮10条生产线，蓝思智控建成4条生产线，雅士林项目实现试生产，重大项目建设加速推进。国家大二型水库椒花水库迈入主体建设阶段，浩吉铁路货运站场和片区开发稳步推进，中烟永安科技园、中非经贸产业园、金阳医院等一批标志性项目加快落地建设。统筹投入资金8亿元，完成G319天马山隧道改扩建工程、荷文公路提质改造工程，南泥湾路(龚家桥路—道吾山路)建成通车，S326浏阳市普迹至雨花区跳马公路（原南横线路段)全面启动，金阳大道三期隧道、桥涵、路基工程加速推进。

【教育事业投入】 2021年，浏阳市统筹投入教育事业资金3.81亿元，新建学校4所，改扩建学校18所，新改扩建公办幼儿园10所，新增学位7866个；建设标准化寄宿制学校11所，官渡芙蓉学校建设被评为省级优秀。支持67所学校完成食品饮用水安全隐患改造，打造“未来学校”18所，新建交互式多媒体教室911间，覆盖率达85.2%。引进招聘教师1000名，其中部属院校和知名高校优秀毕业生67人；培养公费师范生200人；新招聘教师90%以上分配至乡村学校。全面落实家庭经济困难学生国家资助政策，精准资助各级各类贫困学生5.29万人次，金额达3281万元。深入推进“网络校联体”，6000多名乡村学生同步享有城区优质课堂。统筹投入5.13亿元，支持高中教育发展，改善高中办学条件，高考本科上线5264人，高考质量在“长望浏宁”四县(市、区)蝉联“十四连冠”。

【卫生健康投入】 2021年，浏阳市持续推进“健康浏阳”建设。统筹投入疫情防控资金、重点人群新冠肺炎核酸检测资金、疫苗接种费共3亿元，累计摸排管控国内中高风险地区和境外来(返)人员20295人，核酸检测229.67万人次，新冠疫苗接种284.47万剂次。成功应对多轮国内本土疫情。借力“健康长沙”PPP项目，推动重大卫生项目建设落实落地，集里医院门诊综合大楼建成投用，中医医院危急重症大楼项目完成封顶，金阳中心医院、社港镇医养教研项目扎实推进，妇幼保健院、洞阳镇卫生院等整体搬迁项目顺利开工建设，5所乡镇卫生院维修改造和20个村卫生室新改扩建全面完工，新增床位935张。安排1.43亿元，支持开展基本公共卫生服务、艾滋病防治、新生儿遗传性耳聋基因检测、新生儿疾病筛查等民生项目，完成3万名适龄妇女“两癌”免费筛查、1万名孕产妇免费产前筛查，为“健康浏阳”建设提供资金保障。

【社会保障投入】 2021年，浏阳市聚焦民生福祉，持续加大民生投入，全年民生支出达125.33亿元，比上年增加7.3亿元。城乡居民基础养老金实现十七连涨，达到每人每月228元；城乡居民基本医保财政补助标准从每人每年550元提高至580元，低保标准由每人每月650元提高至750元，特困供养标准由每人每月845元提高至975元，困难残疾人生活补贴标准由每人每月120元提高至140元，重度残疾人护理补贴标准由每人每月80元提高至100元。安排资金3亿元，落实低保、特困供养和残疾人两项补贴等补助政策，保障困难群众基本生活。拨付医疗救助资金7324.5万元，提高特殊困难群体医保综合报销比例，巩固脱贫攻坚成果。统筹投入8107万元，开展就业培训、职业技能提升、创业担保贷款等专项工作，就业形势总体稳定。拨付机关养老、城乡居民基本养老、城乡居民医疗保险等经费18亿元，确保养老、医保待遇及时发放。通过“一卡通”发放各类惠民惠农财政资金超8亿元，惠及223万人次。

【乡村振兴投入】 2021年，浏阳市安排村级运转保障经费、村级集体经济发展奖励等资金1.5亿元，投入新一轮涉农整合资金7800万元，全市集体经济总收入超1亿元，实现所有村集体经济收入超20万元，有效激发村级发展活力。统筹投入2亿元，扎实推进城乡公交一体化改革，投入城乡公交运营车辆418辆，城乡公交运营线路109条，实现建制村公交村村通目标。统筹投入2.25亿元，新改建农村公路363.5公里、改造危桥4座、处置隐患里程376.8公里，被评为“四好农村路”全国示范县。安排乡镇体制分成资金3.6亿元，支持乡镇保工资、保运转、保民生、促发展，永安镇入选全国百强镇，大瑶镇、柏加镇、社港镇、文家市镇被评为湖南省特色产业小镇。支持出台《浏阳市2021年发展壮大新型村级集体经济实施方案》，举办2021中国美丽乡村休闲游推介活动，获批创建“国家农业现代化示范区”“全国农业科技现代化先行县”“全国休闲农业重点县市”。

【城镇建设投入】 2021年，浏阳市统筹资金2.5亿元，加快推进城市有机更新，改造老旧小区91个涉及居民7614户，改造面积82.96万平方米，成为全省老旧小区改造观摩现场；完成棚户区改造项目7个548户，改造面积14.15万平方米。统筹投入2.96亿元，完成西湖山城市市民公园、花炮观礼台建设，拉通8条城市道路，完成1万平方米破损道路提质改造，拆除重建洗药桥、提质改造思邈公园，提质公厕20余座，被评为湖南省“美丽宜居共同缔造”示范县。统筹投入2000万元，新(改)建停车场18个，城区增加停车位15713个，实施智慧停车收费管理，提高停车位周转率，全力破解停车难题。统筹投入6000万元，完成体育中心、欧阳予倩文化艺术中心提质改造，李白故居隐蔽战线英烈事迹展览馆加快推进，市博物馆建成开放，市图书馆通过国家级文化和旅游公共服务机构功能融合试点验收，人民群众文化生活不断丰富。

【生态环境保护投入】 2021年，浏阳市投入资金6000万元，深入推进“治厕、治垃圾”工作，新增改厕1万座，基本实现农村无害化卫生厕所全覆盖；以农村“五治”为抓手，扎实推进人居环境整治，全市农村垃圾分类覆盖率达100%。统筹资金11.9亿元，在全省率先启动县级城区生活污水处理提质增效和雨污分流改造项目建设，完成百宜河、济川河、渭川河片区雨污分流改造工程建设，新建、改造城乡主支管网106公里。空气质量持续领跑长沙，空气质量优良率达98.1%。统筹投入各项水利建设资金1.72亿元，支持设立河长(库长)1768名，完成浏阳河、捞刀河73项综合治理年度建设任务，浏阳河出境断面水质均值稳定在Ⅱ类，捞刀河、南川河干流水质均值保持Ⅲ类，支流水质稳步提升。统筹投入各类林业专项资金6249万元，在长沙市率先全面推行林长制，支持设立林长428名，成功申创全国“绿水青山就是金山银山”实践创新基地。

【债务管控】 2021年，浏阳市坚守“隐性债务不新增、‘三保’支出不断链、风险事件不发生”的底线，统筹发展与安全，多举措纵深推进打好防范化解重点风险攻坚战，化债工作被评为全省化债成效突出地区。全力推进到期债务偿还及化解，指导各债务单位制定具有可操作性的“一债一策”，通过加快土地出让、做活经营等方式拓宽偿债资金来源，有效控增量、化存量，三类债务之和持续下降，债务风险水平总体稳定可控。以提升主体信用评级为抓手，推动降低融资成本，3家国有企业主体信用评级提升至AA+，2家国有企业主体信用评级提升至AA，企业全市平均综合融资成本降低至6%以内。坚持用好用活新增债券资金，推动老旧小区提质改造项目、“一河两岸”文旅产业配套项目等重大项目建设，为全市重点项目建设提供有力资金保障。指导督促各项目单位在确保资金使用安全合规的前提下，加快支出进度，尽快形成实物工程量，专项债券资金使用进度居省、市前列。

【财政改革】 2021年，浏阳市持续深化零基预算改革，打破基数依赖，按照“四减四控”原则，核减到期项目资金2.61亿元。进一步规范预备费动支程序，强化预算刚性约束。围绕公共卫生、教育经费、基层保障、政府投资计划等课题开展调研，助力预算编制更加科学。严格落实国库资金借款制度，实现财政暂付款余额清零和零新增，财政暂付款清理工作被省财政厅通报表彰和奖励。完成结算评审项目846个，审定金额20.55亿元，节约财政资金2.02亿元，审减率8.97%，项目结算评审质效明显。以新一轮村（社区）“两委”换届为契机，全覆盖培训基层财务人员，制定《乡镇财政资金监管实施办法》《浏阳市村级财务报销操作规程》等文件，推动村级财务管理更加规范。全年共完成重点绩效评价项目32个，涉及评价资金66.05亿元，被确定为全省全面实施预算绩效管理重点县，连续八年被评为全省预算绩效管理工作先进县(市)。

【“数字财政”全面上线】 2021年，浏阳市成立浏阳市预算管理一体化系统建设领导小组和工作专班，组建业务组和技术组，建立新系统定期商讨机制，统筹推进一体化系统建设工作。深度对接人民银行、代理银行，明确支付业务停办时间，完成与各方联调测试、电子签章导入等工作，畅通新系统支付、清收渠道，确保预算管理一体化系统如期上线。完成国库集中支付电子化改革，打通“数字财政”系统与银行之间“最后一公里”数据通道，理顺预算单位、财政部门、代理银行协同流程，确保数据录入、审核支付等环节有机衔接，线上电子印章取代实物印章，以“数据跑路”替代“人工跑腿”。“数字财政”系统将贯穿项目库管理、预算编制、指标管理、国库集中支付、绩效管理等财政业务全流程，实现对预算管理的动态反映和有效控制，形成覆盖全面、业务协同、上下贯通、开放共享的财政大数据应用发展格局。

（杨　丽）

税　务

【概况】 2021年，浏阳市税务局下辖第一税务所、第二税务所、淮川税务分局、古港税务分局、官渡税务分局、大瑶税务分局、镇头税务分局、经开税务分局、沙市税务分局。全年组织各项收入147亿元，其中：税收收入完成108亿元，同比增长2.28%；县级地方收入完成85亿元，同比增长12.07%，完成年初预算目标的103.95%；社会保险费完成34亿元，完成年度预算任务的116%；非税收入完成5亿元。

【税费征收】 2021年，浏阳市税务局坚持依法依规征收，坚决不收过头税费，圆满完成预算收入目标。主导推动浏阳市人民政府出台《挖潜增收促进财税收入高质量增长十条硬举措》，逐项落实相关措施，在勤征细管的基础上不断提升税费收入质量。强化税源监控、税收预测和质量考核，配合税务总局驻广州特派办和审计署驻广州特派办专项审计检查，在圆满完成预算收入任务的同时，改善收入质量。深化税收收入和经济分析，累计向上级税务机关和地方党政报送税收分析报告10余篇，获得批示肯定4次，为服务地方党政决策，助力发展经济、涵养税源提供有益参考。

【税收违法案件查处】 2021年，浏阳市税务局全面实施行政执法“三项制度”，全年公示一般程序行政处罚65户，推进“首违不罚”清单制管理，统一执行口径，精准提醒告知，依法依规对315户次纳税人缴费人不予罚款。针对中小私营企业申报不实的问题，开展纳税申报审核，全年审核606户企业，入库税款6432万元。完善大数据和风险管理工作机制，强化风险分析和任务统筹，组织开展中低风险应对854户，查补入库税、费19057.27万元，其中加收滞纳金2385.18万元。完成跨区域风险协作处置事项11起，核查税收违法案件举报12起，配合稽查、公安办理各类税收违法案件16轮次，参与市场监管局牵头的“双随机、一公开”案件2起。

【税源管理】 2021年，浏阳市税务局切实加强对重点行业、重点税源、重点地区、重点税种的管理，以点带面，扩大征管实效。全年房地产、花炮、军工销、采矿、混凝土等行业增收31573万元。加大欠税考核力度，全年共计入库消化陈欠税款近500万元。加强灵活用工平台企业监管，做到“有进有退、健康规范”，全年终止不规范企业委托代征协议28户。

【税收征管改革】 2021年，浏阳市税务局坚决落实中办、国办印发的《关于进一步深化税收征管改革的意见》以及省委办公厅、省政府办公厅印发的《湖南省关于进一步深化税收征管改革的实施方案》，对标对表完成改革任务措施45项，税费征管体系现代化迈出坚强步伐。按照“一件事一次办”承诺，推进6类税务证明事项告知承诺制。畅通“线上办”，拓宽“网上”“掌上”办税缴费范围，214个事项“非接触式”办理，覆盖纳税人办税事项80%以上，线下办税实现再提速。加强信用管理，建立信用监管体系，获评“长沙市2020年度信用建设优秀单位”。税收营商环境不断优化升级，全面贯彻以人民为中心的发展思想，持续优化税收营商环境，高质量服务市场主体，在2021年湖南省税务局纳税人满意度调查测评中，浏阳市税务局取得排名全省县级税务局第三，长沙地区第一的历史最佳成绩。

【社保非税征收划转】 2021年，浏阳市税务局积极构建“税费同征同管，同步催报催缴”的单位社保费征收体系，全年申报缴费率均超过96%，排名长沙地区前列。完善自然人社保费征收体系，优化缴费方式，拓宽缴费渠道，大力推行“湘税社保”、手机银行掌上办，实现非接触式缴费，同时，实行12家银行网点以及智能POS机等传统线下渠道缴费。城乡居民全年医保缴费118.3万人，养老保险缴费45.8万人，超额完成“全覆盖”目标任务，参保人数、缴费率均排名长沙地区前列。被湖南省税务局评为个人所得税改革先进单位。

【减税降费工作】 2021年，浏阳市税务局积极落实减税降费政策，全面推行网格化服务、精准化宣传、便捷化办理，全年新增减税降费7.34亿元，办理增值税留抵退税18.06亿元，办理制造业中小微企业缓税1.1亿元，办理出口退(免)税26.57亿元，市场主体的负担进一步减轻、活力进一步激发。

【税务队伍建设】 2021年，浏阳市税务局先后举办普法学法考法和税收执法资格证考试，两项考试通过率均100%。坚持严管善待激活相结合，厚植干事氛围，凝聚起干部职工担当作为的强大合力。积极推进职务职级并行。坚持党管干部原则，落实新时代好干部标准，配优配强中层干部，提拔任用中层正职2人，中层副职6人。科学有序推进职级晋升工作，晋升职级55人次，晋升比例17.58%。严格干部职工队伍管理。持续优化绩效管理，搭建兼具创新性和实用性的个人绩效指标体系，实现个人绩效差异化考评。被评为“全省税务系统个人绩效管理示范单位”，并代表长沙在湖南省税务局作典型发言。严格落实因私出国(境)管控措施，集中保管所有在职干部的因私出国(境)证件，对2名严重违反相关规定的人员给予诫勉谈话处理。持续强化岗位实训锻炼，坚持训战结合，开展常态化练兵比武，在省税务局和长沙市税务局组织的税收征管业务比武中均取得优秀成绩，在长沙“智税2021”大数据竞赛中，获得“大数据竞赛优秀团体”一等奖，1名工作人员在湖南省税务系统社保非税大比武中获得一等奖。

【税务为媒村企联手共谋乡村振兴】 11月17日，由浏阳市工商联主办，浏阳市税务局、浏阳市枨冲镇承办的“星耀浏河　枨势而上”浏阳市民营企业助力乡村振兴结对帮扶座谈会在浏阳市枨冲镇才常村举行。中共浏阳市委常委、市委办主任王坤球，市政协副主席、工商联主席陈静出席活动，浏阳市税务局党委副书记、副局长丁洪武及乡村振兴工作小组成员参加座谈。会前，王坤球和浏阳市税务局驻村税务干部、民营

2021 年 11 月 17 日，由浏阳市工商联主办，浏阳市税务局、浏阳市枨冲镇承办的“星耀浏河 枨势而上”浏阳市民营企业助力乡村振兴结对帮扶座谈会在浏阳市枨冲镇才常村举行（市税务局 供图）

企业负责人等一行先后前往枨冲镇和平村蔬菜种植基地、才常村黑斑蛙养殖基地和曲尺湾屋场，实地观摩产业种养规模和经营规划情况，了解村级民生工程设施建设进程。随后，在才常村召开座谈并举行签约仪式，湖南比一比贸易有限公司负责人唐自力、湖南方锐达科技有限公司负责人熊厚勇等 10 位民营企业负责人分别与枨冲镇和平村、才常村签署结对帮扶协议，将利用企业资金、资源援助村级产业发展，助力乡村振兴。浏阳市税务局是两个村乡村振兴的后盾单位，也是此次结对帮扶活动的发起人和承办单位。

表 3　　浏阳市税务局各项收入分税种分级次入库情况表

项　目	本月入库			年度计划	累计入库			
	税额（万元）	比上年同期			税额（万元）	为年计划（%）	比上年同期	
		增减额（万元）	增减（%）				增减额（万元）	增减（%）
各项收入总计	200887	33708	20.16		1478235		253021	20.65
其中：中央级收入	33528	−360	−1.06		356569		−1169	−0.33
县级收入	105856	13382	14.47	813508	845674	103.95%	118312	16.27
其他收入	62196	21379	52.38		366272		224670	158.66
省局计划口径收入	134418	12400	10.16		1067572		23840	2.28
一、政府口径收入	137553	13030	10.46		1093207		27942	2.62
1.增值税	52051	6876	15.22		312518		−42439	−11.96
2.消费税	3405	−1300	−27.63		44262		2493	5.97
3.营业税							−30	−100.00
4.企业所得税	−668	−2363	−139.41		173523		18890	12.22
5.个人所得税	5601	−632	−10.14		55297		9707	21.29
6.资源税	268	−16	−5.63		2370		287	13.78
7.土地使用税	3114	−793	−20.30		16627		5014	43.18
8.城市维护建设税	3218	547	20.48		26600		3755	16.44
9.土地增值税	40121	1706	4.44		269920		89949	49.98
10.印花税	1519	615	68.03		12574		6358	102.28
11.车船税	3900	1367	53.97		33067		5776	21.16
12.房产税	4931	479	10.76		22074		5691	34.74
13.烟叶税					3890		−245	−5.93
14.契税	16424	6122	59.43		82451		35524	75.70
15.耕地占用税	325	−314	−49.14		9002		−117923	−92.91
16.环境保护税	209	106	102.91		3397		1033	43.70

续表 3

项　目	本月入库			年度计划	累计入库			
	税额（万元）	比上年同期			税额（万元）	为年计划（%）	比上年同期	
		增减额(万元)	增减(%)				增减额(万元)	增减(%)
二、车辆购置税	1138	-701	-38.12		18756		414	2.26
三、出口退税	30412	25985	46.08		265723		29100	12.30
四、其他费金合计	65329	22009	50.81		391873		228753	140.24
1.教育费附加	1880	379	25.25		15359		2523	19.66
2.地方教育附加	1255	251	25.00		10276		1579	18.16
3.残疾人就业保障金	245	-220	-47.31		2339		269	13.00
4.水利建设基金	868	477	121.99		5433		1721	46.36
5.文化事业建设费							-10	-100.00
6.社会保险费	58834	19112	48.11	289014	337004	116.60	204198	153.76
7.水土保持补偿费收入	162	162			794		794	
8.工会经费	389	152	64.14		3430		446	14.95
9.国家重大水利工程建设基金收入					1		1	
10.可再生能源发展基金					7		2	40.00
11.排污权出让收入	49	49			893		893	
12.防空地下室易地建设费收入	194	194			2257		2257	
13.职业年金	1453	1453			14080		14080	
五、其他罚没收入	2				34		14	70.00
六、省口径县级地方税收	102721	-1945	-1.86		820039		88323	12.07

说明:1.各级收入均不含出口退税;2.政府口径收入合计＝各项税收合计数(不含车辆购置税)+教育费附加＋地方教育附加;3.编报单位:收入核算科(填报时间:2021 年 12 月)

（刘　强）

自然资源管理

【概况】 浏阳市国土面积 500775 公顷、山林面积 344666.67 公顷、水域及水利设施用地 17566.67 公顷、耕地面积约 59333.33 公顷，其中旱地面积 4460 公顷，水田面积 54880 公顷。2021 年,浏阳市自然资源局坚持以发展为第一要务，自觉增强大局观念和全局意识，努力为高质量发展做出贡献。全年完成腾地 1098.2 公顷、拆迁 1606 户,实现 122 个项目征拆“清零”；批回建设用地 80 批次、1092.13 公顷;完成国有建设用地使用权挂牌出让成交 193 宗、649.93 公顷，实现土地出让收入 97.53 亿元,落实占补平衡面积 252.67 公顷,收取耕地开垦费 1.3 亿元;争取上级统筹解决椒花水库、蒙华铁路占补平衡指标,节省占补平衡费、耕地开垦费 3.06 亿元。推进椒花水库工程、金阳大道三期、中和苍坊旅游区创建国家 5A 景区、湖南都市学院等重点重大项目建设，为实施“三高四新”战略筑牢坚实的用地保障。自然资源服务乡村振兴被列入全省唯一的试点县，积极探索农村集体经营性建设用地入市实施路径，完成入市成交 5 宗、面积 50.13 公顷,成交价款 1.44 亿元;支持花炮、民宿等特色产业发展，探索花炮企业定量不定点特殊单元管理模式，花炮企业依法办理用地手续更加省时节费；依法承接建设用地审批权限，在本级完成集体建设用地审批 20 宗、面积 45.26 公顷,本级审批相比以往在长沙审批提速近 1 个月时间，为服务乡村振兴创新用地保障机制。选派 2 名工作人员服务乡村振兴,联系帮扶中和镇雅山村和山枣潭村,分别任两村支部第一书记,2 个村集体经济全年收入均超 20 万元。服务实体经济,试点推行“标准地+承诺制”,深入推进工业用地一级市场长期租赁、先租后让、租让结合、缩短出让年限等弹性供地制度改革,完成工业用地弹性供地 14 宗,为企业节约用地成本 1.39 亿元。强化安全生产，落实党政领导和部门监管责任，建立安全生产分层分级监管制度，开展安全生产专项整治三年行动集中攻坚、打非治违百日攻坚等集中行动，督导检查企业 421 家,排查整治隐患 71 个。争取创新耕地保护举措、规划支持政策、用地保障机

2021年4月20日，省自然资源厅党组书记、厅长、省自然资源总督察陈仲伯（右六）到浏阳调研基层土地管理和国土空间规划工作（市自然资源局 供图）

制、村民建房管理和执法监管手段5方面、18条试点措施，重点在体制机制和政策措施层面探索创新，发挥自然资源在乡村振兴中的重要作用，得到中共湖南省委副书记、省长毛伟明的亲自批示。

【国土空间规划】 2021年，浏阳市被纳入全省唯一的统筹划定“三条控制线（生态保护红线、永久基本农田、城镇开发边界三条控制线）”县级试点，浏阳市自然资源局着力优化城镇开发边界、耕地和永久基本农田布局、综合交通规划、用地规模分配等核心内容，年内完成市国土空间总体规划初步成果编制。在全省率先按照“镇村一体”编制模式，开展24个乡、镇国土空间规划、263个“多规合一”实用性村庄规划具体编制以及乡村规划“一师两员（乡村规划师、规划联络员、规划监督员）”试点，“镇村一体”规划编制经验在全省村庄规划工作电视电话会议上被作为典型推介，并被《中国自然资源报》《湖南自然资源》（“省自然资源厅”微信公众号）等平台宣传推介。推进浏阳主城规划建设，完善“一河两岸”及道吾、长兴湖、浦梓港等片区规划，高水平编制高铁新城片区城市设计和控制性详细规划。推进金阳新城发展战略规划提质，编制金阳新城国土空间规划，加强金阳新城控规动态维护更新。

【耕地保护】 2021年，浏阳市大力推进农村乱占耕地建房问题整治和损毁耕地整改，坚决遏制耕地“非农化”、防止耕地“非粮化”，严守耕地保护红线，扛稳粮食安全重任。在全省率先探索推行耕地保护“田长制”，设立市、镇、村三级田长，在各村民小组设立网格护田员，结合“党建+微网格”将农户纳入耕地保护体系，压实属地管理、分级保护、逐级负责的耕地保护责任，建立健全网格化、全覆盖的耕地保护组织体系和责任体系，落实市、镇、村、组、户五级保护。落实“两个耕地占补平衡”，推进损毁耕地整改，完成省级监测图斑核查1051个，整改举证图斑804宗，完成率76.5%；通过省自然资源厅确认解扣解冻耕地指标55.97公顷，面积居全省第一。加强新增耕地项目后期管护核查，对2017年以来的7000多个新增耕地图斑进行全覆盖核查，确保新增耕地一亩不假。因落实“耕地两个占补平衡”等耕地保护制度成效明显，获省政府真抓实干督查激励。

【矿山管理】 2021年，浏阳市自然资源局统筹推进非煤矿山依法整顿、砂石土矿专项整治和绿色矿山建设，取缔非法开采点4处，立案查处矿山违法案件16起。规划保留矿山32家，大中型矿山占比大幅提高，矿业规模化、集约化发展格局初步形成，成功创建绿色矿山6家，矿业绿色转型发展成效明显。在全省率先出台砂石矿资源有偿处置政策，收缴采矿权出让收益7744.73万元。推进葛家镇六股岭砂石矿采矿权净矿出让试点。加强裸露土地扬尘监管，坚决遏制土地违法行为，全面完成矿山、洗砂制砂、花炮用地等25个中央生态环保督查信访问题整改。

【不动产登记】 2021年，浏阳市自然资源局对所有不动产登记业务平均办结时限降至2个工作日，抵押首次登记实现3小时内办结，抵押注销、查解封登记实现即时办结，全年发放不动产权证书15万多本，办理不动产在线抵押6000多笔、金额30余亿元，完成房地产办证信访突出问题集中化解12个，办理“交房即交证”项目5个、2200多户。积极探索集体土地入市新模式，2月23日，市自然资源局永安自然资源所颁发全省首本集体经营性建设用地入市不动产权证。推进农村宅基地和集体建设用地房地一体确权登记，全年完成农村宅基地确权登记15.5万宗，审核发证11.67万本；集体建设用地确权登记2973宗，并顺利通过省级验收。

【地质灾害防治及生态修复】 2021年，浏阳市自然资源局认真落实汛期巡查排查、预警预报和24小时值班值守，对18个地质灾害隐患点安装监测预警装置，将52412户切坡临坡建房户全部纳入预警预报系统，督促各乡镇对310个隐患点开展地质灾害应急避险演练。争取上级项目资金近2000万元，推进地质灾害项目治理。加强矿山地质环境治理，督促矿山缴存矿山地质环境治理恢复基金8957万元，完成12家矿山地质环境治理分期验收，完成修复面积228亩。积极盘活利用低效闲置宅基地和废弃工矿用地，组织实施增减挂钩项目3个批次、面积80.4公顷，预计新增耕地53.4公顷。推进永安、洞阳全域土地综合整治试点，预计新增耕地64.53公顷，盘活各类土地资源要素，促进耕地保护和生态保护修复。

【执法监察】 2021年，浏阳市自然资源局落实“月清三地”两矿要求，推行“五早五协同”(早巡查、早发现、早预警、早制止、早整改;党政协同,部门协同,社会协同,奖罚协同,疏堵协同)措施,建立“月调度、季讲评、年评价”违法用地整治机制,创新部门联合惩戒，推行有效举报奖励,坚决遏制耕地“非农化”,防治“非粮化”现象。强化规划实施管理,开展拆违控违百日攻坚行动,抽调7人到市拆违办,依法依规、从严从重打击新增规划违法行为,参与拆违行动300余次,拆除违章搭建面积4000多平方米,立案处罚5起。实现全年耕地“零违法”,9月8日,全省自然资源执法工作培训会召开,浏阳市自然资源局党组副书记、副局长刘学辉代表浏阳作自然资源执法工作典型发言。《浏阳市标本兼治违法用地》被《中国自然资源报》宣传报道。

【节约集约用地】 2021年，浏阳市自然资源局完成批而未供土地处置、审计整改、基准地价更新、标定地价制定、农用地基准地价制定等工作，批而未供、闲置土地处置量在全省排名第一。在全省率先开展“标准地+承诺制”试点,推进弹性供地,浏阳经开区(高新区)集约节约考核被评为全省一等奖。做好土地储备监管收储入库、供地出库等情况上报，做到数据及时、准确上传,实现建设用地全流程、全方位、全要素管理，自然资源管理工作在全省排名第一。4月30日,国务院办公厅发布《国务院办公厅关于对2020年落实有关重大政策措施真抓实干成效明显地方予以督查激励的通报》浏阳作为“土地节约集约利用、土地利用秩序、土地利用计划执行好”的县(市、区),被国务院点名表扬。

【审批服务】 2021年，浏阳市自然资源局落实“三集”审批制度和并联审批制度，建立审批服务“容缺审批”“承诺审批”事项正面清单制度,核发用地预审与规划选址意见189宗、规划用地许可197宗、建设工程规划许可256宗。强化过渡期规划服务,支持修改金阳大道三期、苍坊旅游区创建国家5A级旅游景区设施等116个建设项目土地利用总体规划,涉及面积564.82公顷;简化规划修改程序，以市人民政府出具承诺函形式,为11批次、142个项目办理规划修改，为企业节约规划修改等技术服务费用1000余万元。完成41个老旧小区改造设计，百川里片老旧小区改造设计项目在全省城镇老旧小区改造工作现场推进会上进行经验推广。11月24日,省自然资源厅印发关于《湖南省工程建设项目“用地清单制+告知承诺制”改革试点实施方案》的通知,浏阳经开区作为“用地清单制+告知承诺制”试点。

（李佳蔚）

审 计

【概况】 2021年,市审计局在市委、市政府和上级审计机关的正确领导下,紧扣市委、市政府工作大局,聚焦主责主业，依法全面履行审计监督职责，扎实做好常态化“经济体检”工作，有效服务浏阳高质量发展,圆满完成各项审计工作任务。全年共完成审计项目29个,发现问题355个，查出问题金额199868万元(其中:违规金额1433万元,损失浪费金额224万元，管理不规范金额198211万元)，收缴违规资金1207万元。向纪检监察机关、公安机关等移送案件线索4起。全年组织审计业务培训2次,参训人数达400余人次,外派11名干部参与长沙市审计局、审计署审计项目,推选2名干部参加国家审计署业务培训。全年上报审计要情(专报)6篇,在《中国审计报》、《审计观察》等媒体刊发信息21篇。1个审计项目被评为长沙市优秀审计项目“一等奖”、湖南省审计厅优秀审计项目“二等奖”。局机关被评为“省级文明单位”“浏阳市三八红旗集体”,审计二科成功创建“浏阳市青年文明号”。

【财政审计】 2021年，市审计局通过“1+5+N”模式,对市公安局、市发展和改革局、市行政审批服务局等5个市直单位进行重点审计，通过大数据分析加疑点核查方式实现其他95个一级预算单位审计全覆盖。重点关注财政资金审批、政府“过紧日子”、重点支出预算执行等方面情况,揭露市粮储中心下属米业公司、食美公司公款私存等问题，移送市纪委监委处理;督促12.62亿元财政收入及时缴入国库或财政专户,力促财政收回并统筹使用结余结转资金5208.26万元。

【领导干部经济责任审计】 2021年，市委审计办、市审计局认真贯彻落实中共中央办公厅、国务院办公厅印发的《党政主要领导干部和国有企事业单位主要领导人员经济责任审计规定》,以领导干部任职期间公共资金、国有资产、国有资源的管

2021年7月15日,市审计局在市委党校举办“2021年度内部审计人员业务培训”,培训邀请湘潭大学教授、高级审计师刘朝辉和省、长沙市审计专家共3人,为110多家单位150多名内审人员现场授课

（市审计局 供图）

理、分配和使用为基础，紧扣“权力运行”和“责任落实”两条主线，依法依规组织对9个单位15名领导干部开展任期经济责任审计，共发现问题119个，查处违规金额3749.21万元，管理不规范金额41051.04万元，提出审计建议26条，向市领导报送《审计专报》1篇、《审计要情》1篇。

【民生项目审计】 2021年，市审计局开展物业维修资金、保障性安居工程、“一圈两场三道”等专项审计调查，重点关注政策落实、资金使用效益、项目管理等方面情况，揭露挪用保障性安居工程专项资金和项目管理不到位等问题41个，提出审计建议13条。推动物业维修资金主管部门向业主派发到户物业维修资金增值收益3000余万元，向492户业主催缴物业维修资金380万元；清理盘活安居工程专项资金375.02万元，清退不符合住房保障资格对象17户、重新配租11户、调整租金标准45户。

【重大政策落实跟踪审计】 2021年，市审计局按照长沙市审计局安排开展2019年至2020年乡村振兴战略实施情况专项审计调查和“10件民生实事”政策落实情况跟踪审计，重点关注各项政策措施执行的实际效果和薄弱环节，发现部分企业以虚假材料、虚增投资、虚报收入等方式获取财政资金等问题，及时督促相关单位完成整改。重点延伸审计农业保险，揭露并上报某保险公司及部分养殖户涉嫌虚假承保、理赔等问题，相关线索移送市公安局立案侦查，2人被刑事拘留。

【审计整改】 2021年，市审计局建立健全审计整改长效机制，做实审计监督后半篇文章，对审计查出的问题进行跟踪督办，逐一对账销号。全年审计查出问题355个，截至2021年年末落实整改或基本整改问题327个，占比92.11%，推动修订或出台相关监管制度34项，审计“治已病、防未病”的作用得到彰显。

2021年8月24日，市委审计委员会第六次会议召开　（市审计局　供图）

【市委审计委员会第五次会议】 5月14日，中共长沙市委常委、浏阳市委书记、市委审计委员会主任朱东铁在市委接待室主持召开市委审计委员会第五次会议。会议传达学习中央、省、长沙市有关会议精神，听取全市审计工作情况汇报，审议有关文件，研究部署下阶段审计工作。会议对2020年至2021年一季度全市审计工作取得的成绩给予充分肯定。会议指出，审计部门要依法全面履行审计监督职责，扎实做好常态化“经济体检”工作，为实施“三高四新”战略，全面推进高质量发展和现代化新浏阳建设贡献审计力量。要突出重点、精准发力，以高质量审计助推浏阳高质量发展：要聚焦审计重点，聚焦上级决策部署落实落地，聚焦“三高四新”战略实施，聚焦民生保障，聚焦规范权力运行，聚焦财政资金提质增效；要强化审计管理，要加强审前研究、审中管控以及审后评估，同时，要把揭示风险隐患摆在更加突出的位置，强化综合分析研判，把握事物发展规律，着力推动源头治理，切实发挥审计“治已病，防未病”功能；要抓好审计整改，要严格落实记账销账制度，严格压实各方整改责任，加强体制机制完善；要不断锤炼审计能力，全面提升审计工作质量和水平。

【市委审计委员会第六次会议】 8月24日，中共长沙市委常委、浏阳市委书记、市委审计委员会主任朱东铁主持召开市委审计委员会第六次会议，传达学习中央、省、长沙市有关会议精神，审议和通过《关于2020年度市本级预算执行和其他财政收支情况审计报告》和《关于2019年度市本级预算执行和其他财政收支问题整改情况报告》，研究部署下阶段审计工作。市委副书记、代市长、市委审计委员会副主任王雄文出席会议。市领导姚喜琳、王坤球、冯赛军、杨智、黄刚出席会议。会议充分肯定全市审计机关2021年以来的工作成效。会议指出，要突出政治建设统领地位，切实把党的领导贯穿审计工作各方面全过程。市委审计委要站在全局高度谋划审计工作，坚决把各级决策部署贯穿谋划审计工作、履行审计职责、实施审计项目全过程，以强有力的审计监督保障执行、促推发展。会议强调，要全面依法履行审计监督职责，以高质量审计服务经济社会发展大局。要加强对上级决策部署落实情况的审计监督，加强对重大投资项目、重点民生工程的审计监督，加大对重大改革任务落实情况的审计力度。要加强对经济社会运行中各类风险隐患的审计监督，坚持早发现、早预防、早介入、早处置，努力把问题和风险化解在萌芽状态。要加强对重点民生项目资金的审计监督，重点抓好保障性安居工程、物业专项维修资金、教育专项资金、困难群众救助补助资金等专项审计调查。要加强对公权力运行的审计监督，坚持党政同责、同责同审，以审计监督强化干部管理监督，促进干部履职尽责。会议强调，要建立健全审计整改长效机制，做实审计监督后半篇文章。要强化审计整改落实责任，推动被审计单位压实整改主体责任，及时组织对审计整改情况进行跟踪督促检查。要健全审计整改工作机制，对审计查出的问题，形成问题清单，逐项分解到相关部门单位，明确整改责任主体。要推动审计整改结果运用，把审计监督与党管干部、纪律检查、追责问责结合起来，同时坚持“三个区分开来”，审慎分析、科学界定、明晰责任。会议强调，要凝聚推动审计发展强大合力，以高水平管理打造高效能机关。市委审计委要加强对全市审计领域重大工作的顶层设计、总体布局、统筹协调、整体推进、督促落实。市委审计办要协调督促有关方面落实市委审计委员会的决定事项、工作部署。各成员单位要按照职责分工督促落实相关事项，并及时反馈办理落实情况。全市各级各部门要依法自觉接受审计监督，全力支持审计机关依法行使职权。审计机关要加强政治建设、作风建设、廉政建设，努力锻造信念坚定、业务精通、作风务实、清正廉洁的高素质专业化审计干部队伍。

（张　丽）

统　计

【概况】 2021 年，市统计局内设职能科室 4 个，下设普查中心、民意调查中心和经济调查队 3 个二级机构。在市委、市政府正确领导下，市统计局以习近平新时代中国特色社会主义思想为指引，认真贯彻落实党的十九大及十九届二中、三中、四中、五中、六中全会精神和各级党代会精神，以政治建设为统领，紧紧围绕“奋进新征程　挺进前五强”宏伟蓝图，聚力攻坚，强化担当，为现代化新浏阳建设和“十四五”良好开局贡献统计力量。经统计全市全年实现地区生产总值 1616.6 亿元，增长 7.3%；固定资产投资增长 10%；规模工业增加值增长 7.1%；社会消费品零售总额增长 15.6%，各项主要指标在长沙排名前列。市统计局被评为湖南省第七次全国人口普查先进集体。

【统计监测调查】 2021 年，市统计局全面落实 GDP 核算、“一县一特”、固定资产投资、劳动工资、服务业等重点领域统计方法制度改革，组织专班专题研究，确保改革平稳过渡。扎实抓好 13 个专业报表和 7 个抽样调查，圆满完成全年各项调查任务。完成第七次全国人口普查阶段性任务，全市共有常住人口 1429384 人，获评湖南省第七次全国人口普查先进集体，完成第四次全国经济普查成果开发，人口抽样调查任务顺利完成。

【资政决策参考】 2021 年，市统计局组织撰写《决策参考》22 期，编制《数据浏阳》《数据“十三五”》《浏阳市相关经济部门数据汇总》。全年承接社会治安综合治理、食品安全、“党群连心‘五个到户’”、绩效考核、重点民生实事、人才工作、心中有话对党说、“三高四新”战略落实等社情民意调查项目 9 个，为市委、市政府科学决策提供高效服务。围绕中国共产党浏阳市第十三次代表大会提出的“挺进前五强”目标，专班研究，精准开展百强县（市）评比指标预测预警动态分析，撰写 9 篇专题分析，12 月 6 日，全国县域经济专业智库社会组织——中郡研究所完成并发布《2021 县域经济与县域发展监测评价报告》，浏阳市县域经济与县域综合发展名列第 8 位，较上年前进 1 位。

【统计基层基础工作】 2021 年，市统计局不断夯实基层基础工作，实行领导联片、干部联乡制度，全年组织到乡镇、企业开展业务指导 170 余次，统计数据核查 1000 余次，成功创建省级示范统计站 1 个，长沙市优秀统计站 9 个。组织开展统计工作“千人进企业　服务提质效”专项行动，实地走访指导 300 余家企业建立健全统计制度、统计台账，完善原始凭证收集归档，做到数出有据，据之可查，查之可信，指导乡镇（街道）、园区对辖区内 1500 余家“四上”单位进行全面核查指导，统计数据质量明显提高。

【信息化建设】 2021 年，市统计局积极落实省、长沙市关于统计信息化建设要求，强化统计数据质量全面管理的科学性、规范性和统一性，申请将统计数据质量监控平台建设和民调中心整体搬迁项目纳入政府投资计划，在长沙市区县率先推行统计数据质量平台建设。完善名录库管理，创新推进基本单位名录库和联网直报数据库建设，抓好“四上”单位新增与退出，全年共完成新增入库 121 家，增加投资项目 753 个，退出 280 家；做好 20039 家法人单位和 1962 家产业活动单位的动态管理与维护，完成各类改错 3 万余条，名录库质量不断提升。

【统计法治工作】 2021 年，市统计局认真落实国家统计督察工作要求。按照省、长沙市统一部署，通过召开统计工作联席会议、业务培训会、工作推进会等 20 余次会议进行部署，全体干部职工连续三个月到乡镇、街道、园区开展核查和业务指导，制定周密工作方案，确保国家统计督察工作准备扎实有效。针对督察初步反馈问题整改“十条措施”，制定浏阳市实施方案，高质高效推进整改工作。组织开展统计法治宣教活动。提请市委、市政府出台中共中央办公厅、国务院办公厅《关于深化统计管理体制改革提高统计数据真实性的意见》《统计违纪违法责任人处分处理建议办法》《防范和惩治统计造假、弄虚作假督察工作规定》三个文件实施意见。组织全市统计系统习近平总书记重要讲话指示批示精神专题学习培训班。9 月 22 日，湖南省第十二届“中国统计开放日”活动在浏阳市秋收起义文家市会师纪念馆隆重举行，省、长沙市统计系统浏阳市机关事业单位、企业代表 300 余人参加，活动发放宣传资料 3000 余份。12 月 8 日是《中华人民共和国统计法》颁布 38 周年纪念日，市统计局在 12 月组织开展统计法治宣传月活动，通过浏阳电视台、《浏阳日报》、微信公众号发布短视频、宣传报道以及现场集中宣传等方式开展统计法治宣传。加大统计执法检查力度，按照“双随机”执法检查、重点执法检查、专项监督检查相结合的要求，规范执法文书，确保执法程序依法依规。全年共抽取22家“四上”企业开展统计执法检查，依法对2起统计违法事件实施处罚。

【固定资产投资新增项目现场核实和业务培训】 为进一步规范投资统计工作，切实提升投资统计数据质量，摸清投资运行情况，结合国家统计局投资司《关于进一步做好2021年投资月报工作的通知》要求，2月24—25日，市统计局对2021年3月申报的新增项目开展现场核实和业务培训指导，着力从年初压实工作责任，从源头把住数据质量。结合现场核实情况，业务人员对乡镇(街道)、园区投资工作明确要按照“四严(严守政策规定、严把审核条件、严格审核流程、严明依法统计)”要求，认真做好投资项目新增工作，加大对企业的业务培训力度，加强对入库材料的审核，严格执行统计制度，不符合统计入库要求的坚决不予申报；是加强基层基础工作，积极指导督促企业(项目单位)建立健全统计台账，规范统计资料管理，完善财务制度，做好原始凭证的保存和管理工作，切实做到数出有据，据之可查，查之可信。

【2021年园区规模以上工业企业统计业务培训】 为落实湖南省统计局2021年“千人进企业　服务提质效”专项行动，3月30日上午，浏阳市统计局与浏阳经开区(高新区)组织“一套表”企业开展专项培训会议，园区362家企业负责人及统计人员参加会议。培训会上，市统计局工作人员对《中华人民共和国统计法》和中共中央办公厅、国务院办公厅《关于深化统计管理体制改革提高统计数据真实性的意见》《统计违纪违法责任人处分处理建议办法》《防范和惩治统计造假、弄虚作假督察工作规定》等法律法规和文件进行学习传达。结合工业统计制度就重点指标如何理解计算、报表数据审核要点和注意事项、企业如何建立健全统计台帐进行详细讲解。

【二季度全市统计业务培训会议】 7月20日，市统计局组织召开二季度全市统计业务培训会议，各乡镇(街道)、园区统计站(局)的综合统计员、企业统计员，统计局全体干部职工共150余人参加培训会议。培训会议由市统计局法律法规科工作人员解读统计法律法规相关知识，工业、商贸业、服务业、固定资产投资等专业统计负责人分别对2021年上半年工作进行总结，对专业统计业务开展培训，并就参会人员的提问进行答疑。

【湖南省第十二届“中国统计开放日”活动在浏阳举行】 9月22日上午，湖南省第十二届“中国统计开放日”活动在浏阳市秋收起义文家市会师纪念馆隆重举行。本次活动由湖南省统计局和国家统计局湖南调查总队联合主办，长沙市统计局和国家统计局长沙调查队联合承办，浏阳市人民政府协办。湖南省统计局党组成员、总经济师颜宏晖受局长刘文杰和总队长胡国亮委托致辞，国家统计局湖南调查总队党组成员、副总队长范素琴宣布活动开始，湖南省统计局二级巡视员张昭红带领全体在场党员重温入党誓词，长沙市人民政府副秘书长谭海致欢迎词。秋收起义打出人民军队第一面军旗，文家市会师转兵开辟农村包围城市的正确革命道路，点燃中国革命胜利的希望之火。在文家市秋收起义会师旧址广场举办统计开放日活动，就是为更好地赓续红色血脉、传承红色基因，在追寻历史足迹中汲取精神养分、凝聚磅礴力量。活动由舞蹈表演《我宣誓》拉开活动序幕；由湖南统计调查人带来的《新浏阳河》，歌颂繁华盛世；诗朗诵《数说百年辉煌奋进统计未来》，串联起党的百年历史与统计事业的崭新篇章；现场还表演歌舞《唱支山歌给党听》、大合唱《没有共产党就没有新中国》。有奖知识问答向大众普及党史、统计调查知识，宣传统计法律法规，增进社会各界对统计调查工作的了解和认知。活动现场巨幅大型宣传展板上以浏阳河为场景集中科普统计法律法规、湖南党史、湖南统计调查史、数说湖南“十三五”、统计调查知识等；现场还发放统计法律法规宣传折页等资料。国家统计局湖南调查总队和省统计局相关处室负责人，国家统计局长沙调查队、长沙市统计局有关负责人，国家统计局长沙调查队、长沙市统计局相关人员，市委常委、市委办公室主任王坤球，国家统计局浏阳调查队、浏阳市统计局相关人员，浏阳市乡镇(街道)、园区统计分管领导和统计站站长，企业代表等200余人参加活动。活动结束后，出席活动的代表参观浏阳市秋收起义文家市会师纪念馆和秋收起义旧址。

(张辉珍)

市场和质量监督管理

【概况】 2021年，全市市场监管系统在市委、市政府的坚强领导下，以改革发展为动力，强监管、优服务、提质量、保安全，各项工作取得新成效。服务经济社会发展，推进企业综合注销改革，企业开办、注销已实现“一日办结”；创新“政银全域通”服务新模式，11月24日，中国建设银行、国脉研究院联合发布《2021(第四届)高质量发展营商环境特色案例评选报告》。浏阳报送的《“政银全域通”实现商事登记精简、便利、高效》被评为2021(第四届)营商环境高质量发展优秀案例；抓实市场监管和消费维权，全年新增市场主体2.1万户；办理各类许可6160件；指导企业办理专利权质押融资2.19亿元。强制检定计量器具8701台件，查办各类案件954起，受理投诉举报11026起，为消费者挽回经济损失832万元。知识产权保护工作被省人民政府评为“真抓实干、成效明显”督查激励奖；食品安全工作连续三年在省对区县考核中被评为先进单位，年度食品安全公众认知和满意度位列长沙市区县首位；被评为湖南省消费维权先进集体；建党100周年重大活动专供焰火产品质量监管保障工作，得到国家市场和质量监督管理总局通报表彰；被评为长沙市普法工作先进集体、长沙市“三考(高考、中考、学考)”食品安全保障先进单位。

【创建食品安全城市】 2021年，浏阳市多方位发力推动国家食品安全示范城市创建。市委、市政府主要负责人召开全市创建国家食品安全示范城市迎检工作会议，对创建工作进行安排部署，并带队采取“四不两直”方式督查创建工作，高位推进食品安全示范城市创建，逐级压实工作责任，确保创建工作取得明显成效。市食品安全办公室充分发挥牵头抓总作用，协调、督促相关单位积极对照标准自查，针对问题整改。多角度实施提升行动，聚焦现场点提升，对迎检点实施全覆盖检查，高标准提升833家样本点的现场质量。聚焦民调满意度提升，采取宣传车巡回宣传、群发短信、印发公开信等多种形式，扩大食品安全宣传覆盖面，注重创建宣传效果，食品安全民调群众满意度在长沙地区排名第一。聚焦基层基础提升，年内，对标规范市场和质量监督管理所建设要求，对集里、大围、北盛等基层市场和质量监督管理所办公用楼修缮改造，为基层所添置执法装备、办公设备、检验设备，置换5台行政执法车辆。多举措推进迎检攻坚。9月份，创建迎检进入冲刺攻坚阶段后，全局干部职工取消休假，采取领导联所、科所联动、专人联片的模式，组织部门、乡镇、志愿者开展“扫街行动”，对明查迎检点逐个进行规范，对暗访迎检区逐个进行整改，全面扫除创建盲点。由于各级各部门的积极应对，协调配合，合力攻坚，顺利通过国家专家组的暗访检查。

【商事改革】 2021年，浏阳市市场和质量监督管理局加快企业开办改革，企业开办时间压缩至1个工作日，企业设立中的工商登记可半小时办结。推进企业综合注销改革，5个注销环节可1日办结，企业开办、注销均实现“一日办结”。推进“一件事一次办”改革，全面推行食品经营许可告知承诺制，全年受理告知承诺件2376个。实行容缺受理，接收容缺受理材料180余份。深入推进“证照分离”改革，破解“准入不准营”难题。年内，依托湖南省全程电子化系统，浏阳市企业开办实现全流程在线申报。新设企业全程电子化办理率达81.60%，办理企业开办“1+N”业务5895件。推行“政银全域通”服务模式，在全市43个农商行支行、江西省新余渝水湘淮村镇银行网点和18个基层市场监管所设置企业开办服务专区，解决偏远地区企业、群众办事成本高的难题。

【质量强市工作】 2021年，浏阳市市场和质量监督管理局深入开展烟花爆竹及原辅材料产品质量专项整治行动，抽检924批次，合格率达到95.5%。浏阳是庆祝中国共产党建党100周年文艺演出焰火产品专供产区，在焰火产品生产过程中，市场和质量监督管理局实施驻厂质量监管，确保专供焰火产品质量和安全。9月18日，国家市场监管管理总局下发《关于建党100周年文艺演出焰火产品质量安全保障成绩突出集体和个人的通报》，浏阳市市场和质量监督管理局和4名工作人员分别被通报表彰。12月10日，湖南省省长质量奖评审委员会办公室下发《关于开展第七届湖南省省长质量奖评选表彰工作的通知》，浏阳市市场和质量监督管理局组织11家企业和个人申报参评第七届湖南省省长质量奖，1家企业和1名个人进入受理名单。

【标准化项目建设】 2021年，浏阳市市场和质量监督管理局深入实施标准化战略，按照湖南省市场监督管理局《湖南省标准化项目管理办法》的通知》组织标准化项目建设，指导浏阳聪厨食品有限公司、湖南培优农业科技有限公司等企业申报湖南省标准化项目。推进标准项目自我声明公开，全市企业标准自我声明公开3031项，涵盖4734种产品，在全省区县中排名第一。

【知识产权保护】 2021年，浏阳市市场和质量监督管理局积极推进“品牌兴市”战略，全市有效商标注册量达22878件，成为中部六省首个总量突破两万件的县(市、区)。加强知识产权保护，全年查办专利行政执法案件76件，查办商标行政处罚案件39件，查办专利侵权纠纷行政裁决案件7件。助力“浏阳豆豉”成功注册国家地理标志证明商标，截至2021年年末，浏阳市注册国家地理标志证明商标达9个，占长沙地区的50%。推进知识产权质押融资工作，帮扶17家企业办理知识产权质押融资2.19亿元。加强知识产权宣传工作，精心组织知识产权宣传周系列活动，得到省、长沙市领导高度肯定。全面健全调处机制，联合司法局、版权局在18个乡镇(街道)设立知识产权纠纷调解室，夯实知识产权工作基层基础。

【市场监管执法】 2021年，浏阳市市场和质量监督管理局加强市场领域监管。全面维护市场秩序，加大广告、网络监管力度，强化物价监督检查，深入开展公平竞争审查、双打、合同欺诈、扫黄打非、环境保护、长江禁捕、打击传销、食品安全、交通顽瘴痼疾等专项整治，全年查办各类案件954件，其中大要案件9件。推进新型市场监管模式。对重点领域的153项事项开展“双随机一公开”抽查，部门联合抽查13项，逐步实现“进一次门，查多项事”。抓好“互联网+监管”，汇聚监管行为存量信息16586条，事项认领完成率达99.23%。

【消费者权益保护】 2021年，浏阳市市场和质量监督管理局突出消费者权益保护，净化消费环境，完善投诉举报受理、处理机制，强化数据分析，全年受理投诉举报11026件，为消费者挽回经济损失832万余元。12月21日，湖南省人力资源和社会保障厅、湖南省市场监督管理局和湖南省消费者权益保护委员会联合下发《关于表彰湖南省消费维权先进集体和先进个人的决定》，浏阳市消费者委员会被评为湖南省消费维权先进集体。

【“两品一械”安全监管】 2021年，

浏阳市市场和质量监督管理局强化“两品一械(药品、化妆品、医疗器械)”安全监管。深入开展全市农村药械市场和化妆品专项整治行动,加强对疫苗、冷链药品、中药饮片质量的监督检查,全年查处药械违法案件53起,上报不良反应报告648例,确保域内全年无药械安全事故发生。

【特种设备安全监管】 2021年,浏阳市市场和质量监督管理局抓实特种设备安全监管,全年排查各类特种设备安全隐患387处,封停特种设备137台(套),查处特种设备违法行为23起。充分发挥市特种设备安全委员会的作用,市住房和城乡建设局、卫生健康局、教育局等成员单位认真履行行业主管责任,强化工作措施,确保全市各行业领域内全年无特种设备安全事故发生。

【产品、商品质量安全监管】 2021年,浏阳市市场和质量监督管理局加强消防产品、建筑用钢筋、货运汽车、抗疫防疫物品等重点产品的监管,组织开展质量专项整治行动15次,确保全市全年无产品、商品质量安全事故发生。

【推进知识产权工作被省政府通报表扬激励】 2022年1月17日,省人民政府办公厅下发《关于对2021年度真抓实干成效明显地区予以表扬激励的通报》,浏阳市推进知识产权工作成效明显,被省人民政府通报表扬激励。中共浏阳市委、市人民政府高度重视知识产权工作,始终把知识产权工作放在突出位置,将知识产权工作纳入政府工作报告和“十四五”发展规划,不断完善知识产权强市机制建设,打造优质的营商环境和创新环境。2021年9月23日至24日,全省基层知识产权调解现场研讨示范活动在浏阳举行,浏阳市市场监督管理局作典型发言,基层知识产权调解“浏阳经验”在全省推介。截至2021年年末,全市有效发明专利拥有量达1573件,蓝思科技、南新制药、斯奇生物、天地恒一等多家企业获得中国专利银奖、优秀奖和湖南专利奖;全市有效商标注册量达22878件,为中部六省首个总量突破两万件的县(市、区),连续十一年蝉联中部县市榜首。

【浏阳市连续三年被评为湖南省食品安全工作A级(先进)单位】 2022年2月7日,湖南省食品安全委员会下发《关于2021年湖南省食品安全工作评议考核结果的通报》,浏阳市被评为“2021年食品安全工作A级(先进)单位”,浏阳市自2019年开始连续三年获此荣誉。2021年,浏阳市委、市政府严格按照上级有关文件要求,认真落实“四个最严(最严谨的标准、最严格的监管、最严厉的处罚和最严肃的问责)”,坚持稳中求进的总基调,构建“责任明晰、运行高效、保障有力、全程监管、社会共治”的食品安全治理体系,积极推进实施食品安全战略,促进食品产业高质量发展,举全市之力助力长沙创建国家食品安全城市,确保食品安全创建省级初评顺利通过和长沙市月度暗访暗查综合排名第一,并圆满完成国家专家组的暗访检查任务,全力确保人民群众“舌尖上的安全”。2021年,全市未发生食品安全事故,年度食品安全公众认知和满意度位列长沙区县首位。

【建党100周年文艺演出焰火产品质量安全保障工作被国家市场监管总局通报表彰】 2021年9月18日,国家市场监管总局下发《关于表扬建党100周年文艺演出焰火产品质量监管保障工作成绩突出集体和个人的通报》,浏阳市市场监督管理局及浏阳市市场监督管理局工作人员周发文、朱健、温翀、肖镱栋被通报表彰。4月份,浏阳市收到庆祝建党100周年文艺演出组委会关于提供焰火燃放专供产品的工作任务,市市场监管局立即按照“高效率、高标准、高质量”目标,启动此批专供焰火产品质量监管。召开组织、部署和调度会议57次470人/次,先后组织或陪同开展督查、巡查61次263人次,派出驻厂监管128人次,组织下达指令书9份,发现并督促整改问题23个,组织开展生产、监管、检验业务培训13次282人次,组织专家5次40人次赴企业进行业务指导,协助企业测试产品燃放性能14次425批次,测试检验发射炮筒2批次,抽检原材料22批次,备案原材料进厂质量把关22批次,移库封存不合格原材料5批次、不合格产品3批次,完成产品省级监督抽查172批次、国家监督抽查100批次,下发各类通知、文件和报送日报等材料61次。对专供产品实行“专人、专线、专库、专管”生产管理机制,对产品的原材料、焰火药物、发射筒、支架固定以及成品等进行自检、省检、国检,确保把最完美的礼炮顺利交货送往北京。

【“浏阳豆豉”成功注册国家地理标志证明商标】 8月7日,国家知识产权局正式下发浏阳豆豉地理标志证明商标注册证,截至2021年年末浏阳市共注册9个国家地理标志证明商标,地理标志数量占长沙地区的50%。浏阳豆豉主产区分布在浏阳市西区、东区,年产量约为8000吨,且仍沿用浏阳古法制作豆豉,成就浏阳豆豉浓郁、独特的风味。2015年,浏阳市太平桥食品豆豉厂等7家企业发起成立浏阳市豆豉生产工艺传承保护协会。2019年4月,协会申请注册“浏阳豆豉”地理标志证明商标,历时两年,成功注册。

【查处经营不符合食品安全标准的食品案】 2021年3月18日,浏阳市市场监督管理局在农村假冒伪劣食品专项整治中,发现湖南某商业有限公司浏阳洞阳店经营外观霉变的腊鱼块和鲢鱼块,货值金额807元,立即予以封存送检。经抽样检测,检验结论为“所检项目中色泽、滋味、气味、状态不符合标准要求”。湖南某有限公司浏阳洞阳店经营不符合食品安全标准食品的违法行为,违反《中华人民共和国食品安全法》第三十四条第(六)项的规定,依据《中华人民共和国食品安全法》第一百二十四条第一款第(四)项的规定,结合其性质、情节、社会危害程度,5月28日,浏阳市市场监督管理局责令当事人立即停止违法行为，并处罚款。

【查处劣质假冒烟花产品案】 2021年6月，浏阳市市场监督管理局（知识产权局）接到浏阳市某花炮企业负责人举报，称江西省万载县黄茅镇某花炮企业仿造其厂名及商标，生产劣质烟花产品，销往安徽省巢湖地区，扰乱市场秩序，给企业正常营销带来严重损失。接到举报后，浏阳市市场监督管理局（知识产权局）执法大队立即会同浏阳市花炮发展中心，组成打假队伍，同企业到江西省万载县调查情况。这是继2021年5月21日《中部六省知识产权行政保护协作协议书》签署后，浏阳市开展的首个跨地区知识产权保护协作行动。到达江西省万载县后，打假队伍找到该涉嫌生产假冒伪劣烟花产品的企业，并联系到该企业所属管辖范围内的市场监管部门万载县市场监管局株潭分局，说明案件情况，取得该局的支持与配合。在株潭分局执法人员的参与下，打假队伍对涉嫌生产假冒伪劣烟花产品的企业进行合法检查。该企业是一家证照齐全的合法经营企业，但在企业仓库内，确实存有大量伪造浏阳市某花炮企业包装的烟花产品。株潭分局执法人员随即对假冒伪劣产品进行查封。经清点，该批伪造浏阳市某烟花企业包装的产品共计3310件，货值金额12万余元。

（谢学鹏）

海　关

【概况】 星沙海关驻浏阳办事处位于浏阳市白沙路与复兴路交会处，是经中华人民共和国海关总署批准的副处级机构。主要负责浏阳辖区各项海关业务，具体包括出入境检验检疫、一般贸易进出口、加工贸易进出口、外贸企业注册及变更、减免税等海关业务。2021年，浏阳办事处共检验出口烟花爆竹2.15万批次，货值33.29亿人民币（5.16亿美元），同比增长7.62%、7.08%；监装集装箱共计11249个，同比增长61.83%；签发各类检验检疫证单62449份（其中签发换证凭单21512份，危包性能16571份，危包使用鉴定23993份，不合格333份），最多的一天签发1200份单证，创历史新高。星沙海关驻浏阳办事处制作的微视频《我的工作日志》被国家海关总署“金钥匙杂志”微信平台评为2021年“十佳新媒体作品”。

2021年8月27日，星沙海关驻浏阳办事处工作人员到浏阳市某工艺有限公司开展产品出口情况调研
（星沙海关驻浏阳办事处　供图）

【检验检疫工作改革】 2021年，星沙海关驻浏阳办事处改革内部工作流程，将以往需要企业提交的纸质检验检疫申请资料改革为通过电子邮件发送至新开发的“出口烟花爆竹辅助监管信息化系统”，再由海关关员去工厂检验时收取申请资料，该项举措每年为企业节省成本300万元以上。

【烟花爆竹生产企业每周全覆盖检验】 2021年，星沙海关驻浏阳办事处针对出口烟花爆竹生产企业“点多、面广、线长”的特点，结合日常监管工作实际，按照地域分布把260多家企业划分为18条线路，按照每天4条线路的检验工作分配，实现每周一次全覆盖检验。

【便民利企服务】 2021年，星沙海关驻浏阳办事处结合“为群众办实事”，持续推出便民利企措施，在办事处领导批准后推行预约加班检验、监装等工作，方便企业赶上紧张的海运舱位；推出“浏办企业咨询号”主动受理企业咨询，第一时间答疑解惑，积极解决企业“急难愁盼”问题。每天下午四点半在微信群公布纳入“出口烟花爆竹辅助监管信息化系统”的待检验货物批次信息，方便企业查询，并固定延长一小时来回答企业检验安排专项问题；为企业提供80个单证收纳柜存放相关单证，便于上班时间和节假日领取。通过各项综合措施，积极践行“人民海关为人民”理念，服务于企业、行业与产业，在欧线、普线国家与地区出口烟花全线下滑情况下，2021年整体出口量维持大体平衡。9月7日，《浏阳日报》第2版以《浏阳油纸伞走出国门》为题，报道浏阳吉祥工艺有限公司一批油纸伞临近交货期，却订不到出口海运舱位，面临违约风险。星沙海关驻浏阳办事处的积极协调沟通，使该公司这批出口商品在长沙霞凝港起运至上海港出口，助力企业维护良好信用。

【服务地方政府决策】 2021年，星沙海关驻浏阳办事处加强与浏阳市委市政府沟通协调，与浏阳市商务局、应急局、花炮局、花炮协会等单位建立联动机制，及时通报相关信息；全年与主要烟花企业、物流企业开展座谈会和企业政策宣讲会10余次。与烟花行业协会党支部开展“烟花安全监管”联学联建主题党日活动，宣讲海关的监管政策，认真听取烟花行业发展的情况和困难，回应企业的合理诉求。

（陈　昱）

国有资产监管

【概况】 2021年，浏阳市国有资产事务中心在市委、市政府的坚强领导下，坚持以习近平新时代中国特色社会主义思想和党的十九大精神为指导，全面贯彻落实各级有关决策部署，圆满完成年度各项目标任务。做实改革顶层设计：制定《浏阳市国企改革三年行动工作方案（2020—2022）》，构建以市领导带队的改革专班，层层压实责任，做实做细浏阳市国企改革发展顶层设计，扎实推动国企改革工作可量化、可考核。11月12日，长沙市县（市、区）园区国企改革三年行动推进会在浏阳召开，浏阳市国有资产事务中心代表浏阳作经验介绍。推进企业转型升级：督导市属国企积极探索、科学谋划、逐步实施2021年转型发展路径，国企效益不断增加。浏发集团顺利完成惠科、蓝思科技等优质项目股权投资；实现农商行、安邦制药等企业业绩分红。交建投城乡客运一体化项目进程提速；成功打造烟花爆竹“国营、专营、专卖、专供”新模式；投资入股岳阳城陵矶危险品储运有限公司，助推花炮产业持续健康发展。资源配置持续优化：积极推进资产、股权、资源注入与特许经营权授权市属国企工作，着力完成68处资产、5家企业、64处公共停车场和临时停车位及37处河道砂石、5处水库资源注入，工作年度完成率达33.33%，超额完成省化债办30%年度考核任务，企业“造血”能力不断提升，融资能力和应对风险水平持续增强。集中统一监管国有资产：制定行政事业单位经营性国有资产集中统一监管方案，按照“先易后难、循序渐进、分类实施、稳步推进”原则，优化举措，督促、指导各企业产权所有单位根据企业债务及人员等情况研究确定企业改革方向，坚持因企施策、分类监管，加快推进浏阳市行政事业单位所属国有企业政资政企分离工作。国有企业公司制改革：以专题调度为抓手，实时通报为手段，积极督导各企业严格对标要求加快办理公司制改革、注销手续；主动对接、压实责任，深入研究问题解决办法，不断健全工作联络机制，截至2021年年末，49家企业完成改革任务（其中注销37家，公司制改革12家）。国企退休人员社会化管理扫尾工作：常态化开展国企退休人员移交工作，全年签订移交协议企业2家，接收退休人员2人。协助永和镇成立永鑫社区，进一步提升国企退休职工管理服务质量。8月27日，长沙市企业改革和发展领导小组下发《关于全市国有企业退休人员社会化管理工作的表彰通报》，浏阳市国有资产事务中心被评为全市国有企业退休人员社会化管理工作优秀单位。

【国有资产清查】 2021年，浏阳市国有资产事务中心组织召开联审会议10次，全面完成全市756家单位资产清查，并出具资产清查核实认定批复，切实保障盘亏资产赔偿款及时上缴；督促各单位健全管理制度，调整账务、张贴卡片、完善系统，切实做到资产“账、卡、实”相符，保障资产清查结果长效运用，抓实资产精细化管理。率先在长沙市九区县（市）范围内开通资产管理系统出租动态监管模块，运用“互联网+”监管模式，实现线上数据监控和线下台账监管结合，确保全市国有资产处置、出租、出借的动态监管。

【国有资产处置】 2021年，浏阳市国有资产事务中心严格履行资产处置、出租审批手续，进一步规范资产管理行为。全年共处置行政事业单位资产220余批次、审批资产公开拍租50余批次；2021年全市国有资产处置、出租收入1.83亿元。

【国有资产报告编制】 2021年，浏阳市国有资产事务中心扎实开展2020年国企清查，牵头组织全市国有企业、行政事业单位国有资产和自然资源情况摸底，撰写《浏阳市2020年度国有资产管理情况综合报告》；11月30日，浏阳市第十八届人民代表大会常务委员会第一次会议召开，受市人民政府委托，浏阳市国有资产事务中心向会议报告全市国有资产管理情况。多措并举，积极开展资产管理线上线下业务指导100余次，高质量完成229家行政事业单位资产管理月报与年报编制工作。

【风险防控】 2021年，浏阳市国有资产事务中心严格履行移交手续，向经开区（高新区）及相关乡镇移交非法用地建（构）筑物共计185宗，确保国有资产保值增值、不流失。严格备案程序、严控融资行为，审核备案市属国企融资事项64笔，有效防控国企重大资金风险；采取多种方式指导市属国企稳步化解隐性债务6.17亿元，推进全市新增AA+信用等级企业3家、AA信用等级企业2家，企业防范风险能力显著提高。积极推进平台公司资产、股权、资源注入与特许经营权授权工作，着力完成68处资产、5家企业、64处公共停车场和临时停车位及37处河道砂石、5处水库资源注入，工作年度完成率达33.33%，超额完成省化债办30%年度考核任务，有效提高平台公司融资和应对风险的能力。

【国有资产权证补办】 2021年，浏阳市国有资产事务中心全面摸排行政事业单位未办理权证国有资产底数，编制国企权证缺失存量资产清单，成立专班，细化举措，全年专题调度5次，牵头组织各单位开辟权证容缺受理绿色通道，最大限度简化资产权证补办办理流程。截至2021年年末，完成68处资产权证办理，缺失资产权证补办完成率达39.77%。

【抗疫惠企资金落实】 2021年，浏阳市国有资产事务中心根据各单位申报抗疫特别国债补助资金情况及市委巡察督查结果，以电话回访及现场调查方式，对全市1755户企业（个体工商户）申报减免租金情况进行核实，依照抗疫特别国债补助有关办法将1685.34万元惠企惠民专项资金落实到位。

（廖　旭　彭　燕）

（罗成　摄）

农　业

综 述

【概况】 2021年，全市实现农林牧渔业总产值226.5亿元，按可比价计算，增长10.7%。全年粮食种植面积79.287千公顷，其中稻谷播种面积74.8千公顷；蔬菜种植面积44.6千公顷，增长3.4%；烟叶种植面积3.353千公顷，增长3.1%。全年粮食总产量56.2万吨，增长1.02%；烟叶5838吨，下降12.5%；蔬菜146.9万吨，增长4.8%；出栏生猪130.9万头，增长31.67%。2021年，农村居民人均可支配收入40758元。2021年4月，浏阳被省委、省政府确定为“乡村振兴示范创建县(市)”。围绕“新时代乡村振兴样板和排头兵”定位，突出人居环境提升，开展乡村建设，全域推进乡村振兴示范创建，促进农业高质高效、乡村宜居宜业、农民富裕富足，获“国务院农村人居环境真抓实干督查激励”，入选首批“全国休闲农业重点县”和首批创建“全国农业科技现代化先行县”，获批创建“国家农业现代化示范区”。实施“六大强农”(品牌强农、特色强农、产业融合强农、科技强农、人才强农和开放强农)行动，获“省政府真抓实干督查激励”。成功创建“湘赣红”品牌14个，数量居全省第一位。同时，组织召开“湘赣红”品牌共建第一次联席会议，举办红色情怀·湘赣味道“湘赣红”品牌推进大会，共建工作获省、长沙市认可。与湖南农业大学共建全国农业科技现代化先行县，探索“1+1+N”模式，即1个院士专家团队指导1个产业、联结N个经营主体。11月15日，浏阳市与湖南农业大学成功签订共建合作框架协议。实施乡村休闲旅游精品工程，打造休闲农业升级版。9月27—29日，2021中国美丽乡村休闲旅游行(秋季)推介活动在浏阳举办，农业农村部乡村产业发展司、全国各地农业农村厅相关领导参加。中央、省、长沙市多家媒体到浏阳采访报道该市休闲农业亮点工作。

【浏阳市乡村振兴局挂牌成立】 2021年5月10日，浏阳市乡村振兴局正式挂牌，市委副书记王强、副市长王坤球共同揭牌。调整设立市乡村振兴局，是巩固拓展脱贫攻坚成果同乡村振兴有效衔接的重要举措，为浏阳统筹推进乡村振兴战略、打造乡村振兴示范县(市)提供体制机制保障。浏阳市扶贫开发办公室作为浏阳市脱贫攻坚牵头部门，深入脱贫攻坚一线，为浏阳打赢脱贫攻坚战做出重要贡献。截至2020年底，全市15728户建档立卡贫困户49267人全部脱贫，33个省定贫困村全部退出。脱贫攻坚工作连续五年(2016—2020年)获省先进，“携手奔小康”工作连续四年(2017—2020年)获省先进。

【美丽宜居村庄建设】 2021年，浏阳市将美丽宜居村庄建设作为该市实施乡村振兴战略的抓手，按照“全域推进、重点示范、以点带面，整体提升”思路，实施“十百千万”工程(精心打造10条精品线路、100个示范村庄、1000个幸福屋场、10000户美丽庭院)，出台《浏阳市全域美丽宜居村庄建设操作办法》，明确专项配套资金9600万元，全年建成美丽宜居村庄275个。10月14日，长沙市乡村振兴暨美丽宜居村庄现场观摩推进会在浏阳召开，湖南省委常委、长沙市委书记吴桂英对市美丽宜居村庄建设工作给予肯定。会前，长沙各区县(市)、市直有关单位、乡村振兴示范创建乡镇负责人等组成的观摩团到浏阳市柏加镇渡头村、柏铃村和镇头镇干口村，实地观摩上述3村美丽宜居村庄建设情况。

【农村综合改革】 2021年，浏阳市深化全国农村宅基地改革，推进“七个浏阳”(推进信息共享管理的“浏阳做法”；打造村民适度集中居住的“浏阳模式”；形成村民建房建筑风貌管控的“浏阳方案”；提供农房抵押融资贷款的“浏阳经验”；探索非集体经济组织成员农村建房的“浏阳实践”；拓展盘活闲置农村宅基地和房屋有效利用的“浏阳路径”；建立相对公平的农村宅基地占有、使用、收益等民主管理的“浏阳制度”)试点示范，全市盘活闲置宅基地1986宗，带动农民增收7149万元。10月19日，在苏州昆山举办的全国农村宅基地改革试点培训暨经验交流会上，浏阳代表湖南作典型推介。推动小农户和现代农业有效衔接，全年新增农民专业合作社385家，引导426家小农户组建家庭农场，11家家庭农场被评为“省级示范家庭农场”，培训认定新型职业农民455人、乡村工匠188人，规范发展专业化社会化服务组织635家，完成专业化统防统治服务面积58600公顷，早稻专业化集中育秧8967公顷，其中为小农户代育秧2000公顷，组织188家新型农业经营主体申报省级贷款贴息，共获贴息资金525万元。壮大村级集体经济，全市302个涉农村集体经济收入全部达到20万元，其中经营性收入超过5万元。截至2021年12月底，全市302个涉农村(社区)集体经济总收入10249.42万元，集体经营性总收入6131.84万元，其中沙市镇东门村、永安镇西湖潭村、镇头镇金田村、洞阳镇西园村经营性收入均超过60万元。

(瞿　希)

种植业

【概况】 2021年，浏阳市新建高标准农田2.840千公顷。全年粮食生产面积81.147千公顷，其中早稻20046公顷(含早稻专业化集中育秧8966.667公顷)，全年粮食总产55.98万吨，分别完成年度考核任务的102.63%、111.37%、104.24%。市农业发展事务中心牵头负责“六大强农”行动事项、落实“两个耕地占补平衡”耕地保护制度，获“湖南省人民政府表扬激励”，在浏阳市绩效考核中获得“优秀”等次。浏阳市被评为“2020年农业农村部农情基点县工作考评优秀单位”；浏阳市农业发展事务中心获“2015—2019年度全省农业丰收奖”(奖励等级：三等奖；奖励类别“农业技术推广成果奖；项目名称：“长研”系列辣椒新品种及配套栽培技术推广应用)；田丰获

"2015—2019年度全省农业丰收奖"(奖励等级：一等奖；奖励类别：农业技术推广成果奖；项目名称：湖南再生稻生产提质增效生产技术推广与应用)、"湖南省农业科学院科技兴农奖"(项目名称：油菜多功能开发及示范推广)；江再生被全国农业技术推广中心评为"2021年农业农村部农情基点县工作优秀个人"；王杰在2021年度"三分地养活一个人"粮食高产绿色优质科技创新工程基地示范工作中被国家杂交水稻工程技术研究中心、湖南杂交水稻研究中心授予"先进工作者"称号。

2021年7月，浏阳市农业发展事务中心承办长沙市"十行状元、百优工匠"竞赛农机操作技能决赛，长沙地区100名农机选手参加竞赛，浏阳选手获冠、亚军

（市农业发展事务中心　供图）

【粮食油料生产】　2021年，浏阳市完成粮食种植面积81147公顷，其中早稻20046公顷(含早稻专业化集中育秧8966.67公顷)，全年粮食总产55.98万吨。开展双季稻轮作暨优质稻米产业化试点工作，按照"市办万亩、镇办千亩、村办百亩"的工作思路，共创建万亩示范片1个，千亩示范片20个，百亩示范片328个。2021年10月，省农业农村厅组织专家对浏阳市粮食生产省级示范片晚稻进行现场测产验收，经实测，万亩粮食生产综合示范片晚稻平均产量为每亩576.4千克，该示范片早稻测产验收产量为每亩534.6千克，双季稻平均亩产超过1100千克，实现双季稻高产目标。在油菜种植方面，全市夏收油菜面积32267公顷，秋冬种油菜播种面积32400公顷，继续落实2000公顷"稻油""稻稻油"水旱轮作模式试点任务。浏阳市被评为"湖南省菜籽油生产大县""2021年产油大县(茶油大县)"，田丰被农业农村部评为"2021年度全国粮食生产先进个人"。

【经济作物生产】　2021年，浏阳市蔬菜种植目标任务面积（复种）44633.33公顷，完成蔬菜播种(复种)面积44667公顷，产量146.9余万吨，总产值13.8亿元，全面完成蔬菜生产任务。办理浏阳市蔬菜政策性保险，承保面积1187.15公顷，保费451.76万元，有效降低农户种植蔬菜的风险。2021年，全市水果种植面积12333公顷、茶叶种植面积3000公顷，推广果园生草栽培技术、套袋技术、增施有机肥等生态栽培技术，抓好地理标志产品的标准化生产，提高产品质量，扩大品牌影响力，力促大围山梨等作物建成全国知名品牌。

2021年10月，省农业农村厅组织专家对浏阳市粮食生产省级示范片晚稻进行现场测产验收，经实测，万亩粮食生产综合示范片晚稻平均产量为每亩576.4千克，该示范片早稻测产验收产量每亩为534.6千克，双季稻平均亩产超过1100千克，实现双季稻高产目标

（市农业发展事务中心　供图）

【农机应用】　2021年，全市水稻机械化栽植面积达到35.333千公顷，办理农机购置补贴申请1034件，使用补贴资金1649.6万元，补贴农机具1103台。成功承办湖南省农业农村厅"称心购机·便捷补贴"农机购置补贴政策宣讲活动、长沙市"十行状元、百优工匠"竞赛活动、浏阳市首届农机操作技能竞赛3次大型活动。

【农作物病虫害防控】　2021年，市农业发展事务中心发布《病虫情报》13期，绿色防控49667公顷，创建水稻病虫害绿色防控示范片4个。推广高效低毒低残农药380万亩次，农药使用量较上年下降1.13%，新增高效植保机械31台。开展"加拿大一枝黄花"等外来入侵物种和稻水象甲等有害生物防除行动，推进统防统治服务，面积71万亩次，建立防控示范区5个，组织开展田间课堂培训、送技下乡服务147次，共培训农民1.35万人次。

【农业资源保护与利用】 常态化开展养殖污染防治工作，全年督促整改违规养殖排污问题516个，加强规模养殖场粪污设施配套建设，设施配套率保持100%；粪污资源化利用率达到94.01%。推进绿色种养循环农业试点项目，培育第三方服务主体，采用“全环节服务模式”，工作成效获农业农村部点赞。完成水稻等主要农作物测土配方施肥140.667千公顷，覆盖率95%。浏阳市受污染耕地安全利用工作全部完成考核任务，其中安全利用任务5700公顷，严格管控类任务586.67公顷，安全利用率91%以上。

【开展耕地抛荒治理专项行动】 2021年，浏阳市农业发展事务中心成立稳定发展粮食生产工作专班，抽调48名工作人员和农技专家，进村入户，深入田间地头，督促春耕生产，遏制耕地抛荒，开展技术指导，为夺取粮食丰收提供技术保障。2021年完成粮食生产面积121.7万亩，超额完成全年粮食生产任务，抛荒耕地复耕复种面积933.33公顷，复耕复种进度57.8%，超额完成2021年治理目标任务。浏阳市被中共湖南省委农村工作领导小组评为“全省耕地抛荒治理先进县（市、区）”。

【打造“三一工程”双超周年生产模式示范基地】 2021年，浏阳市打造“三分地养活一个人”粮食高产绿色优质科技创新工程示范基地——双季优质超级杂交稻粮食周年生产模式，创建双超“高效高产栽培”核心示范片233.333公顷，其中包含两个33.333公顷以上的高标准核心示范基地，面积共72公顷。邀请省级水稻测产专家组对核心示范片进行现场实割实测产量验收，验收田块早稻平均亩产558.68千克，晚稻平均亩产673.75千克，两季产量之和超过1200千克。

【现代农业高质量高水平发展项目申报】 2021年，市农业发展事务中心组织全市各类粮油、畜牧、经作、资源、农机企业申报现代农业高质量高水平发展项目，截至2021年年底，257个项目通过验收，争取长沙市扶持资金7680万元以上。

（张漾波）

养殖业

【概况】 2021年年末，全市生猪存栏80.16万头，全年累计出栏130.89万头，分别完成年度目标任务的105.5%、122.3%。全市黑山羊存栏37.39万头，全年累计出栏49.16万头。2021年，新建投产万头规模养殖场14家，改扩建万头规模养殖场17家，新增生猪规模化产能20万头，提高市规模生产率10%以上；新增标准化黑山羊养殖场2家。浏阳市被湖南省畜牧水产事务中心评为“2019—2020年度全省优秀市场监测县”；市农业发展事务中心获“2015—2019年度全省农业丰收奖”（奖励等级：二等奖；奖项类别：农业技术成果推广奖；项目名称：湘东黑山羊标准化生产关键技术推广应用）。

（张漾波）

【动物防疫工作】 2021年，市农业农村局开展规模场监管工作，对全市185家申办动物防疫条件合格证养殖场开展动物防疫条件年度审查，对审查不符合动物防疫条件的9家养殖场责令限期整改；加强检疫监管，对调出省生猪严格落实“点对点”备案，同步开展现场监督采样，出具“非瘟”检测报告后才开出产地检疫合格证明，共对全市12家办理出省生猪“点对点”备案养殖场、66批次、2.5万头生猪开展检疫监管抽样；加强日常监管，全年开展监督检查355次，对省外调入种、仔猪严格落实“点对点”备案，由指定通道进入，严格落地报告监管制度。实施调运监管工作，按照中南区防控指挥部的要求对引入的生猪及其产品严格实行引入申报、审批和备案制度，严控高风险区向低风险区调入，设立2个入湘生猪及生猪产品指定通道动物卫生监督检查站，严格落实24小时值班值宿制度，联合公安、交通等部门加强对运载生猪及其产品车辆进行查证验物、登记和消毒。共检查运载生猪及其产品的车辆1016车（次），其中检查生猪0.81万头，生猪产品1684吨；加强生猪运输车辆备案工作，按照农业农村部第79号公告规定，对全市生猪运输车辆进行网上备案，共备案161台，其中因运输依法应当检疫而未经检疫动物及跨省调入生猪未经指定通道进入案取消备案车辆2台。建立生猪养殖户、贩运户、屠宰户档案，发放“关于规范调运生猪告知书”1000余份，发放非洲猪瘟防控知识宣传资料3000余份。加大违规调运打击力度，全年共处理违规调运15起，无害化处理跨省违法违规调运生猪780头。开展执法办案工作，全年共办理各类案件13起，其中经营依法应当检疫而未经检疫动物案5起、兴办动物饲养场未取得动物防疫合格证案1起、未按国务院兽医主管部门处置病死动物尸体案1起、未办理审批手续跨省引进种用动物案2起、未经定点从事生猪屠宰案2起、将特定动物由高风险区向低风险地区调运案1起、跨省调入生猪未经指定通道进入案1起，其中一起未经定点从事生猪屠宰案移送公安，刑事拘留3人。实行定点屠宰场监管工作，加强对屠宰场监管，严格落实屠宰场的非洲猪瘟防控。2021年10月，完成市定点屠宰场洗消通道建设；全年屠宰生猪7.4万头，确保城区无私屠乱宰情况。全年开展监督检查45批次，主要针对屠宰检疫、肉品品质检疫、“瘦肉精”的抽检、实验室非洲猪瘟检测的监督检查。开展无害化处理监管工作，全年共无害化处理病死猪14万头，牛、羊、禽等其他病死动物39.37吨。加强对收集、调运、入库、处理各个环节无害化全流程无缝隙监管，加强监督检查、并对收集情况实行电话抽查及实地抽查相结合，全年开展监督检查48批次，保证病死动物无害化处理体系规范、安全运行。指定通道检查站工作，建设2个入湘生猪及生猪产品指定通道动物卫生监督检查站，派驻16名专职驻站工作人员，严格落实24小时值班值宿制度，对运载生猪及其产品车辆进行查证验物、登记和消毒。共检查运载生猪及其产品的车辆1016车（次），其中检查生猪0.81万头，生猪产品1684吨。开展动物及动物产品检疫工作，新建葛家动物检疫申报点1个；指导养殖场牧运通备案380场；全年发放检疫证明101260份，全市共开展产地检疫生猪96万头，其中屠宰生猪69.5万头；家禽检疫580万羽，屠宰检疫生猪7.4万头，发放动物耳标110万枚。开展瘦肉精监督抽检工作，全年共发瘦肉精检测卡4.5万张，产地检疫瘦肉精47753批次，屠宰检疫4722批次，全年无阳性。实行养殖业保险工作，2021年，监督两家保险公司共承保能繁母猪6.1万头，育肥猪承保69万头、肉鸡300万羽、能繁母牛500头。

【禁渔工作】 2021年，继续落实“十年禁渔”，市农业农村局联合市公安局、市市场监管局、市综合行政执法局、市交通局开展严厉打击非法捕捞行动，形成“水上不捕、市场不卖、餐馆不做、群众不食长江野生鱼”的社会氛围。在长沙地区率先建设智慧渔政系统，在市域浏阳河、捞刀河、南川河重要水域布设40个高清摄像头构建渔政巡查“天眼网”，可直接观测3千米的河段，可识别夜间捕鱼行为，能实现24小时无死角监管。

（瞿　希）

【浏阳入选“湖南省绿色种养循环农业试点县（市）”】 2021年7月21日，浏阳入选“湖南省绿色种养循环农业试点县(市)”，系长沙唯一试点县(市)。省绿色种养循环农业试点是以推进粪肥就近还田利用为重点，以培育粪肥还田服务组织为抓手，通过财政补助奖励支持，力争通过5年试点，扶持一批粪肥还田利用专业化服务主体，形成可复制可推广的绿色循环农业发展模式，解决养殖和种植两端粪肥供需矛盾，带动养殖粪污还田利用，推进化肥减量化，促进耕地质量提升和农业高质量发展。根据2020年底畜禽存栏量计算，浏阳全年畜禽粪污产生量为193.51万吨。2021年，浏阳试点项目公开遴选5家第三方社会化服务组织和1家种植消纳基地，就近开展粪肥还田工作。项目共覆盖耕地面积10万亩以上，种植作物面积20万亩以上。2021年6月，浏阳市入选全国绿色种养循环农业试点项目后，大力培育第三方服务主体，主动对接养殖、种植两端，采用“全环节服务模式”，加快畜禽粪污资源化利用。

【畜禽遗传资源普查】 2021年，根据《长沙市农业农村局关于开展畜禽遗传普查的通知》(长农函〔2021〕31号)等文件要求，成立浏阳市种质资源普查工作领导小组。通过发动全体基层畜牧兽医体系人员，对全市32个乡镇(街道)，325个行政村进行纯种畜禽资源普查，共采集各村普查数据308条，普查纯种湘东黑山羊10402只，纯种生猪2795头，蜂群43726群，工作完成率100%。2021年年底，畜禽遗传资源普查工作获省、长沙市好评。

（张漾波）

林　业

【概况】 浏阳是湖南省重点林区县、全国集体林权制度改革试验区。2021年，全市林地面积517万亩(344667公顷)，森林蓄积量1558万立方米，森林覆盖率66.2%，封山育林200万亩(133333公顷)，保护湿地16.5万亩(11000公顷)，古树名木2130株，拥有2个国有林场，7个国家、省级自然保护地。全市林业产业兴旺，总产值超过300亿元，种植花卉苗木17.8万亩(11867公顷)，拥有各类花卉苗木经营主体3000余个，从业人员10万余人，年产值超40亿元；种植油茶78万亩(52000公顷)，拥有专业合作组织136家，规模加工企业6家，“湘纯”“金霞”等一批知名茶油品牌，年产茶油1万余吨；拥有木竹加工企业300余家，国家级龙头企业3家，家具产业产值突破60亿元，晋升全国五大家具产业集散地；发展林下经济30余万亩(2万公顷)，产业规模效益40亿元；建设生态旅游地183万亩(12.2万公顷)。至2021年，全市林改富有成效，率先颁发全省第一本林地经营权流转证，开全省林地经营权抵押贷款先河，20多项改革成果被吸纳为国家和地方政策；国有林场开发一批森林旅游、康养新业态，实现经营“困境”变“胜境”；精简涉林审批事项89个，全面推行“一站式、全程代理服务”。享有“中国花木之乡”“中国油茶之乡”“中国楼梯之乡”等美誉，被授予“全国森林旅游示范县”“全国生态建设突出贡献先进集体”“全国森林防火先进单位”等多项称号。打造林业发展新引擎，按照“一库一屏三应用”(一库：林业时空大数据库；一屏：浏阳林草资源大数据云图;三应用:资源监管系统、资源监测系统、林长制巡护管理系统。)顶层框架，初步建成“数据最全、功能最齐、应用最广、效果最好、生态感知”智慧林业信息平台，全市实现无人机巡林全覆盖，国家林草局资源司实地调研市智慧林业建设工作给予肯定。全年审核建设项目使用林地项目397个，使用林地面积850公顷，重大项目做到应批尽批。出台林木采伐和建设项目征占用林地事中事后监管制度，全年开展监管抽查2次，检查林木采伐小班69个、林地使用项目33个。

【林业生态建设】 全年完成营造林10.1万亩(6733公顷)，其中人工造林0.8万亩（533公顷)、封山育林0.5万亩(333公顷)、退化林修复1.3万亩(867公顷)、森林抚育7.5万亩(5000公顷)，成功申报国土绿化示范项目99876亩(6658.4公顷)，森林覆盖率保持在66.2%以上，建设义务植树基地34个;创建长沙市级绿化美化示范村庄5个;2021年湖南省花木博览会上，浏阳获“室外展区金奖”。启动县级生物多样性本底资源调查，多次在全省作先进典型发言；古树名木挂牌保护率100%，湿地保护修复比例100%，长沙地区排名第一名。成功将浏阳河国家湿地公园纳入湖南省重要湿地范畴和国家林草局“十四五”期间重点支持打造的国家湿地公园，获批国家湿地公园湿地保护和恢复项目资金 667 万元。森林火灾损失率控制在 0.8‰ 以内。

【资源保护管理】 2021 年，实现天然林、公益林管护率 100%，补助资金发放率 100%，全年审核审批林地项目 412 个（含经开区 53 个），使用林地面积 859.563 公顷。成功申报国家重大区域发展战略建设（长江经济带绿色发展方向）中央预算内投资专项计划湿地公园湿地保护和恢复项目。整合优化自然保护地 21 处，保留自然保护地 9 处，总面积 209 公顷。全年清理枯死松树 10.9 万株，实现首次较上年下降 20%，完成飞机防治松褐天牛 3 万余亩（2000 公顷），古松名松打孔注药 229 株，全年为苗农和经营户实施产地检疫 7000 余家次，清理松木柴火 836.8 吨。开展古树名木补充调查和后备资源普查，编制下发《浏阳市古树名木补充调查名录》《浏阳市古树名木后备资源名录》。市林业局持续开展“挂牌督办涉林案件专项行动”“打击毁林专项行动”“打击盗伐滥伐林木行动”，全年行政立案 384 起，刑事立案 22 起，罚款 1981.9 万元，拘留和追刑责 28 人；国家打击毁林专项行动涉林违法图斑 95 个全部立案查处、全面整改；2020 年森林督查违法问题全面整改到位，2021 年森林督查违法问题整改进度 96.6%；组织打击侵犯知识产权（植物新品种权）、制售假冒伪劣商品工作林木种苗“双打”专项执法行动，捣毁窝点 2 个，案件信息公开率 100%。

【发展林业产业】 全年办理林权流转 35 宗，面积 260 公顷，涉及小班 92 个，交易金额 6000 万元。林地经营权流转证抵押登记 7 本，为企业贷款融资 1300 万元。指导成立林业产业协会，2021 年，全市培育各类新型林业经营主体 915 个，其中龙头企业 32 个。2021 年，做强做优“一县一特”，完成年度 10 万亩油茶丰产林基地建设任务，26 家油茶小作坊完成升级改造，油茶低产林改造项目和小作坊改造绩效评价均为全省第一；完成 6 个油茶小作坊升级改造示范点、1 个油茶籽冷链加工仓储中心和油茶小镇等项目验收工作。中央电视台新闻频道《走进乡村看小康》直播特别节目专题报道浏阳市油茶产业；9 月 27 日，在全省千亿油茶产业工作推进现场会上浏阳作典型发言，10 月 15 日，2021 年湖南省花木博览会上，浏阳室外展区获“2021 年湖南省花博会室外馆金奖”。全年争取省级项目资金 198 万元、安排本级资金 182 万元，对家居建材第一、二、三产业进行扶持奖补；组织产业链企业申报中央财政资金林业贷款贴息项目，帮助 24 家企业（个人）申报 312 万元贷款贴息；截至 2021 年 12 月，全市家居产业关联企业 1000 余家，规模以上企业 48 家，省级龙头企业 31 家，国家级龙头企业 2 家，千万元以上产值企业 100 余家，规模企业年产值达 60 亿元，税收 5000 万元，带动就业 7 万人。全年办理林权流转 2 宗，为企业贷款融资 900 万元；全市 143 家林下经济实体被评为“示范基地”，推荐国家级示范基地 3 家；推进政策性森林保险，全市总投保面积 464.7 万亩（30.98 万公顷），收取保费 788.35 万元。

2021 年 8 月 18 日，浏阳市召开全面推行林长制工作动员电视电话会议，长沙市委常委、浏阳市委书记、市林长朱东铁（台上左四）出席会议并讲话　（市林业局　供图）

【推行“林长制”改革】 2021 年，浏阳市全面推行林长制，8 月 18 日，浏阳市召开全面推行林长制工作动员电视电话会议。浏阳围绕“在长沙当标杆、全省作示范、全国争先进”的目标定位，建立健全林长制组织、制度、管护体系，设立“一长三员一大队”〔林长、（乡镇：监管员、督导联络员、执法员）（村上：监管员、护林员、执法协管员）、乡镇森林消防大队〕，全市专职护林员巡护总里程 32.5 万千米，总时长 7.9 万小时，及时处置和回复 522 条涉林问题线索。推动“林长制”与“党员微网格 + 五个到户”相结合，3.2 万名微网格长担任“志愿护林员”；创新推出“无人机巡护、党员志愿护林、智慧林业平台应用、森林消防队伍建设”4 项工作举措，获国家、省、长沙市肯定；10 月 9 日，浏阳市举办为期一天的全市林长制业务培训班，市林长办工作人员，林业局相关业务科室负责人，各乡镇（街道）、大围山国家森林公园、浏阳湖国有林场林长办主任、专职副主任、监管员和市派督导联络员等 140 余人参加培训。10 月 11 日至 13 日，2021 年湖南省全面推行林长制业务培训班开班，浏阳林长办在培训会议上作典型发言。12 月 7 日，召开浏阳市林长制工作委员会第一次会议，审议林长制配套制度和相关文件，研究部署下阶段工作。

【建成全省首个防治检疫标准示范站】 2021 年 10 月 19 日，浏阳市林业有害生物防治标准示范站项目通

2021年12月7日，浏阳市林长制委员会第一次会议召开，会议听取全市林长制工作开展情况汇报，审议并原则通过浏阳市全面推行林长制十四项工作制度、市级林长责任区域划分及市领导联乡划分有关文件，并签发第一号浏阳市林长令　　（市林业局　供图）

过专家组验收，成为全省首个建成投运的林业有害生物防治标准示范站。该示范站设有林业灾害远程监测指挥中心、标本展示室、检疫检验室、仪器设备储藏室，购置1台防治检疫工具车、11台无人机，配备自动虫情测报灯、太阳能虫情测报灯、松材线虫病快速检测仪、有害生物诱捕器、执法记录仪、执法摄像头、远程对讲机等先进设备设施。示范站通过林业有害生物远程监测指挥体系建设，监测防控范围可覆盖全市517万亩林地，只需在办公室操作电脑或手机，就可实时监测虫情发生动态，随时掌握重点生态区林业有害生物防治进度和成效，实现远程调度指挥。2021年11月，被省局推荐为“先进国家级中心测报点”。2022年1月7日被国家林业局确定为“2021年度先进国家级中心测报点”。该站于2021年1月开建，投入金额80万元。

【浏阳市林长制委员会第一次会议召开】 2021年12月7日，浏阳市林长制委员会第一次会议召开，审议林长制配套制度和相关文件，研究部署下阶段工作。长沙市委常委、浏阳市委书记、市林长朱东铁主持会议并强调，要坚决贯彻落实习近平生态文明思想，贯彻落实党的十九届六中全会和省第十二次党代会精神，全面落实中央、省、长沙市关于林长制工作的重要部署精神，抓实抓细林长制各项工作，确保山有人管、林有人护、责有人担，全面提升森林湿地生态系统功能，为全面建设现代化新浏阳厚植生态优势。市领导戴武明、姚喜琳、唐安石、王坤球、冯赛军、唐洪胜参加。会议听取全市林长制工作开展情况汇报，审议并原则通过浏阳市全面推行林长制14项工作制度、市级林长责任区域划分及市领导联乡划分有关文件，并签发第一号浏阳市林长令。

（尹　舒）

农产品质量安全

【概况】 2021年，全市开展农产品质量安全相关培训38场次，培训对象共计2800余人次，印发禁限用农药、禁停用兽药、食品中农药最大残留限量等新国标宣传资料8000余份；组织开展农产品质量安全例行监测、监督监测工作，共记抽检样品1062批次，部、省、长沙市到浏阳抽样共计800余批次，合格率达到省、长沙市考核要求；全年办理农产品质量安全相关案件10起，其中农资经营环节案件6起，农药使用环节案件1起、兽药使用环节案件1起、未经定点从事生猪屠宰案2起，其中1起未经定点从事生猪屠宰案移送公安，刑事拘留3人。

【“两品一标”工作】 推动农产品“两品一标”（绿色食品、有机农产品地理标志）认证工作，发挥品牌效应，提升浏阳市农产品质量安全整体水平。截至2021年底，浏阳市绿色食品认证产品共57个，涉及30个企业（合作社），“天岩寨柑橘”“浏阳金桔”“大围山梨”“浏阳黑山羊”“葛家鸡肠子辣椒”5个产品（长沙市共计10个）获得农业农村部农产品地理标志登记，“大围山梨”成为全省首个“国家级农产品地理标志示范样板”，其中2021年新获证（含续展）绿色食品14个，另有10家单位、25个产品绿色食品认证资料已提交至中国绿色食品发展中心审核。

【开展“两证＋追溯”工作】 2021年，市农业农村局开展“两证＋追溯”（食用农产品合格证、“身份证”制度推行及农产品质量安全追溯管理）工作，印发《关于进一步落实农产品质量安全追溯和“身份证”管理工作的通知》（浏农发〔2021〕90号），推动省农产品“身份证”管理制度落实，截至2021年12月末，浏阳市共计161家企业（合作社）、444个产品按要求全部进入省农产品“身份证”平台，有效实现一品一码附码标识；推广国家追溯平台应用，全市监管、检测、执法机构管理员及31个涉农乡镇（街道）全面完成国家农产品追溯平台用户账号注册，542个生产经营主体全部按要求完成国家平台用户注册及信息录入工作，开展溯源工作；落实食用农产品合格证制度，截至2021年12月末，全市共有430个主体实施食用农产品合格证制度，涵盖蔬菜、水果、畜禽、禽蛋、水产等合格证制度试行品种，开具合格证20786张，附带合格证上市的农产品21572吨。

【部署落实“治违禁　控药残　促提升”三年行动】 2021年9月14日，市农业农村局、市市场监管局、市公安局、市法院、市检察院、市工信局、市卫健局联合印发《食用农产品“治

违禁 控药残 促提升”三年行动方案》（浏农联发〔2021〕7号），部署落实“治违禁 控药残 促提升”三年行动。9月16日，迎接农业农村部“治违禁 控药残 促提升”专项调研工作，浏阳市农产品质量安全工作获调研组高度认可。

（瞿 希）

烤烟生产

【概况】 2021年，全市有19个基地乡镇（街道）种植烤烟，1569户烟农实际种植烤烟3333.33公顷，户均规模2.17公顷，收购烟叶11.67万担，收购均价30.30元/千克，实现烟叶收购总产值2.03亿元，税收3889.96万元，浏阳市人民政府被评为2021年度“全省烟叶工作先进单位”。建成全省首个以烤烟文化为特色的“金叶绽放、白鹭呈祥”金叶文化屋场，并通过长沙市美丽宜居村庄项目验收。

【稳定生产规模】 2021年，烤烟种植面积较上年增加80公顷，种植规模居全省第三位。优化产业布局，坚持“调优北区、壮大东区、稳定西区”的布局思路，北区沙市、永安镇种植G80特色品种1234公顷，东区推广种植新品种湘烟7号782公顷，西区及北区其他乡镇落实生产计划种植云烟87常规品种1317.33公顷。组织阶段生产，通过“村村响”广播、短信平台、上户宣讲、典型示范等形式，组织烟农抢抓有利农时，确保农事进度；面对恶劣天气，市烤烟生产指导中心帮助烟农开展生产自救，降低产业灾害损失，稳住烟叶生产基本面。政策关怀信心提振，及时兑现生物农药、育苗、分级等烟叶生产政策性补贴，发放补贴资金2896.4万元，烟农满意率100%；协调人保财险公司勘灾理赔，理赔到位资金439万元，争取烟草行业救助资金547.6万元，提高烟农收益，提振烟农信心。

【提升烟叶质量】 2021年，烟叶收购均价30.30元/千克，较上年提价0.89元，提价率6.2%，上等烟叶收购数量8.81万担，占全部烟叶的75.52%，较上年提高2.61%。全程开展关键技术培训。投入培训资金28.1万元，开展培训160余场次，落实关键技术；开展烟叶优质高效生产管理技术、涉烟安全生产、青年烟农培育等专题培训，重点突出育苗移栽、大田管理、烟叶烘烤、专业分级等烟叶生产全过程理论学习与实操培训，烟农受训率100%。推进烘烤质量提升行动。贯彻省烟草局“烘烤质量建设年”工作要求，培育专业化烘烤技术人员，成功举办第一届“烟叶烘烤工匠”技能大比武活动，开展烘烤“110”服务，做优做实专业化烘烤，提高烟农在生产环节的有效产出，青杂烟叶明显减少，烟叶烘烤质量显著提升。贯彻落实绿色发展理念。加强烤烟面源污染防治，设立39个烟田废旧地膜临时集中点，实现1313吨地膜回收再利用，回收率100%；推广病虫害绿色防控技术，减少化学药剂使用；整体改造生物质烤房379座推进烟叶清洁烘烤，提标绿色生产。

【夯实生产基础】 推进现代烟草农业建设。加大烟基设施建设力度，投入1451万元维修更换7个现代化育苗大棚、购置烟用农机、购置烟夹和编烟台、更换烤房设备等；加大农业机械推广使用力度，支持合作社购买植保无人机6台，植保面积2333.33公顷；推进种植经营主体和综合型专业合作社发展，重新认定家庭农场29家、专业合作社8家，凸显“种植在户、服务在社、规模种植、专业服务”的发展格局。启动基本烟田永久保护。按照省、长沙市关于“十四五”发展部署，完成19个乡镇（街道）基本烟田永久保护规划修编面积5600公顷；完成基本烟田永久保护测绘工作，并建立数字化区域与丘块档案。打造“G80特色烟叶品牌”。G80是全国仅浏阳种植的特色烤烟品种，是“和天下”卷烟品牌的主要原料，2021年，全市种植G80品种1234公顷，占全市生产量的31.7%，品牌特色凸显。

【争资引项】 2021年，围绕浏阳烟叶全产业链发展，积极协调，争资引项，招大引强。协调服务上级烟草行业，争取新建项目，做好在浏阳项目服务。全年争取天福打叶复烤厂“芙蓉王”片烟预处理生产线、烤房设备更换和育苗棚翻新、中烟北盛仓储基地、G80科研等项目累计在浏阳投入资金1.876亿元。2021年5月，湖南中烟公司负责人两次到浏阳考察洽谈，推动在浏阳经开区建设“湖南中烟小镇”，并于9月底签订“湖南中烟永安科技园项目”合同，协议五年投入10.2亿元。协调促成浏阳市委、政府主要领导于2021年7月19日到湖南中烟公司，对接卷烟厂异地技改项目落户浏阳。

（刘芳林）

大围山秋色　　（罗　柳　摄）

水　利

综 述

【概况】 浏阳域内水资源丰富，河流水系发达，有浏阳河、捞刀河、南川河三大主要干流，全市流域面积50平方千米以上的河流36条，流域面积在10～50平方千米以上的河流115条。截至2021年年底，有各类水库154座(其中大型水库1座、中型水库10座、小型水库143座)，上型水闸28座（其中大型9座、中型2座、小型17座)，大中型灌区11个(其中大型灌区1个、重点中型灌区6个、一般中型灌区4个)，水电站110座。全市共有千吨万人级规模农村水厂28处、单村供水工程88处，农村供水能力约为23万吨/日。浏阳地处湘东暴雨区，年平均降雨量1597.3毫米，易发山洪地质灾害和洪涝灾害，有省级山洪灾害易发村75个，地质灾害隐患点310个。2021年，市水利局围绕乡村振兴战略、“三高四新”(着力打造国家重要先进制造业、具有核心竞争力的科技创新、内陆地区改革开放的高地；在推动高质量发展上闯出新路子，在构建新发展格局中展现新作为，在推动中部地区崛起和长江经济带发展中彰显新担当，奋力谱写新时代坚持和发展中国特色社会主义的湖南新篇章）战略定位和使命任务及“挺进全国五强”目标，坚持打好“碧水保卫战”，水利工作呈现建设加快、监管加强、改革加速的良好局面。4月，被评为“湖南省脱贫攻坚先进集体”；6月10日，在全国小水电清理整改工作座谈会上作典型发言；12月9日、14日，浏阳市分别被确定为“全国第二批深化小型水库管理体制改革样板县”“湖南省第一批深化小型水库管理体制改革样板县”。达浒镇书香村建成全省首个水文化园和水文化展示馆，“水美湘村”示范创建工作走在全省前列。省、长沙市主流媒体多次报道浏阳水利工作，12月16日，以浏阳为原型并在浏阳取景拍摄的全国首部河湖长制主题电影《浏阳河上》在长沙首映。

【防汛抗旱】 2021年，浏阳市水利局落实防汛“四个责任人”责任，抓好“三个重点环节”，强化“四预措施”，汛期应对6次全域性暴雨、14次局域性暴雨，全市没垮一库一坝，没有长时间城市内涝，没发生洪涝伤亡事故，实现“四个确保”，取得防汛抗旱胜利。同时，巩固提升小水电清理整治成果，12月30日，经水利部审核、公示，以《关于公布2021年度绿色小水电示范电站名单的通知》(水电〔2021〕398号)，明确浏阳市河口水电站、新园水电站、株树桥二级水电站为2021年度“全国绿色小水电示范电站”。创新实施小型水库管理体制改革，55座小型水库被评为2021年度长沙市“放心满意标准化小型水库”，基本形成“产权更明晰、管护更专业、制度更健全、投入更可靠、考核更科学”的小型水库良性运行机制，为防洪保安打下坚实基础。

【河长制】 2021年，浏阳市组织召开总河长会议2次，市级河长调度会议6次，河长制工作培训和推进会议11次，铺排实施浏阳河、捞刀河综合治理任务73项，并编制完成市管6条河流、13座水库“一河一策”实施方案(2021—2025年)。协助各级河长巡河巡库，交办解决问题753个，有效保护水生态环境；开展“河长+检察长”协作，4名检察长联系市管河流，全年提起4例非法捕捞刑事附带民事公益诉讼。出台《浏阳市2021年水质达标提升生态补偿奖罚方案》，市财政统筹安排4000万元，以水质为主要考核指标，对166个河流断面、155个水库断面定期进行水质监测；自筹经费新建5个重点断面水质自动监测站，每4小时监测一次，做到出现问题早发现、早处理。2021年，浏阳河出境断面水质均值稳定在Ⅱ类，捞刀河、南川河干流水质均值保持Ⅱ类，支流水质稳步提升。开展“水美湘村”示范创建，打造河长制小微水体管护升级版。将小微水体整治和美丽幸福河建设融入乡村振兴发展战略，打造普迹镇新府村、淳口镇农大村、葛家镇新宏村等5个长沙市级小微水体管护示范片区，小溪河小河段、达浒镇长丰河2条长沙市级美丽幸福河，以及32条浏阳市级样板河流。同时，探索渌水(南川河)流域湘赣边协同发展，将万载县约300米的河道纳入南川河治理项目统筹实施，两地联手共同打造美丽河段。

【水利项目建设】 2021年，推进椒花水库建设，超额完成年度投资任务，基本完成导流洞施工，开始进行围堰施工。完成捞刀河、涧江河等4处河道治理工程项目和洞阳、板贝2个中型灌区节水改造项目；完成宏源、仙人造灌区和都庄、金凤水库除险加固工程年度建设任务。

【农村安全饮水】 2021年，完成淳口谢家村、小河乡乌石村、沙市镇秀山村等10处单村供水工程和横山头水厂、社港镇清江村单村供水工程2处提质改造项目和77处农村供水工程的维修养护，新增农村通自来水入户2.5万人。常态监测全市供水薄弱地区和脱贫人口的安全饮水问题，并实现动态清零。2021年1月5日，国家水利部门户网站公布2020年度农村供水规范化水厂名单，浏阳市永安联合水厂入选。

【安全生产】 2021年，浏阳市水利局党组定期专题研究，制定安全生产年度监督检查计划，开展集中整治和专项检查，排查整改安全隐患630处。局领导班子成员带队检查110次，排查整改问题265个，确保水利系统安全稳定，全年未发生安全生产事故。2月28日，制定《浏阳市水利行业安全生产“打非治违”三年行动专题实施方案》，决定自2021年1月至2023年12月，在全市水利行业开展安全生产三年行动“打非治违”专题活动。12月20日，举办有限空间作业安全生产应急演练，取得明显效果。

【行业监管】 优化营商环境，全年办理涉水行政审批120件。强化水资源管理，征缴水资源费642.37万元，较2020年增长26%。加强水土保持监管，征缴水土保持补偿费

742.69万元，较2020年增长52.1%，并完成71个违法违规图斑整改销号，办结生态损害赔偿案1起。推进农业水价改革和节水型社会建设，浏阳市万元GDP用水量39.33立方米/万元，较2019年降低19.04%，县域节水型社会达标建设通过省级评估。同时，编制完善"十四五"水利发展规划，完成水资源论证、洪水影响评价、初步设计等技术审查审批113个，为项目建设提供技术支撑。

【依法行政】 落实行政执法"三项制度"(执法公示制度、过程记录制度、法制审核制度)，全年开展水行政执法216次，查处水事违法行为28起，立案7起，公示行政执法信息74条，并由法律顾问审查合同156件次、规范性文件6件次、重大执行决定4次，通过水利部水行政执法检查。定期组织法律专题学习，开展全员法制教育培训4次，市水利局被评为"长沙市2016–2020年普法工作先进集体"。

【开展节水宣传活动】 2021年3月22日是第二十九届"世界水日"，3月22—28日是第三十四届"中国水周"。为加强节水理念宣传，引导学生从小树立节水意识，3月26日，浏阳市水利局在浏阳市教师进修附小开展"节水宣传进校园"活动，发放水法宣传资料1300份，并结合校园小记者站，在3月30日《浏阳日报》专题窗发表《节水宣传进校园，节约用水从小抓起》新闻稿。开展以"珍惜水资源，保护孩子眼中纯净的世界"为主题的童言童语话节水活动。在世界水周期间(3月22—28日)联合浏阳市融媒体中心，举办水法律法规和水利行业知识有奖问答活动。举办为期一周的《水法律法规知识有奖问答》微信有奖答题，116091人次参与，中奖人数2704人，派发奖金10000元。启动"我为创建县域节水社会来代言"活动，以图片和短视频结合的方式，采访几位不同职业，不同年龄阶段的节水、护水的普通市民和水利工作的一线典型代表，展示浏阳创建节水型社会，大力开展节水宣传教育活动，全民节水意识普遍增强，节水、惜水观念深入人心。

2021年12月16日晚，电影《浏阳河上》全国首映式在湖南长沙举行 (市水利局 供图)

【浏阳市承办湘赣边河长制巡河护河活动】 为落实《湘赣边区域河长制合作协议》有关要求，2021年11月25日，由长沙市河长办、宜春市河长办联合举办，浏阳市河长办、文家市镇具体承办的长宜边河长制2021年跨省巡河护河活动在浏阳市文家市镇举行。上午，长宜联合巡河护河活动参与人员自南川河(渌水)宜春市万载县黄茅镇大土村和浏阳市文家镇岩前新村交界处沿河而下，开展巡河护河活动，并就交界段面河道治理项目进行现场踏勘和分析论证。随后，参会人员在文家市镇政府召开座谈会。会上，与会的长沙市河长办、宜春市河长办、浏阳市河长办、万载县河长办、袁州区河长办及浏阳市文家市镇、万载县黄茅镇、袁州区慈化镇及各自相邻村负责人针对执法监管联动、河道治理项目打造、水质信息共享、突发事件应对等进行详细研讨。双方一致认为，要切实提高站位，加强区域联动，相互交流学习，确保南川河(渌水)上下游联动实现无缝对接，确保南川河(渌水)长久实现"一河碧水到湘江"，为湘赣边合作治水做出贡献。

【电影《浏阳河上》全国首映式在湖南长沙举行】 为庆祝河长制实施5周年，12月16日晚，以浏阳为原型并在浏阳取景拍摄的全国首部河湖长制主题电影《浏阳河上》在湖南长沙举行首映式。水利部党组成员、副部长魏山忠，湖南省副省长陈文浩，水利部水资源管理司司长杨得瑞、河湖管理司司长祖雷鸣，湖南省委宣传部副部长、省电影局局长刘学，省河长办常务副主任、省水利厅厅长颜学毛，长沙市委副书记、市长、湖南湘江新区党工委书记郑建新，长沙市委常委、浏阳市委书记朱东铁，湖南广播影视集团(湖南广播电视台)副总经理、潇湘电影集团董事长谷良出席首映式。浏阳市委副书记、市长王雄文，市领导李爱民、王坤球、戴圣伟、邓华以及来自全国水利系统的200余名代表参加首映式。影片讲述镇党委书记兼镇级河长潘梅雪响应市委市政府号召，在民间河长和广大干部群众的共同努力下，克服困难，实现浏阳河两岸养殖第二次退养的故事。为保护浏阳河碧水长流，潘梅雪和同事们用忠诚、干净、担当的公仆情怀和坚韧的奋斗精神，与乡亲们一起，打响碧水保卫战，建设美丽幸福河流。200余名来自全国水利系统代表现场观看《浏阳河上》。电影由水利部河湖管理司指导，湖南省河长办、省水利厅、湖南省电影局、长沙市委宣传部、长沙市河长办、长沙市水利局、浏阳市委市政府联合湖南潇影第二影业有限公司、潇湘电影集团有限公司联合拍摄。浏阳河是湘江的一级支流，地处湖南省东部。湖南省委省政府高度重视浏阳河河长制工作，省、市、县、乡各级浏阳河河长（河段长）示范带头推进浏阳河保护与治理，浏阳河浏阳市出境断面水质从2016年的Ⅳ类转变为稳定达到Ⅱ类。

【浏阳启动节水型社会创建工作】2021年，浏阳被省水利厅列入2021年县域节水型社会达标建设目标任务县。2021年6月18日，浏阳市启动县域节水型社会创建工作，推进美丽河流和小微水体管护示范片区建设，营造“节水、护水、亲水、爱水”氛围。浏阳各行各业根据实际，创新新举措、开发新技能、利用新产品，通过实行最严格水资源管理制度，为践行“三高四新”战略、实现经济社会的可持续发展提供水资源保障。自开展节水型社会达标建设工作以来，浏阳严格落实水资源管理制度，在全市形成“管水、用水、节水、护水”的水资源管理环境。7月12日，省水利厅调研组到浏阳调研市县域节水型社会达标建设工作。调研组对浏阳市县域节水型社会达标建设工作建设进度及成效给予肯定。9月8日至9日，省水利厅专家组到浏阳开展2021年县域节水型社会达标建设现场评估。经过查看现场、查阅资料、专家评定等环节，浏阳市通过县域节水型社会达标建设技术评估。2021年以来，浏阳市推进节水型社会建设，水资源的利用效率和效益大幅提升。截至2021年9月，浏阳市节水型企业建成率42.8%；节水型公共机构建成率55%；节水型居民小区建成率19.7%；农业灌溉用水计量率64.5%，工业用水计量率100%，2020年城市公共供水管网漏损率8.65%，达到节水型社会考核标准要求。

（林娟娟）

灌区管理

【概况】2021年，官庄水库浏阳灌区管理所机关内设办公室、财务科、工程科3个科室，下设官桥管理站、镇头水厂、普迹水厂3个二级机构。有在职干部职工38人，退休人员26人。加强工程运行管理，被评为“长沙市水利工程运行管理一类单位”；编制《浏阳灌区节水型机关建设实施方案》，组织实施创建工作，被评为“长沙市水利行业节水型单位”；加强文明建设，继续保持“浏阳市文明单位”荣誉称号。

【灌区防汛抗旱】2021年，汛前组织召开专题会议，对渠道、引水坝等防洪工程、在建涉水工程和水闸、渡槽、隧洞等防汛重点部位开展拉网式排查，发现隐患9处，全部落实管控措施。加强值班值守和预报预警，完善应急预案，充实防汛物资。汛期做好两轮强降雨应对工作，妥善处置“5·29”“6·30”特大暴雨造成的险情灾情，实现防汛年度总目标。灌溉高峰期，灌区管理所通过合理安排、水库调度等举措，科学应对7月6日至8月8日连续33天无降水引起的旱情，没有形成旱灾，全灌区保收面积达到实灌面积的100%，实现汛期无大险，旱年保丰收。

【灌区水利建设】续建配套与节水改造项目。完成近三年度省级财政配套追补资金项目扫尾工程，渠道防渗衬砌3处，渡槽改造3处，干渠险工险段除险加固4处，小型附属建筑物加固改造5处，分水闸拆除重建1处，全部完成单位工程验收。水价综合改革项目。争取省级对农业水价改革项目的投入248万元。完成渠道防渗衬砌5处，1571米，分水闸改造8处，安装雷达流量计10套，超声波水位计5套，人工测量点6套。农村饮水安全工程。完成镇头水厂扩网工程的扫尾工程，扩网工程、提质改造工程通过单位工程验收。完成普迹水厂扩建工程项目前期工作。其他工程。汛前对所有渠系工程进行清污扫障，汛期重点完成槽门滩倒虹吸管及西干渠应急抢险工程和国井分干渠的抗旱工程。项目储备。组织开展湖南省官庄水库（浏阳）现代化灌区改造工程前期论证工作；完成2021—2023年度农业水价综合改革及大型灌区修复改造可研、设计、地勘等前期工作；完成镇头水厂扩建工程前期可行性研究报告。

【水利经济】2021年，水厂实现供水收入395万元，在柏加片价格趸售的情况下较2020年同期增长4%；供水总量从172万吨增至201万吨，年均增长16.9%；水质综合合格率保持在100%。升级改造镇头水厂化验室，新建清水池，对厂区进行硬化绿化，改善生产生活环境。助力乡村振兴，对普官路、普镇路、镇头菜市场、榨菜厂等处的老旧管道进行改造，对官桥镇集镇村、镇头镇镇柏路进行1.5千米扩网，对镇头镇域内3.5千米主管道进行提质改造，改善用水高峰期供需紧张局面。实施镇头镇金田村油茶文化屋场农村饮水安全提质项目，解决31户119个村民的饮水困难。为2户五保户免费入户安装，群众满意度高。

（潘艳纯）

株树桥水库管理

【概况】浏阳市株树桥水库管理局成立于1990年3月，2007年机构升格为副县级事业单位，内设办公室、水资源保护科、工程管理科、经济建设科、政工人事科、财务审计科6个正科级职能科室，下设枢纽工程管理所、资源管理所、水电调度与灌溉管理所、水质环境监测监督管理站4个正科级二级机构。有干部职工238人。2021年，全年供水发电两项主业收入4754万元，其中供水2.1亿吨、结算原水费3677万元，发电3766万千瓦时、结算电费1077万元。大坝安全监测自动化系统建设、库容曲线校核等5个项目进入长沙市级水利项目库，全年争取长沙市水利局下达水利资金超500万元。启动水库大坝加高扩建规模论证工作。

【备汛抗旱】按照“工程准备、物资准备、队伍准备、预案准备、培训演练”五到位要求做好备汛工作。强化“全局防汛、全员防汛”值班体系，压实防汛抗旱责任，领导班子汛期一线值守，向省水利厅报汛365条，上级防办报汛2379条，均做到零失误。通过科学预判会商、预留库容、调整运行方式等措施，发挥水库拦洪、削峰、蓄水等作用。2021年，按照《浏阳河枯水期水资源生态调度实施方案》实施调度，在秋冬干旱期，生态机组连续运行138天，下泄水量3696万立方米，完成下游生态流量保障和补水调水任务。

【水源保护】 2021年，市株树桥水库管理局发挥市水保领导小组统筹协调作用，开展“珍惜水资源、保障水安全”联合执法行动，下达任务交办单6份。做好水库水面保洁，落实水库禁钓，推进湿地保护。全年开展监管巡查2551次，劝离垂钓人员1000余人，制止破坏库岸环境和涉水危险行为200余起。定期做好水质监督监测和污染源分析，水库全域水质稳定在Ⅱ类以上，被湖南省生态环境厅授予2020年度“美丽河湖优秀案例”称号。

株树桥水库枢纽工程全貌　　（市株树桥水库管理局　供图）

【湖南株树桥物业管理有限责任公司】 2021年，公司以“规范管理、激活队伍、开拓市场、安全生产”为目标，强化内部监管，创新管理方法，提升服务品质。采取做优在管项目，争取优质项目的市场策略，开展市场拓展，新增浏阳市博物馆物业服务项目、浏阳市10条道路智慧停车系统项目、民政局福利院物业服务项目等，提高经营业绩，全年实现产值3273万元，同比2020年增长5%，上缴利税206.94万元，同比2020年增长14%，安排社会就业615人。全年无安全责任事故。

（张家榕）

（市鞭炮烟花产业发展中心　供图）

工业和信息化

综 述

【概况】 2021年，浏阳市全力帮扶企业纾困增效、推进产业链建设、加速通信基础设施建设、引导智能化升级和数字化转型，实现工业经济稳步增长、产业链提质增效、数字生态加速孕育。2021年，全市新增企业5089家，同比增长22.8%；入规企业43家，规模以上工业企业935家；实现规模工业总产值2037.2亿元，同比增长8.4%；规模工业增加值575.1亿元，同比增长7.1%；完成工业税收28.38亿元，同比增长-29.05%；工业用电47.73亿千瓦时，同比增长22.59%；完成工业投资799.5亿元，同比增长12.2%，工业投资占固定资产投资比重68.7%，其中工业技术改造投资总额450.3亿元，同比增长24.2%，技术改造投资占工业投资比重56.3%。全市工业增加值占GDP的比重为49.8%，制造业增加值占GDP的比重为49%。市工信局牵头的"落实制造强省建设等政策措施"工作获省人民政府"2020年度真抓实干成效明显表扬激励"，"奋力打造国家重要制造业高地，促进制造业高质量发展"工作获省人民政府"2021年真抓实干成效明显表扬激励"，"打造国家先进制造业高地"工作获长沙市人民政府"2021年创新实干督查激励事项表彰"，浏阳经开区、市工信局牵头的"做强园区"工作获长沙市人民政府"2021年创新实干督查激励事项表彰"。市工信局被评为"2021年度全省工信系统规范行政执法示范单位""2021年度湖南工业数据云建设先进单位""2021年'湖湘精品'中小企业品牌能力提升工作先进单位""2020年度长沙市文明单位"，浏阳市排名长沙市2021年工业和信息化工作目标考核四区县第1名，浏阳市中小企业公共服务平台被评为"2021年全省中小企业技术创新'破零倍增'工作先进单位""2020年度省最受欢迎窗口服务平台""2021年湖南省中小企业公共服务平台网络工作先进窗口平台"。

【工业运行】 2021年，全市工业经济克服疫情、缺电、原材料价格普遍上涨等不稳定因素影响，通过加强运行监测和分析调度，开展困难企业"纾困增效"帮扶行动，全市工业经济稳中有进。日常监测情况。年度共开展月度经济指标填报10次，填报企业数量在长沙地区各区县中排行第1名，每月填报率均排名长沙各区县第1名，平均填报率312.9%；开展各类专项问卷调查13次，填报企业数量在长沙各区县中排名第1名，平均填报率超140%。加强对重点监测企业的产值等情况监测，加强运行情况分析，全年共进行月度分析12次、专题分析19次、关联分析22次、对比分析24次，为市委市政府决策参考、尽早精准应对攻难点提供依据。纾困增效情况。推动市政府出台"纾困增效"助企十条措施（浏政发〔2021〕11号），并下发《关于深入做好亏损及停产企业"纾困增效"帮扶工作的通知》，明确帮扶对象、目标、责任及帮扶内容，研究制定具体的"纾困增效"帮扶工作方案，做到"一企一策"，实行动态销号制管理。通过帮助企业降低成本、恢复生产要素、融资对接、人力招工、解决企业销售需求以及加强指导等具体举措，39家企业实现扭亏为盈，1家停产企业"腾笼换鸟"盘活资产，帮扶举措获省《工信快报》专题推介，12月10日，《湖南日报》头版宣传推介浏阳市稳控花炮原辅材料高氯酸钾价格保障供应工作成效。指标完成情况。2021年，全市规模工业总产值完成2037.2亿元，同比增长8.4%，规模工业增加值同比增长7.1%，规模工业增加值增速在长、望、浏、宁四区县（市）排名第二名。全市完成工业投资799.5亿元，同比增长12.2%，增速居长、望、浏、宁第二名；完成工业技术改造投资450.3亿元，同比增长24.2%，增速居长、望、浏、宁第二位。其中：经开区规模工业增加值同比增长16.6%，高于全市平均增速9.5个百分点，工业投资增长23.2%，工业技改投资增长68.6%，技改增速高于全市平均水平44.4个百分点，居五个国家级园区第一位；两型产业园规模工业总产值同比增长29.7%，高于全市平均增速21.3个百分点。全市工业经济实现稳中有进，其占比不断提升，全市工业增加值占GDP的比重为49.8%，制造业增加值占GDP的比重为49%，呈现稳中加固、稳中向好的良好态势。

【产业链建设】 运行情况。2021年，全市15条工业新兴及优势产业链完成产值1959.35亿元，同比增长8.51%，其中显示功能器件、新能源汽车、智能装备产业链分别增长59.46%、20.37%和11.16%。招商情况。2021年，全市新引进项目207个，计划投资480.12亿元，其中50亿元以上项目1个，10亿元以上项目9个，产业链项目155个。智能装备产业链引进以长沙惠科为代表的智能制造产业综合体项目，聚集约50家产业链上下游企业；生物医药产业链引进雅士林长沙（国际）蚕桑丝绸智造产业城、湖南六顺制药有限公司湖南一类创新药项目；先进复合材料产业链引进华实半导体新材料、恒星电子显示屏柔性封装紫外光固化（UV）新材料项目；碳基材料产业链引进泽睿新材料碳化硅纤维产业化项目基地，建成投产后年产量达70吨；汽车及零部件产业链引进亨通高端车用空调系统及充电设备智能制造基地、兴业汽车零部件项目；新能源汽车产业链引进杰维智能锂电装备项目；绿色食品产业链引进中烟永安科技园；5G应用产业链有数字经济产业园开园，罗格科技集团、灵客云（北京）信息科技有限公司签约入驻。项目建设情况。2021年，共铺排重点建设项目295个，其中纳入长沙市重大项目共222个，年度计划总投资539.37亿元，全年累计完成投资691.5亿元，年度计划投资完成率128.2%，其中新建项目153个，已全部开工。惠科光电项目9条生产线投产，雅士林项目养蚕厂房、繁育中心、粉碎车间、注塑厂房等一期主体均已封顶，配套实验室投入使用，全自动智能工厂化养蚕流水线试产。加快工业新兴优势产业链人才队伍建设，全市共有9条产业链18家企业共计54名人才被评为“全省产业链中层骨干人才”。6月3日，全省产业园区高质量发展推进会在浏阳召开，经开区被评为“2020年度湖南省产业高质量发展园区”。

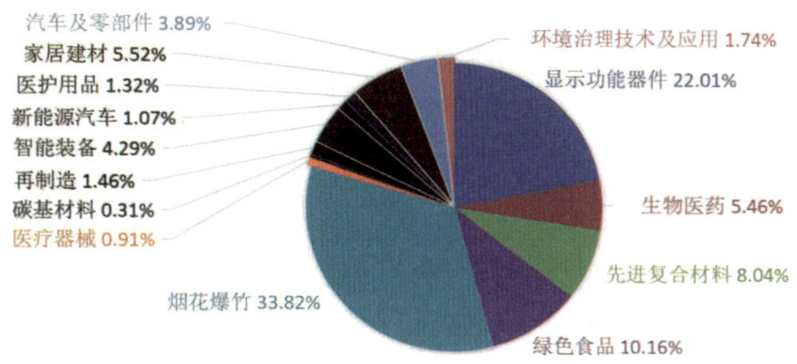

图1　2021年各产业链产值占比图

表4　　2021年工业新兴及优势产业链发展情况表

产业链名称	企业数（家）	从业人员（万人）	产值（亿元）	单位企业产值(亿元)	人均产值（万元）	产值同比增长（%）	百大重企税收同比增长(%)	百大重企用电量同比增长(%)	单位能耗创造税收同比增长(%)
1 显示功能器件	5	68	431.31	86.26	63.43	59.46	−7.68	26.66	−27.11
2 生物医药	44	16	106.95	2.43	66.84	8.07	18.81	28.64	−7.64
3 先进复合材料	130	13	157.55	1.21	121.20	−5.53	11.95	22.18	−8.38
4 绿色食品	100	27	199.13	1.99	73.75	0.56	67.07	11.11	50.37
5 烟花爆竹	384	30	662.64	1.73	22.09	3.26	1.25	38.96	−27.14
6 医疗器械	10	0.17	17.81	1.78	104.78	−37.64	22.24	−0.88	23.33
7 碳基材料	3	0.07	6.05	2.02	86.45	−27.07	25.00	21.38	2.98
8 再制造	13	0.16	28.58	2.20	178.61	−15.60	−15.46	−15.98	0.63
9 智能装备	50	0.9	84.10	1.68	93.45	11.16	−12.76	−6.99	−6.20
10 新能源汽车	5	0.1	20.99	4.20	209.87	20.37	−4.96	−4.11	−0.89
11 医护用品	12	1	25.77	2.15	25.77	−29.67	−24.45	−36.33	18.66
12 家居建材	66	0.45	108.16	1.64	240.35	9.70	3.58	36.86	−24.32
13 5G 应用	4	6.8	421.91	105.4	62.05	55.99	−7.68	26.66	−27.11
14 汽车及零部件	44	15	76.15	1.73	50.77	−7.66	−24.76	11.58	−32.57
15 环境治理技术及应用	15	0.3	34.16	2.28	113.88	−29.13	62.54	50.99	7.65
合计	881	47.05	1959.35	2.22	41.64	8.51	−1.05	23.67	−19.99

【产业链帮扶】 聚焦企业主体，强帮扶、促发展，年初出台《浏阳市2021年市领导联系重大项目和重点企业实施方案》，聚焦重点，开展“百大企业、百大项目”帮扶行动。11月5日，出台《关于深入开展“千企帮扶”行动的工作方案》，正式启动为期100天的“千企帮扶”专项行动，35位市领导及783名干部帮扶1000家规上企业或专精特新企业，全面入企解难题、暖企送政策、惠企促融资、助企减税费、强企增效益，通过走访帮扶、分级解决、通报考核三个机制，从企业“点”、产业“线”、经济“面”多层次、分领域、分重点解决企业困难。1000家企业走访到位率100%，共收集问题665个，共解决问题595个，办结率89.47%，浏阳市举措被省工信厅纳入《工信快报——“纾困增效”专项行动专刊》，《浏阳市深入开展“千企帮扶”行动全面惠企暖企助推经济高质量发展》等5条信息被长沙市政府内刊要情采用，各级外宣媒体围绕“纾困增效·千企帮扶”主题累计报道42次。

【企业服务】 落实惠企政策。2021年，市工信局梳理各级惠企政策132条，编印1000册《2021年惠企政策汇编》送达企业，联合市税务局参加2021年中小企业减税降费政策知识竞赛获长沙地区复赛一等奖，全年指导帮助535家企业争取上级各项奖补资金近2亿元。开展服务活动。推进制造业产融合作。市工信局联合市金融事务中心、人民银行浏阳支行出台《浏阳市制造业产融合作促进方案（2021—2023年）》，举办制造业产融合作促进大会，率先发布县（市）级制造业产融合作“白名单”企业，推进金融机构与企业建立政银企合作机制，引导各金融机构面向制造业企业推出“科创金融”“绿色金融”“高层次人才金融”等系列专属产品，活动以来为37家企业发放“科创贷”9.4389亿元，为15家企业发放“绿色贷”4.331亿元，为25名企业专业英才发放“人才贷”687万元。鼓励创新创业。以“创客中国”创新创业大赛为抓手，开展项目征集、路演培训、跟踪指导及宣传推介等服务，7月14日，2021“创客中国”创新创业大赛浏阳赛区决赛成功举办，赛事全程直播，超23万人观看，前期预赛选出的进入浏阳决赛的10个项目，最终有长沙九方湾流智能科技有限公司等6家企业进入长沙市级“创客中国”创新创业大赛，市工信局共为获奖企业发放奖金12万元。开展招工引才服务。2021年，新认定186名企业专业英才，汲及63家企业，其中D类人才15名，E类人才140名，F类人才31名。举办人才政策宣讲2次，发放人才及各类政策汇编300份，协助21名企业专业英才申报购房补贴159万元。率先在全省开展柔性引才工作，通过企业摸底、申报、专家评审等程序，发布浏阳市14家企业共20岗位的柔性引才需求，通过向外宣介，最终有7名柔性人才成功与企业对接。会同市人社局开展蓝思科技等重点企业招工，解决企业招工难、用工荒问题，共派出2个工作组共6人分别到保靖县和花垣县驻点21天开展市外招工，与该地区建立县际劳务协作机制。加强管理人才培训。2021年，市工信局组织50余家企业40余人次参加省工信厅举办的“湘企英才”系列培训，组织36家企业40余人次参加长沙市组织的首席质量官、首席财务官、首席技术官、首席信息官、首席运营官5个训练营，同时还举办中小企业技术创新“破零倍增”“湖湘精品”中小企业品牌能力提升等培训10余场。促技术创新“破零倍增”。开展中小企业技术创新“破零倍增”进企业活动，组织15家次企业集中培训2次，对7家企业开展“一对一”走访服务活动；举办创业培训，服务企业30家。年度实现10家以上中小企业发明专利零的突破，中小企业发明专利授权量、研发投入强度新产品综合效益倍增。通过有效健全平台、集聚资源、抓实服务、开展活动，浏阳市中小企业公共服务平台被评为“省中小企业技术创新‘破零倍增’工作先进单位”。开展“湖湘精品”品牌提升行动。开展品牌提升问诊服务，共走访26家企业，引导中小企业追求卓越品质、夯实品牌基础、加强品牌培育、深化品牌传播，提升品牌综合竞争力，打造一批“记得住、叫得响、走得出”的“湖湘精品”品牌。全市有湖南汇湘轩生物科技股份有限公司等4家企业入选2021年度省“湖湘精品”中小企业品牌提升能力试点企业。市工信局被评为“2021年‘湖湘精品’中小企业品牌能力提升工作先进单位”。浏阳市中小企业公共服务窗口平台被评为“湖南省2020年度最受欢迎窗口服务平台”“2021年省中小企业公共服务平台网络工作先进窗口平台”，平台主任付胜军连续两年被授予省“服务之星”称号。

【企业培育】 以“专精特新”为重点加强企业培育，助推浏阳企业梯次发展。2021年，浏阳市成功入规工业企业43家，(其中长沙惠科光电有限公司产值超10亿元、蓝思智控有限公司超5亿元)，规模以上工业企业总数达到935家，居全省县（市、区)第一；新增长沙市智能制造试点企业42家，总数260家；新增省新材料企业6家，总数达到34家；新增省工业品牌培育示范企业1家；新增省工业领域知识产权运用标杆企业2家；分别新增国家级、省级、长沙市级“专精特新”小巨人企业6家、17家、19家，总数分别达到8家、49家、81家，国家级和省级小巨人总数均位居全省县(市)第二；蓝思科技股份有限公司实施“信息化+精益质量”管理模式的实践经验被评为2021年“省工业质量标杆”项目；7月13日，湖南华纳大药厂股份有限公司在上海证券交易所科创板挂牌上市，成为浏阳第9家A股上市公司，上市企业总数在全省县(市)中排名第一；宇环数控入选工信部工业产品绿色设计示范企业及绿色制造工厂名单，天和纸业、杨家纸业、永泰纸业3家企业入选工信部绿色设计产品名单；4家企业入选“湖湘精品”中小企业品牌能力提升试点企业；18家企业入选省产融合作制造业重点企业；长沙惠科光电有限公司入选2021年省“上云上平台”标杆企业，13家企业被评为省级“上云上平台”标杆企业；3家企业被评为“2021年度湖南省两化融合管理体系贯标标杆企业”；蓝思科技股份有限公司、浏阳市三力医用科技发展有限公司、湖南盐津铺子食品有限公司3家企业被评为“第一届新湖南贡献奖先进集体”，长沙博大科工股份有限公司董事长、总裁蒋剑锋被评为“新湖南贡献奖先进个人”。

【智能制造】 强化顶层设计。牵头制定并推动出台《浏阳市全力打造智能制造强市三年行动计划(2021—2023年)》(浏发〔2021〕1号)，成立书记任顾问、市长任组长的浏阳市智能制造强市工作领导小组，办公室设在工信局，明确实施智能制造赋能工程、产业智造倍增工程、企业主体培优工程和工业载体强基工程。鼓励企业加大技术改造投入，2021年，全市技术改造投资项目共计607个，投资总额450.3亿元，占工业投资比重56.3%，技术改造投资同比增长24.2%。引导企业开展智能化改造，2021年，引导新增智能制造试点企业42家（累计260家)，新增首台(套)重大技术装备奖励省级5家、长沙市级2家，蓝思智能制造系统集成解决方案获首届智能制造大赛“三等奖”，全市已拥有省级智能制造示范企业（车间)13家。开展“揭榜挂帅”技术联合攻关行动，通过政府张榜、企业或团队揭榜、实地考察确认揭榜，成功完成传统油茶“热轧”工艺食品安全自动化装备升级攻关研制，填补国内市场空白。做强做大全市智能装备产业链，新引进亨通高端车用空调系统及充电设备智能制造基地等产业链项目，湖南耐普泵业浏阳智能制造基地开工建设。蓝思科技的“显示元器件智能制造示范工厂”和“数控加工中心工业互联智能控制App”两大智能制造项目入选“工信部2021年度智能制造试点示范工厂揭榜单位”和“2021年工业互联网App优秀解决方案”榜单。

【科技创新】 抓实省创新强基项目建设。2021年，浏阳市增补5个重大产品创新强基项目，分别是湖南华纳大药厂股份有限公司胶体果胶铋干混悬剂等优势颗粒剂的技术提升及智能产业化项目、湖南欧智通科技有限公司PLC-IoT电力线载波通信模组产业化研发与应用项目、浏阳泰科天润半导体技术有限公司碳化硅功率器件产业化项目、天地恒一制药股份有限公司坎地沙坦酯原料药的研发及智能化工艺升级项目、长沙九方湾流智能科技有限公司高动态运动角度传感器产品及其在工程机械智能化控制中的应用项目。全市“省100个重大产品创新强基项目”总数达到8个，占长沙市总数1/3，计划总投资金额24.15亿元，其中2021年度计划投资6.96亿元，2021年完成投资金额8.16亿元，年度计划投资完成率117%。其中湖南春光九汇现代中药有限公司的百种中药配方颗粒研发及产业化项目、长沙惠科光电有限公司的50英寸、58英寸超高清液晶显示屏及OLED显示屏研发与产业化项目、天地恒一制药股份有限公司的坎地沙坦酯原料药的研发及智能化工艺升级项目和浏阳市三力医用科技发展有限公司的一次性使用富血小板血浆（PRP）制备专用离心管及其附件研发与产业化项目提交竣工验收资料。引导企业加大创新研发，长沙爱达环保科技有限公司（技术中心）被省工信厅认定为“2021年度（第26批）湖南省认定企业技术中心（有效期：2022年1月—2024年12月）”；湖南盐津铺子食品有限公司被认定为2021年“湖南省工业品牌培育示范企业”；天地恒一制药股份有限公司被认定为2021年“湖南省工业领域知识产权运用标杆企业”；湖南庆泰烟花制造有限公司“我爱你”城市烟花系列被评选为“长沙市创新创意产品”。

【通信基础设施建设】 2021年，浏阳市推进光纤到户建设，协调长沙市通管办授权浏阳市光纤到户项目审批初审（为长沙唯一具备光纤到户初审的区县），实现光纤到户报装本地受理，累计受理光纤到户事项审批39个，加快新建住宅建筑光纤到户标准推进落实。加大农村电信普遍服务试点建设，完成2020年度电信普遍服务试点27个4G基站建设并通过验收，加快协调推进2021年度电信普遍服务试点22个4G基站建设，新增50个4G/5G通信基站纳入2022年度电信普遍服务试点，全市累计争取五批次179个电信普遍服务试点通信基站，推进并全面完成省、长沙市、浏阳市4G和5G通信基站建设重点民生实事项目。加快5G新基建建设，编制《浏阳市5G通信基础设施专项规划（2021-2035年）》并形成初步成果，年度新增5G基站1433个，累计开通5G基站3221个，初步实现城区、园区和主要景区及重点集镇5G网络广覆盖，累计发展5G网络用户约50万、5G终端连接数近40万户。协调推进通信管线整治工作，助力城市人居环境提升，完成文明创建迎检、“百日奋战扮靓浏阳”、苍坊旅游区AAAAA创建等各项管线整治相关工作任务。联合印发《浏阳市推进乡村振兴有关建设中信息通信基础设施提升改造实施意见》（浏信组办发〔2021〕2号），助力浏阳市乡村振兴示范县（市）创建，推进美丽宜居村庄建设，完善农村信息通信基础设施。推动将通信管线多网合一光纤到户改造纳入全市城镇老旧小区改造内容，在全省率先实行老旧小区弱电管线多网合一光纤到户改造模式，协调各通信单位配合完成2021年度城区83个老旧小区235栋楼共计6469户弱电设施多网合一光纤到户改造，成功迎接全省旧改推进会现场观摩并获得上级部门及其他地市领导肯定和推介。

2021年12月29日，市工信局组织召开《浏阳市5G通信基础设施专项规划（2021—2035年）》评审会

（市工信局　供图）

【工业互联网创新发展及数字化转型】 2021年，市工信局推进制造业和互联网融合发展，引导企业“两上三化”（上云、上平台，数字化、网络化、智能化）。全市“上云上平台”企业达到4000家，长沙惠科光电有限公司被认定为2021年湖南省“上云上平台”标杆企业，截至2021年12月，省级“上云上平台”标杆企业达到13家，盐津铺子食品有限公司、天地恒一制药股份有限公司、蓝思科技股份有限公司入选“2021年省两化融合管理体系贯标标杆企业”名单，通过国家两化融合管理体系贯标认定企业有37家。长沙惠科光电有限公司基于内网集成的5G智能工厂项目、九方湾流10万台角度传感器件生产项目入选湖南省2021年“数字新基建”100个标志性项目。

加快推进工业互联网平台建设及应用,加快打造烟花云、家居云、苗木云等产业云平台,促进花炮、食品、家具等传统产业转型升级，盐津铺子食品工业互联网平台获批2021年省级工业互联网平台建设计划,蓝思科技自研工业互联网云平台入选省级工业互联网平台，基于蓝思工业互联网云平台的“系统集成创新应用解决方案”入选“工信部2020年工业互联网试点示范项目”。蓝思科技股份有限公司开发的“数控加工中心工业互联智能控制App”入选“工信部2021年工业互联网App优秀解决方案”。加快电子信息制造与信息服务业发展,推动数字产业化。2021年,长沙惠科光电有限公司、蓝思科技股份有限公司、湖南启泰传感科技有限公司等电子信息重点企业项目发展建设良好，新引进华实半导体、鸿泽智能、鑫康半导体、恒兴电子等21个电子信息优质项目。加快打造长兴湖移动互联网产业集聚区，网间经济孵化器引进鼎娱传媒等19个网间新经济项目,浏阳市数字经济产业园开园庆典暨企业入驻签约仪式成功举行，引入罗格科技集团、灵客云(北京)信息科技有限公司。

【绿色制造】 深入推进绿色制造体系创建,2021年,宇环数控机床股份有限公司入选“工信部第五批绿色制造绿色工厂”“国家级绿色示范企业”,浏阳市杨家纸业有限责任公司(产品名称:高强瓦楞原纸;产品型号:110克/平方米)、浏阳市天河纸业有限公司(产品名称:涂布灰底白板纸;产品型号:250克/平方米)、浏阳市永泰纸业有限公司(产品名称:高强瓦楞原纸;产品型号:120克/平方米)3家企业产品被评为“国家级绿色设计产品”,蓝思科技股份有限公司、湖南元亨科技股份有限公司共2家企业被确定为“2021年度湖南省绿色工厂”。引导企业开展自愿性清洁生产，通过省市自愿性清洁生产审核计划8家。鼓励家具、印刷包装、涂装企业、机械和汽车制造企业开展推广使用低挥发性原辅材料,指导38家企业申报低挥发性原辅材料替代应用项目，获得奖励资金591万元。

【公共卫生应急物资保障】 2021年,市工信局通过建立健全机制，实现物资储备、轮换、供应、检测、结算五个保障。联合市财政局、卫健局、发改局出台《浏阳市公共卫生应急物资储备工作方案(试行)》和《浏阳市公共卫生应急物资储备轮换方案》,明确部门责任分工,实现辖区内公共卫生应急物资周期性轮换和流转，确保储备物资的长期有效,保证中央补助资金在正常核销框架范围内的安全和保值。为确保疫情非常时期疫情防控物资的供应快速响应、顺畅有效,出台《浏阳市疫情防控物资应急保障预案》,按照突发公共卫生事件日均消耗医用物资上限不少于1个月进行实物储备、倒库更新，在合理使用实物储备的同时，提升合同储备和生产储备的能力,同时全力动员全市27家湖南省新冠肺炎疫情防控重点保障企业做好应急产能供应，实现疫情防控物资“产而可储、储而有备、备而无患”。建立疫情防控突发状态下或全民核酸检测应急情况下“先用后补、按需供应、按量采购、据实结算”配送机制,面对2021年7—8月、10—11月两波德尔塔新冠变异病毒疫情开展全市全员核酸检测需要，组建专班负责物资保障供应，委托经招标程序确定的承储企业国药控股湖南医药发展有限公司负责采购配送。7—8月第一波疫情期间累计向22个核酸检测采样单位供应11批共27类物资总计金额111.36万元;10—11月第二波疫情期间累计向20个核酸检测采样单位供应3批共27类物资总计金额90.27万元。两批共向22个核酸检测采样单位供应疫情防控物资201.63万元。

【推动产业转型升级】 2021年,市工信局对照《产业结构调整指导目录(2019年本)》，会同市自然资源局、住建局实地考察摸底本辖区砖瓦企业是否存在“砖瓦轮窑、立窑、无顶轮窑、马蹄窑”等落后产能,经摸底，全市共有21家砖瓦行业企业，其中6家为使用砖瓦轮窑进行生产的企业(其中1家在城市规划区范围内)。制定并印发《浏阳市淘汰剩余砖瓦轮窑落后产能实施方案》,从能耗、环保、质量、安全、技术等方面的综合标准依法依规推动剩余砖瓦轮窑落后产能淘汰，并以此为契机,进一步规范产业布局,鼓励砖瓦行业内已有生产企业兼并重组和现有砖瓦企业转型升级，推动砖瓦行业高质量发展。推动造纸行业转型升级，聘请省造纸学会专家开展问诊解难，协助浏阳市开展造纸行业企业指导、产品认定、产量核定、专项规划编制等工作。

【工业、通信行业企业安全生产】 2021年，开展安全生产专项整治三年行动,召开专题会议研究、部署安全生产工作9次,定期开展安全生产专项整治。向全市乡镇、园区经发系统、规模以上工业企业发送安全生产提示信息8700条，举办安全生产专题培训3次。制定并印发《2021年度通信行业企业和工业企业指导检查计划》,并按照计划开展安全生产指导检查,共指导检查通信行业、工业企业78家次。发现安全隐患181条，并跟踪督促相关企业整改落实到位。组织开展打击盗窃通信基站电能的专项整治行动,印发《关于开展盗窃通信基站电能专项整治的通知》(浏信组办发〔2021〕1号),开展盗窃基站电能法制宣传，出动工作人员500余人次，清理整治存在盗电问题的通信基站112座，打击处理盗窃通信基站电能个案300例，拆除违法接驳电线近120千米,给通信公司挽回电力直接损失超过300万元,有效提升通信建设发展环境,保障通信网络安全。

【召开2021年浏阳市制造业产融合作促进大会】 2021年5月28日，市工信局联合市金融事务中心、中国人民银行浏阳支行联合主办召开“产融聚能 智造强市”2021年浏阳市制造业产融合作促进大会。会上发布《浏阳市制造业产融合作促进方案(2021—2023年)》和浏阳市制

2021 年 5 月 28 日，市工信局联合市金融事务中心、中国人民银行浏阳支行联合主办召开“产融聚能　智造强市”2021 年浏阳市制造业产融合作促进大会　　（市工信局　供图）

造业产融合作第一批“白名单”企业（100 家），旨在从体制机制上搭建一座产融合作的融通之桥，着力解决当前产融合作面临的信息不透明、需求不对等、资源错配等痛点堵点，提高金融服务制造业的质量和效率。大会现场，浏阳农商银行、中国农业银行浏阳市支行等 5 家银行为 12 家产融合作企业达成授信 7.9 亿元。自推进制造业产融合作以来，截至 2021 年 12 月，共为 37 家企业发放“科创贷”9.4389 亿元，为 15 家企业发放“绿色贷”4.331 亿元，为 25 名企业专业英才发放“人才贷”687 万元。

【“创客中国”2021 创新创业大赛浏阳赛区决赛举行】 根据湖南省工业和信息化厅、湖南省财政厅《关于举行 2021 年“创客中国”湖南省中小微企业创新创业大赛的通知》工作要求，2021 年 7 月 14 日，市工信局联合市财政局举办 2021“创客中国”创新创业大赛浏阳赛区决赛，并进行网络同步直播。来自企业组的 8 支队伍、创客组的 2 支队伍参加决赛，经 10 家项目单位现场讲解，评委现场点评打分，从企业组中评选出一等奖 1 名、二等奖 3 名、三等奖 4 名，创客组中评选出一等奖 1 名、二等奖 1 名。经角逐，松诺盟科技有限公司“松诺盟高性能纳米薄膜压力传感器产业化”项目获“企业组第一名”，湖南掌勺有范食品科技有限公司“掌勺有范，您身边移动的轻餐厅”项目获“创客组第一名”；长沙九方湾流智能科技有限公司“基于 MEMS 的高动态倾角智能传感器的研发及应用”项目、湖南中大机械制造有限责任公司“高精度定位系统无人驾驶超大吨位振动压路机”项目、湖南金阳烯碳新材料有限公司“石墨烯复合导电剂研发与产业化”项目获“企业组第二名”；湖南思奥高科技有限公司“海倶家家居工业互联网平台”项目获“创客组第二名”。评选长沙九方湾流智能科技有限公司等 6 家企业进入长沙市级“创客中国创新创业大赛”。

【发布“助企十条”措施】 2021 年 12月 1 日，浏阳市人民政府印发《关于公布浏阳市“纾困增效”助企十条措施的通知》（浏政发〔2021〕11 号），明确“降低用地成本、补贴用电费用、强化稳岗就业、加大信贷支持、落实税收优惠、减免企业租金、拓宽营销渠道、促进转型升级、实行技改贴息、开展精准帮扶”十条措施帮助企业“纾困增效”。通过精准化施策，针对性帮扶，着力增强企业竞争力，促进经济平稳健康发展。该措施自公布之日起执行，至 2022 年 3 月 31 日止。

（袁利平）

电子信息产业

【电子信息产业链概况】 2021 年，全市实现规模工业总产值 431.31 亿元，同比增长 59.46%，规上企业 12 家，从业人员约 6.8 万人，其中上市企业 1 家，高新技术企业 4 家，省级企业技术中心 1 家，省级新材料企业 1 家，省智能制造示范车间 1 家，长沙市智能制造试点企业 8 家，国家、省、市小巨人企业 6 家次。显示功能器件板块主要布局中游，兼顾蓝宝石晶体等上游光学材料制造，重点依托经开区、中心城区产业核心等平台，形成以精密仪器、触控模组、视窗防护玻璃、OLED 面板等为核心，以显示屏制造、触控传感器、Wi-Fi 模组等为矩阵的显示功能器件产业集群。数字产业板块紧抓国家“新基建”政策窗口，依托本地电子信息、新材料等产业基础优势，针对全市制造业信息化转型需求及“新基建”建设需求，发展关键原材料及元器件产品，推动 5G+工业互联网在全市重点制造业中的应用。

【蓝思科技上榜 2021 年中国民营企业 500 强和中国电子信息百强企业榜单】 2021 年 9 月 25 日，全国工商联在长沙发布“2021 中国民营企业 500 强”榜单以及“2021 中国制造业民营企业 500 强”榜单，蓝思科技连续 9 年入围民营企业 500 强，本次以 2020 年营收 369.39 亿元位列“中国民营企业 500 强”第 79 位，“中国制造业民营企业 500 强”第 42 位。10月，中国电子信息行业联合会发布 2021 年度电子信息企业竞争力报告及前百家企业名单，蓝思科技位列第 70 位。蓝思科技深耕行业 20 余年，成为全球显示和防护玻璃行业产能最大的上市公司，攻破特种玻璃等新材料领域近千项技术难关，成为全球智能电子防护玻璃领域的技术开创者和引领者，其制定的品质标准和研发的工艺技术，成为行业通用的技术标准和工艺流程。自 2015 年开始，蓝思科技开始涉猎新能源汽车业务，2020 年，车载玻

长沙惠科第8.6代超高清新型显示器件生产线项目内景　（市工信局　供图）

璃及大尺寸功能面板相关收入达到56.34亿元。2020年11月，蓝思科技设立全资子公司湖南蓝思新能源有限公司，正式进军光伏行业。2021年，蓝思科技在人力成本上升、供应链波动以及缺芯等行业压力下，在金属、新能源汽车、智能终端整机组装以及光伏新能源等中长期发展战略部署方面持续取得进展，战略合作客户群体、市场占有率、新技术研发等方面取得新收获，实现营收452.86亿元，逆势同比上升22.60%。

【长沙惠科光电9条生产线投产】2021年1月23日，长沙惠科光电有限公司首片产品成功点亮，第1条生产线点亮投产。该公司紧盯投产目标，加快产线建设，至2021年底有9条生产线陆续投产。2019年9月12日，高端液晶面板企业长沙惠科光电有限公司签约落户浏阳经开区，占地面积约1200亩(80公顷)，总投资280亿元打造第8.6代超高清新型显示器件生产线，主要产品为8K、10K等超高清液晶及白光显示面板。浏阳经开区成立"惠科办"，服务干部实行24小时轮值，吃住、调度在工地，随时与项目方、施工方保持联络互动，第一时间解决问题。2019年10月30日，项目主厂房交地，11月26日，启动打桩。

（袁利平）

生物医药产业

【生物医药产业链概况】2021年，全市实现规模工业总产值150.53亿元，规上企业共有71家，从业人员约2.77万人，其中上市企业4家，高新技术企业39家，国家级企业技术中心1家，省级工程技术研究中心5家，省智能制造示范车间4家，长沙市智能制造试点企业39家，国家、省、市小巨人企业34家次。生物医药板块以经开区为主要载体，积极布局产业中上游，形成现代中药及特色中药、高端原料药及制剂、抗肿瘤药物、药用辅料、生物诊断试剂、疫苗、功能保健品及食品、动物保健药等多个产业集群。医疗器械板块主要布局中游，医用吊桥、吊塔、采血器的市场销量位居全国第一，近年先后引进苏州博源医疗、北京美柏生物、济南显微智能、浙江舒友医疗等一批技术壁垒高、市场潜力大的医疗器械项目。医护用品板块主要布局中游，已形成日化原材料、母婴纸质用品、塑料用品、防护口罩、消杀用品等多个产业集群，汇聚长沙普济生物科技股份有限公司、湖南康氏卫生用品有限公司、长沙康威日用品有限公司、湖南宝升塑业科技开发有限公司等重点企业。

【4企业上榜"2020年度中国医药工业百强系列榜单"】2021年7月，中国医药健康产业共生大会在昆明揭晓2020年中国医药工业百强系列榜单，湘北威尔曼制药股份有限公司、湖南九典制药股份有限公司、湖南南新制药股份有限公司上榜"中国化药企业TOP100排行榜"；天地恒一制药股份有限公司登上"中国中药企业TOP100排行榜"，连续3年登上该榜单。4家企业均位于浏阳经开区，是生物医药产业中的重点企业，其中湖南九典制药股份有限公司、湖南南新制药股份有限公司为上市企业。浏阳经开区是国家级创新药物孵化基地和中西部地区首个国家级生物产业基地及长沙市生物医药（含基因技术）产业链牵头建设园区，截至2021年12月，全区聚集生物医药类企业150余家，累计开发、在研国家级新药206个，全省80%的国家一类新药在园区生产，药用辅料占据国内市场份额第一。

【雅士林长沙(国际)蚕桑丝绸智造产业项目】2021年3月28日，雅士林

天地恒一全自动数字化中药提取车间　（市工信局　供图）

2021年3月28日，雅士林长沙（国际）蚕桑丝绸智造产业项目在浏阳经开区正式开工，图为雅士林长沙（国际）蚕桑丝绸智造产业项目开工动员　　（市工信局　供图）

长沙（国际）蚕桑丝绸智造产业项目在浏阳经开区正式开工，用地面积约613亩（40.867公顷），建筑面积约90万平方米，总投资约70亿元，集生物医药、智能制造、科普科教、工业旅游于一体，全面融合第一、二、三产业。目标是占领国际丝绸原材料市场超50%，并带动65万亩桑园种植，打造全球丝绸之都和乡村振兴示范区。项目具有投资体量大、建设周期短、带动效应强等特点，被湖南省政府列入2021年度省级重点建设项目。2021年末，项目一期主体建设全部完工，养蚕厂房、繁育中心、粉碎车间、注塑厂房等主体均已封顶，配套实验室投入使用，全自动智能工厂化养蚕流水线已开始试生产。投资方雅士林集团成立于1991年，主要依托丝绸从事丝线、染色、印花、织造、领带、丝巾、衬衫等产业，在工业化养蚕、丝绸防皱、印染等方面都取得创新性突破。公司年产领带1800万条，销售位居全球第二，是全球重要奢侈品牌代加工生产基地，公司总资产超百亿元。

（袁利平）

食品产业

【绿色食品及油茶产业链概况】 2021年，全市绿色食品及油茶产业实现规模工业总产值199.13亿元，同比增长0.56%，规上企业共有110家，从业人员约2.7万人，其中上市企业1家，高新技术企业38家，省级工程技术研究中心2家，长沙市智能制造试点企业24家，国家、省、市小巨人企业13家次。浏阳市绿色食品及油茶产业链布局产业链全局，上游包括果蔬、粮食种植、畜禽产品生产及饲料加工；中游涵盖蒸菜、预制菜食品、休闲食品、饮料、粮油和农产品精深加工；下游囊括包装印刷、食品检验检测等，初步形成以现代食品制造、农副食品精深加工为主，相关配套产业协同发展的食品产业体系。以浏阳经开区、农业科技园（浏阳市两型产业园）为主要载体，促进食品产业集聚，汇聚盐津铺子食品股份有限公司、湖南湘典食品有限公司、浏阳高朗烈酒酿造有限公司、长沙福满多食品有限公司、浏河彭记轩食品有限责任公司、湖南奇异生物科技有限公司等重点龙头企业。

【盐津铺子食品股份有限公司获第一届“新湖南贡献奖”】 2021年12月28日，省人民政府举行第一届“新湖南贡献奖”和2021“三湘民营企业百强榜”发布会，会上，盐津铺子食品股份有限公司获“新湖南贡献奖”及上榜2021“三湘民营企业百强”榜单。2017年，该公司上市后步入高质量发展通道，近三年营业收入、净利润呈现高速复合增长，营业收入复合增长率超30%，净利润复合增长率50%。2020年公司净资产收益率25%以上。为应对市场需求，2020年起，该公司开始战略转型，引进高端人才到大制造与供应链团队，将供应链能力聚焦至核心品类。2021年，加快全渠道布建，包括流通渠道、定量装渠道、电商渠道和社区团购等。产品上聚焦核心大单品，以卤味、辣味、健康化为主导，推出深海零食辣卤鱼豆腐、鳕蟹柳、魔芋系列等卤味产品，迎合年轻一代的消费喜好，主营业务收入持续增长。2021年，公司总资产20.78亿元，销售收入22.7亿元，纳税1.63亿元，盐津铺子食品股份有限公司成为休闲食品上市企业中综合增速最快的企业。

（袁利平）

机械制造产业

【智能装备产业链概况】 2021年，实现规模工业总产值84.1亿元，同比增长11.16%，规上企业共有36家，从业人员约0.9万人，其中上市企业1家，高新技术企业22家，省级工程研究中心1家，省级企业技术中心1家，省智能制造示范车间2家，长沙市智能制造试点企业20家，国家、省、市小巨人企业22家次。智能装备产业链上游包括机械零部件、电气元器件、塑料和金属制品等基础产品以及高性能基础部件、关键零部件、精密仪器仪表、工业自动化控制系统等基础产业，中游包括智能数控机床、智能工程机械、专业领域自动化设备等产业，下游向工程机械制造、电气设备自动化、汽车及零部件制造、消费类电子产品、仓储物流智能设备等方面进行应用转化。浏阳市主要布局产业链中下游，兼顾上游关键零部件制造，培育一批以长沙华恒机器人系统有限公司、宇环数控机床股份有限公司、湖南启泰传感科技有限公司、豪恩声学股份有限公司（智能声学总部生产基地）、长沙佳能通用泵业有限公司、湖南中铁五新重工有限公司为代表的智能装备制造企业，形成精密传感器、工业机器人、智能数控机床、高端声学产品、花炮制造自动化、高扬尘矿山流体输送水泵、港口装卸机器人、电网配电自动化等多个产业集群。

【新能源及汽车零部件产业链概况】 2021年，实现规模工业总产值97.14亿元，规上企业共有43家，从业人员约1.6万人，其中高新技术企业16家，省级新材料企业1家，省智能制造示范车间1家，长沙市智能制造试点企业24家，国家、省、市小巨人企业13家次。新能源及汽车零部件产业链主要布局上、中游。在新能源汽车方面，依托长沙安靠电源有限公司、信质电机（长沙）有限公司、长沙凯中电气科技有限公司等企业，形成以锰酸锂正极、石墨烯基负极、电池组、电机等为矩阵的产业集群。汽车零部件方面，浏阳市拥有长沙最大的汽车零部件产业园区，集聚华域视觉科技（长沙）有限公司、长沙义和车桥有限公司、长沙波特尼电气系统有限公司、欧拓（长沙）汽车配件有限公司、武汉艾帕克汽车配件有限公司长沙分公司（日本独资）等国内外100余家知名品牌汽车配套企业，产品涵盖动力系统、传动系统、车桥车架、内外饰件各体系上百个品种，配套国内外20余家知名整车企业，形成较为完整的汽车零部件产业集群。

【再制造产业链概况】 2021年，实现规模工业总产值28.58亿元，规上企业共有36家，从业人员约0.16万人，其中高新技术企业16家、省级新材料企业1家，长沙市智能制造试点企业13家，国家、省、市小巨人企业6家次。再制造产业链以钢材、旧件、关键配件等上游产业为基础，以工程机械零部件、汽车零部件、数控机床零部件等再制造产业为中游，下游包括工程机械再制造整机、数控机床再制造整机以及汽车维修等方面。浏阳市再制造产业链主要布局中游，依靠湖南省、长沙市的机械装备、汽车及零部件等制造业基础，拥有湖南轩辕春秋工程机械再制造有限公司、湖南中大机械制造有限责任公司、湖南华尔特今朝科技有限公司、湖南法泽尔动力再制造有限公司、湖南湖大艾盛汽车零部件装备制造有限公司等再制造龙头企业，已发展成为全国机电产品再制造产业集聚区及国家再制造产业示范基地。

【蓝思科技两项目入选工信部“2021年度智能制造示范工厂”榜单】 2021年12月28日，工信部公示《2021年度智能制造试点示范工厂揭榜单位和优秀场景》和《2021年工业互联网App优秀解决方案》名单，蓝思科技（长沙）有限公司与子公司蓝思系统集成有限公司联合打造的“显示元器件智能制造示范工厂”和“数控加工中心工业互联智能控制App”两个项目上榜。“显示元器件智能制造示范工厂”项目以响应市场需求和智能制造标杆应用为核心，打造一个工业企业的智能制造示范工厂。该智能工厂以实现智能运营、柔性化生产、供应链协同为目的，建设产品数字化设计与仿真、离散型工艺数字化设计、车间智能排产、人机协同作业、智能仓储、精准配送、智能在线检测、质量精准追溯、在线运行监测和故障诊断、采购策略优化等核心应用场景结合精益生产管理理念，建设一体化的智能生产体系及智能物流体系，坚持建用结合，数据和场景深度融合，提升业务效率、增强风控能力和优化体验，提升生产效率和品质良率，打通人机料之间的数据壁垒，实现数据全生命周期管理，助力运营服务效率提升，实现数据精准支撑管理决策。“数控加工中心工业互联智能控制App”能够满足企业设备远程运维和集中管控两大类场景，为企业解决设备运维成本高、设备综合利用率较低、生产管理及时性差及设备改造升级困难的问题。截至2021年，“数控加工中心工业互联智能控制App”已应用在多个公司的不同生产场景，实现数万台生产设备与检测设备的互联互通。

（袁利平）

电力工业

【概况】 国网浏阳市供电公司供电区辖25个乡镇、4个街道，面积4700平方千米（占全市93.86%），116万人口，56.68万户。浏阳市2021年用电构成情况为：大工业用电占比55.92%，同比增长23.43%；居民生活用电占比20.92%，非普工业占比7.25%，趸售电量占比6.97%，商业用电量占比4.20%，非居民用电占比4.16%，农业生产用电占比0.59%。蓝思科技股份有限公司、长沙惠科光电有限公司用电量占比分别为27.13%、7.12%，全市用电量前十位的客户电量占比46.13%。截至2021年，国网浏阳市供电公司连续安全生产6484天，累计完成售电量66.23亿千瓦时，同比增长21.06%；年度电网最高负荷121.48万千瓦，同比增长15.49%。2021年，公司获“湖南省电力公司配网故障抢修效率奖”，被评为“浏阳市2021年度智慧电网建设优秀服务单位”。

【电力安全生产】 2021年，国网浏阳市供电公司完成全省产业园区高质量发展浏阳现场会、建党百年系列活动等重要保电86次，确保全年1000余个作业现场安全。继续开展“向配网开战”攻坚，完成7条35千伏线路防雷整治，配电自动化改造90余条次，带电作业680余次，“两降两控”（降低线路跳闸率，降低配变停运率；严控配变平均停运时长，严控配变出口及低电压）指标分别下降52.45%，29.73%，42.14%，51.43%，输电线路雷击跳闸率下降43.5%，浏阳电网供电可靠性与居民用电质量明显提升。打好“需求响应、有序用电”攻坚战，开展需求响应5次、有序用电37次，实际最大控制负荷突破30万千瓦，电网顺利迎峰度夏。

【电网发展】 2021年12月，1000千伏南昌至长沙特高压线路投产，浏阳属地协调助推特高压塔基交地速度刷新全国纪录。争取市委、市政府召开“630攻坚”暨智慧电网推进会，

2021年9月17日,浏阳经开区与国网湖南电力开展低碳园区建设战略合作。图为浏阳经开区管委会与国网湖南省电力有限公司长沙供电分公司、国网湖南综合能源服务有限公司、国网湖南电动汽车服务有限公司低碳园区建设战略合作框架协议签约活动

(摄影 曾 舸)

政企合作助推电网建设的“浏阳模式”已推广至全省并辐射国网系统。深度参与和细化“金阳新城电力专项规划”,服务金阳新城发展。110千伏工业园输变电工程、220千伏沿溪配套线路投产,打造大瑶“乡镇供电示范区”,助力浏阳区域腾飞。网改项目可研质量在全省评审中作为典型模板发布,为长沙区(县)唯一获A类单位,配变布点和线路廊道获取政府支持性意见做法,被长沙供电公司推广。县域配电网目标网架在湖南省电力公司获评优秀单位。网改规划设计持续保持标杆优势,项目结算批复及时完成,农网改造质量、进度保持领先。推进经开区电网一元化管理,完成园区配网资产整体无偿接收,制定1698万个老旧设备智慧化改造升级方案。提前完成“重点民生实事”项目建设并通过政府部门验收。

【供电服务】 2021年,按照“三高四新”发展战略,助力“碳达峰、碳中和”,促成浏阳经开区(高新区)与国网湖南省电力公司签署全省首个低碳示范园区建设战略合作框架协议。“获得电力”实现政务窗口水电气业务一次办,低压小微企业接入免行政审批,自查整改各类问题16项,办电时长大幅缩减。深化“阳光业扩”和“三省、三零”(省力、省时、省钱,零上门、零审批、零投资)服务,节省客户办电投资1095.70万元。对各类重要、敏感客户开展安全用电服务400余次,大幅提升客户安全用电水平。稳妥推进电价改革,确保政策平稳落地。服务民生实事,投资105万元开展31个老旧小区电力改造。加强供电服务指挥中心投诉管控,解决“漠视群众利益”和“我为群众办实事”问题92项,实现年度国网诉求处理满意率95%以上,投诉量同比下降66.67%。面对多次突发强对流天气,第一时间启动应急响应,快速完成抢修复电。

【服务乡村振兴】 2021年,国网浏阳市供电公司稳步推进数字化供电所建设。聚焦服务“三农”,助力“高富美乡村”建设,助推电养殖、民宿等多个乡村振兴项目落地。“煤改电”12家烟花原材料制造公司,完成清洁能源替代,典型经验获国网公司《市场动态与政策要情》重点推荐,并被人民网等主流媒体报道。对《湖南省乡村振兴重点帮扶名单的公告》中涉及的16个国网供电村进行重点帮扶,全面对接摸排负荷需求和供电质量,编制854万个网改项目纳入储备。

(李凤姣)

中国花炮文化博物馆　　（大瑶镇　供图）

鞭炮烟花业

综　述

【概况】 2021年，全市花炮产业集群总产值实现261.5亿元，其中出口产值33.3亿元，国内销售产值171.7亿元，原辅材料及相关产业实现56.5亿元。全市烟花爆竹生产企业443家(658个生产场所)，占长沙地区95.5%、占全省56.4%，其中单基粉生产企业2家，黑火药生产企业6家，引火线生产企业11家，危险化学品原辅材料生产经营单位153家，批发、经营、仓储企业399家，包装、印刷、机械生产等相关企业400余家，每年吸纳从业人员约30万人，年均发放社会工资100多亿元。浏阳花炮内销占全国总量的50%，出口占全国的60%。

【市场开拓】 2021年，浏阳企业和协会在山东、贵州等地召开产销座谈会，组织600余家企业参加山东、广东等10个省市订货会，累计订货约40亿元，为市场扩容夯实基础。加强与景区合作打造“烟花小屋”“未来焰火空间”，打造零售终端一站式城市烟花消费体验馆，通过打通线上营销与线下经营，提升烟花品牌形象，引导消费习惯，促进日常消费，实现长久安全合法经营，稳定开发市场。推进“花炮信贷通”“银企财园通”两大融资项目，帮助企业解决融资难题，共放贷5759万元。推进湘赣边区域合作，2021年4月1日，湘赣边烟花爆竹产业发展委员会在浏阳成立，四大烟花爆竹主产区打破区域壁垒，实现资源共享和战略联盟。

【宣传推广】 2021年，在中央、省、市级媒体宣传100余次，其中包括《湖南日报》专题报道《“草根”到“顶流”一朵烟花，绚烂世界夜空》、新华社《助推“三高四新”战略，助力浏阳花炮高质量发展》等，为推动花炮产业平稳有序高质量发展创造良好舆论环境。借助浏阳日报《花炮周刊》专题策划36版，运营“浏阳花炮”官方抖音，共计发布92个视频作品，其中4个作品点击量超过百万次，“纪念袁隆平院士”作品点击量达到530多万次。与市融媒体中心合作创新举办首届“烟花美”短视频大赛，活动点击量超过1亿次。

【优化出口】 2021年，成功开通岳阳城陵矶港至香港口岸的出口直航航线，2021年6月25日，已启动岳阳城陵矶港烟花爆竹永久性堆场和查验场所试运营，新的堆场有504个标准集装箱堆位，且配套有烟花爆竹查验平台和查扣仓库。赴深圳大铲湾现代港口、省港务集团就烟花爆竹出口通道情况进行调研交流，上海铁安公司拟在浏阳溪江火车站打造烟花物流运输集散中心。

【花炮产业存在的困难与问题】 行业标准适应性不强。由于国内外标准具有差异性，出口烟花产品既要依照国外标准的技术要求进行设计生产，又要按照国内标准确定的安全条件进行生产，导致部分出口产品存在超类别、超许可范围现象。随着花炮产业的不断发展变化，原有的一些行业标准已经难以适用新的产业形势，亟待修订完善、与时俱进。此外，花炮产品的出口标准与国内标准无法对接，差异相差较大，导致出口产品无法内销（如某些含药量小、生产工序安全的玩具小产品）。国际市场环境趋紧。产业发展的国际市场环境不稳定性、不确定性风险也在增加。受世界经济增长乏力、中美贸易摩擦、欧洲国家环境保护主义盛行、新冠肺炎疫情等因素影响，烟花爆竹出口贸易国家和地区的消费量呈低迷态势。此外，国外疫情发展及防控形势存在较大不确定性，烟花爆竹出口市场前景不明朗，出口形势依然严峻。专业技术人才不足。浏阳本土熟练掌握传统技艺的工匠外流，专业人才培养和引进力度不够，具有工匠精神的高级技能人才和具有互联网思维的业务人员极度缺乏。大部分企业经营者对于互联网和跨境电子商务的认知不足，能够熟练运用电子商务的业务人员缺失，新型专业人才亟待培养和引进。此外，作为“花炮之乡”的浏阳缺乏花炮专业科研院校，创新型人才培养机制不健全。

（石慧琼　周　慧　邱思维）

政策调控

【概况】 2021年，推动出台《长沙市烟花爆竹安全生产与产业引导条例》，启动《关于烟花爆竹企业分类管理的实施办法》的制定工作，为产业发展统筹谋划、明确方向。成立湘赣边烟花爆竹产业发展委员会，打造行业自律共同体。推进传统小产品振兴，落实《浏阳花炮传统小产品保护与扶持实施办法》，对列入保护名录的70家传统小产品生产企业和6类特色典型产品予以重点保护和扶持，引导传统小产品生产企业走专业化、精品化道路。成立浏阳市政协委员花炮行业转型升级实践站，探索转型升级路径，加强技术指导，引导花炮行业淘汰落后产能，截至2021年年底，全市共退出烟花爆竹生产企业114家（76家自愿申报退出、38家完成并购重组）、生产区58家，已拨付自愿退出奖补资金7314.92万元。

【出台《长沙市烟花爆竹安全生产与产业引导条例》】 2021年6月23日，长沙市人大常委会第四十一次会议审议并表决通过《长沙市烟花爆竹安全生产与产业引导条例》(以下简称《条例》)。7月30日，省十三届人大常委会第二十五次会议审查批准《条例》。8月18日，长沙市人大常委会召开《长沙市烟花爆竹安全生产与产业引导条例》新闻发布会。《条例》第二条规定的适用范围为长沙市行政区域内，条例直接规定浏阳市、宁乡市人民政府及其部门职责。《条例》适用于烟花爆竹生产企业的安全生产、监督管理及产业引导工作，烟花爆竹的储存、运输、经营、燃放等环节，法律法规已经相对完善，该《条例》不再规定。《条例》第三条明确长沙市、浏阳市和宁乡市政府的统筹协调职责，规定乡镇人民政府、街道办事处对生产企业进行安全生产监督检查和协助监督管理的职责，同时明确村民（居民）委员会的协助义务。《条例》第四条明确长沙市、浏阳市、宁乡市的安全生产综合监督管理主管部门和产业引导主管部门。

【召开严控烟花爆竹原辅材料价格和质量工作部署会】 2021年11月13日，浏阳召开严控烟花爆竹原辅材料价格和质量工作部署会。会议强调，对借机哄抬物价、牟取暴利等行为的生产企业、经营单位和个人一经查处严肃处理。针对2021年下半年烟花爆竹原辅材料，特别是高氯酸钾供需平衡被打破，市场出现严重短缺和供不应求现象，部分经销商及生产企业借机哄抬物价、牟取暴利等情况，浏阳连续出台举措，以期严控烟花爆竹原辅材料的价格和质量，使其回归正常的市场供应和合理的价格。深入企业走访调研，与3家高氯酸钾生产企业建立长期战略合作，保障原辅材料的稳定有序供应。协调醴陵、上栗、万载等地同步实施烟花爆竹原辅材料价格和质量相关管控措施，推动行业健康规范发展。

（石慧琼　周　慧　邱思维）

质量建设

【概况】 2021年，市鞭炮烟花产业发展中心协同市市场监督管理局开展烟花爆竹产品及原辅材料质量专项整治行动工作，对生产、经营、使用环节的原辅材料进行抽检，严查产品质量违法行为，对列入“黑名单”的企业实施惩戒。全年共抽检烟花爆竹及原辅材料产品874批次，原材料产品质量合格率达到95.5%，同比上升13.7%。制定烟花爆竹网红产品《“加特林”吐珠类产品主要技术参数》行业标准，全市40家吐珠类“加特林”产品生产企业负责人签署行业自律承诺书。“烟花爆竹质量安全”国家市场监管重点实验室落户浏阳，有效提升全市花炮产业质量建设水平。国际烟花爆竹标准化技术委员会ISO秘书处、全国烟花爆竹标准化技术委员会等标准制定权威组织均设在浏阳。加快《烟花爆竹安全与质量》《烟花爆竹原材料安全与质量》等国家强制性标准的修制订，建立健全质量标准体系，烟花爆竹领域有21项国际标准从浏阳产生。

【人才培养】 2021年，市鞭炮烟花产业发展中心积极落实推进烟花爆竹高级职称专场评审工作，评审通过正高级职称2人、副高级职称47人，为产业发展提供人才储备。开展2021年度大型焰火燃放操作人员培训，共计培训300多人，不断提高花炮人员专业素养及业务技术水平。开展花炮行业版权保护业务培训，进一步提高花炮企业对加强版权保护工作重要性的认识，强化烟花爆竹行业版权保护的管理水平。举办浏阳市“十佳乡村工匠”竞赛暨“花炮工匠”比赛，推动高技能人才队伍建设。

【科技创新】 2021年，市鞭炮烟花产业发展中心支持企业自主创新，打造东信研究院、浏阳花炮象形研究院等科技创新平台，培育52家高新技术企业。指导花炮企业开展“高新技术企业”、专精特新“小巨人”认定、补助资金申请等工作，全年72家花炮生产企业取得奖补资金共941万元。与国防科技大学、南京理工大学等专业院校合作，烟花产品工艺创新取得20项成果。成功研发微烟无硫发射药、新型环保鞭炮、再生植物纤维烟花外筒等安全环保领域前沿创新成果300余个。全面打造“烟花云”产业发展平台，引进工业互联网，搭建信息集成、新闻展示等7个模块平台，以现代科技改造传统产业。组织开展首届湘赣边烟花爆竹产品创意大赛暨第八届湖南省烟花爆竹新产品评比大赛活动，大赛共收集到来自湘赣边四大花炮主产区50家企业205款参赛作品，经初赛、决赛两轮专家综合评审，最终评选出金奖7个、银奖12个、铜奖22个。

【传统小产品扶持】 2021年3月8日，市鞭炮烟花产业发展中心组织召开浏阳花炮小产品发展座谈会，重点就“加特林”烟花等网红产品规范发展、质量提升、标准化生产等内容进行探讨，10家烟花小产品生产企业负责人参会；会议还邀请国家烟标委、浏阳市场监管局、浏阳市应急管理局、浏阳市花炮总会等单位相关负责人参加。加大浏阳花炮传统小产品奖扶力度，组织浏阳花炮传统小产品专项奖励申报评审工作，共有25家企业获得专项奖励，共计奖励金额260万元。

（石慧琼　周　慧　邱思维）

节会活动

【焰火燃放】 2021年，浏阳焰火企业累计燃放文旅焰火1600多场次，总金额约3亿元，占全国文旅市场85%的份额，其中大型焰火燃放包括首都北京庆祝中国共产党成立100周年文艺演出《伟大征程》焰火燃放、省会长沙庆祝中国共产党成立100周年大型音乐焰火表演、塔吉克斯坦独立30周年焰火等。同时，浏阳与方特主题公园、深圳世界之窗、上海迪士尼等国内18个景区景点建立合作，推动烟花与文旅融合发展。浏阳烟花从2021年以前纯粹输出烟花产品满足市场基本需求跨入2021年加入烟花编排、互动体验、场景构建等高附加值环节，逐步向拥有知识产权、在市场上具有识别度和营销优势的品牌文旅焰火发展之路进阶。

【湘赣边烟花爆竹产业发展委员会成立大会在浏阳举行】 2021年4月1日，湘赣边烟花爆竹产业发展委员会成立大会在浏阳举行。作为湘赣边乡村振兴协作合作事项之一，湘赣边烟花爆竹产业发展委员会的成立，标志着湘赣边烟花爆竹区域合作步入新阶段。浏阳市委副书记、市长吴新伟，市委常委、市纪委书记、市监委主任，烟花爆竹产业链链长秦跃平，浏阳市副市长李翔，醴陵市副市长王吉祥，上栗县副县长王均洪，万载县政协二级调研员张鼎明，中国烟花爆竹协会会长钟

2021 年 4 月 1 日，湘赣边烟花爆竹产业发展委员会成立大会在浏阳举行

（市鞭炮烟花产业发展中心 供图）

自奇共同为湘赣边烟花爆竹产业发展委员会揭牌。会上，吴新伟对湘赣边烟花爆竹产业发展委员会的成立表示祝贺，他指出，委员会的成立是湘赣边区域合作带来的宝贵红利、是加快花炮产业攻坚突围的现实需要、是引领全球花炮产业转型升级的战略举措，发展机遇难得，发展任务艰巨，发展未来可期。吴新伟要求，要突出统一协同，确保同频共振；要突出行业自律，确保秩序规范；要突出创新发展，确保成功突破；要抓好阵地建设，强化任务落实，健全长效机制，以更大力度、更实举措，强化发展战略协同，奋力谱写新时代湘赣边烟花爆竹产业高质量发展的新篇章，为深化湘赣边区域合作示范区建设注入新的力量。同时，四县（市）相关负责人及烟花协会负责人进行发言交流。

【浏阳烟花绽放长沙橘子洲焰火广场】 2021 年 6 月 30 日晚，“党的盛典 人民的节日”——省会长沙庆祝中国共产党成立 100 周年大型音乐焰火晚会在长沙橘子洲举行。焰火晚会重点活动之一，由浏阳焰火燃放企业负责实施的以山、水、洲、城景色与焰火融为一体的全景艺术焰火表演模式展开，分为“梦想启航”“百年华诞”“星火湘传”“奋楫扬帆”4 个篇章，时长 20 分钟。

【塔吉克斯坦独立 30 周年焰火燃放活动】 2021 年 9 月 9 日晚，由浏阳吉腾烟花集团承担实施的塔吉克斯坦独立 30 周年庆典活动焰火燃放在塔吉克斯坦首都杜尚别举行，焰火燃放取得成功。该焰火燃放是 2020 年新型冠状病毒肺炎疫情暴发后浏阳花炮首次国外大规模焰火燃放，燃放总时长 6 分钟，使用全部来自浏阳烟花企业的燃放产品 2 万多发，燃放创意设计、施工技术、设备操作等核心成员全部来自吉腾烟花集团。截至 2021 年 9 月，浏阳花炮开拓和扩大“一带一路”沿线国家焰火市场，先后在中亚、东南亚、中东、非洲、东欧等国家和地区承接和实施多场焰火燃放活动。

【浏阳烟花绽放央视 2021 中秋晚会】 2021 年 9 月 21 日 21 时，在中央广播电视总台 CCTV-1、CCTV-3、CCTV-4 播出的 2021 年中秋晚会上，烟花让观众感受到节日氛围。晚会烟花燃放由浏阳花炮企业浏阳市亚太出口烟花有限公司承担。央视 2021 中秋晚会为录制播出，晚会和焰火燃放于 8 月 16 日至 9 月 4 日在四川省西昌市录制。晚会录制期间，浏阳花炮企业共配合演出节目实施 10 场焰火燃放，总时长 12 分钟，产品总数约 7 万发，共派出技术、施工人员 80 多人。为确保焰火燃放工作高质量完成，鞭炮产业发展中心安排工作人员到现场全程跟进做好对接协调服务，并组织行业专家到场进行安全、技术、施工现场指导。

【浏阳花炮行业举行焰火燃放专题培训】 2021 年 10 月 22 日，市鞭炮烟花产业发展中心组织开展 2021 浏阳焰火燃放专题培训。浏阳市焰火燃放企业负责人、项目管理和技术负责人、市场营销负责人参加培训。培训会上，高级工艺美术师张秋明从焰火燃放项目综合管理、优秀管理带来的价值、燃放现场管理存在的问题三个方面进行讲解。浏阳市焰火燃放协会负责人黄成围绕如何创建和培育文旅焰火品牌进行分析，并进行案例展示。

【举办首届湘赣边烟花爆竹产品创意大赛暨第八届湖南省烟花爆竹新产品评比大赛】 2021 年 11 月 10 日、11 月 22 日，由湘赣边烟花爆竹产业发展委员会主办，湖南省工艺美术协会烟花爆竹专业委员会、浏阳市鞭炮烟花产业发展中心、浏阳市烟花爆竹技术协会承办的首届湘赣边烟花爆竹产品创意大赛暨第八届湖南省烟花爆竹新产品评比大赛在浏阳市金滩燃放场举行。大赛自 2021 年 10 月启动报名，吸引来自湘赣边主产区、湖南省范围内 50 家烟花爆竹生产企业和花炮科研机构共 205 款花炮行业创新产品到场参赛。大赛分为爆竹类、礼花弹类、组合烟花类、架子烟花类、升空类、玩具烟花六个类别进行燃放展示评比。经初赛、决赛两轮专家综合评审，评选出金奖 7 个、银奖 12 个、铜奖 22 个。大赛燃放组织单位为浏阳市烟花爆竹技术协会，支持单位为中共浏阳市鞭炮烟花行业党委、醴陵市陶瓷烟花产业服务中心、上栗县工业和信息化局、万载县烟花爆竹产业发展服务中心、浏阳市烟花爆竹总会、醴陵市烟花鞭炮总商会、上栗县花炮总商会、万载县花炮总商会。

【举行“十佳乡村工匠”竞赛暨“花炮工匠”比赛活动】 11 月 30 日，由浏阳市委组织部主办，浏阳市鞭炮烟花行业党委、浏阳市鞭炮烟花产业发展中心承办，浏阳市烟花爆竹总会、浏阳市烟花爆竹技术协会协办的浏阳市“十佳乡村工匠”竞赛暨“花炮工匠”比赛活动在浏阳举行。

经过初评推荐、乡镇审核推荐、全市总决赛，共评出组合烟花手工组盆、礼花弹装球、鞭炮手工结编、燃放产品安全、晨光花手工褙皮5个项目的“十佳花炮工匠”10名。

（石慧琼　周　慧　邱思维）

烟花爆竹产品安全质量检验

【概况】　湖南省烟花爆竹产品安全质量检验中心（以下简称“花检中心”），是湖南省市场监督管理局直属正处级事业单位。中心主要承担全国范围内行政部门、社会团体、企业单位、个人等客户委托检验；承担国家、省、市质量技术及安全生产监督行政管理部门监督检验；承担全国范围内烟花爆竹事故调查分析、产品质量分析；开展烟花爆竹产品、原辅材料、机械设备等科研开发工作；承担SAC/TC149秘书处和ISO/TC264秘书处日常工作；承担ISO/TC264国内技术对口单位日常工作；承担烟花爆竹国际、国内标准的制修订及归口管理工作；完成国家、省局交办的其他工作。花检中心建党100周年文艺演出焰火产品质量安全保障工作获国家市场监管总局“突出集体”奖励，欧代红、曾小军获“突出个人”奖励。

【检验检测服务】　2021年，花检中心完成国家专项监督抽查103批次、湖南省监督抽查1140批次，完成北京市、长沙市、武汉市、浏阳市、庐江县监督抽查394批次；接受全国范围内委托检验服务7931批次，其中公、检、法、司等政府部门委托检验1378批次，与2020年相比增长130%，检验业务延伸涉及湖南、北京、广东、安徽、湖北、江西、广西、贵州、四川、浙江、福建、西藏等省（自治区、直辖市）。

【国家重大活动保障】　2021年，花检中心完成中国共产党成立100周年文艺演出专供焰火产品质量监督抽查任务。4—6月，中心先后30余次召开专供焰火产品方案评审会、技术研讨会，60余人次先后14次到湖南、河北两省生产企业进行技术指导和监督抽查，共计完成172批次产品42659发（个）产品的抽检。花检中心获国家市场监管总局中国共产党成立100周年文艺演出焰火产品质量安全保障工作“突出集体”表彰。完成北京2022年冬奥会和冬残奥会专供焰火产品质量保障工作，共计开展省级监督抽查99批次，国家监督抽查33批次，验收检验102批次，确保所有产品的国抽、省抽、验收检验，批批有报告，批批检验合格。

【标准科研工作】　2021年，由花检中心主导制定并发布ISO22863系列《烟花——特定化学物质的检测方法》国际标准6项，参与并发布该系列国际标准1项；以第一起草单位制定并发布国家标准2项，即GB/T 39996—2021《烟花爆竹　烟火药发热量的测定》和GB/T 40674—2021《烟花爆竹　环保评价方法》；推进《烟花爆竹　安全与质量》《烟花爆竹作业安全技术规程》等强制性国家标准和配套推荐性国家标准的修订工作；完成国家科技部NQI项目“烟花爆竹领域重要国际标准研究”的结题验收。

【湖南省烟花爆竹产品安全质量检验中心揭牌】　2021年6月18日，湖南省烟花爆竹产品安全质量检验中心举行揭牌仪式。根据省委编办《关于省市场监督管理局深化事业单位改革试点有关事项的批复》（湘编复字〔2021〕2号），“湖南烟花爆竹产品安全质量监督检测中心”更名为“湖南省烟花爆竹产品安全质量检验中心”（下称“花检中心”），机构规格相当于正处级。花检中心是烟花爆竹行业的“国检中心”，是国际标准化组织烟花爆竹技术委员会秘书处和国内技术对口单位，是全国烟花爆竹标准化技术委员会秘书处承担单位。更名后的花检中心继续承担烟花爆竹相关检验检测和标准化制定的主要职能。省市场监督管理局相关负责人，市委常委、常务副市长邓阳锋，副市长李翔参加揭牌仪式。

【国家重点实验室建设】　为推进科技创新基地建设，提升科技创新能力，增强科技赋能，确保在烟花爆竹检验检测和标准科研领域的国际一流、国内领先地位，花检中心发挥人才、技术和科研优势，2021年9月，正式获批国家市场监管总局“国家市场监管重点实验室（烟花爆竹质量安全）”，签订建设计划任务书，启动重点实验室建设项目，开展烟花爆竹领域基础性研究，提升市场监管能效，助力产业转型升级发展。截至2021年年底，完成烟花爆竹室外燃放检测场建设；借助省局能力提升项目，“烟花爆竹发射后座力测试设备”已与合作方鉴订协议，确定研发方案，跌落试验装置和自动喷淋系统等完成主体安装；组建一支以2名享受国务院津贴专家为学术带头人的研发团队42人；确立实验室运行机制和管理模式，完成日常运行管理、人员、财务、仪器设备等配套制度的制定和运行实施。

【烟花爆竹室外燃放场建设】　2021年年底，集烟花爆竹基础研究、安全试验、质量检验、标准研究、废弃物销毁、样品储存、环保等级评定于一体的烟花爆竹室外燃放检测基地，配置齐全业务和办公设施，实验室全部搬迁并投入使用。烟花爆竹室外燃放检测场建设项目于2018年12月获立项批准，2019年12月5日，项目正式动工建设。历时近三年，总投资4992万元，总占地面积约230亩（15.333公顷），其中建设用地面积31.9亩（2.127公顷），防护用地面积198亩（13.2公顷），总建筑面积6276平方米，配套室外检测场9423平方米。2021年年底，全部完成综合（试验）楼、生活服务楼、仓库、试验工房、样品收发室、燃放检测场、场内道路以及绿化等项目建设。12月23日，由应急管理部副部长刘伟带队的调研检查团到花检中心调研检查。

（唐蛟麟）

浏阳商会大楼　　　　（罗豪正　摄）

商　务

综　述

【概况】 2021年，全市实现社会消费品零售总额442亿元，同比增长15.6%，其中限额以上单位零售额完成102.8亿元，同比增长13.9%，长沙对浏社零绩效考核排名长沙四县(市、区)第一名；全年市辖(不含经开区)完成进出口额11.25亿美元，完成长沙年度目标任务的115%。完成生产型外贸企业1000万美元以上1个，四县(市、区)排名第二名。浏阳市商务工作获“2021年省政府和长沙市政府真抓实干督查激励表扬”。

【内贸行业发展】 2021年，全市新增浏阳兰天东奥汽车销售有限公司、浏阳田小狗餐饮服务合伙企业(有限合伙)等4家限额以上商贸流通企业。深化商贸领域供给侧结构性改革，加快发展首店经济，成功引进茶颜悦色、奥迪4S店等知名品牌首店。优化商品供给品质，满足人民日益增长的消费品质需求，鼓励支持商超、蒸菜开展连锁经营，比一比超市城区财智店开店，截至12月，该超市拥有省内外直营店13家。争取湖南老字号、长沙市商贸流通产业专项资金等省、市资金416.5万元，扶持湖南蜜蜂哥哥等有限公司商贸龙头企业扩大产能，拓展销售市场，培育壮大商贸流通主体。

【电子商务】 加强物流配送渠道资源整合，共同建设浏阳市三级物流配送体系，改造建设规范的市级农村电子商务仓储配送中心。完善农产品供应链体系，推进“农品浏香”农产品区域公用品牌建设，提升品牌知名度。截至2021年12月，全市网店数量8733家，快递物流品牌企业近10家。推进农村电商服务站点建设，截至2021年12月，浏阳已建设28个乡镇级电商服务站和170个村级电商服务站点，为农民提供代购、代销、收发快递等服务。

【外经外贸】 2021年，浏阳市新增和变更对外贸易经营者备案登记142家，引进湖南省瑞聪供应链有限公司、湖南贵康供应链有限公司等9家外贸供应链公司；加快公司出口业务增长，新引进的外贸供应链公司和外贸综合服务平台企业为浏阳市新增进出口额7.44亿美元。组织企业申报省、长沙市“万企闯国际”专项资金、对外合作资金、中央进口贴息资金、稳外贸增长资金等专项资金并做好初审工作。组织长沙文象环保科技有限公司、长沙邦创生物科技有限公司、湖南一喜科技服务有限公司等公司申报防疫物资商务部白名单。协调鞭炮烟花出口通道问题，做好星沙海关驻浏阳办事处后勤保障工作。完善重点外贸企业运行监测，发展新业态、新模式，支持跨境电商平台、跨境物流发展。全年完成跨境电商2450万美元。召开中信保小微企业对接会，使符合条件的小微企业享受到免费保单红利，共发动120家企业成功领取。

【市场体系建设】 完善基础，推进商贸流通载体建设。引进商贸流通载体项目。2021年，万达广场项目落户浏阳道吾新城；加强服务商贸流通载体建设，协助相关部门推进长兴湖片区江山印198米超高层综合体项目建设；完善商贸载体功能，推进浏阳天虹—君悦城市广场和九方北正西商业广场健全商贸流通全产业链生态圈，构建“衣、食、住、行、文、旅、购”等“一站式”生活配套服务中心，形成浏阳“人流、物流、信息流、商品流”汇集的新地标；完成集里农贸市场、洞阳北园农贸市场、永安农贸市场3个市场建设。

【规范行业秩序】 强化新车销售行业管理。督促新车销售企业合法合规经营，全年检查汽车销售企业18家，检查整改问题21个。整治二手车流通行业。与市城管、交警部门建立规范二手车经营整治联动机制，组织对城区二手车门店占用公共停车位进行专项整治；制定《规范二手车交易门店告知书》，对二手车交易门店占道经营行为进行劝导，对不听劝导的门店联系城管局进行执法；对二手车交易市场和二手车门店交易台账建立情况进行检查和督促，营造良好的行业秩序。

【商贸领域安全生产】 推进安全生产专项整治三年行动集中攻坚，2021年，浏阳市商务局共组织296人次对商贸领域内的176家次企业进行安全生产监督检查和油气回收治理工作，发现一般安全隐患问题110处并全部整改到位。

【开展浏阳网上年货节活动】 2021年1月20日至2月18日，浏阳市以“居家嗨购　网上过年”为主题开展2021年浏阳网上年货节活动。羊淘商城、供销优选、农意兴等本地电商平台，比一比、大润发、通程、天虹等商超推出“线上年货节”，下单有满减折扣，同时推出“春节不打烊”“春节也送货”服务，实现市民足不出户“轻松购”。受疫情影响，浏阳部分餐饮企业进行业务调整，创新年夜饭“新吃法”，蒸浏记、浏水蒸香、友谊大酒店等特色餐饮店，提前与外卖电商平台对接，开通“年夜饭”“团圆宴”外卖服务，实现一键下单配送到家。

【第十四届城市商务节暨第二十四届浏阳车展启动】 2021年4月15日，由浏阳市商务局指导，浏阳市融媒体中心主办，浏阳日报报业发展有限责任公司承办的浏阳市第十四届城市商务节暨第二十四届浏阳车展在浏阳市体育运动中心启动，车展活动持续四天（4月15日至18日），车展共有30家参展车商、60个热销车辆品牌、500余款车型参展。4月16日，车展推出“浏阳车市地图”上线，该地图覆盖全市汽车销售网点及汽车后市场服务网点，市民通过“车市地图”可以一览浏阳车企地标。

【组织召开全市小微出口企业“单一窗口+出口信保”试点推介会】 为进一步优化营商环境，发挥出口信用保险作用，支持浏阳市外贸企业开拓新的更大国际市场，推进浏阳市外向型经济快速发展，2021年5月20日，市商务局组织召开全市小微出口企业"单一窗口+出口信保"试点推介会，浏阳市军胜贸易有限公司、长沙安莎进出口贸易有限公司、长沙奥隆工程机械有限公司、长沙奥斯凯汽车零部件有限公司等近百家小微出口企业参加会议。会上，中国出口信用保险公司针对小微出口企业的出口信保支持最新政策进行宣讲，解析出口信用保险的作用、投保方法，介绍相关平台的服务产品及方案，促成全市120家小微出口企业投保。2021年以来，市商务局把党史学习教育与商务经济工作相结合，开展党史学习教育和"我为群众办实事"实践活动，多次组织召开重点外贸企业座谈会和跨境电商座谈会，走访重点外贸企业，搭建平台，为企业解决实际问题，为外贸企业送政策、送服务、送保障，壮大外贸市场主体，助力外贸进出口平稳增长。

9月8日，2021"味道湖南"美食季启动仪式暨长沙味道·浏阳美食周开幕式在浏阳河广场举行
（市商务局　供图）

【浏阳市2021年"河畔季风"消费节系列活动】 6月11日，由市人民政府主办、市商务局承办的2021年浏阳市"河畔季风"消费节系列活动发布仪式在关口街道南湖公园举行。系列活动贯穿全年多个重点节日，活动以"春、夏、秋、冬"四季潮玩风尚为主题，打造春色·文旅消费季、夏风·潮玩消费季、秋实·网红消费季、冬韵·品牌消费季，涉及餐饮、零售、文化、旅游、房地产等多个领域，通过开展集吃、住、行、游、购、娱为一体的全方位消费活动，引导外地游客和本地市民参与浏阳消费，激活浏阳市消费新动能，持续繁荣"三间经济"。其中5月27日，由市商务局、城管局、文旅广体局、文化产业园和淮川街道办事处共同主办，淮川街道商会承办的浏阳市2021年"河畔季风"消费节暨淮川街道第二届美食节启动仪式在淮川街道才常广场举行，美食及文化展演活动持续至6月2日；6月11—12日，由关口街道承办的夏风·关口南湖消费嘉年华活动在关口街道南湖公园举行。来自汽车品牌、浏阳经典美食、城市烟花、母婴儿童用品、各大商超、浏阳老字号品牌以及文创品牌的数百商家参与，推出游园打卡领礼品、万斤龙虾"喊"回家、新车发布、"非遗"互动体验等活动。为应对疫情对经济的影响，浏阳市政府出台补贴政策，凡于2021年6月11—15日车展活动期间，在纳入浏阳市社会消费品零售总额统计的限额以上汽车销售企业购买新乘用车的消费者，并在浏阳市购买购置税的消费者符合补贴条件，市政府给予1000元/台的现金补贴。经浏阳市财政局、市商务局、市融媒体中心审核核实，共有112位个人领取消费节补贴。

【全市商贸行业安全生产培训会议召开】 2021年6月24日，市商务局组织召开全市商贸行业安全生产培训会议，120余名来自各乡镇（街道）商贸行业的安全生产专干及重点商贸企业负责人参与培训。培训会前，参会人员进行安全生产责任签名承诺，并观看学习《生命重于泰山——学习习近平总书记关于安全生产重要论述》电视专题片。会上，来自应急、消防系统的安全专家就商贸企业消防安全、安全生产检查、隐患排查方法及排查内容、应急演练等知识进行授课。

【2021"味道湖南"美食季启动仪式暨长沙·浏阳美食周开幕式举行】 2021年9月8日，2021"味道湖南"美食季启动仪式暨长沙味道·浏阳美食周开幕式在浏阳河广场举行，副省长何报翔出席并宣布活动正式启动。省政府副秘书长陈献春，省委宣传部、省发改委、省财政厅、省农业农村厅、省文旅厅、省卫健委、省市场监管局、省乡村振兴局等部门相关负责人，长沙市副市长刘拥兵，湖南日报社、湖南广播电视台相关负责人，浏阳市委副书记、代市长王雄文，浏阳市领导李爱民、王坤球、黄刚、郭贺亭、戴圣伟出席活动。省商务厅副厅长杨中万讲话，长沙市委常委、浏阳市委书记朱东铁致辞。开幕式现场，浏阳特色美食集体亮相"味道浏阳"美食区，在美食直播区，厨艺大师现场烹饪"浏阳十大特色菜"，上演"名厨秀"，集中展示浏阳名优食材，着力宣传浏阳美食之都的产业品牌，弘扬湘菜美食文化。在为期一周的长沙味道·浏阳美食周活动，包括"四名"评选、百店招牌菜一元秒杀、浏阳美食地图发布、畅玩嗨吃湘鄂赣、客家百家宴、万达音乐美食节等六大主题活动。"味道湖南"美食季活动是湖南生贯彻落实"三高四新"战略、加快湘菜产业创新发展、促进消费提质扩容的重要举措，以"百县千菜到万家"为主题，包括"三评""四名""五进"等活动，即在县（市、区）、市州、省三个层面开展美食品牌评选；评选出名菜、名厨、名店、名优食材；推动"四名"美食品牌进星级宾馆、进特色街区、进特色小镇、进旅游线路、进大型活动。"味道湖南"美食季活动在浏阳启动后，相继在全省14个市、州铺开，活动持续至12月。11月10日，

"味道湖南"湖南名菜网络投票评选活动正式启动，浏阳蒸腊(洋)鸭、传统全家福、粉皮扣羊肉3道菜代表"浏阳味道"参与"味道湖南"湖南名菜网络投票评选。

【浏阳市电子商务进农村综合示范项目"村播计划"启动】 2021年9月25日，浏阳市电子商务进农村综合示范项目"村播计划"正式启动，2名羊淘商城主播与浏阳电子商务公共服务中心负责人走进市农特产品展销馆同台直播，为本地产品代言推介。展销馆里分为湘赣边区域公用品牌"湘赣红"、浏阳市农产品区域公用品牌"农品浏香"、本地农产品等展区，展出湘纯茶油、大围山水果、田螺溪大米、湘南红柑橘等上百款本地特色农产品、美食。该活动中的农产品均以"1+1+N"模式进行推广运营，即通过"湘赣红"湘赣边区域合作公用品牌带动，浏阳市级区域公用品牌"农品浏香"共同发力，促进N个农特产品销售。"村播计划"致力于培养一批专业的本土化电商人才，为推进浏阳市农村电子商务产业发展提供重要支撑。9月25—30日，"村播计划"在各乡镇同步进行人才培训，通过开设电商知识、技能知识、站点知识和创业孵化知识等专题培训班，手把手教农民主播们用好手机"新农具"，学会直播"新农活"，培育村播带货达人，赋能全市传统农业升级转型。截至9月30日，12场专场直播线上总点击量突破80万人次，宣传推介百余款本地农产品，带动农产品销售近200万元。从2017年起，浏阳市抢抓全国电子商务进农村示范创建历史机遇，把发展农村电商作为壮大县域经济、提升"三农"经济发展质量的抓手，促进网络直播间、线上销售渠道、浏阳产品市场的壮大发展。

【浏阳市"十佳乡村工匠竞赛"之蒸菜烹饪技艺师总决赛举行】 2021年12月2日，由市委组织部主办，市商务局承办，市餐饮行业协会协办的浏阳市"十佳乡村工匠竞赛"之蒸菜烹饪技艺师总决赛举行，16名厨师参加总决赛，经角逐，焦向发、鲁承伟、秦飞来、卢向阳、潘定国、刘继开、邹祖芳、罗霞林、赵子阳、肖正文10人被评选为浏阳市"十佳乡村工匠"之"十佳蒸菜烹饪技艺师"。为推广浏阳蒸菜、弘扬劳模精神，助力人才培养，2021年，浏阳市启动浏阳市"十佳乡村工匠"竞赛活动，包含烟叶烘烤工匠、农机操作能手、蔬菜种植能手等15个类别竞赛，其中蒸菜烹饪技艺师竞赛为其中1个类别。通过开展竞赛活动，达到以赛促学，助推烹饪技艺不断创新、浏阳蒸菜健康发展。

【第二十五届浏阳车展举行】 2021年12月26—28日，由省汽车工业发展领导小组办公室、市商务局指导，市融媒体中心主办的第二十五届浏阳车展在市体育运动中心举行，32家车商、50多个热销车辆品牌、400余款车型参展。其中2020年年底动工建设，2021年12月25日通过验收的浏阳奔驰4S店在车展中首次亮相。

（周　激）

招商引资服务

【概况】 2017年8月，浏阳市招商引资服务中心挂牌成立，为市人民政府负责全市招商引资工作的直属正科级事业单位，内设4个部室。2021年，有在编在岗干部职工13人。招商引资服务中心职责:贯彻执行国家和省市关于对外开放、经济合作、招商引资的方针政策和法律法规；负责组织拟定并实施全市对外开放、经济合作、招商引资的中长期规划和年度计划；负责牵头组织拟定并实施促进全市招商引资和外商投资的相关政策和措施；分析研究全市外商投资情况，宏观指导全市外商投资工作；负责重大招商项目的包装和发布，建立全市招商引资项目库，并统一对外发布招商信息；负责重大招商引资活动的策划组织，重要客商的接待和项目洽谈，到浏客商的联络、邀请；承担外商投资企业的管理、服务，负责全市各单位招商引资工作的服务、指导、协调、督查、考核验收和统计工作；承办市委、市政府交办的其他事项。2021年度实际利用外资(外商直接投资)2678万美元，市招商引资服务中心在扩大对外投资工作中，受到省人民政府"2021年真抓实干督查激励表彰"。

【项目招商】 全年新引进项目207个，其中50亿元以上项目3个，三类500强项目3个。推动雅士林长沙(国际)蚕桑丝绸智造产业项目、六顺生物、华实半导体、杰维智能装备等一批重大项目签约落地。发挥蓝思科技股份有限公司、长沙惠科光电有限公司等龙头企业作用，组织小分队赴上海、北京、深圳等地开展产业链、小分队招商100余次，引进产业链项目155个。

【招商服务】 2021年，市招商引资服务中心邀请市主要领导直接参与、调度招商工作20余次，推动引进雅士林桑蚕丝绸产业制造、永和通用航空产业基地等一批重大项目。强化招商引资工作领导小组统筹作用，出台《招商引资项目引进事前评估及事中事后监管办法（试行）》，完善招商引资项目合同模板，健全重大项目预审机制，梳理全市已批未供地项目142个，多次组织前置会，推动形成良性科学决策机制。主动对接园区平台及乡镇需求，提供可靠客商和项目信息80余条；实施乡镇分片联点工作，指导、帮助乡镇街道做好招商推介、项目包装和洽谈等。推介浏阳招商工作经验，邹佳、彭珂、宋丹3人调研文章《关于政府投资基金促进招商引资的几点思考》获2021年度全省商务系统优秀调研成果"一等奖"。

【招商推介】 2021年，浏阳市招商引资服务中心深化"引老乡、回故乡、建家乡"品牌，举办"云端叙乡情，线上话发展"新春招商恳谈会，全市18个乡镇(街道)开展招商、联商活动，上门拜访客商120人次；强化与商协会、中介招商结构等平台联系，举办长沙市浏商公益促进会浏阳行招商座谈会、工信部领军人才集成电路五班浏阳行等活动。拟定《进一步加强招商引资促进经济高质量发展的若干措施》《浏阳市招商引资中介人奖励办法（修订）》等优惠政策；重奖招商中介人，审核通过2020年中介人奖励项目9个。更新《投资服务指南》《招商地图》等资料，并向商协会、重要场所定点投放；面向粤港澳大湾区、长三角等地精准发布招商小视频24期，在黄花国际机场投放浏阳城市广告，全方位、多维度推介浏阳投资环境、优质招商项目、重大招商平台。

2021年2月4日，浏阳市举办"云端叙乡情　线上话发展"在外浏阳籍企业家新春招商恳谈会
（市招商引资服务中心　供图）

【举办2021年在外浏阳籍企业家新春招商恳谈会】　2021年2月4日，浏阳市举办"云端叙乡情　线上话发展"在外浏阳籍企业家新春招商恳谈会，湘潭、珠海、东莞、深圳、广州、佛山、南宁等异地浏阳商会及全国各地企业家代表参加活动。长沙市委常委、浏阳市委书记黎春秋通过线上视频向与会人员提前送上新春祝福，浏阳市副市长周明出席恳谈会并致辞。招商恳谈会旨在增进与在外浏阳籍企业家朋友的友谊，深化双方交流合作，统筹疫情防控和经济发展。创新运用"云端恳谈会"的方式，变"面对面"交流为"屏对屏"沟通，通过视频与各位企业家朋友共叙乡情、共迎新春、共谋发展。恳谈会以信息交流为主要内容，推介浏阳经开区和两型产业园等重点园区，浏阳河"一河两岸"等系列文旅开发、花炮企业闲置资产二次招商等项目。

【"引老乡、回故乡、建家乡"长沙市浏商公益促进会浏阳行活动举行】　2021年9月12日，"引老乡、回故乡、建家乡"长沙市浏商公益促进会浏阳行活动举行，100余名浏阳籍在外企业家集体回乡考察，了解家乡发展变化，寻求合作商机，共谋发展大计。省政协原副主席、省文联原主席谭仲池，长沙市委常委、浏阳市委书记朱东铁，长沙市政协副主席彭继球，浏阳市委副书记、代市长王雄文出席活动。招商座谈会上，与会人员观看浏阳宣传片，相关市领导进行招商推介，浏阳籍在外企业家代表作交流发言。同时，长沙市浏商公益促进会与市招商引资服务中心签订战略合作协议。"浏商"是浏阳的优质资源和宝贵财富，2016年，浏阳提出要精心做好"引老乡、回故乡、建家乡"工作，并将其写进当年的市政府工作报告。截至2021年，已引进浏阳籍老乡返乡创业项目300余个，总投资超过120亿元。

【浏阳永和通用航空产业基地项目正式签约】　2021年11月10日，浏阳市人民政府与长沙市国有资产经营集团有限公司签订《浏阳市永和通用航空产业基地项目战略合作协议》，该项目位于浏阳市永和镇原湖南磷化工总厂矿区，作为项目基础的通用机场，等级为A1（可供10座以上的航空器商业载客飞行活动的通用机场），规划用地面积约4.9平方千米，规划跑道长度1200米，总投资约50亿元，是长沙市唯一具备低空领域全方位综合发展条件的通用机场，该项目已列入《湖南省通用机场布局规划（2016—2030年）》。长沙市委常委、浏阳市委书记朱东铁，长沙市国资委党委书记、主任黄阳，长沙国资集团党委书记、董事长杨新武，浏阳市委副书记、市长王雄文等领导共同见证签约仪式。集团领导班子成员、浏阳市相关领导参加签约。

（李　芝）

供销合作

【概况】　2021年，浏阳市供销合作社联合社围绕"服务三农，助力乡村振兴"主题，坚持党建引领，突出"一

2021年11月10日，浏阳市人民政府与长沙国资集团共同签署《永和通用航空产业基地项目战略框架协议》，图为浏阳永和通用航空产业基地战略合作协议签约活动
（市招商引资服务中心　供图）

个中心、两项试点、三大体系、四大平台”(分别指以经济建设为中心,“规范建立社有资产管理委员会”专项试点、省级“三会”制度试点,基层组织体系、“生产、供销、信用”三位一体、农合会体系,农资供应和农化服务平台、农产品购销服务平台、农村电商综合服务平台、再生资源回收体系平台),加快供销综合改革,央视新闻频道“新闻直播间”对浏阳供销全力保障农资冬储和供应,稳定化肥市场和价格进行报道。省供销合作总社《改革简报》第7期专版刊发浏阳供销综合改革经验文章《坚持合作引领 推进“两个到户”打造服务农民生产生活的综合平台》。被长沙市深化供销合作社综合改革领导小组办公室评为“二〇二一年区县(市)深化供销社综合改革工作突出单位”,获“二〇二一年度全市供销合作社系统综合业绩考核一等奖”。

【社有经济建设】 2021年,市供销合作社联合社总结全国总社“规范建立社有资产管理委员会”专项试点和省级“三会”(社代会、理事会、监事会)制度试点经验,形成常态化工作机制。完善行业指导机制。完善社有资产管理委员会议事规则,将社有企业按“管理类、经营类、物业类”进行分类管理,分别制定绩效考核细则进行差异化考核,引导社有企业向规范化、专业化、品牌化方向发展。强化社属企业监督管理。年初,社资委对各企业下达年度经营考核指标,每季度召开经济运行分析调度会,听取社有企业经济工作情况汇报,对社有企业季度工作进行讲评、考核和分类;向社有企业派驻监事,负责对社有企业的运营、资产保值增值等进行监督管理,确保企业规范化发展,每季度听取监事履职情况汇报。实现社有资产保值增值。浏阳供销资产经营管理集团有限公司作为社有资产投资管理运营平台,指导社有企业主要经济指标稳步提升。2021年,累计销售农资商品3336万元,较2020年增长18%。其中化肥销售增长14%,农药销售增长33%;浏阳湘宝地供销电子商务有限公司线上销售4729万元,较2020年同比增长10%。

【基层基础工作】 完善基层组织体系。健全以乡村供销(基层)社为重点、“三级”(县、乡、村)贯通、逐步覆盖到户的新型组织体系。指导乡镇(街道)供销合作社、村供销合作社完善“三会”制度,规范标牌标识和管理制度,创建全国基层标杆社3个;按照“5+X”标准(即新建的乡镇惠农综合服务中心社统一达到“五有”:有一定规模经营场所、有一支统防统治队伍、有测土配方设施、有信息服务平台、有农资配送网点,另根据各地实际开展一项或多项“X”类服务内容),打造示范乡镇惠农服务中心10家。推进“三位一体”。制定《浏阳市供销合作社联合社生产、供销、信用“三位一体”综合合作试点工作方案》,推动“三位一体”新型合作及城乡社区综合服务,与农商行合作签订战略合作协议,共建普惠金融服务站。增强农合会体系服务功能。指导农合会完善工作制度,成立农合会商务服务中心。

【为农服务体系建设】 打造优质农资供应和农化服务平台。以浏阳市供销社农业生产资料有限公司为主体,抓好农资冬储和供应工作,2020年,淡储大化肥6500吨,在保障农资供应、平抑农资价格方面发挥作用。2021年,组织到点、到田开展科学施肥用药、病虫防治230多次,举办大型智慧农业示范推广活动12场次,召开技术培训讲座40余场,开展农化服务500余次,培训5600人次。打造优质农产品购销服务平台。与大围山惠农服务中心合作建设农产品配送中心,推出“围山鲜”区域公用品牌,与下辖的40余个村级惠农综合服务社和连锁网点合作,发展农产品精深加工,在长株潭开展社区团购业务,全年实现销售收入2500万元。建设农村电商综合服务平台。打造“浏通天下”“供销优选”本地平台,指导湘宝地电商公司发挥供销系统网络优势,推进全国电子商务进农村综合示范项目,建设村级电子商务服务站点198个,合作开展村级直播活动15场次,通过中国供销频道、蒲公英TV、湖南省、浏阳市等媒体同步直播,带动当地农产品销售及旅游发展。建设蜂蜜溯源系统,在浏阳大围山摇蜜季为蜂农直播带货,通过电商平台将浏阳蜂蜜销往全国各地。夯实再生资源回收体系平台。指导帮助浏阳市蓝岛再生资源回收利用有限公司的32个乡镇、308个村级连锁网点开展纺织品、玻璃、塑料、纤维等低值再生资源回收,全年回收低值再生资源5000余吨。

【组织浏阳特色产品参展中国(长沙)果品产业博览会】 2021年12月18日,“发展果品产业,助力乡村振兴”第五届中国(长沙)果品产业博览会在长沙红星国际会展中心举行,浏阳供销系统优选9家开放办社合作单位参展。参展产品有大围山梨、浏阳金桔、浏阳素食菜、浏阳茶油等30多个品种,基本涵盖浏阳特色果品及加工行业。开幕式上,全国农产品地理标志产品“大围山梨”被授予“湖南省十大果品公共区域品牌”称号。

【农民专业合作社示范社建设】 2021年,浏阳供销领办创办农民专业合作社20家,推荐农民合作社参评全国供销系统农民专业合作社示范社。7月15日,中华全国供销合作总社办公厅公布2020年度供销合作社系统农民专业合作社示范社名单,浏阳市大围山水果专业合作社联合社、浏阳市好韵味油茶种植专业合作社、浏阳市中俊种养专业合作社3家单位被认定为“2020年度全国供销合作社系统农民专业合作社示范社”。

(程牧野)

粮油业

【概况】 浏阳市粮食和物资储备事务中心为浏阳市发展和改革局(粮食和物资储备局)所属公益一类正科级事业单位,内设5个部室,2021年底，有在编在岗15人。2021年，中心辖国有粮食企业2家，即浏阳市粮食购销有限责任公司和浏阳市良友开发有限责任公司。张坊、官渡、古港、北盛、沙市5个粮站已根据长沙市企业改革和发展领导小组办公室《关于全面完成国有企业公司制改革有关事项的通知》（长企改〔2020〕14号）文件精神于2021年8月撤销，并注销粮站一级法人资格。浏阳市粮食购销有限责任公司设总经理1名、副总经理2名。湖南军粮储备加工有限责任公司属合作控股企业，该公司设立董事会、监事会机构，其中董事会由1名董事长、4名董事组成；监事会由1名监事会主席、2名监事组成。

2021年，全市早稻种植面积1.872万公顷，总产量11.59万吨；中稻种植面积3.499万公顷，总产量28.11万吨；晚稻种植面积1.924万公顷，总产量13.38万吨。全市商品粮油期初库存稻谷16752吨，本年收入155742吨，本年支出163928吨，年末库存8566吨；期初库存玉米19280吨，本年收入314658吨，本年支出322474吨，年末库存11465吨；期初库存豆类5165吨，本年收入150716吨，本年支出153357吨，年末库存2523吨；期初库存油料3418吨，本年收入82047吨，本年支出82499吨，年末库存2966吨。

【粮食收购】 2021年未启动托市收购，根据地方储备粮轮换需要，完成省级和县级储备粮轮换收购。全年投入207.5万元新购置收购设备40余台（套），移动快检仪2台，筹集收购资金1.37亿元，腾仓并容5.3万吨。在粮食收购中，严格质量监管，坚持“先检后收、优粮优价、应收尽收”总要求，实行分仓储存、分类处置，完成1.26万吨早籼稻和2.38万吨中晚籼稻地方储备粮轮换收购任务，为粮农增收2000余万元。同时收购地方临储粮1.6万多吨，较往年增长12倍多，守住“种粮卖得出”和不发生重大舆情的底线。严格溯源登记，对收储的粮食在入库、在库、出库各环节建立信息档案，全程电子监控，实现“来源可追溯、流向可查询、风险可防范、责任可追究”，浏阳市超标粮食溯源及收购流程设计，受到省、市肯定，经验在全省推广。

【储粮管理】 截至2021年12月底，全市储存各类政策性粮食9.6万吨，分别储存于百宜、永安、镇头、北盛、官渡、丰裕等粮库。为强化储粮管理责任，确保粮食安全，建立粮食管理责任制。新粮入库封仓整理，明确保管人及其责任，机械通风降温，环流熏蒸灭虫，建立相关台账，及时记录粮温粮情，掌握基本状况，科学配备贮藏设备，严格督查粮食库存管理，落实奖惩机制。

【优质中晚稻订单农业】 2021年，市粮食和物资储备事务中心指导浏阳河米业有限责任公司就“泰优390、泰优398、泰优553、泰优532、盛泰优722、昌两优馥香占、泰优金华粘、悦两优2646”等8个品种，与20个乡镇共155家大户（合作社）签订1410公顷优质中晚稻订单，每年加工优质稻2万余吨，为上游种植农户创收3000万元以上。通过发展订单农业和优质稻基地建设，推动粮食“五优联动”和“产购储加销”体系建设，促进稻谷种植结构调整、升级，逐步形成具有地域特色的“浏阳河”大米品牌。

【粮食代储】 2021年，市粮食和物资储备事务中心指导国有粮食企业浏阳市粮食购销有限公司、湖南军粮储备加工有限责任公司联系中国储备粮管理集团有限公司、中粮贸易公司、湖南粮食集团、湖南天下洞庭粮油实业有限公司等国有大型粮油企业，争取代储玉米、大豆、食用油等业务，代储玉米1.53万吨、大豆1.59万吨、食用油0.6万吨，增加收入近400万元。浏阳粮储人的工作态度和浏阳粮食仓储基础设施建设情况得到省、市行政管理部门和相关粮权单位认可。

【粮油统计】 严格落实粮油统计制度，以国家粮油统计信息系统平台为依托，建立并完善粮油企业统计经营管理台账，对入统的33家粮油企业开展统计检查，加强对粮油企业购储销、加工、流向等各环节统计数据的监管和审核。开展粮油统计工作，如期完成全市粮油供需平衡调查及半年存粮统计调查工作，早稻、中晚稻收购期间每5日统计上报收购进度，政策性粮食轮换期间每10日为一个周期报告轮换进度，每月月底及时审核报送流通统计信息报表并按季度提供统计分析报告，确保粮油统计信息的及时性、准确性和真实性。组织企业申报省“千亿”产业和长沙市粮食产业专项金，服务企业发展。2021年，浏阳市有3家企业获得省“千亿”产业项目，获得资金184万元，9家企业获得长沙市粮食产业专项资金支持，获得资金201万元，数量金额均列长沙县（市、区）第一位。2021全年粮油工业总产值59.01亿元，比2020年57.33亿元增长1.68亿元，增长率2.93%。

【监督检查】 2021年，市粮食和物资储备事务中心按照新条例要求对全市12家粮食收购企业及时备案。夏秋粮收购中，采取“双随机，一公开”的方式，共计开展监督检查260人次，监督政策性收购粮食51503吨，收购质量全部符合国家粮食质量标准，没有出现违法违规现象。

【储备工作】 2021年，完善和修订《浏阳市粮食应急预案》。建立44家粮食供应网点的应急网络，实现应急供应网点城乡全覆盖。按照“应急成品粮油储备达到5天以上市场供应量”的标准，依据浏阳市人口基数和供应标准精准测算经市政府批准增加本级成品粮储备2400吨。配合做好长沙市市级7000头生猪活体储备，履行属地责任，同时争取政策支持安排20万元采用市场化运作机制度建立本级5000头生猪活体储备。联合工信局出台《浏阳市医疗防护物资储备调拨实施细则（试行）》，理顺医疗防护物资储备调拨工作机制。

（刘金辉）

专营专卖

·石油经营·

【概况】 中国石化销售股份有限公司湖南长沙浏阳石油分公司主要从事成品油、润滑油以及便利店商品的销售工作。截至2021年，公司在营加油站43座，其中直营12座，委托22座，他有我营9座；直管站万吨站3座，8000吨2座，5000吨以上4座，3000吨以上7座，2000吨以下的站10座，1000吨以下3座。

【经营管理】 开展差异化营销，以“网格化管理”“一站一策”为依托，根据不同区域、不同定位的加油站采取不同的价格策略：选取区域中心站点，通过优惠形成价格低谷吸引客户，制约竞争对手，控制成品油市场；对于汽油销量为主的站点采取限时优惠、办理集团优惠卡、洗车、提升服务等培养忠实客户，增量创效；对于竞争对手高额优惠恶意扰乱市场秩序的情况，联合中字头企业，坚决开展“点对点”竞争，以打增量、以打促谈。区域内站与站之间相互补充和支撑，形成竞争合力，增强区域市场整体竞争力，实现量效双增。

（袁　甜）

【城建加油站开业运营】 2021年6月30日，城建加油站正式开业运营，该加油站为浏发集团进军能源产业板块的首座加油站。加油站位于集里街道西北外环线东侧，总用地面积2541平方米，于2020年12月启动项目施工。城建加油站由浏发集团与中石化长沙分公司组建的合资项目公司——浏发中石化能源公司具体运营。

（张金莲）

·烟草专卖·

【概况】 2021年，全年实现销售收入26.35亿元，同比增加1.73亿元，增长7.04%。实现税利8.2亿元，较上年同期增加4015万元，增长5.15%。其中实现各项税费4.95亿元（含企业所得税），同比增加2154万元，增长4.55%。因烟叶工作业绩突出，浏阳市人民政府被评为“2021年度全省烟叶工作先进单位”。长沙浏阳市烟草专卖局（分公司）被浏阳市人民政府评为“2020年度全市维护稳定工作先进单位”。推进党支部标准化规范化建设，聚焦党建引领，打造“三个一”模式，编制六个规范化标准，践行“零距离”服务，探索出独具特色的“360党支部标准化规范化体系”，成为规范基层党组织建设、发挥“两个作用”的工具，获国家局副局张天峰点名表扬，国家烟草专卖局副局长段铁力、省局局长孔祥统到浏阳烟草调研党建阵地建设，《东方烟草报》《中国烟草》进行专题报道，机关一支部被评为“全省烟草系统2021年度示范党支部”。

2021年5月13日，国家烟草专卖局副局长段铁力（前排左一）到浏阳烟草调研指导工作
（市烟草专卖局　供图）

【烟叶生产】 按照“巩固北区、发展东区、稳定西区”的整体思路，结合工业需求、生态优势、品种特色，合理优化区域和品种布局。2021年，落实烟农1569户，种植面积5万亩，其中6个核心种烟乡镇共有烟农1315户、种植面积4万亩，分别占全市的83.8%、80%，收购烟叶9.04万担、占比77.4%。全年共收购烟叶11.67万担，其中上等烟比例75.5%，同比提高2.6%，实现收购效率与收购质量双提升。其中收购检查等级合格率82.16%、工商交接检查等级合格率81.11%，实现历史最好水平。全年争取各类救灾资金1067.5万元，有效保护烟农利益，提振烟农信心。加大烟基设施投入，完成行业上级下达的本年度烟基建设工作任务，完成903座烤房设备维修更换任务、购置分配烟夹307套；购置农机5台；维修育苗大棚1.4万平方米。加快职业烟农队伍建设，开展职业烟农培育工作，开展培训25场次，培训职业烟农1800余人次；引导培育家庭农场38个，在2020年基础上增加16个；通过评审，评定职业烟农603户，发放补贴资金92万元；推进烟农互助小组建设，在全市建设烟农互助小组92个，提升规模化种植管理水平。稳定烟叶发展规模和烟叶数字化建设，完成5600公顷的基本烟田永久保护测绘工作，并建立数字化区域与丘块档案。

【卷烟营销】 全年共销售卷烟6.29万箱，同比增加3141.15箱，同比增长5.25%；单箱均价4.12万元/箱，同比增加2443.48元/箱，增长6.31%，实现销量、结构稳步提升。发挥好全省最大县级市场以及农网市场优势，推进农网零售终端前背柜一体化提质升级，承办2021年上半年度城乡网建一体化工作推进会，建成全省第一家“湘村636”（系湖南省烟草专卖局（公司）创新推出的农网流通品牌，由零售客户自主申请成为加盟终端）。1—12 月，浏阳共建成“湘村 636”加盟终端 6 家，“湘汇 636”(系湖南省烟草专卖局（公司）创新推出的城网流通品牌，由零售客户自主申请成为加盟终端)加盟终端 2 家，完成提质改造终端 1371 家。

【专卖管理】 全年查获涉烟案件 125 起，其中 5 万元以上案件 55 起，同比增长 12.24%；查获各类违法违规卷烟 1587.99 万支，同比增长 31.38%，其中假私烟数量 398.98 万支，同比增长 15.2%，真烟数量 1189.01 万支，同比增长 18.13%，查获假烟、真烟总量分别排名全省县级局第 7 名、第 8 名；破获假烟网络案 1 起，被列为部级督办案件；破获浏阳历史上首起真烟涉刑案件，判刑 1 人，涉案金额 16 万余元。

【开展烟农灾害救助工作】 2021 年，烟叶生长期间，浏阳发生多起阴雨寡照、洪涝冰雹等自然灾害，市烟草专卖局围绕“救真灾、真救灾、救大灾”的原则开展烟农灾害救助工作，确保烟农种烟利益，促进烤烟产业持续、健康、稳定发展。针对保险理赔责任范围的显性灾害受灾烟田，由保险公司根据现场勘验结果进行理赔，其中湘烟 7 号品种 817.33 公顷，云烟 87 品种 1282 公顷，G80 品种 31.53 公顷；针对 653 户 1202.47 公顷 G80 品种非保险理赔责任范围的隐性灾害，由湖南中烟和行业上级的专项救助资金进行救助；针对 5 月 16 日晚古港镇遭遇十级大风导致 204 座烤房受损，由乡镇自行负责修复，行业烟叶生产灾害救助 20 万元。为烟农共申请救助资金 1056.8011 万元，其中行业烟叶生产灾害专项救助 527.625 万元，湖南中烟专项捐赠 90 万元。保险理赔 439.1761 万元。

【“2020·12·15”销售假烟网络案】 2020 年 12 月 15 日，浏阳市公安局、浏阳市烟草专卖局联合侦办的浏阳市“2020·12·15”销售假烟网络案收网，在福建省漳州市、福建省云霄县、湖南省浏阳市捣毁储存窝点 3 个、销售窝点 9 个，现场查扣假烟 104.68 万支，包装盒、烟丝等若干，标值 83.98 万元。2021 年 1 月 27 日，该案已抓获犯罪嫌疑人 15 人，刑拘 9 人，批准逮捕 9 人。该案涉及生产、运输、储存、分销、零售等环节，销售范围包括福建、湖南、浙江、江西、贵州等多个省份，已查实涉案金额 504.96 万元。6 月 18 日，长沙浏阳市烟草专卖局联合浏阳市公安局破获的“2020·12·15”汤某某等人生产、销售假烟网络案，经公安部、国家烟草专卖局打击制售假烟网络工作领导小组办公室批复列为部级督办案件。

【破获浏阳首起真烟涉刑案件】 2021 年 3 月 30 日，浏阳市烟草专卖局联合浏阳市公安局集里派出所破获“2021·3·30”曹某某非法经营案，现场抓获犯罪嫌疑人曹某某，查获涉案卷烟 2 个品种共计 155 条，经湖南省烟草质量检测站检测鉴定，白沙（精品）130 条、芙蓉王（硬）25 条均为真品，经核价现货价值 19250 元。曹某某于 2021 年 3 月 30 日被刑事拘留，2021 年 4 月 30 日被批准逮捕。2021 年 8 月 18 日，被浏阳市人民法院判处有期徒刑十个月，并处罚金人民币一万元。

【联合举办首届“烟叶烘烤工匠”技能比武大赛】 2021 年 7 月 8 日，长沙浏阳市烟草专卖局（分公司）联合市烤烟生产指导中心举办的 2021 年浏阳市首届“烟叶烘烤工匠”技能评选比武大赛在永安镇永和村永和烘烤工场举行，比赛分四个项目测评，19 名选手参赛。经角逐，共评选出 10 名烘烤工匠。

（康 红）

浏阳城区 （尹 明 摄）

金 融

金融事务

2021 年 7 月 13 日，湖南华纳大药厂股份有限公司在上海证券交易所首次公开发行 A 股上市仪式　（市金融事务中心　供图）

【概况】 浏阳市金融事务中心为市政府直属正科级公益类事业单位，有全额拨款事业编制 10 名，内设办公室、金融服务部、资本市场部三个部室，主要负责全市金融工作服务、协调和指导等。截至 2021 年底，全市有银行机构 19 家、保险公司 59 家、证券营业部 5 家、融资担保公司 3 家、小贷公司 4 家、典当公司 4 家。12 月末，全市银行业金融机构本外币各项存款余额 1094.29 亿元，较年初增加 107.93 亿元、增长 13.64%；贷款余额 1011.42 亿元，较年初增加 121.38 亿元、增长 11.74%，存贷比 93%，为近五年内最高。全力压降银行不良贷款，截至 2021 年 12 月末，全市银行不良贷款余额 7.54 亿元，不良贷款率 0.75%，较年初下降 0.45 个百分点，为近五年内最低。

【促企上市工作】 2021 年 7 月 13 日，湖南华纳大药厂股份有限公司上交所科创板上市，全市 A 股上市企业数达到 9 家，上市企业总量在全省县（市）中排名第 1 位。长沙博大科工股份有限公司在创业板上市的申报材料获深交所受理，正在审核中；长沙市兴嘉生物工程有限公司、湖南天地恒一制药有限公司、湘北威尔曼制药股份有限公司、湖南元亨科技股份有限公司正在湖南证监局辅导备案。湖南安邦制药有限公司、湖南汇湘轩生物科技股份有限公司正在筹备北交所上市工作；长沙爱达环保科技有限公司实现在湖南省区域性股权市场科技创新专板挂牌，同时 33 家企业纳入省、市上市后备企业资源库，上市后备力量充足，并形成上市储备梯队。出台《浏阳市上市后备“铂金”名单企业服务制度》，对纳入“铂金”名单的企业，实施重点政策支持。名单内企业在手续办理、政策享受、资源分配等方面实行优先待遇，行政服务类事项指定金融事务中心全程代办，努力做到重点企业“办事不出门”；创新推行“订单式”服务，打造“企业下单、中心接单、部门销单”的快捷服务模式；在企业成立“浏阳市金融事务中心促企上市博士服务站”，全过程服务企业上市。全年走访拟上市企业 60 余家次，联动税务、法院等部门，对接省政府、省金融局等单位，帮助企业解决问题 40 余个，助力企业扫清上市和发展障碍。组织企业参加资本市场培训，参训企业超 100 家次；组织开展浏阳企业上市培训暨董秘训练营活动，获企业好评。设立乡村振兴基金第二支子基金，完成工商注册和资金募集。推进 50 亿元产业投资基金筹建工作，助力重大项目招商和产业发展。

2021 年 3 月 11—12 日，湖南省证监局党委书记、局长何庆文（电子屏左排第 4 位）到浏阳调研资本市场建设工作　（市金融事务中心　供图）

【金融服务】 金融规模持续增长。引导金融机构加大信贷投放力度，截至 2021 年 12 月末，全市银行业金融机构本外币各项存贷款余额分别为 1094.29 亿元、1011.42 亿元，较年初新增 107.93 亿元、121.38 亿元，增长 13.64%、增长 11.74%，存贷比 93%，为近五年内最高。其中普惠型小微企业贷款 176.28 亿元，持续保持普惠型小微企业贷款“两增”（该类贷款较年初增速不低于各项贷款增速、有贷款余额的户数不低于年初水平）目标。金融服务增量提质。为增进金企合作，提升服务水平，打造金融服务季活动品牌，市金融事务中心组织开展“小、精、特、新”金企对接会32场，共计帮助353家企业获得银行授信97.4亿元，被授予“2021年第十届长沙金融服务节优秀单位(最佳活动组织奖)”称号，贝丹、王洁丽、李志剑被授予“2021年第十届长沙金融服务节优秀个人”称号。发挥“金融村官”作用，指导农商行派驻“金融村官”560名，实现323个村(社区)全覆盖，开展716堂金融知识课堂，为52000名市民普及金融知识，辐射100多万名市民。联合人民银行浏阳支行出台《浏阳市银行业自律机制》，促进浏阳市银行业健康发展，更好服务实体经济。金融活水助力乡村振兴。抓好数字人民币试点工作，举行金融助力乡村振兴浏阳行活动，推广“永安数字人民币特色小镇”和数字人民币应用，省、市领导到浏阳现场调研，浏阳市人民政府被评为“长沙市数字人民币试点优秀组织单位”。举行湖南省农村基础保险服务“村村通”试点宣传活动暨“长沙惠民保”捐赠仪式，成立“村村通”金融工作服务站，提供综合性保险服务，发挥保险保障功能。引导32家金融机构推动金融知识下乡，支持“三农”、小微企业，践行普惠金融，助力农村经济发展，开展“金融战略新生态”“金融普惠行”“金融勇担当”系列活动，让金融知识深入人心。为实现巩固脱贫攻坚成果同乡村振兴有效衔接，推动防返贫小额信贷的投放工作，全年发放防返贫小额信贷贷款639笔2774.92万元。推动防返贫综合保险全覆盖。推动金融资源深度融入乡村振兴工作，市金融事务中心正在申报全国金融服务乡村振兴创新示范区。

【金融改革】 服务改革促上市。深化企业上市服务改革，探索成立县(市)第一家企业上市服务中心，派员到上海、衡阳、长沙等地学习借鉴企业上市服务中心的运营模式，“建立企业上市服务中心”已纳入浏阳市2021年《政府工作报告》。制度改革解难题。盘活农村资源，缓解“担保不足贷款难”问题，修订《浏阳市农民住房财产权(农村宅基地使用权)抵押贷款办法》，扩大融资渠道，截至2021年12月，市农房抵押贷款余额38余亿元。探索路径促发展。支持大力发展新型村级集体经济，根据《浏阳市2021年发展壮大新型村级集体经济实施方案》，牵头草拟《浏阳市村级集体经济组织信贷风险补偿基金实施办法》，截至2021年12月，有浏阳农商行、建设银行浏阳支行、浏阳江淮村镇银行等为17个村级集体经济组织授信5500余万元。

【防范和处置非法集资】 2021年12月9日，召开2021年浏阳市防范和处置非法集资工作培训会议，提升市“防非处非”(防范和处置非法集资)基层干部业务水平，持续守护浏阳金融安全，“防非处非”工作连续5年获长沙市先进。信用建设。重新修订《浏阳市信用乡(镇、街道)、村(社区)评定办法》，组织申报信用乡(镇、街道)22个、信用村(社区)312个。发挥金融案件审判速裁庭作用，截至12月底，金融速裁庭受理案件898件，已办结898件，判决556件，调解撤诉272件，特别程序结案70件，结案标的近2.91亿元。浏阳市银行不良贷款余额7.54亿元，不良贷款率0.75%，较年初下降0.45个百分点，为近五年内最低。宣传教育。通过广播、电视、报刊等主流媒体进行“防非处非”集中宣传，发送宣传短信近24万条，播放公益广告近1万次，网上发布原创作品近1百篇，获得点击量和转发量3万余次，发放“给市民的一封信”、折页、“口袋书”等宣传资料31.5万份，利用电子屏、张贴海报、悬挂横幅等宣传7300余次。将《防范和处置非法集资条例》学习和抖音视频相结合，组织金融服务代言人拍摄条例版《大风吹》MV，并进行歌舞编排，开展宣传。新增“三零八有”(零参与、零发案、零容忍，有队伍、有阵地、有制度、有保障、有宣传、有活动、有排查、有处置)防非示范小区14个，推动宣教知识进区入户。同时结合庆建党一百周年“七一”献礼大型活动，联合各乡镇(街道)向参加活动的老党员和观众解读《条例》，提供咨询。风险防控。建立浏阳市防范化解涉众型非法经营活动稳定风险联席会议制度，加强对涉众型非法经营活动的综合防控。组织分领域、分行业开展专项治理，达到责令整改一批、自行注销一批、打击取缔一批的目的。2021年，对涉众型风险领域、文化旅游行业等开展专项整治7次，提前化解风险隐患90起；刑事立案打击非法集资案件4起，全部及时侦破。全年无重大群体性事件、个人极端事件或重大负面舆情；未发生因办案单位打处不力等原因，引发集资参与人到省市集访的情况。

【小贷、融担公司金融监管】 地方金融机构创新发展，年内组织开展放贷机构专项排查行动，开展融担、小贷、典当公司等机构培训四次。11家融担、小贷、典当机构均被湖南省金融监督管理局分类评级评为A类。浏阳市恒丰小额贷款有限责任公司被湖南省小额贷款公司协会授予“湖南省2020年度优秀小额贷款公司”称号；浏阳市中小企业融资担保有限公司、浏阳市恒信融资担保有限公司被湖南省融资担保协会、河南省融资担保业协会、山西省融资担保行业协会、湖北省融资担保业协会、安徽省信用担保协会、江西省融资担保业协会评为“2020年度中部地区优秀融资担保机构”。浏阳市中小企业融资担保有限公司董事长周绍益当选2021年第十届长沙金融服务季“十年十人”。

【浏阳市金融行业党史知识竞赛】 2021年12月10日，由市金融事务中心、中国人民银行浏阳支行、市融媒体中心主办的浏阳市金融行业党史知识竞赛举行，全市各个银行、融担公司、小贷公司组成19支队伍参赛，经角逐，中国银行浏阳支行获一等奖，浏阳农商银行、农业银行浏阳市支行获二等奖，建设银行浏阳支行、长沙银行浏阳支行、交通银行浏阳支行获三等奖，其他队伍获优秀奖。党史知识竞赛是浏阳市第五届金融服务季的子活动之一。2021年6—12月，浏阳市第五届金融服务季启动，先后开展“金融战略新生态”——金融系统助力浏阳高质量发展系列活动、“金融普惠行”——金融知识系列宣传活动、“金融勇担当”——金融系统献礼建党100周年系列活动。自2017年起，浏阳每年举办一届金融服务季活动，该活动已成为浏阳市金融系统的品牌活动。

（邹雨玲）

银行业

【概况】 2021年末，全市银行业金融机构本外币各项存款余额1094.29亿元，较年初增加107.93亿元，同比增长10.94%；贷款余额1011.42亿元，较年初增加121.38亿元，同比增长13.64%。中国人民银行浏阳支行党支部被中国人民银行武汉分行授予“先进基层党组织”称号，中国人民银行浏阳支行被中国人民银行长沙中心支行授予“中国人民银行长沙中心支行文明单位”称号。

【金融“暖春行动”】 2021年，人民银行浏阳支行发布《中国人民银行浏阳支行关于深入推进金融“暖春行动”加大“三高四新”金融支持的通知》，制定《浏阳市金融“暖春行动”助力“三高四新”战略实施细则》。引导金融机构主动对接辖内重点项目和市场主体有效融资需求，全年全市银行机构对走访对接的企业发放贷款426.96亿元。与市工信局、市金融事务中心联合出台《浏阳市制造业产融合作促进方案》，推动浏阳农村商业银行、农业银行浏阳支行等5家银行向12家制造业企业授信8亿元。

【货币政策工具运用】 发放支农支小再贷款，用好两项直达货币政策工具。2021年，中国人民银行浏阳支行累计发放支农、支小再贷款6.95亿元，截至2021年12月末，共发放延期激励资金1764.08万元，支持法人银行办理普惠小微企业贷款延期还本付息17.64亿元，发放支持计划资金2.36亿元，推动法人银行发放普惠小微企业信用贷款7.09亿元。

【重点领域金融服务】 2021年，人民银行浏阳支行推进脱贫攻坚与乡村振兴有效衔接，探索金融支持乡村振兴浏阳模式。引导银行培育新型农村金融主体和新型农民，加大对村级集体经济组织的金融支持，12月末，涉农贷款余额464.35亿元，较年初增长9.69%。做好科技金融服务。联合市科技局向银行机构推送304家高新技术企业名单，158家科技型中小企业名单；2021年，全市银行机构向近200家名单企业发放贷款35.49亿元，年末辖内科创企业贷款余额41.83亿元。联合园区财政局创建科技金融示范园区，争取融资配套支持，园区拟设立风险补偿基金2000万元，运用“支小再贷款+风补基金+科技型企业贷款”模式，解决初创期科技型企业融资“难、贵、慢”问题。

【防范金融风险】 做好央行金融机构评级和宏观审慎评估，防范法人金融机构金融风险。2021年，浏阳农商行评级为3级，浏阳江淮村镇银行评级为5级，辖内没有高风险机构。推进辖内反洗钱领域“利剑”专项行动，重点做好重点可疑交易报告管理，对辖内49家金融机构开展反洗钱风险评估，指导全省涉案账户高发网点中国银行浏阳经开区支行管控蓝思科技离职员工存量账户40余万户。及时归集保费和实施风险差别费率，2021年，共归集存款保险保费824.79万元。加强金融消费者权益保护，对18家银行开展金融消保评估，6家为A类单位。

【支付结算管理】 辖内账户风险防控工作。2021年，人民银行浏阳支行持续推进“断卡”行动，配合公安机关指导辖内商业银行做好电信诈骗涉案账户线索移交和查询止付冻结工作。组织辖内机构开展打击治理电信网络诈骗、跨境赌博集中宣传月活动，督促辖内金融机构做好新开账户风险识别和存量账户风险管理，指导全省涉案账户高发网点中国银行浏阳经开区支行管控蓝思科技离职员工存量账户40余万户。优化账户服务工作。全年对辖内100多个银行网点开展账户服务暗访督查，指出并督促银行网点及时整改有关问题。推进辖内支付手续费减费让利工作，浏阳农商行经自主清查，退回符合免收政策卡年费400万元，返还客户微信提现手续费400万元，浏阳江淮村镇银行打造“零收费”银行，免收除贷款利息外的评估费、抵押登记费、转账结算费、ATM跨行取款免手续费等费用。

【货币发行管理】 截至2021年末，人民银行浏阳支行调拨发行基金共12笔、44.47亿元，其中调入40.88亿元。全年办理出入库业务51.11亿

2021年11月10日，人民银行浏阳支行在浏阳农商行总部组织召开浏阳市反洗钱“利剑”专项行动推进会暨2021年反洗钱业务培训 （人民银行浏阳支行 供图）

元，其中投放42.84亿元、回笼8.27亿元，实现净投放34.57亿元。开展示范区小面额暗访、示范区工作督查计4次，召开专题推进工作会议2次，全市银行业金融机构人民币流通管理工作会议2次，组织开展人民币知识宣传暨小面额残币兑换等专题活动2次。落实发行库三级查库制度，做好日常监督工作，全年该行各层级累计查库32次，其中库副主任全面移位查库1次，开展现场和非现场监督130余次，查阅凭证、登记簿及报表共116册，调阅监控录像计52天。3月15日至4月15日期间，组织全市18家银行机构开展"规范人民币图样"等为主题的宣传，共发放宣传资料26665份，制作美文5篇，宣传次数690余次，受众人数36800余人。7月，联合市场监督管理局开展仿纪念币（钞）类等物品专项排查，共排查银行业机构19家，其他市场主体21家，维护市场秩序和人民币管理秩序。按季组织全市银行机构对整治拒收现金工作开展宣传。实行整治拒收现金网格化管理，建立网格化管理责任网点178个，组织辖内144个银行网点开展整治拒收现金宣传。推进数字人民币试点工作。向浏阳市委市政府提交《关于数字人民币试点推广工作的几点建议》，获时任常务副市长批示。指导农业银行浏阳支行在永和村，邮政储蓄银行浏阳支行在永安镇开展数字人民币示范村、示范镇建设工作。

【经理国库】 2021年，人民银行浏阳支行共办理国库业务140.91万笔，其中收入85.91万笔，金额237.00亿元；退库3.70万笔，金额19.12亿元；实拨、直接支付和授权支付清算共20.88笔，金额323.20亿元。服务人民储蓄及稳健理财需求，2021年组织辖内承销机构发行储蓄国债5093.89万元，扩充国家财政资金来源。

【金融为民服务】 2021年，人民银行浏阳支行落实外汇行政许可"一站式"服务，做到让企业"最多跑一次"，对于常见业务基本实现即时办理，当场发放行政许可通知书。推进农村信用体系建设工作，完成2020年信用乡（镇、街道）、村（社区）评定工作，比上年新增58个信用村，截至2021年12月，已评定信用乡镇10个，信用村（社区）267个，占全市村（社区）总数的82%。夯实经济金融形势分析基础，加强对重点领域调研分析。全年完成金融运行分析11篇，完成浏阳市金融支持乡村振兴等调研报告9篇，市人民政府研究室采用信息2篇，《金融时报》采用信息2篇，湖南金融简讯采用信息1篇。

【征信合规管理】 2021年，人民银行浏阳支行持续做好征信柜台窗口服务标准化建设，提升征信服务水平。更换自助查询机设备，专设复印室，做好疫情期间征信便民惠民服务，加强辖内自助查询网点的管理。全年共查询个人及企业信用报告约2136笔，处理个人及企业异议申请20笔；办理动产融资统一登记公示审核业务9笔，为国家机关提供个人及企业信用报告查询服务1253笔。做好"投诉处理+征信乱象整治"，维护群众征信合法权益。单设征信投诉接待室，协调被投诉机构、投诉人面对面协商处理相关问题。做好征信宣传工作。创建"信之风"征信宣传志愿服务队伍，打造浏阳市首个诚信文化教育基地，开展"3·15"征信知识宣传、"6·14"信用关爱日征信宣传，推广征信知识线上答题活动，引导公众答题；组织辖内银行线上线下发力，利用微信、抖音、广播电台等平台宣传，加大对重点地区、人群开展征信知识宣讲。推进农村信用体系建设工作。完成2020年信用乡（镇、街道）、村（社区）评定工作，比上年新增58个信用村，截至2021年12月，已评定信用乡镇10个，信用村（社区）267个，占全市村（社区）总数的82%；牵头修订《浏阳市信用乡（镇、街道）、村（社区）评定办法》，考评方式转变为评分星级制；考评指标新增4个大项标准；激励机制完备，信用村激励资金提高至6000元。

【浏阳市银行业自律机制成立暨签约大会】 2021年7月6日，由人民银行浏阳支行联合浏阳市金融事务中心推动的浏阳市银行业自律机制成立暨签约大会在浏阳市希尔顿酒店举行，浏阳市19家银行业金融机构依次向自律机制委员会递交《浏阳市银行业自律机制公约》，宣告浏阳市银行业自律机制正式成立。会上，选举中国银行浏阳支行为首届主任委员单位，并设立四个自律机制工作组，指导自律机制筹备组拟定并表决通过《浏阳市银行业自律公约》《浏阳市银行业自律机制》《浏阳市银行业自律机制工作指引》。浏

2021年7月6日，浏阳市银行自律机制成立暨签约大会在浏阳市希尔顿酒店举行
（人民银行浏阳支行　供图）

阳市委常委、常务副市长邓阳锋，人民银行浏阳支行、浏阳市金融事务中心出席活动。自律机制成立后，自律机制组织辖内金融机构积极参与“金融知识普及月”活动、金融消费者权益保护评估等工作，配合人民银行浏阳支行履职。

（谭　建）

【外汇管理】 截至2021年底，全市外汇指定银行14家；货贸名录企业703家，年度新增62家；外商投资企业118家，年度新增3家，对外投资设立企业19家。全年实现进出口总额58.28亿美元，同比增长22.47%；15.1亿美元，同比下降1.56%，存量外债10笔，签约额共计2.88亿美元。落实贸易便利化政策。2021年，国家外汇管理局浏阳市支局组织辖内外汇从业人员学习《国家外汇管理局关于进一步促进跨境贸易投资便利化的通知》（汇发〔2019〕28号）、《国家外汇管理局关于精简外汇账户的通知》（汇发〔2019〕29号）、《国家外汇局关于优化外汇管理　支持涉外业务发展的通知》（汇发〔2020〕8号）、《国家外汇管理局关于支持贸易新业态发展的通知》（汇发〔2020〕11号），按照2021年省局贸易便利化各项工作具体要求，通过多途径对辖内外汇指定银行和涉外企业进行外汇管理新政宣讲。并根据《资本项目外汇收入支付便利化业务操作指引》《湖南省资本项目外汇收入支付便利化改革实施办法》组织银行开办新业务。全年开展外汇管理新政现场培训4次，覆盖辖内14家外汇指定银行。落实“放管服”改革政策。组织银行开办资本项目外汇收入支付便利化改革业务，建立银行和企业白名单，涉及10家外汇指定银行银行和95家企业。夯实外汇服务基础，落实外汇行政许可业务一网通办，常态业务基本实现当场办结。保障外汇新政落地起效。在庆祝中国共产党成立100周年活动期间，通过暗访、电话和现场“一对一”等多方式，指导和督查辖内各外汇指定银行在落实《国家外汇管理局关于进一步推行个人经常项目外汇业务便利化的通知》（汇发〔2021〕13号），同时组织各行制定《个人经常项目外汇业务应急处置预案》，确保辖内中国共产党成立100周年活动期间，个人外汇业务的平稳开展。落实金融服务实体经济宗旨。局领导率外汇工作人员和外汇指定银行对辖内重点企业开展实地调研，了解企业经营现状、发展规划、业务模式以及收付汇流程等具体情况，现场参观企业生产状况，将国家外汇管理各项便利化政策送上门，对企业在规避汇率风险、办理跨境人民币结算等业务上的疑问进行解答，并指导银行及时了解企业对外汇政策的需求和建议，根据企业经营实际需求利用便利化政策做好企业服务，在辖内树立“企业越诚信、手续越便利”的意识和氛围，促进企业快速优质发展。

（吴　伟）

【中国工商银行股份有限公司浏阳支行】 中国工商银行股份有限公司浏阳支行隶属中国工商银行股份有限公司湖南长沙分行，内设综合办公室、公司业务部、大个金中心、个人贷款中心、业务管理经营部，下辖支行营业室，5个二级支行（天马路支行、城北支行、环府路支行、工业园支行、大瑶支行），有在职员工104人。2021年，浏阳支行持续、稳健发展。截至12月31日，本币存款余额297045万元，较年初增加51178万元，其中储蓄存款时点余额191577万元、公司存款时点余额75338万元。各项贷款余额782937万元，较年初增长42184万元。其中公司贷款余额499211万元、个贷余额282731万元、银监口径普惠贷款余额36884万元，不良贷款率0.2%。实现中间业务收入4071万元。实现拨备前利润16871万元；实现净利润12068万元。2021年，支行全面落实总行“从严治行”“过程控制”要求，加强内部管控，坚决遏制违规经营和违法犯罪行为，全行未发生重大风险事件和案件。聚焦信贷投向，推动县域经济发展。助推“三高四新”战略、乡村振兴战略，加大对新制造业、新服务业、新基础产业三大行业板块与高技术企业客群的拓展力度；促进普惠事业线上线下协同发展，推动个人贷款业务健康、持续提升。公司贷款方面：截至12月末，公司贷款余额49.9亿元，累计发放贷款13.96亿元，较年初增长3.4亿元；个人贷款方面：个贷余额为28.27亿元，全年累放1829笔，金额8.66亿元。聚焦普惠金融，助力中小微企业发展。推进普惠金融。提升员工业务全面化，落实普惠业务与各部门网点联动，做到人人懂普惠，人人做普惠，营造全员做普惠的大格局；加大普惠金融产品服务力度，做到以客户为中心，了解客户需求。提供经营快贷、小企业周转贷款、厂房按揭、网络循环贷款、e抵快贷、供应链贷款、质押贷款等多项产品，满足小微企业多样化的贷款需求，持续做大普惠贷款规模；主动上门服务，通过走进工业园区、乡镇，了解辖区内小微企业客户的资金需求，新拓以及挖掘他行客户，发挥网点主渠道作用，向网点存量无贷户企业宣传该行普惠金融贷款政策，实行小微企业信贷业务“一站式”服务。聚集乡村振兴，推动城乡联动发展。优化网点建设，布局乡镇网点。2021年10月27日，在浏阳市大瑶镇新设的浏阳大瑶支行开张营业。同时，在浏阳高新区永安镇物色门面，拟新设浏阳永安支行，年底已开始装修；新购置的工业园支行新营业网点在12月完成门面合同签订。开展政企对接，服务实体经济。2021年，先后参加浏阳市集里办事处“千企帮扶”银企对接会、第十届金融服务节——金融助力·乡村振兴浏阳行等活动，宣讲工行普惠金融贷款等产品；与浏阳市烤烟生产指导中心举办“烟农e贷”“烟草贷”等产金融产品培训会；到澄潭江镇、金刚镇、大围山镇、关口办事处等镇村宣讲数字人民币业务、普惠金融贷款，指导下载个人数字钱包、手机银行等业务；到浏阳城西社区、老年大学等地方开展“预防电信诈骗，打击网络犯罪”宣讲，为单位企业、社区居民答疑解惑，宣讲防非法集资、防电诈知识，推荐正规银行产品、保护金融消费者权益。上门走访行政事业单位、辖区企业，社区商店、学校医院、街道村镇、开发园区等共计200余场次，听取客户意见建议，了解客户需求，提供金融服务，助力地方经济建设。

（谢　晖）

【中国农业银行股份有限公司浏阳市支行】　截至2021年底，中国农业银行浏阳市支行有正式员工182人，内设运营财会/综合管理/风险管理部、个人金融部、公司业务部、网络金融部，下辖支行营业部、城郊支行、长兴支行、大道支行、集里支行、古港支行、官渡支行、永和支行、大瑶支行、文家市支行、永安支行、镇头支行、北盛支行、工业园支行14个网点，离行式自助银行2个，以及遍布浏阳所有行政村的共计437个惠农通助农取款服务点。2021年，该行强化金融服务，实施“百园万企”和“乡村振兴”两大工程，各项工作取得较好成绩。截至2021年12月末，该行各项存款余额70亿元，人民币存款较年初净增11亿元；各项表内外贷款余额103.5亿元，较年初净增21.1亿元。服务“三农”：该行在全省农行率先推出“乡村振兴带头人”和农户信息建档贷款，即对村支两委工作人员、种养殖户、个体工商户等给予50万元以内的纯信用的线上贷款。截至12月末，完成对永安等14个镇182个行政农户建档全覆盖，累计对1815户农户建档完成授信，总量与增量均排名省内前列。同时，该行在“农户信息建档”基础上，对全市400余户市政府认定的新型农民以及所有的烟商、烟农进行线上贷款支持，精简村委认定手续，提高支持效率。该行金融服务经济重镇等工作的推进与社会责任感获《人民日报》和省、市、县三级融媒体宣传报道。服务平台：助力政府隐性债务化解，支持平台公司融资需求。该行围绕平台公司转型升级，与浏阳城区及园区各平台公司对接，与辖内主要平台实现从无到有的合作，2021年，对园区三大平台的信贷合作实现全覆盖，截至2021年年末，三大平台的用信余额（含理财融资）净增额10.07亿元。打破该行近10年与平台公司无信贷合作的局面，成为多家平台公司的战略性合作银行。服务园区：实施“百园万企”园区攻坚专项行动，组建专职园区团队，加大对园区的人力、资源等倾斜力度。2021年，为湖南金阳投资集团有限公司投放5亿元理财融资，为全国农行系统首笔股权收益权转让模式的理财融资；作为首家合作银行为长沙惠科光电有限公司授信10亿元；再次信贷支持湖南金磨坊食品有限公司、天地恒一制药股份有限公司等重点拟上市公司，其中为天地恒一制药股份有限公司提供的2000万元专利权质押贷款系全省农行系统首笔知识产权质押贷款业务。该行服务园区举措和效果得到省农行好评，连续两年被评为“全省支持园区样板支行”。以纳税e贷、抵押e贷产品为主打产品，以产业链为重点服务对象，普惠贷款投放得到发展。截至12月末，1000万元以下的小微企业贷款较年初净增1.12亿元，小微企业新增贷款投放户数和额度领先银行同业。风控管理：截至12月末，该行不良贷款余额较年初下降4.61亿元，其中法人不良贷款为0，自2014年以来首次实现法人贷款零不良。长浏高速4.51亿元不良贷款于2021年实现核销出表，于2022年1月实现已核销本金的全部收回。网点建设：优化网点布局，加大特色网点打造力度。打造特色网点，建设1个红色清廉文化网点（文家市）、1个园区示范型网点（工业园）、1个乡村振兴示范网点（永安）。实施全面升级工程，基本完成官渡、北盛、城郊支行的迁址改造，对支行大楼进行整体装修，对营业部进行装修升级。

（张晓晗）

【中国建设银行股份有限公司浏阳支行】　2021年，中国建设银行股份有限公司浏阳支行内设综合管理部、业务管理部和客户部3个职能部门，下辖支行营业部、集里桥支行、天马路支行、经开区支行、长兴支行5个综合性网点，配置离行式自助银行4个，年末在岗员工84人。截至2021年12月31日，一般性存款时点余额58.9亿元，其中个人存款时点余额34.9亿元，比年初新增4.2亿元；对公存款时点余额24亿元。贷款余额合计106.9亿元，比年初新增14.7亿元。利润总额26242.3万元，中间业务净收入7084万元。不良贷款余额3439万元，不良率0.32%。逾期贷款余额6048万元，逾期率0.56%。普惠金融。2021年末，普惠金融贷款余额7.91亿元，较年初增长2.83亿元；普惠金融贷款客户数较年初新增175户；“惠懂你”授信客户数较年初新增232户。数字化经营。推进农村三资监管平台、产权交易平台、智慧政务平台等平台建设；“湘家和”系列产品获高信誉客群好评；“建行生活”和手机银行打造数字化经营“双子星”。乡村金融。打造乡村金融对公和个人两大服务体系，乡村金融服务点进两个中心，实现行政村全覆盖。2021年，涉农贷款新增15.8亿元。内控管理。建立员工行为管理“二级网格”，员工100%覆盖。全年未发生监管处罚、违规损失和声誉风险损失。安全生产。全年实现零案件、零上访、零重大事故的目标。

（罗建国）

【中国银行股份有限公司浏阳支行】中国银行股份有限公司浏阳支行为中国银行湖南省分行直属支行，内设综合管理部、业务管理部、公司金融部、个人数字金融部和普惠金融事业部5个部；辖营业部、礼花路支行、浏阳大道支行，经开区支行，高新区支行、大瑶支行6家经营性网点，2021年，有合同制员工96人。截至2021年年末，全行本外币存款日均余额65.4亿元，较年初增长14.5亿元，增幅28.49%；全行本外币各项贷款余额79.8亿元，较年初增长16.2亿元，增幅25.43%。服务实体经济。重点支持电子信息、生物医药、智能装备、绿色食品、新材料、环保及新能源，深化与重点产业龙头企业合作。2021年年末，该行为蓝思科技股份有限公司、湖南省美丹食品有限公司、盐津铺子视频股份有限公司等重点制造业投放贷款13.83亿元，其中为电子制造业龙头企业蓝思科技股份有限公司叙做8亿元的银团并购贷款。普惠金融发展。召开多场“百场千户”、“惠如愿——中银专精特新普惠行”银企对接会活动，到园区、乡镇和核心企业，发挥该行普惠金融线上产品的优势，助力解决小微企业融资难题。2021年，该行共投放普惠贷款6.5亿元，普惠贷款户数142户，较年初新增71户，客户数实现翻番；贷款余额7.66亿元，较年初增长2.12亿元。服务民生。该行坚持以客户为中心，以市场为导向，加快发展住房贷款、消费贷款和分期业务，拉动居民个人消费，同时配合政府部门工作，服务地方民生和经济发展。住房贷款业务发展。该行成立“个贷操作中心”，优化人力、物力配置，提升工作质效和审批效率，同时，与大型优质开发商保持合作，坚持严把楼盘项目准入关，对开发项目的市场、资质进行审核，从争取政策、保证贷款规模、贷款利率优惠等方面为客户提供优质服务，促进房地产市场的发展。促进消费需求增长。发挥网点资源和产品优势，抓住消费热点，重点推进“随心智贷”、“中银E贷”、“启航贷”、汽车分期、家装分期等消费贷款和分期业务，迎合市场需求，坚持服务居民消费，促进消费需求增长。保障民生福祉。2021年，该行配合人社局开展养老保险待遇核查“回头看”工作，组织全行员工以上门核实、电话核实等方式，对19余万张社保卡信息进行核实，保证全面核清、核准、核实到位，守好老百姓的“养老钱”“保命钱”。助力外贸发展。支持烟花爆竹、机电设备、加工贸易等传统优势领域企业，持续加大对服务贸易、制造业转型升级的金融支持。实行跨境收支便利化，缩短业务办理流程，提升资金收付结算效率，节约企业时间和财务成本。实行减费让利政策，制定专项服务收费优惠方案，给予清单内企业优惠服务价格支持，减轻企业负担；建立“出口退税贷”白名单，降低企业贷款利率，减少企业融资成本。提供线上金融服务，引导企业开通在线结售汇、在线跨境汇款等线上产品服务，帮助企业客户规避汇率波动风险，降低资金成本，提高资金收益。截至2021年年末，该行共办理国际结算4648笔，合计金额16.84亿美元；跨境人民币25.0274亿元，同比增长32.72%。防范金融风险。作为浏阳市银行业自律机制首届主任委员单位，中国银行浏阳支行带头发挥自律机制的有效作用，加强风险防控工作，守住风险底线，防范金融风险，与各成员单位共同为浏阳市经济发展营造良好的金融生态环境。加强内部控制，健全风控体系。该行履行风险防控主体责任，实行“一把手”负责制，制定实施方案，责任落实到机构、部门和人员；开展重点业务和员工日常行为排查，对违规违纪和案件风险严格问责。防范信贷风险，提升资产质量。建立完善的信贷管理机制，开展风险评价、风险预警、风险分类等，优化信贷资源配置、完善准入标准和贷后管理，提升风险管控能力。同时加强与公安局、法院、外包合作单位的合作，推进不良资产清收化解工作。

（涂　影）

【长沙银行股份有限公司浏阳支行】 2021年，长沙银行股份有限公司浏阳支行内设公司业务部、零售业务部、零售贷款部、风险管理部、运营管理部、授信审批部、综合管理部、人力财务部、内控合规部、安全保卫部10个职能部门，下辖支行营业部、集里支行、联城支行、永安支行、经开区支行等19个网点，员工252人。经营管理。截至2021年12月底，总存款时期数184.67亿元，其中储蓄存款时期105.04亿元，全行储蓄存款时期数较年初新增19.02亿元，对公存款时期数79.63亿元，较年初新增6.23亿元。总贷款167.93亿元，其中公司贷款105.9亿元，零售贷款62.03亿元。不良贷款7957.49万元，不良率0.63%，逾期贷款约1.13亿元，逾期率0.86%，均在总行考核控制范围内；核销贷款已收回1905.25万元。全年在浏纳税6800万元，较2020年增加1000万元。人力资源管理。2021年，引进9名新员工；采取送北大学习、轮流授课、业务考试、互学互鉴、经典共读、岗位互换、组织职称考证等，重点培育中层管理团队。

（彭　琦）

【湖南浏阳农村商业银行股份有限公司】 2021年，湖南浏阳农村商业银行股份有限公司（简称：浏阳农商银行）围绕打造“全国标杆银行”目标，强化“客户支撑发展、文化引领队伍”两大支撑，把握“风险防控、队伍建设、发展转型”三个重点，推动“党建引领、信贷改革、渠道建设、内控提质”四大工程，构建浏阳农商银行特色“小亲稳”企业文化体系，献礼建党100周年。被中国金融思想政治工作研究会授予“2020—2021年全国金融系统思想政治工作优秀单位”称号。截至年末，全行各项存款余额404.91亿元，比年初增加48.41亿元；各项贷款余额285.57亿元，比年初增加28.66亿元，表内不良贷款率1.57%；实现经营利润12.30亿元，资本充足率16.19%，核心资本充足率15.79%，贷款损失准备充足率756.59%，拨备覆盖率251.08%，拨贷比3.95%，企业综合实力不断增强。经营提效：坚持“大干快上”的导向。调优贷款结构，推动绿色信贷发展，统筹管控房地产业务，关注花炮企业经营，与市工信局联合出台《促进制造业产融合作实施方案（2021—2023年）》，创新推出“科创贷”“绿色贷”和“人才贷”等产品，全年累计投放涉农贷款281.41亿元，累计投放小微企业贷款208.64亿元。推行“主动进攻”的策略。建立存款、贷款利率动态化定价机制，出台“借记卡跨行交易免手续费、口袋零钱借记卡交易免手续费、微信提现补贴手续费”的优惠政策，新引进浏阳市财信融资担保有限责任公司，有效降低担保费用，着力减费、让利、便民、惠民。截至2021年末，全行微信提现笔数、金额分别较上年同期增长46%和87%，活期存款较上年同期多增24亿元。树立“质量效益”目标。以资产质量、经营利润分别作为支行绩效考核的重点、依据，开发上线按绩计酬考核系统，强化费用开支管理，全行收入成本比、综合费用率同比下降。服务提速：加快数字化转型。创新研发惠农快贷产品，把农户小额信用贷款客户往线上迁移，截至2021年年末，全行惠农快贷累计有效签约12580户，授信金额13亿元，用信8613户，用信金额8.9亿元，"惠农快贷信贷产品"获"2021科技赋能金融业务发展突出贡献奖"；开通客户关系管理系统，完善"政银全域通"业务，浏阳"政银全域通"入选"2021年高质量发展营销环境特色案例50强"。打造智慧化场景。丰富口袋零钱行业运用，推进市卫健局医疗机构信息平台建设工作，下沉金融服务，为全市90%的学校、100%的基层卫生医院、100%的城乡公交提供条码支付服务，共建成福祥e站131个，将百姓银行开到村民家门口。推行精细化管理。重新核定网点库存限额，压减网点库存现金3480万元，提升资金运用效率。坚持审慎经营理念，合理配置资金业务产品，全年资金业务收入7.5亿元，年化收益率较上年度提高0.1%。探索构建湘淮村镇银行管理模式，助力湘淮村镇银行可持续发展。截至2021年年末，8家湘淮村镇银行存款日均余额59.32亿元，较年初增加7.74亿元；各项贷款余额62.13亿元，较年初净增7.11亿元；实现经营利润1.98亿元；表内不良贷款余额共计2716.74万元，不良贷款占比0.44%。队伍提优：打造金融村官品牌。全行派出265名金融村官、295名金融村官助理联系全市各个村（社区），推行金融村官走访全覆盖、员工全参与、活动全连接、服务全融入、考核全挂钩"五个全"工作法，举行2021年度金融村官工作总结大会，与市委组织部联合发布"党建+金融村官"助力乡村振兴三年行动方案，聚焦于"投入更多""服务更优""环境更好""费用更省"四大方面，巩固农商银行的竞争优势。锻造奋斗者队伍。打造"看得见、摸得着、接地气"的奋斗者体系，畅通员工晋升渠道，2021年以来，共评选出8位奋斗者之星，开展各类内训课堂83次，组织全行中层及以上管理干部授课48次。锤炼清廉实干作风。坚持问题导向，发挥行风督导员作用，出台员工违规行为经济处罚办法，构建行内、行外双重监督体系，营造干实事、实干事的氛围。管理提质：发挥党建引领作用。编制"十四五"改革发展和普惠金融两项规划，深化党史学习教育活动，开展庆祝中国共产党成立100周年活动，举办全省农信系统清廉金融文化建设座谈会，将关口支行打造成为清廉文化示范点，新对接镇头双桥、淳口炉烟两个乡村振兴驻点村。筑牢风险管控防线。推进社保卡风险防控专项整治工作，梳理安全保卫制度机制，继续抓好"到期贷款收回率""新增不良贷款"两个指标，与浏阳市人民法院执行局合作，成立金融案件执行专案组，做实资产质量。深化企业文化建设。对标打造"小亲稳"特色全国标杆银行的战略目标，制定企业文化建设方案，设立"一书、一片、一馆、一课、一师"的企业文化建设总体目标，提升浏阳农商银行品牌的传播力、影响力。

（肖　千）

【中国邮政储蓄银行浏阳市支行】

2021年，中国邮政储蓄银行浏阳市支行立足于服务社区、服务中小企业、服务"三农"的战略定位，抓好客户营销，夯实基础管理，防范信贷风险，提高信贷资产质量，利用该行网点多，服务"三农"、支持新农村建设。截至2021年年底，该行各项存款余额12.92亿元，年增2.0亿元，其中个人储蓄存款余额8.56亿元、公司存款余额4.36亿元；各项贷款余额49.92亿元，年增3.68亿元，其中普惠金融贷款1183户，结余10.6亿元，年净增2.2万元。业务发展：重点推进永安镇"数字小镇"建设。组建数币业务专项小组负责与政府对接，并实时跟进场景落地进度，通过建立"以点带面"的宣传方式，以村镇干部为切入点，对村镇干部做好数币业务推广培训工作，让村镇干部了解数字人民币、使用数字人民币；协同镇政府组织永安镇零售、餐饮和家居协会成员开展数币现场推进会议，集合商户力量加速推广数字人民币的应用；支行人员通过数字人民币支付满30元减15元、"一元购"等营销活动宣传，吸引客户开立个人钱包并使用，以专人携访、全程指导、定期开展活动专场等贴心服务引导客户体验数字人民币全流程；为已入网的数币商户在收银处布放"数字人民币"码牌和数字人民币标识标贴，在商户门口挂牌"数字人民币特色小镇商户"标识，提高数字人民币对外曝光度。2021年，该行共计开立个人钱包26733户，对公钱包630户，落地场景1311户。金融支持乡村振兴。支行通过邮银合作、合伙人合作，建设普惠金融服务站，实现金融服务零距离，9月起，该行以"党建+信用村"模式对接5个浏阳乡村及社区，建设信用村与信用社区。通过上门走访采集，完成全市86个村镇1580户农户信息采集；同时与浏阳市太平洋保险公司达成合作共识，创新家庭农场种植大户产品——蔬菜贷、粮食贷、烤烟贷，投放涉农贷款3.4亿元。建立邮益农金融服务站点，全年共计建立16个站点，开展金融服务点均80多次，有效解决偏远农民金融服务困难的情况，通过"一站式"服务，优化产品和服务，打通金融服务"最后一公里"。发挥邮储银行线上产品优势，支持小微企业资金需求。该行扶持新型农业经营主体，按照类别、行业细分信贷需求，用好"农担法人贷""小企业油茶贷""农民合作社贷""小微易贷线上贷抵贷""电贷通""电商贷"等融资产品。围绕地方特色农业，创建"一行一色"，重点扶持"浏阳油茶""浏阳蔬菜""浏阳大围山水果""浏阳黑山羊"等特色品牌产业。集中发展特色种养殖规模区域，包括"油茶小镇"镇头镇、"水果小镇"大围山、"花木小镇"柏家镇、永安镇"烤烟小镇"及"蔬菜小镇"沿溪镇、普迹镇。打造以农业产业化龙头企业为核心，捆绑上下游企业、农民合作社和农户，加大对农业农村经营主体、农产品加工流通企业与电商企业的信贷支持和金融服务。助力金融供给侧改革。聚焦浏阳市重点产业链，通过"链式"拓展普惠金融客群，以经开区为核心园区，辐射生物医药、智能装备、先进复合材料产业链企业，以"两型"产业园绿色食品产业链，辐射农业主体"三农"贷款，强化与核心客户的合作，持续深化普惠金融生态版图应用。该行通过园区"链式"营销大走访，走访经开区企业230多家，园区授信企业

54 户，金额 2.3 亿元，年增贷款 7200 万元，年增企业代发 12 个，代发工资 890 户，2420 万元，同时成功为浏阳政府平台提供融资服务，打开邮储银行在该领域破“零”局面。支行管理：风险控制。严控资产质量，逐步压降不良贷款率，持续加强内控合规管理，坚决守住“六个不发生”底线。保持案防高压态势，确保全年不发生一起案件。培育合规文化。有序开展全体员工行为排查、重要业务岗位人员排查和关键岗位人员轮岗工作，定期做好全行员工家访工作；对一切违规问题采取零容忍态度，并实行严厉处罚，杜绝屡查屡犯。企业文化建设：关爱员工，落实工会基本职责。开展争优创先活动，促进进取型团队文化建设。发挥工会战斗堡垒作用，以劳动竞赛为载体，引导干部职工发挥“主人翁”精神，投入银行创建事业；开展“开门红”“跨年度旺季营销”等邮储竞赛活动，在全行范围内营造“比、学、赶、超”工作氛围。

（余　旋）

【中信银行股份有限公司长沙浏阳支行】 截至 2021 年 11 月 30 日，中信银行股份有限公司长沙浏阳支行存款时点 10.14 亿元，存款日均 10.77 亿元，其中对公存款日均 7.4 亿元，较年初新增 1.2 亿元；对公存款时点 6.5 亿元，较年初新增 1.4 亿元。公司业务。拓客企业金融，加大对域内实体企业客户的营销获客、企业金融客户的营销力度，改善客户结构。深化银政合作，全年落地平台公司债券投资、债券承销近 30 亿元，落地 2 笔合计 1.4 亿元专项债资金承接。深挖产品布局，加强产品学习，提升公司条线人员产品运用能力。2021 年，在小企业客户授信续作过程，继续督促客户完成“一户三开”，完成该行发卡代发的转换等产品的签约。借力协同营销，2021 年 3 月和 7 月，该行成功发行 10 亿元中期票据额度，发行利率获客户好评；12 月 17 日，成功发行短期融资 5 亿元。零售业务。聚焦经营、做大规模。利用总分行权益、产品、活动，通过存量客户盘活、产品带动拉新，开展基础客户经营，带动管资拉新 8000 万元。加强公私联动，发展代发业务。提高拆迁代发的市场份额占比，年代发额 7000 万元；提升授信客户的有效代发，落地有效代发 12 户。加强网点周边 3 千米获客及项目批量获客，开展便民综合消费商圈引流。优化个贷结构，提升个贷价值贡献。抓信用网贷，加快场景类信用贷投放。烟商贷批量获客，学习分行个贷部的烟商贷政策，与市烟草局沟通对接，截至 2021 年 12 月，报名烟商客群 103 户，落地签约 52 户。强化中高端客户服务，实现私行深度经营。基于客户分层，实行差异化营销策略。制定“一户一策”方案进行走访，逐户进行配置和提升。年度内实现家族信托营销落地，同时储备家族信托客户 2 户。完善人才队伍建设、促进团队产能提升。合规建设。组织开展“一把手讲案例”警示教育专题会、《反洗风险提示》《审计案例培训宣导》专题学习会议；组织学习《中信银行从业人员行为守则(3.0 版)》《中信银行从业人员禁止行为规定细则(4.0 版)2020 年》；学习恪守底线思维，保守客户信息秘密等风险提示相关文件；组织开展案例警示教育学习；落实“三查四访”排查工作，对柜台、零售、公司业务操作流程、支行办公区域、理财销售等风险领域进行专项排查，提高合规管理水平；利用周边地理位置优势，开展“阵地式宣传”。

（熊飞平）

保险业

【中国人民财产保险股份有限公司浏阳支公司】 中国人民财产保险股份有限公司浏阳支公司下辖 6 家“三农”营销服务部、31 个保险服务站、302 个保险服务点，服务网络遍及城乡。2021 年，该公司在浏阳地区实现保费收入 6.52 亿元，承担风险责任近 8 千亿元。服务实体经济。通过开办新材料、企财险、工程险、产品质量责任险、雇主责任险等险种，为长沙五犇新材料科技有限公司、湖南百宜饲料科技有限公司、湖南中大机械制造有限责任公司、东信烟花集团有限公司、中洲烟花集团有限公司等实体经济支柱企业和园区企业提供风险保障逾 20 亿元。保障民生福祉。开办全市食品安全责任强制保险、校责险、一元民生、住建安责险、高速公路安责险、环境污染责任险等行业统保项目，有效承接政府管理职能；开办治安保险、巨灾保险、农房保险、精神病监护人责任险、乡村振兴保、公厕保险等民生类险种，织密浏阳市民生保障网，2021 年，累计支付民生类赔款 800 余万元。落实支农惠农政策。公司结合市农业产业实际，创新试点开办花卉苗木、水稻制种等特色农业保险，为市特色农业发展提供保障。同时，开办扶贫特惠保、水稻完全成本、防返贫综合保险等 20 余个扶贫险种，精准帮扶市贫困农户农业生产和生活。公司自 2006 年起在浏阳市开办农险业务，已承办农险业务 15 年，2021 年，公司累计为该市种植、养殖业提供风险保障 14 亿元，全年支付各类农险赔款 4000 余万元。提升社会治理水平。贯彻国家治理能力现代化战略，创新“保险+科技+服务”思维，在多领域发挥保险业参与社会治理和防范化解风险的作用。落实风险减量管理，强化对浏阳市重点企业、区域的风险监测，做好汛期、低温冰冻等恶劣天气的防灾防损检查，绘制浏阳市重点区域风控地图，并自行购置 20 余台水浸润设备加强内涝实时监控，成功应对市局部发生的多起自然和意外灾害。保驾护航疫情防控战。在全市推出企业复工复产综合保险，2021 年，累计在浏阳地区投入理赔服务人员 15000 人次，出动理赔服务车辆 8500 次，服务客户 50608 位，为客户无偿提供各类保障物资及增值服务逾 1.5 万次。

（谢乃辰）

【中国人寿保险股份有限公司浏阳支公司】 2021 年，中国人寿保险股份有限公司浏阳支公司（以下简称浏阳支公司）设有经理室、综合管理部、营销发展部、收展发展部、个险培训部、银行保险部、团体业务部、客户服务中心1室7部，下辖19家城区、收展和农网职场。全司共有人员627人，其中机关人员51人(签订劳动合同员工35人、离职待岗1人、退休8人、劳务派遣人员7人)，保险代理人576人。全年完成总保费收入44761.60万元，同比增长7.2%，其中短险保费17808万元(含健康险口径)，同比增长9.16%。为客户办理理赔案件14000余件，理赔支出13956.47万元，结案率100%，短险赔付率60.66%，风险管理良好。业务发展：个险。人力和业务均保持正增长，主管发展至96名，业务人力平稳优质，团队发展至19个职场，业务发展以10年期以上业务为主。团险。将“女性安康险”调整为“湘女关爱保”，民生团队建立，保费增长；重视校园风险，做实公益险种，让学生保障更全面。银保。银保渠道注重客户服务，送服务到家，加强银行渠道的经营维护，全年开展多场网点沙龙，为客户提供服务，超额达成年度业务目标。2021年，公司推出“百万如意行(盛典版)”“国寿福(盛典版)”“臻享传家”“如E康悦”等风险保额大的产品，满足客户提高风险保障的需求；推出“鑫福年年”“鑫裕尊享”等长期险理财账户类产品，对星级客户进行星级认证，满足客户理财需求，让客户财富保值增值。优质服务：公司推出无纸化服务，中国人寿寿险、云助理、国寿E店、中国人寿双录等电子服务系统均实现掌上智能服务。风险防控：公司每月组织全员学习杜绝非法集资相关知识、反洗钱学习并签订承诺书；执行上级公司及人民银行的反洗钱工作，参加人民银行组织的培训，在人民银行评级中被评定为A级；每月不定期进行风控排查；每周五风控早会加强销售人员依法合规经营、杜绝销售误导、维护行业诚信、提高服务品质。

(李　婵)

【中国平安财产保险股份有限公司浏阳支公司】 2021年，中国平安财产保险股份有限公司浏阳支公司坚持践行保险行业核心价值理念，实现保费收入4.56亿元，缴纳和代收税款5863.35万元。坚持多渠道平衡发展，坚持效益导向；2021年，支公司承保种植业、养殖业保险，为浏阳农业基础发展提供保障支持。参与省扶贫办和省保监局共同推进的“扶贫特惠保”项目，为2.4万贫困人口提供风险保障。承保老年人意外保险，为浏阳西北区7000余老年人提供意外保障。为全市300多名扶贫干部提供意外保障。坚持合规经营，保证公司可持续发展。践行合规底线思想，排查合规风险隐患，建立风险防范体系，护航公司合规健康经营；每季度组织各部门参加反洗钱反非法集资等合规学习，加强队伍合规意识，保证公司健康发展。科技创新，打造极致客户体验。个人客户方面，推进“510极速查勘”和“三极”项目(极暖、极速、极爽)落地，提升查勘时效和客户感受。团体客户方面，完善风险预防服务方式、搭建专门风控团队、加强防灾防损服务，加强保险服务实体经营的稳定器作用。民生保险提质护面，完善民生救助保障体系。支公司围绕“扶老、助残、救孤、济困”四项民生工作，针对浏阳市民生现状，设计专属的高额、代价、普惠的民生保险产品，兜底保障对象扩大到更多人群，巩固市政府脱贫攻坚成果，助力打造民生兜底保障示范性基地。

(王　颖)

道吾山杜鹃　　（彭红霞　摄）

旅　游

旅游管理

【概况】 截至2021年,全市有A级景区16个,其中国家AAAA级旅游景区3家,国家AAA级旅游景区12家;国家地质公园1个,国家森林公园1个,全国红色旅游经典景区2家,湖南省文旅特色小镇1个。五星级旅游饭店1家;星级乡村旅游区(点)16家,其中五星级10家。全年接待游客人数2908万人次,旅游收入303.66亿元。位居"全国县域旅游综合实力百强县"全国第7位、全省第1位。年初,出台《关于推进浏阳市"五个十大"项目的工作方案》,重点铺排道吾山、一河两岸、双洞苏区等十大文旅融合项目;2月8日,市委常委会专题研究文旅融合高质量发展相关问题,原则同意《浏阳市全力打造全国文旅融合标杆三年行动计划(2022—2024年)》《浏阳市促进文旅深度融合高质量发展的十条措施》《浏阳市公共文化服务体系高质量发展实施方案》《加强文物保护利用改革的实施意见》4个文件,升华"抓大文旅,促大发展"的全新格局。推进苍坊旅游区创建国家AAAAA级景区;成功创建大围山省级旅游度假区;湘赣边文化艺术交流中心(三馆)、画里小河、遇见童年景区成功创建国家AAA级景区,AAA景区达到12家;聚焦浏阳河百里画廊文旅产业带建设,铺排文旅项目,花炮观礼台、官渡田螺庄园、千年罗汉松古树公园完成提质改造,小河乡活字印刷非遗体验馆、新河画室、段江华乡村美术馆、云上小店、小河天文馆、永和电影小镇相继建成。

【"文旅+"战略实施】 2021年,浏阳市持续实施"文旅+"战略,文旅与乡村振兴、区域合作、强省会战略相结合,融入新发展格局。文旅+工业。湖南新聪厨食品有限公司被评为"省级工业旅游示范点"。文旅+农业。2021年9月28日,农业农村部在浏阳举办2021中国美丽乡村休闲旅游行(秋季)推介活动,发布休闲农业和乡村旅游秋季线路。文旅+研学。2021年,市博物馆引进专业研学实践教育团队,盘活资源,发挥社会教育功能。文旅+美食。2021年9月8日,浏阳作为"味道湖南"美食季的首发站,成功举办"味道湖南"美食季暨长沙味道·浏阳美食周。文旅+民宿。2021年,云溪杉舍、清心谷、清溪山房等精品民宿落地,拓宽绿水青山和金山银山的双向转化通道,将美丽生态转化为美丽经济。市文旅广电体育局探索"文化+旅游"模式,参与湖南省秋季文化旅游节文艺演出活动;在浏河第一湾生态旅游度假区、田螺小镇、石牛寨风景区、张坊西溪风景区和华盛山庄等景区开展"'非遗'(古乐)进景区"活动10场,将"非遗"节目带到景区展演;组织开展"文艺进苍坊"大型情景歌舞剧《人民的怀念》文艺演出。

【全域旅游】 2021年,浏阳市接待游客2908万人次,旅游收入303.66亿元,位居"2021年全国县域旅游综合实力百强县"第7位,是湖南唯一入选前10位的县(市)。紧扣乡村振兴,张坊镇田溪村全年接待游客18万余人次,门票收入900余万元,创造就业岗位800余个,带动村民创收2000万元;古港镇梅田湖村引进社会资本打造研学实践基地、国家AAA皇龙峡生态旅游区等,全年接待游客32万人次,带动村民增收3600万元,其中,研学旅行接待研学学生85689人次,村民分红312万元。

【新增3家国家AAA级旅游景区】 为推进浏阳市标准化建设,提升景区服务水平,2021年下半年,浏阳市旅游景区质量等级评定委员会委派检查小组,按照《旅游景区质量等级的划分与评定》国家标准,对湘赣边(浏阳)文化艺术交流中心、画里小河生态旅游区、浏阳遇见童年景区3家景区申请创建国家AAA级的旅游景区开展初评、景区质量评估、满意度调查、暗访等程序,并现场检查验收,均达验收标准,并于12月8日进行公示。湘赣边(浏阳)文化艺术交流中心位于浏阳市集里街道道吾山西路和南泥湾路交会处,区域内开放景点为浏阳市博物馆、图书馆,总占地面积约75亩(5公顷),专有建筑面积3万余平方米,建筑造型典雅且富有现代感,立面虚实结合,引入科技构件,结合文化元素,形成独有的文化特质。画里小河生态旅游区—浏阳市小河乡地处连云山脉腹地,因浏阳河源头的小溪河蜿蜒贯穿全境而得名,素有浏阳的"世外原乡"之称。其盛产"玉针香"优质稻米、金丝皇菊、蔬菜、"三黑"等特色农产品。遇见童年景区位于浏阳市永安镇芦塘村,景区板栗种植总面积2000亩(133.333公顷),有1500亩(100公顷)成熟原生板栗林。景区依托芦塘村国家级田园综合体的综合优势发展生态农业、创意农业,通过"旅游+、生态+"等模式,推进农业产业与旅游产业、教育、文化等产业的深度融合,打造一条特色鲜明、宜居宜业的大型田园体验综合体。

【上榜"2021年全国县域旅游综合实力百强县"】 2021年7月19日,全国县域旅游研究课题组、北京华夏佰强旅游咨询中心联合发布第三届全国县域旅游研究成果《全国县域旅游研究报告2021》,并揭晓"2021年全国县域旅游综合实力百强县""2021年全国县域旅游发展潜力百佳县"名单。浏阳榜上有名,在全国县域旅游综合实力百强县名单中位列第7位,在湖南上榜县(市、区)中排名第1位。县域旅游综合实力研究从旅游经济发展水平、政府推动作用、旅游产业综合带动功能、旅游开发与环境保护、旅游设施与服务功能、旅游质量监督与市场监管6个方面35个指标构建指标体系,得分居前100位的即为2021年全国县域旅游综合实力百强县。浏阳旅游资源丰富,文化底蕴深厚,是著名的花炮之乡、花木之乡、蒸菜之乡、将军之乡、千年古县。截至榜单发布日,浏阳拥有国家生态旅游示范区1处、国家级田园综合体1处、国家AAAA景区3处、国家AAA

级景区 12 处、国家重点文物保护单位 13 处。2018 年以来，浏阳将红色的基因、厚重的文化、绿色的生态、特色的农业、满城的烟花深度融合，力争打造魅力彰显、消费繁荣、品质一流的全国文旅融合标杆，先后获评“中国优秀旅游城市”“中国旅游竞争力百强县”“全国休闲农业与乡村旅游示范县”“全国森林旅游示范县”“首批‘湖南省全域旅游示范区’”，打响“一河诗画，满城烟花”的城市品牌。浏阳旅游吸引力不断增强。2020 年，全市累计接待游客 3095.06 万人次，旅游收入 316.39 亿元。

2021 年 10 月 15 日，2021 年湖南省（秋季）乡村文化旅游节暨湘鄂赣首届客家文化旅游节在浏阳市张坊镇西溪磐石大峡谷景区开幕 （市文旅广电体育局 供图）

【“锦绣潇湘　遇见浏阳”第四届湖南文化旅游创新创意大赛颁奖典礼举行】 2021 年 9 月 24 日“锦绣潇湘　遇见浏阳”第四届湖南文化旅游创新创意大赛颁奖典礼在湖南国际会展中心举行。颁奖典礼上，大赛正式公开“一河诗画　满城烟花”LOGO 设计赛最佳创作奖获奖作品；《锦绣潇湘　遇见浏阳画卷》等 44 件作品分别获浏阳文化旅游形象传播设计赛、浏阳城市伴手礼设计赛、“浏阳十大特色菜”“浏阳十大特色小吃”创意推广赛、三大子赛事金、银、铜奖；《家住浏阳有多美》等 10 件作品获“好吃好玩在浏阳”短视频创作赛最佳创作奖；《花炮传奇》等 16 件作品获大赛优胜奖。大赛共设现金奖励 50.2 万元，单项奖金最高 4 万元，优秀作品将有机会与“这湘有礼”品牌联名转化产品，入驻景区文创商店、电商平台和相关销售网点进行展示和售卖，享受收益分成。第四届湖南文化旅游创新创意大赛于 2020 年 12 月启动，收到来自全国各地参赛作品 2487 件，实现湖南省 14 个市的全覆盖，全国 15 个省（自治区、直辖市）的参赛者投稿。中央美院、中南大学、湖南师范大学等 16 所高校将大赛纳入课程中进行重点设计，72 家专业公司重点参与。大赛以“锦绣潇湘遇见浏阳”为主题，设置六大征集子赛事（浏阳文化旅游形象传播设计赛、“好吃好玩在浏阳”短视频创作赛、浏阳城市伴手礼设计赛、“浏阳十大特色菜”、“浏阳十大特色小吃”创意推广赛、“一河诗画　满城烟花”Logo 设计赛、“一河诗画　满城烟花”主题音乐创作赛），囊括形象设计、产品设计、创意推广等多个方面，旨在用创意设计为浏阳文旅产业发展画龙点睛，助推当地产业创意升级，赋能文旅融合。颁奖活动现场，设置大赛优秀作品转化签约环节，湖南文化创意有限公司与获奖作者及相关文创文旅企业签订转化协议，促进大赛作品迅速转化成产品。大赛由湖南省文化和旅游厅、长沙市人民政府主办，长沙市文化旅游广电局、浏阳市人民政府、华声在线股份有限公司承办，浏阳市文化旅游广电体育局、浏阳市文化产业园管委会执行，湖南文化创意有限公司全程运营。湖南省文化和旅游厅副厅长黄东红，湖南省文化和旅游厅二级巡视员王鹏，湖南日报社党组成员、副总编辑吴文海，湖南师范大学美术学院院长、湖南省设计艺术家协会主席李少波，湖南省文化和旅游厅产业发展处处长胡丕志，华声在线股份有限公司副总裁、《湖南日报》文旅集团董事长朱本召，湖南省文化和旅游厅产业发展处副处长何作利，湖南省文化和旅游厅产业发展处副处长刘禹，湖南省文化和旅游厅产业发展处调研员陈岳安，长沙市文化旅游广电局党组成员、副局长岳锋，浏阳市委常委、宣传部部长李爱民，长沙市文化旅游广电局产业处处长刘汉清、浏阳市文化旅游广电体育局局长陈刚参加大赛颁奖典礼，并为获奖选手颁奖。颁奖典礼结束后，浏阳市委常委、宣传部部长李爱民陪同湖南省文化和旅游厅副厅长黄东红参观 2021 湖南文化旅游产业博览会，黄东红对浏阳文创产品表示肯定。

【2021 年湖南省（秋季）乡村文化旅游节暨湘鄂赣首届客家文化旅游节】 2021 年 10 月 15 日，2021 年湖南省（秋季）乡村文化旅游节暨湘鄂赣首届客家文化旅游节在浏阳市张坊镇西溪磐石大峡谷景区开幕。省委宣传部副部长、省文化和旅游厅厅长禹新荣出席活动并宣布开幕，省文化和旅游厅副厅长黄东红，长沙市委常委、浏阳市委书记朱东铁出席活动并致辞，来自湖南省 14 个地（市、州）和 29 个湘鄂赣区域合作县（市、区）代表参加活动。文化旅游节以“锦绣潇湘·诗画浏阳”为主题，由湖南省文化和旅游厅、长沙市人民政府主办，长沙市文化旅游广电局、浏阳市人民政府承办，浏阳市文旅广体局、张坊镇政府执行。活动以 1 个主会场（开幕式活动）+2 个分会场（客家特色文化展演、湘鄂赣特色文旅商品展销会）的形式开展。开幕式上，长沙市金

牌导游发布长沙市秋季乡村旅游节会产品及线路、2021年湘鄂赣精品旅游路线，满足三省居民的文化旅游消费需求。来自湘鄂赣29县(市、区)的代表共同发布《湘鄂赣文旅产业区域合作浏阳宣言》。国务院旅游工作部联席会议专家与西溪磐石大峡谷景区代表共同探讨《乡村振兴的“浏阳”样板》，解读浏阳乡村振兴与文化旅游深度结合的典型经验和做法。湖南省旅行社协会与浏阳市张坊镇、小河乡、大围山镇、达浒镇及大围山森林公园举行“携手一园四镇·助力乡村振兴”旅游惠民政策签约仪式，通过旅游业态创新、资源有效融合，加快推进“环大围山旅游区”资源深度开发。开幕式后，举行文艺节目表演活动，系列活动持续5天。

【湖南新聪厨食品有限公司确定为“省级工业旅游示范点”】 2021年11月10日，根据湖南省地方标准《工业旅游示范点规范与评价》(DB43/T1791—2020)，经长沙市旅游景区质量等级评定机构推荐，省旅游景区质量等级评定委员会评定，浏阳市湖南新聪厨食品有限公司确定为“省级工业旅游示范点”。工业旅游是旅游的重要板块之一，可参观旅游，同时还可向游客还原或走进工业生产过程、工厂风貌、工人工作生活场景、工业景观等。湖南新聪厨食品有限公司自2002年成立，位于浏阳市两型产业园区浏东公路旁、古港高速出口，是一家集产品生产、研发、销售于一体的湘菜预制菜企业，为发挥聪厨食品自身优势，将品牌面向消费者，同时对周边旅游经济起辐射和推动作用，结合浏阳当地扶贫助农产品，于2020年创设工业旅游项目。聪厨工业旅游项目面向游客，首创以工厂参观、展厅企业文化讲解、预制菜体验、工厂产品直购为一体的新型工业旅游路线，让游客了解湘菜预制菜的制作工艺，对弘扬湖南湘菜文化，打破对预制菜的刻板印象发挥积极作用。

（蒋　慧）

大围山国家森林公园

【概况】 大围山国家森林公园地处浏阳东北部湘赣交界处，距浏阳城区67千米，距省会长沙市118千米，距黄花国际机场99千米，距江西南昌206千米，公园总面积37.02平方千米。公园前身为1958年成立的国营大围山林场，1992年被批准建设国家森林公园，1996年8月1日开园，2007年评定为国家AAAA级旅游景区。2013年12月，成功获批“国家生态旅游示范区”，涵盖“一园四镇”，即大围山国家森林公园、大围山镇、张坊镇、达浒镇、小河乡，总面积1041.5平方千米，人口10.35万人。2016年，获批“国家地质公园”，2018年，获评“全国十佳林场”，同时大围山还是湖南省自然保护区、湖南省风景名胜区，湖南省旅游度假区，湖南省最佳避暑胜地。园区实行五块牌子(大围山国家森林公园、大围山国家地质公园、省级自然保护区、大围山风景名胜区、大围山国有林场)，一套人马管理，行政管理机构为大围山国家森林公园管理处。2021年，大围山国家森林公园管理处下设办公室、财务科、防火科、经营销售科、安全保卫科、地质研究和建设科、自然保护区管理所7个科室，1个下属企业。年内接待游客73万人次，实现旅游收入1.48亿元，举办第十三届大围山杜鹃花节、泰国风情泼水节、星空露营节等节会活动，承办全省森林康养专业委员会成立大会暨2021中国湖南(浏阳)大围山首届森林康养论坛活动，成功创建湖南省旅游度假区、省级研学旅游示范基地，被命名为“第五批全国林草科普基地”，被评为“生态文明教育实践基地”。

【品牌创建】 2021年2月，公园被中国林学会命名为“第五批全国林草科普基地”(2021—2024)，11月，被湖南省生态文明研究与促进会评为“生态文明教育实践基地”(2021—2023)，打响景区品牌。2021年，管理处对公园景区部分建筑进行立面改造，对交通干道、主要景点进行提质改造，改造3个AAA级旅游厕所，新增设安装垃圾箱138个，提质改造森林宾馆，完善游客中心各项设施，升级改造标识标牌视觉系统，12月3日，成功创建“省级旅游度假区”。

【生态保护】 2021年12月，公园管理处推动成立以市长任组长的浏阳市大围山区域生态和人文资源保护工作领导小组，确保《长沙市大围山区域生态与人文资源保护条例》贯彻执行。全年开展森林资源保护宣传活动8次。全面推行林长制工作，健全“一长三员”(林长、执法协管员、监管员、护林员)责任体系，增聘12名护林员，强化日常管控和联防联控，实现“零火点”目标。与湖南省森林植物园、中南林业科技大学、长沙理工大学等9家单位签订《湖南省杜鹃花产学研战略联盟合作协议》，提质清理改造杜鹃花海233.33公顷，完成草鞋沟国土绿化和竹林道示范路建设。

【营销推广】 2021年，公园管理处持续打造“春赏花、夏避暑、秋登高、冬赏雪”旅游品牌。成功举办第十三届杜鹃花节；创新举办泰国风情泼水节、星空露营节等节会活动。发展森林康养产业，组织承办全省森林康养专业委员会成立大会暨2021中国湖南(浏阳)大围山首届森林康养论坛；开发研学特色课程，组建专业团队，全年接待研学游团队50000余人，接待人数同比2020年增长60%。联合浏阳各大景区，推出多条精品旅游路线，与初心源·湘鄂赣文旅“一卡通”、株洲“惠民卡”等签署合作协议共同开发市场，与省广电国际传媒签订全季营销策划推广合作协议，引进宣传策划战略合作团队，加大宣传推广力度，提升森林公园的知名度、美誉度。

【景区项目建设】 全面完成《大围山自然保护区生态旅游规划》等规划编制工作，投入500多万元用于完善景区设施建设与维护，完成筒车湾和春秋坳桥建设工作，维修维护各类基础设施40余处。推进招商项目建设运营，电影创作基地已对外营业；推进大围山第四纪冰川公园科普体验性项目、大型实景沉浸式光影互动文化演艺项目、龙须槽景区开发项目；引进释会普法师僧团队伍，投入800余万元对红莲寺景区进行全面提质改造。大围山智慧景区系统完成升级改造正式上线使用。该系统覆盖全园售票点及二次消费项目，老门楼售票处增设1个窗口，泥坞西大门游客服务中心增设2个窗口，南大门游客服务中心增设2个窗口。

【被命名为“第五批全国林草科普基地”】 2021年2月5日，中国林学会发布《中国林学会关于命名第五批全国林草科普基地的通知》(中林会普字〔2021〕9号)，湖南省大围山国家森林公园等全国171家单位被命名为“第五批全国林草科普基地”，有效期为2021年至2024年。大围山国家森林公园着力发展生态文明建设，践行“绿水青山就是金山银山”的理念，坚持生态优先，绿色发展，利用科技推动林业发展，有效保护生物多样性，守护绿色家园。

【第十三届长沙(浏阳)大围山杜鹃花节】 2021年4月20日至5月20日，第十三届长沙(浏阳)大围山杜鹃花节在大围山国家森林公园举行，活动主题：“人间四月芳菲尽，围山杜鹃别样红”，节会活动由省国有林和森林公园管理局、长沙市文化旅游广电局、长沙市林业局、浏阳市人民政府主办，浏阳大围山国家森林公园管理处、浏阳市文化旅游广电体育局、浏阳市林业局、浏阳市城乡发展集团有限责任公司承办。为提升大围山的知名度和美誉度，助推全域森林城市的创建及森林康养发展，打造生态旅游品牌，进一步拓展旅游市场。杜鹃花节期间活动包括湖南省国有林场协会森林康养专业委员会成立大会暨2021年湖南（浏阳）大围山首届森林康养论坛、“建党百周年·毅行百公里、唱响红歌谣·溯源浏阳河”活动、湖南特色美食文化节、大型“杜鹃花海”文艺秀、直升机“空中赏花”、“围山美景”专业摄影大赛、杜鹃花海网红直播大赛、“浏阳河·红方”红色电影放映周、“浏阳河·红方”红色电影歌曲演唱会等九大活动。第十三届杜鹃花节期间接待游客21万人次，旅游收入1亿元。浏阳大围山拥有华中地区规模最大的原生态野生杜鹃花群落，面积6666.67余公顷，种类38种，群落分布广泛，尤其在七星岭、红莲寺、五指石景区海拔1200米以上的溪谷及坡顶最为密集，形成蔚为壮观的杜鹃花海景观。由于地势起伏、海拔高低的差异和种类的不同，每年4月中旬至5月中旬，大围山高山杜鹃便依次盛开，开得朴实而热烈，整个山脉成为花的海洋、花的世界。

2021年5月12日，湖南省国有林场协会森林康养专业委员会成立大会暨2021湖南(浏阳)大围山首届森林康养论坛在浏阳市大围山召开

（湖南省浏阳大围山国家森林公园管理处　供图）

【2021湖南(浏阳)大围山首届森林康养论坛在浏阳市大围山召开】 2021年5月12日，湖南省国有林场协会森林康养专业委员会成立大会暨2021湖南(浏阳)大围山首届森林康养论坛在浏阳市大围山召开。活动由湖南省国有林场协会主办，长沙市林业局、浏阳市人民政府、大围山国家森林公园管理处承办。湖南省林业局、省民政厅、省卫生健康委员会、省中医药管理局，湖南省国有林和森林公园管理局，浏阳市政府等部门有关负责人及相关高校、科研院所、医院专家，省级以上森林康养基地负责人共86人参加会议。会议就全省森林康养产业发展提出：注重树立清晰的发展理念，注重森林康养基地的选址和设计，注重森林与医学的结合，注重森林康养专用的仪器设备的配置和使用，注重森林康养过程中自然教育知识的培训，注重森林康养专业人才的培养，注重森林康养基地的运营，注重森林康养森林质量的改善。会议成立森林康养专业委员会，全体参会人员共同审议专业委员会工作办法，选举产生主任委员、副主任委员。来自湖南工业大学、中南林业科技大学、湖南中医药大学、湖南省林勘院4个单位的专家从森林康养发展、养生与养心、森林康养实践等方面进行交流。

【“遇见泰国·中国大围山泰国风情泼水节”举行】 2021年7月3日下午，由湖南省大围山国家森林公园主办，湖南厚朴文化旅游发展有限公司承办，星耀视听、青岛啤酒、光明雪糕协办，泰国国家旅游局特别支持的“遇见泰国·中国大围山泰国风情泼水节”在湖南省大围山国家森林公园开幕。泰国国家旅游局广州办事处处长茵迪乐·武提颂汶女士，大围山国家森林公园管理处党组书记熊文，大围山国家森林公园

2021 年 7 月 3 日,“遇见泰国·中国大围山泰国风情泼水节” 在湖南省大围山国家森林公园正式开幕
（湖南省浏阳大围山国家森林公园管理处　供图）

管理处党组副书记、主任涂向阳,浏阳市人民政府办公室副主任罗金卫,浏阳市文化旅游广电体育局党组副书记、局长陈刚,湖南厚朴文化公司周海燕,大围山国家森林公园管理处党组副书记、副主任蔡细毛,大围山国家森林公园管理处党组成员、副主任黎俭及大围山国家森林公园管理处党组成员、纪检组组长、副主任沈祥谋参加该活动启动仪式。大围山泰国风情泼水节活动结合泰国风情、泼水等元素打造特色旅游产品,以“泼水节”为载体,为游客提供异域避暑体验。开幕仪式后,活动现场演出由泰国歌舞表演、泰拳表演、舞团泼水舞、水巡游路线、街头 LIVE 秀五个篇章组成。泼水节活动持续至 8 月 30 日。

【签订《湖南省杜鹃花产学研战略联盟合作协议》】 2021 年 10 月 15 日,湖南省花木博览会在长沙召开。会上,大围山国家森林公园、中南林业科技大学、湖南省森林植物园、长沙理工大学、湖南农业大学、湖南盘龙投资集团有限公司、阳明山国家森林公园、莽山国家森林公园、湖南杜鹃园林工程有限公司共 9 家单位签订《湖南省杜鹃花产学研战略联盟合作协议》,为大围山杜鹃花种质资源创新、科技研发、成果转化、人才培养、技术交流、研学科普等工作搭建平台,助推大围山区域生态保护与旅游高质量发展。

（李　立）

秋收起义文家市会师纪念馆

【概况】 秋收起义文家市会师纪念馆是直属中共浏阳市委管理的副处级事业单位。下设办公室、宣传教育部、文物保护部、对外联络部 4 个科室。2021 年,有在岗工作人员 34 人。2021 年,秋收起义文家市会师纪念馆共接待游客 155.38 万人次。全年组织做好党性教育基地配套设施项目、公租房项目等 13 个项目的申报立项,累计争取各级各部门批复资金 1513 万元,同比增长 150%;推动秋收起义党性教育基地项目列入全省湘赣边区域合作示范区建设三年行动计划重点项目库,纳入长沙市委组织部“1+2+X”(“1”以市委党校为主阵地;“2”建设秋收起义和雷锋两个干部学院;“X” 打造田汉文化园、杨开慧纪念馆、沙田红色文化园等若干个特色现场教学点）的党性教育基地建设布局,基地综合服务楼和广场完成建设,其余项目相继启动。配合中宣部开展“奋斗百年路、启航新征程”媒体大型采访活动,中央电视台、《人民日报》、新华社、湖南卫视、《湖南日报》等 30 多家媒体到馆采访,共计宣传推介秋收起义会师地新闻 112 条,其中中央电视台《新闻联播》进行 2 次报道。“秋收起义·湘赣红旗”精品线路(江西省九江市修水县秋收起义修水纪念馆—宜春市铜鼓县秋收起义铜鼓纪念馆—萍乡市秋收起义广场—萍乡市莲花县莲花一枝枪纪念馆—吉安市永新三湾改编旧址—湖南省株洲市炎陵县毛泽东水口连队建党旧址—株洲市炎陵红军标语博物馆—浏阳市文家市秋收起义会师旧址纪念馆)入选“建党百年红色旅游百条精品线路”;“光辉起点——秋收起义历史陈列”被列入“庆祝中国共产党 100 周年精品展览” 推介名单;秋收风云(主要包括浏阳市胡耀邦故里——秋收起义纪念馆、平江县平江起义旧址、宜章县湘南暴动指挥部旧址、汝城县湘南起义汝城会议旧址）被湖南省文化和旅游厅评为潇湘“红八景”;该馆被共青团湖南省委认定为“湖南省青少年教育基地”,被中共湖南省委党史研究院评为“湖南省党史教育基地”。湖南省委副书记、省长毛伟明,湖南省副省长谢卫江到馆考察调研;湖南省人大常委会副主任、党组书记刘莲玉率人大常委会党组理论学习中心组(扩大),湖南省政协主席、党组书记李薇薇率省政协系统到馆开展党史学习教育。

【文物保护与利用】 2021 年,秋收起义文家市会师纪念馆按照中央文物管理要求,做好中央文物的研究、展陈、报批和备案等保护利用工作,通过中央、省、长沙市有关部门对中央文物的检查;开展“建党 100 周年”革命文物征集活动,共征集到藏品 68 件(套);完成 423 件湖南省首批可移动革命文物名录资料核准报送工作;完成现存的 1009 件(套)馆藏的盘点、整理和录入工作;编制会师旧址环境整治工程、白蚁综合治理项目、馆藏红军标语修复项目计划书并报国家文物局批准立项;组织实施馆藏油画修复项目、文物库房安防系统工程。实施展览创新工程,全年举办临时展览 5 个、策划

2021年6月20日，秋收起义党性教育培训联盟启动仪式

（秋收起义文家市会师纪念馆　供图）

“百年风华鉴初心——我与历史合个影”特别展览1个；推出“秋收五宝”文创礼盒产品；建立秋收起义红色基因库，创新把展馆搬到云上。“光辉起点——秋收起义历史陈列”被中共中央宣传部、国家文物局列入“庆祝中国共产党100周年精品展览”推介名单；《实施“里仁学校+”战略，激活会师旧址绽放时代芳华——秋收起义文家市会师旧址保护与利用》案例入围国家文物局“全国革命文物保护利用优秀案例”征集终评推介名单。

【宣传教育】 2021年，秋收起义文家市会师纪念馆树立“观众至上”理念，坚持把观众“请进来”、把宣讲“送出去”，拓展游客源。举办“讲党史故事、做薪火传人”德育教育课活动，以“线上+线下”模式在文家市镇14所中小学校同步开讲；开展红色宣讲“七进”（进机关、进社区、进农村、进学校、进企业、进军营、进网络）活动29场，实现浏阳市域全覆盖，并走进长沙市的社区、学校；成功开办2021年度暑期小讲解员培训班1期，培育合格小讲解员21名；服务全市中心大局，先后选派优秀讲解员8名参加全市重大活动4次，得到主办方肯定。办好百年庆典活动，推出涌动“红色潮”、传唱“百年颂”、助力“星火传”三大系列十大主题特色活动，累计参与人数逾100万人次，让党员感悟党的光辉历程，坚定共产党人的初心使命。

【服务党史学习教育】 2021年，秋收起义文家市会师纪念馆梳理浏阳百年党史，专门打造“百年风华鉴初心——我与历史合个影”特别展，运用图片、史料、互动技术，全景展示在中国共产党的领导下浏阳走过的百年奋进之路和取得的辉煌成就。创新推出“学党史爱党行”七项学习套餐，累计服务省人大、省政协、长沙市委、浏阳市委等党政机关企事业单位党员群众40万余人次。浏阳市党史学习教育《简报》6次、长沙市党史学习教育《信息快报》3次、中央党史学习教育《简报》1次聚焦该馆以多种形式开展党史宣讲工作。

【秋收起义党性教育基地建设】 立足秋收起义历史和浏阳红色资源，推进核心课程自主开发工作。2021年，由中共浏阳市委组织部牵头，秋收起义文家市会师纪念馆与中共湖南省委党校合作，共同开发《毛泽东与秋收起义》《实事求是——秋收起义的精髓》《浏阳县域经济发展的实践与启示》《永不消逝的电波》《“宣传鼓动家”陈昌》《“咬牙干部”宋任穷》《赤胆忠诚寻淮洲——红军史上最年轻军团长》《永和会师铸雄师》《红色光芒映照锦绶堂》《小石头砸烂大水缸》《红色故事汇》11堂党课，党课全部通过省市专家教授验收并被评定为“精品课程”。全年秋收起义党性教育基地承接省内外培训班114批次，组织浏阳经开区党组织书记集中培训班赴郴州进行学习培训，成功实现“走出去”异地办班。

（肖吉贤）

胡耀邦故里旅游区（苍坊旅游区）

【概况】 胡耀邦故里管理局（胡耀邦同志纪念馆），为中共浏阳市委直属副处级事业单位。2021年，胡耀邦故里旅游区（苍坊旅游区）游客参观人数突破100万人次，完成中共中央军事委员会原副主席范长龙，湖南省委副书记、省长毛伟明等重大接待10余次。根据文旅部推动红色旅游融合发展的新要求，编制《浏阳苍坊旅游区创建国家AAAAA级旅游景区提升规划（2021—2030年）》，挖掘特色文化，拓展旅游区的景观范围和游览内容，推进硬件设施和服务水平提升，有机融合发展红色文化与廉洁文化、农耕文化、客家文化，打造高质量示范景区。做好征集、整理、修复等工作，全年征集到藏品70件（套），完成对已定级的1374件（套）文物的分级分类和入柜上架工作。开展第五次馆藏文物定级工作，截至2021年12月底，馆藏藏品2.1万件（套），已鉴定文物7191件（套），珍贵文物1882件（套）。优化完善基础设施，完成旅游厕所、生态停车场、智慧景区、农耕文化街、入口标志性景观等16个重点项目建设；邀请省市专家举行AAAAA创建知识、服务礼仪等12场专题培训，优化完善景区全程导游词和场馆讲解词，加强对景区日常管理和员工服务质量的监督考核，推进服务提档升级。完成农耕文化街陈列布展，打造供销社、老茶馆、榨油坊等体验式场馆，丰富景区业态。完成“胡耀邦总书记的春节时光图片展”、庆祝中国共产党成立100周年的“文物映耀·百年征程浏阳革命文物图片展”“红色中国：百年革命文物专题图片展”“思念依然无尽·纪念李昭同志诞辰100周年图片展”。开展红色宣讲，2021年，胡耀邦同志纪念馆以中共建党100周年为契机，创新推出“七个一”党史学习教育套餐，将党史故事融入讲解介绍、党课讲述和场馆参观中，打造党史学习教育红色主阵地。全年共接待省、市各单位党组织到馆开展主题党日活动累计400余批次、3.2万余人次，讲授党课200余堂，完成讲解3200批次。参加湖南省博物馆学会纪念馆专委会2021年会员代表大会暨“传承红色基因　弘扬伟大建党精神”主题研讨会，并就宣教工作做典型发言。举办“清廉湖南　红色文旅”进景区现场观摩活动，与各市州共推“清廉文化”示范景区建设。组织“没有共产党就没有新中国”党史主题音乐会，为游客献上党史教育课堂。持续开展“学党史感党恩　传承红色基因”开学第一课，推动红色文化进校园。组织开展“我在苍坊过中秋”“我在苍坊过国庆”系列活动，吸引约3万游客到景区打卡过节。组织讲解员参加国内大型展览讲解及各级党史主题比赛，共获得国家、省、市各类奖项超过20项。其中，1堂党课获省委组织部“党课开奖啦”三等奖，阮心涯获中国博物馆协会“庆祝中国共产党成立100周年”全国博物馆讲解大赛二等奖、入选“庆祝中国共产党成立100周年全国革命文物百佳讲述人”，刘露参与湖南省红色故事演讲大赛被评为“十佳能手”，陈琼获“党史忆峥嵘　初心话湘赣”第二届湘赣边革命文物讲解大赛成人组一等奖。2021年胡耀邦故里旅游区先后被湖南省文明委授予“湖南省2020届文明单位”称号；被共青团湖南省委认定为“湖南省青少年教育基地”；被湖南省生态文明研究促进会授予“湖南省生态文明教育实践基地”称号；被评为“长沙市关心下一代教育基地”。浏阳苍坊旅游区入选“清廉湖南　红色文旅”示范红色景区景点第一批示范点，被评为“长沙市2020年度十佳红色旅游景区”。《谈名人类纪念馆如何进行文物的征集、保护和利用——以胡耀邦同志纪念馆文物征集保护利用工作为例》等3篇论文入选湖南省博物馆学会纪念馆专业委员会论文集，2篇论文入选“博物馆与红色文物保护利用”专题学术研讨会论文集。

2021年6月21日，湖南省文化和旅游厅“清廉湖南　红色文旅”进景区推进会在浏阳召开　（胡耀邦故里管理局　供图）

【开展第五次文物鉴定】　2021年1月初，胡耀邦同志纪念馆开展第五次文物鉴定，文物鉴定专家闫四秋、马宁、周英等对胡耀邦同志纪念馆馆藏的1374件（套）文物进行鉴定，定级珍贵文物383件（套），一般文物991件（套）。珍贵文物中包含一级文物10件（套），二级文物49件（套），三级文物324件（套）。第五次鉴定后，胡耀邦同志纪念馆共有一级文物36件（套），二级文物145件（套），三级文物1621件（套），珍贵文物数量达1802件（套）。截至2021年，胡耀邦同志纪念馆共收藏与胡耀邦有关的各个时期、各种质地的藏品2.1万余件（套）。

【“文物映耀·百年征程”浏阳革命文物图片展】　2021年5月18日，为迎接第45个“国际博物馆日”，结合“学史崇德”党史教育开展，庆祝中国共产党成立100周年“文物映耀·百年征程”浏阳革命文物图片展在胡耀邦故里旅游区游客中心前坪开展，通过“展板+讲解”的方式让游客在观展中了解文物背后的故事，感受中国共产党百年峥嵘历史。活动持续至5月底。

【“清廉湖南　红色文旅”进景区推进会在浏阳召开】　2021年6月21日，湖南省文化和旅游厅“清廉湖南　红色文旅”进景区推进会在浏阳召开，各市（州）文旅广（体）局分管领导及科室负责人、省级示范景区负责人走进浏阳苍坊旅游区（胡耀邦故里），通过观摩学习、经验交流，共促文旅融合发展，共推“清廉文化”示范景区建设。推进会上，湖南省文旅厅党组成员、副厅长、省文物局局长陈远平出席会议并讲话。参会人员在浏阳苍坊旅游区（胡耀邦故里）先后观摩廉政箴言书法碑林、碑墙、碑廊，到耀邦广场敬献花篮，观摩清廉主题文创产品，参观廉洁文化专题陈列，观看宣传片《以廉为鉴，清润人心》、廉政短视频《廉洁传家清风扬》，并聆听精品党课“胡耀邦的廉洁家风”。

【党史主题音乐会在耀邦广场举行】　2021年6月25日，由中共浏阳市委、浏阳市人民政府主办，胡耀邦故里管理局、中和镇人民政府承办的“没有共产党就没有新中国”党史主题音乐会在耀邦广场举行，特邀

45位北京开国将军后代合唱团成员参加音乐会演出，演出之前，60余位浏阳籍革命先辈后代和北京开国将军后代合唱团成员们在耀邦广场敬献花篮，并参观胡耀邦故居、胡耀邦同志纪念馆等地，缅怀革命先辈，铭记光辉历史。党史主题音乐会上在北京开国将军后代合唱团合唱曲目《唱支山歌给党听》《我的三沙我做主》中拉开序幕。长沙市政协副主席、市体育局局长李平，浏阳市委常委、宣传部部长李爱民，副市长周明以及上千名观众参加音乐会活动。

2021年6月25日，“没有共产党就没有新中国”党史主题音乐会在耀邦广场举行，图为北京开国将军后代合唱团成员参加音乐会演出 （胡耀邦故里管理局 供图）

【苍坊旅游区入口标志性景观亮相】 2021年9月8日，苍坊旅游区入口标志性景观全新亮相。该景观由中央美术学院教授盛杨设计团队创作完成，总高19.15米，全部采用不锈钢结构，以烤漆材料工艺呈现红黄五种色阶渐变8效果。“设计理念源于‘参天大树’、‘谷穗’和篆体‘苍’字。”中央美术学院盛杨教授设计团队成员黄平介绍，“参天大树”是契合纪念胡耀邦的歌曲《好大一棵树》，“谷穗”则喻意湖南人杰地灵，素有“鱼米之乡”的美誉。标志性景观下方，两名少年的雕像并肩而行，共同高举火炬，给人一种蓬勃向上的活力之感，寓意着苍坊旅游区作为红色景区，坚持用好红色资源，讲好红色故事，搞好红色教育，让红色基因代代相传。该景观于2021年5月开工，8月竣工。

（张建如）

2021年9月8日，苍坊旅游区入口标志性景观全新亮相 （胡耀邦故里管理局 供图）

浏阳经开区　　　　（浏阳经开区　供图）

开发区与园区建设

浏阳经济技术开发区

【概况】 2021年，国家级浏阳市经济技术开发区全面落实“三高四新”战略定位和使命任务，围绕“挺进前五强，加快建成‘两个中心’”总体部署，奋力创建“五好”园区，大力推动高质量发展，园区经济持续提升、稳步向好，全年实现技工贸总收入1280亿元，同比增长12.5%；完成规模工业总产值955.5亿元，同比增长20.7%，规模工业增加值同比增长16.6%；完成固定资产投资524.6亿元，同比增长21.2%；产业投资485.9亿元，同比增长22.8%，工业投资434.2亿元，同比增长23.2%；技改投资177.4亿元，同比增长68.6%；实现税收收入79亿元，同比增长14.5%。先后获评“十四五”时期重点支持的县城产业转型升级示范园区、国家外贸转型升级基地、首批国家加工贸易产业园等国字号招牌。浏阳市经开区加强生态环境治理和保护，空气优良天数比例达到96%以上，捞刀河断面水质持续稳定达标。全面加强平安园区建设，不断强化安全稳定保障，全年实现安全生产“零事故”，在全省2021年度安全生产和消防工作考核中排名园区类第一，同时在长沙市国家级园区中获评唯一的优秀单位。营造集中打击违法犯罪高压态势，保持社会治安持续向好。守牢疫情防控底线，组织企业员工及居民接种疫苗46.4万人次，开展核酸检测15.7万人次。

6月3日全省产业园区高质量发展推进会在园区召开，浏阳市经济技术开发区成为全省创建“五好”园区首倡之地，率先在长沙市产业园区中制订实施《创建“五好”园区三年行动计划(2021—2023年)》，创建经验被省政府表扬通报，并获得省政府真抓实干表扬激励，在2020、2021年湖南“五好”园区创建综合评价中得分排名第一（全省134家园区）。同时，获评湖南省产业高质量发展园区、湖南省“双创”示范基地、全省商务系统“两稳一促”考核优秀单位，在土地集约节约考核中获评省级一等奖、长沙区县园区第一；打造国家先进制造业高地、确保固定资产投资稳定增长、做强园区、深化“放管服”改革优化营商环境等4项工作获得2021年长沙市政府创新实干督查激励。

【招商引资】 2021年，浏阳市经开区全年引进项目128个，合同引资243亿元，其中50亿元以上项目1个，5亿~20亿元项目15个。新引进亨通集团等“三类500强”项目3个，新注册日照兴业集团子公司等“三类500强”公司2个。重大项目频频落户，六顺生物湖南一类创新药转化基地项目将填补湖南省抗癌及抗老年痴呆一类创新药的空白，泽睿新材料成为现阶段唯一提供航空发动机碳化硅纤维国产企业，九典制药二期项目将助推九典制药在全省率先打造50亿元产值生物医药龙头企业。

【项目建设】 2021年，浏阳市经开区88个项目纳入长沙市重点项目，全年完成投资310亿元，占年度计划的120%。天地恒一等4个项目列入省重点建设项目，豪恩声学等3个项目纳入省“三高四新”战略重大产业项目，惠科光电等2个项目列入2021年长沙市制造业标志性项目，33个项目竣工投产。总投资70亿元的雅士林长沙(国际)蚕桑丝绸智造项目实现当年引进、当年试生产，惠科光电第11条产线点亮投产，金阳智中心一期完成建设。在长沙市“强省会 兴产业”项目建设现场观摩会中，园区项目考核排名蝉联第一。要素保障全面强化，为规上企业供电、水、蒸汽、燃气分别同比增长24%、20%、30%、25.5%。

【企业发展】 2021年，浏阳市经开区全年新增30家规上企业、30家智能制造试点企业，净增52家高新技术企业；华纳药厂挂牌上市，A股上市企业达8家，31家企业纳入上市后备库；11家企业入选“长沙市企业践行‘三高四新’战略百强榜”。全年完成规模工业企业研发经费投入39.4亿元，同比增长14%；全年专利授权达1212件，同比增长37.9%；完成技术贸易合同登记12.46亿元，同比增长91.4%。新增2家国家企业技术中心、1家省级企业技术中心、2家省级新型研发机构、3家长沙市企业技术中心、4家长沙市技术创新中心，市级以上科

2021年6月3日，湖南省产业园区高质量发展推进会在浏阳经开区召开。省委书记、省人大常委会主任许达哲，省委副书记、省长毛伟明出席会议并讲话，省领导黄兰香、谢建辉、张剑飞、王成、吴桂英、何报翔、陈飞出席会议。会上正式提出建设“五好”园区

（经开区办公室　供图）

研平台达 112 家；新增专精特新“小巨人”企业 38 家，其中国家级 7 家、省级 18 家、长沙市级 13 家。启泰传感“高性能压力传感器”项目入选省十大技术攻关项目，金阳烯碳“动力锂电池用石墨烯导电材料关键技术研究”获批长沙市“揭榜挂帅”十大重大科技项目。国有企业做强做优，金发集团、金阳集团获主体信用等级 AA+ 评级。

【营商环境优化】 2021 年，浏阳市经开区进一步推动改革再深化、服务再提质、管理再创新，全力打造“公开、透明、舒适、廉洁”的政务服务环境。推进工程建设项目审批在线办理，全年 80%以上项目提前开工。对所有管理权限实行清单式动态管理，确保“清单之外无审批”，“放管服”改革经验在长沙市作先进典型推介。暖企惠企精细精准。申报企业政策资金 3.5 亿元，其中省技术改造税收增量奖补专项占全省的四分之一；为中小微企业授信 70 余亿元，放贷 40 余亿元。开展“千企帮扶”“企业三员”“联点帮扶”活动，解决企业实际问题 185 个，为企业输送劳动力 3.5 万人以上。新增高层次人才认定 35 名，增长 53%。蓝思科技周群飞被认定为 A 类国际顶尖级人才，盐津铺子张学武、绿之韵胡国安分别荣获国家、湖南省五一劳动奖章，九典制药朱志宏、奇异生物李昌珠获评长沙市优秀科技创新创业领军人才。

【产城融合工作】 2021 年，浏阳市经开区金阳新城被长沙市第十四次党代会列入“十个重大城市片区”，国土空间规划基本完成，片区规划形成初步成果。金阳新城基础工程、公共配套、重大产业、品质提升“四个十大”项目清单出台，总投资 1400 亿元。布局优质医疗教育资源，石齐学校、长郡二小建成招生，电子职院、湘麓医药完成主体施工，浏阳市金阳医院即将启动建设。“智慧金阳”加快建设，完成智慧环保等系统建设和验收，智慧土地管理、智慧城管、智慧应急等系统上线试运行，数字化新城稳步推进。开展“扮靓金阳新城 喜迎百年华诞”城乡环境整治、交通问题顽瘴痼疾专项整治行动，市容和交通秩序、环境卫生水平全面提升。 （周 阳）

浏阳市“两型”产业园

【概况】 2021 年，浏阳市“两型”产业园全年完成地区生产总值 152.35 亿元，同比增长 14.99%；完成规模工业产值 97.67 亿元，同比增长 22.40%；地方一般公共预算收入 1.08 亿元；固定资产投资 25.09 亿元，社会消费品零售总额 4010 万元，同比增长 17.08%；完成进出口额 400 万美元。新签约项目 14 个，其中投资额达 2 亿元项目 2 个，到位资金 14.38 亿元。完成立新路北延伸、琉璃路建设，加速推进东进路提质改造，启动广宇公租房、新建污水处理厂、光伏发电等项目。晨智纳米科技、盐津铺子、德康慧眼等 5 个社会投资项目完成建设，中节科技冷库、大吉印务环保等 5 个项目启动建设。高效推进燕港村、沔江村、新园村征地拆迁，全年征收土地 234 亩，房屋拆迁 11 户，为项目建设和招大引强提供要素保障。深入开展“千企帮扶”行动，解决企业水、电、热、气等问题 100 余个。持续发布招聘信息，助力企业破解用工荒难题，招聘近千人。开展电商、叉车等职业技能培训，培育各类人才 600 余名。指导企业申报绿色食品产业链、工业企业技术改造等项目，到位资金 806.38 万元。加快企业培育，新建入规企业 3 家，10 家产业链企业升高，7 家企业认定为高新技术企业。组织银企对接，32 家企业获得银行授信 3.65 亿元，到位 2.9 亿元。促推聪厨预制菜原材料初加工厂落地投产，力促当地产业发展。依托加盛产业园等企业，为 2000 余名湘赣边劳动力提供就业岗位实现增收。与上栗县产业园 2 次互访交流，签订框架合作协议；扩大鼎誉检验检测服务半径，推广聪厨食品与江西万载县金色田园合作模式；整合资源优势打造湘赣边农产品交易市场、仓储冷链物流集散地、特色农产品产销电商平台等。在枨冲镇、张坊镇、大围山镇等地新增原材料供应基地 8175 亩，总面积达 24043 亩，带动近千名农户参与，平均创收近 5000 余元。智慧环保平台建成使用，全时段、全方位对企业排污进行在线监测，污水处理厂出水水质稳定持续达标。检查企业环保工作 500 余次，12 家企业完成污水处理设施整改。在全市生态环境保护通报中，园区大气环境质量情况小微站点综合指数保持前三，水环境质量情况断面水质均达标，环境信访实现零投诉。维护大局安稳。广宇公司按时偿还债务本息，成功注资实

园区风貌 （“两型”产业园办公室 供图）

现主体信用评级达到AA。开展安全生产地毯式排查，整改安全隐患1200条次。

【坤源生物二期扩建工程竣工投产】2021年1月13日上午，湖南坤源生物科技有限公司（下称坤源生物）二期扩建工程举行竣工投产仪式，坤源生物于2005年落户市两型产业园，是最早一批入园企业，主营业务为畜禽消毒剂和水产动保两大板块。2020年，面对突如其来的新冠肺炎疫情，坤源生物积极响应政府号召，充分发挥自身优势，在2019年年初便提前复工生产，日生产含氯消毒剂等市面急需消毒防疫物资近30吨，全部送往防疫一线。2020年坤源生物销售总额突破1.5亿元，较上年同比增长40%。为公司发展需求，适应新的行业生产标准，2020年4月坤源生物二期工程全面开工建设，项目总投资6000余万元，主要建设内容为生产车间、仓储中心、研发质检中心等，建有3条全自动液体消毒剂生产线、3条全自动固体消毒剂生产线。

【项目招商】 2021年6月24日，浏阳市“两型”产业园园区宏伟纸制品项目区内闲置多年的厂房被湖南方恒新材料技术股份有限公司（下称“方恒新材料”）以租赁宏伟纸制品厂房的形式进行前期生产。宏伟纸制品项目于2016年入驻两型产业园，由于市场原因，近几年来生产规模没有达到预期，投资建设的标准仓储厂房规模大、品质好，却被闲置多年。为进一步盘活园区闲置资源，园区建立低效闲置用地招商项目库，对有意来园投资的新项目，优先推介库内土地开展‘二次招商’，实现‘腾笼换鸟’。湖南方恒新材料技术股份有限公司通过园区招商团队对接，双方经过十余次的现场对接与洽谈，最终方恒新材料决定以租赁宏伟纸制品厂房的形式进行前期生产。5月底，公司与园区正式签约，拟投资2亿元建设高性能层状金属复合材料及高端装备智能制造项目，并在古港镇东盈村建立原材料生产试验基地。浏阳市“两型”产业园深入实施“三高四新”发展战略，积极盘活园区存量资产，加快企业提质增效。截至2021年，园区已引进11个项目，其中5月份通过“腾笼换鸟”方式，分别引进绿叶生物、方恒新材料两家企业入园建设新项目。

【电商平台销售】2021年“双十一”期间，浏阳市两型产业园众多企业以直播带货、线上投放新品等方式拉动销量。新聪厨通过抖音、快手等直播平台成功引流，订单相比2020年暴增5倍，爆品外婆菜单日销量超10万份。道吾山食品各大线上旗舰店上架了50~60种产品，招牌产品茶油剁辣椒、外婆菜持续热销。长沙绝艺食品自11月以来日均销量6万单以上，最高峰达到9万单，投入比平常多五倍的货运车辆。“双十一”热卖的火爆场景，是浏阳市两型产业园大力发展网间经济、打造网红品牌取得良好成效的一个缩影。据统计，园区共培育13家以线上销售为主的“网间”企业，2021年前三季度的电商销售额达10.05亿元，同比增长30%。

文化产业园

【概况】 2021年，文化产业园以抓项目聚产业、搭平台引流量、优服务集众智为重点，发挥“小团队”大能量，实现基地更优、产业更强、服务更好的工作局面。全年新引进文创类初创项目29个，现园区已集聚450余家企业（个体），带动就业2万余人次；以“智慧浏阳河”文化创意孵化基地为核心，以艺术设计、非遗文创、创意烟花、数字经济等为特色的“一核四翼”五大特色产业聚集区日趋完善；“智慧浏阳河”通过国家级创业孵化示范基地、国家级众创空间复评，浏阳河文化产业园入选国家级文化产业示范园区后备项目库。“无地有园、融合发展”的园区发展路径更加成熟，文化产业融入城市发展，有效助推了浏阳县域经济高质量发展。

（李荣珍）

【网间经济新模式】 2021年2月23日，“网间经济新形态”开放体验周在浏阳市网间经济孵化器举行，文化产业园邀请30多位市人大代表、政协委员和新社会阶层人士现场体验网间经济的多元形态。活动分为直播体验、企业走读、不打烊招聘三部分，24小时不打烊的人才招聘现场，“掌上浏阳”走读式直播吸引43.82万人次观看，半小时内产生文创服务订单5个。

【文旅融合新探索】 2021年4月18日，“一起来唱浏阳河　初心毅行百公里”首场活动在浏阳市大围山镇举行，浏阳市义工联、市飞虎人防志愿服务队、长沙乐好医院及社会徒步爱好者近400人，以毅行方式沿途嗨唱《浏阳河》，拍照、打卡、拼歌、晒圈，网红浏阳再添文化社交新方式。“一起来唱浏阳河”与毅行活动的创意融合，正是以“心中的歌唱”呼应“脚下的行走”，在以浏阳河为主轴的景区景点之间布局特色线路，植入特色活动，引领特色消费，让更多外地朋友体验浏阳作为“诗和远方”的丰富魅力，感悟“浏阳河”文化符号的张力与内涵，这也是“一起来唱浏阳河”启动文旅融合新路径的一种尝试和探索。2021年，“一起来唱浏阳河”在电台开设专栏，超百万人次收听，在长株潭、湘赣边各景区举办活动6次，线下6000多人次参与。

（曾　煦）

【举行红色文创潮品展】 2021年4月22日，文化产业园在“文创浏阳”场景实验室组织开展“红色文创潮品展”活动，夏布、活字印刷、古山贡纸等数十种传统非遗技艺亮相，并创新推出一系列以庆祝中国共产党成立为主题的红色文创潮品，受到广大市民朋友喜爱。时任长沙市委常委、宣传部部长陈刚一行参观并给予高度评价。

【“送你一支浏阳河”活动】 2021年“五一”期间，文化产业园组织在浏阳步行桥头、长沙国金中心、橘子洲头等地开展“送你一支浏阳河”城市

2021 年 6 月 11 日，文化产业园开展“数字经济新商态”应用微论坛活动，以网间经济孵化器为驱动，数字经济实现加速发展　（文化产业园办公室　供图）

文化分享活动，与数万人同唱《浏阳河》，并现场派送 1999 份浏阳烟花、浏阳磷矿老冰棍等文创好礼，成为长沙五一期间“手可摘星辰”活动亮点，被人民网、湖南卫视等媒体高度聚焦。

（李荣珍）

【文化产业园启动园校合作招聘季】 2021 年 5 月 18 日，文化产业园走进湖南工业大学，正式启动 2021 年园校合作招聘季。当天，文化产业园与湖南工业大学国际学院签订“人才蓄水池”产学研合作协议，将以双向导师制度，推进学生创业就业、项目立项孵化、课程共建共享等方面的长期有效合作。据了解，文化产业园 9 家企业尚有 276 人的岗位需求，园校合作招聘季即是园区“为群众办实事”的举措之一。

【“数字经济新商态”应用微论坛活动】 2021 年 6 月 11 日，文化产业园特邀长沙高新区组织人事局及 30 位优秀创业者来浏交流，开展“园园融合　数字串门”合作计划暨“数字经济新商态”应用微论坛活动，分别进行数字经济应用方案发布、“园园融合　数字串门”分享和沙龙座谈。此次活动为实现园区间理念融合、资源共享、平台共建、要素互补，以就创业服务能力提升促进文化创意产业赋能新商态、探寻新商机提供了新方法。

【24℃营商服务】 2021 年 6 月 17 日，文化产业园组织 24℃营商服务行动暨“文化赋能·数创未来”项目路演活动，“掌勺有范”预热菜品牌、“浏阳新屏道”传播渠道、“集采浏阳”快消品平台等 6 个数字文创项目首次路演。当日，园区对文化产业引导资金申报政策进行解读，并为“智慧浏阳河”文化创意孵化基地企业免费发放 8000 元停车券。市发改局、市科技局、市工信局、市人社局、市商务局等有关部门精准配送“政策礼包”，为项目输入高度适配的成长“营养液”。同时，园区还将 24℃营商服务行动升级迭代为打造“共情式恋人生态”，管委会 10 名干部成为服务管家，与 50 家企业结对，构建彼此输出、双向赋能、共建共享的进阶梯次，服务企业加速成长。12 月 16 日，在 24℃营商服务行动暨项目签约活动上，湖南玉叠妃菊花石文化产业发展有限公司与浏阳市文化产业园管委会、关口街道办事处签约，计划一期投资 5500 万元，在关口街道打造占地面积 2000 平方米的玉叠妃菊花石文化艺术馆。活动现场，文化产业园还对近期省、市各级下发的一系列助企纾困政策措施进行了解读，并邀请招商银行就有关融资政策进行了宣讲。自“建功‘三高四新’文创‘百日竞赛’”活动启动以来，文化产业园已陆续引进玉叠妃菊花石文化艺术馆、祁东草席、小鹿快跑等 9 个项目（企业），总投资近亿元。

（曾　煦）

【创意烟花新玩法】 2021 年 7 月 12 日，文化产业园与网易（杭州）网络有限公司正式签订创意烟花产业焕新项目战略协议，携手从网易游戏板块入手开启“火种”文旅计划。双方将通过优势互补，推动文化 IP 跨平台开发和转化，塑造游戏 IP 联动交互的应用范本，推动创意烟花在品牌游戏中连接更多的主体和场景，导流线上线下新消费，从异次元、新文创角度打造“烟花 X 游戏”的衍生价值链。

【人才沙龙基地挂牌】 2021 年 7 月 16 日，浏阳市委组织部在网间经济孵化器挂牌设立浏阳市人才沙龙基地，并举行人才政策宣讲会，长沙市高层次人才服务中心相关领导、浏阳市委组织部、浏阳部分规上企业负责人代表、2021 年新认定企业专业英才参加。

【“美学经济与乡村振兴”云沙龙】 2021 年 7 月 31 日晚，文化产业园在网间经济孵化器举办“美学经济与乡村振兴”云沙龙活动，三位在文创领域有丰富实践经验的导师从不同角度分享推动乡村振兴的美学路径，并现场连线荷花街道东环村，精准探讨乡村美学项目建设的落地思路，吸引 9.2 万人在线讨论。浏阳市第十三次党代会提出“乡村振兴全驱动”的发展战略，未来将努力建成“高富美乡村”。在“乡村振兴全驱动”的战略中，文化产业园和全市文化企业将主动作为，积极推动美学经济与乡村振兴协同给力、融合创新，为浏阳高质量发展提供更为丰沛的文化动能。

【画家林海钟作品在浏阳展出】 2021 年 10 月 2 日，由浏阳市文化产业园管委会、杭州《湖上》文化主办，浏阳市美术家协会、“文创浏阳”场景实验室承办的“百舸争流——林海钟作品展”在“文创浏阳”场景实验室正式拉开帷幕。本次展览是中国美术学院知名教授、当代中国山水画领军人物林海钟作品首次入湘公开展出，含《百舸争流》《罗汉瓒》等20余幅近年来创作的精品。开幕当天，省内多地美术协会、书画院、艺术爱好者、学生等纷纷前来观展。展览从10月2日持续到10月7日。

【乡村振兴主题综艺《云上的小店》】 文化产业园策划在湖南卫视乡村振兴主题爆款综艺《云上的小店》节目中通过产品、故事等的植入，重点推介浏阳夏布、活字印刷、古山贡纸、油纸伞等非遗技艺、文创产品，借助上星平台促推浏阳文创品牌高效传播。汪涵、黄雅莉、大张伟等名人在节目中深度体验浏阳文创的魅力，节目于12月24日正式播出。

【特色非遗产业】 2021年，在园区助推下，浏阳烟花、蒸菜、夏布等非遗产业实现焕新发展。浏阳夏布文创中心获评全国特色产业科普基地，浏阳夏布入选湖南省第五批非遗项目。创意烟花“三新三进”的模式更加成熟，花火剧团创意打造“创意烟花 + 数字新场景 + 文旅景区”新模式，“焰遇”品牌持续输出到北京、武汉、肇庆等地，合作景区日均游客破万，被中央电视台报道；佚佚网络城市烟花线上分享平台成功上线，试运营期间实时直播观看人数3.65万人次。文创蒸菜稳步发展，“蒸浏记”计划建设湖南首个“蒸菜文化产业园”，投资约5000万元，占地约20亩，线下店已成功进驻黄花机场、广州高铁站等地。

【数字经济发展】 2021年，浏阳市网间经济孵化器新引进冷森、木兰司、古德乐、掌勺有范等16个数字交互设计、短视频直播电商等项目，现有在孵项目33个；以“网红直播”为代表的诚懿文化今年预计突破总产值5000万元，累计带动就业320多人次；新引进的冷森网络，拥有自有平台，将在浏打造总部经济。孵化器开放一年来，“文化 + 数字”类企业展现了巨大潜力和双创活力，累计带动营收5.13亿元。网易（浏阳）数字文化中心项目持续推进，“创意烟花产业焕新计划”顺利进行，以“火种”文旅计划为切入口，拥有9000多万粉丝的网易爆款手游《倩女幽魂》融入浏阳烟花元素的新版本将于2022年元宵节上线。

（李荣珍）

浏阳西北环线　　（市交通运输局　供图）

交通运输

综 述

【概况】 2021年，市交通运输局以“建设人民满意交通”为目标，真抓实干，统筹抓好疫情防控和行业发展，天马山新隧道建成通车，S326普迹至柏加段启动建设，金阳大道三期加快推进，城乡公交实现“村村通”，被命名为“四好农村路”全国示范县。全年浏阳市完成农村公路建设投资4440万元，完成率110%。全年输送旅客3061.75万人次，较2020年度增长10%，其中道路旅客运量208.05万人次、减少34.9%，出租车客运量1609.7万人次、增长2.8%，公交客运量1244万人次、增长43%。全市公路货运量3026.0525万吨，公路货物周转量为225868.16万吨千米，分别较上年度增长9.77%、8.32%。

【被命名为“四好农村路”全国示范县】 2021年，市交通运输局贯彻习近平总书记对“四好农村路”建设的重要指示精神，落实交通运输部的统一部署要求，践行以人民为中心的发展思想，推进建好、管好、养好、运营好的“四好农村路”建设，畅通城乡经济循环、促进农业高质高效、乡村宜居宜业、农民富裕富足，全市农村公路里程为7432千米，实现村村通沥青路、组组通水泥路，2022年1月22日，根据《交通运输部 财政部 农业农村部 国家乡村振兴局关于命名“四好农村路”全国示范县的通知》(交公路发〔2022〕12号)，浏阳市被评为2021年“四好农村路”全国示范县。

【代表湖南省接受交通部2021年国家公路路网监测评价】 2021年10月，G106浏阳段代表湖南省接受交通部2021年国家公路路网监测评价。为实现湖南省2021年国家公路路网监测评价“保位”“争先”总目标，市交通运输局组织部署，以应急工程方式，11天完成G106社港至金刚82.909千米提质改造，完成迎接2021年度国家公路网技术状况监测评价工作。

（傅琳慧）

交通建设

【干线公路建设】 2021年，浏阳市干线公路建设各项指标任务全面完成。天马山新隧道建成通车并完成交工验收，完成G106大瑶绕镇公路竣工验收，推进S326线浏阳市普迹至雨花区跳马（原南横线路段）公路、G319、S109浏阳集里—蕉溪（金阳大道三期）和S204葛家绕镇公路等项目，配合完成S2线（长浏快线）、浏阳至江背高速、京港澳高速长株段扩容、浏阳沙市至宁乡高速公路（北横线高速）、株洲至韶山高速公路（南横线高速）、G4京港澳高速羊楼司（湘粤界）至耒阳大市段扩容工程等项目前期研究。

【农村公路建设】 2021年，浏阳市列入省、市重点民生实事农村公路建设目标任务为：完成农村公路安防设施建设200千米、农村公路（乡乡通三级路、旅游路、资源路、产业路）提质改造建设85千米、新改建农村公路190千米。全年完成农村公路安防设施建设201.817千米，农村公路（乡乡通三级路、旅游路、资源路、产业路）提质改造92.1千米、新改建农村公路241.6千米，目标完成比率分别为100.91%、108.35%、127.16%。

【不停车称重和“非现场”电子抓拍系统建设】 2021年，新增建设官渡镇田郊村不停车称重和“非现场”电子抓拍系统1套，升级改造大瑶镇东风界、文家市镇铁山界、社港镇黄泥界不停车称重和“非现场”电子抓拍系统3套。

（傅琳慧）

交通运输行业管理

【公路管理】 2021年，浏阳市交通运输局围绕建设交通强市目标，强化路网谋划、建设管理、政策争取，拓宽开放通道，打造多层次、立体化、开放型现代综合交通格局。干线公路规划。抓省“十四五（中华人民共和国国民经济和社会发展第十四个五年规划和2035年远景目标）”高速公路建设规划重新布局机遇，开展浏跃高速、京港澳高速东移线、株韶高速、浏宁高速、湘赣边旅游高速、平浏醴高速6个高速公路项目研究，争取纳入湖南省“十四五”交通运输发展规划高速公路项目4个、干线公路项目19个，纳入长沙市“十四五”交通运输发展规划高速公路项目5个、干线项目19个。农村公路规划。编制浏阳市“四好农村路”中长期发展规划，统筹申报省农村公路（乡乡通三级路、旅游路、资源路、产业路）提质改造计划项目24个/92.1千米、农村公路安防设施建设计划项目95个/201.817千米、危桥改造计划项目4个；长沙市农村公路建设计划项目共299个/271.4千米（其中提质改造计划项目226个/199.6千米、乡村振兴联点示范乡镇计划项目73个/71.8千米）、安保工程计划项目131个/隐患处置175.2千米、危桥改造计划项目47个（其中新改建桥梁10座、维修加固桥梁37座）、县道大修计划项目4个/17.454千米。质量安全监管。采取过程监管与重点督查相结合的方式，加强对公路建设项目基本程序、市场秩序、工程质量和安全、建设资金、信用评价的监管，完成施工许可20项、施工图设计批复32项，对在建交通项目开展质量安全检查11次、发出质量安全整改通知书59份、发现并督促整改质量安全隐患问题361处、发出检查通报3份、发出项目停工通知书4份、约谈项目参建单位1家次，加强各项目原材料和实体质量抽检，完成工程原材取样和实体检测项目119项，全市38个受监在建项目质量安全监管覆盖率100%。同时，以推动世界银行农村交通PforR项目（世界银行结果导向贷款湖南省湘赣边区乡村振兴地方政府治理能力提升项目）为抓手，梳理农村公路资产，将符合入库标准的农村公路903条/3803.725千米(其中县道58条486.595千米、乡道111条844.124千米、村道734条2473.006千米)纳入资产管理体系范围,形成世行PforR农村交通项目资产管理线路库;利用农村公路智慧养护App,完成"十四五"农村公路安全隐患路段采集核实,共申报隐患路线584条、隐患路段1285段、隐患里程1511.739千米;完成乡镇通三级及以上公路、较大人口规模自然村组通硬化路基础数据核实排查,核实申报自然村点位信息3099个、优选通达线路4540千米;完成浏阳市第一次自然灾害综合风险公路水路承灾体普查,填报浏阳域内国道省道889千米、农村公路3621.618千米、桥梁1076座、隧道6个。湘赣边交通合作。制定《湘赣边区域合作示范区建设基础设施联通合作专项行动2021年度实施方案》《关于落实〈湖南省推进湘赣边区域合作示范区建设三年行动计划(2020—2022年)〉的实施方案》;S326与昌栗高速连接线、荷文公路提质改造项目分别于2021年5月和6月建成通车;江杉高速(镇头段)、浩吉铁路浏阳东货运站场一期等项目推进;推进长赣高铁工程项目可行性研究报告、初步设计等前期工作。

【客运行业管理】 完成2021年春运工作,共投入客运车辆12269台次,输送旅客315937人次,较2020年增长113%,组织点对点包车146台次、接送农民工5190余人,确保春运期间无旅客滞留、无较大安全事故发生、无人员伤亡。推进城乡公交一体化改革,开通城乡公交线路109条,实现建制村100%通公交,成为省交通运输厅城乡客运一体化第三批省级示范县(市)创建试点单位。协调上级主管部门,帮助微友、鑫达等客运企业解决经营许可申办、相关资质保留等问题,出租车"95128"电召服务平台建成使用。加强出租车、网约车、共享单车等业态管理,压实企业安全生产责任,强化部门监管责任,全年开展监督检查539趟次、出动人员1721人次、现场检查车辆2088台次,排查并督促整改销号隐患问题147起;针对出租车不文明行为开展整治行动24次,查处出租车不打表乱收费、车容车貌不整洁等不文明及违规行为58起;开展客运市场"铁腕"打非治违行动,查处各类非法营运行为。

【货运、维修、驾培行业管理】 行业营商环境优化。衔接商事登记平台,促进道路运输行业商事登记向行政许可转换,商事登记办结率100%。强化企业质量信誉考核及结果应用,完成全市38家道路货物运输企业、119家维修企业、8家驾培机构和951名教练员的服务质量信誉评价,对5018名道路运输驾驶员进行诚信考核。全年许可道路普通货物企业29家、道路普通货物运输个体经营户740个、道路普通货物运输车辆2097台;审验道路普通货物运输车辆4892台(其中受理异地审验556台,网上年审833台);新增道路货物运输驾驶员从业资格培训机构1家,培训、考核场地1处,指导驾培机构新增科目二训练场2处;组织开展客货运从业资格考试46期、继续教育考试14期、危货从业资格分类培训21期,协同长沙市交通运输局组织危货从业资格考试22期,核发客货运从业资格证1324本,1522名驾驶员取得爆炸品运输从业资格证、165名驾驶员取得危险货物运输从业资格证、11名驾驶员取得剧毒化学品运输从业资格证。结合年度安全监管执法计划,推进道路运输安全"隐患清零"、交通问题顽瘴痼疾集中整治、安全生产专项整治三年行动,组织开展危险货物道路运输安全集中整治、安全生产百日攻坚、消防安全大检查、岁末年初安全生产大排查大整治等行动,全年出动检查人员2008人次、检查企业502家次、检查货运车辆运行情况206台次、查验车辆技术档案317份、查验维修设备177台次、检查教练车238台次、检查教练服务监督卡123次、排查并督促整改安全隐患354起。推进安全生产责任保险,货运、维修、驾培行业投保率分别为84%、71%、100%,完成投保任务。指导货运、维修、驾培行业开展突发事故应急救援演练,提升突发事故应急救援能力和效率,筑牢货运、维修、驾培行业安全防线。货运行业管理。危货运输行业。指导督促危货运输企业开展行业自律,出台《危货运输车辆联网联控和智能监管平台报警处置标准》,运用科技化监管手段,督促企业按照标准落实整改,建立违规报警行为通报、驾驶员集中约谈和警示教育常态机制,降低事故发生率,全年通报49期,组织约谈教育10期,约谈企业安全负责人55人次、驾驶员165人次。推进全市危货车辆技术管理工作,从车辆二级维护入手,把好烟花爆竹运输车辆的安全技术关,督促所有危货运输企业对所属一类危险品运输车辆完成不少于1次的二级维护。组织危货运输企业和驾驶员参加长沙市"两客一危"("两客":从事三类以上的班线客运、旅游客运和包车客运车辆;"一危":从事危险化学品、烟花爆竹、民用爆炸物品的道路专用车辆)行业"促规范、保安全"职业技能竞赛,浏阳市共16名驾驶员被评为"道路运输标兵驾驶员""道路运输优秀驾驶员"。普货运输行业。紧盯道路运输个体经营监管薄弱环节,组织全市拥有5台及以上车辆的普货个体户进行安全教育培训,建立道路货物运输事故跟踪整改台账,对491名违法超限运输的道路运输驾驶员进行诚信考核计分。维修行业管理。上门指导维修企业开展机动车维修经营备案,截至2021年12月末,已备案维修企业125家,备案数量在长沙区(县、市)中排名靠前。督促指导具备"两客一危一重一校"("两客":从事三类以上的班线客运、旅游客运和包车客运车辆;"一危":从事危险化学品、烟花爆竹、民用爆炸物品的道路专用车辆;"一重":从事中重型货物道路运输的车辆;"一校":专门从事学生上下学运输的车辆）维修资质的维修企业按要求建立维修档案，打击机动车维修企业非法改、拼装车辆的行为。组织开展机动车维修行业污染专项整治联合行动3次，出动执法人员200人次、检查机动车维修企业245家次、排查各类环保违规行为32次。全市32家一、二类涉VOCs（挥发性有机物）的维修企业有机物回收设备安装率100%。驾培行业管理。推行计时打卡培训，计时培训平均综合实施率85%以上，在长沙地区排名靠前。每月开展驾培机构培训考试服务质量联合考评，规范机动车驾驶员培训机构管理，组织驾培机构参加湖南省第一届职业技能竞赛暨2021年全省交通运输行业职业技能竞赛，铭洋驾校教练员胡波获“教练员职业技能竞赛小车组第二名”，驾培行业运营平稳，年度共计招收机动车驾驶培训学员25242人，25667人取得机动车驾驶证。

【交通运输综合行政执法】 2021年，市交通运输局巩固交通运输综合行政执法改革成果，统一执法服装、执法标准、执法文书，实施执法过程全记录，提升交通运输治理水平。健全联合执法机制，衔接交通行业管理部门和公安交警大队、各农村执法中队、乡镇（街道）综合执法队，完善区域交通治理常态学习交流和联动机制，提升联勤联动效率。配齐执法监控设施设备，新建、改造非现场执法系统4套，保持交通运输执法高压态势，全年共立案查处各类交通运输违法违规行为1992起，其中查处超限超载车辆912台次，查处非法营运车辆303台次，查处危货运输违法违规行为37起，非现场执法本地违法货运车辆结案率98.96%，强制恢复改型改装车辆97台次。强化源头治理，将20万吨以下的源头企业纳入监管范围，落实“十二分制”管理制度，暗访巡查企业144家次，下达《责令改正违法行为通知书》76家次，并对12家源头企业实施行政处罚，遏制市域内源头企业车辆超限装载现象。以降低干扰逃避不停车超限检测率为出发点，采用针对性措施，干扰逃避不停车超限综合检测率连续3个季度低于20%。

（傅琳慧）

公路建设养护

【概况】 市公路建设养护中心是市交通运输局所属公益一类事业单位，为正科级，内设9个部室，2021年，暂核定事业编制194名，其中全额拨款事业编制169名，自收自支事业编制25名（人员只出不进）。有实际在职人数186名。全年市公路建设养护中心挂图作战，高质量推进项目建设，加快完善公路基础设施网络。全年完成固定资产投资1.86亿元。实现天马山新隧道通车、完成G106线浏阳段82.9千米提质改造、S204线葛家至枨冲段、李白故居路、官扬公路大修，完成S207中修，完成S528毛田桥、S326跑马桥和小河桥的危桥改造。浏阳市被交通运输部命名为“四好农村路”全国示范县，市公路建设养护中心被评为“‘十三五’湖南省普通国省道养护管理优秀单位”，市公路建设养护中心主任易志坚、浏阳市交通运输综合行政执法大队城区执法中队中队长何建光被评为“‘十三五’湖南省公路普通省国道养护管理先进个人”。

【公路养护】 2021年，市公路建设养护中心结合干线公路日常“十无”管理标准，开展各项日常养护工作。对 G106、G354、S207、S324、S326、S529等国省道进行沥青路面薄层罩面，累计实施81828平方米，改善路面通行状况，提升道路使用年限；在全线域累计新装、维修钢护栏8000余米；补划标线138217平方米；新装标志牌630余套；坑槽修补83423平方米；沥青路面补灌缝198148米；水泥路面换板2100余平方米，确保浏阳公路路况水平超过省定标准。开展一路一档数字化建档工作，为公路日常养护提供重要参考依据。在辖区3条国道、13条省道，总计889千米的道路完成采集、录入、信息整理、核对、存档、上报工作。对常养的192座桥梁，开展桥梁定检工作，给每座桥梁定制专属二维码，实现手机扫码了解桥梁基础数据，并借助CBMS（中国公路桥梁管理系统），开展桥梁日常巡查工作。

【公路领域安全生产】 开展安全生产专项整治三年行动，深化防范化解安全生产重大风险，实现S204、S207、X036安全隐患整治整改率100%。2021年，宏源大桥拆除重建，已完成主体工程，改造危桥3座。夯实安全发展基础，经市编委办同意单独设立隧道管理部，投入200万元推进隧道交通安全整治。增强应急保障能力，应对雨雪等各类极端天气和自然灾害以及突发事故，高效处置“12·5”天马山老隧道风机坠落事故；妥善处置路面油污等突发事件20余起。

【“路长制”管理】 2021年1月11日，浏阳市深入推进“路长制”改革入选湖南基层改革探索100例。2021年，全市79.3%的村道被纳入“路长制”管理；完善县、乡、村道三级“路长”公示牌，并在公示牌上增加二维码（浏阳全域旅游二维码），可获取附近旅游景点、农家乐、停车场、民宿酒店、公交出行等服务信息；实现县级建管养App全覆盖，推进“路长制”工作向村级公路延伸，打通监管“最后一公里”。完成G106线浏阳段82.9千米提质改造。

【公路“路长制”改革入选湖南基层改革创新100例】 2021年1月11日，省委改革办正式对外公布“湖南基层改革探索100例”入选案例名单，浏阳市“让家门口的路更加‘畅、安、舒、美’——浏阳市深入推进公路‘路长制’改革”入选湖南基层改革创新100例。针对全市公路“点多、线长、面广”的特点，2016年，浏阳在全国创新实施“路长制”，改善公路路域环境，打造“路联管、路全管、路共管”的公路管理“浏阳模式”,确保辖区内每条公路“工作有人抓、问题有人管、责任有人担”。2016—2021年,浏阳市持续深入推行公路“路长制”管理,由市级领导、乡镇长、村级负责人分别担任国、省、县、乡、村道路路长,明确各级路长职责和管理内容,细化量化工作任务,形成“政府主导牵头、部门共同参与、层层压力传递、人人职责明确”的责任链条,明晰公路日常养护、应急抢险保通、安全隐患排查、路域环境整治、公路绿化美化的“路长制”五大核心业务。

【市公路建设养护中心被评为“‘十三五’湖南省普通国省道养护管理优秀单位”】 2021年9月,省交通运输厅公布“十三五”全省养护管理优秀(先进)单位和个人名单,浏阳市公路建设养护中心被评为“‘十三五’湖南省普通国省道养护管理优秀单位(县市区)”,浏阳市公路建设养护中心主任易志坚、浏阳市交通运输综合行政执法大队城区执法中队中队长何建光被评为“‘十三五’湖南省公路普通省国道养护管理先进个人”。自2016年以来,浏阳共投资10.55亿元,提质改造浏东、浏永、浏大、开元大道4条“主动脉”,投入1.6亿元建设G319浏阳天马山新隧道,并于2021年6月28日试通车,打通浏阳城区通往南区的交通瓶颈,改善全市公路通行条件。每年都投入养护资金加强公路日常养护和公路设施维护,路况优良率93%以上。同时,探索养护管理新模式,在全省首推“路长制”,2021年,省委改革办公布“湖南基层改革探索100例”名单,浏阳“路长制”改革榜上有名。此外,浏阳还建成全省第一家县级公路文化史展馆,于2020年9月正式对外开放,展示浏阳公路建设及养护的历史,获得交通运输部及全国各地公路系统的点赞。

（黄　菲）

沿溪镇浏阳河第一湾　　（浏阳市档案馆　供图）

邮政·通信

邮 政

【概况】 2021年，中国邮政集团有限公司湖南省浏阳市分公司设1室5部，即综合办公室、市场营销部、金融业务部、寄递事业部(分寄递运营监控部、寄递市场部)、集邮与文化传媒部、渠道平台部，下辖44个网点(含空白乡镇网点5个)，有在职职工407人、退休职工142人、退养职工9人。截至12月31日，全年完成业务收入19266万元，完成年计划进度的100.03%，较上年同期增幅10.32%。其中：寄递收入4048.23万元，完成年计划的101.46%；金融收入13193.94万元，完成年计划的102.44%；渠道平台收入634.29万元，完成年计划的73.93%；集邮与文化传媒收入1291.28万元，完成年计划的86.78%。

【代理金融业务】 围绕“余额抓小户，资产抓大户”的发展理念，抓实“一季度一爆点”“一月一生日宴”活动，引导网点围绕阶段目标，落实厅堂策反和外拓走访等规定动作，金融指标向好，质量与规模均衡增长，业务结构持续优化，重点项目发展成绩突出，以余额为核心的金融总资产全面协调发展。截至12月31日，新增总资产11.18亿元，其中余额新增6.97亿元，同比多增6107万元；保费新增3.73亿元，同比多增1亿元(长期期交新增6237万元)，点均保费在长沙市邮政分公司排名第一，长期期交在全省名列前茅；基金新增1.32亿元，同比多增6500万元，点均和增幅均排长沙市邮政分公司第一位。10月份开展“免费送柚子”活动，一周时间收集有效客户信息2.26万条、开通数字钱包7507户、揽收存款客户1376人、揽收资金4212.31万元，获省公司表扬。6月，在中国邮政保险长期期交专项竞赛活动中，新增保费1509万元，完成市公司预定计划的251.5%，当月产生保险收入603万元，保费绝对值和进度均排长沙市邮政分公司第一位，被长沙市邮政分公司授予“标杆单位”荣誉称号。

【渠道平台业务】 2021年，分公司举办两场创维电器营销活动和两场酒水品鉴会，共创收352万元；与百事可乐公司签订区域代理合作协议，将百事可乐作为分公司常态营销，全年创收126.3万元；深化与雪天盐战略合作，开展“百县万吨，榜首雪天”专项营销竞赛活动，销售雪天盐510吨。依托“渠道+厅堂”模式发展高效增值业务，作为重点单项业务的简易险，全年共完成5895笔，实现保费159.52万元；建设有效数字化站点329个，其中优质站点176个、批销站点25个、非批销站点128个。2021年，成功申报“浏阳市邮政系统县乡村三级物流配送体系改造项目”。浏阳分公司获“全省邮政农村电商提质增效劳动竞赛优秀组织奖”。

【寄递业务】 2021年，分公司聚焦“标快倍增”发展，通过开展窗口破零、部站达标、项目攻坚等竞赛活动，将“众创众享”政策与“以投促揽”政策有效结合，按月核定揽投员标快销售计划，根据完成率核定投递费标准，强化散件营销意识，推进收入目标达成。“标快倍增”计划全年收入目标740万元，截至12月31日，完成644.57万元，欠产95.43万元，其中：揽收散户51984件，创收112.93万元；网点完成43165件，收入45.19万元，同比增幅32.17%。快递包裹业务完成收入3109万元，同比增幅5%；全年收寄1233万件，同比增幅32%，日均交寄量33000余件。开发快递包裹协议客户26户，其中开发新客户6户。强化欠费管理，将欠费追缴工作列入日常管理考评，实行客户经理负责制，按日通报、周督导加强欠费收缴力度。全年回款目标579万元，截至12月31日，实际回款489万元，完成目标计划的84.31%，基本实现次月结清上月欠费目标，欠费管理得到改善。

【集邮与文化传媒业务】 报刊。2021年，完成收入698.21万元，为年计划的104.21%。浏阳分公司获长沙市分公司“2021年度报刊大收订收订组织奖”“行业报刊收订奖”“校园报刊优胜奖”“线上营销创新奖”等奖项；沙市、镇头、沿溪支局获长沙市分公司2021年度报刊大收订“十强支局”奖。函件。完成收入256万元。开发胡耀邦故里明信片12000枚、邮资信封10000枚；开发小河乡云上小店明信片6000枚。集邮。通过开展生肖贺岁季营销活动，对贵金属、生肖产品、“超邮品牌”、“壹号宝典”进行主题营销，共计创收433万元。在胡耀邦故里打造浏阳第一家景点主题邮局——苍坊旅游区主题邮局。

【企业文化建设】 2021年，分公司员工任娟被评为“2020—2021年度全省邮政优秀共产党员”；张凯被评为2021年度“浏阳市优秀共产党员”；为庆祝中国共产党成立100周年，分公司组织全体党员干部参观王震故居，开展主题党日活动；重阳节组织退休职工聚餐；在关爱员工健康，体现企业人文关怀方面，组织全体职工体检，发放“生、老、婚、育、病、故、贫”慰问金共计35万余元。

(刘利香)

通 信

·电 信·

【概况】 2021年，中国电信股份有限公司浏阳分公司有在职职工269人。设有四部(综合部、销售部、网络部、财务部)及19个支局、3个城区营业部、3个政企营业部。全业务收入1—12月累计完成1.82亿元(不含浏阳工业园县域分局)，超产653万元。全年发展移动业务7.45万户，过网份额从上年底19.84%，提升至2021年年底的22.2%，提升2.26%。全年宽带发展2.05万户，全年融合129以上发展1.44万户，同比增长6.4%。

【电信市场经营】2021年，分公司调优宽带结构，以门店为核心，终端引领，提升合约和渠道盈利能力，抓高值融合发展，公司199以上融合占比从一季度13%到三季度提升至34%，11月，该占比达到38%。加快渠道建设布局，整治渠道生态。2021年渠道建设目标21家，全年建设门店38家，完成目标181%。整治渠道生态，优化业态，清退与员工、装维有关联的门店8家，处理影响生态装维人员2个。持续有效把控终端操盘，坚持终端引领提升合约和渠道盈利能力，让门店有货卖、愿意卖、能盈利，确保5G时代终端利润占比达到门店盈利的40%以上。

【电信网络维护】 2021年，浏阳分公司新开通5G基站382个，5G信号覆盖浏阳所有主干道和乡镇。新建146个4G室外站点，50个楼盘室内分布系统，完成7个疑难站址攻坚，浏阳全区信号覆盖薄弱得到部分缓解，MR覆盖率从年初的89%提升至2021年年底的92.03%。通过对全区307个弱覆盖区域的测试与输出解决方案，提出基站建设规划265处，已网络优化解决107处。提升装维人员智能组网技能水平和随销能力，以质差用户数据为切入点，开展装维随销，通过智能组网、满意率达标等举措，解决客户家庭网络问题，提升客户对电信宽带网速、装维效率感知，公司装维随销指标排名长沙市公司前列；同时有效开展下户线光缆衰耗整治和光交、机房整治，结合青春杆线整治行动，整体提升网络完好率，降低故障发生率，减少被动抢修，提高网络安全水平。

（熊　慧）

·移动通信·

【概况】 截至2021年底，中国移动通信集团湖南有限公司长沙市浏阳市分公司有在职员工189人。2021年，该公司落实“四个三”（“三转”即推动业务发展从通信服务向信息服务转变，业务市场从ToC向CHBN转变，发展方式从资源要素驱动向创新驱动转变，是公司转型的核心内在逻辑。“三化”即线上化、智能化、云化，是公司转型的突破口和核心领域，是激发信息服务需求潜力、提升产业格局的关键。“三融”即构建基于规模的融合、融通、融智价值经营体系，是公司转型的路径方式。“三力”即打造高效协同的能力、合力、活力组织运营体系，是公司转型的动力源泉）战略内核，实施“5G+”计划。各项工作基本达到预期，实现“十四五”良好开局。实现用户规模、收入正增长。推出为民服务“十项举措”（网络信号更优质、5G网络更精彩、宽带品质更可靠、适老服务更暖心、便捷服务更贴心、阳光消费更放心、权益活动更欢心、防范电诈更安全、数智赋能更高效、疫情防控更精准），产品满意度和窗口满意度双线发力，推动服务质量问题闭环管控。全年参与大型活动通信保障36次，通信保障总人数达到190万人次，保障活动期间无线网络感知良好，获浏阳市政府、浏阳市工信局、张坊镇政府、大围山森林公园、文家市秋收起义纪念馆、小河乡政府、大瑶镇政府、蓝思科技等多家单位的认可与表彰。

【移动通信网络建设】 2021年，浏阳移动基站总规模4643个，新增开通5G站点803个，5G汇聚机房10个，电信普遍服务基站22个。实现浏阳市主城区、金阳新城、重点商圈、AAA级以上旅游景区、长浏高速、大浏高速5G连续覆盖；落实乡村振兴战略部署，做到乡镇农村5G700M全覆盖，实现5G“乡乡通”；推进农村宽带覆盖，实现城区覆盖率99%，农村覆盖率98%。

（张　宏）

·联合网络通信·

【概况】 中国联合网络通信有限公司浏阳市分公司（以下简称“浏阳联通”）成立于2002年，位于浏阳市花炮大道195号。2021年，分公司有12个部门，正式员工200余人，全年运营收入逾1.2亿元，缴纳税收2333万元。

【网络建设】 浏阳联通加强信息通信基础设施建设，促进网络升级，实现浏阳市区、乡镇网络速率双提升。2021年，新增布放传输接入层光缆700千米，较2020年提升233%。新建金沙路汇聚机房1个，新建固网项目113个，新建宽带端口总数2.6万个，宽带资源覆盖率较2020年同期提升13%，实现全年宽带用户新增7700户。2021年，新建4G基站148个，室分62个，并按照国家5G建设共建共享原则，开通入网5G基站585个，基本实现浏阳城区移网信号全覆盖，乡镇网络信号大幅提升。

【信息化建设】 2021年，浏阳联通发挥5G、云计算、大数据等技术优势，加强与政府、企业合作，推进“智慧+”应用。联合浏阳市政府打造信息数据共享交换平台，助力“数字浏阳”建设；打造智慧养老民政监管平台，以科技创新助推养老服务“提档升级”。并在智慧渔政、智慧停车等方面与政府展开合作，与多家企业建立战略合作关系，全面赋能各行各业的数字化转型需求，推动城市、企业发展向数字化、智能化转型。

（胡　婷）

花炮大道　　　　（市住房和城乡建设局　供图）

城乡建设与管理

城乡建设

古港镇梅田湖村　　（市住房和城乡建设局　供图）

【概况】 浏阳市住房和城乡建设局是市人民政府工作部门，为正科级。浏阳市人民防空办公室作为市国防动员委员会的常设办事机构，与市住建局合署办公，实行一套工作机构、两个机关名称。浏阳市住房和城乡建设局（浏阳市人民防空办公室）负责全市住房和城乡建设、人居环境、房地产开发、物业管理、人民防空等监督管理工作。

【新型城镇化建设】 2021年，统筹推进39个市政基础设施建设项目，竣工18个。按照“四精五有”（精准规划、精美建设、精致管理、精明增长;有颜值、有气质、有内涵、有格调、有品位）建设标准，8个项目入选长沙市示范项目，年终考评浏阳排名第一名。浏阳市、大瑶镇分别被命名为“全国无障碍环境示范县（市）”、“全国无障碍环境示范镇”，安装语音过街提示器240个，改造主次干道坡化120余个。推进财富新世界等11个既有小区改造，启动翠园公园建设。创新“分区治理、分类推进、分步实施”模式，启动县级城市城区雨污分流改造，12月，在全省城市污水治理提质增效暨海绵城市建设现场推进会上，浏阳就污水治理提质增效及海绵城市建设作典型发言。8个乡镇污水处理厂进水COD(化学需氧量)浓度偏低问题整改到位，建成乡镇主管网8千米、支管网68千米。加大13座城镇生活污水处理厂管理力度，城区污水处理率97.55%。普查城镇排水管网303.9千米，建立城区排水管网GIS信息系统。浏阳成为湖南省“美丽宜居共同缔造”示范县创建之一（全省4个）。打造荷文公路风貌塑造“红色文旅”示范路和浏东公路沿线乡村风貌管控“绿色生态”示范路。巩固7个特色小城镇特色产业做优做强，培育创建长沙市特色小村庄22个。

道吾山西路　　（市住房和城乡建设局　供图）

【民生实事推进】 2021年，浏阳市推进城镇老旧小区改造，加大工作力度，创新工作模式，组织在浏阳召开全省老旧小区改造工作现场会。改造农村危房245户，获省住建厅好评。受理质量安全投诉525起，办结率100%。妥善化解业主反映恒大华府、创和公园一号等房地产项目的相关问题。办理信访件721件、网络舆情26件、省委巡视组交办件6件、12345市民服务热线2789件，满意率97.8%。优化既有多层住宅加装电梯的审批流程，加装电梯51台。创新“基层党建+物业管理”模式，建立街道物业管理联席会议制度，解决各类问题17672个，调处各类物业矛盾纠纷2245起，指导调处4470起，防止群体性事件和集体上访24起，调解案件结案率98.5%，评选“精美小区”“平安小区”各10个，全市住宅小区管理水平稳步提升。推进“绿色出行”，公共自行车全年借车量110万次，升级改造城区6个站点、144个停车柱，市民满意度测评得满分。

【建筑行业监管】 2021年，新增受监工程项目166个，总建筑面积288.84万平方米，竣工备案项目78个，建筑面积约182.29万平方米，未发生一般以上质量安全事故。开展安全生产大排查大整治、“强监督、遏事故、百日攻坚”专项行动，巩固“蓝天保卫战”成果，落实“8个100%”控尘措施，工程项目实现全过程监管。创湖南省优质工程8个、“芙蓉奖”项目3个,创建长沙市级质量安全标准化观摩工地2个,申报长沙市结构优质工程和市政优良工程32个。检查混凝土搅拌场站21家、预拌砂浆2家、混凝土搅拌运输车辆325台,排查环境污染隐患11处,督促21家预拌混凝土企业运行视频监控和扬尘在线监测。推进建筑垃圾管理和资源化利用。受理消防设计审查项目120个,办理政府投资项目初步设计评审项目88个。审查电子竣工验收项目资料84个,接收工程项目档案进馆11080卷,开出合格证78份。接待单位和个人查档295次,档案查准率100%。整治建筑市场和房地产市场违法行为,执法巡查172次,下达改正通知书45份、停工通知书24份,行政处罚案件142宗,处罚金额415.3万元。

【营商环境优化】 2021年,市住房和城乡建设局推进“放管服”改革,推动全流程、全覆盖创新性改革,办理施工许可证177宗,行政审批事项无差错、无超时,工程审批事项及水电气等六类市政公用服务报装接入实现线上办理3200件、160件,处于长沙前列。深化“拿地即开工”改革,推出“技审分离”“一事联办”等措施,14个项目享受政策红利。施工许可阶段审批时间从16个工作日缩减至2个工作日,50个项目受益。探索“三零服务”(零跑腿、零接触、零付费)、“小型项目自愿监理”,有10个项目减少50万元建设成本。打造工程咨询服务新体系,制作“报建图”微信小程序,“审批建模”有效破解报建咨询难题。住建局窗口被授予“浏阳市青年文明号”称号,每季度均被评为“红旗窗口”,8人次被评为“优秀(先进)个人”。

【产业平稳发展】 2021年,浏阳市房地产开发投资76.46亿元、同比增长12.88%;新建商品房销售144.75万平方米、同比下降6.6%,在长沙市四区(县、市)中排名第一;商品住宅均价5770元/平方米、同比下降0.5%,房地产税收10亿元,占全市税收的9.2%。办理房地产资质审批业务8宗、商品房预售许可业务146宗、商品房预售资金监管业务249宗,实现监管资金入账68.73亿元,商品房合同备案业务10321宗,房地产经纪机构备案21宗。督促房地产企业完成庆泰路、碧桂园路移交。住房成套率考核调查合格率100%。浏阳恒大华府二期于2021年9月底全面复工,12月初交付,是全省首个全面复工、交付的恒大地产项目,四期11月中旬全面复工。逐步做好装配式建筑推广,实现房地产项目采用装配式建筑零的突破。建筑业企业完成总产值72.19亿元,新增企业109家,增项133项。发布浏阳本级不良行为53条,红榜信息49条。

(唐文波 罗梦荣)

【城市建设】 浏阳市城乡发展集团有限责任公司(简称“浏发集团”)于2020年3月组建,2020年5月18日正式挂牌运营,是以浏阳市城市建设集团有限公司、浏阳市水利建设投资有限公司、浏阳市文化旅游产业发展有限责任公司为主体组建的市属国有独资企业。公司按照“政府引导,市场运作”的原则,深耕城市建设、城市运营、乡村振兴、文旅投资、产业投资、金融投资六大业务板块。公司注册资金100亿元,信用等级AA,总资产809亿元,较上年度增长17.5%,净资产411亿,较上年度增长22.7%,干部职工232人,下属一级子公司4个(城建集团、水建投、文旅公司、浏河拍卖公司),二级全资子公司8个(鸿达公司、渣土公司、恒远公司、花木公司、五环公司、砂石公司、城市更新公司、湘赣边公司),二级控股公司5个(开元公司、第四水厂、红源研学旅行公司、湘赣边城市候机厅、浏发中石化公司),参股公司13个(浏阳农商行、江淮村镇银行、北正西商业广场、椒花水利枢纽、北控水务、三峡水环境、民用爆破、边洲田园农业、安邦制药、蓝思科技、湘江现代农业、惠科股份、长沙银行)。2021年,集团实现经营收入23.6亿元,投资收益1.12亿元,向上争资0.53亿元,项目投资27.4亿元。片区开发。加强土地管理,聚力土地报批,城区出让土地611亩(40.733公顷),实现土地经营收入16.79亿元,完成土地指标收入3.5亿元;万达商业广场、水佳片区198米超高层综合体启动建设,道吾片区、水佳片区、长兴湖片区等新城区建设中。项目建设。全年铺排项目205个,完成101个项目招标,取得立项、可研批复92个,完成施工图设计107个,编制工程预算164个,完成结算送审53个;花炮观礼台提质改造、百宜河综合整治支管网等48个项目全面完工;拉通南泥湾路(龚家桥路—道吾山路),推进予倩路、泰安路、博德路建设,菊花石路(南泥湾路—石霜路)被评为“湖南省优质工程”,获“湖南省建设工程芙蓉奖”;启动智慧城市建设云底座(一期)项目,改造老旧小区83个,百川里片区、龚家桥片区、花炮小区、恒宜新村小区4个小区接受全省老旧小区改造现场推进会观摩。征地拆迁。全年征地1193亩(79.533公顷),房屋拆迁416户,补偿青苗设施1775户,迁坟735座,17个项目实现清零。组织4次拆违行动,完成6个项目杆线迁移,完成310户棚改任务,办理保障房源不动产权证1127本,城东保障房源项目安置拆迁户52户77套。2021年,集团当选为“湖南省股权投资协会副会长单位”,被评为“2021年长沙市城市人居环境工作突出单位”,子公司浏阳市城市建设集团有限公司被授予“2020届长沙市文明单位”称号。

(张金莲)

【多元经营】 2021年,浏发集团对外投资5.3亿元,实现收益1.12亿元,推进垃圾焚烧发电、建筑垃圾特许经营、株树桥物业经营管理权移交等重大项目。推进“一河两岸”文旅项目,完成花炮观礼台提质改造;启动道吾山城市公园建设,投资建设隐蔽战线英烈馆,修复黄公略指挥所,开发大光圆村乡村旅游;推进湘赣边区域文旅开发,统筹建设秋收起义党性教育基地和民兵训练基地,完成主体装饰装修和广场工程。浏河拍卖公司举办拍卖会45期,成交额6583万元。鸿达公司新增停车位1405个,拓展广告位运营、围挡租赁业务，实现经营收入 1203 万元。渣土公司经营收入 5000 万元，利润突破 1000 万元。恒远公司做好环境整治和文明创建，拓展专业商贸市场板块。开元公司建成并运营城建加油站，经营收入 1134 万元。湘赣边公司实现土地经营收入 1.13 亿元，妥善解决天和大道等遗留问题。城市更新公司在旧改模式、改造思路、党建引领基层治理、盘活城市更新资产等方面创造“浏阳旧改经验”，获省住建厅肯定并向全省推介，获“省政府真抓实干督查激励”奖励。砂石公司接收项目砂石 7 处，启动老旧矿山勘察 7 个，启动浏阳河石业和泰平建材收购工作，实现经营收入 4000 万元。五环公司承接工程项目 95 个，实现经营收入 7411 万元。红源公司被评为“长沙市中小学生研学实践营地”。候机厅服务质效不断提升。

【资产管理】 2021 年，浏发集团盘活闲置资产，公开处置安置区剩余房源 8 套，成交额 357 万元，完成资产租赁收入 2048 万元。壮大资产规模，收购资产 5 宗，完成 80 余宗国有资产权证补办，启动老人民医院确权办证工作。加快资产注入，完成全市 37 条县管河道砂石价值 60 亿元资源注入，签订 4861 套公租房资产移交协议，完成 832 套公租房资产划转。

【六条城市道路集中通车】 2021 年 2 月 5 日，由浏发集团负责建设的胡家路（禧和路—道吾山路）、燎原路（道吾山路—予倩路）、菊花石路（南泥湾路—石霜路）、集里路（西湖山防火林道入口—集里桥）、道吾山路（李畋路—水佳路）、水佳路（锦程大道—道吾山路）6 条城市道路集中通车。6 条城市道路均于 2020 年 3 月开工。

【CX—0308 地块成功出让】 2021年 4 月 7 日，经过 37 轮竞价争夺，地处浏阳长兴湖滨水新城一线临湖居住用地的 CX—0308 地块成功出让。CX—0308 地块起始价 2.177 亿元，最终由浏阳市创恒房地产开发有限公司以 3.287 亿元竞得，溢价 1.11 亿元，每亩土地达到 362.4 万元，刷新近年浏阳出让地块楼面地价纪录。

【浏发集团被评为“AA+”信用等级】 2021 年 5 月 31 日，浏发集团“AA+”信用等级授牌仪式举行，中诚信国际信用评级有限责任公司向浏发集团颁发信用等级通知书，授予浏发集团主体信用等级“AA+”，未来评级展望为“稳定”。浏发集团成立一年来，主攻“城市建设、城市运营、乡村振兴、文旅投资、产业投资、金融投资”六大业务板块，资产规模由原 540 亿元增至 760 亿元。

【城区老旧小区改造】 2021 年，浏阳老旧小区改造共涉及城区 83 个老旧小区，惠及 6832 户居民，总投资 2.0577 亿元，其中有 35 个小区、4193 户改造纳入省重点民生实事项目。创新改造模式，成立全省首家县级城市更新公司。浏阳研究出台《浏阳市城镇老旧小区改造实施方案》《浏阳市城镇老旧小区改造工作推进实施方案》，设立旧改工作推进领导小组，明确浏发集团牵头实施，住保、发改、财政、住建等 30 余家单位协同推进的工作机制。浏发集团成立全省首家县（市）级城市更新公司——浏阳市城市更新投资建设运营有限公司，负责老旧小区改造和运营。为有效平衡城市更新和老旧小区改造投资，浏发集团将城市更新范围内的 29 处闲置零星经营性土地、136 处闲置零星安置地、11 处闲置房屋公产、地下弱电管网经营权等资源注入城市更新公司，城市更新公司按照市场化方式进行管理、运营，实现城市更新有机可持续发展。城镇老旧小区改造与治理是基层社会治理的重要环节。出台《浏阳市“基层党建+城镇老旧小区改造”试点实施方案》，推动“支部+小区”“党小组+楼栋”“党员+住户”等措施落实，推进湖南省唯一“基层党建+老旧小区改造”试点工作。城市更新公司会同其他成员单位，组成 4 支工作小分队，对涉改的 83 个小区按照“一区一策”，分批为每个小区打造改造方案。创新推行“连片式”改造模式，将位置相邻、生活相关的 20 个老旧小区，进行统一规划、统一施工。12 月，湖南省城镇老旧小区改造现场推进会在浏阳召开，浏阳市城镇老旧小区改造工作在旧改模式、改造思路、党建引领基层治理、盘活城市更新资产等方面创造“浏阳旧改经验”，获省住建厅肯定并向全省推介，获“省政府真抓实干督查激励”。

【提质改造花炮观礼台】 花炮观礼台位于占佳片区的浏阳河畔，为浏阳城市主轴线核心节点，浏阳河“一河两岸”文旅项目公共活动中心，是浏阳举办重大活动、展示浏阳“烟花之乡”形象的重要窗口。2021 年 4 月，浏发集团投资 6800 万元提质改造花炮观礼台，为花炮观礼台建成 18 年以来的首次提质改造。提质改造项目包括新建钢结构 ETFE 盖顶，改造原有看台入口、新建覆土车库，提质周边环境。其中新建钢结构

提质改造后的花炮观礼台 （浏发集团 供图）

提质改造前的花炮观礼台　　（钟　球　摄）

ETFE 盖顶，由烟花元素衍生，采用透明的膜结构，整个形状呈蝴蝶飞翔状，膜结构是新型高分子材料，有很好的耐候性和自洁性能，材料在德国生产，在深圳进行二次加工。该项目于 2021 年 12 月 7 日竣工验收。改造后的浏阳花炮观礼台如一只巨大彩蝶停留在浏阳河畔。在观礼台主入口两侧，是一个对外开放、可提供 189 个车位的停车场。

（张金莲）

【浏阳市被命名为“全国无障碍环境示范县（市）”】 根据 2020 年 12 月 22 日《住房和城乡建设部关于公示拟命名全国无障碍环境市县村镇名单的公告》及 2021 年 2 月 1 日住房和城乡建设部、工业和信息化部、民政部、中国残联、全国老龄办联合发布的《住房和城乡建设部等部门关于表彰全国无障碍环境市县村镇的决定》（建城〔2021〕15 号），浏阳市被命名为“全国无障碍环境示范县（市）”，浏阳市大瑶镇被评名为“全国无障碍环境示范镇”。2020 年起，由市住建局牵头制定《浏阳市无障碍设施建设管理办法》，严格规范在市区新建、改建、扩建的公共设施以及新建建筑、老旧小区改造等建设工程必须配套建设无障碍设施，对照创建工作标准，推进创建全国无障碍环境示范县（市）和示范镇工作。更改盲道建设宽度标准，在国家标准的盲道宽度 30 厘米的基础上拓宽至 40 厘米，对城区人民路、金沙路、将军路等多条主干道人行道实施无障碍改造，改造缘石坡道 710 处，路口坡化改造 755 处，改造率达到 90%以上。在新扩改建的商业街等处的人行道设置提示盲道共 125 处，设置行进盲道共 3610 米，截至 2020 年 12 月，城区有盲道 120 余千米，可基本满足盲人在城区的出行要求。在公共建筑、公共交通设施、福利及特殊服务建筑、居住区及居住建筑、信息交流等方面无障碍环境建设与改造上，同时进行完善。在浏阳图书馆内设有视障文献阅览室，全面保障视障群体的阅读需求；在医院、市民之家等公共办公场所为残疾人提供语音和文字提醒等信息交流服务，浏阳电视台播出的电视节目和公开出版发行的影视类录制品配备字幕或手语。作为无障碍环境创建乡镇，大瑶镇优先保障无障碍环境镇创建工作经费，拨付专项经费超 300 万元，对集镇区域内花炮大道、思邈路等主干道的人行道、盲道、盲道出口进行改造修复，在全镇改造无障碍设施 226 处，并在集镇内选取 8 家单位作为示范代表进行改造，通过典型引路、以点带面，促进创建推进。

【浏阳市被纳入湖南省“美丽宜居共同缔造”试点县（市）】 2021 年 6 月 29 日，根据《湖南省住房和城乡建设厅关于印发美丽宜居共同缔造试点示范工作实施方案的通知》（湘建村函〔2021〕85 号），湖南省住房和城乡建设厅将浏阳市、宁远县、汝城县、凤凰县纳入“美丽宜居共同缔造”试点示范县（市），以县域为单位、镇村为重点，推进试点示范，为构建共建共治共享社会治理格局作出重要示范。浏阳市住房和城乡建设局以“立足城乡风貌、实施共同缔造、推进乡村振兴”为主要思路，探索美好环境与幸福生活共同缔造的“浏阳路径”。完善环境基础设施建设，加强村镇生态环境治理；推进镇村农房管控和公共空间整治；加强传统村落和历史文化名镇名村保护利用；开展“共同缔造”人才培养，加强技术帮扶。

（唐文波　罗梦荣）

公共工程建设

【概况】 2021 年，浏阳市公共工程建设中心共承建政府投资项目 49 个（其中续建 14 个，新建 35 个），全年完成建设投资额 8.46 亿元，占年度计划的 101%；支付项目建设资金 3.6 亿元。集里医院新建综合门诊大楼、政府公租房等17 个项目竣工交付，市中医医院危急重症大楼、沙市消防站 2 个项目提前完成主体封顶，市妇幼保健院整体搬迁、泰安小学、社港医养小镇综合服务平台等其他 30 个项目按节点计划有序推进。

【项目建设管理】 实施周工作例会制度，对所有项目实行挂图作战，倒排工期，制订节点计划，明确责任人。班子成员带头到工地查实情、解难题；现场代表驻守工地一线，及时调度，科学组织施工。重点项目组建党员攻坚先锋队，定期召开教育卫健项目对接会，加强和业主单位的沟通协调，破解难点问题，促项目建设提速。2021 年，通过项目建设新增学位 3840 个，新增医疗床位约 500 个、宿舍床位 1060 个，新增食堂餐位近 2000 个。锻造品质工程：落实新政策。采用工程总承包（EPC）模式，畅通设计与施工的衔接。苍坊旅游区客家民俗文化展示区（一期）项目由总承包商负责整体设计、采购、施工全过程，统筹规划，协同推进，有效解决以往设计与施工脱节的问题，增进效率，提升品质。实行新工艺。市妇幼保健院整体搬迁、泰安小学采用装配式建筑，通过现场组装，大幅减少现浇砼作业，更环保和抗震。推广新材料新技术。在市中医医院危急重症大楼、市妇幼保健院整体搬迁项目设计中采用外墙发泡陶瓷保温一体板技术，更节能环保。集里街道百宜小学项目获2021年度湖南省优秀工程勘察设计奖“三等奖”(设计单位：湖南中规设计院有限公司)，浏阳市人民医院整体搬迁建设项目及新院(传染病区)感染科楼获2019—2020年度第二批湖南省建设工程“芙蓉奖”(施工单位：湖南省永安建筑股份有限公司。监理单位：湖南和天工程项目管理有限公司)，集里医院新建门诊综合大楼建设项目上榜2021年2月“长沙市结构优良工程”名单。筑牢建设安全：落实安全生产“党政同责、一岗双责”制度。班子成员每月带队检查不少于2次，现场代表每周下工地不少于3次；对项目施工单位和监理单位实施考评打分，严厉追究违约行为。实现在建项目智慧监控全覆盖。所有在建项目至少安装3个摄像头，远程连接视频监控中心，提升施工现场质量安全问题的可预见性，提升监管效能。定期开展专项检查。全年开展领导班子带队检查83次，召开安全生产专题会议11次，督促落实“一会三卡”，开展工地巡查664次，发现隐患并整改到位255处。重视教育培训和应急演习。组织工地安全课堂培训83次，在市中医医院危急重症大楼项目联合开展应急救援模拟演习；组织在建工地参建人员进行安全知识考试，提升在建工地应急处置能力；市中医医院危急重症大楼、市妇幼保健院整体搬迁等3个项目争创全市安全标准化建设工地。中心连续11年保持安全生产“零事故”。做好投资控制：依法依规阳光招标，修订完善《浏阳市公共工程建设中心采购活动内部控制管理办法》《浏阳市公共工程建设中心简易工程项目施工单位遴选与考核办法》。启用长沙市网上中介超市平台对服务单位进行遴选，提交服务事项97宗，完成招标项目40个。全过程跟踪在建项目，严格执行变更管理办法，加强对项目建设资金的审核，完成市妇幼保健院整体搬迁、泰安小学等27个项目的招标控制价编制及财评工作，完成104个单项合同的结算内审、初审、终审工作，通过招标优惠、财评审核等为政府节约资金6806.56万元。

【市人民医院整体搬迁建设项目及新院（传染病区）感染科楼获奖】 2021年11月15日，湖南省建筑业协会《关于公布2019—2020年度第二批湖南省建设工程芙蓉奖名单的通知》(湘建协〔2021〕33号)，浏阳市人民医院整体搬迁建设项目及新院(传染病区)感染科楼获2019—2020年度第二批“湖南省建设工程芙蓉奖”。浏阳市人民医院整体搬迁建设项目经浏阳市发展和改革局（浏发改投〔2016〕259号)批准建设。总投资额65476万元，工程规模：项目占地总面积113557.7平方米，一期总建筑面积147834.92平方米，其中地上总建筑面积107173.68平方米(包括门诊综合楼106506平方米、高压氧仓521.6平方米、氧气站146.08平方米)；架空层建筑面积（计容）6351.28平方米（包括能源供给站1128.78平方米、B楼病房楼底层架空层1555.05平方米、D楼病房楼底层架空层1424.68平方米和洗衣房及后勤行政停车架空层2242.77平方米)；地下建筑面积34309.96平方米（包括综合楼地下一层33935.76平方米和高压氧仓地下一层374.20平方米)；项目施工单位为湖南省永安建筑股份有限公司，项目监理为南和天工程项目管理有限公司。该项目临建设施于2017年9月26日正式动工，2020年1月19日竣工。浏阳市人民医院新院(传染病区)感染科楼建设项目根据浏阳市发展和改革局2018年7月23日可研批复(浏发改投〔2018〕244号文件)批准建设，总投资额为5620万元，建筑规模：一栋4层，占地面积1800平方米，建设面积7185平方米。中标单位为湖南省西湖建筑集团有限公司，该项目2019年4月6日正式开工，于2019年11月21日竣工。浏阳市人民医院感染科楼污水处理系统设备采购中标单位为湖南沃邦环保科技有限公司，于2019年11月27日完成全部施工内容，并进行相关调试及试运行。

（蔺万雄）

住房保障

【概况】 2021年，市住房保障服务中心推进棚改、旧改、公租房建设等民生实事项目，培育发展保障性住房租赁市场，加强公租房管理，强化物业维修资金管理，抓好国有企业管理，确保国有资产保值增值，提升白蚁防治服务水平，完成各项工作。全年共争取上级专项补助资金1.92亿元，超额完成市委市政府下达的任务。完成市人大常委会对浏阳市2019-2020年保障性安居工程支出和物业专项维修资金使用情况、2021年上半年保障性安居工程支出预算执行情况的监督审查工作。因工作成绩突出，获省政府和长沙市政府督查激励，连续三年被中共长沙市委、长沙市人民政府授予“文明单位”称号，连续两年被评为“长沙地区物业维修资金管理先进单位”，所属恒信融资担保公司被评为“中部地区优秀融资担保机构”。结合住房保障服务事业，完成省住建厅“基层党建+城镇老旧小区改造”试点工作，打造“5+N”(“5”是构建“市直各单位—街道党工委—社区党组织—小区党支部—微网格长”五级网络，“N”是发挥业主中党员、退休干部职工、热心群众、志愿者等多方力量作用）浏阳模式，实现基层党建和业务深度融合，有效破解城镇老旧小区改造“最后一公里”难题，试点经验获《中国建设报》《湖南日报》、湖南新闻联播、《长沙晚报》、红星网等媒体推介，在全省全市住建系统获推广。

【保障性安居工程项目】 2021年，全年改造老旧小区91个7614户，总投资约2.5亿元。发行城镇老旧小区

2021 年 5 月 20 日，浏阳河市场数字商城平台正式启动仪式

（市住房保障服务中心 供图）

专项债券 6 亿元。12 月 10 日，2021 年全省城镇老旧小区改造现场推进会于浏阳召开，得到省、长沙市认可。全年完成棚户区改造项目 7 个 548 户，14.08 万平方米，投资 6.63 亿元，提前 1 个月完成省、市目标任务。新开工建设禧和二期公租房、秋收起义纪念园、两型产业园、荷花公租房 4 个项目共 650 套。筹集住房租赁试点房源 2642 套，提前半年完成浏阳市 2021 年政府工作报告任务和长沙市中央财政支持住房租赁市场发展试点 2019—2021 年租赁住房房源筹集 6800 套的工作任务，完成率排名长沙九区（县、市）第一名。

【公租房管理】 2021 年，浏阳市新增住房保障对象 174 户，完成 551 户实物配租、498 户 124.63 万元的租赁补贴发放。持续推进“三清”（清查、清退、清欠）专项行动，取消 87 户不符合保障要求条件家庭的住房保障资格。收回公租房 28 套，及时安排轮候对象家入住。出台《关于规范城区公租房实物配租的操作流程》，规范公共租赁住房分配流程。全年完成 800 余宗公租房维修。

【物业维修资金管理】 提升物业维修资金归集、使用服务意识，强化资金使用监督管理。全年归集物业维修资金 1.47 亿元，年度派息 3150.22 万元，拨付使用资金 198 宗 437.03 万元，核减资金 167.28 万元，资金审核核减率 26.57%。合理调配资金存储结构，坚持大额存单存储办法，维护业主利益最大化。

【白蚁防治】 全年完成预防施工 241 万平方米，白蚁灭治业务受理、销号 363 宗。贯彻落实绿色环保型白蚁防治新技术的应用，有效降低白蚁危害率。

【国资管理】 加强国有资产统筹管理，全年完成非住宅国有资产租金收缴 1011.72 万元。对闲置商铺进行公开拍租，成交 130 处。强化浏阳河市场、梅花市场、非住宅管理，规范商户经营行为，提升消防意识。创新搭建浏阳河市场数字商城平台，成功交易 5755 笔，交易额约 394.33 万元，有效缓解因新冠肺炎疫情影响经营效益下滑的情况。

【融资担保】 恒信融资担保公司积极为小微企业、“三农”主体纾困解难、融资增信，全年为浏阳市 105 户中小微企业、“三农”、战略新兴产业企业提供融资担保服务金额超 3.5 亿元。出台《风险项目处置及追偿制度》规范管理，成立风险处置委员会，强化公司担保业务风险处置力度。

【全省城镇老旧小区改造工作现场推进会在浏阳召开】 2021 年 12 月 10 日，湖南省城镇老旧小区改造工作现场推进会在浏阳召开，省住建厅党组书记、厅长鹿山，长沙市副市长周志凯，浏阳市委副书记、市长王雄文，副市长寻文，省、各市州住建部门负责人参加会议。会前，与会人员组成观摩团，分组到城区龚家桥片区、花炮小区、恒宜新村小区和百川里片区，实地感受浏阳城镇老旧小区改造成效。会上，省住建厅通报全省城镇老旧小区改造工作有关情况；长沙市、浏阳市、汝城县、道县、鼎城区作交流发言。鹿山指出，全省住建系统要提高认识、强化责任，深刻领会城镇老旧小区改造工作重要意义，将老旧小区改造与解决群众“急难愁盼”问题、治理“城市病”相结合，与撬动投资、推进城市更新相

2021 年 12 月 10 日，全省城镇老旧小区改造工作现场推进会在浏阳召开

（市住房保障服务中心 供图）

结合，与推进“共同缔造”相结合。要突破难点、健全机制，切实抓好关键环节，坚持党建引领、市场化运作，强化全过程监管，创新长效运维管理。要咬定目标、积极作为，全面推进城镇老旧小区改造工作攻坚行动，加强统筹协调、政策支撑、规划引领、实施监管，全面推进城镇老旧小区改造站上新起点，取得新成效，迈上新台阶。周志凯在致辞时表示，全省城镇老旧小区改造现场推进会在浏阳召开，是对长沙城镇老旧小区改造工作的鼓励和鞭策。长沙将以此次会议为契机，积极借鉴先进经验，聚焦人民群众对城市宜居宜业的新期待，不断提升城市内涵品质，努力让群众的幸福感在家门口升级。王雄文表示，下阶段，浏阳将认真落实好全省城镇老旧小区改造现场推进会议精神，将老旧小区改造这一民生实事办好办实，确保向省、长沙市和人民群众交出一份满意的民生答卷。2019 年来，浏阳立足民生、创新机制，推进城镇老旧小区改造工作，确保人居环境持续改善、城市品质有效提升。在统筹资源、统一实施的基础上，浏阳充分发挥党建引领作用，出台《浏阳市“基层党建+城镇老旧小区改造”试点实施方案》，探索“5+N”工作模式，统筹整合政府机关、基层党组织和社会各方力量投入老旧小区改造中来。近三年，浏阳共改造老旧小区 115 个 11629 户，2020 年，被省住建厅评为“城镇老旧小区改造工作突出单位”。

（黄艳平）

住房公积金管理

【概况】 长沙住房公积金管理中心浏阳市管理部负责全浏阳市住房公积金的缴存、提取、贷款等业务。管理部编制 11 人，下设主任岗、副主任岗、综合科和业务科。2021 年，全市新增开户单位 249 家，新开户职工 22803 人，完成归集 9.96 亿元，同比分别增长 104.09%、20.29%、11.66%；全年提取住房公积金 5.44 亿元，占当年缴存额的 54.60%；全年发放个人住房贷款 1234 笔 5.17 亿元，同比增长 27.34%。截至 2021 年末，全市累计归集总额 73.73 亿元，缴存余额 34.08 亿元；累计发放个人住房贷款 51.35 亿元，个贷余额 28.51 亿元，帮助 20865 户中低收入家庭解决住房困难。

【公积金归集工作】 多措并举提高制度覆盖面，加大政策宣传力度，开展“进园区、进企业、进楼盘”等活动 4 次，利用《浏阳日报》、“微浏阳”等媒体宣传住房公积金政策和业务知识，树立良好对外形象。支持“新市民”“进城务工人员” 等灵活就业人员自愿缴存，享受政策红利，截至 2021 年 12 月，已有 2455 名灵活就业人员开户缴存，其中 451 户灵活就业缴存人员申请公积金贷款买房。加强部门联动，对重点企业进行规范缴存；邀请浏阳市人大常委会相关领导到管理部调研，研究浏阳市住房公积金条例执行情况，督促浏阳市行政事业单位规范缴存，提高缴存基数，保障基层干部职工正当权益。受理职工投诉，坚持普法在前，检查在后的执法原则，督促单位及时建制、足额为职工缴纳公积金，2021 年，受理职工建制缴存投诉 7 件，督促 4 家单位为职工补缴住房公积金，维护职工合法权益。

【公积金个贷工作】 推广贯彻贷款新政，召开政策培训会，统一执行口径。加强贷前咨询服务和置业顾问培训，简化审批程序，提高办事效率，实行住房公积金贷款“即来即办”，三级审批当天完成。推进组合贷款，满足职工多样化贷款需求，全年发放组合贷款 129 笔 3750 万元。7 月，设立不动产在线抵押登记便民服务办理点，职工办理个贷业务时可在长沙住房公积金中心窗口“一站式”办理抵押登记业务，解决人员办理公积金贷款多个部门来回跑问题。支持缴存职工家庭改善住房品质，为 15 户家庭提取住房公积金 55.99 万元用于既有住宅增设电梯建设。

【风险防控】 防范资金风险，加强与不动产中心、社保等部门的核查协作机制，确保提取业务真实准确。强化日常监控，加强对受托银行、担保公司的业务考核，有效防控业务风险。完善内部管理制度，规范业务办理标准和审批流程，重点岗位间实现定期轮岗，交叉检查，提高风险防控能力。重视数据治理，通过翻阅档案、电话查证、实地核查等途径完善问题数据 1001 条，数据治理进度和质量获长沙住房公积金管理中心好评。

【优质服务】 拓宽推广服务手段，推广使用住房公积金“综合业务平台”，主动引导缴存职工通过住房公积金自助机、网厅、微信公众号、支付宝等多种服务手段进行自助办理，为职工提供方便快捷服务。市民之家、管理部大厅、经开区政务中心新配置自助终端机，提供 24 小时自助服务。加强窗口规范化管理，全面推行综合岗，实现公积金业务办理“一窗受理，一站办理”，提高窗口服务水平。开设“跨省通办”业务窗口，信息查询、缴存使用证明、信息变更、结清证明等政务服务事项实现“跨省通办”。推进服务创新化，提供延时服务、预约服务，主动为老、弱、病、残、孕等特殊情况人员提供上门服务，减少人员办事跑动次数。

（王星星）

城市供水

【概况】 2021 年，浏阳市自来水公司在编职工 178 人，设 14 个科室。公司全年完成总产值 1.1415 亿元，同比增长 7.28%；售水量 2499 万吨，同比增长 9.7%，水质综合合格率保持在 100%；日供水能力达到 10 万吨。承办湖南省城乡建设行业协会供水分会县镇工作委员会第一次全体委员单位会议。公司被评为“湖南省供水行业 2021 年度先进单位” 和浏阳市“营商环境改革创新十佳典型”。

【浏阳市第四水厂项目正式开工】 2021 年 1 月 29 日，浏阳市第四水厂建设项目开工仪式在城区西北环线第四水厂建设地举行。市级领导、相关部门、街道负责人、项目施工方、监理方代表和浏阳市自来水公司中层以上干部参加开工仪式。市人民政府副调研员肖云宣布浏阳市第四水厂项目正式开工。第四水厂以株树桥水库和椒花水库为水源，设计供水规模15万吨/天。截至12月底，该项目土建主体工程（包含加压泵站及变配电间、反应沉淀池、反冲洗滤池及泵房、清水池、排水排泥池、浓缩池、脱水机房、加药间、生产辅助用房、生产服务用房等）完成90%。

【供水管网维护】 有序推进供水管网"漏损控制三年行动"，2021年，市自来水公司完成淮东东路供水主管水泥管改球墨铸铁管、金沙南路灰口铸铁管改球墨铸铁管等城市主管网改造工作，改造长度约2.3千米。全年查出漏点240余处，其中大漏点18处。查处违章用水103起，追补水费23.15万元。全年产销差同比2020年下降2个百分点以上。配套城区道路和小区供水设施建设，2021年，铺设浏阳河东路、南泥湾路、博德路、泰安路等市政供水主管3.05千米，完善长兴尚学城、创意凯旋城等小区供水管网。全年改造供水管网共计16.91千米，完成既定目标。投入资金1700余万元推动老旧小区改造，2020年既定的23个老旧小区改造任务已完成，市政府明确的83个老旧小区供水管线改造任务完成77个。维护和升级第三水厂的防雷设施、原水浊度仪、取水2号3号泵、排泥行车和PLC自动系统，确保设备完好率100%。全年共更换共水表井和阀门井盖36个，维修破损、被埋阀门井盖52处，更换或维修消防栓122座、水表箱1000余个。

【"智慧供水"建设】 2021年，市自来水公司组建管线探测小组，全年完成城区14万余台水表的探测及整改验收工作，并导入基础数据管理平台。开发启用表务系统管理平台和远传水表对接集抄平台，使所有表务信息和数据即时化、可视化、智慧化，缩短应急反应时间。推广远传水表，在凯旋城、高力万汇城等多个小区安装电磁远传水表5187台，并为已完成改造的小区安装流量计，实现数据的远程即时传输。对城区50余座绿色环卫取水消防栓进行"智能化"升级改造，实现对消防栓日常运行状态实时监测、智能分析、智慧管理。

【优化供水服务】 2021年，公司水质监测站通过湖南省市场监督管理局组织的省级实验室CMA资质认定，成为省内县级供水专业的检测机构之一。根据《生活饮用水卫生标准》，该站每天对出厂水、水源水等11项指标进行抽检，每周对管网水等11项指标抽检，每月对出厂水、管网水抽检35项常规指标1次，全年进行106项指标全分析2次，组织管网冲洗3次，抽检结果均在政府网站和《浏阳日报》进行公示。简化用水报装流程，压缩通水时限，推行优服务、优时限的服务举措，提高市民用水获得感、满意度。实现工业、企业"全程一个环节报装，5天用水"的供水速度，报装及时率达到100%。公司微信公众号网上营业厅实现公司业务办理全覆盖，其中查询缴费、水表过户等业务从"最多跑一次"到"一次都不用跑"。全年共计进行管道维修1600余次，公司24小时客户服务热线接听用户来电16233次，服务率和满意率均为100%。并为1005户低保户办理水费减免手续。优化营商环境工作获市优化办好评和肯定，被评为市"营商环境改革创新十佳典型"，公司客服中心被评为"湖南省城镇供水行业2021年度先进集体"。

（林　丹）

城市管理和综合执法

【概况】 2021年，浏阳市城市管理和综合执法局共有在编人员308人（其中局机关在编人员15人，城市管理综合执法大队在编人员119人，市容环境卫生维护中心在编人员114人，市政园林维护中心在编人员50人，燃气事务中心在编人员7人，城市照明管理中心在编人员3人），内设办公室（财务科）、法规宣教科、行政审批服务科（环卫市政管理科）、基层指导科（燃气管理科）、政工人事科等5个职能科室、7个城区执法中队，辖5个二级机构：城市管理综合执法大队（正科）、市容环境卫生维护中心（正科）、市政园林维护中心（副科）、燃气事务中心（副科）、城市照明管理中心。市城管局以创建全国文明城市为抓手，巩固深化国家卫生城市创建成果，落实"四精五有"工作要求，抓重点、攻难点、树亮点，完成各项目标任务。市城市管理工作考核排名长沙市县（市）组第一名，长沙市"河长制"考核实现全年零扣分，被省住建厅评为"2021年度城市管理综合执法（城市管理）""城乡环境基础设施建设（供水燃气）突出单位""全省照明行业协会2021年度先进单位"，通过住建部"我为群众办实事"背街小巷环境整治验收和省级园林城市复查。被中共长沙市委、长沙市人民政府评为"'以四精五有标准　建设精美长沙'工作先进集体"；古长根被评为"2020年度建设更高水准全国文明城市工作'突出贡献个人'"。

（唐芃书）

【市容市貌管理】 2021年，市城管局推进"奋战百日　扮靓浏阳"市容环境整治，围绕解决城市环境卫生"脏、乱、差"、市容秩序"违、堵、占"等突出问题，铺排环境卫生"三大行动"和市容秩序"四大整治"，共整治问题24149个，执法查处案件9091起。强化户外广告管理，加强主次干道摸排巡查，严控新增违规高空广告，全年共拆除违规、破损广告招牌等270余处，面积4000余平方米。联合开展交通顽瘴痼疾整治行动，配合街道、部门开展交通安全联合执法整治行动238次、渣土车顽瘴痼疾联合整治行动30次。推动拆违控违"百日攻坚"行动，加大监管巡查力度，严控新增违法建设，防违控违86处，控制新增面积9050平方米；拆除新增违建62处，面积10819平方米，罚款4.6万元。配合老旧小区改造、"一河两岸"等重点项目征拆工作，全年立案查处违建276处，拆

2021年9月动工建设，10月1日正式对外开放的东沙路公厕　　（市城管局　供图）

除面积31728平方米，保障重点项目推进。持续开展“蓝天碧水”整治行动，主要针对餐饮油烟、燃煤、黄土裸露、垃圾清运、扬尘控尘、水污染等大气污染和水环境方面问题开展集中整治行动63次，出动执法人员1200余人次，查处餐环境保护类案件453起，罚款63.2万元。全市整治裸露黄土面积89.5万平方米。在中央环保督察组进驻湖南期间，实现环保问题“零投诉”、环保案件“零牵头”。

（唐芃书）

【市容环境卫生】 2021年，市市容环境卫生维护中心实施精细化作业，实行“最严格、最精细、最到位”的管理和考核措施，加大人行道、机动车道、交通护栏、果皮箱、垃圾桶等维护和清洗力度，做好城区577万平方米街道及300万平方米河道的日常清扫保洁工作，机械化清扫率达到90%；收集清运生活垃圾14万余吨，收集处置餐厨垃圾1.2万吨，生活垃圾无害化处理率100%。强化河道保洁工作，清理城区河道垃圾400余吨，在长沙市对区（县、市）城区河道保洁考核中，全年浏阳市实现“零问题”。加强“厕位”治理，超额完成年初城区公厕建设任务，集里路、东沙路等4座公厕完成建设并投入使用，推行“所长制”管理，提高管理水平。有序推进城区生活垃圾分类，出台《2021年浏阳市城区生活垃圾分类工作方案》，对原有的32个生活垃圾分类试点示范小区分类工作进行复审验收，开展撤桶并点、厢房建设工作，并创建集里禧和、淮川新北2个生活垃圾分类示范片区；实施城镇生活垃圾处理费费改税，完成城区生活垃圾处理费征收缴库划转工作。

（彭志敏）

【市政园林维护】 2021年，市政园林维护中心实施精细化市政基础设施维修和园林绿化养护，完成绿化修剪及草坪打草除杂379.29万平方米，模纹修剪12.51万平方米，行道树及树枝修剪13875棵；维修人行道地砖8333平方米，施划交通标线17908平方米、安装人行道隔离护栏610米。截至2021年12月底，浏阳建成区绿地面积1160.85公顷，公园绿地面积333.18公顷，人均公园绿地面积12.08平方米/人，绿地率40.03%，绿地覆盖率44.6%。聚焦城市品质升级，完成浏阳河广场、通程广场、花炮广场共10个游乐设施项目的拆除搬离，面积1121.67平方米，做到“还公园广场于民”；在城区22个重要节点开展建党百年园林街景布置，绿雕布景、地栽花更换提质等面积1.1万平方米，实现城市环境“增花添彩”；提质改造思邈公园及3处街角花园（面积约3000平方米），营造城市绿色休憩空间；牵头组织实施11个城市道路品质提升及9个支路街巷品质提升项目建设工作，打造有亮点、高品位的城市“廊道”；通过省住建厅7月组织的省级园林城市复查迎检。

（鲁伯稳）

【燃气事务管理】 2021年6月，正式成立市燃气安全专业委员会，统筹协调全市燃气安全生产管理工作，全年组织开展行业主管年度计划监督检查33次，委托专业机构开展季度安全检查3次。全年全市开展燃气领域“深耕”行动和“护航”行动461次，打击非法经营、运输及储存瓶装液化气“黑气”“黑点”8处，暂

浏阳市西互通节点处布置建党百年主题园林街景　　（市城管局　供图）

扣液化气钢瓶89个，暂扣违法运输车辆2辆；组织开展全市燃气领域安全风险大排查大整治行动，排查整改问题隐患609个，开展宣传教育1428次，教育4686人，关闭取缔瓶装液化气供应点2个，组织开展各类应急演练52次。推动“气化浏阳”，启动《浏阳市燃气发展规划（2021—2035）》编制工作；配合老旧小区提质改造，完成大坡街、掌山安置区等共558户的燃气管道改造，思邈楼小区等786户居民实现燃气入户。加大安全用气宣传，全市累计组织各类安全用气宣传43次。制作燃气安全事故警示教育视频1个，发放燃气安全使用宣传单35万余份。

（王玉枝）

【城市照明管理】 2021年，市城市照明管理中心加大对照明设施维护的监督和管理力度，全年完成16个城区照明项目移交管理工作，维修路灯7477盏、更换景观亮化设施16913套、清洗路灯灯杆6504杆，确保城区道路路灯亮灯率超过行业标准达到99%、设施完好率99%，提升城区照明亮化水平。抓实照明行业安全生产工作，加强对破坏电缆、电线等设施的查处力度，组织完成城区74台高压变压器、117台低压控制箱等设施的电源线路清查行动；完成4次“一单四制”（重大事故隐患清单、交办制、台账制、销号制、通报制）安全隐患事故单，处理108次安全隐患问题，保障城区照明设施安全稳定运行。2022年1月，被湖南省城乡建设行业协会照明分会评为“湖南省照明行业协会2021年度先进单位”。

【行政审批服务】 2021年，市城管局深化“放管服”改革，坚持“做减法”思维，推进“减证”“减时”，所有行政许可事项集中在窗口受理、办结，全年窗口办理行政许可事项超5000件。聚焦燃气行业服务便利化改革，研究并下发《关于推进获得用水、用电、用气环境等市政公用服务便利化改革的通知》，优化企业用气环境，优化办理环节、压缩办理时间、创新办理方式，优化营商环境。

【城市管理进乡村】 强化基层业务指导，严格要求各乡镇城管中队依法行政、文明执法、人性执法。对于各乡镇（园区）在日常执法过程中遇到的难题，做到有问必答，细化业务指导工作，并做好经验总结。加强重点项目业务指导，对接中和镇AAAAA级景区创建工作，对景区内流动摊贩、违规种菜，集镇管理工作的现场指导和专项整治。聚焦示范乡镇打造，督促乡镇落实集镇基础设施建设和环境整治相关工作，并配合长沙市城管局对官渡镇、龙伏镇集镇建设和管理的督导，为其他乡镇的集镇建设和管理提供标杆和示范。

【“百日奋战　扮靓浏阳”城乡环境整治】 2021年4月起，市城管局实施“百日奋战　扮靓浏阳”城乡环境整治行动，与市直各部门、街道社区和市民携手联动，推进“三大行动”（“城市窗口”洁净行动、“洁净家园”创建行动、“裸露垃圾”歼灭行动）、“五大整治”（建筑施工整治、照明亮化整治、广告招牌整治、违法停车整治、市场秩序整治）、“四大提质”（市政公用设施提质、精品道路品质提质、老旧小区改造提质、绿色人居环境提质）行动，截至2021年7月，清洗各类“城市家具”2.8万余处，清理整治非正规垃圾堆放点280余处；完成绿化修剪及除杂125万平方米，补栽绿化苗及草皮2780平方米；拆除破损、违规广告1400余平方米，清理“牛皮癣”10404处、落地式户外招牌111处，城区45个在建工地全部更换为新型装配式围挡；全市大规模开展“周末大扫除”活动10次，市容环境得到显著变化，城市的洁净指数和市民的幸福指数大幅提高。

【启动“我为群众办实事”背街小巷环境整治】 2021年8月，浏阳市启动“我为群众办实事”背街小巷环境整治。由市城管局牵头组织对城区周家巷、梅花一街、梅花二街、梅花三弄、豪兴街、豪兴一弄、豪兴二弄7条背街小巷开展环境整治，共收集汇总各类问题203个，均限时整改；加大街巷环境卫生精细化作业力度，共精洗街巷及人行道18000平方米，清洗果皮箱、垃圾桶250余个，清理垃圾4900余吨；投入经费100万元对街巷破损严重的市政设施进行整体提质改造，改造面积约4000平方米。9月，该项工作迎接住建部到浏阳现场督查。

【启动“城市管理进社区”】 2021年10月起，市城管局启动“城市管理进社区”，将新北社区作为首个试点社区，安排2名城管队员全脱产到社区，打通城市管理“最后一步路”，该项工作获得人民网、“学习强国”、新湖南、华声在线等各类媒体宣传推介。

【发布《关于推进获得用水、用电、用气环境等市政公用服务便利化改革的通知》】 2021年6月30日，市城管局发布《关于推进获得用水、用电、用气环境等市政公用服务便利化改革的通知》（浏城管发〔2021〕10号），对工商用户用气报装审批事项，优化办理环节、压缩办理时限、简化申报资料；对获得用水、用电、用气等市政公用服务中涉及有关占用、挖掘城市道路，占用城市绿地和迁移城市树木的外线审批，全面实行一次办理、并联审批，减少申报资料、减少审批环节、缩短审批时限，持续深化“放管服”改革和优化营商环境。

【城市道路品质提升行动】 2021年4月起，根据长沙市城管委安排部署，市城管局在全市城区牵头推进观礼台、荷文公路、南泥湾路等11个品质提升项目和劳动路平安村、邮电路一巷、教育路等9个支路街巷品质提升项目，共计投资40330.7万元，12月，品质提升项目全部竣工。提质后，路面实现“白改黑”，雨污分流改造工程见效明显，道路绿化、彩化、亮化水平得到提高。

（唐芃书）

九曲名河　　（何建荣　摄）

生态环境

生态建设

【概况】 2021年，长沙市生态环境局浏阳分局落实中央、省、长沙市关于生态文明建设和生态环境保护的决策部署，打好污染防治攻坚战，县域相对天蓝指数评价指标达A+最高级别。大气质量持续向好。全年空气质量优良率98.1%，全年无重度及以上污染天数，$PM_{2.5}$平均浓度为26微克/立方米，与2020年持平，臭氧(O_3)年均浓度为113微克/立方米，同比下降5个百分点，各项指标居长沙九县(市、区)第一，"浏阳蓝"已成为"常态蓝"。流域水质稳定达标。浏阳河、捞刀河、南川河三大河流出境断面水质季均值达标率、饮用水水源地水质达标率均实现100%，水质综合指数为3.1701，居长沙九县(市、区)首位。土壤环境明显改善。污染地块安全利用率达到91%以上。宝山河市控断面锰因子稳定达标，铁山桥断面锰因子浓度年均值由2017年的0.954毫克/升下降至2021年的0.25毫克/升。各项环境质量约束性指标重点项目任务全部完成。成功申创国家"绿水青山就是金山银山"实践创新基地。向生态环境部推介浏阳经开区环境污染第三方治理经验，入选"全国园区治理样板"。成功举办湖南省第七届生态文明论坛浏阳年会暨湘赣边区域生态合作共建研讨会。排污许可、监管执法等工作在全省专项会议上作典型发言。官渡镇、张坊镇、中和镇3个镇被命名为2021年度(第一批)长沙市生态文明建设示范镇，集里街道宏源村、关口街道杨溪湖村、葛家镇葛家园村、龙伏镇黄桥村4个村被命名为2021年度(第一批)长沙市生态文明建设示范村。

【构建"大环保"格局】 2021年，浏阳市将生态环境保护融入全市经济社会发展全局，各级各部门通力配合、协同作战，形成多元参与、齐抓共管的局面。上下联动。市委市政府定期召开污染防治攻坚战工作推进会、市委常委会、政府常务会等研究部署工作，市级领导定期对分管领域、联系乡镇开展环保督导检查。市人大常委会紧盯全市环境保护各项工作，依法监督各职能部门履行法定职责，市政协积极开展民主监督，全力助推生态保护工作。各乡镇(街道)、园区、市直部门严格落实属地管理和行业监管责任，做到联合联动、密切协作。制度驱动。科学制定《浏阳市2021年度生态环境保护工作要点》《2021年浏阳市生态环境保护(蓝天碧水保卫战)工作目标考核办法》《浏阳市生态环境保护责任规定》等文件，明确污染防治的施工图、时间表，压紧压实环境保护责任。督考促动。推行"现场交办""负面清单""三联三保"(实行市级领导联乡镇，保属地责任压实；实行分管市级领导联领域，保行业问题整治；实行责任单位联访件，保案件处理到位)、"两单四制"(工作任务单、问题清单，通报机制、季度点评机制、约谈机制、奖惩机制)，将生态环境保护责任落实情况纳入年度绩效考核，对环境问题整改推进缓慢的单位和个人进行通报，以考核倒逼落实，以追责督促履责。完成"十四五"生态环境规划编制，严把项目预审、选址、总量控制等关口，环评审批累计通过项目338个，否定47个，完成市领导联系的重大建设项目审批22个。

【精准治污】 2021年，浏阳市完成大气、水、土壤污染防治项目102个，推动环境质量全面提升。保卫一片蓝天。全面落实"六控十严禁"(控尘、控车、控排、控烧、控煤、控油。严禁渣土车、混凝土搅拌车、运砂车等各类车辆带泥上路；严禁违法倾倒渣土；严禁工地裸露黄土；严禁重污染天气下土石方施工；严禁燃烧散煤；在规定的时间和地点燃放烟花爆竹；严禁露天焚烧垃圾；严禁露天烧烤；严禁露天焚烧秸秆；严禁拖拉机等高排放车辆进城)、"五治一提"(治理VOCs污染、机动车污染、扬尘污染、面源污染、油气污染和提升绿色低碳和科技能力水平)工作要求，开展蓝天保卫战新三年行动计划。严控工业排放，完成"一厂一策"综合治理及安装无组织在线监控设备6家、"一厂一策"综合治理4家，挥发性有机物综合治理15家，整治工业炉窑5家，创建"低碳试点社区"1个。严控机车污染，全年查处混凝土搅拌车等高排放高污染车辆违法行为7731起，排查国Ⅲ排放柴油货车280台，深度治理普货车辆5000台，建成机动车尾气治理M站3家。推广清洁能源汽车，新增新能源市政、环卫工程车辆50台，全市主城区纯电动公交车比例达到79%。严防扬尘污染，建成在建工程视频监控和扬尘在线监测平台，施工工地全面落实"8个100%"扬尘治理标准，裸露黄土复绿(覆盖)76.36万平方米，实现裸土动态清零。抓面源污染治理，成立露天禁烧专项巡查小组，发现秸秆焚烧行为107起、查处露天焚烧行为3起，全年入户宣传20.3万次，农作物秸秆综合利用率91.5%；取缔非法加油点3处，拆除非法储油罐13个，全市133座加油站均安装油气回收设备。推进餐饮油烟治理，32个乡镇(街道)政府食堂均已安装油烟净化设施，城区499家餐饮门店油烟净化设施安装率100%，创建集里街道庆泰路绿色餐饮示范街。涵养一泓碧水。推进"河长制"，聘请民间河长36名，激发民间自治活力。新建重点断面水质自动监测站5个，实现流域水质全方位监测。提升截污治污能力，完成永安恒凯污水处理厂提标扩建项目，新建乡镇污水处理主管网10千米、支管网59千米、修复和疏浚366处。强化畜禽养殖污染治理，全市规模养殖场畜禽粪污处理设施装备配套率100%，粪污资源化综合利用率94.01%。重点抓好饮用水水源地保护，划定千吨万人、千人以上保护区17处，完成规范化建设23处。浏阳河130个入河排污口实行"一口一档"管理。大围山自然保护区的8个卫星遥感问题全部完成销号。成功创建5个长沙市级小微水体管护示范片区，2条长沙市级美丽幸福河、32条样板河库。厚植一方净土。紧盯"一废一库一品"等高风险领域，督促3178家企业开展危废大排查、大整治，指导帮扶578家产废企业完成信息申报。强化核与辐射监督管理工作，对33家Ⅲ类射线装置利用单位进行全方位核查。加强尾矿库安全监管，完成9家尾矿库问题整治。开展土壤污染状况调查及修复，完成10家重点监管单位隐患点整改和3块疑似污染地块的调查及修复治理。推进农业面源污染减量，完成测土配方施肥211万亩（14.067万公顷），绿肥翻压20万亩（13333公顷）。

【整改突出环境问题】 新一轮督察交办问题。2021年，迎接第二轮中央环保督察，完成“四无一降一减半”（“四无”：无交办、无暗访通报、无督办、无典型案例；“一降一减半”：即重点件降低，信访总量减一半）目标，83件信访件已全部办结。历次督察反馈问题。针对第一轮中央、省级环保督察及“回头看”交办、反馈问题，出台专项整改方案，2021年，组织开展现场核查71次共287个点位，交办问题68个，下发交办、督办函8份。日常信访反馈问题。对群众反映的环境信访问题做到快查快处、立行立改，2021年受理解决公众环境诉求问题355件，处理答复率100%，满意率提升至99.77%。

【浏阳市被命名为第五批“绿水青山就是金山银山”实践创新基地】 2021年10月12日，生态环境部办公厅印发《关于命名第五批“绿水青山就是金山银山”实践创新基地的公告》，生态环境部决定命名北京市平谷区等49个地区为第五批“绿水青山就是金山银山”实践创新基地。10月14日，《生物多样性公约》第十五次缔约方大会(COP15)生态文明论坛在云南省昆明市开幕，生态环境部对评选出的第五批100个国家生态文明建设示范区和49个“绿水青山就是金山银山”实践创新基地进行命名授牌，其中，浏阳市被命名为第五批“绿水青山就是金山银山”实践创新基地。浏阳地处湘赣边界，湖南东部偏北，古为“吴楚咽喉”，是省会长沙副中心和湘赣边区域性中心城市。自2005年以来，浏阳用实际行动践行“两山”理念，改善生态环境，提升人民生活质量。浏阳柏加镇利用生态优势发展“庭院经济”、文家市镇依托红色资源和自然资源在革命老区中首立“亿元乡镇”红色标杆、大围山镇利用农业和生态优势发展旅游产业。浏阳各地依托绿水青山，发展各具特色的产业，拓宽“两山”双向转化通道，“含金量”“含绿量”并举，走出生态文明建设的“浏阳路径”。

2021年12月3—4日，湖南省第七届生态文明论坛浏阳年会暨湘赣边区域生态合作共建研讨会在浏阳举行
（长沙市生态环境局浏阳分局 供图）

【湖南省第七届生态文明论坛浏阳年会暨湘赣边区域生态合作共建研讨会在浏阳举行】 2021年12月3—4日，湖南省第七届生态文明论坛浏阳年会暨湘赣边区域生态合作共建研讨会在浏阳举行，来自湘赣两省的专家学者、相关部门负责人200余人参加活动。年会以“红色引领·绿色发展”为主题，由中国生态文明研究与促进会、湖南省生态环境厅、湖南省社会科学界联合会、长沙市人民政府指导，湖南省生态文明研究与促进会主办，长沙市生态环境局、中共浏阳市委、浏阳市人民政府承办。为期2天的生态文明论坛包括开幕式、专题论坛、高峰论坛、县（市、区）领导热点对话、闭幕式等多项子活动（分论坛）。12月3日，举行湘赣边区域生态合作与乡村振兴论坛，邀请湖南省发改委、江西省社会科学院、湖南省美丽乡村建设研究会等部门的专家学者，就湘赣边区域合作示范区建设、区域生态合作的对策、乡村振兴合作等主题进行探讨，为湘赣边区域生态环境一体化合作提出意见、建议。12月4日，举行县（市、区）领导热点对话常德市石门县、郴州市汝城县、湘潭市韶山市，浏阳市、常德市桃花源旅游管理区相关负责人上台进行热点对话，畅谈生态文明建设经验，商讨有关问题对策。同时，生态文明论坛总结经验成绩，展示研究成果，表彰先进典型，发布《浏阳倡议》，启动湘赣边区域生态环境一体化合作。

（刘 晓）

农村环境综合治理

【概况】 2021年，浏阳市结合乡村振兴战略，投入资金5269万元用于农村环境综合整治，其中改厕投入2100万元、绿色种养投入1000万元、农村饮用水保护投入500万元、垃圾分类投入360万元、农业面源污染综合防控投入185万元、农村生活污水治理投入1124万元（惠及104个项目村，共126个子项目），涉及浏阳河、捞刀河和南川河三大流域。项目整治内容主要围绕农村生活污水的治理、垃圾无害化处置、集中式饮用水水源地规范化整治、河道清淤、农业面源污染整治等方面开展。截至12月31日，所有项目均处待验收阶段。全年开展农村环境整治104个村，其中农村环境整治任务村34个、新增开展农村环境整治村70

个。生活污水治理率等指标在全省名列前茅。根据湖南省生态环境厅办公室印发的《湖南省生态环境厅办公室关于印发〈2021年湖南省生态环境领域真抓实干督查激励措施实施办法〉的通知》(湘环办〔2021〕124号),浏阳市农村环境综合整治工作获2021年“湖南省生态环境领域农村环境综合整治真抓实干督查激励奖励”。

【污水治理】 2020年,浏阳市通过政府采购方式委托第三方技术服务单位,在长沙地区完成《浏阳市市域农村生活污水治理专项规划(2020—2030)》编制工作。2021年,完成22个乡镇43个村农村生活污水治理工作任务。坚持水体管护,消灭黑臭水体。在全市开展黑臭水体大排查,对排查出来的2个黑臭水体,于2021年全部督促整改到位。对34个农村环境整治任务村,采取“一对一”指导模式,为任务村扫清业务障碍。经整治,农村生活污水治理率达66%~70%(含70%)有4个村,70%~90%(含90%)有15个村,90%以上有15个村,超过60%的治理目标。集中式饮用水水源地规范化整治完成率达80%~85%的有2个村,达90%有2个村,达100%的有5个村,超过80%的治理目标。通过整治,全市农村生活污水排放得到有效管控,村内基本没有污水乱排现象,黑水收集率90%以上,农村生活污水治理设施覆盖率60%以上,收集后黑水资源化利用或达标排放率100%,村民满意度90%以上。

【垃圾治理】 全域推行农村垃圾分类,突出抓好“建、运、维”环节,提升全市农村垃圾治理水平。规范处理方式,以“两桶四分法”“五点减量法”为载体,倡导源头干湿分离,餐厨垃圾堆沤肥田,实现就地分类减量。2021年,全市农村可回收物和有害垃圾由市资源回收总站统一处理,其他垃圾经镇压缩中转站压缩转运周边县、市处理,实现集镇垃圾日产日清、乡村垃圾每2~3天收处一次。全面排查简易焚烧等违规处理垃圾问题,累计拆除小型焚烧炉45个。完善设施设备,全市共配置户分类桶61.7万个、村级收运车306辆、保洁车1434辆,建成村垃圾分拣站302个、镇资源回收中心31个、镇压缩式中转站31个、市无害化填埋厂1个、市资源回收处理总站1个,形成农村垃圾“户分类、村收集、镇转运、市处理”的模式。全年全市共计完成可回收物和有害垃圾回收3303吨,为2020年总回收量的2倍。

【农村饮用水保护】 截至2021年12月31日,浏阳市分批次划分26个“千吨万人”饮用水水源保护区和40个“千人以上”饮用水水源保护区。2020—2021年,按照“划立治”要求,开展浏阳市枨冲镇、葛家镇浏阳河饮用水水源保护区等32个水源地的标识标牌、防护隔离网建设和水源地环境问题整治。2020年,完成18处饮用水水源地规范化建设,共设置标识标牌和宣传牌171块,防护隔离网12200米。2021年,完成24处饮用水水源地规范化建设,共设置标识标牌和宣传牌56块,防护隔离网2100米。2020年,浏阳市枨冲镇、葛家镇浏阳河饮用水水源保护区等26个水源地环境问题整治被纳入省级“夏季攻势”任务,2021年9月,通过市级专家验收。开展水源地保护宣教工作,文家市清江水库饮用水水源地保护工作获国家级媒体点赞,《湖南省浏阳市创新守护饮用水水源地“安全网”模式》文章发表至人民论坛网。

【农村环境运营维护】 2021年,全市农村垃圾清运按照每150户配备1名保洁员的标准,全市共配齐专职保洁员2204名,建立保洁员“基本工资+绩效奖惩”机制,激发保洁员工作积极性。农村生活污水治理设施实施分类管理,三格池、四格池由农户自行负责清掏,大部分均作为有机肥予以资源化利用。集中式处理设施由村镇聘请专人进行维护管理,确保设施正常运行。

【农业面源污染防治】 2021年,全市有32家乡镇惠农服务中心、260家村级惠农服务站,12家农业废弃物资源化利用服务站开展废旧农膜回收工作。为及时掌握废旧农膜污染动态变化趋势,浏阳市分别在蔬菜、烟草、水果等不同作物上设立农田地膜残留省控监测点5个。全年全市共使用农膜360075千克,回收利用317875千克,废弃农膜回收率达到88.28%。

【畜禽养殖污染防治】 坚持绿色种养,探索循环试点。2021年,全市实行“养殖场(专业户)+第三方专业化服务组织+种植基地(农户)”市场化运作模式,提升畜禽粪污资源化利用水平。由第三方提供专业化服务,对接养殖场户2069家,种植消纳基地302个,覆盖作物面积7000公顷,完成粪肥还田12.1万吨,全市粪污综合利用率93.77%,规模养殖场畜禽粪污处理设施配套率达到100%。

(刘　晓)

生态环境保护综合执法

【概况】 浏阳市以“环境监管执法工作”为主线,创新环境监管体制,强化执法能力建设,锻造生态环境保护队伍。2017—2019年,浏阳市生态环境综合行政执法工作连续三年获评全国执法大练兵“先进集体”“先进个人”。2021年,开展生态环境整治“百日会战”等专项执法行动,全年立案157起,罚款899.96万元,行政拘留12人。长沙市生态环境局浏阳分局在省执法大练兵推进及执法工作阶段性总结部署会、省综合执法工作交流会上作典型发言;11月11日,浏阳分局选派张敏、罗耀玲、张武3人参加2021年湖南省生态环境保护综合行政执法大比武活动,代表长沙市获“市级团体一等奖”,浏阳市获“县级团体二等奖”,罗耀玲、张武获“县级个人组合二等奖”。

【生态环境监管】 2021年,浏阳市生态环境实行“三项机制”抓协同监管。局队联动机制。长沙市生态环境局浏阳分局与浏阳市生态环境保护综合行政执法大队实行“局队合一”体制,统一管理,领导兼职,执法大队人员编制相对独立。执法大队队长为浏阳分局局长，副队长为副科级实职干部，下设一、二、三、四中队，并细化分工。上下联动机制。在市、镇设立环委会，村、组设立“环保监督员”，依托全市3.2万个“党建+微网格”，打造“市-镇-村-组”四级联动的监管执法格局。配齐32个乡镇（街道）环保专干执法证件和设备，由其开展辅助执法，提升基层发现案源、移交案源的能力。2021年，乡镇（街道）移交环境违法有效线索42起。横向联动机制。制定《浏阳市生态环境保护责任规定》等文件，将环保责任分解压实到83个单位，构建起公检法、农林水、生态环境多部门联合执法模式。公安机关、检察院、法院于生态环境局浏阳分局设置联络室，加强两法衔接。强化考核督责，对相关市直部门、乡镇街道进行绩效考核，从严从实压紧各方责任。“三大举措”抓源头监管。铁的手腕严执法。以“双随机一公开”为主、专项行动为辅开展环境监管执法，围绕“夏季攻势”、蓝天保卫战、水环境治理、环保督察等重点任务，开展执法大练兵、蓝天保卫战等专项行动、生态环境整治“百日会战”等执法行动，打击环境违法行为。2021年，开展执法行动56次，立案157起，罚款899.96万元，行政拘留12人，执法立案数位列长沙首位。钢的力度促守法。每季度在违法案件中梳理3~5个典型案例，开展以案说法、普法宣传等活动，2021年，在各级媒体平台发布典型案例、执法服务等19篇次，组织律师团队讲解《中华人民共和国行政处罚法》《排污许可条例》等法律法规2次，让企业在知法畏法中守法。实的作风推转型。全面落实信用评价修复工作，督促63家失信企业完成信用评价修复。督促全市263家未提交排污许可证执行报告单位进行全面整改，下发限期整改通知书，全面落实排污许可“一证式”管理。聚焦洗砂制砂、尾矿库、工业固废、固引剂、洗涤、造纸等重难点行业，出台专项整治方案，开展十大重难点行业整治行动，规范整治一批、淘汰关停一批，助推行业转型升级。“三种手段”抓精准监管。一个平台布控。坚持科学治污，建成浏阳市生态环境大数据平台以及浏阳经开区（高新区）智慧环保平台，利用5G、物联网、区块链、人工智能、大数据等先进技术手段，对重点领域、重点行业、重点企业实施在线监控，实时掌握环境质量和排污情况，建立起以大数据为核心的环境监管执法新业态。一张地图追踪。以13个环境空气自动站、小微站和10个水质自动站为基础，深度运用第二次污染源普查和排污许可工作成果，精准绘制浏阳全域污染源电子地图，将全市4700余家被监管企业，分行业、分类型、分主要污染因子进行排序，精准制定重点监管对象名录，有针对性地开展技术指导和跟踪监管。一场竞赛赋能。提升执法队伍精准发现问题，精确处理问题能力。围绕风险防控、执法办案、信访化解、督察成效、争先创优5项内容，以周通报、月点评等方式，在执法大队内部、乡镇街道间开展“五项竞赛”（风险管控竞赛、办案能力竞赛、督察成效竞赛、信访化解竞赛、争先创优竞赛）活动，并定期进行突发环境事件应急演练，在抢摇比拼中查漏补缺、提升能力。

【环境监管存在的困难与问题】 人员力量与监管任务不相匹配。执法大队编制数29人，在编22人（其中到龄2人正在办理退休手续，实际在编20人），在岗26人。浏阳市地域范围广、企业数量多，执法监管对象初步统计有4700余家，纳入双随机监管数据库2220家，五轮次中央、省环保督察浏阳市信访件共467件，需定期进行检查，各监管对象分布在浏阳32个乡镇（街道），环境监管点多面广。初步统计，大队20名（含园区5人）一线执法人员平均每人需检查20余家涉环保督察投诉企业，每季度对120余家企业进行双随机检查，每周需完成专项执法行动、蓝天碧水保卫战执法、突发环境问题处置、重复重点信访投诉件处理等相关工作。监察执法人员编制少，混编混岗现象严重，人员力量难以满足现实执法需求。队伍素养与专业要求不相匹配。环保工作对人员的专业技术和政策法律素质要求高。从学历结构来看，执法大队现在岗26人中，退伍转业军人19人。其中，高中和中专学历2人，大专学历10人，本科学历14人，环保日常监管与执法需要熟练掌握污染行业的处理工艺、处理流程、产生危害、污染治理等专业知识，涉及水、气、土、声、渣多个领域，队伍中专业人才不足。

（刘　晓）

环境监测

【概况】 2021年，长沙市生态环境局浏阳分局监测站完成浏阳市环境质量监测、监督性监测，长沙对浏阳绩效考核、监测站资质复评审、监测网络建设等各项监测工作任务。全年出具执法监测报告80多份，水环境专报12份，密监测平行采样40次，3个流域水质常应对方案；编制的《2016—2020年“十三五”浏阳环境质量报告书》在湖南省“十三五”生态环境质量报告书评比中获“一等奖”；建成浏阳市生态环境大数据平台，将空气、水、噪声、污染源、农村环境、重点区域监测、企业信息等统一纳入监管平台。完善浏阳监测网络、新建2个酸雨自动站，5处水质自动站正式运行。在第十五届全省生态环境监测专业技术人员大比武上，长沙市浏阳生态环境监测站获“县（市、区）分析技能组一等奖”“废水样品采样组二等奖”；参赛选手王静、汪芳获“县（市、区）分析技能组一等奖”，何光义、张建辉获“废水样品采样组一等奖”，田丰、彭雨获“二等奖”。

【水、空气质量监测】 2021年，长沙市生态环境局浏阳分局监测站做好浏阳河、捞刀河、南川河三大河流常规断面监测。2021年，浏阳城市水质指数为3.2232，水质指数在九区县（市）排名第一位，全省排名第五十一位，与2020年对比明显改善。做好2个空气自动站运行、监测和统计分析，每日向市蓝天办提供数据，全年空气质量指数全省排名44位，指数2.91。

（刘　晓）

蓝思科技生产车间　　（浏阳经开区　供图）

科学技术

科技管理

【概况】 根据《中共浏阳市委办公室浏阳市人民政府办公室关于印发〈浏阳市机构改革实施方案〉的通知》(浏办发〔2019〕6号)文件,明确“优化市科学技术局职责。将市人力资源和社会保障局的外国专家管理职责划入市科学技术局,市科学技术局不再加挂市知识产权局牌子”,是市人民政府负责全市科学技术和外国专家管理服务工作的市人民政府工作部门。2021年,市科技局贯彻落实“三高四新”战略定位和使命任务,围绕“科创兴市”和“打造区域科创中心”目标,以创新型县(市)建设为抓手,推动各项工作,成功纳入科技部主导的“100+N”创新体系;县域创新工作在国家“十三五”科技创新成就展进行展示。《中国农村科技杂志》以《县域经济高质量发展的浏阳经验》为题对浏阳科技创新工作进行专题推介。首次挺进“科技创新百强县”,排名第23位。全市新增高新技术企业133家,增长43.8%,总数达到436家;完成贸易合同登记额35.36亿元;新增国家级平台2家,各级各类平台达到173家。打造科技创新高地工作获“2021年长沙市创新实干督查激励”;市科技特派员工作获中共湖南省人才工作领导小组办公室表彰,浏阳市、浏阳市柏加镇卫生院被评为“2020—2021年度湖南省科技特派员工作先进单位”;在2021年度湖南省创新型县(市、区)绩效评价工作中,浏阳市综合评价等级为“优秀”。

【科技体制完善】 实施“科创兴市”战略,2021年3月,浏阳市出台实施《浏阳市全力打造区域科创中心三年行动计划(2021—2023年)》,从科技创新载体建设工程、产业创新升级工程、企业创新能力提升工程工程、科技创新人才集聚工程、创新创业生态优化工程、助力乡村振兴和科技惠民工程6个方面、21项举措着手,促进创新链与产业链的深度融合、精准对接。开展“1+8”(《浏阳市人民政府关于印发〈浏阳市关于推进科技创新的若干政策措施〉的通知》,《浏阳市科技发展计划项目及专项资金管理办法》《浏阳市知识产权补助办法》《浏阳市科技特派员工作实施方案》《浏阳市技术转移(分)中心(工作站)补助办法》《浏阳市技术交易补助办法》《浏阳市企业研发(R&D)经费投入补助办法》《浏阳市科技企业培育补助办法》《浏阳市众创空间星创天地补助办法》)科技创新政策兑现工作,下达2020年度高新技术企业、众创空间星创天地、技术交易、科技特派员、科技平台5项补助914.85万元;安排本级科技计划项目240万元,发挥财政投入的引导激励作用。

【高新技术企业培育】 2021年,市科技局开展5场大规模业务培训,完成32个乡镇(街道)和2个园区的调研走访,在548家企业开展业务指导和政策宣讲,建立高新技术企业培育库,制定“一企一策”培育计划,引导企业提前布局专利、加大研发投入、完善财务;加强企业申报的组织指导工作,组织2批共计239家企业申报高新技术企业。截至2021年年底,全市有效高企436家,高企总量及增量在长沙县、望城区、浏阳市、宁乡市四县(市、区)中排名第2位,每万家企业法人中高新技术企业数排名第1位。

【研发经费投入】 2021年,市科技局将研发经费投入指标细化、优化,增加年报数占月报数比重、企业填报率等指标,发挥绩效考核“指挥棒”作用,激发乡镇(街道)服务企业工作积极性。全年安排专项工作经费180万元,聘请专业服务机构,对全市933家规上工业企业开展“一对一”指导服务,指导建立研发经费会计辅助账、完善项目立项报告。紧扣月报、年报填报时间节点,开展业务培训9场;规工企业中有研发活动企业数占比达到50.87%,在长望浏宁四区(县、市)排名第1位;2020年全社会R&D占GDP的比重1.66%,较上年度提升0.11个百分点,改变研发经费投入总体排名末位的状况。

【科技创新平台建设】 2021年,市科技局指导蓝思科技股份有限公司、天地恒一制药股份有限公司2家企业成功认定国家级平台,威尔曼制药股份有限公司、湖南湘纯农业科技有限公司等5家企业认定长沙市级技术创新中心,截至2021年12月,全市各级各类平台总量达到173家;2021年7月13日,位于浏阳经开区的湖南华纳大药厂股份有限公司在上海证券交易所(科创板)成功上市,浏阳市上市企业达到9家。

【科技成果转化】 2021年,市科技局加强对科技成果转化工作的宏观指导、管理和服务,挖掘技术交易资源,全年完成技术贸易合同登记额35.36亿元,在2020年技术贸易合同登记额17.67亿元的基础上实现翻番,其中“破亿元”的乡镇从3个增至19个。做实湖南农大浏阳校区的对接服务工作,推动校区纳入岳麓实验室重要基地,打造农大技术在浏阳转移转化的“中转站”。持续引导校企合作,全市与高校建立合作关系的企业140余家。

【科技助农】 2021年,加大科技特派员支持力度,拓宽科技特派员选派渠道,从湖南师范大学、湖南农业大学、湖南省农业科学院、湖南省林业科学院等高校、科研院所选派油茶、花卉苗木和食品加工等方面科技特派员64名,其中96.8%拥有副高级以上职称,覆盖浏阳31个乡镇(街道)。优化绩效评价方式,推动组团服务,全年组织开展技术服务和培训353场次,培训帮扶农民、大学生、乡土科技人才11354人次,引进新品种148个,推广新技术139项。派驻1名青年干部到蕉溪镇蕉溪村开展乡村振兴服务工作。科技助力乡村振兴成效显著,得到《人民日报》的专题报道。

【科学普及】 2021年,指导浏阳市艺术科技馆、秧田村耕读文化馆等4家单位成功认定长沙市专业科普场馆(基地),全市各级科普场馆(基地)达到28家。以“百年回望:中国共产党领导科技发展”为主题,组织开展2021年科技活动周,开展创新创业大赛、科普场馆（基地）专题活动、无人机飞航植保服务试点示范活动和科普大篷车巡展等系列活动，弘扬科学精神，普及农业种养知识。举行科技活动周启动仪式，邀请省厅、长沙市局领导出席，获“新湖南”“智慧长沙”、浏阳市融媒体等媒体报道。

【浏阳市上榜“2021 科技创新百强县”名单】 2022 年 1 月，赛迪顾问发布“2021 科技创新省（市、区）总榜”，浏阳市位居“2021 科技创新百强县总榜单”第 23 位。2021 年，浏阳市全面落实“三高四新”战略定位和使命任务，围绕“科创兴市”和“打造区域科创中心”目标，以创新型县（市）建设为抓手，全力推动各项工作，浏阳成功纳入科技部主导的“100+N”开放协同创新体系，同时作为全国 6 个县（市）之一、中部地区唯一单位，在国家“十三五”科技创新成就展中展示科技成果。围绕服务产业发展主题，出台实施《浏阳市全力打造区域科创中心三年行动计划（2021—2023 年）》，从科技创新载体建设等 6 个方面、21 项举措着手，促进创新链与产业链的深度融合、精准对接，全市有效高新技术企业近 400 家，企业整体科技创新水平提升。同时，该市加强对科技成果转化工作的宏观指导、管理和服务，挖掘技术交易资源，全年完成技术贸易合同登记额 30 亿元，增幅达 70%。其中，“破亿元”的乡镇从 3 个增加到 19 个。

【浏阳市被评为“2020—2021 年度湖南省科技特派员工作先进单位”】 2022 年 1 月，湖南省委人才办下发《关于表彰 2020—2021 年度湖南省科技特派员工作先进单位及优秀科技特派员的通报》，经基层推荐、综合评定，浏阳市、浏阳市柏加镇卫生院等 64 家单位被评为“2020—2021 年度湖南省科技特派员工作先进单位”。2020 年，浏阳累计选派省、市和本级三类科技特派员共计 67 人，派驻到 67 家单位，覆盖全市所有 33 个贫困村。全年开展技术服务和培训 356 期，培训帮扶农民、大学生、乡土科技人才 1000 余人次，累计引进新品种 100 个，推广新技术 82 项，帮助企业、合作社新增产值近 1400 万元。2021 年，浏阳市派出省、长沙市、浏阳市三级科技专家 82 名，共分成畜牧、水产、果树、油茶、水稻、食品、蔬菜、动植保护、园林园艺等 9 个科技服务小分队，覆盖全市 31 个乡镇（街道），培训帮扶农民、大学生、乡土科技人才 1 万余人次，引进新品种 148 个，推广新技术 139 项。

（詹　娟）

科技活动

【概况】 浏阳市科学技术协会内设办公室、科普科、学术学会科，下设二级机构浏阳市艺术科技馆（浏阳市科技活动中心），负责统筹协调全市科普工作的开展，致力于普及科学知识，推广先进技术，提高全民科学文化素质，管理和指导自然科学学会研究会业务工作，组织开展学术交流活动，反映科技工作者的意见和诉求，维护科技工作者合法权益，为广大科技工作者服务。2021 年，浏阳市科协发挥科协为主体，乡镇街道科协、企业科协和市级学会、协会（研究会）为两翼的“一体两翼”组织优势，担当作为，科普事业取得新发展。2021 年，浏阳市被命名为“2021—2025 年度第一批全国科普示范县（市、区）”，浏阳市科协被中国科协授予“全民科学素质工作先进集体”称号、被评为“2021 年全国科普日活动优秀组织单位”，被湖南省科协评为“2021 年湖南省科普中国信息传播优秀组织单位”。

【科普组织建设】 培育科普专业队伍。2021 年，市科协推进科普信息员、科技志愿者两支队伍建设，出台《关于进一步加强科普信息员队伍和科技志愿者队伍建设的通知》，全市注册科普信息员 51603 人，科普志愿者注册人数 13122 人，科普中国传播量 1194 万次，三项指标均位居全省第一位，科普信息队伍建设在全国区、县中排名第二位，被湖南省科协评为“2021 年湖南省科普中国信息传播优秀组织单位”。成立市科普大篷车、市农业科技、老科协等 56 支基层专业化科普志愿者队伍，开展社区科普巡展、进村科普服务等活动 110 余次，“科普大篷车进校园”活动 30 余次。筑牢基层科协组织。2020 年 12 月，浏阳市科协被中国科协纳入“地方科协深化改革工作试点项目单位”，市科协着力推进开放型、枢纽型、平台型科协组织建设，截至 2021 年 12 月，全市 32 个乡镇（街道）、323 个村（社区）都建立有科协组织，明确 1~3 名专（兼）职工作人员。2021 年 9 月，浏阳市被中国科协评为“2021—2025 年度第一批全国科普示范县（市、区）”，12 月，被授予“全民科学素质工作先进集体”称号；浏阳市在全国“科普中国”信息员科学素质网络竞赛中获全国区（县）第五名。

【科普阵地建设】 打造新媒体科普阵地。面向全社会征集“科普浏阳”logo，与浏阳市融媒体中心合作管理“科普浏阳”微信公众号，全年传播分享科普知识 100 余条。推进科普小镇示范建设。与浏阳市古港镇政府共同推进“科普小镇”建设，探索“产业+旅游+科普”发展模式，在产业链中融入科普元素，重点打造科普“一场二基地三园四站”（1 个科普广场，2 家服务亲子互动、休闲体验的农耕基地，3 个科普公园即中澳蓝鹰科普公园、梅田湖松山科普公园、古城村湿地公园，4 个科普站点即沔江乡村科普 e 站、古港中心完小校园科普 e 站、桃园社区科普 e 站、院士专家工作站），科普小镇配套设施均已完善。2021 年，古港镇梅田湖研学基地通过打造名宿和乡村旅游，实现当地村民家门口就业，收入明显增加，古港科普小镇示范建设获省、长沙市科协的宣传推广。

【科学普及活动】 组织全国科普日系列活动。2021 年，市科协联合市教育局、市科技局等 9 家单位共同印发《关于举办 2021 年浏阳市全国科普日活动的通知》，开展“科普知识讲解大赛”“航天航空”科普知识展、“急救防灾”科普知识进校园等十二大科普活动。开展“全国科技工作者日”、“科技活动周”、2021 年中小学生科技节等活动。联合市教育局制定《浏阳市 2021 年中小学生科技节实施方案》，以"科技创造美好生活"为主题，开展科幻绘画、科学 DV 等 12 项比赛，提高学生的科技素养和创新精神，营造科学氛围。2021 年 12 月，浏阳市科协被中国科协评为"2021 年全国科普日活动优秀组织单位"，浏阳市 2021 年全国科普日子活动"2021 年浏阳市科普讲解大赛"被湖南省科协评为"2021 年湖南省全国科普日优秀活动"。

【学术学会工作】 学术学会交流。全年两次对市级各学会(协会、研究会)进行走访调研，加强对市级各学会(协会、研究会)的指导、沟通与联系，推动学会依照法律和章程独立自主开展活动。"专家工作站"建设。为辖区企事业单位、园区申报院士工作站和专家工作站、海智计划提供一站式服务。2021 年，浏阳市成功申报"海智计划"工作站 1 家(湖南美柏生物医药有限公司)，长沙专家工作站 1 家（湖南湘典食品有限公司)，在浏阳市成立"陈子江院士志愿者工作室"。学会服务站建设。探索建立新型学会服务体系，支持各学会(协会、研究会)参与科技咨询课题活动，搭建学会能力提升服务平台，引导主动对接国家级、省级学会(协会)。2021 年，浏阳市科协与湖南省环境科学学会、湖南省农学会、湖南省健康管理学会等 5 家学会签订合作协议。"产、学、研"合作。中国科学院院士陈子江、中国工程院院士柴立元、南京理工大学教授潘功配等专家学者多次到浏阳，深入企业、厂家和医院开展"产、学、研"合作。

【助力乡村振兴】 2021 年，浏阳市科协围绕乡村振兴战略，依托党群服务中心、社区服务中心、科普 e 站等科普阵地，结合现代农业生产技术、环境保护、医疗卫生健康等问题，通过开展专业培训、农技服务等方式，促进农业增效、农民增收。组织种养培训，指导科普示范基地、水果联合会、蔬菜协会、合作社参加种养殖培训，全年培训 2000 余人次；实施"科普惠农兴村计划"，认定长沙市级科普示范基地、科普带头人 4 家，浏阳市级科普示范基地 16 家；指导建立首批科技助力乡村振兴专家服务站，指导推荐湖南省湘晖农业技术开发有限公司、湖南华中苗木云科技有限公司、浏阳市兴乐农业科技开发有限公司、浏阳市十佳奶山羊养殖专业合作社、湖南湘纯农业科技有限公司 5 家单位建立专家服务站，发挥专家及团队支撑引领作用，为乡村振兴贡献科技力量。4 月 11 日，中国科协科普部副部长廖红、基层处处长黄晓春，中国遥感应用协会秘书长卫征到浏阳考察调研科普工作及基层科普与乡村发展如何有效衔接。2021 年，浏阳市通过技术培训、科学普及、产业培育、生态旅游规划等方式开展"乡村振兴"示范点建设，依托古港镇科普资源，组织开展科普小镇建设，在镇头镇打造浏阳市艺术科技馆，加强科普展品的互动性和科技馆的开放性，探索科普工作的新思路、新方法，提升科普活动质量和成效。

【浏阳市被命名为"2021—2025 年度全国科普示范县(市、区)"】 2020 年 7 月，中国科协决定对 2016—2020 年度全国科普示范县(市、区)开展总结评估，并启动 2021—2025 年度全国科普示范县(市、区)有关工作。2021 年，浏阳市委市政府结合《中华人民共和国科学技术普及法》《全民科学素质行动规划纲要》的要求，积极筹划 2016—2020 年度全国科普示范县(市、区)总结评估和申报创建 2021—2025 年度全国科普示范县(市、区)工作，从重视公民科学素质建设、增强科普条件和能力、扩大科普工作成效等方面全方位引领全市科普工作向上提升，在提高重点人群科学素质、增强基层科普服务能力、优化科普工作社会环境等方面发挥出显著示范带动作用，团结带领全市科技工作者凝心聚力，开创新时期科协工作新局面。2021 年 3 月中旬，中国科协发布《关于 2016—2020 年度全国科普示范县(市、区)总结评估优秀名单的公示》，湖南省有 6 个县(市、区)入选，其中浏阳市以全省第一的成绩入选。2021 年 9 月 1 日，中国科协发布《关于命名 2021—2025 年度第一批全国科普示范县(市、区)的决定》，浏阳市被命名为"2021-2025 年度全国科普示范县(市、区)"。

【2021 年浏阳市全国科普日活动启动仪式暨科普讲解大赛决赛】 2021 年 9 月 22 日，由浏阳市委、市政府主办，市科协承办，市融媒体中心执行的 2021 年浏阳市全国科普日活动启动仪式暨科普讲解大赛决赛在浏阳城区举行。活动以"百年再出发，迈向高水平科技自立自强"为主题，邀请到中国工程院院士、中南大学冶金与环境学院院长柴立元进行专题讲座。启动仪式上，为被评为"2021 年度长沙市农村科普基地、长沙市农村科普带头人以及长沙市科普社区(村)的单位和个人"进行颁奖。2021 年科普日活动期间（9 月 11—30 日)，浏阳市陆续开展"航天航空"科普知识展、"乐享科学全民行动"科学素质网络大赛、"科普大礼包"进社区、"e 起过中秋" 科普 e 站、科普助力乡村振兴等十二大主题活动，让科普知识走进乡村、走进社区、走进学校、走进企业、走进机关。12 名选手参赛科普讲解大赛，泮春中学小学部周榆胜、中和镇政府陈琼分别获青少年组、成人组的"一等奖"。12 月 16 日，中国科协办公厅发布《关于对 2021 年全国科普日有关组织单位和活动予以表扬的通知》，湖南省浏阳市科学技术协会被评为"2021 年全国科普日活动优秀组织单位"。另外，科普讲解大赛被湖南省科协评为"2021 年湖南省全国科普日优秀活动"。

【5 家单位入选"长沙市科技助力乡村振兴专家服务站"名单】 2021 年 11 月 30 日，长沙市科协公布首批 16 个长沙市科技助力乡村振兴专家服务站名单，湖南省湘晖农业技术开发有限公司、湖南华中苗木云科技有限公司、浏阳市兴乐农业科技开发有限公司、浏阳市十佳奶山羊养殖专业合作社、湖南湘纯农业科技有限公司 5 家浏阳单位入选名单。科技助力乡村振兴专家服务站作为组织专家与乡村需求对接、引导专家服务乡村振兴的重要载体和平

台，旨在探索科协服务乡村振兴发展新途径，创新农业农村专业人才柔性引进激励机制，组织引导相关专家利用专业优势，参与农业农村产业发展、农业科技创新和技术推广应用、农业科技成果转化、人才培养及农村科普工作，为实施乡村振兴战略提供人才和智力支撑。浏阳入选首批名单的5家单位围绕“科技助力乡村振兴”战略，在农业产业结构调整升级、科技成果转化应用、区域特色农业品牌培育、农村科技人才培养等领域开展工作。

【浏阳市科协被授予“全民科学素质工作先进集体”称号】 2021年12月7日，中国科协发布《关于表彰全民科学素质工作先进集体和先进个人的决定》，浏阳市科协被授予“全民科学素质工作先进集体”称号。“十三五”期间，浏阳市科协贯彻落实《中华人民共和国科普法》《全民科学素质行动计划纲要》，扎实推进公民科学素质建设，围绕浏阳市优势产业链，服务科技创新，构建信息化网络，普及科学知识，打造科普小镇，助力乡村振兴，在全市形成良好的全域科普工作局面。围绕全民科学素质工作部署，在重点人群科学素质提升、科普能力提升、公民科学素质长效机制建设等工作中贡献与成绩突出，具有较强的示范带动作用，为提升公民科学素质作出积极贡献，全面完成“十三五”全民科学素质工作各项任务。

（谭润秋）

水文监测服务

【概况】 浏阳市水文局负责全市域内的水文监测、水环境监测及水情预测预报预警工作。2021年，辖双江口、清水2个国家基本水文站，文家市、沿溪、沙市3个中小河流水文站，达浒、金刚、炉前、镇头4个中小河流水位站，金牌、风光桥2个防汛专用站，1个地下水位站(淮川)，1个墒情站，浏阳三水厂、株树桥水库、大围山3个水质监测断面和35个雨量站（基本雨量站13个，中小河流雨量站22个）。全市共计49个水文站点。

【水文监测】 水文监测项目包括水位、水温、流量、泥沙、降水量、蒸发、水质、墒情等。2021年，全市年平均降水量1636.8毫米，比历年均值偏多1.23%。全市汛期平均降水量1130.2毫米，较历年同期偏多4.18%。基本站双江口水文站（水位数据采用冻结基面，冻结基面+49.320=85基准）：双江口水文站年降水量1611.8毫米，年蒸发量710.9毫米，年最高水位22.97米（6月30日），年最低水位19.34米（7月26日），年水位变幅3.63米，年最大流量406立方米每秒，相应水位21.69米；年最小流量15.9立方米每秒，相应水位20.10米。基本站清水水文站(水位数据采用冻结基面，冻结基面-1.882=85基准)：清水水文站年降水量1990.1毫米，年最高水位182.82米（7月4日），年最低水位181.80米(12月13日)，年水位变幅1.02米，年最大流量56.3立方米每秒，相应水位182.80米；年最小流量0.095立方米每秒，相应水位181.82米。

【水环境监测】 2021年，浏阳市水文局负责浏阳三水厂、株树桥水库、大围山3个水质断面，动态监控水质变化，每月定期对以上3个断面进行水质取样送检，将检测结果和形成原因及时向市政府、市水行政主管部门汇报，并提出水资源保护的参考意见，每月向长沙市政府、浏阳市政府及相关单位报送《长沙市株树桥水库水资源质量状况通报》。

【水文服务】 水文测报。完成双江口、清水2个国家基本水文站，文家市、沿溪、沙市3个中小河流水文站，达浒、金刚、炉前、镇头4个中小河流水位站，35个雨量站的资料收集、整理和汇总，并报送省、市水文部门审定。水情预测。选取双江口、沙市、金刚3个站点作为浏阳三大河流的代表站进行洪水预测，对大型水库株树桥根据湖南省数值预报系统开展水库的入库洪水预测。2021年，共制作《水情分析与预测》32期、《水情快报》25期、《水文情况汇报》12期、《实时水情》59期、《洪水小结》5期。水情预报。借助水利部开发的中国洪水预报系统、湖南省水文中心开发的数值预报系统，加上人工经验做干预判断，开展水文预报。干旱分析。利用浏阳市内站点的水温、蒸发、河道水情、土壤墒情等项目资料，制作《干旱分析与预测》5期、《枯水情况分析》4期。地方服务。浏阳市水文局是浏阳市防汛抗旱指挥部、浏阳市河长制、株树桥水库水资源保护、浏阳市椒花水库建设成员单位、浏阳市城区防涝排渍工作办公室成员。将河南郑州“7·20”暴雨情况场景转换至浏阳，分流域进行洪水频率分析、淹没区及内涝分析，为浏阳市人民政府提供《“7·20”郑州暴雨专题水情分析与预测》。

【2021年汛期雨水情】 2021年4月，全市降水量225.8毫米，比历年同期均值(206.3毫米)偏多9.43%，月降水量总量最多的是古港镇寒婆坳，336.5毫米，4月降水量天数偏多，全市降水量天数24天左右，日平均最大降水量为66.0毫米(21日)。5月，全市降水量289.5毫米，比历年同期均值（221.3毫米）偏多30.84%，月降水量总量最多的是大围山镇玉泉，429.5毫米，5月降水量天数偏多，全市各站点降水量天数在23天左右，日平均最大降水量为92.5毫米(10日)。6月，全市降水量172.9毫米，比历年同期均值(262.3毫米)偏少34.09%，月降水量总量最多的是古港镇寒婆坳，380.0毫米，全市各站点降水量天数在15天左右，日平均最大降水量为90.0毫米(12日)。7月，全市降水量141.3毫米，比历年同期均值(153.9毫米)偏少8.24%，月降水量总量最多的是古港镇寒婆坳，318.0毫米，全市各站点降水量天数在11天左右，日平均最大降水量70.0毫米(4日)。8月，全市降水量218.7毫米，比历年同期均值(136.5毫米)偏多60.29%，月降水量总量最多的是张坊镇双坳，406.5毫米，8月降水量天数偏多，全市各站点降水

量天数在 17 天左右，日平均最大降水量为 132.0 毫米(9 日)。9 月，全市降水量 24.8 毫米，比历年同期均值(74.4 毫米)偏少 66.69%，月降水量总量最多的是大围山镇玉泉，82.0 毫米，9 月降水量天数偏少，全市各站点降水量天数在 7 天左右，日平均最大降水量为 23.0 毫米(5 日)。

(张胤儒)

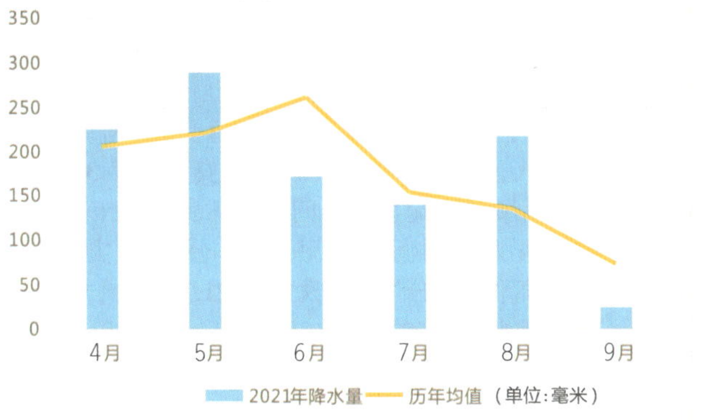

图 2　浏阳市 2021 年汛期各月降水量与历年均值对比图

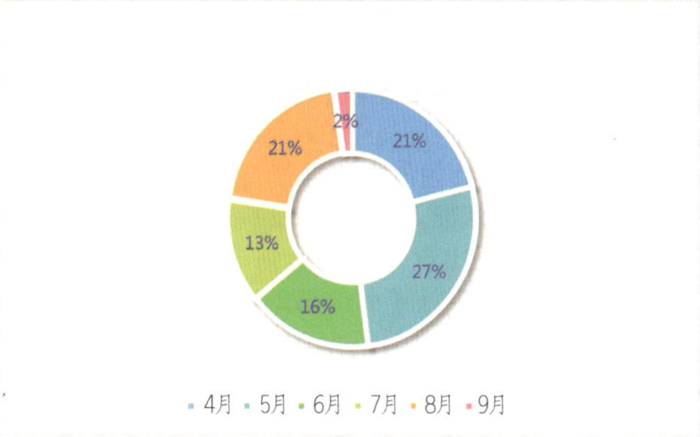

图 3　浏阳市 2021 年汛期各月降水量分布图

表 5　2021 年中小河流水文(位)站年最高水位及汛期降水量情况

水文(位)站	最高水位(米)	汛期降水量(毫米)					
		4 月	5 月	6 月	7 月	8 月	9 月
达　浒	111.86(6 月 30 日)	219.5	337.5	252.5	136.5	13.5	49.0
金　刚	78.36(5 月 19 日)	160.5	372.0	125.5	81.5	174.5	29.0
镇　头	45.10(5 月 19 日)	171.5	357.0	116.5	93.5	205.0	10.5
沙　市	62.06(7 月 4 日)	188.0	263.5	102.5	172.0	121.0	38.5
文家市	138.51(5 月 19 日)	205.5	354.5	222.0	114.5	208.5	51.5
沿　溪	91.34(6 月 30 日)	206.5	298.5	222.0	94.0	186.5	18.0
风光桥	40.43(6 月 3 日)			124.5	265.0	102.0	121.5
金　牌	41.55(5 月 19 日)	182.0	396.0	161.5	97.0	180.0	19.0

气象服务

【概况】 2021 年，浏阳市出现 6 次全境暴雨天气，24 次区域性暴雨过程。全年启动气象灾害应急响应 7 次；发布各类天气专题 575 期，其中《长期天气趋势预测》5 期、《短期天气趋势预测》12 期、《重要天气消息》10 期、《地质灾害气象风险预警消息》20 期、《森林火险气象预警》34 期；农业、烤烟、节假日等专题共计 494 期。通过农村广播村村响系统发送预警信息 28 条。发布预警信号靶向 96 期 845472 人次；发布乡镇强降雨警报 165 期 62571 人次；发布乡镇强降雨靶向 32 期 940031 人次；发布地质灾害风险临近预警 164 期 259592 人次；发送切坡建房住户预警信息 26 次，共计 481 万余条；发布森林火险气象预警 34 期 9622 人次。制作发布《天气情况汇报》14 期，撰写服务总结 7 篇。完成浏阳 2021 年度暴雨预警信号提前量及有效性个例普查任务。2020 年 12 月—2021 年 11 月，浏阳国家气象观测站数据上传及时率 99.99%(7 月有 1 份未及时报)，数据可用率 100%。

【气象安全管理】 2021 年，市气象局按照《浏阳市气象局 2021 年安全生产监督检查计划》要求开展监管检查，全年开展防雷安全执法检查 68 次，组织氢气球巡查 24 次，督促各防雷检测机构共完成防雷检测 500 余家次。受理并办结防雷装置设计审核和竣工验收事项 258 件。

【浏阳市 2021 年度主要天气气候事件及其影响】 2021 年，浏阳市天气气候情况复杂，呈降水偏少的趋势。年平均气温 18.9℃，比历年同期(17.5℃)异常偏高 1.4℃，比 2020 年同期(18.4℃)偏高 0.5℃；年极端最高气温 38.7℃，出现在 8 月 1 日，极端最低气温-5.3℃，出现在 1 月 9 日。年降水量 1377.7 毫米，比历年同期(1551.3 毫米)正常略偏少 11.2%，较 2020 年同期(1953 毫米)异常偏少 29.5%；年内共出现 5 次暴雨过程。年日照时数 1597.2 小时，较历年同期（1594.8 小时）基本持平，比 2020 年同期（1354.5 小时）偏多

17.9%。2021年浏阳市主要天气气候事件有连阴雨、倒春寒、五月低温、雷暴大风、冰雹、暴雨、洪涝、高温热害、干旱、寒潮、暴雪、大雾等。春季有连阴雨及倒春寒，夏季高温热害及干旱以及冬季暴雪给农业生产和人民生活带来诸多不利影响。3月5—11日，4月1—8日，4月10—16日，浏阳市出现连续阴雨寡照天气，达到轻度连阴雨标准。5月16—29日浏阳连续14天出现降水，达到"重度连阴雨"标准，月降水量322.6毫米，较历年同期显著偏多66.8%，达到重度洪涝标准。5月10—19日连续10天降水总量221.8毫米，出现雨水相对集中期。5月16—29日连续14天日降水量≥0.1毫米，且过程日平均日照时数≤1.0小时，达到重度连阴雨标准。5月17—22日连续6天日平均气温≤20℃，出现轻度五月低温。6月12—17日，浏阳市连续6天日最高气温≥35℃，出现轻度高温热害。7月5—16日，浏阳市连续12天日最高气温≥35℃，出现中度高温热害。9月1—5日、21—26日，浏阳市出现两段高温期，达到轻度高温热害标准。10月1—5日，浏阳市连续5天日最高气温≥35℃，出现轻度高温热害。10月15—22日连续8天日降水量≥0.1毫米，且过程日平均日照时数≤1.0小时，出现轻度连阴雨。灾情：受强降雨影响，3月16日，浏阳淳口、龙伏、枨冲、蕉溪等乡镇受灾，据统计，受灾人口16人，倒塌房屋9间，直接经济损失43.6万元。4月11—14日，受高空槽东移配合西南气流共同影响，浏阳出现连续降雨天气过程，全市平均降水量94.8毫米，最大累计降水量128.3毫米（出现在大围山玉泉山庄）；此次连续降雨过程，造成枨冲、普迹、淳口、澄潭江等乡镇受灾；其中受灾人口30人，紧急转移安置11人，倒塌房屋6间，损坏房屋6间，损坏公路0.04千米，直接经济损失共计67.2万元。4月24—25日，受低涡东移配合冷空气南下共同影响，浏阳出现大到暴雨天气过程，全市平均降水量29.3毫米，最大累计降水量54.5毫米（出现在张坊东麓园）；此次大到暴雨过程，造成张坊、古港、文家市、枨冲等乡镇受灾；其中受灾人口25人，倒塌房屋4间，损坏房屋2间，农作物受灾面积10公顷，直接经济损失共计35.5万元。受强对流云团影响，5月10日14时—11日08时，全市普降暴雨，永和、张坊大暴雨，最大累计降水109.1毫米（永和），并伴有雷暴大风出现，古港、永和、沿溪、葛家、永安、淳口、北盛、大围山等乡镇出现冰雹；据统计，古港、龙伏、蕉溪、大瑶、镇头、洞阳、高坪、永安、北盛等乡镇受灾，受灾人口265人，安置转移5人，受灾面积203.01公顷，成灾59.48公顷，绝收19.53公顷，倒塌房屋4间，损坏房屋37间，直接经济损失约930.3万元。受中低层切变和西南急流共同影响，5月16日全市普降暴雨，高坪大暴雨，并伴有雷暴大风、短时强降水等强对流天气；全市面雨量61.2毫米，最大累积雨量株树桥100.9毫米，最大1小时雨强39.6毫米（高坪16日1—2时）；此次暴雨过程，共造成荷花、关口、沙市、社港、张坊、沿溪、文家市、枨冲等乡镇受灾；据统计，受灾人口1028人，安置转移90人，因灾死亡大牲畜1头，农作物受灾面积577.26公顷，成灾面积231.96公顷，绝收面积13.50公顷，倒塌房屋6间，损坏房屋105间，直接经济损失达1686.32万元。受南风加强配合高空槽东移影响，5月19日5—20时，全市普降暴雨，面平均降水量59.8毫米，最大累积雨量77.2毫米（永安）；浏阳市淳口、官渡、枨冲、大瑶、官桥、蕉溪等乡镇受灾；据统计，受灾人口291人，安置转移5人，倒塌房屋4间，农作物受灾面积50公顷，直接经济损失405.86万元。5月29日受低涡东移影响，镇头（100.5毫米）大暴雨，官桥（99.4毫米）、金刚、大瑶、柏加、普迹、葛家暴雨；东区大部、北区中北部乡镇中雨，其余乡镇大雨；造成该市淳口、永和、金刚、普迹、中和、官桥受灾；据统计，受灾人口43人，安置转移4人，倒塌房屋7间，农作物受灾面积0.2公顷，直接经济损失100.36万元。6月3日，受中低层切变及冷空气共同影响，该市普降小到中雨，东区大部、北区社港大雨，张坊暴雨；最大累计降水量59.6毫米（张坊）；据统计，淳口、沿溪、柏加、古港、澄潭江镇有26人受灾，安置转移12人，倒塌房屋22间，损坏房屋2间，直接经济损失46万元。受热对流云团影响，6月12—13日，浏阳局地出现暴雨，并伴有雷暴大风、短时强降水等强对流天气，造成该市官渡、澄潭江、洞阳、龙伏、柏加、高坪6个乡镇受灾，据统计，受灾人口1129人，安置转移30人，倒塌房屋4间，损坏房屋12间，农作物受灾面积91.38公顷，成灾面积70公顷，绝收面积21.38公顷，直接经济损失263.4万元。6月30日，受中低层切变影响，该市出现暴雨过程，局地出现大暴雨。据统计，浏阳受灾人口861人，安置转移131人，倒塌房屋33间，损坏房屋14间，农作物受灾面积47.86公顷，成灾面积15.7公顷，绝收面积15.36公顷，林地受灾面积1.33公顷，水产养殖受灾面积0.2公顷。直接经济损失785.5万元。受强降水云团影响，8月9日12时—10日8时，该市出现暴雨过程，张坊、葛家、淳口大暴雨。全市平均降水量40.3毫米；最大1小时雨强83.7毫米（张坊9日15—16时）。该暴雨过程造成市部分乡镇不同程度受灾，据统计，全市受灾人口3964人，安置转移5人，倒塌房屋6间，损坏房屋7间，农作物受灾面积68.46公顷，成灾面积56.9公顷，绝收面积21.5公顷，直接经济损失2724.4万元。受强降水云团影响，8月17—19日，该市出现区域性暴雨过程，造成市部分乡镇受灾。据统计，全市受灾人口499人，紧急转移安置13人，倒塌房屋16间，农作物受灾面积2.79公顷，成灾面积0.29公顷，直接经济损失482.7万元。浏阳地区共有8次冷空气过程达到冷空气等级评定标准，其中寒潮2次，强冷空气3次，中等强度冷空气3次，其中12月25日晚至27日，全市大雪，山区暴雪，城区积雪深度5厘米，26—28日全市冰冻天气维持，全市连续冰冻日数3天，达到轻度冰冻标准。2021年浏阳大雾日数39天，从大雾的时间分布上看，冬春季节是大雾多发期，夏秋季节大雾发生的频次明显少于冬春季节，2月是出现大雾最多的月份。

（李　立　兰　娟　万宇田）

浏阳文庙　　（浏阳市档案馆　供图）

教　育

综　述

【概况】 2021年，浏阳市有各级各类学校413所，其中小学305所，初中44所，普通高中11所，中等职业学校6所，艺术学校1所，特殊教育学校1所，教师进修学校1所，素质教育培训中心、校外活动中心各1所，公办十二年一贯制学校1所，民办九年一贯制学校4所，民办高级中学5所，乡镇（街道）社区学校32所。专任教师9848人，其中小学4264人、普通中学5319人、中等职业教育学校203人。在校学生202261人，其中小学112071人、初中51377人、高中30518人、中等职业学校9458人、特殊学校216人。另有幼儿园503所，其中公办园266所，民办园237所，教职员工数6881人，在园幼儿58172人。

2021年，全市教育系统坚持以习近平新时代中国特色社会主义思想为指导，真抓实干、守正创新，交出“十四五”开局精彩答卷，在全系统开展党史学习教育，开展“庆祝中国共产党成立100周年”系列活动。探索实施“中小学校党组织领导的校长负责制”，指导新成立32个教育发展中心党组织，加强党对教育的全面领导。贯彻落实全面从严治党主体责任的各项要求，全面筑牢党风廉政防线和纪律堡垒。《三湘风纪》《清廉长沙》专题报道党风廉政建设工作4次。推动办成民生实事10大项1200余件。推进教育评价改革，改革项目入选湖南省试点项目。落实“双减”政策，推进减负提质，创新作业管理模式，推进实施课后服务课程开设与管理，学生参与率超过80%。压减学科类培训机构130家，比率达80%。启动新时代教育督导体制机制改革，推进资源均衡配置。以红色文化为纽带推动中小学思政课一体化建设；市党政主要领导进学校给师生上思政课。构建湘赣边教育科研、红色研学实践、职业教育发展、教师团队培训4个联盟，举办湘赣边首届课堂教学评优活动。全年教育系统获得“脱贫攻坚先进集体”“教师网络研修先进单位”等省级以上荣誉19项，“双减”（有效减轻义务教育阶段学生过重作业负担和校外培训负担）工作获央媒、省媒接连报道，区域大思政课改革得到省委督查组肯定。浏阳在全省推进“双减”工作视频会上作校外培训机构治理经验推介。培训机构查处案例获教育部优秀案例。《湖南教育》专题报道教育系统党建“亮灯工程”。全市传统文化涵养师德国培项目被评为“省级A类”。李贞小学、里仁小学授牌为“全国红军小学”。成功申创湖南省中小学思政课改革创新示范区、教育信息化融合应用实验区。2021年，创建长沙市级平安校园19所，浏阳市级109所；创建防震减灾科普教育示范学校省级1所，长沙市级1所；以浏阳市师生代表组建的长沙代表队夺得第四届“我是答题王”湖南省禁毒知识竞赛总决赛冠军。2021年3月25日，浏阳市在长沙市全市平安校园建设暨长沙市学校安全专业委员会全体成员会议上作典型发言，浏阳市华湘校车服务有限公司被评为“2021年度长沙市安全生产‘一会三卡’（安全生产班前会，企业体检卡、危险作业卡、应急处置明白卡）示范企业”。

学校规划建设。推进新、续建项目32个，新增学位7786个，公办园位1030个。全市公办普惠率89.96%，公办园学位55.1%。建设标准化寄宿制学校11所，官渡芙蓉学校建设项目在全省芙蓉学校建设项目验收评比中被评定为“优秀”等级。改造食品饮用水安全隐患项目校67所。打造“未来学校”18所。新建交互式多媒体教室911间，覆盖率85.2%。签订长沙职业技术学院浏阳校区移交协议，职业中专“楚怡学校”项目成功立项。

教师队伍建设。引进招聘教师1000名，其中部属院校和知名高校优秀毕业生67人；招录定向公费师范生200名。成立长沙市级名师农村工作站5个，本级名师工作室26个。遴选市县级骨干教师、卓越教师144人。实施中小学岗位乡村教师职称单列制度和资深乡村教师职称制度。

教育民生服务。办理建议提案119件，获市优秀单位；热线工单办理满意率99.8%；阳光服务投诉率区县（市）最低，化解国家信访局交办积案2件。精准资助各级各类贫困学生4.5万余人，金额近3000万元，被评为“省脱贫攻坚先进集体”。推进教师身心健康“十个一”（一次心理呵护，开通心理邮箱、开展心理讲座、提供心理辅导等；一次健康体检，建立教师健康档案，实施科学合理健康管理；一次春游秋游，拓展视野，增进沟通交流；一次谈心活动，以“六必谈”，帮助教师提升发展；一次走访慰问，以“六必访”，给予教师贴心关怀；一次文体活动，组织观看电影、文艺会演和体育比赛等活动；一项爱好特长，组建教师社团，引导教师培养爱好特长；一个实际问题，为教师精准解难题、做实事；一次生日庆祝、一种福利保障）活动；用情开展“送温暖”活动，慰问师生3650户，金额215万元。安防建设“五个100%”（全市中小学与城市幼儿园专职保安员配备率100%，中小学封闭化管理100%，中小学与城市幼儿园一键式紧急报警、视频监控系统达标率100%，城市“护学岗”设置率100%，符合安装条件的学校硬质防冲撞设施安装率100%）全面落实。严密疫情防控，实现“零感染”，疫苗接种工作有序推进。防溺水、校车、“一盔一带”、食品饮用水等安全工作和心理健康教育有效开展，全年无责任事故。2021年，创建长沙市级标准化食堂5所。2021年度浏阳市教育局被评为浏阳市级“食品安全工作优秀单位”。

教育教学质量。落实“五育”（德育、智育、体育、美育、劳动教育）并举，健全“三全育人”（全员育人、全程育人、全方位育人）体系，推进德育工作课程化、体系化建设。在各项学科竞赛中，全市学生获国家级奖励207人次、省级859人次、长沙市级1926人次；在科技创新竞赛中，获国家级奖励成果6项、省级15项、长沙市级49项，获国家专利成果7项。

确立国家级课题1项、省级13项、市级15项；教育科研成果获省级优秀7项、市级17项。学考全科合格率99.9%，高考本科上线5264人。

教育发展环境。服务大局，牵头湘赣边区域教育合作，构建教育科研发展等“四个联盟”，举办湘赣边首届课堂教学评优和校企合作交流会，实现8县（市、区）24个红色研学实践基地互通互惠。创建长沙市级劳动与实践教育试点学校3个。

2021年4月16日，湘赣边八县（市、区）乡村振兴协作教育合作座谈会在浏阳市召开
（浏阳市教育局　供图）

【“双减”工作】 2021年，浏阳市教育局党委认真贯彻落实习近平总书记关于“双减”工作重要指示精神和中央、省市“双减”文件要求，把落实“双减”作为重大政治任务和民生工程来抓。2月，成立浏阳市“双减”暨规范民办义务教育发展工作协调小组，组建“双减”工作专班，并设立专门办公室，先后3次召开全市“双减”工作部署、阶段总结和推进大会，统筹部署、协调推进全市“双减”工作落地落实。建构“1+X+N”模式，市委办和政府办联合印发1个实施方案，各相关部门和乡镇（街道）制定“X”个具体工作方案，教育局相关科室、各乡镇(街道)教育发展中心和学校为主体出台“N”个工作实施细则。坚持抓好校外培训机构服务和收费监管、营转非及违规整治及校内课堂提质、作业减负和课后服务质量提升，落实“四个治理、九大举措”，持续推动“双减”工作。注重源头治理、系统治理、综合治理、依法治理，落实执法责任制，规范招生、办学办班等；落实“学区警务”实施“雪亮工程”，校园安防建设“五个100%”。推动提升教师素质、提质课堂教学、强化作业管理、优化课后服务、创新考试评价、助推均衡发展、规范校外培训、家校协同育人、加强宣传引导九大举措，标本兼治，协同联动推进“双减”工作。

【构建湘赣边教育合作共同体】 2021年4月16日，浏阳、醴陵、平江、铜鼓、上栗、莲花、袁州、万载湘赣边八县（市、区）乡村振兴协作教育合作座谈会在浏阳市召开，湘赣边8个县（市、区）教育系统负责人参加。会上解读讨论《湘赣边乡村振兴协作教育合作行动实施细化方案》，8县（市、区）合作成立教育科研、红色研学实践、职业教育发展、教师团队培训4个联盟。

【长株潭一体化智慧教育交流活动举行】 2021年4月25日，长株潭一体化智慧教育交流活动在浏阳市举行。来自长沙市雨花区、湘潭市岳塘区、株洲市石峰区及浏阳市30多名一线教师参加活动。活动就贯彻落实《长沙市智慧教育行动计划（2019—2022年）》，在智慧教学、智慧管理及教师信息素养提升等方面，开展区县合作交流，探索长株潭智慧教育发展模式，推动长株潭一体化智慧教育共建共享进行探讨交流。浏阳市和雨花区就信息技术应用能力提升工程2.0作典型发言。

【被授予“湖南省脱贫攻坚先进集体”称号】 2021年4月30日，全省脱贫攻坚总结表彰大会在长沙举行，浏阳市教育局被授予“湖南省脱贫攻坚先进集体”称号，该局学生资助管理中心获长沙市“脱贫攻坚专项奖励”集体记功一次，并被评为湖南省“生源地助学贷款先进单位”。近5年来，浏阳教育扶贫工作多次在长沙市、省调研座谈会作典型发言，高标准通过省检、国检。2021年，浏阳不断探索实践“一对一”教育帮扶工程，对建档立卡学生“一对一”进行“志智”双扶，为每个重度残疾的适龄儿童（6岁至16岁）配备“家庭教师”，定期为他们送去学科知识、家庭生活指导、康复训练、心理辅导等课程。组建37个“网络校联体”，将优质中小学作为主持校，与乡村中小学和教学点建立结对关系，运用网络信息技术开展“三个课堂”精准帮扶教学。做好新冠肺炎疫情防控期间学生资助工作，免费给贫困生下发60.8万个口罩。五年间资助各级各类贫困学生257935人，发放各类学生补助金168579846元，为2929名大学生办理22842700元的生源地信用助学贷款，实现学生资助“应助尽助”、控辍保学“应返尽返”、学位保障“精准供给”。

【12所未来学校通过中期评估验收】 5月14日，浏阳市召开未来学校建设中期评估验收会议。首批12所未来学校就各校智慧校园建设与应用情况进行汇报与交流。根据长沙市未来学校创建校遴选工作要求和《浏阳市中小学智慧校园建设指导意见》等文件要求，由市教育局普教科、教科所、信息中心相关专家组成中期评估验收小组对各校的智慧教育环境搭建、数字资源共建共享、教育教学融合应用、师生信息素养提升、特色工作示范引领等方面进行全面评估。首批12所未来学校全部通过中期评估验收，其中浏阳一中等7所学校中期评估验收为优秀。

【省教育厅调研指导督学责任区工作】 2021年5月18日，湖南省教育厅党组成员、主任督学、省委教育工委委员郭建国率队调研浏阳督学责任区工作。省教育厅副主任督学、督导处处长黄智勇，长沙市教育局党委委员、主任督学周灿，浏阳市政府副市长邓雪琴，调研员罗永垂参加调研。调研组实地核查2所学校责任督学挂牌督导及学校内部督导落实情况。到田家炳中学督学责任区办公室，通过“看、访、问、查、听”多种方式，查看督学责任区和挂牌督学的工作状况。座谈会上听取督学责任区建设情况汇报，与全市各督学责任区督学进行交流。调研组认为，浏阳基于县域教育线长面广点多的现实情况，依托高中设立督学责任区，对于落实片区督导、实现督导全覆盖、打通督导“最后一公里”，发挥十分积极的作用。

【开展课题研究专题研修培训】 2021年11月25日，浏阳市教育科学“十四五”规划2021年度立项课题主持人及课题管理负责人研修培训活动举行。省教科院规划办原副主任、省教育工作者科研协会秘书长易志勇作专题讲座。他聚焦教育科研课题，围绕什么是开题论证、为什么要开题论证、开题论证前作何准备、怎样进行开题论证、怎么组织开题论证和开题论证后要做什么六大板块进行专业辅导。

【湘赣边乡村振兴教育合作首届课堂教学评优活动在浏阳举行】 2021年12月2—3日，湘赣边乡村振兴教育合作第一届（2021年）课堂教学评优活动在浏阳举行，来自浏阳、醴陵、平江、铜鼓、上栗、莲花、袁州、万载等湘赣边8县（市、区）的45名中小学教师参加为期1天半的“教学大比武”。初赛由8县市（区）各自先组织，湘赣边乡村振兴教育合作教育科研联盟组织决赛，分高中数学、高中思想政治、初中语文、初中物理、小学道德与法治5个学科，各学科选派9位选手参加决赛。课堂教学评优的评委由8县（市、区）的相关学科教研员担任。

【深化新时代教育督导体制机制改革】 2021年12月9日，市人民政府常务会议审议通过《浏阳市深化新时代教育督导体制机制改革实施方案（送审稿）》；12月24日，市委常委会会议审议通过《浏阳市深化新时代教育督导体制机制改革实施方案（送审稿）》；12月31日，中共浏阳市委办公室、浏阳市人民政府办公室印发《关于深化新时代教育督导体制机制改革实施方案的通知》。成立浏阳市人民政府教育督导委员会，明确23个成员单位及职能，建立成员单位例会制度；浏阳市人民政府教育督导委员会下设办公室（设在教育局），市教育局设立总督学、副总督学，总督学为市教育局党委委员。深化新时代教育督导体制机制改革以完善“督政、督学、评估监测”督导体系和问效机制为重点，通过完善教育督导管理体制，加强对教育督导工作的领导，发挥教育督导委员会成员单位作用；优化教育督导运行机制，严格开展教育履职督导，完善督学责任区制度，优化立德树人督学成效深化办学水平评估监测；强化教育督导结果运用，完善结果运用机制，严肃约谈制度；加强教育督导队伍建设，配齐督学队伍，提升专业水平，严格队伍管理；落实教育督导条件保障，加强经费保障力度，加强信息化建设等举措有力破解浏阳市教育督导当前存在的“职能定位有交叉、队伍结构欠优化、结果运用较乏力、联动效果不明显”等问题，建成“覆盖更广泛、运转更高效、结果更权威、问责更有力”的教育督导体制机制，推动教育督导由部门监督真正转变为政府监督，护航教育事业科学发展。

【被确定为“湖南省教育信息化融合应用实验区”】 2021年12月21日，省教育厅公布第三批“教育信息化融合应用实验区”名单，浏阳市被确定为“湖南省教育信息化融合应用实验区”。2021年，浏阳坚持“育人为本、质量为基，技术支撑、改革创新，有效融合、常态应用”原则，以有效应用探索推进融合应用创新，聚

2021年12月2—3日，湘赣边乡村振兴教育合作第一届（2021年）课堂教学评优活动在浏阳举行，图为课堂教学评优活动（初中物理）赛点

（浏阳市教育局　供图）

2021年5月10日，浏阳市2021年全国学前教育宣传月活动暨“十佳园长”颁奖典礼举行 （浏阳市教育局 供图）

焦教育改革发展过程中困扰教学、管理的核心问题和难点问题，突出“创新网络育人模式、推进课堂教学变革、构建网络研训生态、提升教育治理能力”等重点问题的落地见效，推动8所智慧校园示范校、13所培育学校、12所未来学校和6所农村中小学未来学校创建校的建设。

（潘志强）

学前教育

【概况】 2021年，全市有幼儿园503所（其中公办园266所，民办园237所），普惠性民办园有147所（一级13所，二级23所，三级56所，四级55所）。公办园占比52.88%，普惠性幼儿园占比89.96%；在园幼儿58172人，毛入园率97%，公办园在园幼儿32051人，占比55.1%。评审147所民办园为普惠性民办园，发放普惠奖补资金1928.7万元。

【乡镇公办中心园全覆盖】 春季开学，浏阳市淳口镇山田中心幼儿园、大瑶镇枫林小学附属幼儿园、淳口镇船头小学附属幼儿园等10余所新建公办园开园，实现全市32所乡镇街道全部建有公办中心园的目标。浏阳市按照“新改扩建一批、回购一批、盘活一批”的原则，加大乡镇公办园建设力度，全市公办园263所，公益普惠性幼儿园达到89.7%。

【“十佳园长”评选】 5月10日，浏阳市2021年全国学前教育宣传月活动暨“十佳园长”颁奖典礼举行。罗姣（市机关幼儿园）、黄峥嵘（禧和小学附属幼儿园）、邹慧（大瑶中心幼儿园）、田华（浏阳河中学附属幼儿园）、易海英（澄潭江平百完小附属幼儿园）、屈行素（淮川中心幼儿园）、钱兴敏（金沙路小学附属幼儿园）、陈瑶（大围山中心幼儿园）、魏紫雯（张坊中心幼儿园）、杨春香（湘鹏幼稚园）10名园长被评为“十佳园长”，卜继伟（高坪中心幼儿园）等10名园长获“十佳园长”提名奖，许沙（高坪中心幼儿园）等13位园长为“优秀园长”。

（潘志强）

义务教育

【概况】 2021年，全市普通中小学359所，其中初级中学57所，小学305所。普通初中在校学生数51431人，小学在校学生数112279人，特殊学校学生218人。全市小学适龄儿童入学率100%，小学年辍学率为零；初中入学率100%，年辍学率为零；初中毕业会考一次性合格率90%。

【市委常委会审议义务教育管理体制方案】 2021年1月12日，浏阳市委召开市委常委会会议，研究审议《进一步完善新时代义务教育管理体制激发办学活力的方案（送审稿）》。会议强调，要明确组织机构及职能职责，设立义务教育层级管理机构，统筹做好教育发展、管理、服务、协调等各项工作；要严格把好选人用人关，将公正、年富力强、具有教育情怀、服务意识和协调能力强的人选派到重要的教育工作岗位上去；教育部门要加强对其履行职责、行使权力情况的监督考核，引导他们将更多的精力放在促进教育均衡发展、提高边远地区办学条件上来。

【义务教育管理组织机构建立】 2021年1月21日，浏阳市进一步完善义务教育管理体制激发办学活力动员会议召开，市委副书记、市委教育工作领导小组组长王强出席会议并讲话。副市长邓雪琴主持会议。会议明确义务教育管理组织机构及职能职责。成立乡镇（街道）党（工）委教育工作领导小组，领导小组设组长1人，成员若干人。乡镇（街道）党（工）委教育领导小组组长由乡镇（街道）党（工）委书记担任，乡镇（街道）行政正职、分管教育工作负责人、教育发展中心主任等为成员。领导小组主要职责：研究、审议、决策、部署、协调乡镇（街道）教育工作重大事项，根据工作需要定期召开领导小组工作会议或专题会议。设立义务教育层级管理机构，成立乡镇（街道）教育发展中心，接受乡镇（街道）党（工）委教育工作领导小组和教育局党委双重领导，以教育局管理为主。设发展中心32个，具有独立的法人资格，系教育局直属管理事业单位。发展中心设在乡镇（街道），设主任1人、教育干事1~2人、会计1~2人，并明确教育的党组织机构。以上人员由教育局党委研究任命，报乡镇（街道）党（工）委教育工作领导小组备案，同时接受乡镇（街道）党（工）教育工作领导小组的指导和管理。相关人员编制由编办在核定的教育事业编制内确定。乡镇（街道）发展中心的主要职责是：全面统筹辖区教育发展、管理、服务、协调等各项工作，协助乡镇（街道)制订教育事业发展规划,协调组织改善辖区中小学(幼儿园)办学条件;统筹落实乡镇(街道)所属学校(幼儿园)教职工聘任、培训、考核以及教育经费管理;指导督促辖区中小学(幼儿园)教育教学工作,推进基础教育优质均衡发展;统筹协调辖区校园安全生产、周边治理、应急处突、专项整治等工作;协调落实辖区保学控流及教育培训机构管理等工作。

【城乡教育共同体全覆盖】 春季新学期,浏阳市乌龙中学与长郡·浏阳实验学校结对建成共同体学校,利用长郡·浏阳实验学校园区名校的优势,统筹推进两校的学校管理、教育教学、特色建设等,以此促进乡村学校均衡优质发展。类似线上线下相融合、共享共建共成长的教育共同体,浏阳市已组建44个,涵盖义务教育、学前教育、高中教育和特殊教育各个阶段。通过共同体学校、网络联校、幼教集团、特殊教育研训中心等多种形式,实现管理同步、资源共享、教研一体、学科共建,促进全市学校管理水平、教师素质和教育质量整体提升。

【长郡·浏阳实验学校小学二部投入使用】 2021年9月1日,长郡·浏阳实验学校小学二部建成投入使用。学校位于蓝思科技股份有限公司旁,由湖南金阳新城建设发展集团有限公司投资建设,设置班级36个。首批入学10个班学生480人,其中一年级6个班,二、三、四、五年级各1个班。招收学生中有436名为园区企业职工子女,有效缓解园区学校"学位"紧张问题,优化金阳新城教育配套设施。

【特教专家调研特殊教育】 2021年9月23日,由湖南师大特殊教育学院、长沙民政职业技术学院、长沙职业技术学院、长沙市特殊教育研究培训中心等省内高等院校知名特教专家组成的调研组到浏阳调研特殊教育。调研组实地查看浏阳特殊教育学校硬件设施和校园文化建设,听取学校工作汇报,就学校课程改革、教师专业规划指导、办学条件改善、学校特色发展等方面提出意见和建议。浏阳市特殊教育学校成立于1992年,1997年秋季落成开学。

【中小学心理健康教育工作推进会召开】 2021年10月19日,浏阳市中小学心理健康教育工作推进会召开,市委副书记、统战部部长、市委教育工作领导小组组长戴武明出席,市领导刘来宏主持。会议传达学习习近平总书记系列重要讲话和指示精神,传达落实省心理健康教育工作推进会议精神。市委教育工作领导小组秘书组就全市心理健康教育工作情况作汇报,市卫健局、集里街道办事处和浏阳三中结合职能职责作经验交流。会议下发《浏阳市中小学心理健康教育工作方案》,创新心理健康教育工作举措、"六早"(早发现、早报告、早研判、早预防、早控制、早转介)心理健康教育工作模式、"六级"(市—乡镇(街道)—学校—年级—班级—宿舍)心理健康防护网。

2021年9月1日,新建的长郡·浏阳实验学校小学二部投入使用 (浏阳市教育局 供图)

【出台《关于进一步加强"五项管理"的通知》】 9月,浏阳出台《关于进一步加强"五项管理"的通知》,作出48条规定和8条红线要求,开展作业、睡眠、手机管理、读物、体质健康五大项管理。市教育局开展定期督导,严格考评,严肃问责,从源头上破除"五唯"顽瘴痼疾,推进"五项管理",确保"双减"政策全面落地,构建良好的教育生态,促进学生全面发展、健康成长。

【普迹镇普迹初级中学成功挂牌成为省级涉台教育基地】 2021年12月24日,湖南省涉台教育基地(长沙)授牌仪式举行。浏阳市普迹镇普迹初级中学成功挂牌成为省级涉台教育基地。自2015年6月该校被授牌为"长沙市涉台教育基地"以来,普迹中学紧紧围绕立德树人的根本任务,将涉台教育作为学校德育特色之一,配备专职人员和活动场所,编撰《宝岛台湾》校本教材,让涉台教育走进课堂,开展诗歌朗诵、台湾歌曲合唱、特色剪纸创作、台湾历史文化知识与风土人情介绍、党的对台方针政策解读等教学活动,与黄兴海峡两岸青年农创基地开展交流活动,通过持续深入地开展各类涉台教育活动,厚植学生爱国主义情怀,凝聚两岸同胞深情。

(潘志强)

普高教育

【概况】 2021年,全市有普通高中17所(含民办新翰高中、唯美高中、嗣同高中、景雅高中),其中有3所省级示范性高中、7所市级示范性高中,在校学生数30518人。2021年秋季普高新生招生11209人,高二9487人参加学业水平考试,一次性合格率 99.95%，高一 9672 人参加学业水平考试，一次性合格率 99.9%，8367 人参加普通高校招生考试，本科上线 5264 人。

【法治副校长、法治辅导员聘任仪式暨法治授课活动】 2021 年 11 月 26 日，市人民检察院、市教育局向部分学校派驻法治副校长、法治辅导员聘任仪式暨法治授课活动在浏阳一中举行。市检察院党组书记、检察长罗朝阳指出，要提高站位，统一认识，切实增强未成年人保护的思想自觉；要压实责任，强化措施，切实推进法治进校园常态化开展；要检校联动，同频共振，切实提升法治进校园的工作实效。市教育局向法治副校长、法治辅导员颁发聘书。市检察院检察官为师生主讲“防治校园欺凌”法治课。

【高中教育工作会议召开】 2021 年 11 月 30 日，浏阳市召开 2021 年高中教育工作会议，总结前阶段的工作成绩和经验，安排部署下阶段高中教育任务。市委副书记、统战部部长、市委教育工作领导小组组长戴武明出席会议。市人民政府副市长刘来宏、市政协副主席吕立生参加会议。2021 年以来，全市投入 2.87 亿元新改扩建高中校舍、教学配套设施，新增学位普高 1925 个、职高 2485 个，聘引进高中新教师 164 人。戴武明指出，要提高站位，增强高中教育高质量发展的使命担当；要凝聚合力，统筹推进、协同发力，形成强大合力；要履职担责、主动作为，以身作则、引领示范，以崇高使命和责任担当助力高中教育优质、内涵发展。会议对全市 2021 年高中教育高质量发展综合评优优胜单位、高一高二年级高质量发展优胜奖、优秀年级组长、优秀班主任进行表彰奖励。

【朱东铁到浏阳一中主讲专题思政课】 2021 年 12 月 3 日，长沙市委常委、浏阳市委书记朱东铁到浏阳市第一中学宣讲党的十九届六中全会精神，以《赓续红色血脉　放飞青春梦想》为题，为现场 2100 余名师生讲授专题思政课。浏阳市委常委、市委办主任王坤球出席活动。授课中，朱东铁围绕党的十九届六中全会精神和省第十二次党代会精神，从昨天、今天、明天三个维度，结合历史和现实，与师生一起回望党史、追悟初心，感悟使命担当、共话青春未来。

【王雄文在田家炳中学主讲专题思政课】 2021 年 12 月 8 日，市委副书记、市长王雄文在田家炳实验中学主讲专题思政课——《感悟党史接续奋斗　做新时代的弄潮儿》。王雄文从“回首百年，要铭记苦难辉煌，感悟党的伟大”“珍惜当下，要赓续红色血脉，传承浏阳精神”“展望未来，要不负伟大梦想，彰显时代担当”三个方面与师生们进行深入交流。

（潘志强）

·中学简介·

【浏阳市第一中学】 2021 年，浏阳市第一中学有 98 个教学班，学生 5367 名，教职工 452 名，其中省特级教师 4 人，正高级教师 5 人，高级教师 122 人。普高部现有在校学生 3059 人，在岗教职员工 281 人（含 3 个代课教师），特级教师 3 人，正高级教师 3 人，高级教师 86 人，浏阳市级以上名师、骨干教师 10 人。艺校高中部现有在校学生 1325 人，艺校初中部现有在校学生 983 人。在岗教师 171 人（含 7 个代课教师），其中特级教师 1 人，正高级教师 2 人，高级教师 36 人。2021 年，学校普高和艺高均获浏阳市高中教育教学质量评价（高考、学考、联考）一等奖。其中 2021 年学校高考普高部报名参考 924 人，本科上线 911 人，本科上线率 98.59%，其中 600 分以上 156 人，省特殊类型招生录取控制参考分数线（相当于一本线）上线人数 765 人，上线率 82.79%。艺校报名参考 395 人，本科上线 360 人，本科上线率 91.13%，其中艺术类报考人数 327 人，省特殊类型招生录取控制参考分数线（相当于一本线）录取率 68.8%，本科录取率 96%。学校办学成绩稳居全省同类高中前列。2021 年，学校着力推进“温润教育”理念，深化学校治理；致力建设“一流学术性高中”，构建良师团队。温润教育：深化温润教育理念。学校倡导“以仁爱之心唤醒学生”的理想信念，将教育落到实处，培育适合学生成长的环境土壤，尊重学生个性发展和成长规律，促进全体学生全面发展。“中国网、《科教新报》和“新湖南”以《师德如光　温润成长——浏阳一中用心用情培养教育筑梦人》为题，对学校办学情况进行报道。探索温润德育活动。抓实爱国主义教育、理想信念教育和优秀传统文化教育。通过开展开学第一课、主题班会课、校长课堂、行走的思政课等活动，构建一中特色德育课程体系。学校举行十八岁成人礼、元旦晚会、十佳才艺大赛、义卖义演、敬老院走访等课余活动，为学生搭建展示平台、打造一中学子精神底色；2021 年，学校学生分别到郴州、长沙和张家界，开展研学实践活动。拓展温润育人成效。“体艺 2+1”（通过课内外体育和艺术教育活动，每位学生在九年义务教育阶段都能较好地掌握 2 项健身锻炼的体育技能和 1 项艺术技能）等素质教育工作取得新突破。校田径队在湖南省青少年田径锦标赛中夺得 2 金 2 银 3 铜，取得团体总分全省第二名；校篮球队获浏阳市中学生篮球赛高中组冠军；在浏阳市艺术节中，学校器乐、声乐、朗诵、戏剧均获一等奖；学校心理工作室挂牌“长沙市未成年人心理健康辅导示范站点”；学校被评为“湖南省文明标兵校园”“全国文明校园创建先进校”“2020—2021 年度全国‘百强中学’”。学术一中：学科管理。选好学科教研组、备课组带头人；对教师备课、听课和作业批改实行抽查与普查相结合方式，及时公布反馈教学常规情况；对学科教学采取动态监测，保证教学秩序；将学生评教、课堂教学问卷调查和邀请家长进课堂等相结合，促进教师主动改进课堂教学，构建和谐良性的师生关系。2021 年，推出公开课、教研课等共 146 堂，开展教研活动共 426 次。暑假疫情期间，免费向全市中学生开放各年级线上课堂。学术氛围。继续

2021 年 6 月 23 日，浏阳一中第三届诗词大会总决赛在体艺馆举行　（浏阳一中　供图）

打造名师工作室和青年教师工作坊，提升学校教师职业获得感和成就感。学校现有长沙市袁章军校长工作室、浏阳市胡辉高中语文名师工作室、赵世强高中数学名师工作室、王玲高中英语名师工作室和江资健高中化学名师工作室、柳小红初中化学名师工作室、袁祝香初中历史名师工作室和罗爱武中学音乐名师工作室；继续参与“三新”探索体、湘东 9 校联盟等教育交流合作，探索新高考改革背景下的学生培养模式和教学策略。2021 年度，学校先后接待西南大学、湖南师范大学、“港澳与内地青年领袖研习营”等教育实践活动，清华大学教育研究院教学实习基地正在落户学校；干部老师多次应邀到省内外学校作主题讲座，探讨基于核心素养的育人新途径和新课程教学模式等。办学成绩。普高和艺高各个年级均获浏阳市 2021 年高中教育质量发展优胜奖，艺校初中部获初中高质量发展综合评价一等奖第一名，初中学业水平综合评价改革优胜奖，一中高新获初中高质量发展综合评价一等奖。2021 年高考，普高部本科上线率 98.59%，其中 600 分以上 156 人，省特殊类型招生录取控制参考分数线（相当于一本线）上线率 82.72%，2 人被北大录取；艺校本科上线率 91.13%，省特殊类型招生录取控制参考分数线（相当于一本线）录取率 68.8%，1 人被清华录取。2021 年，学校被多所知名高校授予“拔尖创新人才培养基地”称号，校长袁章军应邀在粤湘科创人才培养教育论坛上作主题发言，学校办学成绩稳居全省同类高中前列。教师队伍：教师梯队。学校现有特级教师 4 人、正高级教师 4 人，长沙市学科带头人和骨干教师近 60 人，有 70 余人被评为“长沙市、浏阳市专项先进个人”。学校先后派出 20 余名教师到农村薄弱学校支教，20 多名教师到国外学校交流考察或短期任教。2021 年，学校多名教师在教师节庆祝大会和高中教育工作会议上受表彰，教师彭晓珍、易杨志分别在大会上作典型发言。业务培训。学校立足“精准高效”，分类开展业务培训和指导。强化业务管理干部和学科教师的系统化研修培训，全面提升干部教师教学、教研管理水平和学科专业素养；校级领导上公开课，教研组长上示范课，为学科教师做好榜样，以教研课推动学科培训；注重青年教师培养，举行“班级管理”“教态形体”“正确发声”等专项技能培训，助力青年教师成长；关注全体教师素养提升，完成信息技术 2.0 和新教材培训等重点业务培训；围绕“三新”改革开展课题研究、实践探究，推进“教科研一体化”纵深发展。2021 年，有多个省、市重点课题开题，有 45 堂课被推为省市级优秀课，1 个教案被评为“国家级优秀教案”。多元办学：共建教育生态链。继续领办一中高新实验中学；与浏阳六中继续合作共建，派出青年骨干教师团队到该校支教，并办“一中班”，成效显著；2021 年 6 月，与浏阳五中结为合作共建学校，助力五中办好“钱学森实验班”；与国防科大附中、长沙县一中、同升湖实验中学、常德一中、宁乡一中、江西省玉山县教育考察团等省内外兄弟学校或单位相互学习交流；与邵阳县一中签订手拉手共同发展友好学校；成立湘赣边九校高中联盟，并开展教学研究活动。深化国际交流圈。继续开设日、法语特色课程，2018 级法语班 4 名学生被法国鲁昂工程师商校联盟录取；公派老师王靖芳到英联邦马恩岛孔子课堂执教；2021 年 5 月，新华社中法双文发布新闻报道《一堂特殊的“历史课”》，以学校与法国蒙达尔纪森林中学的“云课堂”实践，回顾中国百年前的旅法勤工俭学运动。其他工作：后勤服务。2021 年，完成教师宿舍老旧小区改造、教师办公桌椅以及初中部教室和寝室门的更换等；第六、第七栋教学楼、十一号学生宿舍、南校生活区食堂的提质改造正有序进行；稳步推进校园网络基础工程建设。学校被评为“湖南省绿色学校示范单位”，学校食堂被评为“长沙市教育系统优秀食堂”。安全工作。常态长效开展疫情防控，落实安全工作责任制，坚持每月 1 次隐患大排查，每周 1 次安保点评例会，定期开展学生紧急疏散演练、传染病防控、校园周边环境整治，做好预防校园欺凌、学生放假安全、禁毒和防溺水等专项教育，以及特异体质学生、行为心理偏差学生的筛查和干预工作。统战工作。学校召开民主党派人士、少数民族教师座谈会，鼓励参政议政，举行集中学习会，学习贯彻中央统战工作会议精神，凝聚发展合力。群团工作。工会组织开展教职工体检、健康讲座等系列活动，并定期做好走访慰问工作；团委抓好基础团建工作，开展学生活动；学校被评为“长沙市拥军模范单位”“浏阳市妇女工作先进单位”“无偿献血先进单位”“教师幸福工程建设先进单位”。督导扶助。对校内各项工作及辖区内中小学幼儿园，进行经常性督导和专项督导，发挥督学职能；教育基金稳步发展，2021 年度，发放各类助学金108余万元，扶助学生近1100人。

（柳包华）

【浏阳市田家炳实验中学】 浏阳市田家炳实验中学创办于1998年，是以香港爱国儒商田家炳先生捐献的400万元作为启动资金，由浏阳市人民政府创建的公办学校。2004年，学校晋升为湖南省示范性高级中学。学校占地面积21.6公顷，建筑面积10万平方米，绿化面积90045平方米，绿化率44.5%。2021年，在校学生2658人，其中高一924人、高二863人、高三871人；教职工259人，其中特级教师2人、正高级教师2人、副高级教师78人、一级教师90人、初级教师77人、见习期教师4人、管理和工勤人员8人。2021年，被河海大学授予“优质生源基地”称号。在浏阳市教育局组织的2021年度学校绩效考核中被评为“红旗单位”。德育工作：学校与清华大学积极心理学研究中心《中学生积极学习动机追踪研究》课题组合作，成立专门的心力工作室，开展中学生心力发展实践研究工作，通过心力大讲堂、体验式活动课程、生涯游园会、模拟招聘会、励志游学等系列活动，激发学生潜能，开阔学生视野，帮助学生树立自信；学校课题《心力所向　力之所及》为湖南省推广课题，《聚焦历史核心素养　优化课堂教学》为湖南省推广项目，浏阳市王虎高中历史工作室同课异构研修活动为湖南省推广活动；坚持开展“三节两月”（体育节、艺术节、科技节，生涯规划活动月、心理健康活动月）活动，为学生配备导师，建立成长档案，实行个性化培养，开设学科奥赛、科技创新、体艺培训、社团活动等课程，关注不同层次学生；发挥校园电视台德育功能，助推学生成人成才。教学质量：2021年，浏阳市高中教育工作会议在该校召开，学校获得高考、高二学考和高一联考质量评价优胜奖。2021年高考本科上线808人，上线率95.51%，600分以上48人，其中徐江玥、刘蜀湘被北京大学录取。教研成果：实验教学考核被评为“优秀”，2人被评为“长沙市卓越骨干教师”，1人被评为“浏阳市优秀年级组长”，1人被评为“浏阳市优秀班主任”，1人获湖南省赛课“一等奖”，1人获湘赣边赛课“一等奖”，有3个课题申报成功，4个课题完成浏阳市结题工作；全年教师共发表各级论文80多篇，多篇散文、诗歌被各类期刊、报纸刊登；学生参加数学、物理、化学、生物四科奥赛近20人获全国“二等奖”、“三等奖”；语文、英语学生参加各类比赛近30人，获教育部、湖南省、长沙市、浏阳市等各级奖励，多个学科组队参加教师信息技术与学科教学深度融合在线集体备课大赛，获湖南省多个“一等奖”。

（张继极　李　武）

2021年4月24日，“北京大学博雅人才共育基地（首批）”授牌仪式在浏阳市田家炳实验中学高三楼218会议室举行，北京大学经济学院党委书记、教授崔建华（左）为学校授牌

（浏阳市田家炳实验中学　供图）

职业教育

【概况】 2021年，浏阳市共有职业学校6所。在职教师552人，全市职业学校“双师型教师”占专任教师总数的42.5%。在校学生12302人，2021年招生新生4546人，毕业学生3178人，毕业生就业率99.8%，专业对口就业率98.5%。

【长沙职院浏阳校区分批次移交】 2021年5月26日，长沙职业技术学院浏阳校区（下称“长沙职院浏阳校区”）划拨协议签订仪式在长沙举行，长沙职院浏阳校区将分3个批次整体移交给浏阳市人民政府。长沙职院浏阳校区位于浏阳城区思邈路75号，占地10公顷，房屋建筑面积46412平方米。学校前身为湖南省浏阳师范学校，2006年更名为长沙职业技术学院。

·职校简介·

【浏阳市职业中专】 浏阳市职业中专创办于1984年，1995年晋升为湖南省重点职校，2001年晋升为国家级重点职校，2012年晋升为湖南省示范性中等职业学校。学校占地面积21.34万平方米，建筑面积6万余平方米，拥有校内实训基地4个，实习实训室45个，校外实训基地30个。2021年，有在籍学生4161人，教学班级88个。教职员工232人，其中正高级教师2人，副高级教师48人，省名师空间负责人2名，省级专业带头人3名，省级优秀教师3名。学校开设有机械加工技术、电子电器应用与维修、会计电算化、电子商务、服装设计与工艺、社会文化艺术、工艺美术、幼儿保育专业、汽车运用与维修、汽车制造与检修、计算机应用、旅游服务与管理、建筑工程施工13个专业。其中服装设计与工艺专业为省级精品专业，电子电器专业为市级精品专业。学校继续坚持“以就业为导向、以服务为宗旨”的办学思想，坚持面向社会、面向市场的办学方向。2021年，学校技能竞赛成绩显著，在湖南省职业院校技能比赛中职组中有“电子电路装调与应用”“网络搭建与应用”“网络空间安全”“服装设计与工艺”4个项目获“一等奖”，“通信与控制系统集成与维护”“计算机检测与数据恢复”2个项目获“三等奖”，“黄炎培创业规划大赛”获省“一等奖”全国“二等奖”。参加长沙市第一届技能大赛获2枚铜牌。参加长沙市中职学校技能竞赛获得“一等奖”8个、“二等奖”18个、“三等奖”29个，服装设计与制作项目获“团体一等奖”，艺术表演项目获“团体三等奖”；被评为“浏阳市2021年高考质量优胜单位”“浏阳市2021年红旗单位”。环境发展：进城办学取得新进展。2021年5月26日，浏阳市人民政府与长沙职业技术学院正式签订该院浏阳校区移交协议。学校建设迎来新机遇。2021年8月，浏阳市职业中专被省教育厅确定为中职楚怡学校改扩建项目学校，是长沙市唯一楚怡改扩建项目。专业建设实现新提升。学校与长沙职业技术学院的中高职衔接项目获省教育厅批准，确定计算机和电子商务两个专业实行“3+2”分段培养五年制大专班作为校际合作项目。教师队伍增添新力量。通过市编办、市人社局公开招聘15名新教师，有效解决代课教师较多的问题。德育工作：加强常规管理，督促学生养成良好行为习惯。对学生实行操行评分量化管理，加强文明礼貌教育，有效促进良好校风、班风的形成。加强心理辅导，提升学生心理健康素质。健全心理健康教育工作机制，制定《心理健康教育工作方案》，每名校务会成员、班主任老师、科任老师分别联系不少于3名学生，每期至少进行8次谈心谈话，有效解决学生在学习上、生活上、心理上的困惑。实施心理健康班级网格化管理模式，做到早发现、早报告、早干预，有效提升学生心理健康素质。加强活动引领，丰富校园文化生活。组织学生参加校内各种社团活动，锻炼学生身体素质，有效释放学生心理压力。组织学生参加长沙市文明风采大赛，在体育系列赛事中，学校篮球队排名第三，获长沙市“一等奖”，女子排球队获长沙市“二等奖”。加强安全教育，保障校园平安稳定。组织学生开展防溺水、防校园欺凌、生命教育、交通安全、消防安全等安全教育。领导班子带队对校园进行安全隐患排查，消除安全隐患。完善楼栋防护栏的安装，再次优化校园道路，引导进出车辆避开学生活动区域，有效保障校园安全。组织全体在编在职教师参加普法教育及考试，参考率100%，合格率100%。教学教研：抓常规管理，提升课堂教学质量。实施教学工作日督查、周通报制度和课堂教学点评制度，加强教学常规管理。抓技能竞赛，提升创业就业能力。抓师资培训，提高教师专业能力。选派教师参加国家、省、市、县四级培训39人次；组织50名教师参加国家级“送培到校”培训，全面助力教师成长。参加教师职业能力竞赛，学校获得长沙市二等奖1个、三等奖8个，其中服装专业教学团队获得省级三等奖；参加长沙市思想政治教育教学能力比赛获二等奖1个，课程思政比赛荣获二等奖2个。抓教研教改，提高教育教学水平。5个浏阳市规划课题，1个长沙市课题结题，3个省级课题立项。参加省级教师论文评选获一等奖1个、二等奖1个、三等奖3个。省级职业教育“双师型”名师工作室1个。申报省精品课程3门、省教育教学改革研究项目1个，省课程思政典型案例4个。2021年，学生参加省教育厅组织的公共基础课普测合格率93.47%，比2020年提高12.27%。电子商务、机械加工技术、汽车运用与维修三个专业学生参加长沙市技能抽查，参考率、合格率均100%，优秀率均超过60%。2021年对口高考，学校本科上线38人、专科上线100%。招生就业：2021年，学校招录新生1476人，完成年度招生任务。拓宽学生就业渠道。学校与衡南得意、长沙博世、威胜电子、尤米制衣、一汽大众等41家企业开展密切合作。2021年，对接惠科光电、博大精工、诚懿传媒等10余家本地名优企业，长沙惠科光电在学校建立专业实训室，学校安排近百名学生在惠科光电实习就业。全年共有368名学生参加顶岗实习与就业，其中就业率98.6%，本地就业率87%，企业就业满意度91.5%。

（钟　浪）

【湖南省浏阳高级技工学校】 湖南省浏阳高级技工学校前身为湖南省浏阳磷矿技工学校。1974年，由湖南省浏阳磷矿创办于浏阳市永和镇。1986年，浏阳磷矿下放到长沙市，学校由湖南省石油化学工业厅管理，更名为湖南省石油化学工业厅浏阳技工学校；1995年，学校更名为湖南省石油化工技工学校。2014年8月，学校由浏阳市永和镇整体搬迁至浏阳市关口工业小区新校区办学；因湖南省石油化工行业管理办公室机构改革，2015年3月，学校改由湖南省经济和信息化委员会管理；2017年2月14日，学校移交浏阳市人民政府管理；2018年，学校晋升高级技工学校，2019年，学校经省、市编委批准更名为湖南省浏阳高级技工学校。1998年，经省教委批准成立湖南省石油化工职业中专；1999年，经省劳动厅批准成立国家职业技能鉴定所；2000年，通过竞标获得浏阳市花炮学校承办权，成功创办全国第一所花炮专业技术学校。2001年，由湖南省人民政府批准晋升为湖南省重点技工学校；2004年，通过省劳动厅复评验收被授予“湖南省骨干技工学校”称号；2008年，通过ISO 9001质量管理体系认证；2013年11月，学校被评为“长沙市示范性职业学校”。2018年，学校经湖南省人力资源与社会保障厅评审晋升为湖南省浏阳高级技工学校。2021年，学校获“长沙市先进基层党组织”“长沙市文明校园”“长沙市技工院校办学水平评估优秀等级”“长沙市教育系统青年文明号”“长沙市垃圾分类示范学校”等荣誉和称号。2021年，学校占地7.47公顷，建筑面积3.5万平方米，资产9500多万元，教职员工105人，其中高级讲师19人、讲师47人、高级技师5人、技师7人，“双师型教师占教师总数的60%。2021年下学期全日制在籍学生2151人,教学班级55个。开设机电一体化、模具设计与制造、机械焊接与维修、工业机器人四个高级技工专业,汽车修理与装配、计算机应用、旅游管理、电脑文秘、服装设计与制作、会计等多个中级技工专业。学校环境优美,教学设施设备完善。学校拥有电子、电工、电拖、高低压配电、计算机、多媒体教学、机床修理、车工实习、PLC控制、花炮检测分析、花炮制作、服装工艺室、画室等20多个实验室、实习室;建有数控模具实训车间、汽修实训车间、焊接工艺实训车间、机器人实训车间,配有数控加工中心、数控车床、线切割、电火花,铣床、磨床、钻床、CO_2气体保护焊机、氩弧焊机、汽车发动机实训平台,底盘实训平台等先进的实习设备;拥有各类实习设备500多台(套)、工量器具3000多件(套)、各类专业实习工位700多个。学校食堂、学生公寓、形体室、运动场、田径场等生活文体设齐全,学校形成高等教育、技工教育、中等职业教育与短期培训相结合的职业教育体系。2021年,招录新生736人。举办第六届校园招聘会,蓝思科技、长沙惠科等近30家企业到会揽才。教学教研:注重教育教学管理,狠抓教学常规,提升教育教学质量。重视教师培养与发展,坚持"请进来""走出去"相结合,组织教师开展校内和校外培训,持续完善"推门听课"制度;鼓励教师参加各类教学竞赛及课题研究活动,提高教师教学和教研水平。2021年度,学校成功申报立项湖南省技工教育职业培训研究课题1个、长沙市教育科学"十四五"规划资助课题1个、浏阳市教育科研"十四五"规划课题3个,省级以上刊物获奖论文19篇,发表论文3篇。坚持以升学为导向,以技能培养为抓手,引导学生参加省、市级各类技能竞赛,在竞赛中培养职业素养,夯实文化基础,增强思想政治教育。2021年度,学校137人参加对口高考,本科录取3人,专科录取105人,升学率79%;计算机应用、汽修、机电一体化等专业的学生在长沙市中职技能竞赛中表现优异。德育工作:引进准军事化管理,推进"7S"管理,加强德育队伍建设,营造全员育人氛围;抓好学生日常行为规范,围绕安全、遵纪守法、文明礼仪、卫生、道德、节约、感恩等主题开展系列活动,加强对学生安全教育、素质教育、法制教育和感恩教育;开展心理健康教育,关注学生身心健康;注重校园文化建设,打造班级文化文化阵地;开展军训、大课间、武术操等系列活动,丰富校园文化生活。

(李耀成)

民办及社区教育

【概况】 2021年,全市共有民办教育机构484所,其中民办高中4所,民办义务教育阶段学校5所,民办职业高中3所,民办幼儿园237所,民办培训学校235所。市社区学院1所,乡镇(街道)社区学校51所,长沙市示范性社区学习中心10所,长沙市级示范性老年基地4个,市优秀社区学习中心18个,特色课程18项。

【市"双减"暨规范民办义务教育发展工作推进会召开】 2021年9月29日,浏阳市"双减"暨规范民办义务教育发展工作推进会召开,市委副书记、统战部部长、市委教育工作领导小组组长戴武明出席会议并讲话。副市长刘来宏主持会议。会上,市委教育工作领导小组秘书组就全市"双减"和规范民办义务教育发展工作情况作汇报,相关单位和部分乡镇(街道)相关负责人围绕会议主题进行交流发言。戴武明指出,落实"双减"和规范民办义务教育发展两项工作是以习近平同志为核心的党中央从"为党育人、为国育才"的战略高度作出的重大决策部署,是群众关切、社会关注的民生问题。要提高政治站位,强化协同联动,创新工作举措,加强组织领导,全力推动"双减"工作稳步推进、落地见效。

【减负联合整治专项行动启动】 2021年9月,浏阳市下发《关于开展减轻义务教育阶段学生校外培训负担联合整治专项行动的通知》。按照"全覆盖、零容忍、严执法、重考核、见实效"的工作要求,从办学资质、收费行为、培训时间、课程开设、教师聘用、服务合同、安全隐患8个方面开展校外培训机构联合整治专项行动。市教育局牵头组织开展2次集中执法行动,下发整改通知书173份,查处无证办学机构和小区组班60余起并全部予以关停取缔,给予5家无证机构的当事人行政罚款处罚,同时查处管理混乱、虚假宣传、违规收费培训机构7家。

【"双减"工作在全省推进会上作典型发言】 10月30日,2021年全省推进"双减"工作视频会在长沙召开。浏阳市作为唯一的区县代表在会上作典型发言。浏阳市开发上线长沙市首个以服务和资金监管为主的民办教育监管服务平台,与中信银行建立合作机制,开设"监管账户",内设置"最低余额",一旦账户资金低于"最低余额"标准,平台将发出预警信息,并冻结余额,防止培训机构"跑路"。搭建起一个服务教育行政部门、培训机构、家长和学生,兼具政府权威、专业服务、行业监管功能的公共应用平台,全力打造规范有序、风险可控的校外培训管理体系,维护教育良好生态。

(潘志强)

素质教育

【概况】 2021年,浏阳市落实"五育并举"(在现代化的教育中通过重视并实施德育、智育、体育、美育、劳动教育,促进人的全面发展),健全"三全育人"(全员育人、全程育人、全方位育人)体系,推进德育工作课程化、体系化建设。在各项学科竞赛中,全市学生获国家级奖励207人次、省级859人次、长沙市级1926人次;在科技创新竞赛中,获国家级奖励成果6项、省级15项、长沙市级49项,获国家专利成果7项。确立国家级课题1项、省级13项、市级15项;教育科研成果获省级优秀7项、市级17项。

【两所学校入选全国足球特色学校】 2021年1月25日，教育部公布2020年全国青少年校园足球特色学校、试点县（区）、“满天星”训练营和足球特色幼儿园名单，教育部认定并命名全国青少年校园足球特色学校3663所、全国青少年校园足球试点县（区）41个、全国青少年校园足球“满天星”训练营30个和全国足球特色幼儿园2710所。浏阳市集里街道长南路完全小学、浏阳市关口街道道吾初级中学入选2020年全国青少年校园足球特色学校名单，浏阳市贝乐幼儿园有限公司入选2020年全国足球特色幼儿园名单。截至2021年12月30日，全市已有15所全国青少年校园足球特色学校，1所全国青少年校园足球特色幼儿园。

【浏阳学生获“第二届湘赣边革命文物讲解大赛总决赛少儿组冠军”】 2021年5月30日，“党史忆峥嵘 初心话湘赣”第二届湘赣边革命文物讲解大赛总决赛在浏阳市举行。经半决赛角逐，来自湘赣边红色文化旅游共同体成员单位的24位(组)选手，分为成人组和少儿组进行总决赛。浏阳市奎文小学王子瑾、王子瑜获得少儿组第一名，浏阳一中艺术学校初中部刘与晗和浏阳市禧和小学彭子馨、浏阳市奎文小学张语婷分获第二名、第三名。

【举行浏阳小记者“党史国防人防知识抢答赛”决赛】 2021年6月19日，举行浏阳小记者“党史国防人防知识抢答赛”决赛。比赛由市教育局、市住房和城乡建设局、市融媒体中心、市关心下一代工作委员会主办。活动吸引34所学校、10482名小记者报名参加。通过初赛、复赛，16个学校的代表队跻身最后决赛。通过两轮角逐，田坪学校、黄泥湾小学、教师进修学校附属小学、道吾小学四支代表队夺得金奖。

【全国青少年人工智能教育成果展示大赛获奖】 2021年7月29日，2020—2021学年“少年硅谷——全国青少年人工智能教育成果展示大赛”在江西省婺源县举行。浏阳选派3支队伍参加人工智能开源硬件创作赛，浏阳长兴湖小学学生黄伟宸和肖果而获“智能驾驶”项目小学组“三等奖”，大瑶中学学生李凯、刘良浩、陈静、龙凌志获该项目初中组“三等奖”。

【湘赣边青少年红色教育活动启动】 2021年4月16日，“我向将军敬个礼 将军故里学党史”湘赣边青少年红色教育活动在浏阳市秋收起义文家市会师纪念馆启动，浏阳市、醴陵市、平江县、铜鼓县、上栗县、莲花县、袁州区、万载县湘赣边8县（市、区）教育系统负责人参加启动仪式。活动从4月持续至12月，各县（市、区）组织各自县域内教育工作者和中小学生，开展湘赣边红色景点研学游、亲子游，湘鄂赣青少年励志夏令营，红色故事演讲赛、征文赛以及主题节目文艺展演等一系列综合实践活动。

【浏阳市2021年中小学生田径运动会】 2021年10月10—13日，浏阳市2021年中小学生田径运动会在浏阳一中举行。比赛分为高中组、初中组和小学组，设36个比赛项目。52支学校代表队1034名运动员参加比赛。运动会打破五项纪录，集里中学喻珏打破初中组男子400米纪录，高中组男子400米纪录被长郡·浏阳实验学校周泽阳打破，浏阳三中张思文打破高中组女子100米栏纪录，集里中学和浏阳一中分别打破初中组男子4×100米、高中组女子4×400米纪录。运动会由市教育局、市文化旅游广电体育局联合主办，浏阳一中协办。

2021年4月16日，“我向将军敬个礼 将军故里学党史”湘赣边青少年红色教育活动在浏阳市秋收起义文家市会师纪念馆启动

（浏阳市教育局 供图）

2021 年 12 月 7 日，“青春向党　强国有我”2021 年浏阳市中小学生艺术展演在欧阳予倩大剧院举行

（浏阳市教育局　供图）

【传统体育非遗展演暨青少年武术公开赛】 2021 年 10 月 16 日，2021 年浏阳市传统体育非遗展演暨青少年武术公开赛开赛，来自全市各武馆、武校的 23 支队伍 400 余名运动员参加比赛。公开赛包含团体展演和个人竞赛，设置 9 大类竞赛项目，分为拳、剑、刀、枪、棍等 54 个单项。同时还进行传统体育非遗展演。作为武术之乡，浏阳武术文化源远流长，拥有众多传统体育非遗“传家宝”，全市现有武馆、武校 45 家，年均培训武术学员 1 万余人。

【中小学生艺术展演举行】 2021 年 12 月 7 日，“青春向党　强国有我”2021 年浏阳市中小学生艺术展演在欧阳予倩大剧院举行，市委常委、宣传部部长李爱民参加活动。艺术展演分为“难忘岁月”“同心筑梦”“迈向辉煌”三个篇章，18 个节目参加展演。中小学生艺术节两年举办一次，是全市规格最高、规模最大、水平最高、最具影响力的校园文化艺术盛会。2021 年艺术节有 645 个节目参赛，吸引近 3 万名学生参与。

【全国发明展获“1 金 2 银 1 铜”】 2021 年 12 月 10—12 日，第 25 届全国发明展览会——“一带一路”暨金砖国家技能发展与技术创新大赛在广东佛山举行。浏阳市柏加中学参赛的四项发明技术和产品获“1 金 2 银 1 铜”成绩。该校八年级学生刘依凡、赵紫凝发明的万向喷头获“发明创业奖项目奖”金奖，该发明具有防堵结构的万向喷头，防堵能力加强，避免喷头内部堆积杂质，提高喷头的实用性。另外，“一种升旗用的旗杆套筒结构装置”和“尿液形成的动态演示模型”两项目获“发明创业奖项目奖”银奖；项目“一种暗扣拉链”获“发明创业奖项目奖”铜奖。

【少先队辅导员培训暨风采大赛举行】 2021 年 12 月 23—24 日，2021 年浏阳市“请党放心·强国有我”少先队辅导员培训暨风采大赛举行。活动由市少工委、团市委、市文明办、市教育局共同主办，来自全市各初级中学团委书记、各小学大队辅导员、各高中团委书记、中队辅导员代表、少先队名师工作室全体成员参加。为期 2 天的活动中，进行专家授课、“红色文化”主题宣讲、团队风采展示等多项活动，来自 10 个督学责任区的 10 支队伍通过笔试、主题宣讲、少先队活动案例讲解、少先队工作情景处理、辅导员技能展示等项目的“比武”展示青春风采，达到以赛促研、以赛促学的目的。

（潘志强）

教师队伍建设

【概况】 2021 年，全市共有在编教职工 9989 人，其中小学 4478 人、普通中学 5120 人、中等职业教育学校 218 人。其中研究生学历 586 人，大学本科学历 10720 人，大学专科学历 1588 人，中专及以下学历 65 人。具有初级职称 3528 人，中级职称 4647 人，高级职称 1541 人，未定职称 3243 人，管理岗位 43 人，技术工人 392 人。

【支教新邵县建首个农村工作坊】 2021 年 5 月 11 日，由浏阳教师支教新邵县帮助筹建的第一个农村工作坊——邵阳市新邵县“潭溪镇周赟小学语文工作坊”成立。浏阳市金刚镇沙螺完小教师陈娟是工作坊主要筹建人，她组织潭溪镇语文骨干教师到浏阳参加金刚镇邱楚芳语文工作坊交流活动，帮助学校筹建工作坊，每周定期开展研训活动，帮助当地青年教师专业成长。2014 年，浏阳开始对口支援邵阳市新邵县教育发展，每年组织至少 20 名优秀教师支教 1 年。2014—2021 年，浏阳共派出 147 名支教教师，在新邵县各乡镇学校、村级学校（教学点）任教。

【庆祝第 37 个教师节大会召开】 2021 年 9 月 10 日，浏阳市庆祝第 37 个教师节大会召开，长沙市委常委、浏阳市委书记朱东铁代表市委、市人大、市政府、市政协，向全市广大教师和教育工作者致以节日的问候和祝愿。市委副书记、代市长王雄文主持。市领导戴武明、吴震、秦跃平、喻辉、王坤球、刘来宏出席。自 2017 年起，浏阳坚持把教育摆在优先发展的战略地位，不断加大教育投入，科学优化教育资源，全力办好人民满意的教育。朱东铁表示，实现市第十三次党代会描绘的宏伟蓝图，最关键的是人才支撑，最根本的是教育保障。他指出，教育是一项先导工程，必须树牢教育优先发展的鲜明导向；教育是一项铸魂工程，必须把牢建设现代化教育强市的发力重点；教育是一项民生工程，必须扛牢办好人民满意教育的重大责任。

【第十批名师工作室正式授牌】 2021 年 9 月 16 日，浏阳市第十批名师工作室授牌暨 2021 年度“名师工作室建设与管理培训班”开班仪式在浏阳市教师进修学校举行。胡辉高中语文工作室、江资健高中化学工作室、刘贤明高中生物工作室、李盛华高中物理工作室、陈宏亮高中政治工作室、苏雪珍中职服装工作室、高余良中小学综合实践工作室、刘辉中学体育工作室、王运珍中学心理工作室、唐艳初中英语工作室、柳小红初中化学工作室、汪花菊初中生物工作室、吴迪初中政治工作室、鲁维小学语文工作室、张才法小学数学工作室、晏玉华小学科学工作室、黄峥嵘学前教育工作室17个工作室正式授牌，明确17位首席名师和百余团队成员。市教育局党委副书记、副局长黄朴出席授牌仪式。授牌仪式结束后，开展名师工作室建设与管理专题培训，组织学习名师工作室的组织、管理与评价等制度，分享名师工作室的建设经验。邀请湖南省特级教师、长沙市优秀首席名师、长沙教育学院丁丽主任作《名师工作室背景下的团队“五力”提升》专题讲座。

【长沙市中学名优教师“志愿支教，送教下乡”活动在浏阳举行】 11月23—24日，由长沙市教育局、市特级教师工作研究专业委员会、市中小学教师发展中心联合浏阳市教育局开展的长沙市中学名优教师“志愿支教，送教下乡”活动在浏阳举行。活动以“双减”背景下课堂教学改革为主题，开展示范课展示、执教者说课反思、专家点评和微讲座系列活动。高中语文、政治、化学和初中数学、英语、历史等学科名师，分别在田家炳实验中学、道吾中学开展送教活动，长沙市中小学教师发展中心等专家分别围绕主题开展相关学科微讲座。长沙市教育局教师工作处、长沙教育学院、浏阳市教育局相关负责人和浏阳市初高中相关学科教师代表共约600人参加活动。

（潘志强）

升学考试

【概况】 浏阳市教育考试中心成立于2002年，为局属副科级公益类事业单位，现有在编工作人员7人。负责为全市各级各类学校招生考试提供指导和服务。具体负责组织实施浏阳市全国普通高校招生考试、全国成人高等教育招生考试、全国高等教育自学考试、全国公共英语等级考试、全国硕士研究生招生统一考试、湖南省高中学业水平考试和长沙市初中学业水平考试等国家教育考试工作。

【完成各项组考任务】 2021年，全年完成9项考试工作任务，其中全国普通高等学校招生统一考试、全国成人高等教育招生统一考试、全国硕士研究生招生考试、全国公共英语等级考试（PETS）、长沙市初中学业水平考试各1次，组织全国高等教育自学考试、湖南省高中学业水平考试各2次。涉及考生分别为高考报名9801人，参加统考8367人，成人高考考生5187人，高中学业水平考试高二9498人，高一9725人，中考16337人（另有初二16315人参加生物地理会考），PETS考试考生2582人，自考考生6492人，研究生考试3000人。

【完成高考组考工作】 2021年，全市9801人报名高考，高职单招录取1172人。8367名考生报名参加6月份统考。为做好高考工作，成立浏阳市高等教育招生考试工作委员会，下设巡考、综合协调、纪检监察等12个工作小组，全程调度指挥高考组织实施工作。全市共设置浏阳一中、田家炳中学、浏阳二中、浏阳三中、浏阳五中、浏阳六中、浏阳艺术学校7个考点，安排考试工作人员1250余人，考试组织平稳顺利，秩序井然，考风考纪良好。浏阳市被评为2021年度长沙市高考“优秀考区”。

（潘志强）

2021年6月25日，浏阳博物馆新馆建成投入使用　　(彭红霞　摄)

文化·体育

综　述

【概况】 根据《中共浏阳市委办公室浏阳市人民政府办公室转发〈中共长沙市委办公厅长沙市人民政府办公厅关于印发〈浏阳市机构改革方案〉的通知〉的通知》(浏办通知〔2019〕8号)、《中共浏阳市委办公室浏阳市人民政府办公室关于印发〈浏阳市文化旅游广电体育局职能配置、内设机构和人员编制规定〉的通知》(浏办发〔2019〕32号),将浏阳市文化体育广播电视局(市新闻出版局)的文化、体育、广播电视管理职责,以及浏阳市旅游局的职责整合,组建浏阳市文化旅游广电体育局,作为市政府工作部门,为正科级,对外使用浏阳市文物局名称。下辖浏阳市文化市场综合行政执法大队、文物保护发展中心、体育运动事务中心、文化馆、图书馆、博物馆、花鼓戏剧团、欧阳予倩文化艺术中心8个二级机构。2021年,文旅广体局以"争当全国文旅融合标杆,建成湘赣红色文旅中心"为总目标,推进文旅融合高质量发展。浏阳市文化旅游广电体育局被评为"2017—2020全国群众体育先进单位";被评为"2021年度全省文化和旅游工作先进单位""2020年度长沙市不可移动文物安全管理先进单位";浏阳市文物保护发展中心被中宣部、司法部、全国普法办评为"2016—2020年全国普法工作先进单位";浏阳市文化馆被国家文旅部评为"国家一级文化馆";大围山旅游度假区成功创建"省级旅游度假区";沙市镇秧田村农家书屋被湖南省委宣传部授予"湖南省服务农民、服务基层文化建设先进集体"称号。

【服务体系建设】 2021年,市文旅广电体育局争取各级资金400余万元对体育中心体育场顶棚和游泳馆进行提质改造,新建成25个长沙市标准化村(社区)综合文化服务中心、6个智慧社区健身中心、2条健身步道、3个乡镇全民健身中心、180处全民健身工程点。完善旅游基础设施,推进游客中心、旅游标识系统、旅游厕所等建设,完善旅游基础配套设施,继续推进全域旅游智慧平台建设项目建设。

【红色资源保护】 2021年,市文旅广电体育局紧扣建党百年"红色文旅年"主题,深化红色资源保护利用。全年筹集资金3000余万元,推进锦绶堂、李白故居、宋任穷故居、易荡平故居等革命旧址提质改造。秋收起义文家市会师旧址及纪念馆等10个党史学习教育现场教学点获省委推荐,数量位居全省县(市、区)第一。锦绶堂、寻淮洲故居、王首道故居晋升为湖南省爱国主义教育基地。2021年,新增珍贵文物186件(套),其中一级文物25件(套)。11月12日,浏阳作为全省唯一县级单位代表,在全省文物保护利用改革工作座谈会上就浏阳文物保护利用改革工作作典型发言。持续扩大红色文旅影响力。2021年,完成庆祝中国共产党成立100周年文艺演出焰火燃放相关任务,获中宣部、国家文旅部、省文旅厅表彰;成功举办"大江大河交响季　百里画廊百年歌"中国共产党成立100周年交响合唱季系列活动首站、"永远跟党走"浏阳市庆祝中国共产党成立100周年文艺会演。推动"红旅""红演"等"十红"创新发展,编撰出版《不可磨灭的印记——浏阳不可移动革命文物图册》,推动红色资源串珠成线,提升"浏阳红"的感召力、影响力、美誉度。

【文旅市场监管】 2021年,市文化旅游广电体育局检查经营单位1360家次,出动检查执法人员3334人次,立案25件,办结18件(其中警告10起、责令改正5起、罚款7起)。开展行业专项整治联合执法检查。开展网吧行业专项整治联合执法检查、酒吧(清吧)清理整顿行动、出版物市场执法检查、卫星地面接收设施专项整治行动、印刷企业执法检查、旅游市场专项检查。加大安全生产监管力度。全年组织安全培训、应急演练8次,召开文化旅游安全专业委员会工作例会5次,发放《旅游安全应急手册》600余份,制作安装文物安全公示牌102个,119家文旅市场经营单位落实"一会三卡"(安全生产班前会、企业体检卡、危险作业卡、应急处置明白卡)制度,118家文旅经营单位完成消防安全标准化建设50%的目标。召开市文旅广体行业疫情防控和安全生产工作会议;全年局领导带队开展文旅市场安全生产检查6次。

【被评为"2021年度全省文化和旅游先进单位"】 2022年1月13日,全省文化和旅游局长会议召开,浏阳市文旅广体局党组副书记、局长陈刚在会上作典型发言。会上表彰通报2021年度全省文化和旅游工作先进单位,浏阳市文化旅游广电体育局被评为"2021年度全省文化和旅游先进单位"。2021年,浏阳市聚力产业升级,做实文旅融合发展。全年接待游客总人数2908万人次,实现旅游收入303.66亿元。投入2.2亿元推进苍坊旅游区创建国家AAAAA级景区;大围山国家森林公园创建成功省级旅游度假区;新增湘赣边(浏阳)文化艺术交流中心、画里小河生态旅游区、浏阳遇见童年景区3家国家AAA级景区,截至12月末,全市AAA景区达到12家;新聪厨食品有限公司被评为"省级工业旅游示范点";聚焦浏阳河百里画廊文旅产业带建设,花炮观礼台、云上小店等26个重点项目相继落成。紧扣建党百年,做好红色资源保护。全年投入资金3000余万元,推进锦绶堂、李白故居、易荡平故居等革命旧址提质改造;新增湖南省苏维埃政府旧址、寻淮洲故居、王首道故居3个省级爱国主义教育基地,秋收起义会师纪念馆、红一方面军成立旧址——李家大屋、李白故居等10个党史学习教育现场教学点获省委推荐,数量位居全省县(市、区)第一;加强"非遗"保护传承,浏阳夏布、浏阳竹纸成功入选省级非物质文化遗产。坚持惠民利民,做优公共服务体系。总投资2亿元的新博物馆开馆,成为文化新地标和网红打卡地;市文化馆被评为"国家一级文化馆"。新建成25个标准化村(社区)综合文化服务中心。完成庆祝中国共产党成立100周年文艺演出焰火燃放任务，成功举办建党百年系列文艺活动。举办“浏阳河大讲堂”“百场千村文化进万家”等品牌活动400余场。挖掘红色资源，创排展演《浏阳李白》《胡子将军》等精品文艺作品。立足互利共赢，深入开展湘赣区域合作。抢抓“湘赣边区域合作”上升为国家战略的机遇，发行初心源·湘鄂赣文旅“一卡通”6万余张，带动超2亿元的文旅消费。“秋收起义·湘赣红旗”精品线路入选全国“建党百年红色旅游百条精品线路”。举办湖南省（秋季）乡村文化旅游节暨湘鄂赣首届客家文化旅游节、第二届湘赣边革命文物讲解大赛、湘赣边革命文物联展等活动，发布《湘鄂赣文旅产业区域合作浏阳宣言》，发挥浏阳在区域合作中的引领作用。创新宣传营销，打响浏阳城市品牌。推动“网红”成“长红”新模式，成功举办第四届湖南文化旅游创新创意大赛、杜鹃花节、祭孔大典、中国健康跑等品牌节会。《云上的小店》在小河录播，展示乡村振兴和文旅融合新成果，播出后连续6期获全国全网热播榜第1名。

【浏阳市博物馆开馆】 2021年6月25日，浏阳市博物馆开馆，“星火燎原　光辉起点——湘赣边革命文物联展”同步开展，吸引众多市民参观。中央统战部原副部长、全国工商联原党组书记胡德平等浏阳籍革命前辈后代出席活动。浏阳市博物馆位于湖南省浏阳市道吾西路与南泥湾路交叉路口往东南约100米三馆内，于2017年8月，动工建设，累计投入6174万元，博馆物建筑面积8000平方米，从选址、建筑设计、主体建设，到陈列内容设计、形式设计、陈列施工，建设历时5年，馆内突出自然生态与地域文化、厚重典雅与现代科技有机结合。截至开馆日，博物馆馆藏文物近1万件（套），珍贵文物1000余件（套），其中革命文物800余件（套）。博物馆一楼以展示浏阳自然地理、古代历史、人文风俗、非遗文化为主的基本陈列，二楼以展示、讴歌近代为民族独立和复兴作出突出贡献的浏阳人为主的基本陈列。当日起同步开展的湘赣边革命文物联展由湖南省浏阳市、桂东县，江西省芦溪县、修水县、铜鼓县、井冈山市等湘赣边红色文化旅游共同体成员的24个县（市、区）共同举办，分为“建党先声”“建军先锋”“建政先河”“光辉起点”四个部分，用文物和史料真实还原从中国共产党的成立，大革命失败后、“八七”会议至中华苏维埃共和国建立时期的重大历史事件，彰显红色湘赣边在中国革命中的独特与突出地位。

【文化惠民活动】 2021年，浏阳市文化馆免费开放近300天，开展2021年“文艺大讲堂”公益培训8期；加强文化馆总分馆建设，实现公共文化资源共享和互惠，采取线上线下同步进行培训方式，各乡镇文化馆分馆组织群众参加培训，扩大受众面，为群众提供公共文化服务；文化馆业务老师制作培训课件11份，完成内部业务培训8期；文化志愿服务到乡镇、村（社区）、学校开展文艺培训和演出40余次，《人民日报》《湖南日报》和“学习强国”等媒体平台对相关活动进行报道；成功承办“永远跟党走”庆祝中国共产党成立100周年文艺会演和“感党恩·跟党走”机关合唱比赛。

2021年6月25日，浏阳市博物馆开馆（图为开馆现场）　（市文旅广电体育局　供图）

【非物质文化遗产传承保护】 2021年12月30日，浏阳夏布、浏阳手工竹纸制作技艺人选湖南省第五批省级非物质文化遗产项目名录；2021年1月21日，浏阳方言童谣、浏阳烟茶制作技艺、淡豆豉制作技艺、木炭烧制技艺、徐尚医古法养疗、罗氏跌打损伤传统疗法、江公特色艾灸疗法7个项目被评定为第八批浏阳市（县）级非物质文化遗产代表性项目。2021年12月9日，夏布、王家拳、油纸伞、造纸等9个项目保护单位成功列入第二批长沙市示范性非物质文化遗产传习所、展示馆及第一批传统工艺示范性就业工坊。配合评定第二批浏阳市示范性非遗传习所3个、保护传承示范乡镇街道3个和传承示范学校2个。组织开展“人民的非遗　人民共享”系列活动，包括“非遗”展板展示、专家授课、“‘非遗’进校园”研学体验和“舌尖上的‘非遗’”美食展销等活动。2021年9月28日，承办辛丑年秋季祭孔大典，并举行部分“非遗”代表性项目拜师礼仪；开展“非遗”进校园活动，并结合示范性“非遗”保护传承学校，将“‘非遗’进校园”成功转变为“‘非遗’驻校园”。开展14期线上“‘非遗’过大年　文化进万家”“年味浏阳”等“非遗”展演系列活动；积极对外宣传推介浏阳的“非遗”项目，浏阳文庙祭孔音乐、剪纸、皮影、弹词等项目入选参加长沙市“非遗”专题报道和抖音拍摄。

（蒋　慧）

文艺活动

【概况】 2021年，浏阳市成功举办“永远跟党走”浏阳市庆祝中国共产党成立100周年文艺会演，举办“辉煌百年　浏阳历程”为主题的离退休干部庆祝中国共产党成立100周年文艺演出和“峥嵘百年 我心向党”庆祝中国共产党成立100周年暨欢乐浏阳河荷花街道专场文艺晚会等2场“欢乐浏阳河”晚会；围绕中国共产党成立100周年主题，组织开展“百村千场文化进万家”惠民演出130场（其中进企业10次）；市文旅广体局承办“感党恩·跟党走”浏阳市庆祝建党100周年机关合唱比赛，参与湖南省秋季文化旅游节文艺演出活动；在浏河第一湾生态旅游度假区、田螺小镇、石牛寨风景区、张坊西溪风景区和华盛山庄等景区开展“非遗（古乐）进景区”活动10场；组织开展“文艺进苍坊”大型情景歌舞剧《人民的怀念》文艺演出6场。市文化馆创排各类文艺节目10余件，小品《蹚出新路子》，音乐《勇立潮头》《我最亲最爱的祖国》，舞蹈《幸福苗寨》《红色浏阳河》，儿童剧《最亮的星》参加2021年长沙市第三届“群星奖”作品大赛暨第七届湖南艺术节“三湘群星奖”长沙选拔赛，获4金2银。创排大型现代花鼓戏《浏阳李白》在欧阳予倩文化艺术中心首演，创排花鼓小戏《北上·北上》在“双百”英模寻淮洲烈士故乡社港镇首演；《蹚出新路子》参加第七届湖南艺术节演出，获优秀作品奖；浏阳市花鼓戏剧团创排的花鼓戏《浏阳李白》获第七届湖南艺术节田汉新剧目奖、田汉编剧奖、田汉表演奖。摄影作品《小河农民画 就业不出村》入选第四届“乡愁湘韵”湖南省摄影艺术展览。浏阳市鞭炮烟花产业发展中心杨卫佳被文化和旅游部评为建党百年文艺演出突出贡献个人。

【浏阳市庆祝中国共产党成立100周年机关合唱比赛】 2021年6月10日，由浏阳市委办公室、浏阳市委宣传部、浏阳市直机关工委共同主办，浏阳市文旅广体局承办的“感党恩·跟党走”浏阳市庆祝中国共产党成立100周年机关合唱比赛在欧阳予倩大剧院举行。比赛按照参赛单位类别组成园区组，党群政务类组，经济发展类一组、二组，社会事业类一组、二组，执法服务类一组、二组，国企组和街道机关组等10支参赛队伍，全市87个单位的机关党员、干部代表共900余人参赛。经角逐和专家评定，党群政务类组获比赛第一名。

【浏阳市举行庆祝中国共产党成立100周年文艺会演】 2021年6月28日，“永远跟党走”浏阳市庆祝中国共产党成立100周年文艺会演在欧阳予倩大剧院举行，会演以“歌舞表演+情景讲述”的方式，回顾党的光辉历程，讴歌党的丰功伟绩，表达149万浏阳人民对党的诚挚祝福。整场演出以“永远跟党走”为主旨，共分为“忆峥嵘岁月”“看今朝辉煌”“兴希望之路”三个篇章。长沙市委常委、浏阳市委书记朱东铁，市委副书记、市长吴新伟，吴震、秦跃平、周文舜、尹乐平、李爱民、喻辉、周耀辉等全体市领导，同1000多名观众一起观看演出。

【“文艺进景区”展演活动】 2021年9月19日、10月1—4日，市文化馆开展“文艺进苍坊”大型情景歌舞剧《人民的怀念》文艺演出共6场。10月1—7日，市文化馆在浏河第一湾生态旅游度假区、田螺小镇、石牛寨风景区、张坊西溪风景区和华盛山庄等景区开展“非遗（古乐）进景区”活动10场，主要内容为非遗进景区“文艺展演”，节目涵盖歌舞、器乐、小品、走秀等类型；选取油纸伞、夏布、浏阳豆豉、茴饼、官渡唆螺、白沙豆腐、手工造纸、浏阳剪纸、传统泥塑和活字印刷等十余个非遗产品在景区进行集中展示展销（每场展示不少于5个项目）。

【情景剧《蹚出新路子》获“优秀作品奖”】 2021年12月，由浏阳市文化馆创排的精准扶贫情景剧《蹚出新路子》参加第七届湖南艺术节会演，获第七届湖南艺术节作品类“三湘群星奖”优秀作品奖。该剧讲述扶贫户元宝利用电商直播带着乡亲们一起卖农副产品成功脱贫的故事。该作品聚焦夜间经济、乡间经济、网间经济等领域，培育消费热点，体现贫困户在党的关怀和自身的努力下实现脱贫致富，带动乡村振兴，具有较强的现实意义。

（蒋 慧）

文物管理

【概况】 截至2021年12月，浏阳市域内登录在册的不可移动文物共有338处，其中全国重点文物保护单位13处，湖南省级文物保护单位28处，长沙市级文物保护单位27处，浏阳县级文物保护单位56处，一般不可移动文物保护单位214处；浏阳市博物馆已鉴定藏品总数达到9720件/套，其中珍贵文物1175件/套（一级文物11件/套；二级文物64件/套；三级文物1100件/套），一般文物8130件/套。

【第二届湘赣边革命文物讲解大赛总决赛在浏阳举行】 2021年5月

2021年5月30日，“党史忆峥嵘 初心话湘赣”第二届湘赣边革命文物讲解大赛总决赛在浏阳举行，图为总决赛开幕式

（市文旅广电体育局 供图）

2021 年 6 月 27 日，易荡平故居正式揭幕并对外开放 （市文物局 供图）

30 日，“党史忆峥嵘·初心话湘赣”第二届湘赣边革命文物讲解大赛总决赛在浏阳举行。来自湘赣边红色文化旅游共同体成员单位的 24 名（组）选手，分为成人组和少儿组，依托革命旧址、名人故居等不可移动文物以及家书等可移动革命文物，讲述湘赣边革命文物故事。讲解大赛采取现场打分制，评选出一、二、三等奖及优胜奖。经角逐，胡耀邦同志纪念馆陈琼以主题讲解《一张地图里的初心》获“成人组一等奖”，浏阳市奎文实验小学王子瑾、王子瑜获“少儿组一等奖”。浏阳市委常委、宣传部部长李爱民在致辞中表示，浏阳将以本次革命文物讲解大赛为契机，联手湘赣边各兄弟县（市、区），讲好湘赣边故事、传播湘赣边声音、打造湘赣边品牌，从中汲取不忘初心、砥砺奋进的精神养分，掀起崇尚英雄、学习英雄的新风尚，推动党史学习教育走深走实，让红色基因和革命薪火代代相传。湖南省文物局、长沙市文旅广电局有关领导，浏阳市人大常委会副主任刘仙娥参加活动。

【易荡平故居对外开放】 2021 年 6月 27 日，位于达浒镇金田村易荡平烈士故居正式揭幕并对外开放。长沙市委常委、浏阳市委书记朱东铁出席揭幕仪式并致辞。市委副书记、市长吴新伟主持仪式。浏阳市领导李爱民、喻辉、刘仙娥、周明、谢建国参加。易荡平烈士家属代表、烈士生前革命战友家属代表、中国人民解放军某部某分队代表、广西全州县委及湘江战役纪念馆代表、党史及文物研究专家代表参加揭幕仪式。易荡平原名汤世积，1908 年出生于达浒乡金坑村（现达浒镇金田村）。1928 年，他主动报名，成为浏东游击队第一批游击队员，后改名易荡平，立志“以荡平天下不平为己任”。1934 年，易荡平在红军长征湘江战役中带领官兵浴血奋战，在脚山铺阻击战中身负重伤，为了不拖累战友和不当俘虏，毅然拔枪自尽，牺牲时年仅 26 岁。易荡平烈士故居始建于清末，占地面积 448 平方米。为做好易荡平烈士故居等红色资源保护利用工作，2021 年 5 月，浏阳保护修缮易荡平烈士故居，并对其革命事迹进行展陈。中央军委原副主席范长龙为故居题名。修缮后的易荡平烈士故居《饮弹湘江铸忠魂——易荡平烈士生平事迹陈列》内容分为立志革命、荡平不平、死而无憾、丰碑永存、英烈之家五个部分，展示易荡平烈士生前的革命史实。

（蒋 慧）

融媒体

【概况】 浏阳市融媒体中心为浏阳市委直属公益一类事业单位，归口市委宣传部管理。2021 年，有班子成员 7 人，干部职工 686 人（其中正式在编员工 199 人，聘用制人员 317 人，退休人员 170 人）。中心机关设办公室、融媒管理调度部（总编室）、技术安全部、财务部、政工人事部、机关党委、机关纪委 7 个内设机构。浏阳市融媒体中心拥有《浏阳日报》、浏阳电视台、浏阳人民广播电台三个传统媒体平台；拥有网络公司、无线公司、发射台等传输机构；拥有掌上浏阳、浏阳网、微浏阳、浏TV、浏阳 995、浏阳日报抖音、浏阳电视台抖音等“一端一网三微两抖”新媒体矩阵；拥有“湘鄂赣市县广电合作平台”“湘鄂赣手机直播合作平台”“湘赣边网络媒体合作平台”等区域性合作平台和“全国原创节目

2021 年 4 月 9 日，湖南省委网信办举行县级融媒体中心互联网新闻信息服务许可证颁证仪式，浏阳市融媒体中心获得编号为“43120210001”的服务许可证

（市融媒体中心 供图）

2021 年 8 月 17 日，中宣部新闻局浏阳市融媒体中心座谈会调研
（市融媒体中心　供图）

交流中心”“供销频道节目制作中心”等全国性节目生产和发布平台。浏阳电视台设 1 个频道，浏阳人民广播电台设 2 个频点。2021 年，共有 70 件作品获得省、长沙市以上奖励，“掌上浏阳”总点击量突破 7.5 亿次、下载注册量 52 万、日均点击量 48 万次。浏阳媒体融合发展得到中宣部和广电总局高度认可和肯定。浏阳被列为中宣部重点联系的县级融媒体中心建设试点县（市），被评为“湖南省广播电视公共服务工作先进县（市）”，被确定为“全国第二批第四家广播电视基本公共服务标准化试点创建县市”。浏阳市融媒体中心被评为“全国广播电视媒体融合先导单位”，被授予“第八届全国服务农民服务基层文化建设先进集体”“全国新闻出版广播影视系统先进集体”“2020 年度全国舆情信息工作优秀单位”“省农村广播村村响工程建设先进单位”称号；入选“2021 年全国县级融媒体中心能力建设十大典型案例”，“浏阳融媒体产业生态链建设项目”入选国家广播电视和网络视听产业发展项目库，获得全省第一张县级《互联网新闻信息服务许可证》《信息网络传播视听节目许可证》。浏阳日报社被全国报纸自办发行协会评为“全国报纸自办发行先进集体”。

【新闻宣传】 2021 年，全年出版《浏阳日报》251 期、播出《浏阳新闻联播》260 期，电台播出 365 期，新媒体矩阵全天候上线，“掌上浏阳”APP 总点击量 7.5 亿次，短视频总播放量 30 亿次。向上级主流党媒供稿 260 篇，通联央视播发新闻 13 条（《新闻联播》2 条）、《人民日报》1 篇、《湖南日报》45 篇，向各网站供稿 1200 篇，连续 4 年被评为“湖南卫视优秀通联集体”。

【事业融合规划、建设与发展】 新闻宣传水平、节目生产能力、事业建设规模、产业发展速度稳步提升。2021 年，实现经营收入 1.81 亿元，保持稳健发展态势。精品意识增强，精品策划《先烈志·两地红》《奔向潇湘》《河流的记忆》等闪耀县域融媒；精品特稿《红色浏阳，从胜利走向胜利》《解码浏阳发展“集群现象”》《从这里，看乡村振兴》等批量呈现，短视频《请全国人民看浏阳烟花》成为全国热点；精品专题《园区高质量发展的“浏阳实践”》《风景这边正好——浏阳市美丽宜居村庄建设》等获长沙市委主要领导点赞；精微评论《在浏阳，真好》《携手互爱　齐心抗疫，人人都是局中主角》等引导舆论有力有效；精品创作层见叠出，《全城致敬》获湖南新闻奖“三等奖”、《廉奕明的四件事》获湖南广播电视奖“新媒体一等奖”。“学习强国”平台全年上稿超 500 条，在长沙九区县（市）排名第一名。发挥媒体平台优势，策办旅游节、美食节、家电节、家博会等活动 100 余场，摄制专题片近 100 部，做强“会展专家”“大型活动举办专家”“专业视频生产商”等品牌；截至 2021 年 12 月底，湘鄂赣广电联盟成员达到 49 家，全国手机直播联盟成员达到 133 家，中国市县原创节目交流中心已有 401 家电视台和 320 家手机台会员。践行湘赣合作战略部署，推进“湘赣合作看今朝”系列报道，做实“乡村漫游团”和“红星好少年”项目，联动举办“中小学生红色故事讲演赛”“红军胜利会师之旅”“红歌唱响湘鄂赣”“航天科技之旅”等联合采风直播 30 余次，品牌影响持续扩大。

【新技术研究、开发和利用】 2021年，按照“了解浏阳，一切尽在掌上浏阳”定位，将“掌上浏阳”打造为浏阳综合服务平台和社区信息枢纽，全年注册用户 52 万户，日均访问量 48 万人次，单日最高访问量 247.1 万人次，总点击量超 7.5 亿人次，较上年度增长 1.5 亿人次，综合实力稳居全国县市媒体 App 前茅。经中宣部新闻局组织评议和研判，浏阳市融媒体中心旗下客户端“掌上浏阳”被评为全国 7 个具有示范意义客户端之一，为全省唯一。做优智慧平台。建成运营 26 个智慧项目，其中“党建+微网格”基层社会治理平台跻身长沙市新型智慧城市十大典型应用名单。做强电商平台。“羊淘商城”精准对接“供”“需”市场，商业模式输出至广东深圳、山西孝义、湖北通城、湖南永州等地，助力推动“乡村振兴”“湘赣合作”。发挥网络资源优势，以全国试点为契机，推进“广播电视基本公共服务标准化体系建设”“中央广播电视无线覆盖工程”等一批试点项目；发挥技术平台优势，开发“党建微网格+五个到户”“花炮云”等一批智慧项目；发挥媒体人才优势，建设“融创·星未来”艺术培训等一批拓展项目，着力打造少儿艺术教育培训产业；搭建“智慧电台”，通过智能抓取向受众提供内容丰富的智慧服务；完成 4148 场农村公益电影放映任务。

【报纸、广播、电视、新媒体管理】 2021 年，市融媒体中心推进机构、平台、项目、人才等层面的深度融合，

2021年4月22日，新华社湖南分社党组成员、副社长张春保带领新华社湖南分社及新华社新闻信息中心湖南中心一行40余人，到浏阳市融媒体中心考察调研媒体深度融合、建设县级融媒体中心等工作情况　（市融媒体中心　供图）

系统优化管理架构、整体推进人事调整、建立完善薪酬体系，形成“合而为一、统一管理、协调联动、高效运转”的运行机制。坚持政治家办报、办台、办网，旗帜鲜明讲政治。确保党媒姓党。加强报纸、广播、、新媒体等系统内的国有资产监督管理，确保国有资产保值增值。

【学习强国“浏阳市融媒体中心”县级融媒号上线】 2021年1月15日，学习强国“浏阳市融媒体中心”县级融媒号上线，成为湖南首批、全省首家成功入驻“学习强国”的县级融媒号。学习强国“浏阳市融媒体中心”县级融媒号以深耕本土为特色，充分彰显浏阳城市气质，传播浏阳声音、树立浏阳好形象，开设“浏阳新闻”“文明浏阳”“浏视频”“浏阳之声”“融媒在线”等精品栏目。9月8日，“‘学习强国’长沙学习平台供稿链路2021上半年供稿情况排名表”发布，浏阳融媒排名长沙市第一名。

【被授予“全国新闻出版广播影视系统先进集体”称号】 2021年1月20日，人力资源社会保障部、国家广播电视总局和新闻出版署发布《人力资源和社会保障部　国家广播电视总局　新闻出版署关于表彰全国新闻出版广播影视系统先进集体先进工作者和劳动模范的决定》(人社部发〔2021〕6号)，通报表彰全国新闻出版广播影视系统先进集体、先进工作者和劳动模范。其中浏阳市融媒体中心被授予“全国新闻出版广播影视系统先进集体”称号。作为首批中宣部重点联系推动的县级融媒体中心建设试点县(市)，浏阳市融媒体中心全力建设“主流舆论阵地、综合服务平台、社区信息枢纽”，新闻宣传水平、节目生产能力、事业建设规模、产业发展速度大幅提升，综合实力稳居县级媒体全省第一，挺进全国第一方阵。2020年，浏阳市融媒体中心先后被评为“第八届全国服务农民、服务基层文化建设先进集体”“全国广播电视媒体融合先导单位”，“浏阳媒体融合产业生态链建设项目”入选国家广播电视和网络视听产业发展项目库，融媒作品《全城致敬》获全国“县级融媒齐心抗疫”优秀案例奖。

【湘鄂赣城市广播电视联盟第七届年会在浏阳召开】 2021年5月21日，湘鄂赣城市广播电视联盟第七届年会在浏阳召开，湘鄂赣三省40余个县(市、区)融媒体中心负责人共同探讨新时期县级融媒的合作发展之路。大会对2020年度优秀单位、优秀个人、优秀作品进行表彰，会议听取湘鄂赣城市广播电视联盟的年会工作报告。会上，湘鄂赣城市广播电视联盟秘书处对《红色文物会说话》专栏、2021“红歌唱响湘鄂赣”活动、“使命召唤”好记者讲好故事演讲大赛、湘赣红云平台、红星好少年、乡村漫游团6个2021年联盟重点合作项目做推介。会上，遂川、桂东、崇义、上犹、吉首5个县(市、区)的融媒体中心加入湘鄂赣城市广播电视联盟，至此，湘鄂赣城市广播电视联盟成员台增至48家。

【审议通过《关于浏阳有线电视网络整合发展暨相关事业编制人员分流安置实施方案》】 2021年11月29日、12月3日，市长办公会会议、市委常委会会议分别审议通过《关于浏阳有线电视网络整合发展暨相关事业编制人员分流安置实施方案》。12月10日，召开浏阳有线网络整合发展暨相关事业编制人员分流安置工作动员大会；12月16日，完成155人分流安置对象选岗工作，其中88人分流安置至除小河、达浒、高坪、淮川之外的28个乡镇(街道)，67人分流安置至融媒产业指导服务中心；12月28日，分流安置对象全部到岗到位，完成广播电视改革任务。

（付　苹）

【图书发行】 2021年，湖南省新华书店有限责任公司浏阳市分公司实现营业收入14425.58万元，同比增幅13.86%；实现利润2083.61万元，同比增幅10.00%，连续10年排名全省县级分公司之首；两大经济指标均超额完成年度计划。新门店新华书店浏阳乐之书店建设项目主体工程基本完成；开展“智慧共享·校园阅读”活动，建设148所学校的智慧共享校园书屋。分公司全年组织开展各类阅读推广公益活动40余次，其中书香校园·共享阅读系列活动(名师进校园、浏阳赛区新媒体演讲主持比赛等)影响最大，各类活动辐射人群10余万人。政治性图书发行。做好党史等党政读物发行工作，上半年发行党政读物16万余册，码洋469万元；下半年发行党政读物11392套，码洋113万元。教材发行。全年发行教材5515.72万元，学习学科类、精品阅读类、期刊、主题活动用书、教师读书工程、幼儿资源包等重点图书业务继续保持增长态势。

一般图书发行。人民路门店以推进全民阅读和书香浏阳建设为契机，搭建图书共享平台模式。线上业务销售额和销售占比均保持高速增长，全年完成销售订单223569笔，销售码洋1814万元，线上销售业绩占比28%左右。在校学生成为线上业务主要读者群，全市582所学校有8.5万名学生参与过分公司线上业务；联系建设党建书屋25家，其中浏阳市发展和改革局党建书屋、浏阳市淮川街道才常商圈党建书屋被评为全省“最美党建书屋”；做好31370册、码洋164.43万元教师读书工程的书籍管理与配送工作；完成全市133个农家书屋的图书配送工作。

【公司销售管理】 2021年，湖南省新华书店有限责任公司浏阳市分公司继续从发展线上平台、加强网点建设、加大市场拓展、组织阅读推广活动、优化发行模式、强化内部管理六个方面履行国有文化企业社会责任，提升企业整体服务水平，推动企业持续发展。应对同业竞争，提高市场占有率，6月，分公司新设立市场二部（大宗业务部）；年底，对物流部进行改革，下设业务组、仓储组、配送组，将中心门店、乐之书店浏阳店的一般图书仓储物流业务并入仓储物流部管理，着力打造智慧物流。实施“书香校园·共享阅读”工程项目，通过“共享、共建、共创”的运营理念，学生通过购买阅读卡的众筹方式参与“智慧·共享”校园书屋建设，实现全市学生“以最少的钱读更多更好的书”的目标。在全市中小学校和幼儿园建设“智慧·共享”校园书屋，将其打造成为新华书店开展“书香七进”、服务群众的惠民品牌和书香校园建设、家校共育、促进未成年人思想道德建设的重要平台。截至2021年12月末，分公司在“智慧·共享”校园书屋项目中累计投入资金2000余万元。2021年，公司“智慧共享·校园阅读”项目获“中南传媒集团特别贡献奖”。年初，公司被湖南省出版物发行业协会授予“湖南省出版物发行业优秀发行单位”称号。经理、党支部书记李玉娟被湖南出版投资控股集团授予“2021年度先进个人”称号。副经理、党支部副书记陈学雷被湖南省新华书店授予“2021年度先进个人”称号。

（沈完乐）

地方志工作

【《浏阳年鉴2021》编辑】 2021年2月，浏阳市地方志编纂室编制出台《浏阳年鉴2021》篇目基本框架。3月15日，由中共浏阳市委办公室、市人民政府办公室下发《关于做好〈浏阳年鉴（2020）〉组稿工作的通知》，启动年鉴组稿工作。6月10日，各组稿单位完成资料报送。8月25日，年鉴编辑部（方志室）完成编辑、总纂。9月上旬，完成初审形成《浏阳年鉴2021》清样，报方志出版社审查出版。《浏阳年鉴2021》设图照专版和正文，图照部分包括浏阳市地图、浏阳市森林资源分布图等共16个版，正文部分包括特载、大事记、浏阳概貌等共35个类目、192个分目、1426条目。与往鉴比较《浏阳年鉴2021》在资料收集上“浏阳概貌”新增“交通、人民生活”，概述全市交通与人民生活发展历史，“附录”部分新增“浏阳市第七次全国人口普查公报”“长沙市第七次全国人口普查公报〔区（县、市）人口情况〕”，突出年鉴年度特色；在篇目设置上，将“工商联”从“民主党派·工商联”中析出、将“残疾人联合会”从“社会生活”中析出，归入“群众团体”类目，突出归类科学。10月下旬、11月下旬和12下旬分别根据方志出版社专家审查建议先后进行3轮修改，12月30日，完成终审定稿。《浏阳年鉴2021》成书1288千字。

【名村（社区）、名小区、名镇志编修】 2018年3月，浏阳市启动名村名镇志编纂工程。2020年7月，浏阳市大瑶镇、沙市镇秧田村和淮川街道朝阳社区梅花小区等9个镇、村（社区）、小区向长沙市地方志编纂室申报参加编修并完成资料收集；同年11月30日，长沙市地方志编纂室公布第一批名村名镇志名单，浏阳市大瑶镇、大围山镇2个镇和大瑶镇南山村5个村（社区）以及淮川街道朝阳社区梅花小区入选。2020年11月，《梅花小区志》由方志出版社出版发行，2021年4月8日，浏阳市档案馆联合淮川街道办事处在朝阳社区开展“为民修志、为民送志暨《梅花小区志》首发式”；9月23日，沙市镇秧田村召开《沙市镇秧田村志》评审会议，邀请长沙市地方志编纂室和浏阳市地方志编纂室领导和专家参加评审，2021年年末，《沙市镇秧田村志》完成终审定稿，由湘潭大学出版社审查出版。

【地方志、年鉴发行与交流】 2021年，浏阳市地方志编纂室共发行《湖南年鉴2020》20本、《长沙年鉴2020》20本、《浏阳年鉴2020》820本。与各省、市、县（区）交流志书35本，交流年鉴210本，其中交流《浏阳年鉴2020》209本。

【方志服务】 2021年，浏阳市地方志编纂室除展馆日常接待外，方志室先后为浏阳市人民政府门户网站提供“浏阳概貌”等资料，4月8日，在“为民修志、为民送志暨《梅花小区志》首发式”上，向社区群众赠送《梅花小区志》等志书500余本（套）。为庆祝中国共产党成立100周年，先后为中共浏阳市委宣传部、上海卫视第一财经频道、市编办、市文体局、各乡镇街道以及有关单位提供大量史实资料，接待上门查阅资料120余次。年内，有祖籍浏阳身居外地寻姓、罗姓、钟姓人士到浏阳寻根，方志室均提供大量地情资料，并帮助他们实现认祖归宗。

【《浏阳年鉴2020》入选中国年鉴精品工程“精品年鉴”】 2021年4月19日，中国地方志指导小组办公室公布第五批中国年鉴精品工程“中国精品年鉴”，《浏阳年鉴2020》成功入选，成为湖南省首部县级中国精品年鉴。《浏阳年鉴》创刊于1987年，由中共浏阳市（县级）委、浏阳市人民政府主办，浏阳市地方志编纂室承办的年度资料性文献，至2020年已连续出版发行34卷。《浏阳年鉴2004》《浏阳年鉴2015》分获首届和第四届“中国地方志年鉴类优秀成果”一等奖;《浏阳年鉴 2018》获“第六届全国地方志优秀成果(年鉴类)”特等奖。《浏阳年鉴 2020》按照“谋篇布局创新突出时代特色、框架设置创新突出地域特色、资料挖掘创新突出年度特色、篇目归类创新突出科学规范”的举措,打造精品年鉴。2021 年 12 月 31 日,中国地方志指导小组下发《关于对第八届全国地方志优秀成果(年鉴类)的通报表扬》,《浏阳年鉴 2020》被评为县级综合年鉴“特等年鉴”。

【被评为全省地方志系统“2021 年度先进集体”】 2021 年 12 月 27 日,湖南省地方志编纂院下发《关于表扬湖南省地方志系统 2021 年度先进集体和先进个人的通报》,浏阳市地方志编纂室被评为全省地方志系统“2021 年度先进集体”。2021 年,市地方志编纂室贯彻学习习近平新时代中国特色社会主义思想和习近平总书记关于史志工作的重要指示批示精神,围绕市委、市政府中心工作开拓创新、真抓实干,发挥地方志“为党立言、为国存史、为民修志”职能作用,取得显著成效:推进名村名镇志编修,《梅花小区志》出版发行,《沙市镇秧田村志》年内完成终审定稿,《浏阳年鉴 2020》成功入选中国年鉴精品工程“中国精品年鉴”,并被评为第八届全国地方志优秀成果(年鉴类)“特等年鉴”。

(唐继武)

档　案

【概况】 2021 年,全市有国家综合档案馆 1 家,乡镇档案馆 1 家(澄潭江镇)、城市建设档案馆 1 家,档案室 450 家,其中 116 家档案室通过档案工作规范化管理认定。全市共有 500 余名专(兼)职档案员,馆(室)藏档案 310 万余卷(册),其中市档案馆馆藏档案 43.8 万卷(册),19.9 万余件,全宗 222 个。

【村级档案管理服务乡村振兴改革试点工作】 2021 年 8 月,浏阳市档案局(馆)启动村级档案管理服务乡村振兴改革试点工作,计划投资 1000 万元,在“十四五”期间实现全市 326 个村(社区)档案工作规范化建设全覆盖。全年完成 16 家村级示范性档案室、50 家村级规范化档案室的创建工作。

【档案信息化建设】 2021 年,浏阳市档案馆开展国家数字档案馆申报工作,完成机房存储网络安全设备及运维项目验收。指导教育局完成全市 338 万余页教师人事档案的信息化工作。依托“掌上浏阳”平台,建成浏阳掌上档案馆,实现开放档案、文化典籍和地方史志研究成果等的在线展示与就地查阅。

【档案保管与保护】 全年市档案馆接收文书档案 10988 件、第二次全国污染普查档案 1475 卷、退伍军人档案 284 卷、工程档案 277 卷,征集到族谱、珍贵书籍等 39 册。完成市纪委监委、市财政局等 8 个单位 37659 卷(册)寄存档案的保管工作。

【档案查阅与利用】 2021 年,浏阳市档案馆在查档接待中心继续开展“小窗口、大服务”活动,全年接待查阅近 16000 人次,复印 8 万余页,编写档案利用事例 20 例。依托“浏阳记忆”展厅,全年接待各级党组织和中小学生参观学习近 100 批次,共计 12000 余人次。开展档案知识进校园活动,为淳口镇苗田小学送档案知识进课堂,并捐赠红色书籍 300 本、葫芦丝 20 只、架子鼓一套及一批体育设备,被评为“浏阳市关心下一代工作优秀集体”。

(王江英)

体　育

【概况】 2021 年,浏阳市新建乡镇全民健身中心 3 处、智慧社区健身中心 6 处、小型球场 2 个、健身步道 12.8 千米、全民健身工程点近 200 个。截至 2021 年 12 月 31 日,全市共建成乡镇全民健身中心 28 处、健身驿站 5 处、国民体质监测点 6 个、健身步道 12 条共 100 余千米、智慧社区健身中心6 个、全民健身点 4000 余处,基本建成城区 15 分钟、农村 30 分钟健身圈,体育场地设施覆盖率达 100%,向社会开放率 100%,学校、机关、事业单位体育场地设施向公众免费开放率达 50%以上。成功举办浏阳市第十四届“新年杯”男子篮球赛、第七届三对三篮球联赛、第五届“体彩杯”七人制足球赛、第六届羽毛球比赛、第八届职工气排球赛、乒乓球混合团体大赛、柔力球、太极拳(剑)展示活动,第五届健身舞蹈展示活动、第七届三对三篮球赛、青少年武术公开赛、乒乓球混合团体赛、第四届“追梦少年”篮球联赛等全民健身赛事活动,协助举办 2021“薪火传承·中国健康跑”浏阳站暨第七届浏阳市冬季马路赛等赛事活动。全年共举办具有一定规模的体育健身赛事活动超过 1000 场(次),直接或间接参与群众约 60 万人次。承办湖南省第十届老年人运动会门球比赛、长沙市第十届运动会〔区(县、市)组〕篮球比赛,举办湘鄂赣(浏阳)气排球邀请赛,组织队伍参加湘鄂赣乒乓球赛、太极拳剑比赛和湘鄂赣九县(市)第五届象棋联赛。获“2021‘薪火传承,中国健康跑(浏阳站)赛事组织奖”。

【场馆建设和开放】 2021 年,浏阳市人民政府投资 340 余万元对体育场跑道提质改造,重新铺设预制型橡胶卷材,对场内墙面、栏杆、标识标牌等重新进行喷涂和设置,修复场内晚间灯光照明并纳入市政用电统一管理。新增 2 片五人制篮球场球架,更换健身路径器材 20 余件;正式启动游泳馆恒温改造工程。中心体育场馆全年免费低收费对外开放,共接待市民 160 万人次,承载体育赛事活动 41 项,提供体育服务 58 项,全年培训 14707 人次,其中免费培训 5600 人次。疫情期间面向留浏过春节的非湖南籍务工人员免费开放体育场馆,对老年人、残疾人等特定人群,制订体育中心场馆“智慧助老”方案,对老年人、学生、残疾人等特定人群给予优待。

【竞技和青少年体育】 体教融合。组织开展2021年中国小篮球联赛(湖南浏阳赛区)、浏阳市青少年武术公开赛、浏阳市第四届“追梦少年”篮球联赛等,以校外体育活动,培育“体教融合”;联系篮球、足球、武术、气排球等体育协会和各青少年体育俱乐部开展体育项目进校园活动、浏阳河体育服务队公益志愿活动,助力学校体育活动,促进“体教融合”;截至2021年12月,全市有2所全国青少年篮球特色学校,13所全国足球特色学校,6所省市田径、排球、武术等传统项目学校,45家武馆、武校。8月17日,浏阳14岁武术小将陈彦曦在2021年湖南省青少年武术锦标赛中获套路女子U16组规定刀术第一名,规定棍术第二名、规定长拳第三名。5月24日,NYBO青少年篮球公开赛春季赛(株洲赛区),浏阳健将U12夺冠,获全国赛资格;7月11日,2021湖南省小篮球联赛U12王祖隆获男子组冠军;7月14日,姚基金希望小学篮球季湖南省级联赛,浏阳金刚镇南岳国辉小学篮球队七战全胜夺冠。竞技发展。7月20日,浏阳代表队在湘鄂赣气排球邀请赛上以6战全胜成绩夺得冠军;6月11日,在“我要上全运”暨湖南省第二届社区运动会中,体育中心代表浏阳市文旅广体局参赛并获得团体中年组第一名,同时分获老年组和青年组单项第一名和第二名;做好浏阳市参加长沙市第十届运动会成年组篮球、足球、气排球、乒乓球、羽毛球、马路赛等项目参赛工作,6月29日,在长沙市第十届运动会中,浏阳市代表队获篮球赛(区、县、市组)冠军,马路赛跑男子组亚、季军,乒乓球赛女子团体冠军,成年组团体总分139分好成绩。

【体育协会建设】 2021年1月19日,浏阳市体育总会完成第八届换届工作。2021年,新注册成立健身舞蹈、啦啦操单项协会。截至2021年12月,全市共有体育单项协会25个,民办非企业体育组织13个,全民健身站点500个,各级社会指导员3500人,其中老体协会员10万余人。全年共举办体育赛事活动百余场,举办“体育进校园”活动10余场。篮球、足球、羽毛球、乒乓球、台球、跆拳道、瑜伽、游泳、体育舞蹈、自行车、健身等各类体育经营场所50余家、社会足球场8片。

【2021“薪火传承·中国健康跑”浏阳站开跑】 12月19日,庆祝中国共产党成立100周年“传承红色基因·助力5A创建”2021“薪火传承·中国健康跑”浏阳站暨长株潭城市群大型体育赛事系列活动——第七届浏阳市冬季马路赛跑在浏阳苍坊旅游区耀邦广场开跑,来自全省600名跑步爱好者参加。浏阳站赛事设有3大竞赛项目5个组别,分别为经典跑男女组、火炬传承跑男女组、传承跑组。经角逐,曾文波、谭奇、李加分别获浏阳站赛事经典跑男子组前三名,黄菲、李赛君、易红分别获经典跑女子组前三名;肖琦、向清、龚卓轩分别获火炬传承跑男子组前三名,何茗、郑林、蔡建芳分别获火炬传承跑女子组前三名。获奖运动员在现场登台接受颁奖并获奖金,各组别前十名运动员名单在赛事官方微信平台公示。三个组别赛道起终点均设在耀邦广场,主要行进路线全部在景区内。在主会场周围,赛事组委会设置红色文化长廊,展示中国共产党百年奋斗的伟大成就和光辉历程,吸引多人驻足观看。浏阳站赛事由湖南省体育局主办。

(蒋 慧)

道吾山天湖　　（张昌国　摄）

卫　生

综　述

【概况】　至2021年年底，全市共有注册登记医疗卫生机构1153家，其中市属医疗卫生单位6家，乡镇卫生院31家，街道社区卫生服务中心4家。全市医疗卫生机构实有床位数11046张，执业（助理）医师4630人，护士5711人。公立医疗机构实有在岗职工8809人，其中在编人员4170人，临聘人员4639人。每千常住人口床位数8.04张，每千常住人口执业（助理）医师和注册护士分别为3.24人和3.99人（以人口普查数据143万为基数计算）。2021年，全市公立医疗卫生机构门急诊人次561.7万人次，住院人次40.2万人次，分别较2020年增长42%、9.9%。全年共计出生人口10344人，死亡10452人，人口自然增长率为-0.07‰。乙类传染病发病率450.33/10万，孕产妇死亡率10.34/10万，5岁以下儿童死亡率为3.1‰。

（张　星）

【疫情防控】　重点人群摸排管控。依托“党建+微网格”和大数据的“双向排查”机制，精准做好境外、国内中高风险地区到（返）浏人员摸排管控工作。截至12月31日，累计管控国内疫情中高风险地区到（返）浏人员18215人、境外到（返）人员3378人。新冠疫苗接种。建立接种工作日报告、日调度、周通报工作机制，按照“人轮休接种台不轮休”“接种时间服务接种任务”的原则，稳妥有序推进疫苗接种工作。全年累计接种284.47万人次，其中加强免疫接种17.79万人次，3~11岁接种13.65万人次。应急保障能力提升。完善公共卫生体系，添置负压救护车、移动车载CT等设施设备，开展大规模核酸检测应急演练，提升公共卫生应急水平。加强应急值班值守，实行集中办公，畅通信息渠道，落实日报告、零报告制度。有序扩大核酸检测范围，截至12月31日，累计检测229.67万人次，结果均为阴性。入境“包机”接待。根据长沙市联防联控机制统一部署，完成2趟入境航班241名旅客防控接待任务，实现工作人员“零暴露”、隔离对象“零投诉”目标。舆论宣传引导。关注国内、外最新疫情形势和防控政策变化，依托“微浏阳”“浏阳发布”“浏阳党建”等平台精准推送发布疫情防控提示信息200余条，让市民第一时间获悉和掌握疫情动态，增强个人防护意识，主动配合做好疫情防控工作，共同筑牢外防输入安全屏障。重大活动疫情防控。统筹做好全市重大活动疫情防控评估、指导工作，确保“七一”、党代会、政协、人大“两会”等重大节会召开。

（杨　丹）

【医政管理】　医疗质量管理。制定《业务院长考核管理办法》，促进全市医疗卫生单位的业务院长履职担责。新成立消毒供应质量控制中心。对病案首页主要诊断和手术操作编码进行统一和规范。健全院科两级医疗质量体系，落实落细医疗质量管理18项核心制度。制定28个病种基层版临床路径，进一步规范诊疗行为。按照《关于进一步加强医疗机构感控人员配备管理相关工作的通知》（联防联控机制综发〔2021〕88号），配齐专职医院感染管理人员。抗击新冠疫情。优化发热门诊（诊室）布局，规范发热病人接诊流程，实现全流程全闭环管理。完成市妇幼保健院、集里医院发热门诊改扩建。提升核酸检测能力，新增方舱实验室2台，签约第三方检测公司7家，全市单日单管检测能力达到15.15万管，实现在1天内完成全员核酸检测任务。全年开展发热病人等重点人群检测88万余人次，完成2轮大规模人群核酸检测49万余人次，结果全部阴性。另外，选派74人支援宁乡市、长沙县和雨花区抗疫。医护人员培训。遴选2名骨干全科医生、骨干临床医师14名、乡村医生25名参加基层卫生人才能力提升国家培训项目。开展基层眼耳鼻喉科专科医师培训，补齐基层诊疗科目和诊疗技术短板。组织13个类别基层卫生人员参加新冠疫情防控线上培训及考核，参考率达99%，合格率96%。开展技能竞赛。组织参加湖南省母婴安全急救技能比赛长沙赛区选拔赛、长沙市“星城杯”急救技能大赛、现场救护培训导师授课大赛，市人民医院在省、市两级现场救护培训导师授课大赛中均获“一等奖”。迎接湖南省优质护理服务复核评估，市人民医院、妇幼保健院被评定为“优秀”等级并获省卫健委“通报表扬”。市120急救中心被评为“湖南省院前急救先进集体”。完善服务体系。2个学科成功申报省级湖南省临床重点专科，6个学科成功

2021年11月26日，浏阳市卫健系统“一把手话清廉”廉政主题分享会在市人民医院举行，市委常委、市纪委书记、市监委主任姚喜琳出席并致辞　（市卫生和健康局　供图）

申报市级湖南省临床重点专科，10个学科成功申报县级湖南省临床重点专科。妇幼保健院完成三级专科医院初评。市人民医院、集里医院完成“千县工程”推荐标准申报，大瑶镇中心卫生院、镇头镇中心卫生院完成国家中心卫生院申报。提升服务能力。制定《浏阳市基层医疗机构外、妇科手术能力提升三年（2021—2023年）行动实施方案》，分阶段提升乡镇卫生院（街道社区卫生服务中心）外科、妇科手术能力。选派8名市属医院腔镜专家到乡镇卫生院担任副院长，提升基层微创手术能力。提高基层急诊急救水平，实现除颤仪全覆盖。医疗机构管理。支持社会办医，新增医疗机构17家，其中口腔门诊部4家，普通诊所9家，医务室3家，卫生室1家。办理医疗机构执业变更147项。完成1102家医疗机构年度校验，注销11家，立案查处1家。开展严厉打击医疗机构医疗欺诈等违法违规行为专项整治，共检查医疗机构503家，立案查处违法案件11起。实施医疗机构“清廉医保”综合整治行动，共检查45家医疗机构，追回违规基金30余万元。组建过度诊疗界定专家库，按季度开展处方点评，集中约谈医务人员16名。医德医风建设。严格落实《关于加强医德医风建设的实施意见》《医疗机构工作人员廉洁从业九项准则》，改善医德医风。加强正面宣传，营造尊医氛围，开展首届“最美白衣天使”评选活动，表彰优秀医师、护士各10人。8人被评为“长沙市优秀医师”，1人被评为“长沙市德艺双馨最美医师”。医疗纠纷调控。健全医疗纠纷“三调解一保险”（院内调解、人民调解、行政调解，医疗责任险分担）长效机制，落实医疗纠纷个案点评和责任追究制度。市医疗纠纷人民调解中心全年调处医疗纠纷26起，行医疗事故技术鉴定12起。全年未发生医疗机构占主要责任的一、二级医疗事故。龙伏镇卫生院和金刚镇卫生院创成浏阳市平安医院，北盛镇中心卫生院创成长沙市平安医院。

（刘　苏）

【综合医疗改革】　深化公立医院综合医改，完成公立医院综合改革真抓实干成效明显督查激励各项指标任务，现代医院管理制度、分级诊疗、医防融合、医保支付方式改革等工作取得明显成效，受到中央电视台、《人民日报》等媒体关注报道，获“省级公立医院综合改革真抓实干成效明显督查激励表彰”。健全公立医院章程等现代化医院管理制度，对党政领导进行分设，开展市人民医院省级现代医院管理制度试点。加强公立医院运行监管和绩效考核，推动公立医院高质量发展。加强肿瘤专科联盟建设，开发上线肿瘤防治信息系统，规范肿瘤患者会诊转诊流程，对全市约1.1万名肿瘤患者进行全生命周期健康管理。依托“互联网+家庭医生”签约服务，推进医防融合，完善高血压、糖尿病“两病”管理信息系统，纳入“两病”标准化管理患者人数14万人，医防融合率90%以上，门诊医保报销率100%。深化湘赣边区域医疗合作，成功举办湘赣边区域医疗开放合作高峰论坛等7场次交流活动，湘赣边区域诊疗人次占总诊疗人次的16%。加强基本药物制度管理，成立市药品使用监测与预警中心，优先保障基本药物使用，基本药物制度绩效考核位居全省前列。

（王科明　邓徐徐）

【医学科研】　提升医学专科服务能力。实施《医学专科服务能力提升三年行动计划（2021—2023年）》，瞄准国内一流学科资源，全年选送21名学科带头人、骨干医师到复旦大学专科排行榜排名前十的医院专科进修培训。实行重点优势专科“一带多”融合发展模式，强化14个龙头专科，同时联合带动22个融合专科发展。通过开设专家门诊、上派学习等方式，市人民医院、市中医医院分别与中南大学湘雅医院、中国人民解放军总医院等国内知名三甲医院开展交流合作。市人民医院、中医医院等单位出台六年发展规划（2021—2026），并落实配套经费，推进市人民医院普外科、中医医院急危重症科等5个长沙市深化医学临床重点专科建设。加强各类培训和继续医学教育学分审核。全年共组织开展业务培训70余场1万余人次，完成年度继续教育学分审核工作。强化病原微生物实验室生物安全监管。组织50余人参加长沙市卫健委病原微生物实验室生物安全岗位培训及管理人员线上和线下培训，提高实验人员生物安全意识。开展病源微生物实验室生物安全专项检查，全年随机抽查8家单位，并提出整改意见。

【健康科普】　2021年，浏阳市以建设健康县区（市）为契机，传播健康知识，提升居民健康素养。组织市人民医院、中医医院、疾控中心、妇幼保健院、脑科医院、集里医院等市属医疗卫生单位制作原创科普视频30个，并在“健康浏阳”“学习强国”等平台推送，倡导健康文明生活方式。同时，围绕新冠肺炎疫情防控，依托“微浏阳”“浏阳发布”“健康浏阳”等媒体平台，开展居民卫生、重点场所卫生、疫苗接种、居家环境消毒等健康科普知识宣传，引导市民科学防疫、主动防疫。

（朱　明）

【中医药事业】　2021年，传承发展中医药事业，完成全市中医药师承第二阶段传承人考核，淘汰退出14人，26人进入第三阶段学习。举办中医适宜技术培训班4期，共培训基层专业技术人员600余人。挖掘民间中医药名方绝技，推动临床应用，收集名方15个、绝技3个，其中江氏正骨、陈氏伤科、贝氏喉科、戴氏白灵散、陈氏烧伤药5个名方绝技在申报国家中医药传统知识收集整理项目。承办湖南省“中医药服务基层全覆盖”重点民生实事项目推进会并作典型发言，全市中医药服务实现基层全覆盖。开展中药饮片及药事质量管理工作督查、中药饮片采购验收专项清查和廉政教育中药饮片信息比对现场观摩，规范中药饮片的购销行为。组织参加长沙市职业技能大赛中药调剂竞赛，市中医医院获团体第3名，3名队员获个人“三等奖”。

（高明果）

2021 年 6 月 19 日，湘赣边区域医疗合作高峰论坛暨学术年会参会人员合影

（市卫生和健康局　供图）

【爱国卫生】 2021 年，浏阳市以巩固国家卫生城市等工作为重点，结合新时期爱国卫生运动与新冠肺炎疫情防控，为打赢新冠肺炎疫情阻击战、建设健康美丽新浏阳创造环境。淳口镇成功创建湖南省卫生镇，镇头镇通过湖南省卫生镇周期复审；古港镇、蕉溪镇成功创建长沙市卫生镇；大瑶镇、中和镇、北盛镇、小河乡 4 乡镇和大瑶镇天和村、南山村等 5 个村通过长沙市第一批健康村镇试点中期评估。全年创建湖南省卫生村 7 个、长沙市卫生村 12 个、无烟党政机关 35 个，建设病媒生物防制设施示范小区 2 个。推进城乡环境整治和病媒生物防治，组织开展冬春季爱国卫生大扫除、第 33 个爱国卫生月宣传等群众性爱国卫生活动，全市共投放鼠药 12000 千克，免费发放 10 万余元除“四害”药物和 3 万余份宣传资料，城市建成区鼠、蚊、蝇、蟑螂密度控制达到国家 B 级标准。

（邱正春）

【职业健康管理】 宣传培训。市卫健局以《职业病防治法》宣传周为契机，向乡镇（街道）和园区及相关企业发放职业病防治知识宣传手册 10000 份、《用人单位职业病防治主体责任告知书》3500 份；开展职业病防治知识系列宣传教育活动，在《浏阳日报》整版刊发《普及职业健康理念　维护职业健康权益》专题宣传文章，同时邀请浏阳电视台现场报道七宝山铜锌矿有限公司职业卫生监督执法情况。全年完成主要负责人和职业健康管理人员专项培训 510 余人次，职业病防治知识宣传受众人数达 26 万余人次。监测检测。全年完成职业性尘肺病患者随访管理 249 人，接尘劳动者尘肺病主动监测 240 人，对 57 家放射诊疗机构、13 家非医疗机构放射工作单位开展基本情况调查，完成 155 家用人单位工作场所职业病危害因素监测和 1100 多家企业职业病危害现状调查。健康管理。依托市卫计综合监督执法局成立职业卫生监督科，建成市疾控中心、集里医院 2 家具备职业健康检查资质的专业机构。开展用人单位年度职业健康检查 815 家，共体检 45736 人。救治救助。全年救治救助无责任主体农民工尘肺病患者 207 人次，产生医疗费用 212.6 万元，其中医保报销 146.5 万元，尘肺补助 58.5 万元。澄潭江镇、金刚镇尘肺病康复站建成运营。监督执法。针对矿山、化工、烟花爆竹、机械制造、家俱制造等重点行业，加大专项检查执法力度，全年共检查重点行业用人单位 300 多家，立案查处企业 24 家；并在经开区（高新区）、淳口镇、中和镇、永安镇、北盛镇、荷花街道等重点行业集中区召开专项整治和企业职业健康管理人员专项培训会议。

（潘升根）

【黄彰任医学进修奖学金第四届学术年会】 2021 年 1 月 10 日，设在美国斯坦福大学医学中心的黄彰任医学进修奖学金第四届学术年会暨黄氏奖学金学者湘赣边大型义诊活动在浏阳市人民医院举行。奖学金推荐委员会会长、中南大学教授曹亚，副会长黄彦如、中南大学国际合作与交流处处长白毅、中南大学湘雅医院副院长龚志成、浏阳市人大副主任刘仙娥、浏阳市人民医院书记张勇、奖学金项目合作单位的归国学者、湘赣边公立综合医院代表和奖学金项目合作医院代表出席会议。黄彰任医学进修奖学金是浏阳籍旅美华人黄彰任老先生于 1987 年设立于美国斯坦福大学医学中心的永久性基金项目，用以资助家乡医院的中青年医生前往斯坦福大学医学中心进修学习，学者回国后帮助提高家乡医疗水平。活动包括在浏阳组织学术交流和与会学者、当地医生开展湘赣边疑难杂症义诊、医疗查房等。为传承发扬黄彰任爱国爱家精神，将优质医疗资源厚植于湘赣边大地上，与会专家学者在浏阳市人民医院种植黄彰任医学进修奖学金纪念树。

【湘赣边区域医疗合作高峰论坛暨学术年会】 2021 年 6 月 19 日，湘赣边区域医疗合作高峰论坛暨学术年会在市人民医院举办，来自遂川县、井冈山市等湘赣边 11 个县（市）医院的相关负责人与专家共同探讨建立制度化长效化的合作交流机制推动湘赣边医疗事业高质量发展。开幕式现场，湖南省肿瘤医院与浏阳市人民医院签订《湘赣边区域肿瘤防治示范区框架协议》，双方将在技术支持、人才培养、双向转诊等方面进行合作。

【举行中南大学湘雅医院湘赣边健康管理指导基地挂牌仪式】 2021 年 6 月 30 日，浏阳市人民医院举行中南大学湘雅医院湘赣边健康管理指导基地挂牌仪式，浏阳市人民政府副市长邓雪琴，中南大学湘雅医院副院长钱招昕、事业发展中心主任

2021 年 6 月 30 日，浏阳市人民医院举行中南大学湘雅医院湘赣边健康管理指导基地挂牌仪式 （市人民医院 供图）

张茂红、健康管理中心主任刘绍辉，浏阳市人民医院党委书记张勇等出席，浏阳市人民医院院长周明亮主持活动。为贯彻落实《湖南省推进湘赣边区域合作示范区建设三年行动计划（2020—2022 年）》及省委省政府加快湘赣边区域合作示范区建设，探索省际交界地区协调发展新模式和革命老区高质量发展新路径的决策部署，以为湘赣边革命老区群众提供方便、可靠的医疗卫生预防保健服务为导向，由浏阳市人民政府主导，依托中南大学湘雅医院，以浏阳市人民医院为基层核心，联合区域内各医疗单位共同建设湘赣边区域医疗中心。该中心于 2021 年 5 月启动建设，湘赣边健康管理指导基地的挂牌是为该中心建设的重要推进举措。同时是响应省委、省政府“学党史、办实事”的重要举措，为庆祝中国共产党成立 100 周年献礼。浏阳市人民医院将依托湘雅医院的优质医疗资源，在学科建设、人才培养、医疗技术、科学研究等方面全方位提升健康管理水平，并探索建设区域医联体，为湘赣边老区群众提供“预防—治疗—康复—健康管理”等一体化全方位全周期的医疗健康服务。

【市人民医院被认证为“基层血管健康管理中心示范单位”】 2021 年 7 月 8 日，全国“基层血管健康管理中心——基层新声”项目授牌仪式在北京举行。浏阳市人民医院通过中国卒中学会、中国医师协会全科医师分会、中华医学会全科医师分会联合认证，成为湖南省首批“基层血管健康管理中心示范单位”。作为三级综合性医院，浏阳市人民医院承担着域内卒中患者的救治工作。2017 年 7 月、2019 年 11 月，医院先后被中国卒中学会、湖南省卒中联盟认证为“卒中中心”。自 2017 年以来，市人民医院卒中中心开展急性脑梗死溶取栓、动脉瘤栓塞、超早期康复等高新技术，成功救治数百例急性卒中患者。

【通过国家呼吸与危重症医学科认证】 2021 年 9 月，国家呼吸与危重症医学科（PCCM）规范化建设项目专家组对浏阳市人民医院呼吸与危重症医学科建设进行评审。专家组通过听取汇报、检查资料、互动提问、现场核查等形式，决定授予浏阳市人民医院“国家 PCCM 科规范化建设”牌匾和证书，标志着医院呼吸与危重症医学科达到国家级认证的三级医院呼吸专科水准。自 2016 年浏阳市人民医院开设呼吸与危重症医学科以来，该科室加强学科建制、人才培养、服务能力，提升疑难危重症患者救治能力，为浏阳市及周边地区呼吸系统疾病患者提供优质医疗服务。

【湘赣边医联体工作获两项全国大奖】 10 月 29 日，2021 全国医院医联体建设实践案例征集活动颁奖典礼在广州举办。浏阳市人民医院烧伤整形外科和血液净化中心分别以《天下“无伤”世间“无痕”湘赣边烧伤整形专科联盟建设》《A 市人民医院血液净化中心医联体建设》案例获“城市医疗集团主题典范单位”“县域医疗共同体典范单位”两项全国大奖，市人民医院成为全省唯一获得奖项的医院。2017 年 6 月以来，该院依托湘赣边烧伤整形联盟、血液净化中心医联体建设，下沉优质医疗资源，指导湘赣边区医院及乡镇卫生院学科建设，提升基层医疗卫生服务能力，加速医院在医院管理、医疗技术发展、医疗服务、人才培养、医学研究五个方面与医联体共建发展，走出一条具有浏人医特色的医联体合作新路子。

（刘亚玲 周逢丽）

【浏阳市中医医院危急重症大楼项目主体结构封顶】 2021 年 11 月 12 日，浏阳市中医医院危急重症大楼项目主体结构正式封顶。该项目是浏阳城区单体建筑面积最大的公建项目，分为地下 2 层、地上 21 层，总建筑面积 60183.17 平方米，建筑高度 86.1 米，是集急诊急救、卒中、胸痛、创伤、ICU、手术室等功能于一体的危急重症大楼。浏阳市中医医院危急重症大楼项目位于原浏阳市长途汽车站（金沙路与车站路相交处），是 2020 年浏阳重大民生项目，定位为湘赣边区域特色急救医疗中心，于 2020 年 7 月 16 日开工奠基。

（黎 亮 王金红）

·医院简介·

【浏阳市人民医院】 2021 年，浏阳市人民医院门急诊医疗服务 105.32 万人次，较上年同期增长 26.72%；住院医疗服务 76657 人次，较上年同期增长 11.88%；平均住院日 7.17 天，较上年同期减少 0.26 天；完成手术

23789台次，较上年同期增长17.6%；医院总收入90057万元，较上年同期增长9.8%；其中医疗业务收入88063.7万元，较上年同期增长15.7%；门诊收入30038.63万元，较上年同期增长28.11%；住院收入58025.07万元，较上年增长10.18%；药占比25.69%，较上年同期下降1.98%；百元医疗收入消耗卫材19.62元，较上年同期下降1.72元。医院内科第一党支部被评为长沙市示范化“五化”（支部设置标准化、组织生活正常化、管理服务精细化、工作制度体系化、阵地建设规范化）党支部，感染科刘波被评为“长沙市优秀共产党员”。医院团委被授予2020年度十佳“长沙市五四红旗团委”称号。举办第五届首席名医、青年优秀专家颁奖晚会，树立并宣传推广行业典型；开设职工学校，医院工会主席戴敏被湖南省总工会评为2021年度“湖南省职工最可信赖娘家人”。管理工作：2021年，疫情防控常态化阶段，医院发挥定点救治医院哨点作用。在规范医保维护基金安全方面合理布控，强化督查，确保基金使用合法合规。疫情防控工作：严把“首诊排查关”。门诊部、急诊科、儿科门急诊、感染性疾病科严格落实体温检测、典型症状排查、中高风险来往史询问等制度。严守“全面筛查关”。设置住院患者/陪人专区、域内居民“愿检尽检”专区、感染性疾病科黄/红码专区、发热专区等4个核酸采样点，为提升检测效能，医院建设并投入使用PCR检测室，同时并行使用政府投入的方舱实验室，全年完成核酸检测224171人次。筑牢“个体防护关”。开设蓝思科技接种点和浏阳市人民医院接种点，共设9个接种台，完成新冠疫苗接种148939剂次。严抓“自我防控意识提升关”。医院全体工作人员按不同工作岗位分批次、分类别强化防控知识培训，并完成新冠疫苗接种和强化接种（除个体特殊原因不宜接种外）；纪委牵头开展医务人员及家属专项摸排20余次，开展疫情专项联合督查百余次。布控“重点人群隔离关”，在市委、市政府的部署安排下，浏阳市人民医院老院区成为新冠疫情隔离点，医院轮流派出8名医护人员长期驻守，确保隔离点安全。全年隔离总人数3267人，总隔离天数16680天。医保工作：针对医保基金问题进行统计、梳理、汇总、分类，制定整改计划，明确时间节点，整改到位。医保科联合医院纪检监察室、医务部、护理部、耗材管理办、临床药学科成立清廉医保监管小组，根据医保基金监管条例及检查方法对物价收费、合理诊疗、合理用药、耗材管理进行监督，同时对全院医保基金使用情况进行督查，对检查结果提出整改意见并持续追踪。医保科和信息科联合运用大数据分析机制创新监管模式，重点监管科室排名前十的收费项目，确保医保基金合理、合法、合规使用。医联体工作：通过走访、宣传推广、委派业务骨干学科帮扶等方式，与湘赣边11家综合公立医院班子成员和业务骨干研讨区域合作新方向，推动医疗技术能力和医院影响力辐射。建立湘赣边双向转诊机制；与江西省上栗县人民医院、湘东区人民医院搭建远程交流平台，实现影像学设备共享和数据互通。全年完成湘赣边双向住院转诊1306例次，同比增长7.8%，门诊转诊22400例次，同比增长32%；接收跨省大型检查3例；指导上栗县人民医院完成冠状动脉CTA检查3例次。与全市12家医联体成员单位共建20个学科，与古港、镇头中心卫生院共建血液净化中心，完成透析10500例次；在永和、大围山、张坊、小河、溪江、沿溪、七宝山等7家卫生院成立乳甲外科、普外科、妇产科、麻醉科等6个学科的名医工作室，协助开展三、四类手术80余台；与淮川社区卫生服务中心实现口腔科、慢病管理等学科共建，实现信息、药品、大型检查的互联互通；与荷花社区卫生服务中心进行肿瘤内科、慢性伤口护理等学科共建。与洞阳镇卫生院进行康复医学科、乳甲外科、心血管内科、烧伤整形外科学科共建。在2021全国医院医联体建设实践案例大赛中，医院烧伤整形外科和血液净化中心分别获“城市医疗集团主题典范单位”“县域医疗共同体典范单位”两项全国大奖。与全市32家医疗卫生机构建立远程影像平台，年度完成远程会诊18914例次，其中疑难会诊8180例次。响应市卫健局肿瘤防治中心建设，配合开发肿瘤防治信息系统，建立全市肿瘤患者信息档案，并将其纳入家庭医师签约管理服务。截至2021年12月，完成恶性肿瘤患者信息建档19677人次，完成签约8915人次，完成率45.31%；成立肿瘤专科联盟多学科协作办公室，免费为域内居民提供肿瘤相关的咨询和服务；开展肿瘤MDT（多学科会诊）118例次。全年乡镇上转3300人次，同比下降6.91%；上转长沙287人次，同比下降8.87%。其他管理工作：人事管理规范化。通过召开人事工作听证会，探索人才梯队建设最优之策；推进“鹰计划”工作；选派38名业务骨干赴省内外知名医院学习深造，接轨医学前沿。资源调控信息化。根据医院现阶段发展需求，建设并投入使用血液透析管理系统、SPD系统（物流信息系统）、合理用药系统、建设医疗质控管理系统、护理管理系统、医保前置审核系统，保障人、物、效能的协调统一规范管理；协助浏阳市卫健局开发肿瘤专科信息化配套建设相关软件，确保平台建设切实适用。后勤管理效能化。抓消防安全，完善院内微型消防站建设；完善采购制度、规范采购流程，明确零星采购、应急维修等项目办事流程；完善耗材管理制度、固定资产管理制度及处置流程；成立能耗管理小组，动态监控能耗状态，将节能减排工作落到实处，尽量降低运行成本。医疗、护理工作：医疗工作。完善医学中心建设；急诊科“专属”DR、CT室正式投入使用，一体化危急重症医疗服务体系构建完成，医院救治体系实现全覆盖；建成并投入使用互联网医院，月咨询量2000余例，开具检验检查项目11例次，完成药品配送上门服务14例次，完成网约护理1例次；凸显烧伤整形外科、普外科等长沙市重点专科品牌；普外科、妇科、心血管内科、急诊科、儿科、骨科、感染科、呼吸科8个科室获批县级医院省临床重点学科，发挥优势学科引领作用；新开胸外科，优化重构儿科、肾内科、风湿免疫科、内分泌科等，学科能力不断提升；呼吸与危重症医学科顺利通过“国家 PCCM 规范建设”认证，妇科被评为“中国抗癌协会妇科肿瘤分会县域妇科肿瘤规范诊疗实践基地”，乳腺科成为省乳腺联盟副主委单位。提升新技术新项目和三、四类手术的成功实施率，年度上报新技术新项目 59 项，其中心内科实施经皮室间隔微球栓塞术、泌尿外科实施腹腔镜下膀胱子宫瘘修补术、耳鼻咽喉头颈外科开展全喉切除术，弥补浏阳该领域技术空白。护理工作：健全监管评价体系，针对各科室薄弱环节制定护理质量管理目标，围绕仪器管理、跌倒风险防控等年度重点改进项目监管、追踪，年度护理质量管理目标合格率100%。践行社会政治担当，承担医院疫情防控的主力军，成立应急护理梯队，全年抽调 200 余人次参加全市核酸采集、疫苗接种、境外接机、隔离点驻守等工作任务。启用“护理管理系统”，通过大数据对护理质量和品质进行管理和分析。推进岗位练兵，通过基本技能考核、选拔护理骨干赴上级医院进修、选拔骨干组建护理科研小组等方式，构建符合人医发展需求的人才梯队，并在2021 年浏阳市“三基”（基础理论、基础知识、基本技能/技术）竞赛团体中获得第一名。深化优质护理服务，从优化制度流程、病房管理到提升患者满意度，在湖南省和长沙市的现场督察评价中均获好评。树立典型，营造行业文化，全年收获省级奖项29 个，年度评选优秀护士 70 名，岗位能手 6 名、潜力之星 3 名；感染科王水、重症医学科陈翠华获评浏阳市“最美白衣天使”。科研教学工作：鼓励发展科研，年度申报各级科研课题 35 项，其中省教育厅课题 6项，立项 3 项；申报省卫健委课题 13项，立项 2 项；申报浏阳市科技局课题 12 项，立项 4 项；申报中医药管理局课题 3 项；长沙市科技局课题 1项；获中华国际科学基金交流会立项课题一项；参与协作课题 3 项；获专利发明 10 项；医务人员共撰写医学论文 80 余篇，发表 45 篇，其中 SCI 论文 7 篇。

（刘亚玲　周逢丽）

【浏阳市中医医院】 浏阳市中医医院是一所集中西医疗、急救、教学、科研、康复、预防、保健于一体的三级甲等中医医院。2021 年，该院由在职干部职工 1520 人，开放床位 1280张，设有 31 个临床科室，11 个医技科室，1 个司法鉴定所。门急诊服务63.71 万人次，住院服务 5.8 万人次，手术 13280 台次，平均住院天数 7.97天，百元医疗收入中卫生材料 18.99元，患者满意率 98.62%。医院被评为湖南省“湖南省二〇二〇届文明标兵单位”，医院 120 急救中心被评为“湖南省院前急救二〇二〇年度先进集体”，危急重症医学部被授予长沙市“工人先锋号”称号。医院上榜“2020 中国医院竞争力·2020 县级综合医院 100 强”名单，位列第 88 名，较上年提升 3 个名次。中医药文化建设：深化“五名”（名医、名方、名药、名院、名校）工程，加强国医大师孙光荣浏阳传承工作室、石学敏院士专家工作站与省、市名中医传承工作室和中医经典病房建设，开设中医儿科经典病房，广东省中医院颜芳、范冠杰等专家定期到院指导带教。规范中医诊疗技术与护理技术的应用，开设中医特需专家门诊，突出中医临床疗效，引入扶阳罐等中医诊疗项目，出院患者中药饮片使用率、自制制剂销售等均实现增长。加大中药新药创制研究，制剂室通过换证验收，丹楂通脉丸于 2021年 3 月投入使用，温经膏、苍柏洗剂获制剂备案号。打造浏阳市治未病管理平台，设立退役军人健康服务站，组织全市中医药适宜技术培训，派中医药专家定期到基层卫生院进行定点帮扶，提升服务能力。医院获“长沙市第二届中医药传统技能竞赛团体三等奖”。推进中医药文化园（烈士公园）建设，浓厚宣教基地中医药文化氛围。组织“杏林健康大讲堂”活动 6 期，组织第二届“名中医”评选活动，举办第十届膏方养生文化节、中医药知识进校园、三伏贴、三九贴等中医药特色活动，增强人民群众对中医药的了解、信任与喜爱。选送的中医药科普作品《包公断案之乌头误服》获“湖南省第二届中医药科普大赛二等奖”。人才队伍建设：引进人才 64 人，其中医生 24 人、护理 29 人、药技 3 人；实施“杏林人才工程”（第二周期）培养人才 51名，选派外出进修 47 人次，新晋高级职称 23 人、中级职称 78 人，援藏、援非各 1 人。建立健全人才培养与考核体系，强化新职工培训、住院医师规范化培训、护理分层级规范化培训与西学中培训，加强总住院医师、二级医师管理。危急重症医学部被评为长沙市“工人先锋号”；苏建斌被评为长沙市第四届医师节“德艺双馨最美医生”，李足意获“湖南青年中药师中药鉴定一等奖”“浏阳市向上向善青年”，吴铁军被评为“浏阳市五四青年奖章·爱岗敬业青工匠”。医疗服务与质量：对全院 12个省、市、院重点专科进行调研，明确发展方向，每季度考核通报，推动重点专科进位升级，肺病科、骨伤科、肾病科被评为“中国中医医院优秀区县临床专科”，烧伤、中风等 5个学科当选为省级副主委单位。成立脑病医学中心，推进卒中、胸痛、创伤三大中心建设，成为湖南省胸痛联盟单位，规范诊治流程。举行湘赣边呼吸论坛活动，建立呼吸慢病病友群，派驻专家到基层医疗机构开展查房、授课等 60 余次。强化多学科协作，新开设脂肪肝、心理等门诊 6 个，新开展 CT 引导下结节（肿瘤）消融术等新技术项目 16 项，学科实现新发展。健全医疗质量与医疗控制体系，制定完善医院会诊管理办法等制度 15 项。组织医护人员开展“三基”知识、18 项医疗核心制度等培训和技能操作比赛近 60 次，定期举行疑难病例讨论、医疗质量与安全分析点评会、医疗纠纷个案点评分析会、医师大会。开展医疗质量查房 200 余次，常态化开展依法执业自查，持续改进医疗质量与安全。实验室通过 ISO 15189 认可中期监督评审。科研教学：加强院士工作站、博士后科研流动站协作研发中心建设，各级科研课题立项 29 个，发表论文 92 篇，参与编写专著 22本，申请专利 8 项，组织湖南省中西医结合防治糖尿病新进展培训班等学术活动8期。加强教学医院建设，强化教研室管理，打造标准化师资队伍，规范临床教学，做好420余人的进修、见习、实习教学工作。李丹获“湖南省科技进步奖三等奖”，周路桥获浏阳市“黄彰任科技奖”。管理工作：落实按病种分值付费政策，制定《关于加强医保工作的管理规定》，实行院领导联科责任制，通过集中授课、下科室培训等方式加强培训；制定《落实“清廉医保”和“药品购销”管理工作方案》，完善药品管理、细化采购策略、强化数据监控、加大监督执纪，织密医保风险“防控网”。修订完善绩效考核方案，调动医务人员工作积极性，优化医院收入结构。推进人事制度改革，在行政后勤科室探索实行“三定”工作。加强成本控制，实行全面预算和全成本管理；出台医院《医疗欠费管理暂行规定》等制度，对卫生材料等进行重新招标，强化SPD（供应、加工、配送）管理，出台医院《固定资产清查工作实施方案》，提升资产管理效率。加大信息化建设，上线现场诊间预约等信息系统，推进“互联网+医疗健康”，打造智慧医院。开展“信用+医疗”创新应用试点示范，为信用就医患者开通住院押金减免服务，提高患者就医获得感。深化全国文明城市、国家卫生城市建设与医院省级文明标兵单位建设，抓牢安全生产，改善就医环境。改进服务流程，推行规范礼仪、微笑服务，畅通诉求反映渠道，加强医患沟通。截至11月，收到表扬信感谢信1183份，锦旗87面。公益惠民：持续推进对口帮扶邵阳县中医医院、城步苗族自治县中医医院与龙山县中医医院。与湘赣边区域20家基层卫生院建成医联体，定期开展中医药健康管理培训、专家坐诊查房等活动。全年急救出诊13375次，接回病人10930人次，成功处置3人以上事故117起，抢救成功率99.8%。选派2人到焦溪镇水源村、文家市镇大成村担任第一书记，助力乡村振兴。全年开展“微笑行动”、无偿献血、爱心敬老、爱心助残等志愿服务活动90余次，总志愿服务时间7689个小时，服务群众1.5余万余人次。

（黎　亮　王金红）

基层卫生

【概况】 2021年，全市公立医疗机构总诊疗人次601万，基层医疗机构门、急诊人次增幅22%，10家乡镇卫生院年诊疗人次超过10万。推进分级诊疗制度建设，共建成多形式医联体82个、标准化家庭医生团队237个，促进优质医疗资源和患者就诊双下沉，基层诊疗量占比65%以上。持续改善医疗服务水平，官渡镇中心卫生院完成二级综合医院预审。实施第三轮基层医疗机构标准化建设三年行动，5所乡镇卫生院维修改造项目和20个村卫生室新改扩建项目全面完工。

（张　星　邓徐徐）

【公共卫生推进】 国家基本公共卫生服务。创新考核机制，推行基本公共卫生服务项目绩点制考核。按季度开展基本公共卫生服务考核，创新采用智能机器人电话考核方式，确保项目规范性和真实性。实行问题“月交办”制度，督促整改到位，对季度排名在后五位的单位，每季度增加1次督导。落实重点民生实事项目、重大公共卫生服务项目，全面完成36000人适龄妇女“两癌”免费筛查、10000人孕产妇免费产前筛查任务；规范开展婚前医学检查，婚检率89.48%，优化孕前优生健康检查服务模式，目标人群覆盖率102.89%。2021年度基本公共卫生服务项目绩效评价排名居全省县（市、区）（123个）第一名。传染病防治管理。加强传染病信息报告与管理工作，完成手足口病、霍乱、人感染禽流感等传染病监测。联合市教育局加强学校传染病技术指导、防控督导和疫情处置，定期开展风险评估和应急演练。开展艾滋病疫情及随访管理、高危人群干预等工作，推进艾滋病门诊建设，2021年12月1日，市人民医院艾滋病爱心门诊正式启用。严格做好结核病防控，规范处置辖区内学校结核病疫情49起。国家免疫规划疫苗接种率均达到上级规定的标准，全年无预防接种安全责任事故发生。社会心理服务体系建设。推进全市社会心理服务体系建设试点工作，加快建立市、乡、村社会心理服务网络，加强基层心理健康服务场所建设。全市共建成322个村（社区）心理咨询室，完成4个街道办事处、8个社区服务点一期评估验收。截至2021年12月31日，全市在册严重精神障碍患者6466人，在管患者6396人，管理率为98.44%，规范管理率97.54%。乡村卫生服务一体化。推进乡村卫生服务一体化管理改革，320名60岁以下行政村卫生室在岗乡村医生社会保险实现应保尽保。落实老年乡村医生生活困难补助，全市享受老年乡村医生生活困难补助对象共计1145人。开展老年乡村医生生活困难补助“一卡通”发放核查，无克扣、冒领、多领等现象。

（杨　丹）

【卫生系统重点项目建设】 2021年，浏阳市卫健局依托“健康长沙”建设PPP项目，持续改善医疗基础设施条件。市集里医院门诊综合大楼建成投用，新增床位407张、车位158个；市中医医院危急重症大楼、骨伤科医院医养教研综合项目完成主体框架封顶；市妇幼保健院、洞阳镇和张坊镇卫生院整体搬迁项目启动建设。加快构建以县医院为龙头、乡镇卫生院为枢纽、村卫生室为基础的新型农村三级医疗服务网，完成就医“一卡通”二期区域检验中心、区域影像系统、区域云体检系统等十二大系统及配套项目建设，公卫体检物联网设备全面投入使用。

（唐　莉）

【人才队伍建设】 畅通人才引进渠道，及时调整发布专业英才目录和基层医疗卫生机构急需紧缺人才目录。全年组织人才招聘5批次，共招聘专业人才333人，其中专业英才23人，成熟型人才3人；新招聘人员中，本科学历240人，硕士研究生学历42人。签约培养农村订单定向免费医学生7名、基层医疗卫生机构专科层次本土化卫生人才15名,引进"三支一扶"(支农、支教、支医和扶贫)专业人才1名。面向基层医疗卫生机构公开选调专业人才6名。选派23名青年医师、业务骨干赴全国知名医院一流临床专科参加脱产进修培训。全年共计855人通过卫生系列初中级职称评审,其中,基层中级和防控一线医务人员初中级48人;132人通过高级职称评审,其中省卫生高级职称103人,基层卫生高级职称29人。组织开展系统后备干部公开选拔2批次,公选后备干部39名,共聘用16名后备干部为乡镇卫生院副院长(街道社区卫生服务中心副主任)。调整乡镇卫生院院长、副院长27人。举办院长培训班、干部素能培训班5期。举办浏阳市首届"最美白衣天使"评选活动,评选出医师类、护士类"最美白衣天使"各10名。

(张芳芳　张星)

【全科医生培养】 全年组织35名临床类别和9名中医类别医生参加全科医生转岗培训。招录7名"5+3"(5年制临床医学/中医学本科教育+3年住院医师规范化培训)模式全科类别免费医学生,并向上级申报11名"5+3"模式全科类别免费医学生培养计划。组织23名全科医生转岗培训学员参加毕业考核,18人通过考核并加注全科医学专业。全年新增注册全科医师81名,全市共注册全科(助理)医生439名,每万常住人口全科医生达3名。

(朱　明)

妇幼保健

【概况】 浏阳市妇幼保健院属公共卫生事业单位,始建于1952年,是一家集医疗、保健、教学、科研、健康教育于一体的二级甲等妇幼保健院。主要负责为全市妇女儿童提供孕产保健、妇女保健、儿童保健和计划生育技术服务等业务。2021年医院有干部职工840名,专业技术人员720名,其中正高职称11名,副高职称73名,中级职称360名,开设病床450张。2021年,浏阳市妇幼保健院完成门诊46.86万人次,出院1.76万人次,总收入2.46亿元。2021年5月,医院被评为"湖南省PAC公益项目工作先进集体""全国PAC优质服务医院",获"湖南省儿童安全输液案例大赛三等奖";8月,获"湖南省儿童科普竞赛一等奖";9月,医院通过"国家CAAE一级癫痫中心"评审;12月,获"湖南省康复护理学术二等奖""湖南省儿童康复技能大赛三等奖"。

【妇幼健康保障】 2021年,市妇幼保健院实行市乡两级协同管理高危孕产妇,确保孕产妇安全。完成孕产妇免费产前筛查、"两癌"免费检查、无创DNA检测、新生儿疾病筛查和耳聋基因检测项目任务;婚前医学检查、叶酸增补、预防艾梅乙项目经考核验收,均达到上级要求;开展0~6岁儿童健康管理、高危儿营养性疾病分级管理、新生儿死亡评审和托幼机构卫生保健等工作,完成儿童健康管理工作任务。

【医疗质量和安全】 2021年,市妇幼保健院统筹推进"全国大保健管理进修中心""湘赣边孕产大保健专科联盟""湘赣边儿童大保健联合体""浏阳市产科质量控制中心"发展,提升湘赣边区域妇儿健康的服务能力和医疗质量。全年孕产妇死亡率、5岁以下儿童死亡率和婴儿死亡率均低于省、长沙市考核指标,连续20多年保持在长沙市9个区(县)公共卫生考核先进行列。依托"条目式清单",促进全市基层妇幼保健工作同质化;以"666"网格为平台,动态管理孕产妇;通过"周督、月查、季通报",强化基本公卫管理;以"下乡筛查高危儿"为抓手,提升全市儿童保健水平。继续推行医护联合查房、职能科室周查房、医疗质量月通报、月讲评制度,开展健康科普竞赛、病历首页书写比赛、危急重症病例救治大演练和医疗纠纷个案追究,强化质量和安全。

【重点专科和学科建设】 重点专科建设。科学制定儿童保健科六年发展规划,申报省级独立科研课题1项。巩固儿童发育行为中心建设成果,开设儿童多动症、孤独症、语言障碍、学习障碍等专科门诊。加强儿童癫痫中心建设,2021年9月,创建浏阳首家国家CAAE一级癫痫中心。突出妇幼特色,产科继续推行网格管理、下乡入户、全程管理、追踪追访,新开设孕期心理门诊,巩固助产士门诊建设成果;新生儿科新开设新生儿护理门诊,与儿童保健科联合开展脑损伤高危儿的康复治疗,凸显专科特色。2021年6月28日,"陈子江院士志愿者工作室"授牌仪式暨浏阳市不孕不育诊疗中心周年庆典活动在浏阳市妇幼保健院举办。在指导和帮助下,浏阳不孕不育诊疗中心服务能力得到提升。5月18日,"护佑"月子中心建成开业,满足产妇个性化需求和学科建设。整合宫颈病变与肿瘤科、产后保健与盆底康复科,3月31日,新开妇三科,拓展妇科业务;8月19日,成为浏阳市肿瘤专科联盟妇科肿瘤组长单位。9月18日,成为长沙市宫颈病变防治专业委员会主委单位。以产科规范化建设为契机,通过改造硬件、提质软件、优化流程、建章立制,打造成全市最规范的产科门诊。补齐教学医院和科教科研短板,抓实医教融合,5月24日,成为湖南医药学院教学医院。

【浏阳市妇幼保健院加入湖南省肿瘤专科医联体】 2021年4月9日,浏阳市妇幼保健院——湖南肿瘤专科医联体成员单位授牌仪式暨学术培训会在浏阳市妇幼保健院举行。湖南省肿瘤医院院长肖亚洲,浏阳市卫健局党委委员、副局长肖波,浏阳市妇幼保健院党委书记龙湘泉参加会议。会上,肖亚洲为浏阳市妇幼保健院加入湖南肿瘤专科医联体进行授牌,并认可市妇幼保健院在肿瘤学科建设方面的发展,并对医院在"两癌"(宫颈癌、乳腺癌)项目的筛查、防治成果等方面予以肯定。他表示"今后双方将深化合作,进一步健全湖南及周边地区肿瘤防治体系,探索具有肿瘤专科特色的双向转诊、分级诊疗模式,使湘赣边区域群众得到高水平肿瘤诊疗服务"。授牌仪式后，湖南省肿瘤医院多名专家就宫颈癌、乳腺癌规范化防治等方面，对来自湘赣边地区医疗卫生单位的 150 余名相关专业医生进行学术讲课。

【整体搬迁建设项目开工】 2021 年 10 月 8 日，浏阳市妇幼保健院整体搬迁建设项目开工。该院新址位于关口街道长兴片区，道吾山东路以北，占佳岭路以南，李畋路以东，水佳路以西。项目规划用地面积 65067.81 平方米，总建筑面积超过 18 万平方米。按照建设要求，项目将分两期进行建设，拟设置总床位数 800 张，停车位 1895 个。其中一期设计床位数 500 张，包含新建医疗保健综合楼、妇产住院楼、儿童住院楼、地下停车库（含设备用房、防空地下室）以及相关配套设施；二期设计床位数 300 张，包含儿童康复中心与专科医疗中心、住院楼、培训中心和月子中心。同时规划预留一栋 5 层的婚登综合楼。

（刘　学）

疾病预防控制

【概况】 浏阳市疾病预防控制中心是浏阳市人民政府设置的疾病预防控制和公共卫生检测检验公益性事业单位，加挂“浏阳市健康教育所”。主要职能是突发公共卫生事件应急处置、传染病预防控制、免疫规划、慢性非传染性疾病管理、健康危害因素监测、实验室检测分析与评价、健康教育与健康促进、技术管理与应急研究指导。

【新冠疫情常态化防控】 2021 年，市疾病预防控制中心累计调查处置密切接触者 129 人，调查处置次密切接触者 900 人，均按要求集中隔离管理处置；开展常态化防控信息管理、高考、学考、中考及热门景点疫情防控；开展重大活动风险评估 80 余次。开展冷链食品、作业环境及从业人员样品新冠病毒核酸检测 3 万余份；开展冷链食品、作业环境及从业人员样品抽检工作。

【新冠疫苗接种保障】 2021 年，市疾病预防控制中心保障新冠疫苗接种工作，落实新冠疫苗储运、技术保障、疑似预防接种异常反应处置等，保障接种工作有序推进，未发生严重异常反应。全年累计到货新冠病毒疫苗 303.8 万剂，累计接种 283.5 万人次。组织开展 4 轮接种人员资格培训，下发培训上岗资格证 916 人；配发新冠疫苗 80 批；开展 8 轮接种现场督导。市新冠疫苗加强针接种占比 43.6%，居长沙市第 1 位；60 岁以上人群接种覆盖率 69.8%，居长沙市第 1 位；3~11 岁的第二剂完成接种率 75.4%，居长沙市第 3 位。

【疾控中心标准化建设】 总预算投资 1658 万元，完成 2021 年省政府重点民生实事“疾控中心标准化建设”项目，浏阳市疾控中心建设面积、实验室面积占比、仪器装备和检验检测能力均达到疾控中心标准化建设项目标准。该中心建筑面积 6065 平方米，其中实验室用房 2548 平方米，实验室面积占比 42%。A 类装备全部达标，截至 2021 年 12 月，有 A 类装备共计 166 台；适度扩展地市级以上标准的设备，装备总数达到 873 台。具备 A 类检验项目 118 项；通过 CMA 认证项目 397 项，其中水质检测可达 75 项，微生物检验能力已具备病原细菌分离培养与鉴定等 11 类 105 个项目。

【突发公共卫生事件应急处置】 2021 年，市疾病预防控制中心加强突发公共卫生事件组织领导和指挥体系建设，落实 24 小时卫生应急值班工作；修订、完善卫生应急预案方案体系，完善新冠疫情、救灾防病、学校结核病、登革热、学校传染病等各类卫生应急技术方案；组建应急检测组，建立应急工作需要的标本采集运输条件和现场检测条件，做好检测技术、试剂和标准品储备，保持检测水平和应急能力；细化应急物资储备分类，量化物资储备任务，定期清点储备的应急物资，及时更新、补充应急物资储备。对辖区内发生的突发公共卫生事件及相关信息做到动态监测，核实、报告、反馈，进行综合分析和风险评估；对于发现的各类突发事件或潜在威胁，开展专题风险评估，并提出预警及措施建议。全年出动机动队 320 余次，处置各类突发公共卫生事件或传染病疫情 60 余次及新冠肺炎疫情调查处置 250 余次，未发生重大食源性疾病暴发事件、一般及以上突发公共卫生事件、无相关突发事件重大负面影响。

【传染病预防控制】 2021 年，市疾病预防控制中心做好传染病疫情网络直报，全市无甲类传染病病例报告，乙类传染病报告 15 种 6437 例，死亡 19 例，报告发病率 450.33/10 万，死亡率 1.33/10 万，共报告法定丙类传染病 5 种 8584 例，报告发病率 600.54/10 万，无死亡病例报告。开展传染病预警分析，对所有预警信号及时进行分析、核实、调查和处理，并进行记录。开展手足口病、霍乱、人感染禽流感、流感、不明原因肺炎、狂犬病、肾综合征出血热、钩体病、布病等重点传染病的监测。做好消除疟疾行动工作。肺结核患者管理率 100%，规范管理率 90%以上；新确诊的 HIV/AIDS 疫情报告合格率 100.00%；新报告的艾滋病疫情首次随访（流调）率 100.00%。

【免疫规划】 2021 年，市疾病预防控制中心严格遵守《疫苗流通和预防接种管理条例》《预防接种工作规范》，确保安全接种，保障全市无预防接种安全责任事故发生。4 月 24 日，组织开展“全国儿童预防接种日”宣传活动，活动主题为“防控传染病，接种疫苗最有效”。开展疫苗针对性疾病监测，每季度覆盖一次所有监测医院；开展预防接种工作督导，每季度以乡镇为单位督导覆盖率 100%。2021 年，浏阳市所有乡镇（街道）在册适龄儿童免疫规划疫苗接种率均超过 95%。

【慢性非传染性疾病管理】 截至 2021 年 12 月 31 日，全市共建立居民健康档案 1346148 份，建档率达到 98.01%，系统真实率 100%、系统合格率 90%，健康档案开放查询率

70.63%；老年人建档人数182253人，任务完成率109.39%，老年人健康管理率84.18%；全市高血压患者在管105947人，管理任务完成率130.47%；全市糖尿病在管37885人，管理任务完成率146.66%。开展死因监测工作，全市网络报告居民死亡10016例，报告人群粗死亡率700.72/10万。报告男性死亡数5883例，男性死亡率803.73/10万；报告女性死亡数4134例，女性死亡率592.64/10万。开展心脑血管事件报告工作，全年共报告并审核心脑血管事件9237人次。开展肿瘤随访登记，全市恶性肿瘤新发病例数4069例，死亡病例数2464例，发病率273.16/10万，死亡率165.41/10万。

【健康教育与健康促进】 2021年，市疾病预防控制中心完善健康教育与健康促进网络，逐步确立健康促进长效机制，全面开展健康教育业务培训，提升网络队伍履职能力；开展健康教育主题宣传活动，深入广场、车站、学校、社区等场所，展示宣传展板、设立咨询台、举办健康知识讲座、播放专题宣传片；强化宣传阵地建设，制作更新12期健康教育宣传栏模板，在村、社区、学校、机关、企事业单位全面展示宣传；通过媒体刊播健康知识，在浏阳电视台《浏阳新闻联播》开辟《每天健康一句话》栏目，《浏阳日报》开辟《健康园》栏目，在“掌上浏阳”App、“健康浏阳”公众号开设健康科普栏目；开展健康促进场所和健康支持性环境示范创建，全市已建成健康社区7个、健康餐厅3家、健康食堂1个、健康单位2家、健康步道6条、健康学校18个、健康主题公园2个、健康加油站（小屋）12个、健康一条街1条、健康家庭30个，招募全民健康生活方式指导员近2000名。

【公共健康危害因素监测】 2021年，市疾病预防控制中心开展生活饮用水卫生监测，共采集城乡生活饮用水样724份，其中国家生活饮用水卫生监测项目共采集水样350个，乡镇、街道覆盖率100%，开展全年的总结分析报告，并完成全年的城市饮用水水质监测结果报告和公开工作。开展食品安全风险监测和食源性疾病监测，按照长沙市食品安全风险监测实施细则按时完成监测任务，按要求及时核实、处置并网报食源性疾病事件，无漏报和迟报。

【职业健康】 2021年，市疾病预防控制中心开展职业健康检查，完成全市519家用人单位的42736人次的职业健康检查，其中检出疑似职业病16人，职业禁忌证31人。开展从业人员健康检查，完成全市71904人的从业人员健康检查。开展农民工尘肺病救治救助，组织189人到省级机构进行救治。开展用人单位工作场所职业病危害因素监测工作，完成154家用人单位。开展放射卫生监测工作，对全市57家放射诊疗机构，25家牙科诊所，13家非医疗机构进行调查。

（黄振兴）

人口和计划生育

【概况】 2021年年末，全市全员人口1519256人，已婚育龄妇女251996人；年度内出生10344人，出生率6.81‰，符合政策生育率94.76%，政策外多孩率4.59%，出生人口性别比116.81；年度内死亡10452人，死亡率6.88‰，人口自然增长率-0.07‰，首次出现负增长。办理收养登记计划生育审核13例，全市生育服务到位率80.82%。

【人口监测与家庭发展】 贯彻落实生育政策。2021年，为群众办理计划生育证明613份；完成各项计生审查百余批次，审核单位588家、个人29971人次，因违反计划生育被否的个人383人，其中“两代表、一委员”否决32人，民营经济代表人士综合评价查出违法生育个人36人，中共十八大以来农村发展党员联审查出违法多生育个人219人。贯彻落实全面三孩政策，为有三孩生育意愿的夫妻办理“生育服务登记证”，调整全员人口出生上报统计口径，废止入户、入学、入职等计划生育限制措施。做实人口数据监测。与民政、公安、教育、人社等部门数据共享互通，指导基层完善全员人口信息，并为相关部门的工作提供数据支撑，全员人口数据质量、全员与公安匹配率、生育服务登记及时率在长沙市九区（县、市）位居前列；撰写季度、年度《人口形势分析报告》，动态监测人口发展变化趋势。稳步推进托育服务。在长沙市率先建立县级3岁以下婴幼儿照护服务工作联席会议制度，办公室设浏阳市卫健局，明确18个成员单位职责，建立信息互通、问题交办、定期报告等工作机制，为婴幼儿照护服务发展提供组织保障。对全市托育服务机构进行调查摸底，全市共有可供托育服务机构约300个，可供托位8000余个，入托婴幼儿3000多人。加强托育机构监管，全市现有备案托育机构5家，并在市政府门户网站公示。争创省市示范性托育机构，大瑶艺海幼儿园被评为“长沙市示范托育机构”。落实利益导向政策。2020年，共发放计划生育奖扶资金3455.68万元，其中农村部分计划生育奖励扶助1592.16万元、计划生育家庭特别扶助1474.2万元。全年开展2次奖扶工作自查自纠，对存在问题进行整改，健全工作制度，迎接长沙市城独资金审计、国家“两扶”资金监管检查、国家计生特殊家庭“三个全覆盖”调研督查、浏阳市纪委“一卡通”资金专项检查，整体情况良好。关爱计生特殊家庭。组织年度计划生育并发症、病残儿鉴定，2人鉴定为手术并发症，1人鉴定为病残儿。全面落实计生特殊家庭“三个全覆盖”制度，对149名并发症对象进行全面走访。开展火把传递行动，浏阳市志愿者代表胡蓉在全国计划生育特殊家庭扶助关怀工作现场推进会上发言。全市1500余名计生特殊家庭对象基本稳定，全年无群体上访、越级上访事件。

（甘享明）

【老龄健康】 推进医养结合。推行医养一体、养老机构与医疗机构签订合作协议、家医签约等多种形式的医养结合模式，全市"两证"(养老许可证、医疗许可证)齐全(或备案)的医养结合机构5家，市脑科医院创建全省首批安宁疗护标准病房。建设老年友善医疗机构。全市17家医院创建成为长沙市级老年友善医疗机构，创成率46%，市中医医院、市脑科医院被评为"湖南省老年友善医疗机构"。创建老年友好社区。推进老年友好型村(社区)创建，关口街道占佳社区被评为"国家老年友好型示范社区"。营造敬老氛围。开展人口老龄化国情教育、老年健康宣传周、"敬老月"等系列活动，弘扬尊老爱老优良传统，浓厚敬老爱老助老社会氛围。全年发放慰问物资约170万元，开展义诊咨询41场次、讲座55场次，受益群众2万余人次。推进"银龄安康"工程。引导社会老年人积极参保，减轻老年人经济负担，提高老年群体的风险抵御能力。全市约4万老年人参保，其中市政府出资50万元为20765人特殊困难老人购买意外伤害保险，全年共理赔634起，赔款约80万元。

(方艳华)

【计划生育协会】 2021年，浏阳市计划生育协会以"会员学党史 健康进家庭"为主题，开展"5·29"系列宣传活动。完成32个乡镇(街道)和325个村(居)计划生育协会换届选举工作。争取项目资金18万元，启动中国计生协家庭健康促进行动试点项目——市妇幼保健院和澄潭江镇荆坪村子项目建设，开展全生命周期家庭健康促进和服务，提升家庭健康素养和水平。完成第五次全国老年人生活状况调查、老年健康和家庭幸福影响因素调查。关爱计划生育特殊家庭，全年组织小善举大爱心捐款16.42万元，发放重病大病住院护理补贴29.07万元、计生系列保险理赔224.32万元，受益987人次。市计划生育协会被评为"2021年度湖南省计生协重点工作绩效评价先进单位"。

(曹湘黔)

卫生监督

【概况】 浏阳市卫生计生综合监督执法局为副科级参照公务员法管理事业单位，于2016年9月挂牌成立，内设综合办公室，医疗卫生监督科，公共场所卫生监督科，职业卫生监督科，饮用水、学校卫生监督科。受浏阳市卫生健康局委托，负责全市卫生计生综合监督执法工作。监管对象包括各类医疗机构、公共场所、厂矿企业、集中式供水单位、二次供水单位、学校、托幼机构等共4600余家，其中各类医疗机构1100余家，公共场所1300余家，厂矿企业1500余家，集中式供水、二次供水单位100余家，学校、托幼机构600余家。

【基层执法体系建设】 2021年，浏阳市卫生计生综合监督执法局着力提升基层能力建设，实现基层监督执法、协管巡查工作全覆盖、常态化。成立卫生监督协管项目专家领导小组，制定相关工作制度，按要求配置齐全一支基层监督执法、协管巡查队伍。组织召开两期基层卫计执法和协管人员培训会。组织基层协管员轮流到卫计执法局跟班学习。分季度开展基层协管督导和绩点制考核。加强对协管工作后进乡镇精准帮扶力度。融合全市各乡镇、街道监督执法、协管职能职责，完善体系建设。

【行政执法"三项制度"落实】 落实执法公示制度。2021年，市卫生计生综合监督执法局梳理200余项服务指南、执法事项清单、执法流程图等，通过政务网站予以公开，同时在政府网站公示行政许可、行政处罚执法结论，实现执法信息公开透明。推进执法全过程记录制度。全年购置36台行政执法全过程记录仪，用于日常监督和综合执法。落实重大行政执法决定法制审核制度。制定并下发《重大行政执法决定法制审核制度》，按规定开展案件合议、法制审查审核，规范执法行为。在省卫健委的案卷评查活动中，《王某涉嫌非法行医罪案》案卷获2020年度全省卫生健康监督执法案例"一等奖"。

【长沙智慧卫监系统推广应用】 2021年，市卫生计生综合监督执法局加强长沙智慧卫监系统推广应用。医疗废物在线监督工作取得进展，全市医疗机构均已线上开展该项工作，数据均已接入长沙市级平台。安全饮水工程水质自检结果的报送已纳入智慧卫监系统，游泳池在线监督上线且运行良好。按照长沙市卫健委要求，在全市医疗机构、公共场所等单位推广二维码公示互动管理系统，发挥社会监督作用。

【疫情防控监督执法】 2021年，市卫生计生综合监督执法局联合卫健局纪检、医政部门对全市公立医疗机构、村卫生室、个体诊所疫情防控工作展开多轮专项督查，停业整顿疫情防控措施落实不到位的基层医疗机构128家，并对存在其他问题的单位出具卫生监督意见书，责令立即整改。联合市纪委监委、"两办"(市委办、政府办)督查室对全市各乡镇、街道的重点场所疫情防控工作进行暗访督查，共抽查单位259家，发现问题189个，及时通报，督促整改到位。按照行业分工，在疫情防控关键时间节点按要求对密闭空间所属行业进行停业管理。履行隔离场所疫情防控工作督查，完成对16家次隔离酒店事前、事中的监督管理工作。

【"双随机一公开"专项工作】 2021年，浏阳市国家系统双随机任务数275家。根据"双随机一公开"(在监管过程中随机抽取检查对象，随机选派执法检查人员，抽查情况及查处结果及时向社会公开)工作要求，针对监督抽查中发现的问题，现场下达卫生监督意见书督促限期整改，对违法违规行为依法立案查处。"双随机一公开"工作期间共计立案32起，其中简易程序警告14起，普通程序18起，处罚金额8.5万元。检查数据均上报国家系统，同时抽检结果以及处罚决定书均在政府网站公示。

【医疗卫生监督】 开展医疗美容、健康体检、医疗废物等专项整治行动，按照长沙市卫生健康委《严厉打击医疗机构医疗欺诈等违法违规行为专项整治行动方案》要求，收集报送相关线索14条。对全市未定级的499家医疗机构开展医疗卫生机构实施传染病防治分类监督综合评价工作，评价结果为优秀单位13家，合格单位483家，重点监督单位3家。医疗执业方面共立案29起，其中警告9起，一般程序27起；传防与消毒管理方面共立案16起，其中警告2起，一般程序14起，共计罚款金额19.2万元。全年共调查涉嫌医疗非法行医案25起，出动调查人员100人次，车辆30辆，立案查处非法行医16起，没收违法所得1.3万元，没收药品3件，器械4件，罚款金额26.7万元。开展“两非”（非法利用超声技术和其他手段进行非医学需要的胎儿性别鉴定、非法选择性别的人工终止妊娠）线索摸排，共查处2起，实施没收违法所得1.15万元、罚款5.75万元和吊销医师执业证书的行政处罚。

【公共场所卫生监督】 2021年，市卫生计生综合监督执法局组织开展“五一”劳动节、“十一”国庆节期间大围山景区住宿场所、高速公路服务区专项卫生监督检查，立案查处5起，罚款1.6万元。督促乡镇、街道对公共场所经营单位开展日常监督检查，提升监督覆盖率。对全市公共场所开展量化评级，规范被监督单位落实好各项卫生要求。做好市人大、政协、党代会期间卫生保障工作。指导中和镇苍坊旅游区创建AAAAA级景区及永安镇、小河乡创建卫生乡镇工作，对各创建乡镇的从业人员开展2次业务知识培训。

【职业卫生监督】 2021年，市卫生计生综合监督执法局开展宣传培训，以《中华人民共和国职业病防治法》宣传周为节点，利用各类媒体线上线下开展宣传，与企业主签订《用人单位职业病防治责任告知书》，汇编发放相关法律法规文本，对企业安管人员组织10期培训。开展计划执法工作，共检查计划执法重点单位20家，立案查处14起。开展上级下达的存在疑似职业病劳动者企业专项执法行动，立案查处6起。对有群众投诉的相关企业开展执法检查，立案查处4起。开展粉尘及家具行业尘毒危害专项执法检查，对存在问题的3家用人单位进行立案查处。全年共立案查处24起，其中简易程序8起，一般程序16起，合议处罚金额58.5万元。

【学校卫生监督】 2021年，市卫生计生综合监督执法局组织开展2次全市学校、托幼机构专项检查和考点督查，针对存在较大问题的学校，向教育局进行书面通报，要求落实整改并回复。对61家学校和校外培训机构进行采光照明监督抽检。立案查处7家学校饮用水不合格单位，对5所传染病流行的学校开展防控工作调查，提出针对性指导意见并通报教育局。

【饮用水卫生监督】 2021年，市卫生计生综合监督执法局对全市32家集中式供水单位开展2次监督抽检，下达整改意见书。组织开展全市二次供水单位专项检查和监督抽检，建立监督分户档案，规范管理行为。召集15个小区现制现售水负责人召开座谈会，提出卫生要求，并抽检样品15份，约谈6家不合格单位的负责人。对城区6所学校、17所幼儿园的直饮水进行监督检查和抽检，立案查处2所直饮水不合格的幼儿园。

【食品安全城市创建】 2021年，市卫生计生综合监督执法局开展集中式消毒餐具专项检查，立案1起，罚款1.5万元。开展食品安全标准跟踪评价，线上线下填写网络问卷和纸质问卷。对卫健系统单位食堂进行1次全面检查和督促整改，对照食品安全城市创建标准对7家示范单位食堂进行重点指导。

（黎奇志）

金刚镇桃树湾　　　　（金刚镇　供图）

社会生活

民生社情调查

【概况】 2021年，国家统计局浏阳调查队贯彻落实中央、省、长沙市部署要求，服务浏阳发展大局，做好全市居民收支调查、农作物对地遥感调查、农民工监测调查、主要畜禽监测调查、月度劳动力调查、农产品生产价格调查等常规民生调查，推进调查失业率工作。做好文明城市、营商环境测评专项调查，在省检中做好协调和浏阳宣传推介工作，得到省、长沙市、浏阳市的认可。全年收支、劳动力、农产量、畜禽等调查共撰写数据分析共40余篇。成功创建“2020年度长沙市文明标兵单位”，副队长张伟成被评为长沙市“2020年度建设更高水准文明城市工作先进个人”。

（刘晓阳）

【2021年浏阳市居民收支情况】 浏阳市居民收支调查是由国家统计局浏阳调查队负责统计，采取分层多阶段随机抽样方式，选取12个样本点（5个城镇点、7个农村点）共计120户调查户进行调查，是居民人均可支配收入数据的重要来源，调查基础数据主要来源于调查户每日记账和调查问卷。调查结果显示，2021年浏阳市居民人均可支配收入49503元，较2020年增加3663元，同比增长8.0%。其中城镇居民人均可支配收入56507元，较2020年增加3696元，同比增长7.0%；农村居民人均可支配收入40758元，较2020年增加3604元，同比增长9.7%。浏阳市居民人均可支配收入稳中有增。得益于疫情的迅速控制、政策的有利调控以及及时的复工复产，2021年浏阳市居民人均可支配收入增速与2020年相比，呈现稳中有增的势头。数据显示，2021年浏阳市人均可支配收入全年各阶段增速较为稳定，一季度、上半年、前三季度和全年增速分别为11.4%、11.0%、9.2%、8.0%，展现浏阳较好的经济韧性。在收入类型占比方面，工资性收入在四大类收入中占比最大，经营性收入次之，再次为转移性收入和财产性收入。在收入类型增速方面，财产性收入增速在四大类收入中占据首位，达到14.2%。从城乡差别来看，城镇居民主要收入来源为工资性收入，在整体收入中占比71%，农村居民主要收入来源为经营性收入，在整体收入中占比47%。2021年浏阳市居民人均支出持续增长。2021年浏阳市人均消费总支出28666元，比2020年26405元增长8.6%，其中城镇人均消费支出为32161元，同比增长5.7%；农村人均消费支出为24302元，同比增长13.6%。2021年，全市上下疫情防控和经济发展两手抓，市场持续释放消费潜力，浏阳居民生活消费支出保持回暖的态势。全体居民消费支出总体回暖。2021年，浏阳全体居民人均生活消费支出为28666元，同比增长8.6%，增速远高于2020年同期。城镇居民消费支出由负转正。2021年，浏阳城镇居民人均生活消费支出32161元，同比增长5.7%，实现由负转正。农村居民消费支出增速较快。2021年。农村人均消费支出24302元，同比增长13.6%。

（刘俊康）

表6　　2020—2021年浏阳市人均可支配收入情况一览表

地区	全体居民人均可支配收入（元）			城镇居民人均可支配收入（元）			农村居民人均可支配收入（元）		
	2021年	2020年	增速（%）	2021年	2020年	增速（%）	2021年	2020年	增速（%）
浏阳市	49503	45840	8.0	56507	52811	7.0	40758	37154	9.7

【2021年浏阳市农作物遥感对地调查情况】 浏阳市农作物遥感对地调查由国家统计局浏阳调查队负责统计，对国家选取的15个调查点进行调查，是判定粮食生产大县标准的主要数据依据，调查基础数据主要来源于对地块进行逐丘调查、踏田估产、实割实测、入户调查。通过对15个调查点2810个地块调查，结合全市情况，结果显示：2021年浏阳粮食播种面积79.284千公顷，较2020年78.705千公顷增加0.579千公顷，同比增长0.7%；粮食总产量562412吨，较2020年556674.58万吨增产5737.42吨，同比增长1.0%。一、2020—2021年浏阳粮食播种面积情况。（一）早、晚稻播种面积持续增加。2021年浏阳市早稻播种面积18.719千公顷，较2020年18.087千公顷增长3.5%；晚稻播种面积19.238千公顷，较2020年18.919千公顷增长1.7%。（二）中稻播种面积有所减少。2021年浏阳市中稻播种面积34.993千公顷，较2020年35.495千公顷下降1.4%。（三）其他粮食播种面积同比增加。2021年浏阳市其他粮食播种面积6.334千公顷，较2020年6.204千公顷增长2.1%。主要原因：浏阳市委、市政府高度重视，统筹部署，通过分解任务抢抓早稻，强化服务一线指导，强化政策补贴和优化经费奖补等措施，切实抓好2021年的粮食生产工作，保障粮食作物面积的稳定。1.分解任务，抢抓早稻。各乡镇（街道）根据全市分配的粮食生产面积、早稻生产面积、粮食总产等任务，科学制定粮食生产方案，将粮食生产面积分解到村组，具体到农户和丘块，建立早稻生产面积台账。重点抓住早稻生产中面积落实、农资保供、集中育秧等工作，充分发挥村组力量，利用春节后农民在家之机，逐户上门发动，把思想工作做到位，把惠民政策讲到位，为双季稻种植面积增加创造有利条件。2.强化服务，一线指导。全市抽调48名工作人员和农技专家组建稳定发展粮食生产工作专班，

进村入户，深入田间地头，在督促春耕生产，检查农资储备，遏制耕地抛荒的同时，积极开展技术指导，深入一线解决粮户种粮时的技术、物资等问题，为水稻种植面积增加提供保障。3.强化政策补贴。给予拥有耕地承包权的农户耕地地力保护补贴（单季 105 元/亩，双季 175 元/亩）；按照"谁种谁得"原则，给予种粮农户稻谷目标价格补贴（具体标准按相关文件核算）；给予适度规模经营者双季稻补贴 200 元/亩（上年 100 元/亩）；给予早稻专业化集中育秧主体育秧补贴 60 元/亩，并在早稻专业化集中育秧验收后给予早稻杂交品种、再生稻品种 50 元/亩种子补助；给予早稻机械化插（抛）秧作业补贴 40 元/亩；给予符合新增土地流转 100 亩以上且流转年限 5 年以上、新增购置农机原值 50 万元以上、2021 年种植早稻面积 30 亩以上条件的新增适度规模主体 10 万元/个的农机购置累加补贴，有效刺激农户种植意愿，从而增加水稻种植面积。4.优化经费奖补。根据乡镇（街道）粮食生产任务分三类分别给予 5 万元、4 万元、3 万元的经费补助；采取以奖代补的方式，对符合创建条件并验收合格的双季稻示范片进行奖补，万亩片、千亩片、百亩片分别给予 100 万元、8 万元、0.5 万元的奖补，由当地乡镇（街道）、村、组掌握统筹使用；对符合创建条件并验收合格的种植结构调整区和严格管控区旱杂粮示范片进行奖补，集中连片面积 500 亩以上、200 亩以上、100 亩以上的分别给予 5 万元，2 万元，1 万元的奖补，由实施主体掌握统筹使用。一系列惠农政策有力调动农户种粮积极性，浏阳市 2021 年新增种粮大户 45 户，新增大户早稻总种植面积 8400 亩，助推粮食面积的稳步增加。5.开展示范创建。通过市、镇、村三级联动，抓好"早专晚优"双季稻轮作示范片建设。全市至少办好 1 个万亩示范片、每个乡镇（街道）至少办好 1 个千亩示范片、每个村至少办好 1 个百亩示范片，着力打造一批"品质高档化、种植区域化、环境优良化、栽培绿色化"的双季稻轮作高标准示范片。各乡镇（街道）迅速开展摸底调查、土地流转、春耕物资储备等工作，示范片重点安排在国道、高速公路、省道、村级主干道沿线 300 米范围内，打造粮食产业示范带。示范片要求整齐划一，做到"五统一"，即"统一优良品种、统一种植模式、统一播栽时期、统一田间培管、统一指导服务"，为粮食面积上涨"添火加柴"。二、2020—2021 年浏阳粮食总产量情况。（一）早、晚稻和其他粮食产量稳步增加。2021 年浏阳稻谷总产量 530829 吨，较 2020 年 525667.85 吨同比增长 1.0%。其中早稻、晚稻产量稳步增加，分别同比增长 5.7%和 2.0%。其他粮食总产量 31583 吨，较 2020 年 31006.72 万吨增长 1.9%。（二）中稻产量略有下降。2021 年浏阳中稻总产量 281109 吨，较 2020 年 284788.53 吨下降 1.3%。主要原因如下：1.面积增长是早、晚稻产量增加的主要原因。2021 年浏阳早、晚稻种植面积分别增加 0.632 千公顷和 0.319 千公顷，使其总产量稳步增加。2.单产基本稳定保证总产量。气候良好保障产量。粮食作物移栽和生长期间气温适宜，阳光充足，无水灾旱灾，无大面积病虫害，为粮食产量提供保障。品种优良确保粮食高产。如实验田的中稻珠高、禾秆健壮、结实率高、谷粒饱满，平均亩产 700 千克以上。措施有力促进产量。浏阳市委、市政府高度重视粮食生产工作，通过政策激励和惠农措施，成立稳定粮食生产工作专班，举办双季稻高标准示范片等一系列措施，刺激农户种植积极性，加强田间管理，为粮食稳产打下夯实的基础。3.中稻产量下降的主要原因是双季稻播种面积增加使中稻面积减少。

（杨　萍）

表 7　　2020—2021 年浏阳粮食播种面积情况表

县（市、区）	年份	粮食播种面积（千公顷）	稻谷				其他（千公顷）
			总计（千公顷）	早稻（千公顷）	中稻（千公顷）	晚稻（千公顷）	
浏阳市	2020	78.705	72.501	18.087	35.495	18.919	6.204
	2021	79.284	72.95	18.719	34.993	19.238	6.334
	同比增减（%）	0.7	0.6	3.5	−1.4	1.7	2.1

表 8　　2020—2021 年浏阳粮食总产量情况表

县（市、区）	年份	粮食总产量（吨）	稻谷				其他（吨）
			总计（吨）	早稻（吨）	中稻（吨）	晚稻（吨）	
浏阳市	2020	556674.58	525667.85	109633.65	284788.53	131245.67	31006.72
	2021	562412	530829	115891	281109	133829	31583
	同比增减（%）	1.0	1.0	5.7	−1.3	2.0	1.9

【2021年浏阳市主要畜禽监测调查情况】 浏阳市主要畜禽监测调查由国家统计局浏阳调查队负责统计，样本点分别为生猪大型规模（场）户100户、羊大型规模（场）户4户、家禽大型规模（场）户78户；生猪中小型样本村15个、牛中小型样本村8个、羊和家禽中小型样本村各10个，抽中调查养殖场（户）909户，涉及乡镇28个，是判定生猪大县标准的主要数据依据，调查基础数据主要来源于生产调查表、问卷调查。调查结果显示：2021年浏阳市生猪生产呈现存栏量、能繁母猪数、出栏量均上涨。生猪存栏量上涨。2021年全市生猪存栏80.16万头，较上年度增加10.35万头，同比上涨14.83%。主要原因是随着能繁母猪的陆续补栏，基础产能的持续恢复，浏阳市生猪存栏量已恢复至非洲猪瘟发生前2018年的水平，多数养殖场的生产已步入正轨；部分养殖户尤其是中小户趁下半年仔猪价格低位时补栏，在一定程度上稳定了浏阳市的生猪存栏。能繁母猪存栏量上涨。2021年全市能繁母猪存栏6.61万头，较2020年度增加0.32万头，同比上涨5.09%。主要原因是受生猪和仔猪价格双双下跌的影响，养殖户购进能繁母猪所需的费用有所减少，且自繁自养的成本比纯育肥低，能繁母猪的抗病性强，故浏阳市规模户及中小户开始增加能繁母猪存栏数量。生猪出栏量上涨。2021年全市生猪出栏130.89万头，较2020年度增加31.48万头，同比上涨31.67%。主要原因是随着生猪存栏量恢复至非洲猪瘟发生前2018年的水平，生猪产能恢复，出栏也恢复至非洲猪瘟发生前2018年的水平；受生猪出栏价格和仔猪价格回落的影响，早前持观望态度的养殖户将存栏肥猪售出，及时止损。

（彭玲玲）

表9　　2013—2021年浏阳生猪生产情况表

年份	2013年	2014年	2015年	2016年	2017年	2018年	2019年	2020年	2021年
生猪存栏量（万头）	102.01	102.81	97.78	93.67	91.53	74.15	49.18	69.81	80.16
能繁母猪（万头）	10.71	10.59	10.07	9.57	9.09	6.78	4.2	6.29	6.61
生猪出栏量（万头）	150.01	155.64	147.38	142.22	133.27	132.88	100.23	99.41	130.89

民　政

【概况】 2021年，市民政局内设办公室、规划财务科、养老服务科、基层政权建设和社区治理科、社会事务科（儿童福利科）5个科室。辖二级事业单位10个，其中公益一类事业单位9个，分别为市社会救助事务中心（参公单位，副科级）、市生活无着人员救助管理站（副科级）、市社会组织服务中心、市区划地名事务中心、市民政局婚姻登记中心、市老区经济促进中心、市慈善事业促进和社会工作服务站、市儿童福利院、市社会福利中心；公益二类事业单位1个，为市福利彩票销售管理中心。完成全市村（居）民委员会换届选举；完成困难残疾人生活补贴和重度残疾人护理补贴提标；官渡镇竹山村儿童之家被评为2021年度“省级示范儿童之家”；官桥镇九龙村被民政部确认为“全国村级议事协商创新实验试点单位”；高坪镇船仓村村规民约被评为“省优秀村规民约”，高坪镇船仓村、北盛镇燕舞洲村村规民约工作获“学习强国”平台推荐；“儿童健康服务和慈善医疗救助直通车”试点项目获省民政厅肯定；永和镇社工站被评为“长沙市特色社工站”，淮川街道社工站社区服务案例被评为“长沙市优秀服务案例”；浏阳市乡级政区界线勘定试点项目获“湖南省优秀测绘工程奖”二等奖。

【社会救助】 2021年，完成低保提标，城市、农村低保人均救助金额分别达到551元/月·人、410元/月·人，救助水平居全省前列。全年新增低保对象4154人（重病、重残“单人保”1100人）、特困对象331人，清退低保对象6636人、特困对象796人。累计发放各类社会救助资金2.7亿元，其中低保金1.57亿元、特困供养金9880.76万元、特困人员护理补贴1002.36万元、临时救助资金369.05万元、“暖心工程”慰问金399.96万元，惠及困难群众4万余人。将低保审核确认权下放至文家市镇、官渡镇、淮川街道，提高低保审核确认时效。在淳口镇、小河乡开展政府购买第三方服务进行低保、特困入户核查试点工作，精准识别低保对象。完善帮扶体系，指导各乡镇（街道）对辖区内分散供养特困人员落实分村包片、定期巡查、“一对一”帮扶联系制度，加强分散供养对象日常管理和服务，掌握并解决分散供养特困人员存在的困难和问题。全年接待和劝导流浪乞讨人员754人次，对符合救助条件的375人次给予救助、护送返乡或落户安置，救助到位率、群众满意率、风险防范率均100%。

【社会福利】 夯实养老服务基础。2021年，完成市社会福利中心和官渡镇、洞阳镇区域性中心敬老院项目建设，新增养老床位680张。新增备案民办养老机构3家，新增养老床位355张。新建18家城乡居家养老服务中心，提质升级22家农村居家养老服务中心，转型升级10所乡镇敬老院为综合性养老服务中心。开展特困供养机构护理型床位改造，新增1017张护理型床位。加强养老服务人才队伍建设，开展养老机构院长、护理员和保健按摩师培训班共4期，举办养老护理职业能

浏阳市社会福利中心　　（市民政局　供图）

力竞赛，提升养老从业人员职业素养、专业技能。保障老年人福利，全年发放高龄津贴 5174.87 万元，惠及 40137 名老年人。加强未成年人关爱保护。成立未成年人保护工作领导小组，组建覆盖全市所有乡镇（街道）儿童督导员、村（社区）儿童主任的服务队伍。推进儿童福利设施建设，9 所村级“儿童之家”完成提质改造。保障孤儿、事实无人抚养儿童基本生活，为 92 名孤儿发放基本生活费 180.79 万元，为 292 名事实无人抚养儿童发放生活补贴 338.19 万元。强化残疾人福利保障。2021 年 1 月，完成残疾人“两项补贴”提标工作，困难残疾人生活补贴由 120 元/月·人提高至 140 元/月·人，重度残疾人护理补贴由 80 元/月·人提高至 100 元/月·人，全年发放补贴资金 4156.72 万元，惠及 1.6 万余人。落实残疾人“两项补贴”资格认定申请“跨省通办”，逐步解决残疾人申请补贴面临的“多地跑”“折返跑”等难点、堵点问题。推进慈善公益事业。开展助学、助医、助困等慈善活动，全年发放慈善款物 1204.26 万元，惠及 2 万余人。打造“慈善助学”“慈善超市”“爱心早餐”“情暖童心”“天天慈善一元捐”等品牌公益项目，设置 165 个村（社区）志愿服务站点开展新时代文明实践。销售福利彩票 1.32 亿元，同比增长 7.9%，总销量居全省县（市、区）第二名。

【社会治理】 基层治理。2021 年 3 月，完成村（居）民委员会换届选举，发放离任村干部生活补贴 1043.3 万元、一次性补贴 20.47 万元，惠及 9609 人。完善村（居）规民约，推进村（居）务公开，规范村级“小微权力”运行，推行村（社区）工作事项准入制度。打造村级便民服务点，打造十佳“五型”（美丽宜居型、智慧便民型、文明共建型、和谐善治型、幸福共享型）示范社区 1 个、“五型”示范村（社区）8 个、便民服务点 22 个。社会组织发展。强化社会组织党建引领，组织开展 3 次专题学习和 10 期社会组织大讲堂。指导社会组织开展“三社”联动（社区、社会组织、社工）项目，1 家社会组织被评为“湖南省第二批‘十百千’示范社会组织”。依法办理社会组织成立、变更、注销登记，全年新成立登记 64 家，注销登记 34 家，变更和修改章程 60 家。完成 34 家学科类培训机构“营改非”登记工作，推动“双减”（减轻义务教育学生作业负担、减轻义务教育学生校外培训负担）政策落实。社会工作开展。投入 263.74 万元建设乡镇（街道）社工站平台，全年累计入户探访 7691 户，开展个案 151 个、小组 95 个、社区活动 238 场。发展志愿者 2517 人，志愿服务总人数 10 万余人。成功实施“童梦同行”“情暖夕阳”等社工服务项目，“慈善+社工+志愿服务”模式已现雏形。

【区划地名管理】 2021 年，市民政局区划地名事务中心规范地名命名更名程序，推进不规范地名清理整治工作。完成 13 条道路命名、1 条道路更名，8 个住宅区正式命名、1 个住宅区更名、12 个住宅区名称预核准工作。安装路牌 40 块，更换路牌版面 30 块，维修路牌 100 块，清洗城区路牌 3 次，确保城区路牌规范、安全、整洁。

【殡葬改革】 2021 年，市民政局持续推进殡葬改革，遗体火化率连续三年保持 100%，殡葬改革先进经验在全省推广。打造“绿色殡葬”，推进 9 个农村公益性墓地建设。落实惠民殡葬，发放殡葬补助资金 966 万元。

【婚姻登记管理】 2021 年，市民政局婚姻登记中心应对离婚登记新增“冷静期”程序，实现结婚登记“跨区县通办”，全年办理结婚登记 5187 对，受理离婚登记 3731 对，办理离婚登记 2117 对，依法登记率 100%。

（黄丽洪　曾金平）

退役军人事务

【概况】 2021 年，市退役军人事务局以“法律政策落实年、服务质量提升年”为抓手，用心用情服务退役军人，取得良好成效。退役军人事务部副部长常正国、就业创业司司长于景森到浏阳调研，全省退役军人工作专题研讨班、全国退役军人事务厅（局）长培训班到浏阳观摩考察，共计 48 批次省内外各地州、市到浏阳调研学习，浏阳退役军人服务保障体系建设成为全省的旗帜、全国的标杆，被评为“全国退役军人服务保障先进单位”。工作经验在退役军人事务部《退役军人工作信息参考》、省厅《退役军人工作简报》、长沙市委《长沙要情》登载推介。市服务中心被授予长沙市“爱国拥军模范单位”称号，市退役军人事务局第二、三季度被浏阳市委、市政府评为“一类单位”。退役军人伍国强被授

2021年6月2日，退役军人事务部党组成员、副部长常正国（前排左二）到浏阳调研烈士褒扬、服务保障、就业创业等工作 （市退役军人事务局 供图）

予2021年度湖南省“最美退役军人”称号。

【优抚工作】 2021年，全市有新增优抚对象，落实60岁以上烈士子女待遇5人，发放各类抚恤优待金等，无一错发、漏发。初审认定带病回乡退役军人253人，接收新补办评残28人次、完成657名残疾军人的换证工作，获省厅肯定。核查“两参”人员，核查工作稳妥推进。

【拥军优属】 2021年，市退役军人事务局做好春节、“八一”走访慰问，发放慰问信、慰问年画，慰问资金。投入20万元完善将军路、天马大桥及市内100个公交站亭双拥宣传阵地。协助开展送医下乡3次，为优抚对象进行身体检查和送药护理；投入31.4万元举办重点优抚对象短期疗养活动1批次50人。开展信息采集和光荣牌悬挂工作“动态清零”行动，对全市光荣牌进行编码管理；为224名立功受奖现役军人送立功喜报，发放奖励金29.8万元；集中迎接退役士兵光荣返乡，组织欢迎会、恳谈会，“一站式”报到、政策礼包、就业指导等让退役老兵尊享荣光。

【双拥优抚】 2021年，市退役军人事务局开展退役士兵返乡集中欢迎仪式，到机场、高铁站、火车站迎接集中返乡退役士兵，并在单位举行欢迎仪式。退役士兵集中欢迎仪式得到湖南省退役军人事务厅、长沙市退役军人事务局微信公众号推介。开展“一站式”报到服务。在市退役军人服务中心开设窗口，“一站式”帮助退役士兵档案接收，信息登记等工作。组织退役士兵开展适应性培训，并率退役士兵到正大集团、湖南庆泰花炮集团有限公司进行现场参观考察。组织“兵哥来找好工作”专场招聘会，安排1000多个岗位，现场3000名退役士兵及其家属参加招聘活动。

【烈士褒扬工作】 2021年，市退役军人事务局策划清明节、“9·30”烈士纪念日活动，加强爱国主义教育。拨付20万元协助做好易荡平故居提质改造工作，用好中央财政专项资金146.5万元修缮全市43处烈士纪念设施，新接收10位烈士迁入烈士陵园，成功争取退役军人事务部对烈士陵园布展的立项支持。编撰出版《浏阳英烈传》，获长沙市委、浏阳市委主要领导认可。

【退役军人就业创业孵化基地建设】 为推动退役军人就业创业，浏阳市通过创平台、汇资源、精培训、强引导等举措，打造退役军人就业创业孵化基地。市退役军人就业创业孵化基地于2020年7月30日正式揭牌成立，分设就业板块和创业板块。发挥退役军人服务站功能作用，盘清就业创业意向人数，并分级建立信息档案。打造线上信息平台。开创“尊崇网”信息平台，严格筛选用人企业资格，24小时发布就业信息，并分设“邀请家人”板块，家属也可参与就业。成立一个促进会。成立首个县级市就业创业促进会，邀请拥军企业、团体加入，提供助力。启动精专化培训。构建“退役军人+军人家属”培训模式，开办专业技能培训班45个，2021年依托基地孵化企业齐创公考开设公益培训，121人参加，58人报名参考，7人考取被录用；49人参加辅警招考培训，18人报考，3人入职。基地与省内部分高校签订合作协议，通过远程函授助力新入伍青年、退役军人提升学历。2021年，退役军人及其家属实现就业，实现年产值4.3亿元。2021年7月，孵化基地建设成效在退役军人事务部《退役军人工作信息参考》、湖南省退役军人事务厅《退役军人工作简报》、长沙市委《长沙要情》登载推介。退役军人事务部常正国副部长，退役军人事务部就业创业司司长于景森，全省退役军人事务专题研讨班、全国退役军人厅（局）长培训班等领导和团队到浏阳观摩考察，2021年11月，浏阳市退役军人事务局被评为“全国退役军人服务保障先进单位”。

【退役军人保障体系建设】 2021年，浏阳市退役军人事务局启动“服务质量提升年”活动，明确“五有”（有机构、有编制、有人员、有经费、有保障）标准，鼓励特色化服务举措，提高全域标准示范化退役军人服务站的占比，力争2021年全市示范站创建达到80%。开展业务培训。以月工作清单形式下达工作指令，指导工作开展，并在每月末收集工作开展情况，安排新进业务专干到市退役军人服务中心进行随岗学习，组织全市性培训活动。与市司法局合作，开设法律援助服务站，安排律师坐班，为退役军人提供法律咨询服务，帮助他们依法维权；与市中医医院合作，在市退役军人服务中心开设退役军人健康服务站，专业医生坐诊值班，并在医院为退役军人开通绿色就诊通道，发放诊疗卡，方便便捷就医。在“八一”期间，以“一张请柬，一次走访，一次学习，一次聚会”发放慰问信、请柬，优抚物资。在“9·30”烈士纪念日，由市委书记带领四大家班子成员，党员干部代表、退役军人代表、武警战士、少先队员向烈士纪念碑敬献花篮。2021年8月31日，市退役军人服务中心被授予长沙市“爱国拥军模范单位”称号；文家市镇退役军人服务站被评为“全国百家红色服务站”，张坊镇、中和镇被评为“全省百家红色服务站”。

【退役军人“老班长”岗前培训】 2021年7月8日，浏阳市退役军人事务局组织海选志愿者“老班长”进行岗前培训，100名退役军人志愿者“老班长”在局机关前坪集合，通过升国旗、唱军歌，重温军旅时期的整队、点名、报数等训练强化仪式感。自2019年浏阳市退役军人事务局成立以来，该局注重加强退役军人思想政治引领，探索创新退役军人志愿服务模式，在浏阳市退役军人服务中心设立“老班长”值班室，在全市成立薪火退役军人志愿服务大队，发挥老兵在基层社会治理、环境整治、应急处突等方面的积极作用。为拓展志愿服务范畴，2021年4月，浏阳市退役军人事务局在全市发出海选值班“老班长”的公告，大批退役军人报名参与，经审核后，对100名思想过硬、综合素质强的“老班长”统一开展培训，并颁发老班长值班聘用证书。由市退役军人服务中心统一安排，在服务中心、各乡镇(街道)、村(社区)退役军人服务站为老兵们提供志愿服务。

【退役军人健康服务站正式成立】 2021年7月20日，由市退役军人服务中心与市中医医院联合打造的浏阳市中医医院退役军人健康服务站正式成立。该服务站位于市退役军人服务中心，即日起，市中医医院派驻经验丰富的医生，专人专班为到访退役军人提供健康咨询和心理辅导，提升退役军人的荣誉感、获得感和幸福感。成立退役军人健康服务站是浏阳市贯彻落实《中华人民共和国退役军人保障法》的具体实践。市中医医院结合自身优势为全市6.8万名退役军人提供健康服务，并在就医就诊方面开设“绿色通道”，免除退役军人挂号费用，同时提供“优先就医、优质医疗、优惠费用”的“三优”服务。自2019年成立浏阳市退役军人服务中心起，该中心通过建强退役军人服务保障体系，扩展内容和职能，为广大“老班长”提供司法援助、志愿服务、帮扶救助等服务。

【举行向革命烈士敬献花篮仪式】 2021年9月30日是全国第八个烈士纪念日，为传承红色基因、弘扬英烈精神，浏阳市各界向革命烈士敬献花篮仪式在道吾山烈士陵园举行。全市四大家班子成员、各界代表共计290余人参加仪式。仪式由浏阳市委副书记、市长王雄文主持。上午9时，仪式开始，6名礼兵迈着步伐，正步行进到烈士纪念碑前伫立，全场齐唱《中华人民共和国国歌》，国歌唱毕，全体人员肃立，向烈士默哀1分钟。默哀之后，少先队员献唱《我们是共产主义接班人》。随后，长沙市委常委、浏阳市委书记朱东铁代表市委、市人大、市政府、市政协、市人武部及全市人民向英烈敬献花篮，并整理花篮缎带。接着，朱东铁等市领导与各界代表瞻仰烈士纪念碑、烈士英名墙。浏阳市退役军人事务局还组织全体干部职工观看习近平等党和国家领导人同各界代表在天安门广场向人民英雄敬献花篮仪式现场直播，并结合党史学习教育，制作烈士英名墙讲解微视频进行广泛宣传。同时，号召全市各市直单位、学校、乡镇(街道)等到就近烈士纪念设施处开展纪念活动，让红色精神传承、让烈士精神长存。浏阳是著名的革命老区、中国工农红军发源地、秋收起义会师地。从清末民初至1949年7月浏阳获和平解放期间，共涌现17035名烈士以及数以万计因支持革命而被害的群众，浏阳人民为民族独立、国家解放事业做出不可磨灭的贡献。

【全国退役军人事务厅(局)长培训班到浏阳参观考察】 2021年10月14日，全国退役军人事务厅(局)长培训班到浏阳参观考察，来自全国各省(市、区)的40余名退役军人事务厅(局)的领导干部参加活动。上午，学员们参观秋收起义文家市会师纪念馆与胡耀邦故居，下午专题考察浏阳市退役军人就业创业孵化基地与浏阳市退役军人服务中心。自2019年浏阳市退役军人事务局成立以来，该局围绕“全省模范、全国一流”的目标，做好退役军人服务保障工作，其中联合社会力量打造的退役军人就业创业孵化基地开展线上线下结合，按照“信息确认到位、岗位推荐到位、职业规划到位、系统培训到位、跟踪服务到位”做好退役军人就业创业服务工作，通过组织专场招聘会、举办技能专班培训、公益培训助力2000余名退役军人成功就业，就业创业工作经验做法被退役军人事务部全国推荐。

（胡智鹏）

人力资源和社会保障

【概况】 浏阳市人力资源和社会保障局共设17个科室(中心、队、院)，其中内设科室8个，二级机构9个(含2个副科级二级机构)。主要职责：贯彻执行人力资源和社会保障工作的相关法律、法规、规章和政策；拟订全市人力资源和社会保障事业发展规划、政策并组织实施和监督检查；促进人力资源合理流动、有效配置；负责促进就业工作；统筹建立覆盖城乡的社会保障体系，会同有关部门拟订机关、事业

2021年3月29日，"湘融湘爱"湖南2021年度农民工恳谈活动在浏阳举行，全国人大代表、2020年度全国优秀农民工代表、2020年度全国优秀农民工工作先进集体代表参加，共话农民工服务保障工作。省人力资源和社会保障厅副厅长焦华芳（女，台上左三）参加活动

（市人社局　供图）

单位人员工资收入分配政策和企业职工工资收入分配调控政策；综合管理全市专业技术人员工作，会同有关部门指导事业单位人事制度改革；统筹拟订劳动、人事争议调解仲裁制度和劳动关系政策，完善劳动关系协调机制，负责全市劳动保障监察工作。2021年，浏阳市"建设充分就业城市"决策入选"2021年度中国民生决策创新典型"。人社部副部长游钧率队调研督导市社保基金风险排查整治和养老保险待遇核查"回头看"工作，给予好评。椒花水库项目代表湖南省接受国务院保障农民工工资支付实地核查组检查，获肯定和好评。中央、省、市媒体58次对该局相关工作进行报道推介。

【就业创业】 实施就业优先战略和积极就业政策，统筹做好重点群体的就业服务以及重点企业的用工服务。2021年，浏阳市新增城镇就业15435人，新增农村劳动力转移就业6373人，失业人员再就业8678人，就业困难人员再就业3078人，新增创业主体17555个，城镇登记失业率1.01%，比2020年下降1.88%，低于4%的控制目标，就业形势保持总体平稳、稳中趋好的态势。开展企业人才网络招聘月活动、春风行动、援企招工、校园招聘、服务重点企业用工暨促进重点群体就业等专项活动，2021年，共举办各类招聘活动105场次，达成就业意向4.2万人。1032家企业在"浏阳就业"发布职位3475个，提供岗位18329个，总浏览量达到1798万人次，简历匹配成功数3790份。落实各项帮扶政策，开展精准就业服务，促进离校未就业高校毕业生、脱贫劳动力、退捕渔民、退役军人等重点群体就业，离校未就业高校毕业生就业率96.56%，发放就业见习补贴140万元，退捕渔民有就业意愿102人全部实现就业；脱贫劳动力就业15892人，比2020年多173人，发放创业担保贷款4494万元，安置就业困难人员318人，实现零就业家庭动态清零。实施职业技能提升三年行动计划，扩大培训规模，提升培训质量，促进劳动者更高质量就业，为产业发展提供坚强技能人才支撑。2021年共开展政府补贴性职业技能培训班1083个，培训50814人次，比2020年增长143.57%。开展创业能力提升行动和创业专家指导服务行动，推出SYB优质示范班，上线"浏创业"云课堂，开设各类创业培训班228期，培训7435人，发放补贴909万元。新增长沙市级创业孵化基地3家。紧盯城镇调查失业率指标任务，开展业务培训，重点指导推荐4个社区、10个村创建省级充分就业社区（村）。淮川街道、沿溪镇被评为"省级充分就业街道（乡镇）"；淮川街道北正社区被认定为"第五批国家级充分就业社区"。

【社会保险】 2021年，推进全民参保计划，养老保险、工伤保险、失业保险分别参保103.75万人、24.01万人、15.33万人。城乡居民基本养老保险基础养老金提标10元/人·月，达到228元/人·月，企业退休人员月人均增资114.93元；机关事业单位退休人员月人均增资168.74元，一次性工亡补助金人均提标29500元，丧葬补助金人均提标2676元。做好被征地农民社会保障工作，新增被征地农民纳入参保对象3273人。累计发放养老、失业、工伤待遇26亿元。实行园区企业养老保险过渡费率试点政策，保持工伤保险费率下调，共为企业社保减费10263万元。简化优化申报流程，实行"免申即享"，直接拨付1519家企业稳岗返还资金820万元。成立基金监管专项工作领导小组和工作专班，推进社会保险基金管理防风险堵漏洞专项整治，维护人民群众的"养老钱""保命钱"。省级下达、长沙市下达以及自查发现的17个问题，全部整改到位。省人社厅下发浏阳市疑点数据37008条，核查37008条，核查率100%。上级下发全市应追回社保基金423.39万元，追回410.17万元，追回率96.88%。"回头看"核查发现死亡人员多发养老保险待遇疑点数据3141人，涉及金额375.2万元，全部稽核追回到位。湖南省协调小组专刊推介浏阳市核查经验。人社部副部长游钧率队调研督导浏阳市社保基金风险排查整治和养老保险待遇核查"回头看"工作，给予高度评价。

【人才人事】 人才招聘。2021年，市人社局组织13批26场人才招聘笔试、面试，参与人数37958人，录用

1545 人。其中教师招聘考试 3 批、录用 1000 名,卫健系统招聘考试 5 批、录用 384 名，事业单位招聘考试 2 批、录用 97 名，乡村振兴专场招聘考试 1 批、录用 64 人。组织春、秋季校园系列招聘会 8 场，在广州和深圳举办“英才汇浏 我心飞阳”企业中高端人才招聘会，全年共为企业引进中高级人才 1350 名。人才队伍建设。审核上报中级职称评审材料 669 份,审核上报高级职称评审材料 762 份，完成卫生系统初级 850 人、中级 570 人职称考试资格审核工作。88 人获中小学高级教师任职资格,226 人获中小学一级教师任职资格,461 人获中小学二级教师任职资格。组织经开区工程系列中级职称评审,审核参评材料 306 份,91 人通过评审。2021 年,经省人社厅批准同意开展烟花爆竹产业高级职称专场评审工作,其中正高级参评 6 人,高级参评 86 人。其他事业单位及企业 672 人获初级职称。事业单位专业英才认定 135 人,全年发放事业单位专业英才生活和住房补贴 828.52 万元。人事档案管理。人社局加强档案规范化建设，接收流动人员档案 1820 卷、事业编制档案 552 卷,接收征地农民档案 6391 卷；转出档案 693 卷。档案资料查询 2724 人次;退休档案查询 2540 人次，办理档案传递业务 5630 人次。接收在编人员档案资料 2.1 万份,流动人员档案资料 1500 份；整理新增人事档案卷 6642 卷,扫描修图 240 卷。开展人事档案“清淤”工作，对全市 150 个行政事业、国有企业等单位的重点人群人事档案的“三龄两历”进行全面细致审核，共审核重点人群人事档案 4997 卷。

【劳动维权】 2021 年，市人社局开展《保障农民工工资支付条例》实施 1 周年“六个一”(制定一个方案、开设一个专栏、编发一套手册、把住一个源头、进驻一块阵地、编发一系列宣传短信）宣传活动，对劳动保障法律法规进行全面、系统的宣传。日常巡视检查 95 个用人单位，清理整顿人力资源市场秩序专项行动对全市 75 家人力资源服务机构(包括 15 家劳务派遣机构)、95 家用人单位进行全面检查；劳务中介专项整治行动对 67 家劳务中介进行清查；女职工产假等权益专项执法行动、妇女儿童权益保护专项执法对 350 家企业维护妇女儿童权益情况进行监督；针对全市在建工程项目开展“查隐患、抓整改、治欠薪”专项行动，涉及房建项目 117 个；开展劳动用工大排查排查在建项目 81 个、企业 708 家。开展根治拖欠农民工工资“夏季行动”和“冬季攻坚行动”，全面落实用工实名制、农民工工资专用账户管理等制度。2021 年,市人社局接待用人单位和劳动者咨询 4460 人次,调处工资拖欠等案件 301 件，欠薪案件法定结案率 100%，为劳动者追回工资 3501 万元。加强基层调解组织、流动仲裁庭建设，及时有效处理劳动争议。推进裁审衔接机制有效运转，合力化解矛盾纠纷。仲裁院罗海燕被评为湖南省首届“最美仲裁员”。处理劳动人事争议案件 1400 余起，为当事人挽回经济损失约 3000 万元。办结信访件 86 件,处理“12345”热线工单 1925 个,满意率 99.9%。做好服务农民工工作,湖南省首次农民工工作座谈会在浏阳召开,浏阳市作经验推介。

【依法行政】 2021 年，市人社局完成 15 起用人单位特殊工时制度审批,7 起民办职业培训学校设立审批、3 起变更审批、4 起延续审批、3 起终止办学,9 起人力资源服务公司审批,10 起劳务派遣经营许可审批。完成 9 起行政复议、38 起行政诉讼共 47 起答辩、应诉工作，胜诉率 85.3%。市人社局向经开区(高新区)赋权 12 项,向乡镇(街道)赋权 7 项。推广使用“互联网+政务服务”平台，推动人社业务“网上办、就近办、马上办”“一件事一次办”,市人社局依申请类和公共服务事项共 348 项事项,其中实行四级深度(全程网办)标准的 299 个,占比 85.9%,三级深度以上占比 96.1%，即办事项 132 项，占比 37.9%，跑动次数为 0.25 次,减时间率 90%以上,各项指标位居浏阳市前列。

【助力企业发展】 2021 年，市人社局积极应对新冠肺炎疫情影响,抓疫情防控和抓援企稳岗助力复工复产。牵头出台《鼓励外省员工在浏过春节若干措施》，引导 9011 名外省员工在浏阳过春节，为春节后企业达产满产提供保障。牵头成立 15 个赴外援企招工工作组，到龙山、花垣县等地开展招聘工作，为蓝思科技股份有限公司输送员工 20411 人。强化劳务协作，服务重点企业用工，全省产业工人定向培养基地服务重点企业劳务座谈会在浏阳召开,浏阳市作典型发言。继续实行园区企业养老保险过渡费率试点政策,继续保持工伤保险费率下调,共为企业社保减费 10263 万元。简化优化申报流程,实行“免申即享”,直接拨付 1519 家企业稳岗返还资金 820 万元。

【浏阳市“建设充分就业城市”决策入选“2021 年度中国民生决策创新典型”】 2021 年，浏阳市紧扣就业民生问题，基于发展定位和执政为民理念,提出建设充分就业城市,通过实施就业岗位增量行动、职业技能提升行动、就业服务体系提质行动、劳动权益护航行动“四项行动”,促进全市劳动者实现更加稳定、更高质量就业，为建设幸福美丽现代化新浏阳奠定坚实基础。12 月 29 日,以“新发展理念与区域高质量发展”为主题的 2021 第十六届中国全面小康论坛暨首届中国经济社会高质量发展论坛在广东省广州市召开，浏阳市凭借“建设充分就业城市”民生决策入选“2021 年度中国民生决策创新典型”。

（龚加强）

医疗保障

【概况】 浏阳市医疗保障局是市政府组成部门,于 2019 年 3 月正式挂牌成立，局下设医疗保障事务中心,内设办公室、政策法规科(行政审批服务科)、医药服务管理科、基金监管科 4 个科室。主要承担贯彻落实城乡居民基本医疗保险、城镇职工医疗保险、大病保险等制度，不断提高医疗保障水平，建立健全覆盖全民、城乡统筹的多层次医疗保障体系，确保医保资金合理使用、安全可控，推进医疗、医保、医药“三医联动”改革，更好保障人民群众就医需求、减轻医药费用负担等职能。2021年，全市基本医疗保险总参保人数达到140.06万人，其中城乡居民基本医疗保险参保人数119.33万人，职工基本医疗保险参保人数20.73万人；基金总收入17.68亿元，其中城乡居民基本医疗保险收入10.25亿元，职工基本医疗保险收入7.43亿元；基金总支出15.71亿元，其中城乡居民基本医疗保险支出8.49亿元，职工基本医疗保险支出7.22亿元。浏阳市医疗保障制度改革工作获省政府表扬激励。

【基本医保全民覆盖】 强化医保征缴宣传，做好参保登记，实现基本医保全民覆盖。2021年，报销金额14亿余元，共有150余万人次享受医疗保险待遇，13.08万人享受高血压、糖尿病门诊用药保障，发放事后救助资金1326.28万元。

【医保改革】 为确保基金可持续，以收定支，统筹兼顾，2021年，浏阳市推行按病种分值付费支付方式改革，居民医保住院统筹基金支出同比下降4%，全年累计节省医保基金4000余万元，基金安全有保障、参保群众得实惠、医药机构促发展的格局逐步形成；湖南卫视新闻联播、《浏阳日报》头版头条等媒体对浏阳市医保改革工作进行重点报道推介。

【基金监管】 为从严规范医疗保障基金使用，严格执行《医疗保障基金使用监督管理条例》等法律法规，持续加强基金监管力度，共组织对全市所有定点医药机构开展4轮自查自纠，全年共计检查定点医药机构901家次，处理150家次，行政立案处罚9家，追回医保基金1184.71万元。

【欺诈骗保集中整治】 2021年，市医保局推进“清廉医保”建设和欺诈骗保套保挪用贪占医保基金集中整治工作，制定印发《浏阳市医疗保障局“清廉医保”工作实施方案》，细化《医保定点医疗机构集中整治实施方案》等12个配套整改方案，制作版图式任务分工表，实行“挂图作战”，定期调度工作，跟进任务落实。成立由15个部门联合组建的欺诈骗保套保挪用贪占医保基金集中整治工作协调机制，对2019年1月1日以来的巡察、审计、飞检、信访、案件五个方面进行全部起底清查“回头看”，对定点医药机构进行专项检查，对违法违规行为严肃查处，对欺诈骗保行为形成强大震慑，代表长沙市迎接欺诈骗保集中整治省级督导，获肯定。

【药品耗材集采实施】 2021年，国家药品集采在浏阳市落地，超额完成约定采购量，药品耗材最高降幅达到99.5%；冠脉支架均价由1.3万元下降到700元，累计为患者减轻经济负担291万元；第二批国家集采涉及的32种药品，累计为患者减轻经济负担1426万元；患者就医购药负担、医院购药成本显著降低，基金使用效益提升明显。

【医药服务管理】 2021年，市医保局结合“我为群众办实事”活动，将医保服务触角向市民身边延伸，乡镇（街道）实现特门药店全覆盖，惠及患者3万余人；开通57家乡镇药店城镇职工基本医疗保险特殊病种门诊报销业务，实现城镇职工、城乡居民特殊门诊医保报销“互通”，获参保市民好评。

【湘赣边区域医保合作】 2021年，全市23家医院确定为全国异地就医直接结算协议医院，工作经验得到湖南卫视宣传推介；与上栗县实现9家医疗机构定点互认，参保人员可在上栗县18家定点药店实现跨省异地刷卡就医购药，惠及湘赣边参保人员16万人次。

【服务效能提升】 2021年，市医保局发挥“智能办”效力，首创多维度全方位便民平台。在全省首推生育津贴全程“网上办”，工作经验被省、长沙市医保局重点推介；实现公务员体检网上预约“自主化”，门诊费用跨省直接结算；经办业务能力和水平提高，代表长沙市在全省医保信息系统上线工作攻坚部署会上作典型发言。

【医保领域疫情防控】 2021年，市医保局组织核酸检测费用议价2次，检测费用达到全省最低价；支付3126.49万元，完成新冠肺炎核酸检测88.1万人次；支付采购疫苗费用11067万元，完成新冠病毒疫苗接种255.16万人次，接种费用2551.55万元；全年共承担疫情防控资金1.67亿元。

（张　丽）

库区移民

【概况】 2021年，市库区移民事务中心核定全额事业编10人，设主任1人，副主任2人，中心实有干部职工7人，设综合部、业务部两个部室。全市域内有株树桥大型水库1座，马尾皂、南康、关山、横山头、仙人造、清江、道源、梅田、板贝、富岭10座中型水库，在建水库1座（椒花水库），另与醴陵市合建大型水库官庄水库。全市登记在册的大中型水库农村移民现状人口25522人，分布在全市32个乡镇、街道的276个村（社区）。2021年，市库区移民事务中心以补齐“两区”（库区和移民安置区，下同）基础设施短板、改善“两区”人居环境、帮助移民增收致富，实现移民对美好生活的向往为目标，加强项目资金管理，落实直补政策，开展新建水库前期工作、重点移民村建设、后扶项目建设、产业扶持、就业创业培训、乡村振兴等工作。

【奖补政策落实】 2021年，市库区移民事务中心落实省移民管理部门要求，一季度，通过“一卡通”为7059户、18368名移民一次性发放全年直补资金1102.08万元；按政策为2285户库区村民发放口粮补贴157.58万元；对135户考上全日制高中、大学的独生子女和两女户移民家庭的学子进行资金奖补，共计发放奖金16.5万元；慰问特困移民110人，发放慰问金11万元。

【移民就业技能培训】 2021年，市库区移民事务中心对接移民需求，以实用技术、转移就业技能、中长期职业教育等形式为主，开展油茶、蔬菜、养殖等培训。全年组织开展移民农业实用技术培训4期，培训移民330人，中长期职业教育196人、自主培训9人，提升移民本领技能，超额完成省市目标任务。

【后扶项目管理】 落实计划报备制度，全年完成143个移民后期扶持项目的计划上报、审批、备案，累计安排后扶项目资金2124万元；对招投标、合同管理、工程质量、工程验收、镇村管理等方面作出明确规定；组织涉农资金整合村、重点移民村等调研座谈会议近10次，解读项目扶持政策、项目申报方式、谋划移民产业项目；同时，对所有项目进行复核验收，委托第三方进行资料审核和现场复核，从严把关项目程序、报账资料和工程质量。2021年，联合财政部门专门组织对6个乡镇开展移民后扶资金专项检查、指导，并下发通报，督促责任单位抓好问题整改，确保资金安全。

【椒花水库建设】 政策保障。2021年，出台《湖南椒花水库工程移民搬迁安置的公告》《湖南椒花水库工程围堰截流通告》《关于规范椒花水库搬迁安置移民无（少）房协议签订流程的通知》《关于做好椒花水库工程淹没区专项补偿工作的通知》等7个政策文件，并编印下发至各移民户手中；组织镇村干部进行政策体系和财务等知识培训，熟知移民政策；利用“村村响”、浏阳电视台等对椒花水库移民政策进行宣传；下村组召开政策宣讲会、政策见面会50余场，解答移民搬迁安置中的问题；依据移民搬迁工作进度适时出台提前搬迁租房补贴、提前腾地补助、坟墓集中安葬点、倒房奖励等激励政策，解决移民搬迁过程中的突出问题；对移民搬迁安置方式调整、安置区建设、环库生产公路建设等重大问题邀请省、市及参建各方召开政策咨询会议，对搬迁安置过程中出现的重大变更事项均给予明确答复；组织会商解决乡镇提出的猪场拆除、土地地类调整、权属调整、户外设施补偿、分合户处置等个案问题340多个。移民搬迁。组织各部门推动移民搬迁安置，截至2021年12月31日，土地征收协议签订100%，个人房屋补偿协议签订98.60%（其中达浒镇499户已签约492户，完成率98.60%；大围山镇165户全部签约，完成率100%）。组织完成椒花水库导（截）流阶段移民安置验收，实现围堰合龙，围堰坝高度达到144.70米。资金拨付。保证椒花水库专项账户资金充足，及时审核资料，确保资金及时足额拨付。截至12月31日，已累计审核拨付椒花水库移民资金11.14亿元。涉访涉诉维稳。全年收到国家、省信访局、浏阳市政府等交办椒花水库移民信访件共计14批次200余人次，依申请公开事项4批次，接待律师团4批次，市政府协调申请书3件，中心均按时完成以上信访事项的调查、处理、回复。组织对22户拒不签订协议搬迁的移民下达《限期搬迁决定书》，对48人次分4个行政诉讼案件组织应诉，均取得胜诉。同时，组织指导各方做好围堰截流、杆线迁移、档案室建设、移民安置点建设等其他工作。

【移民美丽家园建设】 2021年，安排古港镇燕港村实施项目6个，投入移民资金290万元。2019年整村推进移民美丽家园建设通过长沙考评验收，其中普迹镇新街村、永和镇铁山村2个重点移民村被评为“优秀”，沙市镇赤马村被评为“良好”。组织2020年度安排的中和镇清江村、官渡镇兵和村自评验收。

【避险解困工作】 2021年，完成2020年省级下达浏阳市避险解困指标任务180个，实际完成避险解困61户188.5个指标，268.5万元建（购）房补助通过惠农补贴“一卡通”系统发放到位。浏阳市实施避险解困政策以来，累计解决294户867位移民房屋居住问题，全部搬迁入住新房。

【移民产业扶持】 坚持“智”“志”双扶，用好后期扶持政策支持移民发展产业增收致富，2021年，重点扶持古港镇燕港村、葛家镇葛家园村、新宏村、普迹镇新街村、关口街道溪江村、官桥镇苏故村、沿溪镇沿溪桥村等产业项目7个，投入移民资金546万元，促进移民年均增收220余万元。扶持远程农场、善平农场、蒋埠江养蜂合作社等4个经济组织50万元，带动周边300余户无就业创业能力困难移民养鸡21300只、养鸭13480只、养蜂630箱，帮助移民户年增收170余万元。官渡镇兵和村采用种养殖股份合作流转的40公顷油茶林获丰收，年产值50万元；沙市镇赤马村投入的水老官企业实现保本分红（移民分红3.36万元）。浏阳移民产业扶持做法获人民网、“学习强国”平台、时刻新闻等媒体多次进行报道，长沙市望城区、岳麓区、永州祁阳县等单位到浏阳学习移民工作经验。

【长沙市水库移民工作现场会暨移民干部业务培训在浏阳举行】 2021年4月15—16日，长沙市水库移民工作现场会暨移民干部业务培训活动在浏阳举行，长沙市移民工作系统近100人参与活动。4月15日，参会人员到浏阳市古港镇梅田湖紫阳湾移民屋场、官渡镇兵和村移民产业油茶基地对移民产业开发项目进行现场观摩。16日，浏阳市水利局党组副书记、市库区移民事务中心党组书记、主任卢清红作典型发言，从产业发展、重点移民村建设、避险解困、移民

2021 年 4 月 15—16 日，长沙市水库移民工作现场会暨移民干部业务培训活动在浏阳举行
（市库区移民事务中心 供图）

培训、“十四五”规划、椒花水库建设、直补人口管理 7 个方面总结浏阳移民工作所取得的成绩和经验做法。长沙市水利局党组书记、局长曹彪出席会议并作讲话指出，作为移民工作者要做到讲政治，担当作为；讲热情，履责作为；讲规矩，自律作为。他强调，为更好做好移民工作，发展移民事业，要做到五个“再加力”：在理顺机制上再加力，在政策学习上再加力，在规划引领上再加力，在监督管理上再加力，在融合发展上再加力。省库区移民事务中心党委副书记、副主任周娟华出席现场考察，规划事务部部长王雪平出席会议并就 2021 年重点移民工作作辅导授课，长沙市纪委驻水利局纪检组组长熊力出席会议并作警示发言。

（邱娇娇）

西湖山　　（彭红霞　摄）

街道·镇·乡

淮川街道

【概况】 2021年,淮川街道辖朝阳、西正、北园、北正、城东、城西、联城、新北、翠园9个社区,120个居民小组。辖区总面积12.3平方千米。总人口数62819人,户籍人口55894人,出生人口594人,死亡人口1219人,人口流动方向主要为集里街道和关口街道。2021年年平均气温18.9℃,比历年同期(17.5℃)偏高1.4℃,比2020年同期(18.4℃)偏高0.5℃;年极端最高气温38.7℃,出现在8月2日,极端最低气温-5.3℃,出现在1月9日。年降水量1377.6毫米,比历年同期(1551.3毫米)偏少11.2%,较2020年同期(1953毫米)偏少29.5%;年内共出现5次暴雨。年日照时数1597.2小时,与历年同期(1594.8小时)基本持平,比2020年同期(1354.5小时)偏多17.9%。2021年,淮川街道对松材线虫病重点区域进行专项清查,共清查收缴松材线虫疫木约0.05吨,全部按照疫木处置流程进行销毁。被湖南省应急管理局评为"湖南省第一批应急能力建设达标乡镇",被评为2020年度长沙市"平安建设(综治工作)优秀等次街道"。朝阳社区被共青团湖南省委评为2020年度湖南省示范性"青年之家",被国家统计局长沙调查队评为"2018—2021年度长沙市全国月度劳动力调查先进社区",被长沙市城市管理委员会评选为"百日奋战、扮靓星城"市容环境示范社区;城西社区被评为"湖南省百岁健康社区""湖南省计划生育基层群众自治社区"。北园社区、翠园社区被长沙市计划生育协会评为"2020年度计划生育基层群众自治先进单位"。

【经济发展状况】 2021年,街道地方财政收入实现1.6亿元,超额完成财税工作任务,财政总收入完成2.45亿元;商贸服务业社会商品零售额完成76.87亿元,同比增长34.05%;规模以上服务业完成272.2亿元,同比增长17%;其他营利性服务业完成6.67亿元,同比增长45%。在全市首创浏阳市数字经济产业园,引进长沙网红品牌茶颜悦色入驻浏阳北正西购物中心,知名食品商超长沙市泉坤食品商贸有限公司落户名河鑫都楼盘。成功举办淮川街道第二届美食节,带动周边消费8000余万元;助力餐饮店浏阳院子开展首届"拥抱青春怀旧音乐节",单日吸引1500余人。新文路步行街被评选为2021年长沙市夜间消费"示范街区"。

【社会管理】 完成辖区84个小区配套设施改造,加装电梯28部,新增停车场29个、停车位1100余个,修复路灯304盏,开展垃圾分类活动40余次,清除垃圾杂物200余车,清理小区楼道300余处,清扫绿化带及杂草1万余平方米。12月10日,全省老旧小区改造观摩活动在街道举行。选派53名机关干部担任企业安全生产监督员,实现安全生产和食品安全零事故。发动300余人次植树500余棵,化解噪声扰民、油烟扰民等环保问题150余个,实现第二轮中央环保督查期间零交办件。

【社会事业】 发动辖区内30家爱心企业(单位)结对帮扶32户特困家庭,累计发放慰问金、慰问物资15万余元。推荐15名退役军人和随军家属成功就业,为600余名贫困家庭子女、失业人员等提供就业技能培训,被省人社厅评定为2020年度"省级充分就业街道"。开展城乡居民基本养老保险征缴,超额完成城乡居民医疗保险征缴任务。开展养老保险待遇核查"回头看",追缴违规领取对象39人、金额5.77万元。实施"教育强街"工程,投入资金近80万元奖励优秀教师、帮扶困难学生、改善办学条件。持续繁荣卫健文体事业,街道政府服务中心被湖南省"扫黄打非"办公室评为"2021年湖南省'扫黄打非'进基层示范点"。举办庆祝中国共产党成立100周年文艺会演。

【首个数字经济产业园落户淮川街道】 2021年12月18日,浏阳市数字经济产业园举行开园庆典暨企业入驻签约仪式,浏阳市首个数字经济产业园以产业组团的形式,正式落户淮川街道。园区办公面积2.16万平方米,把数字经济发展作为加快街道新动能培育的重点工程,甚至成为全市数字经济创新发展的新支点,打造"园中园"的产业格局,以政府主导,第三方公司管理,企业经营的可持续发展思路,以数字平台为载体、数字化管理为基础、运营服务为主线,促进数字经济与传统产业的深度融合,推动数字经济新兴企业成长和传统产业数字化转型升级,共筑园区数字化生态圈,打造数字经济发展新高地。罗格科技集团、灵客云(北京)信息科技有限公司分别与淮川街道办事处签约入驻市数字经济产业园。截至12月31日,已与2家平台公司签订入驻协议〔罗格科技集团、灵客云(北京)信息科技有限公司〕,在产业园注册业务公司2家,注册招商公司2家;2家集团公司正在洽谈入驻阶段(智谷创联集团公司、中数科集团公司)。

【2021年"河畔季风"消费节暨淮川街道第二届美食节】 2021年5月27日至6月1日,浏阳市2021年"河畔季风"消费节暨淮川街道第二届美食节在淮川街道新文路步行街举办,为提升消费效能,美食节设置老浏阳味道集中展、千份早餐免费送、啤酒龙虾挑战赛、湘赣边云直播逛展、国潮音乐汇、数字金融场景体验六大主题活动,活动共吸引线上线下1000余家商户参与其中,日均人流量超过8万人次,累计总人流量50万人次,带动步行街商圈周边消费额8000万元。

(苏　婷)

集里街道

【概况】 2021年,集里街道辖7个社区、8个行政村,371个居(村)民小组,辖区行政区域总面积153.8平方千米,耕地1391.7公顷,其中水田1078.4公顷、旱土313.3公顷,山林

9666.7公顷。辖区总户籍数19812户，户籍总人口60461人；常住人口15.3万人，出生437人，死亡372人，人口出生率7.2‰，自然增长率1.07‰。流出人口2605人，流入人口2836人。年末辖区有百岁老人4人，分别为北城社区张连英（女）、道吾村袁茶秀（女）、太平桥村黎保生（女）、锦美村李后洪。街道被评为“省安全发展工作示范街道”“长沙市2019—2020年打击传销工作优秀街道”“长沙市2020年度平安建设（综治工作）红旗等次街道”，被授予长沙市“文明标兵单位”称号；集里桥社区、党委分别被评为“全国最美志愿服务社区”“长沙市先进基层党组织”，宏源村被评为“省级美丽乡村示范村”“长沙市生态文明建设示范村”，西湖村被评为“长沙市文明村”，百宜社区被评为长沙市“百日奋战　扮靓星城”市容环境整治示范社区，龚家桥社区党总支被评为长沙市示范化“五化”党支部。

【经济发展状况】 全年完成一般公共预算收入11.19亿元，其中地方一般公共预算收入6.31亿元，增长16.5%。农业生产。水稻种植938.8公顷，油菜种植206.6公顷，大棚蔬菜种植3.15公顷，有小水果基地42.6公顷，油茶抚育48公顷。年末生猪存栏12630头，家禽存笼5.26万羽。全街道村集体经济总收入256.6万元，8个村集体经济收入全部超过20万元，西湖村达到74万元。工业经济。完成规模工业总产值66亿元，同比增长13%；实现限上商贸企业销售总额45亿元，增长22%；固定资产投资60.5亿元，增长10%；辖区银行网点存款103亿元，城乡居民人均可支配收入增长6.8%。全年实现汽车销售13000余辆，商品房销售3520套42万余平方米。完成招商引资到位资金9.05亿元，新引进项目10个。全年新增“四上企业”（规模以上工业企业、资质等级建筑业企业、限额以上批零住餐企业、规模以上服务业企业）16家，登记在册商事主体总量逾1.9万户。浏阳市三力医用科技发展有限公司被认定为国家级“专精特新”“小巨人”企业，被省委、省政府授予第一届“新湖南贡献奖先进集体”称号。项目建设。实现梧桐片区、邹家片区19个项目征拆清零，金阳大道和道吾路两厢储备土地100余公顷；推动市博物馆开馆亮相、新能源公交总站开业运营、西湖山市民公园开门迎客、新屋岭小学开学迎新、集里医院综合楼开门接诊。铺开高标准农田建设，启动农村灌区水田节水改造工程，太平桥片区污水收集管网投入使用。建成美丽宜居村庄4个，宏源村被评为“省级美丽乡村示范村”，街道工作获全省抓党建促乡村振兴会议现场观摩推介。基础设施建设。完成集里便民市场改造和龚家桥小区、教师新村、恒宜新村等14个老旧小区改造项目，代表浏阳迎接全省城镇老旧小区改造工作推进会现场观摩；拉通胡家路、道吾路、海泡石路等城市道路4条；新增铺设地下管网12.6千米；新建“四好”农村路10千米；修复破损路面、人行道等基础设施12000余平方米。

【社会管理】 人口与计划生育。2021年年末，辖区已婚育龄妇女17260人，全年办理生育证364本。享受独生子女保健费户数410户，发放独生子女保健费4.63万元；享受农村计生奖扶政策人数745人，发放奖扶资金71.52万元；享受计划生育家庭特别扶助人数62人，发放补助金额67.7万元。环境整治。打好污染防治攻坚战，全面推行林长制、田长制，落实河长制工作要求，淮洲河、济川河等辖区河流出境断面水质稳定达标，空气质量优良率99%。开展农贸市场、背街小巷美化行动，拆除违章建筑7450平方米。全年完成改厕218座，农村生活垃圾分类覆盖率100%，百宜社区被评为长沙市“百日奋战　扮靓星城”市容环境整治示范社区。安全生产。开展安全生产专项整治三年行动，淘汰落后产能花炮企业10家，推行企业安全生产“百分制”考核机制，排查整改隐患305条、立案17起。推进“一盔一带”安全守护行动，交通事故死亡人数同比下降50%。建成社区微型消防站97个。落实“双减”政策，整治校外培训机构30余家。完成第一次全国自然灾害综合风险普查工作。全年开展农村房屋安全、“治超”、动物防疫、食品安全、燃气安全、建筑安全、校园周边环境整治、秸杆禁烧、防火防汛等专项执法检查2400余次，安装防护栏20余千米、警示牌241处。治安状况。推进“五个一”（一张网覆盖、一扇门进出、一条链服务、一揽子调处、一体化联动）工作法，化解重点疑难问题18个，调解各类矛盾纠纷486起，指导成立业委会43个，推介“微网格里的和事佬”先进典型30余人。开展打击“黄赌毒”等专项整治行动60余次，劝返缅北滞留人员6人。落实“三联三保”制度，实现特护期到长赴省进京“零上访”。

【社会事业】 民政事务。新增医院床位360余张、停车位3200余个、小区加装电梯27台。推进“一件事一次办”改革，街道政务窗口“帮代办”各类民生事项7600余件，办结“12345”热线工单1700余件。全年开展各类公益活动6000余场次，殡葬改革火化率100%。社会救助。走访慰问困难群众1016人次，发放城乡低保、特困供养、就业困难人员补贴等各类资金1086万元。社会保障。全年发放养老金1678万元，报销城乡居民医疗保险3085万元，安置公益性岗位就业93人。建立社区养老服务机构5家。科教文卫。组织开展科普宣传活动17场次，发放各类科普宣传资料6000余份。高新技术企业认证新增7家，重新认定2家。中小企业知识产权体检4家，专利预警分析1家。新屋岭小学正式投入使用，新增学位2500余个。抓好疫情防控工作，全年摸排追踪国内外高风险地区到（返）浏人员1140余人，集中隔离医学观察420余人，实施核酸检测16万余人次，疫苗接种23万余剂。

【新屋岭小学正式投入使用】 2021年3月1日，新屋岭小学正式投入使用。该小学于2020年5月启动建设，2021年1月20日竣工。学校有1栋多功能教室、2栋教学楼、1栋生活

2021 年 3 月 1 日新屋岭小学正式投入使用　　（集里街道　供图）

服务楼以及风雨连廊、运动场等，规划 36 个班，可容纳 1600 余名学生。学校从 2020 年秋季开始招生，有一年级 6 个班近 300 名学生，在浏阳市教师进修学校附属小学临时借读。2021 年 3 月 1 日起，上述学生到新屋岭小学开始新的学习。新屋岭小学坐落于燎原路以西，道吾山路以南，由浏阳市公共工程建设中心承建。总投资约 7800 万元。

【集里桥社区被授予全国“最美志愿服务社区”称号】 2021 年 3 月 31 日，在中宣部、中央文明办等多个部门联合表彰的 2020 年度全国学雷锋志愿服务“四个 100”先进典型颁奖活动中，浏阳市集里桥社区被授予全国“最美志愿服务社区”称号。集里桥社区“黄帽子雷锋志愿者”组织成立于 2009 年，前身为“黄帽子”志愿服务队，2021 年 1 月更名为“黄帽子雷锋志愿者”，穿梭在社区各个角落，进行交通劝导、社区巡逻、水电维修、环卫打扫、纠纷调解。截至 2021 年，拥有注册志愿者 2352 名，有学生、在职党员、退休人员等，下辖 13 个志愿服务队，拥有志愿服务活动场所 3000 余平方米。

【集里医院新建门诊综合大楼投入使用】 2021 年 6 月 29 日，集里医院新建门诊综合大楼项目正式投入使用。该项目由市公共工程建设中心承建，总投资 1.65 亿元，总建筑面积 32214 平方米，于 2019 年 6 月 20 日开工，包括 1 栋 13 层的门诊综合大楼和 1 个地下停车场，其中门诊综合大楼集门诊与住院功能于一体，1 楼至 4 楼为门诊、手术室、功能科室，日均可接诊门诊患者 3000 人次；其他 8 层楼是住院部，开设床位 350 张。项目于 2021 年 6 月 8 日竣工验收。新门诊综合大楼设计上以绿色生态为主题，在功能布局上采用鱼骨式分布，构筑清晰的医疗内街，各支线连接不同部室门诊单元，合理利用空间。病房区采用 H 型结构，把护士医生办公值班区域集中在大楼中间，让病房获得最好的采光通风条件。

【集里街道庆祝中国共产党成立 100 周年红色经典交响音乐会】 2021 年 6 月 24 日晚，集里街道庆祝中国共产党成立 100 周年“恢宏的赞歌”红色经典交响音乐会在欧阳予倩大剧院举行。整场晚会紧扣党的百年奋斗主题，分为“忆往昔，峥嵘岁月如歌”“看今朝，江山如此多娇”“向未来，风展红旗如画”三个篇章，特邀湖南爱乐乐团现场演奏红色经典曲目，并通过网络直播等形式，为场内外观众上演一场视听党课。当晚音乐会前，集里街道对 100 位优秀共产党员、30 位优秀党务工作者、18 个先进基层党组织和 100 位优秀微网格长进行表彰。

【全省城镇老旧小区改造工作现场推进会在集里街道进行观摩活动】 2021 年 12 月 10 日，全省城镇老旧小区改造工作现场推进会在集里街道进行观摩活动，现场观摩花炮小区、恒宜新村、龚家桥等老旧小区改造成果。自 2019 年以来，集里街道坚持党建引领，把基层党组织作为“掌舵手”，把方向、管大局、保落实，

2021 年 6 月 29 日，浏阳市集里医院新建门诊综合大楼正式投入使用　　（集里街道　供图）

2021 年 6 月 24 日晚，集里街道庆祝中国共产党成立 100 周年红色经典交响音乐会举行　　（集里街道　供图）

全省城镇老旧小区改造工作现场推进会观摩点——改造后的花炮小区

（集里街道　供图）

探索小区党员、党支部、非公经济党组织"多元治理"机制，形成党员"微网格+老旧小区"改造的基层党建服务模式，做到居民意见充分沟通、业主心愿全面回应、改造成果人人满意。2021年，完成龚家桥小区、教师新村、恒宜新村等14个老旧小区改造项目，除实施外立面改造、雨污分流、路面修复等，全面提质公共活动场地，增设邻里中心、养老托幼等公共服务设施，同时注重人文精神培育。

（张树林）

荷花街道

【概况】 荷花街道坐拥城南，融通湘赣，地处浏阳中部偏南低山丘陵区，地势东南较高，西北较低。地表物质组成以变质岩为主，土地分布在底丘溪谷，一般海拔在200~400米。域内属于亚热带长炎盆地谷底气候区，受亚热带季风气候控制明显，年均气温17.5℃，年降水量1479.9毫米。2021年，下辖荷花园、南市、唐洲、新月4个社区，杨家弄、西环、嗣同、南环、牛石岭、建新、东环、浏河村8个行政村，372个村（居）民小组，总面积146.8平方千米，林地面积9133.33公顷，耕地面积1519.87公顷（其中水田1278.6公顷，旱田241.27公顷）。户籍总人数4.9万人，其中常住人口10.9万人，全年出生321人，死亡298人，人口出生率6.54‰，自然增长率0.47‰。流出人口2298人，流入人口1621人，100岁以上老人有4人。全街道有13个党总支部，下设73个党支部，直管党员1811名。

【经济发展状况】 2021年，全年实现规模工业总产值34.8亿元，完成固定资产投资36.1亿元、财政收入3.88亿元、地方一般预算收入2.47亿元，新增固定资产投资项目34个，实现规模以上零售总额和服务业分别增长32%、43%。农业。全年完成双季稻栽种353.33公顷，一季稻1000公顷，抛荒耕地复耕复种13.33公顷，油料作物657.33公顷，水果稳定产区81.33公顷，有机蔬菜复种266.67公顷。打造嗣同、南环村千亩的稻油水旱轮作示范片。加强耕地保护，严格用地管理，实现违法用地零新增。全面推行林长制工作，明确"一长三员一大队"工作职责，选聘专职护林员14名，在全市森林防灭火演练竞赛中，街道4支队伍分别斩获一、二、三等奖。工业。完成工业投资29.5亿元，工业技术改造投资28.3亿元。引进招商引资项目6个；成功申报认定高新技术企业5家，完成技术贸易合同登记1亿元；智能化改造项目申报通过2家长沙市智能制造试点企业；完成长沙市清洁生产企业1家。优化营商环境，构建亲清政商关系，新增固定资产投资项目34个，帮助企业解决矛盾纠纷65起，协助浏阳市嘉龙包装印刷有限公司和浏阳市双福包装印刷有限责任公司成功申报项目资金13.54万元，助力笑哈哈食品厂获粮油千亿产业工程专项资金54万元、粮食产业化扶持资金25万元。服务业。以浏阳河沿岸风光为依托，按照"休闲+餐饮+娱乐"的思路，在城区打造出以特色餐饮为主，茶业、酒业、花炮业于一体的浏阳河休闲圈。在乡村建成天子湾景区、南流桥荷花、荟茗兰花等田园旅游圈，结合景观提质升级规模民宿3家，重点打造度假生态农庄16家，全年新增游客15万人次，实现规模以上零售总额和服务业分别增长32%、43%。

【城乡建管】 全年开展文明创建公益志愿活动280余场，处理燃煤、乱倾倒渣土、秸秆露天焚烧、噪声扰民、占道经营等城市不良现象投诉373件，立案619起。查处违章建筑66处，拆违控违面积11290.73平方米。坚持脱贫攻坚和乡村振兴无缝衔接，吸纳已脱贫人口就业，发展南环村黄牛养殖、牛石岭村红莲种植和东环村渔业养殖三个产业项目，打造"看得见山、望得见水、记得住乡愁"的美丽宜居村庄11个，牛石岭村被评为长沙市"特色村庄"，完成迎接乡村振兴考核省检工作。践行"绿水青山就是金山银山"的理念，对工业污染源、生活污染源和农业污染源实行"三源齐控"，樟槽水库、王毛水库、丛光水库、大山台水库成功创建2021年长沙市"百座放心满意小型水库"。

【社会治理】 常态化开展新冠疫情防控工作，开展重点人群核酸检测实战演练与常态管控，完成疫苗接种11.8万人次。深化扫黑除恶、"黄赌毒"专项整治，"三联三保"积案化解，街道被评为长沙市"平安乡镇街道"，南市社区被评为长沙市打击传销工作"优秀社区"，街道禁毒年度民调排名长沙市第7名。加强安全生产监管，开展计划执法、日常检查、"双随机"检查、专项检查，责令停产整改45家次，立案查处18家次，查处事故隐患720处；开展天天"打非"、人人"打非"、重拳"打非"，查处非法生产、储存、运输烟花爆竹

2021 年 6 月 29 日晚,“峥嵘百年　我心向党”庆祝中国共产党成立 100 周年暨欢乐浏阳河荷花街道专场文艺晚会在欧阳予倩大剧院举办　（荷花街道　供图）

案件 34 起,刑事拘留 4 人,治安拘留 24 人,销毁非法烟花爆竹 2278 件。落实交通、食品、消防、燃气等领域安全监管责任,确保全年平安稳定。

【社会事业】 完成 130 人义务献血,实现“两癌”免费筛查 332 人次,孕前优生检查 127 对。在新月社区建设智慧社区体育项目并投入使用。落实“双减”政策,整治校外培训机构乱象,全年查处教育违规行为 20 多起。稳定就业,安排公益性岗位 33 个,组织 1820 人开展免费技能及创业培训。完善基础设施建设,配合市民政局完成浏阳市福利中心建设,配合市公路养护中心完成天马山隧道改扩建工程;街道争取上级到位资金 3800 万元完成东环路全线提质,荷文公路节点提质,麻纺厂老旧小区和农机公司老旧小区改造项目,提质提档民合路、白鹤岭小区人居环境,完善欢乐世界和嗣同学校等重点项目配套基础设施建设,启动公租房主体工程招标及配套基础设施工程设计,启动樟槽灌区全线提质改造项目前期工作。联合承办“峥嵘百年　我心向党”庆祝中国共产党成立 100 周年暨欢乐浏阳河荷花街道专场文艺晚会。

【“南市社区居家养老服务站”揭牌开业】 2021 年 12 月 12 日,浏阳市荷花街道“南市社区居家养老服务站”揭牌开业。该养老服务站位于南市社区荷塘路 3 号,总面积 1200 平方米,于 2021 年 9 月动工建设,在市民政局指导及荷花街道党工委、办事处的支持下建成,其中社区投入资金 47 万余元,内设多功能综合室、餐厅、休息室、文化活动室、健身室、棋牌室、图书阅览室等。

【天马山隧道改扩建工程完成竣工验收】 2021 年 12 月 15 日,G319 浏阳市天马山隧道改扩建工程完成竣工验收。G319 线浏阳天马山隧道改扩建工程起点位于浏阳市天马大桥南桥头,终点止于浏阳市老年康复医院东侧附近 G319 直线段,全长 2.477 千米,采用一级公路技术标准,设计行车速度 60 千米/小时,新增改线路基宽度 9.75 米,设隧道 1075 米/1 座,建成后与老隧道平行实现双洞单向行驶,缓解浏阳城区通往南区的交通压力。该工程于 2019 年 4 月底开工建设,2021 年 5 月 11 日隧道正式贯通,2021 年 6 月 28 日试通车。

（陈碧倩　徐　备）

关口街道

【概况】 2021 年,关口街道下辖长兴、占佳、水佳 3 个社区,金口、金桥、杨溪湖、升平、溪江、和田、道源湖、金湖、炭棚 9 个行政村。总面积 161.8 平方千米,耕地面积 2126.67 公顷,山林 11200 公顷。总人口 5.37 万人,出生人口 499 人,死亡人口 345 人,人口出生率 9.3‰,自然增长率 2.9‰。

【经济发展状况】 全年实现财政税收 29766 万元,同比增长 18.9%。完成规模工业总产值 105 亿元,增速 30.51%;规上服务业营业收入 2.3 亿元,营利性服务业同比增长 41.6%;批零住餐总额 16.9 亿元,同比增长 44.2%,其中零售额 8.4 亿元,同比增长 35.2%;完成固定资产投资 55.06 亿元。项目建设。执行“三榜公示”阳光征拆政策,全年完成集体土地征收 53.73 公顷,房屋拆迁 320 户,大围山路、泰安路、渭川河改造等 12 个项目征拆清零,推进浩吉铁路浏阳东货运站、长赣高铁浏阳站等项目。引进观湖云墅、上海大众等项目 7 个,其中全市首家奔驰 4S 店落户关口,当日签约当日开工,年内建成并投入使用,关口街道老旧小区配套基础设施建设(一期)、水佳片商业综合体开发等 6 个项目被列入“长沙市重点项目”。农业经济。完成金桥村等 6 个村 1100 万元的农田建设工程,提升辖区农业基础设施水平。早稻集中育秧 114.67 公顷,创建 1 个千亩示范片和 8 个百亩示范片,生产面积 333.33 公顷,均通过上级部门验收。发展冬种油菜 360 公顷,完成种植结构调整 208 公顷。种植烤烟 42 公顷,收购烟叶产量 1600 担,产值 280 万元。

【社会管理】 文明创建。2021 年,以全国文明城市创建为抓手,策划“春天的故事”“我们的节日”“百米长卷绘党史”“祖国颂·中华好儿女”等活动,组织入户民调、文明劝导、市场管理、校园周边环境整治、未成年人思想道德建设等项目,通过省级测评,接受省、宁乡市、平江县文明办人员现场观摩。打造铂悦城“邻家驿站”、东紫门“荟邻之家”等服务品牌。妇联“圆梦微心愿”活动、团工委“希望小屋”工程,在全市作为典型推介观摩。乡村振兴。街道按照乡村振兴三年行动计划，推进农村宅基地审批制度、农村集体产权制度改革，全年完成宅基地审批发证 91 宗，发放不动产登记证 3576 本，村集体经济收入均 20 万元以上。加大卫片图斑的执法力度，全年拆除违章建筑 138 处 37000 余平方米，完成图斑整改 287 个。开展“林长制”工作，建立无人机巡查机制，1467.07 公顷天然商品林落界到户。打造 6 个美丽宜居村庄，“东 9 路”公交进村组，街道实现公交“村村通”。食品加工、乡村民宿、蔬菜水果采摘等现代农业产值过亿元。环境整治。完成无害化厕所改造 409 座。落实“六控十严禁”(控尘、控车、控排、控烧、控煤、控油。严禁渣土车、混凝土搅拌车、运砂车等各类车辆带泥上路；严禁违法倾倒渣土；严禁工地裸露黄土；严禁重污染天气下土石方施工；严禁燃烧散煤；严禁在规定的时间和地点燃放烟花爆竹；严禁露天焚烧垃圾；严禁露天烧烤；严禁露天焚烧秸秆；严禁拖拉机等高排放车辆进城）工作要求，对辖区 8 条河流 90 千米河段开展“清四乱”“净水质”等综合治理。落实“门前三包”制度，开展文明劝导、农副产品大市场、比一比超市周边背街小巷整治。杨溪湖村创建省卫生村。平安建设。街道落实安全生产的主体责任和监管责任，开展“一盔一带”、“打非治违”、校园周边环境、校车安全、燃气安全等专项执法检查。整治“黄赌毒”，打击各类违法犯罪行为，开展反电信网络诈骗等宣传，综治民调取得长沙地区排名第 7 的成绩。加大矛盾纠纷调解、信访问题化解力度，全年实现进京赴省到长非访“零登记”，奋力争创长沙市信访工作“三无乡镇”。基础建设。街道投入 2200 万元完成远大路提质改造、溪江集镇分散式污水收集管网建设、德政园老旧小区改造等项目。创建 3 座“百座放心满意水库”，完成辖区小(1)型水库的安全鉴定以及 3 座小(2)型水库降低工作，申报小型水源地恢复项目10 个。

2021 年 3 月 24 日，湖南永通浏阳奔驰 4S 店项目签约暨开工仪式

（关口街道　供图）

【社会事业】 2021 年，发放养老保险待遇 2034 余万元，报销城乡居民医疗保险 2718 余万元，走访慰问困难群众 124 人次，发放城乡低保、特困供养等各类救助补助资金 600.3 余万元。开展养老保险待遇“回头看”核查整改工作，接受人社部、省第三方检查组现场检查。开展殡葬改革和墓葬整治清查工作，组织拆除“活人墓”“豪华墓”86 座，共 320 平方米。占佳社区创建首批“全国示范性老年友好型社区”，无偿献血工作被评为“长沙市先进单位”。深化“一件事一次办”，实施“一窗式”受理，“一站式”办结，“一条龙”服务。公开政府文件，实时发布民生工程、政府动态信息，全年在政府门户网站上发布各类信息 98 条，一网通办平台办理事项共 3998 条。推进“12345”工作，全年办理回复工单 903 件，满意率 99.11%。

【湖南永通浏阳奔驰 4S 店落户关口街道】 3 月 24 日，湖南永通浏阳奔驰 4S 店项目落户关口街道，当日签约当日开工。12 月 24 日，正式对外营业。项目总投入资金 1.2 亿元，占地面积 1.4 公顷，建筑面积 9100 平方米。按照梅赛德斯—奔驰最新的 MAR2020 标准建设，是湖南第一家梅赛德斯—奔驰品牌授权的标准型 MAR2020 概念经销商。配备奔驰最新标准的数字化智能设备，为客户提供舒适宽敞的休息区、儿童区、按摩休闲区、吧台服务区以及客户用餐区等。

【新弘学校正式投入使用】 2021 年 9 月，新弘学校正式开学。新弘学校是经浏阳市教育局批准筹设，由湖南新弘教育管理股份有限公司投资新建的 K12 高端民办学校。学校位于关口街道金口村，步行 5 分钟可达规划中的渝长厦高铁浏阳站。学校规划用地 10.73 公顷，总投资约 4.8 亿元，设立小学、初中和高中，共有 4800 个学位，约 450 名教职工。学校于 2020 年 3 月动工建设。

2021 年 9 月，新弘学校正式开学

（关口街道　供图）

2021 年 9 月 28 日，浏阳第一高楼南崇九颂江山印超高层综合体项目正式动工

（关口街道　供图）

【水佳片区江山印超高层综合体项目正式动工】 2021 年 9 月 28 日，浏阳第一高楼南崇九颂江山印超高层综合体项目正式动工，该项目位于关口街道水佳片区内的白沙路与秋收路交界处，占地约 1.67 公顷，建筑高度为 198 米，地上共 42 层，建筑总面积约 11 万平方米，包含酒店、商业、写字楼等业态。该项目建筑设计风格将结合浏阳本地特色，并采用烟花绽放设计理念。该项目于 2021 年 1 月 18 日奠基。

（郑雅妮）

古港镇

【概况】 2021 年，古港镇辖 15 个行政村、1 个社区，293 个村（居）民小组，人口 6.4 万人（其中：农业人口 6.1 万人、非农业人口 0.3 万人）。辖区总面积 210 平方千米，耕地面积 2515.526 公顷，山林总面积 1.12 万公顷，森林覆盖率 62.8%。年末，户籍总人口 63494 人。全年新出生人口 425 人，死亡人口 799 人，人口出生率 6.69‰，自然增长率-5.89‰。全镇共有百岁老人 5 名，新园村荣树兰（102 岁），三口村王昭（102 岁），花城村欧伯秀（108 岁）、张秋珍（101 岁），东盈村王桂英（102 岁）。年均气温 25℃、年内最高气温 41℃、最低气温-3℃，年降水量 1600 毫米。2021 年，古港镇被评为“长沙市 2021 年美丽宜居村庄建设先进单位”“长沙市卫生乡镇”。梅田湖村入选“省特色精品乡村”，被认定为“省乡村治理示范村”，被确定为“省级乡村振兴示范创建村”，被纳入“湖南省美丽宜居共同缔造示范村”，范市村、宝盖寺村、燕港村、古城村和沔江村被认定为“省级乡村振兴示范创建村”，镇党委书记刘飞舞被授予“湖南省脱贫攻坚先进个人”称号；古港镇古城遗址被核定为“第十一批省级文物保护单位”。

【经济发展状况】 2021 年，全镇实现地方一般公共预算收入 3790 万元。农业生产。水稻种植面积稳定在 4066.67 公顷，打造水稻种植百亩示范片 15 个、千亩示范片 1 个；蔬菜种植 1600 公顷，仙舟、邹家湾蔬菜种植基地等农产品牌不断创优；烤烟产量 1.78 万担，被评为“市烟叶生产红旗单位”。推行“河长制”“林长制”，大溪河古关断面水质稳定达到“ⅡB”，建成浏阳首个“林长制”哨卡，查处野外用火 18 起、违法图斑 57 个。完成梅田湖、沔江、新园、燕港、仙洲等 5 个村“多规合一”实用性村庄规划编制，打造白鹭金叶文化屋场、沔江黄金屋场等 13 个美丽宜居村庄，梅田湖村入选“省级特色精品乡村”，古港镇被评为“长沙市 2021 年美丽宜居村庄建设先进单位”。16 个村（社区）村级集体经济收入逾均 20 万元，其中梅田湖村集体经济收入逾 120 万元。工业经济。古港镇有主要规模企业 23 家，完成固定资产投资 21.4 亿元，工业生产总值 61.5 亿元，规模工业总产值增速 13.6%。引进“独角兽”企业方恒新材料落户园区，合作共建东盈村试验基地。投资 6000 万元的湖南兴锦工程科技有限公司落地投产。其他产业。通过“千企帮扶”行动为企业解决问题 60 多个，促成 76 家企业与浏阳农商行、长沙银行等完成授信总额 11.2 亿元，“一网通办”100%办结事项 3 万余件。推进宝盖寺民宿谷建设，形成以皇龙峡生态景区、梦俚民宿、云溪杉舍、愚公农庄为代表的“龙头引领、梯次培育、竞相发展、全域联动”乡村旅游格局，接待游客 61.8 万人，实现旅游收入 3390 万元，迎接农业农村部和全省“抓党建促乡村振兴”现场观摩，梅田湖研学旅行示范基地入选“省研学旅游（示范）基地”。

【社会管理】 基础设施建设。南昌—长沙 1000 千伏电力项目（古港段）完成建设，220 千伏变电站进出线工程建成通电。完成古沔路、创辉路、东进路、南园地块、新污水处理厂项目，15.6 公顷土地征拆清零。投入 1000 万元提质改造桐坑路、车站路，推进集镇雨污分流，提质改造 S20 高速互通连接线道路，推进 5 栋 17 层 6.5 万平方米的古港新城狮山雅苑小区和集大型酒店、商超于一体的商贸大厦建设。提质改造德胜街、紫薇街、中正街等背街小巷，完善百姓东鑫广场绿化景观与亮化设施。环境整治。美化人居坏境整治，被评为“长沙市卫生乡镇”。人口与计划生育。办理一、二孩生育服务证 308 本，再生育证 25 本；新增农村奖扶对象 136 人，特扶对象 3 人；完成免费孕前优生健康检查 341 对。65 岁及以上老年人参加免费健康体检 6024 人，组织 259 人成功献血，总计献血量 59770 毫升。安全生产。压实企业主体责任，检查企业 566 家次，排查隐患 1033 个，停业整顿 32 家，立案 11 起，罚款 37.27 万元。抓道路交通、烟花爆竹、消防、建筑、燃气、食品等重点领域安全生产工作，推动 3 家烟花爆竹企业退出。治安状况。处理“12345”政务热线工单 560 件，满意率98%。打击涉黑、涉黄、涉赌、涉毒等违法犯罪行为，派出所接出警 944

起，行政拘留43人，刑事拘留33人。综治民调位居全市前5名，梅田湖村被评为“省级乡村治理示范村”。

【社会事业】 民政。全年发放各类惠农资金、低保金、五保金2347万元，走访困难群众808户、发放春节慰问金39.09万元，追回养老保险资金4.83万元。推进燕港移民公租房、公益性墓地等项目规划选址。社会保障。全年缴纳医保4.3万余人，养老保险参保2.1万余人。组织老年人免费健康体检6048人、免费孕前优生优检199对。创新“扫街行动”，强化疫苗接种，完成第一剂接种5.3万余人。教育文化。完成光明幼儿园整体搬迁手续，推进范市小学整体搬迁、三口完小及和平完小改扩建等项目用地手续办理。三口中学创建长沙市标准化寄宿制学校，古港中学和三口中学获“市初中高质量发展综合评价一等奖”。全年发放慈善助学金22.4万元、慰问教师534名。创建桃园社区、金园村新时代文明实践示范站点和广场，古城遗址被确立为“省级文物保护单位”。

【毛伟明到古港调研特色产业发展】 2021年6月23日，湖南省委副书记、省长毛伟明到古港镇梅田湖村，考察了解林果蔬菜、农耕研学等特色产业发展情况。毛伟明指出，要把绿水青山的资源优势转化为富民优势，加快农、文、旅产业融合发展，形成“农业+”多业态发展态势，带动农户持续增收。省政府秘书长王群，长沙市委副书记、市长、湖南湘江新区党工委书记郑建新，长沙市委常委、浏阳市委书记朱东铁，长沙市副市长邱继兴参加调研。

【隋忠诚到梅田湖村调研乡村振兴工作】 2021年5月10日，湖南省委常委、副省长隋忠诚到古港镇梅田湖村，就乡村振兴工作开展调研。隋忠诚与村级负责人交谈，了解农村人居环境整治、村级集体经济发展等情况。省水利厅、农业农村厅相关负责人，长沙市水利局、农业农村局相关负责人，浏阳市副市长王坤球参加调研。

【古港古城遗址入选“第十一批省级文物保护单位”名单】 2021年，湖南省人民政府核定并公布第十一批省级文物保护单位名单，古港古城遗址入选。古港古城遗址位于古港镇古城村古城组，于2018年被发现，是迄今为止考古发现的湖南最东部的早期城址。据当前考古勘探证明，城址形状呈“L”形，保存有较完整的城墙和护城河，南北长436米，东西宽156~310米，周长1250米，城内面积约84776平方米，护城河内总面积约190100平方米。从出土遗物来推断，城址主体年代在战国时期，下限可能至西汉早期。古港古城遗址是当时楚国县一级的治所所在，遗址规模较大，形制完整，本体保存较好，文化内涵丰富、历史价值重大，具有代表性、唯一性，其保存战国至西汉时期人群生产、生活遗留下的物质遗存。

（卓　乐）

高坪镇

【概况】 2021年，高坪镇辖双江村、杨潭村、向阳村、马鞍村、太坪村、石湾村、三合水村、株树桥村、高坪村、沿甸村、船仓村、志民村12个行政村。镇域总面积256.8平方千米，耕地面积2649.8公顷，其中水田面积1918.7公顷，旱土面积731.1公顷；山林面积197.62万公顷。年末，全镇户籍人口38362人。全年出生人口252人，死亡人口262人，人口出生率6.5‰，自然增长率-0.2‰。逾百岁老人3名，分别为高坪镇刘淑珍、三合水村周淑圣、缪桂珍。全年平均气温19.8℃。多年平均降水量1568.5毫米，多年平均蒸发量1463.8毫米，多年平均相对湿度82%，多年平均日照时数1675小时，多年平均无霜期281天。

【经济发展状况】 2021年，全镇财税总收入6003万元，同比增长约8.5%；地方一般性收入3100万元，同比增长约16.4%。农业生产。完成农业总产值2.99亿元；全年粮食生产面积1996.8公顷，产量14976吨，产值4673万元，共打造12个双季稻种植百亩示范片；蔬菜种植面积530公顷，产值5820万元，其中茄子种植面积26.67公顷，每公顷产量22.5吨，烤烟种植面积20公顷，产值124.3万元；发展现代农业，金盆、湘民、雨祺、富利等专业合作社发展富硒水稻、黑山羊、蜜蜂、绿壳蛋鸡、小水果等新特色产业，打造“村花美食坊”“志民人家”等本土特色农产品品牌，被农业部认定为“第七批全国一村一品示范村镇”；打造9个美丽宜居村庄并成功通过长沙市级验收。工业经济。全年全镇工业企业实现产值33.9亿元；实现固定投资额12.4亿元，同比增长24%，其中完成工业技改投资3.6亿元；商贸业社会消费品零售总额完成4580万元，同比增长38%；申报浏阳重点项目1个，长沙市重点项目5个，总投资6.15亿元，投入资金6.3亿；镇域企业完成专利8件，其中有效发明专利2件，完成知识产权体检和知识产权培训，申报3家高新技术企业，投入科研经费1456万元。旅游业。2021年，对接长沙“百里画廊”规划，优化景区资源，提质改造浏阳河双江口文化公园、浏阳河国家湿地公园，建成并开展九曲湾科普宣教馆。8月11日，省委常委、市委书记吴桂英到高坪镇双江口文化公园调研。助力段江华乡村美术馆建成，打造双江生态艺术屋场。推进小溪河碧道建设，沿小溪河、冯家湾双线打造两条美丽宜居村庄示范带。串联“雾锁双江”“九曲湾”“谢家洲”等河道美景，整合沿河60余家农庄和民宿资源。

【社会管理】 完成垃圾中转站、百合基地道路建设，拓宽提质下马冲、田心道路等，推进公墓山建设，推动交通安防工程优化，水利设施维护，敬老院修缮等84件民生实事，完成污水支管网建设，抓好矿山周边征拆工作，完成南方周边征拆44户，新松周边18户，解决矿山周边矛盾纠纷多发的难题。推进林长、河长、田长、路长“四长同治”。开展集中执法行动22次，立案4起，清理河道32千米，确保浏阳河水质稳定Ⅱ类以上。处理环保类信访投诉共33起，群众满意率100%。处理中央环保督察信访件2件，省级环保督察交办件1件。推进"智慧治理"平台扩网提质工程，强化安全生产监督。全年开展计划执法54家次，整改隐患583处，责令停产35厂次，立案9起，罚金40余万元。创新交通安全多元共治体系，从"数字赋能、行业自律、源头管控、群防群治"四个方面发力，遏制超速超载等交通违法行为，夯实道路交通安全。开展"屋场夜谈""把话筒交给群众"活动12次，收集群众意见诉求。动员老党员、老教师、新乡贤组建调解员队伍，全年调处矛盾纠纷252起，调解成功率99%，矛盾化解率、满意度提高。2021年，创建长沙市信访工作"三无乡镇"。推进扫黑除恶、打非治违等工作，全年浏阳市综治民调高坪镇排名全市第5。以"五联五助"为抓手，落实党群连心"五个到户"和"党建聚合力"工程，实施"支部联建、村企联结、产业联电、党群联帮、网格联动"五大工程，引领经济发展、乡村振兴、民生服务、社会治理等各项事业发展。

【社会事业】 社会救助。全镇城乡居民低保在册529户925人，特困户375户387人，全年共发放补助金983万元；精神患者药物救助1063人次，发放药物金额96535.6元；发放6个孤儿基本生活费93600元，事实无人抚养儿童基本生活费用140000余元，惠及14人；发放残疾人"两项补贴"1179540元，惠及482人；新办残疾证82本，帮助残疾人康复和扶持残疾人就业，发放残疾人辅具适配77人，走访慰问贫困残疾人56人，56000元，完成2021年残疾人阳光增收61户，发放生产资料122000元；发放各类善款186900元，惠及困难群众85人。社会保障。推进全民参保计划，优化就业环境、提升群众特别是贫困劳动力的就业能力，定期组织专业技术培训，参加人数1400人；高坪敬老院解决生活用水困难问题，提质改造消防设施，护理型床位配备80%以上；散居327户特困对象均老有所养、老有所医；全年发放高龄津贴1495000元，离任村干部固定生活补贴495486元。

【高坪镇庆祝中国共产党成立100周年大会暨红歌合唱比赛活动】 2021年6月25日晚，"红歌颂党恩·初心永向党"浏阳高坪镇庆祝中国共产党成立100周年大会暨红歌合唱比赛活动举行，高坪镇全体镇、村干部、全镇各村在党50年以上的老党员代表参加活动。12支村代表队队伍参加比赛，高坪村代表队获得第一名。活动现场，对高坪镇2021年度12个先进基层党组织、12名优秀党务工作者、16名优秀共产党员进行表彰。

【高坪镇第七届人民代表大会第一次会议召开】 2021年8月30日，高坪镇第七届人民代表大会第一次会议召开。会议由高坪镇党委书记宋国辉主持，高坪镇全体市、镇代表参加会议，非镇人大代表的党政领导、村主职、省人大代表、长沙、浏阳市人大代表、老同志代表及各部门负责人、驻镇单位负责人列席会议。会上，该镇党委副书记、镇长提名人选张义根作政府工作报告，镇党委委员、人大主席提名人选周雯生作人大工作报告。会议选举周雯生为高坪镇第七届人民代表大会主席，林婷为高坪镇第七届人民代表大会副主席，张义根为高坪镇第七届人民政府镇长，刘榴、游水生、刘刚为高坪镇第七届人民政府副镇长。

（朱宏鹏）

沿溪镇

【概况】 2021年，沿溪镇辖7个行政村，180个村民小组，总面积123平方公里，其中耕地1600公顷，林地8787公顷，人口31930人，其中出生人口224人，死亡人口371人，人口出生率7‰，自然增长率-4‰。年均气温18.3℃，年内最高气温38.9℃，最低气温-1.1℃，年降水量1440.3毫米。被评为"长沙市农村人居环境整治优秀乡镇"，入选"长沙市综合养老服务转型试点乡镇"。沙龙村、建设村、大光圆村入选"湖南省省级乡村振兴示范创建村"。

【经济发展状况】 全年实现财政总收入8537.31万元，一般地方公共预算收入3727万元，增幅18.1%。全年铺排项目21个，投资额9.87亿元。农业。建成建设村千亩粮食基地，沙龙村万亩蔬菜基地完成提质升级，东来禧农业特种养殖基地建成投产。全年实现农作物年产量4万吨，农业总产值1.4亿元。工业经济。全年实现工业总产值32亿元，固定资产投资30.4亿元。推动传统烟花企业转型，全年科技投入852万元，完成专利申请21例、专利发明7例。商贸旅游。第一、二、三产业加速融合，"三知田园生活"（知恩、知礼、知足的特色乡村生活产业）农村电商生态圈蓬勃发展，电商小镇建设初具雏形。依托"双洞"（仁和洞、大光洞）苏区、浏河第一湾等旅游资源，打造集户外体验与农耕研学融合的乡村旅游综合体，年内接待游客56万人次，旅游收入5100万元。集体经济。发展"一村一品"，7个村年收入均逾20万元。

【社会管理】 农村治理。持续开展百日清洁行动，坚持"两治"（厕所治理、环境治理）工作常态化，美化人居环境。落实道路硬化、提质改造、安保工程等33.5千米，新建污水管网6.2千米，新增路灯302盏，完成7个美丽屋场和1个乡村振兴集中居住示范点建设。环境整治。全年开展各类污染防治集中执法行动48次，河长制巡河常态化开展，域内河流水质稳定Ⅱ类以上。推进"清四乱"（乱占、乱采、乱堆、乱建）综合治理，空气质量年优良率保持在95%以上。安全生产。全年举办6期安全管理培训班，在辖区内24家企业开展安全生产巡查大讲堂，参加总人数超过3000人次。加强对烟花爆竹、危化生产经营企业的安全监管查处力度，开展各类专项检查182次，被评为"长沙市安全发展工作示范乡镇"。交通安全。镇级成立交通安全管理服务站，村级成立交通安全劝导服务队，劝导员上路劝导、疏导交通400余次，累计服务1800人次，发放宣传册14000余册。组织交通安全专项整治行动188次，戴帽率93.6%。综治维稳。防范化解金融、债务领域风险，全年化解村级债务745万元，政府存量债务完成清零。开展非法集资摸排行动29次，遏制民间借贷风险。深化“平安沿溪”建设，推进扫黑除恶斗争、禁毒、“扫黄打非”等工作，全年打击处理132人。落实党政领导带队“夜间巡防”工作机制，群众见警率、见巡率均达98%。全年接待信访群众285人次，调解矛盾纠纷75起，2021年长沙市综治民调成绩位居浏阳市第一。创新禁毒帮扶工作，深化“蓝结家园”建设，帮助28名社康人员走上就业岗位。文明建设。擦亮“小蜗牛”“四叶草”等志愿服务品牌，全年开展志愿服务活动140余次，礼花村、沿溪桥村成功创建“长沙市标准化村级综合文化服务中心”，秦华冬被评为浏阳市“最美女性”。

【社会事业】 疫情防控。全年累计摸排外地返浏人员3252人，完成新冠疫苗接种51988剂次。社会保障。巩固脱贫攻坚成果，健全防返贫动态监测机制，为110户监测户、289户稳定脱贫户确定结对帮扶干部。全年安排公益性岗位11个，发放就业帮扶稳岗补助4万元，实现稳岗就业522人，581名移民补助资金足额发放到位。城乡居民基本医疗保险参保任务完成率99.14%，基本养老保险参保任务完成率102%，困难群体实现应保尽保。完成沿溪完小、梓山完小、大光完小标准化学校建设，推进“双减”政策落地落实。开展公益慈善活动，为32人申请慈善助学，被评为浏阳市“儿童工作”先进单位。

【3个村入选“湖南省省级乡村振兴示范创建村”名单】 2021年11月，湖南省乡村振兴局发布《关于湖南省省级乡村振兴示范创建村名单的公告》，确定2371个村为省级乡村振兴示范创建村，浏阳市沿溪镇沙龙村、建设村、大光圆村位列“湖南省省级乡村振兴示范创建村”名单。2021年，沙龙村、建设村、大光圆村各项工作取得好成绩，万亩蔬菜基地提质升级、千亩粮食基地落地、特种养殖基地建成投产、成立农民工会，通过党总支统一协调，村合作社互补种植、合力发展。农业生产经营全环节实现信息化监管，农业农村信息化服务体系得到完善，建立“产品电商化+渠道互通化+村貌信息化”新零售模式，实现线上线下联动推广和同步销售。相继建设美丽屋场，投入约380万元，人行步道覆盖乡道，打造出集团建、观光、娱乐、民宿于一体的乡村旅游综合体。

（李杨逸云）

官渡镇

【概况】 官渡镇总面积102平方千米，辖7个行政村，42个村级小区，327个村民小组，8493户，总人口3.2万人。耕地2500公顷，其中水田1860公顷，旱土640公顷。2021年11月，被授予“长沙市生态文明建设示范镇”称号。官渡镇总人口数31805人，出生人口225人，死亡人口227人户籍，人口出生率7.07‰，死亡率7.1‰，自然增长率-0.06‰，人口流动数量2467人[分布在湖南、广东、上海、江苏、山西、浙江、海南、福建、江西等9省]，人口数量最多的姓氏为李姓占12.05%，汉族人口数31715人占99.7%、少数民族90人占0.3%(土家族39人、苗族22人、侗族15人、壮族6人、瑶族6人、傣族2人)，百岁老人2人(竹山村李小南、南岳村江清连)。域内属亚热带季风性湿润气候区，四季分明，年平均气温18℃，最高气温39℃，最低气温-1℃，年平均降水量2198.7毫米。

【经济发展状况】 2021年，完成地方财政税收3630万元，同比增长13.4%；规模工业总产值28.3亿元，同比增长21.71%；固定资产投资项目入库31个，同比增长14.8%；服务业增长43.2%，商贸社零增长37.6%。2021年，科技贸易合同交易额任务数1750万元，5月，完成1.02亿元。全镇社会消费品零售总额、批发销售额和服务业同比上年均增长24.5%。2021年，镇居民存款额12.77亿元，同比增长12.2%。结合“优化营商环境年”，服务企业，优化市场主体周边及市场环境，降低矛盾纠纷的数量，累计接访涉企矛盾47起，同比上年下降11例。全年铺排重点项目6个，总投资5.8亿元。新改建农村公路7.1千米、处置隐患里程9千米。投入450万元扩建电网，完成棚改配套基础设施生态停车场项目，运行集镇污水处理厂，新建主支管网1.75千米，排水管网和排水设施1.5千米。

【社会管理】 2021年，推进平安建设，开展矛盾化解攻坚行动，调处矛盾纠纷228件，化解信访积案8起。落实“五包一”稳控措施。做好退役军人服务工作，成功创建5个村级示范服务站，退役军人服务保障工作被市局作为典型推介。完善信访接待机制，落实“三联三保”和“五包一”责任制，依法打击涉及违法的信访行为。全年共组织接待群众来信来访156人次，化解信访积案8起，对涉及违法的信访对象传唤、训诫3人，治安拘留2人。依托党员干部联系服务群众“五个到户”工作平台，多方排查风险隐患，多元化解矛盾纠纷。根据平安镇、平安村、平安小区、平安家庭等创建标准开展平安创建活动，抓实“五零”(零发案、零犯罪、零事故、零上访、零矛盾上交)村镇创建工作，抓牢消防安全，开展“五进”普法宣传活动和“12·4”宪法日法治宣传周活动，提升全民学法、守法、用法意识，推进全面依法治镇。全年全镇新增400户镇级“平安家庭”示范户，7户市级“平安家庭”示范户，综治民调群众满意率排名全市前列，“平安官渡”创建工作卓有成效。组织开展安全执法行动148次，排查各类隐患320处。推进扫黑除恶斗争，打击治理电信网络诈骗犯罪，防范和处置非法集资，打击邪教、“黄赌毒”、地下“六合彩”等违法犯罪行为。举办复工培训班30场，开展“安全生产月”和“应急知识宣传周”等活动6次，向全镇各类人员发放安全宣传资料2万多份，全民安全意识增强。全年共组织开展各类执法行动148次，共检查各类企业376余家次，排查各类隐患320余条，限期整改96家次，停产整顿32家次，约谈20余次，立案6家次，共处罚金16.3万元。组织开展包括“百日奋战，扮靓浏阳”等大清洁行动20次，全年参加行动3000余人次，清除陈旧垃圾200余车，清除各类牛皮癣1000处，回收低价值物品300余吨。拆除违章建筑6940平方米，开展道路交通专项整治行动325次，全镇戴帽率稳定在90%以上。全年完成各类观摩调研环境整治工作，开展环境卫生突击整治40余次。抓好生态环境保护，为浏阳市创建全国“两山”（绿水青山就是金山银山）实践创新基地作出贡献，开展环保执法行动132次，整改问题86处，停产取缔1家，立案处罚3起。推进河长制、林长制工作，辖区河流水质稳定在Ⅱ类，森林覆盖率62.8%，11月，被长沙市授予“长沙市生态文明建设示范镇”称号。

【社会事业】 2021年，官渡镇突出社会救济体系建设，强化基本民生保障，落实社会救助各项政策，完善社会救助工作，被选为“全市低保审批权限下发试点乡镇”，全年评定低保293户568人，特困供养174户177人，救助115人次，申请残疾人危房改造2人次，累计发放各类补贴707.4万元。宣传殡葬改革政策，树立殡葬礼貌新风，推动殡葬改革。全年共处理违规墓葬7处，墓地私摆花圈现象13起，全镇125户村民积极响应政府号召主动将棺木销毁，全年共死亡人口252人（辖区），实现死亡人口火化率100%。全镇孕产妇免费产前筛查286人，“两癌”（乳腺癌、宫颈癌）健康普查810人，家庭医生签约2664人，完成65岁以上老年人健康体检2236人，为全镇23838人建立居民健康档案；查处非法行医2起；对26家村卫生室、诊所进行医疗资格校验，2021年公共卫生绩效考核排名全市第2名。利用电子显示屏宣传政策、法规，全年累计播放宣传图片、标语、短视频、公益广告280次。树立“群众利益无小事”的观念，全年共办理“12345”市民热线工单310件，回访满意率96.59%。完成“一件事一次办”小程序推广4980人次，办理一网通办平台各类业务2863件。完善乡村振兴人才引、育、留、用政策链条会集各类农业产业领军人才、新型职业农民和乡村工匠1200余人，宋范美、宋范友被认定为“长沙市第一批现代农业产业领军人才”；官渡镇团委书记袁维被评为“2020年度十佳长沙市优秀共青团干部”。新云山村、竹山村打造屋场便民服务中心，新云山村、南岳村居家养老服务中心通过验收。投资1300万元建设区域性中心敬老院。推进“双减”工作，查处违规校外培训11起。新增停车位78个、公共厕所2座，完成无害化厕所改造400座，实现非卫生厕所清零目标。

【实现经济发展质效齐升】 2021年，官渡镇完成固定投资11.82亿元，省外招商资金1.53亿元，辖区7个村集体经济全部逾20万元，总收入183万元。推进花炮企业供给侧改革，建立健全烟花爆竹安全环保治理体系，迎接全国烟花爆竹转型升级集中区建设2021年度观摩点评活动。支持企业做大做强，新增高新技术企业2家，产值过亿元企业达到12家。定期召开企业家座谈会，落实各项惠企政策，推动企业发展，其中湖南佳海电梯设备制造有限公司年产值破亿元。

【提档升级乡村振兴】 培育紫薇苗木、绿色蔬果、烤烟生产等“一村一品”产业，2021年，官渡镇种植优质烤烟163.33公顷，完成种植结构调整30公顷，“一县一特”油茶产业项目未成林培管52.87公顷。兵和村全体移民入股，流转林地40公顷发展油茶产业，实现增收50万元。通过设立公益性岗位等措施，维护和巩固脱贫攻坚成果。建设美丽宜居村庄8个，竹联村、南岳村、田郊村成功创建省级乡村振兴示范村。竹联村入选“省级特色精品村”，“竹联村乡村振兴发展模式”入选“2021年湖南生态文明建设典型案例”。立足本地特色，推动农业与文旅产业融合，全年游客超20万人次。举办“我们的节日·端午”系列活动，官渡唆螺、龙舟竞技入选“长沙市非物质文化遗产名录”。中央、省、市主流媒体刊发400余篇次，宣传推介官渡做法、官渡经验。

（杨姝桢）

烟雨官渡 （官渡镇 供图）

永和镇

【概况】 2021年，永和镇辖12个村（社区），286个村民小组，总人口40412人；全年出生202人，死亡人口424人，人口出生率5.00‰，人口自然增长率-5.49‰。总面积234.5平方千米，其中耕地面积1773.33公顷，森林面积约2万公顷。年平均气温19.2℃，年极端最低气温为-4℃，年极端最高气温为38℃，年降水量1670毫米。湘鄂赣城市广播电视联盟策划的“红歌唱响湘鄂赣”活动在永和镇启动，湘鄂赣城市广播电视联盟大型融媒在该镇联合采风，成功举办“我向将军敬个礼　将军故里学党史”湘赣边红色教育、庆祝建党100周年等活动。成功创建长沙市信访工作“三零”(零上访、零登记、零滋)乡镇、省级文明镇；被评为“湖南省老年教育示范性学习体验基地”。原中央政治局委员、中共中央军事委员会副主席范长龙到永和镇菊花石博物馆考察调研；时任湖南省委书记许达哲，全国政法队伍教育整顿中央第十督导组组长裘援平一行到红一方面军成立旧址调研。

【经济发展状况】 全年完成地方一般预算收入4650万元，超计划数12.69%，化解政府债务240万元。11个村集体经济收入均超过20万元。农业生产。创建双季稻千亩示范片1个、百亩示范片12个，粮食总产1.57万吨以上；发展石斑蛙养殖等产业，村集体经济增收10%；实施花木产业“个十百千万”提质增效工程，花木种植面积逾666.67公顷，花木产业年销售总额3亿元以上。工业经济。完成规模工业总产值34.85亿元，同比增长8.6%；新增固定资产投资项目24个，完成固定资产投资22.78亿元，同比增长12.8%。金桥磷矿、博隆矿业等4家矿山企业通过省级“绿色矿山”验收。成功创建高新技术企业4家，长沙市智能制造试点企业2家，新增(培育)市场主体3家。

【社会管理】 基础设施建设。实施磷矿和硫铁矿老旧小区改造。完成永和、铁山集镇污水收集支管网3千米改造，集镇污水排放达到一级A标准。永和自来水厂建设项目成功发行专项债6300万元。永和镇S528(原X003)七宝山至张坊公路路面改善工程项目完成招投标。城乡公交一体化第一批次线路开通运行。完成智慧电网“淮永”线、“浏张牵”线等12个塔基的腾地工作，被评为“2021年度智慧电网建设优秀服务单位”。全年铺排“十大重点民生实事”项目，浏阳磷矿历史陈列馆、李贞将军生平事迹陈列馆、园永公路绿化亮化、七宝山中学学生宿舍、大溪河沿河健康步道等项目建成并投入使用。环境整治。全面推行“垃圾分类减量”和“厕所革命”，完成无害化卫生厕所改造244座。建成金狮冲、筱墅等9个美丽屋场，永福村等4个村入选“省级乡村振兴示范创建村”。七宝山大坡坳露采区锰污染综合整治工程完成工程竣工验收；溪沟治理等3个项目通过环保验收；宝山河入大溪河口断面连续45个月达标，第二轮中央环保督察信访交办量下降90%。安全综治。严格安全生产“党政同责、一岗双责”，开展烟花爆竹、道路交通、消防安全集中整治三大行动，专项执法620次，立案处罚12家，处罚金45.47万元，全年安全生产亡人事故“零”发生。深化“平安永和”建设，完成中央、省、市信访交办件20件，化解历史信访积案10件，实现各特护期县、市、省、京四级“零上访”，综治民调排名全市第5名，成功创建长沙市信访工作“三零”乡镇。

【社会事业】 社会救助。完成594户低保户镇级审核，发放低保金567.6266万元。完成全镇47位特困人员生活自理能力评估，发放特困供养金166.7250万元。全年办理救助351人次，救助金额60.3万元。社会保障。2021年，永和镇医疗保险参保29096人，参保率100%，医保缴费金额727.4万元，全年医保报销2841.6万元。全镇城乡居民养老保险参保15258人，累计征收养老保险费276.4万元，为1070名特殊人员代缴养老保险。为5725名60周岁及以上老年人发放养老待遇1635万余元，为225人发放丧葬补助金77万余元。为90名残疾人发放残疾人辅助器具90件，为43名村民办理残疾证，新增残疾人“两补”对象43名，为505名残疾人发放困难残疾人生活补助和重度残疾人护理补贴128.12万元；组织开展贫困残疾人阳光增收计划培训，发放3.78万元生产扶持物资，帮助46名残疾学生和残疾人家庭子女申请助学金，共发放9.58万元。科教文卫。注册科普中国信息员1180人，科技志愿者300余名。李贞小学成功创建“全国红军小学”。成功举办湘鄂赣城市广播电视联盟大型融媒联合采风、“我向将军敬个礼　将军故里学党史”湘赣边红色教育等活动，相关工作在省级及以上主流媒体报道推介300余篇次。面向全镇居民提供14项基本公共卫生服务，全镇孕产妇免费产前筛查209人，家庭医生签约6405人，完成65岁以上老年人健康体检3290人，体检率72%，为全镇30467人建立居民健康档案。

【永和镇影视拍摄基地揭牌】 2021年，永和镇以红一方面军成立旧址李家大屋为核心，整合李贞、唐亮将军

2021年1月29日，潇湘电影集团永和影视拍摄基地举行揭牌仪式　(永和镇　供图)

2021 年 11 月 20 日，湖南工业大学电影学院永和创作基地揭牌仪式举行 （永和镇　供图）

生平事迹陈列馆等红色资源，打造“军史教育+红色文旅+研学体验”红色文旅路线。2021 年 1 月 29 日，潇湘电影集团永和影视拍摄基地揭牌仪式举行，永和镇与潇湘电影集团有限公司达成长期全面战略合作关系，共同开发建设永和电影小镇，扩大“电影小镇”知名度。2021 年，基地将以拍摄红色题材的电影为切入口，筹拍以李贞、黄慕兰为原型的红色电影。4 月，电视综艺节目《密室大逃脱第三季》成功录制并播出。

【湖南工业大学电影学院永和创作基地揭牌】 2021 年 11 月 20 日，湖南工业大学电影学院永和创作基地揭牌仪式举行，湖南工业大学电影学院党委书记邓超，浏阳市委常委、宣传部部长李爱民参加揭牌活动。湖南工业大学电影学院是全省高校中的首家电影学院，于 2021 年 4 月揭牌，是省内唯一一所形成本科与硕士齐全、学硕与专硕并置的影视人才培养基地。永和镇是中国红檵木之乡、中国菊花石之乡、红一方面军诞生地，是工业重镇，拥有丰富的红色资源、工矿文化和良好的影视产业发展基础。李爱民表示，永和镇与湖南工业大学电影学院深度合作，是双方推进落实“三高四新”战略的重要举措，希望双方将创作基地打造成为具有引领性的项目，造福老区人民，为湖南文化产业高质量发展作出贡献。11 月 25 日，电影《我是为你好》在长沙开机，取景地在永和镇。

【“红歌唱响湘鄂赣”活动在永和电影小镇老电影院启动】 2021 年 5 月 22 日，由湘鄂赣城市广播电视联盟策划的“红歌唱响湘鄂赣”活动在永和电影小镇老电影院举行，浏阳市委常委、宣传部部长李爱民出席活动并宣布活动启动。该活动联合湘鄂赣城市广播电视联盟 48 家成员台在各自当地的红色景点传唱红歌，并通过各地媒体权威平台及新媒体平台（抖音、快手、微信视频号）等进行集中宣传推广，讲好湘鄂赣三省红色故事、宣传推介红色资源，唱响红色主旋律。启动仪式后，举行“红歌唱响湘鄂赣”首场演出，随后，湘鄂赣城市广播电视联盟大型融媒联合采风先后前往永和红檵木基地、菊花石博物馆、李家大屋。

【中国工农红军湖南浏阳红军小学（李贞小学）授旗授牌】 2021 年 6 月 25 日，全国红军小学建设工程理事会举行中国工农红军湖南浏阳红军小学（李贞小学）授旗授牌仪式。第十二届全国政协委员、中国人民解放军原总参四部部长万晓援，湖南省军区原副政委魏永景，全国红军小学建设工程理事会副理事长兼秘书长方强，中共浏阳市委常委、市人民武装部政委尹乐平，中国人民解放军南部战区军事法院原院长李实平，全国红办常务委员杨英，浏阳市市领导邓雪琴、罗永垂参加仪式。李贞小学是以中华人民共和国第一位女将军命名的小学，学校以“慕贞徽而养正，毓明德以弘文”为核心理念，致力发扬红色精神，传承国学精粹，打造诗意校园；努力将学生培养成为“李贞式好少年”，让学生以革命先烈为榜样，传承艰苦奋斗、自强不息的革命精神。学校开发相关校本教材，并建成“李贞将军生平事迹陈列室”，培养小小解说员，让学生成为红色文化的传播者。

（邓婧姝）

2021 年 6 月 25 日，全国红军小学建设工程理事会举行中国工农红军湖南浏阳红军小学（李贞小学）授旗授牌仪式

（永和镇　供图）

达浒镇

【概况】 达浒镇辖7个行政村，299个村民小组，7449户。行政区域面积202平方千米，耕地面积1687公顷（其中水田1400公顷，旱土287公顷，林地面积17333.33公顷）。2021年，全镇总人口28483人，全年出生175人，死亡人口313人，人口出生率11‰，人口自然增长率2‰，百岁老人1名（书香村黄桂英）。全域属中亚热带季风湿润气候，冬少严寒，夏少酷热，光照充足，余量适中；年内气温最高温39.8℃，最低温-3.0℃，年降水量742.6毫米。

【经济发展状况】 全年完成地方一般公共预算收入1670万元，同比增长15.2%。工业经济。全年实现工业总产值515079万元，同比增长17.6%，其中规模企业总产值302411万元，同比增长24.6%。完成固定资产投资12.2亿元。加速花炮产业链延伸与创新升级，完成整改换证企业6家，实现花炮产业全链总产值24亿元。组织孔蒲中家庭农场等4家企业完成浏阳市科普示范项目创建，指导施绿农业、丰东农业通过湖南省高新技术企业认定，全年R&D经费投入2440万元，完成技贸合同10175万元。农业经济。全年实现农业总产值3.35亿元，农民存款余额9.9亿元，贷款总额超3亿元；全年种植油菜866.667公顷、早稻453.333公顷、烤烟60公顷。养殖业。生猪饲养户90户、存栏12022头，其中存栏200头以上有8户；羊存栏4362只；家禽存笼82648羽、其中1000羽以上2户。特色农业提质增效，完成“稻油”“稻稻油”水旱轮作试点66.667公顷，打造早稻生产1个千亩示范片和10个百亩示范片，小水果种植200公顷。

【社会管理】 完成南昌—长沙1000千伏特高压交线路工程（达浒段）拆迁任务，获“浏阳市2021年智慧电网建设优秀服务单位”。新建集镇污水收集支管网4千米，金坑风景区通景公路提质改造项目竣工。严格卫片执法，拆除“一户多宅”54户，全年无一例新增违法用地。加快土地权属登记，全年发放不动产权证3200余本，农村宅基地确权证65本，林权证42本，上报审批企事业单位、农村产业设施、村民建房规划许可和农用地转用等各类用地130余宗、面积2.667公顷。全年危房改造8户，改厕200座，自来水新开户320户、扩网工程验收合格。全面推行林长制，完成省级标准化林业站建设。实行河长制，开展镇村两级巡河524次，查处非法采砂非法捕捞行为17起。指导长丰村成功创建长沙市小微水体管护示范片区和长沙市美丽幸福河流，全镇主干河流水质全年稳定达标。配合完成第二轮中央环保督察问题整改，排查入河排污口16个，办结投诉案件25件。开展爱卫运动，巩固农村人居环境整治成果，金田村被评为“湖南省2021年村庄清洁行动先进单位”，麻洲村被评为“长沙市‘两型’示范创建单位”。入选“全省第二批乡镇（街道）应急能力建设达标名单”。全年排查安全隐患520余条，停产整顿花炮企业22家次、处罚金21万余元。深化全国食品安全示范城市创建，开展农村聚餐、学校食堂、餐馆等现场检查530余家次。开展道路交通安全联合执法160余次，处罚违规车辆26辆。巩固扫黑除恶常态化工作机制，信访案件办结率97%，处理矛盾纠纷90余起，涉调金额500万余元。

【社会事业】 临时救助25户。实施“阳光增收”计划，为30名残疾对象提供生产资料扶持，发放“两项补贴”91.3万元。落实医保按病种分值付费制度，医保征缴率99%，44人实现异地就医，直接结算36.6万元，追缴61人养老保险金6.3万元。申报村级公益事业“一事一议”项目2个，累计发放各项惠农资金1428.6万元。关注农村转移劳动力、退役军人、水库移民等重点就业群体，组织148人到蓝思科技务工，组织25家企业职工开展职业健康体检。推进“双减”政策，加强校外培训机构规范管理，总投资1009万元的长益完小改扩建项目开工建设。金田村成功创建浏阳市示范“儿童之家”。

【椒花水库工程启动围堰截流】 2021年10月31日，椒花水库工程启动围堰截流，椒花水库项目从前期附属工程全面转入主体施工阶段。椒花水库位于浏阳市达浒镇，距浏阳市区40千米，距长沙市区95千米，是一座大型水库工程。其最大坝高69.5米，正常蓄水位180米，坝址控制流域面积132.5平方千米，总库容1.7亿立方米。2020年9月28日，总投资约60亿元的椒花水库开工。项目主要包括水库枢纽工程、大溪河引水工程和供水工程三部分，被列入国家重点水利工程、湖南省重点建设项目和长沙市十大基础设施项目。2021年8月26日，浏阳市启动项目征地移民围堰截流攻坚行动，成立一线攻坚指挥部，市、镇、村协同

书香村水美广场 （达浒镇 供图）

联动，抽调精干力量组成攻坚队，推进征地移民工作，累计签订移民搬迁安置补偿协议641户，完成96.54%；腾地倒房576户，完成86.75%。

【书香村成功创建“水美湘村”】2021年1月，湖南省水利厅决定在浏阳市、望城区等22个县（市、区）开展“水美湘村”示范创建（农村水系综合整治与水生态保护治理）工作。6月25日，浏阳市达浒镇书香村入选浏阳市唯一“水美湘村”创建示范村。根据《湖南省2021年“水美湘村”建设总体规划》，书香村“水美湘村”建设以自然风光为特色，规划理念为“琴棋书画风雅颂　绿水青山绕书香”。项目包括水文化园建设、龙潭坝干渠和大溪河滨岸带生态治理以及亲水平台和临水构筑物建设。在创建过程中，市水利局委托专业园林设计公司，按照“春耕、夏耘、秋收、冬藏”的主题，科学制定书香村龙里屋场、桃花屋场等规划，以村为单元，以水为主线，串联6个美丽屋场，推进水系综合整治和水生态保护治理。12月，总投资4000万元的大溪河一期治理工程完工，增强沿岸抵御洪涝灾害能力。随后，书香村沿河打造2.5千米滨水步道以及亲水平台。截至2021年12月10日，书香村完成“水美湘村”示范创建，将绿色水电站、大溪河防汛通道、水美广场、龙潭干渠主题码头、生态水塘、示范菜地等16个生态水利项目连点成线，建成全省首个水文化园和水文化展示馆。建立“水美湘村”日常管护工作评价积分制度，设立居民管护驿站，激发村民共建共护共享热情，打造“水美村靓、水兴业旺”的“乡村振兴样板”。

（李婕妤）

大围山镇

【概况】 2021年，大围山镇辖12个行政村，405个村民小组，总面积410平方千米，耕地面积2223.07公顷，其中水田面积1423.07公顷、旱土面积800公顷，林地面积35446公顷，山林覆盖率84.3%。全镇8362户27338人，其中城镇人口12796人、乡村人口14542人，出生人口168人，死亡人口222人，人口出生率6.1‰，自然增长率-8‰。60岁以上老人5322人，占总人口的19.47%。人口数量最多的姓氏是李，有2665人，占总人口的9.7%，为镇内第一大姓。有15个少数民族，人口117人，其中土家族30人、苗族21人、壮族18人、侗族14人、瑶族14人、彝族6人、仫佬族3人、回族3人、蒙古族3人、毛南族2人、布依族2人、水族2人、傈僳族2人、拉祜族1人、哈尼族1人。有百岁老人2人，分别是东门村二组涂承佑（1918年出生）、中塅村大墩组聂清香（女，1919年出生）。镇域年平均气温17.1℃，年内气温最高值40.4℃，最低值-8.6℃，2021年逢50年一遇最大降雨，累计降雨2085.1毫米，最大降雨249.9毫米。冬季持续干旱少雨，一度造成自来水厂供水困难。全年未出现大的自然灾害。浏阳大围山水果合作社联合社的“大围山梨”成功入选“湘赣红”农产品区域公用品牌。

【经济发展状况】 全年实现地区生产总值17.23亿元，同比增长4.9%；全年完成财政税收1731.1万元，地方财政税收一般公共预算1018.8万元，同比增加88万元。农村居民人均可支配收入22460元，同比人均增加2200元。年末居民存款余额6.85亿元。农业生产。全年粮食播种面积2093.33公顷，粮食总产量1.42万吨。培育家庭农场、专业合作社360余家。做强水稻种业研究，引进隆平高科等6家科研机构建立水稻育种基地40余公顷。严格监管种植结构，完成中塅、中岳、北麓园3个村43.33公顷调整任务。烤烟种植面积10公顷，产值70万元。规模蔬菜种植面积200公顷，有白沙、楚东、金钟桥、浏河源、北麓园5个种植基地，产值650万元。水果现有种植面积1666.67公顷，总产量4200吨，销售收入1.2亿元。蜂蜜养殖3.4万箱，产值500万元。黑山羊养殖1.64万头，产值1657万元。生猪出栏7800余头，产值3887万元。做精特色农业产业，“大围山梨”入选第一批“湘赣红”区域品牌，入选“湖南省十大果品区域公共品牌”；培育出“同幸蜂蜜”特色品牌；白沙豆腐产业稳步提质增效；浏河源茶叶生产基地项目即将投产。工业经济。完成固定投资总额13.36亿元，实现规模工业总产值10.64亿元，同比增长16%，社会消费品零售总额增长44%。帮助企业、产业授信4862万元、贷款2600万元；落实减税降费等优惠政策，争取技术改造、贴息贷款资金170余万元。发挥科技特派员服务作用，帮助企业研发产品、改进工艺。推进精准招商，引进浏阳市全振旅游开发有限公司、浏阳市新兴文化旅游开发有限公司、浏阳晨捷纺织有限公司等企业5家。成功培育高新技术企业3家。促推商贸服务繁荣，新增市场主体140户。加快供销改革，成立农业技术服务团队，有效打通物流网络，引导500余户农户发展农村电商，销售额同比增长40%。东门村新建黄金梨数字产业园。锦绶堂、白沙古镇、大围山峡谷漂流和鲁家湾等成为热门打卡地，省市各级党组织、学校到镇开展红色研学等活动200余次，年接待游客超50万人次。文旅融合。投入3000余万元提质建设锦绶堂文化公园、大溪河东门—楚东—白沙—浏河源沿岸风光带、东门烈士塔、杜鹃广场建设，推进东门旅游商贸服务中心、锦绶堂红色文化旅游核、白沙古镇文化体验核布局建设，大围山红色文化体验带、浏阳河溯源漂流游憩带、椒花河峡谷避暑度假带显雏形。龙须大峡谷、中岳村精品民宿等项目签约落地；基本建成大围山村研学项目、同幸村露营基地；丰富赏花、采摘、漂流、研学、康养等旅游业态，楚东红旅、白沙研学、中岳踩溪、浏河源溯源、大围山民宿等特色旅游如火如荼，初步形成乡村田园休闲区、历史文化博览区、生态康养度假区、浏河峡谷溯源区等区域业态。举办“云上”水果节、同幸摇蜜节、中岳踩溪节、庆祝建党100周年“七一”表彰大会暨文艺会演等大型文化活动，“大江大河交响季·百里画廊百年歌”首站在锦绶堂演绎。制作宣传片《围山故事》，电视剧《中流击水》在大围山取景拍摄；创新推出文物保护“点长制”，锦绶堂被命名为“第六批湖南省爱国主义教育基地”；申报非遗项目 3 个，被评定为“浏阳市非遗示范乡镇”。主流媒体报道大围山镇 220 篇次。

【社会管理】 项目建设。推进椒花水库移民搬迁安置工作，移民 211 户 771 人，完成田心桥村、金钟桥村 24 个村民小组征地 1900 亩（126.667 公顷），征收房屋 165 栋（签约率 100%），倒房 163 栋；安置区配套设施项目按期竣工。完成南昌—长沙 1000 千伏特高压输电线路工程（大围山镇段）和河西片区棚改项目建设。高标准建设白沙—上坪 7.8 千米红色旅游公路。完善公路设施 150 千米，提质改造、硬化道路 12 条 26.7 千米，维修加固桥梁 4 座。完成 S201 道路提质改造、大溪河河道治理、集镇污水支管网等工程建设。投入 200 万元完成自来水厂扩网、单村饮水工程，启动自来水厂巩固提升项目、公益性墓地建设。提质新建 38 个 4G、5G 基站，全面消除大围山、同幸、浏河源等村信号盲区。开工建设镇派出所业务性用房项目。投入 970 万元完成东门至白沙 10 千伏线路和各村农网改造，镇供电所被评为“省五星供电所”。信访工作。落实“三联三保”（实行市级领导联乡镇，保属地责任压实；实行分管市级领导联领域，保行业问题整治；实行责任单位联访件，保案件处理到位）制度，开展政法队伍教育整顿，推进扫黑除恶，开展“黄赌毒”专项整治行动，办理化解信访事项 22 起，被评为长沙市信访“三无”乡镇。安全生产。开展消防、矿山、建筑、景点、危化、校车、民间信仰场所等领域安全生产联合执法 63 次、专项检查 150 余次，排查整改隐患 98 处，开展交通安全顽瘴痼疾整治 84 次，被评为“长沙市安全发展示范乡镇”。采用“定期巡查+重点时段管控+专项整治”的方式，开展国家食品安全示范城市创建工作。入选“全省第一批应急能力建设达标乡镇”。基层治理。坚持自治、法治、德治相结合，推进党群连心“五个到户”（党员联系、民情走访、政策落实、产业对接、精准服务五个到户）工作，依托全镇 450 个微网格构建“五级联动”基层治理体系，组织发动镇村干部、网格党员常态开展一线“访民情、解民难”活动；办理解决“12345”热线问题 213 件，满意率 100%。乡村振兴。2021 年，大围山镇成功纳入脱贫攻坚与乡村振兴有效衔接示范片区建设，镇人民政府被评为“全省脱贫攻坚先进集体”。楚东、同幸、东门、白沙、北麓园 5 个村入选“省级乡村振兴示范创建村”。推进“一村一品”特色产业赋能乡村振兴，实施产业巩固衔接项目 34 个，发展壮大村级集体经济，12 个村实现总收入 310 万元，其中同幸、中岳村营收超 40 万元。推进楚东村“红色美丽村庄”试点工作，通过长沙市委组织部实地验收。成功创建为长沙市特色小城镇。实施“林长制”，建成“一长三员一大队”（林长，护林员、监管员、执法人员，森林消防大队）网格化管护体系，建立智慧林长指挥中心，选任 19 名专职护林员，出台“三激励”举措，组织镇村林长巡林 18447 千米，完成天然林、生态公益林管护任务 7 万余亩（4667 公顷），实现森林火灾、松材线虫病零发生。整改销号森林督查图斑、卫片图斑 171 处。持续推进“河长制”，全面落实“十年禁渔”令。打好污染防治攻坚战，强化浏阳河源头区域工业企业生产、小作坊加工、养殖污染等领域排污监管整治，整改解决问题 46 个。推进镇域国土空间规划编制工作，完成镇域空间规划大纲、5 个村村庄规划编制。抓农村“两治”，开展全民爱卫行动，改善农村人居环境，完成改厕 150 座。打造 8 个“五美”屋场。落实“路长制”工作，实现镇域路网“安、畅、舒、美”。推进文明城市创建，开展文明实践活动 120 余次，成功创建长沙市文明镇，新创 2 个长沙市文明村。

【社会事业】 疫情防控。落实防疫举措，核酸采样 6468 人，接种疫苗 4.2 万余剂，实现“零输入、零感染”。社会保障。全年发放低保、慰问救助金等 1000 余万元，医保报销 2000 余万元；完成 1100 余名移民妥善安置、1.9 万栋房屋建筑安全普查工作，不动产登记发证 3108 宗。教育卫生。投入 350 万元完成中小学教学楼、敬老院提质改造，大围山中学获“全市综合教学质量一等奖”，成功创建为“长沙市平安校园”；深化卫生院与市中医院医联体合作，获全市医防融合两病门诊工作第一名。

【建党百年交响合唱季系列活动首站在锦绶堂举行】 2021 年 4 月 17—18 日，“大江大河交响季　百里画廊百年歌”建党百年交响合唱季系列活动的首站在浏阳锦绶堂举行。首站选取《映山红》《红星照我去战斗》《浏阳河》3 首经典歌曲。锦绶堂位于浏阳市大围山镇楚东村，是一座修建于清末光绪年间的民宅。1930 年至 1931 年，中国共产党领导的第一个省级政权——湖南省苏维埃政府，曾两度在此办公。2013 年，湖南省苏维埃政府旧址成为第七批全国重点文物保护单位。

【大围山镇第十二届水果文化旅游节“云”启动】 2021 年 8 月 7 日，浏阳市大围山镇第十二届水果文化旅游节在大围山镇白沙村“云”启动。截至 2021 年，该镇水果种植面积超过 1333.33 公顷，年产值过亿元，果农 1200 余户，水果品种涵盖桃、梨、李、枣、杨梅等。每年 5—10 月，各种水果轮番上市。为推介“水果+旅游”，自 2010 年以来，大围山镇已连续 12 年举办水果文化旅游节。2021 年，由于疫情防控的需要，第十二届水果文化旅游节启动仪式改成线上“云”模式。与以往现场采摘游不同，顾客可通过搜索长晚优选、农品浏香、围山公社等电商平台购买大围山水果。在“云”启动仪式上，大围山镇为 12 名果农、农技师等代表人物颁奖。

【“百人同心耀星城　浏河源头助振兴”乡村振兴活动】 2021 年 9 月 12 日，长沙市新的社会阶层“百人会”和浏阳市新的社会阶层人士服务团的部分成员，在浏阳市大围山镇迎开展以“百人同心耀星城　浏河源头助振兴”为主题的乡村振兴活动，与大围山镇白沙村签订蝶变计划、村播计划等四大结对帮扶战略协议，计划用两年的时间，共建产销对接基地、文化服务基地、网红直播基地、写生拍摄基地，助力乡村振兴；走访省级“同心美丽乡村”大围山镇中岳村和锦寿堂蜂业有限公司。该活动由长沙市委统战部主办，浏阳市委统战部和长沙市新的社会阶层“百人会”承办，活动为期两天。

【浏阳市黄金梨数字电商产业园正式启动】 2021年12月12日，由大围山镇人民政府主办，浏阳市电子商务产业园、浏阳市大围山镇东门村村委会、浏阳市围山有材电子商务有限公司、长沙派克电子商务运营管理有限公司共同承办的浏阳市大围山黄金梨数字电商产业园启动仪式在大围山镇东门村举行。浏阳黄金梨产业园与银行机构、全镇各合作社、浏阳抖音孵化基地、浏阳极兔物流、12村集体经济合作社等签订战略合作协议，完成“产品、营销、运输”农产品运营销售全运营闭环的打造。

（袁攀攀）

张坊镇

【概况】 张坊镇位于浏阳市东部，与江西省铜鼓县、万载县接壤，镇域面积319.7平方千米，耕地面积2881.8公顷，其中水田2715.7公顷、旱土166.1公顷，山林面积2.67万公顷，辖张坊村、白石村、茶林村、上洪村、田溪村、富溪村、人溪村、江口村、陈桥村9个行政村，116个村民小组。2021年，全镇户籍人口9558户，32219人，农业人口27966人，非农业人口4253人，全年出生人口206人，死亡人口247人，人口出生率6.243‰，死亡率7.485‰，人口自然增长率-1.24‰。人口主要向广东流动，人口数量最多的姓氏是张，占全镇11.5%。全镇民族以汉族为主。有百岁老人1名（马淑贤）。张坊镇属亚热带季风性湿润气候，年度平均气温16.8℃，1月平均气温4.6℃，7月平均气温27.9℃，年均降水量1844.6毫米。四季分明，雨量充沛，光照偏少，无霜期偏短。域内森林覆盖率82%，土壤肥沃，群山环绕、沟壑纵横，被称“百溪之乡”，拥有大成坑红豆杉原始植株群、第四纪冰川遗址西溪磐石大峡谷、湖洋梯田、江口几字湾等自然景观。2021年，张坊镇被纳入长沙市21个乡村振兴示范创建乡镇之一，被评为“长沙市市级生态文明建设示范乡镇”“浏阳市示范性非遗保护传承乡镇”；张坊、上洪、茶林、江口村入选“省级乡村振兴示范创建村”；田溪村被授予“湖南省脱贫攻坚先进集体”称号，其典型经验入选省委《改革调研专报》；同时，被评选为“湖南省级森林康养基地”“长沙市特色风貌小村庄”；镇退役军人服务站成功创建“湖南省百家红色示范站”；王首道故居被命名为“第六批湖南省爱国主义教育基地”。

【经济发展状况】 全年地方财政收入1096.5万元，同比增长12.5%；规模工业总产值5.63亿元，同比增长27.74%；社会消费品零售额4299万元，同比增长39.32%；服务业企业增加值增长40%以上；完成固定资产投资7.23亿元；实现招商引资省外到位资金3000万元，瓦林坪文旅高端民宿度假区项目和西溪旅游服务综合体新建项目签定框架协议。通过盘活资源性资产、培育旅游项目利润分红、发展种养产业等壮大村级集体经济，全镇9个村集体经济收入均超20万元，其中上洪村突破50万元、富溪村突破40万元。农业生产。2021年，推进1万亩高标准农田项目建设，重点培育双季稻种植千亩示范点1个，百亩示范点7个，发展早稻种植2公顷以上适度规模大户19户，完成全年粮食作物总播种任务面积2860公顷；种植烤烟20.67公顷，送售优质烟叶831担，总产值125.63万元；种植水果面积达到253.33公顷，水果产量1500吨，年产值1500万元；规模种植蔬菜40公顷，亩产值收益1万元以上。创建玉针香大米、云雾茶叶、竹笋两用等特色种植基地，推动品种培优、品质提升、品牌打造，培育绿色安全优质农产品，启动国家地理商标申报，培创知名农业品牌。成功举办第四届中国农民丰收节“围山炊烟”丰收场景慢直播和“双十二”乡村振兴大直播，通过网红带货，促销优质特色农产品。旅游经济。围绕“湘东秘境·秀美张坊”形象定位，启动隐蔽战线英烈事迹陈列馆建设，巩固提质西溪、黄石洞、湖洋梯田、道官冲、板溪湖等景区，推动打造瓦林坪、化险福地、几字湾等景点，打造张坊特色旅游品牌。全年接待游客35万余人次，旅游总收入逾亿元。

【社会管理】 基础设施建设。完成张坊卫生院整体搬迁“三通一平”和棚户区改造三期工程；完成洪沙公路、湖洋公路等15条共28.5千米道路提质改造和3座桥梁加固工程；铺设集镇污水管网3.2千米，完成5个小水源改造和3个单村供水工程维修养护；南昌—长沙1000千伏交流输变电线路工程完成并正式投运，张坊镇被评为“浏阳市优秀服务单位”。环境整治。实施“路长制”“河长制”“林长制”，将道路保洁、秸秆禁烧和垃圾分类减量纳入常态化管理；整治森林图斑问题42起、河道采砂和非法捕捞行为22起。安全生产、治安维稳。实行烟花爆竹行业线上和现场监管，排查各类安全隐患400余处、立案3起，实现全年安全生产“零事故”目标。全年查处交通违法行为580余起，戴帽率持续保持95%以上。开展道路交通顽瘴痼疾整治行动，完成禹门、石溪路口、板溪路口弯道改直拓宽，整改道路安全隐患23处。开展食品安全专项检查行动15次，查处食品安全案件16起。全年刑事立案40起、刑拘39人，行政立案51起、行政处罚56人，劝返在缅人员6人、劝返率100%。全年接待来访群众300余人次、调处矛盾纠纷200余起。

【社会事业】 社会保障。全年发放最低生活保障金5543761元，残疾人“两补”资金1111880元；办理特

张坊镇上洪村道官冲　　（张坊镇　供图）

张坊镇白石村　李白烈士故居　　（张坊镇　供图）

困人员照料护理补助285人；发放临时救济金23200元；大病救助74人；急难救助37人。收缴居民养老保险260万余元，缴费率78%。报销医疗费用228519.55余元。完成6户危房改造和5户灾损房屋重建。教育文化。投入200余万元提质中小学硬件设施，落实"双减"政策，提升教学质量；张坊中学获"浏阳市初中高质量发展综合评价二等奖"。围绕中国共产党成立100周年组织开展文化活动10余场次。被评定为"浏阳市示范性非遗保护传承乡镇"，道官冲古法造纸研学馆入选"浏阳市示范性非物质文化遗产传习所"。医疗卫生。2021年，有卫生院1所，村级卫生室9个，病床60张，专业医护人44人，门诊39420人次，同比增加24%；借助医联体提高镇卫生院医疗水平，医院首诊率较2020年提高25%；住院人次2256人次，比2020年同期下降25%；收入297.5万元，业务总收入801万元。完成2.14万人次、4.81万针次的新型冠状病毒疫苗接种。乡村振兴。结对帮扶141户防返贫监测户，动态管理服务764户稳定脱贫户。2021年，通过2次乡村振兴与脱贫攻坚有效衔接的省检工作，获省检查组好评。

【连片打造美丽宜居村庄】 2021年，张坊镇完成四个村庄规划和《张坊镇乡村振兴总体规划(2021—2025)》编制工作，确立"一心、两翼、五片区"空间布局，获长沙市乡村振兴示范创建乡镇规划比选评审"二等奖"。该镇坚持"自然、自发、自治"导向，突出统筹规划、连片打造，融入客家文化、发动群众参与，利用各村自然资源和人文禀赋为美丽宜居村庄注入"灵魂"，上洪、田溪连片打造15个美丽宜居村庄，沿线总长6千米，均通过长沙市级验收。田溪村按照统一风格、统一色调、统一规范要求，以"白墙黛瓦、客家风韵"为主题开展乡村建筑风貌管控，成功创建长沙市特色风貌小村庄。

（陈　剑　成　豪）

澄潭江镇

【概况】 2021年，澄潭江镇辖12个村，380个村民小组，总面积157.83平方千米，有耕地1569公顷，其中水田1273.53公顷、旱土295.47公顷，山林11533公顷。全镇共有17099户，总人口65960人，其中农业人口57641人，非农业人口8319人，出生人口452人，死亡人口784人，人口出生率6.85‰，自然增长率-0.5‰；流动人口4165人，主要流向广东、长沙；民族主要为汉族，占总人口数的99.62%；人口最多的姓氏是陶姓，共有9243人，占全镇人口的14%；百岁老人3人，分别是曾柏华、李秋连、张如秀。域内地形以丘陵地貌为主，属九岭山脉向西南延伸的纱帽山系，地势呈东高西低，最高点纱帽山海拔568米，至集镇、槐树渐见平坦。域内水系发育完整，发源于江西省万载县金钟湖的南川河，系浏阳三大河流之一，自东向西流经澄潭江镇碧溪、达坪、山下等9个村。发源于荆坪村的荆坪河流经大圣、洲田、槐树村汇入南川河。镇域属亚热带季风湿润气候，热量充沛，光照较足，春季温和，夏季高温，秋季凉爽，冬季寒冷。年内最高气温38℃，最低气温-2℃左右，年平均气温18℃左右，年降水量1530毫米。被评为"长沙市发展壮大新型村级集体经济先进单位"，荆坪村、澄潭村、和家村、碧溪村、大圣村被确定为"湖南省省级乡村振兴示范创建村"。

【经济发展状况】 全年经济生产总值64.78亿元，一般公共预算收入1.64亿元，同比增长41.4%；地方一般公共预算收入6476万元，同比增长59.4%。农业生产。巩固农业基础，完成800公顷高标准农田建设，粮食生产2133公顷，生猪出栏4.7万头，"一县一特"油茶改造153公顷，全镇12个村集体经济收入522.8万元。工业经济。完成规模工业总产值58.75亿元，完成固定资产投资23亿元。坚持“分类施策、一厂一策”，推进企业规范化、精细化管理，打造湘赣边小型烟花融合发展中心，完成11家花炮工区退出和12家花炮厂改、扩建。招商引资。引进各类企业7家，引进资金1.94亿元。商贸服务业。新增商贸服务业企业2家、规模个体户4家，全年商贸业销售额和社会商品零售额分别为1.22亿元、4052.6万元。

表10 2021年澄潭江镇规模企业情况表

企业名称	成立时间	主要业务活动(或主要产品)	就业人数(人)	2021年产值(万元)
湖南激情烟花有限公司	2004年3月	焰火、鞭炮产品制造	252	24978
浏阳市慧总包装有限公司	2006年2月	纸箱生产	20	299
浏阳市艳阳天烟花制造有限公司	2014年8月	烟花生产	238	20124
浏阳市盈丰烟花制作有限公司	2005年1月	鞭炮烟花生产	308	44155
浏阳市田丰烟花制作有限公司	2014年6月	焰火鞭炮产品制造	140	4464
浏阳市鑫祥烟花制作有限公司	2006年7月	焰火鞭炮产品制造	175	27209
浏阳市花之源烟花制造有限公司	2000年4月	焰火、鞭炮产品制造	204	18977
浏阳市喜柏出口烟花制造有限公司	2017年7月	焰火、鞭炮产品制造	211	14463
浏阳市恒强烟花材料制造有限公司	2007年3月	银粉生产	208	53158
浏阳市万乐鞭炮烟花有限责任公司	2004年12月	生产鞭炮烟花	217	53189
浏阳市鑫鹏烟花有限公司	2004年6月	焰火鞭炮产品制造	266	34229
浏阳市天翔出口烟花厂	2008年11月	组合烟花类生产	165	17298
浏阳市九龙烟花玩具厂（普通合伙)	2003年6月	烟花鞭炮生产	262	35975
浏阳市北斗烟花制造有限公司	2005年1月	焰火鞭炮产品制造	245	24751
浏阳市兴圣出口花炮厂	1998年12月	焰火、鞭炮产品制造	210	37993
浏阳市海源出口花炮厂	2001年11月	焰火、鞭炮产品制造	223	37765
浏阳市华文烟花制造有限公司	2005年1月	焰火鞭炮产品制造	158	22778
浏阳市华力烟花制造有限公司	2005年1月	焰火鞭炮产品制造	307	40721
长沙万奇烟花制造有限公司	2003年12月	焰火产品制造	378	10558
浏阳市宏成烟花制作有限公司	2015年12月	焰火鞭炮产品制造	96	2215
浏阳市万盛烟花制造有限公司	2005年2月	烟花制造	311	49343
浏阳市恒天飞鹰烟花制造有限公司	2006年11月	焰火、鞭炮产品制造	109	11425

【社会管理】 基础设施建设。完成总长度8.4千米的省、市规农村公路项目共6个，省规交通安防工程项目3个、电网“630攻坚”项目8个，完成九龙单村饮水工程扩网，解决800余人安全饮水需求；投入近200万元完成污水支管网建设，更换大文公路沿线13千米路灯278盏；推进乡村振兴示范创建，打造美丽宜居村庄8个，成功创建湖南省美丽宜居共同缔造示范项目。人口与计划生育。全年符合政策生育率88%，完成191对孕前优生健康检查。环境整治。清理退出“散、乱、污”企业5家，改厕332座，新建污水支管网3千米，垃圾中转站建成投用。处理化解环境信访件126件，完成4件中央环保督察件办结整改工作。成功创建浏阳市“林长制”示范乡镇，空气质量优良率96.7%，全年违法卫片图斑“零”新增。推进“河长制”工作，镇、村两级河长累计巡河700余次，开展清“四乱(乱占，乱采，乱堆，乱建)”、非法捕捞等专项整治行动104次，清理各类垃圾1500余吨，累计清淤30千米，水质稳定达到Ⅲ类水质。除治枯死松树2451株，清除森林卫片图斑79个，复绿面积400公顷。安全生产。推进企业规范化、标准化、精细化管理，排查整改安全隐患1000余处；打击非法生产18起，责令停产67厂次，立案行政处罚案件22件，行政处罚1人，刑事拘留2人，治安拘留31人。摩托车戴帽率95%以上，全年实现安全生产“零”事故、重大刑事案件“零”发案、四级信访“零”登记。举办各类安全培训班50多期，培训逾1万人次，开展各类应急演练87场次。加强交通、水利、消防、食品等行业领域安全监管，汛期无人伤亡，全年无森林火灾，无重大动物疫病，食品安全“零事故”。综治维稳。开展“村民夜话”500余场，依托四级问题化解机制(镇—村—小区—网格四级)化解信访积案6件，调处矛盾纠纷302件。严打违法犯罪，破获刑事案件40起，查处涉黄涉赌案件16起、涉毒人员20人，劝返赴缅人员25人。开展湘赣边区域联防联控23次，排查安全隐患40处，联合调解跨省矛盾纠纷20余件。与江西省上栗县桐木镇、金山镇合作，开展“打非治违”整治行动。精神文明建设。开展学雷锋、移风易俗、节庆日活动等新时代文明实践活动每月5次以

2021年12月8日，“清廉澄潭　护‘花’行动”启动仪式上，镇公共安全和应急管理办公室、自然资源和生态环境办公室、自然资源所、派出所、经济发展办公室等监管服务部门负责人上台宣读承诺

（长沙晚报社　颜开云　摄）

上。彭常金，李昆明夫妇等身边好人被《长沙晚报》报道，王承义获第六届长沙市道德模范“提名奖”。依托镇好人馆，组织辖区2000余名学生参观学习，深耕“大爱澄潭”精神文明品牌，策划举办“澄潭现象　大爱传承”十周年评选活动，评选好人8名，其中达坪村村民彭常金获评2021年第四季度“长沙好人　身边雷锋”。换届选举。1月23日，完成12个村“两委”换届选举工作；3月24日，澄潭江镇召开第六届人民代表大会第六次会议；5月29日，中共澄潭江镇第七次代表大会召开，完成镇党委换届工作；8月23日，完成市、镇两级人大代表换届选举投票工作；8月28日，澄潭江镇第七届人民代表大会第一次会议召开。

【社会事业】 疫情防控。完成疫苗接种9万余剂次，澄潭村核酸检测8100人。社会保障。发放低保、养老等各类补贴4289万元，农民工就业培训2894人次，危房改造5户，残疾人无障碍改造30户。渠城村、虎形村被认定为“2021年湖南省省级充分就业社区（村）”，被确定为“长沙市2021年示范性村级公共就业服务平台”。文化卫生。建成大圣村综合文化服务中心，提质改造儿童之家3家，打造中国计划生育协会“向日葵亲子屋”试点，成功创建省级尘肺病康复中心。

【被评为长沙市信访工作“三无乡镇”标兵单位】 2022年1月28日，湖南省长沙市人民政府办公厅发布通报，对2021年创新实干推进高质量发展成效明显的单位予以表扬激励。浏阳市澄潭江镇在信访工作“三无”（无重复上访、无集体上访、无信访积案）创建项目中获得表扬激励，被评为长沙市信访工作“三无乡镇”标兵单位。澄潭江镇地处浏阳南区，是浏阳的花炮重镇，毗邻江西省，人员往来频繁，社情民意复杂。2021年以来，该镇探索建立“小区管家　民情直达”治理体系，构建“四级问题化解机制”，开展“村民夜话”活动，打通社会治理“最后一米”，做到群众话有人听、群众事有人管、群众问题有人办。全年实现安全生产“零”事故、重大刑事案件“零”发案、四级信访“零”登记。

【启动“清廉澄潭　护‘花’行动”】 2021年12月8日，“清廉澄潭　护‘花’行动”启动仪式在澄潭江镇激情广场举行，澄潭江镇公共安全和应急管理办公室、自然资源和生态环境办公室、自然资源所、派出所、经济发展办公室等监管服务部门、花炮企业负责人分别签署承诺书，立下廉洁“军令状”。同时，该镇正式发布《澄潭江镇“清廉澄潭　护‘花’行动”实施方案》，以优化营商环境为出发点，围绕清廉花炮产业建设，通过务实举措和具体行动，构建“亲清”政商关系，助推花炮产业高质量发展。

（王　献）

中和镇

【概况】 2021年，中和镇辖7个行政村，180个村民小组。总面积152.55平方千米，耕地面积1252公顷，其中水田1152.91公顷、旱地99.09公顷，山林面积12533.33公顷，森林覆盖率85%。总人口25219人，流入人口90人，流出人口2712人，出生人口202人，死亡人口177人，人口出生率8.01‰、自然增长率1.53‰，百岁老人4名：刘道享（101岁）、张从彬（103岁）、吴观葵（101岁）、杨菊青（100岁）。年平均气温15.8℃，年内气温最高值38.6℃、最低值-3℃，年降水量约1500毫米。

【经济发展状况】 全年完成一般公共预算收入2081万元，同比增长15.3%。农业。抓粮食生产，遏制耕地抛荒，新增种粮大户5户，流转土地4000余亩（267公顷），翻耕“四荒地”324亩（21.6公顷），发展双季稻5500余亩（367公顷），单季稻12000余亩（800公顷），冬种油菜9000余亩（600公顷），创建1个千亩油菜示范片，完成义务植树基地2个，抚育100亩（6.667公顷）。加快农业机械更新换代，新购农机15台、烘干机5台。全年出栏生猪5.6万头，新增规模养殖场5家；培育苍坊大闸蟹和火龙果、雅山黄金梨、中和明虾、江河台湾泥鳅、清江八月瓜等特色种养产业，基本形成“一村一品”特色农业发展格局，各村集体经济年收入均突破20万元。工业。规模工业总产值28.41亿元，同比增长15.1%；固定资产投资10.7亿元，同比增长67%；社会消费品零售总额5400万元，同比增长65%。主要规模以上企业15家（具体见下表），工业技改资金1000万元，研发投入资金1600万元，产生经济效益11000万元。树立“抓招商就是抓发展”理念，全年上报招商引资项目6个，省外到账资金3180余万元，服务企业申请项目16个，涉及项目资金360余万元。贯彻“千企帮扶”，推出《中和镇纾困惠企十大礼包》，服务企业申报科技项目6个，完成有效发明专利3个，同时15家规模以上企业完成R&D经费3700万元，同比增长68.2%，申报高新技术企业2个，被评为浏阳市“优化营商环境示范乡镇”。旅游。推动苍坊旅游区创建国家AAAAA级景区，投入200余万元打造“五彩”荷文公路，生态停车场、胡氏家庙、阳谷河风光带、集镇安置区等8个项目实现“征拆清零”，镇馆（胡耀邦同志纪念馆）推动智慧景区、旅游厕所、入口景观标志等14个项目建成并投入使用；农耕文化街完成陈列布展，打造供销社、老茶馆、榨油坊等体验式场馆，中和镇公共文化机构文旅融合示范点建成并投入运营。红色研学项目全年接待5万余名学生，苍坊旅游区全年游客参观人数突破100万人。

表11　　2021年中和镇规上工业企业情况表

序号	企业名称	成立时间	注册资金（万元）	主要产品	就业人数（人）	2021年产值（万元）
1	浏阳市宏宇烟花制造有限公司	2005年6月	58	烟花	91	14144.8
2	浏阳海孚烟花制造有限公司	2010年2月	50	烟花	95	17821.2
3	浏阳市旺盛烟花制造有限公司	2005年4月	100	烟花	92	11062.4
4	浏阳丹华出口烟花有限公司	2016年8月	200	烟花	110	15233
5	浏阳翔凤烟花制造有限公司	2011年6月	300	烟花	113	22524
6	浏阳市长寿玩具烟花制造有限公司	2001年4月	50	烟花	87	20215.1
7	浏阳市鸿盛烟花制造有限公司	2005年1月	108	烟花	105	8546.7
8	浏阳市小江印刷厂	2005年3月	50	包装印刷	58	35240.2
9	浏阳市河口烟花集团有限公司	2003年8月	2038	烟花	206	24840.8
10	浏阳市海霸出口烟花有限公司	2000年4月	2000	烟花	138	33567.3
11	浏阳市鸿景烟花制作有限公司	2004年5月	360	烟花	155	26879.3
12	湖南逗逗鞭炮烟花制造有限公司	2014年1月	1000	烟花	325	28290.2
13	浏阳市钰兴烟花制作有限公司	2003年4月	100	烟花	83	8370.1
14	浏阳市中和镇金星花炮厂（普通合伙）	2004年6月	50	烟花	97	9243.3
15	浏阳市橙天包装有限公司	2015年3月	20	包装印刷	42	4765.5

【社会管理】　基础设施建设。全域推进美丽宜居村庄建设，6个美丽屋场通过市级验收，实施集镇风貌提质改造工程。农村公交实现全域覆盖，修、扩建农村公路23.3千米，完成省、市安防工程7个。河堤改造项目、集镇雨污分流改造项目、集镇人行道基础改造、自来水厂扩容改造及扩网项目、雅山村生活污水收集和处理项目全部竣工投产。环境整治。推进“河长制”“林长制”“田长制”工作，58个森林图斑实现组卷销号。提升人居环境，推行“厕所革命”“垃圾分类”，完成无害化厕所改造200座，更新垃圾收容器3000套，回收低价值可回收物35吨；雅山村生活污水处理厂建成投用，打响畜禽养殖污染治理攻坚战，连续两年在中央、省级环保督察中实现“零投诉”，入选“‘两山’理论创新实践基地”，成功创建“长沙市生态文明示范乡镇”。安全生产。开展重点领域安全生产专项整治，推动企业健全“一会三卡”制度，安全生产形势持续向好。推进“平安中和”建设，整合驻镇单位力量进行常态化执法整治，开展“头顶上的安全”专项行动120余次、集镇环境联合整治行动30余次，多方联动有效打击各类违法行为，实现摩托车戴帽率保持在90%以上，全年未发生食品药品安全事件。深化矛盾纠纷排解机制，成功调处化解矛盾纠纷154起。连续三年实现安全生产“零事故”、交通安全“零死亡”，被评为长沙市信访工作“三无乡镇”，交通安全工作获“浏阳市真抓实干激励表彰”奖励。乡村振兴。5月26日，举办“初心矢志，红耀苍坊”——苍坊“国家级红色村”建设暨乡村振兴启动仪式；11月26日，苍坊村、江河村、长安村入选“湖南省省级乡村振兴示范创建村”名单。

【社会事业】　民生保障。全年发放财政惠农补贴资金1783万元，惠及4.5万人次，提供公益性岗位帮助17人实现就业，打造就业帮扶车间，为35名脱贫户解决就业难题；落实退役军人优抚政策，举办退役军人专场招聘会，“一对一”提供就业服务。基层社会治理。创新推出“村头事村头述，邻里情邻里评”活动，实现“小事不出‘格’、大事不出村”。教育。探索“双减”模式，监管校外学科类培训机构，推行校内延时服务，建成苍坊村老年大学站点，3所小学被评为“浏阳市年度办学水平先进单位”。精神文明建设。成功举办“传承红色经典，礼赞百年华诞”庆祝中国共产党成立100周年红歌合唱比赛暨“七一”表彰大会。

【8个项目实现征拆清零】　为实现苍坊旅游区创建国家AAAAA级旅游景区，2021年，中和镇成立专门征拆领导小组，形成“党政领导+镇干部+村干部”三级工作责任体系，明确责任，包干到户，挂图作战。工作

中和镇生态停车场　　（中和镇　供图）

苍坊旅游区——苍霞山景点　　（中和镇　供图）

项，明确相关责任单位、责任人和完成时限，为化解企业困难提供决策依据。同时，组织召开"企耀中和"惠企大行动推进会，发布《中和镇"企耀中和"惠企大行动工作方案》《中和镇纾困惠企十大礼包》，拿出惠企实策服务企业发展，提振经济活力。解决企业面临的难题，该镇贯彻落实省、长沙市关于进一步"助企纾困"及浏阳市"千企帮扶"的决策部署，逐步构建起"问题收集—限时答复—综合监督"的闭环式管理机制，成立以11位领导班子成员为核心、22位中层干部为主力的惠企"服务团"，为辖区内22家重点企业提供"一对一""点对点"服务。2021年，累计为企业申报项目20余个，涉及项目资金300余万元。同时，帮助3家企业申报高新技术企业，培育预申报高新技术企业6个、科技项目4个。自惠企行动开展以来，该镇通过"线上+线下"融合模式累计受理项目申报、权证办理、融资对接、矛盾纠纷等涉企难题32个，办结29件，办结率90.6%，回复率100%。

（唐　昕）

人员通过"5+2""白+黑""以点带面"的形式全面攻坚征地拆迁任务，完成苍坊旅游区生态停车场、登山游步道观景平台、爱国主义教育系列展馆、客家民俗文化展示区（一期）、阳谷湖风光带、集镇风貌提质改造项目、集镇安置区、胡氏家庙等8个项目征地276亩（18.4公顷）、拆房21栋，10月，全面实现征拆清零。

【被命名为"长沙市生态文明建设示范镇"】 2021年11月19日，长沙市生态环境局发布《2021年度（第一批）长沙市生态文明建设示范镇（乡）、村的通知》，浏阳市中和镇、官渡镇、张坊镇被命名为"2021年度（第一批）长沙市生态文明建设示范镇"。2021年，中和镇严格配合中央第二轮生态环境保护督察工作，强化信息公开，通过大数据发布信息8万条，更换100块生态环境保护举报公示牌；突出3个重点，利用"党建+微网格"全区域地毯式排查，全面掌握存在问题，及时处理销号，实现中央第二轮生态环境保护督察零投诉、零信访、零交办。推进示范创建与项目建设工作，完善一级保护区内护坡修砌173立方米，及时清理区内垃圾；拆除养殖直排户4户、封堵养殖排污口20余处，通过对养殖污染集中专项整治，南川河河流断面水质情况明显改善。

【被评为浏阳市"优化营商环境示范乡镇"】 2021年12月27日，浏阳市中和镇被浏阳市优化营商环境协调事务中心评为浏阳市"优化营商环境示范乡镇"。2021年以来，中和镇相关职能部门收集整理国家、省、市助企促企惠企政策132条，编制完成《2021年惠企政策汇编》《优化营商环境政策法规》，并在此基础上推出《中和镇"一门式"服务手册》，进一步细化在该镇开办企业注册、国土手续办理、获得水电、纳税申报、执行合同、政务服务等33项事

文家市镇

【概况】 2021年，文家市镇辖10个村，107个村民小组，镇域面积156平方千米，其中耕地面积1793.8公顷（水田1428.8公顷、旱土365公顷）。年末户籍人口55070人，其中农业人口46894人、非农业人口8176人，流出人口148人，流入人口75人。2021年出生人口381人，死亡人口646人，人口出生率6.9‰，人口死亡率11.7‰，自然增长率为-4.8‰。年平均气温18.9℃，8月最高气温38.7℃，1月最低气温-5.3℃，年降水量8431毫米。

【经济发展状况】 2021年，完成一般公共预算收入2.17亿元，其中地方一般预算收入7900万元，同比增长32%。农业。成功进入长沙市乡村振兴示范创建乡镇行列，建成19个美丽宜居村庄；完成高标准农田建

设1400公顷、粮食生产1533.33公顷，油菜800公顷，发展现代粮食种植大户28家；推广“一村一品”，新增柑橘种植、灵芝培养等农业项目，村集体经济收入均超过20万元。工业。工业总产值、固定资产投资、社会消费品零售额分别增长11.82%、10%、28.09%；全镇金融机构存款同比增长15.5%，存贷比较2020年提升2.6%；新增规上花炮企业3家，淘汰落后产能企业1家，兼并企业3家；文家市烟花出口产值同比增长10%，占全市花炮出口总量的23%。成功认定湖南省高新技术企业4家，培养长沙市工信类“小巨人”企业1家。引导退出企业向产业链上下游发展，打造花炮仓储基地2个(主要规模企业见附件)。文旅。全年接待参观学习党员群众300余万人次，吸引研学学生2万余人，作为浏阳市唯一乡镇参展省文旅博览会。在省级特色文旅小镇建设现场工作推进会上作典型发言，红色文旅特色小镇获省文旅厅2021年度特色小镇绩效考评“优秀”等次。秋收起义党性教育基地主体工程及广场、进出口道路等配套设施基本完成建设；大江、沙溪2个乡村研学实践基地建成投用。引导秋韵山居、童馨花园向吃、住一体精品民宿发展，新增农家乐、休闲农庄4家。截至2021年12月，全镇共开发研学床位、旅游床位1600张，餐位7000个，同比增长45%、21%。

表12　　2021年文家市镇主要规模企业情况表

序号	企业名称	成立时间	注册资金(万元)	主要产品
1	浏阳市海龙烟花制造有限公司	2006年8月21日	100	小礼花、组合烟花
2	长沙市汇百金花炮有限公司	2010年5月10日	100	烟花类
3	浏阳市文家市丰林出口花炮厂	1999年8月4日	9.8	组合烟花、柱形弹
4	浏阳市家乐烟花制作有限公司	2005年4月4日	50	组合烟花类
5	浏阳金意烟花有限公司	1999年9月8日	121.5	礼花类(礼花弹A、小礼花B)级、组合烟花类(A、B)级
6	浏阳市创美烟花爆竹有限公司	2019年4月4日	100	组合烟花类、吐珠类、喷花类
7	浏阳市美锋烟花制造有限公司	2018年9月27日	50	组合烟花类(B、C级)、喷花类(B、C级)、升空类
8	长沙千宇烟花制造有限公司	2005年7月14日	360	烟花类
9	浏阳市文家市镇中山出口花炮厂	2001年12月21日	30	升空类、组合烟花类、造型玩具
10	浏阳市鑫宇花炮厂	2002年3月20日	5.5	烟花、火箭
11	浏阳市文家港园出口花炮厂	2001年11月20日	6	盆花
12	浏阳市汇源出口花炮厂	2004年1月2日	25	火箭、喷花
13	浏阳市文家市镇湘龙鞭炮烟花厂	2003年7月25日	3.5	小地礼
14	浏阳市文家市港洋出口烟花厂	2007年5月15日	306	组合烟花、造型玩具
15	浏阳市文家市久发出口花炮厂	2001年12月14日	31.5	升空类、组合烟花类
16	浏阳市港隆出口烟花制造有限公司	2004年5月25日	300	烟花类
17	浏阳市金猴烟花厂	2000年7月10日	200	线香类
18	浏阳市和成烟花爆竹出口有限公司	2018年11月21日	400	组合烟花，飞天鼠、哨响，喷花，爆竹类
19	浏阳市文家市镇和安花炮厂	2010年11月29日	100	飞天水
20	浏阳市永丰出口花炮厂	2001年12月17日	8	线香(晨光花、电光花)、喷花
21	浏阳市文家市出口烟花爆竹厂(普通合伙)	2002年7月29日	138	升空类组合烟花类
22	浏阳市辉跃出口花炮厂	1999年3月30日	45	盆花
23	浏阳市岩前出口花炮二厂	1999年7月14日	48.1	烟花类：组合烟花类(C)级
24	浏阳市湘顺出口花炮厂	2001年11月16日	10	组合烟花
25	浏阳市文家市星华纸厂	2003年3月31日	20	花炮用纸
26	浏阳市牡丹花炮厂	2002年11月12日	21.8	哨响月旅行，飞天鼠、同类组合烟花
27	浏阳市文家市方圆花炮厂	2001年11月9日	30	烟花类、爆竹类
28	永泰烟花材料有限公司	2014年11月25日	1000	黑火药
29	浏阳市恒源印刷包装有限公司	2009年2月11日	100	包装品
30	浏阳市志强混凝土有限公司	2014年9月3日	1280	混凝土
31	浏阳市强天包装厂	2010年11月17日	50	普箱
32	浏阳市文家市镇永丰村庆华纸箱厂	2014年1月10日	600	纸箱
33	浏阳市和盛出口花炮厂	2008年1月22日	500	烟花类：组合烟花类(B、C)级
34	浏阳市经纬造纸厂	2002年2月25日	2316	高瓦纸
35	浏阳市汇丰出口花炮厂	1998年6月17日	20	烟花类、爆竹类

文家市集镇风光　　（文家市镇　供图）

【社会管理】　环境整治。加强城镇建管，完成国土空间规划修编，新建城镇污水管网3千米；深化污染防治，有效办理中央环保督办件1件，拆除散乱污企业4家；推进农村“两治”，完成改厕363座；落实“河长制”，南川河断面水质稳定达到Ⅱ类，横冲水库成功创建长沙市“放心满意水库”；推进“林长制”，整治林业违法图斑7个，立案查处非法开采山石资源1宗；探索推行“田长制”，整改恢复损毁耕地图斑23个，全镇水更绿、山更青、天更蓝。交通。完成荷文公路军旗桥段、文中路人行道建设及两厢绿化、亮化；启动集镇停车场建设；完善交通基础设施130余处；提质改造村级公路14.2千米。安全生产。全年排查整治安全隐患1582个，立案查处烟花爆竹企业18家次，打击非法生产12起，摩托车戴帽率较上年提升20个百分点。治安状况。重点推进旅游新城等历史遗留问题化解，妥善处置各类矛盾纠纷167起，“12345”服务热线满意率99.7%。打击各类违法犯罪行为，刑事案件破案数同比上升238%，电信诈骗发案率同比下降52%，县域警务风险由一类乡镇降为二类乡镇。

【社会事业】　社会保障。常态化开展疫情防控，疫苗接种实现应接尽接；医疗、养老、助残、慈善等事业全面发展，公益性墓地完成立项审批，打造“全国百家红色退役军人服务站”。科教文化。完成楼前学校整体搬迁，新增学位400个；市第十一中学学生宿舍楼主体工程基本建成；里仁小学被命名为“中国工农红军浏阳秋收起义红军小学”。社会各界在教育助学、扶贫济困上捐款捐资近300余万元。培育和践行社会主义核心价值观，打造3个新时代文明实践示范站，文家市镇大成村甘厚美被授予“长沙市第六届道德模范”称号，湘龙村孙义夫入选“长沙好人”。

【文家市镇举行庆祝中国共产党成立100周年文艺会演】　2021年6月27日晚，“光辉起点·薪火相传”——浏阳市文家市镇庆祝中国共产党成立100周年文艺会演在秋收起义文家市会师广场举行，近2000名党员、群众参加活动。文艺会演分为“星火燎原”“薪火相传”“心火激荡”三个篇章，融合大型舞蹈、情景剧、红歌联唱、音诗画、合唱等形式，献礼建党100周年。文艺演出节目由该镇各个基层党组织自编自导而成，活动现场，同时对文家市镇“优秀共产党员”“优秀党务工作者”“先进基层党组织”进行表彰。

【文家市镇产业高质量发展暨全镇企业家大会召开】　2021年11月24日，“‘文英’荟萃　振兴家乡”文家市镇产业高质量发展暨全镇企业家大会在秋收起义纪念馆召开。镇党委副书记余子牛主持会议，全体党政领导、中层正职、各村书记、各企业家代表参加会议。会上，发布《文家市镇优化营商环境六大举措》，以政策“组合拳”提振企业发展信心，推动文家市镇产业高质量发展；现场，成立“文英”企业家培育班，并启动花二代“烟花鎏金计划”，搭建起企业交流、学习和服务平台；表彰产业特别贡献奖和“十佳”企业。会上，镇长张继龙作产业发展工作报告，党委书记江敦明从文家市镇高质量发展的底气、出路、关键、根本等几个方面分析当前该镇的具体情况，为该镇产业发展指明方向，对企业家和企业提出期许。

【“湘赣红”品牌推进大会在文家市镇举行】　2021年12月10日，“湘赣红”品牌推进大会在文家市镇秋收广场举行。湘赣两省的有关部门负责人、企业代表，湖南省农业农村厅二级巡视员龙志刚，长沙市农业农村局相关负责人，浏阳市领导邓雪琴、戴圣伟、邓华参加活动。推进大会以“红色情怀，湘赣味道”为主题，由湖南省农业农村厅主办，长沙市农业农村局、浏阳市人民政府承办。活动现场，湖南省农业农村部门发布《“湘赣红”品牌战略规划》《“湘赣红”品牌管理规范》《“湘赣红”品牌评选规范》《“湘赣红”品牌标志设计和使用规范》，现场推介“湘赣红”系列产品，向“湘赣红”品牌授权代表授牌，举行“湘赣红品牌数字地图”上线仪式，并为湖南省首家“湘赣红”品牌形象店揭牌。2021年10月，国家发改委正式公布《湘赣边区域合作示范区建设总体方案》，标志着湘赣边区域合作上升为国家战略。“湘赣红”是由湖南、江西两省共同打造、覆盖湘赣边区的农业区域公用品牌,是推动两省乡村产业振兴的重要抓手。自2020年“湘赣红”区域农产品公用品牌发布以来,共授权企业164家,其中湖南省80家、江西省84家,覆盖湘赣边24个县(市、区),授权产品涵盖粮油、蔬菜、水果、茶叶、畜牧、水产、加工食品、中药材等8大类362款产品。

（于莎莎）

大瑶镇

【概况】 2021年,大瑶镇辖14个行政村和1个社区居委会,231个村(居)民小区(片区),24624户,93892人,其中农业户20324户,农业人口78510人。总面积149.3平方千米,其中耕地面积1550公顷,山林14882公顷。全年出生人口576人、出生率6‰,死亡人口570人、死亡率5.69‰,年均气温18.8℃,年内最高气温37.8℃、最低气温-3.5℃,年降水量1965毫米。

【经济发展状况】 全年实现粮食总产量1.8万吨,完成农业总产值4.6亿元,工业总产值207.3亿元,其中规模工业总产值51.59亿元。完成一般公共预算收入3.76亿元,其中地方一般公共预算收入2.09亿元;固定资产投资50.2亿元,社会消费品零售总额3.16亿元。种植双季稻200公顷、一季稻1106.67公顷、油菜700公顷,完善农田水利基础设施,推进土壤治理修复。促产业全链升级,主攻焰火燃放和城市烟花等大瑶特色品牌,引导企业兼并重组16家,新增专利4项,完成物流仓储管理平台建设和花炮文化博物馆提质改造。招商引资。争取省内外到位资金4.3亿元,新引进项目5个,项目履约率100%。

【城乡建设】 现代农业提质增效,建成双季稻千亩示范片,稳步发展黑山羊、小龙虾、莲藕等特色农业产业,油茶、蔬菜等蔬果种植扩面增量。村级集体经济收入均超20万元,强盛村逾50万元。改善人居环境,加强国土规划管控,实现违法用地“零新增”。全域推进美丽宜居村庄建设,成片布局、连片打造崇文—南山—天和精品路线及7个连片美丽宜居村庄集群,24个美丽屋场建设通过验收。促项目效能升级,全年铺排中蓝燃气、合亨装配等项目7个,4个项目实现征拆清零,220千伏变电站和长赣高铁(大瑶段)完成前期工作;提升城镇承载力,推进杨花污水处理厂提质改造及配套管网建设。

【社会管理】 治安。推行“小区管家,民情直达”,推进诉源治理,治安和刑事案件发案率实现双下降,被评为长沙市信访工作“三无乡镇”。安全生产。严抓烟花爆竹、道路交通、打非治违、防火防汛、食品药品、建筑、校车等领域安全监管,被评为“长沙市安全发展工作示范乡镇”。政务服务。推广“一件事一次办”,推进跨市联办、跨省通办,建成全市首家乡镇政务服务大厅“母婴室”,扩容数字大瑶“政民互动”平台。企业帮扶。开展“千企帮扶”行动,制定《镇村干部服务企业“八严禁”通知》,帮助企业解决问题85个。环境治理。统筹推进“厕所革命”、垃圾分类和污水处理,空气质量优良率99.1%,南川河交界断面水质稳定Ⅲ类标准。换届选举。完成市、镇两级党代表选举工作,选举出席镇第二次党代表大会代表119名、出席浏阳市第十三次党代会代表10名,选举产生第二届大瑶镇党委和纪委领导班子,明确大瑶镇今后五年的工作方向和主要任务。完成市、镇人大代表换届选举工作,组织召开大瑶镇第二届人大代表第一次会议,选举产生新一届人大主席、镇长、人大副主席、副镇长等共8人;完成2021年村级换届工作,选举98名村干部,其中新任村干部23名,完成村(社区)下设87个党支部换届工作。

【社会事业】 民生保障。发放低保、养老等救助补助5108万元;卫生健康。成立全市乡镇首个胸痛救治单元,创建长沙市健康村镇建设试点3个;建成综合养老服务和日间照料中心,镇老年大学被评为“长沙市示范化老年学校”。文化体育。大瑶中学被评为“长沙市未来学校创建校”;杨花书院建成使用,天和村被评为湖南省村(社区)级“最美潇湘文化阵地”,汇丰村被评为“长沙市文旅融合一体化综合服务示范点”,杨花村被评为“长沙市标准化村级文化服务阵地”;浏阳龙狮表演、公祭花炮始祖被列入长沙市级非遗保护名录,王家拳传习所被评为“长沙市非遗示范传习所”,超胜武术俱乐部被评为“浏阳市非遗示范传习所”;举办中国共产党成立百年文艺会演等重大文体活动10余次。

大瑶镇国际花炮商贸城　（大瑶镇　供图）

【大瑶镇被确定为“长沙市人大常委会乡村振兴联系点”】 2021年4月16日，中共长沙市委办公厅、长沙市人民政府办公厅下发长办〔2021〕6号文件，大瑶镇被确定为“长沙市人大常委会乡村振兴联系点”，选派4个驻村工作队，对大瑶镇上升村、汇丰村、杨花村、老桂新村开展驻村帮扶，后盾单位为长沙市人大常委会机关、长沙市财政局、长沙市图书馆，浏阳经开区(高新区)。8月6日，长沙市人大常委会党组书记、主任谢卫东率相关市直部门主要负责人，现场调研浏阳市大瑶镇乡村振兴示范镇创建工作情况，并召开会议，听取大瑶镇、浏阳市关于大瑶镇乡村振兴示范镇创建工作情况汇报，与会人员就有关具体问题进行研究。

【大瑶镇人民政府被确定为“长沙市人大常委会基层立法联系点”】 为推进科学立法、民主立法，畅通社情民情表达和反映渠道，增强立法机关与人民群众的互动沟通，经长沙市第十五届人大常委会第71次主任会议研究，2021年5月6日，长沙市人大常委会办公厅下发长常办函〔2021〕13号文件，确定大瑶镇人民政府等8家单位为长沙市人大常委会基层立法联系点。9月9日，长沙市人大法制委主任委员、常委会法工委主任周伟率相关部门工作人员到大瑶镇，就《长沙市殡葬管理条例(一审修改稿·草案)》征集立法建议召开现场调研座谈会，并视察指导基层立法联系点工作。

【大瑶镇党委被授予“长沙市先进基层党组织”称号】 2021年，大瑶镇党委按照“围绕发展抓党建，抓好党建促发展”的工作思路，全面加强党的领导班子建设、基层组织建设和党员干部队伍建设，抓实“1228”党建工程、“三保”(贴好思想“保鲜膜”，坚定党员理想信念；用好组织“保健卡”，落实各项民生政策；上好党性“保险丝”，强化党规党纪意识)工作体系，实施支部划类定级和星级评定，创新“支部建在小区、支部建在产业链、支部建在楼栋街区”的“三建”模式，团结和带领全镇150个党组织、2580名党员实干，五年来财税收入从2亿元跃至3.27亿元，成为浏阳首个财税过3亿元的乡镇，医疗、教育、文化、卫生等社会事业协调发展，收获改革创新、产业兴旺、项目攻坚、乡村振兴、民生改善的成果。先后获“全国第一批特色小镇”“全国深化城镇基础设施投融资模式创新特色镇”“全国建制镇示范试点”“国家卫生镇”“中国最美乡镇”等国家荣誉42项。2021年7月，长沙市委组织部下发表彰通报文件，大瑶镇党委被授予“长沙市先进基层党组织”称号。

【大瑶镇退休干部党支部被授牌“湖南省示范性离退休干部党支部”】 2021年11月30日，中共湖南省离退休干部工作委员会发布《关于对第六批全省示范离退休干部党支部予以授牌的通报》(湘离退委〔2021〕2号)，大瑶镇退休干部党支部被光荣授牌“全省示范离退休干部党支部”。大瑶镇退休干部党支部立足自身、主动作为，始终把加强党组织建设与服务社会有机结合，倡导老有所为、老有所乐。2020年，该支部联手社会教育培训机构共同创办大瑶镇老年大学，根据老年人的爱好和兴趣，开办二胡、形体、书法、太极拳等11门专业课程，拥有学员500余人，2020—2021年，大瑶镇老年大学连续两年被评为“长沙市示范化基层老年学校”。同时，大瑶镇退休干部党支部主导组建老年大学临时党支部，以此为依托发起成立“瑶银老年志愿服务团”，发动全镇老年人开展政策宣传、文化传播、生态环保、助老扶困、矛盾化解、文明劝导等公益行动，做好关心下一代工作，为营造和谐的社会环境贡献力量。2021年10月，大瑶镇退休干部党支部入选“第六批湖南省示范性离退休干部党支部”。

(朱　柳)

金刚镇

【概况】 2021年，金刚镇辖10个行政村，376个村(居)民小组，总面积79.88平方千米，耕地面积1450公顷(其中水田1263公顷，旱土187公顷)，山林面积4533公顷。年内最高气温38℃，最低气温-2℃，年平均气温20℃左右，年降水量约1800毫米。年末，全镇户籍人口64081人，全年出生465人，死亡592人，人口出生率0.72‰，自然增长率-0.1‰，主要民族为汉族，共64060人，占总人口的99.97%。2021年，被评为长沙市信访工作“三无”乡镇；获长沙市“真抓实干督查激励”。

【经济发展状况】 全年完成财政总收入6200万元，其中地方收入2500万元。工农业总产值65.27亿元，同比增长7%，规上工业企业实现总产值44.8亿元，同比增长12%，规上服务业企业增加值增速42%。加大企业研发创新支持力度，社会研发经费增长25%，新增发明专利3个，专利33件，技术贸易合同完成1亿元，培育高新技术企业3家。落实惠企纾困政策，为企业减税降费2000余万元，开展“千企帮扶”工作，解决企业融资难、办证难、用工难等问题169个，化解涉企矛盾纠纷305起。启动实施花炮退出企业闲置土地清理和用地合同补签工作。新增固定资产投资项目18个，其中5000万元以上项目5个；完成省外招商引资到位资金7680万元，新引进5000万元以上项目4个。投资2.5亿元的金刚大道财富大厦建设项目正式启动，引进湖南黄金集团、浏阳长兴砂石公司共同开发泰平建材项目。成功争取到2500万元南川河流域治理项目、1030万元桃树湾刘氏大屋修缮工程、540万元桃树湾安防项目和500万元都庄水库项目。投入60余万元完成政府机关办公楼维修加固。新增小微市场主体178家，社会消费品零售总额同比增长45%，服务业增加值同比增长15%。完善旅游基础设施，投入303万元对省文保单位“六栋堂”进行修缮，投入60万元对长沙市文保单位“石霜寺”方丈楼进行改造，对接国家、省、市文旅部门，成功申请发行桃树湾清代古民居8000万元专项债。全年累计接待游客 50 余万人次，实现旅游产业收入 3000 余万元。

【社会管理】 基础设施建设。新建、提质改造道路 12.1 千米，消除道路安全隐患路段 17.3 千米，安装路灯 520 余盏，改造危桥 1 座。建设污水处理管网 3 千米，全面完成 10 万千伏农网改造，完成都庄水库副坝涵洞除险加固工程。打造美丽宜居村庄 7 个，改造文化健身广场 2 个，高标准建设老年大学。优化人居环境。打赢生态环境保护攻坚战，空气质量年优良率 98%以上。推进“河长制”“林长制”“路长制”管理，开展“五河一库”、小微水体综合治理，实施控源截污工程，南川河出境断面水质稳定达到Ⅲ类标准。推进“两治”工作，完成改厕 293 座；健全生活垃圾全链条处理机制，生活垃圾同比减少 12%。实施集镇精细化管理，整治道路交通顽瘴痼疾，取缔校园周边流动摊贩 26 户，关停市场周边小作坊 4 家，提质改造农贸市场 2 个，打造标准示范街 1 条。安全生产。落实安全生产责任制，累计责令限期整改烟花爆竹企业 78 家次，停产停线企业 62 家次，立案查处企业 12 家次，完成行政执法计划 116 家次。组织各类安全生产教育培训 36 次，受训人员达 1400 人。推进打击非法生产工作，刑事拘留 3 人、行政拘留 22 人，收缴各类非法生产成品烟花 1000 余箱、非法生产设施设备 34 台。综合治理。以“党员微网格+五个到户”为抓手，推行矛盾纠纷防范化解联动机制，召开“相约七点半”屋场会 96 场，调处矛盾纠纷 317 起，处置突发事件 16 起，化解信访积案 8 起。打造 5 个村级标准化矛盾纠纷调解中心，被评为长沙市信访工作“三无”乡镇，获长沙市“真抓实干督查激励”。推动山虎村等 3 个“五零”村建设，推进“一盔一带”“交通问题顽瘴痼疾”等专项整治 167 次，查处酒驾、无证驾驶等各类违法行为 1935 起。打击吸贩毒人员，加强反电信诈工作，全年接处警 1001 起。政务服务。推进“一件事一次办”改革，全年办结政务服务事项 11368 件，办结率 100%。深化“一件事一次办”改革，推进跨市联办、跨省通办事项。推进政务服务事项梳理，修改更新“湖南省互联网+政务服务一体化平台”镇村事项 855 条，确保填报率、发布率 100%。坚守债务风险底线，压缩“三公”经费和项目开支，累计化解镇、村债务 260 余万元。

金刚镇丹桂村桃树湾　　（金刚镇　供图）

【社会事业】 全年累计发放低保金 609 万元，特困供养金 180 万元，特困失能人员护理补贴 30 万元。全年发放临时救助、急难救助、特大病救助、助学、助医、助困等各类慈善救助资金 80 万元，惠及困难群众 300 余人次；发放困难残疾人生活补贴 724 人次，共计 121 万元，发放重度残疾人护理补贴 489 人次，共计 82 万元，为 99 个残疾人家庭学生发放助学补助 21.2 万元。走访慰问和重点救助困难户 621 户，发放救助金 45 万元。积极开展农村适龄妇女“两癌”免费检查，获全省先进单位。组织开展职业技能培训班 21 个，就业创业班 4 个，参加培训人员 1030 人，对接企业用工需求，实现新增就业 2000 余人。推动 10 个村级卫生室、便民服务中心的提质升级，投入 300 余万元对卫生院进行改造升级。成立长沙市首家规范化基层红十字会。完成 1 个长沙市级便民服务中心建设项目，新建 1 个长沙市级农村养老服务站和 2 个长沙市级农村养老服务站提质改造项目，金刚敬老院被评为“长沙市三星级敬老院”。公益性墓地正式投入使用。统筹 12 个教育基金会，新筹集爱心捐款 236 万元，教育基金总量超 1500 万元。全镇 14 所中小学校在 2021 年度市绩效考核中均获“一等奖”；推进“双减”工作落实，在全市教育大会作典型发言。开展双拥优抚工作，接待退役军人政策咨询、思想疏导 140 余次，做好退役军人困难帮扶、待遇保障等工作。

【金刚镇第十六届人民代表大会第一次会议召开】 2021 年 8 月 30 日，金刚镇第十六届人民代表大会第一次会议召开。大会应参会代表 104 人，实际参会代表 104 人，列席会议人员 38 名。大会听取和书面审查镇人民政府工作报告、镇人大主席团工作报告、2021 年镇财政预算报告。大会描绘金刚镇“十四五”时期蓝图，确定建设更高质量“红炮之乡、文旅小镇”的目标，指出未来五年是金刚镇全面建设现代化、擘画乡村振兴新篇章的关键时期，要求全镇紧紧围绕市委、市政府工作，准确把握新发展阶段，深入贯彻新发展理念，加快构建新发展格局，推动经济社会高质量发展。全镇上下要把会议精神宣传好、贯彻好、落实好，要明确奋斗目标，创新工作思路，灵活工作方法，全面完成会议确定的各项任务。浏阳市人大农业农村委主任吕正红、金刚镇党委书记卢义胜出席会议。

（张　健）

葛家镇

【概况】 2021年，葛家镇辖5个行政村，下设44个大组、198个小组。总面积107.26平方千米，耕地1340公顷，其中水田1227公顷、旱土113公顷，林地面积7717.2公顷。总人口数20149人，出生人口135人，死亡人口184人，人口出生率6.70‰，自然增长率-2.40‰。葛家金塘站年平均气温18.8℃，年降水量1280.5毫米。葛家乌石站年平均气温19.1℃，年降水量1332.4毫米。

【经济发展状况】 全年完成地方一般公共预算收入2080万元，同比增长21.35%。农业。粮食生产面积1100公顷，主要水稻品种是“Y两优900”“Y两优957”等系列品种，平均每公顷产量9000千克。发展规模养殖，年出栏生猪11.1万头，任务完成率144%。家禽常年存笼50万羽，年出家禽200万羽，开展农田整理建设80公顷，修建渠道逾5千米。发展壮大大石岭水果基地，有种植户58户，面积40.667公顷，年产出40余万元。建成金源村、葛家园村“鸡肠子”辣椒产业示范基地，建设大棚52个、销售逾1.5万余千克。2021年，村集体经济创收152万元，完成年度目标的133%，共计化债175.4万元。工业经济。推进环保节能建材产业基地建设，完成征地30公顷。全年铺排项目78个，其中产业项目33个，基础设施项目27个，乡村振兴项目18个。实现规模工业总产值24亿元，同比增长9%；完成固定资产投资10.8亿元，同比增长9%；实现社会消费品零售总额3765元，同比增长17.8%。

表13　　2021年葛家镇主要规模企业情况表

企业名称	成立时间	注册资金(万元)	主要产品	就业人数(人)	2021年产值(万元)
浏阳市石龙出口花炮厂	2005年4月	128	烟花制造	70	1000
湖南旺象食品科技有限公司	2015年5月	200	食品加工	70	2653
浏阳市景升烟花制造有限公司	2015年3月	100	烟花制造	150	2398
浏阳市天鹅山烟花制造有限公司	2000年11月	460	烟花制造	100	1345
浏阳联兴花炮厂	2001年2月	500	烟花制造	80	1000
浏阳金辉花炮厂	2008年9月	200	烟花制造	100	3500
长沙佳能制泵有限公司	2000年4月	800	水泵制造	100	2785
浏阳佳华水泵厂	2010年4月	2000	水泵制造	50	2136
浏阳市航天烟花材料厂	2005年3月	600	黑火药	50	605
浏阳市吉畅烟花制造有限公司	2004年10月	184	烟花制造	60	800
浏阳市联泰鞭炮烟花厂	2016年3月	200	烟花制造	50	862
浏阳市华威烟花制造有限公司	2008年10月	500	烟花制造	70	720
浏阳市鑫湘烟花制造有限公司	2005年4月	200	烟花制造	100	1800
浏阳市葛家全盛烟花制造有限公司	2009年10月	350	烟花制造	100	2100
浏阳市长盛出口花炮厂	2007年2月	450	烟花制造	180	2200

【社会管理】 道路交通。完善集镇周边基础设施建设，加强道路、路灯等公共设施建设和管护。提质改造境内4.3千米新杨公路；完成全镇13千米农村公路安防设施建设，整改路基塌方17处；对接浏阳市城乡公交一体化项目，实现马青公路、牛泸路全线通车。实施道路交通安全“百日攻坚”专项整治行动，戴帽率95%，亡人事故同比下降83.3%。村镇建设。2021年，新建污水支管网3千米，加大污水收集覆盖率。完成新派出所、垃圾中转站、污水支管网、兴旺养殖厂、尹家生态养殖厂、葛家中学风雨球场等重点项目投入使用；乡风文明建设。杜灿琪被评为“2021年度新时代浏阳好少年”，2个家庭被评为“浏阳市文明家庭和最美家庭”，“辣小妹”志愿服务队被评为“浏阳市家庭工作先进集体”；环境整治。加强浏阳河综合流域治理，整改养殖污染隐患38户，全镇河流水质均目标水质以上；加强集镇环境整治，全年组织党员群众义务劳动超160次；推进垃圾分类减量工作，新增垃圾桶140个，完成农村厕所改造270座。新宏村邓家湾屋场、玉潭村龙潭美丽屋场、金源村西角屋场完成建设并通过浏阳及长沙市级验收，葛家园村被评为“长沙市生态文明建设示范村”。安全生产。开展各类安全监督检查173次，责令停产整改46家次，立案查处7家次。强化食品药品监管。开展有限空间、道路交通、消防、燃气等重点领域安全专项整治500余次。治安状况。推进基层治理创新，化解各类矛盾纠纷100余件，2021年下半

浏阳河龙潭湾　　（葛家镇　供图）

年，在长沙市综治民调中获浏阳市第3名；推进平安建设工作，评选出1个平安村、1个平安屋场、5户浏阳市平安家庭、500户葛家镇平安家庭。

【社会事业】　完善社会保障体系。对全镇284户低保户599人，发放农村低保金280余元，为191人发放救助资金2.8余元；开展特殊困难群体救助帮扶工作，92人被纳入防返贫监测，享受“雨露计划”21人，小额信贷32户，就业补助17人，公益性岗位聘用18人。抓好常态化疫情防控。新冠疫苗免费接种3.2万余剂次。文化旅游。争资150余万元完成宋任穷故居提质改造，全年接待游客4.1万人。定期检查和巡视徐家湾墓群、彭宗志烈士墓、枧溪遗址文物点。文教。葛家中学风雨球场开工建设。

【建成2个“鸡肠子”辣椒基地】　2021年，葛家镇坚持统一运作、统一种植、统一品牌、统一平台、统一价格“五统一”原则，辣椒产业在葛家镇鸡肠子辣椒特色产业发展领导小组带领下，扩大种植规模，严控产品质量，畅通销售渠道，建成金源村、葛家园村“鸡肠子”辣椒产业示范基地，建设大棚52个，种植面积40多亩，全年销售“鸡肠子”辣椒1.5万余公斤，为村集体经济增收30多万元。葛家“鸡肠子”辣椒产于葛家镇域内，种植历史悠久。2018年2月，经农业部批准，葛家“鸡肠子”辣椒正式被认定为“国家农产品地理标志”产品，成为浏阳首个国家级蔬菜类品牌。

【环保建材产业基地“三通一平”开工】　2021年11月，葛家镇环保建材产业基地完成农用地转建设用地报批手续后开始土地清表及土方平整工作，环保建材产业基地“三通一平”开工。该基地主要承接建材、制造相关的工业项目，拟用地36.667公顷，预计总投资10亿元。2020年11月7日，葛家镇建材产业基地项目集中签约仪式在该镇文化广场举行，14家企业现场集中签约入驻建材产业基地，投资总额6亿元。2021年，完成30公顷征地工作，5月，完成林地使用手续。

【葛家园村被命名为2021年度（第一批）“长沙市生态文明建设示范村”】　2021年11月19日，长沙市生态环境局发布《2021年度（第一批）长沙市生态文明建设示范镇（乡）、村的通知》，葛家镇葛家园村被命名为2021年度（第一批）“长沙市生态文明建设示范村”。2021年，葛家园村推进“洞庭清波”专项行动及垃圾分类减量工作，完成农村厕所改造69座，新增500个垃圾桶。

【实施“群众工作能力提升年”活动】　2021年，葛家镇持续优化营商环境，实施“群众工作能力提升年”活动。建立干部服务企业工作机制，为企业解决问题及纠纷42件，帮助企业贷款1500余万元。开展“我为群众办实事”活动和“五个到户”（党员联系到户、民情走访到户、政策落实到户、产业对接到户、精准服务到户）工作，配优全镇279个网格长及105名网格干部，每周开展“周一大走访”，全年累计走访18500户次，解决问题105个。

（谢加伟）

枨冲镇

【概况】　2021年，枨冲镇辖9个村，477个村民小组，总面积197.94平方千米，耕地2958公顷（其中水田1880公顷、旱地431公顷），林地12908公顷，园地204公顷。全镇总人口数45095人，全年出生383人，死亡399人，人口出生率0.84‰，死亡率0.88‰，人口自然增长率-0.04‰。百岁老人1名（才常村谭玉荣，女）。镇域内属于亚热带季风温润气候，年度平均气温18.9℃，1月平均气温6.4℃，7月平均气温29.9℃，年降水量1382.2毫米。召开中国共产党枨冲镇第七次代表大会和枨冲镇第七届人民代表大会第一次会议，成功举办枨冲镇庆祝中国共产党成立100周年活动。

【经济发展状况】　2021年，完成财政总收入1.16亿元，同比增长13.28%，其中地方收入完成5079万元，同比增长12.67%；完成规模工业总产值87.81亿元，同比增长24%；固定资产投资16.8亿元，同比增长20%；社会消费品零售总额5.5亿元，同比增长26%；服务业营业收入3162万元，同比增长47%。新增规模工业企业3家、限上商贸企业6家。新增引入项目3个，实现省外到位资金1.42亿元。全年种植粮食1666.67公顷、烤烟64公顷，建设高标准农田333.33公顷，油茶低改106.67公顷，出栏生猪98414头。集体经济实现新突破。举办“星耀浏河　枨势而上”民营企业助力乡村振兴结对帮扶活动，浏阳市创意实业发展有限公司、湖南方锐达科技有限公司、湖南比一比贸易有限责任公司等10家民营企业投入260万元认领黑斑蛙产品研发、生态甲鱼养殖等10个结对帮扶项目。才常村集体经济收入突破50万元，各村集体经济收入均达到20万元以上。

【社会管理】 基础设施建设。打造浏阳河枨冲段“美丽河流”项目，构筑“千年河埠图”，获《湖南日报》头版推介。完成S204葛家—枨冲段（新杨线）提质改造并通车，完成S326枨冲—杨花段“白改黑”工程；聚焦“筑巢引凤”，打造人才高地，建成乡镇人才公寓。改善镇村面貌，完成青草集镇提质改造、橙冲片区雨污管网配套设施、集镇污水支管网等项目建设。环境治理。办结第二轮中央环保督察交办问题3件，完成浏阳河枨冲—葛家联合水厂饮用水水源保护区整治工作，环保投诉同比下降35%，满意率100%；整改破坏森林资源问题图斑96个、耕地损毁图斑23个；完成无害化厕所改造400座、新建公厕5座，枨冲—葛家断面出境水质稳定达到Ⅱ类标准。安全生产。推广应用“智慧安监”App，通过“人防+技防”模式开展企业安全监管，全年开展计划执法和各类安全检查516家次，立案21起；排查整改烟花爆竹、危化等行业安全隐患32613条，约谈企业47家次，处罚违章职工2259人次，烟花爆竹安全监管工作获“市政府真抓实干表扬激励（排名第1）”、绩效考核安全生产工作一类乡镇。维护群众“舌尖上的安全”，全年检查食品经营户坊347次、食品生产企业及生产小作坊60次、餐饮服务单位122次，立案12起，罚款入库10.8万元。聚焦“一盔一带”和严查六类重点车辆，摩托车戴帽率稳定保持在90%以上，全年交通亡人事故总量同比下降25%。信访工作。坚持领导公开接访、信访交办制度，办结信访件8件，信访量同比下降20%，被评为“浏阳市2021年度信访‘三无’乡镇”；建立矛盾纠纷多元化解机制，化解矛盾纠纷586起，帮助218名员工追回劳动报酬387万元。法治建设。全年主动公开信息36条，完善9个村公共法律服务点，接待咨询812人次，受理法律援助案件6件。平安创建。成功创建长沙市“扫黄打非”基层示范点。政务服务。推进“一件事，一次办”改革，办理“帮代办”事项3526件；回应群众关切，办理“12345”政务热线506条，办结率99.8%，回访满意率98.6%。乡村振兴。建成曲尺湾、老码头、康桥、芳芷4个美丽屋场，才常村、佳和村、青草村、三元村成功申报“湖南省乡村振兴示范创建村”。

【社会事业】 举办就业创业培训29期，参训1410人次；完成50户残疾人家庭及青草村无障碍设施改造、花木走廊弯道扩宽安全隐患整改等民生实事项目。提供公益性岗位21个，支持38户获批小额信贷176万元。统筹支付医保、养老资金5767.12万元，发放各类社会救助、惠民补贴共1200余万元。完成青草中学宿舍楼建设，启动新南桥小学开工建设，三元村庆仪小学被认定为浏阳市“非遗”传承学校；查处无证办学行为12起、师德师风2起。落实常态化疫情防控措施，新型冠状病毒肺炎疫苗第一针剂完成常住人口的95.8%，完成职业病危害体检440人；镇政府被命名为“长沙市无烟党政机关”，枨冲敬老院成功创建长沙市三星级养老院，牙际山村被授予“长沙市爱卫村”称号。

【打造浏阳河百里画廊“千年河埠图”】 浏阳河百里画廊“千年河埠图”项目位于枨冲镇平息村、枨冲村，北起枨冲大桥，南至老码头，总长800米，占地面积12.93公顷，总投资2000万元。项目分为左岸、右岸2期，浏阳河从中穿行而过，串联美丽屋场、枨冲大桥、老码头、文体广场等两岸景观节点。2020年9月，枨冲镇着手推进“浏阳河百里画廊”生态文化产业带建设，在浏阳河两岸打造“千年河埠图”，其中包括东岸老码头修缮改造和西岸芳芷屋场的打造，综合开发游船、水幕、烟花秀等立体式文旅产品。截至2021年末，已完成东岸基础设施建设，西岸基础设施建设正在按照整体设计风格进行有序建设，滨水步道、古埠老街民居立面改造等分项工程已初具雏形。

【“枨才计划”青年干部能力提升培训班开班】 为发挥青年干部在乡村振兴建设中的生力军作用，加快青年干部培养，着力打造青年干部成长成才的“摇篮”，2021年8月24日，枨冲镇“枨才计划”青年干部能力提升培训班开班，全镇48名中青年干部参加开班仪式。培训班从“理论课堂+读书论坛”上好“思想课”，每月邀请专家教授、党政领导、业务骨干等为青年干部讲授党课党务、时事政策、法律法规等理论知识，定期组织集中读书活动，采取集体阅读、个人领读等方式阅读指定书目或文章，课后谈感想、谈体会。“一线锻炼+上挂下派”上好“实践课”，对于缺乏重要岗位锻炼的年轻干部，有意地安排到群众来访、纠纷化解等一线岗位学习锻炼，让干部在情况复杂、条件艰苦的环境中磨炼意志、丰富经验、提高能力。选派优秀年轻干部到上级部门跟班锻炼，拓宽工作思路及视野。“赛场交锋+户外拓展”上好“能力课”，结合工作任务和时政热点开展辩论赛、演讲比赛、知识抢答赛、征文比赛，每半年至少组织一次青年干部到先进乡镇、红色景点、教育基地等地参观学习；每季度组织一次卫生清洁、关爱空巢老人、交通劝导等公益活动。截至2021年年末，“枨才计划”青年干部能力提升培训班已开展培训3次，组织公益性活动6次，参与干部300余人次。

【“星耀浏河　枨势而上”浏阳市民营企业助力乡村振兴结对帮扶活动举行】 2021年11月17日，“星耀浏河　枨势而上”浏阳市民营企业助力乡村振兴结对帮扶活动在枨冲

2021 年 11 月 17 日，"星耀浏河　枨势而上"浏阳市民营企业助力乡村振兴结对帮扶活动在枨冲镇才常村举行。图为"星耀浏河　枨势而上"浏阳市民营企业助力乡村振兴结对帮扶仪式 （枨冲镇　供图）

镇才常村举行。浏阳市创意实业发展有限公司、湖南比一比贸易有限责任公司等 10 家企业结对帮扶枨冲镇才常村、和平村，现场筹集 260 万元认领 10 个帮扶项目援助乡村基础设施建设和产业发展。活动由浏阳市工商联主办，浏阳市税务局、浏阳市枨冲镇承办。浏阳市委常委、市委办主任王坤球，市政协副主席、工商联主席陈静出席活动，浏阳市税务局党委及乡村振兴工作小组成员参加座谈。

（张　欢）

镇头镇

【概况】 2021 年，镇头镇辖田坪村、跃龙村、甘棠村、金田村、土桥村、双桥村、干口村、金牌村、北星村、江东村、柏树村 11 个行政村，459 个村民小组，行政区域总面积 158 平方千米，耕地面积 3208 公顷，其中水田 3100 公顷，山林面积 9066 公顷。全镇 18100 户 57716 人。出生人口 364 人，死亡人口 492 人。人口出生率 6.31‰、死亡率 8.52‰、自然增长率-2.22‰。民族主要为汉族，百岁老人 3 人，分别是跃龙村二房组郭庆桂（101 岁）、柏树村高家组陈爱华（102 岁）、干口村新元组卢伏生（100 岁）。全镇属变质岩丘陵山区，沿浏阳河两岸地势较平坦，年降水量 1450 毫米。域内水系发达，浏阳河穿镇而过。发源于葛家镇的跃龙河，流经镇头镇跃龙村、双桥村。镇域属亚热带季风湿润气候，热量充沛，光照较足，夏季高温多雨，冬季寒冷干燥。年内平均气温 18.2℃。

【经济发展状况】 全年完成一般公共预算收入 1.30 亿元，同比增长 22%，完成地方收入 8160 万元，同比增长 25%；完成固定资产投资 55.6 亿元，增长 14%；规模工业总产值 39.6 亿元，增长 13%；规模商贸零售额 1.8 亿元、规模服务业收入 1288 万元；全镇金融机构存款余额 40 亿元，全年城乡居民人均可支配收入 49507 元。工业经济。全年引进项目 27 个，新增投资 16.5 亿元，园区累计入驻企业 114 家，年产值 70 亿元，创税 1.05 亿元，同比增长 52%。长沙爱达环保科技有限公司、湖南松达包装有限公司等 18 家企业进入国家级高新技术企业行列，企业研发费用总投入 4093 万元，企业技术交易额 1.02 亿元，新增有效发明专利 3 件。农业生产。建成千亩双季稻示范片 1 个，百亩双季稻示范片 14 个，完成双季稻面积 336.67 公顷，抛荒耕地复种 13.07 公顷，生猪出栏 12 万余头，国土绿化 666.67 公顷，标准化油坊改造 11 家。商贸服务业。以华嘉时代广场、中天国际为代表的商业综合体相继建成。

【社会管理】 基层治理。抓党史学习教育，办好庆祝建党 100 周年系列活动，创新推出"'镇'在学党史"等党建学习品牌。推进"党建聚合力"工程，创新实施"让党旗更红"五大红色工程，推行"会聚周一"民生实事联议机制等。深化"党员微网格+五个到户"，解决民生微实事 896 件。完成镇、村集中换届。深化改革。推动政务改革提效，承接下放权限 41 项，政务大厅增设宅基地审批和乡村振兴专窗，完成"一网通"系统办件 2 万余次，开展"帮代办"业务 2000 余件，推广"一件事一次办"微信小程序 2 万余人，免费代办企业手续 200 余件，完成网上中介超市投资项目 40 个，搭建并启用"好差评"系统。基础设施建设。完成油茶小镇起步区、游客服务中心、产品展示展销中心、镇柏路、田坪老街棚改配套设施、生活污水支管网等项目建设；完成省规安防道路等硬化、拓宽 21 千米，提质改造北星村 X016 官杨公路、北大公路、跃龙村 S207 集镇路段等道路共 26 千米；整改花木走廊干口段等交通安全隐患；有序推进 S326 南横线项目；被命名为长沙市"四好农村公路"建设示范乡镇。环境整治。打好污染防治攻坚战，全镇处理各类环境污染投诉 87 件，巡查企业 140 余次，限期整改 16 次，立案查处 3 家，配合完成第二轮中央生态环境保护督察"回头看"工作。深化"河长制"工作，全面落实"十年禁渔"，清理河道垃圾 30 余吨，整改销号交办问题 12 个，浏阳河出境断面水质稳定保持Ⅱ类。严防违法用地，巡查动态土地和矿山 510 次，查处违法行为 33 宗，违法建筑在控 25 宗，违法建筑停工 8 宗。安全生产。开展企业安全检查 519 家次，整改隐患 365 个，立案处理 9 起，实现安全生产"零事故"。开展交通联合整治行动 120 余次，开展交通安全劝导 2000 余人次，道路交通事故起数和亡人交通事故

2021 年 11 月 11 日，湖南省委常委、省委组织部部长王成（前排左二）实地观摩镇头镇干口村上湾屋场抓党建促乡村振兴工作（镇头镇 供图）

起数实现“双下降”，分别同比下降 11.8%、60%。治安状况。开展扫黑除恶，调处矛盾纠纷 300 余起，化解历史信访问题 13 件，破处刑事案件 37 起，特护期保持进京非访“零登记”，被评为浏阳市平安建设工作“红旗单位”。

【社会事业】 民生事业。累计完成全员核酸检测 4.5 万人，完成新冠疫苗接种 3.6 万剂次，加强针完成率、3~11 岁儿童首针接种率均列全市第一位，实现全年“零输入”“零感染”。累计发放各类救助、慰问（补贴）1500 余万元，走访慰问退役军人 836 人，组织开展职业技能培训 943 人，现场招聘入职重点企业 156 人，完成养老保险核查 16661 人，企业职业病调查 60 余家。完成北星幼儿园建设，新增学位 120 个，镇头中学教学质量获“全市高质量发展综合评价一等奖”。开通公交线路 8 条，设置站牌、站亭 29 个。旅游景点建设。依靠油茶特色小镇，发展油茶产业集群，初步形成完整的油茶产业链条，打造航天艺术科技馆—油茶科普体验园—油茶花开庄园—陈昌烈士故居旅游线路。乡村振兴。金牌、干口、双桥、江东村 4 个入选“省级乡村振兴示范创建村”名单。

【美丽宜居村庄建设】 2021 年，镇头镇投入 4300 万元完成干口上湾等 16 个美丽宜居村庄建设，引导村民筹资筹劳 649 万元，腾地 80 亩（5.33 公顷）。湖南省委常委、省委组织部部长王成，省委常委、长沙市委书记吴桂英，副省长陈文浩，长沙市市长郑建新等省、市领导多次现场调研该镇美丽宜居村庄和油茶小镇建设工作，中央电视台新闻频道现场直播推介镇头油茶。10 月 14 日，长沙市乡村振兴暨美丽宜居村庄建设现场观摩推进会在镇头召开。

【“镇忆百年风华 头犇宏伟新程”党史故事分享会暨首届“最美镇头人”颁奖仪式举行】 2021 年 5 月 14 日晚，由浏阳市委党史学习教育领导小组指导，镇头镇党委、镇政府主办，浏阳市融媒体中心承办的“镇忆百年风华 头犇宏伟新程”党史故事分享会暨首届“最美镇头人”颁奖仪式在镇头镇举行。活动通过分享党史故事、表彰身边好人，引导当地人民从红色精神谱系中立心铸魂，从身边的榜样身上体悟道德风范。活动包括党史故事分享、“最美镇头人”表彰、红色主题皮影戏、诗歌朗诵等。党史故事分享会上，选手们讲述陈昌、田波扬、陈树湘等革命英雄故事，侯玉洁、张优悠获“一等奖”，熊芸芳、赵东芝、罗艳武获“二等奖”。在首届“最美镇头人”颁奖仪式上，42 名“最美栋梁”“最美乡贤”

镇头镇土桥村陈昌烈士故居（镇头镇 供图）

"最美家庭代表""最美标兵""最美网格长"上台接受表彰。当晚,由镇头镇跃龙村村民宋伟军创作、当地群众合作表演的红色皮影戏《血染的杜鹃——英雄陈昌》进行首演。该剧目以皮影表演为主,辅以视频画面,将古老的光影艺术与现代科技手段相结合,讲述镇头籍烈士陈昌为革命毕生奋斗、壮烈牺牲的英雄事迹,受到现场群众好评。

(龚枳宇)

普迹镇

【概况】 2021年,普迹镇辖9个行政村,81个村民小区,总面积176.471平方千米,耕地面积3533.284公顷(其中水田2708.92公顷、旱土368.623公顷)、山林面积10492.747公顷。全镇总人口41873人,出生人口253人,死亡424人,人口出生率6‰,自然增长率-4‰。人口流动97人,流出方向以定居长沙、广东省居多。人口数量最多的民族为汉族,所占比例99.38%。百岁以上老人1人,邹爱梅。

【经济发展状况】 全年完成一般公共预算收入780万元(含烟叶税49万元),占任务数的105%。实现规模工业总产值16.20亿元,同比增长10%,固定资产投资9.12亿元,完成全年任务数110.5%;限上社会零售总额2.63亿元,同比增长12.31%;主要规模工业企业12家。全年粮食生产面积3806.667公顷,总产量2.88万吨,其中早稻733.333公顷,烤烟43.2公顷。生猪养殖的规模化占比从原来的68%提高至71%,全年出栏生猪约10.7万头;蔬菜规模化种植1000公顷,大棚5000余个,年产量约5.2万吨;全年完成"一县一特"油茶改造1608.973公顷。种植结构调整面积94.733公顷,在结构调整区内种植构树、烤烟、蔬菜、花木、毛豆等经济作物。

表14　　2021年普迹镇主要规模企业情况表

企业名称	成立时间	注册资金(万元)	主要产品	就业人数(人)	2021年产值(万元)
浏阳市普金农业开发有限公司	2015年3月24日	606	蔬菜加工	100	3188
浏阳市金腾烟花制造有限公司	2006年7月18日	50	烟花鞭炮	162	24038
浏阳市普迹镇金旺烟花鞭炮厂	2004年4月27日	500	烟花鞭炮	138	19025
浏阳市普迹镇金信鞭炮烟花厂	2006年7月18日	150	烟花鞭炮	95	2497
浏阳市普迹镇龙洲鞭炮厂	2002年6月21日	52	烟花鞭炮	180	15204
浏阳市珊瑚农用硝酸钾厂	2012年9月18日	120	化工产品	89	36443
浏阳市金鑫鞭炮烟花制造销售有限公司	2015年7月17日	100	烟花鞭炮	100	12574
浏阳市田希农业科技有限公司	2018年4月27日	500	薯类加工	55	3262
浏阳市普迹镇元霞烟花鞭炮厂	2003年9月28日	3	烟花鞭炮	255	16932
湖南泛华鸿业新型建材发展有限公司	2006年5月13日	115	水泥制品制造	56	27451
浏阳市恒瑞烟花鞭炮制造销售有限公司	2016年3月14日	100	烟花鞭炮	85	3173
浏阳市恒鑫生物能源开发有限公司	2014年7月9日	1000	生物质致密燃料制造	60	3359

【社会管理】 水利建设。硬化水渠8.6千米,山塘清淤硬化22口,河堤护砌0.9千米,电排新建4座。道路交通。投入60余万元对1条省道2条县道3条乡道12处道路安全隐患进行整改,安装交通提醒标牌52块,增设减速带280余米,修复毁损护栏9处,清理道路塌方41处。投入320余万元提质改造金江至蒜洲公路、140余万元改建集镇危桥、110余万元拓宽硬化金江至楠梓公路、110余万元完善农村公路安防设施。落实"路长制"工作,加强"一盔一带"、酒驾、非法载客等交通违法违规行为宣传和执法力度,全年摩托车戴帽率90%以上,"路长制"工作考核四个季度连续被评为"一类",居全市前列。环境整治。投入173.8万元新建污水管网2.177千米,投入80万元对全镇120余千米小微水体进行清污疏浚;引入社会资本200余万元添置7辆吸粪车和建设8个消纳基地,实行养殖粪污综合利用,保证浏阳河普迹段水质稳定达标,域内支流水质持续向好,治理经验在全市养殖污染治理现场推进会上进行典型推介。落实"河长制""十年禁捕",聘请专业公司对镇域内河流进行日常保洁,聘请16名禁渔巡护员开展常态化巡查,全年共收缴3无船舶和竹筏26艘,拆除钓鱼台65个,执法教育12人次,查处违法捕捞7人次。改造农村无害化厕所495座,农村无害化厕所普及率98%。采用疏堵结合,对集镇牧马冲市场、金江集镇马路市场开展综合整治72次;开展"村庄清洁"百日行动,解决农村环境卫生"脏、乱、差"的问题;规范垃圾分类运行体系、落实长效管理机制,实现全镇垃圾分类减量全覆盖,2021年,可回收物总量236.74吨,较2020年翻番;巩固

提升“湖南省卫生乡镇”创建成果，取缔马路市场，定期开展集镇环境卫生综合整治和“村庄清洁行动”；全镇9个村均成功创建“长沙市垃圾分类示范村”，“两治”工作考核全年居全市前列，普泰村被评为“湖南省2021年村庄清洁行动先进单位”。安全生产。辖区内14家三大高危行业企业全部创建安全生产标准化，全年安全生产无事故，继续保持“长沙市安全生产示范乡镇”荣誉称号。治安状况。推行“党建微网格+五个到户”工作，创新构建“一队一网”基层治理格局，每周二组织青春服务队志愿活动，全体镇村干部下沉网格，对民情台账和问题清单实行分类处理、闭环管理，全年收集化解社情民意562条，打通服务群众“最后一步路”。做好信访工作，全年无进京赴省上访、重访案件，继续保持信访“三无”乡镇。

【社会事业】 社会保障。对全镇低保户1136人、五保户491人发放民生保障资金1242.58万元。全年对1622名高龄老人发放高龄补贴188.88余万元。为登记在册的384名离任村干部发放生活补贴43万元。社会救助。办理各类困难临时救助39人，发放救助金2.32万元。

【普泰村上榜“湖南省2021年村庄清洁行动先进单位”名单】 2021年10月27日，中共湖南省委农村工作领导小组办公室、湖南省农业农村厅决定对在2021年实施村庄清洁行动中发挥典型示范作用的100个先进单位和300名先进个人通报表彰，普迹镇普泰村上榜“湖南省2021年村庄清洁行动先进单位”名单，普迹镇综合行政执法大队队长鲁敏上榜“先进个人”名单。2021年，普泰村以该村江湾小区美丽屋场建设为契机，推动完善人居环境，投入30万元对普泰村江湾小区村民集中居住区进行人居环境基础设施建设，主要包括建设780平方米文化广场，篮球场一个及健身设施一套；新建公共厕所1处及下水管网；绿化草皮2000平方米等。建成后，村庄环境干净整洁有序，长效管护机制基本建立、农户环境卫生意识普遍增强，基本达到全村无垃圾堆放、无污水横流、无杂物挡道，日常生产生活物品堆放规范，道路两侧环境干净。

（贺书保）

官桥镇

【概况】 2021年，官桥镇辖7个村，226个村民小组，土地面积89.7平方千米。水田面积约1593.27公顷，旱土面积约266.67公顷，山林面积约5445.53公顷。总人口数27558人，出生人口175人，死亡人口253人，人口出生率6.35‰，自然增长率-2.83‰，流动人口数82人，百岁老人2名（集镇村陈佳爱，石灰嘴村黄桂珍）。官桥镇为丘陵地貌，年平均气温17.3℃，最高气温39.4℃，最低气温-3℃，年降水量1432.8毫米。九龙村被民政部确认为“全国村级议事协商创新实验试点单位”，苏故村被湖南省住房和城乡建设厅列为“湖南省美丽宜居共同缔造”试点村。

【经济发展状况】 2021年，完成一般公共预算收入3182万元，较2020年增加838万元、增长35.8%，其中地方一般预算收入1416万元，较2020年增加216万元、增长18%；全年引进农业类、文旅类、制造类等企业12家，项目总投资约22亿元；银行存款（仅统计官桥农商行）逾10亿元。农业生产。全年发展双季稻逾400公顷、一季稻逾466.67公顷、油菜逾200公顷，完成遏制耕地抛荒任务。落实“一县一特”政策，全年完成466.67公顷油茶低改任务。推进蒸浏记、阳雀生态养殖等农业类项目，提升农产品附加值，推介“德慎茄子”等特色农产品品牌，打造长株潭优质农副产品供应基地。铺开7个近郊乡村特色“小镇”建设，增加村级“造血”功能，全镇7个村村级集体经济收入均逾20万元。工业经济。全年实现规模工业累计产值16.4亿元，较2020年度增长13%；固定资产投资11.3亿元，较2020年度增长130%。指导3家传统造船厂裂变为11家优质制造类企业，实现去劣质产能、增高质产能目标。集中签约护理小镇配套、伊利集团湖南冷链仓储、蒸浏记浏阳蒸菜生产配送基地和谦园湖湘书画艺术研究院4个项目，总投资近19亿元。新引进湖南小田环境科技有限公司、湖南步阳科技有限公司、湖南金麓智能装备邮箱公司等4家智造类企业，计划总投资约2.5亿元。投资7000万元的110千伏变电站、投资1.2亿元的万吨污水处理厂及配套管网建设等项目已完成设计，官桥自来水厂完成选址和可研报告。完成湖南护理学校项目80公顷土地征收任务，截至年末，教学楼、宿舍楼、行政楼、创业楼等近40万平方米建筑主体竣工。

【社会管理】 基础设施建设。拉通集镇断头路（岸山路），完成8千米道路安防工程；新建1.58千米（污水）主管网、3千米（污水）支管网，优化集镇排污系统。环境整治。开展联合执法行动70余次，发现排查环保问题23个，整改率100%。落实“河长制”工作，开展小微水体管护行动，辖区内水质明显改善，涧江河（苏故段）通过“长沙市美丽河流”验收，峡山水库被评为“放心满意水库”。苏故村被湖南省住房和城乡建设厅列为“湖南省美丽宜居共同缔造”试点村。做实“林长制”，制定《2021年官桥镇“林长制”工作要点》。安全生产。开展专项整治行动，全年开展执法检查40余次，排查隐患60余条，立案2家，整改率100%。组织各单位、企业、学校和各村开展消防演练及应急逃生活动，全年开展应急演练与宣传活动10余次。综合治理。全年调处各类纠纷180余件，调解175件，成功率97.2%，其中调解涉及死亡或金额较大等重大疑难矛盾纠纷15件，息访历史遗留信访件2件；开展普法宣传，全年开展校园普法讲座15场次，累计发放各类普法及政策宣传资料3万余份。创新村民民主议事新方法，2021年，九龙村被民政部评确定为“全国村级议事协商创新实验试点单位”。

【社会事业】 疫情防控。2021年,株洲新冠疫情暴发期间,动员基层党员、群众参与疫情防控,在各个与株洲、醴陵交界处设置义务检测点、劝返点。开展全员核酸检测,完成核酸检测1.8万余人次。全年完成疫苗接种4万余剂次,其中60岁及以上老人接种率全市排名第1名,加强针接种率全市排名前3名。社会保障。2021年,农村医保征缴任务完成比例98%,农村养老保险征缴任务完成比例逾100%;全镇累计保障城乡低保对象303户,发放低保保障金300余万元;保障特困对象323人,发放特困保障金370余万元;发放残疾生活补贴和护理补贴84万余元;为受灾群众申请冬春救灾物资7万余元;将全镇54户、146人纳入返贫监测。

【九龙村被确认为"全国村级议事协商创新实验试点单位"】 2021年11月23日,湖南省浏阳市官桥镇九龙村等全国497个村(社区)被民政部办公厅确认为"全国村级议事协商创新实验试点单位"。九龙村坐落在浏阳市官桥镇中部,由原何家村、兰芬村和官桥村的12个村民小组合并而成,村级外来人员多、老年群体多、服务压力大。辖区面积16平方千米,有26个村民小组,村民3700余人。2021年,官桥镇探索基层现代化治理,建立健全完善村民自治机制,以"党建+微网格"为工作架构,在九龙村打造民情茶室、民情诊断室、民情调解室和村民议事厅,通过民情茶室收集意见,民情诊断室分流意见,民情调解室调解矛盾纠纷,村民议事厅商议、决定村级重大事项,建立起一个解决村级问题的"微循环"制度。通过"三室一厅"的模式完善议事阵地,探索出一条乡村治理之路。

(李军辉 张 通)

柏加镇

【概况】 柏加镇位于浏阳市最西端,地处长沙、株洲、浏阳三地交界处,总面积50.4平方千米,其中耕地961公顷,林地3236公顷。下辖5个行政村,186个村民小组。2021年,全镇总人口24032人,新增人口139人,死亡158人,人口自然增长率-0.79‰。有百岁老人张美清,楠洲村人,1916年10月出生。镇域内地质环境好,无工业污染及土地恶化现象。土壤类型有红壤、黄壤、山地黄棕壤、山地草甸土等,其中红壤面积最大,分布最广。属亚热带季风湿润气候,四季特征分明,热量充足,无霜期长,雨量丰沛。年平均气温为16.7℃~18.2℃,日照1490~1850小时,辐射量为100~112千卡/平方米,无霜期271.8天,年降水量1552.3毫米,平均风速1.4米/秒,最大风速20米/秒。柏加镇被评为"湖南省美丽乡村建设先进单位",柏铃村被授予2020届"湖南省文明村镇"称号,柏铃村和渡头村入选"省级乡村振兴示范创建村"名单;创新打造园林直播、抖音带货、流量打卡等绿色经济。

【经济发展状况】 2021年,完成地方一般公共预算收入2560万元,同比增长102%;固定资产投资1.6亿元,增长33%;社会消费品零售总额1300万元,增长32%;服务业增速44%。引入总部经济企业2家,其中纳税金额逾200万元以上企业5家。新增"社零"(社会消费品零售总额)企业1家,实现营业收入233万元。农业生产。全年镇花木销售收入逾40亿元,接待旅游人数30万人次,农民人均可支配收入超6万元。6月底,各村集体经济总收入均突破20万元;集体经济总收入由2018年全年的55万元上升至2021年的120.24万元。高标准建成枞眼湖、立塘、邓家3个屋场,"双力、三主、四共"(双力:党建聚合力,群众内生力;三主:党委主导,村委主体,人民主人;四共:共商,共治,共建,共享)典型经验在全市推介,迎接省委常委、省委组织部部长王成,省委常委、长沙市委委书记吴桂英指导调研美丽宜居村庄建设工作并获赞誉。示范打造5个"一园一景"精品园林;提质打造333.33公顷"一村一品"精品罗汉松种植基地。

【社会管理】 基础设施建设。升级集镇品质,总投入1700万元"两型"(资源节约型、环境友好型)建设资金,完成柏铃村、楠洲村生态宜居乡村打造和双源村、仙湖村、渡头村19处绿心区山体滑坡生态修复及3处河湖生态修复,推进5000米南横线两厢整治。湘赣商住楼主体建设准备就绪,完成新街安置二街、三街地块分配。完成S326南横线仙湖村季家冲与镇头交界处900米四车道土方回填和全线3.4千米涵管铺设。完成集镇污水管网提质改造和1.5千米千米集镇支管网建设,全线恢复南横线、集镇道路标线,修复或更换沿线井盖20处,修复山塘14口,干渠清淤10.6千米。人口与计划生育。全年发放各类农村奖励扶助资金502人次48.2万元、特困帮扶29人次316680元、农村独生子女保健费133人次1.56万元。办理生育服务证101本。老年人体检2578人次、优生检测60余对、妇女"两癌"检查1022人次、产前筛查132人次。环境整治。开展河湖"清四乱"(四乱:乱建、乱采、乱占、乱堆)等专项行动,打捞河湖垃圾15吨,销毁无船名船号、无船舶证书、无船籍港船只10余艘,拆除钓鱼台60余处,打击劝导"一人多竿"违规行为150余次,销毁钓竿根,投放鱼苗15000尾,浏阳河柏加镇柏铃段被评为"浏阳市美丽幸福河流"。开展渣土违运等专项行动,扣押违规渣土车76辆。全年完成8条新建公路8.4千米、13条道路安防工程24.83千米。专职配备7名护林员开展常态巡山,图斑增量明显减少。完成新改厕66座,对3000座无害化化粪池进行"回头看",无害化卫生厕所比例达到98%,楠洲村被评为2021年"长沙市卫生村"。安全生产。开展安全生产"消防专项行动""多合一场所专项整治行动""打非治违百日攻坚行动"和"大排查、大清理、大整治"等专项行动,共计开展安全检查65次,累计出动检查人员376人次,检查单位152家,排查隐患问题245个,整改245个。推进食

2021 年 10 月 14 日，湖南省委常委、长沙市委书记吴桂英（女，前右一）在柏加镇观摩美丽宜居村庄建设工作 （柏加镇 供图）

品安全创建工作，加大食品安全宣传力度，提高知晓率、满意度，对中小学、幼儿园等重点场所进行常态化监管，加强农村聚餐监管，坚持每月对村督导，各村全年上户指导200多次，处罚经营企业7家，罚没2.5万元。综治维稳。围绕交通顽疾、黄赌毒、电信网络诈骗、打非治违、校车安全等问题开展专项整治，接回缅北劝返人员3名，清查并消除安全隐患260余个。强化矛盾纠纷排查，全年依法办理网上信访件11件，调处各类矛盾纠纷282件，调处率98%，退役军人实现“零上访”。深化普法宣传，开展综治宣传月、信访法治宣传月、禁毒宣传月、防范非法集资宣传月等宣传活动，发送禁毒民调短信3万余条；出动综治宣传车20余次，实现安全生产宣传全覆盖。累计组织全镇经营门店负责人、渣土运输司机等各类群体开展4次安全培训和法律普及。

【社会事业】 民政。组织开展春节走访慰问，发放各类慰问资金249400元。坚持对五保、低保进行动态管理，做到“应保尽保，应退必退”。按时发放离任村干部待遇和高龄老人补贴，做好老年人意外保险参保和服务工作，做好孤儿、留守儿童、留守老人相关工作。指导各村开展村务公开工作，加强对敬老院的管理。开展“天天慈善一元捐”等活动。按时发放残疾人两项补贴，开展残疾人基本服务状况和需求信息动态更新调查400余人次，发放康复辅具，帮助申请助学资金。社会救助。全年低保救助172户，金额1756309元；特困救助149户，金额1751685元；大病救助65人，金额153139元；临时救助17人，金额17000元；困难救助25人，金额23200元；慈善救助64人，金额39700元，切实兜牢了民生底线，确保社会和谐稳定。社会保障。加强就业和社会保险法律法规及政策，组织开展免费技能培训和创业培训近700人次，居民养老保险征缴270万元，发放养老金1248万余元；受理丧葬补助金申请125人次，补助金额近40万元。开展养老保险“回头看”工作，追缴41人次多领资金41330元。做好新生儿和“特殊人员”等中途参保、信息修改和报销补助工作，全年报销1400万余元。连续六年蝉联义务献血“长沙市先进单位”。科技教育文化。全年技术贸易合同登记申报1.04亿元，企业知识产权体检1家，有效发明专利授权1项，开展院企合作4次，柏加中学四项发明技术在第二十五届全国发明展览会——“一带一路”金砖国家技能发展与技术创新大赛上获1金2银1铜。全年开展乡村振兴、苗木技能等职业技能培训8次，引进科技特派员2人，培育本土农民600余人。落实“双减”（有效减轻义务教育阶段学生过重作业负担和校外培训负担）要求，全年立案查处无证办学培训机构12起，柏加中学获高质量发展综合评价“一等奖”。开办楠洲村老年大学，打通老年教育“最后一千米”。柏铃村创新开展暑期大学生乡村振兴社会实践，渡头村建成红十字会“博爱家园”，拓展新时代文明实践新阵地。对柏铃村中码头遗址进行周巡查，保护好文物遗址。渡头村张鄂湘家庭、付干芝家庭分别被评为2021年度长沙市“最美家庭”和2021年度“长沙市文明家庭”。疫情防控。大数据核查16725条，党建微网格摸排325人次。

【被评为“湖南省美丽乡村建设先进单位”】 2021年2月23日，湖南省委农村工作领导小组印发《关于表彰2020年度全省农村人居环境整治（美丽乡村建设）先进单位的通报》，柏加镇被评为“2020年度湖南省美丽乡村建设先进单位（牌匾）”（文件：2020年度全省美丽乡村建设示范镇）。2020年，柏加镇依托花木产业优势，结合柏加实际，建设美丽乡村。柏加镇依托现有苗木存量资源，打造花园式乡村，健全“红色引领、绿色发展、彩色转型、古色添力”机制，促进生产发展、生活富裕、生态良好。2021年，柏加镇高标准规划建设3个美丽宜居村庄，主推的“双力、三主、四共”（双力：党建聚合力，群众内生力；三主：党委主导，村委主体，人民主人；四共：共商，共治，共建，共享）典型经验获全市推介。2021年10月14日，湖南省委常委、长沙市委书记吴桂英在柏加调研美丽宜居村庄建设工作，并于当日召开全市乡村振兴暨美丽宜居村庄建设现场观摩推进会。11月11日，湖南省委常委、省委组织部部长王成到镇观摩柏铃村、渡头村美丽宜居村庄。2021年全年吸引省级观摩3次，市级观摩4次、县（市）级观摩10余次，村级观摩60余次。

【集中连片打造“柏加罗汉松”品牌基地】 2021年，按照乡村产业振兴和省市各级扶持花木产业要求，柏加镇高标注规划建设渡头村、楠洲村共计333.33公顷集中连片精品罗汉松示范基地，全年按照要去完成申报计划并获得验收通过，着力挖掘本土罗汉松造型工艺并加以传播和传承，借助现代信息技术强化基地管理，配套滴灌、喷灌和道路基础设施，突出打造“柏加罗汉松”品牌，形成独具特色的柏加产业风景线。

【“两山”实践创新基地创建获生态环境部点赞】 2021年9月4日，柏加镇作为乡镇代表，接受浏阳市迎生态环境部专家组第五批全国“两山”（两山：绿水青山、金山银山）实践创新基地现场考核，专家组到该镇观摩渡头村汇智精品苗木基地。专家组点赞柏加推动“卖树”向“卖景”转化，认为“两山”双向转化的成效明显，可持续发展的成功经验值得推介。近五来，柏加镇聚力发展花卉苗木产业，在全市率先完成涉绿项目整改，成立浏阳河首支民间护河队和首个村级“环保超市”。

（沈汝潇）

洞阳镇

【概况】 2021年，洞阳镇辖8个村，1个社区，262个村（居）民小组，总面积105平方千米；耕地面积1732.38公顷，其中水田1632.4公顷，旱土99.98公顷；山林5848.28公顷。全镇户籍人口45875人，常住人口111931人。出生人口331人，死亡人口283人，人口出生率7.22‰，自然增长率1‰，全镇百岁及以上老人3人。年度平均气温17.3℃，年降水量1800毫米。

【经济发展状况】 2021年，园镇完成地方一般公共预算收入79亿元，规模工业总产值10.9亿元。实现粮食播种面积和产量双增长，全年粮食总产稳定在1.4万吨。村集体经济总量347万元，其中经营性收入228万元，北园村、西园村分别被评为浏阳市“村级集体经济发展示范村”“村级集体经济发展进步村”。全年生猪存栏14800余头，出栏生猪22317头，牛存栏527头，羊存栏4750只，家禽存栏29万羽。完善防汛抗旱和水利设施。强化4座小（2）型水库物资储备，完成5个村高标准农田水渠建设，组织10个水利项目的修复、清淤、砍青。2021年，社零总额同比增长31%，引导培育本地高新技术企业5家，企业技术贸易合同金额总额突破1亿元。

集中连片柏加罗汉松基地一园景 （柏加镇 供图）

【社会管理】 人口与计划生育。组织3200余名65岁及以上老年人进行免费体检，共查治妇女“两癌”近5000例。基础设施建设。统筹专项资金，投入3000万元提质改造S204省道，完成康万路北辰小区段道路、牛泸路、府前路等城市主干道提质改造，投入1359.1万元完成村级道路提质改造（白改黑）32.5千米，完成畅通工程10.1千米；投入700万元升级改造南阳小区及集镇污水管网；投入1500余万元完成南阳小区、府前路棚户区改造；投入160多万元推进“点亮工程”，安装路灯500余盏。环境整治。强化环保监管，完成119家企业危险废弃物排查；整改问题厕所300余座，拆除违章建筑6700平方米，创建精美小区2个，美丽宜居屋场6个，整洁屋场11个，新建人工湿地处理设施1座，整改复绿森林图斑40个，河道清淤180余次，督促34户养殖户整改设施设备，抓获电鱼违法人员5人，菊田河、九溪河、砰山河水质全面达标，河流出境断面水质稳定到Ⅲ类及以上。安全生产。开展安全生产工作日常执法检查552次，排查治理各类安全隐患828处。落实食品安全工作，代表长沙迎接全国食品安全示范城市检查。融合商会、志愿者力量，组建3支应急救援队，用好“党建+微网格”、智慧消防、“金阳快警”3个平台，安装天网补盲摄像头48个，山洪地质灾害点监测探头11个，投入200万元建设智慧林火监测平台，全方位守牢群众安全底线。综合治理。推进重点领域六大专项整治行动，全年破获刑事案件67起，调处纠纷1200余起，累计办理国家、省、市网上信访件59件，化解信访积案8件，受理群众信访办结率100%，群众息访率80%以上。文明创建。建成妇女儿童之家6个，老年教育网络课堂点3处，老年活动中心13个；开展乡风评议、移风易俗、亲子教育等活动80余次；弘扬公益志愿服务精神，完善“所、站、点”三位一体的新时代文明实践体系，评选出18名“五讲四美”模范典型，组织开展各项志愿服务活动26次，实现群众微心愿395件。

【社会事业】 民生保障。实现全镇393户1233名贫困户脱贫，做好乡村振兴与脱贫攻坚有效衔接。统筹1.6亿元完成洞阳区域性中心敬老院一期建设、工业园实验小学扩建、克里小学重建，启动洞阳卫生院整体搬迁。发放低保、残疾补助、大病救助等各类社会救助资金1885.59万元，提供公益性岗位12个。疫情防控。全年累计管控入境、中高风险地区及其他重点地区入浏人员1061人，集中开展全员核酸检测2.7万份，完成新冠疫苗接种11.5万剂次，实现全年“零病例、零新增”。

【征拆工作】 全年完成房屋征拆协议签订81户，征地120.13公顷，实现健寿大道、柳冲路等5个基础设施建设项目和九典制药、谷氨酸钠等18个经开区招商项目征拆全面清零。推进全域土地综合整治试点和洞阳水库扩容项目，为金阳新城建设置换土地和发展空间。

【优化营商环境】 2021年，洞阳镇成立优化营商环境工作领导小组，加大企业走访帮扶力度，动态掌握辖区内企业用工情况和人才需求，定向组织各类职业技能培训班12个，为蓝思科技股份有限公司等多家企业定向培训、输送技术人员1000余人，破解企业招工用工难题。推进企业“信用培植”，帮助中小微企业解决融资问题，完成信易贷平台注册2028家。引导本地成长性中小企业加快科技创新，新培育高新技术企业5家，企业技术贸易合同金额总额首次突破1亿元。

（朱石虎）

浏阳中非经贸产业园 （永安镇　供图）

永安镇

【概况】 2021年，永安镇辖区面积112.2平方千米，其中城镇建成区面积15平方千米，辖12村、273个行政组。耕地面积3163.5公顷，其中水田2657.5公顷、旱地506公顷，山林2880公顷。户籍人口18233户、68525人(非农人口13265人)，其中男性34060人，女性34465人。出生人口89人，死亡人口63人，人口出生率1.30‰，人口死亡率0.92‰。迁入人口39人，迁出人口29人。人口最多的姓氏是罗姓，约4700人。共有百岁及以上老人6名，分别是永安村柳淑元(105岁)、刘喜元(102岁)，水山村陈双腊（102岁），督正村何秀珍(101岁)，芦塘村陈雪华(101岁)，坪头村朱洪斌(101岁)。年均气温18.5℃，年内气温最高值37.1℃，最低值-3.5℃，年降水量1963毫米。被授予2020年度“湖南省卫生镇”“长沙市卫生镇”称号，永安村、水山村被授予2020年度“长沙市卫生村”称号。芦塘村被授予“湖南省2020届文明村镇”称号。

【经济发展状况】 全年实现财政税收总收入37.1亿元、同比增长28.4%，其中税收21.5亿元、同比增长18.8%，综合竞争力跃居“全国百强镇”第88位，是湖南省唯一上榜乡镇。农业生产。全年种植结构调整238.67公顷，流转土地1100公顷；培育双季稻种植大户45户，播种粮食4333.33公顷，优质稻种植面积占全年水稻种植面积65%以上，发放稻谷补贴182万元，粮食总产值7500万元，全年打造1个千亩示范片，11个百亩示范片。共有烟农271户，种植烟叶444公顷，烤烟保费增至97.5元/亩，收购烟叶13046担，收购均价30.32元/千克，实现烟叶总产值近3000万元、烟叶税435万元。存栏生猪5700头、其中能繁母猪存栏310头，羊存栏1400只，牛存栏900头，家禽存栏13万羽。工业经济。立足于服务园区，做好要素保障，全年落实征拆项目17个，完成征地177.05公顷、拆迁房屋225栋，中非经贸产业园、雅士林、金阳中心医院等重点项目用地提前交付。规模以上工业生产总值完成361.8亿元，同比增长20.4%；固定资产投资完成124亿元，同比增长27.1%；社会消费品零售总额完成47.3亿元，同比增长30.8%。新增7家规模以上工业企业、5家高新技术企业、3家规模以上服务业企业、7家限上商贸企业、4家限上个体工商户，其中1家服务业企业年产值超过2亿元。旅游产业。“遇见童年”景区成功创建国家AAA级景区。

表 15　　2021 年永安镇主要规模企业情况表

序号	企业	成立时间	注册资金(万元)	主要产品	就业人数(人)	年产值(万元)
1	长沙惠科光电有限公司	2019年9月20日	2200000	光电子器件制造,半导体显示器件及相关产品	2113	744992.5
2	湖南百宜科技集团有限公司	2004年8月13日	5000	猪饲料、种猪	154	131997.40
3	湖南蒙达新能源材料有限公司	2014年5月6日	8000	锂离子电池、锂离子电池材料	43	182916.60
4	湖南金丰林印刷包装机械科技有限公司	2007年1月22日	5500	包装专用设备、印刷专用设备、通信终端设备	96	158564.80
5	长沙青特车桥有限公司	2009年12月14日	998	汽车零部件及配件制造	67	217265.60
6	湖南瑞铨应用材料有限公司	2007年6月13日	2500	金属材料、金属元素添加剂	27	161385.70
7	湖南康氏卫生用品有限公司	2015年6月17日	200	纸尿裤、口罩	31	81479.50
8	长沙康威日用品有限公司	2009年2月2日	400	婴儿纸尿片(裤)	50	54941.90
9	湖南海洲机械制造有限公司	2004年10月19日	200	铸造机械、金属密封件	35	70924.50
10	长沙海韵汽车零部件有限公司	2005年8月25日	600	汽车零部件及配件制造	122	48885.70
11	湖南环达环保有限公司	2003年6月18日	1000	环境污染处理专用药剂材料、化学试剂	35	59159.80
12	湖南轩辕春秋工程机械再制造有限公司	2010年12月2日	1000	工程机械再制造;工程机械零部件再制造	77	38573.30
13	长沙永昌车辆零部件有限公司	2007年6月4日	2000	汽车及零配件批发;汽车零部件及配件制造	320	37471.00
14	华域视觉科技(长沙)有限公司	2018年7月26日	13000	智能照明器具、新能源汽车零配件、摩托车零部件及配件、机电设备的制造	560	23860.54
15	湖南浏阳南方水泥有限公司	2003年11月5日	16000	水泥	197	65076.80
16	湖南中铁五新重工有限公司	2008年12月12日	5000	起重机、钢结构	411	47581.10
17	长沙波特尼电气系统有限公司	2014年4月14日	6000	汽车零部件及配件	600	36483.36
18	湖南省人人家味业有限公司	2003年9月3日	1000	食品加工、房地产	25	80113.90

【社会管理】　乡村振兴。推进长沙市乡村振兴示范镇创建，集中连片打造 19 美丽宜居村庄，被评为“2021 年长沙市美丽宜居村庄建设先进单位”;迎接湖南省抓党建促乡村振兴会议现场观摩,永和村、西湖潭村、芦塘村、坪头村、督正村 5 个村入选“湖南省省级乡村振兴示范创建村”,芦塘村被授予“湖南省 2020 届文明村”称号。基础设施建设。完成市场路、红旗路等 11 个雨污分流项目建设，解决捞刀河永安段雨污混流现象；铺设供水骨干管道 320 千米、接户 3100 户,基本实现城乡供水一体化。安全生产。强化基层应急能力建设,成为“湖南省第一批应急能力建设达标乡镇”。织密安全“防护网”,安全生产形势总体平稳,摩托车戴帽率维持在 90%以上，镇专职消防队在长沙市消防技能比赛中获“2021 年长沙市乡镇专职消防队技能比武水罐消防车一车两枪操‘一等奖’”,永新村代表队获“村级志愿队三等奖”。社会治理。完成村民委员会换届选举;推行“1+3+N”矛盾纠纷多元化解体系，获《长沙改革交流》刊登推介;全年办结“12345”工单 1435 件、满意率 99.5%,处理各类矛盾纠纷 440 起、调解成功率 99%,永安司法所被授予“全国模范司法所”称号。环境保护。持续推进污染防治攻坚战，承办全市生态环境保护执法工作现场经验交流会;开展“百日奋战　扮靓永安”环境整治活动,提升人居环境,成功创建“湖南省卫生镇”,永和村创建“湖南省卫生村”;推进“河长制”工作,捞刀河石塘铺断面水质稳定达到ⅢA 以上。

【社会事业】　教育。镇财政投入资金对 8 所中小学、幼儿园进行提质改造。规范管理校外培训机构，推进“双减”政策落实落地。就业。转移农村劳动力就业 2.2 万余人,城镇登记失业率控制在 3%以内,心源村成功创建湖南省就业示范村。社会救助和保障。发放低保资金 444.6 万元，特困供养资金 410.6 万元;发放残疾专职委员补助金额 0.64 万元，完成残疾人换证 1346 人;高龄补助 1650 人，发放补贴金额 219.16 万元,为 374 名离任村干部发放补贴 19.9 万元。完成镇域内留守儿童、特殊困难群体等及时进行临时救助 172 人,发放救助金额 21.5 万元，开展慈善助学、助困活动,发放助学资金 31.78 万元,慈善助学 88 人;落实老年人体检 8016 人,参与比例 76.6%。

【综合竞争力位列 2020 年全国百强镇第 88 位】　2021 年 9 月 8 日，竞争力智库、中国经济导报社和北京中新城市规划设计研究院等机构在京联合发布《中国乡镇综合竞争力报告 2020》，永安镇入围 2020 年全国百强镇榜单，排名全国百强镇第 88 位，中部百强镇第 2 位，是湖南省第一个和唯一一个入围全国百强镇的乡镇。2020 年以来，永安镇依托浏阳西进长沙“桥头堡”优越地理位置和浏阳经开区(高新区)的发展，统筹疫情防控和经济发展两不误，上项目、抓改革、惠民生，经济、社会各项事业快速健康发展。2020 年，疫情暴发后，坚持推进“镇—村—支—微”四级联动机制，用 30 天时间构建“外防输入、内防反弹”的坚固防线，全镇无一例感染病例。全年实现规模工业总产值 297 亿元；财政税收总收入 28.9 亿元、同比增长 20.6%，其中税收 18.1 亿元、同比增长 28.4%。医疗产业实现进出口总额 1650 万美元，同比增长 200%。坚持“日报告、日会商、日调度”工作机制，全年拆迁房屋 147 栋、征地 1871 亩（124.73 公顷），重大项目惠科主体厂房提前 20 天封顶。产业就业两手抓，全镇 551 户 1647 名贫困户全部稳定脱贫，扶贫产业就业项目覆盖率 85.6%。统筹推进“蓝天碧水净土”保卫战，停产整顿企业 46 家、取缔 11 家，省级环保督察“回头看”实现零投诉；全面整治“四乱”现象，狮子脑水库申报“百座放心满意小型水库”“美丽河库”通过长沙市验收，成功打造永和村东兴屋场小微水体示范片区。抓教育，投入 170 万元完成坪头完小、丰裕中学等 9 所中小学校园提质工程，创新实施师生同餐制度。稳就业，转移农村劳动力就业 20376 人，转移就业率达到 96.1%，发放各类困难人员补贴 638.9 万元。惠民生，投入 1500 万元完成 5 个村自来水安装，惠及群众 2890 户；开展信访维稳工作，推进扫黑除恶专项斗争，域内八类严重刑事案件同比下降 18.4%，人民群众安全感提升。镇人民武装部被评为“长沙市‘五星级基层武装部”、永新村人民调解委员会被评为“全国模范人民调解委员会”。发展“四型”(土地合作型、资源开发型、物业经营型、乡村服务型)经济，村集体经济年收入均超过 30 万元，实现村村有收入、集体有活钱。投入 1150 万元建设东兴屋场、红旗屋场、清源屋场，增添永安“近郊游”精品旅游线路。坪头村成功创建“全国文明村”，芦塘村成功申报“湖南省重点旅游村”和“湖南省文明村”。成功创建“湖南省卫生乡镇”“长沙市农村人居环境整治优秀乡镇”。迈入行政审批制度改革深水区，承接上级下放的 102 项经济社会发展管理权限，在浏阳率先启动“一枚公章管审批”工作。2020 年 6 月起，正式实施“一支队伍管执法”，集中行使 14 个类别、730 项的行政处罚权，共立案 411 起，收缴罚款 123.2 万元。成功创建“浏阳市信用镇”，12 个村成功创建“浏阳市信用村”，“户—村—镇”三级信用体系初步形成。

【永安司法所被授予“全国模范司法所”称号】 2021 年 10 月 27 日，司法部发布《关于表彰全国模范司法所和全国司法所模范个人的决定》，授予全国 597 个司法所“全国模范司法所”、796 名个人“全国司法所模范个人”称号，其中浏阳市司法局永安司法所被授予“全国模范司法所”称号。为助推永安经济社会高质量发展，永安司法所创新工作思路和举措，以“一站式、精细化、专业化”服务群众为工作目标，担当作为、奋勇争先，多次被人民网、红网等媒体进行宣传报道。在工作开展过程中，永安司法所以打造“党建+微网格”社会治理服务中心为依托，构建“1+3+N”(“1”核统领，党委主导明方向；“3”司法调解、行政调解、人民调解三种调解方式联动，定纷止争促和谐；“N”方力量，凝聚合力强保障)矛盾纠纷调解体系。同时，创新工作举措，推动法律服务从“等上门”到“送上门”、调解模式从“单一化”到“多元化”、社区矫正从“被动管理”到“主动参与”、安置帮教从“社会化”到“个性化”转变。2020 年至 2021 年 10 月，调处各类矛盾纠纷 300 余起，调解成功率 99.6%以上；接收社区矫正对象 18 人，解矫 20 人，无一脱管漏管现象。连续 4 年开展特殊人群未成年子女关爱帮扶活动，共帮扶 60 余人。全国人大常委会原副委员长彭珮云，湖南省委常委、长沙市委书记吴桂英等先后到该所考察调研，对中心工作给予肯定。

（彭　放）

北盛镇

【概况】 北盛镇域面积 77.9 平方千米，辖 12 个村、294 个村民小组，山林面积 1701.8 公顷、耕地面积 3282.82 公顷（其中水田 3183.6 公顷、旱土 144.22 公顷）。享有“国家卫生乡镇”“中国建筑器材租赁之乡”等美誉，是国家级浏阳经开区和金阳新城重要组成部分。2021 年，全镇人口总数 60767 人，其中农业人口 31029 人，非农业人口 29738 人。全年出生人口 441 人，死亡人口 413 人，人口出生率 7.3‰，人口自然增长率 0.46‰。年度平均气温 17.2℃，1 月平均气温 5.1℃，7 月平均气温 28.7℃，年降水量 1376.6 毫米。

【经济发展状况】 完成固定资产投资 24.6 亿元，同比增长 9%；工业总产值 24 亿元，其中规模以上工业总产值 11.63 亿元，同比增长 19%；限额以上零售额完成9580 万元，同比增长 35%；规模以上服务业完成 7298 万元。城乡居民人均可支配收入 45787 元，增长 8.5%。财政收入 6636 万元，同比增长 15%。工业经济。新引进注册架材租赁部 63 家、租赁公司 9 家、创税 1009 万元。农业经济。继续做大做强水稻、烤烟两大产业，建成双季稻千亩示范片 1 个，百亩示范片 12 个，完成双季稻 1400 公顷，同比增长 30%；发展特色烤烟 397.8 公顷。园镇融合。项目建设。铺设雨污管网 5.2 千米，北盛大道加装护栏 1300 米，投入 30 万元完善校车线路安保设施，推进北盛中学、乌龙中学、亚洲湖小学、马安小学、环园小学等 5 所中小学改扩建，支持北盛中心卫生院创建二甲医院。服务园区征拆。设立园区服务中心专门对接处理涉园工作，保障重点项目的施工环境，解决各类涉园矛盾纠纷 50 余起，实现北园平地、盐津铺子三期、健安大道等4个项目征拆清零，征地8公顷，拆除房屋11栋。融园路网完善。保障健安大道等道路互通建设，新改建农村公路105.5千米，提质改造道路1.9万平方米。乡村振兴。全域推进18个“美丽宜居村庄”建设并通过验收，推动建设“诗意捞刀河·丰美北盛仓”田园综合体项目，王震将军故里马战村被列为中组部红色美丽村庄（全国1000个村庄）试点，12个村集体经济收入均提前完成20万元目标任务，其中环园、乌龙、窑金、马战村均超过50万元，集体经济总收入400万元。

【社会管理】 落实“三联三保”（实行市级领导联乡镇，保属地责任压实；实行分管市级领导联领域，保行业问题整治；实行责任单位联访件，保案件处理到位）制度，成功调处矛盾纠纷42起，化解信访积案4起，开展全覆盖安全检查，全年检查各类企业（单位）200余家，排查各类隐患566条，警示约谈企业35家次，立案查处企业11家。践行“两山”理念，开展环保集中执法行动40次，对辖区内4家涉嫌环境违法企业进行立案查处。完成卫生厕所改造281座，实现非卫生厕所清零目标，垃圾分类实现行政村全覆盖。推进河长制、林长制，捞刀河乌龙陂断面和北工断面水质稳定达标。边洲村成功创建湖南省卫生村，镇机关成功创律长沙市无烟党政机关，通过长沙市健康镇的前期调研。

【社会事业】 完成全镇养老保险核查5.4万人次，追缴违规多领资金54246元；坚持“应保尽保、应退尽退”原则，全年评定低保349户570人，特困供养203人，救助110人次，累计发放粮补、低保、“五保”金、补助金、救助金等各类补贴1881万元，年底统筹71.4万元走访慰问困难群众1310户。坚持严管校外培训机构，推进“双减”工作，构建教育良好生态。引导帮扶660人次脱贫劳动力外出务工，设置23个公益性岗位，巩固脱贫成果与乡村振兴有效衔接18个项目入库。

北盛镇马战村王震故居　　（北盛镇　供图）

【召开中国共产党北盛镇第七次代表大会】 2021年5月29日，中国共产党北盛镇第七次代表大会在北盛镇政府七楼大会议室召开，全体市镇党代表、非党代表领导干部、机关中层正职、驻镇单位负责人、非党代表村书记参加。根据大会选举办法和计票结果，按姓氏笔画排序，王锐、龙明胜、汤波、陈馨伊、周岳峰、周继光、黄银凤、彭继有、潘盛开9名同志当选为中国共产党北盛镇第七届委员会委员。

【召开北盛镇第七届人民代表大会第一次会议】 2021年8月30日，北盛镇第七届人民代表大会第一次会议在北盛镇政府七楼大会议室召开，全体市镇人大代表、非人大代表领导干部、机关中层正职、驻镇单位负责人、非人大代表村书记参加。龙明胜当选为人大主席，陈初妍当选为人大副主席，王锐当选为镇长，周岳峰、周继光、高华杰当选为副镇长。

【马战村入选中组部“红色美丽村庄建设试点村”】 2021年，马战村入选中组部“红色美丽村庄建设试点村”。浏阳市北盛镇马战村位于北盛集镇东南部，毗邻浏阳经开区，系原国家副主席王震将军家乡，由原来的马战村、边山村、新江村、菊田村4个村合并而成。地域面积8.6平方千米，下辖42个行政小组，共有1299户，5299人。辖区内有王震故居、浏北烈士陵园、田波扬夫妇烈士墓3个红色景点。立足马战村红色文化优势，结合国家乡村振兴战略，推动红色文化与绿色产业相融合，发展集红色文旅、学生研学、红色演艺等于一体的红色旅游景区、干部红色文化教育基地、研学旅行基地。近年来，马战村成功创建全国敬老模范村、湖南省生态文明村、长沙市新农村建设示范村、长沙市乡村振兴示范村。

（周奕廷）

沙市镇

【概况】 沙市镇位于浏阳市西北部，2021年，辖15个村，422个村民小组；总面积209.7平方千米，耕地面积4456公顷，其中水田面积3959公顷、旱土面积497公顷；山林面积11137公顷。年末，总人口数68908人，其中农业人口59711人、非农业户口9197人；全年出生人口491人，死亡人口509人，人口出生率7.1‰，自然增长率-0.29‰，人口流动数量2307人；百岁老人3名，分别是敦睦村陈珍秀，105岁；河背村陈上春，107岁；长春村谢晃恩，102岁。2021

年度平均气温 18.9℃，最高气温 38.7℃，最低气温-5.3℃，年降水量为 1377.6 毫米，全年无旱灾。

【经济发展状况】 全年完成工农业生产总值 64.19 亿元；财政总收入 6292.71 万元，同比增长 8.31%。农业生产：种植业。粮食产量 35370 吨，产值 1.15 亿元；烤烟产量 1219.25 吨，产值 3696.42 万元；蔬菜产量 34342 吨，产值 1.16 亿元；水果产量 19500 吨，产值 1350 万元。林业。创建浏阳市林长制改革试点乡镇，完成林长制公示牌安装、林长制制度牌上墙及护林员选聘工作；完成 3189.62 公顷天然林调查摸底和管护补助到户；全年上级下发、镇自查自纠破坏森林资源图斑问题 135 个，完成整改 134 个，森林公安正立案调查 1 个；完成油茶改造及未成林培管 63.13 公顷；做好森林病虫害监测防治，全年除治松木 8062 株；全年对 40 余家涉木企业下发整改意见书 50 余份，停产整改 3 家，未发生重大安全问题。养殖业。对镇域内畜禽养殖场（户）进行重大动物疫病强制免疫，完成春季重大动物疫病防控猪 1.85 万头、牛 2000 头、羊 7000 只、禽 42 万羽的免疫计划；完成秋季重大动物疫病强制免疫猪 1.9 万头、牛 2100 头、羊 7200 头、禽 41 万羽的免疫计划。做好"十年禁渔"工作，开展专项执法行动 42 次，收缴地笼 160 余条，并进行当场焚烧，没收渔船 3 艘，非法电鱼机 8 台，行政处罚立案 1 起。健全养殖污染督察和监管网络，及时发现畜禽养殖污染情况，全年收到反馈问题 21 个，组织畜禽养殖污染联合执法 30 余次，开出限期整改单 16 份，反馈问题全部解决。农技、农机建设。成功举办全省晚稻机插秧现场会，完成早稻生产 1666.67 公顷，中稻 1333.33 公顷，晚稻 2200 公顷，育秧面积和早稻生产面积位列全市第一。做好农机年检、监管工作，共受理 42 台农机，发放补贴金额 93.2646 万元，完成农机年检任务 155 台次。每月对辖区内 23 家农资店和 5 家兽药店进行 3 次安全生产检查，做好农业污染面源的监管，加强对农药废弃物回收宣传。工业经济：固定资产投资达 23.39 亿元，同比增长 9.1%，工业总产值 64.52 亿元，同比增长 5.13%。商贸服务业：社会零售额 4.5 亿元。其他产业：2.08 亿元，其中旅游业产值 0.39 亿元。

表 16　　2021 年沙市镇主要规模企业情况表

序号	企业名称	成立时间	注册资金(万元)	主要产品	就业人数(人)	年产值(万元)
1	湖南鑫源消防设备实业有限公司	2017年9月5日	5000	消防设备及器材、防火门、防火窗的制造	66	5443.8
2	湖南正兴记食品有限公司	2007年4月17日	200	蔬菜加工;蜜饯制作	52	50283.2
3	浏阳市康明木业有限公司	2008年10月7日	500	实木楼梯、地板、门加工销售	79	8554.6
4	浏阳市顺捷木艺有限公司	2008年9月22日	200	实木楼梯、门、家具加工并销售	55	48317.6
5	湖南高鹏木艺有限公司	2008年2月26日	500	木质门窗、楼梯、家具的制造	74	8778.5
6	长沙贵太太油茶科技发展有限公司	2016年10月31日	1000	食用植物油加工	33	1635.9
7	湖南大周门业有限公司	2010年10月11日	200	木门窗、楼梯、金属门窗的制造	67	1771.2
8	湖南盼盼木制品有限公司	2013年9月25日	1000	木制品制造、销售	141	38963.8
9	浏阳市名柏木业有限公司	2013年10月22日	100	木门窗、楼梯、木质家具制造并销售	39	25894.4
10	浏阳市金利出口烟花制造有限公司	2013年11月27日	800	烟花类、组合烟花类(B、C)级生产	77	17288.9
11	浏阳市盛虹国泰烟花制造有限公司	2015年3月26日	3750	烟花类生产	54	22231.9
12	浏阳市喜洋红鞭炮烟花制造有限公司	2011年6月29日	201	烟花、爆竹类生产	40	1483.3
13	湖南奥斯利食品科技有限公司	2015年10月12日	1400	果汁、食品生产	75	9841.9
14	浏阳市飞宇混凝土有限公司	2016年11月25日	1680	沥青混凝土生产、销售	51	10647.7
15	湖南天华建材有限公司	2017年8月17日	2000	混凝土生产、制造、销售	81	11509.6
16	湖南美佳陶瓷有限公司	2016年7月5日	1600	建筑陶瓷制品、轻质建筑材料的制造及批发	0	0
17	浏阳市沙秀矿业有限公司	2019年2月2日	880	黏土及其他土砂石开采	76	514669.7
18	浏阳市沙市中南机砖厂	2010年8月25日		砖瓦及建筑砌块制造	70	6052.7
19	湖南冠湘木业有限公司	2014年12月30日	500	木质家具制造	168	6743.9

【社会管理】 基础设施建设。交通。围绕融入金阳新城，与经开区对接健康大道北延到沙市项目；提质改造农村公路20.2千米，农村道路安防项目15.3千米；工业小区园区三条道路已完成土地预审和规划选址意见书。供电饮水。支持推进南昌至长沙1000千伏特高压交流工程竣工投产，获国网湖南省电力有限公司感谢。有序推进平浏500千伏、长浏500千伏线路工程等特高压建设项目，年底已全部实现投产送电，沙市镇人民政府被评为“2021年浏阳市特高压电力服务先进单位”。巩固提升农村安全饮水，做好友助单村扩网工程建设。水利建设。启动团农村金风水库维修工程和水口段涉及友助村、文光村的东门江治理项目；投资100万元完成友助村单村供水工程。启动水利冬修工程，完成村级冬修项目摸底和指标分配。抓好“河长制”工作，投入9万余元做好两条市级河流的保洁；开展河道“四乱”清理整治，办结上级交办的案件16起，下发发办单20余起；督促镇村河长按时巡河打卡，加强河流排口监管，做好每月捞刀河、永乐桥河水质监测，撰写10条镇级河流的“一河一策”。村镇建设。规范管理各类摊贩，劝离流动商贩172处，规范永社公路摊点48家；投入12万元资金升级改造农贸市场。规范集镇主次干道沿线占道经营321处，清理占道堆放102处。做好户外广告管理，拆除各类户外广告牌10处，清除乱披乱挂横幅147条，清理“牛皮藓”小广告336处，劝离散发小广告29起。完善集镇基础设施，全年修复人行道约400平方米，清理、更换树木15棵。投资150万元将机关食堂进行装修装饰，改造成占地面积约535平方米、建筑面积约695平方米的沙市镇政务服务中心。人口与计划生育。全年出生491人，办理生育证386本，免费孕前优生检测209对。发放计生各类奖励扶助资金154万余元，发放各项计生手术补助6.1万元，出具各项计生证明675张。环境整治。结合“党建引领聚合力，党群齐心话发展”活动，对全镇63个网格支部进行垃圾分类培训宣传，发放宣传资料2.5万份。全年完成改厕任务642座，超任务完成42座。安全生产。全年检查生产经营单位133家次，发现隐患问题215条，下发整改文书165份，立案查处生产经营单位6家次；发现消防安全隐患92条，停产整顿消防不达标生产经营单位16家次。镇安委会牵头开展烟花爆竹顽瘴痼疾专项整治行动、百日攻坚、有限空间大排查等专项整治12次，发现隐患116条，均已整改。全年组织机械药混合知识、防静电知识、职业病防治知识安全教育培训12期，通过宣传车、微信群、村村响宣传推广用电用气、防溺水、防一氧化碳中毒等安全知识500余条，发放各类安全宣传资料2000余份。治安状况。开展“两抢一盗”“黄赌毒”等违法犯罪专项整治行动，推进扫黑除恶专项斗争。加强信访预报预警，化解信访矛盾，全镇47件信访问题、65个重点稳控对象均进行实地走访调查，全部按程序办理并回复，被长沙市和浏阳市两级政府评为信访工作“三无乡镇”。稳控社区戒毒风险，组织禁毒宣传及禁毒答题3300人次。发挥“人民调解帮帮团”“沙小帮”法治宣讲团作用。

【社会事业】 民政、社会救助、社会保障。全年发放低保金601万元，特困金443万元，高龄补贴金247万元；发放残疾人两补资金160余万元，申请残疾助学80人。完善敬老院各类消防设施，新增入院老人13人。开展对立功受奖现役军人送喜报工作并发放奖励资金；对79名困难对象进行援助，援助资金4万余元。开展纪念烈士和走访慰问烈士遗属活动，发放慰问金51万余元。教育、文化。落实“双减”政策，联合各执法部门对全镇范围内无证办学机构进行专项检查28次，共查处无证办学机构17家，当场关停17家，累计下达整改意见书28份。开展宣传文化和移风易俗活动，深挖耕读文化、廉政文化和皮影戏、龙舟竞技等“非遗”保护传承文化遗产，“学习强国”平台、湖南卫视《新闻联播》等长沙市级以上媒体报道沙市270余篇次。秧田村农家书屋拟入选“第九届全国服务农民、服务基层文化建设先进集体”名单。医疗卫生体育。将新冠肺炎疫情纳入常态化防控管理，全年共摸排大数据反馈信息3462条，各村摸排重点地区回浏人员896人，其中对在辖区的红码人员34人、黄码人员455人全部纳入管控。加强防疫措施，全员接种新冠疫苗，全镇无一人感染。办理卫生许可证22本，对全镇30所中小学和幼儿园进行饮用水和新冠肺炎防控工作进行检查，并下达执法整改文书27份。完成全镇6000余名65岁及以上老年人进行免费体检，完成3000人次妇科“两癌”普查。超额完成无偿献血任务。组织企业员工进行职业病体检373人，组织企业负责人和职业卫生专职管理人员培训27人次，职业场所危害因素检测28家，出具执法文书58份。参与长沙市创建国家食品安全示范城市，对全镇范围内92家“五小门店”进行规范检查。全年申报城乡医疗保险报销统筹支付4629万元，商保支付410万元，医疗救助184人次，共计救助资金53万元。成功举办湖南省第三届定向运动大赛(浏阳站)暨湖南省青少年定向运动队选拔赛等文化体育赛事。完善体育设施建设，建成捞刀河健身步道5千米。旅游景点建设。完成沙市大道三标、赤马湖风景区旅游基础设施绿化、亮化项目结算终审。成功举办2021年湖南·浏阳第四届“乐动沙市”体育旅游节，赤马湖滑雪场、东门蒿山体育文化园、秧田耕读文化馆等景区景点年均接待游客10余万人次、收益120万元。

【“全国民主法治示范村”授牌仪式在秧田村举行】 2021年6月17日，“全国民主法治示范村”授牌仪式在沙市镇秧田村举行。浏阳市司法局、市公共法律服务中心、市公证处及沙市镇政府、镇相关驻镇单位和秧田村全体党员、村民代表等共计130余人参加活动，湖南省司法厅普法与依法治理处处长刘刚魁、副处长曹武鸿、一级调研员邹达成，湖南省法制新闻协会会长李军锋，浏阳市司法局党组书记、局长肖柏林等领导出席活动。授牌仪式上,肖柏林宣读司法部、民政部《关于命名第八批“全国民主法治示范村”的决定》,湖南省司法厅、民政厅《关于命名第九批“全省民主法治示范村”的决定》。刘刚魁、曹武鸿分别为秧田村授予“全国民主法治示范村”牌匾和“湖南省民主法治示范村”牌匾。邹达成为秧田村农家书屋赠送《中华人民共和国民法典》等相关普法书籍。2021年2月7日,司法部、民政部印发《关于命名第八批“全国民主法治示范村(社区)”的决定》(司发通〔2021〕15号),沙市镇秧田村被命名为第八批“全国民主法治示范村(社区)”。2015年以来,沙市镇秧田村坚持自治、法治、德治相结合,有效创新基层社会治理方式,推进基层治理体系和治理能力现代化,走出一条乡村民主法治建设的“秧田之路”。2020年12月,该村被命名为第九批“湖南省民主法治示范村”。

【举办“最美的歌儿献给党”庆祝建党100周年歌唱比赛】 2021年6月27日,沙市镇举行“最美的歌儿献给党”沙市镇庆祝建党100周年歌唱比赛,来自全镇18支代表队参加比赛。歌唱比赛是沙市镇庆祝中国共产党成立100周年系列活动之一。经评委专业评审,沙市镇教育发展中心代表队获“一等奖”,镇机关、河背、秀山村代表队获“二等奖”,长春、桃源、莲塘、团农和白水村代表队获“三等奖”。

【街舞国家队集训营落户沙市镇东门村】 2021年7月6日,“舞力燃少年”全国青少年街舞集训营启动仪式在长沙举行。经中国舞蹈家协会街舞委员会和国家街舞奥运集训队的多次考察,街舞国家队集训营正式落户沙市镇东门村,是湖南省第一个国家级的街舞集训基地,基地将承担国家街舞奥运后备队的所有训练,采用国家队训练体系,聘请业内优秀街舞导师,通过“明星导师+学员”集训营的模式组建千人大集训营,备战2024年巴黎奥运会。

【沙市镇中高端优质稻示范基地晚稻机插现场会在中洲村举办】 2021年7月11日,由浏阳市人民政府主办,由沙市镇人民政府承办,沙市镇惠农服务中心、沙粮合作联社实施的“减工降本机械化,惠农服务零距离”沙市镇中高端优质稻示范基地晚稻机插现场会在中洲村举办。现场会为在场人员进行相关技术推广培训,同时现场观摩代育秧、代机插等晚稻机插新技术。该活动是沙市镇惠农服务中心项目建设启动仪式,沙粮合作联社以该活动为契机,紧扣乡村振兴主线,建成建好惠农服务中心平台,推动农业现代化全程机械化发展,实现“机器换人”,打通沙市镇服务粮农“最后一公里”。

2021年6月27日,沙市镇举办“最美的歌儿献给党”庆祝建党100周年歌唱比赛
(沙市镇　供图)

【农村实用人才带头人和到村任职选调生示范培训班开班】 2021年9月7日,2021年第1期中组部、农业农村部农村实用人才带头人和到村任职选调生示范培训班在浏阳市沙市镇东门村开班,培训主题为乡村发展与治理,培训时间为7天,参训学员100余人,主要由邵阳市、郴州市的村党支部书记、村委会主任、村“两委”成员、党员骨干组成。培训班结合党史学习教育,紧扣当前“三农”工作重心进行深入学习探讨,围绕如何强化乡村善治、如何加快全面乡村振兴总结好做法、探索新思路、寻找新路径。

【沙市镇东门村被认定为“第二批全国乡村治理示范村”】 2021年10月29日,农业农村部正式公布第二批全国乡村治理示范村镇名单,具体认定100个乡(镇)为第二批全国乡村治理示范乡镇,994个村(嘎查)为第二批全国乡村治理示范村。其中浏阳市沙市镇东门村被认定为“第二批全国乡村治理示范村”。东门村位于沙市镇西北部,村域面积6平方千米,辖14个村民小组、639户、2639人,其中党员90人,下设两个党支部、五个党小组。2018年以来,东门村坚持党建引领,推动乡村治理现代化,走乡村善治之路,构建自治、法治、德治融合的新型乡村治理体系,并通过村集体经济项目带动农民增收、村级富强,实现从落后的贫穷村到“中国美丽乡村”的完美蜕变。截至2021年,村集体拥有固定资产4000余万元,2020年村级集体经济收入120余万元。

【启动文明交通冬季攻势活动】 加强道路交通安全管理,提升人们的交通安全意识,减少道路交通安全事故,2021年11月15日,沙市镇文明交通“大宣传、大劝导、大整治”冬季攻势活动正式启动,沙市镇综合

2021 年 11 月 15 日，沙市镇启动文明交通"大宣传、大劝导、大整治"冬季攻势活动

（沙市镇　供图）

行政执法大队联合沙市派出所、交警沙市中队、沙市镇团委、交通局北区执法中队、捞刀河公益组织等单位的 100 余人，在镇政府前坪举行文明交通冬季攻势活动的启动仪式。启动仪式结束后，所有活动单位分成 3 个行动组，分别到沙市、赤马、秀山 3 个集镇开展专项交通安全整治行动。工作人员以集镇为中心，辐射周边主干道路，集中整治超限超载、"摩电"驾乘人员不戴帽等影响交通安全的不良行为，查处非法营运、酒后驾车等交通违法行为。该活动持续三个月时间，共发放宣传资料 1000 余份，教育群众 1900 余人，劝导不文明交通行为 200 余起。

【"弘扬时代新风·共建清廉家庭"廉内助沙龙活动在沙市镇秧田村举行】 2021 年 11 月 23 日，由市纪委监委主办，市妇联、沙市镇政府、市"廉内助"联谊会承办的"弘扬时代新风·共建清廉家庭"廉内助沙龙活动在沙市镇秧田村耕读文化园举行。该活动是清廉浏阳建设主题活动之一，分为"观廉""诺廉""品廉""鉴廉""话廉""倡廉""践廉"七个环节，通过丰富的活动形式，促推廉政文化进家庭，发挥广大领导干部家属在党风廉政建设方面的特殊作用，营造广大家庭尊廉崇廉的良好家庭氛围，弘扬良好家风，筑牢拒腐防变的家庭防线。70 余名各乡镇（街道）党政正职和市直单位主要负责人的配偶，市委常委、市纪委书记、市监委主任姚喜琳，副市长刘来宏参加活动。

【浏阳市第八个国家宪法日主题书画沙龙活动】 2021 年 12 月 2 日，"以'书'弘'法'，绘乡村振兴画卷"浏阳市第八个国家宪法日主题书画沙龙活动在沙市镇桃源村举办。该活动由中共浏阳市委全面依法治市委员会办公室主办，浏阳市司法局、沙市镇人民政府承办。活动现场，省市书画名家和书法爱好者现场创作法治、乡村振兴主题书画作品。同时，工作人员现场向村民发放宪法宣传资料，共赠送《中华人民共和国宪法》《中华人民共和国民法典》法治书籍百余册。

【湖南省第三届定向运动大赛（浏阳站）暨湖南省青少年定向运动队选拔赛在沙市镇东门村举办】 12 月 4 日，2021 年湖南·浏阳第四届"乐动沙市"体育旅游节，湖南省第三届定向运动大赛（浏阳站）暨湖南省青少年定向运动队选拔赛在沙市镇蒿山森林体育公园举行，大赛由湖南省体育总会指导，湖南省定向和无线电运动协会、浏阳市文化旅游广电体育局、沙市镇人民政府主办，沙市镇东门村村委会、湖南加搏体育文化传播有限公司、湖南湘成蒿山建设开发有限公司承办。开幕式上，湖南体育产业集团党委副书记、湖南省定向和无线电运动协会主席李武祥代表协会向蒿山森林体育公园授"示范基地"牌匾。大赛分为积分赛、接力赛和短距离三个项目，包括亲子组及各年龄段组共 9 个组别，11 支学校队伍，以及各社会团体，近 300 名运动员，共 17 支队伍参赛。经角逐，湖南奇遇定向体育运动发展有限公司 3 人获接力赛 M10 组别冠军；杜家塘中心小学 1 人获积分赛 M10 组别冠军，湖南青葵定向体育发展有限公司 1 人获 M15 组别冠军；湖南奇遇定向体育运动发展有限公司 1 人获短距离 M10 组别冠军，长沙麓山国际实验小学 1 人获 W10 组别冠军。比赛将选取成绩优异的运动员入选湖南省青少年定向运动队。

（石　颖）

淳口镇

【概况】 淳口镇位于浏阳市北区中部，2021 年，辖 15 个村，269 个村民小组，总面积 233.6 平方千米，其中耕地 4226.67 公顷（水田 2413.33 公顷、旱土 1746.67 公顷、其他 66.67 公顷），林地 14786.67 公顷，森林覆盖率 63.33%。年末，淳口镇总人口 67187 人，其中农业人口 59637 人、非农业人口 7550 人；常住人口 66961 人，出生人口 546 人，死亡人口 524 人，人口出生率 8.13‰，自然增长率 0.33‰；全年迁出 172 人，主要迁往广东省；迁入 551 人，主要迁入高田、鹤源和鸭头等村；人口数量最多的姓氏为张，其所占比例 7.22%；有百岁老人 4 人，分别是兰连秀 104 岁（家住鹤源村，1918 年 10 月 9 日出生），文院俊 102 岁（家住同辉村，1920 年 3 月 8 日出生），文干英 101 岁（家住狮岩村，1921 年 11 月 12 日出生），孔宪绸 100 岁（家住狮岩村，1922 年 1 月 24 日出生）。域内属中亚热带季风湿润气候，年度平均气温 18.4℃，1 月平均高温 10℃，平均低温 4℃；7 月平均高温 33℃，平均低温 24℃；年均降水量 1563.5 毫米。2021 年发生自然灾害情况：5—9 月，发生稻瘟病，水稻受损 1900 亩，受损金额 320 万元；8 月，发生洪涝灾害，房屋及居民家庭财产损失 80 万元，农林牧渔损失 500 万元，工矿商贸损失 20 万元，基础设施损失 180 万元。

【经济发展状况】 全年完成地方一般公共预算收入 2840 万元，同比增长 6.37%；实现规模以上工业生产总值 25.3 亿元，同比增长 26.9%；全年引进项目 6 个，其中过亿元项目 3 个，逾 5000 万元项目 3 个。农业生产。全年粮食、烤烟、蔬菜、水果等种植业主要产品总产值 5 亿元，产量 1000 万吨；其中完成水稻种植 4400 公顷，总产量 2300 多吨；种植烤烟面积 400 公顷，收购烤烟 14136 担，总产值 2200 万元；种植瓜果蔬菜 130 多公顷，油菜生产面积 1000 公顷，创建 2 个千亩片区、6 个百亩片区，全镇机械化率 90%。完成对全镇松材线虫疫木清理 10 余吨；完成天然商品林 3800 公顷落户工作。2021 年，淳口镇湘南红、湘纯、淳仙、浏羊记 4 个农业品牌入选浏阳市“湘赣红”品牌授权名单。工业经济：2021 年，完成固定资产投资 16.3 亿元，同比增长 15.6%；完成规模工业总产值 25.3 亿元，同比增长 26.91%；规模以上企业共 19 家，详见表 1；2021 年淳口镇完成工业技术改造投资 67280 万元。湖南淳峰茶业有限公司（试点项目：茶叶色选机）被确定为“长沙市第八批智能制造试点企业”；湖南省湘晖农业技术开发有限公司被认定为 2021 年湖南省“专精特新”“小巨人”企业。实现社会消费品零售总额 5884 万元，同比增长 42.55%。全年接待游客 10 余万次，营业额 1200 余万元。

表 17　　2021 年淳口镇规模以上企业基本情况表

企业名称	成立时间	注册资金(万元)	主要产品	职工人数(人)	工业产值(万元)
湖南浏阳河茶业有限公司	2003 年 8 月	500	茶叶	185	16865
浏阳市羽田服饰有限公司	2007年4月	85	服装	194	25083
浏阳市兴旺出口烟花制造有限公司	2009年12月	860	烟花、鞭炮	125	13094
浏阳市万全木业厂	2004年9月	70	木制楼梯、扶手	130	23416
浏阳东海堂农林科技有限公司	2005年12月	100	植物油	105	27642
浏阳市红盈盈木业有限公司	2011年7月	100	木制楼梯、扶手	108	25350
浏阳市佳鑫木业厂	2007年6月	50	木制楼梯、扶手	113	22058
浏阳市戴氏木业有限责任公司	2014年5月	1000	木制楼梯、扶手	158	23088
浏阳市汉瑞木业有限公司	2015年8月	425	木制楼梯、扶手	132	15964
浏阳市闩山木业有限公司	2009年7月	1000	木制楼梯、扶手	125	17685
浏阳市淳芝宝药业有限责任公司	2010年8月	2000	中药材	92	5790
湖南省湘晖农业技术开发有限公司	2002年10月	3300	有机肥料	165	6746
浏阳市光头强木业有限公司	2018年1月	102	木制楼梯、扶手	112	5960
浏阳市永旺木业制造有限公司	2018年7月	200	木制楼梯、扶手	65	7687
浏阳市山田腾飞木业有限公司	2015年7月	60	木制楼梯、扶手	108	6769
浏阳鸿庭木业有限公司	2015年7月	500	木制楼梯、扶手	78	6671
湖南力量金属制品有限公司	2020年6月	1000	金属制品	30	3052

【社会管理】 基础设施建设。全年申报农村公路建设项目 13 个，其中农村公路提质改造项目 10 个，共 10.2 千米；市规安防工程建设项目 1 个，共 0.7 千米；省规安防工程建设项目 2 个，共 6.825 千米；申请并完成枫林湖村 Y065 临水临崖路段省规安防项目约 12 千米；协助养护中心完成 G106 淳口段 20 千米提质改造项目；完成 G106 接线以外 3 万余平方米“白改黑”工程。南昌—长沙 1000 千伏特高压线路（淳口镇段）、长沙特高压站—浏阳Ⅱ回 500 千伏线路（淳口镇段）正式投产送电；组织镇村两级完善双田支渠、路口支渠、鹤源渠道共计 20 余千米的清淤、砍青；申报冬春农田水利建设项目 59 个，已完成 45 个，另外 14 个正有序推进；积极协助南康水库和马尾皂水库管理所进行自来水扩改工程，完成谢家村单村饮水工程提质改造项目。水库移民扶持工作。2021 年，市库区移民事务中心批准该镇大中型水库移民后期扶持项目 9 个，发放项目补助资金 89.04 万元。环境治理。全年完成改厕 635 座、废除旱厕 495 座；推行垃圾分类，全年处理垃圾约 900 车、2400 吨。推进美丽宜居村庄建设，山田滨河屋场、狮岩周家屋场、同辉中联

2021年4月24日，湖南·浏阳市第三届采茶暨风筝文化旅游节开幕式　（淳口镇　供图）

屋场、农大蒲官屋场和集镇屋场、鹤源砖门楼屋场、羊古城山屋场、新合屋场、杨柳内屋屋场9个美丽宜居村庄通过验收，并成功创建“湖南省卫生乡镇”，农大村被评为“湖南省卫生村”“湖南省2021年村庄清洁行动先进单位”，狮岩村被评为“湖南省美丽乡村建设示范村”，鹤源村被评为“长沙市卫生村”。安全生产。全覆盖检查烟花爆竹、燃气、加油站等重点领域，安全生产实现“零”事故。信访工作。推行“三诊解民忧　为民守初心”网格大走访行动，全年化解和签订息访息诉承诺书36件，办结“12345”服务热线工单708件，群众满意率96.46%。司法援助。全年化解矛盾181起，诉讼案件数同比下降10%。换届选举。8月23—24日，完成市镇两级人大代表换届选举，选举产生浏阳市人大代表18名、淳口镇人大代表90名。8月30日，召开淳口镇第四届人民代表大会第一次会议，选举产生新一届镇政府班子。

【社会事业】 全年发放低保金665余万元、特困供养费553余万元，救助困难群众186人，结对帮扶防返贫监测对象55户。新办及升级残疾第三代残疾证1621本，发放残疾人“两补”（困难残疾人生活补贴、重度残疾人护理补贴）189.9万元，发放扶残助学83人，发放金额18.2万元，开展“世界助残日活动”发放生活物资2.1万元；城乡居民医疗报销4224.5万元，办理异地报销人数227人；养老保险征缴600余万元，办理新参保登记191人；镇敬老院转型升级为综合养老中心，向坪村居家养老中心通过市级验收。全年开放疫苗接种，累计接种新冠疫苗105947剂次，截至年末，镇域疫情防控工作实现“零感染”。全年查处违规办学机构13处。修缮罗梓铭、肖仁美等烈士墓地，老庵坪新建接待室和天桥、茴香之旅新建秘境养生民宿项目、华盛山庄新建射箭场基地、卡丁车、山地车基地等项目。

【浏阳采茶暨风筝文化旅游节在淳口镇举行】 2021年4月24日至5月5日，湖南浏阳采茶暨风筝文化旅游节在淳口镇华盛山庄举行，活动以茶为媒，向市民、游客发出邀请，欢迎“五一”期间到淳口品茗踏青，寻觅美丽乡愁。活动由淳口镇党委、镇人民政府举办，以文艺会演、放风筝活动和采茶体验为载体，推介淳口绿茶，助力农旅产业发展，带动乡村旅游业发展。2019年以来，华盛山庄、茴香之旅、六叠泉漂流、千年母子杏、老庵坪民宿等成为乡村旅游新亮点。以华盛山庄为中心，王震故居、艾瑞克冰雪仙境乐园、农耕文化耕读园、石牛寨风景区、石柱峰景区、周洛大峡谷、周洛漂流、凤凰峡漂流、六叠泉漂流、千亩荷花基地等景点成为长沙市民休闲游乐好去处。

【浏阳市首批初级新型职业农民颁证仪式在淳口镇举行】 2021年8月4日，浏阳市首批初级新型职业农民颁证仪式在淳口镇狮岩村举行，市委组织部（市委人才办）、市农业农村局相关负责人为首批10名初级新型职业农民颁证，并送上政策“大礼包”，兑现乡村振兴人才政策。2021年6月，长沙市发布《长沙市乡村振兴产业人才队伍建设若干措施》，出台13个配套细则，构建起支持乡村人才振兴“1+13”政策体系。随后，浏阳推进政策落实落地，召开业务培训会，并在全市组织开展“入乡村、送政策、惠人才”活动。市农业农村局科教科相关负责人介绍，认定为初级新型职业农民需要满足两个基本条件，“一是从事农业3年以上并取得新型职业农民培训证书；二是具有相应的生产经营规模，比如种植水果、蔬菜在2公顷以上，养殖业年产值30万元以上”。对于新评定的初级新型职业农民，浏阳专门订制“一补贴三服务”政策礼包。按照政策规定，对新取得初级、中级、高级新型职业农民认定的农民，将分别给予3000元、5000元、10000元一次性补助。同时，浏阳还配套定制专属金融政策服务，配备贴心“体检卡”服务，实施乡村人才素质提升服务，以人才振兴推动乡村振兴。

（丁锦屏　刘梦晓　陈腾飞）

蕉溪镇

【概况】 2021年，蕉溪镇辖6个行政村，152个村民小组，总面积88平方千米，耕地面积809.47公顷，其中水田744.4公顷、旱土65.07公顷，山林5950.07公顷。全镇总人口30815人，其中农业人口23983人，非农业人口6832人；出生239人，死亡208人，人口出生率7.77‰，自然增长率

1.01‰。人口最多的民族为汉族；域内百岁老人1人(高元五)。年均气温18.9℃，年内气温最高值38.7℃，年内气温最低值-3℃，年降水量1377.7毫米。

【经济发展状况】 全年实现财政总收入2381万元，增长31%；地方一般预算收入完成1301.5万元，增长14.4%。成功打造3个双季稻百亩示范片、1个双季稻千亩示范片和1个油菜千亩示范片。做实“林长制”，创新建立“微驿栈”森林防火据点。全年种植树木27万余棵，恢复林地面积近6.67公顷，域内森林覆盖率68%。推进农村产权制度改革，域内6个村村级集体经济收入均超过20万元，金云村、常丰村被评为“村级集体经济发展进步村”。实现规模工业总产值14.1亿元，增长10%。完成固定资产投资11.3亿元，增长10%；社会消费品零售总额完成1.3亿元，增长18%。新引进九橡混凝土有限公司、长沙林峰木业有限公司等工业企业5家，全年申请专利8件，签订技贸合同450万元。

表18　　2021年蕉溪镇主要规模工业企业情况表

企业名称	成立时间	注册资金(万元)	主要产品	就业人数(人)	年产值(万元)
浏阳市华冠出口花炮有限公司	2003年9月	5500	全自动烟花生产线机械生产	30	12486
浏阳市新亚华出口烟花制造有限公司	2004年7月	100	组合类烟花	65	18837
浏阳市常丰墙材有限公司	2017年2月	180	建筑砌块	140	26649
浏阳市梦幻烟花制造有限公司	2014年4月	500	组合类烟花	90	16826
浏阳市蕉溪窑前采石场	2010年9月	400	片石、机制砂	28	14519
浏阳市现友环保建材有限公司	2016年1月	200	新型次保温砖	26	3901
浏阳新艺术烟花制造有限公司	2003年10月	1000	组合类烟花	90	18616
浏阳市水源采石场	2014年3月	200	机制砂、片石	40	14732
浏阳市蕉溪镇龙子万宝采石场	2010年9月	200	机制砂、片石	30	10062

【社会管理】 推进金阳大道三期建设，完成征地、拆迁、安置工作，“三改”(改河、改路、改渠)工作完成征地8.4公顷、拆迁房屋8户、迁坟68座、签订户外设施协议182份。完成长赣铁路实物调查、地质勘测等前期准备工作；全年整改硬化农村道路8千米，安装护栏5000米。完成高升集镇100余栋居民楼雨污分流改造及污水处理厂整改工作，水源村新增车位121个。推进农村人居环境整治工作，全年环保立案2起，处置环保信访事项31件。超额完成无害化卫生厕所改造221座，域内垃圾分类率75%。落实“党政同责、一岗双责”安全生产责任制，全年排查整改安全隐患380条，实现安全生产零事故目标。开展交通安全执法行动，摩托车、电动车驾乘人员“戴帽率”稳定保持在90%以上，全年交通亡人事故同比下降75%。推进扫黑除恶和禁毒工作，全年刑事拘留36人、行政拘留35人、强制戒毒4人。推进平安蕉溪、法治蕉溪建设，全年有效调处各类矛盾纠纷91起，被评为“长沙市信访‘三无’乡镇”“浏阳市信访‘三无’乡镇”“浏阳市平安建设工作优秀单位”。

【社会事业】 社会保障。全年发放低保金343.7万元、特困供养金206万元、“两补”(困难残疾人生活补贴、重度残疾人护理补贴)资金73万元，完成慈善助学14例、大病救助61例。完成养老保险待遇核查“回头看”，获上级肯定并代表浏阳市迎接省检。卫生健康。对2942名65岁以上老人进行健康体检，适龄妇女“两癌”免费检查800人次，成功创建“长沙市卫生镇”。双拥优抚工作。对290余名优抚对象进行结对帮扶，30余名退役军人成功就业。乡村振兴。6个美丽宜居村庄通过长沙市级验收，早田村、蕉溪村、常丰村被认定为“2021年省级乡村振兴创建示范村”。

【开展“万人植树造绿　共建美丽蕉溪”行动】 2021年4月，蕉溪镇全面铺开生态建设，开展“万人植树造绿　共建美丽蕉溪”行动，2月18日，召开“万人植树造绿　共建美丽蕉溪”工作部署会议，全体党政领导参加会议，会议主要就万人植树造绿工作统一思想、细化举措。镇村共筹资1000余万元，栽种树木27万棵。蕉溪镇党委再次创新启动“万人植树造绿、共建美丽蕉溪”计划，通过党员“微网格长”示范带动，引领全镇群众在“四边”(山边、路边、水边、屋边)人均种植3棵树，同时实施“一村一亮点”工程，以G106、梁高公路、高速路口、美丽河道等重要地段、重要节点为重点，进行绿化提质，同步开展“一村十户”绿色庭院、“党建进屋场”、绿色示范企业创建等活动，在全镇植树逾10万棵，努力打造宜居宜业宜游的美丽蕉溪和幸福蕉溪。2月底，蕉溪镇团委、妇联启动“我在蕉溪有棵树”认养领植护绿志愿服务活动；10月，6个美丽宜居村庄均通过长沙市级验收，并获长沙市表扬推介。

【全域推进党员分类管理工作】 蕉溪镇作为湖南省党员分类管理的试点，2021年，辖内6个村已全域推进党员分类管理。该镇根据党员年龄、

2021年10月13日，蕉溪镇举办“我们的节日重阳”新时代文明实践活动 （蕉溪镇 供图）

工作性质、身体状况以及流动性，按照“全覆盖、全过程、全链条、全联网”的农村党员“4Q”分类管理思路，将党员分为有职党员、无职党员、年老体弱党员、流动党员四个类型，推动党员分类管理工作有序开展。推动党员分类管理和“党员微网格+五个到户”有效结合，推动党员分类管理和“村级吹哨、站所报到”有效结合，通过全域推进党员分类管理，该镇党员素质稳步提升，支部建设得到加强，治理效能持续释放。

【举办“我们的节日·重阳”新时代文明实践活动】 2021年10月13日，蕉溪镇在早田村金山党群活动中心开展美丽屋场文明行系列活动之“我们的节日·重阳”新时代文明实践活动，120余名老年参加。活动设置“仁孝之家”“先锋之家”“公益之家”“重教之家”“快乐之家”5个奖项，通过群众自荐、网格推荐、老协商议、支部评定的方式，对“湖南好人”戴佑金，优秀党员高波涛、戴先华等6组家庭进行表彰，以典型引路推动形成良好社会新风尚。

（戴晓宇）

龙伏镇

【概况】 2021年，龙伏镇辖石柱峰村、柘庄村、泮春村、相市村、龙伏村、新开村、黄桥村、焦桥村、达峰村、坪上村10个行政村，328个村民小组，土地总面积117.4平方千米，其中耕地2621.8公顷（水田2500.7公顷，旱土121.1公顷），山林面积7737.9公顷。年末，龙伏镇户籍人口47758人，其中农业人口42407人，非农业人口5351人；全年出生367人，死亡395人，人口出生率7.68‰，自然增长率-0.059‰。全年迁入人口62人，其中34人为省内迁入，28人为省外迁入，迁出人口151人，其中45人为省内迁出，106人为省外迁出。周姓人口数量最多，占全镇人口的10.8%。镇上民族为单一汉民族，有百岁老人3名，分别是贺雪花、周又林、沈艳冬。2021年平均气温18.9℃，比历年同期（17.5℃）偏高1.4℃，比2020年同期（18.4℃）偏高0.5℃；年极端最高气温38.7℃，出现在8月2日，极端最低气温-5.3℃，出现在1月9日。年降水量1377.6毫米，比历年同期（1551.3毫米）偏少11.2%，较2020年同期（1953毫米）偏少29.5%；年内共出现5次暴雨。年日照时数1597.2小时，与历年同期（1594.8小时）基本持平，比2020年同期（1354.5小时）偏多17.9%，主要天气气候事件有寒潮、暴雨、连阴雨、雷暴大风、局地冰雹、五月低温、重度洪涝、雨水相对集中期、高温热害等。

【经济发展状况】 全年完成财政总收入2250万元，同比增长19.8%，完成地方一般公共预算收入1294.7万元，同比增长9.2%，农民人均可支配收入26070元。农业生产。种植优质水稻4500公顷、高产油菜400公顷、烤烟254公顷、蔬菜593公顷，蔬菜产量32000吨、水果产量400吨；收购烟叶8730担，连续九年被评为“市烤烟生产先进乡镇”。全年生猪出栏16508头，存栏7810头；牛出栏365头，存栏1115头；羊出栏8300只，家禽鸡鸭鹅出栏5.5万只；完成高标准农田建设440公顷，成功打造全市唯一万亩早专晚优双季稻轮作示范片，湖南鼎钧种养专业合作联合社被评为“国家农民合作社示范社”（有效期至2023年6月）。工业经济。全年实现规模工业总产值27.47亿元，同比增长26.6%；实现固定资产投资7.74亿元、社会消费品零售总额1.06亿元；新增高新技术企业4家。其他产业。全年引进6个项目，培育湖南省“专精特新”“小巨人”1家。立足产业需求和政企一家理念，建立“有求必应、无事不扰”营商环境服务机制，被评为“浏阳市优化营商环境示范乡镇”。加快构建全域旅游新格局。探索建设“水稻文化园”，举办龙伏镇乡村振兴现场推进会和小龙虾节，促推旅游消费扩大升级。

表19　　2021年龙伏镇主要规模企业情况表

企业名称	成立时间	注册资金(万元)	主要产品或主营业务	就业人数(人)	年产值(万元)
浏阳市达丰出口花炮厂	2008年3月	150	组合烟花类	24	46724
长沙天野有机农业有限责任公司	2019年5月	5313	蔬菜种植、仓储运输	65	371647
湖南老虎头节能环保科技有限公司	2010年5月	208	生物质致密成型的燃料	23	228010
浏阳市龙伏镇诚信家具厂	2016年5月	2	木门窗、楼梯、木质家具的制造	31	303715

续表 19

企业名称	成立时间	注册资金(万元)	主要产品或主营业务	就业人数(人)	年产值(万元)
浏阳市豪鑫木业有限公司	2013年4月	280	木门窗、楼梯、木质家具的制造	27	155251
浏阳市美嘉竹木加工厂	2016年8月	280	木材加工和木、竹、藤、棕、草制品业	31	159299
湖南北森环保节能科技有限公司	2017年5月	1080	生物质能源的技术研发	19	132767
湖南德旺农业科技发展有限公司	2015年4月	500	肉、禽类罐头、蔬菜、水果罐头、速冻食品、水产品罐头、豆制品的制造	52	148295
浏阳市御怡木业有限公司	2015年4月	100	木质家具、其他家具的制造	26	129152
浏阳市加佰加海绵制品有限公司	2016年11月	300	海绵制造	38	208375
浏阳市美寓木业有限公司	2017年2月	100	木材加工和木、竹、藤、棕、草制品业	24	75878
浏阳市宜嘉木业有限公司	2015年1月	100	家具制造业	20	60810
湖南步步佳楼梯有限公司	2014年6月	500	金属制品业	27	64681
浏阳市帝豪木制品厂	2018年1月	500	木材加工和木、竹、藤、棕、草制品业	32	27041
湖南红员外食品有限公司	2017年10月	200	调味品、调味汁的生产;食品添加剂制造	35	33672
湖南华擎润滑油有限责任公司	2014年4月	3125	润滑油、润滑脂的销售	16	135136
湖南萧邦医疗器械有限公司	2017年7月	5000	医药制造业	160	2307869

【社会管理】 基础设施建设。全年共畅通农村公路7.7千米,新建污水支管网3千米,加固危桥2座,改厕296座,完成上洞至石柱峰道路招投标、G106国道龙伏段提质改造,助推南昌—长沙1000千伏特高压项目建设完工,被评为“2021年度智慧电网建设优秀服务单位”。人口与计划生育。发放计生奖励扶助金75.1万元,完成孕前优生检测128对;组织开展妇女“两癌”筛查2114人,完成第五次中国城乡老年人生活状况抽样调查工作。完成无偿献血人数114人,超额完成献血任务指标数。环境整治。迎接第二轮中央生态环境保护督察,建成泮春分散式污水处理设施;落实“林长制”“河长制”,完成51个森林图斑整改销号,强化禁渔禁捕执法,捞刀河龙伏出境断面水质均值保持Ⅱ类,捞刀河龙伏段被评为“浏阳市2021年度最美样板河库”。安全生产。落实行业、企业安全生产监督管理派驻制度,开展各类安全专项检查1600余次,整改安全隐患305处,全年无生产安全事故发生。全年开展交通联合执法230次,举办交通安全屋场会140场次。社会治安。推进扫黑除恶专项斗争,从严打击整治“黄赌毒”等违法犯罪行为。全年接处警946起,办理刑事案件32起、治安案件111起,刑事拘留33人,移送起诉39人。全年共摸排矛盾纠纷182起,成功调处168起,化解信访积案3件,继续保持“县市省京”四级“零”信访乡镇,被评为“长沙市信访工作‘三无’乡镇(街道)先进单位”、浏阳市信访工作“三无乡镇”。移风易俗。推进乡风文明建设,举办迎“七一”红歌比赛、书画摄影展、乡村篮球赛等活动,焦桥村被评为“长沙市美丽同心乡村”。

【社会事业】 社会救助。2021年,全镇有低保户484户866人,共发放低保金520万余元;共计特困人员238户241人,发放救助金30万余元。全年新增低保92户130人。对全镇家庭困难人员进行救助107次,共9万余元;对因病住院支出较大家庭进行急难救助20人次,救助金额5万余元;高等教育慈善助学二批共计28人次(其中低保户8户),发放助学金16.4万余元。民政大病救助方面,住院救助137人次,救助金额36.7万元;门诊救助16人次,救助金额3万元。社会保障。2021年,城居医疗保险征缴38739人1239万余元,城居养老保险征缴15497人437万余元。科技教育文化。完成发明专利申请20件、实用新型专利20件;对校外办学机构进行巡查50余次,查处无证办学机构8家。

【举办革命歌曲合唱比赛暨乡村振兴现场推进会活动】 2021年6月29日晚,龙伏镇举办“在希望的田野上”庆祝中国共产党成立100周年革命歌曲合唱比赛暨乡村振兴现场推进会活动,用特色农产品、致富新农人赋能乡村振兴。活动邀请浏阳市级领导及市委党史学习领导小组、组织部、宣传部等多部门领导出席。该活动分为两个阶段,第一个阶段为“在希望的田野上”龙伏镇庆祝中国共产党成立100周年大会暨龙伏镇乡村振兴现场推进会,第二个阶段为“我们走在大道上”龙伏镇庆祝中国共产党成立100周年大会暨“七一”红歌合唱比赛。活动现场,龙伏镇表彰20名“龙伏正能量”代表和11名“致富新农人”代表。为加速龙伏农产品品牌升级,推广龙伏本土的特色农产品,活动中龙伏镇还发布特别设计的一套“龙伏特色农产品”“龙伏优质农产品”logo,并对龙伏米、龙伏面、龙伏小龙虾3款特色农产品和预制菜、十八子水果、蓝莓等7款优质农产品进行重点推介。同时，正式启动龙伏镇第二届龙虾消费节。活动现场参与人数逾600人。

【龙伏镇第七届人民代表大会第一次会议召开】 2021年8月30—31日，龙伏镇第七届人民代表大会第一次会议在镇政府四楼大会议室召开，出席会议代表76名。会议审议通过人大、政府工作报告，会议选举暨朝佐为龙伏镇第七届人民政府镇长，曾祥浩为龙伏镇第七届人大主席，选举产生新一届人大、政府领导班子。

【"湖南省示范性就业帮扶车间"揭牌仪式在龙伏镇举行】 2021年12月25日，湖南省妇女儿童发展基金会德旺基金的发起单位湖南德旺农业科技发展有限公司"湖南省示范性就业帮扶车间"揭牌仪式在龙伏镇举行，该公司成为长沙市首个将"扶贫车间"升级为"就业帮扶车间"的企业。湖南省妇联副主席卢妹香参加活动并讲话，省政协常委、长沙市政协副主席彭继球，省工商联二级巡视员刘建平等参加活动。湖南德旺农业科技发展有限公司成立于2015年4月，注册地位于浏阳市龙伏镇石江村软桥组，2018年，公司被评为"湖南省农业产业化龙头企业"，是一家集种植养殖、研发、生产、销售、贸易于一体的农产品加工企业。2017年8月，公司响应中央、省、市关于扶贫攻坚的战略部署，成立长沙市首个全部由贫困户上岗的"精准扶贫车间"，截至2021年12月，该车间共吸纳180人次的贫困户就业，发放工资500余万元，为当地的脱贫攻坚做出重大贡献。

【打造浏阳市双季稻轮作（早专晚优）万亩示范片】 2021年，龙伏镇种植水稻5.4万亩，成功打造浏阳市唯一双季稻轮作（早专晚优）万亩示范片，创建2个千亩示范片、14个百亩示范点，水稻年产量19000吨。开展粮食生产工作，扛稳粮食安全责任。让农民种粮有钱赚，保护农民种粮积极性。完善粮食种植补贴政策，组上连片30亩以上的，补贴304元/亩归农户；扩大农机购置发放补贴范围。培养新型职业农民，发挥种植大户带动作用。培育种粮大户，鼓励大户为散户提供集中式服务，推动土地集中流转向大户，遏制耕地抛荒。2021年，全镇百亩以上种粮大户22户。加快推进农业现代化，向科技要产量要效益。引进推广水稻印刷播种、工厂化育秧等新技术，提升种粮效率。截至2021年，全镇拥有大型收割机140台，大型插秧机43台，烘干机38台，植保飞机20架，已基本实现全程机械化。

【纪念辛亥革命烈士焦达峰殉难110周年活动举行】 2021年12月4日，由市民间文艺家协会与龙伏镇达峰村村委会共同举办的纪念焦达峰烈士殉难110周年公祭仪式暨夜歌会在龙伏镇焦达峰故居举行。湖南省政协原副主席、民革湖南省委原主委刘晓，浏阳市政协副主席、民革浏阳市委副主委吕立生，辛亥革命后裔代表、黄埔后裔代表、焦达峰烈士后裔代表和湖南及浏阳各界人士代表参加活动。纪念活动中，举行公祭仪式。吕立生恭读祭文，刘晓向焦达峰烈士献酒。公祭仪式结束后，市民间文艺家协会北乡夜歌研究会的歌师们以"非遗文化"夜歌的形式回顾焦达峰烈士短暂而伟大的一生，向先烈汇报110年来先烈故里所发生的巨大变化，讴歌"自强不息、敢为人先"的浏阳精神。焦达峰（1886—1911年）原名大鹏，字鞠荪，浏阳龙伏人，"达峰"为其在日本时署名，近代著名的民主革命烈士。1912年1月1日，中华民国南京临时政府成立后，孙中山追授焦达峰为开国陆军上将、中华民国军政府湖南省第一任都督。

（张可欣）

社港镇

【概况】 社港镇辖12个村、403个村民小组，总面积171平方千米，耕地面积3219公顷（其中水田2194.91公顷、旱土1024.09公顷），11666.67公顷。2021年，辖区户籍总人口47057人，男性24159人，女性22898人，出生人口302人，死亡人口423人，人口出生率6.42‰，自然增长率-2.57‰，人口数量最多的姓氏为寻氏，占比19.8%。2021年，年平均气温18.9℃，极端最高气温38.7℃，出现在8月2日，极端最低气温-5.3℃，出现在1月9日；年降水量1377.6毫米，降水日数159天，暴雨日数5天，最大日降水量65.3毫米，出现在5月16日。

【经济发展状况】 2021年，完成财税收入4419.9万元，增长9%，其中地方一般公共预算收入2465万元，增长10%；实现规模工业总产值11.28亿元，增长25.4%，工业用电量增长5.2%；完成固定资产投资16.3亿元，增长10%；社会消费品零售总额社零完成742万元，增长23%。成功发行2.8亿元政府专项债。服务业（旅游）营业收入1.7亿元，同比增长47.8%；严控"三公"经费、清理盘活资产、化解债务存量，全年消化政府债务720万元，化解村级存量债务512万元。增强"名医带名院、名院兴名镇"效应，骨伤科医院和江氏康复医院年门诊量超过37万人次，年业务收入超过3.5亿元。江淮村镇银行成功入驻。2家AAA级景区接待游客超过80万人次，旅游收入超过2000万元。全年粮食种植3053.33公顷、栽种烤烟120公顷，油菜400公顷，以产业壮大促发展，做大做强"新光芦笋""丹霞稻+鱼""淮洲荷莲"三大产业。探索推进集体土地入市，12个村实现集体经济收入超过20万元，其中周洛村集体经济超过60万元。全镇生猪出栏15668头、存栏8715头、牛出栏1200头，羊出栏6100只，家禽出笼11万羽，稻田养鱼发展20公顷，水产品总产量2000吨，畜禽、水产品总产值达1.6亿元。烤烟种植合同面积114公顷，收购总量3572.5担，总金额538.4万元。被评为湖南省"平安农机"示范乡镇。引进千万元级大型项目2个（周洛云端花园酒店项目、港腾金属制品项目）。

表 20　　2021 年社港镇主要规模企业情况表

企业名称	职工人数(人)	成立时间	产值(万元)	经营范围
浏阳市社港吉利鞭炮厂	84	2000 年 10 月 18 日	18361	爆竹类:爆竹类(C)级生产(安全生产许可证有效期至 2020 年 9 月 4 日)
浏阳市吉星出口烟花鞭炮厂	136	2003 年 11 月 12 日	19081.5	烟花类:组合烟花类(单筒药量<25 克,C)级生产(安全生产许可证有效期至 2018 年 12 月 28 日)
浏阳市鑫源出口花炮厂	108	2011 年 6 月 23 日	7957	烟花类:玩具类(线香型 / 电光花,C、D)级生产(安全生产许可证有效期至 2020 年 6 月 18 日)
浏阳市远翔出口烟花制作燃放有限公司	137	2008 年 11 月 27 日	17449	烟花类:组合烟花类(B、C)级、礼花类(小礼花,B)级生产(安全生产许可证有效期至 2021 年 9 月 17 日)
浏阳市龙腾木制品厂	125	2012 年 6 月 27 日	7650	木门窗、楼梯制造。(依法须经批准的项目,经相关部门批准后方可开展经营活动)
浏阳市鸿运烟花制造有限公司	107	2012 年 10 月 17	14156.9	烟花类:组合烟花类(单筒药量<25 克,C)级、喷花类(B、C、D)级生产(安全生产许可证有效期至 2018 年 7 月 19 日)
浏阳市源泰烟花制造有限公司	100	2012 年 6 月 7 日	17204.3	烟花类:组合烟花类(B、C)级生产。(安全生产许可证有效期至 2022 年 7 月 25 日)
浏阳市瑞祥出口花炮厂	140	2012 年 9 月 14 日	20239	烟花类:组合烟花类(单筒药量<25 克,C)级、升空类(双响,C)级生产(安全生产许可证有效期至 2021 年 11 月 11 日)
浏阳市石牛出口礼花厂 (普通合伙)	136	2010 年 1 月 12 日	18863.8	烟花类:组合烟花类(B、C)级、喷花类(B、C、D)级生产。(安全生产许可证有效期至 2021 年 5 月 7 日)
浏阳双狮花炮制造有限公司	102	2010 年 12 月 6 日	16506.5	爆竹类:爆竹类 (C) 级生产 (安全生产许可证有效期至 2019 年 10 月 12 日)

【社会管理】 项目建设。完成特色小镇“两中心一平台”(中医职业继续教育培训中心、湘赣边中医药科研及检测中心、医养小镇综合服务平台)主体建设,港龙世纪主体工程开工,中医药材基地开发种植 20 公顷,江氏非物质文化遗产陈列馆完成前期手续办理。提质 106 国道社港段,提升沿线绿化品质,打造入镇口特色小镇标识。基础设施建设。推进“两桥一路”(红星桥、下车桥、捞刀河路),完成棚改(四期)、污水支管网建设,3.5 万伏变电站完成建设并投入运行。提质改造浏北、清江单村饮水工程,捞刀河综合治理和关山水库库尾综合整治完成扫尾,铺排 100 万元的水利冬修项目,完善镇村基础设施,被确定为“第三批长沙市特色小城镇”。加强集镇建筑规划建设管控,严控违法用地,处理卫片图斑 217 处,拆除非法建筑 17 处,实现连续 11 个月国土卫片“零违法”。环境整治。成功创建长沙市小微水体管护示范片区 1 个,捞刀河出境断面水质稳定达到ⅡB 类,捞刀河社港段被评为“浏阳市最美样板河”,小源水库、傍壁水库被评为“长沙市放心满意水库”。信访工作。化解信访积案 7 件,调解矛盾纠纷 102 件,调解成功率 99%。交通安全。摩托车戴帽率稳定在 92%以上,亡人交通事故同比下降 75%,交通安全“社港经验”获上级推介。

【社会事业】 乡村振兴。做好脱贫攻坚和乡村振兴衔接,严把识别关,确定监测对象 34 户 76 人,开展产业就业、教育、健康、金融、危房改造、兜底保障、易地搬迁后续扶持等帮扶措施,发放各项惠农补贴 1001.05 万元。打造 8 个美丽宜居村庄,5 个村被评为“湖南省乡村振兴示范创建村”。梁民被评为“全省脱贫攻坚先进个人”。社会保障。落实危房改造 7 户,完成有隐患房屋修复加固 12 处。城乡居民基本养老实现全覆盖,参保金额 414 万元,完成任务率 127.78%,医疗保险应参尽参,完成率 98.35%。完善社会养老、社会救助、残疾人保障、关爱留守儿童、离任村干部待遇保障等服务体系,发放养老待遇、残补、低保、医疗救助等各类补助 3661 万元。教育。改造升级社港中学,启动双狮坪附属小学建设,新建淮洲小学附属幼儿园,新增学位 150 个,启动社港中心幼儿园前期手续办理,双狮坪中学获全市教育教学质量综合评价“一等奖”,被评为“长沙市文明校园”,社港中学、社港完小创建浏阳市智慧校园培育学校,社港完小等 5 所小学获办学水平评估浏阳市“优胜单位”。践行“双减”政策，查处取缔无证培训机构13家，规范镇内有证培训机构4家。卫生健康，完成“两癌”普查2325人，孕前优生检测222对，老年人免费体检率80%，2021年度卫生监督工作全市排名第一名。推动职业病、尘肺病攻坚行动，落实职业病体检117人。

【开展为期1个月安全排查整治活动】 2021年2月22日起，社港镇开展为期1个月安全排查整治活动。开展交通整治，净化道路交通环境，预防和减少道路交通问题的发生，保障人民群众的生命财产安全。对集镇的店外经营和流动摊贩进行劝导，为居民营造一个安全、有序、洁净的镇容环境。发挥“党建+微网格”作用，以网格微信群、“村村响”广播、张贴横幅和海报等方式，营造文明交通出行宣传氛围。入户发放宣传单，发放“一盔一带”公开信5000余份，出动宣传车20余次，开展屋场会20余次。各村“两委”成员轮班，每天组织5~8名志愿者在各重点路口制止各类不文明交通行为。对辖区内医院、酒店宾馆、电影院、KTV、超市等人员密集场所进行消防安全检查，排除安全隐患。对辖区内燃气站点进行安全生产检查，确保燃气使用的安全。

【社港镇第六届人民代表大会第六次会议召开】 2021年3月17日，社港镇第六届人民代表大会第六次会议召开，镇人大代表出席会议，镇非代表党政领导、市人大代表、市政协委员、村非代表书记、主任、机关中层干部、市直驻镇单位负责人、老同志代表等列席大会。大会听取、审议和通过政府工作报告、人大工作报告，书面审查和通过2020年财政预算执行情况和2021年财政预算的报告，并选举向兴峰为社港镇人民政府副镇长，票决确定下车桥提质新建项目、红星桥提质新建项目为2021年民生实事项目。镇党委副书记、镇长罗定坤做政府工作报告，镇党委书记梁民作大会闭幕式讲话。

【周洛大峡谷景区摄影创作基地挂牌】 2021年4月18日，“一河诗画、满城烟花”浏阳全国摄影作品展周洛大峡谷景区采风活动暨长沙市摄影家协会周洛大峡谷浏阳周洛大峡谷景区摄影创作基地授牌仪式在浏阳周洛大峡谷景区举行，授牌仪式由长沙市摄影协会秘书长余佳桂主持，长沙市摄影家协会主席翟健，社港镇党委委员、副镇长暨诚姿，周洛大峡谷风景区总经理李志坚出席仪式。100余名摄影家参加仪式。周洛大峡谷山清水秀，风景怡人，是捞刀河的发源地，坐拥中南地区最大自然瀑布群落，是国家AAA级旅游公园。为整合优质旅游资源，打造有特色的文化摄影活动，长沙市摄影家协会与湖南周洛旅游开发有限公司携手共同在周洛大峡谷景区设立摄影创作基地。

【社港镇与中南大学签约乡村振兴实践基地合作协议】 推进乡村振兴，加快农业农村现代化，2021年5月21日，社港镇与中南大学公共管理学院签约乡村振兴实践基地合作协议，中南大学公共管理学院院长，教授、博士生导师，中南大学乡村振兴研究中心主任许源源等5名专家学者，社港镇全体在家党政班子成员、各村党总支书记、主任和相关企业代表出席签约仪式。双方签订合作期为5年，中南大学乡村振兴研究中心将为社港镇总结乡村振兴和乡村治理经验，提供决策咨询，争取国家和省市相关政策等方面提供必要的智力支撑，同时，支持建立科研基地、实习基地，每年定期委派团队开展调研。社港镇将支持中南大学在辖区内开展科学研究、实习实践、调研访谈等活动提供数据资料以及田野调查等方面的便利，为政校合作创造最佳条件，提供最优服务。

【花鼓小戏《北上·北上》在社港中学首演】 2021年6月6日，一场根据寻淮洲英雄事迹而创作的革命题材花鼓小戏《北上·北上》，在社港中学上演，该剧为首次演出。该剧由浏阳市委宣传部指导，市文旅广体局、市文学艺术界联合会和社港镇人民政府联合组织，市花鼓戏剧团和市戏曲工作者协会合作献演。其以花鼓小戏的方式演绎英雄烈士寻淮洲的革命故事，为社港镇机关党员干部和各村支村“两委”共150余名观众送上一堂党史教育课。

【举行庆祝中国共产党成立100周年暨“七一”表彰大会】 2021年6月30日晚，社港镇举行庆祝中国共产党成立100周年暨“七一”表彰大会活动，社港镇镇村干部、“两优一先”(优秀党务工作者、优秀共产党员，先进基层党组织)表彰对象、“光荣在党50年”党员代表以及市直镇

2021年6月6日，革命题材花鼓小戏《北上·北上》，在社港中学上演　(社港镇　供图)

2021 年 6 月 30 日晚，社港镇庆祝中国共产党成立 100 周年暨"七一"表彰大会

（社港镇 供图）

属单位等 300 余名代表在浏阳市第八中学篮球场参加活动。活动分为表彰大会、文艺演出两个部分。活动现场，该镇对 34 个优秀共产党员代表、17 个优秀党务工作者、12 个优秀微网格长、15 个先进基层党组织、13 个"光荣在党 50 年"党员代表进行表彰。文艺演出分"赤子红心""绿意悠心""如磐初心"3 个篇章展开，运用手风琴表演、歌舞、情景小品、音诗画等艺术形式和表演手段，回顾党的百年峥嵘岁月，讴歌党的丰功伟绩，展示社港镇近年来在党建引领下，乡村振兴取得的硕果。

（沈 旸）

小河乡

【概况】 2021 年，小河乡辖田心村、新河村、潭湾村、乌石村、皇碑村 5 个行政村，村民小组 186 个，乡域面积 109.5 平方千米，其中耕地面积 1579.11 公顷（水田面积 1503.12 公顷、旱地面积 75.99 公顷）。山林面积 8245 公顷，属长沙株树桥水库饮用水源核心保护区。总人口 1.6 万人，出生人口 111 人，死亡人口 127 人，人口出生率 6.9‰，自然增长率 -1‰，人口流动方向为江西、广东省。年平均气温 18.9℃，最高气温 38.7℃，最低气温-5.3℃，年降水量 1377.6 毫米。域内有初级中学 1 所，小学 6 所，幼儿园 3 个，卫生院 1 所，敬老院 1 所。入选"全省第二批乡镇（街道）应急能力建设达标"名单，被评为浏阳市信访工作"三无"乡镇，田心村被评为"长沙市平安村"。

【经济发展状况】 全年完成税收收入 3041.36 万元，同比增长 2.23%；完成地方一般公共预算收入 946.05 万元，同比增长率 8.24%。完成规模以上工业总产值 8.55 亿元以上，同比增长 20.02%；固定资产完成投资 4.8 亿元，超额完成 11.6%；限上商贸零售额累计完成 5783 万元，同比增长 38.22%；规上服务业企业实现营业收入 5079 万元，同比增长 33.4%。发展壮大村级集体经济，5 个村集体经济收入均逾 20 万元，其中新河村 35 万元。巩固脱贫户 402 户，无一例返贫。成功创建画里小河生态旅游区国家 AAA 级景区，先后打造"网红坝"、人行吊索桥、红十八军组建地小河革命历史陈列室、木活字印刷"非遗"馆、乌石文化空间、云上的小店、星河天文台、栗柿民宿等一批"网红打卡点"，"来小河看银河"研学旅游路线逐步成型，特色客家美食、清溪山房精品民宿等餐饮、民宿业发展迅速。《云上的小店》全国首档沉浸式乡村振兴综艺节目共 12 期在小河乡拍摄并播放，小河好物产、好人文、好故事在全国推介。全年吸引 30 万余名游客观光体验，创造单日游客 1.5 万人次的旅游高峰纪录，为当地创收 2000 万元以上。全年种植粮食 1240 公顷，蔬菜 200 公顷，烤烟 66.67 公顷，打造蔬菜基地 2 个，新、续建蔬菜加工基地 2个，芥菜、莲子实现本地加工，大米、金丝皇菊加工设备升级、品质提升。解决物流快递不畅、农产品进城难问题，新建游客服务中心、物流集散中心和土特产展销中心"三大中心"，引进湖南邮政入乡进村设站点，开辟邮乐购"云上的小河"电商农产专区，推出"小农产品"进城套餐，玉针香大米、金丝皇菊、蔬菜、油茶、"三黑"等农产品销售成倍增长，畅销全国。

【社会管理】 35 千伏输变电工程启动建设，完成污水处理厂提标改造、雨污分流、农村公路建设指标 2 千米、农村公路安防设施 8 千米，危桥改造 1 座，拓宽皇碑横岭段旅游公路 1.4 千米。完善旅游配套设施，新建游客服务中心、4 个停车场，改建旅游厕所 3 个，建设旅游导览系统。投资 1500 万元打造新河乡村画室、乌石金乌屋场以及田心片区等 5 个美丽屋场。落实"路长制""河长制""田长制""林长制"等工作，保障道路畅通和环境卫生。小溪河小河段成功创建"长沙市美丽幸福河"，凤岗河乌石段成功创建"浏阳市 2021 年度最美样板河库"，森林防火全年"零事故"，为全市唯一全年无新增森林图斑乡镇。统筹抓好安全生产、信访维稳等工作，摩托车戴帽率 98%，推行"显性警务"，发案率同比下降 11.8%，"12345"工单数下降 20.3%，办结率和满意度均 100%。推进诉源治理，成功调处矛盾纠纷 34 起，进京赴省到长非访"零登记"，劝返缅北重点人员 1 名。

【社会事业】 开展"我为群众办实事"实践活动，完成皇碑集镇地质灾害示范点建设，新建乌石完小附属幼儿园并开园，改造田心完小彩虹操场，新建小河中学风雨廊桥，打造钢琴音乐教室 2 个，小河教育连续 13 年被评为浏阳市绩效考核"一类

网红坝之一——鱼鳞坝（小河乡　供图）

单位”，为乡卫生院争取引进智慧医疗系统，解决应急救护车1辆，办理群众身边“微实事”1042件。乡一级和5个村均成功创建“浏阳市退役军人示范站”。打造乡、村新时代文明实践服务所（站），弘扬留守儿童“银秀妈妈”“网红坝”志愿服务蔚然成风。成功举办元宵焰火晚会、湘赣边客家文化节、广场舞、客家山歌、《云上小河》乡歌传唱等群众文化活动。

【鱼鳞坝和叠水坝设计、图片、视频等5件作品完成省级版权登记】2021年5月，为防止恶意复制和模仿，小河乡政府根据《作品自愿登记试行办法》相关规定，向湖南省版权局就鱼鳞坝设计图、叠水坝设计图、鱼鳞坝图片、叠水坝图片以及两个“网红坝”的视频等5个作品申请登记。6月7日，小河乡鱼鳞坝和叠水坝设计、图片、视频等5件作品获湖南省版权局颁发登记证书，完成省级版权登记。2020年以来，小河乡依托生态湿地修复和棚改工程，投资5000多万元修复旧桥、旧坝以及河堤，科学设计工程项目，打造风雨廊桥、鱼鳞坝和叠水坝等建筑项目。2021年春节，两处河坝意外爆红，创造单日游客1.5万人次的旅游高峰纪录，全年吸引20万余名游客观光体验。两坝建在浏阳河支流小溪河“一河两岸”风光带。

【成功创建画里小河生态旅游区国家AAA级景区】2021年3月起，小河乡对标AAA级景区考核评定体系，积极申报创建画里小河生态旅游区国家AAA景区，新建游客服务中心、红十八军组建地小河革命历史陈列室、木活字印刷“非遗”馆、人行吊索桥、乌石文化空间、云上的小店、星河天文台、栗柿民宿等一批“网红打卡点”，“来小河看银河”研学旅游路线逐步成型，新改建旅游厕所4个，增加停车场3个，释放停车位180个，完善全域旅游导览系统，引导餐饮、民宿业以及特色农业的发展，打造清溪山房1家精品民宿，丰富旅游业态，完善旅游配套，提升旅游承载能力。12月，成功创建国家AAA级景区。共吸引30万余名游客到该乡观光体验，为当地创收2000万元以上。

【举办元宵焰火秀】2021年2月26日晚，“世外原乡　画里小河”元宵焰火秀在小河乡新晋网红打卡点“鱼鳞坝”附近举办。焰火点亮“世外原乡　画里小河”八个大字。随后，中空、低空烟花依次绽放，与山水融为一体；“百鸟闹春”“空中瀑布”“孔雀开屏”“四季花开”等特效焰火绽放，“时光灯笼”“加特林”“水母烟花”等网红烟花亮相，用光与火演绎出“春之花”“夏之舞”“秋之实”“冬之韵”4个篇章。焰火秀经《浏阳日报》、浏阳电视台现场直播，点击量超500万次。

【新建物流集散中心】2021年，小河乡结合党史学习教育“我为群众办实事”实践活动，为解决快递取件需付费、农产品进城物流不畅的问题，小河乡在清溪集镇，引进市场化运作模式新建物流集散中心，5月24日，该中心正式对外开放。新建的物流集散中心有自己的物流，收领包裹不收取费用，同年11月，一并建设小河乡邮政综合便民服务中心，实现邮车下乡进村，彻底打通小河乡“农产品出城、工业品下乡”的

2021年6月29日，红十八军组建地小河革命历史陈列室开馆（小河乡　供图）

2021年6月29日，小河乡举办“山歌颂党恩·小河话新貌”庆祝中国共产党成立100周年大会
（小河乡　供图）

物流快递“高速公路”，惠及全乡1.6万村民。

【红十八军组建地小河革命历史陈列室开馆】 2021年，为庆祝中国共产党成立100周年，结合党史学习教育，小河乡党委、政府选址千年罗汉松古树公园内一老建筑筹建红十八军组建地小河革命历史陈列室，6月29日，陈列室正式开馆对外开放。该馆陈列记载小河乡作为湘鄂赣革命根据地的重要区域，红军和主力部队的重要后方保障基地的革命历史，展陈毛泽东多次到小河，以及彭德怀、滕代远、黄公略等革命先辈在小河的足迹，同时展览小河作为红五军、红十六军、红三军团、红一方面军等多支红军活跃地的历史，展陈在小河乡成立红十八军的军史。截至12月31日，陈列室承接省市机关单位党史学习教育56场次，接待游客15万人次。

【举办小河乡庆祝中国共产党成立100周年大会】 2021年6月29日，小河乡举办“山歌颂党恩·小河话新貌”庆祝中国共产党成立100周年大会。庆祝大会分为总结表彰、文艺演出两个环节。表彰大会上，来自小河乡各村的优秀共产党员、优秀党务工作者、先进基层党组织代表上台接受表彰。随后，文艺演出围绕“山歌颂党恩·小河话新貌”主题，以山歌对唱、红歌联唱、故事分享会、山歌快板和音诗画等形式，回顾党的光辉历程，讴歌党的丰功伟绩。来自小河乡5个村和江西万载县3个乡镇共8支客家山歌代表队伍同台献艺，围绕“湘赣哪处风光无限好”“湘赣什么产业发展旺”“湘赣什么发展变化新”三大主题，结合家乡实际，自创歌词，以客家山歌曲调弘扬客家文化，礼赞幸福生活，吸引千余名湘赣边居民观看。

【乌石空间】 乌石空间是小河乡乌石村于2021年将一栋夯土墙闲置农房改造而成，该建筑占地900多平方米，由湖南卫视知名主持人汪涵取名并题名，于2021年底在湖南卫视《云上的小店》综艺节目中获推介。内有大厅畅谈区、壁炉烤火区、夏布展示区、文创中心，老物件展区，油画展示区、活字印刷术展区、农产品展区、茶水间等；外围有稻田广场、赏荷观景台、竹风铃长廊、金乌溪游道、乌石古桥等，系乡村的“798”（去酒吧），该空间艺术氛围浓厚，极具当地风情和特色，深受游客喜爱，是各机关事业单位团队拓展、研讨的好去处，是城市游客休憩、阅读、静享生活的理想场所。

【湖南卫视《云上的小店》节目选址小河拍摄】 2021年第四季度，小河乡引进湖南卫视《云上的小店》全国首档沉浸式乡村振兴综艺节目共12期在该乡拍摄并播放，收视突破6亿人。《云上的小店》选取小河乡当地真实存在的便利店，以便利店为中心，打造出一个集娱乐、精神追求于一体的文体中心。小店除为村民们提供柴、米、油、盐、酱、醋、茶等生活物资，满足村民日常需求外，还是邻里乡亲之间人情往来、信息流通的地方，同时也是小河乡连接内外宣传的重要载体和展示新农村文化自信的新窗口。

【星河天文台落成启用】 2022年1月3日，星河天文台正式落成并对外开放。星河天文台位于小河乡新河村伍家山组，占地面积368平方米，主体建筑占地78.5平方米，是一座集科普和天文研究为一体的天文台。2021年，天文台建设被纳入湖南卫视《云上的小店》全国首档沉浸式乡村振兴综艺节目内容，建设过程及对外开放均在节目中呈现。该天文台在省天文学会的指导下建设，分为天文互动展示区、自然科学图书角、天文多媒体教室、天文观测台4个功能区。其中，天文观测台设计为5米直径的天文观测圆顶，内置一台大口径级别的专业级天文望远镜，该镜可以用于日常行星监测、星团星云观测以及日常天文学科普功用；观测台内配备一台大口径太阳色球望远镜，该镜能清晰观测太阳色球层活动，对黑子、耀斑、日珥均能清晰观测。

【木活字印刷非遗馆开馆】 2022年1月4日，小河乡投资200万元在千年罗汉松古树公园内新建木活字印刷非遗馆正式对外开放，该馆于2021年5月开工建设，建筑面积147平方米，同时可容纳100人参观。该馆布展围绕活字印刷术的历史发展、益兴堂木活字印刷术的文化渊源、发展演变和全套技艺，按照“木字浏香”“字在益兴堂”“字由字在”三个篇章，科学布局陈列。馆内设置文创体验区，以及约100平方米的研习体验外延露台，参观的游客群众可以通过声、光、电、图文等了解木活字印刷历史，并观看非遗传承人的活态展演，参与木活字印刷研习体验。

（喻　乐）

浏河晨曲　　（陈伏明　摄）

人物与荣誉

获奖人物

全国脱贫攻坚先进个人
李忠国

李忠国，1965年9月出生，达浒镇椒花新村山下组人，1980年初中毕业，时年15岁的李忠国开始跟随父亲学习油纸伞制作手艺，他逐渐熟悉和掌握油纸伞制作72道工序。当时达浒镇有镇办油纸伞厂，凭着这门手艺，他进入镇办油纸伞厂工作。后因受工业化产品雨阳伞冲击，镇办油纸伞厂被迫关停，村民们陆陆续续外出务工谋生。李忠国不想轻易放弃这门手艺，坚持零零碎碎做些油纸伞。他上有年迈的母亲，下有两个正在读书的孩子，微薄的收入与沉重的负担，让他陷入生活困境。2015年，李忠国因家庭困难被纳入建档立卡贫困户。2016年2月，在驻村扶贫工作队和支、村“两委”帮扶下，通过对浙江义乌等地市场考察，李忠国重拾手工制作油纸伞技艺，申请5万元扶贫小额贷款成立达兴工艺品厂，进行油纸伞生产加工。2016年年末，创造产值17.6万元，实现利润3.2万元。李忠国成功地摘掉贫困户的“帽子”。2017年11月，李忠国被认定为长沙市非物质文化遗产项目浏阳油纸伞制作工艺市级代表性传承人，2017年至2020年，他陆续与本村51户贫困户签订产业协议，带动大家共同脱贫致富。李忠国关心残疾人、老年人和重病户，达兴工艺品厂贫困户务工人员平均年龄57岁，他将9名残疾人和3户重病户纳入油纸伞加工队伍，优先保障原材料供应，上门送货取货，被群众称赞为“最美厂长”。同时，他还与乡亲们开设网店，创办体验馆和学生手工实践场所，拓宽销售渠道和产品类型。2019年，工厂产品远销日、韩、东南亚、东非等国家和地区，实现年销售额500余万元，带动51户贫困户年均增收1.15万元。李忠国的脱贫经验和做法被新华社、湖南卫视等各大主流媒体推介报道50余次。2020年10月17日，全国脱贫攻坚奖表彰大会暨先进事迹报告会在北京举行，李忠国被国务院扶贫开发领导小组授予“2020年全国脱贫攻坚奖奋进奖”称号，11月26日，2020年湖南省劳动模范和先进工作者表彰大会在长沙召开，李忠国被中共湖南省委、湖南省人民政府授予“2020年湖南省劳动模范”称号。2021年2月25日，中共中央国务院发布关于表彰全国脱贫攻坚先进个人和先进集体的决定，李忠国被中共中央国务院授予“全国脱贫攻坚先进个人”称号。

孝老爱亲类“中国好人”
田　文

田文，女，蕉溪镇早田村奖励片人，初中文化，群众，1952年9月出生。1956年，田文父母离婚，母亲带着4岁的田文改嫁到蕉溪镇早田村书院组。1961年，2岁的同母异父弟弟田定珍因一场高烧智力永远停留在2岁。迫于生计，继父和母亲都外出打工，9岁的田文便承担起照顾小弟的重任。1965年，13岁的田文一边照顾弟弟，一边开始学习裁缝，尽管每天起早贪黑，尽管每天把自己的劳动所得悉数上交，继父还是把对家庭现状的不满、对未来的担忧、对儿子的无能为力都发泄在田文身上。成年后，受尽磨难的田文结婚成家，生下一双儿女。1999年，母亲和继父相继去世，田文与丈夫商量后，把弟弟带回家照顾。2012年，田文的公公失足摔伤，瘫痪在床。2015年，丈夫遭遇车祸，实施开颅手术后卧病在床。经过田文的悉心照料，公公安然地走完他的一生，丈夫身体基本恢复健康；弟弟可以帮忙做不少简单的家务；子女事业有成，各自有了幸福的小家。2019年，田文被评为“第二季度长沙好人”；2020年，田文被评为“2020年度湖南好人”；2021年6月，中央文明办发布2021年5月“中国好人榜”，田文被评为孝老爱亲类“中国好人”。

逝世人物

陈　建
(1974—2021)

陈建，男，汉族，大瑶镇人，中央党校法律专业毕业，本科学历，1997年8月参加工作，2000年6月加入中国共产党，先后在澄潭江镇、市纪委、镇头镇、中和镇工作。2015年4月至2020年1月，先后担任浏阳市两型产业园党组副书记、主任，浏阳市古港镇党委副书记、镇长，浏阳市古港镇党委书记、两型产业园党组书记，2020年1月调入浏阳市应急管理局任党委副书记、局长。浏阳市分布400余家烟花生产企业，拥有数十万台机动车辆，2020年地区生产总值近1500亿元，安全生产形势复杂严峻，应急管理任务艰巨繁重。陈建率先垂范、务实作为，深入基层一线、行业一线、监管一线调研工作，研究解决存在突出问题，突出抓好职能优化、宣传教育、监管执法和转型升级，特别是在烟花爆竹转型升级工作中，先后调研30余次，召开座谈研讨会20余次，充分听取各方意见，最终审慎出台《浏阳市严格烟花爆竹安全生产条件促进产业转型升级实施方案》，2020年浏阳市应急管理局先后组织系统业务培训、知识竞赛7次，培训3000余人次；约谈单位36家，诫勉谈

话6人，政务警告4人，责令检查5人；通过举报线索立案查处15起，发放举报奖励8万元；开展执法检查4585家次，下达各类执法文书26628份，行政处罚立案458起；通过线上监管排查整改隐患6400余条，立案查处30家次，127家生产企业受到顶格处罚；133家生产场所退出转型，拨付奖补资金7000余万元。2021年4月陈建被评为浏阳市“三牛”（为民服务孺子牛、创新发展拓荒牛、艰苦奋斗老黄牛）型干部。2021年5月5日7时40分左右，陈建步行到浏阳市应急管理局办公室，准备批阅、处理文件，并参加9时召开的全省“五一”假期值班值守工作总结视频会议。途中，突发疑似心脏主动脉夹层破裂疾病，导致陷入昏迷和心脏骤停。8时7分，被救护车送到浏阳市中医院急诊科。经过近两个小时的抢救，陈建却始终没有恢复生命迹象，不幸去世。陈建逝世后，省应急管理厅党委书记、厅长李大剑，省应急厅党委委员、政治部主任刘站一行专程到浏阳吊唁并慰问其亲属。2021年6月25日，陈建被追认为湖南省优秀共产党员，7月26日，应急管理部追授陈建为“全国应急管理系统二级英雄模范”称号，号召全国应急系统广大干部职工和消防指战员向陈建学习，以实际行动践行“对党忠诚、纪律严明、赴汤蹈火、竭诚为民”的十六字训词，为全面建设社会主义现代化强国、实现中华民族伟大复兴的中国梦提供坚强安全保障。

陈文新
（1926—2021）

陈文新，镇头镇炭坡人，1926年9月23日出生。其父陈昌和毛泽东是湖南第一师范的同窗好友，参加过北伐战争、南昌起义，是中国共产党早期湖南学运和工运的领导者之一，1930年1月，以中央特派员身份，赴湘鄂西根据地工作的途中，在澧县不幸被捕，1930年2月24日，被杀害于长沙浏阳门外。陈昌烈士牺牲后，留下妻子毛秉琴带着三个女儿艰苦求生，当时大女儿12岁、二女儿8岁、小女儿陈文新仅3岁。1942年，陈文新到湖南省武冈战时中学——国立第十一中学（现岳阳市一中）求学。1945年，高中毕业回到家乡教小学。1948年，考入武汉大学农业化学系。1952年，陈文新毕业于武汉大学。1954年，正在北京留苏研究生预备班学习的陈文新受邀到毛泽东主席家做客，围绕农业生产，两人交谈6小时，从土壤结构、土壤的矿物质成分，聊到植物营养吸收、中南地区的土壤改良，甚至谈到苜蓿、根瘤菌、固定空气中的氮等问题。1958年，陈文新在苏联季米里亚捷夫农学院获副博士学位。1959年，学成回国，进入北京农业大学（现中国农业大学）从事教学和农业科研工作，1982年至1983年，陈文新在美国康乃尔大学做访问学者。陈文新主要从事根瘤菌分类与应用研究。1988年，陈文新发现“中华根瘤菌”，这是第一个由中国学者发现并命名的根瘤菌属。她踏遍全国32个省（市）600多个县，发表2个根瘤菌新属和40多个新种，保藏近2万株根瘤菌，建成世界上最大的根瘤菌种资源库和数据库，让这种看不见的微生物为人类做出大贡献。她一手创立的“中国农大根瘤菌研究中心”成为中国现代根瘤菌分类学的开拓者，引领中国的根瘤菌分类研究进入世界先进行列。2001年，陈文新当选为中国科学院院士。2021年10月7日，中国科学院院士、土壤微生物学家，中国农业大学教授陈文新，因病医治无效，在北京逝世，享年95岁。

徐叔华
（1931—2021）

徐叔华，湖南长沙人，1931年出生。1949年9月参加工作，在湖南省湘江文工团任演员，成功演出过《哑巴劳军》《白毛女》《兄妹开荒》《女社员》等名剧。后从事编剧工作，先后创作一大批优秀的戏剧作品，为人们所熟悉的有歌舞剧《双送粮》、土家族大型神话剧《春哥与锦鸡》、花鼓戏《补锅》《还牛》等。1950年，湖南土改运动，19岁的徐叔华跟团到乡下采风，被农民秋收后喜笑颜开交公粮的热情感染，灵感迸发，以爷孙俩推车送公粮为背景，连夜写下歌词《推土车》。这是他从事戏剧创作的第一个作品，后改名《双送粮》，受到追捧。1959年，阿尔巴尼亚艺术家代表团到湖南访问演出，提出联欢时唱一曲湖南民歌，经过接待方再三斟酌，将《双送粮》主题歌的词，结合作曲家朱立奇、唐璧光《送瓜调》的曲，“组装”成湖南民歌《浏阳河》，这首歌后来成为著名经典歌曲。2013年6月，徐叔华将其作品的磁带、光盘、唱片和包括部分《浏阳河》版权维权资料等捐赠给浏阳市档案馆。2017年6月28日至29日，怀着对浏阳的深厚感情，徐叔华以86岁高龄再回浏阳，进行为期两天的探访，先后到欧阳予倩大剧院、浏阳市档案馆，浏阳花鼓戏剧团参观和指导。徐叔华是湖南戏曲研究所副所长，中国戏剧家协会会员。2021年11月30日，徐叔华在北京逝世，享年90岁。

表 21

获全国荣誉个人一览表

（根据组稿单位报送资料填报 排名不分先后）

获奖人所在单位	获奖人	荣誉名称	颁奖单位／机构	获奖时间
盐津铺子	张学武	全国五一劳动奖章	中华全国总工会	2021 年 5 月
浏阳油纸伞制作技艺非遗代表性传承人	李忠国	全国脱贫攻坚先进个人	国务院扶贫开发领导小组	2021 年 2 月
浏阳市应急管理局	陈　建	全国应急管理系统二级英雄模范（称号）	应急管理部	2021 年 7 月
浏阳市公安局	喻小武	全国公安机关成绩突出个人	公安部	2021 年 6 月
焦溪镇	田　文	中国好人	中央文明办	2021 年 5 月
淳口镇人民政府	朱庆国家庭	2021 年全国最美家庭	中央宣传部、中央文明办、全国妇联	2021 年 11 月
浏阳市市场监督管理局	周发文	建党 100 周年文艺演出焰火产品质量安全保障工作成绩突出个人	国家市场监督管理总局	2021 年 9 月
浏阳市市场监督管理局	朱　健	建党 100 周年文艺演出焰火产品质量安全保障工作成绩突出个人	国家市场监督管理总局	2021 年 9 月
浏阳市市场监督管理局	温　翀	建党 100 周年文艺演出焰火产品质量安全保障工作成绩突出个人	国家市场监督管理总局	2021 年 9 月
浏阳市市场监督管理局	肖德栋	建党 100 周年文艺演出焰火产品质量安全保障工作成绩突出个人	国家市场监督管理总局	2021 年 9 月
湖南省烟花爆竹产品安全质量检验中心	欧代红	建党 100 周年文艺演出焰火产品质量安全保障工作成绩突出个人	国家市场监管总局	2021 年 11 月
湖南省烟花爆竹产品安全质量检验中心	曾小军	建党 100 周年文艺演出焰火产品质量安全保障工作成绩突出个人	国家市场监管总局	2021 年 11 月
浏阳市融媒体中心	罗磅礴	2020 年度全国报纸自办发行先进个人	全国报纸自办发行协会	2021 年 5 月
浏阳市人民法院	罗尹曈	全国法院百篇优秀裁判文书、全国法院系统 2021 年度优秀案例分析优秀奖	最高人民法院	2021 年 12 月
浏阳市人民法院	陈钟婧	全国法院系统 2021 年度优秀案例分析三等奖	湖南省高院	2021 年 9 月
浏阳市人民法院	许玉君	全国法院第三十三届学术讨论会优秀奖	最高人民法院	2022 年 1 月
浏阳市人民法院	许玉君	第十四届中部崛起法治论坛三等奖	中国法学会	2021 年 12 月
浏阳市人民法院	刘敢德　邓　嫣	全国法院第三十三届学术讨论会三等奖	最高人民法院	2022 年 1 月
浏阳市人民法院	文　兰	全国法院第三十三届学术讨论会优秀奖	最高人民法院	2022 年 1 月
浏阳市人民法院	贺天宇	全国法院第三十三届学术讨论会优秀奖	最高人民法院	2022 年 1 月
浏阳市检察院	陈龙才	2021 年度全国检察宣传先进个人	检察日报社	2021 年 11 月

表 22

获全省荣誉个人一览表

（根据组稿单位报送资料填报 排名不分先后）

获奖人所在单位	获奖人	荣誉名称	颁奖单位 / 机构	获奖时间
淳口镇人民政府	罗传美	第七届湖南省记一等功人员	湖南省委组织部	2021 年 11 月
浏阳市退役军人事务局	伍国强	湖南省“最美退役军人”	中共湖南省委退役军人事务工作领导小组	2022 年 1 月
达浒镇	李学树家庭	湖南省 2020 届文明家庭	湖南省文明办	2021 年 1 月
浏阳市人民法院	熊婧怡	湖南省巾帼建功标兵	湖南省妇联	2021 年 9 月
淳口镇人民政府	张临英	湖南省十佳农民提名奖	湖南省农业农村厅	2021 年 9 月
人社局	罗海燕	湖南省首届“最美仲裁员”	湖南省人社厅	2021 年 9 月
淳口镇人民政府	周　拓	湖南省脱贫攻坚先进个人	中共湖南省委 省政府	2021 年 4 月
古港镇	刘飞舞	湖南省脱贫攻坚先进个人	中共湖南省委 省政府	2021 年 4 月
人社局	陈国强	湖南省脱贫攻坚先进个人	中共湖南省委 省政府	2021 年 4 月
社港镇	梁　民	湖南省脱贫攻坚先进个人	中共湖南省委 省政府	2021 年 4 月
浏阳市人民政府	王坤球	湖南省脱贫攻坚先进个人	中共湖南省委 省政府	2021 年 4 月
农业农村局	李　斌	湖南省脱贫攻坚先进个人	中共湖南省委 省政府	2021 年 4 月
农业农村局	瞿桂平	湖南省脱贫攻坚先进个人	中共湖南省委 省政府	2021 年 4 月
农业发展事物中心	张文强	湖南省脱贫攻坚先进个人	中共湖南省委 省政府	2021 年 4 月
株树桥水库管理局	胡　鹏	湖南省脱贫攻坚先进个人	中共湖南省委 省政府	2021 年 4 月
北盛镇	戴圣伟	湖南省脱贫攻坚先进个人	中共湖南省委 省政府	2021 年 4 月
浏阳市脑科医院	邹　冰	湖南省脱贫攻坚先进个人	中共湖南省委 省政府	2021 年 4 月
绿之韵	胡国安	湖南省五一劳动奖章	湖南省总工会	2021 年 5 月
淳口镇卫生院	张更姣	湖南省五一劳动奖章	湖南省总工会	2021 年 5 月
浏阳市应急管理局	陈　建	湖南省五一劳动奖章	湖南省总工会（追授）	2021 年 6 月
浏阳市公安局	喻小武	湖南省五一劳动奖章	湖南省总工会	2021 年 5 月
浏阳市人民法院	熊婧怡	湖南省五一劳动奖章	湖南省总工会	2021 年 5 月

续表 22

获奖人所在单位	获奖人	荣誉名称	颁奖单位 / 机构	获奖时间
张坊镇	李纪煌	湖南省优秀党务工作者	中共湖南省委组织部	2021 年 6 月
浏阳市应急管理局	陈　建	湖南省优秀共产党员	中共湖南省委	2021 年 6 月
社港镇	江　林	湖南省优秀共产党员	中共湖南省委	2021 年 4 月
浏阳市供销合作社联合社	潘梓峰	入选省供销社 70 周年 70 人	湖南省供销合作总社	2021 年 10 月
新华书店	李玉娟	2021 年度先进个人	湖南出版投资控股集团	2021 年 12 月
新华书店	陈学雷	2021 年度先进个人	湖南省新华书店	2021 年 12 月
统计局	夏广奎	湖南省第七次全国人口普查先进个人	湖南省第七次全国人口普查领导小组办公室	2022 年 1 月
宣传部	卢义芳	作词歌曲《梦中我穿上军装》获评 2021 年“艺心向党·云游湖南” ——庆祝中国共产党成立 100 周年主题优秀作品	湖南省文旅厅	2021 年 12 月
宣传部	余海波　潘烜	编剧的花鼓戏《山路十八弯》获“湖南省文联脱攻坚主题文艺创作”优秀奖	湖南省文学艺术界联合会	2021 年 5 月
宣传部	李　娜	撰写《赤身下葬的军团长——寻淮州》荣获全省红色故事征集大赛二等奖	中共湖南省委党史研究院	2021 年 6 月
浏阳市融媒体中心	胡　敏	2020 年度舆情信息工作先进个人	中共湖南省委宣传部办公室	2021 年 4 月
浏阳市检察院	徐曼娜	未检征文比赛三等奖	省检察院	2021 年 1 月
浏阳市检察院	徐曼娜	业务标兵	省检察院	2021 年 1 月
浏阳市检察院	徐曼娜	最佳宣讲员	省检察院	2021 年 1 月
浏阳市应急管理局	徐志强	个人三等功	湖南省应急管理厅	2021 年 9 月
浏阳市应急管理局	李家霆	个人嘉奖	湖南省应急管理厅	2021 年 9 月
浏阳市应急管理局	何发成	个人嘉奖	湖南省应急管理厅	2021 年 9 月
浏阳市应急管理局	王浩威	2021 年度全省安全生产监管执法能手	湖南省应急管理厅	2022 年 3 月
浏阳市应急管理局	张天夏	2021 年度全省安全生产监管执法能手	湖南省应急管理厅	2022 年 3 月
浏阳市民政局	熊满初	湖南省优秀测绘工程奖二等奖	湖南省测绘地理信息学会	2021 年 11 月
浏阳市民政局	王　蓓	湖南省优秀测绘工程奖二等奖	湖南省测绘地理信息学会	2021 年 11 月
浏阳市民政局	宋　旭	湖南省优秀测绘工程奖二等奖	湖南省测绘地理信息学会	2021 年 11 月
浏阳市文化市场综合执法大队	张新飞	2020 年湖南省“扫黄打非”优秀个人	湖南省“扫黄打非”工作小组	2021 年 1 月

续表 22

获奖人所在单位	获奖人	荣誉名称	颁奖单位 / 机构	获奖时间
浏阳市公安局	孙承禹	全省禁毒先进个人	湖南省人力资源和社会保障厅湖南省禁毒委员会办公室	2021 年 6 月
浏阳市卫健局	柳豪杰	全省卫生健康系统“七五”普法先进个人	湖南省卫生健康委员会	2021 年 11 月
浏阳市人民法院	熊婧怡	湖南省第一届审判业务（家事审判）技能竞赛一等奖	湖南省高院	2021 年 10 月
浏阳市人民法院	陈钟婧	湖南省第一届审判业务（家事审判）技能竞赛优胜奖	湖南省高院	2021 年 9 月
浏阳市人民法院	唐志强	全省法院优秀裁判文书	湖南省高院	2021 年 9 月
浏阳市人民法院	汪先珍	全省法院优秀裁判文书	湖南省高院	2021 年 9 月
浏阳市人民法院	汪先珍	全省法院优秀庭审	湖南省高院	2021 年 9 月
浏阳市人民法院	汪先珍	全省法院第十九届理论研讨会三等奖	湖南省高院	2021 年 9 月
浏阳市人民法院	邓　嫣	全省法院优秀裁判文书	湖南省高院	2021 年 9 月
浏阳市人民法院	邓　嫣	全省法院第十九届理论研讨会优秀作者	湖南省高院	2021 年 9 月
浏阳市人民法院	马仲林	全省法院优秀庭审	湖南省高院	2021 年 9 月
浏阳市人民法院	许玉君	全省法院第十九届理论研讨会二、三等奖、	湖南省高院	2021 年 12 月
浏阳市人民法院	许玉君	湖南省法学会应用法学研究会 2021 年度研究与创新三等奖	湖南省高院	2021 年 12 月
浏阳市人民法院	刘敢德　邓嫣	全省法院第十九届理论研讨会二等奖	湖南省高院	2021 年 9 月
浏阳市人民法院	雷　博	全省法院第十九届理论研讨会三等奖	湖南省高院	2021 年 9 月
浏阳市人民法院	文　兰	全省法院第十九届理论研讨会二、三等奖	湖南省高院	2021 年 9 月
浏阳市人民法院	文　兰	全省法院第十九届理论研讨会优秀作者	湖南省高院	2021 年 9 月
浏阳市人民法院	贺天宇	全省法院第十九届理论研讨会二等奖	湖南省高院	2021 年 9 月
浏阳市人民法院	董华玲	全省法院第十九届理论研讨会三等奖	湖南省高院	2021 年 9 月
浏阳市人民法院	邓丽琦	全省法院第十九届理论研讨会优秀奖	湖南省高院	2021 年 9 月
浏阳市人民法院	卢方荣	全省法院第十九届理论研讨会优秀奖	湖南省高院	2021 年 9 月
浏阳一中	刘　尾	省级优秀学生干部	湖南省教育厅	2021 年 5 月
浏阳一中	易梓奕	省级优秀学生干部	湖南省教育厅	2021 年 5 月
浏阳一中	汤光明	省级优秀学生干部	湖南省教育厅	2021 年 5 月

续表 22

获奖人所在单位	获奖人	荣誉名称	颁奖单位 / 机构	获奖时间
浏阳一中	胡逸菲	省级“三好学生”	湖南省教育厅	2021 年 5 月
浏阳一中	李　博	省级“三好学生”	湖南省教育厅	2021 年 5 月
浏阳一中	何　晔	省级“三好学生”	湖南省教育厅	2021 年 5 月
浏阳一中	曾炳锟	省级“三好学生”	湖南省教育厅	2021 年 5 月
浏阳一中	刘一含	省级“三好学生”	湖南省教育厅	2021 年 5 月
林业局	廖朝阳	全省整合优化工作先进个人	湖南省林业局	2021 年 1 月
沙市镇政府	赵牡丹	湖南省第四期中国妇女社会地位调查优秀个人	湖南省妇联	2021 年 1 月
永安镇	黄双鹤	浏阳市指挥工程维管连优秀民兵连长	省军区	2021 年 12 月

表 23

获全国荣誉单位一览表

（根据组稿单位报送资料填报 排名不分先后）

获奖（称号）单位	获奖（称号）名称	授奖（称号）单位	获奖（称号）时间
浏阳市	“2021 科技创新百强县’第 23 位	赛迪顾问发布“2021 科技创新省（直辖市、自治区）总榜”	2022 年 1 月
浏阳市	国际化高质量发展环境建设标杆县（市、区）	环球时报社主办的“中国城市高质量发展与国际合作大会”	2021 年 7 月
浏阳市	2020 十大最具投资吸引力县（市）	环球时报社主办的首届环球城市招商引资推介大会 暨 2020 中国城市投资吸引力指数发布会	2021 年 4 月
浏阳市	2021 年营商环境高质量发展综合“执行力”奖	智慧中国年会组委会发布 2021 营商环境高质量发展优秀案例	2021 年 11 月
浏阳市	2021 年优质投资环境城市	新华网主办的第七届绿色发展论坛暨点赞·中国绿色影响力典范(2021)活动	2021 年 6 月
浏阳市	获“2021 年全国县域旅游综合实力百强县”第 7 位， 浏阳市是湖南唯一入选前 10 位的县（市）。	县域旅游研究课题组 北京华夏佰强旅游咨询中心	2021 年 7 月
浏阳市	浏阳豆豉获国家地理标志商标。	国家知识产权局	2021 年 8 月
浏阳市	全国科普示范县（2021—2025）	中国科学技术协会	2021 年 9 月
浏阳市	全国无障碍环境示范县（市）	住房和城乡建设部	2021 年 1 月
“微浏阳”微信公众号	“全国县级媒体微信号百强榜第 5 位”	第三方机构清博指数	2021 年 11 月
大围山森林公园	全国林草科普基地	中国林学会	2021 年 4 月
大围山森林公园	湖南省生态文明教育实践基地	生态环境部	2021 年 10 月
大瑶镇	全国无障碍环境示范镇	住房和城乡建设部	2021 年 1 月
妇幼保健院	国家 CAAE 一级癫痫中心	中国抗癫痫协会(CAAE)	2021 年 9 月
官桥镇九龙村	全国村级议事协商创新实验试点单位	民政部	2021 年 11 月
湖南浏阳农村商业银行股份有限公司	2020—2021 年全国金融系统思想政治工作优秀单位	中国金融思想政治工作研究会	2022 年 1 月
湖南省烟花爆竹产品安全质量检验中心	突出集体（建党 100 周年文艺演出焰火产品质量安全保障工作）	国家市场监管总局	2021 年 11 月
交通运输局	“四好农村路”全国示范县	交通运输部	2022 年 2 月
浏阳经开区	“十四五”时期重点支持的县城产业转型升级示范园区	国家发改委	2021 年 6 月

续表 23

获奖(称号)单位	获奖(称号)名称	授奖(称号)单位	获奖(称号)时间
浏阳经开区	国家外贸转型升级基地	商务部	2020 年 12 月
浏阳经开区	首批国家加工贸易产业园	商务部	2021 年 9 月
浏阳日报社	“全国报纸自办发行先进集体”	全国报纸自办发行协会	2021 年 5 月
浏阳日报社	2020 年度全国报纸自办发行先进集体	全国报纸自办发行协会	2021 年 5 月
浏阳市财政局	部办财经报刊宣传工作先进集体	财政部中国财政杂志社 财政部中国财经报社	2021 年 10 月
浏阳市大围山水果专业合作社联合社	全国总社农民专业合作社示范社	中华全国供销合作总社	2021 年 8 月
浏阳市好韵味油茶种植专业合作社	全国总社农民专业合作社示范社	中华全国供销合作总社	2021 年 8 月
浏阳市中俊种养专业合作社	全国总社农民专业合作社示范社	中华全国供销合作总社	2021 年 8 月
浏阳市地方志编纂室	《浏阳年鉴 2020》中国精品年鉴	中国地方志指导小组	2021 年 4 月
浏阳市地方志编纂室	《浏阳年鉴 2020》特等年鉴	中国地方志指导小组	2021 年 12 月
浏阳市工商联	2020—2021 年度全国“五好”县级工商联	全国工商联	2021 年 12 月
浏阳市工商联	湖南省 2021 年度宣传阵地建设先进单位	《中华工商时报》	2021 年 11 月
浏阳市工商联	创新中国最佳案例	《中华工商时报》	2021 年 12 月
浏阳市人民法院	优秀直播法院	中国法院网	2021 年 11 月
浏阳市人民医院	2018—2020 年改善医疗服务临床路径管理先进典型医院	国家卫生健康委	2021 年 1 月
浏阳市融媒体中心	全国新闻出版广播影视系统先进集体	人力资源和社会保障部 国家广播电视总局 新闻出版署	2021 年 1 月
浏阳市融媒体中心	信息直报优秀单位	中央宣传部办公厅	2021 年 3 月
浏阳市融媒体中心	2021 年全国县级融媒体中心能力建设十大典型案例	中国新闻出版研究院 全国县级融媒体中心能力建设年会组委会	2021 年 12 月
浏阳市融媒体中心	全国新闻出版广播影视系统先进集体	人力资源和社会保障部 国家广播电视总局 新闻出版署	2021 年 1 月
浏阳市融媒体中心	2021 年全国县级融媒体中心能力建设十大典型案例	中国新闻出版研究院 全国县级融媒体中心能力建设年会组委会	2021 年 12 月
浏阳市森林公安局	“昆仑 2021”专项行动成绩突出集体	公安部	2022 年 3 月
浏阳市沙市镇秧田村	全国民主法治示范村	司法部	2021 年 2 月

续表 23

获奖(称号) 单位	获奖(称号)名称	授奖(称号)单位	获奖(称号)时间
浏阳市市场监督管理局	建党 100 周年文艺演出焰火产品质量安全保障工作成绩突出集体	国家市场监督管理总局	2021 年 9 月
浏阳市数据资源中心	2020 年度电子政务典型案例奖	中国计算机用户协会政务信息化分会 中国电子政务年鉴编辑部	2021 年 7 月
浏阳市司法局永安司法所	全国模范司法所	司法部	2021 年 10 月
浏阳市退役军人就业创业孵化基地	全国退役军人服务保障先进单位	退役军人事务部 中央军委政治工作部	2021 年 11 月
浏阳市文化产业园浏阳夏布文创中心	全国特色产业科普基地	中国县镇经济交流促进会	2021 年 12 月
浏阳市文化馆	国家一级文化馆	文化和旅游部	2021 年 11 月
浏阳市文物保护发展中	获国家文物局推荐参选 2015—2020 年全国普法工作先进单位	国家文物局	2021 年 9 月
浏阳文旅广体局	参加由中宣部等单位主办的庆祝中国共产党成立 100 周年大型情景史诗《伟大征程》排演，荣获纪念证书	庆祝中国共产党成立 100 周年文艺演出领导小组	2021 年 7 月
浏阳一中	2020—2021 年度中国百强中学	第九届名校中学校长论坛组委会 第九届中国百强中学评选组委会	2022 年 1 月
龙伏镇湖南鼎钧种养专业合作联合社	国家农民合作社示范社	农业农村部	2021 年 6 月
民革浏阳工委	民革师范支部	中国国民党革命委员会中央委员会	2021 年 11 月
农业农村局	全国休闲农业重点县	农业农村部	2021 年 10 月
农业农村局	全国农业科技现代化先行县	农业农村部	2021 年 7 月
农业农村局	国家农业现代化示范区	农业农村部、财政部、国家发展改革委	2021 年 11 月
秋收起义文家市会师纪念馆	主题陈展《光辉起点——秋收起义历史陈列》，获推介为庆祝中国共产党成立 100 周年精品展览	中央宣传部、国家文物局	2021 年 5 月
沙市镇东门村	全国乡村治理示范村	中央农村领导小组	2021 年 9 月
沙市镇秧田村	全国民主法治示范村	司法部、民政部	2021 年 2 月

续表 23

获奖(称号) 单位	获奖(称号)名称	授奖(称号)单位	获奖(称号)时间
市委宣传部	清博指数公布10月全国县级媒体微信号百强榜，“微浏阳”微信公众号位居榜单第5位	清博指数	2021年11月
市委宣传部	国家网信办发布最新版《互联网新闻信息稿源单位名单》，浏阳市融媒体中心“微浏阳”微信公众号、“掌上浏阳”客户端上榜，是湖南唯一上榜的县（市、区）	国家网信办	2021年10月
市委宣传部	“智慧浏阳河”文化创意孵化基地通过第四批全国创业孵化示范基地复评	人力资源和社会保障部	2021年5月
市委宣传部	“浏阳夏布文创中心”获评全国特色产业科普基地	中国县镇经济交流促进会	2021年12月
市委宣传部	浏阳推送的《红星照耀的山村》《青青衡山美》《山中无历日》入选南岳衡山——首届全国中国画双年展	中国美术家协会	2021年12月
市委宣传部	浏阳市舞蹈家协会原创舞蹈作品《浏阳河畔鞭炮“冲”》获第十一届全国“小荷风采”作品展小荷之星奖（金奖）	中国舞蹈家协会	2021年12月
浏阳市永红艺术团	排演的大型现代花鼓戏《胡子将军》入选2021年“茶香中国”第二届全国采茶戏会演	文化和旅游部	2021年10月
文体广电体育局	2017—2020年度全国群众体育先进单位	国家体育总局	2021年9月
永安司法所	全国模范司法所	国务院司法部	2021年10月
永安镇	全国百强镇第88位	竞争力智库 中国经济导报社和北京中新城市规划设计研究院等机构	2021年9月
永安镇农业综合服务中心	全国五星乡镇农技推广机构（种植业）	全国农技中心	2021年8月
永安镇司法所	全国模范司法所	国务院司法部	2021年10月

表 24

获全省荣誉单位一览表

（根据组稿单位报送资料填报 排名不分先后）

获奖(称号) 单位	获奖(称号)名称	授奖(称号)单位	获奖(称号)时间
浏阳市	2020 年度全省广播电视公共服务工作先进县市	湖南省广播电视局	2021 年 6 月
浏阳市	湖南省安全生产和消防工作优秀单位	湖南省人民政府	2021 年 12 月
浏阳市	平安建设先进县（市、区）	中共湖南省委办公厅、湖南省人民政府办公厅	2021 年 12 月
浏阳市	获评全省月清“三地”工作先进地区	省自然资源厅通报	2021 年 2 月
浏阳市	2020 年度全省广播电视公共服务工作先进县市	湖南省广播电视局	2021 年 6 月
浏阳市	推进公立医院综合改革、医疗保障制度改革、医疗卫生服务能力建设、公共卫生体系建设和“互联网＋医疗健康”等成效明显的市、县市区	湖南省人民政府办公厅	2022 年 1 月
浏阳市	县市区绩效评价排名第一	湖南省卫生健康委 湖南省财政厅	2022 年 3 月
浏阳市	湖南省科技特派员优秀单位	中共湖南省委人才工作领导小组	2022 年 1 月
柏加镇	湖南省美丽乡村建设先进单位	中共湖南省委农村工作领导小组	2021 年 2 月
柏家镇柏铃村	湖南省文明村镇	湖南省精神文明建设指导委员会	2021 年 2 月
柏家镇柏铃村	省级乡村振兴示范创建村名单	湖南省乡村振兴局	2021 年 11 月
柏家镇渡头村	省级乡村振兴示范创建村名单	湖南省乡村振兴局	2021 年 11 月
北盛镇人民政府	全域美丽乡村示范镇创建	中共湖南省委农村工作领导小组	2021 年 2 月
北盛镇人民政府	湖南省应急能力建设示范镇	湖南省应急管理厅	2021 年 12 月
澄潭江镇碧溪村	湖南省省级乡村振兴示范创建村	中共湖南省委实施乡村振兴战略领导小组办公室	2021 年 11 月
澄潭江镇澄潭村	湖南省省级乡村振兴示范创建村	中共湖南省委实施乡村振兴战略领导小组办公室	2021 年 11 月
澄潭江镇大圣村	湖南省省级乡村振兴示范创建村	中共湖南省委实施乡村振兴战略领导小组办公室	2021 年 11 月
澄潭江镇和家村	湖南省省级乡村振兴示范创建村	中共湖南省委实施乡村振兴战略领导小组办公室	2021 年 11 月
澄潭江镇虎形村	湖南省省级充分就业社区（村）	湖南省人力资源和社会保障厅	2022 年 1 月
澄潭江镇荆坪村	湖南省省级乡村振兴示范创建村	中共湖南省委实施乡村振兴战略领导小组办公室	2021 年 11 月

续表 24

获奖(称号) 单位	获奖(称号)名称	授奖(称号)单位	获奖(称号)时间
澄潭江镇渠城村	湖南省省级充分就业社区（村）	湖南省人力资源和社会保障厅	2022 年 1 月
淳口镇	2021 年湖南省卫生镇	湖南省爱卫生委员会	2022 年 1 月
达浒镇金田村	湖南省 2021 年村庄清洁行动先进单位	省农村工作领导小组办省农业农村厅	2021 年 9 月
达浒镇林业站	省级标准化林业站	省林业厅	2021 年 9 月
达浒镇书香村	湖南省“水美湘村”创建示范村	省水利厅	2021 年 6 月
达浒镇书香村	省级特色精品乡村创建村	省农村工作领导小组办	2021 年 9 月
大围山旅游度假区	省级旅游度假区	湖南省文化和旅游厅	2021 年 12 月
大围山森林公园	湖南省研学旅游示范基地	湖南省文化和旅游厅	2022 年 3 月
大围山镇	湖南省脱贫攻坚先进集体	中共湖南省委 湖南省人民政府	2021 年 4 月
大围山镇大围山梨	湖南省十大果品区域公共品牌	湖南省果品协会 第五届中国果品产业博览会	2021 年 12 月
大围山镇供销合作社	基层社改革发展典型	湖南省深化供销合作社综合改革领导小组办公室	2021 年 10 月
大瑶镇	第六批全省示范离退休干部党支部	中共湖南省离退休干部工作委员会	2021 年 1 月
大瑶镇枫林村	省级美丽乡村示范村	中共湖南省委农村工作领导小组	2022 年 7 月
大瑶镇天和村	湖南省村（社区）级“最美潇湘文化阵地”	湖南省文化和旅游厅	1905 年 7 月
妇幼保健院	湖南省 PAC 公益项目工作先进集体	湖南省妇女儿童发展基金会	2021 年 5 月
妇幼保健院	湖南省儿童科普竞赛一等奖	湖南省护理学会儿科专业委员会	2021 年 12 月
公共工程建设中心	浏阳市人民医院整体搬迁建设项目及新院（传染病区）感染科楼获 2019—2020 年度第二批湖南省建设工程“芙蓉奖”	湖南省建筑业协会	2021 年 4 月
古港古城遗址	省级文物保护单位	湖南省政府	2022 年 1 月
古港镇梅田湖村	省级特色精品乡村	省农业农村厅	2021 年 10 月
古港镇梅田湖村	省级乡村治理示范村	省农业农村厅	2021 年 11 月
古港镇梅田湖村	湖南省美丽宜居共同缔造示范村	省住建厅	2021 年 12 月
古港镇梅田湖村	省乡村振兴示范村	省乡村振兴局	2021 年 11 月
古港镇范市村	省乡村振兴示范村	省乡村振兴局	2021 年 11 月

续表 24

获奖(称号) 单位	获奖(称号)名称	授奖(称号)单位	获奖(称号)时间
古港镇宝盖寺村	省乡村振兴示范村	省乡村振兴局	2021 年 11 月
古港镇燕港村	省乡村振兴示范村	省乡村振兴局	2021 年 11 月
古港镇沔江村	省乡村振兴示范村	省乡村振兴局	2021 年 11 月
古港镇古城村	省乡村振兴示范村	省乡村振兴局	2021 年 11 月
官渡镇竹山村	省级示范儿童之家	湖南省民政厅	2021 年 12 月
官桥镇苏故村	湖南省美丽宜居共同缔造试点村	湖南省住房和城乡建设厅	2021 年 12 月
荷花街道南环村	湖南省乡村振兴示范创建村	湖南省乡村振兴局	2021 年 12 月
胡耀邦故里管理局	湖南省文明单位	湖南省精神文明建设指导委员会	2021 年 2 月
胡耀邦故里管理局	湖南省青少年教育基地	共青团湖南省委办公室	2021 年 10 月
胡耀邦故里管理局	湖南省生态文明教育实践基地	湖南省生态文明研究与促进会	2021 年 11 月
湖南省永安建筑股份有限公司	第四届“湖南慈善奖”最具爱心捐赠企业	湖南省人力资源和社会保障局 湖南省民政厅	2021 年 5 月
湖南孝文科技有限公司	湖南省专精特新“小巨人”企业	湖南省工业和信息化厅	2021 年 5 月
淮川街道	2020 年度全省充分就业街道	湖南省人社厅	2021 年 4 月
淮川街道	湖南省应急能力建设达标乡镇	湖南省应急管理局	2021 年 6 月
淮川街道	2021 年湖南省“扫黄打非”先进基层示范点	湖南省“扫黄打非”办公室	2021 年 8 月
淮川街道朝阳社区	2020 年度湖南省示范性“青年之家”	共青团湖南省委	2021 年 5 月
淮川街道城西社区	湖南省计划生育基层群众自治社区	湖南省计生协会	2021 年 3 月
淮川街道城西社区	湖南省百岁健康社区	湖南省老科协	2021 年 3 月
交通运输局	城乡客运一体化第三批省级示范县	湖南省交通运输厅	2021 年 11 月
教育局	脱贫攻坚先进集体	中共湖南省委 湖南省人民政府	2021 年 4 月
浏发集团	菊花石路（南泥湾路—石霜路）被评为“湖南省优质工程”，获“湖南省建设工程芙蓉奖”	湖南省建筑业协会	2021 年 4 月
浏阳慈善会	慈善工作先进单位	湖南省慈善总会	2021 年 1 月
浏阳经开区	2020 年、2021 年湖南“五好”园区创建综合评价第一名	湖南省产业园区建设领导小组	2022 年 1 月
浏阳经开区	湖南省产业高质量发展园区	湖南省工业和信息化厅	2021 年 6 月

续表 24

获奖(称号) 单位	获奖(称号)名称	授奖(称号)单位	获奖(称号)时间
浏阳经开区	全省商务系统“两稳一促”考核优秀单位	湖南省商务厅	2021 年 1 月
浏阳秋收起义文家市会师纪念馆	湖南省青少年基地认定名单	共青团湖南省委办公室	2021 年 4 月
浏阳市自然资源局	2020 年度全省自然资源信访工作获表扬通报	省自然资源厅通报	2021 年 1 月
浏阳市计生协	全省计生协重点工作优秀单位	湖南省计划生育协会	2022 年 1 月
浏阳市脑科医院	2021 年湖南省安宁疗护标准病房	湖南省卫生健康委员会	2022 年 1 月
浏阳市人民医院	现场救护知识与技能培训导师授课大赛一等奖	湖南省卫生健康委员会	2022 年 1 月
浏阳市统计局	湖南省第七次全国人口普查先进集体	湖南省第七次全国人口普查领导小组办公室	2022 年 1 月
浏阳市中医医院	湖南省文明标本单位	湖南省精神文明建设指导委员会办公室	2021 年 2 月
浏阳市财政局	联系点市县财政部门联动工作先进单位	财政部湖南监管局	2021 年 3 月
浏阳市财政局	防范化解风险和财政管理工作成效明显的市、县市区	湖南省人民政府办公厅	2021 年 1 月
浏阳市财政局	市县财政日常管理工作绩效评价 AA 级单位	湖南省财政厅	2021 年 12 月
浏阳市财政局	全面实施预算绩效管理重点县市	湖南省财政厅	2021 年 9 月
浏阳市财政局	市县财政部门预算绩效管理工作先进单位	湖南省财政厅	2021 年 6 月
浏阳市财政局	市县财政预算执行分析工作先进单位	湖南省财政厅	2021 年 7 月
浏阳市财政局	市县暂付款考核 A 档单位	湖南省财政厅	2021 年 7 月
浏阳市财政局	全省财政监督工作先进单位	湖南省财政厅	2021 年 1 月
浏阳市财政局	湖南省乡镇财政管理工作先进单位	湖南省财政厅	2021 年 12 月
浏阳市财政局	非税收入征管工作先进单位	湖南省财政厅	2021 年 2 月
浏阳市财政局	财政综合工作优秀单位	湖南省财政厅	2021 年 12 月
浏阳市财政局	全省财政外经系统业务工作先进单位	湖南省财政厅	2021 年 12 月
浏阳市财政局	全省财政资环工作先进单位	湖南省财政厅	2021 年 12 月
浏阳市财政局	全省财政税政法制工作绩效评价获奖单位	湖南省财政厅	2021 年 9 月
浏阳市财政局	湖南电子财政建设工作先进单位	湖南省财政厅	2021 年 3 月

续表 24

获奖(称号) 单位	获奖(称号)名称	授奖(称号)单位	获奖(称号)时间
浏阳市财政局	全省财政系统信息宣传工作先进单位	湖南省财政厅	2021 年 2 月
浏阳市财政局	湖南省地方预决算公开核查排名前十	湖南省财政厅	2021 年 11 月
浏阳市财政局	全省财政支农政策培训工作先进单位	湖南省财政厅	2021 年 9 月
浏阳市财政局	产粮大县奖励资金绩效评价结果优秀单位	湖南省财政厅	2021 年 6 月
浏阳市财政局	产油大县奖励资金绩效评价结果优秀单位	湖南省财政厅	2021 年 6 月
浏阳市财政局	湖南省“两癌”免费检查重点民生实事项目先进集体	湖南省妇女联合会 湖南省卫生健康委员会 湖南省财政厅	2021 年 12 月
浏阳市党史研究室	2021 年度全省党史工作先进单位	中共湖南省委党史研究院	2022 年 1 月
浏阳市地方志编纂室	湖南省地方志系统 2021 年先进集体	湖南省地方志编纂院	2021 年 12 月
浏阳市工商联	2021 年度全省工商联系统优秀调研成果一等奖	湖南省工商联	2022 年 2 月
浏阳市工信局	2021 年度全省工信系统规范行政执法示范单位	湖南省工业和信息化厅	2021 年 12 月
浏阳市工信局	2021 年度湖南工业数据云建设先进单位	湖南省工业和信息化厅	2021 年 12 月
浏阳市工信局	2021 年“湖湘精品”中小企业品牌能力提升工作先进单位	湖南省工业和信息化厅	2021 年 3 月
浏阳市官渡镇南岳村	湖南省乡村振兴示范创建村	湖南省乡村振兴局	2021 年 11 月
浏阳市官渡镇田郊村	湖南省乡村振兴示范创建村	湖南省乡村振兴局	2021 年 11 月
浏阳市官渡镇竹联村	省级特色精品乡村	中共湖南省委农村工作领导小组办公室	2021 年 9 月
浏阳市官渡镇竹联村	湖南省乡村振兴示范创建村	湖南省乡村振兴局	2021 年 11 月
浏阳市官渡镇竹联村	湖南生态文明建设典型案例（2021 年）乡村振兴发展模式	湖南省生态文明研究与促进会	2021 年 11 月
浏阳市官渡镇竹山村	省级示范儿童之家	湖南省民政厅	2021 年 12 月
浏阳市行政审批服务局	浏阳市行政审批服务局“建议支部建在大厅，党建引领政务服务”获一等奖，“建议进行适老化改造，让老年人、残疾人办事更便捷”获二等奖	湖南省人民政府发展研究中心 湖南省人民政府政务服务中心	2021 年 11 月
浏阳市胡耀邦故里—秋收起义纪念馆	“秋收风云”获评省文化和旅游厅评选的“潇湘红八景”	湖南省文化和旅游厅	2021 年 3 月
浏阳市花鼓戏剧团	花鼓戏《电波声声》荣获湖南省委宣传部主办的《百团百角唱百年》全省文艺院团竞演优秀节目奖	湖南省委宣传部	2021 年 6 月
浏阳市花鼓戏剧团	花鼓戏《浏阳李白》入选第七届湖南艺术节新创大型舞台剧目展演	湖南省文化和旅游厅	2021 年 11 月

续表 24

获奖(称号) 单位	获奖(称号)名称	授奖(称号)单位	获奖(称号)时间
浏阳市科技局	湖南省科技特派员优秀单位	中共湖南省委人才工作领导小组	2022 年 1 月
浏阳市林业局	全省整合优化工作先进集体	湖南省林业局	2021 年 1 月
浏阳市浏阳湖国有林场	2021 年度全省国有林场质量管理十佳单位	湖南省林业局	2021 年 12 月
浏阳市浏阳湖国有林场	全省绿化先进集体	湖南省绿化委员会 湖南省人力资源和社会保障厅 湖南省林业局	2021 年 1 月
浏阳市民政局	湖南省优秀测绘工程奖二等奖	湖南省测绘地理信息学会	2021 年 11 月
浏阳市农业发展事务中心	湖南省菜籽油生产大县	湖南省财政厅 湖南省农业农村厅 湖南省林业局 湖南省粮食和物资储备局	2021 年 10 月
浏阳市人防办	全省人民防空先进集体	湖南省人力资源和社会保障厅 湖南省人民防空办公室	2021 年 12 月
浏阳市人民法院	2016—2020 湖南省普法工作先进单位	中共湖南省委宣传部 湖南省司法厅 湖南省守法普法工作办公室	2021 年 11 月
浏阳市人民法院	全省第十九届理论研讨会组织工作先进单位	湖南省高级人民法院	2021 年 12 月
浏阳市人民法院	全省法院案例组织工作先进单位	湖南省高级人民法院	2021 年 12 月
浏阳市人民武装部	先进人武部	湖南省军区	2022 年 1 月
浏阳市人民武装部	正规化建设先进单位	湖南省军区战备建设局	2022 年 1 月
浏阳市人民武装部	军事训练先进单位	湖南省军区战备建设局	2022 年 1 月
浏阳市人民医院	湖南省急救知识和技能竞赛一等奖	湖南省卫生健康委	2021 年 12 月
浏阳市融媒体中心	2020 年“新湖南云”县级融媒建设优秀合作单位	湖南日报社	2021 年 3 月
浏阳市融媒体中心	全省舆情信息工作优秀单位	湖南省委宣传部	2021 年 4 月
浏阳市融媒体中心	2020 年度优秀通联集体	湖南广播电视台	2021 年 4 月
浏阳市森林公安局	2021 年度执法质量考评优秀单位	湖南省森林公安局	2022 年 2 月
浏阳市沙市镇赤马湖义工联合会	第二批湖南省“十百千”示范社会组织	湖南省民政厅	2021 年 7 月
浏阳市沙市镇秧田村农家书屋	湖南省服务农民、服务基层文化建设先进集体称号	湖南省委宣传部	2021 年 9 月
浏阳市审计局	浏阳市审计局实施的“浏阳市田家炳实验中学党委书记朱玉喜、校长刘会成任期经济责任审计”项目获县级审计机关优秀审计项目类优秀审计项目二等奖	湖南省审计厅	2021 年 12 月
浏阳市市场监督管理局	省食安工作先进单位	湖南省食品安全委员会	2022 年 2 月

续表 24

获奖(称号) 单位	获奖(称号)名称	授奖(称号)单位	获奖(称号)时间
浏阳市市场监督管理局	省消费维权先进集体	湖南省人力资源和社会保障厅 湖南省市场监督管理局 湖南省消费者权益保护委员会	2021 年 2 月
浏阳市市自然资源局经开区分局	全省节约集约用地综合考核评定一等奖	省自然资源厅	2021 年 1 月
浏阳市税务局	全省税务系统个人所得税改革先进单位	湖南省税务局	2021 年 6 月
浏阳市司法局	2016—2020 年湖南省依法治理创建活动先进单位	湖南省委宣传部 湖南省司法厅	2021 年 11 月
浏阳市委网信办	红网网民留言办理工作先进单位	湖南红网	2021 年 6 月
浏阳市卫生健康局	湖南省脱贫攻坚先进集体	中共湖南省委 湖南省人民政府	2021 年 4 月
浏阳市卫生健康局	依法行政示范县市区	湖南省卫生健康委	2021 年 1 月
浏阳市文化旅游广电体育局	全省文化和旅游工作先进单位	湖南省文化和旅游厅	2022 年 1 月
浏阳市新聪厨食品有限公司	省级工业旅游示范点	湖南省旅游景区质量等级评定委员会	2021 月 11 月
浏阳市信访局	全省信访工作先进集体	湖南省信访局 湖南省人社厅	2021 年 12 月
浏阳市烟草局	2021 年度全省烟叶工作先进单位	湖南省两烟工作领导小组	2022 年 1 月
浏阳市张坊镇田溪村村民委员会	湖南省脱贫攻坚先进集体	中共湖南省委 湖南省人民政府	2021 年 4 月
浏阳市张坊镇田溪村村民委员会	湖南省森林康养基地	湖南省林业局 湖南省民政厅 湖南省卫生健康委员会 湖南省中医药管理局	2021 年 12 月
浏阳市镇头镇妇联	湖南省“两癌”免费检查重点民生实事项目先进集体	湖南省妇女联合会、湖南省卫生健康委员会	2021 年 12 月
浏阳市镇头镇金牌村	湖南省省级乡村振兴示范创建村	湖南省委实施乡村振兴战略领导小组办公室	2021 年 11 月
浏阳市镇头镇干口村	湖南省省级乡村振兴示范创建村	湖南省委实施乡村振兴战略领导小组办公室	2021 年 11 月
浏阳市镇头镇双桥村	湖南省省级乡村振兴示范创建村	湖南省委实施乡村振兴战略领导小组办公室	2021 年 11 月
浏阳市镇头镇江东村	湖南省省级乡村振兴示范创建村	湖南省委实施乡村振兴战略领导小组办公室	2021 年 11 月
浏阳市职业中专	中职组：网络搭建与应用（团体赛）一等奖	湖南省教育厅 省人力资源和社会保障厅共同主办	2021 年 12 月
浏阳市职业中专	中职组：网络空间安全（团体赛）一等奖	湖南省教育厅 省人力资源和社会保障厅共同主办	2021 年 12 月
浏阳市职业中专	中职组：电子电路装调与应用（团体赛）一等奖	湖南省教育厅 省人力资源和社会保障厅共同主办	2021 年 12 月
浏阳市职业中专	中职组：服装设计与工艺（团体赛）一等奖	湖南省教育厅 省人力资源和社会保障厅共同主办	2021 年 12 月
浏阳市职业中专	中职组：服装设计与工艺（团体赛）二等奖	湖南省教育厅 省人力资源和社会保障厅共同主办	2021 年 12 月
浏阳市职业中专	中职组：通信与控制系统集成与维护（团体赛）三等奖	湖南省教育厅 省人力资源和社会保障厅共同主办	2021 年 12 月

续表 24

获奖(称号) 单位	获奖(称号)名称	授奖(称号)单位	获奖(称号)时间
浏阳市职业中专	中职组：计算机检测维修与数据恢复（团体赛）三等奖	湖南省教育厅 省人力资源和社会保障厅共同主办	2021 年 12 月
浏阳市职业中专	第八届“学创杯”全国大学创业综合模拟大赛创业综合模拟赛项二等奖	高等学校国家级实验教学示范中心联席会	2021 年 12 月
浏阳市职业中专	湖南黄炎培职业教育奖创业规划大赛省一等奖	中共湖南省委统战部 湖南省教育厅 湖南中华职业教育社	2021 年 11 月
浏阳市中小企业公共服务平台	2021 年全省中小企业技术创新‘破零倍增’工作先进单位	湖南省工业和信息化厅	2022 年 1 月
浏阳市中小企业公共服务平台	2020 年度省最受欢迎窗口服务平台	湖南省中小企业公共服务平台网络	2022 年 1 月
浏阳市中小企业公共服务平台	2021 年湖南省中小企业公共服务平台网络工作先进窗口平台	湖南省工业和信息化厅	2022 年 1 月
浏阳市中医院	2021 年湖南省老年友善医疗机构	湖南省卫生健康委员会 湖南省中医药管理局	2022 年 1 月
浏阳市脑科医院	2022 年湖南省老年友善医疗机构	湖南省卫生健康委员会 湖南省中医药管理局	2022 年 1 月
浏阳市重点建设项目事务中心	湖南省重点建设先进集体	湖南省人力资源和社会保障厅 湖南省发展和改革委员会	2021 年 11 月
浏阳市自然资源局	全省农村乱占耕地建房问题摸排工作获通报表扬	省自然资源厅通报	2021 年 1 月
浏阳市自然资源局《“多规合一”视角下的历史文化名村保护规划》	优秀论文二等奖	湖南省城乡规划学会、国土空间规划学会	2021 年 11 月
浏阳市自然资源局《“市镇同步、镇村一体”国土空间规划编制初探》	优秀论文三等奖	湖南省城乡规划学会、国土空间规划学会	2021 年 11 月
浏阳市自然资源局《乡村振兴战略背景下美丽宜居村庄规划探索》	优秀论文三等奖	湖南省城乡规划学会、国土空间规划学会	2021 年 11 月
浏阳市自然资源局测绘院《浏阳经开区（高新区）cgcs2000 坐标系 GPS 控制测量项目》	优秀测绘工程奖三等奖	省级测绘地理信息学会	2021 年 10 月
浏阳一中	湖南省文明标兵校园	湖南省精神文明建设指导委员会	2021 年 2 月
淳口镇农大村	湖南省 2021 年村庄清洁行动先进单位	中共湖南省委农村工作领导小组办公室 湖南省农业农村厅	2021 年 1 月
普迹镇普泰村	湖南省 2021 年村庄清洁行动先进单位	中共湖南省委农村工作领导小组办公室 湖南省农业农村厅	2021 年 10 月
沙市镇东门村	湖南省精品乡村示范村	湖南省农业农村厅	2021 年 2 月
水利局	湖南省脱贫攻坚先进集体	中共湖南省委 湖南省人民政府	2021 年 4 月
淳口镇向坪村	湖南省乡村振兴示范创建村	湖南省乡村振兴局	2021 年 11 月

续表 24

获奖(称号) 单位	获奖(称号)名称	授奖(称号)单位	获奖(称号)时间
淳口镇高田村	湖南省乡村振兴示范创建村	湖南省乡村振兴局	2021 年 11 月
淳口镇农大村	湖南省乡村振兴示范创建村	湖南省乡村振兴局	2021 年 11 月
淳口镇狮岩村	湖南省乡村振兴示范创建村	湖南省乡村振兴局	2021 年 11 月
淳口镇杨柳村	湖南省乡村振兴示范创建村	湖南省乡村振兴局	2021 年 11 月
淳口镇鸭头村	湖南省乡村振兴示范创建村	湖南省乡村振兴局	2021 年 11 月
小河乡	入选全省第二批乡镇（街道）应急能力建设达标名单	湖南省应急管理厅	2021 年 12 月
沿溪镇大光圆村	湖南省省级乡村振兴示范创建村	中共湖南省委实施乡村振兴战略领导小组办公室	2021 年 11 月
沿溪镇建设村	湖南省省级乡村振兴示范创建村	中共湖南省委实施乡村振兴战略领导小组办公室	2021 年 11 月
沿溪镇沙龙村	湖南省省级乡村振兴示范创建村	中共湖南省委实施乡村振兴战略领导小组办公室	2021 年 11 月
永安镇	湖南省卫生镇	湖南省爱国卫生运动委员会办公室	2021 年 1 月
永安镇	湖南省第一批应急能力建设达标乡镇	湖南省应急厅	2021 年 6 月
永安镇芦塘村	湖南省文明村镇	湖南省文明办	2021 年 1 月
永安镇商会	对抗新冠肺炎疫情先进单位	湖南省工商联	2021 年 1 月
永安镇永和村	湖南省省级乡村振兴示范创建村	湖南省乡村振兴局	2021 年 11 月
永安镇西湖潭村	湖南省省级乡村振兴示范创建村	湖南省乡村振兴局	2021 年 11 月
永安镇芦塘村	湖南省省级乡村振兴示范创建村	湖南省乡村振兴局	2021 年 11 月
永安镇坪头村	湖南省省级乡村振兴示范创建村	湖南省乡村振兴局	2021 年 11 月
永安镇督正村	湖南省省级乡村振兴示范创建村	湖南省乡村振兴局	2021 年 11 月
张坊镇茶林	湖南省省级乡村振兴示范创建村	湖南省乡村振兴局	2021 年 11 月
张坊镇江口村	湖南省省级乡村振兴示范创建村	湖南省乡村振兴局	2021 年 11 月
张坊镇上洪	湖南省省级乡村振兴示范创建村	湖南省乡村振兴局	2021 年 11 月
张坊镇退役军人服务站	湖南省百家红色退役军人服务站	省退役军人事务厅	2021 年 12 月
张坊镇张坊村	湖南省省级乡村振兴示范创建村	湖南省乡村振兴局	2021 年 11 月
中医院	湖南省 2020 届文明标兵单位	湖南省精神文明建设指导委员会	2021 年 2 月

长兴湖 （罗豪正　摄）

文献选编

浏阳市人民政府办公室
关于推行工程建设项目“三集”审批长效机制的实施意见

各乡、镇人民政府，街道办事处，市直各单位：

为进一步转变政府职能，全面提高工程建设项目审批效率，根据《长沙市人民政府办公厅关于印发长沙市深化工程建设项目审批制度改革工作实施方案的通知》（长政办函〔2019〕49号）要求，经市人民政府同意，现就在全市推行工程建设项目“三集”审批长效机制提出如下实施意见：

一、指导思想

认真落实《优化营商环境条例》和省、长沙市有关“放管服”改革部署要求，紧扣“三化六最”目标，聚焦工程建设项目审批改革和审批效能提速，不断优化营商环境，加速释放改革红利，全面激发市场活力。

二、主要内容

（一）继续完善“三集审批”机制。严格落实“集中办公、集合查验、集成审批”要求，按照“前台综合受理、后台分类审批、综合窗口出件”审批模式，对工程建设项目审批服务大厅进行提质改造。由市行政审批局牵头，各审批部门配合，加强市民之家“三集”审批服务区日常管理，对全市所有工程建设项目审批实行“三集”审批模式；督促相关部门在2021年1月底前做到审批服务事项向一个科室集中（住建局、自然资源局须明确一个牵头科室，内部各审批职能科室协同配合），审批科室向“三集”审批服务区集中，审批事项向长沙市“多规合一”平台集中；组建2个联合踏勘工作组，负责项目的联合查验和现场踏勘工作，确保联合踏勘在1个工作日内完成。

（二）全面实行“审批建模”机制。由市行政审批局牵头，在2020年6月底前，探索建立4~6个具体项目的实战审批模型。由市住建局牵头，在2021年1月底前，从建设项目实施角度，建立各类型项目审批通用模型（含主审批模型和附件内容）。主审批模型按审批阶段实操步骤的先后顺序排列，每个步骤确定三项内容（办事地点、办事内容、审批时限），力求做到简洁清晰、一目了然；附件内容包括审批单位、审批联系人、需提交的资料清单、收费情况等，应确保详细周到、便于操作。市行政审批局要以审批通用模型为指导，为每一个新立项（备案）项目“一对一”建立全流程模拟审批方案。

（三）动态调整“正面清单”机制。由各审批部门推出一批工程建设项目审批“容缺清单”和“豁免清单”，并根据法律法规和政策变化实时进行动态调整。落实“容缺”受理、“豁免”办理、“不见面”审批等便企服务举措，进一步“减流程、减材料、减时限、减费用”，减少市场主体（项目业主）工作量，提升办事效率。由市行政审批局负责，统一对外公布部门“容缺清单”和“豁免清单”，并加强督查督办，提高企业政策知晓率。

（四）落实免费“手续代办”机制。由市行政审批局组建市级工程建设项目服务中心，负责到市民之家办理的工程建设项目审批全流程帮代办服务工作。由各乡镇（街道）组建辖区项目手续代办服务队伍，负责本辖区企业审批全流程帮代办服务工作，原则上非企业必须到场签字盖章的环节均由手续代办同志全程代办，切实减少企业跑腿次数。经开区（高新区）、两型产业园、环保产业园负责将“手续代办”服务再优化、再拓展、再创新，致力打造“零收费”园区政务，以“店小二”精神，以企业“帮代办管家”角色，为企业提供“保姆式”服务，促进项目早落地、早开工、早投产、早见效。

（五）探索推进“服务创新”机制。由市级工程建设项目服务中心负责，不断健全服务规范，创新服务机制。实行问题归集法，对审批中存在的问题进行归集，建立问题销号台账，对涉及单个部门的一般问题实行即时调度，对涉及多个部门的重大问题实行周定期调度，分类交办问题并逐项销号。对成批同类建设项目实行“移动公章”一线服务机制，由市行政审批局牵头组织各部门开展现场集中审批。对重大招商引资项目实行“管家”驻企，由各代办服务中心派专人入驻企业帮代办，提前介入，靠前审批。

（六）建立健全“容错纠错”机制。建立容错纠错机制，充分调动干部改革创新、干事创业的积极性，营造敢于担当、宽容失误的良好环境。采取部门申报、改革办审核、纪检监察机关予以备案的形式，确定容错纠错情形。对部门或干部在服务基层、服务群众、服务项目、服务企业工作中，因着眼于提高效率进行容缺受理、容缺审批、豁免审批等出现一定失误或错误的，予以宽容免责，督促及时纠正。

三、保障措施

（一）强化组织领导。加强对“三集”审批工作的组织领导，成立浏阳市工程建设项目“三集”审批工作领导小组，由市委书记、市长任顾问，常务副市长任组长，市发改局、财政局、人社局、自然资源局、住建局、交通运输局、水利局、农业农村局、文旅广体局、应急局、行政审批局、林业局、生态环境局为成员单位。领导小组下设办公室（设在市行政审批局），由市行政审批局主要负责同志任办公室主任，负责“三集”审批统筹协调、督促指导和日常工作。

（二）加强部门联动。各单位要密切联动，强化信息互通和联审联办。市住建局（工改办）要加强全市工程建设项目审批改革的业务指导，定期组织工程项目审批业务专题培训，不断提高园区、乡镇（街道）、各审批部门专干的业务素质。

（三）加强督查考核。“三集”审批工作领导小组办公室要跟踪任务落实和交办情况，定期向“三集”审批工作领导小组报送工作进展情况，将“三集”审批成效纳入优化营商环境考核内容，对工作推进不力、未按时完成任务的，要严肃问责。

（四）加强宣传报道。充分利用报纸、广播、电视、网络等媒体，加强对“三集”审批工作的宣传报道，使企业和社会公众充分知晓改革内容，准确把握惠企政策，自觉运用机制成果，共同营造全力服务企业、助力经济发展的浓厚氛围。

浏阳市人民政府办公室

2021 年 1 月 14 日

浏阳市人民政府
关于公布第八批浏阳市(县)级非物质文化遗产代表性项目名录的通知

各乡、镇人民政府,街道办事处,市直各单位:

经浏阳市非物质文化遗产专家评审组专家评定,“浏阳方言童谣”等7个项目符合列入浏阳市(县)级非物质文化遗产代表性项目名录要求,并于2020年11月23日—12月12日在浏阳市人民政府门户网站公示,无异议。现将第八批浏阳市(县)级非物质文化遗产代表性项目名录予以公布(见附件)。

有关单位要按照《中华人民共和国非物质文化遗产法》《湖南省实施〈中华人民共和国非物质文化遗产法〉办法》规定,认真贯彻“保护为主、抢救第一、合理利用、传承发展”的工作方针,切实做好非物质文化遗产的保护、传承和利用工作。

附件:第八批浏阳市(县)级非物质文化遗产代表性项目名录

浏阳市人民政府

2021年1月21日

附件

表25　　第八批浏阳市(县)级非物质文化遗产代表性项目名录

序号	项目名称	代码	类别	项目主要流传区域或保护单位
1	浏阳方言童谣	Ⅹ	民俗	浏阳全域
2	浏阳烟茶制作技艺	Ⅷ	传统技艺	浏阳全域
3	淡豆豉制作技艺	Ⅷ	传统技艺	湖南淳芝宝药业有限责任公司
4	徐尚医古法养疗	Ⅸ	传统医药	湖南药泉谷医药科技有限公司
5	罗氏跌打损伤传统疗法	Ⅸ	传统医药	浏阳市古港镇
6	江公特色艾灸疗法	Ⅸ	传统医药	长沙江氏健康产业有限公司
7	木炭烧制技艺	Ⅷ	传统技艺	长沙文象环保科技有限公司

浏阳市推进“精美长沙”建设工作实施方案

为促进浏阳城市高质量发展，建设“有颜值、有气质、有内涵、有格调、有品位”的现代宜居城市，根据《长沙市人民政府办公厅关于印发“精美长沙”建设工作实施方案（2020—2022 年）的通知》（长政办发〔2020〕37 号）要求，结合浏阳市实际，制定本方案。

一、指导思想

以习近平新时代中国特色社会主义思想为指引，深入贯彻党的十九大精神，落实人民至上理念，立足浏阳山水资源禀赋，突出浏阳生态人文底蕴。将“适用、经济、绿色、美观”的方针落实到城市建设、管理全过程，凝练城市特色，注重文化延续，打造“一河诗画，满城烟花”城市美景，满足人民对美好生活的向往。

二、工作目标

在全市范围内按照“因地制宜、以点带面、点面结合，示范引领、全面推广”的思路，2021 年，建立机制、确定标准，启动并建成一批精美示范项目，打造样板、以点带面，建立精美建设地方标准体系；2022 年，全面推广、常态建设，构建市民参与、专家支撑、政府决策的建设新机制，形成可复制、可推广的“精美浏阳”建设模式。

三、主要任务

（一）建造精美建筑

1.加强建筑高度管控。统筹管控城市天际线，构建高低错落、层次丰富、进退有序的城市天际线景观；地块面积 5 公顷及以上或计容建筑面积 10 万平方米及以上的高层（H≥50 米）地块应进行建筑高度分区设计，分组团形成建筑高度的梯级变化。新建居住建筑高度严格按照《城市居住区规划设计标准》（GB50180—2018）以及住房城乡建设部、国家发展改革委《关于进一步加强城市与建筑风貌管理的通知》（建科〔2020〕38 号）等相关规范和标准执行。〔牵头单位：市自然资源局、市住建局〕

2.注重建筑特色塑造。深入落实《浏阳市城市建设品质管控导则（试行）》（浏自然资联发〔2020〕4 号），强化刚性执行；优化建筑设计评审制度，统筹协调城市风貌和单体建筑风格，提升建筑设计品质。按照“内外兼修”的基本原则，进一步完善建筑设计质量和品质管控举措，加大对“贪大、媚洋、求怪”等建筑乱象的治理力度。〔牵头单位：市自然资源局、市住建局〕

3.加强既有建筑外墙管理。重点对建筑幕墙、外墙瓷砖、外墙外保温、户外广告、外墙清洗、照明亮化等进行安全管控和品质提升。（牵头单位：市城管局、市住建局）

4.着力建筑品质提升。将质量评价导入预售管理，规划和改善住宅开发项目公共服务设施配置，全面锁定房屋设计、建设和交付标准，打造一批功能完善、结构合理、消防安全、绿色节能、智慧宜居的高品质建筑。大力推广绿色建筑、装配式建筑，推行“装配式建筑+绿色建筑+全过程咨询+EPC+BIM”五位一体模式，力争将浏阳金阳新城打造为国家绿色发展综合示范区。〔牵头单位：市住建局、经开区（高新区）管委会〕

（二）塑造精美街道

5.探索街道空间一体化机制。严格按照《关于进一步加强“精美街道”规划建设管理工作的通知（试行）》（长住建发〔2021〕25 号）要求，探索规划、建设、管理一体化，建立健全城市道路与建筑前区一体化管理机制。〔牵头单位：市住建局、市自然资源局、市城管局〕

6.完善街道建设标准体系。加强街道风貌管控，推动道路红线与建筑前区总体规划、整体设计、统筹实施，实现街道市政设施、景观环境、沿街建筑、历史风貌等全要素的有机整合。〔牵头单位：市住建局、市自然资源局〕

7.注重全要素品质化建设。按绣花功夫要求进行精细化设计施工，在全市打造一批全要素品质化建设的示范街道，街道断面形式应与街道性质相匹配。重点打造西北环线、浏阳大道、花炮大道、道吾山路、景程大道、浏阳河路、将军路、大围山路两厢等主要道路景观和高速公路出入口等重要交通节点。〔牵头单位：市自然资源局、市住建局〕

8.推动城市管理品质提升。实施人行道清障、桥下空间整治，推动全省“多杆合一”试点工作和“多箱合一”工作，推进建筑立面、广告招牌、违停违建等专项整治。〔牵头单位：市城管局、经开区（高新区）管委会〕

（三）打造精美社区

9.创建“精美社区”。立足居民需求，通过精准施策、试点推广、典型引领,引导物业维修资金使用,解决人民群众居住生活中“急难愁盼”问题,实现物业小区全面提质。按照15分钟生活圈标准配套完善社区生活设施,以简约适度、绿色低碳的方式,统筹推进社区人居环境提质升级,打造一批体现浏阳优秀综合管理水平、具备和谐美好生活环境的全龄友好精美社区示范项目。〔牵头单位:市住建局、各街道办事处〕

10. 推动老旧小区改造。加大小区违法建设查处力度,提升城镇老旧小区公共基础设施、公共服务设施空间环境及智慧化建设品质,进行给排水设施改造和既有多层住宅加装电梯,高品质打造2个城镇老旧小区改造示范点。〔牵头单位:市住保中心、市住建局、浏发集团〕

11.打造基层治理新格局。推进物业管理和服务标准化,实现全市住宅小区物业管理和服务标准化建设“一年示范推广、二年全面覆盖”目标,促进物业行业持续、稳定、健康发展;加大实施“党建+微网格”,打通基层治理“神经末梢”。〔牵头单位:市住建局、各街道办事处〕

(四)营造精美环境

12.打造绿色人居环境空间。公园绿地建设保留自然山水,并融入海绵城市理念,塑造微地形进行公园设计。重点建设浏阳河风光带、凤凰山—长兴湖滨水景观、翠园公园、西湖山公园、道吾山风景名胜区等;城市街道沿线应开辟街头绿地和广场,城市主次干道交叉口及主要景观节点须设开敞的广场绿地,鼓励充分利用街角空间,打造一批开放式街头绿地。〔牵头单位:市城管局、市住建局、市自然资源局、浏发集团〕

13. 推进污水处理提质增效。进一步落实河长制工作,全力构建“水清、岸绿、河畅、景美、人和”的美丽河流。持续推进城市污水处理提质增效,推进城区、园区雨污分流改造。2022年浏阳市城市建成区基本实现雨污分流,无生活污水直排口;经开区(高新区)争创“污水零直排示范区”。〔牵头单位:市住建局、市水利局、经开区(高新区)〕

14.打好蓝天碧水保卫战。加强环境综合治理,提升环境保护与管理能力,确保空气质量优良率达80%以上。〔牵头单位:生态环境局、经开区(高新区)〕

15.优化工地施工环境。加强工地扬尘治理,积极推进绿色施工。美化工地围挡,采用绿色草坪式贴面,安装喷淋设施和亮化设施。每年创建2~3个建筑施工安全生产标准化示范观摩工地。〔牵头单位:市住建局〕

16.推进建筑垃圾资源化利用。建立健全建筑垃圾资源化利用相关政策制度体系和技术标准。加快推进全市建筑垃圾资源化利用特许经营工作。〔牵头单位:市住建局〕

17. 打造精美项目引领建设。根据精美环境建设标准,牵头打造一批精美环境示范项目形成试点引领效应。〔牵头单位:市住建局〕

(五)共享精美生活

18.坚持“房住不炒”。健全稳地价、稳房价、稳预期长效管理调控机制;全面盘活闲置楼宇、烂尾楼处置工作,推进住房租赁试点城市建设。〔牵头单位:市住建局、市住保中心〕

19.推进生活垃圾减量化。持续推进生活垃圾分类全覆盖体系建设,全面构建分类投放、收集、运输、处理全链条,加快垃圾处理厂新建、扩建。〔牵头单位:市城管局〕

20.创建节水型城市。完善节水管理规章制度、加大节水宣传力度、强化节水典型示范、全面提升水资源利用率,力争创建省级、国家级节水型城市。〔牵头单位:市住建局、市水利局〕

21.营造街区活力。通过开放舒适的街道环境,创造活力的空间氛围,创新灵活的管理手段,激活街道业态。巩固提升新文路、天虹—大润发商圈、长兴湖等区域产业发展,营造宜居、宜创、宜商的浓郁气质;建设更多夜间经济示范街区、门店,打造国内夜间经济标杆城市。〔牵头单位:市商务局〕

22.持续推进无障碍环境建设。全面推进主城区无障碍设施的建设和改造,保障和提升城区无障碍设施建设的质量,推进无障碍信息建设和无障碍社区服务全覆盖。〔牵头单位:市住建局、市残联〕

23.大力发展智慧交通。完善智慧交通顶层设计,提升数据信息资源交换共享能力,建设交通基础数据库,坚持缓解交通拥堵,切实解决停车难问题。〔牵头单位:市公安局、浏发集团〕

四、保障措施

(一)加强组织领导。建立浏阳市“精美长沙”建设工作联席会议制度,由市长任总召集人,常务副市长、分管副市长、经开区(高新区)分管副主任任副总召集人,经开区(高新区)管委会、市政府办、市发改局、市公安局、市财政局、市自然资源局、市住建局、市水利局、市商务局、市城管局、长沙市生态环境局浏阳分局、市工建中心、市住保中心、市残联、市自来水公司、浏发集团以及各街道办事处为成员单位。联席会议下设办公室(设在市住建局),由市住建局局长任办公室主任。按照联席会议全体会议、部分成员联席会议、日常调度会议三级会议方式推进。经开区(高新区)管委会按“精美建筑、精美街道、精美社区、精美环境、精美生活”原则统筹推进金阳新城建设。

(二)落实工作责任。市住建局统筹推进浏阳市“精美长沙”建设工作,牵头打造一批长沙市精美环境示范项目。市发改局负责将“精美长沙”建设项目纳入年度计划进行管理;负责“精美长沙”相关项目立项可研审批相关工作,牵头完善招投标管理制度。市财政局负责统筹相关城市公益项目建设资金用于“精美长沙”项目建设。各项任务牵头单位组织制定具体工作实施方案,明确分管负责人和责任部门,制定项目计划,压实工作责任。

(三)建立调度考核机制。实行“按月报表、季度讲评、半年观摩、年度考评”机制,对“精美长沙”建设项目推进情况进行调度考核。

本方案自2021年5月10日起施行,有效期2年。

浏阳市人民政府

2021年2月8日

浏阳市突发事件总体应急预案

1.总则

1.1 编制目的

加强和规范应急管理工作，最大限度地预防和减少突发事件及其造成的损害，保障公众生命财产安全，维护公共安全和社会稳定。

1.2 编制依据

《中华人民共和国突发事件应对法》《湖南省实施〈中华人民共和国突发事件应对法〉办法》《湖南省突发事件总体应急预案》《长沙市突发事件总体应急预案》等。

1.3 分类分级

突发事件是指突然发生，造成或者可能造成严重社会危害，需要采取应急处置措施予以应对的自然灾害、事故灾难、公共卫生事件和社会安全事件。

(1)自然灾害。主要包括水旱灾害、气象灾害、地震灾害、地质灾害、生物灾害和森林火灾等。

(2)事故灾难。主要包括机关事业单位、工矿商贸等企业的各类安全事故、火灾事故、交通运输事故、公共设施和设备事故、核与辐射事故、环境污染和生态破坏事件等。

(3)公共卫生事件。主要包括传染病疫情、群体性不明原因疾病、食品安全和职业危害、急性中毒、动物疫情以及其他严重影响公众健康和生命安全的事件等。

(4)社会安全事件。主要包括恐怖袭击事件、民族宗教事件、经济安全事件、涉外突发事件、网络与信息安全事件、群体性事件和重大刑事案件等。

突发事件根据事件的可控性、社会危害程度、影响范围等因素，一般分为四级：一般(Ⅳ级)、较大(Ⅲ级)、重大(Ⅱ级)、特别重大(Ⅰ级)。

1.4 适用范围

本市行政区域内各类突发事件的应对工作和整个应急管理工作。

1.5 工作原则

(1)以人为本。以保障公民生命安全为首要任务，最大程度地减少突发事件造成的人员伤亡和财产损失。

(2)依法规范。依照有关法律和行政法规加强应急管理工作，促使应急管理工作常态化、规范化、制度化、法制化、科学化。

(3)统一领导。坚持在市委、市人民政府的统一领导下，建立健全分类管理、分级负责、条块结合、属地管理为主的应急管理体制。

(4)预防为主。增强忧患意识，做到应急管理工作常抓不懈，尽量避免和减少突发事件的发生；同时做好应对突发事件的各项准备工作。

(5)协同应对。加强以属地管理为主的各级、各类应急处置队伍建设，建立健全应急协同联动制度，形成统一指挥、反应灵敏、功能齐全、协调有序、运转高效的应急管理机制。

(6)提高素质。加强宣传教育、培训工作，提高处置、指挥能力，提高公民的自救、互救能力。

1.6 预案体系

全市突发事件应急预案体系包括：

(1)市突发事件总体应急预案。本预案是全市突发事件应急预案体系的总纲，是市人民政府应对全市突发事件的规范性文件和行动指南。本预案由市应急局牵头起草、市人民政府审定并公布实施，报长沙市人民政府备案。

(2)市突发事件专项应急预案。该预案是市人民政府及其有关部门(单位)为应对某种类型突发事件制订的涉及多个部门(单位)职责的计划、方案和措施，由市人民政府有关部门(单位)牵头、市应急局指导、相关部门(单位)协助制订，报市人民政府审定并公布实施。

(3)市突发事件部门应急预案。该预案是市有关部门(单位)根据本预案、市专项应急预案和部门(单位)职责为应对单一种类且以该部门(单位)处置为主、相关单位配合处置的突发事件而制订的计划、方案和措施，由市有关部门(单位)制订并组织实施，报市人民政府备案。

(4)各类园区突发事件总体预案、专项预案参照市突发事件总体预案、专项预案制订并实施，报市人民政府备案。

(5)乡镇(街道)突发事件应急预案。该预案为应对各自行政区域内的突发事件制订的工作计划、保障方案和操作规程,是乡镇人民政府(街道办事处)组织、管理、指挥、协调相关应急资源和应急行动的指南。由乡镇人民政府(街道办事处)制订并组织实施,报市人民政府备案。

(6)基层单位突发事件应急预案。村(社区)、企事业单位等基层单位,特别是高危行业生产经营单位、重点单位根据本预案及相关专项应急预案和部门应急预案,为应对本单位突发事件而制订的工作计划、保障方案和操作规程。基层单位突发事件应急预案由各单位自行制订并组织实施,报所属乡镇人民政府(街道办事处)、行业主管部门和市应急局备案。

(7)重大活动突发事件应急预案。举办庆典、迎检、会展和文化体育等重大活动,主办单位或牵头部门应当事先制订应急预案,报批准举办该活动的政府部门审定,由主办单位组织相关部门实施,并报市应急局备案。

各类应急预案应当根据文件的规定时限及实际情况变化,由制订单位依程序及时修订并报上级审定、备案。各类应急预案构成种类应不断补充、完善,建立健全"一网四库"。

2.组织体系

2.1 市应急指挥机构及职责

市人民政府设立市突发事件应急委员会(以下简称"市应急委"),负责统一领导、协调和指挥全市突发事件应对工作。市应急委由市长任主任,常务副市长、副市长、市人武部分管负责人、市政府办主任、武警浏阳中队负责人任副主任,市人武部、纪委监委、市委办、组织部、宣传部、统战部、网信办、政府办、发改局、教育局、科技局、工信局、公安局、民政局、司法局、财政局、人社局、自然资源局、住建局、交通运输局、水利局、农业农村局、商务局、文旅广体局、卫健局、退役军人局、应急局、市场监管局、城管局、信访局、林业局、医保局、生态环境局、金融事务中心、工建中心、国资中心、数据中心、住保中心、公路建养中心、供销社、红十字会、株树桥水库管理局、森林公安局、气象局、邮政公司、武警浏阳中队、水文局、消防大队、各园区管委会、乡镇人民政府(街道办事处)为成员单位。

市应急委主要职责包括:

(1)研究、决定全市各类突发事件应急管理工作的重大问题;

(2)部署和总结全市突发事件应急管理工作;

(3)组织制定、修订和实施本预案;

(4)指挥或参与突发事件的应对处置工作;

(5)完成省、长沙市应急委交办的其他工作。

2.2 市突发事件应急委员会办公室及职责

市应急委下设市突发事件应急委员会办公室(以下简称"市应急办",设在市应急局),办公室主任由市应急局局长兼任。

市应急办主要职责是:

(1)负责市应急委日常工作;

(2)收集、汇总全市各类突发事件信息,履行综合协调职责,发挥运转枢纽和综合指挥中心的作用;

(3)指导、监督和考核全市各级应急管理工作,包括体制机制、预案编制、宣传教育、应急演练、应对处置等;

(4)组织、协调突发事件应急管理工作综合管理系统、通信信息系统、物资保障系统、抢险救援系统、灾后重建系统等的建设;

(5)组织一般突发事件的应急处置工作,协助参与较大及以上突发事件的应急处置工作;

(6)完成长沙市应急委、市人民政府及市应急委交办的其他工作。

2.3 应急救援指挥机构及职责

市人民政府设立浏阳市突发事件应急指挥中心(以下简称"市应急指挥中心",设在市应急局),建立统一接报、分级分部门处置的应急指挥平台,负责应对突发事件的指挥调度和综合应急救援。市应急指挥中心由市人民政府常务副市长担任指挥长,市应急局、公安局、农业农村局、卫健局、市场监管局、林业局、生态环境局、森林公安局、消防大队负责人担任副指挥长,承担应急救援职责的有关部门(单位)负责人为成员。

2.4 专项应急指挥机构及职责

市人民政府根据实际需要设立若干专项突发事件应急指挥部(以下简称"市专项应急指挥部"),在市应急委的统一领导下,负责组织、协调和指挥相关类别突发事件应对工作。

市专项应急指挥部由分管副市长任指挥长,市政府办联线副主任、市专项应急管理工作牵头部门主要负责人任副指挥长。各园区管委会、各乡镇人民政府(街道办事处)和市直有关部门(单位)分管领导为成员。

市专项应急指挥部的主要职责是领导和指挥全市相应专项应急管理工作。其具体职责是:

(1)研究、决定全市相关专项应急管理工作的重大问题;

(2)部署和总结全市相关专项应急管理工作;

(3)起草和实施市相关专项突发事件应急预案;

(4)负责应对处置相关专项突发事件;

(5)指导、督查园区、乡镇(街道)突发事件应急管理工作;

(6)承办湖南省、长沙市应急委和市人民政府、市应急委交办的其他事项。

市专项应急指挥部办公室设在各专项应急预案的牵头部门,负责该专项应急指挥部日常工作,其组成和职责等由各专项应急预案具体规定。

2.5 有关单位职责:

市人武部:负责组织、协调部队和民兵参加抢险、救灾。

市纪委监委:负责应急工作中监察对象违纪、违法案件的查处。

市委办(外事办、台办):负责涉外、涉港澳、涉台突发事件的应急管理工作。

市委宣传部：负责组织指导应对处置突发事件过程中的新闻发布工作，协调媒体的新闻报道。

市委统战部（民宗局）：负责涉及民族宗教事务突发事件的应急管理工作。

市委网信办：负责应对突发事件过程中的网络舆情处置和引导。

市政府办（市政府值班室）：进入Ⅲ级、Ⅱ级、Ⅰ级预警和应急响应后，必要时在市应急指挥中心牵头组建扩大的市应急指挥部办公室根据分组和分工完成应对处置工作。

市发改局：负责电力、油气长输管道的突发性事件应急管理工作；协调电力部门做好突发事件的供电工作；做好突发事件应对工作的重大建设项目资金争取和项目审批工作；根据本市救灾物资储备规划、品种目录和标准、年度购置计划，负责中央、省、市级下达和本市救灾物资的收储、轮换和日常管理，根据市应急局的动用指令按程序组织调出；会同有关部门（单位）做好应急物资储备、调拨的组织、协调工作。

市教育局：负责教育系统突发事件应急管理工作；负责学生应急常识的教育、普及工作；负责组织恢复灾后教学秩序。

市科技局：负责突发事件应急管理工作中的科技保障工作。

市工信局：协调、配合做好通信突发事件应急管理工作；组织、协调各通信运营商做好应对处置突发事件过程中通信保障工作；协调、督促医药企业应对突发事件的有关物资生产、供应。

市公安局：负责道路交通事故、恐怖袭击事件、群体性事件、公共安全事件等应急管理工作；负责应对其他突发事件所需要的治安保障工作、交通管制工作。

市民政局：负责因突发事件造成生活困难、符合社会救助条件的群众的基本生活救助，协助突发事件的善后处置。

市司法局：负责司法行政系统的应急管理工作。

市财政局：负责安排应急管理工作必需的工作经费；负责突发事件应对处置、灾后重建所需资金的计划、审核、调度。

市人社局：负责突发事件中参保职工的工伤认定工作，协助处理相关工伤待遇事项。

市自然资源局：负责地质灾害防治规划并指导实施；组织、指导、协调和监督地质灾害调查评价及隐患的普查、详查、排查；指导开展群测群防、专业监测和预报预警等工作，指导开展地质灾害工程治理工作；承担地质灾害应急救援的技术支撑工作。

市住建局：负责建设工程质量安全事故应急管理工作；负责城市供水、排水应急工作；负责组织开展建设领域防震减灾知识宣传；参与震后危险房鉴定；协助制定震区恢复重建方案；负责人民防空应急管理工作。

市交通运输局：负责组织、指挥、协调受灾中断公路及内河航道的修复工作；负责各类突发事件交通运输保障工作；负责交通运输行业和轨道交通运营的应急管理工作；负责水上交通安全事故应急管理工作。

市水利局：承担市防汛抗旱指挥部的日常工作，负责落实综合防灾减灾规划相关要求，组织编制洪水干旱灾害防治规划及防护标准并指导实施；组织编制河流和重要水利工程的防御洪水抗御旱灾调度和应急水量调度方案，按程序报批并组织实施；承担防御洪水应急抢险的技术支撑工作；承担台风防御期间重要水利工程调度工作；负责水利系统应急管理工作；负责灾损水利设施的修复；储备水旱灾害防御物资。

市农业农村局：负责农业机械、农业种植业、养殖业等方面相关产品、农作物病虫害（不含森林植物）疫情、动物疫情和农业生物灾害的应急管理工作；做好农业生产自救的指导工作；参与农药中毒事件的应急管理工作。

市商务局：负责商贸流通领域突发事件的应急管理工作；负责石油行业突发事件应急管理工作；参与应对处置各类突发事件过程中的物资保障工作。

市文旅广体局：负责文化娱乐、广播、旅游等领域和体育赛事活动、体育场馆的突发事件应急管理工作。

市卫健局：负责突发公共卫生事件的应急管理和其他突发事件的医学救援工作；做好疫情监测，防止疫病发生和蔓延；承担灾（疫）区疾病控制和食品、饮水等卫生监督以及受伤人员的救治工作。

市退役军人局：负责涉及复退军人的突发事件应急管理工作；负责因突发事件牺牲的公职人员及其他见义勇为牺牲人员的追烈工作。

市应急局：承担市应急办工作，协助市委、市人民政府指定的负责人组织一般突发事件应急处置工作，综合协调、调度较大及以上突发事件应急处置工作；承担市安全生产委员会、市减灾委员会、市森林防火指挥部、市抗震救灾指挥部的日常工作，协助市防汛抗旱指挥部的日常工作；综合协调应急预案衔接工作，指导预案演练；指导自然灾害类、安全生产类突发事件应急救援，统筹应急救援力量建设；负责应急避难设施建设；组织编制综合防灾减灾规划，建设统一的应急指挥管理综合信息平台，建立监测预警和灾情报告制度，依法统一发布灾情；指导开展自然灾害综合风险评估；负责生产安全事故应急管理综合工作；负责矿山、危险化学品、烟花爆竹、工贸行业和领域的安全生产事故应急管理工作；负责灾民紧急转移安置，自然灾害生活救助等。

市市场监管局：负责食品安全应急管理工作；负责应急状态下物价违法行为的查处工作；负责药品安全应急管理工作；协调药品器械经营单位为灾区提供必要的药品、器械等援助；负责特种设备安全事故应急管理工作；负责协调突发事件相关设备、设施的检验、检测和鉴定工作；对灾区生产经营的产品质量进行监督，维护灾区市场经营秩序；负责知识产权领域的应急管理工作。

市城管局：负责指导、协调、组织城市道路的应急抢修；负责城市供气、城市桥梁隧道、户外广告、渣土运输、消纳场、环境卫生、固体废物处理等应急管理工作。

市信访局：负责突发群体性上访事件的接谈、劝返等应急处置工作。

市林业局：参与指导森林火灾扑救、重大野生动物疫情和林业生物灾害的应急管理工作；参与落实综合防灾减灾规划相关要求，组织编制森林火灾防治规划和防护标准并指导实施；负责开展防火巡护、火源管理、防火设施建设等监督管理工作；组织指导国有林场、木材加工企业等开展防火宣传教育、监测预警、督促检查等工作。

市医保局：负责市医疗保障系统的突发事件应急管理工作。

生态环境局：负责突发环境事件的应急管理工作；承担废弃危险化学品处置的应急管理工作；负责突发事件导致环境污染和监测的评估处置工作。

市金融事务中心：负责金融突发事件应急管理工作；协调组织相关金融机构参与救灾和灾后重建工作。

市工建中心：负责所属公共工程项目的突发事件应急管理工作。

市国资中心：负责市属国有企业的应急管理工作。

市数据资源中心：负责电子政务网络信息安全应急管理工作；监控和防范市电子政务网络安全事件；组织开展市电子政务网络受灾业务系统数据修复工作；负责应急管理工作的数据资源服务保障，统筹各类应急管理数据资源归口接入市应急指挥中心平台。

市住房保障中心：负责城区纯公租房小区房屋的安全监管和应急管理工作。

市公路建养中心：负责国、省干线公路路网运行监测与应急管理工作和公路受灾受损或中断的警示、抢修工作。

市供销社：负责供销社系统突发事件的应急管理工作。

市红十字会：协助开展救灾、救济工作，筹集救灾款物，组织社会募捐；根据实际情况，通过上级红十字会向国内外发出救助呼吁；必要时组织红十字医疗队参与灾区伤员救治工作。

株树桥水库管理局：负责株树桥水库坝区和水域范围内的突发事件应急管理与处置工作，配合全市的防汛抗旱应急处置工作。

市森林公安局：承担市森林防灭火相关工作，负责火场警戒、交通疏导、治安维护、火灾案件侦破等，协同林业部门开展防火宣传、火灾隐患排查、重点区域巡护、违规用火处罚等工作。

市气象局：负责收集天气实况信息和发布天气预报、灾害性天气预警，为防灾、抗灾、救灾提供服务；组织重大气象灾害的调查、评估、鉴定工作。

邮政公司：负责邮政突发事件的应急管理工作。

武警浏阳中队：参与抢险救灾；协助维护突发事件治安秩序。

市水文局：负责市管辖区内水文信息的采集、处理和分析，水情、旱情监测预警，发布重要水情预测、预警、预报等工作。

市消防大队：负责火灾事故应急管理工作；承担重大灾害事故和其他以抢救人民生命为主的应急救援工作，在参与非消防专业的灾害事故救援工作时，在市应急委的统一指挥下，开展应急救援工作。

2.6 乡镇（街道）、园区应急组织机构及职责

乡镇人民政府（街道办事处）、园区管委会应设立本行政区域应急指挥机构，负责统一领导、协调和指挥本行政区域突发事件应对工作。乡镇（街道）、园区应急救援指挥机构及职责等可参照本预案并结合实际制定。村（居）民委员会、企事业单位应当明确应急管理工作领导机构，确定专人负责，积极协助政府及其有关部门（单位）做好突发事件应急管理工作。

2.7 专家组及职责

市人民政府及市各专项应急指挥部根据实际需要建立相关专业人才库，聘请有关专家组成专家组。专家组的职责是为突发事件应对工作提供决策咨询和建议，必要时参与现场处置。专家组由市应急指挥中心归口管理，建立健全专家组工作和保障机制及联席会议制度，突发事件发生后由市应急指挥中心统一调度。

3.运行机制

3.1 监测预警

乡镇人民政府（街道办事处）、园区管委会、市有关部门（单位）要针对各种可能发生的突发事件及其种类和特点，加强日常监测和重点排查，并根据预测分析结果及时预警，做到早发现、早报告、早预防、早处置。

3.1.1 风险防控

乡镇人民政府（街道办事处）、园区管委会应当建立完善辖区内重点单位网格化风险防控体系，落实风险管控措施，及时发现和处置各类风险和隐患。市有关部门（单位）要对重大风险点和危险源，制定防控措施、整改方案和应急预案，做好监控和应急准备等工作。

3.1.2 政府监测和社会监督

市政府办（市政府值班室）、市应急办、乡镇人民政府（街道办事处）、园区管委会与各专项应急指挥部办公室负责突发事件信息采集、处理工作；建立健全监测网络，明确监测项目，制定监测计划，广泛收集各种可能引发突发事件的信息；建立风险分级制度，核实、分析、评估可能引发突发事件的信息；必要时组织专家和相关部门（单位）进行会商和预测。

市政府办（市政府值班室）、市应急办与各专项应急指挥部办公室建立突发事件信息报告、举报制度。任何公民、法人或其他组织都可以向处置突发事件的工作机构报警。任何接警单位不得以任何理由推诿信息接报工作。

3.1.3 值班和接警

市政府办（市政府值班室）、市应急办、乡镇人民政府（街道办事处）、园区管委会、市直有关部门（单位）、各专项应急指挥部办公室应建立应急值班制度，负责应急值守工作。各乡镇（街道）和各市直有关部门（单位）在接到报警并经初步核实后30分钟内电话报告、1小时内书面报告市政府办（市政府值班室）。各接警单位对于不属于本职范围内的报警信息必须登记，并转告相应的处置

单位或报市政府办(市政府值班室)。

市政府办(市政府值班室)接到报警后应立即进行核实,再根据突发事件的严重程度及有关要求向上级报告。情况紧急时,可同时指令有关部门(单位)组织力量赶赴事发地,进一步查明情况,妥善处理。有关部门(单位)必须及时反馈处警情况。

3.1.4 预警级别及发布

按照突发事件的紧急程度、发展势态和可能造成的危害程度,预警级别原则上分为一般(Ⅳ级)、较大(Ⅲ级)、重大(Ⅱ级)和特别重大(Ⅰ级)四个级别,依次用蓝色、黄色、橙色、红色标示。

各有关部门(单位)要根据管理权限和需要,及时通过广播、电视、报刊、通信、网络、短信、警报器、宣传车或组织人员逐户通知等方式及时向社会公众发布、调整和解除预警。对老、幼、病、残、孕等特殊人群及学校等特殊场所和警报盲区应采取有针对性的方式进行预警,做到应知尽知、家喻户晓。

突发事件预警信息发布内容包括:

(1)突发事件的性质、起因;

(2)突发事件发生地及范围;

(3)突发事件的发展态势及可能造成的危害;

(4)突发事件的应对措施和控制办法;

(5)公众应当了解的突发事件的其他情况。

3.1.5 预防预警行动

突发事件预警发布后,按照预警级别程序规定立即启动相应预案。启动高级别预案时,低级别预案同时启动;启动总体预案时,专项预案、部门预案同时启动;启动上级预案时,下级预案同时启动。

进入预警期后,各级应急指挥机构应当根据预警级别依法依规采取以下防控措施,防止突发事件发生或者事态扩大:

(1)实行全天 24 小时值班制度,加强信息收集,每日至少向上级报告 1 次,重要信息要立即报告;

(2)及时向社会、公众发布可能受到突发事件危害的警告或者劝告,宣传防灾、减灾知识和应急常识;

(3)转移、撤离或者疏散容易受到突发事件危害的人员和重要财产,并妥善安置;

(4) 要求各类应急救援队伍和人员进入待命状态,并动员、招募后备人员;

(5)调集所需应急物资和设备;

(6)确保交通、通信、供水、供电、供气等公用设施安全;

(7)有关法律、法规、规章规定的其他措施。

3.2 应急处置

3.2.1 先期处置

突发事件发生后,事件发生单位和事发地所在的乡镇人民政府(街道办事处)、园区管委会、村(居)民委员会负有先期处置的第一责任,第一责任人应立即赶到现场,按对应的预案要求,立即拨打报警电话,采取组织群众自救、互救,组织人员疏散,迅速控制危险源,抢救受伤人员等措施控制事态发展。

事发地人民政府及有关部门(单位)要根据职权和预案规定立即启动相应级别的应急响应,调集本辖区范围内相关应急救援队伍和救援物资进行现场应急救援。

3.2.2 信息报送

突发事件发生后,事故所在地的乡镇人民政府(街道办事处)、园区管委会和市有关专项应急指挥部办公室要及时汇总突发事件信息,并在事发 30 分钟内向市委办、市政府办(市政府值班室)、市委宣传部、市应急局口头报告事发时间、地点、信息来源、事件性质、影响范围、事件发展趋势和已经采取的措施等情况,1 小时内进行简要书面报告,并及时续报,不得迟报、漏报、谎报、瞒报。

加强现场处置进展信息的采集。现场信息包括:人员伤亡、失踪的情况,财产损失情况,待救援人员情况,危险源的现状、发展趋势及控制情况,现场医疗救治情况,现场疫情处置情况,现场救援进展情况,现场救援物资供应情况,现场环境监测情况等。

完善灾情报告制度。突发事件发生后,凡造成人员伤亡和较大财产损失的,市应急局、事发地乡镇人民政府(街道办事处)、园区管委会和有关专项应急指挥部应在第一时间采集灾情信息,迅速报告市政府办(市政府值班室)。灾情数据信息经市应急局汇总并报市人民政府审核后迅速报告上级应急指挥部门。全市灾情数据信息须由市应急局会同市有关专项应急指挥部等汇总整理并报市人民政府审核后统一上报,其他部门(单位)均不得擅自报告。

3.2.3 指挥与协调

Ⅳ级预警(或应急响应,下同)。事故发生地的乡镇人民政府(街道办事处)、园区管委会立即启动辖区内的应对处置工作,并及时向专项应急指挥部和市应急委报告情况,请示重大问题的处理指令。各部门(单位)要服从市应急委和市有关专项应急指挥部的统一调度。

Ⅲ级、Ⅱ级和Ⅰ级预警。启动市突发事件总体应急预案。在上级的统一领导下,由市应急委参与该突发事件的应对处置工作。

3.2.4 现场处置

根据应急救援需要设立现场指挥部,负责现场的应急指挥工作,制订应急救援的具体方案并组织实施。

现场指挥部按事件级别确定,一般由突发事件类型的主管单位负责人担任现场指挥长,属地乡镇(街道)或园区管委会负责人担任现场副指挥长,其他参与应急救援的市直有关部门(单位)负责人为成员。较大及以上事故的处置,本市相关领导应立即赶赴现场进行应急处理。

(1)组织营救和救治受害人员,紧急疏散、撤离、安置受到威胁的人员;

(2)迅速控制危险源,封闭、隔离或者限制使用有关场所,中止可能导致损害扩大的活动;

(3)划定危害区域,实施交通管制,保护现场,加强巡逻,维护社会治安;

(4)加强现场监测,防止疫病、环境污染等次生、衍生和耦合事件发生；

(5)抢修被损坏的道路、通信、供电、供水、供气等基础设施；

(6)安置灾民，提供生活必需品和临时避难场所，保证基本生活；

(7)启用储备的应急救援物资和设备，必要时征收、征用其他需要的物资和设备，组织运输应急救援人员和物资；

(8)法律、法规和专项应急预案规定的其他措施。

凡进入应急救援现场的救援队伍、人员和物资都必须服从现场指挥部的统一调度。

3.2.5 特殊情况处理

发生在本行政区域的突发事件，其人员涉及非本行政区域的，应及时与相关行政区域联系，必要时报上级政府协调处理。

突发事件跨部门的，有关部门(单位)同时启动相关专项预案和部门预案。

突发事件中有华侨、港澳台或外籍人员伤亡、失踪、被困的，或者可能影响到境外的，按相应专项应急预案处理。

3.2.6 扩大应急

当突发事件难以控制或有扩大、发展的趋势时，市应急委要加大工作力度，组织增援队伍，增拨救援物资，并及时请求长沙市相应专项指挥部支援。必要时可申请上级人民政府提高突发事件级别，启动高级别预案。

3.2.7 信息发布

市应急指挥机构会同市委宣传部按照有关规定，客观、准确、及时地发布突发事件信息。

3.2.8 应急结束

应急处置工作结束，或者预警的险情完全消除后，由原确定预警级别或启动应急响应的应急指挥机构及时宣布应急结束。

3.3 善后重建

3.3.1 善后处置

各有关部门(单位)按规定及时调拨救助资金和物资，迅速做好疫病防治和环境污染消除工作。对应急处置中的伤亡人员、工作人员，以及紧急调集、征用有关单位和个人的物资，依法给予抚恤、补助或补偿，并提供心理咨询和法律援助。积极开展社会救助，督促、协调相关保险机构及时做好有关单位和个人损失的理赔工作。

3.3.2 总结评估

各有关部门(单位)应对突发事件的起因、性质、影响、责任、经验、教训等问题进行调查分析，并形成事故调查报告。事故调查后应进行总结评估，并形成专题报告。对责任事故，应依法追究有关责任单位和责任人的法律和行政责任。

3.3.3 恢复重建

事发地乡镇人民政府(街道办事处)、园区管委会负责做好恢复重建工作。要对受灾情况、重建能力和可利用资源等全面评估，有针对性地制定灾后重建和恢复生活、生产计划，并组织实施。需要上级援助的，由事发地乡镇人民政府(街道办事处)、园区管委会提出请求，市有关部门(单位)提出相关意见或建议，按规定报批后组织实施。

4.应急保障

4.1 人员保障

乡镇人民政府(街道办事处)、园区管委会、市有关部门(单位)要按照专业化和社会化相结合的原则，着力构建统一领导、管理规范、协调有序、专兼并存、优势互补、保障有力的应急救援队伍，形成由国家综合性消防救援队伍、专业应急救援队伍、武警部队应急救援力量、基层应急队伍、社会应急队伍组成的应急救援队伍体系；要按照“一专多能、一队多用”的原则，进一步加强综合应急救援队伍和防汛抗旱、医疗卫生、森林消防等专业应急救援队伍建设。积极推进专兼职应急救援队伍建设，大力发展应急管理志愿者队伍，加强应急救援队伍的业务培训和演练，提高其装备水平和业务能力。

4.2 财力保障

各级财政要保障突发事件应对工作所需资金，应急指挥机构的日常工作经费要纳入预算。企业等基层单位应当设立本单位突发事件应急工作专项资金。

全市应急处置和预案演练所需经费按现行事权、财权划分原则分级负担。对受突发事件影响较大和财政困难的乡镇(街道)，市人民政府根据实际情况适当给予支持，必要时向长沙市人民政府请求支持。对受突发事件影响较大的行业、企事业单位和个人，市直有关部门(单位)要及时研究提出相应的补偿或救助政策，报市人民政府审批。

鼓励自然人、法人或者其他组织(包括国际组织)按照有关法律、法规、规章的规定进行捐赠和援助。

财政和审计部门要会同应急部门对突发事件财政应急保障资金的使用和效果进行监管和评估。

支持各保险机构推广针对应急管理工作的险种，有关生产经营单位应当依法向保险机构购买法定保险；鼓励公民、组织购买财产保险和人身意外伤害保险等商业保险；企事业单位应当依法为从业人员办理有关社会保险。

4.3 物资保障

乡镇人民政府(街道办事处)、园区管委会、市有关单位要建立健全应急物资监测网络、预警体系和应急物资生产、调拨及紧急配送体系，完善相关程序，确保应急物资和生活用品的及时供应。

4.4 基本生活保障

市民政局等有关部门(单位)配合市应急局会同事发地乡镇人民政府(街道办事处)、园区管委会做好受灾群众灾后的基本生活保障工作。

4.5 医疗卫生保障

市卫健局要会同有关部门(单位)建立医疗卫生应急专业队伍和保障系统，各相关医疗卫生单位要开辟医疗卫生绿色通道，根据需要及时赴现场开展紧急医疗救治、疾病预防控制等卫生应急工作，会同市市场监管局及时为受灾地区提供必要的药品、医疗器械等援助。红十字会等社会卫生力量要积极参与医疗卫生救助工作。

4.6 交通运输保障

乡镇人民政府（街道办事处）、园区管委会、市有关部门（单位）要依法制定紧急情况社会交通运输工具征用办法，确保抢险救灾物资和人员能够及时、安全送达。公安、交通运输等有关部门（单位）要开设应急救援绿色通道，保证紧急情况下应急交通工具的优先安排、优先调度、优先放行。道路交通设施受损时，要迅速组织专业队伍进行抢修，尽快恢复。要根据应急处置需要，对事发现场及相关通道实行交通管制，确保道路畅通和应急救援管制顺利开展。

4.7 治安维护

公安、武警驻浏部队要按规定和要求加强对重点地区、重点场所、重点人群、重要物资和设备的安全保护，预防和制止违法犯罪活动。必要时依法采取有效管制措施，控制事态，维护社会秩序。

突发事件发生地的乡镇人民政府（街道办事处）、园区管委会和村（居）民委员会应当积极发动和组织群众，开展群防联治，协助搞好治安保卫工作。

4.8 安全防范

乡镇人民政府（街道办事处）、园区管委会、市直各部门（单位）要按照平战结合的原则，根据本地实际情况，建立与人口密度、城市规模相适应的应急避险场所。应急避险场所的建设可与人防工程、公园、广场、学校操场、文化体育场馆等公共设施的建设或者改造相结合。必要时，可依法征用机关、团体、企事业单位的各类场所等作为临时避险场所。

乡镇人民政府（街道办事处）、园区管委会、市直各部门（单位）要制定人员紧急疏散预案，完善紧急疏散管理办法和程序，明确责任人，确保紧急情况下公众安全、有序地转移或疏散。

乡镇人民政府（街道办事处）、园区管委会、市直有关部门（单位）要为涉险人员和应急救援人员提供符合要求的安全防护装备，采取必要的防护措施，严格按照程序开展应急救援工作，确保其人身安全。

4.9 通信保障

市工信局、市文旅广体局等有关部门（单位）负责建立健全应急通信、应急广播电视保障体系，完善公用通信网，建立有线和无线相结合、基础电信网络与机动通信系统相配套的应急通信系统，确保通信畅通。已建和拟建专用通信网的部门（单位）要及时与本级应急、通信主管部门沟通、协商，确保协同和共享。

各应急指挥机构以及参与突发事件应对处置工作的有关部门（单位）、应急救援队伍，应当确保至少 1 部专用电话并全天 24 小时有人值守，确保应急通信联络畅通。

4.10 公共设施

道路、交通、通信、供水、供气、供油、人防、电力、市政等基础设施建设，应当充分考虑各类突发事件应对处置的需要并与之相适应。已有的建筑物、构筑物和其它设施、设备不符合法定突发事件应对工作需要的，当地乡镇人民政府（街道办事处）、园区管委会、相关所有权人或管理人、使用人应当采取必要的防范措施，制定改造方案并组织实施。

4.11 科技支撑

乡镇人民政府（街道办事处）、园区管委会、市直有关部门（单位）要依靠科技创新，充分利用信息产业发展和社会信息化成果，积极推进应急平台体系建设，搭建上下贯通、左右衔接、互联互通、信息共享、互为支撑、安全畅通的应急平台体系，并通过整合现有资源，建设应急平台的基础支撑系统和综合应用系统，实现突发事件的监测预警、信息报告、综合研判、辅助决策、指挥调度等主要功能，保障突发事件应急工作需要。

5.监督管理

5.1 预案演练

市应急办会同有关部门（单位）依照相关规定制订市级应急演练计划，定期和不定期组织开展应急演练，并加强监督、指导。

乡镇人民政府（街道办事处）、园区管委会、市直各单位要结合本地实际，按要求、有计划、有重点地组织对相关预案进行演练。村（居）民委员会、企事业单位、学校等基层单位应当结合各自实际情况开展必要的应急演练。

各有关部门（单位）和企业应按有关规定每年开展相应频次的应急演练。

应急演练要从实战出发，可采取实战演练、桌面推演等方式，鼓励组织开展人员参与广泛、处置联动性强、形式多样、节约高效的应急演练。应急演练结束后要进行总结评估。应急预案的演练计划、演练方案、演练脚本、总结评估报告和有关音像资料均应按要求及时归档备查。

5.2 宣传、教育和培训

市委组织部要建立健全应急管理知识公务员培训制度。

市应急办要会同市有关部门（单位）设立应急管理专栏，加强应急宣传。

市教育局要制定学校应对突发事件的教育规划，并对中小学校和幼儿园开展应急常识教育进行指导和监督。

市司法局要督促、指导“谁执法谁普法”责任单位将《中华人民共和国突发事件应对法》及相关法规、规章作为全民普法的重要内容。

市文旅广体局及相关部门（单位）要通过图书、报刊、音像制品、电子出版物和广播、电视、网络等媒介广泛宣传应急法律、法规、规章和预防、避险、自救、互救、减灾等应急常识，增强公众的应急意识和自救、互救能力。

乡镇人民政府（街道办事处）、园区管委会、市直各部门（单位）及村（居）民委员会、企事业单位等基层单位要结合实际情况开展应急知识普及活动。

各有关部门（单位）要有计划地对应急救援和管理人员进行业务培训，提高其专业技能。

5.3 责任与奖惩

突发事件应急管理工作实行行政领导负责制和责任追究制。

对在突发事件应急管理和处置工作中作出突出贡献的先进集体和个人，按有关规定进行申报，经相关部门(单位)审核批准同意后予以表彰和奖励，对在应对处置过程中伤亡的人员依法给予抚恤。

对迟报、漏报、谎报和瞒报突发事件信息或者在应急管理工作中有其他失职、渎职行为并造成严重后果的，依法追究有关责任单位和人员的行政责任；涉嫌犯罪的，移送有权机关处理。

6.附则

6.1 名词解释：一网四库

所谓“一网四库”，是指应急预案组织体系网，应急救援队伍数据库、应急物资储备数据库、应急救援专家资料库和突发事件典型案例库。

6.2 预案的管理

根据实际情况的变化，及时修订本预案。

本预案自 2021 年 2 月 10 日起施行，有效期 5 年。原《浏阳市突发事件总体应急预案》(浏政发〔2016〕11号)同时废止。

6.3 市应急管理组织体系图(附后)

6.4 市应急处置工作流程图(附后)

浏阳市人民政府

2021 年 2 月 8 日

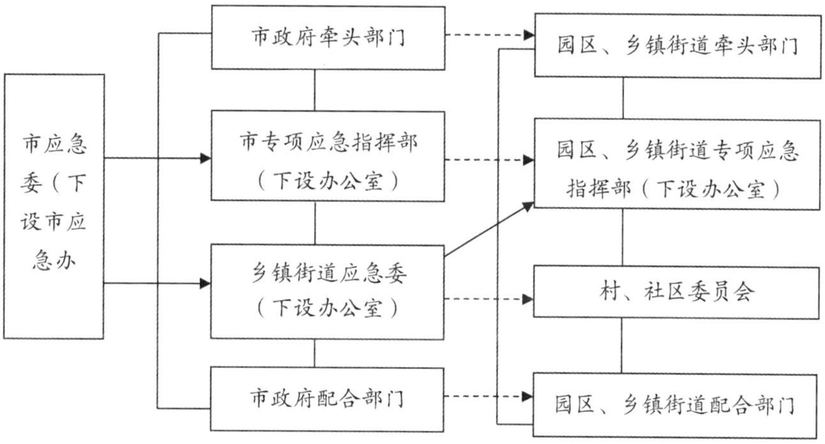

市应急管理组织体系图

图释：——→ 领导关系 - - - - → 指导关系 —— 配合关系

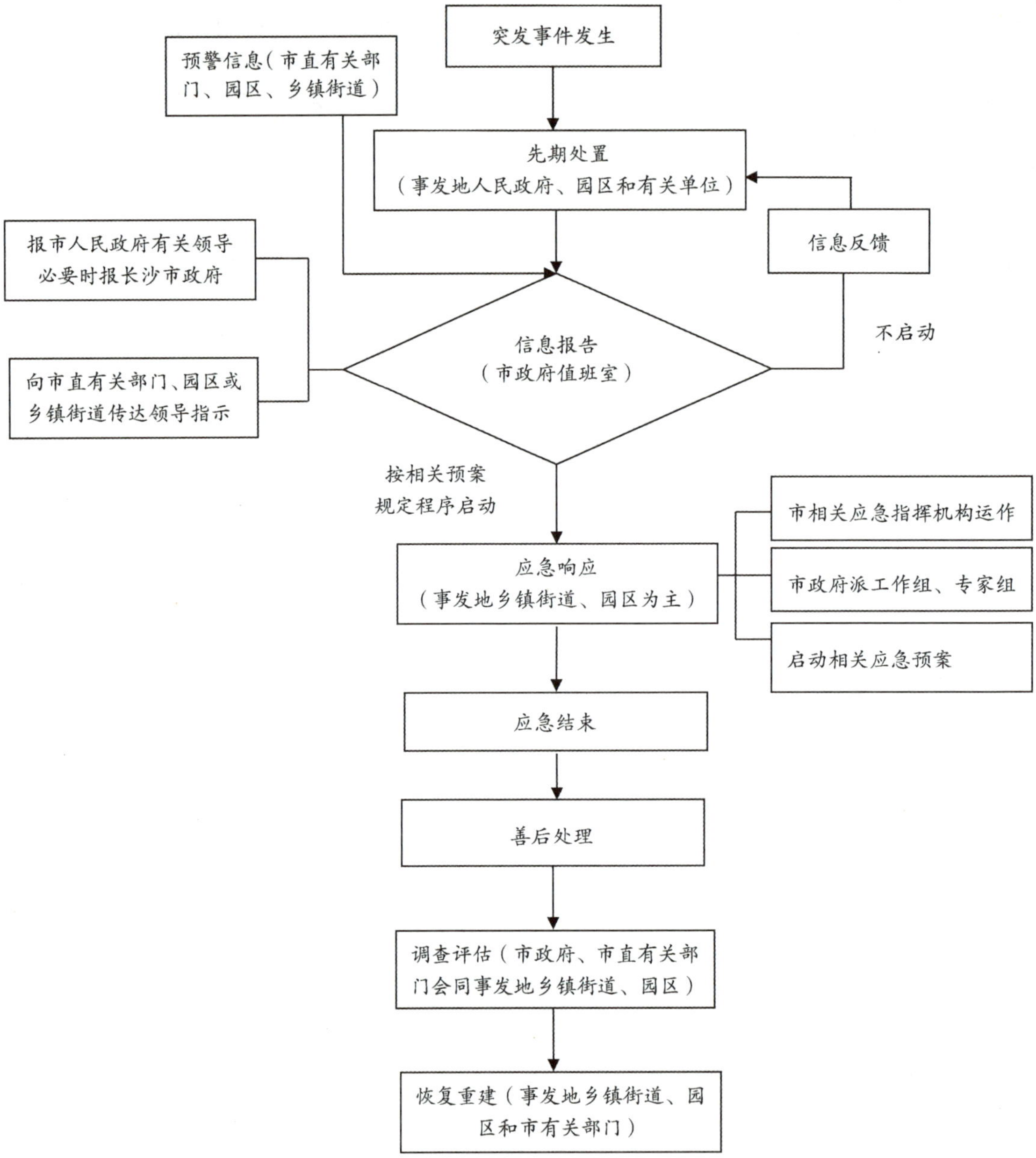
突发事件发生
预警信息（市直有关部门、园区、乡镇街道）
先期处置
（事发地人民政府、园区和有关单位）
信息反馈
报市人民政府有关领导
必要时报长沙市政府
信息报告
（市政府值班室）
不启动
向市直有关部门、园区或乡镇街道传达领导指示
按相关预案
规定程序启动
市相关应急指挥机构运作
应急响应
（事发地乡镇街道、园区为主）
市政府派工作组、专家组
启动相关应急预案
应急结束
善后处理
调查评估（市政府、市直有关部门会同事发地乡镇街道、园区）
恢复重建（事发地乡镇街道、园区和市有关部门）

市应急处置工作流程图

浏阳市行政复议体制改革工作实施方案

为贯彻中共中央《法治中国建设规划(2020—2025年)》和中央全面依法治国委员会《行政复议体制改革方案》决策部署,落实《湖南省人民政府关于行政复议体制改革的实施意见》(湘政发〔2021〕9号)、《长沙市人民政府关于印发长沙市行政复议体制改革实施方案的通知》(长政发〔2021〕7号)要求,推进浏阳市行政复议体制改革,形成公正权威、统一高效的行政复议工作体制,结合浏阳市实际,特制定本实施方案。

一、总体要求

坚持以习近平法治思想为指导,深入贯彻落实党的十九大和十九届二中、三中、四中、五中全会和中央全面依法治国工作会议精神,在市委、市政府的领导下,坚持以人民为中心、坚持优化协同高效,围绕实施"三高四新"战略、推进高质量发展,全面深化行政复议体制改革,通过构建统一、科学的行政复议体制,完善规范、高效的行政复议工作机制,打造革命化、正规化、专业化、职业化的行政复议专门队伍等方式,充分发挥行政复议公正高效、便民为民的制度优势和化解行政争议的主渠道作用,提高政府依法行政水平和公信力,维护群众合法权益,促进社会公平正义与和谐稳定。

二、改革措施

(一)整合行政复议职责

除实行垂直领导的行政机关和国家安全机关外,浏阳市人民政府只保留一个行政复议机关,由市人民政府统一行使本级行政复议职责。市司法局为本级人民政府的行政复议机构。

市政府统一管辖以市政府派出机关、乡镇人民政府、市政府部门及其派出机构、市政府或者部门管理的法律法规规章授权的组织、受市州人民政府委托管理的开发区管委会、队部在浏阳市辖区的高速公路交警大队为被申请人的行政复议案件。

《行政复议法》修订后另有规定的,从其规定。

(二)加强复议机构和队伍建设

1.加强行政复议机构队伍建设

加强市司法局行政复议应诉科(市人民政府行政复议办公室)的人员配置,按照"事编匹配、优化节约、按需调剂"的要求,配齐配强行政复议人员,保障复议机构履职需要。由市委编办统筹,按照湖南省委编办《关于市县两级行政复议体制改革所涉机构编制调整工作指导意见的通知》(湘编办发〔2021〕8号)要求,会同市司法局制定行政复议体制改革机构设置和人员配备工作实施方案,增配3名行政编制行政复议应诉人员,编制通过内部调剂和核增相结合的方式解决。

确保初次从事行政复议的人员应当取得法律职业资格。行政复议案件至少由2名行政复议专职办案人员办理,不得安排事业编制人员或者政府购买服务人员单独办理行政复议案件。市政府行政复议机构要加强对行政复议工作人员的工作指导,定期组织开展业务培训。

探索建立行政复议官制度,行政复议官由市司法局提名,报市人民政府任命。(责任单位:市委编办、市司法局)

2.合理配置辅助人员力量

市政府行政复议机构要建立办案助理、书记员等行政复议辅助人员制度,发挥行政复议辅助人员在案件登记、材料接收、听证准备、核对文书、统计分析、案卷整理等工作中的作用,使行政复议专职办案人员专注案件办理,促进改革后行政复议办案质量不断提升。(责任单位:市委编办、市财政局、市司法局)

(三)健全配套工作机制

1.健全案件受理机制

充分运用"大数据""互联网+"平台,在政府门户网站开设行政复议专栏,畅通行政复议网上申请渠道,真正让"数据多跑路、群众少跑腿";切实为人民群众提供法律咨询、答疑解惑、案前调解、文书送达等便民服务。(责任单位:市财政局、市数据中心、市机关后勤服务中

心、市司法局）

2.优化案件审理机制

市政府行政复议机构要探索行政复议案件繁简分流工作机制，对事实清楚、权利义务关系明确、争议不大的案件适用简易程序处理，缩短办案期限。切实落实《长沙市行政复议听证程序规定》要求，大力推进“阳光复议”，按照常态化公开听证审理模式，建立信息化、标准化、专业化的案件听证室，让群众以“看得见、听得懂、说得出”的方式参与复议。

设立市人民政府行政复议咨询委员会，由相关政府部门、专家学者参与，为重大、复杂或专业性较强的案件，提供咨询意见，提高行政复议权威性和公信力。市人民政府行政复议咨询委员会人员由市司法局拟定报市人民政府同意后，由市人民政府行政复议办公室聘用。（责任单位：市委编办、市政府办、市财政局、市机关后勤服务中心、市司法局）

3.优化行政复议审签用印程序

对于行政复议机构拟决定复议维持的行政复议决定书，由市政府授权市司法局主要负责人签发；对于行政复议机构拟决定撤销的行政复议决定书以及行政复议意见书、行政复议建议书，按原程序报市政府审定。所有行政复议文书均加盖“浏阳市人民政府行政复议专用章”。（责任单位：市政府办、市司法局）

4.完善公正权威的决定机制

市政府行政复议机构要积极履行行政复议职责，在案件审理中严格审查标准，切实纠正违法或不当的行政行为。加强对行政行为所依据规定的审查，及时纠正违反法律法规和国家政策，侵犯公民、法人和其他组织合法权益的规定。建立领导干部干预行政复议案件处理记录、通报和责任追究机制，坚决排除对行政复议工作的违法干预和影响。（责任单位：市司法局、市直有关单位）

5.推进复议信息化建设

市人民政府行政复议机构要推进信息化建设，在全面应用全国行政复议工作平台的基础上，对接长沙市行政复议办案系统，打造互联互通的信息共享平台，建设统一规范的在线办案流程，实现数据汇聚、精准分析的在线指导监督功能。逐步在线公开行政复议决定，增强工作透明度。健全行政复议文书送达机制，积极采取邮政快递或电子邮件方式送达各类行政复议文书，方便公民、法人和其他组织参加行政复议活动。（责任单位：市财政局、市数据中心、市司法局）

（四）强化行政复议监督功能

1.严格履行行政复议决定

各行政机关应当及时履行行政复议决定，建立健全行政复议决定纠错通报和行政复议决定履行情况通报制度。综合运用行政复议意见书、情况通报、问题约谈、考核评价、移送移交等行政问责手段，督促行政复议决定的履行。对于拒绝、拖延、不完全履行行政复议决定（调解和解协议）、行政复议意见书的，由市政府行政复议机构依照相关规定将线索移交纪检监察机关和组织人事部门。（责任单位：市委依法治市办、市司法局、市直有关单位、乡镇街道）

2.建立行政复议工作报告、通报和抄告制度

市政府行政复议机构要定期向本级党委、政府报告行政复议工作情况，同时向下一级人民政府及本级政府部门通报。在办理涉及本级政府部门的案件时，要将行政复议决定同时抄告被申请人的上一级主管部门。市政府行政复议机构认定行政行为违法，认为需要追究有关人员违纪违法责任的，依法通报同级纪检监察机关。（责任单位：市委依法治市办、市司法局、市直有关单位、乡镇街道）

3.健全法治考核机制

明确相关行政机关行政复议应诉责任。将行政复议被纠错和行政应诉被纠错、行政复议决定履行、行政复议意见书和建议书落实和反馈情况纳入法治政府建设考核和年度绩效考核。（责任单位：市委依法治市办、市绩效办）

（五）加强对行政复议工作的保障和监督

1.做好基础保障

市财政将行政复议工作经费列入本级政府财政预算，支持和保障本级政府复议机构及其工作人员依法履行职责。推动行政复议接待和办案场所规范化。参照人民法院场所建设和保障标准，建立集复议接待、立案审查、案前调解、案件听证、案件审理、案卷阅览、信息查询等功能于一体的行政复议办案场所，为人民群众申请行政复议提供“一站式”、立体化服务。落实接待室、听证室、调解室、阅卷室、会议室、档案室和立案室等行政复议业务用房，参照人民法院科技法庭标准进行建设，营造良好的接待服务环境和办案环境。配齐执法记录仪、便携式计算机、打印机等办案设备。根据调查核实证据、出庭应诉等实际工作需要配备办案车辆。（责任单位：市财政局、市机关后勤服务中心、市司法局）

2.强化工作监督

市政府行政复议机构要落实市委、市政府的决策部署，自觉接受上级政府行政复议机构的监督。市政府行政复议机构及其工作人员行使行政复议权要自觉接受纪检监察机关的监督，确保行政复议权在法治的轨道上公正有效行使。（责任单位：市司法局）

（六）加强行政应诉工作

各行政机关要按照长沙市《关于进一步加强和改进行政应诉工作的实施意见》要求，切实履行行政应诉职责，依法出庭应诉，严格履行生效裁判文书，认真落实司法建议。要加强行政应诉工作的机构建设和队伍建设，加强行政工作人员行政应诉专业知识和技巧的培训，提

升行政应诉规范化、专业化水平。通过整合公职律师资源、购买社会律师法律服务等方式，打造专业稳定的行政应诉团队。（责任单位：各行政机关）

三、实施步骤

2021年5月中旬，印发我市行政复议体制改革机构编制方案。2021年5月下旬，印发我市行政复议体制改革工作实施方案，明确改革的总体要求和改革措施。2021年6月1日起，市人民政府统一行使本级行政复议职责。

改革过渡期间，市政府行政复议机构根据案件办理工作需要，通过人员抽调等方式借调办案人员协助办案，确保改革期间工作不断、秩序不乱。

四、工作要求

（一）提高政治站位。要坚持以习近平新时代中国特色社会主义思想为指导，增强“四个意识”，坚定“四个自信”，做到“两个维护”，坚决贯彻落实党中央、国务院和省、市政府的决策部署，坚决推进行政复议体制改革，确保改革任务顺利完成。

（二）加强组织领导。按照中央《行政复议体制改革方案》确定“政府对本辖区内行政复议体制改革承担主体责任，主要负责人为第一责任人”的要求，成立由市长任组长、常务副市长和分管司法行政工作副市长任副组长的行政复议体制改革领导小组，市委政法委、市委编办、市政府办、市司法局、市财政局、市机关后勤服务中心、市数据中心为成员。领导小组办公室设在市司法局，由市司法局局长任办公室主任。

（三）严明工作纪律。要确保政令畅通，妥善做好职责交接、材料转接和人员到位等相关工作。各相关单位要积极配合行政复议体制改革工作，支持配合行政复议职责集中和集中后的行政复议案件办理工作，确保改革期间履行复议应诉职责无缝衔接。

（四）落实责任分工。市委编办负责行政复议体制改革中的机构编制调整工作，市财政局、市机关后勤服务中心负责统筹安排复议权集中后市政府复议工作机构面临的办案场所、装备保障和工作经费等问题，市司法局负责具体落实行政复议体制改革相关工作任务。

（五）做好宣传对接。切实做好行政复议体制改革的宣传工作，确保人民群众广泛了解行政复议体制的变化，方便人民群众找准改革后的行政复议机构。加强与长沙市中级人民法院、长沙铁路运输法院的沟通协调，确保改革期间行政应诉工作顺畅有序。

（六）开展督促检查。市政府行政复议机构督促推进我市改革任务落实到位，根据改革时间安排，不定期开展检查验收，对改革措施落实不到位的，督促及时整改。

浏阳市人民政府

2021年5月31日

浏阳市人民政府
关于公布浏阳市“纾困增效”助企十条措施的通知

各乡、镇人民政府，街道办事处，市直各单位：

为深入贯彻落实党中央、国务院关于进一步加大对中小企业纾困帮扶力度的要求和省委省政府、长沙市委市政府“纾困增效”的工作部署，切实解决企业困难问题，结合我市实际，特制定如下十条措施：

一、降低用地成本。用好用活乡村振兴试点政策，支持重点产业项目优先调规，对花炮企业实行规划用地定量不定点政策，降低花炮产业集群类企业2021—2022年安全生产整改调规费用30%以上。积极推行工业用地弹性年期出让、先租后让等供地方式；对非地产类工业项目增加容积率、提高土地利用率的情形，不征收地价款。〔责任单位：自然资源局、应急管理局、花炮产业中心、招商引资服务中心〕

二、补贴用电费用。对困难规上工业企业2021年12月—2022年3月生产过程中产生的用电费用，按5%的额度进行补贴，单家企业最高补贴累计不超过20万元。〔责任单位：发改局、财政局、工信局、供电公司、经开区、两型产业园〕

三、强化稳岗就业。开展“千企帮扶”企业用工专场招聘活动。支持企业开展岗位技能提升培训和以工代训，符合条件的给予职业技能培训补贴或每人500元/月的以工代训补贴。参保企业上年度未裁员或裁员率不高于上年度全国城镇调查失业率控制目标，按规定给予失业保险稳岗返还。〔责任单位：人社局、财政局〕

四、加大信贷支持。困难企业向政府性融资担保公司申请融资的，免收担保费。下调困难企业贷款利率，发放纾困贷款，不抽贷、断贷、压贷，推行“无还本续贷”。实行重点行业企业“白名单”融资授信支持。加大花炮企业“银企财园通”和“花炮信贷通”新模式融资服务力度。〔责任单位：金融事务中心、花炮产业中心、住保中心、人民银行浏阳支行〕

五、落实税收优惠。依法实施制造业中小微企业阶段性税收缓缴措施。符合条件的困难企业，依法按程序向税务机关申请房产税和城镇土地使用税减免。〔责任单位：税务局〕

六、减免企业租金。持有国有资产类经营物业的国有企业和园区，为承租的困难中小微企业及团队减免2021年12月—2022年3月期间房租。倡导市域各类物业经营主体主动为承租企业减免租金和管理费，减轻企业负担。〔责任单位：各园区、国资中心、浏发集团〕

七、拓宽营销渠道。困难规上企业2021年度累计采购本地规上企业产品300万元（含）以上的，按年度累计采购金额的1%给予补贴，单家企业最高补贴不超过20万元。建设花炮出口海关监管信息系统，实现通关便利化。免费培训10000人次电子商务从业人员，实现20%以上转化率。〔责任单位：工信局、商务局、花炮产业中心、财政局〕

八、促进转型升级。困难规上企业2021年度新购置的智能化设备和工业软件，经审核符合要求的，按单台（套）发票（除税价格在50万元及以上）的10%给予补贴，单家企业最高补贴累计不超过100万元。〔责任单位：工信局、财政局〕

九、实行技改贴息。困难规上企业2021年度用于技术改造的银行贷款，按照同期LPR利率计算利息的20%给予企业一次性贴息，单家企业最高补贴累计不超过100万元。〔责任单位：工信局、财政局〕

十、开展精准帮扶。安排市领导和市直单位、园区、乡镇（街道）干部精准化、常态化、全覆盖帮扶规模以上及专精特新企业，全面入企解难题、暖企送政策、惠企促融资、助企减税费、强企增效益，从企业“点”、产业“线”、经济“面”多层次、分领域、分重点解决问题。〔责任单位：工信局、各园区、市直各单位、各乡镇（街道）〕

上述政策按照“就高不就低，不重复享受”的原则进行申报。企业享受的奖补资金，原则上不超过其上年度实缴税收本级留存部分的20%。具体申报实施细则由各牵头部门负责制定。

本措施自公布之日起执行，至2022年3月31日止。

浏阳市人民政府
2021年12月1日

浏阳市城乡公交一体化运营补贴实施办法（试行）

第一章　总　则

第一条　为优化城乡公交资源配置，建立完善政府补贴城乡公交机制，强化城乡公交财政补贴使用管理，促进城乡公交一体化规范、高效运营，提升城乡公交运营效率和服务水平，进一步提高城乡居民出行安全感、获得感、幸福感，根据《城市公共汽车和电车客运管理规定》（交通运输部令 2017 年第 5 号）、《基础设施和公共事业特许经营管理办法》（国家发展改革委等 6 部委第 25 号令）、《湖南省交通运输厅关于规范全省客运改革（城乡客运一体化示范县创建）工作的通知》（湘交运输〔2020〕14 号）、《湖南省交通运输厅关于公布全省城乡客运一体化第三批创建县市区的通知》（湘交运输〔2021〕196 号）、《浏阳市人民政府办公室关于印发浏阳市城乡公交一体化实施方案的通知》（浏政办函〔2021〕12 号）等要求，结合我市实际，制定本办法。

第二条　本办法适用对象为城乡公交一体化运营公司。

第三条　本办法所称运营补贴，是指市人民政府对城乡公交一体化运营公司执行 65 周岁以上老人等特殊群体乘车免票政策、学生群体优惠政策、城乡普通居民乘车降价政策进行的补贴（详见附件）。

第四条　本办法所称城乡公交一体化运营服务，主要指城乡公交一体化运营公司按照市交通运输局审批的公交线路、站点、车次和时间运行，按照价格主管部门核定的收费标准收费，使用公交车为社会公众提供基本出行服务及其他具有社会公益性质的运输服务。

第五条　城乡公交一体化运营补贴应坚持“合法性、合理性、相关性”原则。合法性原则是指运营补贴的计算要素、计量指标和核算办法等应符合《会计法》《企业会计准则》和《企业会计制度》等法律、法规相关规定；合理性原则是指运营补贴的各个项目应全面真实地反映运营公司运营活动，核算方法恰当，补贴标准合理；相关性原则是指与运营服务直接相关，公共财政按照事权与支出责任相匹配原则给予专项经济补偿或者适当补贴。

第二章　运营补贴标准

第六条　运营补贴包括特殊人群免票补贴、学生优惠补贴及降价补贴等三部分。

1.特殊人群（包括 65 周岁以上老年人、持证残疾人、现役军人、伤残军人、烈士遗属、因公牺牲军人遗属、国家无偿献血奉献奖获得者等）免票补贴：

免票人次×免票价格/人次；

2.学生优惠补贴：

优惠票价人次×优惠价格/人次；

3.普通市民乘车降价补贴：

全票价格人次×平均降价金额/人次。

第七条　年度运载人次按 IC 卡（身份证）刷卡人数据实申报。

第三章　补贴资金的来源及申拨流程

第八条　城乡公交一体化运营补贴资金纳入部门预算，并总额控制，采取“次年清算”的管理模式。

第九条　资金清算

1.申请。运营公司于每年一季度将经主要负责人签字并加盖公章的申报材料（即上年度城乡公交一体化运营相关数据及资金清算表）以书面形式报市交通运输局。运营公司应确保申报材料真实、准确。

2.审核。市交通运输局在收到资金清算申请后，出具《服务质量信誉考核评定报告》和《数据审核报告》，形成初审意见报送至市财政局。

3.清算。市财政局收到资金清算申请后，组织第三方机构对申报材料提供的相关数据进行评价审计，并提出资金补贴审核意见，将审核结果按程序报市政府审批后进行资金结算。

第四章　评价考核体系

第十条　城乡公交一体化运营公司应建立科学的客流及票款数据收集、整理和分析管理机制，根据实际需要合理调配运营方案，积极组织客流、保证基本的票务收入。

第十一条　城乡公交一体化运营公司积极改革创新，建立并完善适应全市城乡交通发展实际的公交客运网络、运营模式和管理体制，在提供安全、便捷、优质运输服务的基础上，合理控制成本支出，促进企业健康、可持续发展。

第十二条　建立健全由行业主管部门、服务对象及第三方专业机构组成的综合性评审机制，强化综合评价。评价结果作为运营补贴预算编制、城乡公交运营企业资质管理等方面的重要依据，提高公共财政资金的使用效率。

第五章　监督管理

第十三条　城乡公交一体化运营公司发生弄虚作假或其他违法违规行为，相关部门应依法依规严肃处理，构成犯罪的，依法追究其刑事责任。

第十四条　行业主管部门应切实履行职责，加强监管，规范城乡公交一体化资金的使用管理，确保运营补贴服务效果。

第六章　附则

第十五条　本办法自印发之日起试行，试行期 3 年，以后每 3 年结合实际进行调整。

附表：政府票价优惠政策情况表

浏阳市人民政府办公室
2021 年 12 月 31 日

表 26　政府票价优惠政策情况表

序号	优惠对象	文件依据	优惠政策	乘车方式
一	免费乘车			
1	65 周岁以上老年人	《中共湖南省委办公厅湖南省政府办公厅关于加强老年人优待工作的意见》（湘办〔2009〕67 号）	免费	老年卡或老年证、身份证
2	持证残疾人	《中华人民共和国残疾人保障法》	免费	爱心卡或残疾证
3	现役军人、伤残军人、烈士遗属、因公牺牲军人遗属	《中华人民共和国军人抚恤优待条例》	免费	相关证件
4	国家无偿献血奉献奖获得者	《中华人民共和国献血法》	免费	相关证件
二	优惠乘车			
1	学生优惠卡	《中华人民共和国未成年人保护法》	半价	学生优惠卡

浏阳市人民政府关于划定禁止使用高排放非道路移动机械区域的通告

为进一步改善我市环境空气质量，减少非道路移动机械污染物排放，根据《中华人民共和国大气污染防治法》《国务院关于印发〈打赢蓝天保卫战三年行动计划〉的通知》（国发〔2018〕22号）、《湖南省人民政府关于印发〈湖南省污染防治攻坚战三年行动计划（2018—2020年）〉的通知》（湘政发〔2018〕17号）等精神，市人民政府决定划定禁止使用高排放非道路移动机械区域。现将有关事项通告如下：

一、本通告所指非道路移动机械为装用柴油机的工程机械和材料装卸机械，包括但不限于以下机械类型：装载机、推土机、挖掘机、打桩机、铲车、压路机、沥青摊铺机、叉车、旋挖机、混凝土输送泵、空气压缩机、发电机组、水泵等。

二、本通告所指高排放非道路移动机械是指国Ⅰ、国Ⅱ阶段非道路移动机械或者超过《非道路移动柴油机械排气烟度限值及测量方法》（GB36886—2018）中规定的非道路移动柴油机械烟度排放的Ⅲ类限值的非道路移动机械。

三、浏阳市24小时禁止高排放非道路移动机械使用范围（即低排区）为：西环线（原平水路）、西北环线、李畋路、锦程大道、浏阳河路、六桥、天马路、金沙路合围区域。应急抢险工程使用的非道路移动机械不受上述使用区域限制。

四、不符合低排区排放标准的非道路移动机械通过技术改造升级，经具备资质的第三方检测机构检测，其尾气排放满足低排区排放标准的，方可在低排区使用。

五、加快新能源非道路移动机械的推广使用。在划定的禁止使用高排放非道路移动机械区域内，鼓励优先使用新能源或清洁能源非道路移动机械。

六、市公安局交警大队、长沙市生态环境局浏阳分局、市住房和城乡建设局、市城市管理和综合执法局、市场监督管理局、市交通运输局、市农业农村局等部门按照职责分工，协同配合共同做好低排区大气污染防治监督管理工作。违反本通告规定的，由相关职能部门依法处理。

七、本通告自2022年1月1日起施行，试行期1年。

浏阳市人民政府

2021年12月20日

普迹镇浏阳河夹洲岛　　（刘正国　摄）

附　录

在市委经济工作会议上的讲话

中共长沙市委常委、浏阳市委书记　朱东铁

（2021 年 12 月 25 日）

一、今年以来，市委团结带领全市人民创新实干、开拓奋进，实现了“十四五”良好开局

今年是党和国家历史上具有里程碑意义的一年。面对严峻复杂的宏观形势和艰巨繁重的发展任务，全市上下坚持以习近平新时代中国特色社会主义思想为指导，从百年党史中汲取奋进力量，推动中央、省、市决策部署落地见效，各项事业取得新成就、迈上新台阶。

一是综合实力持续攀升。全年地区生产总值突破 1600 亿元（预计数，下同），同比增长 7.8%；地方一般公共预算收入突破百亿大关，增长 10%以上，其中税占比为 77%；固定资产投资增长 9%；规模以上工业增加值增长 7%以上；社会消费品零售总额增长 15.5%；金融机构存贷比为近 5 年最高、不良贷款率为近 5 年最低。县域经济与县域综合发展跃居全国第 8 位。全年获得国家级荣誉 79 项、省级奖项 236 项，国际化高质量发展环境建设标杆县（市、区）、2021 年优质投资环境城市等一批殊荣花开浏阳。

二是发展动能加速集聚。争当“三高四新”主力，围绕打造智能制造强市、区域科创中心、内陆地区开放高地，出台实施 3 个“三年行动计划”。显示功能器件、生物医药、智能装备、鞭炮烟花产业链规模以上工业总产值分别增长 50%、12%、10%、21%。坚持培大育强与招大引强并举，新增高新技术企业 132 家，增长 43.56%；新增百亿级规工企业 1 家、国家级专精特新小巨人企业 6 家；A 股上市企业增至 9 家；新引进项目 207 个，其中 50 亿元以上 3 个。222 个长沙在浏项目完成投资近 700 亿元，超过年度计划 28 个百分点。惠科光电项目 9 条生产线点亮投产；总投资 70 亿元的雅士林项目签约到投产仅 8 个月；椒花水库工程即将完成围堰截流、启动主体施工；1000 千伏特高压工程投产送电。抓实“五好”园区创建，全省产业园区高质量发展推进会在浏举办。经开区入选全省唯一的国家“十四五”重点支持县城产业转型升级示范园区。

三是城乡魅力充分彰显。金阳新城纳入长沙十个重大城市片区建设，“两项规划”一体推进，“四个十大”项目全面铺开，中烟永安科技园、中非经贸产业园、金阳医院等一批标志性项目加快落地建设。主城区加快有机更新，完成老旧小区、棚户区改造项目 98 个；精心打造道吾、长兴湖、“一河两岸”等城市片区，花炮观礼台全新亮相；新博物馆正式开馆；万达商业广场、水佳片区 198 米超高层综合体启动建设；天马山新建隧道竣工通车；130 个项目征拆清零。争当乡村振兴样板，全域推进示范创建，建成美丽宜居村庄 275 个；村级集体经济收入全部超过 20 万元；脱贫攻坚成果持续巩固拓展；入选国家农业现代化示范区创建名单。全省抓党建促乡村振兴现场会在浏召开。争当文旅融合标杆，力推苍坊旅游区创建 AAAAA 级景区，创成大围山省级旅游度假区；提质改造锦绶堂、李白烈士故居、易荡平烈士故居等一批红色革命旧址；湖南卫视《云上的小店》节目全网热播，全域旅游成色更足、品牌更响。

四是开放合作深化拓展。加快构建高速、高铁、航空“三位一体”交通格局，长赣高铁站城一体化规划设计等前期工作有力推进；永和通用航空产业基地项目签约落地；金阳大道三期全速推进，道吾山特长双孔隧道即将贯通；G106、荷文公路、金城大道永安段等 6 条干道全面提质，获评“四好农村路”全国示范县。争当湘赣边区域合作典范，“示范区建设”上升为国家战略。40 个重点项目、37 项重点任务取得丰硕成果；培育“湘赣红”区域公用品牌 14 个；牵头发行“初心源”文旅一卡通 6 万余张；跨省就医逐步实现“定点互认”；获批建设全国烟花爆竹转型升级集中区，观摩评比位列第一。加速融入长株潭一体化，在产业协作、设施共建、绿心共保、渌水共治等方面务实合作，长浏快线、浏跃高速纳入省级规划，S326（南横线）等一批融城干线加快推进，开放的浏阳标识更加鲜明。

五是民生幸福更有质感。从快从严从实从细抓好疫情防控工作，经受住大战大考，守护好人民群众生命安全和身体健康。深入开展"我为群众办实事"实践活动，推动解决一批群众"急难愁盼"问题，新增学位7866个、床位849张、车位15713个，农村改厕1万座。推进教育优质均衡发展，新改扩建学校22所，"双减双增"同步推进。"健康浏阳"建设加力提速，妇幼保健院整体搬迁项目正式开工，中医医院危急重症大楼主体封顶，集里医院门诊综合大楼建成投用。推行城乡公交一体化，村村通公交成为"幸福标配"。文明创建省检测评排名第一。深入打好污染防治攻坚战，率先全面推行林长制、田长制，深化河湖长制，浏阳河出境断面水质均值保持Ⅱ类，空气质量优良率达98.3%；获批创建全国"两山"实践创新基地。统筹抓好安全生产、信访维稳、县域警务、社会保障等工作，生产安全事故起数同比下降19.6%；扎实推进诉源治理，特护期保持进京非访"零登记"，社会大局和谐稳定。获评全省安全生产和消防工作优秀单位、平安建设先进县（市、区）。

六是党建引领坚强有力。深入学习贯彻习近平总书记"七一"重要讲话、党的十九届六中全会精神，突出抓好党史学习教育、庆祝建党100周年、政法队伍教育整顿等大事要事，引导广大党员干部牢记初心使命、赓续红色血脉，坚定捍卫"两个确立"，坚决做到"两个维护"。深入实施党群连心"五个到户"和"党建聚合力"工程，以大党建理念凝聚思想合力、组织合力、治理合力。圆满顺利完成市乡村集中换届，选出了好班子、换出了新气象。意识形态主阵地更坚实、主旋律更高昂。爱国统一战线不断巩固和发展。党管武装工作持续加强。配合做好落实省委巡视整改和涉粮问题2项专项巡察，开展"洞庭清波"、粮食购销、医保社保等领域专项整治，一体构建"三不"机制，"清廉浏阳"更加山清水秀、正气充盈。

回顾这一年，我们胜利召开市第十三次党代会，描绘"奋进新征程，挺进前五强，加快建成'两个中心'，全面建设现代化新浏阳"的宏伟蓝图，吹响接续奋斗、接力奔跑的前进号角。站在"两个一百年"奋斗目标的历史交汇点，广大党员干部群众把平时当战时、用实干换实绩，夺取了"十四五"的精彩开局，形成了一条心干事业、一盘棋抓工作、一股劲促发展的生动局面。踏上新的赶考之路，我们信心百倍、豪情满怀，149万浏阳人民必将在这片红色热土上开创美好未来、续写新的荣光。

回顾这一年，我们也要清醒看到发展中存在的问题和短板：重大项目储备不足，龙头企业偏少，产业转型升级任重道远，三次产业结构仍要优化，能源、土地、资金、技术要素制约比较明显；科技创新还要加力；教育、卫生、文化、养老等公共服务体系有待进一步健全；疫情防控、安全生产、社会稳定、生态环保、意识形态、粮食购销等领域还存在不少风险隐患；少数党员干部的作风能力与现代化建设要求不相适应，等等，我们必须高度重视、着力解决。

二、科学研判形势，准确把握2022年工作的总体要求

2022年是党的二十大召开之年，是全面落实"三高四新"战略定位和使命任务的深化之年，是贯彻落实省、市党代会精神的开局之年，做好经济工作意义重大。当前，世纪疫情冲击下，百年变局加速演进，外部环境更趋复杂严峻和不确定。我国经济发展面临"需求收缩、供给冲击、预期转弱"三重压力，但长期向好的基本面不会改变，仍处于重要战略机遇期。省第十二次党代会首提"实施强省会战略"，更加凸显省会的龙头地位和引领作用，这是浏阳未来发展的方向所在、希望所在、动力所在。我们必须胸怀"两个大局"，心系"国之大者"，策应"省之大计"，把"强省会"战略作为推动浏阳新一轮大发展大跨越的动员令、主抓手，奋力开辟县域发展新境界。

"强省会"的浏阳机遇空前叠加，我们必须抢抓先机、抢开新局。实施"强省会"战略，是省委、省政府科学把握区域发展规律作出的重大决策。这是浏阳前所未有的时代机遇，一系列的政策扶持、项目加持、要素支持，必将为浏阳的重要片区建设、重点产业培育、重大平台构建注入强劲动力。浏阳一些多年想办而没能办成的大事、一直想解决而没有解决的难题，必将得到根本性突破。加之中部地区崛起、湘赣边区域合作、长株潭都市圈等多个国家战略交汇叠加，特别是中央经济工作会议提出"七大政策取向"，适度超前开展基础设施投资，强化对中小微企业、制造业、风险化解等的支持力度，多重利好加速释放。机遇千载难逢，错过了就会错失一个时代，抓住了就能赢得浏阳未来。我们必须在捕捉机遇中创造机遇，在抢开新局中奠定胜局，将浏阳发展推向一个全新高度。

"强省会"的浏阳使命空前重大，我们必须主动对标、抬高坐标。长沙要做大做强，县域经济必须做大做强。作为全国百强第8、全省面积第2和人口最多的县（市），浏阳的发展对"强省会"举足轻重、至关重要。使命无上光荣，责任无比重大。我们要勇当开路先锋，冲在最前线，走在最前列。在"强省会"的火热实践中，既要沿着省市描绘的蓝图、指引的方向、作出的部署，把心思用在推动发展上，把精力放在狠抓落实上，以"浏阳之为"贡献"省会之强"；又要跳起来摘桃子，锚定"挺进前五强"的奋斗目标，在"没有先例"的领域率先闯出路子，在"普遍在做"的方面争创示范标杆，夺取更多的长沙第一、全省唯一、全国一流。

"强省会"的浏阳势头空前强劲，我们必须谋定快动、大干快上。在全市上下的共同努力下，今日之浏阳，综合竞争力、区域引领力、城市美誉度、干部精气神，都跃上了一个崭新台阶。特别是随着金阳新城的加速崛起，千亿投资红利加速释放，浏阳的战略空间、发展格局、开放水平都将得到历史性提升。尤为可贵的是,“四套班子”精诚团结,全市上下人心思进、人心思上、人心思干。我们要乘势而上,牢牢把握“12345”发展思路,找准“强省会”的战略落点,拿出“谋事在人、成事在争”的拼抢劲头,大干、快干、拼命干,在产业能级、开放层级、城市量级、乡村品级、幸福升级上来一次大促推、大刷新,推动浏阳现代化建设劈波斩浪、奋楫前行!

2022年全市工作的总体要求是:坚持以习近平新时代中国特色社会主义思想为指导,全面贯彻党的十九大和十九届历次全会精神、中央经济工作会议精神,深入落实习近平总书记对湖南重要讲话重要指示批示精神,全面落实省、市党代会和经济工作会议精神,弘扬伟大建党精神,坚持稳字当头、稳中求进,完整、准确、全面贯彻新发展理念,服务和融入新发展格局,统筹疫情防控和经济社会发展,统筹发展和安全,按照“12345”的发展思路,围绕“挺进前五强,加快建成‘两个中心’,全面建设现代化新浏阳”目标,勇当“强省会”战略开路先锋,以“双五工程”为抓手,全面落实“三高四新”战略定位和使命任务,全域推进乡村振兴,全力加强区域合作,继续做好“六稳”“六保”工作,持续改善民生,保持经济运行在合理区间,保持社会大局稳定,以优异成绩迎接党的二十大胜利召开。

市委综合考虑,明年经济社会发展的主要预期目标是:地区生产总值增长8%以上;规模以上工业增加值增长8.5%左右;固定资产投资增长8%以上;社会消费品零售总额增长8.5%以上;地方一般公共预算收入增长8.5%以上;城镇调查失业率控制在5.5%以内,居民收入增长与经济增长基本同步。粮食产量稳定在5.5亿千克左右。生态环境质量持续改善。

三、以高质量发展统揽全局,在践行“强省会”战略中勇当开路先锋

坚持以“强省会”战略为牵引,把发展经济作为最大实事,深入实施县域经济高质量发展工程,在全面建设以“三高四新”为引领的现代化新长沙中干在实处、走在前列。

(一)壮大产业能级,在强实力上争先领先。产业兴则浏阳兴。要坚持把做实做强做优实体经济作为主攻方向,推动制造业比重稳中有升。扎实推进产业基础高级化和产业链现代化,加快“浏阳制造”向“浏阳智造”蝶变升级,打造国家重要先进制造业高地的关键一极,奋力争当“三高四新”主力。

一是增强产业集群竞争力。聚焦制造业高端化、数字化、集聚化、绿色化、融合化,放大蓝思科技、惠科光电、九典制药、宇环数控、盐津铺子等链主企业的“雁阵效应”,加快培育“1+2+1+N”现代产业体系,推动电子信息产业向千亿级迈进,生物医药、智能装备等产业向五百亿级进军,绿色食品产业向三百亿级突破,打造家居建材、环保及新能源等N个百亿级以上产业,实现耦合共生、抱团发展。花炮产业是浏阳的支柱产业、文化产业、富民产业,要以全国烟花爆竹转型升级集中区建设为契机,保障原辅材料供应链稳定,加强本质安全、创意植入、文化赋能,高水平办好国际花炮文化节,持续巩固全球领军地位。实施智造提能、绿色升级、服务型制造培优“三大行动”,加快产业数字化。做强数字经济产业园,提升数字产业化水平。抢先布局碳汇、前沿新材料等未来产业。

二是增强产业项目支撑力。树牢实物量、可视化导向,加快惠科光电及配套产业园、雅士林、中烟永安科技园等一批重点项目建设,全面提升项目履约率、开工率、达产率,稳步扩大有效投资,培育更多增长点。坚持以存量引增量、拓存量为增量,既依托龙头企业引进更多产业链上下游项目,又引导现有企业增资扩产、就地孵化。要聚焦主特产业、战略性新兴产业、文旅产业、高端服务业等精准招商,吸引更多央企国企、上市公司、头部企业在浏设立总部、区域总部、功能性总部,引进中烟技改等一批标志性引领性项目。全年力争引进“500强”企业3家以上,投资过100亿元项目1个以上,过50亿元项目4个以上。

三是增强产业创新驱动力。创新是产业升级的“催化剂”。坚持“四个面向”,以“十大技术攻关项目”为抓手,深化创新型县市建设,加快打造具有核心竞争力的区域科创中心。健全“个转企、小升规、规改股、股上市”梯度培育机制,培育一批“专精特新”小巨人、单项冠军,力争小巨人企业突破100家。强化企业创新主体地位,鼓励设立新型研发机构,加强研发投入和技术改造,推动规模以上工业企业研发活动全覆盖,创造更多首台首套首创首批新技术、新装备、新材料。引育一批高科技领军人才、高水平创新人才、高技能实用人才,推动科学家、企业家、技术专家形成创新合伙人。

四是增强产业园区承载力。围绕“五好”园区创建,坚持以亩产论英雄,加快“腾笼换鸟”“二次开发”,盘活闲置和低效用地,引导优质工业企业向园区集中,打造资源整合、功能复合、平台聚合、产城融合的现代化园区。经开区要聚焦“挺进五十强”目标,依法依规稳步推进调区扩区,深化园镇、园区管理体制改革,做大做强“两主一特”产业,力争全年上市企业总数达到9家,规模工业总产值迈上1000亿元台阶。全力支持经开区创建湖南自贸区联动创新区;农业科技园创建湘赣边区域合作示范园区,挺进省级园区行列;环保科技示范园打造百亿级工业聚集区。

(二)抬高开放层级,在强引领上争先领先。开放程度决定发展高度。要做优营商环境、深化区域合作、拓宽开放通道,积极服务和融入新发展格局,增强开放发展的磁吸力引领力。

一是打造一流营商环境。营商就是赢未来。深入推进“五零”城市建设,加快实现“一件事一次办”。探索推行“24小时不打烊”政务服务,让数据跑路替群众跑腿。实施经开区“一枚公章管审批”,构建全链条下放、全过程监管、全周期服务体系,实现“企业办事不出园区”。统筹推进投融资体制、国资国企、资源配置等领域改革,让要素动起来、活起来。市场主体是经济的力量载体，要依法保护民营企业和企业家合法权益，让企业家安心经营、放心发展。统筹推进“纾困增效”和“千企帮扶”行动，帮助市场主体解决缺电、缺芯、缺工、融资难融资贵及高成本等问题，做到无事不扰、无时不在、无微不至，打造顶格服务、顶真支持、顶诚护航的一流营商环境。

二是强化区域辐射带动。坚持东联湘赣边、西融长株潭，不断扩大开放度和影响力。抢抓湘赣边区域合作示范区建设上升为国家战略的重大机遇，围绕建成六个领域中心，扎实推进六大行动、实施三个一批、打造六个平台，探索浏阳—上栗跨省园区合作，推进湘赣边（浏阳）文化艺术交流中心建设，用好“初心源”“湘赣红”等地域品牌，奋力争当湘赣边区域合作典范。加快浏西区域接轨长株潭，打造以浏阳河职教园、花卉苗木交易中心为支点的南横线经济带。筹办“浏阳河城市高峰论坛”，搭建产业发展、城乡建设、区域合作、社会治理等领域的高端交流平台，让浏阳走向世界，让世界走近浏阳。

三是构筑门户枢纽优势。围绕一年打通微循环、三年畅通内循环、五年构建外循环目标，加快打造区域性交通枢纽城市。规划建设西南环线，打通南泥湾路城区段等断头路，拉开城市骨架。完成S326（普迹至柏加段）建设，加快金城大道提质改造和蕉溪岭隧道扩孔改造规划建设，金阳大道明年10月前确保全线通车，力促湘府路东延线启动建设、金阳大道—盼盼路尽快拉通。全力促推长赣高铁加快建设，力争长浏快线和浏跃高速明年开工，加快交通大对接、区域大联通。启动永和通用航空机场建设，加快打造全省中心通航机场，构建高速加密成网、高铁链接成势、航空崛起成型的大交通体系。

（三）提升城市量级，在强功能上争先领先。深入推进“五区”建设，提升城市品质和能级，加快建成省会副中心和湘赣边区域性中心城市。

一是优化城市发展格局。统筹推进“一市两城”建设，构建主城拓张、新城崛起、双城联动、全域协同的城市发展格局。主城区加快“两站”片区建设，推进站城一体化，打造突显浏阳特色的城市会客厅；精心开发道吾、长兴湖、水佳、浦梓港等重点片区。推动建成区扩容提质，加快布局城市商圈、高端综合体，培育新兴业态，更好吸引人气、集聚财气，打造活力型中小城市样板。金阳新城是省会空间格局东拓的重要腹地、长沙十大城市片区的重要板块、湘江东岸先进制造业走廊的重要引擎。要举全市之力推动金阳新城强势崛起，围绕一年打基础、三年见成效、五年成规模目标，以“四个十大”项目为抓手，加快中非经贸产业园、中烟小镇等建设，引进一所本科大学，高水平建设金阳医院；大力发展外向型经济、总部经济、临空经济，奋力打造省会副中心地标性区域。在两城之间布局康养休闲、近郊农业、通道经济等业态，推动交通联接、产业对接、服务链接。

二是提升城市格调品位。落实“四精五有”要求，实施城市更新行动，以“城市软装”理念改造老旧小区、提质既有小区，打造配套完善、生活便捷的未来社区。创建国家园林城市，建设道吾山、西湖山、翠园、新屋岭等市民公园，构建“双子城区+中部绿地”的公园城市。提升城市智慧管理水平，启动大数据中心建设，让城市更聪明一些。争当文旅融合标杆，以创建国家全域旅游示范区为主线，优化“一轴双核”全域旅游格局，打造“锦绣潇湘”的重要旅游目的地。推动苍坊旅游区创成5A级景区，大围山国家森林公园创建国家级旅游度假区。聚焦扮靓“浏阳河百里画廊”，加快“一河两岸”城区段开发，打造一批沿河特色节点，打响“相约浏阳河、周末看焰火”品牌，充分彰显一河诗画、满城烟花的独特魅力。聚焦“流量”变“留量”，引进中华恐龙园等一批重大文旅项目，放大“云上的小店”品牌效应，建设三湘民宿高地、区域消费中心。

三是锤炼城市文明典范。文明是城市的气质。以社会主义核心价值观为引领，深入实施新时代文明实践工程，推进全域全员全程全面文明创建，争创全国文明城市。做实“淳风美德润浏阳”“爱心涌动浏阳河”等活动，培育文明乡风、良好家风、淳朴民风，让文明馨香浸润群众心田。赓续红色血脉、燃旺精神火炬，注重用红色文化塑造市民品格、涵养城市气质。保护历史文化名镇、名村和非遗，打造嗣同路历史文化街区等记忆地标，让历史建筑、特色街巷、民俗印记串珠成链，实现发展活力与人文魅力交融、时代风尚与古邑风韵辉映。健全公共文化服务体系，让文化更亲民育民乐民。

（四）做优乡村品级，在强振兴上争先领先。要围绕创建全域推进乡村振兴示范县（市），聚焦打造“四个标杆”，深入实施“六大行动”，加快推进农业农村现代化，全力争当乡村振兴样板和排头兵。

一是推进乡村产业大融合。扛起粮食安全政治责任，实行党政同责，坚持最严格的耕地保护制度，坚决遏制耕地非农化、非粮化、抛荒等问题，保障重要农产品供给。以农业现代化示范区建设为契机，深化“六大强农”行动，推动农文旅、一二三产融合发展。做精做优油茶、花木、烤烟、蔬菜、水果、黑山羊等特色产业，提质大瑶、文家市、柏加、社港等省级特色小镇，培育一批新兴特色产业小镇。立足全国农村综合改革试验区，深化农村宅基地制度试点等重点领域改革，改出红利和动力。抢抓全国农业科技现代化先行县建设机遇，加快湖南农业大学浏阳校区建设。推行“1+1+N”院县合作，由1个院士专家团队指导1个产业、联结N个经营主体，带动人才回流、项目回迁、技术回乡、智力回哺。推动巩固脱贫与乡村振兴有效衔接，健全防止返贫动态监测和帮扶机制，打造大围山示范片区。发展壮大新型村级集体经济，确保收入达50万元以上的占比超过30%。

二是打造全域美丽大花园。突出美丽生态、美学经济、美誉人文，统筹推进中心镇、中心村和乡村新社区建设。深入开展乡村建设行动，有序推进“十百千万”工程，打造一批精品线路、示范村庄、幸福屋场、美丽庭院，做到全域推进、重点示范、以点带面、整体提升。扎实开展农村人居环境整治、厕所革命、生活垃圾和污水治理。加大水利设施建设力度，椒花水库明年完成坝基建设并启动坝体浇筑。统筹抓好水、电、路、气、讯、广电、物流七张网建设，推动公共基础设施往村覆盖、往户延伸，着力打造更富时代感、极具吸引力的花园乡村。

三是筑牢绿色生态大屏障。实施碳达峰、碳中和行动，严格落实能耗双控，全面启动生活垃圾焚烧发电项目建设，推进建筑垃圾资源化利用；发展智慧电网、抽水蓄能和光伏发电等清洁能源。坚持节约优先，推进资源全面节约、集约、循环利用，倡导简约适度、绿色低碳生活方式。深入打好污染防治攻坚战，严格落实“三线一单”，完成主城区雨污分流改造，推进城镇污水管网全覆盖，加大捞刀河腾环境容量力度，确保浏阳河出境断面水质稳定达到Ⅱ类，空气质量优良率稳定在95%以上。巩固拓展禁捕退捕成果。做好第二轮中央环保督察相关问题整改。统筹山水林田湖草系统治理，深入实施河湖长制、林长制、田长制，守九曲浏河两百里碧水，护千年古县百万亩青山。以建设“两山”实践创新基地为契机，做好“治山理水、显山露水”文章，拓宽绿水青山和金山银山的双向转化通道，让生态之花结出致富之果。

（五）促推幸福升级，在强供给上争先领先。城市发展不仅要有精美的天际线，也要有温暖的地平线。要坚持以人民为中心，优化公共服务供给，推动共同富裕不断取得实质性进展，让幸福洋溢在每一位市民的笑脸上。

一是公共服务提标提档。聚焦学位、床位、车位、厕位、梯位等问题，常态化开展“我为群众办实事”实践活动，全力办好群众牵肠挂肚的民生大事和天天有感的关键小事。深化教育综合评价等改革，推进学前教育优质普惠发展、义务教育优质均衡发展、高中教育优质多样发展。推动“双减”政策落地落实，让教育回归本真。深入实施“健康浏阳十大行动”，完成中医医院危急重症大楼建设，加快妇幼保健院整体搬迁项目建设、乡镇卫生院标准化改造，争创全国基层中医药工作示范市。建设“充分就业城市”，鼓励多形式灵活就业，促进农民工、退役军人、高校毕业生、城镇困难人员等群体多渠道就业。坚持“房住不炒”，促进房地产健康发展和良性循环。更加关爱“一老一小”等弱势群体、困难群众，兜牢基本民生底线，使每一个家庭都有稳稳的幸福。

二是社会治理共建共享。坚持发展全过程人民民主，一体推进法治浏阳、法治政府、法治社会建设。全面推进严格执法、公正司法、全民守法，让法治成为全市上下的共同信仰和行为准则。坚持和发展新时代“枫桥经验”，健全社会矛盾纠纷多元预防调处化解机制，建设人人有责、人人尽责、人人享有的社会治理共同体。围绕创建“三无”乡镇（街道）、“五零”村（社区），深入实施“党员微网格+五个到户”，统筹推进乡镇吹哨部门报到、社区吹哨党员报到、群众吹哨干部报到，将基层治理的“最后一公里”变成服务群众的“最美零距离”。

三是安全防线扎紧扎牢。统筹发展和安全，切实守牢烟花爆竹、矿山、危化、道路交通、防火防汛、建筑施工、城市燃气、特种设备、工贸行业等风险领域安全底线。健全园区安全监管机制。坚持谁主管谁负责、谁分管谁负责、谁联点谁负责、属谁管谁负责，严格落实全员安全生产责任制，打好安全生产专项整治“三年行动”收官战。坚决落实“外防输入、内防反弹”要求，慎终如始抓好常态化疫情防控，全力守护好来之不易的防疫成果。加强经济金融风险防范化解，坚决遏制新增隐性债务。深入推进新时代县域警务工作，常态化推进扫黑除恶、政法队伍教育整顿、反电诈和禁毒等工作，建设更高水平的平安浏阳。巩固食品安全示范城市创建成果，筑牢从田间地头到万家餐桌的安全堤坝。构建综合智能应急减灾联动体系，打造半小时救援圈，让平安成为群众生活的最亮底色。

四、以党建第一责任引领保障发展第一要务

推动愿景变成实景，核心是党的领导，关键是抓好落实。我们要深入贯彻新时代党的建设总要求和党的组织路线，严格履行管党治党政治责任，大力实施党群连心“五个到户”和“党建聚合力”工程，以高质量党建引领高质量发展。

一要以绝对忠诚捍卫“两个确立”。始终把讲政治作为第一要求，把对党忠诚作为第一标准，深刻领会“两个确立”的决定性意义，不断增强“两个维护”的思想自觉、政治自觉、行动自觉。深学细悟习近平新时代中国特色社会主义思想，全面落实第一议题制度，完善经常性学习教育机制，切实提高政治判断力、政治领悟力、政治执行力。始终把政治纪律和政治规矩挺在前面，做到党中央提倡的坚决响应、党中央决定的坚决执行、党中央禁止的坚决不做。发挥市委总揽全局、协调各方的领导作用，支持和保证人大、政府、政协、监委、法院、检察院等依法行权履职。落实意识形态工作责任制，把浏阳故事讲得更好、声音传得更开。抓好新时代党管武装工作。坚持和完善大统战格局，不断推进统战事业创新发展。

二要以大抓基层建强战斗堡垒。将2022年明确为“堡垒提质年”，深化党支部标准化、规范化建设，常态化整顿软弱涣散党组织，建好“党建智库”，促推全面进步、全面过硬。实施非公经济组织党组织覆盖率提升行动，扩大两新组织“两个覆盖”。实施村（社区）干部“雁阵培育计划”，壮大村级党组织后备力量。构建“三圈四制”体系，以抓党建促乡村振兴、促共同富裕、促高质量发展为重点，让党的旗帜在每一个基层阵地高高飘扬。持续为基层增能减负，严格“小微权力清单”制度，保障合理待遇，激发干事热情，夯实党的执政根基。

三要以鲜明导向铸就精锐之师。政以才治、业以才兴；强市之要，唯在得人。要落实新时代好干部标准，真正使选出来的干部让组织放心、群众满意、干部服气。持续优化干部队伍年龄、知识和专业结构，提升干部队伍整体功能。强化干部教育管理，加强思想淬炼、政治历练、实践锻炼、专业训练。坚持严管厚爱结合，健全弹性式谈心谈话机制，落实“三个区分开来”，给予干部更多关心关怀。调优用好考核指挥棒，让广大干部有干头、更有奔头。坚持把人才资源开发放在最优先位置，实施人才“浏心工程”，建立领导干部直接联系服务人才制度，让更多千里马在浏阳大地竞相奔腾。

四要以斗争精神从严管党治党。围绕“清廉浏阳”建设，把严的主基调贯穿始终，推进清廉单元建设，持续深化“三不”机制。严格落实“两个责任”，确保干部清正、政府清廉、政治清明、社会清朗，让以清为美、以廉为荣在浏阳大地蔚然成风。推进“四个监督”统筹衔接，加强对“一把手”和领导班子监督。紧盯重点产业、重大建设、重要投资和权力集中、资金密集、资源富集的行业领域，开展专项整治，形成强大震慑。坚决向“微腐败”“隐性腐败”亮剑，让群众感受到正风肃纪反腐就在身边。驰而不息纠治“四风”特别是形式主义官僚主义，把“查剖改”“惩治防”贯通起来，引导广大干部不把权力作交易、不拿事业当儿戏、不被糖弹所击倒。

五要以实干实绩奋进赶考之路。发展是硬道理，实干是真功夫。迈上新征程，面对风云激荡的时代大潮、千帆竞渡的区域角逐，我们要坚持以经济建设为中心，加强和改善党对经济工作的全面领导，把县域经济和微观主体、发展所需和群众所盼、当务之急和长久之计有机结合起来，做到谋划时统揽大局、操作中细致精当，坚决办好发展经济这个最大实事。广大党员干部要牢固树立正确权力观政绩观，敬畏历史、敬畏文化、敬畏生态，经常问一问应当为党的事业做些什么，给全市人民带来些什么，大力践行“一线工作法”“项目工作法”，大兴调查研究之风，通过“行走浏阳”，把脚下这片红土地踩实踩热，把党和人民的厚望重托转化为掷地有声的实际行动，努力交出更加出色、出彩、出众的优异答卷。

政府工作报告
在浏阳市第十八届人民代表大会第二次会议上

市人民政府市长　　王雄文

（2022 年 2 月 27 日）

2021 年工作回顾

过去一年，我们全面贯彻落实习近平新时代中国特色社会主义思想，在市委的坚强领导下，在市人大、市政协的监督支持下，攻坚克难、砥砺奋进，较好地完成市十七届人大七次会议确定的目标任务，实现“十四五”的良好开局。地区生产总值实现 1616.6 亿元，增长 7.3%（同比，下同）；地方一般公共预算收入突破百亿元大关，增长 11.6%；规模工业增加值、固定资产投资、社会消费品零售总额分别增长 7.1%、10%、15.6%，外贸进出口总额增长 38.2%；县域经济与县域综合发展跻身全国百强第 8 位。制造业高质量发展、六大强农行动、农村环境综合整治、财政管理、商务等 12 项工作获省政府真抓实干表扬激励；优化营商环境、打造科技创新高地、做强园区等 13 项工作获长沙市政府创新实干激励支持；激励事项总数排名省、市第一。

产业质效稳中有进。全市规模工业总产值突破两千亿元，增长 8.4%。显示功能器件、烟花爆竹、智能装备、生物医药产业链产值分别增长 59.5%、28.9%、11.2%、8.1%。新增规模工业企业 44 家，A 股上市企业增至 9 家，规模工业企业和上市企业总数排名全省第一。全省产业园区高质量发展推进会在浏阳召开，经开区获批国家产业转型升级示范园区，“五好”园区创建综合评价排名全省第一。农业基础更加稳固，粮食播种 118.9 万亩，蔬菜播种 66.9 万亩，生猪出栏 130.9 万头，建设高标准农田 8 万亩，农林牧渔业总产值实现 226.5 亿元，获评“全国休闲农业重点县”。服务业增加值增长 7.9%，网络零售交易额增长 20.2%。文旅热度持续攀升，跃居全国县域旅游综合实力百强县第 7 位。金融机构存贷款余额均突破千亿元，存贷比达 92.4%。房地产市场平稳发展，商品房销售 145 万平方米。文化创意、节会经济、商贸物流等现代服务业加快发展。

改革发展与时俱进。3 大类 32 项改革全面推进，农村宅基地制度改革等 8 项改革经验获全国推介。湘赣边区域合作上升为国家战略，“湘赣红”“初心源”品牌影响力不断扩大。企业开办实现一日办结，新增市场主体 2.1 万户；“千企帮扶”行动扎实推进，帮助企业争取扶持资金 1.8 亿元、减税降费 7.3 亿元，获评国际化高质量发展环境建设标杆县（市）。新增高新技术企业 135 家、专精特新“小巨人”企业 42 家，入选科技创新百强县（市），连续三届获评全国科普示范县（市）。新引进项目 207 个，其中三类“500 强”项目 3 个。130 个项目实现征拆“清零”，222 个重点建设项目完成投资 691.5 亿元，惠科光电 10 条生产线点亮投产，雅士林实现试生产，椒花水库进入主体施工，南昌—长沙 1000 千伏特高压交流工程投入使用，刷新了“浏阳速度”。

城乡建设齐头并进。国土空间总体规划编制基本完成，“两级三类”国土空间规划体系不断健全。交通路网更加完善，金阳大道三期、S326 南横线（柏加—普迹段）加快建设，永和通用航空产业基地项目成功签约，荷文公路提质升级，天马山新隧道竣工通车。拉通城市道路 8 条，新改建农村公路 363.5 千米，获评“四好农村路”全国示范县。开通城乡公交线路 109 条，实现村村通，获评城乡客运一体化省级示范县。承载功能持续增强，启动智慧电网项目建设，新改建雨污分流管网 106 千米，完成西湖山市民公园、观礼台提质改造，新增停车位 1.5 万个。全面完成 10 个既有小区品质提升，改造老旧小区和棚户区 98 个 8162 户，农村危房 245 户，新增保障性住房 3291 套，全省城镇老旧小区改造现场推进会在浏阳召开。全域推进乡村振兴示范创建，完成农村改厕 1 万座，垃圾分类实现全覆盖，建成美丽宜居村庄 275 个，入选全省“美丽宜居共同缔造”试点示范县。持续打好污染防治攻坚战，空气质量优良率达 98.1%，三大河流水质稳定达标，顺利通过第二轮中央环保督察，成功申创全国“两山”实践创新基地。

民生福祉持续增进。新增城镇就业1.6万人，农村劳动力转移就业8600人。新改扩建学校22所、幼儿园10所，新增学位7866个，“双减”经验获全省推介。落实常态化疫情防控措施，防疫成果持续巩固。集里医院门诊大楼建成投用，中医医院危急重症大楼顺利封顶，医改经验获《人民日报》专题推介。新建市社会福利中心，城乡居家养老服务中心行政村覆盖率达78.5%。双拥优抚工作扎实开展，退役军人就业创业孵化基地获评“全国退役军人服务保障先进单位”。市博物馆建成开放，体育中心、欧阳予倩文化艺术中心完成提质，获评全国群众体育先进单位。烟花爆竹转型升级集中区建设荣获全国观摩点评活动第一名，创新实施安全生产领域真抓实干激励，获评全省安全生产和消防工作优秀单位。加强食药监管，实现食品安全“零事故”。妥善化解信访积案300余件，信访总量下降34.6%。新时代县域警务、禁毒和反电诈工作持续加强，社会治安呈现平稳有序的良好态势。

政府效能不断改进。认真贯彻新时代党的建设总要求，成功举办庆祝中国共产党成立100周年系列活动，党史学习教育成果不断巩固。深入推进依法行政，受理各类审批服务事项703万件，办理法律援助案件936件。坚持重大事项向人大报告和政协通报，全年办理人大代表建议307件，满意率达91.8%；办理政协提案94件，综合满意率达94.3%。不断优化政务服务，公布证明事项清单34项，办理市长信箱、12345反映事项4.2万件。防范化解债务风险，发挥财政监管和审计监督作用，强化财政预算刚性约束，三类债务之和有序下降。全面完成省委巡视反馈意见整改任务，深入开展群众身边腐败和作风问题专项整治，营造优质高效、风清气正的干事创业环境。

同时，围绕中心，服务大局，人民武装、新闻出版、融媒服务、民族宗教、消防、外事、侨务、关心下一代、老龄、文艺等工作迈上了新台阶，武警、烟草、国资、气象、水文、移民、森林公安、供销合作、公积金、盐务、供水、邮政、电信、移动、联通、石化、花检、海关等单位取得了新成绩，工会、共青团、妇联、残联、工商联、红十字会等群团组织及其他社会团体作出了新贡献。

在总结成绩的同时，我们也清醒认识到，发展中还存在不少问题和困难：重大项目支撑和龙头企业引领不够突出，传统产业升级和新兴产业壮大尚需时日，社会事业优质供给仍有差距，安全稳定、生态环境等方面还存在薄弱环节，少数干部理念观念、担当精神、服务意识与新时代要求不相适应。对此，我们将高度重视，认真加以解决。

2022年目标任务和主要工作

2022年是党的二十大召开之年，是全面贯彻落实省、长沙市党代会精神的开局之年，也是本届政府全面履职的第一年。做好今年的工作，任务艰巨、意义重大、使命光荣。放眼全球，百年变局和世纪疫情相互交织，世界进入动荡变革期，不稳定性、不确定性明显上升；纵观国内，尽管发展面临需求收缩、供给冲击、预期转弱三重压力，但我国经济韧性强，发展稳中向好、长期向好的基本趋势没有变；审视浏阳，挑战与机遇并存，发展面临的要素制约更加突出，县域竞争更为激烈，稳增长、促转型的任务依然繁重，但强省会、区域合作、长株潭一体化等重大战略多重叠加，提供了新的时代机遇。特别是当前，浏阳产业发展来势喜人，区位优势日渐凸显，营商环境优质高效，广大干部群众发展意识、奋斗意识强劲，浏阳仍然处于大有可为的黄金发展期。我们要始终保持“不畏浮云遮望眼”的战略清醒和“乱云飞渡仍从容”的发展定力，大力弘扬“自强不息、敢为人先”的浏阳精神，坚持全局谋划、全域振兴、全面发展，以“闯”的精神、“创”的劲头、“干”的作风，在高质量发展和现代化建设的新征程上大步迈进。

2022年政府工作的指导思想是：坚持以习近平新时代中国特色社会主义思想为指导，深入贯彻党的十九大和十九届历次全会精神、习近平总书记对湖南重要讲话重要指示批示精神，全面落实上级决策部署和浏阳市党代会、市委经济工作会议精神，坚持稳中求进总基调，统筹发展和安全，贯彻新发展理念，融入新发展格局，全面落实“三高四新”战略定位和使命任务，大力实施“强省会”战略，朝着“挺进前五强，加快建成‘两个中心’，全面建设现代化新浏阳”目标阔步前行，以实干实绩迎接党的二十大胜利召开。

2022年主要预期目标是：地区生产总值增长8%以上；规模以上工业增加值增长8.5%左右；固定资产投资增长8%以上；社会消费品零售总额增长8.5%以上；地方一般公共预算收入增长8.5%以上；城镇调查失业率控制在5.5%以内，居民收入增长与经济增长基本同步。

为实现上述目标任务，我们将重点抓好以下工作：

一、固本强基，在产业升级上持续发力

产业强则经济强，大力实施扶优育强战略，推进产业发展“千百十”工程，打好产业基础高级化和产业链现代化攻坚战，构建具有较强竞争力和带动力的现代产业体系。

提升主导产业支撑力。发挥蓝思科技、惠科光电等龙头企业的磁吸作用，大力实施“强玻引屏补端”工程，力争引进培育电子信息企业10家以上，推动电子信息产业向千亿级迈进。依托九典制药、天地恒一等优势企业，重点发展现代中药、高端仿制药、创新药，加快布局医疗器械产业，推动生物医药产业向五百亿级进军。以宇环数控、博大科工等重点企业为引领，壮大智能数控机床、工业机器人、智能工程机械、汽车零部件产业，推动智能装备产业向五百亿级进军。实施企业梯度培育计划，大力培育税源企业，净增规模工业企业56家、上市1家，努力打造百亿企业方阵。

打造传统产业增长极。抢抓全国烟花爆竹转型升级集中区建设机遇，深入实施“安全提质、科技革新、质量创优、文化赋能”工程。规范原辅材料市场，完成172家烟花爆竹企业对标提质改造，建成省级烟花爆竹科技创新试验基地，促进创意烟花、城市烟花发展，持续巩固“世界烟花之都”地位。大力发展绿色食品产业，培育壮大盐津铺子、湘典等食品企业，推动浏阳蒸菜、油茶产业全链条发展，打造全省绿色食品产业引领区。全面发展壮大永安、淳口、沙市、龙伏家居产业带，推动家居建材产业向百亿级迈进。

培育未来产业新业态。依托金阳烯碳、方锐达、泽瑞、晶碳等新材料企业，重点拓展碳基材料、新型复合材料、先进储能材料等领域，力争新材料产业产值突破200亿元。聚焦“双碳”目标，依托永清环保、智水环境等企业，重点拓展大气减排、水污染治理、土壤修复等节能环保服务，壮大环境治理技术及应用产业，全力培育打造一批产值过亿的环境治理企业。加快推进产业数字化和数字产业化，持续拓展5G应用场景，助力企业“上云用数赋智”，打造蓝思云、花炮云、家居云、苗木云等一批产业数字云平台。

升级产业园区主阵地。以创建“五好”园区为总抓手，完善以亩均投资、亩均增加值、亩均税收为主的考核体系，推进闲置低效用地“腾笼换鸟”和“僵尸企业”盘活出清，保障高质量项目和优质企业用地。实施调区扩区、提质提档行动，推动经开区“低成本”园区和智慧园区建设，推进产业链一体化、创新链协同化、要素链专业化，力争经开区规模工业总产值迈上千亿元台阶。加快省级农业科技园区（两型产业园）转型升级，打造全国一流绿色食品产业基地；持续做强环保科技示范园，实现扩容提质；全力支持联合创建省级高新区。

二、聚能增效，在项目建设上持续发力

新项目孕育新发展，大项目推动大发展。牢固树立“项目为王”理念，掀起新一轮大抓项目、抓大项目热潮，加快形成项目滚动实施、梯次推进、接续不断的发展格局，为高质量发展积蓄强劲势能。

增强招引力度。完善产业链招商目录，健全招商网络、配强招商队伍，强化招商项目事前评估、事中事后监管，着力构建更加科学、高效的招商机制。出台《进一步加强招商引资促进经济高质量发展奖励办法》等文件，加大中介人奖励力度，持续优化招商政策。积极参与重大招商节会，办好本土招商活动，建立健全“客商信息库”和“乡贤数据库”，推动以商招商、以情招商。力争引进投资100亿元以上项目1个，三类“500强”企业3家，50亿元以上项目4个，10亿元以上项目10个，在招大引强、招优引新、招急引缺上实现更大突破。

加快攻坚速度。突出“五个十大”项目建设，全面实行“六张清单”台账管理机制，推动新建项目早开工、在建项目早竣工、建成项目早达效。紧盯343个重点项目，启动长赣高铁、长浏快线、浏跃高速、永和通用航空产业基地建设，加快椒花水库、分布式光伏发电、垃圾焚烧发电等项目建设，力促大瑶抽水蓄能电站建设，全线拉通金阳大道，完成第四水厂、S326南横线（柏加—普迹段）建设，确保雅士林、欧智通二期、九典制药二期等项目投产达效，推动一批基础性、标志性、引领性重大项目建设跑出浏阳“加速度”。

提升服务温度。深化“千企帮扶”行动，健全领导联系、协调调度、跟踪服务和督查考核机制，落实“纾困增效”十条措施，力促市场主体达到14.5万户。聚焦项目和企业用地，科学合理铺排项目用地报批，大力推进征拆“清零”和“净地”出让，做到项目用地应保尽保。继续实施援企招工专项行动，开展直播带岗、线上招聘等活动，满足企业用工需求。深化金融安全区建设，完善信用体系，持续开展“金融服务季”活动，加大对重点项目信贷支持，及时帮助企业解决实际问题，确保在浏企业放心投资、安心发展。

三、创新引领，在改革开放上持续发力

坚持改革赋能、开放聚力，不断增强发展活力，扩大比较优势，确保浏阳在新一轮区域竞争中率先领先。

激发改革动力。持续深化“放管服”改革，完善“一件事一次办”“三集”审批机制，下放真正管用的权力至乡镇和园区。全面提升政务服务水平，力争70%以上审批服务事项一窗办理，着力打造“无证明”城市，建成政务服务“跨省通办”示范区。强化国资国企管理，深入实施国企改革三年行动，完善现代企业管理制度。大力推进自然资源服务乡村振兴、农村宅基地制度改革、永安和洞阳全域土地综合整治、葛家六股岭“净矿”出让等多项试点。统筹推进公共治理、生态补偿等重点领域改革，为高质量发展贡献更多的浏阳经验。

激发科创活力。深化国家创新型县（市）建设，健全财政科研投入增长机制，引导企业建立研发准备金制度，切实提高研发投入强度。推动“小升高、高入规”，确保全市高新技术企业增至476家以上。加快成立智能制造研究院，统筹建设实验动物中心、云普检测等公共服务科技平台。深入实施人才“双创双兴”计划，提升柔性引才力度和个性化引才服务；推进职业技能提升行动，全年培训10万人次以上，加快构筑产业人才链。强化知识产权保护，争创全省专利侵权纠纷行政裁决试点县（市）。

激发合作引力。扎实推进“六大行动”，精心举办第六届湘赣边区域开放合作交流会，支持大瑶、文家市等乡镇创建湘赣边区域合作先行示范区。规划建设湘赣边物流产业园，加快推进浏阳—上栗产业园区建设，不断提升产业集聚辐射能级。推进昌栗高速连接线建设，力促湘赣边交通要道互联互通。统筹实施南川河综合治理，推动渌水流域协同保护发展。建强“云上湘赣边”融媒体平台，提升“湘赣红”“初心源”品牌影响力。加快建设湘赣边医疗联合体和区域医疗中心，推动就医联网直接结算、实现零售药店互刷互认。深度融入长株潭，实施绿心地区生态修复和保育工程，筹办“浏阳河城市高峰论坛”，加强经贸、农业、旅游、教育、文化等方面合作，在产业互补、协同发展上迈出坚实步伐。

四、建管并举，在做强双城上持续发力

统筹推进主城、新城建设，推动双城融合发展，不断提升城市品质和能级，构建主城拓张、新城崛起、双城联动的城市发展格局。

加快主城提质扩容。对标一流中等城市，落实“四精五有”要求，加快“一河两岸”城区段开发，推进“两站”片区建设，推动道吾、长兴湖、水佳、浦梓港等片区崛起，打造凸显浏阳特色的城市会客厅。有序实施城市更新行动，加快城市管网建设改造，推进 20 个既有小区和 60 条支路街巷品质升级，改造棚户区、老旧小区 88 个 4240 户。高标准建设精美长沙示范项目，推进西南环线建设，提质浏阳大道（菊花石路—李畋路段）、浏阳西互通出入口，建成大围山路、菊花石路（禧和路—南泥湾路段）、南泥湾路（金沙路—花炮大道段），打通大塘冲路等断头路；规划建设道吾山城市公园、新屋岭公园，实现翠园公园年内开园；新建停车场 24 个，新增停车位 1.5 万个，持续提升城市承载功能。

加速金阳新城崛起。突出产城融合，优化空间布局，高标准、高质量、高水平做好规划编制，全面加快核心区建设，实现金阳新城建设初具规模。聚焦“四个十大”项目，启动湘府路东延线建设，提质改造金城大道、开元大道，壮大城市骨架。加快中非经贸产业园、医疗器械产业园建设，完成金阳紫星广场商务区一期建设，力争中烟技改项目落地。提质金阳大道等主干路两厢，加快金阳医院、电子科技职院建设，推进 110 千伏丰盛变电站、金阳新城用水保障、捞刀河流域综合整治、金阳新城体育中心等一批基础设施项目建设，打造省会副中心地标性区域。

加强城市运营管理。巩固国家卫生城市创建成果，深入开展市域环境综合整治，强化拆违控违，深化生活垃圾分类处置，全力创建国家园林城市。组建浏阳市新型智慧城市建设投资公司，加快大数据中心、智慧城市云底座建设，推进智慧交通和智慧政务，建好全市应急指挥视频系统，强化数据资源管理，实现城市运行实时感知、智能管理。深化文明城市创建，加强公民道德、志愿服务、社会诚信、清朗网络空间建设，做实“淳风美德润浏阳”“爱心涌动浏阳河”等活动，让文明馨香浸润群众心田。

五、全域驱动，在乡村振兴上持续发力

以全域推进乡村振兴示范县（市）创建为统揽，聚焦打造“四个标杆”“六个示范”，全力争当乡村振兴样板，打响“乡村振兴看浏阳”品牌。

全方位推动产业强农。严守耕地红线，全面推行耕地保护“田长制”，遏制“非农化”，防止“非粮化”，新建高标准农田 4.3 万亩，推进粮食万亩综合片建设，确保粮食产量达 55 万吨以上。深入实施“六大强农”行动，加快建设国家农业绿色发展先行区，打造长株潭、大湾区精品蔬菜供应基地。加快 20 万亩高标准油茶基地建设，支持镇头创建省油茶特色小镇。深入推进农业科技现代化先行县建设，探索“院士专家团队 + 主导产业 + 生产经营主体”合作模式。大力发展花木、烤烟、水果、黑山羊、中蜂蜜等特色产业，做优官渡嗦螺、葛家鸡肠子辣椒等特色品牌，新增“两品一标”认证产品 4 个以上。做好“农业 +”文章，发展都市农业、休闲农业、智慧农业，培育壮大农业龙头企业、种养大户、农民合作社，全力创建国家农业现代化示范区。

高标准建设美丽乡村。扎实推进农村人居环境整治提升行动，深化农村生活垃圾和污水治理，推动无害化厕所全覆盖。加大农田水利等基础设施建设投入，多方联动、逐年巩固冬春水利建设。统筹推进“七张网”建设，提高农村自来水覆盖率，推动农村公共基础服务覆盖村组、延伸至户。聚焦“三自”“五美”和“美丽宜居共同缔造”要求，推进“十百千万”工程，建设农房风貌管控示范点，高标准打造一批美丽宜居村庄，创建 5 个以上省级美丽乡村示范村，充分彰显浏阳的乡土之美、乡愁之美、人文之美。

多渠道促进惠农富民。健全防止返贫动态监测和帮扶机制，加快打造大围山有效衔接示范片区。深化就业帮扶车间（基地）建设，确保“零就业”家庭动态清零。统筹优势资源，以大瑶、文家市、柏加、社港 4 个省级特色小镇为示范，推动永安、沙市、沿溪、永和等乡镇特色发展，促进群众就业增收、产业融合发展。壮大“六型”村级集体经济，持续拓宽增收渠道，实现年集体经济收入 50 万元以上村占比达 40%左右。全力培育家庭农场、农创客等新型农业经营主体，鼓励发展特色种养、农产品深加工、乡村旅游等产业，完善多渠道利益联结机制，着力在推动共同富裕上迈出新步伐。

六、绿色崛起，在文旅融合上持续发力

坚持绿色发展理念，突出业态融合，着力推动生态产业化、文旅融合化、服务多元化，打造区域消费中心和全国文旅名城。

发展生态经济。实施“双碳”行动，加快智慧电网建设，发展光伏发电等清洁能源，力争小水电绿色改造和现代化提升工程纳入全国试点县市，不断壮大绿色经济、循环经济。深入打好污染防治攻坚战，确保三大河流水质稳定达标，空气质量优良率稳定在 96.1%以上。推深做实“林长制”，持续开展复绿、增绿、补绿等行动，打造与经济社会发展相适应的“生态银行”。深化“两山”实践创新基地建设，启动国家生态文明示范县创建。全面做足“生态 + ”文章，实施生态产业致富工程，扩大绿色生态产品和服务供给，促进绿色生产和消费，让优良生态环境成为浏阳人民的“幸福不动产、绿色提款机”。

擦亮文旅品牌。大力争创国家全域旅游示范区，推动苍坊旅游区创建国家 AAAAA 级景区、大围山国家森林公园创建国家级旅游度假区。以“文旅深度融合高质量发展十条措施”为引领，在文旅资源管理、产业招引、标准化建设、品牌推广等方面创新突破。加快建设“浏阳河百里画廊”，做精沿河特色节点，办好花火剧场，让“相约浏阳河，周末看焰火”成为全国独一无二的旅游体验。完成锦绶堂、李白烈士故居和寻淮洲故居提质改造，强化菊花石、夏布等非遗保护传承，推动“江氏正骨术”申报国家级非遗，充分展示浏阳深厚的文化底蕴。聚焦“流量变留量”，大力开发红色研学、精品民宿、田园度假等文旅产品，着力建设名副其实的三湘文旅高地。

促推消费升级。大力发展现代服务业，优化产业布局，全力引进服务业龙头企业，培育升级高端商贸、电子商务、文化创意、现代金融、养老健康等产业，提升服务业发展动能。精心办好国际花炮文化节、大围山杜鹃花节、“河畔季风”消费节等节会活动，进一步提升消费热度，激发市场活力。升级天虹、北正西等商圈，培育一批有品质、有品格、有品位的特色商圈，形成独具浏阳魅力的消费新地标。开展“数商兴农”专项行动，完善电商物流体系，加快网间经济孵化器建设，加速催生流量带货、直播电商、网红代言等新业态，着力打造区域消费中心城市。

七、共建共享，在民生改善上持续发力

坚持以人民为中心的发展思想，聚焦群众急难愁盼问题，建立健全覆盖全民、统筹城乡、公平统一、可持续的多层次社会保障体系，让群众共享和谐幸福的美好生活。

强化民生保障。强化就业优先政策，新增城镇就业1.5万人、登记失业人员再就业5000人，全力打造充分就业城市。持续稳定房地产市场，新增保障性住房2000套，构建多层次住房保障体系。加强社保基金监管，深入推进全民参保计划，实现基本养老保险参保率达96%以上。聚焦“一老一小”，发展普惠养老抚幼服务，提质改造儿童之家6个以上，力争城乡社区居家养老服务覆盖率达85%以上。健全退役军人服务保障体系，启动省级双拥模范城市创建工作；深化国防后备力量建设，持续巩固军政军民团结。推进社会救助改革试点，落实低保动态管理，完善无障碍设施，用发展温情提高民生温度。

优化公共服务。坚持教育优先，加大教师引进力度，深化交流轮岗制度，优化教师人才队伍；落实“双减”政策，新建公办幼儿园4所、小学3所，建成标准化寄宿制学校15所；加快浏阳职业中专主城校区、湖南都市职业学院浏阳河校区、湖南护理学校浏阳校区建设。建成中医医院危急重症大楼、社港医养教研综合项目，推进妇幼保健院整体搬迁，启动高坪、永和卫生院改扩建，争创全国基层中医药示范市、湖南省健康促进市。深入推进城乡公交一体化，织密公交线路网，提升群众出行便捷度和舒适度。扩大公共文化服务供给，优化文体设施布局，让群众享有更加优质的公共服务。

深化社会治理。抓实常态化疫情防控，坚决巩固来之不易的防疫成果。深入推进安全生产专项整治三年行动，持续打好烟花爆竹、道路交通、消防安全领域攻坚战，全面抓好建筑施工、燃气等领域安全生产，不断强化矿山、危险化学品、特种设备、工贸等其他领域安全监管，坚决守住安全底线。巩固食安创建成果，严格食品药品监管，健全食品安全追溯体系，守住“舌尖上的安全”。持续抓好信访维稳，建立“政务热线诉求响应321”模式，把矛盾纠纷化解在萌芽状态。深化平安浏阳建设，从严从实抓好县域警务，常态化推进扫黑除恶斗争、禁毒人民战争和打击防范电信网络犯罪等工作，确保社会大局和谐稳定。

切实加强政府自身建设

坚持正确的政治方向，胸怀“两个大局”，心系“国之大者”，始终把人民放在心中，把工作抓在手里，把责任扛在肩上，加快推进政府治理体系和治理能力现代化。

坚持依法行政。全面深化法治政府建设，进一步健全重大决策风险评估机制，落实行政执法“三项制度”，强化合法性审查，推进文明公正执法，不断提高运用法治思维和法治方式推动发展的能力。切实提升人大意识，认真执行人大及其常委会的决议决定，依法接受人大监督，主动接受政协监督和社会监督，加强审计监督、统计监督，着力打造有限政府，提升政府公信力。

坚持创新施政。牢固树立“创新是第一动力”的理念，推动思想大解放、观念大更新，不断提升政府驾驭复杂局面、解决复杂问题的能力和水平。深化制度创新，在产业发展、项目招引、人才激励、风险防范等方面补短板、促突破，形成制度优势。加快服务升级，深化简政放权和流程再造，以更优质的服务推动政府高效运转。

坚持实干兴政。坚持“以实绩论英雄”，弘扬真抓实干、聚力大干的工作作风，全面营造比学赶超、创先争优的浓厚氛围。强化政务督查、绩效考核，建立健全对标比拼、公开亮晒、落后约谈等制度，以“钉钉子”精神推动各项工作落实。深化基层松绑减负，完善容错纠错机制，让干部轻装上阵、勇担重任。

坚持从严治政。扎实推进“清廉浏阳”建设，构建全方位、立体式的廉政监督和风险防控机制。持之以恒纠“四风”、树新风，坚持“过紧日子”，从严防控债务风险，集中财力为人民群众办实事、办好事。全面规范政府公职人员行为，构建“亲清”新型政商关系，维护干部清正、政府清廉的良好形象。

名词解释：

1.六大强农行动：品牌强农、特色强农、质量强农、产业融合强农、科技强农、开放强农行动。

2.“五好”园区：园区规划定位好、创新平台好、产业项目好、体制机制好、发展形象好。

3.三类“500强”：指世界财富500强、中国企业500强和民营企业500强三类企业。

4.“两级三类”：“两级”指市（县）国土空间总体规划、乡镇国土空间规划；“三类”指总体规划、专项规划、详细规划。

5.“四好农村路”：把农村公路建好、管好、护好、运营好。

6.“两山”实践创新基地：践行“两山”理念的实践平台，旨在创新探索“两山”转化的制度实践和行动实践，并总结推广典型经验模式。

7.“双减”：有效减轻义务教育阶段学生过重作业负担和校外培训负担。

8.“千百十”工程：（一）千亿产业领跑。到2026年，电子信息产业年产值超1000亿元，生物医药、智能装备制造产业年产值超500亿元、绿色食品产业年产值超300亿，烟花爆竹、新材料、家居建材、环境治理技术及应用等产业年产值超100亿元，“1+2+1+N”产业集群基本形成。（二）百亿企业翻番。引进培育更多产业链“链主”企业，到2026年，百亿级“龙头”企业力争达到10家左右。（三）十亿元企业倍增。重点培育1亿~10亿级企业向十亿级跃升，到2026年，全市培育十亿级“骨干”企业50家以上。（四）亿元企业成群。着力打造一批成长速度快、创新能力强、专业领域新、发展潜力大的“专精特新”企业，到2026年，年产值过亿元企业达到1000家以上。

9.“强玻引屏补端”工程：以柔性、超高清、高性价比为技术重点发展方向，巩固消费电子品外观玻璃、2.5D/3D曲面玻璃、光学薄膜、触摸屏单体和模组等重点产品的市场地位，突破高世代面板/盖板用基板玻璃。加快布局TFT-LCD、柔性AMOLED面板、OLED生产线，发展大中小尺寸面板。支持蓝思科技等进行上下游垂直整合，做大做强智能终端及零部件产业，带动智能手机品牌生产、手机/平板电脑方案、手机产业链关键零部件等企业集群，打造链条构架全的新型显示器件产业链。

10.“双碳”目标：碳达峰与碳中和的简称。

11.“上云用数赋智”：“上云”即探索推行普惠型的云服务支持政策；“用数”即更深层次推进大数据的融合运用；“赋智”即加大对企业智能化改造的支持力度，推进人工智能和实体经济的深度融合。

12.“五个十大”项目：十个重大产业引领项目、十个重大技术攻关项目、十个重大基础设施项目、十个重大民生实事项目以及十个重大文旅融合项目。

13.“六张清单”：新开工、未开工、已复工、未复工、应竣工、问题清单。

14.“纾困增效”十条措施：降低用地成本、补贴用电费用、强化稳岗就业、加大信贷支持、落实税收优惠、减免企业租金、拓宽营销渠道、促进转型升级、实行技改补贴、开展精准帮扶。

15.“三集”：集中办公、集合查验、集成审批。

16.“双创双兴”：创新创造、兴业兴市。

17.“六大行动”：红色文化传承合作、产业协同发展合作、城乡融合发展合作、生态环境保护合作、基础设施联通合作、民生服务共享合作六大专项行动。

18.“四精五有”：“四精”指精准规划、精美建设、精致管理、精明增长；“五有”指有颜值、有气质、有内涵、有格调、有品位。

19.“两站”：长赣高铁浏阳站和浩吉铁路浏阳东站。

20.“四个十大”项目：全面铺排金阳新城建设十个重大基础设施项目、十个重大配套项目、十个重大产业聚集项目、十个重大品质提升项目。

21.智慧城市云底座：利用人工智能、云计算、大数据、物联网等新一代信息技术，形成面向支撑智慧城市建设的基础资源、数据共享开放、应用支撑的服务能力，为政府治理、普惠民生、产业升级等智慧城市应用的建设提供基础资源支撑的数字信息化平台。主要建设内容包括：构建统一的网络、计算、存储资源池，建设基础支撑平台、业务支持平台、应用与数据集成平台、物联网平台、智慧城市大数据平台等平台支撑系统，建立科学完备的安全管理体系和运维管理体系。

22.“四个标杆”：在巩固脱贫攻坚成果上当标杆，在壮大乡村产业上当标杆，在深化农村改革上当标杆，在湘赣边区域合作上当标杆。

23.“六个示范”：有效衔接的示范、产业发展的示范、人居环境的示范、农村改革的示范、区域合作的示范、乡村治理的示范。

24.“两品一标”认证产品：指绿色食品、有机食品、地理标志农产品。

25.“七张网”：农村水、电、路、气、讯、广电、物流。

26.“三自”“五美”：“三自”指自主、自然、自治；“五美”指产业之美、生态之美、文化之美、生活之美、创新之美。

27.“十百千万”工程：五年打造十条精品线路、百个示范村庄、千个宜居屋场、万个美丽庭院。

28.“六型”：土地合作型、资源开发型、乡村服务型、物业经营型、产业带动型、农房合作型。

29.“政务热线诉求响应321”模式：建立“乡镇街道吹哨部门报到、村（社区）吹哨乡镇街道报到”三级联动响应模式；发挥“两代表一委员”作用，通过走访调研、民意征询等形式，帮助群众解决各类身边事，做到主动治理、未诉先办。

30.“三项制度”：行政执法公示制度、执法全过程记录制度、重大执法决定法制审核制度。

浏阳市 2021 年国民经济和社会发展统计公报

2021 年是党和国家历史上具有里程碑意义的一年，全市人民在市委、市政府的坚强领导下，坚持以习近平新时代中国特色社会主义思想为指导，全面贯彻党的十九大和十九届历次全会精神，认真贯彻习近平总书记考察湖南重要讲话指示精神，全面落实“三高四新”战略定位和使命任务，勇当“强省会”战略开路先锋，持续巩固疫情防控和经济社会发展成果，经济运行总体平稳，社会大局和谐稳定，实现“十四五”良好开局。

初步核算，全市实现地区生产总值 1616.6 亿元，按可比价计算，同比增长 7.3%。其中第一产业增加值 130.2 亿元，第二产业增加值 840.9 亿元，第三产业增加值 645.5 亿元，分别增长 9.6%、6.4%和 7.9%。三次产业对经济增长的贡献率依次为 11.5%、44.4%和 44.1%，分别拉动经济增长 0.8 个百分点、3.3 个百分点和 3.2 个百分点；三次产业结构为 8.1:52.0:39.9。

一、农业

2021 年，全市实现农林牧渔业总产值 226.5 亿元，按可比价计算，增长 10.7%。

全年粮食种植面积 118.93 万亩，其中稻谷播种面积 112.2 万亩；蔬菜种植面积 66.9 万亩，增长 3.4%；烟叶种植面积 5.03 万亩，增长 3.1%。

全年粮食总产量 56.2 万吨，增长 1.02%；烟叶 5838 吨，下降 12.5%；蔬菜 146.9 万吨，增长 4.8%；出栏生猪 130.9 万头，增长 31.67%。

二、工业

2021 年，全市实现工业增加值增长 6.7%，规模以上工业企业 935 家，实现规模以上工业增加值增长 7.1%，其中，经开区（高新区）实现规模以上工业增加值增长 16.6%。

全市规模以上工业企业中，生物医药企业产值增长 8.1%；智能装备企业产值增长 11.2%；烟花爆竹企业产值增长 3.3%；绿色食品企业产值增长 0.6%。

三、建筑业、房地产业和固定资产投资

2021 年，全市建筑行业实现增加值 37.9 亿元，增长 0.2%。拥有资质建筑企业 51 家，实现建筑业产值 72.2 亿元，增长 5.6%。

2021 年，全市房地产业实现增加值 46.8 亿元，增长 4.6%。拥有房地产企业 87 家，实现房地产投资额 76.5 亿元，增长 12.9%；商品房销售面积 127.4 万平方米，减少 13.3%。

2021 年，全市固定资产投资增长 10%。其中产业投资增长 13.6%，工业投资增长 12.2%。

四、财政金融、内外贸易和市场主体

财政　2021 年，全市完成一般公共预算收入 145.36 亿元，增长 12.89%，税收收入占一般公共预算收入为 83.52%，其中地方一般公共预算收入 104.26 亿元，增长 11.58%；全市地方一般公共预算支出 163.75 亿元，增长 8.1%。

金融　2021 年，全市金融机构年末各项存款余额 1094.29 亿元，增长 10.94%，比年初增加 107.93 亿元，其中住户存款余额 732.26 亿元，增长 15.46%，比年初增加 98.04 亿元；各项贷款余额 1011.42 亿元，增长 13.64%，比年初增加 121.38 亿元。金融机构年末存贷比为 1:0.92，不良贷款率 0.75%，比年初下降 0.45 个百分点。

内外贸易　2021 年，全市实现社会消费品零售总额 442.0 亿元，同比增长 15.6%，其中，批发业零售额 34.5 亿元，增长 13.8%；零售业零售额 357.0 亿元，增长 15.5%；住宿业零售额 4.2 亿元，增长 18.6%；餐饮业零售额 46.3 亿元，增长 16.9%。

2021 年，全市实现自营进出口总额 35.3 亿美元，增长 38.4%。其中进口总额 18.2 亿美元，增长 62.5%；出口总额 17.1 亿美元，增长 19.5%。

市场主体　2021 年，新增市场主体 20821 户，年末市场主体总数达 129131 户。

五、交通运输和邮电业

交通运输　2021 年，年末市内公路里程 8735.6 千米。全市公路旅客周转量下降 23%；公路货物周转量增长 8.32%。

邮电通信　2021 年，全市实现邮电业务总量 10.35 亿元，下降 7.99%。年末拥有移动电话用户 143.86 万户，

增长 4.13%；互联网宽带接入用户 37.43 万户，增长 14.37%。

六、旅游和招商引资

旅游　2021 年，全市接待旅游人数 2908 万人次，下降 6%；旅游产业收入 303.66 亿元，下降 4.02%。

招商引资　2021 年，全市引进项目 207 个，其中亿元以上项目 42 个，10 亿元以上项目 9 个，50 亿元以上项目 1 个。外商直接投资实际到位资金 2678 万美元，实际到位省外境内资金 168.47 亿元，增长 37.88%。

七、科学技术和教育

科学技术　2021 年，全市拥有高新技术企业和生产高新技术产品的企业 414 家，高新技术增加值 364 亿元，增长 27.9%，占地区生产总值的比重为 22.5%。全年专利授权量 2954 件，其中发明专利授权 233 件，全年实用新型专利授权 2259 件，外观设计专利授权 462 件。

教育　2021 年，全市拥有普通小学 305 所（含教学点），教职员工 6319 人，本年招生 19551 人，在校学生 112071 人，毕业 17299 人；普通初中 55 所，教职员工 3760 人，本年招生 18006 人，在校学生 53177 人，毕业 16328 人；普通高中 17 所，教职员工 2427 人，本年招生 11233 人，在校学生 30498 人，毕业 9530 人；中等职业学校 6 所，教职员工 713 人，本年招生 4546 人，在校学生 13062 人，毕业 3814 人；特殊教育学校 1 所，教职员工 61 人，本年招生 25 人，在校学生 218 人，毕业 23 人。

八、文化、卫生和体育

文化　2021 年，全市拥有文化馆站 33 个、艺术表演团体 23 个。全市广播综合人口覆盖率 96%，电视综合人口覆盖率 98.8%，年末公共图书馆藏书 51.58 万册。

卫生　2021 年末，全市拥有卫生机构 59 个，其中医院 57 所。卫生机构床位数 11586 张，卫生技术人员 10234 人，其中医生 5272 人。年内诊疗 703 万人次，年内治愈率为 72%。产妇住院分娩率 100%，婴儿死亡率 1.82‰，5 岁以下儿童死亡率 3.2‰。

体育　2021 年，全市共组织县级以上运动会 10 次，参加活动人数 8 万人次。运动员在各项比赛中获得省市级奖牌 57 枚。

九、环境保护和安全生产

环境保护　2021 年，全年空气质量优良率 98.1%，出境水质均值保持Ⅱ类，饮用水水源地水质达标率 100%。

安全生产　2021 年，全市亿元 GDP 事故死亡率为 0.0241；全市生产安全事故死亡人数 39 人。

十、人口、人民生活和社会保障

人口　2021 年，全市常住人口 143.01 万人。年末公安户籍户数 41.3 万户，总人口为 148 万人，其中，城镇人口 75.8 万人，乡村人口 72.2 万人。年内出生人口 9363 人，出生率为 6.55‰；年内死亡人口 9959 人，人口死亡率为 6.96‰；人口自然增长率-0.41‰。

人民生活　2021 年，城乡居民人均可支配收入 49503 元，增长 8%，其中农村居民人均可支配收入 40758 元，增长 9.7%；城镇居民人均可支配收入 56507 元，增长 7.0%。城乡居民人均生活消费支出 28666 元，增长 8.6%，其中农村居民人均消费支出 24302 元，增长 13.6%，城镇居民人均消费支出 32161 元，增长 5.7%。

社会保障　2021 年末，全市城镇职工基本养老保险参保人数 18.85 万人；城镇职工基本医疗保险参保人数 20.73 万人；失业保险参保人数 15.33 万人。城乡居民基本养老保险参保人数 82.26 万人，参保率达 98%；城乡居民基本医疗保险参保人数 119.34 万人，参保率达 100.54%。2021 年，新增城镇就业人员 15435 人，年末城镇登记失业率 1.01%。全市共有各种提供住宿的民政服务机构 41 个，床位 5251 个。全年发放城乡居民最低生活保障经费 15736 万元，城乡居民最低生活保障人数 26930 人，城乡低保对象人均月补差标准分为 578.7 元和 440.65 元。

说明：1.本公报数据为初步核实数。

2.地区生产总值、各行业增加值等数据的增长率按 2020 年不变价格计算。

浏阳市第七次全国人口普查公报[1]

根据《中华人民共和国统计法》《全国人口普查条例》和国务院的决定，我国以2020年11月1日零时为标准时点进行了第七次全国人口普查[2]。我市人口普查在市委、市政府的坚强领导下，在全体普查对象的支持配合下，通过各级普查机构和广大普查工作人员的艰苦努力，圆满完成了普查现场登记和普查主要数据的汇总工作。现将全市主要数据公布如下。

一、常住人口

全市常住人口[3]为1429384人，与2010年第六次全国人口普查的1279469人相比，增加149915人，增长11.72%，年平均增长率为1.11%。

二、户别人口

全市共有家庭户[4]410222户，集体户17631户，家庭户人口为1279222人，集体户人口为150162人。平均每个家庭户的人口为3.12人，比2010年第六次全国人口普查减少0.27人。

三、人口性别构成

全市常住人口中，男性人口为731835人，占51.20%；女性人口为697549人，占48.80%。总人口性别比（以女性为100，男性对女性的比例）为104.92，比2010年第六次全国人口普查下降0.45。

四、人口年龄构成

全市常住人口中，0~14岁人口为269901人，占18.88%；15~59岁人口为888318人，占62.15%；60岁及以上人口为271165人，占18.97%；65岁及以上人口为197964人，占13.85%。与2010年第六次全国人口普查相比，0~14岁人口的比重上升2.04个百分点，15~59岁人口的比重下降5.86个百分点，60岁及以上人口的比重上升3.82个百分点，65岁及以上人口的比重上升3.40个百分点。

表27　　　　全市人口年龄构成表

年龄	人口数(人)	比重(%)
总　计	1429384	100.00
0～14岁	269901	18.88
15～59岁	888318	62.15
60岁及以上	271165	18.97
其中：65岁及以上	197964	13.85

五、受教育程度人口

全市常住人口中，拥有大学（指大专及以上）文化程度的人口为113153人；拥有高中（含中专）文化程度的人口为230091人；拥有初中文化程度的人口为533321人；拥有小学文化程度的人口为427231人（以上各种受教育程度的人包括各类学校的毕业生、肄业生和在校生）。与2010年第六次全国人口普查相比，每10万人中拥有大学文化程度的由4260人上升为7916人；拥有高中文化程度的由10962人上升为16097人；拥有初中文化程度的由41459人下降为37311人；拥有小学文化程度的由34065人下降为29889人。

全市常住人口中，15岁及以上人口的平均受教育年限[5]为9.32年。

全市常住人口中，文盲人口（15岁及以上不识字的人）为14667人，与2010年第六次全国人口普查相比，文盲人口减少540人，文盲率[6]由1.19%下降为1.03%，下降0.16个百分点。

六、乡镇街道人口情况

表 28　　各乡镇街道常住人口统计表

年龄	人口数(人)	比重(%)[7]
全市	1429384	100.00
淮川街道	78453	5.49
集里街道	124705	8.72
荷花街道	68396	4.78
关口街道	57764	4.04
社港镇	37839	2.65
官渡镇	256668	1.80
张坊镇	23215	1.62
达浒镇	18947	1.33
沿溪镇	26902	1.88
古港镇	53599	3.75
永和镇	26778	1.87
大瑶镇	86222	6.03
金刚镇	54932	3.84
文家市镇	48242	3.38
枨冲镇	31589	2.21
镇头镇	50941	3.56
普迹镇	33140	2.32
永安镇	67116	4.70
北盛镇	51998	3.64
龙伏镇	38111	2.67
澄潭江镇	51633	3.61
中和镇	17625	1.23
柏加镇	20219	1.41
洞阳镇	111931	7.83
大围山镇	15667	1.10
沙市镇	56142	3.93
淳口镇	52286	3.66
高坪镇	27570	1.93
官桥镇	21035	1.47
葛家镇	16265	1.14
蕉溪镇	22593	1.58
小河乡	11861	0.83

注释：

[1]本公报数据为初步汇总数据。

[2]普查登记的对象是指普查标准时点在中华人民共和国境内的自然人以及在中华人民共和国境外但未定居的中国公民，不包括在中华人民共和国境内短期停留的境外人员。

[3]常住人口包括，居住在本乡镇街道且户口在本乡镇街道或户口待定的人；居住在本乡镇街道且离开户口所在的乡镇街道半年以上的人；户口在本乡镇街道且外出不满半年或在境外工作学习的人。

[4]家庭户是指以家庭成员关系为主、居住一处共同生活的人组成的户。

[5]平均受教育年限是将各种受教育程度折算成受教育年限计算平均数得出的，具体的折算标准是：小学 =6 年，初中 =9 年，高中 =12 年，大专及以上 =16 年。

[6] 文盲率是指常住人口中 15 岁及以上不识字人口所占比例。

[7]指各乡镇街道的常住人口占全市常住人口的比重。

浏阳市统计局
浏阳市第七次全国人口普查领导小组办公室
2021 年 6 月 30 日

长沙市第七次全国人口普查公报[区县(市)人口情况][1]

根据第七次全国人口普查结果，现将2020年11月1日零时长沙市9个区(县、市)的常住人口情况公布如下：

9个区(县、市)中,人口超过150万人的区(县、市)为岳麓区;在100万人至150万人的区(县、市)有4个,分别为浏阳市、长沙县、雨花区、宁乡市,在50万人至100万人的区(县、市)有4个,分别为望城区、天心区、开福区、芙蓉区。其中,市区[2]人口数合计5980707人,占全市常住人口比重为59.52%。

注释:

[1]本公报数据为初步汇总数据。部分数据因四舍五入的原因,存在总计与分项合计不等的情况。

[2]市区包括芙蓉区、天心区、岳麓区、开福区、雨花区、望城区。

[3]指各区(县、市)的常住人口占全市常住人口的比重。

表29　　各区县(市)常住人口统计表

地区	人口数(人)	比重(%)[3]	
		2020年	2010年
全市	10047914	100.00	100.00
芙蓉区	642010	6.39	7.44
天心区	836157	8.32	6.75
岳麓区	1526641	15.19	11.39
开福区	820790	8.17	8.06
雨花区	1264895	12.59	10.28
望城区	890214	8.86	7.44
长沙县	1374491	13.68	13.91
浏阳市	1429384	14.23	18.17
宁乡市	1263332	12.57	16.56

浏阳市 2021 年度气候影响评价

1.综述

2021 年浏阳天气气候异常特征：一是降水偏少，春季雨水充足、秋季降水偏少、夏冬正常；二是气温异常偏高，年平均气温 18.9℃，创历史新高。主要天气气候事件有春季连阴雨、倒春寒、五月低温、雷暴大风、冰雹、暴雨、洪涝、高温热害、秋季干旱、寒潮、低温雨雪冰冻、暴雪、大雾等，给农业生产和人民生活带来一定影响。

2.基本气候概况

2021 年，浏阳市天气气候情况复杂，呈降水偏少的趋势。年平均气温 18.9℃，比历年同期(17.5℃)异常偏高 1.4℃，比 2020 年同期(18.4℃)偏高 0.5℃；年极端最高气温 38.7℃，出现在 8 月 1 日，极端最低气温-5.3℃，出现在 1 月 9 日。年降水量 1377.7 毫米，比历年同期(1551.3 毫米)正常略偏少 11.2%，较 2020 年同期(1953 毫米)异常偏少 29.5%。年日照时数 1597.2 小时，较历年同期(1594.8 小时)基本持平，比 2020 年同期(1354.5 小时)偏多 17.9%。

2.1 气温

2021 年平均气温 18.9℃，创历史最高值，较历年异常偏高 1.4℃，比上年高 0.5℃。2021 年月平均气温最高出现在 7 月，为 29.9℃，最低出现在 1 月，为 6.5℃。12 个月中有 11 个月平均气温高于气候值，4 月低于气候值。其中 2 月、6 月、9 月为异常偏高，1 月、3 月、7 月、12 月为偏高，8 月、10 月、11 月为正常略高，4 月为正常略低。2 月平均气温为 12.1℃，较历年同期异常偏高 4.4℃，为历史同期最高。6 月平均气温为 27.2℃，较历年同期异常偏高 1.6℃，为有气象记录以来第三高值。9 月平均气温为 28.4℃，较历年同期异常偏高 4.2℃，为历史最高值。

表 30　2021 年浏阳年平均气温评定等级表

项目	浏阳
2021 年(℃)	18.9
历年平均(℃)	17.5
距平(℃)	1.4
标准差	0.4
等级	异常偏高

2020—2021 年冬季平均气温 8.6℃，较上年低 0.1℃，较常年同期显著偏高 1.8℃，达到“暖冬”标准，为有气象记录以来历史第五高值，入冬时间为 11 月 22 日，与常年同期持平。春季平均气温 17.6℃，较上年低 0.8℃，较常年同期正常略高 0.6℃，入春时间为 3 月 11 日，较常年提前 10 天。夏季平均气温为 28.5℃，较上年高 0.1℃，较常年同期显著偏高 1.1℃，为有气象记录以来的第二高值，入夏时间为 5 月 30 日，与常年同期持平。秋季平均气温为 20.5℃，较上年高 2.0℃，较常年同期异常偏高 1.9℃，为历史同期最高值，入秋时间为 10 月 7 日，较常年推迟 15 天，秋季结束时间为 12 月 18 日，较常年推迟 26 天。

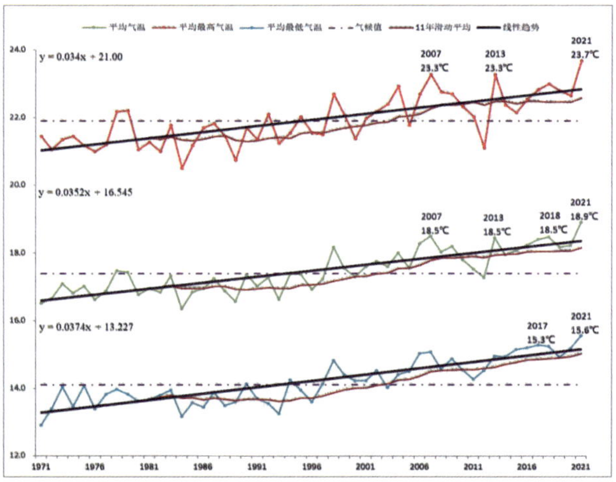

图 4 长沙地区四季平均气温年际变化曲线(单位:℃)

表 31　2021 年浏阳四季气温与距平(单位:℃)

项目	浏阳
冬季	8.6
距平	1.8
春季	17.6
距平	0.6
夏季	28.5
距平	1.1
秋季	20.5
距平	1.9

2021 年浏阳极端最低气温为-5.3℃，出现在 1 月 9 日；极端最高气温为 38.7℃，出现在 8 月 1 日（表 32）。

表 32　2021 年浏阳极端最低、极端最高气温及出现日期表

项目	浏阳
极端最低气温(℃)	-5.3
出现日期(月 / 日)	1 月 9 日
极端最高气温(℃)	38.7
出现日期(月 / 日)	8 月 1 日

稳定通过 8℃的日期：2 月 27 日，较历年提前 13 天。稳定通过 11℃的日期：3 月 24 日，较历年提前 2 天（表33）。

表 33　　2021 年浏阳主要气候期评定日期与长度表

（单位：月/日、天）

项目	浏阳
稳定通过 8℃	2/27(13)
稳定通过 11℃	3/24(2)

注：表中负数表示时间推迟。

第一个高温日为 5 月 15 日，最后一个高温日为 10 月 5 日，高温≥35.0℃日数为 63 天，创历史最多，今年极端最高气温达 38.7℃(8 月 2 日)。10 月 1—5 日，全市连续 5 天日最高气温≥35.0℃，达到轻度高温热害标准。5 日最高气温 36.7℃(浏阳)，为史上最热国庆假期。

2.2 降水

2021 年浏阳地区平均降水量 1377.7mm，较历年偏少 173.6 毫米(11.2%)，属正常年份。浏阳地区年总降水量的空间分布呈现东部多西部少的特点，浏阳东北部山区是降水大值中心，年降水量超过 2000 毫米。浏阳大部累积降水量超过 1500 毫米，浏阳西南部局地小于 1000 毫米，其他地区累积雨量在 1200~1500 毫米之间。

表 34　　2021 年浏阳降水量及评定等级表

项目	浏阳
2021 年(毫米)	1377.7
历年平均(毫米)	1551.3
距平(毫米)	−173.6
距平百分率(%)	−11.2
等级	正常

冬季降水总量为 171.0 毫米，较上年偏少 217.7 毫米，较历年同期正常略少-28.6 毫米(-14.3%)。冬季雨日为 32 天，与历年平均相比偏少 6.5 天，其中 1 月平均雨日 6 天，为历史第二少。

春季降水总量为 689.9 毫米，较上年多 46.2 毫米，较历年偏多 130.7 毫米(23.4%)。从降水的空间分布呈现出降水东部多、西部少的特点，尤其浏阳东北部山区是降水大值中心。春季雨日为 65 天，与历年平均相比偏多 13 天，其中 4 月平均雨日 24 天为历史第二多。

夏季降水总量为 403.6 毫米，较上年偏少 281.5 毫米，较历年正常略少 114.4 毫米(22%)。降水的空间分布也呈现出降水东多西少的特点，浏阳东北部山区降水明显多于其他地区。夏季雨日为 36 天，与历年平均相比偏少 2.2 天。

秋季降水总量 115.6 毫米，较上年少 168.5 毫米，较历年显著偏少 122.9 毫米（51.5%）。秋季雨日为 30 天，与历年平均相 0.2 天，其中 9 月平均雨日 3 天，为历史第二少。

详情见表 6。

表 35　2021 年浏阳四季降水量与距平　（单位：毫米）

站点	冬季				春季			
	2021	历年	距平	百分率	2021	历年	距平	百分率
浏阳	171.0	235.6	−64.6	−27.4%	689.9	559.2	130.7	23.4
站点	夏季				秋季			
	2021	历年	距平	百分率	2021	历年	距平	百分率
浏阳	403.6	518.0	-114.4	−22	115.6	238.5	-122.9	-51.5

2021 年浏阳地区各月降水量月际变化大，5 月、8 月降水较为充沛，1 月、9 月降水偏少。与历年同期相比，2月、3 月、5 月、8 月降水偏多，其余月偏少。5 月为降水最多月份，平均总降水量 332.6 毫米，较历年同期显著偏多 66.8%；9 月为最少月份，平均总降水量 2.8 毫米，较历年异常偏少 96.4%，为历史第二少。

2021 年雨季开始时间早，与历年平均相比，浏阳提早 30 天。雨季结束不明显，9 月仍出现暴雨过程。

汛期（4—9 月）总降水量 930.7 毫米，与历史同期相比，偏少 6.5%。

详见表 7。

表 36　　2021 年浏阳雨季及汛期降水情况表

浏阳	
雨季开始(月 − 日)	2−25
雨季结束(月 − 日)	不明显
汛期降水(毫米)	930.7
历年平均(毫米)	995.4
距平百分率(%)	−6.5
等级	正常

2.3　日照

2021 年浏阳年平均日照时数 1597.2 小时，较历年平均基本持平，属正常年份（表 37）。注：S 为日照时数实况，Sc 为同期气候值。

表 37　　2021 年浏阳总日照时数与评定等级表

项目	浏阳
2021 年	1597.2
历年平均	1594.8
距平	2.4
S/Sc	1.00
等级	正常

2020—2021 年冬季全市平均日照总时数 335.3 小时，较上年偏多 60.3 小时，较历年同期偏多 94.2 小时。春季日照总时数 181.8 小时，较上年偏少 177.4 小时，较常年同期显著偏少 137.5 小时，为历史最少。夏季日照总时数 534.5 小时，较上年偏多 52.8 小时，较常年同期偏少 7 小时。秋季日照总时数 497.6 小时，较上年偏多 224 小时，较常年同期偏多 62.2 小时。详见图 2。

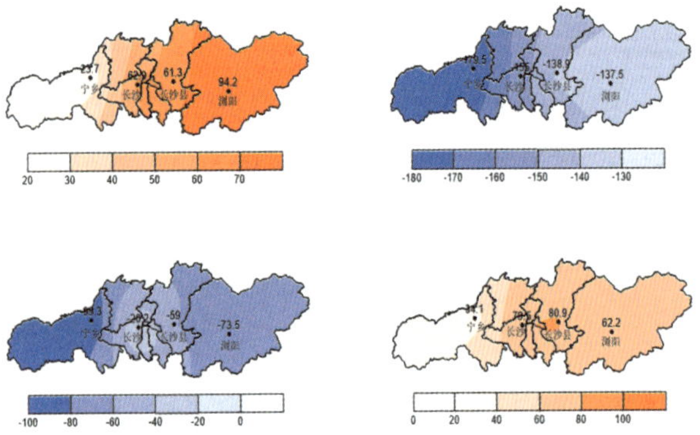

(左上：冬季；右上：春季；左下：夏季；右下：秋季)

图 5　长沙地区 2021 年四季日照时数距平空间分布(单位：小时)

全年各月日照时数与历年同期相比，1 月、2 月、9 月、11 月、12 月偏多，3 月、4 月、5 月、6 月、7 月、8 月、10 月偏少。9 月日照最多，月平均日照时数达 250 小时，为历史第三多，4 月日照最少，月平均日照时数仅有 37.3 小时，为有气象记录以来历史最少。1 月平均日照时数 146.1 小时，为有气象记录以来第二多。

2.4　风

2021 年浏阳平均风速为 1.3，较历年偏大 0.3 米/秒，冬季和春季盛行西南风，夏季和秋季盛行偏东风。浏阳平均风速、极大风速与四季主导风情况分别见表 38、表 39。

表 38　2021 年浏阳平均风速与极大风速(单位：米/秒)

站点	平均风		极大风		
	风速	距平	风速	风向	出现日期
浏阳	1.3	0.3	17.4	NW	5 月 16 日

表 39　　2021 年浏阳四季主导风(单位：米/秒)

季节	浏阳		
	主导风向	主导风频	主导风速
冬	WSW	16.1%	2.0
春	WSW	14.1%	2.0
夏	ENE	17.4%	1.3
秋	ENE	18%	1.2

浏阳的主导风向为 ENE，出现频率为 14.3%，E 次之，为 12.2%，WSW 第三，为 10.2%，其他风向的频率均在 10%以下；NW 风的平均风速最大，为 2.1 米/秒，其次平均风速 1.8 米/秒的风向为 SW 和 WNW。(图 3)。

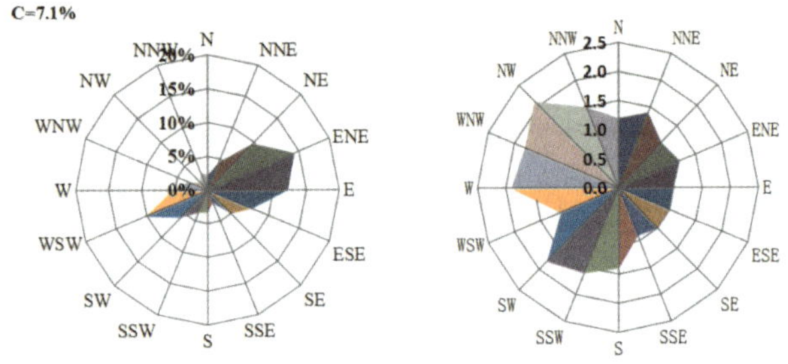

图 6　浏阳 2021 年风向(左)和风速(右)玫瑰图

3.主要天气气候事件及其影响

2021 年主要天气气候事件有连阴雨、倒春寒、五月低温、雷暴大风、冰雹、暴雨、洪涝、高温热害、干旱、寒潮、暴雪、大雾等。春季有连阴雨及倒春寒，夏季高温热害及干旱以及冬季暴雪给农业生产和人民生活带来诸多不利影响。

3.1 春季阴雨寡照破纪录

3 月、4 月、5 月全市都有连阴雨天气（图 4)：3 月 5—11 日浏阳连续 7 天出现降水，且无日照，达到“轻度连阴雨”标准；4 月 1—8 日浏阳连续 8 天出现降水，且无日照，达到“轻度连阴雨”标准；16—29 日浏阳连续 14 天出现降水，达到“重度连阴雨”标准。

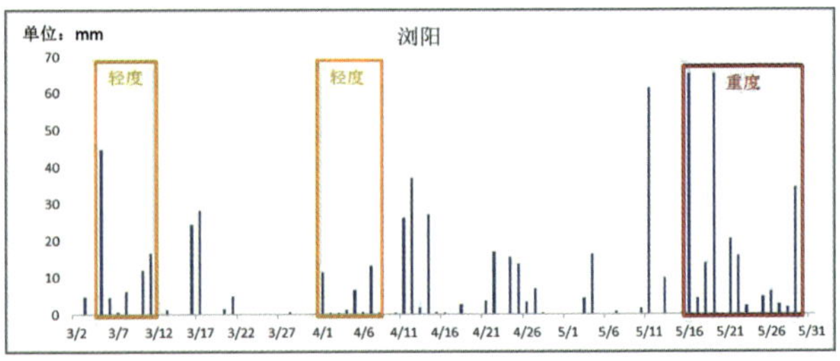

图 7　2021 年浏阳连阴雨过程逐日降水量(单位：毫米)

3.2 高温日数历史之最

2021 年浏阳≥35℃的高温日数为 63 天，较历年偏多 30.5 天，突破历史极值，创历史最多；全年≥37℃的高温日数为 8 天，较历年同期持平。9 月全市高温日数为 16 天，为历史同期最多(表 40)。2021 年第一个高温日为

6月12日，最后一个高温日为10月5日，极端最高气温达38.7℃(8月2日)，9、10月极端最高气温均突破历史极值(9月26日39.1℃、10月5日37.8℃)。由以上分析可见，2021年浏阳地区高温天气主要表现出高温持续时间长、结束时间晚、极端最高气温高等特点。

表40　2021年浏阳高温日数统计表(单位：天)

项目	浏阳
全年高温日数	63
高温日数距平	30.5
最长连续日数	12
≥37℃高温日数	8
≥37℃高温日数距平	0
9月高温日数	16

3.3 秋季干旱范围广

浏阳的干旱情况从8月初一直持续到10月下旬。轻度干旱27天、中度干旱17天、重度干旱17天。

3.4 极端局地强对流频发

2021年局地性、突发性、极端性暴雨出现频率增加。浏阳地区共出现30次区域性暴雨过程，其中全境暴雨5次。

3.5 五月低温

5月阴雨寡照，降水偏多，特别是5月中旬平均降水量达220.3毫米，达到“轻度洪涝”标准。5月17—22日浏阳连续6天日平均气温≤20℃，达到轻度“五月低温”标准。

3.6 雷暴大风、冰雹、大风

2021年共出现5次雷暴大风，主要发生在夏季和秋季。年内共出现3次冰雹过程，发生在3月30日、31日，5月10日。年内出现3次偏北大风过程，分别出现在11月7日、21日，12月16。

雷暴大风：

5月10日全市出现雷雨大风，极大风速达18.7米/秒(8级，洞阳)。

5月15日晚全市大部分地区出现7级以上雷暴大风，最大风速25.3米/秒(10级，张坊上洪双坳)

6月3日全市大部分地区出现雷雨大风，极大风速达20.9米/秒(9级，集里唐家园)；

6月12日晚局地出现雷雨大风，极大风速18.2米/秒(8级，高坪)；

9月12日全市出现雷雨大风，极大风速18.9米/秒(8级，永和镇铁山)。

冰雹：

3月30日21—22时，北部出现局地小冰雹。

3月31日20—21时，北盛出现局地小冰雹。

5月10日下午至夜间，多个乡镇出现局地小冰雹。

大风：

11月7日、21日受强冷空气、寒潮影响，均出现成片大风。其中7日极大风速为21.2米/秒(集里唐家园)、21日极大风速为20.0米/秒(集里唐家园)。

12月16日受强冷空气、寒潮影响，均出现成片大风，极大风速为15.9米/秒(集里唐家园)。

3.7　暴雨、洪涝、雨水相对集中期

5月、8月降水明显偏多，特别是5月中旬平均降水量达214.6毫米，为历史最多，达到轻度洪涝的标准，出现时段及累积降雨量见表41。

表41　浏阳雨水集中期时段及累积雨量(单位：毫米)

项目	浏阳
累积雨量	214.6
出现日期	5.10—19

2月24日20时至2月25日20时，全市平均降水量32.7毫米，最大累计降水量79.5毫米，出现在普迹书院村站点，暴雨站点7站，出现在普迹、大瑶、枨冲、镇头、官桥。

3月04日20时至3月05日20时，全市平均降水量41.2毫米，最大累计降水量64.4毫米，出现在张坊石湾水库站点，暴雨站点13站，出现在张坊、永和、关口、大围山、古港。

3月15日20时至3月16日20时，全市平均降水量24.2毫米，最大累计降水量62.5毫米，出现在淳口站点，暴雨站点4站，出现在淳口、沿溪、古港、永和。

3月16日20时至3月17日20时，全市平均降水量27.1毫米，最大累计降水量63.1毫米，出现在高坪站点，暴雨站点4站，出现在高坪、永和、张坊。

3月31日20时至4月1日20时，全市平均降水量31.2毫米，最大累计降水量80.4毫米，出现在张坊上洪双坳站点，暴雨站点14站，出现在张坊、大围山、沙市、达浒、社港、龙伏。

4月11日20时至4月12日20时，全市平均降水量39.5毫米，最大累计降水量67.4毫米，出现在大围山站点，暴雨站点7站，出现在大围山、张坊、古港。

4月21日20时至4月22日20时，全市平均降水量23.3毫米，最大累计降水量60.7毫米，出现在中和站点，暴雨站点4站，出现在中和、社港、文家市。

4月24日8时至4月25日8时，全市平均降水量29.3毫米，最大累计降水量54.5毫米，出现在张坊东麓园站点，暴雨站点3站，出现在张坊、大围山。

5月03日8时至5月4日8时，全市平均降水量30.3毫米，最大累计降水量83.7毫米，出现在大围山浏河源站点，暴雨站点10站，出现在大围山、张坊、达浒、古港、官渡。

5月10日20时至5月11日20时，全市平均降水量52.2毫米，最大累计降水量97.9毫米，出现在永和升平村站点，暴雨站点34站，出现在永和、张坊、大瑶、小河、中和、高坪、普迹、枨冲、镇头、关口、荷花、淮川、文家市、蕉溪、达浒、葛家、柏加、大围山。

5月15日20时至5月16日20时，全市平均降水量61.2毫米，最大累计降水量100.9毫米，出现在株树桥水库站点，大暴雨1站、暴雨站点53站，除金刚、沿溪、达浒外，其他乡镇均为暴雨。

5月18日20时至5月19日20时，全市平均降水量59.8毫米，最大累计降水量77.2毫米，出现在永安站点，暴雨站点60站，全境暴雨。

5月28日16时至5月29日20时，全市平均降水量34.6毫米，最大累计降水量101.3毫米，出现在镇头北星村，次大100.1毫米，出现在官桥苏故；大暴雨站点2个，暴雨站点10个，出现在金刚、大瑶、镇头、柏加、普迹、永安、葛家。

6月02日20时至6月03日20时，全市平均降水量14.5毫米，最大累计降水量59.6毫米，出现在张坊上洪双坳，暴雨站点1站。

6月12日14时至6月13日20时，全市平均降水量23.6毫米，最大累计降水量135.8毫米，出现在高坪三合水，次大119.4毫米，出现在高坪；大暴雨站点2个，暴雨站点10个，出现在中和、关口、澄潭江、古港、社港。

6月27日20时至6月28日20时，全市平均降水量28.3毫米，最大累计降水量92.1毫米，出现在荷花街道牛石村，次大82.2毫米，出现在龙伏石柱峰；暴雨站点10个，出现在荷花、龙伏、社港、澄潭江、集里、沙市、城区。

6月28日20时至6月29日20时，全市平均降水量26.8毫米，最大累计降水量108.7毫米，出现在文家市，次大87.5毫米，出现在高坪；大暴雨站点1个，暴雨站点13个，出现在文家市、高坪、荷花、大瑶、中和、沿溪、关口、澄潭江、城区。

6月29日20时至6月30日20时，全市平均降水量52.0毫米，最大累计降水量181.8毫米，出现在达浒金坑村，次大167.4毫米，出现在大围山；大暴雨站点13个，出现在达浒、大围山、张坊、官渡、古港；暴雨站点7个，出现在永和、张坊、小河、沿溪、大瑶。

7月3日20时至7月4日20时，全市平均降水量58.1毫米，最大累计降水量140.0毫米，出现在张坊上洪村，次大125.1毫米，出现在大围山；大暴雨站点7个，出现在张坊、大围山、达浒；暴雨站点31个，出现在社港、蕉溪、淳口、古港、永和、龙伏、洞阳、沙市、北盛、关口、小河、永安、高坪、葛家

7月17日20时至7月18日20时，全市平均降水量30.3毫米，最大累计降水量106.2毫米，出现在达浒金坑，次大89.9毫米，出现在沙市长春；大暴雨站点1个，暴雨站点9个，出现在沙市、社港、淳口、古港、龙伏、澄潭江、葛家。

7月29日20时至7月30日20时，全市平均降水量6.6毫米，最大累计降水量63.8毫米，出现在张坊上洪；暴雨站点4个，出现在张坊、大围山。

8月8日20时至8月9日20时，全市平均降水量36.6毫米，最大累计降水量124.7毫米，出现在张坊镇上洪，次大103.7毫米，出现在葛家金塘村；大暴雨站点2个，暴雨站点18个，出现在淳口、普迹、龙伏、大围山、社港、洞阳、北盛、永安、永和。

8月9日20时至8月10日20时，全市平均降水量7.4毫米，最大累计降水量64.5毫米，出现在中和雅山；暴雨站点1个。

8月10日20时至8月11日20时，全市平均降水量15.9毫米，最大累计降水量61.7毫米，出现在关口；暴雨站点3个，出现在关口、古港、荷花。

8月12日20时至8月13日20时，全市平均降水量9.5毫米，最大累计降水量91.8毫米，出现在张坊。

8月13日20时至8月14日20时，全市平均降水量25.0毫米，最大累计降水量67.7毫米，出现在石湾水库，次大58.3毫米，出现在张坊；暴雨站点8个，出现在张坊、中和、大围山、文家市、永和。

8月15日20时至8月16日20时，全市平均降水量11.9毫米，最大累计降水量58.1毫米，出现在达浒金坑；暴雨站点2个，出现在达浒、大瑶。

8月16日20时至8月17日20时，全市平均降水量26.4毫米，最大累计降水量107.3毫米，出现在大瑶杨花，次大90.0毫米，出现在普迹金江；暴雨站点9个，出现在普迹、洞阳、张坊、古港、镇头、葛家。

8月18日20时至8月19日20时，全市平均降水量14.7毫米，最大累计降水量72.3毫米，出现在集里唐家园，次大71.7毫米，出现在北盛；暴雨站点6个，出现在集里、北盛、小河、沿溪、洞阳、大围山。

8月24日20时至8月25日20时，全市平均降水量15.4毫米，最大累计降水量110.4毫米，出现在大围山浏河源，次大85.8毫米，出现在社港浏北；大暴雨站点1个；暴雨站点6个，出现在社港、达浒。

3.8　寒潮、冷空气

2021年浏阳地区共有7次冷空气过程达到冷空气等级评定标准，其中寒潮2次，中等强度冷空气5次（见表42），具体过程如下：

1月16—18日中等强度冷空气过程：全市48小时内日最低气温下降6.3℃，最低气温降至-2.7℃，北风5~6级。

2月24—26日中等强度冷空气过程：48小时内日最低气温下降7.5℃，达到中等强度冷空气标准。

5月15—17日中等强度冷空气过程：48小时内最低气温下降6.6℃，达到中等强度冷空气，大部分地区出现7级以上雷暴大风，最大风速25.3米/秒（浏阳市张坊）。

9月19—21日中等强度冷空气过程：全市48小时内日最低气温下降6.1℃。

11月6—8日寒潮过程：48小时最低气温降幅达14.4℃，极大风速为23.1米/秒最低气温≤4℃，达到寒潮标准。

12月16—18日寒潮过程：48小时最低气温降幅达10.5℃，且最低气温均在4℃以下，达到寒潮标准；16日极大风速为15.9米/秒（集里街道）。

12月24—26中等强度冷空气过程：48小时内最低

气温下降 7.3℃,达中等强度冷空气标准,大部分地区出现暴雪、大风。

表 42　　2021 年主要冷空气过程　（单位:℃）

时段	浏阳		等级
	△T48	最低气温	
1.16～18	6.3	−2.7	中等
2.24～26	7.5	6.3	中等
5.15～17	6.5	17.5	中等
9.19～21	6.1	18.9	中等
11.6～8	14.4	4.0	寒潮
12.16～18	10.5	1.4	寒潮
12.24～26	7.3	0.0	中等

3.9 暴雪、低温雨雪冰冻

2021 年浏阳低温雨雪冰冻的具体情况如下:

1 月 6—7 日，全市大部分地区出现雨夹雪或雪,最低气温降至-1℃左右。

12 月 25 日晚—27 日,全市大部分地区暴雪,降雪量 16.2 毫米,最大积雪深 5 厘米。12 月 26—28 日全市冰冻天气维持,全市连续冰冻日数达 3 天,达到轻度冰冻标准。

3.10 雾

2021 年浏阳大雾日数 39 天。冬春季节是大雾多发期,夏秋季节大雾发生的频次明显少于冬春季节,2 月是出现大雾最多的月份,8 月、9 月大雾出现。

4.气候影响评价

4.1 气候与农业

2021 年倒春寒、连阴雨、五月低温等天气的影响,给农业生产带来一定损失,主要以水稻、油菜、烤烟为主。4 月出现倒春寒和连阴雨天气叠加,造成农作物光合作用强度弱,导致早稻秧苗、蔬菜、烤烟等农作物生长缓慢,长势差,植株瘦弱,抗逆能力差,早稻秧苗移栽和一季稻播种进度都推迟。“五月低温”,导致双季早稻分蘖减缓,生育期推迟。雨季暴雨多发,但强降水时间短,未发生明显的洪涝灾害,温、光、水等条件有利于农作物生长成熟。7 月底到 9 月气象干旱发展,部分作物缺水,但由于前期蓄水充足,田间用水基本能保证,干旱对农业的影响不大。12 月下旬出现暴雪天气,但因持续时间不长,对冬节露天农作物影响有限。总体上看,2021 年农业气候年景属正常。

4.1.1　水稻

全市粮食播种面积 313.38 万亩,其中早稻 96.68 万亩、中稻 90.87 万亩、双季晚稻 98.97 万亩，同比降低 34.17%。全市粮食总产量 216 万吨，其中早稻 58.89 万吨，中稻 73.87 万吨，双季晚稻 68.77 万吨，同比增长 0.93%。4 月出现倒春寒,造成个别地区早稻秧苗小范围烂根烂种;5 月连阴雨和五月低温双重影响,导致双季早稻分蘖减缓,生育期推迟,且月内降水过程频发,部分农作物受灾,出现湿渍害或者淹涝;8 月底气象干旱发展,9 月晴热高温天气,对晚稻孕穗、抽穗及灌浆期不利,影响花粉发育、授粉受精及灌浆乳熟,造成部分晚稻产量和品质下降;10 月低温连阴雨天气较多，影响双季晚稻收割进程。其余时段,温、光、水条件都较利于水稻的生长发育与收割。

早稻　全市早稻在 3 月播种,7 月成熟收割,早稻各生育阶段的气象条件为:

①播种—育秧期（3 月）:3 月农气条件前差后好,3 月下旬进入大面积播种育秧阶段,早稻在 3 月下旬前期已播种完,旬末秧苗已到二叶期,出苗率高,且长势理想。

②移栽—返青期(4 月):4 月初的连阴雨天气,光照偏少,对早稻育秧及秧苗素质有一定的影响,并导致了早稻移栽结束时间比去年推迟。4 月下旬早稻已移栽完毕,进入了返青阶段。

③分蘖—拔节期（5 月）:5 月气温偏高，降水量偏多,光照不足,对早稻分蘖生长不利,5 月中下旬出现轻-中度“五月低温”,导致早稻分蘖速率下降,发育进程变缓。

④孕穗—抽穗~灌浆期（6 月）:6 月平均气温偏高,光照充足,降水量偏少,有利于早稻的抽穗扬花和结实。6 月下旬连续性强降水影响,但因农田水利设施完善,排水及时,对早稻灌浆和乳熟没有造成较大影响。

⑤灌浆—成熟收获期(7 月):上旬降水集中在旬前期,旬后期雨量偏少,总体有利于早稻灌浆成熟。后期温度偏高,日照正常,降水偏少,气象条件有利于早稻收割、晾晒。

晚稻　全市晚稻在 6 月中旬播种,11 月成熟收获,晚稻各生育阶段的气象条件为:

①播种—育秧期（6 月）:6 月中旬晚稻开始播种,6 月下旬连续性强降雨过程对晚稻影响较小,下旬晚稻大部分达二叶期,少部分三叶期。

②育秧—分蘖期(7 月):7 月上旬温度偏高,晚稻秧苗达四叶期,长势较佳;中旬后期少高温天气,对晚稻移栽返青有利;下旬温度略偏高,雨量偏少,日照偏多,晚稻大部分已进入分蘖盛期。

③分蘖—孕穗期(8 月):8 月上旬连续高温天气对晚稻的分蘖及拔节无明显影响,中旬降水偏多,有利于晚稻的补水,下旬少高温,无旱情,对晚稻的幼穗分化有利

④孕穗—抽穗—灌浆期(9 月):9 月气温偏高,降水偏少,日照偏多,本月以晴热高温天气为主,对双季晚稻抽穗扬花和灌浆有利,发育期比去年提前 5~7 天,9 月旱情有所发展,但是田间用水基本能保障,对水稻生长发育影响不大,晚稻处于灌浆阶段,长势较好。

④灌浆—成熟收获期（10 月）:10 月上旬中期低温阴雨对晚稻灌浆充实造成较大影响;上旬多晴天,气温显著偏高,有利于双季晚稻的成熟和收获。中旬前期以

多云天气为主,有利于双季晚稻收割晾晒;旬中至后期以低温阴雨天气为主,不利于双季晚稻的收获晾晒。下旬以晴间多云天气为主,农业气象条件有利于双季晚稻收获晾晒。今年双季晚稻病虫害较轻,有利于晚稻产量和品质的提升。10月双季晚稻已收获完毕。

4.1.2　其他农作物

油菜:

油菜于上年10月上、中旬播种;1月尚未到现蕾期;2月处于现蕾—抽薹—开花期,2月气温偏高,降水偏多,气象条件有利于油菜生长发育,油菜长势较好,大部分进入开花盛期,较常年提前5天左右,少部分油菜田有积水;3月处于开花结荚期,3月上旬阴雨天气较多,对油菜开花结荚有轻微影响,中下旬气象条件对油菜生长发育有利, 油菜长势良好;4月处于灌浆~绿熟期,4月平均气温偏低,降水量略偏少,日照异常偏少,气象条件不利于油菜的生长需求,油菜尚未进入成熟期;5月成熟收获期,5月出现"5月低温"对油菜生长发育带来一定影响,但总体还是有利,油菜于5月中旬收割完毕。

烤烟:

1—2月处于苗期。气温偏高, 出苗期与2020年接近,气象条件有利于烟苗生长发育。

3—4月处于移栽—还苗—团棵期。3月气温略偏高,降水略偏多,日照偏少,总体　有利于烟草的生长发育,上旬烟苗长势旺盛,达到成苗标准,烟苗于12日开始移栽,较往年提前,移栽质量理想;4月无明显农业气象灾害,烟草生长正常,长势均匀。

5—6月处于旺长—工艺成熟期。温高光足,利于烤烟成熟。

7月处于成熟采摘期。7月上旬后期雨量偏少,对烟叶的工艺成熟和烘烤有利,中下旬温度偏高,有利于考研上部叶的成熟、采摘烘烤。

索　引

双江口

说明：

一、本索引把年鉴的条目（统计资料、表格、概况、综述、彩页除外）用主题分析方法，按汉语拼音字母顺序排列。

二、索引名称后的阿拉伯数字表示内容所在的页码，拉丁字母（a、b、c）表示栏别（从左至右分1、2、3栏）。

A

B

C

G

H

J

K

T